漢韓 明文新玉篇

松亭 金赫濟 著

明文堂

凡例

一、이 책은 實用을 主로하여 詳細하고 適切한 訓義를 한글맞춤법에 依해서 베풀은 가장 새로운 玉篇이다

一、이 책에 收錄한 글字의 形體는 主로 康熙字典에 依據하였으며 新字·俗字等도 全部 網羅하여 實用에 遺憾이 없도록하였다

一、이 책의 體裁를 밝히기 爲하여 例를 들어 說明한다면 다음과 같다

老 랄 [로]年高늙을、노 (皓) 尊也늙은이、노

ㄱ、老字 바로 밑에(랄)字는 中國音을 表示한 것이다

ㄴ、그 右側下의 [로]는 原音을 表示한 것이며 [로]와 늙을·노의 노와 音이 다름은 上下가 바뀔 때 變하는(노인、부로 老人、父老)글字의 音을 表示한 것이며 노는

部首	變形	頁
疒		二六二
癶		二六九
白		二六九
皮		二七一
皿		二七二
目	罒	二七四
矛		二八一
矢		二八二
石		二八三
示	礻	二九〇
内		二九三
禾	禾	二九四
穴		三〇〇
立		三〇三
歺	歹	一九四
罒	网	三三三
衤	衣	四〇〇
六畫		
竹	⺮	三〇五
米		三一五
糸		三一九
缶		三三三
网	罒 罓 冈 元	三三三
羊	⺶	三三六
羽	羽	三三八
老	耂	三四一
而		三四一
耒		三四一
耳		三四三
聿		三四五
肉	月	三四六
臣		三五六
自		三五七
至		三五七
臼	臼	三五八
舌		三五九
舛		三五九
舟		三五九
艮		三六二
色		三六二
艸	艹	三六二
虍		三八六
虫		三八七
血		三九九
行		四〇〇
衣	衤	四〇〇
襾	西	四〇八
七畫		
見		四〇八
角		四一〇
言		四一三
谷		四二七
豆		四二八
豕		四二九
豸		四三一
貝		四三二
赤		四三七
走		四三八
足	𧾷	四四二
身		四五一
車		四五三
辛		四六〇
辰		四六二
辵	辶	四六二
邑	阝(右)	四六八
酉		四七三
釆		四七八
里		四七九
臼	臼	三五八
長	長	四九三
八畫		
金		四七九
長	镸	四九三
門		四九三
阜	阝(左)	四九八
隶		五〇四
隹		五〇四
雨	⻗	五〇七
靑	青	五一三
非		五一三
九畫		
面		五一三
革		五一四
韋		五一九
韭		五二一
音		五二一
頁		五二三
風		五二八
飛		五二八
食	飠	五三一
首	首	五三七
香		五三七
十畫		
馬		五三八
骨		五四四
高		五四六
髟		五四七
鬥		五五〇
鬯		五五〇
鬲		五五〇
鬼		五五一
十一畫		
魚		五五二
鳥		五五八
鹵		五六六
鹿		五六七
麥		五六八
麻	麻	五六九
十二畫		
黃		五七〇
黍		五七〇
黑		五七一
黹		五七四
十三畫		
黽		五七四
鼎		五七五
鼓		五七五
鼠		五七六
十四畫		
鼻		五七七
齊		五七八
十五畫		
齒		五八八
十六畫		
龍		五八〇
龜		五八一
十七畫		
龠		五八一

部首名稱

部首	名稱
一	한일
丨	뚫을곤
丶	점주
丿	삐침
乙	새을
亅	갈고리궐
二	두이
亠	돼지해머리
人 亻	사람인
儿	어진사람인발
入	들입
八	여덟팔
冂	멀경몸
冖	민갓머리
冫	이수변
几	안석궤
凵	위튼입구몸
刀 刂	칼도
力	힘력
勹	쌀포몸
匕	비수비
匚	튼입구변
匸	감출혜몸
十	열십
卜	점복
卩 㔾	병부절
厂	민엄호밑
厶	마늘모
又	또우
口	입구밑
囗	큰입구몸
土	흙토
士	선비사
夂	뒤져올치
夊	천천히걸을쇠발발
夕	저녁석
大	큰대
女	계집녀
子	아들자
宀	갓머리
寸	마디촌
小	작을소
尢 尣 兀	절름발이왕
尸	주검시엄
屮	왼손좌
山	메산
巛	개미허리
工	장인공
己	몸기
巾	수건건
干	방패간
幺	작을요
广	엄호밑
廴	민책받침
廾	스물입발
弋	주살익
弓	활궁변
彐 彑	튼가로왈
彡	터럭삼 삐친석삼
彳	두인변 중인변
心 忄 ⺗	심방
戈	창과
戶	지게호
手 扌	손수 재방변
支	버틸지 지탱할지
攴 攵	등글월문
文	글월문
斗	말두
斤	날근
方	모방
无 旡	없을무
日	날일
曰	가로왈
月	달월
木	나무목
欠	하품흠방
止	그칠지
歹 歺	죽을사변
殳	갖은등글월문
毋	말무
比	견줄비
毛	터럭모
氏	각시씨
气	기운기엄
水 氵	물수
火 灬	불화
爪 爫	손톱조머리
父	아비부
爻	점괘효
爿	장수장
片	조각편
牙	어금니아
牛	소우변
犬 犭	개견
玄	검을현
玉 王	구슬옥
瓜	오이과
瓦	기와와
甘	달감
生	날생
用	쓸용
田	밭전
疋	짝필
疒	병질엄
癶	필발머리
白	흰백
皮	가죽피
皿	그릇명
目	눈목
矛	창모
矢	화살시
石	돌석
示 礻	보일시
禸	짐승발자국유
禾	벼화
穴	구멍혈
立	설립
竹	대죽 대죽머리
米	쌀미
糸	실사
缶	장군부
网	그물망
羊 ⺶	양양
羽	깃우
老 耂	늙을로
而	말이을이
耒	장기뢰
耳	귀이
聿	오직율
肉 月	고기육
臣	신하신
自	스스로자
至	이를지
臼	절구구
舌	혀설
舛	어길천
舟	배주
艮	괘이름간
色	빛색
艸 艹	초두머리
虍	범호엄
虫	벌레훼
血	피혈
行	다닐행
衣 衤	옷의
襾 覀	덮을아
見	볼견
角	뿔각
言	말씀언
谷	골곡
豆	콩두
豕	돼지시
豸	갖은돼지시
貝	조개패
赤	붉을적
走	달릴주
足	발족
身	몸신
車	수레거
辛	매울신
辰	별신
辵 辶	책받침
邑 阝	고을읍
酉	닭유
釆	분별할변
里	마을리
金	쇠금
長	길장
門	문문
阜 阝	언덕부
隶	미칠이
隹	새추
雨	비우
靑	푸를청
非	아닐비
面	낯면
革	가죽혁
韋	가죽위
韭	부추구
音	소리음
頁	머리혈
風	바람풍
飛	날비
食	밥식
首	머리수
香	향기향변
馬	말마
骨	뼈골
高	높을고
髟	터럭발엄
鬥	싸움투
鬯	울창주창
鬲	솥력
鬼	귀신귀
魚	물고기어
鳥	새조
鹵	소금밭로
鹿	사슴록
麥	보리맥
麻	삼마
黃	누를황
黍	기장서
黑	검을흑
黹	바느질할치
黽	맹꽁이맹
鼎	솥정
鼓	북고
鼠	쥐서
鼻	코비
齊	가지런할제
齒	이치
龍	용룡
龜	거북귀
龠	피리약

高 麗 青 磁

青磁象嵌辰砂彩葡萄童子文注子및承盤

첫소리로 나는 音이다

ㄷ、老字의 訓義 末尾의 ㉺는 語音의 高低를 表示한 것이다·이는 俗用이 不規하기로 奎章全韻과 韻考等에 依據하였으며 卷末에 韻字表를 붙이어 韻字의 高低를 밝히었다

一、어떤 글字에 있어서는 글字 밑 或은 訓頭에 韓·華·日의 略語가 있는 것이 있으니 韓은 韓國을 華는 中國을·日은 日本을 가리키는 것이다

一、草書、篆書는 實用字로만 뽑아서 欄頭에 놓고·찾기에 便利하도록 草書는 글字 右下에 黑點(●)을 篆書는 글字 左下에 白點(○)을 붙이었다

一、古代의 地名·山名·水名·國名等은 지금 어느 곳인가를 밝히었다

一、卷首에 檢字를 두어 扁·旁·冠·脚을 分別키 어려운 글字는 總畫數에 依하여 그字의 面數를 밝히어 찾기에 便利케하였다

一、卷末의 한글字彙(音考)는 原音에 依하여 ㄱㄴ順으로 排列하였으며 한 글字에 둘 以上의 音이 있는 字 卽 土(흙、토 뿌리、두) 易(쉬울、이 바꿀、역) 字等은 토·두·이·역의 音마다 收錄하였다

一、卷末에 辨似·俗字·常用漢字·略字等을 收録하여 參考에 資케하였다

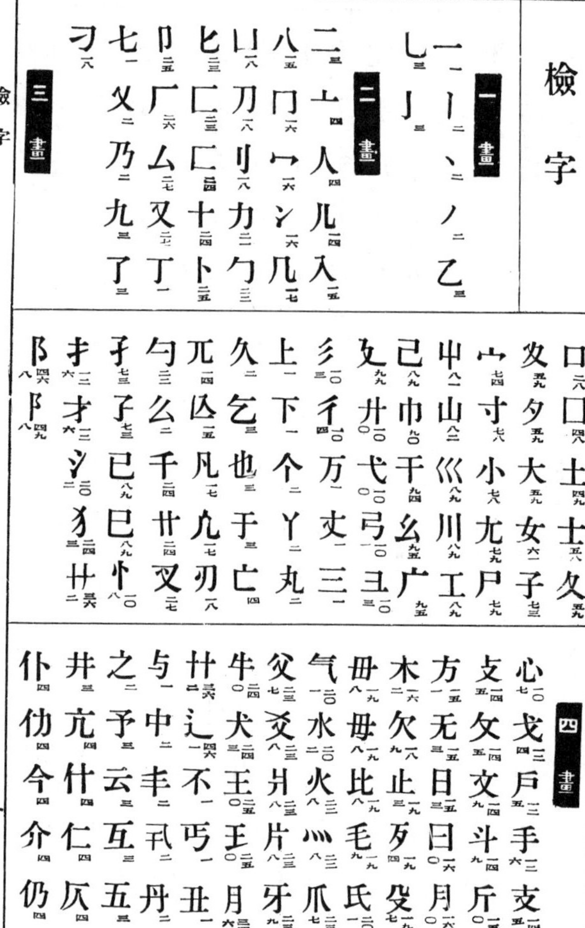

檢字

一畫

一 一　丨 二　丶 二　丿 二　乙 三
乚 三　亅 三

二畫

二 三　亠 四　人 四　儿 一四　入 一五
八 一五　冂 一六　冖 一六　冫 一六　几 一七
凵 一八　刀 一八　刂 一八　力 二〇　勹 二一
匕 二二　匚 二三　匸 二四　十 二四　卜 二五
卩 二五　厂 二六　厶 二七　又 二七　丁 一
七 一　乂 二　乃 二　九 三　了 三
刁 六

三畫

口 二八　囗 四八　土 四九　士 五八　夂 五九
夊 五九　夕 五九　大 五九　女 六二　子 七三
宀 七四　寸 七八　小 七八　尢 七九　尸 七九
屮 八二　山 八二　巛 八九　川 八九　工 八九
己 八九　巾 九〇　干 九四　幺 九五　广 九五
廴 九九　廾 一〇〇　弋 一〇〇　弓 一〇一　彐 一〇三
彡 一〇三　彳 一〇四　万 一　丈 一　三 一
上 一　下 一　个 二　丫 二　丸 二
久 二　乞 三　也 三　于 三　亡 四
兀 一四　亾 一五　凡 一七　九 一七　刃 一八
勺 二一　么 二　千 二四　卄 二四　叉 二七
孑 七三　孓 七三　已 八九　巳 八九　忄 一〇八
扌 一三六　才 一三六　氵 二〇二　犭 二四三　艹 三六二
阝 四六八　阝 四九八

四畫

心 一〇七　戈 一三四　戶 一三五　手 一三六　支 一四五
攴 一四五　攵 一四五　文 一四九　斗 一四九　斤 一五〇
方 一五一　无 一五三　日 一五三　曰 一六〇　月 一六〇
木 一六二　欠 一八九　止 一九三　歹 一九四　殳 一九七
毌 一九八　毋 一九八　比 一九八　毛 一九九　氏 二〇一
气 二〇一　水 二〇二　火 二三八　灬 二三八　爪 二三七
父 二三七　爻 二三八　爿 二三八　片 二三八　牙 二三九
牛 二四〇　犬 二四三　王 二五〇　玉 二五〇　月 二四六
卄 三六二　辶 四六一　不 一　丏 一　丑 一
与 一　中 二　丰 二　丮 二　丹 二
之 二　予 三　云 三　互 三　五 三
井 三　亢 四　什 四　仁 四　仄 四
仆 四　仂 四　今 四　介 四　仍 四

五畫

肭三四七 臥三五六 臾三五八 舍三五九 芝三六三
芷三六三 芰三六三 芘三六三 芾三六三 芧三六三
芙三六三 芮三六三 芸三六三 芬三六三 芹三六三
苊三六三 芭三六三 芼三六三 花三六四 芽三六四
芳三六四 芿三六四 芣三六四 芩三六四 芡三六四
芟三六四 芴三六四 芨三六四 芒三六四 芫三六四
芥三六四 芉三六四 昔三六四 虎三八六 蚪三八七
虱三八七 卒四〇〇 表四〇〇 衫四〇〇 軋四五三
迕四六二 迍四六二 近四六二 返四六二 迓四六二
迎四六二 迒四六二 迌四六二 邳四六九 邸四六九
部四六九 邶四六九 邯四六九 邵四六九 邴四六九
邲四六九 邱四六九 采四七八 陂四九九 阹四九九
阻四九九 阼四九九 附四九九 阺四九九 阸四九九
陀四九九 陁四九九 阿五〇〇 阽五〇〇

九畫

面五一三 革五一四 韋五一九 韭五二一 音五二一
頁五二二 飛五二八 風五二八 食五三一 首五三七
香五三七 亮四 亭四 係八 信八
俊八 便八 俛八 俔八 保八
促八 俗八 侯八 俞八 俎八
俤八 兗一五 兪一五 冑一六 冒一六
函一八 剃一九 前一九 剄一九 剌一九
削一九 剋一九 剉一九 則一九 勇二一
勁二一 勉二一 勃二一 勅二一 匍二三
匧二四 匽二四 南二五 卤二五 卻二六
卽二六 卻二六 卼二六 厖二六 厚二六
叜二八 叛二八 叙二八 咨三二 咫三二
咡三二 冠一六 咶三二 哉三二 哀三二
咽三三 品三四 咱三四 咸三四 咢三四
咼三四 囿四八 囥四九 型五一 垜五一
奎六〇 契六〇 奐六〇 奏六〇 奔六一
奕六一 姿六四 姬六四 威六四 姦六四
姸六四 姸六四 姜六五 孩七三 宦七五
宣七五 室七五 客七五 宥七五 封七八
屋八〇 屎八〇 屏八〇 峉八三 峙八三
巷八九 帥九一 帝九一 帟九一 帣九一
幽九五 庠九六 庤九六 庥九六 度九六
廻九九 建九九 弇一〇〇 弈一〇〇 弧一〇一
弭一〇一 弮一〇一 彖一〇三 彥一〇三 徊一〇四
徇一〇四 待一〇四 徉一〇四 後一〇四 律一〇四
很一〇五 怨一〇九 思一〇九 怒一〇九 怠一〇九
怨一一〇 怎一一〇 急一一〇 扁一一五 扃一一六

十一畫

十三畫

黽五七四 鼎五七五 鼓五七五 鼠五七六 亂一三
亶四 傲二三 僉二三 龔二六 勢三〇
募三三 勢三三 勤三三 勦三三 勠三三
勣三三 匯三四 [illegible]三六 厩三七 厪三七
嗣四〇 啤四〇 喿四〇 嗚四〇 嗀四一
嘗四一 嗇四一 嗐四一 塗五四 塑五五
塞五五 埜五五 塋五五 塍五五 壼五八
奧六一 媵六九 孶七四 寘七六 寑七七
寙七七 寊七七 尟七九 尠七九 嵩八五
嵬八八 幹九五 廋九八 彀一〇二 彙一〇三
微一〇六 徯一〇六 徬一〇六 意一一五 愚一一五
愈一一五 愛一一五 愍一一六 愆一一六 惹一一六
想一一六 愁一一六 惷一一六 感一一六 戣一三五

戡一三五 戢一三五 擊一三六 敬一四七 斒一四九
斟一五〇 新一五一 旒一五二 暗一五七 暑一五七
暈一五七 暋一五七 會一六〇 楚一七五 楙一七六
㮚一七六 楶一七六 業一七七 歆一九一 歲一九四
毀一九七 殿一九七 毄一九七 毓一九八 毼二〇〇
準二一六 熙二三一 煮二三二 煦二三二 煞二三二
煎二三二 照二三二 煢二三二 煩二三二 爺二三七
犎二四二 猷二四七 献二四七 瑟二五三 甁二五八
甞二五九 當二六一 畺二六一 皙二七〇 盞二七三
盟二七三 睛二七七 督二七七 睪二七七 矮二八二
碁二八五 碆二八五 碓二八五 禁二九一 禀二九二
禽二九三 稚二九六 稟二九六 竪三〇四 筭三〇七
筧三〇七 粲三一七 粱三一七 綌三二四 緐三二四
置三三四 罪三三四 罫三三四 罨三三四 罭三三四

罩三三四 羣三三六 群三三六 義三三六 羨三三六
翛三三九 聖三四四 肄三四六 肆三四六 肅三四六
腫三五二 腴三五二 腱三五二 腯三五二 腳三五二
腰三五二 腦三五二 腸三五二 腥三五二 腶三五二
腠三五二 腹三五二 腷三五二 腜三五二 腭三五二
腟三五二 腮三五三 腺三五三 臺三五七 舅三五八
與三五八 辞三五九 葑三七二 舝三五九 董三七二
萵三七二 葹三七二 萻三七二 葸三七二 葳三七二
葦三七二 葅三七二 著三七二 萸三七二 葡三七二
葫三七二 葰三七二 葷三七二 萱三七二 葐三七二
萬三七二 葽三七二 葆三七二 葵三七二 葭三七二
葬三七二 葜三七二 葩三七二 萩三七二 葚三七二
葍三七三 葛三七三 落三七三 萼三七三 葺三七三
葉三七三 萹三七三 葯三七三 葎三七三 蒂三七三

十四畫

十六畫

親 覽 覺 觳 豫
賛 賴 賫 辨 辦
辥 遷 遺 遻 遲
遴 選 遼 遶 遹
鄶 鄴 隨 隧 隩
險 隷 雋 雖 霏
霓 霖 霍 靜 靛
靦 俸 頻 頭 頹
頴 頷 餐 餕 駡
駢 盧 鴦 鴨 駮
麇 默 黔 鼽 齓

十七畫

龜 龠 勵 匵 嚊
壓 壑 嬰 嬮 孺
嶷 嶺 嶽 嶾 幫
徽 懇 懃 應 懋
戲 擎 擘 擊 斂
斀 斶 斵 檠 檗
檃 歛 毚 燮 營
盩 盪 瞥 矚 磺
磿 竁 簋 簏 簍
糜 糞 縻 繄 繁
繇 縶 縛 罄 罍
罽 罾 羲 翳 翼
聳 聱 聲 臂 膿
膾 臂 臊 膺 膽
臆 臉 臄 臈 膻
膝 臃 臅 臨 舉
艱 蕹 薏 蕷 薊
蕡 薜 薛 薈 蕾
薪 薀 薖 薦 薤
蕘 薑 薌 薇 薝
薟 薁 薩 蓬 薄
蕺 薔 薢 薨 薥
虧 虨 蟁 螯 蟇
蟄 螢 螽 螭 衞
褰 褻 褒 褽 襌
襐 襆 覆 覽 觳
謇 謄 謈 謍 谿
豀 豁 豳 賽 賸
賾 蹇 輿 轂 避
遽 邁 邂 還 邅

十八畫

十九畫

二十畫

二十一畫

二十二畫

二十三畫

二十四畫

二十五畫

二十六畫

二十七畫

二十八畫

檢字終

明文新玉篇

松亭 金赫濟 著

一畫

一部

一。이 [일]數之始初한、일又하나、일均也고를、일同也같을、일誠也정성、일第ㅣ첫재、일單箇낱、일統也온통、일又온、일萬ㅣ만일、일合也합할、일語助辭어조사、일統括묶을、일或也혹、일(會)壹通

丄 上古字

丅 下古字

丂 巧古字

七。치 [칠]一加六少陽數일곱、칠文體名문체이름、칠(會)柒通

丁。띵 [정]幹名疆圉고무래、정民夫장정、정當也당할、정盛也성할、정(青)[쟁]伐木聲ㅣㅣ벌목소리、쟁(庚)

❷

丌 지 [긔]薦物具책상、기(支)

万 완 [만]十千만、만(願)萬通[묵]蕃姓ㅣ俟성、묵(職)

下。쌰 [하]上之對ㅣ아래、하(馬)降也내릴、하(禡)

丈 장 [장]長老尊稱어른、장十尺한길、장(養)

上。쌍 [상]下之對ㅣ윗、상尊也높을、상(漾)進也올릴、상登也오를、상(養)[韓]上給下ㅣ下차별할、차

三。싼 [삼]一陽數셋、삼(싸)(覃)參通세번삼(勘)

丄 且古字

丅 五俗字

❸

弌 一古字

与 與同

丐 깨 [개]乞也빌、개(泰)匄匃同

不。부 [불]非也아닐、불(物)弗通[부]未定辭얍아니그런가、부(尤)(有)否通、䳕通

丏 면 [면]不見보이지않을、면(銑)

丑。칙 [추]支名赤奮若지지、추(俗音축)(有)

屮 之古字

❹

丕 비 [비]大也클、비(支)

且。(쟈체) [차]又也또、차姑也아직、차語助辭어조사、차(馬)[저]多貌수두룩할、저芭蕉巴ㅣ파초、저(魚)恭順공순할、저(語)

世。씨 [세]人間ㅣ界인간、세(霽)代也대、세

丙 뼁 [병]幹名柔兆천간、병南方남녘、병(梗)明也밝을、병

丘。칙 [구]阜也언덕、구聚也모을、구大也클、구高也높을、구(尤)

❺

丟 뒤 [주]一去不還잃어버릴、주(尤)

丞 청 [승]佐也도울、승繼也이을、승(蒸)

[illegible] [재]定也정식할、자(支) (六) 丣 酉古字 兲 天古字 (七) 並 竝同 [illegible] 所俗字 (十) [illegible] 떡 [두]禮酒杯연향술잔、두(宥)

丨部

丨 (씬꾼) [곤]上下相通위아래로통할、곤(阮) (二) 个 꺼 [가]明堂傍室左ㅣ명당곁방、가 [개]枚也낱、개(箇)箇通 丫 야 [아]物之岐頭두갈래질、아(麻) (三) 中 쭝 [중]內也가운데、중(東) 矢至的맞칠、중(送) 丯 뱅 [봉]容色美好예쁠、봉 草盛ㅣ茸풀성할、봉(冬) 丮 커 [극]執也捕罪人잡을、극(陌) (四) 丱 판 [관]束髮兩角貌쌍상투、관(諫) (六) 串 촨 [천]物相連貫꿰미、천(霰) [관]押習익힐、관(諫) [곶][韓]長山땅이름、곶 [곶]貫物竹釘꼬챙이、꼿 (七) 弗 찬 [찬]燔肉具석쇠、찬 貫物釘꼬치、찬(潸) (八) 𠁩 中古字 (九) 丵 찬 [착]草盛풀성할、착(覺) (十二) 𠁿 龜古字

丶部

丶 쥬 [주]有所絶止ㅣ而識之(標點)귀절찍을、주(麌) (二) 丷 쌰 下古字 丸 완 [환]彈ㅣ탄자、환 圜也둥글、환 轉也굴를、환(寒) (三) 丹 단 [단]赤色붉을、단 鳥名 鶲ㅣ새이름、단(寒) (四) 主 쥬 [주]君也임금、주 守也지킬、주 掌也주장할、주 賓之對주인、주(麌) 丼 딴 [정]퐁당、정 井同(梗)

丿部

丿 베 [별]左引之삐침、별(屑) 乂 이 [예]賢才俊ㅣ어질、예 治也다스릴、예(隊) 乃 (매내) [내]語助辭이에、내 汝也너、내(賄) 乀 부 [불]右引之파임、불(物) ナ 有古字 乄 五古字 (二) 久 쥐 [구]暫之反오랠、구 待也기다릴、구(有) 么 幺俗字 (三) 之 즈 [지]往也갈、지 至也이를、지 語助辭어조사、지(支) 𠂂 垂古字 (四) 乎 호 [호]語助辭어조사、호(虞) 乍 자 [사]暫也잠간、사(禡) 乏 빠 [핍]欠絶다할、핍(洽) (七) 乖 꽤 [괴]戾也어그러질、괴 異也다를、괴(佳) (九) 乘 (싱칭) [승]駕也멍에할、승 登也오를、승 因也인할、승 治也다스릴、승(蒸) 乗同 (徑)甸通 𠂹 手古字

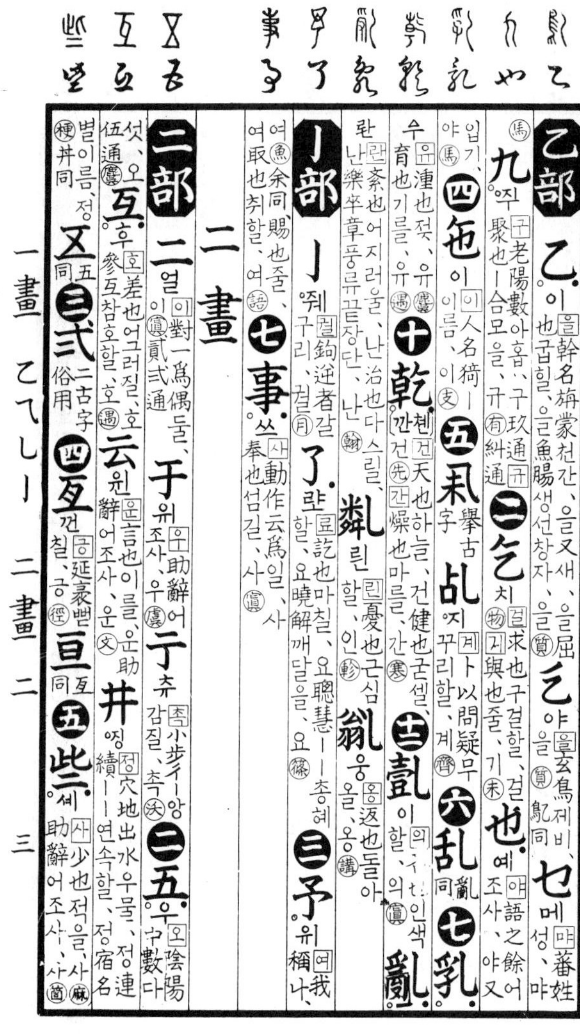

乙部

乙 이 [을]幹名旂蒙천간、을又새、을屈也굽힐、을魚腸생선창자、을(質)
乚 야 [을]玄鳥제비、을(質) 鳦同
乜 메 [먀]蕃姓성、먀(馬)
九 직 [구]老陽數아홉、구玖通 [규]聚也ㅣ合모을、규(有) 糾通

二 乞 치 [걸]求也구걸할、걸(物) [기]與也줄、기(未)
也 예 [야]語之餘어조사、야又입기、야(馬)

四 乤 이 [이]人名猗ㅣ이름、이(支)

五 乥 擧古字
乩 지 [계]卜以問疑무꾸리할、계(齊)

六 乱 亂同

七 乳 수 [유]湩也젖、유(麌) 育也기를、유(遇)

十 乾 첸 [건]天也하늘、건健也굳셀、건(先) 깐 [간]燥也마를、간(寒)

十二 亄 이 [의]吝嗇인색할、의(寘)
亂 롼 [란]紊也어지러울、난治也다스릴、난樂卒章풍류끝장단、난(翰)
亃 린 [린]憂也근심할、인(軫)
[翁乚] 웅 [옹]返也돌아올、옹(講)

亅部

亅 줴 [궐]鉤逆者갈구리、궐(月)
了 랴 [료]訖也마칠、요聰慧ㅣㅣ총혜할、요曉解깨달을、요(篠)

三 予 위 [여]我稱나、여(魚) 余同賜也줄、여取也취할、여(語)

七 事 쓰 [사]動作云爲일、사奉也섬길、사(寘)

二畫

二部

二 얼 [이]對一爲偶둘、이(寘) 貳式通
于 위 [우]助辭어조사、우(虞)
亍 추 [촉]小步彳亍앙감질、촉(沃)

二 五 우 [오]陰陽中數다섯、오伍通(麌)
互 후 [호]差也어그러질、호參互참호할、호(遇)
云 윈 [운]言也이를、운助辭어조사、운(文)
井 찡 [정]穴地出水우물、정連續ㅣㅣ연속할、정宿名별이름、정(梗) 丼同
𠄡 五同

三 弍 二古字俗用

四 亙 껀 [긍]延袤뻗칠、긍(徑)
亘 亙同

五 些 쎄 [사]少也적을、사(麻) 助辭어조사、사(箇)

況광 [황]發語辭하물며황(漾) 況異

⑥ 亟지 [극]疾也빠를、극(職) [기]遽창졸、기(寘)

亞야 [아]次也버금、아(禡)

亝 齊古字

亠部

亠두 [두]義闕(尤)

亡 亾俗字

② 亢깡 캉 [항]人頸목、항宿名별이름、항(陽)高極높을、항(漾)

④ 亥해 [해]支名지지、해又大淵獻돌、해(賄)

交좌 [교]友也벗、교飛貌ㅣㅣ풀풀나를、교合也사귈、교(肴)鵁通

亦이 [역]又也또、역總也다、역(陌)

⑤ 亨형 [형]通也형통할、형(庚)烹同 享通

亯랴 [요]不靜분요할、요(效)

⑥ 享썅 [향]獻也드릴、향歆也흠향할、향(養)亨通、饗見

京징 [경]王居서울、경高丘높은언덕、경大也클、경十兆십조、경憂也ㅣㅣ근심할、경(庚)

㐭 廩仝

⑦ 亮량 [량]明也밝을、양(漾)諒同

亭팅 [정]旅館정자、정山名云ㅣ산이름、정聳立ㅣㅣ貌우뚝할、정至也이를、정(青)

⑧ 亳빠 [박]殷都名은나라서울、박(藥)

⑩ [illegible] 勝古字

[illegible]유 [우]飛也나를、우(有)

⑪ 亶딴 [단]信也믿을、단篤也도타울、단多也많을、단(旱)但同

⑫ 亹 웨 뭔 [미]勉也ㅣㅣ힘쓸、미文貌ㅣ문채날、미美也아름다울미(尾) [문]縣名浩ㅣ고을이름、문兩山峙立如門산어귀、문(元)

人部

人신 [인]五行秀氣사람、인(眞)

② 仆부 푸 [부]頓也엎드러질、부(宥)踣通僵也자빠질、부(遇)

介졔 [개]大也클、개助也도울、개甲也갑옷、개繫也맬、개間側끼일、개(卦) [갈]無耦獸홀즘생、갈(黠)

仁인 [인]慈也인자할、인果核中實열매씨、인(眞)

仃띵 [정]獨行伶ㅣ외로울、정(青)行同

仍싱 [잉]因也인할、잉洊也거듭、잉後昆雲후손、잉(蒸)

仇칙 착 [구]讎也원수、구(尤)逑同 [illegible]通

今진 [금]是時이제、금(侵)

从 從同

仂리 러 [륵]十分一십분일、늑(職)

仄 [측]不正기울어질、측(職)側通昃通

仅 付同

什시 [십]十人열사람、십ㅣ物물건、습(緝)十見

仉장 [장]孟子母姓맹자어머니성、장(養)

③ 仔쯔 [자]농할、자負荷ㅣ肩질、자(支)(紙)

仕 사 宦也벼슬할、사 察也살필、사 紙 事通
付 부 與也줄、부 遇 仮同、附通
代。대 替也대신할、대 世也댓수、대 隊
以。이 用也써、이 紙 已同、以通
仞 인 八尺여덟자、인 滿也가득할、인 震 仭同
仙。션 선 老不死神ㅣ신선、선 先 僊仚同
仚 션 헌 輕擧날듯할、헌 先
仟 쳔 천 千人천사람、천 先
仝 全同
仗 쟝 장 兵衛儀ㅣ의장、장 倚也의지할、장 養 漾
令。령 령 使也하여금、영 庚 善也착할、영 命也명할、영 敬 姓也ㅣ狐성、영 青
仡 흘 壯勇ㅣㅣ치날랠、흘 物
他。타 타 彼稱此別다를、타 歌 駄同
仮 반 범 輕之相ㅣ경홀이여길、범 咸 陷

四

仯 묘 小貌僬ㅣ작은모양、묘 篠
仲。즁 중 次也버금、중 送
仳 피 비 別也ㅣ離이별할、비 紙
伊。이 이 彼也저、이 語辭발어사、이 支
企。치 기 望也바랄、기 紙 寘 跂通
众 衆同
伍 우 오 五人다섯사람、오 軍列항오、오 麌 五同、仵見
仵 우 오 偶也짝、오 同也같을、오 麌 伍通
伂 뻬 패 偃仆顚ㅣ자빠질、패 泰 沛通
伐。뻘 벌 征也칠、벌 矜也자랑할、벌 月
件 꼔 건 分次조건、건 物數가지、건 銑
份 彬古字
伉 캉 항 剛正강직할、항 (캉) 항 健也건장할、항 陽 匹也짝、항 漾 抗閌見
伃 好同
仰。앙 앙 擧首우러를、앙 (양) 慕也사모할、앙 養 恃也믿을、앙 漾
伎 技跂見
休。쒸 휴 息也쉬일、휴 暇也겨를、휴 尤 烋見
伏 뿍 복 跧也엎드릴、복 匿藏감출、복 屋 부 抱卵새알안을、부 宥
仿 傍同
任。인 임 擔也멜、임 相信믿을、임 姓也성、임 用也쓸、임 所負질、임 侵 沁 壬見
伈 씬 심 恐貌ㅣㅣ두려워할、심 寢 沁 심 義同 沁
价。쟤 개 善也착할、개 大也클、개 卦
伀 죵 종 懼也征ㅣ두려워할、종 冬
伋 끕 급 思也생각할、급 緝
伙 휘 화 什物家ㅣ세간、화 哿

五

伯。빽 백 長也맏、백 陌
佟 뚱 동 姓也성、동 冬
伾 삐 비 有力ㅣㅣ힘있을、비 支 岯見
佌 츠 차 小也ㅣㅣ작

을、차(紙)
似。쓰 [사]肖也같을、사嗣也이을、사(紙) 佀同
伱 늬 [니]汝也너、니(紙)
位。웨 [위]坐也자리、위正也바를、위列也벌릴、위(寘) 官職
伫 쟈 [저]久立오래섰을、저(語) 竚同
佊 삐 [피]邪也간사할、피(寘)
余。同予
估 꾸 [고]市稅저자세금、고(麌)
住。쥬 [주]止也머무를、주(遇)
佈 뿌 [포]徧也펼、포(遇)
作。쟉 [작]造也지을、작始也비로소、작(藥) [자]爲也할、자(箇) 做見
低 듸 [저]俛也굽힐、저下也낮을、저(齊)
伸 쎤 [신]舒也펼、신(眞) 申同
伴 빤 [반]侶也짝、반依也의지할、반(旱) 縱弛ㅣ奐늘어질、반(翰)
佃 뎐 [전]治田밭맬、전(先)(霰) 畋見、甸通
但。딴 [단]徒也다만、단(旱)(翰)
佋 쇼 [소]廟位ㅣ穆소목、소(蕭) 昭通 介行ㅣ介소개할、소(篠)
何。허 [하]曷也어찌、하誰也무엇、하(歌)
伽 캬 [가]僧居ㅣ藍절、가(歌)
佗 타 태彼稱저、타自得委ㅣ지득할、타(歌) 他同它通、加也더할、타(箇)
佐。죄 [자]俗音[좌]輔也도울、좌(箇)
佒 양 [앙]體不伸偃ㅣ몸펴지못할、앙(養)
伻 뻥 [팽]使人사람부릴、팽(庚)
伶 령 [령]樂工ㅣ人악공、영黠慧ㅣ俐영리할、영(靑)
佞 닝 [영]才也재주、영諂ㅣ아첨할、영(徑)
佝 〔컥후〕 [후]短醜僂ㅣ추루할、후(宥)
伷 同冑
佑。우 [우]助也도울、우(宥) 右祐通
佔 同覘
佖 삐 [필]威儀ㅣㅣ위엄스러울、필(質) 怭通
佛。〔삐뿨〕 [불]覺悟羣生부처、불戾也어그러질、불(物) [필]大也클、필(質)
佚 이 [일]過失허물、일安逸편안할、일(質) 妷同 逸見 [질]緩也ㅣ蕩방탕할、질(屑)
佀。同似
佂。정 [정]懼也ㅣ忪두려워할、정(庚)
体。뿐 [분]輀丁ㅣ夫상여군、분笨也거칠、분(阮) 笨同(俗作體略字)
伺。〔쓰츠〕 [사]察也살필、사(寘)
佁 이 [이]癡貌미련스러울、이(紙)
佉 취 [구]國名ㅣ沙나라이름、구(尤)
侂 텨 [탁]人名韓ㅣ胄사람이름、탁(藥)

六

侗 퉁 [동]無知倥ㅣ지각없을、동 [동]大體클、동(東)
⿰亻曲 츙 [궁]小陋작고추할、궁(送) 窮見
供。궁 [공]奉也받들、공具也갖출、공(宋) 給也

공궤할、공 (冬) 共通 **侇** 이 [예] 儕也무리、이 尸也주검、이 (支) **來** 래 [래] 至也올、내 招也오너라、내 [리] (灰) 倈同、徠通 [리] 義同 (支) 郲見 **侈** 치 [치] 奢也사치할、치 (紙)

佹 궤 [궤] 重累포갤、궤 (紙) **使** 쓰 [사] 令也하여금、사 役也부릴、사 (紙) [시] 將命者사신、사 (寘) **佽** 츠 [차] 利也이할、차 助也도울、차 (寘) **侍** 씌 [시] 陪側모

실、시 (寘) 寺通 **依** 이 [의] 倚也의지할、의 循也좇을、의 (微) 譬喻비유할、의 (尾) **例** 례 [례] 比也견줄、예 (霽) **侏** 쮸 [주] 短人ㅣ儒난장이、주 (虞) **佳** 계 [개] 俗音 [가]

善也착할、가 (佳) 美也아름다울、가 (麻) 嘉見 **侅** 깨 [해] 非常奇ㅣ이상할、해 (灰) 胲賅通 **佪** 徊同 **㑊** 이 [역] 食而瘦食ㅣ감질、역 (陌) **侁** 씬 [신] 衆行貌ㅣㅣ

떼지어갈、신 (眞) 駪通 **侚** 쓘 [순] 疾也빠를、순 (震) 徇見 **侖** 룬 [륜] 物之圜渾者昆ㅣ뭉치、윤 (元) 崙同 **侃** 칸 [간] 剛直ㅣㅣ강직할、간 (旱) (翰) 偘同 **佻** 됴 [조] 竊取도

적할、조 (蕭) 恌同 獨行ㅣㅣ홀로행할、조 (篠) **佺** 찬 [전] 仙人偓ㅣ신선이름、전 (先) **侉** 誇同 **侘** 챠 [차] 失意ㅣ傺실심할、차 (禡) **佼** 쨔 [교] 好也좋을、교 (巧) 姣同 [효] 好

貌也예쁠、효 (效) **佯** 양 [양] 詐也거짓、양 (陽) 詳通 **侜** 쥬 [주] 壅蔽가리울、주 (尤) **侔** 무 [모] 齊等비등할、모 (尤) **侑** 우 [유] 耦也짝、유 勸食권하

여먹일、유 (宥) **侌** 陰霒見 **佾** 이 [일] 舞行行數춤추는줄수효、일 (質) 溢通 **佶** 지 [길] 正也바를、길 (質) **佸** 훠 [괄] 會計회계할、괄 會力貌ㅣㅣ힘쓸、괄

[활] 至也이를、활 (曷) **佰** [빼] [백] 百人長백사람의어른、백 (陌) 百同 **侂** 託同 **侐** 씨 [혁] 靜寂고요할、혁 (職) **侎** 敉同 **佩** 페 [패] 玉ㅣ패옥、패 又찰、패 (隊) 珮

同 **佷** 헝 [항] 縣名ㅣ山고을이름、항 還也돌아올、항 (蒸) **侄** 찌 [질] 癡也어리석을、질 (質) 俗誤作爲姪字 **佴** 얼 [이] 貳也버금、이 (寘) **侊** 꽝 [광] 大也클、광 (陽)

佬 칸 [고] 誓必行다짐둘、고 (皓) **七** **俇** 망 [망] 不媚偝ㅣ아첨하지않을、망 (講) **俚** 리 [리] 俗也속될、이 賴也힘입을、이 (紙) **俑** 용 [용] 木人목인、용 (腫)

俟 쓰 [사]待也기다릴、사(紙) 竢同 [기]姓也성、기(支) 俐 리 [리]慧黠伶ㅣ영리할、이(眞) 俙 씨 [희]彷彿依ㅣ방불할、희(微) 不明僾ㅣ희미할、희(尾) 侶 려 [려]伴也짝、여(語) 俍 량 [량]良工장인、양(漾) 俘 부 [부]軍所獲볼모잡을、부(虞) 俌 부 [보]輔也도울、보(麌) 侮 우 [모]慢也업신여길、모(麌) 俁 위 [우]容貌大ㅣㅣ형용장대할、우(麌) 係 씨 [계]連接이을、계(霽) 繫見 侲 연 [진]逐厲童여역쫓는아이、진(眞)(震) 信 씬 [신]不疑믿을、신(震) 俊 쥔 [준]智過千人ㅣ傑준걸、준(震) 雋同 便 (뻔)편 [편]安也편안할、편宜也마땅할、편(先) [변]輒也문득、변溲也오줌、변(霰) 便同 俛 몐 [면]頫首굽힐、면(銑) 勉通 俔 쎤 [현]譬喩비유할、현(銑) [견]義同(霰) 俏 챂 [소]反琴聲ㅣ然거문고뒤치는소리、소(蕭) [초]好貌ㅣ措아리따울、초(嘯) 保 빠 [보]全之보전할、보養也기를、보傭也고용살이、보(晧)

俄 어 [아]時之短速아까、아傾貌기울어질、아(歌) 俜 핑 [빙]行不正伶ㅣ비틀거릴、빙(青) 侹 팅 [정]長也길、정(迥) 俓 징 [경]直也곧을、경(徑) 徑見 侵 친 [침]朘削침노할、침凶年大ㅣ흉년들、침貌不揚모촘할、침(侵) 促 츄 [촉]催也재촉할、촉迫也핍박할、촉(沃) 趣通 俗 (쓔 쒸) [속]風習풍속、속欲也하고자할、속(沃) 侻 퉈 [탈]輕也가벼울、탈狡也교활할、탈(曷) 俋 이 [읍]耕行貌ㅣㅣ밭갈러갈、읍(緝) 俅 착 [구]恭順貌ㅣㅣ공순할、구(尤) 俠 (싸 쨔) [협]權力輔人任ㅣ협기、협(葉) [겹]竝也아우를、겹傍也곁、겹(洽) 狹見 [illegible] 삐 [폐]開脚行步ㅣ倰걸음걸이、폐(齊) 侯 후 [후]公之次제후、후發語辭발어사、후(尤) 矦同 帿見 俒 훈 [흔]完也완전할、흔慁也격정시킬、흔(願) 俈 嚳同 㑗 씬 [신]妊身아이밴몸、신(眞) [illegible] 랖 [로]麤大貌僇ㅣ투박할、노(豪) 侳 쫘 [좌]安也편안할、좌辱也욕될、좌(箇)

俞 兪俗字 俎 쭈 [조]祭享器제기、조刀ㅣ도마、조(語) 㑲 난 男俗字 倸 채 [채]干涉아른체할、채 俤 듸 [제]面影얼굴그림자、제

倥 쿵 [공] 無知ㅣ侗 시각없을、공(東) 不暇ㅣ偬 공총할、공(董)(送)
俸。 옝 [봉] 秩祿 녹、봉(宋)
倛 魌同
倕 췌 [수] 重也 무거울、수 人名 이름、수(支)
倭。 웨 [위] 回遠ㅣ遲 빙돌、위(支) [왜] 海中國名今日本 나라、왜(歌)
倚。 이 [의] 依也 의지할、의(紙) 猗通 恃也 믿을、의 加也 더할、의 因也 인할、의(寘)
俾。 삐 [비] 使也 하여금、비 益也 유익할、비(紙) 裨同
値 찌 [치] 當也 당할、치 遇也 만날、치 物價 값、치(寘) 直通
俱。 쮜 [구] 偕也 함께、구(虞)
傷 이 [이] 慢也 업신여길、이(寘)
倨 쮜 [거] 不遜 거만할、거(御)
倳 剚同
俯。 뷰 [부] 俛也 굽으릴、부(麌) 頫同
倪 이 [예] 端也 끝、예(齊) 兒見
倍。 베 [배] 兼也 갑절、배(賄)
俳 패 [배] 戲也ㅣ優 광대、배(佳) 徘見
倈 來同
倅 췌 [쉬] 郡ㅣ원 쉬、副也 버금、쉬(隊)
倧 쭝 [종] 上古神人 옛적신인、종(冬)
倌。 꽌 [관] 主駕者 수레 맡은사람、관(寒)
們。 뭔 [문] 等輩 무리、문(願)
俴 첸 [천] 淺也 얕을、천(銑)
倦。 쮠 [권] 懈也 게으를、권(霰)
倰 夌同
倩 쳰 [천] 男子美稱也 예쁘고 얌전할、천 壻也 사위、천(霰) [청] 假借 빌、청(敬)
倀 창 [창] 虎鬼 창귀、창 失道ㅣㅣ 길잃을、창 狂也 미칠、창(陽)
俵 뱌 [표] 分畀 나눠질、표(嘯) [日] 秎也 섬、표 又 가마니、표
倫。 룬 [륜] 序也 차례、륜 等也 무리、윤(眞)
倒 똬 [도] 顚也 거꾸러질、도(號) 仆也 자빠질、도(皓)
倮 궈 [과] 狹隘雈ㅣ 협애할、과(哿)
個。 箇同
借。 〔쪠찌〕 [차] 貸反 빌어올、차(禡)
倡。 챵 [창] 俳優 광대、창(陽) 娼通 導也 인도할、창(漾) 唱通
倯 쑹 [송] 形小醜惡 倯ㅣ 작고못생길、송(冬)
㑦 리 [려] 怒也 성낼、여(御)
倣。 빵 [방] 效也 본받을、방(養) 昉同
倘 儻同
倞 량 [량] 遠也 멀、양(漾) [경] 彊也 굳셀、경(敬) 競見
倂。 삥 [병] 竝也 나란할、병(敬) 幷通 和合 아우를、병(梗) 併通
倖 씽 [행] 覬非望 요행、행 寵也 총애할、행(梗) 幸通
倗 씽 [형] 成也 이룰、형(青)
㑣 란 [람] 鶩鈍貌ㅣ儖 두미할、남(覃)
俲 傚同
倓 탄 [담] 安也 편안할、담(感)
俺。 안 [엄] 我也 나、엄(豔) [암] 大也 클、암 義同(感)

(陷) **倏** 쑥 [숙] ㅣ忽빠를、숙(屋) 儵同 **倢** ᄋ졔 [첩] 疾也빠를、첩(葉) 婕捷見 **俷** 얘 [비] 背也배척할、비(尾) **倴** 뽄 [분] 人名ㅣ盞사람이름、분(元) [華]ㅣ人둔한사람、분

俶 ᄋ쓕 [숙] 始也비로소、숙 善也착할、숙 作也지을、숙 甚也심할、숙(屋) 倜同 **倬** ᄋ쭤 [탁] 大也클、탁(覺) **倔** ᄋ쥐 [굴] 梗戾ㅣ强어기댈、굴 强也굳셀、굴(物) **倜** ᄋ틔 [척] 不羈ㅣ儻억매지않을、척 高擧貌높이들、척(錫) 俶通

倷 예 [엽] 卑也낮을、엽(葉) 偞通 **(亻+昏)** 훈 [혼] 闇也어두울、혼者 妄노인건망증、혼(願) **俽** 씬 [흔] 州名고을이름、흔 喜也기쁠、흔(文)

倉 ᄋ창 [창] 穀藏곳집、창(陽) 喪也슬퍼할、창 又슬플、창(漾) **倃** ᄋ쥐 [구] 毁也훼방할、구(有) **(亻+沓)** 다 [답] 不任事儑ㅣ일감당못할、답(合)

倆 량 [량] 巧也伎ㅣ공교할、량(養) **倗** 평 [붕] 託也부탁할、붕(蒸) **修** ᄋ쑤 [수] 理也다스릴、수 飾也꾸밀、수(尤) 脩通 **候** 훅 [후] 伺望바랄、후 氣ㅣ기후、후(宥)

(九) **偫** 찌 [치] 待也기다릴、치(紙) **偯** 이 [의] 哭餘聲울음끝소리、의(尾) **偲** ᄋ(쓰 채) [시] 詳勉ㅣㅣ살피고힘쓸、시(支) 多才재주많을、시(灰) **偊** 위 [우] 曲躬몸굽힐、우(麌)

做 (쭤 주) [조] 造也지을、주(遇) **偉** ᄋ웨 [위] 大也클、위(尾) **偈** (예 치) [게] 梵語ㅣ句범어、게 武威위엄스러울、게(霽) [걸] 疾也빠를、걸(屑)

偃 연 [언] 僵也자빠질、언 臥也누울、언(阮) **健** ᄋ졘 [건] 强也건장할、건(願) **偏** 편 [편] 側也치우칠、편(先) **僝** 잔 [잔] 具也갖출、잔(潸) 僝通 **偭** 면 [면] 向也향할、면 背也등질、면(霰)

偘 同侃 **偕** ᄋ졔 [해] 俱也함께할、해(佳) **偠** 얖 [요] 細腰ㅣ㒡허리가늘、요(篠) **假** ᄋ(야 꺄) [가] 非眞거짓、가 大也클、가 借也빌릴、가(禡) 格見

偝 同背 **偵** 청 [정] 問也물을、정(敬) **偟** 同徨 **(亻+竝)** 빙 [병] 皆也다、병(敬) 併見 **停** ᄋ띵 [정] 中止머무를、정(青) **偁** 同稱

偷 투 [투] 盜也도적할、투 苟且구차할、투(尤) 媮通 **(亻+更)** 同便 **偩** 얘 [부] 依也의지할、부(有) 負見 **偶** ᄋ워 [우] 適然우연、우(宥) 合也합할、우 匹也짝、우 俑

也제웅、우(有)耦通 僫 禹同 偓。우 [악]仙人ㅣ佺신선이름、악(覺) 側。〔쳐 째〕[측]傍也결、측(職)仄見 偪 삐 [핍]迫也핍박할、핍(職)逼、幅見

偨 시 [야]姓也성、야(禡) [華]甚意너무、야 偍 의 [제]難進문칫거릴、제(齊) 傿 앤 [안]僞物위조물、안(諫) 偦 쓔 [서]有才智者재주있을、서(語) 傻。変同

御。쥐 [각]受屈徼ㅣ질、각(藥) [극]倦也게으를、극(陌) 偖。즈 [자]捨也버릴、자(馬) 偅 憧同 (十) 傋。장 [강]不媚ㅣ佬아첨아니할、강(講) [구]無知지각없을、

구(有) 傅。부 [부]師也스승、부麗著붙을、부曲意黨同ㅣ會편들、부近也가까울、부牽合ㅣ會이끌어합할、부(遇)付附數同 傃 쏘 [소]向也향할、소(遇) 偎 웨 [외]愛

也사랑할、외昵近친근할、외(灰)椳見 傒 씨 [혜]人名齊高ㅣ이름、혜(齊)待也기다릴、혜徯通 傘 싼 [산]蓋也일산、산(旱)繖繖幟同 傀。〔궤 괴〕[괴]大貌엄전할、괴

(灰)瓌通、木偶ㅣ儡꼭두각시、괴(賄) 傎 뎐 [전]倒也엎드러질、전(先)顚同、顚通 傖 창 [쟁]賤稱놈、쟁(庚) 傜。야 [요]役也부릴、요(蕭)徭同、繇通 傚• 쌰

[효]法也본받을、효(效)倣同、效見 傞 쌰 [사]醉舞貌ㅣ춤、사(歌) 傏 搪同 傍。〔뺑 팡〕[방]倚也의지할、방近也가까이할、방(漾)竝通側也곁、방(陽) [팽]不得已ㅣㅣ마지

못할、팽(庚) 傑。제 [걸]智過千人英ㅣ영걸、걸特立不衆두두러질、걸(屑)杰通 傉 누 [녹]三字姓ㅣㅣ宮성、녹(沃) 傷 闖同 傌 마 [마]辱也욕할、마(禡)罵同

傕。쥐 [각]人名李ㅣ이름、각(覺) 傔。젼 [겸]使屬ㅣ從겸종、겸(豔) 傛。용 [용]奕奕혁혁할、용女官ㅣ華계집의벼슬이름、용軀身몸굽힐、용(冬) 傮。적

[추]傭也고용살、추(宥) 傈 충 [공]形小醜惡ㅣ倯작고못생길、공(冬) 備。삐 [비]具也갖출、비防也방비할、비(寘) [illegible] 酩同 傢 쟈 [가]試也ㅣ器시험、가(麻) (十一)

僊 仙同 傯。중 [총]不暇倥ㅣ바쁠、총(董)(送) 僂 뤼 [루]俯也傴ㅣ구부릴、누(麌)短醜ㅣ佝몸준할、누(宥) 傭。융 [용]雇役人고용살이할、용 [충]齊也가지런할、

충 均也 고를、충 冬 **傴** 위 [구] 俯也ㅣ僂 구부릴 구 麌 **傺** 치 [제] 失意侘ㅣ 실심할、제 霽 **催** 취 [최] 促也 재촉할、최 灰 **債** 쵀 [채] 逋財 빚질、채 卦

僅 진 [근] 纔也 겨우、근 文 震 廑通 **僄** 퍞 [표] 輕也 진중치못할、표 蕭 嘯 嫖通 **傲** 오 [오] 倨也 거만할、오 號 慠同 **傻** 싸 [사] 不仁也 몹쓸、사 馬 **傳** °좐 [전] 授也 전할、전 先 旅館ㅣ舍 주막、전 驛遞 역체、전 信也 병부、전 賢人之書 어진사람의 글、전 霰 **僆** 련 [련] 雙生子 쌍동이、연 鷄小者 병아리、연 霰 **傶** 저 [자] 健而不德 儸 건장하고 덕없을、자 禡

傷 쌍 [상] 創也 상할、상 損也 덜、상 陽 **傾** 칭 [경] 仄也 기울어질、경 空也 빌、경 庚 少選 俄ㅣ 아까、경 梗 頃通 **僻** 삥 [병] 斥也 내칠、병 除也 제할、병 梗 隱僻 은벽할、병 敬

僉 쳄 [첨] 咸也 다、첨 鹽 **僇** 同戮 **僁** 쎄 [설] 小言聲ㅣㅣ 소군거릴、설 屑 **傹** 同競 **傰** 평 [붕] 姓也 성、붕 朋也 동무、붕 蒸 **傿** 鄢同 **從** 춍 [종] 走貌ㅣㅣ 종종걸음칠、종 冬 **傪** 찬 [참] 好貌 아리따울、참 覃 **[亻斬]** °잔 [점] 侍立 모시고설、점 鹽 **[illegible]** °얀 [요] 喜也 기쁠、요 以彼比此 비교할、요 蕭

働 뚱 [동] 行動竭力 힘써할、동

㊉十二

[亻愆] 愆俗字 **僮** 퉁 [동] 童奴 아이종、동 疎敬貌ㅣㅣ 굽실거릴、동 東 **僖** °씨 [희] 樂也 즐거울、희 支 釐通 **僛** 치 [기] 醉舞貌ㅣㅣ 취하여 춤추는 모양、기 支 **僓** 퉤 [퇴] 順也ㅣ然 순할、퇴 灰 **僞** °웨 [위] 詐也 거짓、위 寘 **僎** °쥰 [준] 鄕飮助主人者 향음주인돕는사람、준 眞 [선] 具也 갖출、선 整也 정제할、선 銑 遵通 **僨** °얜 [분] 僵也 자빠질、분 問 **僝** (°잔 °좐) [잔] 惡罵ㅣ僽 몹시 꾸짖을、잔 刪 僝見 **僤** 딴 [탄] 疾也 빠를、탄 翰 **僔** 同撙 **僩** 쎈 [한] 武貌 위엄스러울、한 潸 **僑** 쟈 [교] 高也 높을、교 旅寓 우거할、교 蕭 **僥** 얀 [요] 覬非望ㅣ倖 요행、요 儌同、僞也 거짓、요 徼 短人 僬ㅣ 난장이、요 蕭 **僧** °썽 [승] 沙門 중、승 蒸 **僬** °쟈 [초] 短人ㅣ僥 난장이、초 蕭 促走ㅣㅣ 달음질할、초 嘯 **僚** 럎 [료] 同官 동관、료 蕭 寮通、戱也 희롱할、

요(篠) 嫽通 **僗** 勞同 **儣** 광 [광] 武貌위엄스러울、광(陽) **像**。썅 [상] 形象형상、상肖似같을、상(養) **僜** 떵〕[등] 不著事僜ㅣ일에 맞갖〔청 지못할、등 [릉] 義同(蒸)

僦 쭈 [주] 賃也세낼、추(宥) **僭**。잰 [참] 假也거짓、참踰ㅣ참람할、참(豔) **僕**。푸 [복] 隷也종、복(沃) 官名太ㅣ벼슬이름、복(屋) **僰** 뻐 [북] 西南夷也서남방

오랑캐、북(職) **[illegible]** 益古字 **[illegible]** 치 [계] 開脚行步[illegible]ㅣ걸음걸이、계(霽) **僟**。지 [기] 精謹삼갈、기(微) **僢** 舛同 **僪** 쮀 [결] 日傍氣해무리、결(屑)

(十三)

儀。이 [의] 容也거동、의法也법도、의(支) **儂** 눙 [농] 我也나、농(冬) **僿** 쓰 [새] 細碎부술、사(寘) **儈** 쾌 [괴] 會合市人牙ㅣ(賣買周旋業者) 거간군、괴(泰)

儇 환 [현] 慧利영리할、현(先) **僾**。애 [애] 髣髴ㅣ然방불할、애眼鏡ㅣ逮안경、애(隊) **儁** 俊同 **僶** 민 [민] 强爲ㅣ勉강잉할、민(軫) 黽通 **儃** 탄 [천] 不進ㅣ佪머뭇거릴、천(先) [탄] 舒閑ㅣㅣ한가할、탄(旱)

儆。징 [경] 戒也경계할、경(梗) 警通 **僵**。쟝 [강] 仆也자빠질、강(陽) **儋** 擔聽見 **僸**。진 [금] 夷樂오랑캐풍류、금 仰也우러를、금(沁)

儉。잰 [검] 去奢검소할、검 歲歉흉년、검(琰) **僻** 뻬〕[벽] 陋也더러울、벽邪也간사할、벽幽〔피 也유벽할、벽偏ㅣ편벽할、벽(陌) **億**。이 [억] 萬之萬倍억、억安也편안할、억供也이바지할、억(職)

價。쟈 [가] 售直값、가俗用価賈通 **僽** 쩌 [주] 惡罵僽ㅣ몹시욕설할、추(宥) **儑** 싸 [삽] 不謹貌傝ㅣ경솔할、삽(合)

(十四)

儗 이 [의] 僭也참람할、의相疑서로의심할、의(紙) **儒**。수 [유] 學者之稱선비、유(虞) **儕** 채 [제] 等輩무리、제(佳) **儛** 舞同 **儓** 대 [대] 儓賤之稱輿ㅣ하인、대(灰)

儘。진 [진] 盡也다할、진(軫) **[illegible]** 인 [은] 依人사람에게기댈、은(問) **儐**。삔 [빈] 導也인도할、빈相助도울、빈接賓以禮손대접할、빈(震)

儜 닝 [녕] 困弱拘ㅣ고달플、영相呼聲傖ㅣ떠들석할、영(庚) **儔**。쳑 [주] 侶也짝、주誰也누구、주(尤) **[illegible]** 댜 [조] 獨立홀로설、조(篠) **儚** 멍 [몽] 惛也ㅣ밝지못

할、몽(庚)

⑮ [亻+罷] 뻬 [피] 停也머무를、피(紙)

儩 쓰 [사] 盡也다할、사(寘)

償 쌍 [상] 報酬갚을、상(陽)(漾)

儡 레 [뢰] 木偶傀ㅣ꼭두각씨、뇌或허수아비、뇌破壞무너질、뇌(賄)

儥 워 [육] 賣也徵ㅣ팔、육長也길、육(屋) 鬻同

儠 레 [렵] 長貌ㅣㅣ긴모양、엽(葉)

儢 同[女+慮]

[亻+蔑] 메 [멸] 多詐ㅣ儹간사할、멸(屑)

儦 뺘 [표] 行貌ㅣㅣ걷는모양、표(蕭)

優 우 [우] 饒也넉넉할、우勝也이길、우倡也俳ㅣ광대、우戲也희롱할、우遊也놀、우(尤)

⑯ [illegible] 쎄 [해] 狹也좁을、해(卦)

儲 쥬 [저] 貯也저축할、저副也버금、저(魚)

[亻+褭] 냐 [뇨] 美也아름다울、요細腰偠ㅣ허리가늘、요(篠)

儭 천 [츤] 裏也속、츤(震)

⑰ 儳 찬 [참] 不齊ㅣ互서로어긋날、참(咸)雜言잡된말할、참(勘)輕薄경박할、참(陷)

儵 同倏

⑱ 儤 빠 [포] 連直ㅣ宿숙직할、포(效)

⑲ 儷 리 [려] 偶也伉ㅣ짝、여(霽)

儸 롸 [라] 健而不德儸ㅣ건장하고덕없을、나幹辦能事僂ㅣ간능할、나(歌)

儹 잔 [찬] 聚也모을、찬(旱)

儺 놔 [나] 驅疫여역쫓을、나或경읽고굿할、나難通、柔順貌猗ㅣ휘청거릴、나(歌)行有度지어걸을、나(哿)

[亻+顚] 同傎

⑳ 儼 옌 [엄] 敬也공경할、엄矜莊貌엄연할、엄(琰)

儻 탕 [당] 不羈倜ㅣ억매지않을、당或然之辭혹그러할、당苟也진실로、당(養)(漾)倘同

㉑ 儽 뤄 [라] 赤裸벌거벗을、나(哿)

[亻+囂] 쌰 [효] 傲也거만할、효(蕭)

㉒ 儴 낭 [낭] 緩也늦을、낭(漾)

儿部

儿 신 [인] 仁人어진사람、인(眞)

兀 우 [올] 高貌우뚝할、올不動貌ㅣㅣ움직이지않을、올刖足발꿈치베일、올(月)

② 允 순 [윤] 信也믿을、윤肯也옳게여길、윤、誠也진실로、윤(軫)

元 웬 [원] 始也으뜸、원大也클、원長也길、원(天也乾ㅣ、君也ㅣ道)(元)

③ 兄 쓩 [형] 同胞ㅣ弟황형님、형(庚) [황] 大也클、황滋也부를、황(漾)況況怳通

④ 充 츙 [츙] 實之채울、충滿也가득할、충美也아름다울、충塞也막을、충(東)

兇 쓩 [흉] 惡也악할、흉(冬)凶兇、擾恐

공동할、흉(腫)訩見 **先** 센 [선]前也먼저、선始也비로소、선(先)ㅣ之앞설、선(霰) **光** 광 [광]輝耀빛날、광(陽)灮同 **兆** 쟌 [조]十億조、조未作意ㅣ眹조짐、조(篠)垗見

[illegible] 꾸 [고]壅蔽가릴、고(虞) (五) **兌** 뛔 [태]蹊也지름길、태悅也기꺼울、태直也곧을、태通也통할、태駾易바꿀、태卦名괘이름、태(泰)隊通 **免** 멘 [면]脫也면할、면黜也내칠、면(銑)絻見

克 커 [극]勝也이길、극剋通能也능할、극(職) (六) **兕** 쓰 [시]野牛一角외뿔난들소、시(紙) **皃** 얼 [아]孩子아이、아(支)[예]幼弱어릴、예姓也성、예(齊)倪通 **兎** 투 [토]八竅獸토끼、토(遇)

(七) **兗** 엔 [연]九州之一ㅣ州고을이름、연端也단정할、연信也믿을、연(銑)沇通 (八) **党** 땅 [당]羌種ㅣ項오랑캐、당(養) **兜** 뚜 [두]首鎧투구、두(尤) (十) **兟** 씬 [신]進也나갈、신(眞) (十二) **兢** 찡 [긍]戒懼ㅣㅣ조심할、긍敬也공경할、긍(蒸)矜通 **[illegible]** 凉同

(十四) **[illegible]** 산 [요]遠也멀、요(篠) (十九) **兤** 황 [황]火明불밝을、황(養) (二十二) **[illegible]** 뿌 [부]疾也빠를、부(遇)

入部

入 수 [입]出之對들어올、입納也드릴、입(緝) **亾** 왕 [망]滅也망할、망逃也도망할、망失也잃을、망(陽)[무]不在없을、무(虞)亡同 **內** 네 [내]外之對안、내宮禁대궐、내(隊)[납]入也들일、납受也받을、납(合)納同、枘通 **叺** 섭 [입]小俵작은섬、입作字 (四) **全** 촨 [전]完也온전할、전(先) (六) **兩** 량 [량]再也둘、양二十四銖양、양(養)車數수레수효、양(漾) (七) **兪** 위 [유]然也그렇게여길、유答也대답할、유(虞) **[illegible]** 치 [기]參差참치할、기(支) **[illegible]** 변 [편]小也작을、편(銑)

八部

八 빠 [팔]少陰數여덟、팔(黠)捌通 (二) **公** 꿍 [공]無私공변될、공官也공사、공尊稱존칭할、공正也바를、공五爵中首공작、공(東)功通 **六** 루 [륙]老陰數여섯、육春秋時國名나라이름、육(屋)陸通 **兮** 씨 [혜]語助어조사、혜(齊) (四) **共** 꿍 [공]同也한가지、공(宋)法也법될、공敬也공경할、공衆也

ㅣ同무리、공(冬)恭通

矣 笑古字

(五) **兵**。빙 [병]從戎戰鬪者군사、병軍也戰器병긔、병(庚)

(六) **其**。치 [기]助辭어조사、기居通、指名辭그、기(支)

具。쥐 [구]具也갖출、구器ㅣ기구、구(遇)

典 뎐 [전]法也법、전主也주장할、전常也떳떳、전(銑)

(八) **兼**。졈 [겸]幷也겸할、겸禾二秉벼두뭇음、겸(鹽)

(十) **兾**。지 冀俗字

(十四) **冀**。지 [기]欲也하고자할、기望也바랄、기州名ㅣ州고을이름、기(寘)

(十六) **興** 晨古字

(十八) **顚** 顚同 傎通

冂部

冂。징 [경]遠也멀、경野와들밖、경(青)

(二) **冄** 산 [염]毛細下垂가는털늘어질、염行貌ㅣㅣ타달거릴、염(琰)

(三) **冊**。채 [책]簡編책、책謀也꾀、책(陌)策通

冉 冄同

(四) **再**。재 [재]兩也두번、재重也거듭、재(隊)

冎 剮同

(七) **冒** 맏 [모]犯也무릅쓸、모貪也탐할、모蔽也가릴、모涉也간섭할、모(號) [묵]單于名ㅣ頓선우의이름、묵(職)

冑。쥐 [주]兜鍪투구、주(宥)軸同

(八) **冓** 쒸 [후]殷冠은나라관、후覆也덮을、후(宥)

冓 꾸 [구]交積材재목어긋매껴 쌓을、구宮閣隱奧處中ㅣ대궐은윽한곳、구(宥)

(九) **冕**。멘 [면]大夫以上冠ㅣ旒면류관、면(銑)絻鞔通

(十二) **䍡** 릐 [리]白帽接ㅣ흰모자、이(支)

冖部

冖 미 [멱]覆也덮을、멱(錫)

(二) **冘**。유 [유]不定ㅣ豫머뭇거릴、유(尤)猶通

(六) **罙** 미 [미]周也두루、미深也깊을、미(支) 罙同

(七) **冠**。관 [관]冕弁總名관、관又갓、관首也으뜸、관加ㅣ관례、관(寒)(翰)

(八) **冢** 쯍 [총]大也클、총山頂산이마、총天官ㅣ宰벼슬이름、총墳也무덤、총(腫)塚見

冡 蒙同

冤 웬 [원]枉曲원통할、원(元)寃通

冥。밍 [명]幽暗어둘、명昏晦ㅣㅣ어둑어둑할、명天也青ㅣ하늘、명(青)暝溟通

(十四) **冪**。미 [멱]덮을、멱(錫)羃同

冫部

冫 삥 [빙]凍也얼음、빙(蒸)

(三) **冬**。뚱 [동]四時終겨울、동(冬)

(四) **冲** 츙 [충]和也화할、충鑿聲ㅣㅣ얼음끄는소리、충幼小어

릴、충(東) 沖种翀見 **冰** 빙 [빙]水凍얼음 빙(蒸) **决** 決俗字 **五** **冹** 빠 [불]寒也찰、불(物) [발]義同(月) **况** 況同 況異 **冶** 예 [야]鎔也쇠불릴、야爐鑄풀무、야(馬) **冸** 판 [반]解冰얼음녹을、반(翰) 泮通 **冷** 랭 [랭]寒也찰、냉(梗)(迥) **六** **冽** 례 [렬]寒氣嚴酷맵게추울、열(屑) 烈通 **洛** 허 [학]氷凍ㅣ澤얼학(藥)

七 **浹** 쎄 [협]凍相著ㅣ渫얼어붙을、협(葉) **冰** 착 [구]手足凍貌瀏ㅣ손발얼어부풀、구(尤) **八** **准** 準俗字 **凇** 쑹 [송]寒氣結氷如珠霧ㅣ산유화、송(冬) **涸** 꾸 [고]凝閉얼、고(遇) **凍** 뚱 [동]氷壯얼、동(送) **凄** 치 [처]寒也찰、처(齊) **凋** 됴 [조]半傷여윌、조(蕭) 彫通 **涼** 량 [량]輕寒서늘、양(陽) 凉同

凊 징 [청]輕寒서늘할、청(敬) **渫** 뎨 [첩]凍相著浹ㅣ얼어붙을、첩(葉) **凌** 릉 [릉]氷室ㅣ陰빙고、능輕視업신여길、능(蒸)(徑) 淩同 **十** **凒** 이 [의]雪貌ㅣ눈쌓일、의(微) **滄** 창 [창]寒也찰、창(漾) **凓** 리 [률]寒氣ㅣ冽찬기운、율(質) **凑** 팡 [당]凍相著얼어붙을、당(陽) **凌** 릉 [릉]積氷쌓인얼음、능(蒸) 凌同

溓 렴 [렴]薄冰엷은얼음、염(琰) **十一** **潷** 삐 [필]風寒ㅣ波바람찰、필(質) 觱通 **漻** 류 [류]手足凍貌수족얼어붙을、유(尤) **十二** **澌** 씨 [시]流冰성애、시(支) **十三** **凚** 진 [금]寒極貌쌀쌀이추울、금(寢) **澤** 뚜 [락]檐結冰庭ㅣ고드름、락(藥) **凜** 름 [름]寒也ㅣㅣ찰、늠(寢) **十四** **凝** 잉 [응]結也엉길、응成也이룰、응定也정할、응嚴整엄숙할、응(蒸)水堅물얼、응(徑) **凞** 앤 [희]和也화할、희(支)

几部

几 지 [궤]人所凭坐기댈상、궤(紙) 机通 **凡** 반 [범]大概대개、범又무릇、범常也심상할、범(咸) **凢** 俗用 凡非 **三** **処** 處同 **凨** 전 [진]新生羽而初飛깃처음나서날을、진(軫) **凥** 居同 **六** **凭** 핑 [빙]依也의지할、빙(蒸)(徑) **凮** 風古字 **[illegible]** 치 [극]倦也게으를、극(陌) **九**

凰 황 [황] 雌鳳암봉、황(陽) 鶍同

十 凱 개 [개] 善也착할、개 和也화할、개 戰勝樂싸움이긴풍류、개(賄) 豈闓通愷見

十二 凳 떵 [등] 牀類걸상、등(徑) 櫈通

凵部

凵 감 [감] 張口입벌릴、감(感)

二 凶 쓩 [흉] 吉之反흉할、흉(冬) 匈兇通

出 츄 [출] 入之對나갈、출 斥也내칠、출 黜通 甥也생질、출 生也날、출 吐也토할、출(質) [추] ㅣ之내보낼、추(寘)

凸 뎨 [철] 凹之對高起뾰족할、철 又도도록할、철(屑) 垤通

凹 야 [요] 凸之對오목할、요(效)(肴) 坳同

凷 塊同

六 函 한 [함] 包容匱也함、함 書也편지、함 關名ㅣ谷관이름、함(咸) 圅[illegible]通

七 凾 쟉 [잡] 舂麥去皮보리닥일、잡(洽) 凾同

十 [illegible] 됴 [도] 古器고기、도(豪)

刀部

刀 또 [도] 一刃兵칼、도 錢名돈이름、도(豪)

刁 됴 [조] 畫炊夜擊ㅣ斗조두、조 風動ㅣㅣ바람불、조(蕭)

刃 신 [인] 刀鋒칼날、인(震)

二 分 분 [분] 別也분별할、분 裂也나눌、분 施也베풀、분 十黍푼、분(文) 散也흩을、분 定也분수、분 均也고를、분(問)

切 쳬 [절] 割也끊을、절 近也가까울、절 門限문지방、절(屑) [체] 急也급할、체 大凡一ㅣ일체、체(霽)

刈 이 [예] 芟草풀베일、예(隊) 艾通

三 㓚 꿍 [공] 銍세낫질할、공(東)

刌 춘 [촌] 切也끊을、촌(阮)

刊 간 [간] 斫木ㅣ나무짜갤、간 栞同、刻也새길、간 削也깎을、간(寒)

[illegible] 여 [절] 以血塗刀칼에피묻칠、절(屑)

[illegible] 쿤 [곤] 斫木枝가지찍을、곤(元)

四 刉 치 [기] 刲也찌를、기 礪刀칼갈、기(微)

刎 원 [문] 刭也목찌를、문(吻)

刓 웬 [완] 刓也끊을、완 弊也완할、완(寒)

[illegible] 싼 [삼] 刈也풀베일、삼(陷)

刖 웨 [월] 斷足발베일、월(月) [왈] 義同(黠)

列 례 [렬] 位序반렬、열 陳也벌릴、열(屑) 烈見

刑 씽 [형] 罰總名형벌、형 法也법、형(青)

划 화 [화] 進船竿사앗대、화(麻)

五 利 리 [리] 吉也이할、이 銛也날카로울、이(寘)

初 추 [초] 始也처음、초(魚)

判 판 [판] 剖也쪼갤、판(翰)

刨 팦 [포] 削也깎을、포(肴)

删 싼 [산] 除也깎을、산(删)

刜 얻 [불] 斫

也찍을、불 物

別 ● 별 [별]異也다를、별辨也분별할、별離也이별할、별 屑

刦 劫同

六

刵 얼 [이]斷耳귀베일、이 寘

刳 쿠 [고]剖破쪼갤、고 虞

制 ● 제 [제]禁也금제할、제王言ㅣ令임금말씀、제裁也마루잴、제造也지을、제成法ㅣ度제도、제 霽 製通

券 권 [권]要約書문서、권 願

到 도 [도]至也이를、도 號

刱 창 [창]始造시작할、창 漾 創通

剁 타 [타]斫也찍을、타 箇

刺 ● 츠 [자]直傷찌를、자芒也가시、자訊也문초할、자書姓名於柬통자、자 寘 刾同 [척]刃之찌를、척 陌

諫見 [韓]御食曰水ㅣ수라、라

刮 꽈 [괄]磨切긁을、괄 黠 挖同

刷 ● 쏴 [솰]俗音[쇄]拭也문지를、쇄掃ㅣ솔질할、쇄尋究根ㅣ사실할、쇄 黠

[各刂] 러 [락]剔也살깎을、

나 藥

刻 ● 커 [각]鏤也새길、각晷ㅣ시각、각 職

刧 졔 [겁]겁박할、겁(俗劫字誤) 葉

刲 퀘 [규]刺也찌를、규 齊

刹 차 [찰]僧舍절、찰 黠

七

㓨 刺同

剃 티 [체]剪髮털깎을、체 霽 鬀同

前 ● 젼 [전]後之對ㅣ앞、전 先

剄 징 [경]刎也목찌를、경 迥

剌 라 [랄]戾也乖ㅣ어그러질、날 曷

削 솨 [삭]刮也깎을、삭侵也침노할、삭除也제할、삭書刀각도、삭 藥

剋 커 [극]損削제할、극必也반드시、극急也급할、극勝也이길、극 職 尅同、克見

剉 춰 [좌]斬截썰、좌 箇

則 ● 져 [즉]語助辭어조사、즉 [칙]法也법칙、칙 職

八

剞 ● 지 [기]曲刀ㅣ劂새김칼、기 紙

[卑刂] 피 [비]削也깎을、비 齊

剕 예 [비]刖足발베일、비 未 [足非]同

剜 완 [완]削也깎을、완 寒

剗 찬 [잔]削也깎을、잔 潸 剷通

剚 쯔 [사]插刀칼꽂을、사 寘 傳同

剮 궈 [과]割也베일、과 哿

剛 ● 깡 [강]勁也굳셀、강 陽 罡同

剖 ● 퐈 [부]判也쪼갤、부 有 掊通

剡 산 [염]削也깎을、염[섬]會稽縣名고을이름、섬 琰

[屈刂] 劂同

剝 빠 [박]削也깎을、박割也베일、박落也떨어질、박力擊두드릴、박 覺

剟 ● 둬 [철]刊也새길、철割也베일、철 屑 削也깎을、철擊也칠、철 曷

剒 춰 [착]斬也베일、착 覺

剠 칭 [경]墨刑面上자자、경 庚 黥同 [량]鈔取빼앗을、량 漾

략 奪取노략할、약藥 掠同 剔 。티 척 解骨뼈발라낼、척錫 剒 同腊 剌 레 렬 貫也꿸、열屑

九

剬 뙨 단 斷齊끊어가지런할、단寒 剪 。잰 전 剗也ㅣ刀가위、전又갈길、전銑 揃同 翦 剪見 剮 꽈 괘 剮肉置骨살발라낼、과馬 冎同 剩 씽 잉 餘也남을、잉 益也더할、잉(賸俗字非)徑 副 。뷔 부 次也버금、부 稱也일걸을、부首飾첩지、부宥 복 剖也쪼갤、복屋 벽 難產析ㅣ순산안될、벽職 剭 。우 옥 誅也죽일、옥屋 악 刑也형벌할、악覺 㓞 。계 결 刻也새길、결屑 剨 화 획 破聲깨지는소리、획陌 剿 챠 초 臿也삽、초蕭 鍫同 㓰 뛰 탁 判也쪼갤、탁覺 治木치목할、탁覺

十

創 。챵 창 傷也상할、창陽 瘡通 懲也증계할、창始也비로소、창漾 刱見 剴 。캐 개 切近가까울、개 鎌也낫、개灰 隊 割 。꺼 할 剝也베일、할曷 剳 따 답 鉤也갈구리、답合 剛 。깡 강 勁也굳셀、강陽 剛同

十一

剺 리 리 剝也깎을、이 劃也그을、이支 剺同 剸 퇀 단 斷也끊을、단寒 전 義同 銑 專見 剷 찬 산 損削깎을、산潸 剗同、鏟通 剽 。표 刺也찌를、표嘯 輕也가벼울、표蕭 末也끝、표 砭刺침으로찌를、표 劫也겁박할、표篠 勡見 剿 찬 초 絶也끊을、초 殺也죽일、초篠 剿同、勦通 剏 챵 창 皮傷껍질상할、창養 剒 쳐 책 著也시초、책陌 [婁+刂] 러 루 穿也뚫을、루細切가늘게끊을、두尤

十二

劀 。준 준 減也감할、준 斷也끊을、준阮 劗 찬 잠 刺也찌를、잠覃感 劂 。줴 굴 曲刀우비칼、굴物 剧同 궐 剞刀각도、궐月 劃 。화 획 刻也새길、획以刀破物그을、획作事計ㅣ계획할、획陌 劀 。꽈 괄 刮去惡肉옷은살도려낼、팔黠 劉 。쟈 조 大也클、조效 [粟+刂] 쑤 속 細切잘게끊을、속沃 [童+刂] 둥 동 刺也찌를、동冬 [曾+刂] 。증 증 割過傷과히베일、증蒸

十三

劌 꿰 궤 傷也상할、궤霽 劊 쾌 회 斷也끊을、회泰 劋 。쟌 초 絶也끊을、초篠 剿同 劇 。지 극 甚也심할、극戲也희롱할、극陌 戱見 劈 피 벽 剖

破쪼갤、벽(錫) **劍** 劒同 **剿** 예 [접]續繩索노끈이을、첩(葉) **劆** 렴 [렴]輕刺사뿐찌를、염(鹽) **劉** 류 [류]斧屬묘금도、유殺也죽일유姓也성、유(尤)

(十四)

劓 이 [의]割鼻코베일、의(寘) **劑** 지 [자]翦齊가지런히끊을、자文券ㅣ質문권、자(支) [제]ㅣ藥제약할、제(霽) **劅** 서 [유]渥脂柔革가죽에기름먹여유하게할、유(虞)

劒 잰 [검]刀之大也칼、검(鹽)劍同

(十五)

劗 지 [질]文券문권、질(質)

(十七)

劖 찬 [참]鑱也새길、참(咸)鑱通

(十九)

劘 머 [마]削也깎을、마切也끊을、마(歌) **劗** 잔 [찬]鬋髮머리털깎을、찬(寒) **劚** 쟉 [촉]斫也깎을、촉(屋)斸同

(二十)

劙 리 [리]分割저밀、이(支)務同

力部

力 리 [력]筋也힘、역勤也힘쓸、역(職)

(三)

功 공 [공]勞之績也공、공喪服大ㅣ小ㅣ복입을、공(東)紅通 **加** 쟈 [가]增也더할、가(麻)

劜 휘 [화]牽船聲배끄는소리、화(箇)

(四)

攰 궤 [기]疲極彫ㅣ피곤할、기(寘)攱同 **劣** 레 [렬]拙弱용렬할、열優之反적을、열鄙薄더러울、열(屑) **劤** 진 [근]多力힘많을、근強也강할、근(問)

(五)

劬 취 [구]疲勞수고할、구勤勉부지런할、구(虞) **助** 주 [조]佐也도울、조(御)耡見 **努** 누 [노]勉也힘쓸、노(麌) **劫** 졔 [겁]強取겁탈할、겁威脅위협할、겁(葉)刦同 **劭** 쟈 [교]勸勉권면할、교(蕭) [소]美也아름다울、소(嘯)

(六)

効 同效 **劻** 광 [광]急遽ㅣ勷급거할、광(陽) **劾** 해 [해]用力힘쓸、해(卦)按也안찰할、해(隊) [핵]推窮彈治핵실할、핵(職) **劼** 지 [할]用力힘쓸、할愼也삼갈、할(黠)

(七)

勇 용 [용]銳也날랠、용果敢용맹할、용(腫) **勁** 징 [경]強健굳셀、경(敬)繕通 **勉** 멘 [면]勗也힘쓸、면勸ㅣ권면할、면(銑) **勅** 同敕 **勃** 뻑 [발]色變ㅣ如변색할、발興起ㅣ然활발할、발(月)浡艴見

(八)

勍 징 [경]強也강할、경(庚)

(九)

動 똥 [동]靜之對움직일、동搖也요동할、동(董)(送) **務** 우 [무]專力힘쓸、무事也일할、무(遇) **勔** 멘 [면]勸勉권면할면(銑)

勘。간 [감] 校也마감할、감 鞫囚감죄할、감(勘) ⿰曷力 허 [헐] 勤力힘쓸、할(黠) 勖 쒸 [욱] 勉也힘쓸、욱 (俗勗字非)(沃) 勒 레 [륵] 馬頭絡銜자갈、늑 刻也새길、늑 押也억륵할、늑(職) 勓 캐 [개] 勉也힘쓸、개(泰)

⑩ 勛。字 勳古 勞。랖 [로] 倦也가쁠、노 功也공로、노(豪) 慰也위로할、노 勤也수고로울、노(號) 僗同 勝。씽 [승] 負之對이길、승 優也승할、승 烏名戴ㅣ오듸새、승(徑) 堪也견딜、승 擧也들、승 任也맡을、승(蒸)

⑪ 募。무 [모] 召也부를、모 廣求널리구할、모 雇也고용살、모(遇) 勢。씨 [세] 權力권세、세 外腎불알、세 形也형세、세(霽) 勤。친 [근] 勞也부지런할、근(文) 廑通 勦。잔 [초] 勞也수고할、초 輕捷경첩할、초(肴)(篠) 剿見 勡。팦 [표] 强取겁탈할、표(嘯) 剽通 勠。루 [륙] 協力협력할、육(屋) 戮通 [류] 義同(有) 勣。지 [적] 功也공、적(錫) 績通 㔜 한 [호] 健也건장할、호(豪) ⿰啇力 敵同

⑫ 勩。이 [이] 勞也수고할、이(寘) [예] 義同(霽) 勫 빤 [번] 健也건장할、번(元)

⑬ 勱。매 [매] 勉也힘쓸、매(卦) 勰 쎼 [협] 思也생각할、협 和也화할、협(葉) 協古字 勮 쮜 [거] 勤務부지런히힘쓸、거 懼恐貌두려울、거(御) 勯 딴 [단] 力竭힘다할、단(寒)

⑭ 勳。쒼 [훈] 功也공、훈(文)

⑮ 勵。리 [려] 勸勉권면할、여 修飾振起意ㅣ精가다듬을、여(霽) 勴 뤄 [려] 心助마음도울、여(御) ⿰審力 씬 [심] 勵也힘쓸、심(沁)

⑯ ⿰彊力 챵 [강] 追也좇을、강(養)(陽)

⑰ 勷 샹 [양] 急遽급히할、양(陽) ⿰毚力。잔 [참] 拔取빼낼、참(咸)

⑱ 勸。촨 [권] 勉誘권할、권(願)

勹部

勹 빠 [포] 裹也쌀、포(肴) 勺。쌱 [작] 挹取구기、작 又움킬、작 飲器一升잔、작(藥) 杓通

② 匀 윈 [윤] 齊也가지런할、윤 少也적을、윤 [균] 均也고를、균(眞) 均見 勾 句同 勿。우 [물] 莫也말、물 里旗동리기、물 懃愛ㅣㅣ성심으로사랑할、물(物) [몰] 掃塵帥ㅣ몬지털이、몰(月) 勼 꾸 [구] 聚也모을、구(尤)

匁 [日]衡目(韓國一錢)重 曰ㅣㅣ 몸메、둔
勽 원 [문]覆也 덮을、문(吻)
匂 [日]香也 향내、내
三 匃 丐同 匄 匃同
包 ◦ 빠 [포]裹也 쌀、포(肴)

匆 悤俗字非
四 匈 ◦ 쓩 [흉]喧擾意ㅣㅣ 요란할、흉 又지꺼릴、흉 ㅣ奴 오랑캐、흉(冬) 胷凶見
五 匉 평 [평]大聲ㅣ訇 크게 소리질을、평(庚)
六 匋 ◦ 돠 [도]瓦器 질그릇、도(豪) 陶通 [요]瓦窯 기와가마、요(蕭) 窯同
匊 ◦ 쥐 [국]物滿手 줌、국(屋) 掬通
匌 허 [합]氣鬱ㅣ翕ㅣ 기운 답답할、합(合)
七 匍 ◦ 푸 [포]手行ㅣ匐 길、포(虞)
九 匒 뚜 [도]伏行 기여 댕길、도(虞)
匏 ◦ 팦 [포]瓠也 박、포(肴)
匐 ◦ 뿌 [복]手行匍ㅣ 길、복(屋) [복]義同(職) 伏通
⿹勹⿱米卒 취 [국]曲脊 곱사등이、국(屋)
十 匒 따 [답]重疊貌ㅣ匌 포갤、답(合)
⿹勹盍 야 [압]婦人首飾ㅣ葉 계집머리 꾸밀、압 又족두리、압(合)
匑 충 [궁]恭貌ㅣㅣ 굽실거릴、궁(東)
⿹勹軍 ◦ 匐同
十一 ⿹勹食 이 [여]厭飽 싫을、여 又물릴、여(御)
⿹勹鹵 ◦ 루 [로]匐也 길、노(虞)
十二 匓 ◦ 쥐 [구]飽厭 배불러 싫을、구(宥)
⿹勹复 ◦ 뿌 [복]更也 다시、복(屋) 復通
十五 匔 ◦ 충 [궁]謹也 삼갈、궁(東)

匕部

匕 삐 [비]匙也 숟가락、비 劍名ㅣ首 비수、비(紙)
七 化古字
二 化 ◦ 화 [화]變ㅣ 萬物변화할、화 陰陽造化ㅣ 조화、화 又될、화 敎ㅣ 교화、화(禡)
⿱匕十 봐 [보]列也 벌릴、보(皓)
三 北 ◦ 뻬 [북]朔方 북녘、북 分異 배반할、북(職) [배]敗走 패하여 달아날、배(隊)
六 ⿱匕早 卓同
九 匙 ◦ 쓰 [시]匕也 숟가락、시(支)
匘 [노]俗音[뇌]頭髓 뇌、뇌(皓)
十二 ⿸虍匕 [韓]處也 곳、곳

匚部

匚 빵 [방]器之方者 모진 그릇、방(陽)
三 匜 ◦ 이 [이]盥器 양치그릇、이 酒器 잔、이(支)(紙)
⿷匚工 匠同
匝 ◦ 자 [잡]周也 두루、잡(合) 帀迊同

【四】匡 광 [광]正也바를、광方也모날、광救也구원할、광輔也도울、광飯器밥그릇、광(陽)恇同

匠。장 [장]工也장인、장(漾)匠同

【五】匥 뼌 [변]笥也상자、변(銑)笲通

匣 쌰 [갑]匱也궤、갑箱子상자、갑(洽)柙通

匢 쉔 [선]竹盤채반、선(先)

【七】匧 치 [협]箱也상자、협(葉)篋同

【八】匪。뼤 [비]非也아닐、비分也나눌、비(尾)

【九】匭 꿰 [궤]匣也궤、궤纏結包ㅣ얽어맬、궤(紙)

【十一】匯。훼 [회]水回合물돌아모일、회(賄)

匱 꿰 [궤]匣也궤、궤竭也다할、궤櫃鐀同(寘)簣見

匰。딴 [단]宗廟盛主器신주독、단又감실、단(寒)

【十三】匳 렌 [렴]鏡匣경대、염(鹽)奩籢同

歐 어 [알]大呼用力크게힘써부를、알(曷)

【十四】匴 쏸 [산]竹器冠箱대갓집、산(旱)

【十五】匵 櫝同

【十七】匶 柩古字

【二十四】[匚+贛]。꿍 [공]小杯작은잔、공(送)[감]箱類상자、감器蓋뚜껑、감(感)

匸部

匸 씨 [혜]藏也감출、혜(霽)

【二】匹。피 [필]偶也짝、필帛長필、필(質)疋通

【五】医 이 [예]盛弓矢器활집、예又동개、예(霽)（俗作醫半字誤）

【六】匼 안 [암]諂諛阿ㅣ아첨할、암(感)[압]迎合맞어모일、압巾名鳥ㅣ건이름、압(合)

【七】匽 옌 [언]匿也숨길、언(阮)

【九】區。취 [구]藏也감출、구小貌ㅣㅣ작은모양、구類也동류、구(虞)域也지경、구分也나눌、구[우]匿也숨길、우(尤)

匾。뼨 [변]不圓납작할、변薄器얇은그릇、변(銑)

匿。늬 [익]隱也숨길、익(職)

【十】[匸+虒] 티 [제]薄物匾ㅣ얇을、제(齊)

【十六】[匸+臥虎] 티 [제]虎臥息범누어숨쉴、제(齊)

【二十四】[匸+贛]。꿍 [공]小杯작은잔、공(送)[감]箱類상자、감(感)

十部

十 시 [십]一加於九數열、십(緝)什拾通

千 쳔 [천]十百천、천(先)

卄 이 [입]二十스물、입(緝)廿同

【二】午。우 [오]地支馬也말、오交橫傍ㅣ수선할、오日中낮、오南也남녘、오(麌)

升 셩 [승]十合되、승登也오를、승(蒸)昇陞見

卅 싸 [삽]三十설흔、삽(合)

卍 佛書萬字

【三】半。

빤 반 物中分절반、반 輪

卉 훼 훼 百草總名풀、훼 尾 未

四

卅 시 십 四十마흔、십 緝

卑 華同

卋 世同

五

丵 叔俗字

𦵮

삐 필 箕屬키、필 質

六

卒 주 졸 百人ㅣ伍군사、졸 隷也나졸、졸 倉ㅣ창졸、졸 月 줄 盡也다할、줄 旣也이미、줄 死也죽을、줄 質 碎猝見

卑 삐 비 下也낮을、비 支 庳通

卓 쭤 탁 高也높을、탁 覺

協 쎄 협 和也화할、협 葉

七

南 난 남 午方남녁、남 覃

九

啩 지 집 集也모을、집 緝

十

博 뿨 박 普也넓을、박 貿易무역할、박 大也클、박 通也통할、박 局戲六ㅣ장기、박 藥

卜部

卜 뿌 복 問龜점、복 賜與줄、복 屋 韓 擔也짐、복

二

卝 판 관 束髮북상투、관 諫 兆同 광 鐵樸쇠뭉치、광 횡 金玉樸금덩어리、횡 梗 (礦古字)

卞 삐 변 法也법、변 躁疾ㅣ急급할、변 姓也성、변 地名땅이름、변 霰

三

占 잔 점 視兆점、점 問卜점칠、점 待而候也기다릴、점 鹽 擅據점령할、점 口授입으로전할、점 有也있을、점 豔

卡 챠 잡 關隘設兵立塘守ㅣ지킬、잡 合

마 께 계 問卜점칠、계 齊

四

卡 弄同

五

卣 우 유 中樽중술통、유 有

卲 잔 소 問卜무꾸리할、소 嘯

六

卦 꽈 괘 兆也점괘、괘 卦

七

卤 댜 조 草木實垂ㅣㅣ열매주렁주렁달릴、초 嘯

八

卥

九

卨 쎄 설 殷國祖名은나라시조이름、설 屑 禼同 偰契通 倣古字

臬 지 극 勝也이길、극 職 克同

十二

㮚 탈 탈 跨也탈、탈 蒸 乘同

卩部

卩 졔 절 示信符ㅣ병부、절 屑 節通

二

卬 앙 앙 我也나、앙 激厲격동할、앙 漾 陽 仰通

三

卯 마 묘 地支兔也토끼、묘 茂也무성할、묘 東方동방、묘 巧 夘俗字

危 지 지 酒器술잔、지 支

四

危 웨 위 不安위태할、위 隤也무너질、위 星名별이름、위 支

印 인 인 刻文合信인、인

卵 卷 卲 卼 卿 厄 厎 厓 厖 厚 原

(震)

五

卵。란 [란]動物中無乳者生後孵化알、난(旱) **卲** 쏘 [소]高也높을、소(嘯)邵通 **却** 쳐 [각]退也물리칠、각(藥)卻同

六

卺。진 [근]婚禮瓢杯초례에합환주잔、근(吻) **卷**。잔 [권]曲也굽을、권好貌아리따울、권樂名大ㅣ풍류이름、권(先)書可捲책、권(霰)膝曲오금、권不舒말、권(銑)捲通 **卸** 쎄 [사]脫衣甲벗을、사解載車馬짐부릴、사(禡) **卹** 쑤 [솔]掃塵ㅣ勿먼지채、솔(月)恤見

七

卻 쳐 [각]退而不受물리칠、각(藥) **卽**。지 [즉]今也곧、즉就也나갈、즉只ㅣ다만、즉(職) **郗** 씨 [희]骨節間뼈마디사이、희(微) **卼** 우 [올]危也臲ㅣ위태할、올(月)杌通

九

卿 칭 [경]公之次君主呼臣曰ㅣ벼슬、경又재상、경(庚)

十

厀 膝同 **⿰危夋**。쥰 [준]危也위태할、준(震)

十二

⿰䙴卩 쳔 [쳔]移也옮길、천(先)遷同

厂部

厂 엔 [엄]山之厓巖人可居굴바위、엄(鹽)

二

厄。어 [액]災也재앙、액(陌)戹同阨通

三

厈 겨 [국]持也잡을、국(沃)

四

⿸厂开。제 [개]轉倒엎드러질、개(齊) **⿸厂介**。제 [게]到也이를、게(卦) **厊**。야 [아]相違어긋날、아(馬) **厇** 치 [척]逐也쫓을、척(陌)

五

⿸厂么。지 [지]均也고를、지(齊) **厎**。즈 [지]致也이를、지定也정할、지(紙)底通 **厒** 커 [겁]山左右有岸낭떠러지、겁又언덕、겁(合)⿸厂缶同 **⿸厂丮**。지 [곡]持也가질、곡(沃)

六

厓。예 [애]山邊水畔언덕、애(佳)崖同 **⿸厂缶** 커 [갑]山兩邊有岸산양편에낭떠러지있을、갑(合)厒同 **厔**。지 [질]山曲산굽이、질又산모롱이、질(質)

七

厖。망 [방]厚也두터울、방大也클、방(江)尨牻見 **厚**。학 [후]不薄두터울、후醲也걸찍할、후(有) **厙** 쎠 [사]姓也성、사(禡)

八

厞 얘 [비]陋也더러울、비隱也숨을、비(未) **厜** 취 [수]山顚ㅣ㕒산이마、수(支) **厝** 추 [착]礪石숫돌、착(藥) **原**。웬 [원]高平地언덕、원又두덕、원本也근본、원察也살필、원再也거듭、원(元)源通

十

厥

°쥐[궐]其也助辭그、궐短也짧을、궐(月)[굴]蕃國突ㅣ나라이름、굴(物)瘚撅通

厤 曆古字

(十二) **厪** °진 [근]少也적을、근(文)

(十二) **厭** °옌 [염]惡也미워할、엽(琰)足也족할、염美也아름다울、염斁也싫을、염安也ㅣㅣ편안할、염飽滿배부를、염(鹽)[암]赤黑검붉을、암閉藏감출、암(琰)[엽]鎭也진압할、엽合也합할、엽濕貌ㅣ浥젖을、엽損也덜、엽禳也빌、엽(葉)㢛猒㶩見

厮 廝同

厬 궤 [궤]涸也물잦을、궤(紙)瀩同

厩 °작 [구]馬舍마구、구(有)

(十三) **㕒** °이 [의]山巓厜ㅣ산이마、의(支)

厲 °리 [려]嚴也엄할、여惡也악할、여以衣涉水옷걷지않고물건늘、여危也위태할、여虐也사나울、여作也지을、여病也병들、여疾飛橫ㅣ빠르게나를、여勸勉권면할、여帶重鞶ㅣ무거울、여(霽)勵癘通

⿸厂僉 °옌 [엄]厓岸危貌언덕비탈、엄(琰)

⿸厂辟 피 [벽]陋也더러울、벽仄也기울어질、벽(陌)

(十四) **⿸厂敫** 후 [호]米倉쌀곳간、호(豪)

(二十六) **厵** 源古字

厶部

厶 °쓰 [사]自營사사、사(支)

𠫓 투 [돌]臨產子轉身首向下해산할때에아이돌아나올、돌(月)

⿺乙厶 巨古字

(二) **厷** 헝 [굉]臂也팔、굉又팔꿈치、굉圜也둥글、굉(蒸)肱古字

厹 °작 [구]三隅矛세모창、구氣高기쓸、구(尤)

厸 鄰古字

(三) **去** °취 [거]離也갈、거棄也버릴、거(御)除也제할、거藏也감출、거(語)弆見

厺 去同

⿱厶允 양 [양]䩬ㅣ鞋신에창받을、장

(五) **⿱厶帝** 帝古字

(九) **參** °싼 [참]鼓曲북장단、참(勘)摻通[삼]數也同三셋、삼宿名별이름、삼叢立ㅣㅣ빽빽들어설、삼(侵)參三驂通

(十) **⿱厽參** 찬 [참]度也참작할、참與也참례할、참(覃)[삼]不齊ㅣ差참치할、삼(侵)參通

(十二) **⿺夋兔** °츈 [준]약은토끼、준(眞)(震)

又部

又 °와 [우]亦也또、우佑也도울、우再也다시、우(宥)

叉 °채 [채]兩枝두갈래、채婦人岐笄두갈래진비녀、채[차]手指交執깍지낄、차又손길잡을、차(佳)釵同[illegible]鬼名夜ㅣ야차、차(麻)

(二) **反** °빤 [반]回還돌아올、반逆也배반할、반又돌이킬、반覆也뒤칠、반(阮)重愼貌ㅣㅣ순하고의젓스러울、반(刪)[번]理正幽枉平ㅣ송

사공결할、번又이치에틀릴、번(元)翻通 **友**。우 [우]同志相交벗、우又친구、우慈愛兄弟우애할、우合也합할、우(有) **収** 字收俗 **叐** 字友古 **及**。지 [급]至也미칠、급兼詞및、급(緝) **双** 字雙俗 **𠬝** 뿌 [복]以手治事일할、복(屋)

(六) **取**。취 [추]俗音[취]収也취할、취又가질、취又걷을、취受也받을、취索也찾을、취(虞)娶見、獲也얻을、취(有) **叔** 쑤 [숙]伯ㅣ季父아재비、숙又삼촌、숙收拾주울、숙幼稱어릴、숙(屋)菽見 **受**。쑤 [주]承也받을、수容納용납할、수盛也 담을、수(有)

(七) **叜** 쑤 [수]老稱늙은이、수又어른、수尊稱어르신네、수(有)淅米聲ㅣㅣ쌀씻는소리、수(尤)叟傁同 **叛**。판 [반]背ㅣ배반할、반又반할、반離ㅣ달아날、반(翰) **叏** 괘 [괴]息也숨쉴、괴(卦) **叙** 字敍俗

(八) **叟**。쑤 [수]老稱늙은이、수(有)叜同

(十四) **叡**。이 [예]深明通達ㅣ聖성인、예又밝을、예(霽)睿同

(十六) **叢**。총 [총]灌木密生떨기、총聚也모일、총(東)藂同 **[illegible]** 쮜 [철]鷄雛出殼時鳴聲알깔때병아리소리、철(屑)

三畫

口部

口。쿠 [구]人所以言食입、구洞ㅣ谷ㅣ어귀、구人ㅣ戶ㅣ인구、구(有) **𠮙** 이 [을]聲也ㅣㅣ소리、을(質) **𠮛** 旨同 **[illegible]** 字口古 **吔** 야 [알]鳥聲새소리、알(曷)

(二) **史**。쓰 [사]歷記사기、사太ㅣ掌書官 사관、사(紙) **司** 쓰 [사]主也주장할、사又맡을、사有ㅣ職事벼슬、사(支) **台**。태 [태]星名三ㅣ삼태성、태(我朝三公曰三ㅣ三鼎)(灰) [이]我也나、이悅也기쁠、이養也기를、이(支)能通 **只**。즈 [지]但也다만、지語已辭말그칠、지(紙) **句**。쥐 [구]文詞止處章ㅣ글귀절、구(遇)地名須ㅣ땅이름、구(虞)辦也ㅣ當담당할、구又맡아볼、구拘也거리낄、구(宥)勾同、曲也굽을、구(尤) **古**。꾸 [고]昔也예、고始也비로소、고(麌)故通 **召**。잘 [조]俗音[소]

呼也부를、소(嘯)卲見 **叫**。쟈 [교]俗音[규]呼也부를、규事理不當이치에맞지않을、규(嘯)訆嘄同、噭通 **叨** 탇 [도]濫也横ㅣ참람할、도又외람할、도貪也탐할、도忝也욕될、도(豪) **叵** 퍼 [파]不可옳지않을、파又하지못할、파遂也드딜、파酒巵ㅣ羅술잔、파(哿)叵同 **号** 號同 **可**。거 [가]否之對옳을、가許也허락할、가肯也가히、가(哿)[극]突厥酋長曰ㅣ汗오랑캐、극妻曰ㅣ敦안해、극(職) **另** 령 [령]別異다를、영割開나눌、영(徑) **叮** 띵 [정]囑詞ㅣ嚀단단히부탁할、정(靑) **叩** 쿠 [고]擊也두드릴、고問也물을、고發也발할、고稽顙ㅣ頭머리숙여두드릴、고(有)(宥)訂同、扣見[子] **叶**。字協古 **右**。우 [우]左之對오른쪽、우尊也높일、우上也위、우强也강할、우助也도울、우(有)結祐佑見 **叱** 치 [즐]呵也ㅣ咤꾸짖을、즐(質) **叭** 빠 [팔]軍器喇ㅣ나팔、팔開口입벌릴、팔(黠) **叴** 착 [구]氣高기운높일、구又기승할、구(尤)

❸

同。통 [동]共也한가지、동又같을、동輩也무리、동會也모일、동和ㅣ화동할、동齊也가지런히할、동(東)仝同 **㕧** 씨 [히]呻也唸ㅣ신음할、히(支)屎同 **吁** 위 [우]嘆也탄식할、우(虞)于通 **吏**。리 [리]治政官人관리、이府ㅣ아전、이(寘) **吐** 투 [토]口歐토할、토又게울、토舒也펼、토(麌)(遇) **后** 후 [후]君也임금、후妃也황후、후(有)(宥)後見 **吊** 弔俗字 **吴** 화 [화]喧譁지꺼릴、화魚之大口대구、화(禡)吳通 **向**。쌍 [향]對也향할、향又안할、향北窓북창、향趨也나갈、향[상]姓也성、상(炎帝後所封)(漾)鄕嚮見 **吒** 탁 [차]俗音[타]噴也뿜을、타叱怒貌꾸짖을、타(禡)咤同 **吉**。지 [길]嘉祥길할、길善也착할、길利也이로울、길朔日초하루、길(質) **名**。밍 [명]號也이름、명功也ㅣ譽공、명(庚) **吃** 치 [흘]言難말얼얼할、흘喫也먹을、흘(物) **各**。꺼 [각]異也각각、각又따루、각(藥) **合**。허 [합]同也합할、합又같을、합配也짝、합會也모일、합答也대답할、합[갑]呼也부를、갑和也화할、갑量名十龠홉、갑(合) **呁** 嘄同 **吂** 망 [망]聽而不答모른체할、망(陽) **吘** 芊同 **占**

叾 잉 [응]應喚語話ㅣ叾고대답하며말할、응(蒸)

叾 앙 [앙]應喚語話叾ㅣ고대답하며말할、앙(陽)

吂 망 [망]問而不答묻고대답않을、망(養) 言見

吅 쎤 [현]吅也부

吇 ㅇ지 [기]解釋해석할、기(紙)

吆 약 [요]悲痛聲吆ㅣ애통하는소리、요

吋 [촌]英國度名(英尺十二分之一)인치、촌

四

吹 취 [취]出氣噓也불、취(支)歔同、

否 피 [비]塞也비색할、비惡也악할、비穢也더러울、비(紙) [부]不然않을、부(有)不見

呂 뤼 [려]脊骨등마루뼈 여又법칙、여姜姓申ㅣ성、여鐘名大ㅣ종이름、여劍名輕ㅣ칼이름、여(語)

吾 우 [오]我也나、오書聲伊ㅣ글웅얼거려읽을、오官名金ㅣ벼슬이름、오(虞)語同

吳 우 [오]國名오나라、오大言크게말할、오(虞) [화]譁也지껄일、화(禡)吴同

㕮 약 [부]嚼也ㅣ咀씹을、부(麌)

呃 애 [애]氣逆作聲재채기할、애又딸꾹질할、애(卦)詬同

吠 폐 [폐]犬聲개짖을、폐地名ㅣ狗땅이름、폐(隊)

吝 린 [린]惜也애낄、인恨也한할、인鄙嗇인색할、인(震)悋通

听 인 [은]笑貌ㅣ然벙긋거릴、은(吻)

吻 원 [문]口脣邊입시울、문(吻)脗脗同

呅 메 [매]笑也웃을、매(灰)

君 ㅇ쥔 [군]至尊임금、군嚴父아버지、군妻也細ㅣ안해、군彼此通稱그대、군又자네、군(文)

呑 튠 [탄]咽中嚥下삼킬、탄并包에워쌀、탄滅也멸할、탄(元)

吮 옌 [전]嗡也들이숨쉴、전[연]舐也핥을、연又빨、연嗽也기침할、연(銑)

告 꽈 [고]報也고할、고啓也여쭐、고授官之符ㅣ身칙지、고(號) [곡]請也청할、곡示也보일、곡(沃)

吰 헝 [횡]鐘鼓聲噌ㅣ종북소리、횡(庚)

吼 헉 [후]牛鳴소우는소리、후獅鳴사자우는소리、후虎鳴범우는소리、후怒也성낼、후(有)

吶 서 [눌]言難ㅣㅣ말더듬거릴、눌(月) 訥同 [설]言緩말느리게할、설(屑)

吟 인 [음]咏也읊을、음呻也신음할、음歎也탄식할、음(侵)唫同、長咏길게읊을、음(沁)頷貌

咂 ㅇ자 [잡]魚食고기물결、잡嗏ㅣ떡끄덕거릴、음(寑) 啖也씹을、잡(合)

吲 썬 [신]笑也哂ㅣ비웃거려웃을、신(軫)矧同

吪 어 [와]動也움직일、와化也변화할、와

鄙言사투리、와(歌) 謬言거짓말、와(歌)

启 同啓

呀 야 [하] 張口貌입딱벌릴、하 谷空谿ㅣ굴속휑할、하(麻)

吸。씨 [흡] 引氣內息숨들이쉴、흡 飲也마실、흡(緝) 噏同

吭 항 [항] 咽也목구멍、항(陽) 鳥嚨새목구멍、항(漾)

呈。청 [정] 示也보일、정 露也들어낼、정 平也평평할、정(庚)

吨 툰 [툰] 言語不明ㅣㅣ말분명치못할、둔 愚也어리석을、둔(元)

咉 쥐 [혈] 喉聲희희소리、혈 咽飲들이마실、혈(屑)

含。한 [함] 銜也머금을、함 容納용납할、함(覃) 唅同 哺也飯ㅣ무궁주로밥먹일、함(勘) 琀同

吧 빠 [파] 小兒忿爭ㅣ呀아이다툴、파(麻)

㕭 와 [오] 犬吠개짖을、우(尤)

吽。위 [음] 牛鳴소울、음(侵) [우] 犬爭개싸울、우(尤)

呌。잔 [규] 呼也부르짖을、규(嘯) 叫同 訆嘄通

吡 피 [필] 吐唾침뱉을、필(質)

后 테 [철] 塞也막을、철(屑)

㕬。궁 [공] 喧也지꺼릴、공(東)

吣 진 [진] 吐也토할、균(震)

吥。부 [부] 吸取빨、부(尤)

㖾 꾸 [곡] 多財넉넉할、곡(職)

呴 쥐 [구] 笑也웃을、구(宥)

吺 떠 [두] 言多말많을、두(尤)

呇。개 [개] 晨星새벽별、개(齊)

吘。우 [오] 和也화할、우 呼也부를、우(有)

㕯 제 [절] 低聲말소리나직나직할、절(屑)

吵 찬 [묘] 鳴也울묘(篠)

㕧 예 [예] 善也좋을、예(齊)

吡。삐 [필] 鳥聲새소리、필(質)

吮 딴 [담] 囀也새울、담(感)

吙 휘 [화] 呼氣부는기운、화(麻)

㕫。빵 [방] 聞也들을、방(養)

吢 신 [심] 犬吐개가토할、심(寢)

吤。째 [개] 大聲큰소리、개(齊)

𠯑 꺼 [괄] 塞口입막을、괄(曷)

吱。지 [지] 細聲가는소리、지(支)

呅 야 [요] 弄聲희롱하는소리、요(肴)

吒 허 [학] 呼也怒聲성내서부를、학(覺)

㖐。위 [예] 耳語귀에대고말할、예(齊)

哅 쑹 [흉] 喧也시끄러울、흉(腫)

吩 쁜 [분] 噴也뿜을、분 命令ㅣ咐분부할、분(文)

㕽 우 [오] 四方颶風사방에서불어오는바람、우(有)

(五)

味。웨 [미] 物之精液滋ㅣ맛、미 又맛들일、미 又맛볼、미(金辛、木酸、水鹹、火苦、土甘、即五ㅣ)(未)

呿 취 [거] 張口입벌릴、거(魚) [가] 義同(歌)

呱。꾸 [고] 小兒啼聲ㅣㅣ아이울음소리、고(虞)

咀 쵞 [저]嚼也씹을、저(語) **呴** 쓔 [구]以氣温之입김드릴、구又숨내쉴、구言恭말공순히할、구(虞)魚吐沫고기물방울토할、구(遇)欨通 **呼**。후 [호]喚也부를、호外息숨내쉴、호歎辭嗚ㅣ슬프다할、호(虞)呌也부르짖을、호(遇)謼通、虖見 **呢** 늬 [니]小聲多言ㅣ喃소곤거릴、니燕語제비소리、니(齊) **呭**。詍同 **咍**。해 [해]笑聲웃음소리、해蚩笑비웃거릴、해(灰) **咊** 和古字 **咎**。쮸 [구]過也허물、구災也재앙、구(有) [고]舜臣ㅣ繇순임금신하、고(豪) **咆**。팦 [포]虎聲嗥범의소리、포怒貌ㅣ勃성불끈낼、포嘷也고함지를、포(肴) **呻**。썬 [신]吟咏읊을、신殿屎ㅣ吟신음할、신又끙끙거릴、신(眞) **哮** 핟 [효]大貌ㅣ然큰체할、효(蕭) [호]風聲怒ㅣ바람소리클、호(號)

呶 (나보) [노]讙聲지꺼릴、노又들렐、노(肴) **和**。허 [화]順也화할、화調味탈、화又섞을、화諧也고를、화又곡조、화小笙세피리、화(歌)聲相應화답할、화合也합할、화(箇)龢通 **呵** 허 [가]噓氣기운불、가笑聲ㅣㅣ웃음소리、가(歌)責讓꾸지람할、가(箇)訶見 **命**。밍 [명]天之所賦人所稟受목숨、명使也부릴、명又시킬、명教令辭ㅣ명령할、명又가르칠、명(敬) **咈** 쀼 [불]違也어길、불戾也어그러질、불(物) **咏** 융 [영]歌也노래할、영吟也읊을、영(敬)詠同 **周**。쮸 [주]匝也두루、주密也주밀할、주週同、國名주ㅅ나라、주(尤)賙見 **呪** 쮸 [주]詛也저주할、주又방자할、주(宥)詋祝通 **呦**。우 [유]鹿鳴聲ㅣㅣ사슴우는소리、유(尤) **咄**。뚸 [돌]訶也꾸짖을、돌驚怪ㅣㅣ괴탄할、돌嗟也슬플、돌(月) [달]義同(曷)

呾 따 [달]相訶서로꾸짖을、달(曷) **呫** 톄 [첩]嘗也맛볼、첩小貌ㅣㅣ앙징할、첩(葉) **呷**。쌰 [합]吸飲들이마실、합衆聲喤ㅣ여럿이떠들、합(洽) **呲** 㖢同 **呸**。(피페) [비]爭聲다투는소리、비(支) **呬**。씨 [히]息也숨쉴、히(寘) **咇** 삐 [필]馨香ㅣ芬향기날、필(質)苾同 **呰**。쯔 [자]苟且구차할、자(紙)訾同 **呆** 허 [화]小兒啼어린아이울、화(歌) **咂** 쨔 [잡]口吸빨、잡(合) **咉** 양 [앙]咽悲ㅣㅣ목메여슬플、앙(養) **咐**。뿌 [부]噓也불、부(虞) **咋** 쨔 [사]暫也잠

간、사(禡) [책]大聲소리지를、책 [색]嚙也씹을、색(陌)

咖 거 [가]熱帶產植物茶名ㅣ啡코피차、가

咤 탁 [타]麞也노루、타(歌)

啕 匋同

咕 꾸 [華]ㅣ噥두덜거릴구

咴 빠 [벌]盾也방패、벌ㅣ嚳입부리뾰죽할、벌(月)瞂戱同

哇 직 [주]口不正입비뚤어질、주(尤)

呝 이 [악]鳥聲새소리、악鷄聲닭소리、악(陌)

呟 센 [현]聲也소리、현(銑)

味 머 [말]黑光꺼먼빛날、말(曷)

[口召] 됴 [조]喉鳴목구멍울、조(蕭)

咁 깐 [감]含也먹음을、감(感)

[口立] 리 [립]漕船聲배젓는소리、립(緝)

[口疋] 피 [필]吐唾침뱉을、필(質)

[口丘] 직 [구]高聲소리높일、구(尤)

呮 지 [기]足垂而坐도사리고앉을、기(寘)

[口芉] 안 [안]羊吠양짖을、안(寒)

[口尒] 예 [애]答也대답할야(馬)

呯 핑 [평]軟嬌聲애교있는음성、평(青)

六

哄 홍 [홍]衆聲여럿이떠드는소리、홍喝也공갈할、홍(送)

咨 쯔 [자]嗟歎탄식할、자謀也꾀할、자怨也원망할、자(支)諮見

哅 훙 [흉]讙聲지꺼릴、흉(宋)哅同詾見

咿 이 [이]強笑喔ㅣ선웃음칠、이(支)

咫 즈 [지]八寸曰ㅣ여덟치、지少也적을、지(紙)䟡同

咡 얼 [이]口傍입시울、이(寘)

咶 쓰 [시]舐取物핥을、시話也이야기할、시(紙)舓舐通

咥 지 [희]笑聲ㅣㅣ웃음소리、희(寘) [질]笑也웃음、질(質) [절]嚙也씹을、절又물、절(屑)

哇 와 [와]淫聲음란한소리、와兒啼아이울음、와吐也토할、와又게울、와(麻) [왜]義同(佳)

哉 재 [재]始也비로소、재語助辭어조사、재疑問辭그러나、재(灰)

咳 개 [캐]俗音 [해]小兒笑방글방글웃을、해(灰)孩同、痎病ㅣ嗽기침、해非常術奇ㅣ신기한방법、해ㅣ唾침뱉을、해(隊)欬通

哀 애 [애]傷也슬플、애痛也아플、애憐也불상할、애(灰)

哂 썬 [신]微笑빙그레웃을、신(軫)矧通

咺 쒠 [훤]哀泣不止울음그치지않을、훤又설게울、훤容止宣著의젓할、훤懼也두려워할、훤(阮)

咽 옌 [연]俗音 [인]嗌也목구멍、인(先)胭通 [열]聲塞哽ㅣ목멜열(屑)嚥見

咬 약 [교]鳥聲ㅣㅣ새지저귈、교(肴) [요]嚙也물、요又씹을、요(巧)齩同

咲 笑同

咷 탄 [도]兒泣不止號ㅣ아이울음끝

질길、도(豪)
哆 츠 [치] 張口貌입딱벌릴、치(紙) [채] 脣下垂입술처질、차(馬)
吒 차 [태] 叱也꾸짖을、타 悲也슬플、타 噴也뿜을、다(禡) 吒同
咻 쓱 [효] 嚾也지꺼릴、휴 口痛聲입병앓는소리、휴(尤)
咮 쥬 [주] 鳥嘴새입부리、주(宥) 噣同
品 픤 [품] 類也무리、품 又온갖、품 官級ㅣ格품수、품 又차례、품 式也법、품(寑)
咱 자 [잘] 己稱我也나、찰(曷)
咸 쎈 [함] 悉也다、함 同也같을、함(咸)
咢 어 [악] 驚也깜짝놀랄、악 直言ㅣㅣ바른말할、악 徒擊鼓한갓북만울릴、악(藥)
咼 喎同
咠 치 [즙] 讒也ㅣㅣ참소할、즙 聶語귀속말할、즙(緝) 緝通
哈 하 [합] 大歡크게마실、합(合) 欱同
咰 쒜 [술] 飲也마실、술(質)
⿰口后 혹 [후] 恥也부끄러울、후 吐也토할、후 罵也욕할、후(有)
⿰口耒 레 [뢰] 以言相遯말막음할、뇌(賄)
咯 러 [락] 訟言송사하는말、낙 [각] 雉聲꿩의소리、각(藥)
咧 레 [렬] 鳥聲ㅣㅣ새소리、열(屑)
吰 횡 [굉] 噌ㅣ鐘聲쇠북소리、횡(庚)
哃 퉁 [동] 大言ㅣ嘈큰말할、동 妄言망녕된말、동(東)
哎 애 [華] 悲痛聲ㅣ吆애통하는소리、애
⿰口州 쥬 [주] 鷄呼雛聲ㅣㅣ닭이새끼부르는소리、주 呼鷄聲ㅣㅣ닭부르는소리、주(尤) 喌同
响 쌍 [향] 振動진동할、향 鳴也울、향(漾)
咩 咪同
咾 랖 [로] 弱聲약한소리、노(皓)
咪 미 [미] 羊鳴양의소리、미(紙) 咩同
咟 허 [확] 叫也부르짖을、확(陌)
⿸厂吕 두 [두] 輕言경솔히말할、두(尤)
咣 광 [광] 能言말잘할、광(庚)
咭 지 [길] 笑也웃을、길(質)
⿰口危 꾀 [궤] 許也허락할、궤(紙)
⿰口染 산 [염] 口動貌입움직일、염(琰)
咹 어 [알] 訥言말더듬거릴、알(曷)
⿰口肙 예 [열] 怒也성낼、열(屑)
⿰口存 츈 [존] 口廣입넓을、존(阮)
咔 롱 [롱] 嘲也조롱할、농(送)
⿰口戌 쑤 [술] 口言중얼거릴、술(黠)
⿰口冊 싸 [살] 變聲소리변할、살(曷)
⿰口曲 쥐 [곡] 問罪문초할、곡(沃)
⿰口幵 예 [피] 喘息숨찰、피(寘)
⿰口卉 이 [알] 謗也비방할、알(曷)
哊 우 [욱] 吐也뱉을、욱(屋)
⿰口聿 나 [납] 口動입우물거릴、납(洽)
呃 애 [액] 高聲높은소리、액(陌)

七

⿰口吳 위 [우] 欲笑웃으려할、우(麌)
哢

롱[롱]鳥吟喩ㅣ새지저귈、농(送)

哤 망[방]雜言잡된말할、방(江)

唏。씌[희]歎也歔ㅣ탄식할、희又한숨쉴、희(微)欷同、哀而不泣슬퍼느낄、희(尾)哀聲슬픈소리、희(未)

哺。뿌[포]食在口中含ㅣ밥물고씹을、포ㅣ也먹일、포(遇)餔通

唄 빼[패]梵音범불소리、패頌歌노래읊을、패(卦)

唇 츈[진]驚也놀랄、진(眞)(俗作脣誤)

員。원[원]官數관원、원周也幅ㅣ둥글、원(先)[운]益也더할、운(文)姓也성、운(問)云鄖通

唉 애[애]歎恨탄식할、애驚問놀라물을、애(灰)欸同

唁 옌[언]弔生조상할、언(霰)喭通

哨。챺[소]口不正입비뚤어질、소(蕭)[초]多言ㅣㅣ말많을、초巡ㅣ防盜도적방비할、초(嘯)

哮 쑈[효]怒也ㅣ闞성낼、효豕驚聲돝놀란소리、효(肴)

唆 쏴[사]小兒相應喝ㅣ아이서로대답할、사(歌)

哥。꺼[가]呼兄ㅣㅣ형、가又언니、가(歌)(歌古字)[韓]指稱李ㅣ金ㅣ지명할、가

哦 어[아]吟也읊을、아(歌)

哿 커[가]可也옳을、가嘉也아름다울、가(哿)

唐。당[당]國名당나라、당大言荒ㅣ황당할、당(陽)

格 꺼[격]橫枝비낀가지、격(陌)

哭 쿠[곡]哀聲울、곡(屋)

哳 쟈[찰]鳥鳴啁ㅣ새울、찰(黠)

哲。쪄[철]明也밝을、철智也지혜있을、철(屑)喆同

哈 한[함]銜也재갈먹일、함(覃)哺ㅣ머음을、함張口ㅣ呀입방긋하게벌릴、함(勘)

숨 同

唊 쟈[겹]妄語망녕된말할、겹又부질없는말할、겹多言ㅣㅣ말많을、겹又수다할、겹(葉)

唈 이[읍]短氣鳴ㅣ기단하게울、읍(緝)[압]義同(合)

哽。껑[경]悲塞ㅣ咽목멜、경(梗)哽同

唠 랖[로]言語不解嘮ㅣ말알지못할、노(豪)

唌 옌[연]纏貌ㅣㅣ참소할、연[단]義同(先)

哱 퍼[발]軍器ㅣ囉주라、발(月)

哶 메[마]羊鳴양울、마(馬)

哩。리[리]語助어조사、이(紙)英國里數(我約三里餘)마일、이(即十四町四十三間)

哪 나[나]語助어조사、나(箇)

哫 쥬[족]以言求媚ㅣ뿔아첨할、족(沃)

唂 꾸[곡]雉鳴꿩울、곡(屋)

晛。쎈[현]小兒歐乳아이젖토할、현(銑)

哴 량[량]啼極無聲嗟ㅣ울어목쉴、양(漾)喨同

㖕。진[華]ㅣ嘴입맞출침

喭

ㅇ잔[華]ㅣ囉지저컬、조 唦 사[산]山猪ㅣ嗋산돋、사(產猶太諸山)(麻) [illegible] 嵒同 哹。얍[부]吹氣ㅣㅣ부는소리、부 水鳥名ㅣㅣ물새、부(尤) [illegible] 애[비]香

料也향、비(紙)(產亞刺比亞) 哼 헝[형]愚怯貌嗆ㅣ겁낼、형(庚) [illegible]。쏙[속]吸也빨、속鳥啄새입부리、속(屋) 啈 거[갈]拒絕거절할、갈(曷) [illegible]。한[호]言

多말많을、호(號) [illegible] 녜[녈]怒也성낼、녈(屑) [illegible]。앙[경]猿鳴원숭이울、경(徑) [illegible] 이[위]呼鴨聲오리부르는소리、위(支) 哧 嚇同 [illegible] 허[하]衆聲뭇소리、

하(歌) [illegible] 이지[기]喰也먹을、기(寘) [illegible]。이지[기]憇也부끄러울、기(微) 唀 誘同 唍。완[완]莞爾笑방긋이웃을、완(潸) 哂 데[제]鼻噴재채기할、제(霽)

唎 리[리]小聲가는소리、이(寘)

八

唯。웨[유]專辭獨也오직、유又뿐、유諾也ㅣㅣ허락할、유(紙) 唪 앵[봉]大笑크게웃을、봉(董) 唲 얼[아]強笑嚅ㅣ선웃음

칠、아(支)[애]兒言ㅣ嘔어리광할、애又응석할、애(佳) 啚。삐[비]嗇也인색할、비又다라울、비(紙)鄙同(俗作圖誤) [illegible]。즈[자]苟且ㅣ窳구차할、자短也짧을、자(紙)呰同

啓。치[계]開也열、계跪也꿇、계奏事아뢸、계(薺)启同 唳 리[려]鶴鳴학울、여(霽) 問。원[문]訊也물을、문物遺선물할、문(問) 啐 취[쵀]呼也咄ㅣ부를、

쵀驚也놀랄、쵀嘗也맛볼、쵀(隊)[줄]衆聲嘈ㅣ지꺼릴、줄吮聲쭉쭉빨、줄(質) [illegible] 훈[혼]多言ㅣㅣ잔말할、혼目所不見ㅣㅣ아득할、혼(元) [illegible] 판[관]二鳥和鳴새서로지저귈、

관(刪) 啍 툰[톤]重遲貌ㅣㅣ느럭느럭갈、톤口氣입기운、톤(元)噋同 啁。찬[조]聲也ㅣ嘐소리、조[주]鳥聲ㅣ噍새소리、주(尤) 唬 후[효]ㅣ聲웅얼거릴、효虎聲범

의소리、효(肴)虓同 啕 탄[도]多言ㅣㅣ수다할、도(豪) 唾 퉈[타]口液침、타(箇)涶同 啞。어[아]烏聲ㅣㅣ까마귀소리、아(禡)病瘖不言벙어리、아(馬)瘂同[액]笑聲ㅣ

ㅣ깔깔웃을、액(陌) 唶 ㅇ졔[차]歎也탄식할、차(禡)[책]大聲嚄ㅣ우렁찰、책鳥聲ㅣㅣ새소리、책(陌)諎見 商。쌍[상]國名상나라、상裁度요량할、상行貨ㅣ賈장사、상金

音금소리、상(陽)賣見

唱。창[창]發歌노래부를、창導也인도할、창(漾)倡見

售 쑤[수]賣也팔、수償也갚을、수(宥)

唫 친[금]口急閉입담을、금(寢)[음]咏也읊올、음(侵)吟同

啗 땀[담]噍也씹을、담(感)啖同嚪通、食也먹을、담(勘)

唵 안[암]手進食움켜먹을、암[옴]釋呪진언、옴(感)

啖。딴[담]噍也씹을、담幷呑貌ㅣㅣ통으로삼킬、담以利餌人미끼、담(感)啗嚪同

啄。쭤[탁]鳥食쫏을、탁扣門剢ㅣ문두드릴、탁(覺)

啅 啄同

啜。쮜[철]泣貌훌적거릴、철多言수다할、철嘗也맛볼、철喙也부리、철(屑)歠見

啇 되[적]木根나무뿌리、적果蔕실과꼭지、적(錫)

啫 다[답]多言ㅣㅣ잔말할、답(合)諮諜沓通

唼 쌰[삽]鳧雁聚食ㅣ喋오리와기러기먹는소리、삽(洽)歃見

啑。싸[잡]呑也삼킬、잡(合)咂同[삽]鴨食魚貌ㅣ喋오리가텁석텁석먹을、삽(洽)[체]鼻噴氣곳김불、체

唔 우[오]逆也거슬를、오相觸서로마주칠、오逢也만날、오(遇)

唆。쑤[수]口誨입으로가르칠、수(有)

唰 쏴[솰]鳥治羽毛새깃다듬을、솰(黠)

⿰口夜 예[야]鳥夜鳴새밤에울、야(禡)

啃 써[삽]口聲咠ㅣ입소리、삽(緝)

唴 창[양]小兒啼ㅣㅣ어린아이울、양哭極音絶울어기진할、양(漾)

啝 허[화]順也순할、화小兒啼아이울、화(歌)

⿰口乳 부[누]哺乳젖먹일、누(有)

啀。애[애]狗欲齧개가물려고할、애(佳)

⿰口取。쪄[추]無廉ㅣ歂염치없을、추(虞)

啦 라[랍]夫子之稱ㅣ吡존칭할、납(合)

⿰口翊 취[겁]聲也소리、겁(葉)

啉。란[람]酒巡亟술순배、람喧也떠들、람(覃)替同

替 啉同

⿰口板 빤[판]獻上帝之禮物也咯ㅣ예물、판(潸)

⿰口季 찌[계]一ㅣ拉근수、계(卽銀二分半)(齊)

啤。삐[비]口苦입맛쓸、비(支)

唽 시[석]鳥聲새소리、석(錫)啺同

啺。同唽

⿰口肴 샤[효]笑聲웃음소리、효(肴)

⿰口叔 쑤[석]靜也고요할、석(錫)

唹 위[어]靜笑고요히웃을、어(魚)

⿰口彔 루[록]暫笑잠간웃을、녹(沃)

⿰口委。와[와]小兒啼어린아이울、와(歌)

唷 약[육]出聲소리지를、육(屋)

唻 래[래]歌聲노래하는소리、내(佳)

唲 애[왜]小

皃言아이 말、왜(佳) **嗹**。둥 [동]多言말많을、동(董) **[口+悤]** 후 [홀]憂也근심할、홀(月) **[口+固]** 꾸 [고]牛領垂貌소목도리질할、고(麌) **啡**• 피 [華]熱帶産植物茶名咖ㅣ코피
차、**[口+帚]**。쑤 [소]羣鳥聲뭇새소리、소(號) **啈**• 싱 [행]爭也쌈할、행(敬) **啊** 아 [아]愛也사랑할、아(箇) **啋** ◦잡 [교]動也움직일、교 喧也시끄러울、교(蕭)
비
啌 ◦장 [강]漱也양치할、강(江) **[口+𠂢]** 퍼 [파]言人之短험담할、파(箇) **[口+泣]** 웅 [읍]漕船聲배젓는소리、읍(緝) **[口+妻]** 치 [채]先嘗먼저맛볼、채(隊) ⑨ **喜**•。
씨 [희]樂也기쁠、희(紙) **喁** 웅 [옹]魚口聚貌噞ㅣ고기입우물거릴、옹衆口向上ㅣ고기입쳐들、옹(冬) [우]相呼서로부를、우(有)翅通 **啻**•。츠 [시]不止如是不ㅣ뿐、시又만、시
又쯤、시(寘) **喟**。홰 [위]太息한숨쉴、위(寘)嘳同、[괴]義同(卦) **喣** 쒸 [허]吹也불、허(魚)噓同[후]義同、諂笑貌선웃음칠、후(麌) **喻**• 위 [유]曉諭효유할、유又깨우쳐줄、
유又알려줄、유告也고할、유譬也비유할、유(遇)諭同 **啼**• 티 [제]泣也울、제(齊)謕嗁同 **喎** 꽈 [괘]口戾不正입비뚤어질、괘(佳) **喈**。◦져 [개]鳥鳴ㅣㅣ새소리、개(佳)
喝•。허 [갈]訶也꾸짖을、갈怒聲성낸소리、갈(曷)[애]嘶聲목쉴、애(卦)愒見 **喙** 훼 [훼]鳥嘴부리、훼又주둥아리、훼息也숨쉴、훼(隊) **喧** 쒠 [훤]大語짓거릴、훤又들렐、훤嘩也쌈할、훤(元)嚾同讙諠通 **單**•。딴 [단]獨也홀로、단又홑、단盡也다할、단大也클、단薄也엷을、단(寒) [선]廣大貌ㅣ于되임금、선(先)姓也성、선縣名ㅣ父고을이름、선(銑)(霰)
喚•。환 [환]呼也부를、환禽名ㅣ起새이름、환(翰)奐通 **喭** 옌 [안]失容粗俗추솔할、안(翰) [언]弔生조상할、언(霰)諺唁見 **喘** 촨 [천]疾息헐떡거릴、천又숨쉴、천(銑)歂
同 **善**•。싼 [선]良也착할、선吉也길할、선多也많을、선好也좋을、선又좋아할、선(銑)ㅣ之착하게여길、선(霰) **喛** 완 [원]吮也빨、**喓** 얀 [요]虫聲ㅣㅣ벌렛소리、요(蕭)
천(銑)
소리、
요(蕭) **喬**。챺 [교]木上竦우둠지무지러진나무、교矛上句창끝갈구리、교(蕭) **喏** 어 [야]敬言答聲唱ㅣ공손히대답할、야(馬) **喪**• 쌍 [상]持服曰ㅣ상사、상又복입

을、상(陽)亾也죽을상又구낄、상失也없어질、상又잃어버릴、상(漾)

喪 喪本字

喤 황 [황]兒聲ㅣㅣ아이소리、황(陽)[횡]喧也지꺼릴、횡(庚)

喉 。후 [호]咽也목구멍、후(尤)

⿰口幽 우 [유]吟聲呦ㅣ읊는소리、유鹿鳴ㅣㅣ사슴울、유(尤)呦見

啾 。추 [추]小聲ㅣㅣ두런거릴、추ㅣ唧쪽쪽울、추(尤)

喑 。인 [음]聲也ㅣ啞소리지를、음聚氣안까님쓸、음(沁)失聲不能言목쉴、음又목잠길、음(侵)[암]泣無聲훌쩍거릴、암(覃)

⿰口弇 안 [암]不言ㅣ嘿말아니할、암寐聲ㅣ囈잠꼬대할、암(覃)

喃 난 [남]語不了呢ㅣ말분명치못할、남燕語呢ㅣ제비소리、남又재재거릴、남(覃)(咸)

啿 。단 [담]豐厚之貌ㅣㅣ수두룩할、담又많을、담(感)[잠]義同(豏)

喊 한 [함]譁聲고함지를、함(感)持意口閉입담을、함怒聲성난소리할、함呵也꾸짖을、함(豏)

喔 。우 [악]鷄聲ㅣㅣ닭의소리、악又자진닭울、악(覺)

唧 。지 [즐]衆聲啾ㅣ두런거릴、즐(質)[즉]多聲ㅣㅣ즉즉거릴、즉(職)

喇 라 [랄]言急喝ㅣ말급히할、랄(曷)[華]西藏蒙古稱僧曰ㅣ嘛중、날

喆 。져 [절]明也밝을、철哲也착할、철(屑)哲同

⿱㓞口 。략 [략]磨刀칼갈、략利也날카로울、약(藥)䂮同

喀 커 [객]欬聲ㅣㅣ기침객객할、객(陌)

喫 。치 [긱]食飮먹을、긱又마실、긱(錫)毄通

喋 데 [쳡]利口ㅣㅣ말잘할、첩(葉)[잡]鳧雁食聲唼ㅣ오리와기러기텁석거려먹는소리、잡(洽)

⿰口昏 원 [문]口脣邊입아귀、문(吻)

喦 네 [녑]地名땅이름、엽争也다툴、엽(葉)

喌 。적 [주]呼鷄聲닭부르는소리、주(尤)[죡]義同(屋)

嗄 。哽同

⿰口春 춘 [존]吹也불、준(軫)

⿰口孚 。부 [유]小兒聲ㅣ呢어린아이소리、유(尤)

喍 채 [재]犬鬪貌ㅣ啀개싸움할、재(佳)

喒 。잔 [잠]我也나、잠(覃)

𠷎 壽古字

喨 량 [량]泣不止울고그치지않을、양(漾)哴同

啣 쎈 [華]名ㅣ명함、함

⿰口便 。벤 [변]巧言교묘히말할、변(銑)

⿰口胡 후 [호]咽下垂목젖、호喉聲목소리、호(虞)

⿰口函 한 [함]高聲ㅣ⿰口胡소리지를、함(覃)

⿰口是 시 [시]鳥鳴새울、시(支)

嘩 。꺼 [혁]颶風名吺囉ㅣ吪숨사방풍、혁(陌)

㗊 。즤 [즙]衆口뭇입、즙(緝)

⿰口迦 。자 [가]陋言ㅣ謀더러운말、

(歌)가 **啡** 배 [배]肝病ㅣ依咮 간병、배(隊) **哩** 리 [리]藥名沙ㅣ仙酸 약이름、리(紙) **啻** 이 [억]快也쾌할、억(屋) **喅** 우 [육]衆聲뭇소리、육(屋) **喗**。 윈

[운]口大입클、운齒醜 아빨이더러울、운(文) **咠**。 처 [즙]讒也참소할、즙(緝) 咠通 **喛**。 환 [완]怒也성낼、완(願) **嗬** 싸 [하]答聲대답소리、하(歌) **嗿** 태 [태]詐言거

짓말、태(泰) **喳** 시 [질]咀也씹을、질(質) **唆**。 사 [수]笑聲웃음소리、수(宥) **㗂** 시 [시]始言말시작할、시(支) **㗁** 어 [악]齒齶잇몸、악(藥) **嗇** 성 [성]閉口입담을、

성(梗) **㖃** 후 [후]吐也토할、후(有) **喠**。 종 [종]瘇也병어리、종嘔逆구역질할、종(腫) **㖶** 연 [연]喉也목구멍、연(先) **喢** 자 [삽]多言말많을、삽(洽) **十**

喡。 이 [위]變聲목소리변할、위(微) **嗘** 이지 [계]聲也ㅣㅣ소리、계(齊) **嗤** 치 [치]嘲笑빈정거릴、치(支) **嗈** 옹 [옹]雁和聲ㅣㅣ기러기짝지어울、옹(冬) 噰同

嗣。 쓰 [사]續也이을、사習也익힐、사(寘) **啤** 빼 [패]裂衣也찢을、패別也달리할、패(蟹) [피]分解나눌、피(紙) **嗊** 홍 [홍]望夫歌曲囉ㅣ서방생각하는노래곡조、홍(董)

嗄 애 [애]氣逆聲敗목쉴、애(卦) [사]聲變목갈랠、사(禡) **嗁**。 제 [제]號泣부르짖어울、제(齊) 啼同 **嗚** 우 [오]歎辭ㅣ呼탄식할、오又오흡다할、오歌也ㅣㅣ노래이름、

오(虞) 烏同 **嗜**。 씨 [기]欲也즐길、기又욕심낼、기好也좋을、기(寘) 醋同 **嗉** 쑤 [소]鳥受餌處멀떠구니、소又메통、소(遇) **嗂** 요 [요]喜也기뻐할、요樂也즐길、요(蕭)

嗔 천 [진]怒也성낼、진(眞) 謓同 **噀** 쒼 [손]噴水물뿜을、손(願) **嗃**。 쌰 [효]恚聲성낸소리、효(肴)大叫크게부르짖을、효(效) [학]嚴厲ㅣㅣ엄숙히꾸짖을、학悅樂기

빼할、학(藥) **喿**。 잔 [소]俗音[조]羣鳥鳴새떼지어울、조(號) 噪同 **嘅** 해 [해]小兒笑어린아이웃을、해(灰) **嗓** 쌍 [상]喉也목구멍、상馬病鼻流涎말병들어코침흘릴、상(養)

嗅 싹 [후]以鼻取氣냄새맡을、후就臭냄새날、후(宥) 齅同、臭通 **嗛**。 쎈 [겸]不足貌부족히여길、겸謙也겸손、겸(鹽)謙同、겸口裏貯食입에밥물고있을、겸(琰)歉慊兒[함]口有

銜머음을、함恨也한할、함(咸)銜通

嘗。 嘗俗字

嗕 수 [욕]羌別種서녘오랑캐이름、욕(沃)

嗗 와 [왈]飮聲마시는소리、왈(黠)

嗀 허 [학]嘔吐貌구역질할、학(覺)

嗌。 이 [익]咽候목구멍익[액]義同(陌)

嗒 타 [탑]忘懷ㅣ然생각잊을、탑解體貌사지늘어뜨릴、탑又우두먼할、탑(合)

嗑 허 [합]合也합할、합食也먹을、합多言말수다할、합以齒破이로깨뜨릴、합卦名噬ㅣ괘이름、합(合)

嗇。 써 [색]慳也愛惜인색할、색又다라울、색貪也탐할、색又거염낼、색田畯ㅣ夫권농할、색(職)穡同

嗋 쎄 [협]吸氣들이마실、협(葉)

嘡 당 [당]大言哃ㅣ큰말할、당(陽)

嗩 새 [쇄]軍中樂ㅣ吶木管蘆頭銅底호적、쇄

嗟。 제 [차]咨也슬플、차惜也가엾을、차(麻)

嗢。 우 [올]咽也목구멍、올(月)

嗝 꺼 [격]逆氣딸꾹질할、격雉鳴꿩울、격(陌)

甞 嘗俗字

嗎 마 [마]叱罵꾸짖을、마(禡)

嗐 해 [할]開口吐氣하품할、할(黠)

嗆 창 [창]鳥食새먹을、창噴出뿜을、창愚也ㅣ哼어리석을、창(陽)

咲 笑俗字

嗞 즈 [자]歎也탄식할、자(支)

⿰口員。 원 [운]吐也토할、운(文)

嗙 방 [방]笑也웃을、방(庚)

⿰口尃。 얘 [박]喰也먹을、박(藥)

⿰口蚤 슈 [소]喧也시끄러울、소(號)

嘄 약 [요]叫也부르짖을、요(嘯)

⿰口唇 신 [신]驚也놀랄、신(眞)

⿰口追 차 [추]滿口貌입속가득할、추(尤)

⿰口寙 애 [와]赤子啼갓난아이울、와(禡)

⿰口毘 삐 [비]叱聲꾸짖는소리、비(紙)

單。 나 [나]逐鬼귀신쫓을、나(歌)

⿰口冓。 꾸 [구]唱也부를、구雉鳴꿩울、구(宥)

⿰口草 찬 [초]寂寥적적할、초(皓)

⿰口夌 착 [추]誹謗헐담할、추(有)

⿰口宮 홍 [홍]衆聲뭇소리、홍(送)

⿰口展 뎬 [전]愚也어리석을、전(阮)

⿰口豹 퍞 [표]誇也자랑할、표(效)

⿰口晢 따 [찰]鳥囀새울、찰(黠)

嗄 쎄 [훌]嘯也吹口수파람불、훌(質)

嘌 리 [률]言不分明말분명치못할、율(質)

嗠 러 [락]牛乳소젖、낙(藥)

⿱寒口。 젼 [건]語訥말더듬을、건(先)

嗡。 옹 [옹]牛聲소울음、옹虫聲벌렛소리、옹(東)

⿰口恚 이 [이]怒聲성낸소리、이(寘)

⿰口弱 타 [탑]口動貌입운직일、탑(合)

嘁 추

[촉]愁貌嚬眉눈살찡그릴、촉(屋) **咯** 러 [락]呼也轉舌혀두르며부를、낙(藥)

(十一)

⿰口紫 삐 [비]美口예쁜입、비(紙) **嘛** 마 [마]西藏蒙古稱僧曰喇ㅣ중、마 **嘑**。후 [호]哮也大聲웅얼거리며고함칠、호(虞)謼同 **嘒**。훼 [혜]微聲작은소리、혜蟬聲ㅣㅣ매미소리、혜和聲ㅣㅣ화할、혜(霽)嚖通 **嗺** 취 [최]撮口입오무릴、최促飮급히마실、최嗟也슬플、최口醜입추할、최(灰) **嘅**。개 [개]歎也탄식할、개(泰)怒也성낼、개(隊)愾見 **嘆** 탄 [탄]太息탄식할、탄又한숨쉴、탄(寒)(翰)歎同 **嘕** 썬 [언]笑貌빙그레할、언喜樂기쁘고즐거워할、언(先)噓同 **噓** 嘕同 **嘌**。퍄 [표]車疾行無節度ㅣㅣ차흔들릴、표又빨리몰아갈、표疾也빠를、표(蕭) **嘐** 랴 [효]誇語ㅣㅣ자랑할、효[교]鷄鳴ㅣㅣ닭자처울、교(肴)咬同 **嘄** 갸 [교]呌也부르짖을、교獸名ㅣ陽짐승이름、교(蕭)(嘯)叫同(或音큐) **嗷**。얍 [오]衆口愁ㅣㅣ여럿이걱정할、오鳥聲새지저귈、오(豪) **嗸** 嗷同 **嘈** 찬 [조]聲也ㅣ嗷지껴릴、조(豪) **嘉**。쟈 [가]美也아름다울、가善也착할、가褒也포장할、가樂也즐거울、가(麻)佳同假通 **嘏** 쟈 [가]福也복、가物之壯大클、가又높을、가(馬)(或音하) **嘗**。창 [상]探味맛볼、상試也시험할、상曾也일찍、상秋祭가을제사지낼、상(陽)甞嘗同 **嘔**。어 [구]吐也토할、구又게울、구和悅ㅣ喩기뻐할、구(有)歐通謳見[후]悅言ㅣㅣ기뻐서말할、후(尤) **嗾**。주 [수]使犬聲개부리는소리、수(有)[주]義同(宥)⿰口造同 **嗽** 쏴 [수]上氣疾咳ㅣ기침할、수(宥)瘶漱同[삭]口嗽들이마실、삭吮也빨、삭(覺) **嘵**。쟢 [조]相誘서로꾀일、조(篠) **嗿**。탐 [탐]衆食聲여럿이먹는소리、탐(感) **嘎** 까 [알]鶴聲ㅣㅣ두루미소리、알(黠) **嘖**。쩌 [책]爭言말다툼할、책大呼聲크게부르는소리、책(陌)讀同 **⿰口動** 뚱 [동]大歌크게노래할、동(董) **⿰口窒**。지 [질]語無節ㅣ咄말절차없을、질(質) **⿰口習** 싸 [삽]忍寒聲추위참는소리、삽(合) **嗼**。뫄 [막]靜也고요할、막(藥) **⿰口召**。쟢 [교]大呼크게부르짖을、교(嘯) **⿰口淡** 딴 [담]少味嗜ㅣ싱거울、담(覃) **嚓**。채 [절]正言바른말할、절(屑)⿰言祭同 **嘇** 싼 [삼]物在口中啥ㅣ먹음을、삼(咸)

噓。씨[허]虛口出氣 불、허(魚) 煦通
嘞 리[륵]分散흩어질、늑 鳴吡ㅣ沁울、늑(職)
哆 퇴[차]厚脣입술두터울、차 緩口貌 입처질、차(馬)
⿰口寅 인[연]大笑깔깔웃을、연(銑)
嗻 차[자]多言말많을、차語無信말무신할、차(禡)
嘓 궈[괵]苦厭不肯귀치않을、괵(陌)
啀 애[애]傾而不正비틀거릴、애(佳)
⿰口离。리[리]言不止말그치지않을、이(支)
曐 星古字
⿰口桼 치[칠]叱聲꾸짖는소리、칠(質)
嗹。련[련]長言길게말할、연(先)
嘁 츅[축]慼也부끄러울、축(屋)
⿰口康 캉[강]咳聲기침소리、강(養)
嘃。충[충]喰也먹을、충(東)
噭 쨔[교]爭也싸울、교(肴)
⿰口叜 차[차]惡言험담할、차(馬)
啓 깨[개]笑貌웃는모양、개(佳)
噫 얜[분]怒聲성낸소리、분(問)
⿰口堇 친[근]脣瘡입술종기、근(軫)
⿰口悉 시[실]發響소리낼、실(質)
嗏 두[로]正言바른말할、노(遇)

(十二)

嘰。지[기]嚌也씹을、기口醜입더러울、기小食작게먹을、기(微)
嘴 쮜[취]喙也부리、취(紙) 觜通
嘶。씨[시]馬鳴말울、시聲破목쉴、시(齊)
嘬 쮀[최]一擧盡臠한입에먹을、최齧也 씹을、최(卦)
噀 쑨[손]噴水물뿜을、손(願) 潠俗字
噋 툰[톤]重遲ㅣㅣ느럭느럭걸을、톤(元) 啍同
噴。뿐[분]吒也꾸짖을、분(元)噀也뿜을、분吐氣鼓鼻재채기할、분(願)
嘳。꿔[괴]太息한숨쉴、귀(寘) 喟同
噂。쭌[준]聚語ㅣ嗒수군거릴、준(阮) 譐同
嘽 탄[탄]喘息숨찰、탄盛貌ㅣㅣ성한모양、탄泣也울、탄喜也기쁠、탄(寒)[천]緩聲ㅣ唌시름없을、천又느린소리、천怒而噎噫분복발할、천(銑)
嘵。햪[효]懼也ㅣㅣ두려워할、효(蕭) 憢同
噍。쟌[초]鳥聲ㅣㅣ새소리、초(蕭)嚼也씹을、초(嘯)
嘹 랸[료]鳥鳴聲ㅣ嘵새우는소리、요(蕭)鳥鳴새울、요病呼병들어부르짖을、요(嘯)
嘯。쌴[소]蹙口吹聲수파람、소(嘯) 歗同
嘲。쨘[조]譹也ㅣ弄조롱할、조又비웃거릴、조(肴) 謿同
嘷。한[호]咆也범의소리、호(豪) 號見
噌 쪙[쟁]市聲ㅣ吰장꾼지꺼릴、쟁(庚)[증]空罽泓ㅣ공연이떠들、증(蒸)
嘼 畜古字
嘾。탄[담]貪也탐할、담深含꿀떡삼킬、

담(覃)

噉 담 [담]噍也씹을、담(感)淡啗同 **噎**。예 [열]喉閉목잠길、열又목쉴、열(屑) **嚍** 훠 [획]言聲ㅣㅣ말소리、획(陌) **嘿** 默同 **⿰口集** 집 [집]噍貌 鬜

ㅣ입우물거릴、집(緝) **噏** 씨 [흡]內息숨들이쉴、흡(緝)吸同 **嘮** 랖 [로]譊也ㅣ呶지꺼릴、노(肴) **噆**。자 [잠]齧也씹을、참嗛也먹음을、참(感) **嘸** 무 [무]語

不明ㅣ然말우물거릴、부(虞) **⿰口豊** 위 [울]喉中鳴목구멍가르렁거릴、울(物) **⿰口盤** 판 [반]以言難人말로사람힐난할、반(寒) **嗇**。써 [색]愛惜인색할、색(職)嗇同 **⿰口涪**

안 [암]少味ㅣ啖싱거울、암(咸) **嘻** 씨 [희]歎也ㅣㅣ탄식할、희驚懼聲에구에구할、희(支)噫同 **噐**。器俗字 **噃** 뺀 [번]山猪吵ㅣ산돋、번(産)猶太諸山聲也소리、번

(寒) **嘫** 산 [연]答也대답할、연(先) **噊** 이 [일]危也위태할、일(質) **嘪** 매 [매]羊鳴聲양울음소리、매(蟹) **嘭** 펑 [팽]聲也ㅣㅣ팽팽소리날、팽(庚) **噅**。웨

[훼]口不正입비뚤어질、휘(支) **⿰口閑** 싸 [하]開口입벌릴、하(麻) **嘺**。쟈 [교]俙微不明어렴풋할、교(蕭) **噁** 어 [오]怒聲성낸소리、오(遇) **嚓** 차 [찰]細言가늘게말할、

찰(黠) **⿰口喆**。져 [철]嘲也조롱할、철(屑) **⿰口普** 噴同 **噈**。。쥐 [축]口合입맞출、축(屋) **⿰口敝** 처 [철]言正말단정히할、철(屑) **嘟** 뚜 [도]讚詞칭찬할、도肝病名ㅣ

吡咖간병날、도(虞) (十三) **噰** 용 [옹]和聲ㅣㅣ화한소리、옹(冬)嗈雝同 **噫**。이 [희]痛傷聲슬플、희又느낄、희歎息한숨쉴、희(支) [애]飽食息배불러씩은거릴、애ㅣ氣기

트림할、애(卦)僾譩同 **噺** 야 [日]古談이야기、신 **器**。처 [기]皿也그릇、기才能ㅣ量그릇다울、기(寘) **噬** 씨 [서]啗也씹을、서逮也미칠、서(霽) **⿰高亢** 챠 [교]不安ㅣ[illegible]뒤

뚱거릴、교(嘯) **噦**。훠 [홰]鑾聲ㅣㅣ말방울소리、홰徐行貌ㅣㅣ천천이갈、홰(泰) [얼]氣逆聲왹지거리할、얼(月) **噲** 쾌 [쾌]咽也목구멍、쾌寬明ㅣㅣ쾌쾌할、쾌(卦) **噭**

갸 [교]牛吼소울、교呼也부를、교(嘯)叫見 **噪** 잔 [조]鳥羣鳴뭇새울、조(號)喿同譟見 **噣** 쥐 [주]鳥喙새입부리、주啄也쪼을、주(宥)咮同 **噤**。진 [금]口閉입담을、금

(寢)(沁)訡同 **唫**。옌 [엄]魚口ㅣ喁고기입어물거릴、엄(鹽)(琰)瞼同 **噩**・언 [악]嚴肅ㅣㅣ엄숙할、악(樂)愕通 **噱** 꺄 [갹]大笑噱ㅣ껄껄웃을、갹(葉) **噠**

마 [달]西夷國名嚈ㅣ오랑캐나라이름、달(曷) **噈** 착 [추]小兒啼아이울、추(尤) **嚆**。화 [화]高氣多言기운높여말많이할、홰(卦) **噥**・농 [농]甘食달게먹을、농空談헛된말할

농(冬)[華] 咕ㅣ두덜거릴、농 **嚧** 루 [로]呼猪聲ㅣㅣ돋부르는소리、노(虞) **噯** 애 [애]暖氣더운기운、애(泰)[華] 呣賣聲물건외는소리、애 **噮**。원 [연]甘食달게먹을、

연(霰) **噳**・워 [우]麌鹿羣口相聚貌ㅣㅣ여러사슴의입이모여우물거릴、우(麌) **噸**・돈 [돈]一千六百八十斤曰ㅣ근수、돈(願) **嗬** 허 [하]大笑하하웃을、하(麻) **嚡**

。제 [해]怒聲역정。낼、해(蟹)謑同 **噢**・와 [욱]悲也슬퍼할、욱(屋) **噡**。잔 [점]多言잔말할、첨(鹽) **噟** 잉 [응]答也대답할、응(徑)譍同 **嗙** 謾俗字 **噭** 喫同

[illegible]。뎐 [전]呻吟앓는소리할、전(霰) **[illegible]**・깐 [감]吠也짖을、감(覃) **[illegible]** 예 [엽]口動입움직일、엽(洽) **嗂** 약 [요]喜也기뻐할、요樂也즐거울、요(蕭) **[illegible]** 시

[즐]叱聲꾸짖는소리、즐(質) **噭** 추 [초]叱也꾸짖을、초(魚) **噪**。잔 [작]鼠聲쥐소리、작(藥) **咢**・。어 [악]誇也자랑할、악(覺) **[illegible]** 羨同 **[illegible]**。지 [집]諭也효유할、

(緝)집 **[illegible]** 츠 [자]愧也부끄러울、자(支) **[illegible]** 꾸 [국]口聲입소리、국(屋) **[illegible]**。지 [질]賤話쌍된말、질(質) (十四) **嚌**・。지 [제]嘗也맛볼、제(齊) **嚅** 수 [유]欲言而

復縮囁ㅣ말머뭇거릴、유(虞) **嚆**・(쌰학)[효]叫呼부르짖을、효鳴鏑、효(肴)髇同 **嚇**。쌰 [하]笑聲웃음소리、하恐喝공갈할、하又얼를、하(禡)[혁]성낼、혁又결낼、

혁(陌) **嚀** 녕 [녕]囑詞叮ㅣ정녕할、영又당부하는말、영(靑) **[illegible]** 셈 [함]馬口勒말재갈、함官級벼슬계급、함(咸)銜同 **嚂**・란 [람]食貌입우물거릴、남(勘) **嚁**。

듸 [적]嘯聲수파람소리、적(錫) **嚄**。휘 [획]多言ㅣ嘖잔말할、획驚貌깜짝놀랄、획(陌) **嚃**・타 [탑]大歠후룩후룩들이마실、탑(合) **嚈** 야 [엽]西夷國名ㅣ噠오랑캐나라

이름、엽(洽)

𡅓 。쥐 [취]鳥喙새입부리、취(寘)

⿰口屢 뤼 [루]呼狗ㅣㅣ개부를、누(遇)

⿰口疑 。이 [억]小兒有智어린아이지각있을、억(職) [의]無見聞嘿ㅣ고루할、의又무식할、의(寘)

嚊 。삐 [비]喘急聲헐떡거릴、비(寘)

⿰口與 위 [여]勸力歌손벽치며노래할、여(魚)

⿰口縣 어 [압]喧也시끄러울、압又떠들、압(合)

⿰口臺 대 [태]言不止말끊이지않을、대(賄)

⿰口犖 락 [락]斑牛얼룩소、낙(覺)

⿰口榮 잉 [영]啼也울、영(庚)

⿰口嫈 잉 [영]獸聲짐승소리、영(青)

⿰口㥯 인 [은]小口작은입、은(阮)

嚋 。짂 [주]誰也누구、주(尤) 譸同

⿰口蒙 멍 [몽]言不明말분명치않을、몽(東)

嚍 。진 [진]憤發분낼、진(軫)

嚎 후 [호]聲高소리높을、호(豪)

⑮

嚚 。인 [은]愚也어리석을、은又미련할、은言不忠信완악할、은言爭말다툼할、은(眞)

⿰臬包 빠 [포]耕也밭갈、포臿地가래질할、포(巧)

嚔 퇴 [체]氣噴鼻재채기할、체(霽) 疐同

⿱吅⿰口㔾 嚚同

嚘 。우 [우]歎也咿ㅣ탄식할、우語未定貌말얼버무릴、우氣逆기운역할、우(尤)

嚗 。빠 [박]怒聲성낸소리、박又여정낼、박呴同、放杖聲지팡이놓는소리、박(覺)

嚜 머 [믁]不自由ㅣ임의롭지못할、믁又잠잠할、믁(職) [매]小兒多詐ㅣ尿어린아이꾀많을、매(寘)

⿰口巤 。레 [렵]齧聲씹는소리、엽(葉)

⿰口齒 야 [교]齩也물、교[요]齧也씹을、요(巧)

嚛 。허 [학]酸而不酷시그무러할、학(藥)

嚤 마 [마]熊名ㅣ嚕熊、一名赤熊곰의이름、마(麻)

嚕 라 [로]熊也嚤ㅣ곰의이름、노語也말할、노諂也아첨할、노吐ㅣ猶言可惜가석히여길、노(虞)

⿰口節 。지 [질]出聲咇ㅣ통소김들일、질(質)

⿰口質 。지 [질]賤言천한말、질(質)

⿰口霅 이 [흡]衆聲뭇소리、흡(緝)

⿰口賢 쎈 [현]訊問심문할、현(先)

⿰口蓼 랖 [로]靜也고요할、노(皓)

嚦 리 [뢰]正聲바른소리、뇌(泰)

⿰口麃 。팦 [포]獸聲짐승소리、포(肴)

⿰口營 왕 [앵]犬吠聲개짖는소리、앵(梗)

嚠 라 [류]音聲清雅소리맑을、유(支)

⿰口賣 뚜 [두]讀也읽을、두(宥)

嚝 광 [횡]鐘聲쇠북소리、횡(庚)

⑯

嚨 。룽 [롱]喉也목구멍、농(東)

嚬 옌 [빈]眉蹙찡그릴、빈(眞) 顰同

嚭 피 비 大也。클비(紙) 嚥 연 연 呑也삼킬연(霰)咽通 嚮 향 향 面對향할、향又대할、향(漾)兩階間섬돌사이、향鄕也저즘께、향答聲대답하는소리、향(養)響見

嚦 력 력 聲也ㅣㅣ소리、력(錫) 嚫 친 츤 施也베풀、츤(震) 嚧 루 로 笑也웃을、노(虞) 嚷 홰 괴 呼也부를、괴(灰) 嚗 팍 포 大聲큰소리、포(肴)

⑰ 囅 뙤 타 垂下貌휘늘어질、타(哿) 嚶。잉 앵 鳥聲ㅣㅣ새소리、앵(庚) 嚴。옌 엄 毅也엄할、엄又굳셀、엄尊也높을、엄敬也공경할、엄莊也씩씩할、엄防備戒ㅣ계엄할、엄寒氣凜冽혹독할、엄威也위엄스러울、엄(鹽)儼通 嚳。쿠 곡 高辛氏號帝ㅣ제곡、곡急告급히고할、곡(沃) 嚻 란 란 語不可解ㅣ哰말알수없을、난(寒)

嚵。쟌 참 饕也탐할、참(咸)饞同 [illegible] 도 도 老也年九十曰ㅣ늙은이、도(號) [illegible] 싱 경 聲長소리길、경(徑) [illegible] 센 섬 貪也탐낼、섬(鹽) ⑱ 囀。쟌 전 聲轉소리굴릴、전鳥吟새지저귈、전(霰)

囂。쌰 효 喧也시끄러울、효自得ㅣㅣ자득할、효(蕭) 嚻 囂同 嚼。쟈 작 齧也씹을、작(藥) 囁。녜 섭 欲言而復縮ㅣ嚅말하려다가멈출、섭(葉)讘見

嚔 디 제 噴鼻氣재채기할、제(霽) 嚾。환 훤 喧囂들렐、훤(元)喧同 환 呼也부를、환(翰)喚通 嚿 화 회 誇貌ㅣㅣ言壯貌큰말할、획(陌)

囒 앤 안 爭也쌈할、안(刪) 齹。이 의 歎聲탄식하는소리、의(支) 囃。자 잡 助歌助舞노래도움고춤도울、잡又어릿광대、잡(合) ⑲

囈 이 예 寐語잠꼬대할、예笑ㅣ자면서웃고싱긋거릴、예(霽) 囋。쟌 찬 呑也삼킬、찬(寒)餐同、讚也기릴、찬(翰) 찰 聲也嘈ㅣ지저거릴、찰(曷)讚同 囅 찬 전 笑貌ㅣ然천연히웃을、천又껄껄웃을、천(銑) 철 義同(屑)

囉 뤄 라 歌助聲노래꺾어주는소리、나(歌) 囊。낭 낭 有底橐주머니、낭又줌치、낭袋也자루、낭又전대、낭大穴土ㅣ큰구멍、낭亂貌倉ㅣ떠들석할、낭(陽) 囋 채 채 人名사람이름、채(卦)

⑳ 囍。字 鄭古 囐。자 잘 國名ㅣㅣ嶭나라이름、잘鼓聲嘈ㅣ북소리、잘(曷) 囐

四七

안[암]呻也신음할、암(咸)

嚾 란[란]諕言거짓말할、난虫名呀ㅣ벌레이름、난(寒) 讕同

十三

囑 。쥬[쵹]託也付ㅣ부탁할、쵹又청쵹할、쵹(沃)

囓 녜[열]噬也씹을、설(屑) 齧同

囕 。넘[韓]咥也입에넣을、남

口部

口 圍古字

⿴囗乙 日古字

二

四 。쓰[사]一加於三넷、사又넉、사(寘) 肆通

囚 챠[수]拘繫獄ㅣ가둘、수又갇힐、수(尤)

囙 因俗字

⿴囗乂 나[닙]私取物사사로가질、닙又훔쳐갈、닙(洽)

囘 回俗字

三

回 。훼[회]轉也구를、회邪也간사할、회返也돌아올、회旋也돌、회又돌릴、회(灰) 廻通、曲也굽을、회(隊)

因 。인[인]仍也인할、인緣也인연、인由也말미암을、인依也의지할、인(眞)

囟 씬[신]小兒頂門아이숨구멍、신又정수리、신(震)

囝 。쟌[건]閩人呼兒아들、건(銑)

囲 창[창]穴也구멍、창(江)

⿴囗幺 얀[요]神名귀신이름、요(蕭)

四

囪 창[총]烟突굴뚝、총(東)[창]屋户창호、창又창、창(江) 窓見

囤 툰[돈]小廩작은곳집、돈(阮)

困 。쿤[곤]悴也窮苦곤할、곤又노곤할、곤又지칠、곤又곤궁할、곤倦也力乏게으를、곤(願)

囦 。옌[연]池也못、연又연못、연深也깊을、연(先) 淵同

囮 。어[와]鳥媒새후릴、와化也ㅣ育화할、와(歌)

囧 。징[경]窓明창밝을、경(梗) 炯通

囫 후[홀]物完ㅣ圇덩어리、홀又완전할、홀(月)

国 國俗字

⿴囗不 뻰[변]吐涶침뱉을、변(先)

园 원[운]繞回둘릴、운(文)

⿴囗毋 나[닙]手動손움직일、닙(洽)

囲 룽[롱]謀也꾀할、농(東)

⿴囗乃 。징[경]光也빛날、경(梗)

囬 回俗字

五

固 。꾸[고]堅也굳을、고本然辭진실로、고(遇)

囷 。츈[균]圓廩둥근곳집、균屈曲盤戾貌輪ㅣ굽으러질、균又서릴、균(眞)

⿴囗平 푸[포]菜田채전、포(虞) 圃同

囹 령[령]秦獄ㅣ圄진나라옥、영(靑)

⿴囗必 삐[벽]閉也닫을、벽(職)

⿴囗石 당[당]採石聲돌깨치는소리、당(漾)

六

囿 。우[유]苑也有

垣후원、유又동산、유識不通廣고루할、유又문견넓지못할、유(有) [유]苑也나라동산、육(屋)

囮 웡 [옹]圓穴둥근구멍、옹(董)

七

圃 푸 [포]菜田채전、포(麌)(遇) 囿同

圄 위 [어]獄也囹ㅣ옥、어(語)

圂 훈 [혼]厠也뒷간、혼又서각、혼溷同

圁 인 [은]水名물이름、은(眞)

圅 한 [함]容也용납할、함舌也혀、함(覃)鎧也갑옷、함匱也궤、함(咸)函通

八

圉 위 [어]養馬者마부、어邊陲城廓변방성、어困疲ㅣㅣ늘어질、어又어릿어릿할、어禦也막을、어(語)

圇 룬 [륜]物完囫ㅣ덩어리、윤(元)

圈 촨 [권]屈木爲圓나무를휘여둥글게할、권(先)棬同、養畜閑짐승우리간、권(銑)(願)徐趨貌ㅣ豚지척거릴、권(阮)

圊 칭 [청]厠也뒷간、청(庚)

國 궈 [국]邦也나라、국(職)

⿴囗石 취 [각]鞭聲채쭉소리、각(覺)

九

圍 웨 [위]繞也둘릴、위環周에울、위守也지킬、위五寸曰ㅣ一抱曰ㅣ아름、위(微)

圌 촨 [천]盛穀圓器둥구미、천(先)篅同

⿴囗曷 야 [알]駝聲약대소리、알(黠)

⿴囗兪 와 [유]汚也더러울、유厠也뒷간、유(有)

十

園 웬 [원]樊圃樹果處동산、원陵也寢ㅣ능、원佛界柢ㅣ절、원(元)

圓 웬 [원]方之對둥글、원周也둘레、원全也온전할、원又뚜렷할、원(先)圜通

圔 야 [압]低聲낮은소리、압(洽)

⿴囗豈 깨 [개]光也빛날、개(賄)

十一

圖 투 [도]畫也그림、도謀也도모할、도又꾀할、도度也헤아릴、도寺塔浮ㅣ탑、도(虞)

團 톤 [단]圓也둥글、단聚也모을、단又덩어리질、단(寒)專通

⿴囗淵 완 [만]水勢回旋물굽이돌아들、만(删)回見

十三

圜 환 [환]繞也둘릴、환(删) [원]圓也둥글、원獄垣ㅣ土옥담、원(先)圓見

圛 이 [역]回行맴돌、역(陌)

⿴囗獄 獄古字

十九

圝 란 [란]圓轉圝ㅣ둥글려뭉칠、난(寒)

土部

土 투 [토]地也흙、토(五行之一ㅣ) [두]根也桑ㅣ뽕나무뿌리、두(麌)

圠 야 [알]山曲산굽이、알無涯坱ㅣ질편할、알又끝없을、알(黠)

(二)

圠 찐 [진]土壁흙벽、근(眞)

圢 띵 [정]田畔밭고랑、정(迥)

圤 빡 [박]土塊흙덩어리、박(覺)

(三)

圬 우 [오]泥鏝흙손、오(虞)杇同

圯 이 [이]土橋흙다리、이(支)

圮 피 [비]岸毁언덕무너질、비(紙)

地 디 [지]坤也따、지又땅、지(寘)第通

圭 계 [규]瑞玉上圓下方홀、규又서옥、규測日影土ㅣ일영표、규量名六十四黍爲ㅣ저울눈이름、규(齊)珪同

在 재 [재]存也있을、재察也살필、재(賄)(隊)

圩 위 [우]築堤防水방축、우(虞)

圪 이 [을]堆高흙덤이우뚝할、을(屑)

圳 삭 [수]畓溝논도랑、수(尤)

(四)

坆 문 [문]墳也무덤、문(文)

址 쯔 [지]基也터、지(紙)阯同

圻 치 [기]界也王畿지경、기(微)畿同[은]岸也언덕、은(文)垠同

均 쥔 [균]平也평평할、균又반듯할、균調也고를、균徧也두루、균(眞)勻鈞通

坏 피 [배]未燒陶瓦굽지않은기와、배土封罅隙흙으로틈막을、배後墻뒷담、배(灰)阫通

坋 뿐 [분]塵也티끌、분拌也버릴、분(吻)(問)

坌 뿐 [분]並也아우를、분聚也모을、분(吻)(問)坋同[분]壓腐貌눌려썩을、분

坑 껑 [갱]陷也빠질갱埋也묻을、갱(庚)塹구덩이、항(庚)阬同

坎 칸 [감]陷也구덩이、감穴也구멍、감險也험할、감卦名괘이름、감(感)埳通

圽 뭐 [몰]埋也묻을、몰險也험할、몰(月)歿同

圿 예 [갈]積垢때낄、갈(黠)

圾 지 [급]高貌ㅣㅣ산높을、급危殆위태할、급又휘뚝휘뚝할、급(緝)岌同

坐 줘 [좌]行之對앉을、좌(哿)被罪좌죄할、좌行所止자리、좌(箇)座見

坂 빤 [판]坡ㅣ언덕、판山脊산비알、판又산기슭、판(阮)阪同

坊 빵 [방]邑里洞名고을이름、방障也막을、방(陽)

坅 친 [흠]坎也구덩이、흠(寢)

坉 툰 [둔]莊家농막、둔畔也밭고랑、둔(元)

坍 탄 [담]波打岸물이언덕칠、담(覃)

坁 디 [지]留也머무를、지(紙)

坄 예 [역]煙突굴뚝、역(陌)

(五)

坻 츠 [지]水中小沚모래섬、지(支)場也마당、지(紙)[저]隴阪언덕、저(齊)阺見

坌 뿐 [분]掃除쓸어버릴、분(問)糞通

坵 丘俗字

坤 쿤 [곤]地也땅、곤順也순할、곤卦名괘이름、곤(元)

坦 탄 [탄]平也평

탄할、탄又편편할、탄廣也넓을、탄(旱)

坨 陀俗字

坡。퍼 [파] 阪也언덕、파(歌) 陂通

坳 얍 [요] 窊下오목할、요(肴) 凹同

坷 커 [가] 不平坎ㅣ길험할、가(哿)(箇)

坱。양 [앙] 塵埃티끌、앙無涯ㅣ圠질펀할、앙(養)

坪。핑 [평] 大野벌판、평又들、평日度四方六尺爲一ㅣ평수、평(庚)

坰 잉 [경] 郊也들、경(青)

坫 뎜 [점] 屛也병풍、점又막을、점堂隅대청모퉁이、점(豔)

坲 얍 [불] 塵起ㅣ埻티끌일어날、불(物)

坺 빠 [발] 發土흙필、발耕也밭갈、발(曷) 墢同

坼。처 [탁] 裂也찢을、탁分開터질、탁(陌) 㙐拆㩁同

垂。취 [수] 自上縋下드리울、수幾也將及거의미칠、수邊方변방、수(支)

垕 후 [호] 地名땅이름、호垣也담、호(虞)

〈**坧**〉 이지 [척] 基地기지、척(陌)

坩 칸 [감] 所以鎔鍊金鐵ㅣ堝도가니、감(覃)

坶。무 [목] 養也기를、목察也살필、목治也다스릴、목(屋) 牧同

坭 늬 [니] 水和土진흙、이(紙)

坾 쥬 [저] 積塵티끌쌓일、저(語)

垉 팍 [華] 掘也캘、포

垈 [韓] 宅地집터대

坿。얍 [부] 白石英흰수정、부編木渡水떼、부(虞)

坥。쥬 [저] 蚳螱集地지렁이모인땅、저(魚)

[illegible] 머 [말] 塵芥쓰레기、말(曷)

坽 링 [령] 險岸험한언덕、영(青)

垁 치 [치] 垣也담、치(紙)

[illegible] 수 [술] 高也높을、술(質)

坮 臺古字

六

垝。꿔 [궤] 壞垣무너진담、궤(紙)

垍。이지 [게] 堅土석비레、게又굳은흙、게(寘)

栽 俗作栽誤

垓 깨 [해] 界也八極땅끝닿은곳、해(灰) 畡同

垠。인 [은] 崖也언덕、은九天之界하늘가장자리、은(眞)(文) 圻通

垣。원 [원] 卑墻낮은담、원(紫微ㅣ星左右掖ㅣ)(元)

垗 아잔 [조] 葬地宅ㅣ뫼자리、조壇域제터、조(篠) 兆通

垜 뚸 [타] 射堋살받이터、타堂墪글방、타(哿) [華]ㅣ口성각휘、타

型。씽 [형] 鑄式골、형又본보기、형(土ㅣ木模金範)(青)

垢。꺼 [구] 滓汙塵ㅣ때、구(有)

垛 垜同

垘 얍 [복] 洑也土壅보막을、복(屋)

垡 빠 [벌] 耕起밭갈아들출、벌(月) 墢通

垤。데 [질] 蟻封丘ㅣ개미두둑、질(屑)

垞 아재 [택] 小丘언덕、택(陌)

垟 양 [양] 土怪羵ㅣ흙속괴물、양(陽) 羵見

垎 껴 각 土乾흙마를、각 陌 **垙** 광 광 街也길거리、광 陽 **垒** 뤼 루 土墻흙담、누 紙

七

埇 융 용 路上加土길돋을、용巷道골목길、용 腫 **埋**。메 매 瘞也묻을、매藏也감출、매 佳 薶同 **埃**。애 애 塵也티끌、애 灰 **埈**。쥰 쥰 高也높을、쥰 震 峻同 **垽** 인 은 澱也滓泥해감、은又찌끼、은 問 **垾** 한 한 岸也언덕、한堤也방축、한又뚝、한 翰 **埏**。옌 연 地端八ㅣ땅끝닿은곳、연墓通、隧ㅣ광중、연 선 土燒器ㅣ埴질그릇만들、선 先 **埌** 랑 랑 野逈貌壙ㅣ아득할、낭塚也무덤、낭 漾 **埣** 씽 성 赤土붉은흙、성 庚 垟同 **城**。청 성 築土所以盛民ㅣ郭성、성又재、성 庚 **埆** 확 각 地不平境ㅣ땅평탄치못할、각 覺 **埗** 뿌 발 塵也티끌、발 月 **埒**。례 날 比等비등할、날庫垣곳집담、날補道길돋을、날 屑 **垻** 빼 패 防堰방축、패 泰 **埦**。완 완 以漆和灰而髹칠에회섞어바를、완 寒 **垺**。뿌 부 山上有水산위에물있을、부郭也성각휘、부 虞 **埍**。쏀 현 女牢계집가두는옥、현奴僕所居하인청、현 銑 **埂** 경 경 坑也구덩이、경 梗 **⿰土每** 메 매 塵也티끌、매 灰 塺同 목 地名땅이름、목 屋 **⿰土兌** 태 태 墻壞담무너질、태 泰 **埕** 네 열 塞也막을、열又막힐、열下也내릴、열 屑 **垷**。쩬 견 泥土진흙、견 先 **埄** 뿡 봉 塵起먼지일어날、봉 董 **⿰土弄** 룽 롱 穿穴구멍뚫을、농 送 **⿰土兵** 삥 병 塚穴무덤구멍、병 梗 **埁** 신 심 土高흙높을、심 侵

八

埤。삐 비 增也더할、비附也붙을、비厚也두터울、비城上女墻ㅣ堄성가퀴、비 支 **埼** 치 기 曲岸굽은낭떠러지、기 支 碕隑同崎見 **基**。°지 기 址也터、기農具鎡ㅣ호미、기據也자리잡을、기樂名立ㅣ풍류이름、기 支 **埶** 이 예 種也樹ㅣ심을、예 霽 蓺同 **埴**。°지 식 黏土진흙、식 職 ⿱戠土同 치 義同 寘 **埿** 늬 니 塗土흙바를、이又맥질할、이圬也흙손、이泥也진흙、이 齊 泥通 **堄** 이 예 城上女墻埤ㅣ성가퀴、예 霽 睨通 **堆** 뒈 퇴 聚土흙무더기、퇴 灰 **培**。페 배 壅也栽ㅣ북돋을、배益也더할、배 灰

부小阜ㅣ塿작은언덕、부又두두룩할、부(有) **埰** 채 [채]采地食邑사패지、채又나라에서준땅、채(隊)采寀通 **埭.** 대 [태]壅水爲堰방축、태又보뚝、태(隊)隶同 **埻**。준

[준]射的관혁、준射埻살받이터、준(軫) **堇** 천 [근]黏土진흙、근時也때、근(眞)墐同塗也흙바를、근(震)僅同 **埽** 쏘 [소]以帚掃穢쓸、소(皓)隄岸언덕、소(號)掃同 **堅.**。견

[견]固也굳을、견勁也剛也굳셀、견又강할、견(先) **埵** 뒤 [타]堅土굳은흙、타(哿) **埜** 野古字 **堂.**。탕 [당]正寢집、당又대청、당又마루、당盛貌ㅣㅣ당당할、당殿

也전각、당(陽) **堈** 깡 [강]甕也독、강壟也언덕、강(陽)瓻同 **堋.** 펑 [붕]窆也장사지낼、붕又광중、붕(徑)堋同、射埒살받이성축、붕壅水灌漑보막을、붕又방축、붕(蒸) **場**。

이 [역]疆域지경、역邊境변방、역田畔ㅣ境밭경계、역(陌) **埯** 엠 [암]坑也구덩이、암(感) [엄]土覆物흙덮을、엄(琰) **埳.** 칸 [감]坎也구덩이、감(感)坎同 [함]沒也빠질、함(陷)陷同

堉 위 [육]肥地살진땅、육又기름진땅、육(屋) **堀.** 쿠 [굴]突也냅뜰、굴孔穴구멍、굴(物)掘見 **堊**。어 [악]白土하얀흙、악又백토、악喪廬ㅣ室여막、악泥灰飾

壁회새벽질할、악(藥) **域.** 위 [역]界也境ㅣ지경、역(外)國絶ㅣ、墓限兆ㅣ(職) **執.**。지 [집]持也가질、집捕也잡을、집守也지킬、집父友、아비친구、집(緝) **堁** 커

[과]塵起堀ㅣ티끌일어날、과(箇) **埱** 츄 [추]牛馬所蹈處마소밟은곳、촉(沃) **埠.** 뿌 [부]俗音[보]泊船之所ㅣ頭선창、부(遇) **埢**。좐 [권]曲墻ㅣ垣굽은담、권(先) **堌**

꾸 [고]古塚오랜무덤、고(遇) **埦** 완 [완]小盃작은술잔、완(旱)椀通 **埩**。쟁 [정]耕田밭갈、정耕同(庚) **埮** 딴 [담]平地평평한땅、담(勘) **堣**。쥐 [구]堤防방축、구(遇)

塔 따 [답]落聲떨어지는소리、답(合) **埾** 추 [추]聚也쌓을、추(遇) **九** **堣** 위 [우]暘谷ㅣ夷우땅、우(虞)嵎同 **堵.** 뚜 [도]垣也담、도樂業安ㅣ

편안히살、도這箇曰阿ㅣ저것、도(虞) **報.**。빠 [보]告也通ㅣ고할、보酬也갚을、보答也대답할、보婬也음란할、보自下姦上치붙을、보又생피붙을、보合也합할、보(號) [부]疾也빠

를、부(遇) **堤**。 디 [제]防也막을、제築土過水방축、제(齊)隄同 **堙** 인[인]土山흙산、인又토산、인塞也막을、인(眞)陻見 **堰** 옌[언]壅水爲埭방축 언(阮)(願) **堦** 찌(계)

[계]砌也섬돌、계又댓돌、계(佳)階同 **堧** 완[연]隙地빈터、연又틈서리땅、연廟堂外垣사랑집밖곁담、연(先)壖㬉同 **堯**。 야[요]陶唐氏號帝ㅣ요임금요又요、요高嶢貌높을、

요(蕭) **堡** 빠[보]小城작은성、보堤也막을、보(皓) **堢** 堡同 **場**。 창[장]除地마당、장處也터、장(陽)塲暘同 **堭** 황[황]合殿堂ㅣ전각、황(陽) **堩** 껀[긍]道

也길、긍(徑) **堪**。 칸[감]勝也견딜、감又이길、감任也갈을、감天地ㅣ與감여、감(覃) **堠** 후[후]封土築臺記里 잇수표한토둔、후又장승、후又돈대、후烽火斥ㅣ봉화직

이、후(宥) **堲**。 찌[즉]憎惡미워할、즉(職)[즐]義同、燒土爲塼벽돌구을、즐火餘燼불탄끝으리、즐(質) **堗** 투[돌]烟突굴뚝、돌(月) **堨**。 어[알]以土障水보막을、알又방축

알(曷)[갈]戞也방축、갈(屑) **堮** 어[악]厓岸圻ㅣ언덕비탈、악(藥) **坼** 처[탁]裂也찢을、탁又터질、탁(陌) **堛** 뻬[벽]土塊흙덩이、벽(職) **堞**。 데[첩]城上女墻雉

ㅣ치첩、첩又성가퀴、첩(葉) **堶** 퉈[타]石戲飛ㅣ돌팔매질、타礣輪石연자매、타(歌)砣碢同 **堝**。 꿔[과]金銀鎔器坩ㅣ도가니、과(歌) **[土耑]**。 뒤[타]垂而下늘어질、타(哿)

堥。 우[무]陶器질그릇무、무(尤) **堬**。 위[유]塚也무덤、유(虞) **堿** 현[함]鹽質짤、함(咸)鹹同 **[土柴]** 채[새]籬也울타리、새(卦)砦同 **墅** 野俗字 **[土复]** 뱍[복]居

也土窟토굴에서살、복(屋) **堜** 렌[연]丘也언덕、연(霰) **堳** 믜[미]墻垣담、미(支) **堷**。 안[암]土藏흙에묻을、암(感) **堸** 뻉[풍]虫巢벌레집、풍(東) **堹**。

쭝[종]池堤연못둑、종(宋) **堺** 界同 **墟** 후[호]土釜흙솥、호(號) **[土叟]**。 두[도]埋也묻을、도(豪) **堫** 쭝[종]耕田밭갈、종(東) **十** **[土貢]** 꿍[공]地名땅

이름、공(送) **塚** 쭝[총]高墳무덤총(腫)冢通 **塒** 씌[지]鷄棲닭의홰、지(支) **塗**。 두[도]泥也진흙、도泥飾ㅣ墍바를、도又매질할、도汚也더럽힐、도路也길、도不

分曉糊ㅣ분명치못할、도又흐리멍덩할、도(虞)途畬見 **塏**。개 [개]明也밝을、개高燥地爽ㅣ높고조강한땅、개(賄) **塑** 쑤 [소]埏土像物흙으로만든인형、소(遇) **塊**。

괘 [괴]墣也흙덩어리、괴造物大ㅣ땅덩이、괴胷中不平壘ㅣ가슴뭉클할、괴(泰)(隊)凷墤同 **塐** 塑同 **塡**。。전 [진]久也오랠、진安也편할、진(眞)定也정할、진壓也누를、진土星

토성、진(震)鎭見 [전]塞也막힐、전(先)病也ㅣ寡병들、전(銑)窴闐通 **塞**。쌔 [새]邊界변방、새戲具博ㅣ주사위、새(隊) [색]窒也阸險막을、색又막힐、색充滿가득할、색(職) **塤**

쑨 [훈]燒土樂器질나팔、훈(元)壎同 **塢** 우 [오]山丘산언덕、오村落마을、오(麌)隖同 **塘** 탕 [당]鑿地注水못、당陂也堤岸방축、당(陽) **塟** 葬同 **塋**。잉 [영]墓

也ㅣ域무덤、영葬地산소、영又장사지낸땅、영(庚) **埲** 씽 [성]赤土也붉은흙、성(庚)垶同 **塍**。청 [증]畦也밭두둑、증坪也큰들、증(蒸) **塓**。미 [멱]塗也坜ㅣ흙바를、멱

(錫) **塉**。지 [척]薄土메마른흙、척(陌) **塔**。타 [탑]浮屠탑、탑物墮聲물건떨어지는소리、탑(合) **塌** 타 [탑]低地낮은땅、탑又저함할、탑初耕초벌갈、탑(合)闒同

塮 쎄 [설]細塵먼지、설(屑) **塩** 鹽俗字 **塝** 빵 [방]地畔땅두둑、방平丘평평한땅언덕、방(陽) **塥**。껴 [혁]重土흙덧붙일、혁又흙격지、혁(陌) **塕**。웅 [옹]塵

起티끌일어날、옹風聲ㅣㅣ바람소리、옹(董) **塙**。잔 [각]堅土굳은흙、각(覺) **塛** 리 [률]塞也막을、률(質) **[illegible]** 이 [올]小山작은산、올(物) **塠** 뛰 [퇴]落也떨어질、

퇴(灰) **墼** 꾸 [곡]練土흙익을、곡(屋)

⑪

墀。太 [지]階上地축대윗뜰、지又섬뜰、지(支) **墍**。지 [기]息也쉴、기塗也흙바를、기(寘) [히]取也취할、히塗也흙바를、

히(未) **墅** 쐬 [서]田廬농막、서(語) **[illegible]** 루 [로]西方鹹地짠땅、노(麌)鹵同 **墉**。용 [용]垣也담、용(冬) **墓**。무 [모]俗音[묘]塚也무덤、묘又산소、묘(遇) **墆** 데 [질]貯

也저축할、질又쌓을、절止也그칠、절(屑) [체]陰貌ㅣ翳어스름할、체高也높을、체(霽) **塺** 메 [매]塵也티끌、매(灰) [마]義同(箇) **塵**。천 [진]埃也티끌、진又먼지、진久也前ㅣ오

三畫 土

랠、진(眞)

墐。친 근 泥土진흙、근瘞埋묻을、근塗也흙바를、근溝上道개천덮은길、근(震) 堇同

墁 만 만 墻壁灰飾면회할、만又흙손、만(翰) 鏝見

塽 쌍 상 地高明

塏 ... 處ㅣ塏땅높고밝은곳、상(養) 爽通

墇。장 장 隔也막을、장(陽)(漾) 障通

境。징 경 界也지경、경竟也마침、경(梗)

塼。젼 전 甓也燒甓벽돌、전(先) 甎同

塾。쑤 숙 門側堂家ㅣ사랑、숙敎舍글방、숙(屋) 䴛同

塲 창 장 除也마당、장(陽) 場同

墋 천 참 沙土모래흙、참濁貌不澄흐릴、참垢也때、참(寑)

塿。러 루 小阜培ㅣ토둔、누又두둑、누(有)

墈 칸 감 險岸험한비탈、감又낭떠러지、감(勘)

塹。잔 참 坑也구덩이、참遶城水해자、참(豔) 壍塹同

墊 뎬 점 溺也빠질、점(豔) 阽通 墊ㅣ傷눌릴、점

塻 머 막 塵也티끌、막(藥)

墌。지 척 築土爲基터다질、척(陌)

[illegible]。쌰 하 孔隙틈、하(禡) 罅同

墄 처 척 階級層石섬돌층、척(錫)

塸 어 우 沙堆모래무더기、우(有)

塴 펑 붕 窆也장사지낼、붕射埒살받이토성、붕(徑) 壅水灌漑방축、붕(蒸) 堋同

塳。펑 봉 塵起티끌일어날、봉(東)

墷 충 종 土菌버섯、종又닭 雞ㅣ땅버섯、종(冬)

墽 쑈 효 卵産알낳을、효(蕭)

[illegible]。만 만 覆土흙덮을、만(寒)

墂 퍈 표 封土爲標언덕쌓아표할、표(蕭)

[illegible] 라 라 盛土草器흙담는삼태、나(歌)

墒 상 상 耕也밭갈、상(陽)

墑 뎌 적 階段층계、적(錫)

墔 최 최 高丘높은언덕、최(灰)

[illegible] 쿤 곤 黏土찰진흙、곤(願)

⑫

墮。뒤 타 落也떨어질、타壞也무너질、타(哿)

墯 墮同 **[illegible]** 墮同

墜。궤 추 落也떨어질、추(寘) 磓礈同

墟 쉬 허 大丘큰언덕、허古城옛날성、허商人物貨買賣處장、허(魚)

墬 地字籒文

[illegible]。이 에 陰塵ㅣㅣ흙비올、에又티끌에날흐릴、에(霽)

墦 뻔 번 塚也무덤、번(元)

墩 뚠 돈 平地有堆돈대、돈(元) (華)靠ㅣ안석、돈

墳。뿐 분 墓也土封무덤、분又봉분、분大也클、분書名三ㅣ책이름、분伏羲、神農、黃帝之書謂之三ㅣ(文) 土肥膏흙걸고차질、분土沸起흙부푸러오를、분(吻)

墠 싼

[선]修地祭處壇ㅣ제터、선(銑)

⿰土尞。 랴 [료]周垣에워싸은담、요(蕭)(嘯)

墱• 떵 [등]飛陛비계、등小坂작은언덕、등水分派물갈라질、등(徑)

墝 챠 [요]瘠土ㅣ埆메마른땅、요(肴)

地不平땅언틀먼틀할、요(效)

增•。 정 [증]益也더할、증重也거듭、증衆也많을、증(蒸)

塯 릭 [류]盛飯瓦器질그릇、유(宥)

墰 탄 [담]甔屬酒瓶목긴술병、담(覃) 壜同

墣。 푸 [복]土塊흙덩이、복(屋) [박]義同(覺)

墢 빠 [발]發土흙필、발(曷) 坺同 [벌]耕起土흙갈아일으킬、벌(月) 垡同

⿱糞土 糞 同

墨• 머 [묵]煤膠合劑書ㅣ먹、묵煤烟거림、묵度也繩ㅣ먹줄칠、묵黥也刑罰자자할、묵貪也탐할、묵(職)

墠 싼 [선]白土백토、선又하얗은흙、선(銑)

墶 싸 [삽]土墮聲ㅣㅣ흙떨어지는소리、삽(合)

⿰土集• 지 [집]泉湧샘솟을、집(錫)

墲。 무 [모]高塚높은무덤、모(虞)

⿰土窖 쟈 [교]窟室굴속집、교(肴)

(古) 壅• 웅 [옹]塞也막을、옹(冬) 培也북돋을、옹障也막힐、옹又가릴옹、옹(腫)(宋)

⿰土遂 쒜 [수]谷道골속길、수(寘) 隧同

壀 피 [비]女墻ㅣ堄치첩、비又낮은담、비(霽)

壈 란 [람]失意坎ㅣ실세할、남又뜻잃을、남屯蹇둔건할、남(感)

墺•。 오 [오]水涯물가、오(號) [욱]義同(屋) 澳隩見

壇。 탄 [단]墠也祭場제터、단又단、단(寒)

壄 野古字

墾• 컨 [간]耕也開田개간할、간治田김맬、간(阮)

壃 양 [강]界也지경、강(陽) 疆同

墿 이 [역]軌道수렛바퀴길、역(陌)

墻 창 [장]垣也담、장(陽) 牆廧同

壁•。 삐 [벽]屋壁벽、벽軍壘진터토성、벽宿名東ㅣ별이름、벽(錫)

⿱戠土 지 [식]黏土진흙、식(職) 埴同

墼•。 지 [격]未燒塼굽지않은벽돌、격(錫)

⿱號土 한 [호]土釜질솥、호又질탕관、호(號)

壂 뎬 [전]堂址당집터、전滓淀앙금、전(霰)

壆 허 [학]土堅흙굳을、학(覺)

⿰土睘。 환 [환]墻圍담둘러싸을、환(刪)

⿰土詹 센 [첨]塞也막을、첨(豔)

(古) 壕• 화 [호]城下池성밑해자、호地名ㅣ洲땅이름、호(豪)

壐 쓰 [사]帝印옥새、사(紙) 璽同

壒。 애 [애]塵也티끌、애(泰)

壖 완 [연]隙地틈서리땅、연城下田성밑밭、연空地빈땅、연岸邊地언덕가땅、연(先) 堧同

壓

三畫 土

야 [압]鎭也누를、압押搾눌러짤、압覆壞눌릴、압又엎드러질、압塞隙틈막을、압(洽)

塹。잔 [잠]坑也구덩이、참(豔) 壍同

壑。허 [학]溝也구렁、학谷也골、학(藥)

壎。훤 [훈]樂器土音흙풍류、훈(元) 塤同

(十五)

壥 부 [엽]土貌흙모양、엽(葉)

壏 쎈 [함]堅土석비레、함(豏)

壘。레 [류]軍壁진터토성、유(紙) [뢰]壯貌魁ㅣ끼끗할、뇌(賄)

壙。광 [광]墓穴광중、광野空ㅣ埌들휑할、광(漾)

墑 디 [적]城上女墻성가퀴、적(錫)

(十六)

壝 웨 [유]埒也토담、유壇繞低垣단둘러싸은담、유(支)

壚 루 [로]黑土也검은흙、노酒區술파는、노黃泉黃ㅣ저승、노(虞)

壞。홰 [괴]毁之무너뜨릴、괴數同 [회]自敗무너질、회(卦)

壜 탄 [담]甒屬酒瓶술병、담(覃) 罎同

壛 옌 [염]長砌步ㅣ장대석、염又긴섬돌、염(豔)

壆 쥐 [각]山多石礫산에돌자갈많을、각(覺)

(十七)

壟。룽 [롱]田中高處밭두둑、농隴同、塚也무덤、농(腫)

壤。샹 [양]無塊柔土곱다란흙、양又명개흙、양沃土기름진흙、양紛錯ㅣㅣ분잡할、양古戲歌名擊ㅣ노래이름、양(養) 穰通

壣 린 [린]菜田채마전、간(眞)

(十八)

[土闒] 塌同

(二十)

壧。옌 [엄]地穴굴、암(咸)

(二十一)

壩 빠 [파]堰也방축、파(禡)

(二十二)

[土囊] 낭 [낭]土窟토굴、낭(漾)

士部

士。쓰 [사]儒也四民之首선비、사官之總名벼슬、사事也일、사ㅣ卒군사、사(紙)

壬 신 [임]幹名玄黓천간、임北方位북방、임大也클、임佞也간사할、임(侵) 任通

(四)

壯。짱 [장]大也장대할、장强也ㅣ力굳셀、장盛也성할、장卦名大ㅣ패이름、장(漾)

声 聲俗字

(七)

[士冖吳]。졔 [결]頭傾머리기울일、결(屑)

(八)

壺 후 [호]酒器병、호(虞) 瓠通

(九)

壹。이 [일]數之始하나、일(質) 一同

[士冖缶] 윈 [운]鬱也답답할、운(文)

壻 쒸 [서]女之夫사위、서(霽) 婿同(妻謂夫曰夫ㅣ、兩ㅣ相謂曰亞ㅣ、出贅妻家曰贅ㅣ、亡女之夫曰丘ㅣ、同門受學曰僚ㅣ)

(十)

壼 쿤 [곤]宮中道궐내의복도、곤(阮)(願)

(十一)

壽。쓔 [수]命也목숨、

수年齡나이、수久也수할、수(有)(宥)

壾 망 [망] 人名孫ㅣ사람의이름、망(養)

十二 墫 준 [준] 舞貌ㅣㅣ춤너울거려출、준(阮)

十一 夐 씽 [형] 遠也멀、형(敬)

夂部

夂 쥐 [치] 後至뒤에올、치(支)

二 𡕒 齊俗字

三 𡕕 學俗字

夅 同降

四 夆 ᄫᆼ [봉] 牽挽끄을봉(冬)

夊部

夊 쉬 [쇠] 安行편안히걸을、쇠(支)

四 夋 쥰 [쥰] 行也갈、준(眞)

五 夌 령 [릉] 越也넘을、능(蒸) 倰同、陵通

镸 長古字

六 㚇 쭝 [종] 馬首飾말굴레치장할、종 鳥竦翅貌새쭉지낄、종(冬)

七 夎 쥐 [좌] 詐拜거짓절할、좌衣服長起의복떠들릴、좌(箇)

夏 싸 [하] 春之次여름、하(禡) 大也클、하禹國號하나라、하禹樂大ㅣ하우씨풍류、하(馬) 廈見

十四 夓 夏古字

二十 夔 킈 [기] 一足獸ㅣ如龍외발짐승 기敬懼ㅣㅣ조심할 기(支)

夕部

夕 씨 [석] 晨之對저녁、석暮也저물、석(陌)

二 外 왜 [외] 表也바깥、외疏斥遠之멀리배척할、외(泰)

三 多 뒤 [다] 衆也많을、다勝也승할、다過也과할、다(歌)

夙 쑤 [숙] 早也이를、숙(屋)

五 夜 예 [야] 晝之對밤、야墓穴ㅣ臺광중、야草名嘉ㅣ풀이름、야(禡) [액] 東海縣名고을이름、액(陌)

姓 晴同

七 㚅 인 [인] 普也두루、인(眞)

𡖋 나 [나] 多也많을、나(歌)

八 够 꾸 [구] 聚也모을、구(宥)

夠 同够

十一 夤 인 [인] 恭也敬惕공경할、인因賄千進ㅣ緣인연할、인維也오직、인腰絡허리띠、인(眞)

夢 멍 [몽] 寐中神遊꿈、몽(送) 寢同 不明ㅣㅣ희미할、몽(東)

夥 훠 [과] 多也많을、과(哿) [해] 義同(蟹)

大部

大 따 [대] 小之對큰、대又클 대過也지날、대長也길、대 [태] 太同(泰) [다] 極也극할、다(箇)

夫 뿌 [부] 男子通稱丈ㅣ지아비 부男女配匹ㅣ婦배필、부先生ㅣ子선생、부官名大ㅣ벼슬이름、부語助어조사、부又대저、부又저、부(虞)

太 태 [태] 巨大클、태甚也심할、태(泰) 大通、泰見 [韓] 菽也콩、태

夬 쾌 [쾌] 分決결단할、쾌

卦名괘이름、괘(卦)

天。텐 [천]乾也至高無上하늘、천星名ㅣ根별이름、천藥名鈞ㅣ약이름、천(先)

夭 요 [요]早歿일찍죽을、요屈也굽을、요(篠)殀同、災也재앙、요色愉ㅣㅣ얼굴빛화할、요少好貌ㅣㅣ也예쁠、요(蕭)[오]斷殺끊어죽일、오(皓)

二

央。양 [앙]中也가운데、앙盡也다할、앙廣也넓을、앙鮮明ㅣㅣ선명할、앙(陽)

夯 캉 [강]用力以堅다질、강擔也擧物멜、강(漾)

失。씨 [실]得之反잃을、실錯也差誤그릇할、실過ㅣ과실할、실(質)

三

夷 이 [이]東表嵎ㅣ동녘오랑캐、이平也평평할、이傷也상할、이誅滅죽여없이할、이悅也기쁠、이河伯馮ㅣ물귀신、이卦名明ㅣ괘이름、이(支)

夸。콰 [과]奢也사치할、과自大ㅣ奓큰체할、과諛言附人ㅣ毗아첨하여부닐、과(麻)

夸 夷古字

四

夾。쪄 [협]持也가질、협兼也겸할、협雜也잡될、협左右持좌우에가질、협(洽)挾通、姓也성、협劍名칼이름、협傍也곁、협把也잡을、협(葉)鋏通

奀 뚱 [동]不肥파리할、동(董)

夽 인 [은]高也높을、은(軫)

五

奉。뿡 [봉]恭承받들、봉獻也드릴、봉尊也높일、봉養也봉양할、봉(腫)俸通

奇 치 [기]異也기이할、기不偶짝안맞을、기不遇數ㅣ때못만날、기(支)觭通

奈。내 [내]那也어찌、내如何ㅣ何어찌할、내(泰)[나]義同(箇)柰俗字非

奄。엔 [엄]忽也문득、엄止也그칠、엄久也오랠、엄(琰)淹通

奅。팦 [포]大也클、포礮石돌팔매질、포縣名南ㅣ고을이름、포(效)窌通

[illegible] 사 [사]誇也자랑할、사(馬)

㚔 뎨 [접]驚愕놀랄、접(葉)

[illegible] 뿔 [불]助也도울、불(質)

臭 구 [고]潤澤윤택할、고(皓)

[illegible] 쩨 [해]張大벌릴、해(卦)

六

奎。퀘 [규]西方宿名별이름、규(齊)

契。치 [계]約也文證계약할、계券也書ㅣ문서、계憂苦ㅣㅣ근심하고괴로워할、계(霽)鍥通[글]蓄國ㅣ丹나라이름、글(物)[결]勤苦ㅣ潤근고할、결[설]舜臣商祖稷ㅣ사람이름、설(屑)偰禼同

奐。환 [환]大也클、환文采ㅣ然빛날、환閑暇伴ㅣ한가할、환(翰)煥同

奓 쟈 [차]開張벌릴、차又열릴、차誇言자랑할、차又헌소리할、차奢也사치할、차(馬)侈同

奏。쭈 [주]人臣上言아뢸、주進

也나갈、주薦也천거할、주樂成節ㅣ풍류아뢸、주(宥)

奔。뿐[분]走也달아날、분趨事恐後분주할、분(元)急走급히달아날、분(願)覆敗追ㅣ패할、분(問)

奕 이[혁]大也클、혁美也아름다울、혁憂心ㅣㅣ근심할、혁次序차례、혁圍碁바둑、혁累世ㅣ葉여러대、혁(陌)

七

奊。쎼[혈]頭衰머리기울、혈無志分ㅣ詬분수없이욕할、혈(屑)

奚 씨[해]何也疑辭어찌、해女婢小ㅣ계집종、해(齊)[illegible]見

套 탄[토]長大장대할、토重沓圈ㅣ둘씌울、토又어리、토(號)[韓]例也전례、투

奘。짱[장]大也클、장(養)

畚 뿐[분]盛土器삼태、분盤也가래、분又삽、분(阮)

八

奜 뼤[비]大也클、비(尾)

奯 예[역]强也강할、역(職)

[illegible] 신[심]大恐크게두려워할、심(侵)

九

奠。뎐[전]薦也전드릴、전定也정할、전陳也베풀、전置也둘、전(霰)

奡 안[오]矯健날랠、오慢也거만할、오(號)

奢。쌰[사]侈也사치할、사媼婿阿ㅣ조카사위、사(麻)

[illegible] 쮜[작]人名사람의이름、작(藥)

[illegible] 켜[결]破傷이지러질、결久缺오래걸할、결(屑)缺同

[illegible] 衡古字

十

奧。안[오]內也속、오深也깊을、오室西南隅집서남모퉁이、오積聚쌓을、오烹和삶아탈、오(號)隩澳燠同

[illegible] 奪古字

[illegible] 얀[요]大也클、요肥也살찔、요豚肉羹돝의고기국、요(蕭)

十一

奫 윤[윤]水深廣貌ㅣㅣ물깊고넓을、윤(眞)

奬。쟝[장]勸勉권면할、장褒美포장할、장助也도울、장(養)

奩 렴[렴]盛香器향합、렴嫁女具鏡臺경대、렴(鹽)匳同

奪。뛰[탈]强取攘ㅣ빼앗을、탈被取빼낄、탈狹路좁은길、탈(曷)敓同

十二

奭。씨[석]大也클、석盛也성할、석怒也성낼、석(陌)[혁]赤貌붉은모양、혁(職)赩同

十三

奮。뿐[분]揚也드날릴、분振興떨칠、분勇起뽐낼、분(問)

十五

奰 삐[비]壯大장대할、비怒也성낼、비迫也핍박할、비(寘)

十八

奲。처[차]寬大너그럽고클、차(馬)

女部

女。뉘[녀]婦人坤道계집、여又멀、여未嫁稱처녀、여宿名婺ㅣ별이름、여(語)以ㅣ妻人시집보낼、여(御)

二

妣 치[즐]女不謹계집삼가지않

을 줄 (寘)

奵 딩 [정] 好容얼굴 좋을, 정 (靑)

奴. 누 [노] 男奚古 종 노 (虞)

奶 우 [내] 牛乳쇠 젖, 내 (小)

㊂

妃。 예 [비] 配也배필, 비后|왕비, 비 (微) 配見

如。 수 [여] 若也같을, 여往也갈, 여至也이를, 여語助辭어조사, 여 (魚)

好. 한 [호] 善也좋을, 호美也아름다울, 호愛也사랑할, 호相善서로좋아할, 호璧孔구슬구멍, 호 (號)

奸。 깐 [간] 犯淫통간할, 간僞也거짓, 간亂也어지러울, 간 (寒)

㚢 빤 [번] 女其志而貞계집 영오할, 번 (願)

她 졔 [저] 長女큰딸 저 (馬) 姐見

奼 차 [타] 美也아름다울, 타少女아기씨, 타 (馬) 姹同

妄. 왕 [망] 誕也망녕될, 망又허탄할, 망罔也없을, 망又속일, 망卦名无|괘이름, 망 (漾)

妁 쥐 [작] 媒介중매, 작 (藥)

㚤 이 [의] 女官名계집벼슬이름, 의 (職)

奺 작 [구] 嫠婦守節不嫁과부수절할, 구 (有)

㊃

妣 예 [비] 死母稱曰|죽은어미, 비 (紙) (生前父母死後考|)

妓。 지 [기] 歌舞|女기생, 기又예기, 기 (紙)

妤. 위 [여] 女官婕|계집벼슬, 여 (魚)

妐 쫑 [종] 舅也夫之父시아비, 종 (冬)

妎。 쎄 [해] 妒也투기할, 해 (泰)

妢 뿐 [분] 國名|胡나라이름, 분 (文)

妘 원 [운] 姓也성, 운 (文)

妧 완 [완] 好貌좋을, 완又좋을상스러울, 완 (翰)

妖。 야 [요] 豔也고울, 요媚也아양부릴, 요孼也요얼, 요巧笑상글상글웃을, 요 (蕭) 媄同

妙 먀 [묘] 神奇묘할, 묘精微정미할, 묘纖媚간들거릴, 묘美也예쁠, 묘少也젊을, 묘 (嘯) 玅同

妥. 퉈 [타] 安也편안할, 타又타첩할, 타 (哿)

妨。 뺑 [방] 害也해로울, 방又방해될, 방礙也거리낄, 방 (陽)(漾)

妉 딴 [담] 樂也즐거울, 담 (覃) 湛通

妝. 좡 [장] 粉裝단장할, 장又모양낼, 장 (陽) 粧同

妊. 신 [임] 懷孕아이밸, 임 (沁) 姙同

姍 산 [염] 弱長纖細휘청거릴, 염又비틀거릴, 염 (琰)

妠 나 [날] 小兒肥貌|어린아이살통통이찔, 날 (黠) [납] 娶也장가들, 납 (合)

妒。 뚜 [투] 嫉也|忌투기할, 투 (遇) 妬通

妗. 진 [금] 內舅母(外叔母)외숙모, 금美笑姿|싱글벙글할, 금容態輕薄방정스러울, 금 (沁)

妋 뿌 [부] 貪也탐할, 부 (虞) [우] 眉目間恨미워눈쌀찌프릴, 우 (尤)

姘 징

[정]女德不妄動계집엄전할、정又덕성스러울、정(梗) **妑** 빠 [파]女兒雙髻ㅣ頭머리두갈래로땋느릴、파(麻) **妔**。경 [갱]美女예쁜계집、갱(庚)[항]女性燥急계집성품조급할、항(陽)

妕。중 [중]聽明怜悧영리할、중(送) **妏** 운 [문]生也낳을、문(文) **姒**。사 [삽]美容얼굴예쁠、삽(合) **妡**。진 [근]美也아름다울、근(文)

五

委。웨 [위]棄也버릴、위任也맡길、위禮服端ㅣ예복、위屬也붙일、위倒也쓰러질、위(紙)自得貌ㅣㅣ雍容마음에든든할、위禾垂穗貌ㅣ曲벼이삭고개숙일、위曲也위곡할、위美也아름다울、위(支)末也끝、위積也쌓을、위(寘)

姊。즈 [재]女兄맏누이、자又윗누이、자(紙)姐通 **姉** 同姊 **姒**。쓰 [사]長婦맏며느리、사兄之妻曰ㅣ婦형수、사妯娌相呼娣ㅣ동서、사姓也

姆 무 [무]女師여스승、무又여선생、무(麌)[華]伯母백모、무 **始**。씌 [시]初也비로소、시又처음、시樂名華ㅣ풍류이름、시星名旬ㅣ별이름、시(紙)方也바야흐로、시(寘)

姑。꾸 [고]夫之母시어머니、고父之姊妹고모、고夫之女弟小ㅣ시누이、고且也ㅣ息아직、고星名黃ㅣ별이름、고矢名僕ㅣ살이름、고花名鼠ㅣ꽃이름、고(虞)

妬 뚜 [투]女無子계집무자할、적(錫)妒同 **妻**。치 [처]婦也室人아내、처又마누라、처(齊)以女家人시집보낼、처(霽) **姁** 쒸 [후]美貌ㅣ媮맵시예쁠、후(麌)嫗也할미、후又노파、후樂世ㅣㅣ즐길、후(麌)

妹。메 [매]女弟아랫누이、매卦名歸ㅣ괘이름、매(隊) **妳** 내 [내]晝睡낮잠잘、내乳母유모、내(蟹)嬭見 **姍** 싼 [선]行貌ㅣㅣ비척거릴、선衣裳曳地옷잘잘끌릴、선(先)姺通[산]誹謗ㅣ笑비양거려웃을、산容美얼굴고울、산(寒)

姐。제 [저]女兄맏누의、저慢也교만할、저(馬)她通姊見 **姓**。씽 [성]氏系統稱성、성又성씨、성子ㅣ자손、성(敬)牲同

妚 피 [배]孕胎一朔曰ㅣ한달된태、배(灰)肧同 **妯**。착 [축]兄弟妻相呼ㅣ娌동서、축(屋)[주]心動마음동할、추悼也슬퍼할、추(尤) **妷** 이 [일]安也편안할、일過也허물、일淫ㅣ음란할、일(質)佚同[질]緩也ㅣ蕩느즈러질、질(屑)

姕。츠 [자]婦人小物부녀자딴물건、자(紙)[치]不媚아첨않을、치(支) **妲**。따 [달]紂妃ㅣ己계

집이름、달(曷)

妹 머 [말] 桀妃ㅣ喜계집의이름、말(曷)

妾 쳬 [쳡] 不聘小室첩、첩又작은집、첩又가지기、첩(葉)

姂 애 [핍] 好貌예쁠 핍又얌전할、핍美貌고울、핍(洽)

妵 투 [주] 人名華ㅣ사람이름、주好貌예쁠、주(有)

姅 빤 [반] 女子月經계집월후할、반又경도할、반又월경할、반又몸할、반(翰)

姘 핀 [빈] 妾也첩、빈(眞)

㚻 지 [기] 男色ㅣ姦남색할、기(俗云鷄姦)(支)

姎 앙 [앙] 我也女人自稱나、앙(陽)

妼 삐 [필] 女有容儀계집엄전할、필又계집단정할、필(質)

姏 난 [담] 老女白稱할미、담又노구、담(覃)

妮 니 [니] 婢也계집하인、이(支)

㚼 잔 [점] 女輕薄계집경박할、섬小弱작고약할、섬(鹽)

姃 정 [정] 女容端正계집단정할、정(庚)

姈 링 [령] 女之怜悧계집영리할、영(青)

妿 어 [아] 女師여선생、아(麻)

姛 女字

妭 빠 [발] 美妻ㅣ女고운처、발(曷)

妰 취 [작] 靜也動止계집조용할、작(藥)

妱 찬 [초] 女之小名계집이름、초(蕭)

妴 웬 [원] 順直순직할、원(阮)

妸 아 [아] 美貌고울、아(哿)

姖 쥐 [거] 端正단정할、거(語)

六

娀 쓩 [융] 國名有ㅣ나라이름、융(東)

姨 이 [이] 母之姊妹이모、이(紙)

姿 쯔 [자] 態也태도、자又자태、자又맵시、자(支)

姬 지 [희] 周姓주나라성、희婦人美稱부인의아름다운칭호、희又아씨、희(支)

威 웨 [위] 尊嚴위엄、위儀也위의、위(微)畏見

姝 쓔 [주] 美色빛갈고울、주粉飾분바를、주(虞)

姥 무 [모] 老女늙은계집、모又할미、모山名天ㅣ산이름、모(麌)姆通

娃 와 [왜] 美女아름다운계집、왜(佳) [와]義同(麻)

姻 인 [인] 婚ㅣ혼인할、인婿家사위집、인(夫曰婚婦曰ㅣ)(眞)婣同

姺 쎈 [신] 商諸侯國名ㅣ邳나라이름、신(眞)莘見 [선]行貌媥ㅣ간들간들걸을、선(先)跚同姗見

姦 쟌 [간] 詐也간사할、간婬也간음할、간通ㅣ통간할、간強ㅣ강간할、간寇賊ㅣ宄도둑질할、간僞也거짓、간(刪)

姧 同姦

姸 옌 [연] 美麗고울 연又예쁠、연安也聰慧안존할、연又총명할、연(先)

姚 얀 [요] 美好ㅣ嬈예쁠、요又고울、요急疾剽ㅣ빠를、요又급할、요姓也성、요(蕭)勁疾

嫖ㅣ날랠、요(嘯)

姣 °잔 [교] 美也아름다울、교媚也아양부릴、교(巧) 佼同

姱 과 [과] 好美좋을、과又예쁠、과(麻)

姹 차 [차] 美也아름다울、차(禡) 美女아름다운계집、차又예쁜계집、차(馬) 奼同

姪 °지 [질] 兄弟之子조카、질(俗)云世ㅣ、姻ㅣ(質) [질] 義同(屑)

姜 °장 [강] 姓也성、강(陽)

姮 형 [항] 羿妻ㅣ娥계집의이름、항(蒸)

姤 꾸 [구] 遇也만날、구(宥)

姙 妊同

姞 °지 [길] 姓也성、길后稷元妃후직의이름、길(質)

姶 허 [압] 美好예쁘고고울、압(合)

姼 쓰 [시] 母之母외조모、시母ㅣ축은어머니、시(紙) [치] 輕薄貌姑ㅣ경망할、치(支) [제] 美好ㅣㅣ예쁠、제(齊)

[女+卮] °어 [와] 美貌婐ㅣ모양예쁠、와弱也약할、와(哿)

姽 °지 [궤] 徐行ㅣㅣ느릿느릿걸을、궤又몸지어걸을、궤好也좋을、궤(紙)

姡 훠 [활] 詐僞거짓、활狡也교활할、활(曷)

[女+耳] °얼 [이] 未嫁女稱處女처녀、이(支)

姛 퉁 [동] 女性正直계집성품곧을、동(董)

姟 해 [해] 數也兆之百倍백조、해(灰)

[汚/女] 우 [오] 淫貪음탐할、오(虞)

[女+衣] 이 [의] 華麗빛날、의又번쩍번쩍할、의(微)

姯 °광 [광] 美麗미려할、광又환할、광(陽)

姰 °진 [균] 男女偃劣同等같을、균又한가지、균(眞)

姷 우 [유] 配也짝、유(宥)

婄 뿌 [부] 女之行儀계집행실、부(有)

姾 °촨 [전] 女之端正계집단정할、전(先)

[女+囟] 시 [세] 靜也조용할、세(霽)

[女+自] °즈 [지] 嫉也투기할、지(寘)

毐 회 [희] 美容얼굴애쁠、회(隊)

七

娌 리 [리] 兄弟之妻妯ㅣ동서、이心動마음동할、이(紙)

娓 °웨 [미] 美也아름다울、미(尾)

娬 우 [무] 媚也예쁠、무又부닐、무(麌)

娛 우 [오] 樂也즐거울、오喜也기쁠、오(虞)

娣 °디 [제] 弟妻제수、제女弟아랫누이、제妯娌ㅣ似동서、제(齊)(霽)

[女+朶] 뚸 [타] 女容如花계집꽃같을、타量也헤아릴、타(哿)

娭 애 [애] 戲也희롱할、애婢也계집종、애(賄)

娠 °썬 [신] 孕也妊ㅣ아이밸、신養馬者마부、신(眞)

娟 윤 [연] 美好嬋ㅣ예쁠、연又고울、연幽遠ㅣㅣ간들거릴、연媚也아양필、연(先)

娩 완 [문] 産兒해산할、문(問) [만] 順也婉ㅣ순할、만(阮)

[奴/女] °찬 [찬] 一妻二妾계집두셋씩둘、찬美也아름다

울、찬翰粲通 **娗**。텐 전 不通情眂ㅣ미욱할、전銑欺慢語업신여겨속일、전霰婷見 **嬿** 옌 연 華也빛날、연又환할、연先 **娥**• 어 아 好也예쁠、아羿妻姮ㅣ항아、아天女姱ㅣ선녀、아舜妻ㅣ媓순임금안해、아歌 **娧**。퇴 태 舒遲ㅣㅣ더딜、태又천천이할、태喜也기쁠、태泰 **娘**• 냥 낭 少女尊稱젊은계집、낭又각시、낭又아씨、낭陽孃見

娑•。쏴 사 舞貌娑ㅣ춤너픈너픈출、사衣揚貌옷너풀거릴、사歌土蕃國都名邏ㅣ오랑캐도읍터이름、사塵世ㅣ娑세상、사箇 **娜** 나 나 美貌婀ㅣ아리따울、나柔長嫋ㅣ휘청거릴、나又한들거릴、나哿 **娉**•。핑 빙 娶也장가들、빙敬聘通美好ㅣ婷예쁠、빙青 **娍** 청 성 美也아리따울、성身長貌헌걸찰、성敬 **娙**。잉 형 形容美貌맨드리예쁠、형又맵시날、형女身長계집키클、형女官名계집의벼슬이름、형青

娎 쎼 혈 喜也기쁠、혈屑 **⿰女孛** 퍼 불 女肥貌嬶ㅣ계집몸통통할、불月 **娖**•。취 착 謹也삼갈、착覺 **娚** 난 남 語聲말소리、남覃 韓 姊妹謂男兄弟曰ㅣ오라비、남 **⿰女呂**。뤄 려 醜雜추잡할、여語 **娊** 쪈 현 腰細허리가늘、현銑 **⿰女求**• 착 구 配也짝、구尤

⿰女耴。졔 첩 女惡계집악독할、첩葉 **⿰女忌**。지 기 怒也성낼、기又노할、기寘 **娝** 피 부 愚也어리석을、부紙 **娞** 뇌 뇌 姸也고울、뇌賄 **⿰女甬**•。용 용 齊也가지런할、용腫 **⿰女酉** 와 유 醜也더러울、유宥 **⿰女旱** 만 만 驕慢교만할、만潸 **娪** 우 오 美女예쁜계집、오虞 **娦** 嬪俗字

八

婢•。삐 비 女奴계집하인、비又여종、비紙 **婓**。왜 비 往來貌ㅣㅣ오락가락할、비微 **媕** 옘 엄 誣挐모함할、엄豔 **娵**• 취 추 星名ㅣ訾별이름、추少也젊을、추魚也ㅣ隅물고기、추帝嚳后妃閭ㅣ제곡의후비、추虞 **娶**•。취 추俗音취 取妻장가들、취遇 **婟** 꾸 고 戀惜ㅣ嫪애낄、고又애달플、고又안타까울、고遇 **婁** 루 루 空也빌、누牽也끌、누愚也어리석을、누麌屢通、星名별이름、누春秋國名鄁ㅣ나라이름、누尤 **婣** 인 인 和同화동할、인眞姻同 **婚**•。훈 혼 ㅣ姻혼인할、혼婦家며느리집、혼

(元)烟見 **婉**。완 [완]美也예쁠、완又아름다울、완順也순할、완(阮) **婘** 꿘 [권]美好예쁠、권ㅣ屬집안부치、권(先)眷通 **⿰女芺** 야 [요]孼也요얼、요豔也고울、요巧也공교할、요(蕭)妖同 **婆**。퍼 [파]老媼늙은계집、파舞貌ㅣ娑춤너풀너풀출、파(歌)(華)祖母ㅣㅣ조모、파 **娿** 어 [아]美貌ㅣ娜예쁠、아又한들거릴、아(哿)婀同不決娿ㅣ결단못할、아又머뭇거릴、아(歌) **婀** 娿同 **娩** 앤 [반]兎子토끼새끼、반(願)嬎同 **婐**。위 [와]侍女시녀、와(哿) **婭** 야 [아]兩壻相謂姻ㅣ동서、아(禡) **婧** 졍 [청]女之貞潔계집정결할、청纖弱섬약할、청又가냘플、청(敬) **娼** 창 [창]戲女賣淫창녀、창又매음하는계집、창又노는계집、창又여광대、창(陽)倡見 **婞**。씽 [행]很也ㅣㅣ발끈할、행又성미팩할、행親也친할、행(迥)悻同 **婦**。뷰 [부]女子己嫁ㅣ人지어미、부子之妻며느리、부(有)媍同 **婬** 인 [음]奸也私逸간통할、음又샛서방질할、음蕩也亂戲음란할、음(侵)淫通 **婪**。란 [람]貪也탐할、남(覃) **婌** 쓕 [숙]女官名궁녀벼슬이름、숙(屋)淑通 **婠** 와 [왈]體美몸맵시예쁠、왈(阮)(或音완) **婥** 쵸 [작]美好ㅣ約예쁠、작(藥) **娸** 처 [기]醜也더럽게여길、기憎也미워할、기(支) **婕**。쪠 [첩]女官ㅣ妤계집의벼슬이름、첩美貌예쁠、첩(葉)倢通 **姘** 핑 [평]妻婢通姦안해의계집종통간할、평(庚) **娷**。쒜 [주]以事相託일서로부탁할、수(支) **⿰女乳** 부 [부]女肥ㅣ婷계집살통통할、누(有) **婫** 훈 [혼]以物蒙頭머리덮을、혼(阮) **婲** [日]豔好예쁠、화 **婑** 우 [유]美也아리따울、유(支) **婗**。이 [예]初生兒嬰ㅣ갓난아이、예嫵媚貌媞ㅣ예쁜체할、예又아양부릴、예(齊) **淁** 텐 [접]喜笑姈ㅣ벙글거릴、접又기뻐웃을、접(鹽) **⿰女沓** 따 [답]伏也엎드릴、탑(合) **娺** 따 [달]疾也빠를、달猛也모질、달(黠) **娽** 뤼 [록]從也따를、독又붙좇을、녹(屋) **娾** 애 [애]樂也즐거울、애(蟹) **婄**。뿌 [부]肥也살찔、부愚也질둔할、부(有) **⿰女羌**。장 [강]紊亂문란할、강(養) **婋** 쌰 [효]女之怜悧계집영리할、효(肴) **婎**。지 [휴]姿態모양、휴又태도、휴(支) **婖** 텐 [첨]慙愧부끄러워할、첨(鹽)

嫛 깐 [간]美麗화려할、간又빛날、간(刪) 婡 래 [래]容美얼굴예쁠、내(泰) 婤 쭈 [주]容貌優美얼굴암전할、주(尤) 婍 치 [기]美好고울、기(紙) ⑨ 媚。메 [미]諂也아첨할、미愛也사랑할、미悅也상긋거릴、미親順嫵ㅣ순할、미又부닐、미(寘) 媁 웨 [위]醜也추잡할、위美盛貌탐스러울、위(尾) 媮。투 [투]巧黠간偷也도둑질할、투(尤) 偷見[유]薄也엷을、유樂也즐거울、유(虞)愉通 婺。우 [무]星名ㅣ女별이름、무不繇마음대로못할、무(遇) 婿 壻俗字 媞。티 [제]美貌ㅣㅣ예쁘고고울、제安也ㅣㅣ안존할、제(齊) 媧 와 [와]古女聖名女ㅣ여와씨、와(佳) [파]義同(麻) 媒。메 [매]妁也謀合兩姓중매、매又중신들、매釀也酒酵술닭가고일、매駿馬龍ㅣ용마、매(灰)

媛。웬 [원]牽引貌嬋ㅣ마음에당길、원(元)美女예쁜계집、원(霰) 媍 婦同 嫂。쏘 [소]兄妻형수、소又아주머니、소(皓)嫂同 媌 마 [모]美好예쁠、모(肴) 嫐 놔 [노]擾心煩ㅣ번뇌할、노又마음산란할、노怨也痛恨원통할、노(或音뇌)(皓)惱同煩見 媢。마 [모]妒也嫉忌투기할、모怒也성낼、모又결낼、모(號) 媠。뒤 [타]豔美예쁠、타又고울、타惰也燕ㅣ태만할、타又게으를、타(哿) 媓 황 [황]女ㅣ舜妃순임금비、황南楚母謂之ㅣ어머니、황(陽) 嫭 칭 [경]孤獨외로울、경又고독할、경(庚)煢嬛通 婷。텽 [정]美貌娉ㅣ아리따울、정又쌀쌀할、정(青)娗通 婸 탕 [탕]淫戲음탕할、탕又음할、탕(養)[양]我也나、양(陽) 媂 듸 [제]厠間神名뒷간귀신이름、제(齊) 媟。쎄 [설]慢也거만스러울설、(屑)褻同、褻通 婼。취 [착]不順순하지않을、착又악독할、착(藥) 媕 안 [암]不決ㅣ娿결단못할、암又머뭇거릴、암(覃) 媆 쇤 [눈]弱也약할、눈(願) 媦。웨 [위]女弟아랫누이、위(未) 媈 훼 [휘]妾也ㅣ家첩、휘又작은집、휘(微) 媤。[韓]夫家시집、시 媄 위 [미]色艷빛고울、미(紙) 媀 어 [우]女妒투기할、우又강짜할、우又샘낼、우(遇) 媃 어 [유]女媚貌예쁜체할、유(尤) 媉。와 [악]容飾ㅣㅣ모양낼、악又단장할、악(覺)[옥]美也예쁠、옥(屋) 媔 멘 [면]美目ㅣ只눈매예쁠、면又눈추리고울면妏

也투기할、면(霰) **媥**。펀 [편]行輕貌ㅣ姺간들간들걸을、편又사뿟사뿟걸을、편(先) **婹**.야 [요]弱也연약할、요(嘯) **媨** 작 [추]老嫗醜貌계집늙어추루할、추(宥) **婻**

난 [남]肥大몸통통할、남(勘) **⿰女畏**。외 [외]美貌아리따울、외(賄) **媘** 성 [성]減也축날、성又깔、성(梗) **⿰女炭** 탄 [탄]亂而無儀어수선할、탄又예의없을、탄(翰) **⿰女卽** 지

[극]賤嫗천한할미、극又쌍스런계집、극(職) **⿱咸女** 쎈 [함]健也壯大키크고건장할、함(豏) **⿰女臿**.샤 [삽]急言失序차서없이말할、삽又말납신거릴、삽(洽) **婄**。안 [암]志

不正뜻바르지않을、암又마음비뚜를、암(覃) **⿰女咸** 쎈 [함]女之陋醜계집더러울、함(勘) **⿰女染** 산 [염]分明분명할、염又똑똑할、염(琰) ⊕ **媸**.츼 [치]醜也더러울、치

癡也어리석을、치婬也음란할、치(支) **⿰女奚**。씨 [혜]女隸계집종、혜(齊)奚通 **⿰女散** 美同 **媲**。피 [비]配匹짝、비又배필、비(霽) **嫄**.웬 [원]稷母姜ㅣ후직의어머니、원(元)

媿 퀘 [괴]慚也부끄러울、괴(寘)愧同 **嫋**。냐 [요]柔長貌ㅣ娜간들거릴、요又회청거릴、요弱貌ㅣㅣ가날플、요又하늘하늘할、요(篠)[약]妍弱연약할、약(藥) **嫂**.嫂俗字

媼 와 [오]女也老婆할미、오(晧) **嫁**.쟈 [가]女子適人시집갈、가(禡) **嫇** 밍 [맹]幼女嫈婦어린지어미、맹小人貌ㅣㅣ키작을、맹又앙정할、맹(庚) **嫈** 잉 [앵]幼

婦ㅣ嫇어린지어미、앵 [영]女人淸淑계집정숙할、영聶政姊名섭정의누이이름、영(庚) **媵**.인 [잉]從嫁잉첩、잉飮酌잔마실、잉寄物물건부칠、잉(徑) **嫉** 찌 [질]妒也투기할、

질妎也미워할、질(質)愱同 **媾**.꺼 [구]重婚거듭혼인할、구又겹사돈、구親也和合화합할、구寵也고일、구(宥) **嫌**。쎈 [혐]疑也不平於心혐의할、혐又의심둘、혐(鹽) **媳**

씨 [식]子婦며느리、식(職) **媽**.마 [마]母也어머니、마又엄마、마(麻) **婺** 무 [목]美貌아름다울、목(屋) **⿰女師** 쓰 [사]巫女무녀、사又무당、사(支) **媰**.착 [추]寡

也ㅣ孀과부、추又홀어미、추婦人妊娠애밸、추(尤)[취]姓也성、취 **媱**。야 [요]老而曲背늙어등굽을、요(蕭) **⿰女迷** 믜 [미]母也어미、미(齊) **嫕** 이 [이]女態계집태도、이

又맵시、이(眞) 嫞 수[욕]惰怠게으를、욕(沃) 𡢃。떼[제]諂也娃ㅣ아첨할、제(佳) 㜊 얀[전]美也고울、전又됴할、전(銑) 嫅· 차[차]腰細허리가늘、차又허리

날신할、차(麻) 嫎 妨同 嫐 뇨[뇨]戲也嘲弄계집이사내조롱할、요又샘낼、요(皓) 𡡉 시[히]醜也不見보기싫을、히(支) (十一) 嫠· 리[리]寡婦과부、이又

홀어미、이(支) 嫫 뫼[모]醜女ㅣ母추한계집、모(虞) 嫗。 우[구]老婦할미、구又노구、구(遇)以體溫煦ㅣ몸으로녹일、구(麌) 嫭· 후[호]美好아름다울、호誇也자랑할、호

(遇) 嫭· 嫮同 嫕 이[예]柔順貌婉ㅣ유순할、예又수더분할、예(霽)瘱同 嫩 솬[눈]弱也연약할、눈又어릴、눈(願)媆同 嫚。 만[만]慢也侮易업신여길、만又거만할、

만(諫) 嫣 옌[언]巧笑貌빵긋웃을、언又쌩긋웃을、언好貌예쁠、언(先) 嫖。· 퍞[표]勁疾ㅣ姚날랠、표又열샐、표邪淫간특스럴、표輕也가벼울、표(嘯)僄見 嫪。 랖[로]戀

惜媢ㅣ애달플、노又생각하고애낄、노士無行ㅣ毒선비행실없을、노(號) 嫜· 장[장]舅姑姑ㅣ시부모、장夫之兄兄ㅣ시아자비、장(陽) 嫦 창[상]羿妻ㅣ娥계집이름、상又

항아、상(陽)姮見 嫘 레[류]姓也성、유(支) 嫡。· 듸[적]正室정실、적本妻所生子맏아들、적(錫)適通 嫞 츙[용]懶女게으른계집、용(冬) 娶 취[숙]細腰가는허

리、수(支) 嫥 좐[전]壹也ㅣㅣ전일할、전又온전할、전孅也아름다울、전(先) 嫛。 이[예]始生婗ㅣ갓난아이、예(齊) 嫟· 늬[닉]互相親近서로친근할、닉(職) 𡡞

싼[삼]婪淫음탐할、삼(覃) 嬒 안[암]女有心ㅣㅣ계집마음둘、암(覃)[엄]含怒貌부루퉁할、엄(琰) 𡡾。 쥐[처]妒也투기할、처嬌也교태부릴、처(御) 嫝。· 강[강]安也편안할、

강(陽) 𡢡 잔[조]美也아름다울、조(豪) 嫤 천[근]美貌고울、근(震) 嫧。 재[책]謹也삼갈、책鮮明선명할、책(陌) 嫯· 앞[오]蔑視업신여겨볼、오(號)

𡠞。 잔[잠]顏白얼굴허연을、참(覃) 嫲 마[마]尼也女僧계집중、마(麻) (十二) 嬀。· 궤[규]陳姓진나라성、규(支)潙通 嬃。 쉬[수]姊也윗누이、수女名몸ㅣ계

집의 이름、수(虞)

嬉• 씨 [희]美也아름다울、희戲也희롱할、희遊也놀 희 (支)桀妃妹ㅣ계집이름、희(紙)美姿예쁜자태、희(寘)

嫵。우 [무]媚也예쁠、무又아담스러울、무(麌) 娬同

嫺。쎈 [한]雅也아담스러울、한習也익힐、한(刪)閑通

嬋 싼 [선]好貌ㅣ娟선연할、선又고울、선(先)

嫶 챺 [초]憂愁面瘦ㅣ妍근심과수심으로얼굴마를、초(蕭)

嬌。쟌 [교]女態태도、교又맵시、교妖嬈아리따울、교(蕭)

嬈 냪 [요]美貌嬌ㅣ예쁜체할、요(蕭)[뇨]亂也어지러울、요苛也까다로울、요戲擾갈랙질할、요(篠)嫽見

嫽 랖 [료]好貌아리따울、요(篠)(蕭)僚見 [로]母之母ㅣㅣ외조모、노(皓)

嬅 화 [화]女容俊麗계집엄전할、화又탐스로울、화(禡)

嬇 홰 [회]女字계집의자、회(隊)

嫿。화 [획]靜好貌아리잠직할、획又안존할、획矜持자랑할、획奔馳繳ㅣ맏획획달릴、획(陌)

⿰女黽。[illegible] 同

⿱隋女 뛰 [타]鳥名ㅣ羿까치같고꼬리허연은새、타(箇)

嫳 쀄 [별]輕薄貌방정스러울、별頻怒발끈할、별(屑)

嫴。꼬 [고]婦人罪輕不入獄而保留계집죄인머물러둘、고苟且ㅣ媮구차할、고(虞)

嫸。싼 [전]好枝格人語남의말어기기좋아할、전(銑)

⿰女然• 엔 [연]姿態侵ㅣ아리잠직할、연(先)

⿰女覃• 땀 [담]女體細長계집몸가늘고길、담(琰)

嫼 믜 [흑]怒也성낼、흑(職)

⿰女買 매 [매]狡猾약을、매(佳)

⿰女登 덩 [등]女之貞烈계집정조있을、등(蒸)

⿰女壹 이 [일]堅也節操절개굳게지킬、일(質)

嬆 씨 [흡]心也清白마음청백할、흡(緝)

十三

⿱新女 씬 [신]國名有ㅣ나라이름、신(眞)莘同

嬖。삐 [폐]愛也便ㅣ사랑할、폐又고일、폐(霽)

嬔 빤 [반]兔子토끼새끼、반(願)娩同

嬛。쒠 [현]輕麗便ㅣ새뜻할、현又산뜻할、현(先)[경]獨夫홀아비、경(庚)婷見

嬙。챵 [장]女官名嬪ㅣ계집벼슬이름、장美女毛ㅣ예쁜계집、장(陽)

嬴 잉 [영]秦姓진나라성、영解也풀어질、영滿也가득할、영餘也나머지、영端也끝、영(造化神黙ㅣ、善射者更ㅣ)(庚)

嬴 嬴同

嬓。쟌 [교]人名사람의이름、교(嘯)

嬗 싼 [선]靜也고요할、선僧也중、선(先)傳位전위할、선除地封ㅣ터닦을、선(霰)禪同

嬐。쎈 [섬]敏疾민첩하

고빠를、섭(鹽) 嬒。회[회]女面色黑계집의얼굴빛거먼을、회(泰) 嬩·오[오]嫉也투기할、오(號) 嬚 렴[렴]清雅맑고고울、렴(鹽) 嫛 제[개]心腦마음번뇌할、

개(蟹) 嬜 안[압]貪也탐낼、암(覃)[금]仁慈인자할、금(侵) 嬟 이[의]堅也貞操정조굳을、의(紙) 嬠 찬[참]貪也탐할、참(覃) ⑭ 嬪。빈[빈]婦官계집의벼슬

이름、빈(眞) 嬭 내[내]乳母유모、내又젖어미、내(蟹) 嬲·난[요]戲擾가댁질할、요又계집데리고희롱할、요(篠) 嬷 마[마]幼兒呼母엄마、마(歌) 嬥。탸

[조]往來貌오락가락할、조嬈也아름다울、조蠻歌曰ㅣ歌오랑캐노래、조(篠)不仁ㅣ嬈거북할、조(嘯) 嬰·잉[영]孩也어릴、영(男曰孩女曰ㅣ)加也더할、영觸也부디칠、영又찌를、

영繞也둘릴、영絆也얽을、영女首飾머리치장할、영(庚)攖見 嬯 대[대]愚戇闖ㅣ미련스러울、대(灰) 嬬。수[유]妻也안해、유[주]弱也약할、수(虞) 嬉 씨[희]悅樂기

쁠、희又즐거울、희(支) 嬨 츠[재]女性寬順계집성품너그럽고순할、자(支) 嬳。휘[확]作態태도부릴、확又모양낼、확(藥) 嬣 녕[녕]劣貌姸ㅣ용렬할、영又투미할、

영(庚) 㜮·란[람]誤也그릇할、남又잘못할、남(勘) 嬮。옘[염]靜也고요할、염(鹽) 嬱 찬[참]美也아름다울、참(豔) ⑮ 嬸 썬[심]叔母숙모、심又작은어머

니、심夫之弟婦ㅣ아래동서、심(寢) 嬻。뚜[독]媟慢설만할、독(屋) 嬑 뤼[려]心不欲爲ㅣㅣ마음에하기싫을、여(語)慮同 嫡 듸[적]嫁也시집갈、적(陌)適通 嬫

약[약]美也아름다울、약(藥) ⑯ 嬾·란[란]怠也게으를、난(旱)孏同 嬿。옌[연]安順ㅣ婉안존할、연(霰) 孼 네[얼]庶子서자、얼又첩의자식、얼孽同、禽獸蟲蝗

之怪요괴、얼(屑)蠥見 ⑰ 孊 미[미]齊人呼母阿ㅣ어미、미(支)(齊) 孀 쌍[상]寡婦과부、상(陽) 孃。낭[양]母稱阿ㅣ어머니、양婦人尊稱아씨、양(陽)娘同

孅。쎈[섬]弱也약할、섬細也가늘、섬古善御者ㅣ阿사람의이름、섬(鹽)纖通 ⑲ 孋·리[리]國名ㅣ戎나라이름、이(支)驪通 孌 롼[련]美好婉ㅣ예쁠、연慕

也思ㅣ사모할、연從也좇을、연順也순할、연(銑)(霰) **孊** 미 [미]婦官名修ㅣ계집의벼슬이름、미(紙) **孍** 옌 [엄]莊也엄전할、엄(鹽) (二十一) **孏** 란 [란]怠也게으를、

(旱)난 **孎** 쥬 [촉]女謹順貌嫡ㅣ계집순직할、촉(沃) (二十一) **⿰女戀** 孌同 **⿰女疊** 姪同

子部

子 쯔 [자]嗣也息也자식、자又아들、자男稱사내、자爵名ㅣ爵작이름、자支名鼠也쥐、자草木之實열매、자夫婦相稱임자、자(紙) **孑** 졔 [혈]孤也單獨고독할、혈餘也ㅣ遺나머지、혈特出ㅣㅣ특출할、혈又우뚝할、혈戟也창끝갈구리、혈(屑) **孔** 쿵 [공]穴也구멍、공甚也심이、공又매우、공姓也성、공(董) **孒** 쟤 [궐]短也孑ㅣ짧을、궐水蟲俗呼沙蟲長成則化爲蚊장구벌레、궐又장구벌레、궐(月)

(二) **孕** 인 [잉]懷妊아이밸、잉(徑) ⿰女黽同 [인]義同(震) **⿻子八** 保古字

(三) **字** 쯔 [자]文也글자、자愛也사랑、자小名자、자乳也젖먹일、자畜牧육축암컷、자(寘) **存** 춘 [존]在也있을、존省也살필、존恤問告ㅣ물어볼、존(元) **孖** 쯔 [자]雙生子쌍동이、자(支) **⿰子女** 好同

(四) **孜** 쯔 [자]勤也ㅣㅣ부지런할、자(支)孳通 **孚** 부 [부]信也믿을、부玉釆옥의문채、부育也기를、부卦名中ㅣ괘이름、부(虞) **孛** 페 [패]彗星혜성、패又꼬리달린별、패(隊) [발]義同、妖氣요기있을、발(月)詩見 **孝** 쌰 [효]善事父母효도、효又효할、효(天經地義民行謂ㅣ)又畜也順於道而不逆於倫謂ㅣ)(效) **⿱乂子** 쟈 [교]導也인도할、교(效)

(五) **季** 지 [계]小稱末也말재、계又끝、계(兄弟長幼之次曰伯仲叔ㅣ)(寘) **孤** 꾸 [고]獨也홀로、고又외로울、고無父아비없을、고負也저버릴、고(虞) **孥** 누 [노]子也자식、노妻子並稱ㅣ처자、노(虞)帑通 **孢** 빠 [포]孕也아이밸、포(巧) **孟** 멍 [맹]長也맏、맹(嫡長曰伯、庶長曰ㅣ)大也클、맹勉也힘쓸、맹(敬) [망]不精要貌ㅣ浪맹랑할、망(養) **孡** 태 [태]孕也아이밸、태(泰)

(六) **孩** 해 [해]幼兒統稱ㅣ提어린아이、해小兒笑어린아이방글방글웃을、해(灰) **⿰子孖** 이

[의]昌盛자식번성할、의(紙) (七)孫。쑨 [손]子之子손자、손再孫 옴돈을、손謙遜겸손할、손(元)遜同 㝃 면 [면]生子아이낳을、면(銑) 孬 왜 [왜]不好좋지않을、위(未) 蟴。지 [제]蝗子황충의새끼、제(霽) (八)孰。쓔 [숙]誰也누구、숙何也某也어느、숙又아무、숙審也살필、숙(屋) 孮。쭝 [종]子孫繁盛자손번성할、종(冬) (九)孱。찬 [잔]弱也잔약할、잔又좀스럴、잔(刪) 㝑 밍 [명]初孕첫아이밸、명(敬) 孲 야 [아]赤子어린아이、아(麻) (十)孴 이 [의]盛貌戢ㅣ성할、의(紙)[읍]衆多貌ㅣㅣ우물우물할、읍(緝) 孳。쯔 [자]乳化交接ㅣ尾새끼칠、자又흘레할、자(支)(寘)孜見 㝅 누 [누]乳也젖、누(有)穀通 孵。부 [부]ㅣ化爲雛알안아새끼깔、부(虞) 學 싱 [경]獨也외로울、경(庚) (十一)孷 리 [리]雙子쌍동이、이(寘) (十三)學。쌰 [학]受敎修業배울、학庠序總名학교、학又서당、학事物研究覺悟綱領글、학又배움、학(覺) (十四)孺。수 [유]幼也乳子어릴、유又젖먹이、유(遇) 孻 내 [내]老人之子노인자제、내(佳) (十六)孼 녜 [얼]庶子첩의자식、얼又얼자식、얼(屑)孽同 (十七)孾 잉 [영]孩也어린아이、영(庚) (十九)孿。쏸 [산]雙產子쌍동아들낳을、산(翰)孿同 (二十)𡦜 孿同

宀部

宀 멘 [면]交覆土居움、면(先) (二)宂。숭 [용]煩雜ㅣㅣ번잡할、용又바쁠、용閑散한가할、용居所不定떠돌아다닐、용剩也나머지、용(腫)(俗)作冗 宄 꿰 [궤]外寇바깥도적、궤(紙) 宁。쮸 [저]門屛間視朝處조회받는곳、저(語) 它 타 [타]蛇也뱀、타(歌)蛇通、佗古字 (三)宇。위 [우]居屋집、우天地四方ㅣ宙하늘、우又세계、우(麌) 安。안 [안]危之對편안할、안静也안정할、안何也무엇、안又어느、안(寒) 守 쑤 [수]護也勿失지킬、수主管其事보살필、수(有)受而掌之맡을、수官名郡ㅣ太ㅣ원、수(宥) 宅。째 [택]家也집、택(陌)厇通 (四)宋。쑹 [송]國名微子所封송나라、송(宋) 㝏 예 [개]獨居홀로살、개畜無偶홀짐승、개又외

짝짐승、개(卦) **完**。완 [완]全也완전할、완膳也堅好튼튼히얽을、완畢也ㅣ了마칠、완又끝날、완(寒) **実** 야 [요]窟也굴、요深窔聲굴속소리、요室東南隅방동남구석、요(蕭)

宏 횡 [굉]廣大클、굉又넓을、굉(庚)閎通 **穽**。징 [정]庭井뜰의우물、정(梗) **突** 뚜 [돌]顯出나타날、돌(月) ⑤ **宗**。쫑 [종]尊也높을、종本也마루、종又근본종同姓일가、종又겨레、종(冬)

宜。이 [의]當然適理마땅할、의又옳을、의安也편안할、의(支)儀通 **宐** 同宜 **宔** 쮸 [주]宗廟藏主櫝신주독、주(虞)主通 **宛** 완

[완]依然ㅣ然어슴푸레할、완丘上有丘언덕위의언덕、완指定處지정할、완小貌작으마할、완(阮)[원]西域國名大ㅣ서녘나라이름、원(元)[온]積也쌓을、온(吻)蘊見 **官**。꽌 [관]職

也벼슬、관司也맡을、관治政處관청、관使也부릴、관(寒) **宕** 탕 [탕]放也방탕할、탕洞屋골집、탕石工ㅣ户석수、탕(漾)[韓]官人鬆帽ㅣ巾탕건、탕 **定**。뗑 [정]決也정할、

정安也편안할、정止也그칠、정宿名별이름、정熟肉羹ㅣ의은고기、정(徑)頲見 **宙**。쯔 [주]居也집、주古往今來고금、주(有) **宖**。헝 [횡]屋響집울릴、횡[홍]深大클、홍(庚)

宓。미 [복]伏也엎딜、복(俗伏)(屋)虙同、姓也성、복(沃)[밀]默也잠잠할、밀(質)密見 **宲** 뽀 [포]藏也감출、포(皓) ⑥ **宦**。환 [환]仕也벼슬다닐、환奄人내관、환又고자、환

(諫) **宣**。쒼 [선]布也베풀、선又펼、선又흩을、선示也보일、선明也밝을、선早白ㅣ髮일찍셀、선(先)瑄同 **室**。씨 [실]房也집、실又방、실夫謂婦ㅣ人안해、실又마누라、

실(質) **宗** 同寂 **窔** 야 [요]室東南隅집동남모퉁이、요隱暗處으슥한곳、요(篠)(嘯) **客**。거 [객]賓也손、객寄也붙일、객(陌) **宥** 우 [유]赦罪죄사할、유助也도울、

유(宥) ⑦ **宮**。꿍 [궁]帝王所居궁궐、궁又집、궁腐刑불알썩일、궁五音律中ㅣ聲울소리、궁(東) **宸** 천 [신]帝居屋名楓ㅣ대궐、신(眞) **宧** 이 [이]室東北

隅집동북모퉁이、이(支) **害** 해 [해]傷也해할、해又해롭게할、해(泰)[할]何也무엇、할又어느、할(曷)曷見 **宴** 옌 [연]安也편안할、연饗禮잔치、연樂也즐길、연(霰)讌見 **家**。

ㅇ야 [가]居也住宅집、가婦謂夫ㅣ君남편、가專有長者통한이、가(俗如文學、技術、工藝、農業、資本ㅣ等) (麻)

宵 쇼 [소]夜也밤、소小也작을、소蟲名ㅣ行벌레이름、소 (蕭)

容。 숭 [용]貌也얼굴、용又모양、용安也從ㅣ편안할、용受也包函용납할、용又쌀、용飛揚ㅣㅣ펄렁거릴、용 (冬)

宭 췬 [군]羣居여럿이살、군 (文)

寀 實古字

宰。 ㅇ재 [재]主也주장할、재官稱ㅣ相재상、재屠也割肉잡을、재烹也삶을、재 (賄)

宬。 청 [성]藏史庫사기두는고、성 (庚) 晟同

寚 窑俗字

㝗 량 [량]靜也空家집고요할、량 (陽)

𡧡 웅 [옹]和也화할、옹 (東)

㝐 寤俗字

八

寄。 ㅇ기 [기]付託부탁할、기寓也붙여살、기傳也전할、기小蟹ㅣ居방게、기 (寘)

㝢 쥐 [거]貯也저축할、거 (魚)

寀 채 [채]同官寮ㅣ동관、채 (賄)

寅。 인 [인]敬也공경할、인虎也범、인東方支名攝提格동방、인又지지、인 (眞) [이]義同 (支) 夤同

寇 쿠 [구]賊也도둑、구又떼도둑、구 (宥)

宿。 슉 [숙]夜止잘、숙又드샐、숙素也본디、숙又오랠、숙守也지킬、숙大也클、숙 (屋) [수]列星之位여러별자리、수 (宥)

寁 ㅇ잠 [잠]速也속할、잠 (感)

寂 ㅇ적 [적]靜也고요할、적又막막할、적又적적할、적 (錫)

密。 미 [밀]稠也빽빽할、밀秘也비밀할、밀深也깊을、밀近也親ㅣ친밀할、밀 (質) 宓通

寃 冤俗字

㝝 린 [림]家深집깊을、임又집충충할、임 (侵)

𡦼 수 [유]小乳작은젖、유 (虞)

九

寐。 메 [매]寢也잠잘、매又쉴、매 (寘)

寓 위 [우]屋霤집、우 (虞) 宇同

寓。 위 [우]寄也붙일、우又붙여살、우假住잠시머물러살、우付託부탁할、우 (遇)

寒。 한 [한]冷也冬氣찰、한窮也貧ㅣ가난할、한 (寒)

寑 寢古字

寎 뼝 [병]臥驚病잠자며놀라는병、병三月삼월、병 (梗)

寋 ㅇ젼 [건]徒鼓磬한갖경쇠만울릴、건 (銑)

富。 뿌 [부]豐財부자、부又감열、부裕也넉넉할、부年幼어릴、부 (宥) 富同

寔 씨 [식]是也이、식實也참、식又실로、식 (職)

寍 寧古字

寋 煙古字

寬 관 [관]廣也넓을、관 (寒)

寱 에 [에]靜也고요할、에 (霽)

十

寘。 ㅇ지 [지]置也둘、치廢也폐할、치舍也놓을、치 (寘)

寖。진 [침] 漸也ㅣ漬잠길、침 (沁) 浸同 寙 유 [유] 嬾也 呰ㅣ나약하고게으를、유 (虞) 寅。同寅 [宀桀] 졔 [결] 覆也덮을、결 (屑) 竆 옹 [옹] 家暗집어둘、옹 (東)

⑪ 窶 취 [구] 貧也가난할、구 (虞) 窶同 [루] 便側地甌ㅣ기울어진땅、루 (尤) 寤。우 [오] 寐覺잠깰、오 覺也깨달을、오 (遇) 悟見、寨 쌔 [채] 木柵목책、채 (卦) 砦同、柴通

寥 료 [료] 寂也고요할、요 廓也空虛휑할、요 又빌、요 (蕭) 寡。꽈 [과] 少也적을、과 罕也드물、과 孀婺과부、과 諸侯自稱ㅣ人나、과 (馬) 窴 뎐 [뎐] 屋傾下지붕물매、뎜 (鹽)

寣 후 [홀] 小兒啼ㅣㅣ아이울、홀 (月) 寢 친 [침] 臥也睡眠잘、침 又누울、침 又쉴、침 堂室방、침 (正ㅣ、內ㅣ) 陵ㅣ정자각、침 (寢) 實。씨 [실] 草木子열매、실 誠也성실할、실 富也넉넉할、실 充也찰、실 事跡사실、실 (質)

察。차 [찰] 鑑也살필、찰 考也상고할、찰 潔貌ㅣㅣ깨끗할、찰 偏見苛ㅣ편벽되이볼、찰 (黠) 詧同 [宁者] 貯同 寵 망 [방] 寐也잘、방 (江)

寞 뫄 [막] 無聲寂ㅣ적막할、막 又괴괴할、막 又고요할、막 (藥) 寧。녕 [녕] 安也편안할、녕 願詞차라리、녕 居喪ㅣ거상할、녕 諄復丁ㅣ정녕、녕 (靑) 嚀通、如何ㅣ馨어떠할、녕 (徑) 甯通

康 강 [강] 靜也고요할、강 (陽)

⑫ 寫。쌔 [사] 謄抄글씨쓸、사 摹畫모뜰、사 又그릴、사 鑄型부어만들、사 傾也쏟을、사 (馬)

寬。관 [관] 裕也너그러울、관 宥也용서할、관 (寒) 寮 료 [료] 小窓작은창、요 同僚동관、요 (蕭) 僚見 審。썬 [심] 悉也알、심 又살필、심 詳也자세할、심 鞫問사실할、심 又심문할、심 熟究궁구할、심 (寢)

寪 웨 [위] 姓也성、위 危也위태할、위 屋貌집모양、위 (紙) 寭 쎄 [혜] 明也밝을、혜 悟也깨달을、혜 (霽) [宀喬]。잔 [교] 客也손、교 寄寓붙여있을、교 (蕭)

⑬ 寰。환 [환] 畿內縣경기고을、환 宮垣궁장、환 (刪) 寯。쥔 [준] 聚也모일、준 才也재주、준 (震) [宀絹] 쳰 [견] 網也그물、견 (銑) 寗 녕 [영] 昊天하늘、영 (靑)

⑭ 寱 이 [예] 寐言잠꼬대할、예 (霽)

⑯ 寵。춍 [총] 愛也사랑할、총 又총애할、총 又고일、총 恩也은혜、총 尊榮영화로울、총 俗妾曰ㅣ첩、

총(腫) (十七)寶。빠[보]珍也보배、보符璽어보、보又옥새、보貴也귀할、보錢幣돈、보(常平通ㅣ)(皓) (十八)寱 夢同 寱。수[어]佯宿거짓잠잘、어(御) (十九)寢。지[계]熟寐깊이잠들、계(霽) 顚 顚俗字 (十三)寢 한[함]寐不脫衣冠옷입은채잘、함(覃)

寸部

寸 츈[존]度名十分차、촌又마디、촌忖也헤아릴、촌(願) (三)寺。쓰[사]僧居절、사官舍마을、사[시]官ㅣ내관、시(寘)侍閽見 (四)寽 리[률]取也취할、율(質) (五)尀 퍼[파]不可못할、파(哿)叵同 (六)封。뵝[봉]聚土ㅣ墳무덤、봉ㅣ疆지경봉할、봉祭名ㅣ禪제사이름、봉大也클、봉緘也봉할、봉(冬)爵土땅떼어줄、봉(宋)[폄]同窆동폄할、폄(豔) (七)射。써[사]發矢쏠、사䠶同[야]秦官名僕ㅣ벼슬이름、야(禡)[석]指物而取맞칠、석[역]厭也싫을、역(律名無ㅣ、山名姑ㅣ)(陌) 尅 剋同 尃 뿌[부]布也펼、부(虞) (八)尉。웨[위]官名廷ㅣ벼슬이름、위安之편안하게할、위(未)[울]複姓ㅣ遲성、울(物) 將。쨩[장]帥也장수、장(漾)漸也甫始之辭장차、장抑然辭문득、장送也보낼、장卽也곧、장領也거느릴、장奉也받들、장請也청할、장持也가질、장聲也ㅣㅣ쟁그렁쟁그렁할、장嚴正貌ㅣㅣ으리으리할、장(陽) 專。쫜[전]全一전일할、전獨也오로지할、전擅也임의로할、전(先)剸顓通 (九)尊。쭌[존]高貴높을、존又귀할、존君父稱어른、존[준]酒器술준、준(俗作樽)(元)罇見 尋 씬[심]搜也찾을、심繹也궁구할、심仍也인할、심俄也아까、심八尺여덟자、심(侵) 尌 쮸[주]立也세울、주(遇) (十一)對。뛔[대]答也대답할、대物並峙마주설、대當也당할、대偶也짝、대(隊)對同 (十二)對 對同 導。따[도]引也인도할、도治也다스릴、도通也통할、도啓迪열、도(號)

小部

小 쌰[소]大之對작을、소又잘、소輕之작게여길、소狹隘좁을、소(篠) 少。쌰[소]年小젊을、소副也버금、소(嘯)不多적을、소(篠) (二)尒

爾同

(三) 尖. 잔 [첨] 末銳뾰족할、첨又끝、첨又날카로울、첨(鹽)

尗 슉 [숙] 豆也콩、숙(屋)菽同

(五) 尚. 쌍 [상] 曾也일찍、상庶也거의、상猶也오히려、상崇也숭상할、상配也짝할、상飾也꾸밀、상上也위、상嘉也아름다이여길、상(漾)主也주장할、상(陽)

(七) 尞. 치 [극] 壁際孔벽틈、극(陌)尞同

(八) 尞 同尞

(十) 尟. 쎈 [선] 少也적을、선(銑)鮮通

尠. 尟同字

(十一) 𡮢 지 [척] 健也건장할、척(職)

𡮫 젬 [렴] 不多적을、렴(鹽)

(十二) 𡮳 잔 [조] 菸也未精거칠、조(豪)

(十三) 𡯁 리 [력] 劣也못생길、력(錫)

(十六) 𡮴 란 [람] 不多적을、남(咸)

(大) 𡯂. 찬 [참] 不多적을、참(咸)

尢部

尢 왕 [왕] 一足跛曲한발굽을、왕又절뚝발이、왕(陽)

尤. 우 [우] 甚也더욱、우怨也원망할、우又탓할、우(尤)

(三) 尥 랴 [료] 筋弱擧足不仁ㅣ棹다리심줄약할、요以足釣之발로갈거다리릴、요(嘯)

(四) 尨. 망 [방] 犬多毛삽살개、방雜也얼룩얼룩할、방(江)狵同 厖通

尪. 왕 [왕] 跛曲脛절름발이、왕弱也잔약할、왕廢疾人병들어아무것도모를、왕(陽)

尬 졔 [개] 尲ㅣ行不正비틀거릴、개(卦)

尮 안 [안] 脚疲不進다리아플、안(寒)

(八) 𡯇 지 [극] 疲困고달플、극又노곤할、극(陌)

(九) 尰. 죵 [종] 足腫발곰길、종脛氣濕腫수종다리、종(腫)瘇同

就. 직 [취] 俗音[츄] 卽也나갈、취成也이룰、취又마칠、취迎也맞을、취從也좇을、취終也될、취(宥)

(十) 尲. 젬 [감] ㅣ尬行不正비틀걸음、감(咸)

(十二) 尵. 퉤 [퇴] 馬病虺ㅣ말병、퇴(灰)

(大) 𡰈 환 [환] 腰膝痛𡰀ㅣ허리와무릎아플、환(刪)

(廿) 𡰀. 레 [리] 腰膝痛ㅣ𡰈허리와무릎아플、이(支)

尸部

尸 씌 [시] 人死未葬주검、시主也주장할、시陳也베풀、시神像ㅣ童시동、시廢職ㅣ位폐직할、시(支)屍見

尹. 인 [윤] 信也믿을、윤脯曰ㅣ祭포、윤

(眞)治也다스릴、윤官名벼슬이름、윤(軫)

尺。 치 [척]度名十寸爲ㅣ자、척法也三ㅣ법、척(陌)

二

𡰥 夷古字

尼 니 [니]女僧여승、이和也화할、이(支) [닐]止也그칠、일(質) 柅通

尻 캎 [고]脽也脊骨盡處꽁무니、고又미우끝、고(豪)

三

尽 盡俗字

四

尾。 이 [미]倒毛在後꼬리、미又꼬랑이、미禽獸交接흘레할、미末也끝、미宿名별이름、미(尾)

局。 쥐 [국]部分판、국棋盤판、국官部말、국拘也억맬、국身曲몸굽힐、국曲貌굽슬굽슬할、국(沃)

屁 피 [비]氣下泄방귀、비(寘)

尿 냐 [뇨]小便오줌、요(嘯) 溺同

五

居。 쥐 [거]處也거처할、거又살、거ㅣ之거할、거又있을、거坐也앉을、거貯蓄쌓을、거海鳥名爰ㅣ바다새、거(御) [기]語助辭어조사、기(支)

[尸+豆] 居古字

屆。 지 [계]至也이를、계極也극진할、계(卦)(俗作届非)

屇 텐 [전]穴也구멍、전(先)

屈。 취 [굴]曲也굽을、굴短也짧을、굴竭也다할、굴姓也성、굴良馬地名ㅣ產땅이름、굴弓名大ㅣ활이름、굴(物)

[尸+矢] 屎同

屄 삐 [비]女陰ㅣ[illegible]보지、비(支)

屜 티 [체]鞍具鞍ㅣ언치、체(霽)

[尸+辵] 지 [집]前後相連맞이을、집(緝)

六

屋。 우 [옥]舍也집、옥大俎夏ㅣ큰제기、옥車蓋黃ㅣ수레덮개、옥龜甲神ㅣ거북껍질、옥(屋)

屎 씨 [시]糞也똥、시(紙) [尸+矢]同 [히]呻吟殿ㅣ신음할、히(支) 吚同

屍。 씨 [시]死人주검、시(支) 尸通

屑 屑同

屌 댜 [조]男子陰部자지、조(篠) 腎見

屏 屛俗字

[尸+自] 해 [해]鼻息聲코골、해(卦)

[尸+系] 휘 [회]履也신、화(馬)

七

展。 잔 [전]舒也펼、전誠也진실로、전審也살필、전錄也적을、전(銑)

屑。 쎄 [설]粉末가루、설潔也조촐할、설不安ㅣㅣ편치않을、설(屑) 屑同

屐。 지 [극]木履나무신、극(陌)

屖。 씨 [서]堅也굳을、서遲久더딜、서(齊) 犀通

屔 니 [니]水潦所溜ㅣ丘웅덩이、이(齊)

屒 천 [진]厚脣두꺼운입술、진(軫)

[尸+豖] 착 [자]男子陰莖자지、구(尤)

八

屛。 핑 [병]蔽也ㅣ風병풍、병兩師ㅣ翳비맡은귀신、병(青)蔽也藩墻울타리、병又가릴、병(梗)除也제할、병斥也물리칠、병(敬) 摒通

[尸+冋] 쮜 [자]屩頭飾

시교꾸밀、子(虞)絇同 **屚**。루 [루]屋漏집샐、누(宥) **屉** 티 [제]屜中薦신속창、제(霽)屜同 **屝**。븨 [비]草履짚신、비(未) **屙** 아 [아]上廁뒤볼、아又똥눌、아(歌)

⿸尸果 귀 [과]臀骨볼기뼈、과(箇) **⿸尸豖** 뚜 [독]臀也볼기、독(屋) **⿸尸叕**。쮜 [주]履也신、주(遇)履通

九 **屠**。투 [도]殺也죽일、도又잡을、도殺畜者백장、도(虞) [저]匈奴王號休ㅣ흉노왕의이름、저(魚) **屜** 티 [체]屜中薦신속창、체(霽)屜同 **屈** 쿠 [굴]短尾犬동굴、굴(物) **⿸尸畓** 차 [잡]踏也밟을、잡(緝) **屟** 屧同 **⿸尸酋** 추 [추]女子陰部보지、추(尤) **属** 屬俗字

十 **⿸尸系** 쮜 [주]女陰屄ㅣ보지、추(虞) **⿸尸弱** 溺俗字

十一 **屢**。뤼 [루]數也여러、누(遇) **屣**。쓰 [사]麻鞋삼신、사(紙) [시]義同(寘)灑見 **⿸尸委** 뒤 [뢰]靴也가죽신、뢰(灰)

十二 **履**。리 [리]皮靴가죽신、이(皮曰ㅣ麻曰屨草曰扉)踏也밟을、이以ㅣ加足신을、이(紙) **層** 청 [층]級也층층대、층重屋층、층(蒸)曾通

十三 **屧** 쎄 [섭]屐也나무신、섭(葉)

十四 **屨**。쮜 [구]麻鞋삼신、구(遇)

十五 **屩**。쟉 [각]草履짚신、각(藥)屫同

十六 **⿸尸蹻** 屩同

十七 **屬**。쇽 [속]類也부치、속又무리、속從也좇을、속附也붙일、속又붙을、속綴輯文字얽을、속又엮을、속託也부탁할、속[촉]連續연할、촉又이을、촉恭貌ㅣㅣ조심할、촉(沃)

二十一 **屭**。씨 [히]作力ㅣㅣ힘우쩍우쩍쓸、히壯貌贔ㅣ으리으리할、히(寘)

屮部

屮 철 [철]艸木初生움날、철又떡잎날、철(屑)

一 **屯**。둔 [둔]聚也모일、둔又둔취할、둔兵耕ㅣ田둔전、둔勒兵守둔칠、둔(元) [준]難也어려울、준厚也두터울、준吝也인색할、준卦名괘이름、준(眞) **㞢**。之古字

三 **屰** 逆本字

四 **⿱屮六** 륙 [륙]草茸풀버섯、육(屋) **⿱屮分** 븐 [븐]草生香臭풀향기날、분(文) **㞷** 황 [황]蔓延무성할、황(陽) **⿱屮丰** 丰同

六 **⿱屮早**。青古字

山部

山 싼 [산] 뫼、산 (刪)

二

屳 仙同 **岃** 리 [력] 山高嶷ㅣ산높을、역 (職) **岤** 천 [침] 深入山산깊이들어갈、침 (侵) **岀** 嶽古字

三

屺 치 [기] 山無草木민둥산、기 (紙) **屹** 이 [흘] 山聳立산오뚝할、흘 (物) **屼** 우 [올] 禿山崛ㅣ민둥산、올 (月) **屾** 씬 [신] 兩山連接같이선뫼、신 (眞)

⿰山戶 후 [호] 小山貌작은산、호 (虞) **⿰山子** 즈 [재] 小峰작은봉우리、자 (紙) **⿰山亡** 왕 [망] 險山험한산、망 (陽)

四

岐 치 [기] 鳳翔山名古公始居周文王所封기산、기 峻也높을、기 山路分支산길나뉠、기 (支) 郊同 **岏** 완 [완] 山高巑ㅣ산높을、완 (寒) **岑** 천 [잠] 峰小而高산작고높을、잠 (侵) **岉** 우 [물] 山高崛ㅣ산높을、물 (物)

⿰山玄 형 [영] 山峻崢嶸산높을、영 (庚) 嶸同 **岋** 네 [업] 危也위태할、업 (葉) **岌** 지 [급] 高貌ㅣㅣ산쭈뼛할、급 (緝) 圾同 **岊** 제 [절] 山高陬隅산모퉁이우뚝우뚝내밀、절 (屑) 節通 **岅** 阪同 **岎** 분 [분] 山岐산가를、분 (文) **岔** 차 [차] 路岐ㅣ路산길나뉠、차 (馬) **⿰山午** 우 [오] 山正聳立산똑바를、오 (語) **⿱山日** 충 [종] 低也낮을、종 (東) **岈** 야 [하] 山谷空虛산골휑할、하 (麻) **岕** 졔 [개] 山險산험할、개 (卦) **⿰山斤** 지 [기] 山傍石立산곁에놓여있는돌、기 (微)

五

岨 쥬 [저] 石山覆土돌산에흙덮일、저 (魚) 砠同 [조] 山形ㅣ峿산울퉁불퉁할、조 (語) **岵** 후 [호] 山多草木산에초목많을、호 又산거할、호 (虞) **岱** 대 [태] 山名ㅣ宗태산、대 (東嶽泰山) (隊) **岷** 민 [민] 蜀山名산이름、민 峰也봉우리、민 (眞) **岸** 안 [안] 水涯接處언덕、안 又낭떠러지、안 露頂이마드러날、안 又관재쳐쓸、안 獄名옥이름、안 (翰) **岬** 쟈 [갑] 山脅산기슭、갑 又산허구리、갑 山接ㅣ嵑산이겹겹이늘어설、갑 (洽) **岢** 커 [가] 太原山名ㅣ嵐산이름、가 (哿) **岡** 깡 [강] 山脊산등성이、강 (陽) **岰** 우 [유] 山曲산굽이、유 (有) **岣** 쥐 [구] 衡陽山名ㅣ嶁산이름、구 山巓산이마、구 (有) **峀** 씩 [수] 山穴산구멍、수 (宥) 岫同 **岫** 同峀 **岪** 쀼 [불] 山曲산굽이、불 (物) 茀同 **茀** 쀼 [불] 山貌ㅣ鬱산첩첩

할、불山脅路산비탈길、불(物)岪同

岩 巖俗字

岦 립 [립]山高ㅣ岌산오뚝할、입(緝)

岳 嶽同

岯 퓌 [비]山名大ㅣ산이름、비山頂重嵓산첩첩할、비又 산[illegible]어산、비(支)伾通

岧 턒 [초]山高ㅣ嶢산높을、초(蕭)

岭 링 [령]山深ㅣ巆산깊을、영(靑)

岾 [韓]嶺也고개、점

岮 타 [타]橫也岥ㅣ산비알질、타(歌)

岤 쒜 [혈]山穴산굴、혈(屑)

岥 버 [파]斜也ㅣ岮산비알질、파(歌)

岟 앙 [앙]山麓幽ㅣ산골짜기、앙(陽)

岠 쮜 [거]泰山峻嶺산이크고험할、거(語)

⿰山史 쓰 [사]山遠산멀、사(紙)

⿰山加 쟈 [가]衆山森列貌여러산이벌려선모양、가(麻)

⿰山尼 늬 [니]山名丘ㅣ산이름、이(支)

⿱石山 깐 [감]岩穴바위구멍、감(勘)

⿰山厄 애 [애]險也험할、애(卦)

六

峒 퉁 [동]崆峒山名崆ㅣ산이름、동(東)山穴산굴、동(送)洞通

⿰山兌 앙 [앙]山峻崆ㅣ산높고험할、앙(江)

峓 이 [이]東表山名嵎ㅣ산이름、이(支)

峘 환 [환]小山高於大山작은산이큰산보다높을、환(寒)

峛 리 [리]山低長ㅣ㟺산낮고길、이(紙)

岍 쳰 [견]雍州山名산이름、견(先)

⿱山𠂤 녜 [얼]山斷絶屹ㅣ산끊어질、얼(屑)嶭同

峉 岩同

峉 어 [액]山高ㅣㅣ산높을、액(陌)

峐 깨 [해]山無草木버서진산、해(灰)

峙 찌 [치]屹立峻ㅣ산우뚝할、치積也쌓일、치具也갖출、치(紙)時通

峋 쒼 [순]山崖重深貌嶙ㅣ후미질、순(眞)

峸 청 [정]史庫사고、성(庚)宬同

峗 웨 [위]沙州山名三ㅣ산이름、위(灰)嵬見

峠 [日]山嶺산고개、상

峌 데 [질]山高산높을、질(屑)

峆 허 [합]山重ㅣ峇겹겹산、합(合)

峍 리 [률]山崖硉矹돌비알질、율(月)

⿰山刑 싱 [형]險峰험한봉우리、형(靑)

峎 인 [언]高坂높은고개、언(阮)

峑 촨 [전]山頂산이마、전(先)

七

峰 뻥 [봉]山耑直銳산봉우리、봉(冬)

峯 峰同

峼 화 [호]山名산이름、호(皓)

峿 우 [어]山名嶇ㅣ산이름、어險也험할、어(語)

峹 투 [도]會稽山名산이름、도(虞)塗通

峷 씬 [신]神名아귀、신又두억신이、신(似狗有角、文身五采)(眞)

峻 쮼 [준]高也險ㅣ높고험

할、준長也길、준大也클、준速也嚴急혹독할、준(震)嶋㟼陖同

峴。셴[현]嶺小高고개、현又재、현襄陽山名산이름、현(銑)

峭 찬[초]山峻ㅣ絕산높을、초(嘯)陗同

峱。난[노]齊山名산이름、노(豪)

島。닾[도]海中有陸可居섬、도(皓)隖嶋同

峨。어[아]山高嵯ㅣ산높을、아山名ㅣ嵋산이름、가(歌)

峢 삐[별]漢陽山名大ㅣ산이름、별(屑)

峽。쌰[협]山峭夾水물낀산골、협山名巫ㅣ산이름、협(洽)狹見

浛 인[은]水回旋貌ㅣ淪물굽이쳐돌아나갈、은(眞)

峪。유[욕]山谷산골짜기、욕(沃)

⿰山忌 치[기]山高산높을、기又산우뚝할、기(紙)

崣 퉤[되]山高貌ㅣ崒산높을、되(隊)[타]長山貌산긴모양、타(哿)隋同

⿰山坐 쥐[좌]山崩산무너질、좌(箇)

⿰山完。완[완]山多산많을、완(阮)

⿰山那 나[나]山連接貌산연접할、나(箇)

峬。푸[포]山形美貌산모양예쁠、포(虞)

⿰山弄 룽[롱]山穴산구멍、농(送)

峵 헝[횡]高峻산높고험할、횡(庚)

⿰山免 산[삼]山險산험할、삼(潸)

⿰山孛 빠[발]山路平坦산길평탄할、발(曷)

⿰山肙 옌[연]山曲산굽이、연(先)

⑧

崆。쿵[공]崆峒州山名ㅣ峒산이름、공(東)

崧。쑹[숭]竦也산불끈솟을、숭山高而大산웅장할、숭高麗山名ㅣ岳산이름、숭(東)嵩見

崮 꾸[고]島也섬、고(遇)

崞。꿔[곽]地名땅이름、곽谷也골、곽(藥)

崎。치[기]山路險峻ㅣ嶇산길험할、기(支)

崖。애[애]水邊ㅣ岸낭떠러지、애(佳)厓通[의]岸也언덕、의又비탈、의(支)

崔。취[최]高貌ㅣ嵬산우뚝할、최姓也성、최齊邑名제나라골이름、최(灰)

崍 래[래]山名邛ㅣ산이름、내(灰)

崋 華同

崒 쭈[줄]山高산높을、줄(質)

崐。쿤[곤]菎服山名ㅣ崘산이름、곤(元)崑同

崑。崐同

崘 룬[륜]山名崐ㅣ산이름、윤(元)崙同

崙。崘同

崤 쌰[효]弘農山名산이름、효(肴)

崢 쩡[쟁]山峻ㅣ嶸산높을、쟁(庚)

崝 崢同

崟 인[음]山高嶔ㅣ산높을、음(侵)

崩 뻥[붕]山壞산무너질、붕殂落황제상사날、붕(高曰ㅣ、厚曰ㅣ、尊曰ㅣ)(蒸)

崗 岡俗字

崦 옌[엄]日入山ㅣ嵫해지는산이름、엄(鹽)(琰)⿰山弇同

〔崇〕。충[숭]高

也높을、숭尊也높일、숭又존숭할、숭敬也공경할、숭澧州山名산이름、숭(五岳之一)東 **崛**。취 굴山高ㅣ㠥산우뚝할、굴勃起貌불끈솟을、굴物 **崚**령 릉山貌ㅣ嶒산울멍

줄멍할、능蒸 **崠**동 동山脊산등성이、동送 **嶜**따 답山重疊貌산첩첩할、답又겹겹산、답合 **⿱宀凶**。同崇 **⿰山周**단 조山之周圍산둘레、조又산언저리、조

蕭 **⿰山取**착 추高崖높은언덕、추(或音 취)虞 **崌**쥐 거深山깊은산、거魚 **嶔**인 음山相對산이마주향할、음侵 **崕**。이 의岩危貌바위떨어질듯할、의

支 **⿰山臽**간 감山坑산구덩이、감感 **九** **嵏**。종 종山名九ㅣ산이름、종峰聚봉우리삐죽삐죽할、종東 **崶**벙 봉封州山名봉산、봉(一名龍門山)冬 **嵋**

메 미蜀山名峨ㅣ산이름、미支 **崺**이 이山低長貌峛ㅣ산이낮고길、이紙 **嵔**웨 위山盤曲貌崔ㅣ산이꾸불꾸불할、위尾 외山高산높을、외賄 **嵎**。위

우日出處ㅣ夷해돋는곳、우山曲산굽이、우虞堣同隅通 **嵆**。씨 혜亳州山名산이름、혜齊 **嵇**同嵆 **嵊**썽 승剡縣山名산이름、승徑 **嵁**간 감不平ㅣ

岩산험할、감覃 **嵐**。란 람山氣蒸潤남기、남又아지랑이、남覃 **⿰山弇**同崦 **嵒**옘 암山巖바위、암石窟석굴、암山高貌嶄ㅣ산높을、암咸巖通 **嵌**간

감坎傍孔구덩이곁구멍、감深谷ㅣ巖깊은골짜기、감咸 **嵂**뤼 률山高峻ㅣ崒산높고험할、률質 **崿**어 악崖也비탈질악又언덕、악藥 **嵮**。져 전山大貌ㅣ崱

산웅장할、즉職 **崷**。쥐 추山長而高ㅣ崒산이길고높을、추尤 **崲**황 황湖名休ㅣ늪이름、황陽 **崽**。재 사子也자식、사彼稱저、사支 **嵃**인 언高峻ㅣ

峭산높을、언霰 **崼**쓰 시近山가까운산、시紙 **崵**당 양遠山먼산、양(或音 당)陽 **⿰山咼**。따 다山如臼形오목한산、다歌 **⿰山迴**회 회禿山無樹벗어진산、회隊

嵄위 미深山깊은산、미紙 **嵑**커 갈特立孤山홀로선산、갈曷 **十** **嵩**。쑹 숭中嶽ㅣ山산이름、숭東崧通 **嵫**쯔 자日入山崦ㅣ해지는산、자支

三畫 山

嵯 ◦차 [차] 山高ㅣ峨 산높을、차(歌) [치] 山不齊 貌嵾ㅣ산울뚝불뚝할、치(支) 差通 嵠 溪同 嵬• 웨 [외] 高貌崔ㅣ산뾰족할、외(灰) 峗通、山貌⿱山畾ㅣ산높을、외(賄) 嵱 융 [용] 峰貌ㅣ嵷산봉우리우뚝우뚝할、용(冬) 嵲 녜 [녈] 山高貌巀ㅣ산높을、얼(屑) 嵅 한 [함] 弘農關名ㅣ谷함곡관、함(咸) 函通 ⿰山貢• 홍 [홍] 山谷深貌ㅣ峒산골깊을、홍(送) 嫇• 밍 [명] 山氣暗昧⿰山嬰ㅣ산세저물、명 又산기운어둘、명(梗) 嵰 ◦쳠 [겸] 高峻ㅣ嶮높고험할、겸(琰) 嵤 형 [형] 山深貌嶺ㅣ산깊을、형(青) 嵦 애 [애] 山尖極端뫼봉우리끝、애(泰) ⿰山䍃 야 [요] 山形산형상、요(蕭) 嵢• 창 [창] 山勢산형세、창(陽) 嵥 ◦지 [걸] 高也無比한없이높을、걸(屑) 嵴 지 [척] 山脊산등성이、척(錫) ⿰山原 웬 [원] 山頂산이마、원 又산마루、원(元)

十一

嶅 ◦와 [오] 山多小石산에돌많을、오(號) 磝同 嶇• ◦취 [구] 山峻崎ㅣ산험준할、구(虞) 嶁• 루 [루] 衡山峰名峋ㅣ산이름、누(虞) (宥)山巔산마루、누(有) 嵼 찬 [산] 山曲巉ㅣ산굽이、산(潸) 嵸 송 [종] 山高巃ㅣ산높을、종(東)(董) [송] 峰貌嵱ㅣ산뾰족할、송(腫) ⿱山從 嵸同 ⿰山聊 랴 [료] 山深ㅣ嶆산깊을、요(蕭) ⿰山票 ◦빠 [표] 山巔산이마、표 又산마루、표(篠) 巢 찬 [조] 山高嶚ㅣ산우뚝할、초(肴) 嵺 랴 [료] 山聳貌산솟은모양、요(肴) 嶆• 찬 [조] 山深空貌嶆ㅣ산골깊고휑、조(豪) ⿱山敖 와 [오] 動搖貌흔들릴、오(號) 嶅同 嶈 ◦장 [장] 水激山聲ㅣㅣ물이산에다닥쳐울릴、장 山高大貌산이높고클、장(陽) 嶂• ◦장 [장] 山峰如屛산봉우리둘릴、장(漾) ⿱山參 찬 [참] 山不齊ㅣ嵯산이울멍줄멍할、참(侵) 嵾 參同 ⿱斬山 ◦잔 [참] 坑也구덩이、참(豔) 塹同 嶄• 찬 [참] 山高峻貌산높고준할、참 山尖銳貌산뾰족할、참(咸) 巉同 嶃 嶄同 ⿰山扈 후 [호] 山卑而大산낮고클、호(虞) 嶋 ◦同島 ⿰山爽 창 [창] 山相接貌산이서로닿은듯할、창(養) ⿰山帶• 데 [질] 山突兀貌ㅣ嵲산우뚝할、질(屑) 嶉 ◦작 [주] 山隈산굽이、주(紙)

十二

⿰山虛 취 [허] 山路險峻崎ㅣ산길험할、허(魚) 嶙• ◦린 [린] 山節級ㅣ峋산이층층이있을、인(眞) 山峻嶾ㅣ산높을、인(軫) 嶕

쭌[준]高也높을、준(震)峻同 嶚 료[료]高也ㅣ巢높을、요(蕭)嶛同 嶛 嶚同 嶕 챂[초]山巓산이마、초山高ㅣ嶢산높을、초(蕭) 嶢。 요[요]山高嶕ㅣ산높을、요

(蕭)[山間] 졘[간]山夾水산골물간(諫)澗磵同 嶠。 챂[교]山逕산길、교山銳而高산쭈뼛할、교渤海山名員ㅣ산이름、교(嘯) 嶓 뻐[파]梁州山名ㅣ冢산이름、파(歌)

嶞。 뛰[타]山小而銳산작고뾰족할、타(哿) 嶝 뗭[등]登陟之路산에비뚤어진길、등小坂작은비탈、등(徑)磴同 嶒 청[증]山貌崚ㅣ산언틀먼틀할、증(蒸) 嶔 친[금]山

勢聳立ㅣ崟산불끈솟을、금山谷入口산골어귀、금(侵) [山單]。 딴[단]高山孤立외따로선산、단(寒) 嶟 쯘[준]山高貌산우뚝솟을、준(元) [山集] 쳡[첩]山高而重疊貌산

높고첩첩할、첩(葉) 嶡 쮀[귀]山崛起貌산이불끈솟을、귀(未) 嶜。 천[침]高銳ㅣ嵒산봉우리뾰족할、침(侵) 嶏 퀘[배]山崩聲산무너지는소리、배巖隕聲바위떨어

지는소리、배(隊) 嶐 룽[륭]山形산형체、륭(東) [山蹇] 졘[건]山曲산굽을、건(阮) [山童]。 둥[동]山無草木초목없는산、동(東) 嶘 쨘[잔]山極高貌산이우뚝할、잔(諫)

(十三) 嶰。 졔[해]小山別大山작은산이큰산과따로설、해崐崘北谷골이름、해(蟹) 嶮 셴[험]高峻貌높고험할험(琰)險同 嶨。 훽[학]山多石산에돌많을、학(覺)确通

嶧。 이[역]鄒縣山名산이름、역(陌) 嶫 예[업]山高岌岌산높을、업(葉) 嶦 셤[첨]山峰산봉우리、첨山阪산비알、첨(鹽) [山窟] 취[굴]禿山ㅣ岷민둥산、굴(月)

嶬。 이[의]山峰巉巖산꺽아지른듯할、의(紙) 嶭 녜[얼]山高峻巀ㅣ산높을、얼(曷)[엳]義同(屑) [山飮] 인[음]山峰산봉우리、음(寢) [山會] 외[회]山高貌산높은모양、

회(泰) 㠓 멍[몽]遠山먼산、몽(東) [山辟] 뻬[배]谷間골속사이、배(卦) [山敫] 꺄[요]廣谷넓은골、요(效) 嶱 쎼[갈]石高돌옷뚝할、갈(曷) [山隗] 외[외]高山높은산、

외(尾) (十四) 嶷。 이[의]零陵山名九ㅣ산이름、의(支)[억]小兒有識ㅣㅣ어린아이지각있을、억(職) 嶼。 쒸[서]陸島섬、서又뭍의섬、서(在水爲島在陸爲ㅣ)(語) 嶾

인[은]山高ㅣ嶙산높을、은(吻) ⿰山豪 한[호]弘農山名산이름、호(豪) 嶸· 숭[영]山峻崢ㅣ산높을、영(庚)嵘同 嶺· 령[령]山肩通路산고개、영又재、영(梗) 嶽 유[악]山宗五ㅣ뫼、악又산조종、악(東岱、南衡、西華、北恒、中泰)(覺)岳同 巀 졔[절]高貌산깎아지른듯할、절(屑)節通[찰]山高ㅣ嶭산높을、찰(曷) (十五) ⿱山畾 레[뢰]山高低貌ㅣ嵬높고낫은산이층총할、뇌(賄) ⿰山畾同 巁 레[려]巍高산높을、여(霽)[렬]義同(屑) (十六) 巃 룽[롱]山峻ㅣ嵸산높을、농(東) 嶭。⿰山辥同 ⿰山霍 쥐[곽]山名산이름、곽(藥) ⿴衣嵬 홰[회]山谷嶮貌산골험할、회(佳) (十七) 巇· 씨[희]山危險嶮ㅣ산위험할、희(支) 巋· 꿰[귀]高峻산높고험할、귀(紙)獨貌ㅣ然홀로우뚝할、귀(寘) 巉· 찬[참]高也ㅣ嵒높을、참(豏)(咸)嶄同、漸通、嶃見 ⿰山鮮。 쎈[선]小山別大山작은산과 큰산이따로설、선(銑) ⿰山蹇· 젼[건]山屈曲ㅣ嵼산꼬불꼬불할、건(銑) ⿰山營 잉[영]山深貌嶺ㅣ산골으슥할、영(庚) ⿰山嬰 잉[영]山氣暗昧ㅣ嫇산기운어둠침침할、영(迥) ⿱山彌 미[미]山高聳尖산이높고뾰족뾰족할、미(支) (十八) 巍。 위[외]高大貌ㅣㅣ산이높고클、외又산이웅장할、외(微) (十九) 巑· 좐[찬]山高ㅣ岏산이높을、찬(寒) 巒。 롼[란]山銳峰ㅣ산봉우리、만(寒) 巔· 뎐[전]山頂산마루、전又산이마、전又산꼭대기、전(先) ⿰山靡 미[미]山貌迤ㅣ산모양、미(支) ⿰山麗 뤼[려]山高산높을、여山名산이름、여(支) (二十) 巘。 옌[헌]山峰似甑시루봉、헌(阮)山峰산봉우리、헌(銑) 巖。 옌[암]石塊大者바위、암岩同嵒通、峻也높을、암殿廡ㅣ廊전각월랑、암(咸)[엄]高貌ㅣㅣ한없이높을、엄(鹽) (二十一) 巚 옌[엄]山峰似甑시루봉、엄(元) ⿰山齧。 녜[열]山斷絕貌屹ㅣ산따로떨어질、얼(屑) (二十二) 巎。 낭[낭]山隈산모롱이、낭(養)礹同 (二十三) ⿱山靈 링[령]山深貌산갚다랄、영(靑) (二十九) ⿰山鬱 위[울]山烟掩貌산에연기낄、울山霞掩貌산에안개자욱할、울(物)

巛部

巛 川古字 **川** 촨 㐀通流水내、천(凡天下之地勢、兩山之間、必有川(ㅣ注於江、江注於海、海注於洋) 先 **三** **州** ◦작 㐀五黨郡縣之大者고을、주 尤 **四** **巡** ◦쉰 㐀視行ㅣ守순행할、순又순돌、순却退逡ㅣ물러날、순編也두루、순 眞 **巠** ◦징 경水脈물줄기、경 迥 **八** **巢** ◦찰 소鳥棲새집、소又새보금자리、소又새깃들일、소 肴 **戫** ◦이 역流也흐를、역 職 **十二** **巤** 鬣同

工部

工 꽁 공ㅣ匠공장、공ㅣ也製作지을、공巧也공교할、공 東 **二** **左** ◦좌 자俗音 좌右之對왼쪽、좌又왼좌(男子由右女子由ㅣ) 箇 佐也도울、좌 哿 **巨** ◦쥐 거大也클、거數也萬萬억、거 語 鉅通 **巧** ◦챠 교拙之反교할、교技能재주、교好也ㅣ妙예쁠、교黠慧똑똑할、교機ㅣ공교할、교 巧 **四** **巫** ◦우 무事無形以舞降神者무당、무又무녀、무(男曰覡女曰ㅣ) 虞 **七** **差** ◦차 치不齊參ㅣ어긋날、치又똑같지않을、치燕飛ㅣ池제비가오르락내리락날을、치 支 채使也부릴、채擇也가릴、채次也다음、채又버금、채 佳 차差也서로어긋날、차又맞지않을、차病愈병나을、차 麻 異也다를、차 禡 **十二** **𢀩** 差古字

己部

己 ◦지 기私也自身몸、기幹名屠維천간、기 紙 **已** ◦이 이卒事之辭이미、이又말、이止也그칠、이畢也마칠、이太過너머、이 紙 **巳** 쓰 사地支第六位蛇也뱀、사(名節、祓除日謂上ㅣ、方位則東南、時則午前十時) 紙 **巴** ◦빠 파蜀東地名땅이름、파食象蛇뱀、파(ㅣ蛇食象、三歲出其骨、君子服之、無心腹痛) 麻 **二** **㠯** 以古字 **卮** 와 와木節나무마디、와裹也쌀、와 哿 **四** **巵** ◦지 치酒杯술잔、치染草紅花물들이는붉은꽃、치 支 **五** **巹** ◦진 근敬承받들、근 吻 **六** **巷** ◦쌍 항里中道路거리、항又골목、항又구렁、항宮廡永ㅣ궁중월랑、항奄官ㅣ伯내관、항 絳 衖同 **七** **𢀳** 뿌 불裳繡黑青相物 文狀如雙己相背

보불、불(物)黻同

八 綦 。지 [기] 疾恚미워할、기(支)

九 巽。쑨 [손] 柔也유순할、손卑也낮을、손卦名괘이름、손東南間方동남간방、손又손방、손(願)

巾部

巾 。진 [건] 帨也수건、건羃也首飾머리건、건(眞)

二 帀 。자 [잡] 周也두루、잡(合)匝同

市。쓰 [시] 買賣之所저자、시買也살、시(紙)

布。뿌 [포] 麻類織物베、포陳也펼、포又벌릴、포錢也泉ㅣ돈、포(遇)

帇 피 [비] 片破之帛ㅣ幓헌겊조각、비(紙)

𢁒 꿰 [궤] 紙鳶연、궤(紙)

帄 딩 [정] 補也기울、

정(靑)

三 帆。빤 [범] 船幔使風배돛、범(咸)(陷)颿同颿通

𢁼 싼 [삼] 衫破貌해진적삼、삼(覃)

𢁊 쟉 [조] 裹頭巾머리덮는수건、조(篠)

𢁓 베 [배] 王布굵은베、

배(隊)

𢁉 황 [황] 幑也버선、황(陽)

四 希。씨 [희] 寡也적을、희又드물、희望也바랄、희(微)睎稀見

𢂈 쩨 [개] 幘也건、개(卦)

帉 얀 [분] 拭物巾수건、분佩巾

차는수건분(文)

帊。파 [파] 幞也머리수건、파帳也휘장、파(禡)帕袙同

帋 紙同

帍 후 [호] 婦人頸巾ㅣ褋여인목도리수건、호(虞)[華]ㅣ巾행주치마、호

𢁳。찬

[첩] 掩下浴巾밑가리는수건、첩(葉)

𢁨。삐 [비] 帛片비단조각、비(紙)

𢁦 뿌 [부] 前領앞깃、부(虞)

𢁯 얀 [요] 手拭巾손수건、요(皓)

𢂃 싸 [사] 細絲가는실、사(麻)

五 帑。누 [노] 妻子처자、노鳥尾새꼬리、노藏也감출、노(虞)[탕]金幣所藏府나라금고、탕(養)

帔 페 [피] 褙子衣ㅣ배자、피(寘)

帒 대 [대] 囊屬전대、대又수대、대又가방、대(隊)袋同

帚 추 [추] 箒也掃具비、추(有)箒同

帕。파 [파] 幞也머리동이는수건、파(禡)帊同

帘 렌 [렴] 賣酒標幟靑ㅣ술판다는표기、렴(鹽)

帙。지 [질] 書衣緗ㅣ책갑、질編次卷ㅣ권질、질小囊작은주머니、질(質)秩通

帗 뿔 [불] 舞繒춤추는비단、불(物)翇同

帓 머 [말] 帶也띠、말巾也수건、말(黠)

帛。빽 [백] 繒비단、백(陌)

帖。테 [첩] 卷也문서、첩妥ㅣ타첩할、첩牀前帷帳상앞휘장、첩(葉)帖見[韓]隷任令狀ㅣ紙체지、체

𢂏 웬 [원] 幡也기、원(元)

𢂔 영 [정] 射的과녁、정(庚)

帾 쟈 [저]柩衣관싸는베、저(ㅣ覆棺之物,似幕形,以布爲之)(語) 㡌 캬 [子]指沓골무、구(尤) 帗 부 [포]拭器巾행주、포(遇) 帎 삐 [필]帷也장막、필(質) 㠿

쯔 [재]細布가는베、자(支) 帗 뿌 [부]廣幅帛넓은비단、부(遇) 帩 툐 [초]細絲가는실、초(蕭) ⑥ 帥 쒜 [수]主也주장할、수領也거느릴、수將ㅣ장수、수(寘)

[솔]領兵거느릴、솔循也좇을、솔(質)率見 帤 수 [여]幡巾먹걸레、여극中裨활싸개、여(魚) 帝 뎨 [제]王天下之號皇ㅣ황제、제又임금、제天也上ㅣ하느님、제(霽) 帢

챠 [갑]帽也모자、갑又사모、갑(洽)帕通 帠 이 [예]法也법、예(霽) 㡆 황 [황]掩也덮을、황練絲실익힐、황(陽) 帟 이 [역]帳也小幕작은장막、역(陌) 帣 쟌

[권]斂衣裹소매걷을、권袋也전대、권又자루、권(霰) 帕 쓘 [순]領端옷깃끝순(眞) 㓞 이 [건]帛餘비단자투리、건(霽) 㛠 쎼 [협]腰帶허리띠、협(葉) 帢 꽈

[과]內衣속적삼、과單衣홑옷、과(禡) 帐 홍 [홍]旗標기표、홍(東) 帨 시 [체]新拭器巾새행주、체(齊) 㡯 나 [나]置物處헛간、나(哿) 帣 좐 [전]卷曲굽을、전(先) ⑦

帨 쒜 [세]佩巾차는수건、세(霽) 師 쓰 [사]範也教授스승、사又선생、사衆也뭇사長也어른、사效也본받을、사軍旅군사、사法也법、사卦名괘이름、사(神名雨ㅣ雲ㅣ、

風ㅣ官名太ㅣ小ㅣ)(支) 帪 젼 [진]飼馬橐말먹이자루、진(眞) 帬 쥔 [군]裳也連接裾幅통치마、군(文)裙同 席 씨 [석]簟也돗、석又자리、석(重曰筵,單曰ㅣ)捬也펼、

석又깔、석陳也베풀、석資也자리할、석(陌) 帺 무 [모]皇帝妃ㅣ母헌원씨의황후이름、모(虞) 帵 뭔 [문]弔服조상옷、문喪冠굴관、문(元) 㡡 뎨 [첩]領端옷깃끝、첩(葉)

襵同 帩 쳬 [첩]衣衿옷깃、첩(葉) 㡉 치 [격]𧝞葛巾굵은갈포、격(陌)綌同 㡏 싱 [형]廣幅手巾넓은손수건、형(青) 帤 쳰 [천]女人腰帶여인배띠、천(霰)

帽 뫄 [묘]裹頭體衣장옷、묘(我朝婦人外出時服)(效) 㡔 우 [무]毛衣털옷、무(虞) ⑧ 帷 웨 [유]幔也휘장、유(支) 帶 대 [대]紳也띠、대(男革ㅣ女絲ㅣ)佩也

찰、대行也행할、대蛇也뱀、대草名書丨풀이름、대(泰) **常**。창 [상]恒也항상、상庸也떳떳、상(五品五丨)官名太丨벼슬이름、상棣也팥배、상(陽) **帢** 차 [차]帽也絹績사모、

흡(洽) 恰同 **帳**。장 [장]帷也휘장、장又장막、장幬也옷휘장、장計簿치부책、장(漾) **帲** 핑 [병]幄也旁中丨幈휘장、병(庚) **帴**。잰 [전]小兒籍褓포대기、전韉也안갑、전(先)

[巾空] 쿵 [공]衣袂소매、공(東) **帵** 완 [완]剪裁之餘丨片헝겊조각、완(寒) **[巾玆]**。쎈 [견]布也베、견(先) **[巾奄]** 옌 [엽]斂髮머리짜맺을、엽幧頭두건、엽(葉) **帣** 쎈

[견]幡係於桀者표신기、견(霰) **[巾沓]** 타 [답]上覆앙장、답(合) **[巾或]**。혹 [혹]巾被風倒건이바람에쥐쳐질、혹(職) **[巾妾]** 쌰 [삽]面衣丨施얼굴가리는망사、삽(洽) **[巾宗]**。쭝

[종]南蠻之絹오랑캐비단、종(冬) **[巾卒]**。쮀 [재]五色繒오색비단、재(隊) **[巾炎]** 쳄 [첨]車帳차휘장、첨(鹽) **[巾官]** 관 [관]裹頭巾머리싸는수건、관(寒) ⑨ **幃**。

웨 [위]單帳홑휘장、위香囊향주머니、위(微) 褘通 **[巾俞]**。위 [유]絹之端片비단조각、유又토끝、유又자투리、유短衣襦속옷、유(虞) **帽** 마 [모]頭冠모자、모(號) [韓]官服所着紗

丨사모、모 **幇** 빵 [방]事物傍取者곁들、방又도울、방(陽) 幫幚同 **幀**。정 [정]張畫繒簇그림족자、정又화분、정(敬) 幁同 **帿** 후 [후]射布포장관혁、후(尤) **幅**。뿌

[복]俗音[폭] 布帛廣狹폭、폭又넓이、폭 滿也匡丨가득할、폭外飾걸치장할、폭(屋) [벽]俗音[핍] 行纏행전、핍(職) 偪通 **幄** 우 [악]覆帳장막、악軍幕군막、악(覺) **幂**。미 [멱]覆也덮

을、멱(錫) **帾**。뚜 [도]標記貼物찌지붙일、도(虞) **[巾英]** 잉 [영]鮮明貌선명할、영又찬란할、영(庚) **[敄巾]** 무 [무]漆布覆車차우비、무(宥) [목]義同(沃) **[巾秋]**。쭈 [추]衣作皺縮不

伸옷구김살、추(宥) **[巾曷]**。깨 [개]非時而葬갈장할、개(泰) **[巾面]** 멘 [면]死人面覆丨帽면모、면(銑) **[巾癸]**。지 [기]廣袴넓은바지、기(紙) **[巾盾]** 츈 [춘]米袋쌀자루、춘(眞)

[巾是] 시 [시]拭器巾행주、시(紙) **[巾革]** 꺼 [혁]縫也홈질할、혁(陌) **[巾軍]** 쿤 [곤]陰部蔽衣잠방고이、곤(元) **[巾重]**。쭁 [종]日覆차일、종(腫) ⑩ **幏**。멍 [몽]覆也帲

ㅣ덮을、몽(東) 幪同 **幰** 피 [비]車帳차휘장、비(齊) **幋**。판 [반]覆衣大巾휘건、반(寒) **⿰巾鬼** 쾨 [괴]綵緞ㅣ幃색비단、괴(灰) **幍** 톼 [도]巾帽모자、도(豪) **幌**•

황 [황]車帷차우비、황房幔방장、황(養) **幏**•。자 [가]蠻布納稅賓ㅣ오랑캐의세금내는베、가(稼) **幐**。텅 [등]帶囊차는주머니、등袋也자루、등香囊향주머니、등(徑)

幎• 미 [멱]幔也앙장、멱覆面者ㅣ目멱목、멱(錫) 幦見 **⿰巾旁** 팡 [방]書貼서첩、방(漾) **⿰巾廉**。렌 [렴]户上之幔문휘장、렴(或音겸)(鹽) **⿰巾烏** 우 [오]手巾손수건、오(虞)

⿰巾冓 꺽 [구]單衣홑옷、구(尤) **⿰巾盍** 허 [합]吹火筒불부는통、합(合) **⿰巾貢** 궁 [공]包衣褓子보자、공(東) **十一** **⿰巾逢** 뽕 [봉]手巾수건、봉(宋) **幑**•。휘 [휘]幟也기、휘(微)

幔•。만 [만]帷幕장막、만帳也휘장、만(翰) **幖** 뾰 [표]主木繫幡깃발、표(蕭) **⿰巾區** 쿠 [구]射決角指깍지、구(尤) **幓** 싼 [삼]車飾ㅣ纚차휘장술、삼(感) [섬]旌旗正幅기폭、섬(鹽)

幕•。뭐 [막]帷在上앙장、막又의막、막軍旅無常居ㅣ府군막、막(藥) **幙** 幕同 **幘**•。져 [책]巾也覆髻건、책(陌) **幗** 꿔 [괵]婦人冠巾ㅣ계집의관、괵(陌)

⿰巾彗 쐐 [세]盥巾세수수건、세(霽) **⿰巾祭**。쎄 [세]殘帛帆ㅣ자투리、세繒爲花비단으로꽃만들、세(霽) [설]剪刀、설(屑) **⿰巾婁** 뤄 [루]飼馬橐ㅣ말먹이자루、누(尤) **⿱𥝩巾** 리

[리]裁繒비단마름질할、이(支) **⿰巾曹** 찬 [조]小兒籍幭受便포대기、조又기저귀、조(蕭) **⿰巾鳥** 냔 [조]絹也비단、조(篠) **⿱族巾** 쭈 [족]繪繒그림그린비단、족(屋)(沃) **十二**

幢 퉁 [당]旌旗類麾기、당車幰羽貌ㅣ수레휘장너풀거릴、당(江) **幟**•。지 [치]標也깃대、치幡也기、치(寘) **幣**•。뼤 [폐]贈答之禮ㅣ帛폐백、폐錢也貨ㅣ돈、폐(霽)

幠。우 [무]覆也덮을、무幔也거만할、무(虞) **⿱須巾** 쓔 [수]頭巾두건、수(虞) **幩** 뿐 [분]馬銜飾말재갈끈할、분(文) **幞**• 푸 [복]帕也ㅣ頭복두、복裳削幅치마폭、복(沃)

襆同 **⿱蔑巾** 幭同 **幝**。찬 [천]車帷弊貌ㅣㅣ수레휘장해져너펄거릴、천(銑) **⿰巾敞** 傘同 **幜**• 징 [경]新婦蔽面之紗신부의면사포、경(迥) **⿰巾畫** 화 [획]裂帛聲비단찢는소

리、획(陌)
幡 빤[번]拭字布帉帨먹걸레、번幟也기、번飛揚ㅣ。繙깃발날릴、번反也ㅣ然돌이킬、번(元)飜見
⿰巾會 과[과]綢衣비단옷、과(馬)
⿰巾尞 랴[료]絹傘비단우산、요(蕭)
⿰巾焦 찰[초]拭也닦을、초(篠)
⑬
幧。찰[조]所以覆髻帕頭상투관、조又과두、조(蕭)
幨 찬[점]車帷차휘장、첨(鹽)襜見
⿰巾敫 잔[교]行縢행전、교(篠)
幦 幭同
⿰巾遂 쒸[세]深赤色짙은벌건은빛、세(霽)
⑭
幪 뭉[몽]覆也幓ㅣ덮을、몽(東)幏同 茂盛貌ㅣㅣ더부룩할、몽(董)
幬。따[주]禪帳홑휘장、주車帷차휘장、주(尤)[도]覆ㅣ덮을、도(號)燾見
幫 빵[방]事物傍取者皆曰ㅣ곁들、방治履裨貼신기울、방(陽)幚幇縍同
幱。란[람]無緣衣단없는옷、남(覃)
⿰巾隱 인[은]內衣속옷、은裏相着속서로붙을、은(隱)
⑮
幮 츄[주]帳也장막、주(虞)幬通
幭 미[멱]車蓋수레뚜껑、멱(錫)幭襪幦同
⑯
幰。쎈[헌]幨也車上幔수레앙장、헌(阮)
⿰巾賁 뿐[분]穀滿而袋裂곡식자루터질、분(吻)
⑰
⿰巾登 쩡[정]開張畫繒그림족자、정又화분、정(敬)幀同
幱。란[란]裳與衣連철릭、난(ㅣ衫ㅣ裙)(寒)
⿰巾韱。쳄[첨]記幖ㅣ표지、첨又찌지、첨幖幟표지를、첨又안표할、첨(鹽)籤同
幭 미[멱]車覆수레뚜껑、멱(錫)幭同
人 렴[렴]鏡臺경대、염(鹽)奩匳同
⑱
⿰巾雙 쌍[쌍]帆也돛、쌍(江)
⑲
⿱䜌巾。란[란]帶也띠、난(寒)

干部

干 깐[간]盾也방패、간犯也범할、간求也구할、간扞也막을、간水涯물가、간幾許若ㅣ얼마、간又약간、간自甲至癸天ㅣ천간、간洟流貌눈물흘릴、간欄ㅣ난간、간芓也蘭ㅣ모시、간(寒)[韓]醫方薑也새앙、간
②
平。핑[평]正也평할、평坦也평탄할、평和也화할、평治也다스릴、평均也고를、평易也쉬울、평歲稔再登거듭풍년들、평定物價물건값정할、평漢官廷尉ㅣ벼슬이름、평(敬)[편]辨治ㅣㅣ편편히다스릴、편又편편할、편(先)便辯通
𢆉 인[임]稍甚약간심할、임(寢)
③
年。

년[년]歲也해、연(唐虞載、夏歲、商祀、周ㅣ)齡也나이、연又연치、연進也나갈、연(先)秊同

幵 졘 [견]平也평할、견(先)

四 **[illegible]** 팅 [정]水涯물가、정(靑)汀同

五 **幸** 씽 [행]福喜다행할、행冀望바랄、행御駕行ㅣ거동할、행非分而得요행할、행寵也고일、행(梗)倖見

幷 뼝 [병]合也합할、병及也미칠、병同也같을、병(庚)竝也아우를、병(敬)倂通

七 **[illegible]** 우 [오]迎也맞을、오(虞)

九 **[illegible]** 꺼 [갈]立干貌방패세워둘、갈(曷)

十 **幹** 깐 [간]能事ㅣ蟲일에능할、간木莖줄기、간十干천간、간(甲、乙、丙、丁、戊、己、庚、辛、壬、癸)(翰)

[illegible] 졘 [견]小束작은묶음、견(銑)

幺部

幺 얀 [요]小也ㅣ麼작을、요(不長曰ㅣ、細小曰麼)(蕭)

么 幺俗字

幻 환 [환]變化妖術변화할、환又요술、환惑也미혹할、환ㅣ形허깨비、환(諫)

二 **幼** 으 [유]穉也어릴、유(有)

三 **𢆶** 으 [유]微也적을、유(尤)

四 **[illegible]** 얀 [요]小貌ㅣ尫작으마할、요又난장이、요急戾어그러질、요(蕭)

五 **[illegible]** 幾同

六 **幽** 으 [유]深也깊을、유隱也숨을、유闇也어둘、유囚也가둘、유鬼神귀신、유(尤)

八 **[illegible]** 꽌 [관]以絲貫杼북에실꿸、관(刪)

九 **幾** 지 [기]微也적을、기近也가까울、기危也위태할、기尚也庶ㅣ거의、기多少ㅣ何몇、기又얼마、기(尾)

十二 **𢇍** 시 [시]小也작을、시(紙)

𢇍 繼同

广部

广 옘 [엄]巖屋돌집、엄(琰)

二 **庀** 피 [비]治也다스릴、비具也갖출、비(紙)

三 **庄** 쨩 [장]田舍전장、장(陽)

厇 宅古字、度見

[illegible] 이 [예]簷也추녀、예(霽)

疚 쥐 [주]灸瘢뜸뜬자리、주(有)

庅 底同

四 **庋** 지 [기]饌棚ㅣ閣찬탁자、기(紙)

庌 야 [아]廡也월랑、아(馬)

庇 삐 [비]遮陽가릴、비覆也덮을、비(寘)疪通

序 쒸 [서]次第차례、서叙文經旨서벌、서商學상나라태학、서(語)

床 牀俗字

庉 툰 [돈]居也거할、

돈熾盛ㅣㅣ불꽃활활일어날、돈室中藏處벽장、돈(元)

庎 계 [개] 廚中度版流水以受洗濯 개수판、개庋也선반、개(卦)

𢉆 쐐 [쇄] 灰集屋재모아두는집、수(寘)

㡮 환 [환] 牝瓦下암기와바닥、환網維그물벼리、환(刪)

㡪 딴 [담] 陰也그늘、담(覃)

五

底 디 [지] 致也이를、지定也정할、(紙)砥通 [저] 下也밑、저止也그칠、저(齊)

庖 판 [포] 宰殺所ㅣ廚푸주간、포又관、포(肴)

府 뿌 [부] 官廳마을、부藏庫곳집、부(虞)

庚 껑 [경] 幹名上章천간、경更也고칠、경償也갚을、경堅剛ㅣㅣ굳셀、경同ㅣ年齒연치、경星名長ㅣ초저녁별이름、경草名盜ㅣ풀이름、경鳥名새이름、경(庚)

店 뎬 [점] 商鋪가게、점又상점、점(鹽)

庘 야 [압] 家欲倒壞집쓰러지려할、압豚屋돋의우리、압(洽)

𢈔 졔 [집] 隘也庘ㅣ좁을、섭(葉)

废 뻐 [벌] 草舍초가집、발(曷)

庯 뿌 [포] 布列벌릴、포(遇)

庛 츠 [자] 耒下岐木따비가지、자又장기숟、자(寘)

㡹 라 [랍] 屋聲집소리、납(合)

𢇛 지 [지] 鄙屋더러운집、지(紙)

𢇬 사 [사] 家之不齊집이일정치않을、사(麻)

庙 字 廟俗字

㡧 딴 [단] 小屋작은집、단(翰)

庝 동 [동] 深屋깊은집、동(冬)

庡 이 [예] 庋也찬탁자、예(霽)

六

庤 지 [치] 儲置저축할、치備也갖출、치(紙) 峙同

庢 지 [질] 礙止거리낄、질水曲물굽이、질京兆縣名盩ㅣ고을이름、질(質)

庣 됴 [조] 斛榜耳휘쪽자리、조不滿貌차지않을、조(蕭) 斛同

庠 썅 [상] 虞學우나라태학、상(陽)

庥 쓔 [휴] 庇蔭덮을、휴依止의지할、휴(尤) 休同

度 두 [탁] 忖也헤아릴、탁(藥) 庹同 [도] 法度법도、도布指知尺뼘잴、도又잴、도(遇)

㡸 썬 [삼] 屋斜집기울、삼(沁)

𢈢 이 [예] 米倉쌀곳간、예(霽)

㢈 쩬 [한] 閾也문지방、한(刪)

㡾 궤 [궤] 壞也무너질、궤(寘)

七

庪 지 [기] 祭山曰ㅣ縣산제지낼、기(紙) 祓同、庋見

庫 쿠 [고] 貯所倉ㅣ곳집、고(遇)

座 쭤 [좌] 床也坐具자리、좌位也지위、좌(箇) 坐通

庭 띵 [정] 門屏內뜰、정直也곧을、정(青) 隔遠ㅣㅣ동안뜰、정又멀、정(徑)

庮

우 [유]久屋朽木오랜집 썩은나무、유(尤) 庯。푸 [포]屋上平지붕평평할、포(虞) 誧同 庨 쌰 [효]宮室高貌궁집드높을、효(肴) 庬。망 [방]雜也잡될、방(江) [몽]未分之形ㅣ澒순전할、몽 厚也두터울、몽(東) 庄。쟝 [장]宏大웅장할、장(陽) 庲 착 [구]附屋옆에붙은집、구(尤) 㢊。두 [도]廚房부엌、도(宥) 廔 루 [루]草屋초가、누(有) 㢅 룽 [롱]大廈큰집、농(送)

八

庸。용 [용]常也떳떳、용又항상、용用也쓸、용愚也丸ㅣ용렬할、용和也화할、용溝也水ㅣ물도랑、용賦法租ㅣ부세、용(冬) 庳 삐 [비]下也낮을、비低小屋낮고작은집、비(紙) 卑見、舜弟象所封有ㅣ땅이름、비(寘) 庶。쓔 [서]衆也뭇、서又무리、서冀也바랄、서ㅣ幾거의、서嫡ㅣ서자、서(御) 康。강 [강]安也편안할、강和樂화락할、강五達街오거리、강(陽) 庵。안 [암]小草舍암자、암(覃) 菴同葊通 廧 창 [장]垣也ㅣ담、장追慕羔ㅣ사모할、장獄也圜ㅣ옥、장(陽) 牆墻廧同 㢈。퉤 [퇴]屋從上傾下지붕물매질、퇴(灰) 庹 뤄 [탁]兩腕延長팔로잴、탁又두팔벌릴、탁(藥) 庱 링 [릉]亭名ㅣ亭정자이름、능(蒸) 㢋。ㅊ [치]廣也넓을、치(紙) 㢓。지 [적]縣名ㅣ縣고을이름、적(陌) [음]窨也ㅣ幕움집、움 㢎。잔 [잔]屋笮산자、잔(潸)(諫) 㢆 써 [사]屋頭집머리、사小屋작은집、사(馬) 庰 평 [평]藏也감출、평蔽也덮을、평(梗) 𢈓 쟝 [강]空家빈집、강(陽) 㡽 추 [추]崩壞무너질、추(或音취)(尤) 𢈪。廩古字 㢠 징 [경]倉也곳집、경(庚)

九

廁。츠 [치]溷也뒷간、치雜也섞일、치次也버금、치邊也가、치(寘) [측]側也기울、측(職) 㢜 뤄 [투]行圊매화틀、투木槽말죽통、투(尤) 牏通 [유]義同(虞) 庿 廟同 廂。쌍 [상]廡也월랑、상(陽) 廀 쑤 [수]蒐也숨길、수(尤) 廋同 庾。위 [유]露積노적、유(虞) 𢈙。쟈 [가]構屋집지을、가(禡) 㢗 라 [랄]庵也암자、날又초막、날獄房옥방、날(曷) 廮 잉 [영]長廊월랑、영(梗) 𢈜。두 [도]草屋초가、도(虞) 𢇰 핑 [평]廁也측간、평(徑) 㢪 후 [호]平也평할、호(虞) 𢈜 사 [삽]藏也감

출、삽(葉) **[illegible]** 이 [얼]家狹집좁을、얼(月) **[illegible]** 쥔 [균]積也쌓을、균(吻) **庽** 寓同

(十)

廌 츠 [치]神羊獬ㅣ해태、치(紙) [재]俗音 [태]義同(蟹) 豸通 **廆** 웨 [외]癖也괴벽할、외人名晉慕容ㅣ사람의이름、외(賄) **廈** 싸 [하]大屋큰집、하門廡문월랑、하(馬) 夏通 [사]旁屋행랑、사(禡) **廊** 랑 [랑]堂下周屋월랑、낭又곁채、낭(陽)

廋 쑤 [수]匿也숨길、주(尤) 廀同 **廉** 렌 [렴]不貪청렴할、염察也살필、염淸也맑을、염儉也검소할、염檢也점검할、염稜也ㅣ隅모질、염(鹽) **[illegible]** 쮀 [추]舍壞집무너질、추(寘) **廅** 허 [합]山傍穴산곁구멍、합藏也감출、합(合) **廇** 릭 [류]中庭가운데뜰、유屋樑들보、유(宥) 霤通 **[illegible]** 마 [마]庵也암자、마(禡) **[illegible]** 슈 [휴]樹陰나무그늘、휴(尤)

(十一)

廑 진 [근]小屋작은집、근又오막살이、근纔也겨우、근(文) [illegible]同 僅見 **廖** 랴 [료]姓也성、요(蕭) 人名周召伯ㅣ사람의이름、요(嘯) **廒** 안 [오]倉也곳집、오(豪) **廐** 직 [구]馬舍마구、구(宥) **廏** 廐同 **廓** 쿼 [곽]空也빌、곽大也클、곽開也열、곽(藥) **[illegible]** 차 [차]屋欲倒壞집무너지려할、차(麻) **[illegible]** 삥 [병]隱僻無人處으슥한곳、병(敬) **廕** 인 [음]庇麻덮을、음(沁) **[illegible]** 썬 [심]深大屋깊고큰집、심(沁) **[illegible]** 대 [대]屋之傾斜집비뚤어질、대水名물이름、대(泰) **廔** 루 [루]屋脊집마루、누綺窓廲ㅣ집창、누(尤) **[illegible]** 머 [막]空也빌、막(藥) **廘** 루 [록]米倉쌀고、녹(屋) **[illegible]** 최 [최]垂也드리울、최(賄) **[illegible]** 쑤 [사]病治병다스릴、삭(藥)

(十二)

廝 쓰 [시]使役者부릴、시又하인、시養馬者마부、시(支) 厮同 **廜** 투 [도]酒名ㅣ蘇술이름、도庵也암자、도平家평집、도(虞) **廚** 츄 [주]炊也熟食부엌、주菌也蕈ㅣ버섯、주(虞) 竈見 **廣** 꽝 [광]濶也넓을、광(漾) 橫幅넓이、광(養) **廞** 씬 [흠]喪具행상제구、흠(侵) **廟** 먀 [묘]祠堂사당、묘又종묘、묘(宗ㅣ大ㅣ)前殿廟ㅣ앞전각、묘廳事대청、묘(嘯) 庿同 **廠** 창 [창]露屋無壁헛간、창庫也곳집、창(養) **廛** 찬 [전]一家之居한집자리、전市邸전방、전(先) **廢** 폐

[폐]止也폐할、폐墮也떨어질、폐屋傾집쏠릴、폐大也클、폐(隊)癈通 **廡**。우[무]廊也월랑、무門屋문간방、무又행랑、무草木盛貌초목성할、무(虞) **廙**。이[익]屋也持行들고댕기는집、익(職)[이]敬也공경할、이(寘) **⿸广畀** 同鼻 **廇** 同廇 **⿸广番** 뺀[번]峙屋언덕백이집、번積也쌓을、번(寒) **⿸广喬** 집[교]高屋높은집、교(蕭) **十二** **⿸广歈** 우[유]擧手相弄揶ㅣ손짓하며희롱할、유(虞)揄通 **廥**。쾌[괴]芻藁之庫여물고、괴(泰) **廨**。졔[해]官舍公ㅣ마을、해又공해、해(卦) **廑**。진[근]小屋오막살이、근(文) 廛同 **廩**。린[름]米藏倉ㅣ쌀곳간、늠給也넉넉할、늠(寢)亩同 **⿸广虜** 루[로]遮陽차양、노又별가릴、노(虞) **廦** 피[벽]垣也담、벽(錫) **廧** 同牆 **⿸广雋** 쎈[선]巨屋큰집、선(銑) **十五** **廧** 同牆 **廫** 랴[료]空也빌、요廣大貌ㅣ霩넓고큰모양、요(蕭) **十六** **廬**。뤼[려]粗屋總名풀집、여又막집、여農人田舍농막、여寄也붙일、여(魚) **⿸广穌** 쑤[소]酒名廜ㅣ술이름、소庵也廜ㅣ암자、소(虞) **⿸广敞** 쎈[선]舍也집、선(霰) **⿸广僕** 퇴[탁]疾速빠를、탁(覺) **十七** **廯**。쎈[선]米倉쌀곳간、선(先)(銑) **廮**。잉[영]安止편안히그칠、영縣名ㅣ陶고을이름、영(梗) **⿸广冀** 이[익]屋通복도、익(職) **十八** **廱**。웅[옹]學名辟ㅣ벽옹、옹(天子敎宮)和也ㅣㅣ화할、옹(冬)雝通 **⿸广瞿** 취[구]倉庫곳집、구(尤) **十九** **廲**。뤼[려]綺窓ㅣ廔깁창、여(霽) **二十二** **廳**。팅[청]行政官ㅣ관청、청又대청、청(靑)

廴部

廴 인[인]長行길게걸을、인引之당길、인(軫) **四** **延**。옌[연]及也미칠、연迎也맞을、연遠也ㅣ袤뻗힐、연又뻗을、연納也드릴、연淹久遷ㅣ천연할、연(先) **⿺廴正**。정[정]征也갈、정(庚) **廷**。팅[정]政府朝ㅣ조정、정正也바를、정直也곧을、정秦官ㅣ尉벼슬이름、정(靑)(徑) **五** **⿺廴㐱** 진[진]走也달아날、진(軫) **六** **廻** 회[회]還也돌아올、회避也피할、회(灰)回見 **建**。졘[건]立也세울、건又설、건置也둘、건樹也심을、건星名별이름、건韜也갈집、건(願)鍵通

八 **遻** 딩 [정]盡也다할、정(梗) **九** **遀** 옌 [연]相顧而別서로돌아보고갈、연(霰)

廾部

廾 꽁 [공]竦手손맞잡을、공(腫) **廿** 수 [입]二十스믈、입(緝) 廾通 **二** **弁** 뻔 [변]周冠주나라관、변又고깔、변拍手손바닥칠、변(霰)辨通 [반]詩名小ㅣ시전편이름、반(寒)般同 **三** **异** 이 [이]已也말、이又그만둘、이歎也탄식할、이擧也들、이(寘) **四** **弄** 롱 [롱]戲也희롱할、농玩也구경할、농侮也업신여길、농樂曲풍류곡조、농(送) **弃** 棄古字 **[illegible]** 戒同 **弅** 뿐 [분]高丘隱ㅣ높은언덕、분(文) **[illegible]** 지 [귀]弓揂활잡이、귀(支) **五** **弆** 쥐 [거]藏也감출、거(語) **[illegible]** 承同 **[illegible]** 유 [옥]兩手捧物두손으로받들、옥(屋) **六** **弇** 옌 [감]蓋也덮을、감又뚜께、감(覃) [엄]覆也덮을、엄狹路좁은길、엄大荒山名ㅣ州산이름、엄(琰)鐘中寬쇠북속살가울、엄(豔) **弈** 이 [혁]圍棋바둑둘、혁善棋者ㅣ秋바둑잘둘、혁(陌) **七** **[illegible]** 詰古字 **十一** **弊** 삐 [폐]壞敗해질、폐困也곤할、폐惡也폐단、폐斷也끊을、폐窮究貌ㅣㅣ궁리할、폐壞也무너질、폐(霽)蔽通 **十二** **[illegible]** 擇同 **[illegible]** 첸 [간]升高높은데올라갈、간(寒) **十九** **[illegible]** 좐 [권]抒滿가득히뜰、권(願)[illegible]同

弋部

弋 이 [익]繳射줄살、익取也취할、익(職) **三** **式** 씨 [식]法也법、식用也쓸、식制度제도、식敬而俛굽힐、식發語辭발어사、식(職) **四** **𢦏** 哉同 **[illegible]** 장 [장]繫船杙배말뚝、장南越郡名ㅣ牁고을이름、장(陽)牂通 **[illegible]** 이 [익]骨也뼈、익(職) **[illegible]** 이 [익]好也좋을、익(職) **六** **[illegible]** 둥 [동]繫船杙배말뚝、동(東) **[illegible]** 지 [질]利也이할、절(屑) **九** **[illegible]** 씨 [시]下者殺上윗사람죽일、시(寘)殺通 **十** **[illegible]** 꺼 [가]繫船杙배말뚝、가(歌)牁同

⑫ ⿰曾弋 。정 [증] 弋矢ㅣ繳줄살、증(蒸) 矰同

弓部

弓 궁 [궁] 弧也활、궁(幹角筋膠絲漆六材爲成)(東)
引 。인 [인] 導也인도할、인相牽이끌、인薦ㅣ천거할、인(軫)
弔 됴 [조] 問喪조상할、조傷也슬퍼할、조愍也불상히여길、조(嘯) [적] 至也이를、적(錫) 吊同

㊁ 弘 。홍 [홍] 大也클、홍(蒸)
弖 。쟉 [규] 卷也책권、규(尤)
弗 。뿔 [불] 不也말、불去也버릴、불違也어그러질、불(物) 不見、美國及墨西哥貨幣名딸라、불

㊂ 弛 。이 [이] 緩也느즈러질、이解也去弦활접을、이放也놓을、이壞也무너질、이(紙)
弙 우 [오] 張弓視向활다려다림볼、오引弓활당길、오(虞)
弚 퇴 [퇴] 窮貌ㅣ靡궁할、퇴又궁상스러울、퇴(灰)
⿰弓丸 彈同
⿰弓勺 듸 [적] 射弓활쏠、적(錫)

㊃ 弟 。듸 [제] 後生男子아우、제又동생、제(薺) 善事兄공경、제(霽) 悌通
弝 。빠 [파] 弓弣활줌통、파(禡)
⿰弓夬 。쥐 [결] 以手鉤弦發矢깍지손뗼、결(屑) 決通
弞 。썬 [신] 笑不壞顏상긋웃을、신哂同、术名ㅣ杻나무이름、신(軫)
⿰弓予 위 [여] 弓也활、여(魚)

㊄ 弧 。후 [호] 木弓나무활、호(旗名蝥ㅣ、蟲名短ㅣ)(虞)
弣 뿌 [부] 弓弛활줌통、부(麌)
弩 누 [노] 弓有臂機射萬ㅣ소뇌、노(麌)。
弤 듸 [저] 彤弓붉은칠한활、저(薺)
弦 。쎤 [현] 弓弦활시위、현半月반달、현脈度맥도수、현(先)
弨 챠 [초] 弓弛體反활뒤집힐、초(蕭)
弢 。탄 [도] 弓衣활집、도(豪)
⿰弓古 쿠 [고] 小弓작은활、고(虞)
⿰弓皮 삐 [피] 張弓貌ㅣ㺃활잔뜩당길、피(寘)
⿰弓巨 。쥐 [굴] 勇也날랠、굴(物)
弥 彌同

㊅ 弭 。미 [미] 弓末활끝이、미息也쉴、미止也그칠、미安也편안할、미(紙) 彌見
弮 챤 [권] 弩弓소뇌활、권(先) [환] 義同(諫)
⿰弓合 쎄 [협] 弓強활셀、협(葉)
⿰弓羊 양 [양] 弓曲활굽을、양(陽)
⿰弓同 퉁 [동] 弓飾활꾸밀、동(東)

㊆ 弰 쌰 [소] 弓末활끝이、소弓放箭활쏠、소(肴)
弱 。쉬 [약] 尫劣약할、약又못생길、약未壯어

릳、약跛也절름발이、약 弓名繁ㅣ활이름、약(藥)

⿰弓夋 쓘[순]箬也살오뇌、순(震)

弲 쎈[현]角弓뿔활、현 又각궁、현(先)

⿰弓角 쎈[현]弓曲활굽을현(元)

八

張。장[장]開也벌릴、장弦弓활당길、장夸也과장할、장施也베풀、장更ㅣ고칠、장(陽)自大큰체할、장(漾)

弴 뚠[조]畫弓그림그린활、조(蕭)天子御弓[돈]義同(元)

強。창[강]勉也힘쓸、강又굳셀、강不服屈ㅣ뻑뻑할、강又딱할、강(漾)僵也넉넉할、강米中蠹쌀바구미、강(陽)彊通

弸。뻥[붕]弓強활강할、붕(蒸)[팽]弦聲ㅣ彋활소리、팽(庚)

⿰弓㡀 뻬[별]弓戾활뒤집힐、별(屑)彆同

弶 챵[강]以弓罝鳥獸창애、강(漾)

⿰弓耑 왼[연]弓曲弲間활굽이、연(先)

⿰弓委 녜[뇌]張弓貌활당길、뇌(賄)

⿰弓妾 쎈[현]強弓강한활、현(先)

⿰弓虎 후[호]射也활쏠、호(虞)

九

弼。삐[필]輔也도울、필正弓器도지개、필重也거듭、필(質)

弽。쎄[섭]射抉깍지、섭(葉)韘同

⿰弓彖 원[연]弓緣활전、연(霰)

十

彀。꾸[구]弓矢持滿활잔뜩당길、구(宥)

⿰弓𤰇 삐[비]以筋貼弓활에심감을、비(寘)

⿰弓旁 팡[방]弦急활시위탱탱할、방(陽)

⿱𡨄弓 젼[건]弓強활강할、건(阮)

⿰弓鬲 쪠[격]包弓衣활집、격(陌)

⿰弓眞 쪤[진]彈也탈、진(震)

十一

彄。꾸[구]弓端활끝이、구(尤)

彃 삐[필]弓弦활시위、필(質)

十二

彈。탄[탄]ㅣ丸탄환、탄擊也탈、탄射丸쏠、탄鼓爪통길、탄劾也탄핵할、탄(寒)

彆 ⿰弓㡀同

彉 훠[확]張弓활당길、확(藥)彍通

⿰弓曾 쩡[쟁]弓弦聲활시위소리、쟁(庚)

⿰弓喬 챠[교]射弓활쏠、교(蕭)

⿰弓肅 彇同

十三

彊。챵[강]健壯강할、강弓有力활셀、강勝也이길、강暴也사나울、강(陽)強見勉也강잉할、강抑也억제할、강(養)屍硬시체뻣뻣할、강(漾)殭通

彋 휭[횡]弓聲弸ㅣ활소리、횡帷帳風着聲장막에바람치는소리、횡(庚)

十四

彌。미[미]止也그칠、미(紙)弭通益也더할、미弛弓활지울、미久也오랠、미終也마칠、미(支)弥同

十五

彍。훠[확]迅速빠를、확(藥)彉見

十七

彇 쌰[소]弓弭頭활끝이머리、소(蕭)⿰弓肅同

十九

彎。 왕 [만] 持弓關矢시위에살낄、만(刪)

二十 彏 훡 [확] 弓急張활급히당길、확(藥)

彐部

彐 예제 [계] 彙頭고슴도치머리、계豕頭돋머리、계(霽)

彑 彐同

六 彖。 퇀 [단] 統論易卦義주역단사、단斷也결단할、단豕走돋달아날、단(翰)

八 彗 쒜 [혜] 篲也비、혜(寘)篲通 [쉬] ㅣ星혜성、세(霽)

九 彘 예지 [체] 豕也돋、체(霽)

十 彙。 훼 [휘] 類也무리、휘集也모을、휘蝟也고슴도치、휘(未)蝟見

十五 彝。 이 [이] 常也秉ㅣ떳떳할、이廟器尊ㅣ종묘제기、이法也법、이(支)

二十 彠 훠 [확] 度也헤아릴、확(藥) 矱同

彡部

彡 싼 [삼] 毛髮繪飾터럭그릴、삼毛長털자랄、삼(咸)

二 㐱 옌진 [진] 鳥羽始生새깃처음날、진(軫)

四 彤。 퉁 [동] 丹飾붉은칠할、동(冬)

形。 씽 [형] 象也형상、형體也형용、형又끌、형現也나타날、형ㅣ勝地勢형편、형(靑)

五 彣 원 [문] 赤青混色벌겅고퍼런은빛、문彩色채색、문(文)

⿰占彡 싼 [삼] 相接物서로붙은물건、삼利也이할、삼(陷)

六 彥。 옌 [언] 美士아름다운선비、언碩也클、언(霰)

七 ⿰坐彡 쫘 [좌] 芰也베일、좌(箇)

⿰羊彡 양 [양] 美善아름답고착할、양(陽)

彧 위 [욱] 文章문채날、욱又빛날、욱茂貌ㅣㅣ무성할、욱(屋)

八 彩。 채 [채] 文色精光채색、채又무늬、채又빛날、채(賄)采通

彬 뻰 [빈] 文質明備ㅣㅣ빛날、빈又빈할、빈(眞)

彫。 됴 [조] 鏤也새길、조畫文그릴、조文飾ㅣ琢새겨다듬을、조(蕭)琱雕通

彪 뱦 [퓨] 俗音[표] 虎之斑文칙범、표(尤)

⿰皁彡 무 [목] 細文가는문채、목(屋)

九 彭。 빵 [팽] 姓也성、팽盾也ㅣ排방패、팽銃聲ㅣㅣ총소리、팽地名땅이름、팽(庚) [방] 多貌ㅣㅣ벅적거릴、방近也가까울、방(陽)騯見

十一 彯 퍞 [표] 組貌ㅣㅣ띠늘어질、표又끈치렁거릴、표(蕭)彩飾단청할、표(嘯)

彰。 장 [창] 著也나타날、창明也밝을、창(陽)

十二 影。 잉 [영] 物之陰

丨그림자、영(梗)景通

⿰⿱罒冋彡 정 [증]毛深털럭갑을、증(烝)

⑬ **⿰粲彡** 찬 [찬]文繁문채번화할、찬(翰)

⑲ **彲** 치 [이]似龍無角而黃용같고뿔없는짐승、이又교룡、이(支)螭同

⿰麻彡 뻰 [빈]文彪문채성할、빈(眞)

彳部

彳 치 [척]小步丨亍자축거릴、척(陌)

② **行** 띵 [정]獨行彾丨혼자갈、정(靑)彳亍同

③ **彵** 톄 [치]安行편안히걸을、치(薺)

彴 쟉 [작]獨木橋略丨외나무다리、작(藥) [박]奔星丨約흐르는별、박(覺)

代 이 [익]行也갈、익(職)

④ **彷** 빵 [방]徘徊丨徨방황할、방又거정거릴、방相似丨髴비슷할、방(陽)仿髣同

役 이 [역]使也부릴、역使人丨夫부림꾼、역官務執廳마을、역終身丨丨죽도록일할、역官員관원、역(陌)

彶 지 [급]急行급히갈、급(緝)

彸 쭝 [종]惶懼貌征丨두려워할、종又눈휘둥그럴、종(冬)

⿰彳元 완 [원]失道貌纘丨길잃고바장일、원(寒)

⿰彳匀 同徇

彺 왕 [왕]行也急遽급히갈、왕(陽)

⑤ **彼** 삐 [피]對此之稱저、피又저것、피(紙)

徂 쭈 [조]往也갈、조(虞)

往 왕 [왕]去也갈、왕昔也옛、왕間空丨丨이따금、왕(養)

彿 뿌 [불]相似彷丨흡사할、불(物)髴同

征 쩡 [정]伐也칠、정行也갈、정稅也세받을、정丨伐而行쌈하러갈、정索也찾을、정(庚)

彾 링 [령]獨行丨行홀로갈、영(靑)跉見

⿰彳丕 피 [피]走貌닫는모양、피(支)

彽 디 [지]不進丨徊어정거릴、지(支)

⿰彳由 데 [적]急行급히갈、적(錫)

⿰彳冉 옌 [염]遲行더디갈、염(鹽)

⑥ **⿰彳夷** 이 [이]平易편하고쉬울、이(支)

徊 훼 [회]不進徘丨배회할、회又어정거릴、회(灰)佪同

待 대 [대]竢也기다릴、대遇也대접할、대備禦막을、대(賄)

徇 쓘 [순]行示조리돌릴、순疾速丨齊빠를、순周徧두루、순(震)⿰彳匀同侚通

徉 양 [양]戱蕩徜丨빈들거릴、양(陽)

後 훅 [후]前之對뒤、후遲也늦을、후嗣也아들、후(有)后同丨之뒤질、후(宥)

律 뤼 [률]法也법、율丨呂풍류、

윤(ㅣ呂十二陽六爲ㅣ陰六爲呂)述也지을、윤衡也저울질할、윤質 **⿰彳各** 껴 [격]至也이를、격陌 **很** 헌 [흔]爭訟송사할、흔又말다툼할、흔不聽從말듣지않을、흔違也어길、

흔阮 **⿰彳圭** 와 [와]邪行貌ㅣ徒비척거릴、와佳麻 **⿰彳同** 통 [통]直行襱ㅣ곧게갈、통又바로갈、통宋 **⿰彳丞** 징 [증]俗音[승]行不正바로가지못할、승蒸 **徆** 시 [새]直行곧게갈

새齊 **⿰彳夸** 과 [과]疾行빨리갈、과麻 **⿰彳先** 신 [신]往來貌왔다갔다할、신眞 **⿰彳兌** 터 [탈]疾也빨리갈、탈屑 **⿰彳吉** 지 [길]進也나갈、길質 **七** **徐** 쉬

[서]遲緩천천히、서又서서히할、서又더딜、서又찬찬히할、서州名ㅣ州고을이름、서魚 **徒** 투 [도]衆也무리、도步行걸을、도又보행할、도但也다만、도虞 **徑** 징

[경]速道捷ㅣ지름길、경又빠른길、경直道곧을、경又곧은길、경徑逕同俓通 **⿰彳夋** 쥔 [준]退也물러갈、준眞 **⿰彳夾** 싼 [섬]行貌搖曳건들거릴、섬鹽 **⿰彳弟** 틔 [제]休息犀

ㅣ쉴、제齊 **⿰彳吾** 吾同 **⿰彳秀** 쏴 [수]步中待約ㅣ⿰彳留걸어가며기다릴、수宥 **徎** 청 [정]狹也小路좁은길、정迥 **⿰彳肖** 산 [소]徐行천천이갈、소蕭 **⿰彳⿱夂女** 튀

[타]逶行더디걸을、타歌 **⿰彳王** 광 [광]扇搖動風부채질할、광養 **八** **從** 충 [종]隨也좇을、종又따를、종就也나갈、종舒緩ㅣ容종용할、종총髻高ㅣㅣ상투높을、총冬同

宗일가、총从同、縱見 **⿰彳卑** 俾同 **徙** 쓰 [사]移動옮길、사倚也의지할、사謫也귀양갈、사紙 **御** 워 [어]侍也모실、어統也거느릴、어極尊어거할、어進也나갈、어

主也주장할、어禦也막을、어御馭同[아]迎也맞을、아禡迓同 **徘** 패 [배]不進ㅣ徊어정거릴、배灰俳通 **待** 지 [지]待也기다릴、치具也갖출、치有望而往바라고갈、치紙

徜 창 [상]戲蕩ㅣ徉빈들거릴、상裴回ㅣ徉상냥할、상陽 **得** 더 [득]獲也얻을、득契合상득할、득取也취할、득貪也탐할、득特也ㅣㅣ특별할、득職 **⿰彳戔** 쟨

[천]迹也자취、천地名長ㅣ땅이름、천銑 **⿰彳函** 한 [함]水入船배에물들어올、함覃 **徛** 치 [기]聚石水中以爲步渡징검다리、기寘 **徠** 래 [래]山名徂ㅣ산이름、내

(灰)慰勉勞ㅣ위로할、래(隊)來見

[彳卷]・ 찬 〔권〕徐行천천히걸을、권(阮)(願)

[彳立] 치 〔즙〕集人衆貌사람많이모일、즙(緝)

徟。 작 〔주〕亂行ㅣ徫헤맬、주(尤)

[彳奄] 엠 〔엄〕隱也숨길、엄(黶)

[彳東] 둥 〔동〕直行곧게갈、동(東)

[彳疌] 체 〔첩〕走也달아날、첩(葉)

[彳匋] 돠 〔도〕待也기다릴、도(豪)

九

[彳皆] 개 〔개〕惡行徘ㅣ어뜩비뜩할、개(佳)

循・。 쓘 〔순〕追也쫓을、순依也의지할、순善也착할、순次序ㅣㅣ차례、순往來巡環순환할、순慰安撫ㅣ위안할、순(眞)

徧・。 뻔 〔변〕周也두루、변(霰)遍同

徦 꺼 〔가〕至也이를、가(馬)

徨・ 황 〔황〕徘徊彷ㅣ방황할、황(陽)偟同

復・。 뿌 〔복〕又也다시、부又또、부(宥)複通〔복〕反也돌아올、복答也대답할、복興ㅣ회복할、복三呼ㅣ招魂초혼할、복白也고할、복(屋)複覆見

徥 츠 〔시〕行貌ㅣㅣ슬슬걸을、시(支)

徖 쭁 〔종〕敎也가르칠、종(東)

[彳者] 쮸 〔저〕歲月去矣세월갈、저(魚)

徸。 쭁 〔종〕連後뒤따라갈、종(腫)

[彳奐] 환 〔완〕徐行徹ㅣ천천히갈、완(旱)

徫 웨 〔위〕步行걸어갈、위(尾)

[彳胃] 우 〔울〕卒然行별안간갈、울(物)

[彳兪] 유 〔유〕闇行몰래갈、유又가만이갈、유(虞)

十

微・。 웨 〔미〕細小가늘、미又작을、미隱也은미할、미衰也쇠약할、미不明밝지못할、미(微)

徯。 씨 〔혜〕待也기다릴、혜狹路좁은길、혜(齊)

徭・ 傜同

徬・。 팡 〔방〕附行붙어갈、방(漾)徘徊ㅣ徨방황할、방(陽)彷見、傍通

[彳留] 류 〔류〕行而相待徬ㅣ가며서로기다릴、유(宥)

[彳屑] 쎄 〔설〕衣瓢貌𧝁ㅣ옷자락너펄거릴、설(屑)

徲。 티 〔제〕往來ㅣㅣ왕래할、제久立오래섰을、제(齊)

[彳悉] 씨 〔실〕搖動요동할、실(質)

[彳蚤] 산 〔소〕緩行천천히갈、소(豪)

十一

[彳孟] 멍 〔맹〕人名劉ㅣ사람의이름、맹(梗)

[彳參]。 찬 〔참〕動也움직일、참(感)

[彳遷]・ 센 〔선〕遠行멀리갈、선(先)

[彳責] 써 〔색〕尋常범상할、색(陌)

[彳章]。 쟝 〔장〕失途浪行徟ㅣ길잃고헤맬、장(陽)

[彳崔] 최 〔최〕急行급히갈、최(灰)

十二

徵・。 쪙 〔징〕驗也징험할、징求也구할、징明也밝을、징召也부를、징成也納ㅣ이룰、징又납폐할、징(蒸)〔치〕火音屬夏화음、치

紙 徹。처 철 貫通관철할、철達也통달할、철去也걷을、철治也다스릴、철列也벌릴、철剝奪빼앗을、철周稅ㅣ田주나라세금、철 屑 撤見

德。더 덕 惠也큰、덕又은혜、덕正道善行有得덕행、덕四時旺氣왕기、덕 職 悳悳同

𢕮 콴 관 徐行ㅣ徯천천히걸을、관 旱

徶 삐 별 衣飄貌ㅣ循옷자락펄렁거릴、별 屑

𢖈 싸 삽 衆行여럿이갈、삽 合

𢖍 덴 점 走也달아날、점 鹽

𢕼。쟌 교 緩行더디갈、교 篠

徸 충 총 到也이를、총 冬

𢕫 데 제 行止佇立가다가우뚝섰을、제 卦

(十三)

徼。쟈 요 求也구할、요抄也초잡을、요邀也맞을、요 蕭 循也순행할、요境界지경、요 嘯 僥見

𢖀 따 달 行路相違길이서로어긋날、달 曷

𢖄 훼 홰 屋宇明凉ㅣㅣ집이밝고서늘할、홰 泰

徻 회 외 屋宇高明ㅣㅣ집높고밝을、외 泰

𢖢 센 섬 行之速也가기빠를、섬 鹽

𢖰。딴 단 走行달아날、단 卌

(十四)

徽。훼 휘 美善아름다울、휘三糾纏삼겹노、휘琴節거문고마디、휘 微

𢖤 녕 영 走也달아날、영 徑

𢖷 댜 조 疾也빠를、조 篠

(十五)

𢖾 쭈 속 不停걸음머물지않을、속 沃

𢗁。쟌 찬 失道貌ㅣ祝길잃을、찬 寒

(十六)

𢗖 룽 롱 直行ㅣ侗곧게갈、융 董

(十七)

𢗧。샹 양 ㅣ徉逍遙노닐、양 陽

𢗯 빠 포 新任官府도임할、포 效

𢗕 셴 섬 走也달아날、섬 鹽

𢘂。찬 참 參差참치할、참 感

𢗋 인 유 步行걸어갈、유 尤

(十八)

𢘃 쥐 구 行貌가는모양、구 麌

(二十)

𢘄。쟌 각 高也높을、각行也갈、각 藥

(二十二)

𢘇 낭 낭 行貌가는모양、낭 漾

四畫

心部

心。씬 심 ㅣ者形之君而神明之主마음、심臟名火也염통、심中也가운데、심又속、심宿名별이름、심 侵

必。삐 필 定辭반드시、필審也살필、필

(質) ㊁ ⿱乂心。애 [애]戒也懲ㅣ징계할、애(泰) 艾通 忉. 또 [도]心憂ㅣㅣ근심할、도(豪) 忈 인 [인]親慈친자할、인(眞) 忍 이 [의]怒也성낼、의(未)

忛 삐 [비]劣也못생길、비(紙) 忊 딩 [정]怨恨원망할、정(徑) ㊂ 志。찌 [지]心之所向뜻、지中也準ㅣ맞칠、지記也기록할、지(好惡喜怒哀樂曰六ㅣ)(寘) 誌通

忌。찌 [기]諱也휘할、기憎惡미워할、기嫉也투기할、기憚也꺼릴、기喪也ㅣ中초상날、기祭也ㅣ日제지낼、기怨也원망할、기(寘) 忕 태 [태]奢也사치할、태(泰) 汰通 [세]習也익힐、세(霽)

忍。인 [인]耐也참을、인強也강잉할、인安於不仁참아할、인猶不ㅣ참아못할、인(軫) 忖 춘 [촌]思也ㅣ度헤아릴、촌(阮) 忙 망 [망]心迫多事바쁠、망(陽)

忔 치 [흘]喜也기쁠、흘(物) 忘。왕 [망]忽也깜빡할、망失也不記잊을、망(陽)(漾) 忒 터 [특]差也틀릴、특變也변할、특違也어긋날、특疑也의심할、특(職)

忓。깐 [간]擾亂요란할、간又시끄러울、간(寒) [한]善也착할、한(翰) [견]侵也침노할、견(先) 忎 仁古字 忐. 탄 [담]心虛ㅣ忑마음허할、담(感) 忑 투 [특]心虛忐ㅣ마음허할、특(職)

⿰忄工 꽁 [공]心急마음급할、공(東) 忚。씨 [계]心不欲ㅣㅣ싫여할、계(霽) [혜]欺慢懦ㅣ속일、혜(齊) ⿰忄勺. 쟉 [조]憂也근심할、조(篠) [작]驚也놀랄、작(藥)

忋 졔 [개]信仰믿을、개(賄) 忏 쳰 [천]怒也성낼、천(銑) ⿰忄弋 이 [익]心動마음동할、익(職) ⿰忄女 뉘 [예]度也헤아릴、예(御) ⿰忄夕 시 [석]痛也앓을、석(藥)

⿱工心 恐古字 ⿱奴心 怒古字 ㊃ 忠。쯍 [충]盡心竭力충성、충竭誠정성껏할、충ㅣ則無私사없을、충(東) 忡。츙 [충]憂也ㅣㅣ근심할、충(東) 忩 총 [총]急遽ㅣㅣ총총할、총(東) 怱悤同

忮。찌 [기]狠也사나울、기強害懻ㅣ모질、기又용심벌、기(寘) 忤. 우 [오]逆也거스릴、오不喜기뻐하지않을、오(遇) 啎同 ⿱介心 졔 [개]無愁근심없을、개(卦) 恝同

快。쾌 [쾌]稱心쾌할、쾌爽也시원할、쾌可也옳을、쾌(卦) 忞 민 [민]自強강잉할、민又마음다잡을、민(眞) [문]亂也ㅣㅣ어수선할、문(吻)

忮 忞同 忿。뿐 [분]怒也분할、분 限也한할、분(吻)(問) 忻 센 [흔]喜也기쁠、흔(文)欣同 忳 뚠 [돈]悶也민망할、돈(元) 伋 ᅌ지 [급]急也급할、급(緝)

恔 쌰 [효]快也쾌할、효(效)恔同 忭。뻰 [변]喜也기쁠、변(霰) 忸 뉵 [뉵]慚也부끄러울、육(屋)恧同[뉵]義同(有) 忼 캉 [강]感想ㅣ慨강개할강(養)慷同

忺 쎈 [험]心所欲하고저할、험(鹽) 忱 천 [침]誠也정성、침(侵)諶見 忝 텬 [첨]辱也욕될、첨(琰)(豔) 念。녈 [념]常思생각할、염(豔) 忽 후 [홀]卒也倏ㅣ문

득、홀又홀연、홀忘也잊을、홀輕也가벼울、홀蠶吐絲누에실토할、홀(月)曶同 忯 恀同 忝。텬 [텀]慚也부끄러울、첨(琰) 忦。깨 [계]憂懼근심하고두려워할、계(卦)

忄反 빤 [판]急性급한성품、판又조급할、판(願)[만]悔也뉘우칠、만(阮) 忲 태 [태]驕態방자할、태(泰) 忄殳 이 [역]用心마음쓸、역(陌) 忨。완 [완]貪也탐할、완(寒)(翰)翫

見 忕。쎄 [셜]習也익힐、셜(屑) 忄方。빵 [방]忌憚꺼릴、방又기할、방(陽) 忪。쭝 [종]惶遽황겁할、종心動不定마음들뜰、종驚也놀랄、종(冬) 忥 시 [희]靜也고요할、희

息也쉴、희(未) 忄巿 빼 [패]怒也성낼、패(泰) 忹 왕 [왕]邪也간사할、왕(陽) 忄內 뉘 [뇌]憂悶근심하고민망해할、눌(月) 忄夭 우 [오]恐也두려워할、오(皓) 忴。

ᅌ진 [검]心急마음급할、검(鹽) 忶 원 [혼]心鬱마음답답할、혼(元) 忯 ᅌ지 [기]思也생각할、기(紙) (五) 怱。총 [총]急遽ㅣㅣ총총할、총又바쁠、총(東)悤忩同 怡。

이 [이]和也화할、이悅也기쁠、이樂也즐길、이(支) 思。쓰 [사]念也생각할、사願也원할、사助辭어조사、사(支)意ㅣ情緒의사、사(寘)恖同 怩 늬 [니]心慚忸ㅣ부끄러워할、이

又겨면적어할、이(支)[닐]義同(質)惃見 怚 ᅌ제 [저]驕也교만할、저妒也투기할、저(御) 怙 후 [호]恃也믿을、호依也의지할、호(麌) 怒。누 [노]氣激憤發성낼、노又결낼、

노又짜징낼、노奮也뽐낼、노(麌)(遇) 怖 뿌 [포]惶懼두려워할、포(遇) 怠。태 [태]惰也게으를、태又느릴、태東海鳥名意ㅣ새이름、태(賄) 怪 꽤 [괴]奇也기이할、

괴異也괴이할、괴疑也의심할、괴妖物요물、괴又괴민스럴、괴驚覅齓깜짝놀랄、괴(卦)恠同 怨。웨 원恨也원망할、원(願)讎也원수、원(元) 㥐 따 단傷也슬퍼할、단(翰)

怜。령 령慧也ㅣ悧영리할、영(青) 련憐見(先) 怊 촤 초失意ㅣ悵실심할、초又섭섭할、초(蕭) 怮 우 요憂貌ㅣㅣ근심할、요又눈쌀찌프릴、요(蕭) 요義同 含怒不

言부루퉁할、유(有) 怓 노 노心亂심란할、노(肴) 怕 파 파懼也두려워할、파(禡) 怳。황 황狂貌 惝ㅣ창황할、황難狀沖漠황홀할、황(養) 怏。양 앙不

滿ㅣㅣ마음에차지않을、앙(養)(漾)鞅通 怔。정 정懼貌ㅣ營두려워할、정不安ㅣ忪가슴두근거릴、정(庚) 性。씽 성天理賦命성품、성(敬) 怦 평 평心急ㅣ ㅣ마음급할、평

(庚) 怲。뼝 병憂也ㅣㅣ근심할、병(梗)(敬) 怐 후 구愚貌ㅣ愗치떨어질、구 후義同(宥)佝通 怎。전 즘何也무엇、즘又어찌 즘助辭어조사、즘(寑) 怵 츄

출恐也두려워할、출(質) 怭 삐 필媟慢ㅣㅣ업신여길、필(質)佖見 㤕。주 줄憂心근심할、줄 줄義同(質) 怫。야 불鬱也답답할、불(物)沸同 怛 따 달驚也깜짝놀

랄、달悼也슬퍼할、달(曷)𢡅同 怍。줘 작慚也부끄러울、작(藥)作同 急。지 급疾也급할、급褊也좁을、급窘也군색할、급催促재촉할、급(緝)。 押 싸 합樂也즐

거울、합喜也기쁠、합(洽) 怗。톄 텹靜也고요할、텹安也편안할、텹(葉)帖通 怯。취 겁多畏겁낼、겁又무서워할、겁恐脅얼를、겁(葉) 怉 빠 포懷也회포、포又

품을、포心亂심란할、포(皓) 恒 껀 긍心如日마음한결같을、긍竟也마침내、긍(徑) 㤓 뿐 분性不慧성품총혜치못할、분愚也어리석을、분(吻) 怢。투 돌忘

也잊을、돌(月) 𢗡 쯔 줄初生茁蔚다부룩이첫싹날、줄(質) 怾 기 韓山名ㅣ怛산이름、기 㤌 깐 감心伏마음먹을、감(覃) 㤘。동 동憂也근심할、동懼也怪ㅣ두

려워할、동(冬) 怑。빤 반反逆ㅣ渙거스릴、반(翰) 㤗 식 수念慮염려할、수(尤) 怋 민 민悶也민망할、민亂也어지러울、민(眞) 怌。피 비恐也두

려워할、비支 **怽** 머 [말]忘也잊을、말失也잃을、말曷 **忡** 신 [신]憂也근심할、신眞 **怰** 쎤 [현]賣也팔현霰 **忬** 쥬 [져]智也지혜、저語 **怚** 쥐

[거]蔑視업신여길、거語

⑥

㤝 츙 [츙]心動마음동할、츙惶急마음두근거릴、츙東 **恫** 통 [통]痛也아플、통悲也슬플、통呻吟공공앓을、통東痌同[동]不得意惚ㅣ뜻같지않을、동又엷날、동送 **恭** 공 [공]敬也從和공순할、공奉也받들、공肅也엄숙할、공冬共通 **恐** 쿵 [공]懼也두려울、공腫慮也염려할、공臆度속대중할、공疑也의심할、공宋 **恭** 恭本字 **恞** 이 [이]悅也기뻐할、이支 **恃** 씨 [시]賴也믿을、시依也의지할 시紙 **恣** 쯔 [자]縱也放ㅣ방자할、자寘 **恥** 츠 [치]慚也부끄러울、치辱也욕될、치紙 **恚** 훼 [에]恨怒성낼、에又분낼、에寘 **恕** 쓔 [서]仁也어질、서忖也헤아릴、서以己體人용서할、서御 **恬** 우 [오]貪也탐낼、오遇汙通 **恢** 회 [회]大也클、회拓也넓힐、회灰 **恠** 怪俗字 **恝** 예 [개]無愁貌걱정없을、개又근심없을、개卦忿同[할]義同黠 **恂** 쓘 [쥰]信也믿을、순信實진실할、순恭貌ㅣㅣ오공스러울 순眞[쥰]嚴也ㅣ慄무서울、쥰震 **恡** 린 [린]鄙也더러울、인又비루할、인吝也인색할、인又아낄、인震悋同 **恩** 언 [은]惠也은혜은又덕분、은又신세、은愛也사랑할、은元 **恨** 헌 [한]怨之極한할、한悔也뉘우칠、한願 **㥏** 恨同 **恔** 쑈 [효]快也쾌할、효又시원할、효效恔同 **恌** 됴 [조]偸薄경박할、조蕭佻同 **恅** 랖 [로]心亂悼ㅣ심란할、노皓 **恗** 과 [과]心自大矜잘난체할、과又자랑할、과麻誇同 **恍** 황 [황]昏也懭ㅣ흐리멍덩할、황不明ㅣ惚황홀할、황養慌同 **恇** 광 [광]怯也겁낼、광恐也두려워할、광陽 **恙** 양 [양]病也병、양憂也근심할、양漾 **恆** 헝 [항]常也항상、항又늘、항又일상、항北嶽ㅣ山산이름、항蒸[긍]月弦달은저리、긍又달시위、긍徧也두루、긍徑 **恈** 뫄 [모]俗音[모]貪愛ㅣㅣ탐내고아낄、모尤 **恁** 인 [님]如此이러할、님沁[임]信也믿을、임念也생각할、임寢

恬 념 [념] 安也편안할、염 靜也고요할、염 (鹽) 恧 뉵 [뉵] 慚愧부끄러울、육又 게면할、육 (屋) 忸同 恤 슈 [휼] 憂也근심할、휼 救賑구제할、휼 相愛서로애휼할、휼 (質) 卹通

息 씨 [식] 呼吸숨쉴、식 止也쉴、식 又그칠、식 太息크게한숨쉴、식 生也날、식 養也기를、식 子也자식、식 利ㅣ변리、식 又이자、식 (職) 恪 커 [각] 敬也공경할、각 誠也정성、각 謹也삼갈、각 (藥)

恰 챠 [흡] 適當辭마침、흡又흡족할、흡 鳥聲ㅣㅣ새소리、흡 宛然흡사할、흡 (合) 怴 위 [월] 狂也기칠、월 (質) 恛 훼 [회] 心志不堅마음허둥거릴、회 (灰)

恙 평 [평] 腹痛배아플、팽 (庚) 㤨 莎同 恀 즈 [지] 恃也ㅏ怙믿을、지 (紙) 忯同 恮 촨 [전] 謹也삼갈、전 (先) 惀 룬 [론] 無廉睡ㅣ염치없을、논 (阮)

恓 씨 [서] 煩惱貌ㅣ惶애쓸、서又번뇌할、서 (齊) 恜 치 [칙] 惕也ㅣㅣ근심할、칙 怯也겁낼、칙 (職) 恎 이지 [질] 惡性피악한성품、질 (質) 恑 궤 [궤] 變也변할、궤 悔也뉘우칠、궤 (紙)

㤨 꿍 [공] 戰慄떨、공 (腫) 恖 思同 恏 하 [호] 貪也탐낼、호 (皓) 恄 이지 [길] 畏也두려워할、길 (質) 㤞 이재 [탁] 量也요량할、탁 (藥) 𢘥 活同

恞 해 [해] 苦貌괴로워할、해 (泰) 㥧 믜 [미] 疑惑의혹할、미 (支) 㤦 릐 [리] 憂也근심할、이 (眞) 恒 恆俗字 悅 悦俗字

七

悚 쑹 [송] 恐懼두려워할、송又송구할、송 (腫) 悤 총 [총] 急遽ㅣㅣ바쁠、총又총총할、총 (東) 怱同 悀 용 [용] 忿怒성낼、용又분낼、용 心喜반가워할、용 (腫)

悝 릐 [리] 憂也근심할、이 (紙) [회] 義同、大也클、회 嘲也지꺼릴、회 (灰) 悟 우 [오] 覺也깨달을、오 啓發人깨우쳐줄、오 (遇) 寤通 悌 뎨 [제] 樂易 愷ㅣ개제할、제 (薺) 善事兄공경할、제 (霽) 弟通

悮 우 [오] 謬也그릇할 오 欺也속일、오 (遇) 誤同 悔 훼 [회] 改也뉘우칠、회又고칠、회 (隊) 恨也한할、회 懊也ㅣ吝인색할、회 (賄)

悈 이지 [계] 飭也신칙할、계又경계할、계 (卦) [극] 急也급할、극 (職) 悖 뻬 [패] 亂也어지러울、패 逆也거스를、패又어그러질、패 (月) [발] 義同 (隊) 誖同 悧

리 [리]慧也怜ㅣ영리할、이(眞) 悂 피 [비]錯謬어긋날、비(支) 悋。린 [린]鄙也더러울、인又비루할、인慳也아낄、인(震)恡同 悷 룽 [룽]懝愚고지식할、농(送)

悃。균 [곤]至誠지성스러울、곤又정성、곤(阮) 患。환 [환]憂也근심、환疾病병들、환禍也재화、환難也환난、환(諫) 悛 찬 [전]俗音 [준]悔也改ㅣ고칠、준止也그칠、준責心마음꾸짖을、준(先)

悍。한 [한]性急強狠독살스럽고사나울、한(旱)桀也勇猛모질고날랠、한(翰) 悁。좐 [견]躁急조급할、견(霰) [연]憒怒분해성낼、연(先) 悄 챠 [초]憂心ㅣㅣ근심할、초(篠)

悢 량 [량]悲也슬플、양惆悵ㅣㅣ섭섭할、양(漾) 恾 망 [망]憂貌ㅣ然걱정할、망又어쩌할줄모를、망(陽)忙通 悠。우 [유]遠也ㅣㅣ멀、유思也생각할、유閑暇한가할、유眇邈無根아득할、유(尤)攸通

悉。씨 [실]知也알、실皆也다、실詳究궁구할、실(質) 悅。이 [열]喜也기쁠할、열樂也즐겨할、열服也복종할、열姓也성、열(屑)說通

⿱作心 °작 [작]慚也부끄러울、작(藥)怍同 悒。이 [읍]憂也鬱ㅣ근심해답답할、읍(緝) 悐 티 [척]憂懼ㅣㅣ근심하고무서워할、척(錫)惕同

⿱狂心。광 [광]詐也속일、광惑也혹할、광誤也그릇할、광(漾) 悏 쳐 [협]適意뜻맞을、협(葉)愜同 悇。유 [서]禍福未定憚ㅣ의심낼、서(魚) [도]懷憂貌속끓일、도(虞)

[여]喜也기쁠、여(御) 悗。뭔 [문]廢忘잊어버릴、문(阮) [만]疑惑의혹할、만(寒) 悊。哲古字 悕。씨 [희]念也생각할、희願也원할、희悲也슬플、희(微) ⿰忄瓦 데

[습]黠貌약은체할、습(緝) [접]志輕ㅣ慄경망스러울、첩(錫) 悙 헝 [형]矜建慂ㅣ군센체할、형(庚) [행]疎率倀ㅣ추솔할、행(敬) 悘 이 [예]靜也고요할、예(霽) [의]詳也자세할、의(眞)

⿰忄赤 씨 [혁]心自不安마음편치않을、혁(錫) 悎。징 [고]驚也놀랄、고(效) [곡]懼也두려워할、곡(沃) 悜。징 [경]怨也원망할、경(梗) ⿰忄呂 뤼 [려]懝視업신여길、여(語)

⿰忄冏 싱 [형]憶也기억할、형(靑) ⿰忄豆 우 [부]暫怒잠깐성낼、부(尤) ⿰忄今 °진 [금]心堅마음단단할、금(寑) ⿰忄含 한 [함]恣也방자할、함(覃) 悜。청 [경]心不盡了마음

四畫 心忄

껏하지못할、경(梗)

❽

悾。콩 [공]誠也ㅣㅣ정성스러울、공無知貌ㅣㅣ어리둥절할、공(東) 失意ㅣ愡실심할、공又경황없을、공(董) [강]信也믿을、강(江)
悰。충 [종]樂也즐거울、종(冬)慒見
惟。워 [유]思也생각할、유謀也꾀、유但也오직、유又한갓、유語助辭어조사、유(支)唯見
悲 얘 [비]痛也有聲無淚슬플、비(支)
悴 취 [췌]憂瘁顦ㅣ초췌할、췌又마를、췌(寘)顇同
悸。지 [계]怔也心動마음두근거릴、계帶垂貌띠치렁거릴、계(寘)
惎。지 [기]毒也독할、기敎也가르칠、기謀也꾀할、기(寘)
悱 얘 [비]憤也분낼、비有意未言뜻은있으나말못할、비(尾)
惡。어 [악]不善악할、악又모질、악醜陋더러울、악(藥) [오]憎也미워할、오恥也부끄러울、오(遇)何也어찌、오感歎辭허、오(虞)
惠。훼 [혜]仁也어질、혜恩也은혜、혜又덕택、혜賜也줄、혜三隅矛세모창、혜(霽)
悽 치 [처]悲也ㅣ慘슬플、처(齊)
悷 리 [려]悲貌懍ㅣ슬퍼할、여(霽) [리]義同
惛 훈 [혼]不明貌흐리멍덩할、혼又혼미할、혼(元)殙同
惇。뚠 [돈]厚也두터울、돈勉也힘쓸、돈(元)
悶。뭔 [민]心鬱속답답할、민懣也민망할、민(願)懣通
悹。꽌 [관]憂也근심할、관(旱)
悺 悹同
惋 완 [완]驚歎놀라탄식할、완恨也한할、완(翰)
惓。촨 [권]謹也ㅣㅣ삼갈、권(先)
⿰忄典 텬 [전]慚也부끄러울、전(銑)靦通
悼。땊 [도]悲也슬퍼할、도(號)
惘 왕 [망]失意懒ㅣ실심할、망又경황없을、망(養)罔通
惝 창 [창]驚貌ㅣ怳깜짝놀랄、창(養)懒同
悵。창 [창]失意望恨실심할、창又섭섭할、창悲也슬플、창(漾)
情。칭 [정]意也뜻、정又정、정(喜怒哀樂愛惡欲謂七ㅣ)實也실상、정(庚)
悻 씽 [행]狠怒ㅣㅣ발끈성낼、행(迥)婞同
惆 착 [추]悲愁ㅣ悵섭섭할、추失意실심할、추(尤)
惏。란 [람]貪也탐할、남(覃)婪同
惔 탄 [담]憂也근심할、담心燔속탈、담(覃)(感)(勘)炎通
⿱制心 따 [달]驚也놀랄、달悼也슬플、달(曷)怛同
惉。찬 [점]音聲不和ㅣ懘속소리왁자할、첨又불화할、첨(鹽)怗同
惚 후 [홀]微妙不測怳ㅣ황홀할、홀惘懒망단할、홀(月)芴通
惙。쮜 [철]憂也ㅣㅣ근심할、

철瘦也고달플、철(屑)[체]
性急성품급할、체(霽)
惜。씨[석]悋也아낄、석又아까울、석憐也가엾을、
석又불상히여길、석愛也사랑할、석(陌)
恧 뇨[뇩]思也飢
意마음주릴、

역(錫)
悐通
惕。티[척]敬也공경할、척憂懼怵ㅣ근
심하고두려워할、척(錫)悐同
惑。휘[혹]迷也미혹할、혹疑也의심낼、
혹眩亂현란할、혹(職)或通
惌。웬[원]
小

孔僅ㅣ작은구멍빤할、원(元)
[울]心氣鬱積마음울적할、울(物)
㤿 옌[염]意氣多貌ㅣ㥘의기많은체할、염
(鹽)[엄]甘心貌마음에달게여길、엄(豔)
怰 쎈[견]布名베이
름、견(先)[현]

嚴也엄
할、현(銑)
㥄 령[릉]哀也슬퍼할、능
驚也놀랄、능(蒸)
悳 德古
字
惪。悳
同
𢛳 悳
同
㤿 [韓]怯
俗字
㥊 평[붕]好嗔貌짜
증낼、붕(庚)
㥏

탄[탐]失心ㅣㅣ실
심할、탐(勘)
㥌 쮜[국]謹也삼
갈、국(屋)
㥅 티[태]恣也방자
할、태(隊)
惀。룬[론]思也생각
할、논(阮)
㥒 처[채]邪也姦惡
간악할、채

(賄)
惢 사[솨]疑也의심낼、솨(哿)
[지]善也착할、지(支)
㥁 시[식]專也오로
지、식(職)
㥍 애[애]恨也한
할、애(卦)
悿 텐[첨]心弱마음약
할、첨(琰)
㤳。약

[부]小怒貌약간
성낸듯할、부(有)
㥕 둥[동]愚也어리
석을、동(東)
惐 이[역]心痛마음아플、역
又가슴아플、역(屋)
𢡟 항[항]心志唐突마음
당돌할、항(絳)
㥓。지[기]
儉

薄검박
할、기(支)
惞 欣
同
㥃 아[아]心鬱속답
답할、아(禡)
⑨
意。이[의]志也뜻、의
又뜻할、의(寘)
惴。쮀[췌]憂懼ㅣㅣ근심하
고두려워할、췌(寘)
愉。

위[유]悅也기쁠、유和悅ㅣ
快유쾌할、유(虞)渝通
愚。위[우]癡也어리석을、우戇也고지식할、
우闇昧어둘、우蠢也우준할、우(虞)
㥚 위[유]憂也근심할、
유(虞)懼也두

려울、
유(虞)
愈。위[유]勝也나을、유賢也어질、유益甚
우심할、유病差병나을、유(虞)癒見
愒。허[할]恐之두렵게할、할又얼를、할(曷)
喝通[개]貪也탐할、개急也급할、개

(泰)[게]息也쉴、
게(霽)憩同
愛。애[애]仁之發사랑、애親也친할、애恩也은혜、애寵
愛총애할、애慕也사모할、애惜也아낄、애(隊)
愔 인[음]和平貌ㅣㅣ
화평할、음深

靜貌고요할、음(侵) **慜** 민 [민]悲痛슬플、민憐恤불상히여길、민傷也서러울、민(軫)愍同 **惲** 원 [운]重厚혼후할、운謀也꾀할、운(吻) **愞** 난 [난]心弱마음약할、난(旱)(翰)[연]義同(銑)[나]義同、怯也겁낼、나(箇) **愀** 챂 [초]容色變ㅣ然해쓱할、초又얼굴빛변할、초(篠) **愆** 젼 [건]過也허물、건(先)諐同 **愗** 맏 [모]愚癡貌怐ㅣ어리석은모양、무又어릿어릿할、무(有) **惱** 놔 [노]俗音[뇌]撓心煩ㅣ번뇌할、뇌又고달플、뇌(皓)嫐憹同 **惰** 뚸 [타]懶也게으를、타(哿)(箇) **惹** 셔 [야]引也이끌、야諾也속일、야(馬) **惶** 황 [황]懼也두려울、황惑也혹할、황遽也급할、황(陽) **愓** 탕 [탕]放蕩방탕할、탕(養)[상]直疾貌빠를、상(陽) **想** 샹 [상]思也생각할、상(養) **惸** 칭 [경]憂心ㅣㅣ근심할、경孤獨고독할、경又홀몸、경(庚) **惺** 씽 [성]悟也ㅣㅣ깨달을、성又깰、성(梗)慧也ㅣ憽똑똑할、성(青) **愁** 척 [수]憂也근심、수慮也염려할、수歎也탄식할、수(尤) **惷** 츈 [준]心亂動搖貌ㅣㅣ산란할、준又어수선할、준(軫)蠢同 **感** 깐 [감]動也감동할、감格也감격할、감應也감응할、감又느낄、감覺也깨달을、감(感) **⿰忄度** 뙤 [탁]忖也헤아릴、탁(藥)度同 **愕** 어 [악]驚也놀랄、악阻礙不順악지쓸、악(藥) **愊** 삐 [픽]至誠悃ㅣ지성스러울、픽(職)[핍]鬱結답답할、핍(緝) **⿰忄亟** 지 [극]急性급한성품、극又조급할、극(職) **愎** 픽 [퍅]狼戾패려궂을、퍅自強剛ㅣ퍅할、퍅又강할、퍅又고집셀、퍅(職) **愜** 체 [협]適意滿志뜻에맞을、협快也쾌할、협(葉)悏同慊通 **⿱匧心** 愜同 **惻** 쳐 [측]痛愴ㅣ隱불상할、측又아플、측又칙은히여길、측悲痛슬플、측又비통할、측(職) **惵** 뎨 [접]危懼ㅣㅣ두려울、접[첩]懼貌두려운체할、첩又눈휘둥그럴、첩(葉) **⿰忄某** 우 [무]俗音[모]愛也사랑할、모(虞) **⿰忄叟** 쑤 [수]臭薰鼻衝逆人困ㅣ냄새가코에맡여어뚝할、수(宥) **愃** 쉔 [선]快也쾌할、선(元)[훤]寬雅너그럽고아담할、훤(阮) **⿰忄畢** 껴 [격]飾也꾸밀、격(陌)諽同 **⿰忄胥** 쒸 [서]智也지혜、서(魚) **愖** 썬 [심]信也믿을、심遲疑斟ㅣ마음질정못할、심(侵) **惿** 티 [제]心劫ㅣ慚심겁할、제心弱마음약

할、재(齊) **愇**。웨 [위] 恨也한할、위(尾) **㥏**。쎄 [혜] 心不平마음편치않을、휴(齊) **惼**・뼌 [편] 性急狹㥚ㅣ성미급하고조비할、편(銑) **愲**허 [획] 心驚動마음울렁거릴、

회(陌) **惛**・훈 [혼] 不憭ㅣ暗혼암할、혼(元) 惽同 **㥚**옌 [연] 心狹마음좁을、언(阮) **愭**치 [제] 小怒止也약간성내고말、체(霽) **㥛**쏘 [소] 心藏마음감을、수(寘)

愚。어 [우] 喜也기쁠、우悅也반가울、우(虞) **惹**・쉬 [락] 心許허락、낙(藥) 諾同 **惺**성 [성] 覺悟깰、성(梗) **愲**。지 [집] 心不斷行마음끊치못할、집(緝)

愄외 [외] 心善마음착할、외(灰) **㥧**쑤 [조] 俗音[주] 快也活ㅣ괘괘할、수又활수할、수(號) **㥕**。지 [기] 心之燥急조급할、기(支) **愌**。환 [환] 逆也거슬릴、환(翰)

㤲。자 [개] 陰謀ㅣ訝몰래할、가又비밀이할、가(禡) **愢**씌 [새] 心不可合마음에맞지않을、새(灰) [시] 謙也겸손할、시(紙) **㥒**야 [요] 相怨서로원망할、요(效) ❿ **㥏**・

용 [용] 勸也慫ㅣ조를、용又꾈、용又권할、용(腫) 㦷通 **慈**。츠 [자] 愛也사랑할、자善也착할、자仁也어질、자(支) **愧**。퀘 [괴] 慚也부끄러울、괴(寘) 媿謉同 **㥦**

씨 [희] 太息한숨쉴、희(未) [개] 義同、怒也敵ㅣ성낼、개(隊) 慨見 **愫**쑤 [소] 誠也정성、소眞情참뜻、소(遇) **愬**。쑤 [색] 驚懼ㅣㅣ놀라두려워할、색又독이나쌕쌕할、색(陌) [소] 告

소(遇) 訴見 **愷**캐 [개] 軍勝樂승전악、개樂易ㅣ弟개제할、개康也편안할、개樂也즐길、개(賄) 凱同 **㥻**티 [제] 心安寧ㅣ마음편안할、체(霽) **愼**。썬 [신] 謹也삼

갈、신誠也정성스러울、신禁戒신칙할、신又못하게할、신靜也고요할、신(震) **愳**懼古字 **愪**원 [운] 憂也근심할、운(軫) **慇**。인 [은] 委曲ㅣ懃은근할、은(文)

慍・원 [온] 憤怒성낼、온恨也한할、온(吻) 病也병、온含怒貌노염품을、온(問) **慁**。훈 [혼] 患也걱정시킬、혼辱也욕될、혼悶也민망할、혼亂也어지러울、혼(願) **㥵**同 慁

愮야 [요] 憂無所訴하소할곳없을、요又속끓일、요悸也속두근거릴、요(蕭) **慆**。타 [도] 悅也기뻐할、도久也ㅣㅣ오랠、도(豪) **慌**・황 [황] 昏也慌ㅣ흐리멍덩할、황

不分明ㅣ惚황홀할、황(養)恍同 **愴**창[창]痛也悽ㅣ섧워할、창悲也慼ㅣ슬퍼할、창(漾) **慊**。켬[겸]切齒恨앙심먹을、겸意不滿쩐덥지않을、겸厭也싫을、겸愜也마음에

맞을、겸(或音협)(琰)嗛謙通[협]足也족할、협(葉)愜見 **愿**。웬[원]謹也삼갈、원善也착할、원(願) **慉**휵[휵]養也기를、휵起也일어날、휵(屋)畜見 **慄**리[률]恐縮겁나쪼

그릴、율戰ㅣ떨、율竦縮송구할、율又소스라칠、율悽愴처량할、율(質) **愲**꾸[골]心亂심란할、골又마음술란할、골(月) **愵**。늬[녁]憂也걱정할、익(錫)惄見

愶。세[협]俗音[협]威力相恐위협할、협又얼를、협(葉) **㤸**지[질]妒也미워할、질(質)嫉同 **愺**초[초]心亂ㅣ恅심란할、초(晧) **愨**。커[각]謹也삼갈、각(覺)

慤同 **愰**황[황]心明마음청백할、황心不定ㅣ㦆마음바로잡지못할、황(養) **愻**。쏜[손]謹恭공손할、손(願)遜同 **㥳**웬[원]測量측량할、원又헤아릴、원(元) **態**。

태[태]作恣驕ㅣ태도、태又모양、태意也情ㅣ정졸、태(隊) **㒓**타[탑]意下뜻물러날、탑(合) **㦂**빼[비]疲極고달플、비(卦)憊同 **㥔**꽁[공]自矜잘난체할、공(送)

慃앙[앙]很戾ㅣ構어그러질、앙(養) **愸**。징[경]憂也근심할、경(梗) **㥎**쎄[해]心不平慣ㅣ마음불평할、해(佳) **㦗**。장[강]很戾慃ㅣ어그러질、강(講) **慅**。

쏘[소]動也소동할、소(豪)勞也ㅣㅣ수고로울、소(蕭)[조]義同(晧) **㥠**。지[기]恭順공순할、기畏也두려워할、기(支) **㥭**태[태]驕慢마음반지빠를、태(泰)忲見 **㥐**쎄

[협]適合마음에맞을、협(葉) **㤲**。이[이]不憂근심않을、이(支) **㥮**쏘[소]愁也근심、소又수심、소(豪) **㤳**애[비]惡心악한마음、비(支) **㥠**시[설]弱心약한마음、설(屑)

十一 **慒**。총[종]慮也생각할、종謀也꾀할、종(冬)悰同[조]亂也어수선할、조(豪) **憁**종[총]失意慅ㅣ실심할、총(董)不得志ㅣ惆뜻같지않을、총(送) **慟**。통[통]悲也哀

過애통할、통(送) **慵**숑[용]懶惰게으를、용(冬) **惷**츙[용]生而癡騃천치、용又미련할、용(冬)[총]愚也어리석을、충(宋)[창]義同(江)[장]戇惷同(絳) **慫**。종[종]驚也놀랄、

종勸也ㅣ通조를、종(腫) **慰** 웨 [위]安之以慰其情위로할、위又아른체할、위(未)尉通 **慮**。려 [려]謀思생각할、여憂也염려할、여疑也의심할、여軍前旗ㅣ無군사앞의기、여

似葛諸ㅣ칡같은풀、여地名林ㅣ땅이름、여(魚) **慺** 루 [루]勤懇ㅣㅣ정성스러울、누(虞)恭勤ㅣㅣ공근할、누悅也기뻐할、누(尤) **慕**。무 [모]愛戀不忘사모할、모愛習模範

모뜰、모思也생각할、모(遇) **慔** 무 [모]勉也ㅣㅣ힘쓸、모(遇) **慧**。혜 [혜]了也姸黠똑똑할、혜儇敏민첩할、혜又영리할、혜才智지혜、혜又총명할、혜又밝을、혜又슬금할、

혜(睿) **憊**。빼 [비]疲極고단할、비又곤할、비(卦)僃同 **慨**。개 [개]憂悼在心失意慷ㅣ강개할、개高亢憤激분격할、개悲也슬플、개(隊)愾通 **慜** 민 [민]聽也敏捷총명할、

민悲也슬플、민(軫)愍同 **慬**。친 [근]憂哀근심하고슬퍼할、근勇也날랠、근(文)慇也정성스러울、근(吻)僅也겨우、근(問) **慱** 퇀 [단]憂勞ㅣㅣ근심할、단(寒) **慳** 얜 [간]吝

也아낄、간又인색할、간(刪) **慢** 만 [만]怠也게으를、만倨也거만할、만緩也느릴、만放肆방자할、만(諫)謾通 **慣**。관 [관]習通익숙할、관(諫)串通 **慓**。퍞 [표]急也급

할、표(蕭) **憀** 랖 [료]賴也힘입을、요又믿을、요(蕭)[유]悲恨슬프고한될、유(虞) **慘**。찬 [참]痛慼슬플、참慍也성낼、참酷毒혹독할、참(感)[조]憂也근심할、조(皓)懆同

慥。잔 [조]篤實言行독실할、조相應ㅣㅣ서로응할、조(號) **慷** 캉 [강]激昂ㅣ慨강개할、강(陽)(養)忼同 **憞** 傲同 **慶**。칭 [경]福也경사、경又복、경賀也하례할、경善

也착할、경發語辭발어사、경(敬)[강]福也복、강乃也이에、강(陽) **憂** 우 [우]愁思근심、우又걱정、우居喪상제될、우疾也병、우幽也그윽할、우(尤) **慙**。찬 [참]愧也부

끄러울、참(覃) **慚** 慙同 **慾**。워 [욕]心之所好욕심낼、욕又거염、욕(沃)欲見 **㥾**。닉 [닉]愧也부끄러울、닐(質)怩通[닉]內愧속으로부끄러할、익(職) **慼** 치 [척]哀

ㅣ슬플、척憂也근심할、척又애쓸、척(錫)慽戚通 **慽**。慼同 **慝** 터 [특]隱惡奸ㅣ간특할、특邪也간사할、특惡也미워할、특穢也더러울、특(職) **㤅** 愛古字 **慹**

여제 [집]怖也두려워할、집(緝) [집]不動貌끔짝않을、접(葉)

慹。어 [열]情態貌정태、열又모양、열(屑)

慴。여제 [접]懼也두려울、접怯也겁낼、접(葉) 讋慑同(或音섭)

憏 다 [제]心之不安ㅣ㤬마음에불안할、제(霽)

懘。憏同

⿰忄責 쳐 [책]耿介깨끗할、책堅也節操절개굳을、책(陌)

慡 쌍 [상]性明성품밝을、상(養)

慗。리 [리]憂也근심할、이(紙)

⿰忄虖。싸 [하]無志ㅣ㤬뜻없을、하(麻) [호]誇也자랑할、호(虞)

⿰忄差 찬 [산]洪恩大德큰은덕、산(潸)

⿰忄眷 좐 [권]顧念돌봐줄、권(霰)

⿰忄逢。뿡 [봉]愛사랑할、봉悅也기쁠、봉(東)

慯 샹 [상]痛也앓을、상又슬퍼할、상憂也근심할、상(漾)

慛 최 [최]心傷마음상할、최(灰)

㦜 양 [양]恨也한탄할、양(漾)

慱 쎄 [세]謹也삼갈、세(霽)

慏 밍 [명]寬恖마음너그러울、명(梗)

慞 쟝 [장]恐懼ㅣㅣ두려울、장(陽)

慤 캬 [각]謹也삼갈、각誠也정성、각善也착할、각(覺) 愨同

(十二) **憮**。우 [무]失意ㅣ然실심할、무撫也어루만질、무(麌)

憧。둥 [동]意不定ㅣㅣ뜻바로잡지못할、동(冬) [총]騃昏흐리터분할、총(送)

憩 치 [게]息也쉴、게(霽) 憇同

憇 憩同

憓 훼 [혜]愛也사랑할、혜(霽)

憊。빼 [비]疲極고달플、비又가쁠、비又노곤할、비(卦) 備⿰忄葡同

憝。뛔 [대]怨也원망할、대惡也미워할、대(隊) 懟同

憒 꿰 [궤]心亂ㅣㅣ심란할、궤(隊)

憫。민 [민]憂恤불상할、민又딱할、민又민망할、민ㅣ默잠잠할、민(軫)

憖。인 [은]問也물을、은願也원할、은傷也슬퍼할、은謹也삼갈、은且也接續辭또、은(震)

憤 뿐 [분]懣也분할、분又결낼、분(吻)

憲。쎤 [헌]法也법、헌表範표범될、헌盛貌ㅣㅣ거룩할、헌(阮)

憚 탄 [탄]忌ㅣ꺼릴、탄又기탄할、탄又두려워할、탄(翰) 勞也수고로울、탄(阮)

憪。쏀 [한]快也心靜마음고요할、한不安貌ㅣ然마음들성거릴、한(刪)

憐。련 [련]愛也사랑할、련可哀불상할、련又가련할、련(先)

憍 쟢 [교]恣也방자할、교又교만할、교矜也자랑할、교(蕭) 驕通

憢 쌷 [효]懼也두려울、효(蕭) 嘵同

憔。쟢 [초]瘦也ㅣ悴파리할、초又걱정에야윌、초(蕭) 顦嫶

同、瘷通 **惝** 창 [창]驚貌ㅣ怳깜짝놀랄、창(養)惝同 **憬**。징 [경]覺悟깨우칠、경遠也멀、경(梗) **憑** 핑 [빙]依也의지할、빙又기댈、빙據也빙거할、빙託也부탁할、빙

(蒸)馮通 **憎**。쩡 [증]惡也미워할、증(蒸) **憕**。청 [징]心平靜마음가라앉을、징(蒸) **憨** 한 [감]愚痴미련할、감又어리석을、감(覃) **憯** 찬 [참]痛也아플、참憯

也미워할、참(感)瘩同 [첨]悽也ㅣ怛슬플、첨(琰) **憯** 憯同 **憛** 탄 [담]憂惑근심적을、담憂思염려할、담 [탐]惶遽황급할、탐(勘) **戁** 난 [난]愧而面赤부끄러얼굴붉을、난(潸)赧

同 **憙**。씨 [희]悅也기쁠、희好也좋아할、희(寘) **憉** 평 [팽]矜健ㅣ悙굳센체할、팽(庚) **⿰忄華** 화 [화]心侈마음사치스러울、화(麻) **憱**。츄 [축]迫也핍박할、

축愁也顰ㅣ근심으로얼굴찡그릴、축(屋)蹙顣同 **憋** 뻬 [별]急性조급할、별惡也모질、별(屑) **⿰忄悉**。愆俗字 **憟** 쑤 [속]承上顏色웃사람의기색맞칠、속(沃) **罳**

딴 [단]地名ㅣ猕땅이름、탄(旱) **⿱取心** 취 [취]問卜吉凶점칠、취(齊) **⿰忄買** 매 [매]心不平ㅣ憿마음불평할、매(佳) **⿰忄發**。빠 [발]怒起성마일어날、발(曷) **⿰忄策** 처 [책]小

痛약간아플、책又쓰라릴、책(陌) **⿰忄畫** 화 [획]愚也不慧어리석을、획又미련할、획(陌) **⿰忄虛**。쒸 [허]志怯뜻허겁할、허(魚) **⿰忄詈** 리 [려]多言잔말할、여欺慢語ㅣ怈속여

말할여(齊) **憦** 랖 [로]悔也懊ㅣ뉘우칠、노(號) **憣** 빤 [반]心理變動마음변동할、반(寒) **⿰忄斯** 씨 [시]心怯愢ㅣ심겁할、시(支) **憭**。랖 [료]快也쾌할、요照察밝힐、

요心傷ㅣ慄떨릴、요慧也민첩할、요(篠) **憰**。쎄 [휼]詭也속일、휼(言)詭曰譎心詭曰ㅣ)(屑) **⿱毳心** 허 [훌]寢熟잠들、훌(黠) [할]睡覺잠깰、할(月) [찬]愚也어리석을、찬(旱) **憿**

툰 [돈]心暗마음어둔둘、돈(元) **⿰忄巽**。쥰 [준]劣弱못생기고약할、준(軫) [선]悅也기쁠、선(霰) **⿰忄翕** 씨 [흡]心熱마음뜨거울、흡(緝) **⿱湯心** 탕 [탕]動也作事움직여일할、탕(養) **⿰忄然**

산 [연]心強而弱마음강한듯하고약할、연(霰) (十三) **懂** 뚱 [동]心亂懵ㅣ심란할、동(董) **憷** 츄 [초]痛也아플、초(語)楚通 **懅**。쮜 [거]怯也겁낼、거(魚)懼也두려

울、거(御) **懃** 친[근]委曲慇ㅣ은근할、근(文) **懈**◦제[해]懶也게으를、해(卦) **懇**◦컨[간]至誠ㅣ惻지성스러울、간信也믿을、간親切친절할、간(阮) **懁** 환[환]性戾성품패려할、환(刪)[현]急也급할、현(先)

憿 약[요]希覬바랄、요非望ㅣ倖요행、요(蕭)僥同 **懆**◦잔[조]憂也ㅣㅣ근심할、조(皓) **憹** 난[노]痛悔懊ㅣ뉘우칠、노(或音농(皓)惱嫐同

懊 안[오]恨也ㅣ惱한할、오(皓)惱也번뇌할、오(號) **應**◦잉[응]當也料度辭응당、응又뻑뻑、응又꼭、응愛也사랑할、응(蒸)膺通答也대답할、응物相感응할、응樂名ㅣ鼓풍류이름、응(徑)

懋◦뫄[무]勉也힘쓸、무(宥) **懍** 림[름]懼貌ㅣㅣ눈휘둥그럴、늠寒添貌마음으쓱할、늠敬也공경할、늠畏也두려울、늠(寢)稟通 **憾** 깐[감]恨也한될、감(感)(勘)

憺◦딴[담]靜也고요할、담(感)安也편안할、담動也움직일、담(勘) **懌** 이[역]悅也기쁘할、역(陌) **憸**◦쎈[험]詖也간사할、험(琰)[섬]佞也利口아첨할、섬(鹽)譣見

憶 이[억]念也생각할、억記也기억할、억(職) **㦊** 예[업]懼也두려울、업(葉) **憼** 敬同 **懀** 훼[회]嫌惡ㅣ懶혐의로미워할、회(泰)

忄禁◦진[금]心堅마음단단할、금心禁貌잠잠할、금(寢) **憴**◦썽[승]戒也ㅣㅣ경계할、승(蒸) **憻** 탄[탄]平安평안할、탄寬也너그러울、탄明也밝을、탄(旱) **懏** 쭌[준]敏也민첩할、준(震)

毄心◦지[계]困憊고단할、계(霽) (古) **懜**◦멍[몽]慚也부끄러워할、몽無知ㅣㅣ어리둥절할、몽心亂마음뒤숭숭할、몽(東)懵通[맹]不明ㅣㅣ속감감할、맹悶也민망할、맹(徑)瞢通

懥◦지[치]怒也忿ㅣ성낼、치(寘) **懦** 수[유]弱也약할、유又만만할、유(虞)[연]義同(銑)[나]柔也부드러울、나(箇) **懧** 懦同 **懠** 처[제]怒也성낼、제疑也의심낼、제(齊)

懘◦치[체]音敗목쉴、체煩聲不和惉ㅣ목소리와자할、제(霽) **懟** 뛰[대]怨也원망할、대(隊)憝同 **懣**◦만[만]煩悶번민할、만(旱)[문]煩也번거로울、문(阮)悶見

㦨 란[람]嗜也貪ㅣ즐길、남又탐할、남(勘) **懕**◦옌[염]安也편안할、염(鹽)厭通 **懖** 꽈[괄]善自用임의로할、괄(曷) **忄賓** 삔[빈]敬也공경할、

빈(眞)

𢥈。위 [여]恭敬공경할、여 徐行천천히걸을、여(語)

懙 同𢥈

㦟。뫄 [막]美也아름다울、막(覺)

懡 마 [마]慚也ㅣ㦼부끄러워할、마(歌)(哿)

懝· 애 [애]騃也놀랄、애 小兒有知어린아이지각있을、애(隊)

憖· 인 [은]依賴他人남에게의뢰할、은(問)

𢣷 메 [매]恡惏영리할、매(佳)

⑮

憽 숭 [숭]了慧惺ㅣ영민할、숭 又똑똑할、숭(東)

懫 지 [치]忿戾분낼、치(寘)

懩 양 [양]有藝欲達技ㅣ뜻을이루고자할、양(養) 癢通

懲·。청 [징]戒也ㅣ創징계할、징(蒸)

懰 류 [류]好也예쁠、유 懮貌ㅣ慄근심스러울、유(有)

懮· 우 [요]舒遲貌옹용스러울、유(有)

懬。광 [광]虛也빌、광(漾)

懪 빠 [박]悶也ㅣㅣ답답할、박(覺) 懪同

傯 쏘 [소]心疏마음소활할、소(號)

懱。메 [멸]輕視업신여길、멸(屑)

懭。광 [광]猛也모질、광(養)

憏 차 [찰]明也밝을、찰(黠)

㦤 뤼 [려]憂也思深생각깊을、려(御)

𢤳 뤄 [락]大娛크게즐겨할、낙(藥)

⑯

懵 멍 [몽]心亂ㅣ懂심란할、몽(董) 惛也흐리멍덩할、몽(送) 無知貌ㅣㅣ어릿어릿할、몽(東) 懞懵見

懷。화 [회]藏也품을、회 念思생각할、회 傷也상할、회 胷臆ㅣ抱품、회 歸也돌아갈、회(佳)

懸。쒠 [현]揭也달릴、현 繫也매달、현(先) 縣同

懶· 래 [래]嫌惡憎ㅣ미워하고혐의할、라(泰)

懶 [란]懈怠게으를、난 란也눌、난(旱)

㦺 리 [력]心所營경영할、력(錫)

𢣂 同懿

𢥞 웨 [위]睡語잠꼬대할、위(霽)

㦌 룽 [롱]悷狠어긋칠、농(董)

𢥋。쎈 [헌]悟也깨달을、헌(阮)

𢥌 쎄 [해]忖度헤아릴、해(卦)

⑰

懻 ᄍ지 [기]狠也ㅣ忮한악할、기 又사나울、기(寘)

懺·。찬 [참]悔過회과할、참 又뉘우칠、참(豏)

𢥢 뺘 [박]煩悶답답할、박(覺) 懪同

㦩 인 [은]哀也슬플、은 憂也근심할、은(吻)

懹 샹 [양]忌憚꺼릴、양(漾)

⑱

𢥺。쟌 [초]性急성급할、초(蕭)

懿·。이 [의]醇美아름다울、의 大也클、의(寘) 𢣂同

㦼 쌍 [쌍]懼也두려울、쌍(江)

懼·。쮜 [구]恐也두려워할、구(遇) 瞿通

懽 환 [환]喜悅기쁠、환(寒) 歡同

𢥞 퉁 [동]憂也ㅣㅣ근

심할、동(冬)

懾 °쎄 [섭]俗音[접] 恐懼ㅣ慴두려울、섭恐怯喪氣무서워할、섭又접벌、섭(葉)慴同

(十九) 戁 °난 [난] 悚懼송구할、난(潸)

戀 °련 [련] 眷念係慕연련할、연又생각할、연又사모할、연(霰)

㦬 °러 [라] 慙也懡ㅣ부끄러워할、나(哿)囉同

⿰忄靡 °머 [마] 心病심화병날、마(麻)

⿰忄贊 °차 [찰]俗音[찬] 怠慢懫ㅣ게으를、찬(曷)

⿰忄燮 °쎄 [섭] 志輕慨ㅣ경망스러울、섭(葉)

(二十) 戄 °훠 [확] 驚懼놀라두려워할、확(藥)矍見

戃 °땅 [당] 驚貌怳ㅣ깜짝놀랄、당(陽)儻見

(二十四) ⿰忄靈 °링 [령] 心了黠貌마음약은체할、영(青)

戇 °좡 [당] 愚憨直고지식할、당(絳)惷通

(二十五) ⿰忄蠻 °만 [만] 恐也두려울、만(諫)

戈部

戈 °꺼 [과]俗音[괘] 平頭戟창、괘(歌)

戊 °뭐 [무] 幹名著雍천간、무物茂盛성할、무(宥)

戉 °웨 [월] 大斧黃ㅣ큰도끼、월(月)鉞同

(二) 戎 °숭 [융] 兵也군사、융大也클、융汝也너、융軍用車名元ㅣ小ㅣ)싸움하는수레、융西夷서녘오랑캐、융(東)⿰扌戎見

戍 °쒸 [수] 守邊수자리、수又막을、수(遇)

戌 °쒸 [술] 支名犬也개、술(質)

(三) 戒 °졔 [계] 警也경계할、계諭也이를、계慎也삼갈、계備也방비할、계齋ㅣ재계할、계(洗心白齋防患曰ㅣ)守也지킬、계(卦)弃同

我 °워 [아] 吾也己稱나、아(哿)

成 °청 [셩] 就也이룰、성樂一終풍류한판、성爲也될、성(庚)

(四) 戔 °찬 [전] 委積ㅣㅣ버려쌓을、전(先)[잔] 賊也도둑、잔傷也상할、잔(寒)殘見

戕 °쟝 [장] 殺也죽일、장槍也찌를、장殘也무찌를、장(陽)

或 °훅 [혹] 事物未定辭혹、혹(職)

(五) 㦸 同戚

(六) 戨 °꺼 [격] 爭鬪다툴、격又싸울、격(陌)⿰谷斤同

戙 °퉁 [동] 船板배널판、동(送)

⿱𢆶戈 °졘 [점] 盡也다할、점(鹽)

(七) 戛 °까 [알] 戟也창、알考也상고할、알轢也수레에밟힐、알齟齬貌ㅣㅣ알알할、알又어근버근할、알(黠)

戚 °치 [쳑] 親也겨레、척又척분、척斧也戉類도끼、척哀喪슬플、척憂貌ㅣㅣ근심하는모양、척(錫)㦸同慽鏚通

戜 °레

[질]疾也빠를、철(屑)

⑧

戞 戛俗字

戟◦지 [극]有枝戈갈래진창、극(陌)

⑨

戣◦케 [규]戟屬양지창、규(支)

戡 간 [감]勝也이길、감殺也죽일、감(覃)

戢◦치 [즙]兵器收藏병기모을、즙止也그칠、즙斂也거둘、즙(緝)

戥 애 [벌]盾也방패、벌(月)

⑩

戩◦잰 [전]福也복、전盡也다할、전剪滅갈겨버릴、전(銑)

截◦제 [절]斷也끊을、절善辯ㅣㅣ말솰솰할、절(屑)

戨 꺼 [가]杙也말뚝、가(歌)

⑪

⿸庸戈 융 [용]戣也양지창、용(冬)

⿰雀戈◦同截

戭 인 [인]長槍긴창、인(軫) [연]高陽氏才子名檮ㅣ사람의이름、연(銑)

戮 루 [륙]殺也죽일、육辱也욕될、육(屋) 僇同 勠見

⑫

戱 戲俗字

戰◦잔 [전]鬪也싸움할、전懼也ㅣ慄무서워떨、전(霰)

⿰曾戈 繒俗字

⑬

戲◦씨 [희]弄也희롱할、희兵器병기、희謔也희학할、희嬉也농탕칠、희(寘) 歎美辭於ㅣ오흡다할、휘[휘]大將旗기、휘(支) 麾同 [호]哀傷辭嗚ㅣ섧다할、호(虞) 呼虖通

⑭

戴◦대 [대]頭上戴物머리에일、대殘物得增덤받을、대(隊)

戳 취 [착]刺也槍ㅣ창으로찌를、착(覺)

⑮

⿰虘戈 씨 [희]相笑之貌서로웃을、희(支)

⑯

⿰雚戈◦취 [구]四角尖矛네갈래진창、구(虞)

戶部

戶◦후 [호]室口지게문、호(室之口曰ㅣ、堂之口曰門、內曰ㅣ、外曰門、一扉曰ㅣ、兩扉曰門)民居編ㅣ집、호(麌)

戹 어 [액]隘也좁을、액艱也가난할、액災也재앙、액又액、액(陌) 厄同 阨通

③

戼 同卯

戺 쓰 [사]砌也섬돌、사持樞橫木문설주、사(紙) 𢨯同

𢨯 同危

⿸戶乚 이 [이]鎖門橫木빗장、이(支) 戻同

④

所◦쒀 [소]語辭바、소又것、소處也처소、소又곳、소(語)

戾◦레 [려]反也돌아올、여乖也어그러질、여罪也죄、여至也이를、여止也그칠、여斜曲휘여질、여(霽) [렬]義同(屑)

房◦빵 [방]居室방、방宿名天駟별이름、방宮名阿ㅣ궁이름、방俎也제기방(陽)

⿸戶及◦지 [급]門鍵문자물쇠、급(緝)

⑤

扁 편 [편]小也작을、

편特也특별할、편(先) [변]官署門額현관、변不圓器그릇둥글지않을、변卑也낮을、변(銑)

扃°징 [경]關門橫木빗장、경(庚)扃通

扂뎬 [뎜]戶鍵문자물쇠、점(琰)

[illegible]°겨 [갑]閉也닫을、갑(合)

[illegible]°쟈 [각]地名땅이름、각(藥)

六

扇°싼 [선]箑也煽風부채、선扉也문짝、선動也움직일、선(霰) ㅣ涼부채질할、선(先)

扅이 [이]門扃扊ㅣ빗장、이(支)扅同

扆이 [의]屛風병풍、의(天子見王侯時所依屛風曰斧ㅣ)(尾)

七

扈°후 [호]後從호위할、호廣也ㅣㅣ넓을、호被也입을、호國名有ㅣ나라이름、호強梁跋ㅣ발호할、호鳥名桑ㅣ새이름、호(麌)鳸同

八

扉°풰 [비]門扇사립문짝、비(木曰ㅣ、葦曰扇)

扊앤 [염]戶扃ㅣ扅문빗장、염(琰)

[illegible]애 [비]屋壞무너질、비(紙)

十二

[illegible]°잔 [잠]屋上지붕、잠(陷)

手部

手°쌱 [수]肢也所以執持손、수執也잡을、수(有)

才채 [재]藝也재주、재能也능할、재(灰)纔通

扎°자 [찰]拔也뺄、찰又뽑을、찰(黠)揠同

二

打°따 [타]擊也칠、타又두드릴、타(馬) [정]義同(梗)(迥) [日]物十二枚曰ㅣ

扒빠 [배]拔也뺄、배又뽑을、배(卦)拜通

扑푸 [복]小擊작게칠、복教刑榎楚종아리채、복(屋)擈擈同

扐리 [륵]筮者著蓍指間손새에시초낄、늑(職)

扔성 [인]摧也꺾을、인(震) [잉]引也이끌、잉又당길、잉(蒸)

三

扛°캉 [강]擧也들、강(江)

扞°한 [한]防也막을、한禦難막기어려울、한守也지킬、한抵也다닥칠、한(翰)捍同

扣캭 [구]擊也두드릴、구(宥)(有)叩通

扡퉈 [타]曳也끄을、타(歌)(哿)(箇)拖同

扤우 [올]搖動흔들、올(月)

扦 擇俗字

扢치 [흘]摩也만질、흘(月)

扚°워 [약]手指細線손마디금、약(藥) [조]旁擊칠、조(篠)

托퉈 [탁]手推밀、탁湯餅曰不ㅣ떡국、탁(藥)拓飥通

[illegible]°진 [근]覆也덮을、근(問)

扜위 [우]指麾지휘할、우持也가질、우(虞)

扟°썬 [신]自上擇取物추려솎을、신疏也捪ㅣ성길、신(眞)

扨 [日]發語辭

鎚敹ㄱ러하나 **扠** 차 [차] 挾取집을、차(麻) **扗** 촌 [촌] 斷也끊을、촌(阮) **扝** 후 [호] 引着끌어당길、호(虞) **扒** 빠 [굴] 以杖掘物막대로팔、굴(物)

四

技 ㅇ지 [기] 藝也재주、지才能지方術능통할、기(紙) 伎通 **扺** 즈 [지] 側擊곁에서칠、지又결매칠、지(紙) 抵通 **批** 피 [비] 手擊손으로칠、비(紙) 推也밀칠、비削也깎을、비擊也칠、비示也보여줄、비(齊) [별] 觸擊ㅣ逆부딪칠、별(屑) **扯** 처 [차] 裂破찢어벌릴、차撦同(馬) **抒** 쓔 [서] 出取끄집어낼、서渫水물퍼올릴、서除也더러낼、서泄也쏟을、서 [저] 織具行緯북、저杼同(語) **扶** 뿌 [부] 持也붙들、부助也도울、부護也호위할、부幼貌ㅣㅣ어리광부릴、부(虞) **抎** 원 [운] 失也잃을、운下也떨어질、운(吻)

折 ㅇ지 [절] 拗也꺾을、절斷之결단할、절曲也휠、절屈也굽힐、절夭死일찍죽을、절挫也욱박지를、절又분지를、절 [설] 斷猶連貌부러져대롱거릴、설(屑) [제] 安徐ㅣㅣ종용할、제(齊) **扮** 뿐 [분] 握也잡을、분又움킬、분(吻) [반] 裝飾打ㅣ꾸밀、반(諫) **抆** 원 [문] 拭也씻을、문又닦을、문(吻) 摩也만질、문(問) 抿同 **抏** 완 [완] 挫也꺾을、완消耗모지라질、완又달아없을、완(寒) **扳** 판 [반] 引也끌、반挽也당길、반(刪)(諫) 攀見 **抃** 뻔 [변] 附手拍掌손벽칠、변(霰) 拚同 **抄** 찬 [초] 略也간략히할、초又주릴、초謄書등서할、초又벗길、초畧取끌라낼、초拔記뽑아쓸、초(肴) 鈔通 **⿰扌牙** 야 [아] 不正貌扠ㅣ비뚤어질、아(麻) 枒通 **把** 빠 [파] 握也잡을、파(馬) 爬通(禡) 庋也발、파 **抓** ㅇ좌 [조] 搔也긁을、조爪刺할퀼、조搯也움킬、조(效) **抗** 항 [항] 拒也항거할、항禦也反ㅣ반항할、항扞也막을、항敵也대적할、항(漾) 亢通 **抔** 퍽 [부] 手掬줌부又움큼、부(尤) 捊掊同 **投** 투 [투] 擲也던질、투棄也버릴、투進也나갈、투(尤) **扭** 뉴 [뉴] 手揪손뒤저거릴、유按也누를、유(有) **承** 청 [승] 繼也이을、승佐也도울、승受也(蒸)

扴 ㅇ제 [갈] 刮也긁을、갈(黠) **抉** 쥐 [결] 剔也갈가낼、결搯也발라낼、결又뽑을、결(屑) **扼** 어 [액] 握也잡을、액又쥘、액(陌) 搤同 **抑** ㅇ이 [억] 壓也누를、억

發語辭문득、억屈也굽힐、억ㅣ制억제할、억退也물러갈、억逼也핍박할、억愼密ㅣㅣ삼갈 억(職)

抍. 청 [증]上擧들어올릴、승(蒸)

扱. 차 [흡]斂持거두어가질、흡(緝) [삽]收也거두어들일、삽擧也들、삽取也취할、삽(合) [급]引也당길、즙(洽)(俗音급)

抪. 퍼 [발]打也칠、발無憚ㅣ搗기탄없을、발地名ㅣ捍땅이름、발(曷)

扻. 쯔 [자]治髮머리빗을、자(寘)

抐. 누 [눌]按物水中물에담글、눌(月)

找. 잔 [조]補充채울、조(巧) [화]以篙推船배밀대질할、화(麻)

扲. 진 [겸]專職業ㅣ직업에전력할、겸急持얼른잡을、겸(鹽)

抁. 옌 [연]動也움직일、연(銑) 捥同

抇. 후 [골]搰物轉動끌어굴릴、골穿也뚫을、골(月) 掘見 [홀]裂也찢을、홀(質)

抈. 웨 [월]折也꺾을、월又월動也움직일、월(月)

抌. 전 [침]深擊살박아칠、침推也拟ㅣ밀、침(寢)

扢. 지 [개]磨也갈、개(隊)

抩. 단 [탐]幷持함께가질、탐(覃)

㧍. 빵 [방]相似서로같을、방(漾)

五

披. 피 [피]裂開헤칠、피散也흩어질、피裂也찢어질、피從傍持곁부축할、피分也나눌、피震懾貌ㅣ靡무서워쓰러질、피(紙) 翍通

抵. 디 [지]擊也칠、지(紙) 抵見 [저]當也다다를、저擠也밀、저拒也막을、저觸也다닥칠、저擲也던질、저大ㅣ대저、저技戲角ㅣ씨름할、저(薺) 牴通

批. 츠 [재]捽也꺼두를、자以拳加人주먹질할、자又쥐박을、자(紙) [제]義同(薺)

拏. 나 [나]拘捕잡을、나(麻) 拿拏同 [녀]義同牽引이끌、녀(魚)

拒. 쥐 [거]捍也막을、거(語) 距通 [구]陣名左右ㅣ좌우로진칠、구(虞)

拘. 쥐 [구]捕也잡을、구曲礙거리낄、구(虞)

拄. 쥬 [주]撐持버틸、주(麌) 柱通

拊. 뿌 [부]拍也칠、부樂器名풍류이름、부(麌)

抪. 뿌 [포]舒也散布펼、포又흩을、포擊也때릴、포(遇)

拜. 빼 [배]稽首절、배服也항복할、배授官벼슬시킬、배禮也예할、배(卦) 㩲同、扒見

抮. 전 [진]引捩비틀、진又휘잡을、진(軫) 紾同

拔. 빠 [발]挺也拂取뺄、발又뽑을、발(黠)疾也빠를、발除也더러낼、발(曷) [패]挺也휘어꺾을、패(隊)

拚. 삔 [번]飛也날을、번(元) 翻同 [반]棄也버릴、반(寒)

招. 쟢 [초]手呼손쳐부를、초求也구할、초

丨來불러올、초[교]擧也들、교(蕭)

拌 빤(寒)[반]捐棄버릴、반 拚俗字

抛 팦[포]擲也던질、포棄也버릴、포(肴)

拕 퉈[타]曳也끌、타(歌)引也이끌、타(哿)(箇)拖同

挖 拖同

拗 얀[요]折也手拉꺾을、요(巧)心戾고집스러울、요又우김성많을、요(效)[옥]抑也억제할、옥(屋)

抱 빺[포]懷持품을、포又안을、포圍也아름、포挾也낄、포(皓)

担 °제[저]摣取건져낼、저(馬)

抨 펑[평]揮也다닥칠、평彈丨탄핵할、평(庚)拼通

抦 秉同

抽 쳑[추]拔也뺄、추又뽑을、추引也이끌、추收也거둘、추(尤)

拇 무[무]手之大指엄지손가락、무(有)

扼 어[액]把也잡을、액壓也누를、액(陌)搤同

拑 쳰[겸]脅持우그려쥘、겸緘也얽어맬、겸(鹽)

抌 와[유]抒臼절구확긁어낼、유(尤)舀同

拈 넨[점]抓也指取物집을、점又딸、점(鹽)

抶 찌[질]撻也笞刑종아리칠、질又볼기때릴、질(質)撻見

拂 뿌[불]振出떨칠、불逆也거스릴、불違也틀릴、불除滅제해버릴、불(物)[필]輔佐도울、필(質)弼見

抹 머[말]塗也바를、말滅也丨消삭칠、말又없앨、말又뭉갤、말巾名丨額마래기、말(曷)

拙 줘[졸]劣也不巧옹졸할、졸又못생길、졸又졸할、졸屈物不用못쓰게될、졸(屑)

拎 링[령]捻也懸持찍어올릴、영又달아올릴、영(青)

拆 坼同

拉 라[랍]折也꺾을、납又분지를、납風聲㕙丨바람소리、납(合)

抾 취[거]持去가져갈、거(魚)

押 야[압]壓也差丨눌러놀、압署印수결둘、압又인칠、압管理거느릴、압詩賦点韻운자에점찍을、압[갑]輔也도울、갑檢束단속할、갑(洽)

拐 꽤[괴]誘也丨騙유인할、괴又후릴、괴又꾀일、괴(蟹)

抳 늬[니]手指物가리킬、이止也그칠、이(紙)

抻 썬[신]引戾丨長잡아늘일、신又휘어잡을、신(震)

拃 잔[잔]摸也모뜰、잔(潸)

挚 찌[재]積也쌓을、자(寘)

抋 삐[필]刺也찌를、필(質)[별]捩也휘여꺾을、별擊倒때려거꾸러뜨릴、별(屑)[비]戲擊얼르며칠、비(寘)

担 딴[단]拂也떨칠、단(旱)[걸]軒擧丨撟번쩍들、걸(月)[담]擔同(勘)

拍 퍼[백]俗音[박]搏也칠、박樂句풍류귀절、박丨手손벽칠、박(陌)

拓 퉈

[탁]斥開개척할、탁(藥)[척]拾也주울척開墾개간할척(陌)托摭通

(六)

挏 퉁 [동]推引밀며끌、동撞也짓찔、동(董)

拱 궁 [공]斂手垂ㅣ손길잡을、공又꽂을、공合持ㅣ把손끝마주낄、공(腫)

𢪃 숭 [융]助也도울、융(東)[잉]因也인할、잉(蒸)

拲 공 [공]罪人手械수갑지을、공(腫)[곡]義同(沃)

持 츠 [지]執也가질、지又汲水具軍ㅣ물지게잡을、지保守지킬、지(支)

指 즈 [지]手端손가락、지示也가리킬、지(紙)

挐 拏同

挑 탸 [조]撥也돋울、조又긁을、조選取빼낼、조又뽑을、조肩荷멜、조輕儇까불거릴、조(蕭)弄也희롱할、조引調돋아낼、조(篠)[도]往來相見ㅣ達오며가며서로볼、도(豪)[서]抒物器구기、서(語)

拽 예 [예]拖也끄을、예(霽)曳見[열]拕也잡아끌、열(屑)抴見

挈 치 [계]缺也이지러질、계燃火灼龜거북등에불로점쬐을、계(霽)[설]提也끌어당길、설(屑)

㧱 훼 [회]相擊서로칠、회(灰)豗同

拫 헌 [흔]引也排ㅣ끌어당길、흔(元)

挂 꽈 [괘]懸也걸、괘又달、괘畫也그림、괘矢鏃剛ㅣ살촉、괘(卦)掛同

按 안 [안]抑也누를、안察也살필、안考也상고할、안止也그칠、안撫也어루만질、안(翰)[알]遮也막을、알捺也누를、알(曷)遏同

拴 촨 [전]擇也가릴、전(先)

拳 촨 [권]五指屈合주먹、권勤懇근간할、권憂也ㅣㅣ근심할、권思念奉持마음에품을、권(先)捲通惓見

挍 쟈 [교]考也상고할、교計量헤아릴、교(效)校通[華]捽ㅣ씨름할、교

拷 캎 [고]打也ㅣ掠두드릴、고又때릴、고(皓)

掣 쩨 [책]手度物뼘잴、책(陌)擛同

拯 청 [증]救濟건질、증又구제할、증(蒸)

拿 나 [나]捕也잡을、나(麻)拏同

挃 찌 [질]刈稻聲ㅣㅣ벼베는소리、질(質)經通

搄 揯同

拮 찌 [길]手口共作ㅣ据손끝어긋매낄、길又깍지낄、길(質)[결]義同(屑)

摋 쨘 [찰]相接排ㅣ서로다닥칠、찰(曷)

括 꽈 [괄]絜也헤아릴、괄結也맺을괄包也쌀、괄檢也점검할、괄至也이를、괄矢末살촉끝、괄[활]會也모을、활(曷)

挌 꺼 [격]擊也칠、격(陌)

挒 레 [렬]拗也비틀、열(屑)捩同

拭 씨 [식]揩也씻을、식又닦을、식刷也문지를、식(職)

拾 시 [습]收也주

을、삽又거둘、삽又집을、삽射韝夬ㅣ팔찌、삽(緝) [겁]更也갈마들일、겁[섭]涉也ㅣ級건늘섭(葉)

拹。쎼 [협]折也꺾을、협(葉)

挋。쪈 [신]拭也씻을、신又훔칠、신(震)

挖 뗘

와 [알]穿索挑ㅣ우벼볕、알(曷)

拵。춘 [존]插也꽂을、존(願) [日]調製지을、존

⿰扌先 쎈 [선]手捻物撰ㅣ비빌、선(銑)

捒 쑤 [색]擇取物가릴、색(陌)

搡 뗘

[타]忖度헤아릴、타下帆배돛내릴、타搖也흔들、타(哿)挆同

挅 挆同

挎。꾸 [고]以指納孔而持손가락구멍에넣어잡을、고(虞)

⿰扌州 착 [추]手彈손으로퉁길、추(尤)搊同

拰 신 [임]調弓貌ㅣ搦활바로잡을、임(寢)

⿰扌林 씩 [호]掃除쓸어버릴、호(豪)

⿰扌危。꿰 [궤]毁撤헐어버릴、궤(紙)

拲 궁 [공]兩手取物두손으로잡을、공(腫)

七

捅 퉁 [통]引也이끌、통(董)

捄。착 [구]築墻聚土담쌓는흙모을、구(虞)長貌긴모양、구(尤)護也호위할、구(宥)救古字

捒 쑤 [수]裝束장속할、수又묶을、수

(遇) [송]謹也심갈、송(腫)竦同

捂 우 [오]𥎞差抵ㅣ어긋칠、오觸也抵ㅣ다닥칠、오逆也거스릴、오(遇)

捕。뿌 [포]捉也잡을、포(遇)

挨。애 [애]推也밀、애背擊등칠、애

相接서로댈애(佳)

挼 뉘 [뇌]按揉비빌、뇌 [쇠]摩也만질、쇠(灰) [나]摧也꺾을、나(歌)

⿱丞手。쯘 [근]舒也펼、근(吻)

振。쪈 [진]奮也떨칠、진收也거둘、진救也구원할、진

整也정제할、진發也필、진(震)賑通、擧也들、진盛貌ㅣㅣ성한모양、진(眞)

捘。쮠 [준]推也밀、준(眞)按也누를、준爪刺손톱으로찌를、준(願)

捃。쮠 [군]拾取ㅣ摭주울、군(問)

攎擵同

挽。완 [만]引車수레끌、만ㅣ歌상여꾼노래、만薤露蒿里二章ㅣ歌만장、만(阮)輓同

拚 빤 [반]棄也버릴、반(寒)拌同

捆 큰 [곤]叩也두드릴、곤(元)

捍 한 [한]衛也호위할、한射具臂ㅣ팔찌、한(翰)

挻 옌 [연]揉也휠、연引也이끌、연遁也도망할、연擊也칠、연(先)

捐。웬 [연]棄也버릴、연除也덜、연病死ㅣ瘠병들어죽을、연(先)

捎。쌰 [소]除也덜、소動貌ㅣ搖흔들릴、소(蕭)擇也가릴、소掠也스칠、소(肴)

捁。쟈 [교]手動也흔들、교亂之어지러이할、교(巧)攪同

挱 싸 [사]摩

也만질、사(歌)
挲 抄同
挫 취 [좌] 摧也줄어질、좌 折也꺾을、좌(箇)
捊 。부 [부] 引取당길、부 手掬줌、부(尤) 抔同
挪 예 [야] 擧手相弄ㅣ揄손들어서로농할、야(麻)
挪 나 [나] 揉物搓ㅣ잡아휠、나(歌)
挺 。팅 [정] 拔也뺄、정 直也ㅣㅣ곧을、정(迥)
挶 。쥐 [국] 持也잡을、국 土轝들것、국(沃)
捁 부 [부] 手掬움큼、부(尤) 抔同
捉 。쥐 [착] 捕也잡을、착(覺)
捔 쥐 [각] 紲後絓前掎ㅣ앞뒤로얽을、각(覺)
捝 뛰 [탈] 除也제할、탈 遺也끼칠、탈(曷) 脫通 [세] 拭也씻을、세(霽)
捌 。빠 [팔] 破也깨칠、팔 無齒杷고무래、팔(黠) 八見
捋 라 [랄] 摘取딸、랄 摩也郁ㅣ만질、랄(曷)
捏 네 [녈] 捻也손으로찍어바를、녈 捺也누를、녈(屑)
挹 。이 [읍] 酌也잔질할、읍 出取집어낼、읍(緝) 揖見
挾 。쎄 [협] 掖也낄、협 輔也도울、협 持也가질、협 藏也감출、협(葉) 俠通、夾見
捖 꽈 [괄] 磨切긁을、괄(黠)
挴 메 [매] 貪也탐할、매(賄)
挭 授同
捀 。뿡 [봉] 兩手奉承두손으로받들、봉 兩手分而計數두손에나눠셀、봉(宋)
⿰扌身 컹 [갱] 引伸당겨펼、갱 琴聲거문고소리、갱(庚)
挮 티 [체] 去涕淚눈물씻을、체(霽)
捇 허 [혁] 掘土흙팔、혁(陌)
捗 。뿌 [보] 收塵芥ㅣ攎북더기모을、보(遇)
捚 。재 [재] 掌擊손바닥에받을、재(齊)
⿰扌秀 。쑤 [숙] 引也이끌、숙(屋)
掐 난 [남] 魚食貌고기물먹는모양、남(勘)
⿰扌瓜 。데 [접] 手摩物비빌、접(葉)
⿰扌我 어 [아] 碎也부서뜨릴、아(箇)
挰 뎡 [정] 擇也가릴、정(庚)
⿰扌將 。장 [강] 帆雙立쌍돛달、강(江)
⿰扌禿 두 [독] 以杖刺之지팡이로찌를、독(屋)

八

捧 。뿡 [봉] 手承받들、봉(腫)
推 。퉤 [퇴] 排也밀、퇴(灰) [추] 義同、擇也가릴、추 獎也포장할、추 詰問힐난하며물을、추 尋繹궁구할、추 順遷차례로옮길、추(支)
控 。쿵 [공] 引也끌을、공 再告다시고할、공 操制억제할、공 投也던질、공(送) [강] 打也칠、강(講)
掄 룬 [륜] 擇也가릴、윤(眞) [론] 義同(元)
掎 。지 [기] 偏引치우쳐당길、기 牽一脚한다리끌、기 發也틀길、기(紙)
捶 취 [추] 擊也칠、추 舂也찧을、추(紙) 棰通 [타] 揣同(哿)
⿰扌豖 뙤 [탁] 打也칠、탁 推也밀、탁(覺) 椓通

据°쥐 [거]口足爲事拮ㅣ길거할 거據置엇걸어놓을거 魚 依也의지할、거 御

措•추 [조]置也둘、조擧也들、조 遇 厝錯通 [책]追捕쫓아 잡을、책 陌

捉이 [예]捉也잡을、예擬也비길、예寄也붙일、예手筋急손에심줄당길、예 霽

掣•치 [체]滯偏막힐、체曳也끌을、체 霽 [철]挽也당길、철 屑

捭°패 [패]兩手擊之두손으로칠、패 蟹 [벽]開也열、벽折也꺾을、벽 陌

捱예 [애]拒也밀막을、애延緩ㅣ過늘어질、애 佳

排•°패 [배]推也밀、배斥也물리칠、배安置가만이둘、배列也벌려놓을배 佳

捼위 [뇌]摩也만질、뇌 灰 接通 [나]摧也꺾을、나 歌

採•채 [채]摘取딸、채又캘、채擇取가려낼、채 賄 采通

掛괘 [괘]懸也걸、괘又달、괘ㅣ置달아둘、괘又걸어둘、과 卦 挂同

捥완 [완]臂也팔뚝、완 翰 腕同

掀°쎈 [헌]擧也들、헌高聳우뚝할、헌 元

捫°뮌 [믄]撫持어루만질、믄又더듬을、믄 元

掍훈 [혼]同也같을、혼 阮 混同

捲•°좐 [권]收也거둘、권氣勢주먹불끈쥘、권用力貌ㅣㅣ힘우쩍쓸、권 先 拳通、斂也거둘、권 銑 卷同

掴°잔 [조]刺也찌를、조 篠

掔•쳔 [완]引挽끌어당길、완 翰 腕見 [견]義同 先 牽見

掉댜 [도]搖動흔들、도 篠 嘯 擇也가릴、도 豪 掏通

掃쏘 [소]以箒除穢쓸、소 皓 號 埽同

捨•쎠 [사]釋也놓을、사棄也버릴、사施也베풀、사 馬 舍同

掌•°장 [장]手面손바닥、장司也말을、장主也주장할、장 養

掠•°략 [략]刼財ㅣ奪노략할、약拂過括取홱채갈、약 藥 剠同 [량]奪取鹵ㅣ빼앗을、양搒笞拷ㅣ볼기칠、양 漾

掁청 [쟁]觸也부딪칠、쟁擊也칠、쟁 庚

掙°정 [쟁]刺也찌를、쟁 敬

掤•°빙 [붕]箭筩蓋전통뚜깨、붕 蒸

掫°작 [추]夜警擊析干ㅣ순행하며조두칠、추 尤

掅청 [청]捽也꺼두를、청 徑

掊퐈 [부]把也쥘、부又잡을、부聚斂ㅣ克거둠질할、부 尤 擊也칠、부 有 剖見

授•°쑤 [수]與也줄、수付也붙일、수 有 宥

探탄 [탐]察也偵ㅣ정탐할、탐搜也索取뒤질、탐又더듬을、탐又찾을、탐 覃 勘

捦친 [금]捕虜사로잡을、금 侵 擒同

掩•°엔 [엄]斂也거둘、엄遮也막을、엄閉也닫을、엄覆取들씌울、엄隱翳가릴、

엄(琰) 揜同 **掞** 싼[섬]舒也펼、섬疾動번쩍거릴、섬(鹽)㨹同 **掬** 쮜[국]兩手撮物두손으로움킬、국(屋)匊見 **掏** 탚[도]擇也가릴、도搯也취할、도(豪)搯見 **掘**。

쿠[굴]穿地팔、굴特起貌웃뚝할、굴(物)堀通[궐]穿也뚫을、궐(月)撅通 **捽**。쭈[졸]手攥꺼두를、졸觸也부딪칠、졸(月) **捾**。와[알]取也취할、알援也구원할、알搯也손톱

적일、알(曷) **掇** 뙤[철]拾取주을、철採也캘、철馬箠말채찍、철(曷) **捩** 레[렬]拗也비틀、렬又꺾을、렬撕也끄을、렬(屑)捩同、攦通 **掖**。예[액]挾扶곁들、액又부축

할、액臂下겨드랑이、액(陌)腋掖見 **捷** 쩨[첩]勝也이길、첩敏疾빠를、첩獵也사냥할、첩(葉) **接** 쩨[접]連也ㅣ續이을、접交也사귈、접近也가까울、접又접속

접會合모을、접受也받을、접(葉) **掐**。챠[겹]爪刺손톱적일、겹(洽) **捻**。네[녑]捏也손으로찍어바를、녑手搓손비빌、녑(葉)攝同 **⿰扌忽** 후[홀]拂塵먼지틀、홀(月)

搭。타[답]裁縫指物골무、답(合)鞳同 **捺**。나[날]手押손으로누를、날(曷) **⿰扌固** 꾸[고]縣名ㅣ陽고을이름、고(遇)稒同 **捵** 텬[전]手伸物손으로바로잡을、전(銑)

捬 뿌[부]按撫어루만질、부慰也위로할、부(麌)拊撫見 **⿰扌直** ㅊ[지]投也던질、지(寘) **拼**。뻥[병]隨從좇을、평(庚)[병]除也排斥물리칠、병又제할、병(敬)摒見 **掆**。깡

[강]擧也들、강(陽) **掚**。량[량]裝飾꾸밀、양(養) **掟**。띵[정]揮張둘러칠、정又영갑、정(徑)[日]教令 **⿰扌叀** 쫜[전]望繩取正줄띄워다림볼、전(或音순)(霰) **掗** 야[아]搖

也ㅣ搖흔들、아(馬)強給억제로줄、아(禡) **掝**。휘[혹]惛也ㅣㅣ흐리멍덩할、혹(職)[획]裂也찢을、획(陌) **⿰扌林**。린[름]殺也죽일、늠打也칠、늠(寢) **⿱波手** 파[파]披散헤칠、

파(歌)搫同 **⿰扌尚** 당[당]引也끌을、당(庚) **⿰扌幸** [華]ㅣ鼻코풀、행 **⿰扌㝵** 데[득]拳打주먹으로칠、득(職) **⿰扌表** 뱌[표]分也나눌、표(嘯) **捿**。씨[서]棲息새깃들일、서

(齊)栖通 **捳** 위[악]彈也튕길、악(覺) **九** **摠** 揔俗字 **揮**。훼[휘]振也떨칠、휘又뽑낼、휘散也發ㅣ흩을、휘指ㅣ지휘할、휘又두를、휘(微)

提。티【제】挈也끄을、제擧也들、제鼓名북이름、제星名攝ㅣ별이름、제酒壺偏ㅣ술병、제(齊)擲也던질、제(霽)【시】羣飛貌ㅣㅣ떼지어날을、시(支)翅同

揣 췌【취】忖度헤아릴、취試也시험할、취又요량할、취(紙)【타】義同(哿)捶揣通

揆 퀘【규】度也헤아릴、규官名百ㅣ재상、규(紙)

揄。위【유】引也이끌、유(虞)廠名見

揩 체【개】摩拭문질러훔칠、개(佳)

揗 쓘【순】摩也만질、순手相安慰拊ㅣ쓰다듬을、순(眞)(軫)(震)

揾 원【문】拭也씻을、문(吻)(問)抆同

援。웬【원】救助구원할、원引也索持끌어당길、원鉤梯사다리、원(元)(霰)

揵。옌【건】擧也들、건(阮)肩擧멜、건(先)楗通

換。환【환】交易바꿀、환(翰)

揀。잰【간】擇也가릴、간又선별간(潸)柬通【련】義同(霰)

㨎 완【연】揉挱煩ㅣ비빌、연碎也부스러뜨릴、연(先)撋同

揥 티【체】笄也拔毛족집게、체捐也버릴、체(霽)

揭。옐【게】高擧높이들、게裹衣涉水옷걷고물건늘、게(霽)【갈】義同(月)【걸】義同、起也일어날、결長貌ㅣㅣ걸걸할、결(屑)

挩 옌【연】動也움직일、연(銑)抁同

掾。옌【연】官屬ㅣ吏아전、연因也인할、연(先)

描。먀【묘】摹畫그림、묘又모뜰、묘(蕭)

挈 빵【방】捍也막을、방衛也호위할、방(陽)

揚。양【양】飛擧들날릴、양發現나타날、양稱讚칭찬할、양鉞也戚ㅣ도끼、양去糠籔ㅣ까불을、양又키질할、양(陽)

挭 껑【경】大略대개、경(梗)挭同

揯 껀【긍】急引켕길、긍(蒸)搄同

搜。쑤【수】索也찾을、수又수색할、수勁疾矢行살빨리갈、수聚也모을、수(尤)搜同

揪 쮜【추】束也묶을、추聚也모을、추(尤)

揫。揪同

揉。쒸【유】手摩作軟비빌、유和順부드럽게할、유(尤)曲直矯ㅣ바로잡을、유(有)(宥)

揕 찐【침】擊也칠、침刺也찌를、침伐木聲벌목소리、침(沁)

揞 안【암】手覆손으로덮을、암藏也감출、암(感)

揜 앤【암】手掩손으로가릴、암(感)掩見【엄】索취찾아낼、엄困迫곤박할、엄(琰)

握。위【악】搤持掌ㅣ쥘、악又잡을、악(覺)

揬 두【돌】觸也搪ㅣ당돌할、돌衝突부딪칠、돌(月)

揠。야【알】拔草풀뽑을、알(黠)

揲。쎄【설】閱持ㅣ著세어가질、설(屑)攝同【엽】義同【접】

摺也접을、접(葉)

揳 쎄 [셸]作事不正攕ㅣ일비뚤게할、설塞也막을、설(屑)

挌 거 [객]著也把手손잡을、객又쥘、객(陌)

揖 이 [읍]拱手半拜敬禮읍할、읍進也나갈、읍遜也겸손할、읍挹通[즙]聚也ㅣㅣ모을、즙(緝)

插 차 [잡]俗音[삽]刺立꽂을、삽(洽)臿鍤通

揃 잰 [전]整齊가지런히할、전剪也자를、전(銑)剪同

揎 쉔 [선]捲袂出臂소매걷을、선(先)

⿰扌奎 궤 [규]刺也찌를、규(齊)刲同

揟 슈 [서]捕魚고기잡을、서地名ㅣ次고을이름、서(魚)

掔 腕同

⿰扌衍 옌 [연]舒布펼、연(銑)

揤 지 [즉]捽也꺼두를、즉(職)[질]拭也씻을、질(質)

⿱削手 쌱 [삭]人臂細長팔이길고가늘、삭(覺)⿱削木見

⿰扌致 지 [치]掠奪노략질할、치刺也찌를、치(寘)

掽 평 [팽]撞也ㅣ搕부딪칠、팽(敬)

拆 쳐 [탁]裂開터질、탁又벌어질、탁(陌)坼同

⿰扌保 바 [보]衣上擊之옷위로칠、보(皓)

⿰扌律 뤼 [률]去滓取汁즙낼、률又짤、률(質)

⿰扌華 꺼 [격]改也고칠、격(陌)

揘 헝 [횡]擊也칠、황(庚)

掅 뗘 [타]捫也만질、타(哿)

揥 딩 [등]擔也멜、등(或音당)(徑)

揌 쓰 [시]動也擡ㅣ움직거릴、시(灰)

⿰扌室 지 [질]擣也찧을、질(質)

揂 착 [추]聚也모을、추(尤)

⿰扌段 단 [단]打鞭채찍질할、단(翰)

揈 헝 [횡]打聲치는소리、횡(庚)

⿰⿱士⿱冖手殳 꾸 [구]取牛羊乳젖짤、구(虞)

揍 착 [주]插也꽂을、주(宥)

⿰扌⿰目夬 예 [열]抉目눈비빌、열(屑)

⿰扌炭 탄 [탄]轉也구를、탄(寒)

⿱剌手 라 [랄]研磨갈、날又부술、날(曷)

十

搘 지 [지]柱礎나무주추、지又기둥받침、지(古用木而今用石也)捂也어긋날、지(支)楮同

搥 취 [추]擊鼓북칠、추(三ㅣ鼓爲三嚴)(支)槌見[퇴]擲也던질、퇴(灰)

捭 피 [비]反手擊손뒤집어칠、비(齊)批通[별]手疾彈絃손재게탈、별(屑)

携 씨 [휴]提也끌、휴持也가질、휴(齊)攜俗字

揋 웨 [외]掎也치우쳐끌、외(灰)

搢 진 [진]插也꽂을、진振也ㅣ紳멀칠、진(震)縉通

搝 추 [구]擧也들、구(有)

損 손 [손]減也감할、손又덜、손傷也상할、손失也잃어버릴、손害也해할、손(阮)

搬 빤 [반]運也ㅣ移운반할、반又옮

길、반(寒)
搷 텬 [전] 擊也칠、전引也끄을전揚也날릴、전(先)
搴 쳔 [건] 拔取뺄、선(銑)擛同縮也줄어질、건(先)
搖 야 [요] 動也ㅣㅣ흔들、요又움직일、요暴風扶ㅣ회리바람불、요星名招ㅣ별이름、요首飾步ㅣ머리치장할、요(蕭)搖同
搔 쌒 [조] 爬也긁을、소(豪)
搗 따 [도] 舂也찧을、도手椎다듬을、도又두드릴、도 又방망이질할、도(皓)擣同
搓 촤 [차] 推擊ㅣ挪밀고칠、차又휘두를、차手相磨손비빌、차(歌)
搽 차 [차] 塗飾바를、차(麻)涂通
搪 당 [당] 不遜ㅣ揬당돌할、당傏同、塞也막을、당張也베풀、당(陽)
搶 챵 [창] 集也모을、창拒也막을、창飛掠홱채갈、창(陽)爭取ㅣ奪빼앗을、창突也부딪칠、창又받을、창(養)
搒 빵 [방] 笞杖볼기칠、방又매칠、방(陽)篣同、進船배내밀、방又배절、방(漾)[병]義同(敬)榜通
搡 쌍 [상] 擊也搷ㅣ칠、상(養)
搊 척 [추] 手彈손으로틍길、추(尤)掫同
搜 捜俗字
搐 츅 [휵]俗音[축]牽制땅길、축(屋)
撊 싼 [섬] 疾動번쩍거릴、섬(豔)掞同
搉 츄 [각] 略舉揚ㅣ약간들출、각敲擊짓두드릴、각(覺)榷見
搦 뉘 [낙] 持也가질、약(覺)[닉]捕捉잡을、익(陌)
搋 촤 [차] 以拳觸人쥐어지를、차(麻)[체]折也꺾을、체拽也끄을、체(霽)
搮 리 [률] 以手理物쓰다듬을、율(質)
搰 쿠 [골] 掘也팔、골用力ㅣㅣ힘쓸、골(月)
搣 메 [멸] 手拔손으로뽑을、멸(屑)
⿰扌索 쌱 [삭] 手捉摹ㅣ집을、삭取也취할、삭求也구할、삭(藥)索通
搏 뿌 [박] 手繫손으로얽을、박捕也잡을、박拍也두드릴、박(藥)
搤 어 [액] 握也쥘、액持也가질、액(陌)
搚 라 [랍] 折也꺾을、납(合)拉同
搨 타 [탑] 摹也ㅣ碑비문박을、탑(合)搭通
⿰扌納 나 [납] 擊也칠、납(合)
搭 따 [답] 擊也칠、답掛也걸、답附也붙을、답[탑]模也摸ㅣ박을、탑(合)搨見
⿰扌素 쏘 [소] 暗取物훔칠、소(遇)
搇 친 [흠] 押也누를、흠(沁)
搰 후 [홀] 手推밀、홀(月)
搕 커 [갑] 擊也칠、갑取也취할、갑(合)
搟 쎈 [헌] 擧手擬之손길대볼、헌打也칠、헌(阮)
搩 쎄 [걸] 手度物뼘잴、걸(屑)⿱桀手同
搫 판 [반] 除也덜、반(寒)[파]射也除地爲場활터닦을、파披散

흗을 파 歌 搫同 掆 깡 강擧也 들、강 江 搯 탄 도叩也두드릴、도搯擊劍道검 도배울、도又격검할、도 豪 搲 와 와爬也긁을、와 牽긁당길、와 馬 搵

원 온指押손가락으로누를、온沈物水中ㅣ搵물에담글、온 願 搹 어 액俗音격手 把줌、격 陌 揵 졘 건相助서로도울、건荷肩멜、건 元 搠 쌕 삭觸也찌

를、삭 藥 搦 략 락持也가질、낙 姓也성、낙 覺 搌 쨘 전展極ㅣ搌활짝펼、전束縛묶을、 전捲也걷을、전拭也씻을、전 銑 搆 꾸 구聚也ㅣ造 얽어모을、

구 有 搾 착 壓物取汁짤、착 押ㅣ눌러뗄、착 [扌奚] 해 해挾也낄、해扶 也붙들、해 佳 搛 렴 렴手擊長鼓 장구칠、염 鹽 揮 회 회拭也씻 을、회 箇

搧 싼 선以扇打之부채 로칠、선 先 霰 十 摠 總同 摏 총 용撞也때릴、용搗 也찧을、용 冬 春同 摐 창 창撞也때릴、창(ㅣ金 鼓、吹鳴 鐼)撩也흔들거

릴、 창 江 摣 쟈 사俗音자握取검쳐질、 자搏撮후려칠、자 麻 摛 리 리舒也펼、이張也 베풀、이 支 攡通 摫 궤 규裁制마름 질할、규 支 摯 지 지握 持잡

을、지至極지극할、지執物相見禮폐백、지(天子鬯 諸侯圭卿羔大夫鴈士雉庶人之ㅣ匹)進也나갈、지 寘 摡 개 희取也취할、희拭也닦을、희 未 개滌也씻을、개 隊

摴 쟈 저局戲ㅣ蒲저포、저又 상륙저舒也펼、저 魚 摸 뫄 모規倣ㅣ範본뜰、모又모범될、 모 虞 摹同 막搜探수탐할、막 藥 摳 취 구褰裳치마걷어 칠、구 虞 提也

끄을、구探也 더듬을、구 尤 摹 뫄 모規也ㅣ寫규모、모又모뜰、모又본뜰、 모又체받을、모又닮을、모 虞 摸同 摧 최 최折也꺾 을、최 灰 [扌堇] 진 근拭 也씻

을、 근 問 摷 졘 건雩蒲采名ㅣ子저 포짝이름、건 元 摶 퇀 단擊也칠、단 圜也둥글、단 寒 摤 창 창磨滌닦을、 창 養 搶見 摜 꽌 관帶也띠 띨、관習

也익숙 할、관 諫 摙 렌 련負荷 멜、연 銑 摽 퍞 표擊也칠、표麾也두르를、표刀末칼끝、표 蕭 蔈 見摽心가슴칠、표落也떨어질、표 篠 殍通 摩 머 마撫 也만

질、마졍연마할、마研也揩也문지를、마(歌) 摞 뤄 [라] 理也다스릴、나(箇) 擨。화 [화] 橫大가로퍼질、화(禡) 摰• 네 [예] 曳挽끌어당길、예(霽) 䑛見 擟 쳔 [쳔] 插

也꿋을、천(先) 摒 뼝 [병] 料理ㅣ擋요량할、병 除也제할、병(敬) 屛見 摎。 직 [규] 束也묶을、규 縛殺얽어죽일、규 絞也목맬、규(尤) 擻 쑤 [수] 取也摟ㅣ취할、수(尤)

摟。 루 [루] 牽也끄을、누 抱持안을、누(尤) 摻 싼 [섬] 好手ㅣㅣ예쁜손、섬(鹽) [삼] 義同(咸) 攕同、執也잡을、삼 鼓曲 漁陽ㅣ북곡조이름、삼(鑑) 參見 摲• 싼 [삼] 芟也풀

베일、삼(鑑) 投也던질、삼(陷) 摋• 싸 [살] 側手擊외손으로서칠、살 掃滅 抹ㅣ뭉갤、살 又삭칠、살(曷) 撒通 㨾 樣同 摕。 대 [철] 捩去홱채갈、철 又빼앗을 철(屑) [제] 撮取움킬、

제(霽) 摭 이지 [척] 拾也주을、척(陌) 拓通 摑 꾀 [괵] 打也때릴、괵(陌) 敋同 摘。 티 [적] 挑發들쳐낼、적(錫) 擿通、手取딸、적(陌) 摺• 여져 [랍] 折也꺾을、납 又분지

를、납(合) 拉見 [섭] 疊也접을、섭 又개킬、섭 敗也패할、섭(葉) 搐。 쒸 [죽] 抽也뺄、숙(屋) 摇 얀 [요] 動也흔들、요(蕭) 搖同 摩 폐 [배] 手起物令虛빌、배 揚也떨칠、배(賄)

擄 섄 [선] 手挑物손으로돌을、선(霰) 揲。 쉐 [설] 掃除쓸어없이할、설(屑) 摮• 오 [오] 擊也칠、오(豪) [교] 橫擿가로칠、교(肴) 摼 징 [경] 扣頭머리두드릴、경

強擊몹시칠、경(庚) 揊• 삐 [벽] 剔癖ㅣ痤종기쨀、벽(屋) 摝。 루 [록] 振也떨칠、녹 動也움직일、녹(屋) [로] 撈也건질、노(虞) 𢱢 쭈 [축] 以手築物손으로다질、축(屋)

撻。 찬 [산] 精撰捍ㅣ가릴、산 又고를、산 以手動物손으로움직거릴、산(潸) 𢴳 웨 [위] 手舒物손으로펼、위(未) 㨭 후 [호] 不順理抪ㅣ거스릴、호(虞) 摓• 뿡

[봉] 擧也받들、봉 以針紩衣꿰맬、봉 又홀、봉(冬) 縫見 摔• 쐐 [솔] 棄於地땅에버릴、솔(質) 㩉 撮同 摲。 찬 [참] 防水물막을、참(感) 截取꺾어가질、참(覃) 摖 치 [체] 揭

取걸고잡아다릴、체(霽) 挽 두 [두] 擺開잡아헤칠、두(虞) 㩼 이지 [절] 俗音 [질] 搔也긁을、질(屑) 㨠• 면 [면] 飾也꾸밀、면(銑) 㨸 미 [밀] 私擊가만이때릴、밀(黠)

擏 °잔 [조] 攪拌휘두를、조(號) 擙 만 [만] 曳也끌、만(元) 擭 후 [호] 覆也덮을、호(遇)

十二

撞 °장 [당] 擊也칠、당又두드릴、당擣也짓찔、당又다질、당突也냅들、당(江)(絳)

撝 훼 [휘] 裂也찢을、휘指揮지휘할、휘 [위] 佐也도울、위(支)

撎 이 [의] 揖也兩手着額읍할、의(寘)揖通

撫 °부 [부]俗音[무] 按也어루만질、무慰也위로할、무安存편안히할、무(麌)撫通

撕 쓰 [시] 提也끌、시(齊)

撅 °궤 [궤] 揭衣옷걷을、궤(霽) [궐] 擊也칠、궐投也던질、궐擲蒲采名주사위、궐(月)掘見

撙 °준 [준] 裁抑조절할、준又맞갖게할、준聚貌ㅣㅣ모일、준又엉크러질、준挫也꺾어질、준(阮)僔同、縛通

撣 °탄 [탄] 觸也다닥칠、탄又부딪칠、탄(寒) [선] 牽引ㅣ援당길、선(先)

撰 찬 [찬] 具也갖출、찬記事ㅣ述글지을、찬(潸)篹養通 [전] 義同(霰)述也지을、전持也가질、전集也모을、전擇也고를、전(或音선)(銑)譔同

撊 °센 [한] 勁忿ㅣ然성나불끈거릴、한(潸)

撋 완 [연] 挼抄煩ㅣ비빌、연又문지를、연(先)挼同

撁 牽古字

撚 °넨 [년] 執也잡을、연指頭相摩손끝으로비빌、연蹂也밟을、연以手拭物닦을、연(或音천)(銑)

撩 랴 [료] 取物움킬、요挑弄얼를、요理也다스릴、요(蕭)扶也붙들、요取也취할、요(篠)

撟 °쟈 [교] 擧手손들、교手足伸張손발펼、교強貌꿋꿋할、교(篠)矯見、輮也굽오릴、교(嘯)

撓 °냐 [뇨] 擾亂요란할、요(巧)屈也굽힐、요(效)搔也긁을、요(肴)

撈 랴 [로] 沈取鉤ㅣ건져낼、노(豪)[韓]農具曳介끙개、노

撦 처 [차] 裂開찢어벌릴、차啓也ㅣ拆뜯을、차(馬)扯同

撗 팡 [광] 充也챌、광滿也가득할、광(漾)擴通

撢 °탄 [담] 遠索더듬을、담又찾을、담(覃)探同

撐 청 [탱] 以柱ㅣ物버틸、탱(庚)撑同、橕通

[illegible] 쒠 [선] 捲袂出臂소매걷을、선(先)揎同

撑 撐俗字

撍 °잔 [잠] 聚也盍ㅣ모을、잠疾也빠를、잠(侵)簪通

[illegible] °졔 [결] 汲水具ㅣ槔두레박、결(屑)檕同

撏 씬 [잠] 取也취할、잠(覃) [섬] 義同、探也더듬을、섬摘也뜯을、섬(鹽) [심] 義同(侵)

撲 °푸 [복] 挨也相ㅣ서로부딪칠、복又씨름할、복踣也엎드러질、복(屋) [박] 拂著부딪칠、박(覺)

撥 °빠 [발] 治

也다스릴、발除也제할、발轉復굴길、발紼也葬具상여줄、발鼓絃物줄풍류채、발馬名叱ㅣ말이름、발(曷) **撮**。취 [촬] 三指取한잡음、촬挽也당길、촬暵也비칠、촬聚也모

을、촬(曷) 撮同 **播**。빠 [파] 種也심을、파又씨뿌릴、파遷也옮길、파散也헤칠、파逋也달아날、파(箇) **撒** 싸 [살] 俗音[산] 散也헤쳐버릴、살(曷) **撤**。처 [철] 除

去건을、철發也필、철抽也뺄、철(屑) **撇**。폐 [별] 書法右ㅣ오른쪽삐침、별擊也칠、별(屑) 撆同 **撆**。撇同 **撠**。지 [극] 揭持쥘극(陌) **擭** 화 [획] 裂也찢을、획(陌)

擳。지 [치] 適當分持똑갈이나눠가질、치(寘) **㨨** 롸 [류] 以手平物손으로고르게할、유又만질、유(宥) **擆** 챠 [효] 擧也들、효(肴) **擯** 삐 [비] 擊仆때려너머뜨

릴、비(未) **盪**。탕 [탕] 以手推止손으로머무를、탕(陽) **擜** 同擫 **撱**。퉈 [태] 狹長갈쭉할、타(哿) **搜** 싹 [주] 蕭條ㅣㅣ소조할、수(尤) **攓**。옌 [건] 拔取빼가질

건(銑) **揌** 쌔 [사] 散失흩어져잃어버릴、사(佳) **擦** 처 [책] 扶助붙들어도울、책(陌) **撡**。同操 **𢷾** 삐 [필] 刺也찌를、필(質) **撜**。칭 [징] 拯也건질、징(蒸)

擯 얀 [분] 拭也씻을、분(文) **捃** 쥔 [균] 束也묶을、균(軫) **撛**。린 [린] 扶助구원할、인(軫)

(吉)

擁。융 [옹] 抱也안을、옹又품을、옹衛也옹위할、옹遮也막을、

옹(腫) 攤同 **據**。쥐 [거] 拒守웅거할、거依也의지할、거(御) 据通 **擄** 루 [로] 掠也捕虜노략질할、노又사로잡을、노(麌) 虜通 **擂** 레 [뢰] 研磨연마할、뢰石轉推下돌

굴려내릴、뇌(灰) 礧見 [韓]農具ㅣ木곰배、뇌 **操**。찬 [조] 把持잡을、조(豪) 撡同、守也節ㅣ지조、조琴曲거문고곡조、조(號) **撾**。좌 [과] 擊也칠、과又때릴、과(麻) **擋**

땅 [당] 料理擋ㅣ처리할、당又주선할、당斥也물리칠、당(漾) **擎**。엉 [경] 擧也들、경奉上받들어올릴、경(庚)(韓) **擒** 친 [금] 生ㅣ사로잡을、금(侵) 捦同 **撼**。한 [감] 搖也흔

들、감動也움직일、감(感) **㩒** 同撿 **擔**。딴 [담] 荷也짐、담負也질、담(勘) **撿**。잰 [검] 察也살필、검拘束단속할、검校也교정할、검(琰) **撻** 타 [달] 答擊종아리

칠、달又볼기칠、달打也때릴、달(曷) 擉 취 [착]刺魚具작살、착(覺)鎗同 擖。 꺄 [갈]刮也긁을、갈(黠)[엽]箕舌키바닥、엽(葉) 擛 쎄 [설]閱持뽑을、설(屑)揲同[엽]義同[접]摺也접은、접(葉) 擘 빼 [벽]擘也分ㅣ나눌、벽大指엄지가락、벽(陌) 擗 피 [벽]擘開열、벽又벌릴、벽拊心가슴철、벽手足屈折손발굽실거릴、벽(陌) 擇。재 [택]選也가릴、택拔取뽑을、택又추릴、택(陌)睪同 擊。지 [격]打也칠、격觸也目ㅣ눈마주칠、격撲也두드릴、격(錫) 擻 찬 [고]擊也칠、고(效) 擊。찬 [교]傍擊옆으로칠、교(嘯) 擀 깐 [간]以手伸物손으로펼、간(旱) 擷 앤 [번]捘抄ㅣ擱비빌、번又문댈、번(元) 擌 써 [색]捕鳥具藊ㅣ새잡는덫、색(陌) 擓 쾌 [괴]收也거둘、괴(泰)

擸 싸 [삽]混雜석을、삽(合) 擐 관 [관]貫也꿸、관(刪)[환]義同(諫) 擅。싼 [천]任意自專오로지、천又천단할、천(霰) 𢹿 써 [색]把也잡을、색(陌) 擃 누 [농]刺也찌를、농(講) 㐀 擬。이 [의]忖度헤아릴、의摸像ㅣ比비길、의(紙)譺同 擩 수 [유]染也물들、유挂也버릴、유(麌) 擠。지 [제]排也물리칠、제推也밀、제墜也넘어질、제(齊)(霽) 擟 미 [미]推也밀、미山名ㅣ拘산이름、미(支) 擯。삔 [빈]斥也물리칠、빈棄也버릴、빈接賓者ㅣ使손님맞는사신、빈(震) 擣 따 [도]舂也찧을、도手椎방망이、도(晧)搗同 擭 훠 [획]捕獸機檻덫、확又창애、확(藥)[화]義同(禡)[획]手取잡을、획(陌) 擢。쭤 [탁]選也拔ㅣ뺄、탁又뽑을、탁又추릴탁聳也솟을、화雙立ㅣ先앞설、탁又이길、탁(覺) 擦。차 [찰]急摩문지를、찰(黠) 擪。예 [엽]指押손가락으로누를、엽手執堅狀꽉잡을、엽又단단히잡을、엽(葉)[압]義同(洽)擫通 擫 예 [엽]手執之狀ㅣ扢손에붙끈쥘、엽(葉)擪同擪見 㩚 뭉 [몽]收也거둘、몽(東) 㩊 인 [은]量均평균하게두량할、은(問) 擤。씽 [형]手捻鼻膿코풀、형(梗) 擈 푸 [복]種物皆萌ㅣ生싹은대로다날、복(屋) 㩝 하 [호]多少比較다소를비교할、호(豪) 擹。돤 [단]轉簞자위질할、단轉也구를、간(旱) 㩧 푸 [복]小擊잠깐칠、복榎楚회초리、복(屋)

扑同 **擡**。대 〔대〕 擧也 들、대(灰) **擗** 빼 〔배〕 稽首절、배(卦) 拜同 **擱**• 꺼 〔각〕 棄也耽ㅣ 버릴、각(藥) **擥** 란 〔람〕 手把잡을、남(感) 攬擥同 **㩜** 同擥

⑮

攄• 텨 〔뎌〕 舒也펼、터 散也흩을터 擬也비길、터(魚) **擺** 빼 〔패〕 開也벌릴、파 撥也헤칠、파 兩手相擊두손칠、파(蟹) **擂** 레 〔뢰〕 急擊鼓급히북칠、뇌 轉石聲돌굴리는소리、뇌(隊) 礧同 **攀**。판 〔반〕 自下援上휘여잡을、반(刪) 扳通 **擾**。샾 〔요〕 騷亂요란할、요 煩也번거할、요 馴致길들일、요(篠) **擻** 쑤 〔수〕 振動抖ㅣ 떨칠、수(有) **擦** 차 〔살〕 散也헤트릴、살 〔찰〕 摩也만질、찰(曷) 攃見 **擮** 메 〔멸〕 作事不正ㅣ揳일바로 못할、멸 打也칠、멸(屑) **擷**。셰 〔힐〕 捋取딸、힐(屑) **擲**• ㅇ지 〔척〕 投也던질、척(陌) 擿見 **攞**。라 〔랍〕 折也꺾을、납(合) 〔렵〕 持也가질、엽(葉) **擿**• 티 〔적〕 投也던질、척 搔也긁을、척(陌) 擲通 〔적〕 挑也돋울、적(錫) 摘見、手取딸、적(陌) **撣** 휘 〔휘〕 移也옮길、휘 振也떨칠、휘(微) **攂** 뤄 〔라〕 搖也椏ㅣ 흔들、나(哿) **擽** 럒 〔략〕 擊也칠、약 又때릴、약(藥) **攁** 양 〔양〕 發動발동할、양(養) **擴**• 광 〔확〕 以小張大넓힐、확(藥) 〔광〕 充也채울、광(漾) 擴見

⑯

攏• 룽 〔롱〕 持也가질、농 掠也빼앗을、농 理也다스릴、농(董) **攌** 환 〔환〕 木柵목책할、환 拘置가둘、환(潸) **攐**。쳰 〔건〕 摳衣옷걷어잡을、건(先) 褰同 **攍** 잉 〔영〕 擔也질、영 又멜、영(庚) **攉**• 훠 〔확〕 手反覆손뒤집을、확 盤手弄손벽칠、확(藥) **攇** 션 〔헌〕 手約物쥘、헌 又맺을、헌 擬也비길、헌(阮) **攟**• ㅇ쥔 〔군〕 拾也주을、군 取也취할、군(吻)(問) 攈同 **攎**。루 〔로〕 收斂挪ㅣ거둘、노 持也가질、노 張也베풀、노(遇) **擫** 옘 〔염〕 引續이을、염(琰) **攋** 라 〔랄〕 手披撥ㅣ뒤적거려헤칠、날(曷) 〔뇌〕 棄也버릴、뇌 破裂찢을、뇌(泰) **㩭** 쌰 〔효〕 擾也흔들、효(效) 攪見 **㩱** 냐 〔뇨〕 擿也딸、요(篠)

⑰

攔。란 〔란〕 遮也막을、난(寒) **攓** 쳰 〔건〕 拔取빼가질、건 又뽑아가질、건(先) 搴同 **攘**。샹 〔양〕 竊取빼앗을、양 又몰래집을、양 除也제할、양 推也밀、양 卻也물리칠、양(陽) 擾也요란할、양(養) 〔녕〕 亂貌搶ㅣ어수선스러울、영(庚) **攖**

잉[영]相觸마주칠、영又부딪칠、영縈也얽힐、영亂也어지러울、영(庚)嬰通

攕。싼[섬]玉手ㅣㅣ손길고울、섬(鹽)[삼]義同(咸)摻同

攙。찬[참]刺也찌를、참扶也붙들、참彗星ㅣ搶혜성、참(咸)欃見

擹。펀[분]掃除쓸어버릴、분(問)

擟 미[미]三菱세모진마름、미(支)

播 란[람]米再舂쌀두번찧을남(勘)

攆 넨[념]手銓拈ㅣ손으로달아볼、삼(鹽)

擰。정[정]開張畫繪족자결、정(敬)幀幀通

●十六

擈 푸[복]小擊작으마치칠、복樸楚회초리、복(屋)扑同

攝。세[섭]總持몰아잡을、섭兼也겸할、섭引持끌어잡을、섭收也거둘、섭錄也기록할、섭假借빌、섭代也대신할、섭[녑]持也가질、엽靜也고요할、엽(葉)

擁。융[옹]抱也안을、옹衛也옹위할、옹(腫)擁同

攛 찬[찬]擲也던질、찬誘人ㅣ掇후릴、찬(翰)

㩳 쑹[종]拔也빼낼、송執也잡을、송推也밀칠、송(腫)

攜。씨[휴]提也끌、휴(齊)攜同

攂 레[뢰]喪家樂魁ㅣ상가풍류(紙)

유

擆。잔[작]擇也가릴、작(藥)

攫。쥐[국]手把쥘、국又움킬、국(沃)

●十九

攡 리[리]張也베풀、이(因)舒也펼、치(支)摛離見

攦 레[려]折也꺾을、여(霽)[렬]拗也비틀、열(屑)捩見

攟。쥔[군]拾也주을、군取也취할、군(吻)(問)捃攈同

攤。난[난]押也누를、난(翰)[탄]開也열、탄布也펼、탄(寒)

攢。잔[찬]羣聚모일、찬(寒)(翰)

攣。롄[련]係也맬、연連繫이어맬、연(先)手足曲손발굽으러질、연(霰)

攞 뤄[라]裂也찢을、나(哿)

攠 미[미]鐘受擊處쇠북방망이받이、미(支)

●二十

攪。잔[교]手動손놀릴、교使之擾亂요란하게할、교撓也흔들、교(巧)捁同、撟通

攩。땅[당]搥打몽치로두드릴、당遮過抵ㅣ막을、당朋羣무리、당(漾)黨見

攥。쫜[촬]手把손으로잡을、촬(或音찰)(曷)

攫。훠[확]以手撲取핵챌、확又움킬、확搏也후려칠、확(藥)

攭 네[녑]捏也손으로찍어바를、엽兩指相搓손비빌、엽(葉)捻同

●二十一

攬。擥俗字

攭 라[라]無羽毛貌털락없을、나裸體벗을、나(哿)

㩗 패[패]把也잡을、패(禡)

●二十二

㩸 뎨[첩]掛也걸、첩(葉)

攮 낭[낭]推也밀、

낭(養)

(廿四) 攠 ○링 [령]手捻찍어벌、영(青)

支部

支 ○지 [지]持也지탱할、지度也헤아릴、지分離갈러날、지身體四ㅣ사지、지辰名十二ㅣ(子、丑、寅、卯、辰、巳、午、未、申、酉、戌、亥)지지、지國名月ㅣ나라이름、지(支)

(二) 攰 ○기 [기]傾也기울、기(寘)

(五) 攱 ○기 [기]載也실을、기(紙)

(六) ⿰危支 치 [기]傾低不正쏠릴、기又비뚤어질、기(支)敧同

⿰多支 ○지 [지]多也많을、지(支)

⿰尗支 ○츠 [시]以調五味양념할、시又간맞칠、시配鹽於豆而幽菽메주、시又된장、시(寘)豉同

(七) ⿰車支 ○지 [기]橫枝결가지、기(支)

(八) 攲 ○지 [기]傾也不正기울어질、기(支)敧同

(十) ⿰豈支 ○지 [지]弓勁활강할、지(支)

(十二) 攳 씬 [심]長也길、심(侵)

(十六) ⿰器支 치 [기]⿰危支嶇不正기울어질、기(支)

攴部

攴 푸 [복]小擊칠복又똑똑두드릴、복(屋)

攵 攴同

(二) 收 ○쑤 [수]斂也거둘、수聚也모을、수捕也잡을、수穫多추수많을、수振也떨칠、수冠名黃ㅣ관이름、수秋名蓐神ㅣ가을맡은신이름、수(尤)(有)

攷 考古字

(三) 攻 ○공 [공]侵伐칠、공(東)治也다스릴、공作也지을、공摘人過失남의허물말할、공(冬)

改 ○깨 [개]更也고칠、개易也바꿀、개(賄)

攸 유 [유]所也바、유自得ㅣ然자득할、유遠貌ㅣㅣ멀、유危貌ㅣ懸대롱거릴、유語助辭어조사、유(尤)

⿰乚攵 쿠 [굴]不穩敂ㅣ편치않을、굴不滑利ㅣ敂껄끄러울、굴(月)

⿰也攴 이 [의]施也베풀、의(支)

(四) 攽 빤 [반]分也나눌、반賜也줄、반(删)頒同

放 ○빵 [방]捨也놓을、방逐也내쫓을、방肆也방자할、방效也모방할、방散也흩을、방(漾)

政 ○정 [정]以法治國정사、정(敬)

⿰此攴 피 [비]器傷未破그릇금갈、비(支)

⿰今攴 ○진 [금]持也가질、금(侵)[감]不齊ㅣ敢칭날、감(覃)

(五) 故 ○꾸 [고]事也연고、고又일、고舊也예、고又오랠、고承上起下語고로、고又까닭、고死也物ㅣ죽험、고喪事大ㅣ상사、고固爲之짐짓、

고

敃 민 [민]強也강할、민勉也힘쓸、민(軫)暋同

敁 뎐 [점]以手計量손으로달아볼、점又손대중볼、점(鹽)

敂 쿠 [구]擊也칠、구(着)

敀 뻐 [박]逼也핍박할、박(陌)迫同

[illegible] 광 [광]圍之四圍채마전언저리、광(陽)

㪅 경 [경]改也고칠、경代也대신할、경歷也지낼、경督也行鼓경읽을、경(庚) [갱]復也다시、갱(敬)(俗作更)

[illegible] 부 [불]理也다스릴、불(物)

⿰朿攵 졔 [제]射也쏠、제(齊)

敄 우 [무]勉也힘쓸、무(遇)務同

⿰可攵 커 [가]擊也칠、가(哿)

六

敉 미 [미]安也편안할、미撫也어루만질、미愛也사랑할、미(紙)侎同

效 쏴 [효]象也본받을、효功也공효、효驗也증험할、효勉也힘쓸、효倣也모방할、효獻也드릴、효(效)効同、傚通

敆 쌰 [갑]會也모을、갑(合)

敋 꺽 [긱]打也때릴、긱(陌)擊同

敊 츄 [축]痛貌 | 戳몹시아플、축(屋) [시]鳥名새이름、시(寘)

敌 꽈 [팔]盡也다할、팔(黠) [시]喘息헐떡거릴、시(紙)

七

敔 위 [어]止樂器그칠풍류、어(形如木虎)(語)

敘 쉬 [서]舒也펼、서次第秩 | 차례、서用也쓸、서述也지을、서(語)叙同

敗 빼 [패]破也패할、패毁之무너뜨릴、패壞也무너질、패損也덜、패(卦)

敏 민 [민]達也 | 捷민첩할、민又빠를、민聰也총명할、민恭也공손할、민悶也민망할、민足大指엄지발가락、민(軫)

敎 쟈 [교]訓也學習가르칠、교王命칙교、교以道設 | 종교、교授也줄、교 | 令법령、교(效)效也본받을、교使爲하여금、교(肴)

敖 와 [오]戲也遊 | 희롱할、오長貌 | | 장대할、오傲也거만할、오(豪)遨同

救 쥐 [구]拯也구원할、구又건질、구護也호위할、구又두둔할、구助也도울、구(宥)捄通

敓 뒤 [탈]強取 | 攘억지로빼앗을、탈(曷)奪同

敕 치 [칙]誡也경계할、칙制書칙서、칙(帝之下書曰 | 書、又詔 |)理也다스릴、칙褒嘉포장할、칙責讓辭꾸지람할、칙又신칙할、칙(職)勅同

⿰孛攵 뻐 [벌]徐行더디걸을、발卒然별안간、발(月)

⿰甫攵 뿌 [포]屋欲壞집무너지려할、포(遇)

⿰炎攵 싼 [섬]擧手貌손들、섬(豔)

⿰旱攵 한 [한]止也그칠、한(旱)

⿰同攵 퉁 [동]扣也두드릴、동(董)

散 쌰 [소]擊棄처버릴、소(肴)

⑧

敝。폐 [폐]衣敗옷해질、폐壞也무너질、폐棄也버릴、폐弓握處활줌통、폐(霽)

敦。돈 [돈]厚也도타울、돈勉也권면할、돈大也클、돈怒也성낼、돈誰何누가어찌할고할、돈(元)不慧渾ㅣ흐리터분할、돈(阮)竪也세울、돈大歲名困ㅣ해이름、돈地名ㅣ丘땅이름 돈(願) [퇴]怒也성낼、퇴琢磨갈、퇴聚也모을、퇴軍後군사뒤、퇴治也다스릴、퇴(灰) [단]聚也모일단(寒) [대]槃類玉ㅣ옥쟁반、대(隊) [조]雕也琢ㅣ아로새길、조畫弓그림그린활、조(蕭) 追團雕彫弴見

散。싼 [산]分離헤어질、산布也흩을산酒尊술준、산藥屑약가루、산琴曲廣陵ㅣ거문고곡조、산(翰)放也놓을、산閒ㅣ한산할、산不檢束흩어질、산(旱)跚行槃ㅣ비척거릴、산(寒)散俗字蹝見

敞。창 [창]露也드러날、창高爽塏地높고시원할、창失容ㅣ罔실심할、창豁也넓을、창(養)

敢。깐 [감]忍爲구태、감勇也용감스러울、감進取果ㅣ결단성있을、감犯也범람할、감冒昧辭감히、감(感)

敪 뚸 [철]知輕重드레질해볼、철又무게짐작할、철食不速더디먹을、철(曷)

敜。녜 [녑]塞也막을、엽閉也닫을、엽(或音엽)(葉)

𢿚 빼 [비]擊聲ㅣ敃때리는소리、비(支)

敊 뤼 [률]不滑ㅣ敊껄끄러울、률又깔깔할、률(質)

𢿍 칸 [감]鳥啄物새쪼아먹을、감(感)

𣪆。이 [예]毀也𣪆ㅣ헐、예又휠、예(霽)

敥。얜 [염]以手散物손으로흩을、염(豔)

𢾅 취 [작]奪取빼앗을、작(藥)

𢽼 예 [엽]付着ㅣ𢽼붙을、엽及也미칠、엽(葉)

敡。이 [이]侮也업신여길、이輕說쉽게말할、이(寘)

敟 덴 [전]常也항상、전又떳떳할、전主掌주장할、전(銑)

𢿘 뤼 [록]剝聲깎는소리、녹又박박긁는소리、녹又똑똑두드리는소리、녹(屋)

𢾲。직 [주]防止방지할、주又막을、주(尤)

𢿧 싼 [삼]鳥之啄物새쪼아먹을、삼(感)

⑨

敭 양 [양]明也밝을、양(陽) 揚通

𣀌。뚜 [두]塞也막을、두閉也닫을、두(宥) 杜同

敬。。징 [경]恭也공경、경肅也엄숙할、경謹愼삼갈、경(敬) 憼同

𣀔 레 [련]打物柔之날신하게두드릴、련擇也가릴、연投也던질、연(霰)

𣀎 취 [취]量也요량할、취試也시험할、취(紙) 量物

輕重달、취(哥)

⿰亭攴 딩 [정]觸也부딪칠、정又반을、정撞也두드릴、정(庚)

敫 약 [약]日影해그림자、약(藥) [교]唱歌노래할、교(嘯)

⿰者攴 뚜 [도]同伴한가지할、도又벗할、도(虞)

⿰咼攴 괘 [괘]古貨錢名괘돈、괘(泰)

⿰韋攴 웨 [위]背反배반할、위(微)

十

敳 애 [애]有所治다스림있을、애(灰)

敲 챺 [고]叩也두드릴、고橫擊가로칠、고短杖지팡이、고(肴)從傍擊결매칠、고(效)

⿰龠攴 셴 [감]物相聯合물건서로합할、감貪也탐할、감(陷)

⿰卑攴 피 [비]屋欲壞ㅣ敝집무너지려할、비(支)

⿰夌攴 릉 [늴]不安편치못할、늴(月)

⿰宮攴 룽 [룽]擊空之聲쿵쿵울릴、동(冬)

⿰害攴 해 [개]俗音[해]辱也욕할、해(泰)

⿰幾攴 지 [기]弓勁활이핑핑할、기(支)

十一

敷 뿌 [부]陳也베풀、부布也펼、부散也흩어질、부(虞)

敺 驅古字

數 쓔 [수]幾也두어、수計也셀、수又셈칠、수又셈、수曆ㅣ운수、수命ㅣ팔자、수(遇) [촉]細密빽빽할、촉(沃) [삭]頻屢자조、삭又여러번、삭疾也빠를、삭(覺)

敹 랴 [료]擇也가릴、요揮也두를、요縫綴꿰맬、요(蕭)

敶 陳古字

⿰㣎攴 穆古字

敵 듸 [적]當也拒抵대적할、적又막을、적又상당할、적仇也원수、적匹也짝、적對手적수、적(錫) 啇同

⿰鹿攴 루 [록]獸皮有文얼룩무늬있는가죽、녹(屋)

⿰虘攴 자 [재]指押손가락으로누를、차(麻)

⿰畢攴 삐 [필]召使疾行불러빨리오라할、필(質)

⿰寅攴 인 [인]搗也짓찧을、인(軫)

⿰參攴 싼 [삼]狹隘좁을、삼(豏)

⿰貴攴 지 [기]至也이를、기(寘)

十二

敿 쟌 [교]連繫맬、교又동일、교(篠)

整 정 [정]齊也정제할、정飭也신칙할、정(梗)

㪔 散本字

⿰肅攴 쑤 [숙]打聲때리는소리、숙(屋)

敼 이 [희]戲弄희롱、희(紙)

⿰𤔔攴 란 [란]煩也번거러울、난惰也게으를、난亂也어지러울、난(寒)

十三

⿰詹攴 잔 [점]擧手ㅣ敪손들、점(琰) [염]義同(鹽)

斂 렌 [렴]收也거둘、염聚也모을、염(琰)藏也감출、염取也취할、염(鹽) 殮見

⿰廉攴 렌 [렴]鼓初打ㅣ鼓북처음칠、염(鹽)

斀 쮜 [좌]俗音[탁]去陰椓불알베일、탁(覺)

斁 이 [두]敗也패할、두又무너질、두(遇)

역厭也싫을、역解也풀릴、역終也마칠、역(陌) 斁 레 뢰碎也부서뜨릴、뇌擂也꺾을、뇌(灰) 斅 레 례鱧敵원수、예(霽) 斆 쌰 효悲也슬퍼할、효(嘯)

⑬ 斃。 뻬 폐死也죽을、폐使之致死죽일、폐踣也엎더질、폐(霽)獘同 斄。 처 추棄也버릴、추憎惡미워할、추(尤)醜同 斅 충 충不請自來저절로올、

충(送) 斀 취 탁痛也아플、탁授也줄、탁刺也찌를、탁舂也찧을、탁椓也다질、탁(覺) 斡 완 만舂除穀芒벼가라바술、만(阮) ⑮ 斄。 태 태地名땅이름、

대(灰) 斅 빠 박打也칠、박(覺) ⑯ 斆。 쌰 효敎也가르칠、효(效) 斀。 홰 괴壞之무너뜨릴、괴(卦)壞同 斁 레 역亂也어지러울、역(錫) ⑰

斃 싼 삼厭也싫어할、삼(覃) ⑱ 斄。 네 녑相及敵ㅣ서로미칠、엽(葉) ⑲ 變 뻔 변更也변할、변(霰) 斄 麗同 ⑳ 斆 쑤 속打

也칠、속(沃)

文部

文。 원 문書契ㅣ字글월、문又글、문又글자、문華也빛날、문美也아름다울、문善也착할、문法也법、문斑也문채、문又아롱질、문書翰편지、문(文)飾

也꾸밀、문(問) ⑥ 斉 쨔 재均也고르를、재(齊) ⑧ 斌 삔 빈文質明備빛날、빈又문채날、빈(眞)彬同 斐。 쀄 비文章相錯萋ㅣ문채날、비(尾)

斑。 빠 반雜色成文아롱질、반又알록거릴、반(刪) ⑨ 斒 빤 반色雜混合빛섞일、반(刪) 㸌 환 환文采ㅣ斕문채날、환(翰) ⑮ 斖 위

유十六斗入열엿말들이、유(虞)斞同 ⑰ 斕。 란 란色雜煥ㅣ문채날、난又빛섞일、난(刪)

斗部

斗。 뚜 두量名十升말、두又열되들이、두酒器술그릇、두書形料ㅣ글씨、두星名별이름、두(北ㅣ、南ㅣ)(有)㪷同 ③ 斘 씽 승登也오를、승(蒸)

昇見

四 **⿰元斗** 싸 [할] 量也두량할、할(點)

五 **料** 빤 [반] 量物半分돼서 반분할、반(翰)

六 **料**。 랴 [료] 度也헤아릴、요理也다스릴、요數也셀、요拵也더듬을、요樂器小鼓소고、요(蕭) 祿也녹、요又유、요又월급、요物材재료、요又감、요又거리、요(俗材丨、食丨、原丨)(嘯)

⿰舌斗 와 [알] 斗量取物말로되어담을、알(曷)

⿰百斗 斛同

七 **⿰豆斗** 뚜 [두] 量名十升말、두(有) 斗同

斜。 쎄 [사] 橫也빗길、사散也흩어질、사抒也끄벌、사 [야] 梁州谷名褒丨골이름、야(麻) 衺見

斛。 후 [곡] 量名 十斗휘、곡(屋) 酙同、觳通

八 **斝**。 쟈 [가] 玉爵옥잔、가(馬)

九 **斞** 위 [유] 量名十六斗열엿말들이、유(虞) 斔同

⿸广⿰此攴 됴 [조] 斛耳휘귀、조(蕭) 庛同

斟。 졈 [짐] 俗音 [진] 計也丨酌짐작할、짐又여길、짐酌也잔질할、짐遲疑丨愖마음머뭇거릴、짐(侵)

十 **斡**。 와 [알] 旋也돌이킬、알(曷) [간] 轉也구를、간運也운전할、간柄也자루、간主掌주장할、간(旱)

斠。 쟈 [각] 平斗斛평미레、각又고무래、각量也되질할、각(覺)

十一 **⿰婁斗** 럭 [로] 兵奪人物斢丨군사가겁탈할、누(有)

⿰尉斗 위 [위] 火斗다리미、위(未) [울] 持火展布다릴、울(物) 熨同

⿰啇斗 뛰 [적] 量也말될、적(錫)

十二 **斢** 텩 [주] 兵奪人物丨⿰婁斗군사가노략질할、주(有) ⿰婁斗見

十三 **⿰奧斗**。 쥐 [구] 挹也뜰、구又국이질할、구(虞)

十九 **⿱䜌斗**。 쫜 [권] 抒滿가득히뜰、권(或音 연)(願) ⿱䜌廾同

斤部

斤。 진 [근] 衡目十六兩重근、근又열엿량중、근斫木器斧丨도끼、근又도치、근剞劂之總稱날、근(文) 明察丨丨밝게살필、근(問) 釿見

斥。 치 [척] 逐也내칠、척廣也넓힐、척指也가리킬、척開也개척할、척擯也물리칠、척望也丨候망볼、척澤厓못가、척又늪가、척鹹地염밭、척(陌)

四 **斧**。 뿌 [부] 伐木器具丨鉞도끼、부又도치、부又언월도、부(麌) 鈇通

斨 창 [장] 方銎斧구멍모진도끼、장(陽)

所 인 [은] 斧砧모탕、은(文)

五 **斫**。 쟉 [작] 擊也刀丨쪼갤、작又찍을、작(藥) 斮通

斪 ᄋ쥐 구 鋤屬호미、구 斫也쪼갤、구 虞 (六) ⿰各斤 꺼 격 爭鬪쌈할、격又다툴、격 陌 㦸同 (七) 斬 ᄋ잔 참 截也베일、참又끊을、참 斷首목베일、참殺也죽일、참喪服不緝ㅣ衰거상입을참 謙 ⿰卵斤 라 라 相擊서로칠、나 哿 断 斷俗字 (八) 斮 ᄋ쥐 작 斬也베일、착 覺 작 斫也쪼갤、작 藥 斫見 斯 ᄋ쓰 사 此也이、사析也짜갤、사即也곧、사語已辭말그칠、사 支 (九) 新 ᄋ씬 신 初也새、신又처음、신革舊새로울、신鮮也고울、신 眞 (十) ⿰齒斤 斷俗字 (十一) 斲 ᄋ쥐 착 斫也樸ㅣ쪼갤、착 削也깎을、착 覺 ⿸厂斯 쓔 서 擊也칠、서 御 (十三) 斶 츅 쵹 人名顏ㅣ사람의이름、촉 沃 (十四) 斷 ᄋ똰 단 絶之끊을、단自絶끊어질、단剪也갈길、단謝絶사례할、단 旱 決也결단할、단專一ㅣㅣ한결같을、단 翰 ⿱𥫗斯 치 졔 斷也끊을、체 霽 (二十一) 斸 ᄋ쥬 쵹 斫也찍을촉 沃 钁通 착 義同 覺 椓通

方部

方 ᄋ뱡 방 矩也모질、방向也방위、방法術방법、방今也이제、방又바야흐로、방又금방、방比也견줄、방常也떳떳、방策簡책、방寄也붙일、방倂舟連結배연결할、방醫書處ㅣ처방할、방 陽 (二) 㫃 옌 언 旌旗垂末깃발、언 阮 (三) 㫅 텬 천 旗竿깃대、천 銑 (四) 於 ᄋ위 어 助辭어조사、어又늘、어居也살、어又거할、어往也갈、어代也대신할、어 魚 오 歎辭탄식할、오又오흡다할、오(ㅣ戲ㅣ穆ㅣ乎ㅣ變) 虞 嗚見 旁 ᄋ팡 방 交橫ㅣ午사귈、방又오락가락할、방 漾 大也클、방廣也넓을、방岐路두갈래길、방混同ㅣ礴섞일、방又덩어리질、방 陽 팽 驅馳不息ㅣㅣ팽팽달릴、팽 庚 傍同 斻 항 항 結船결선할、항 陽 㫁 ᄋ졔 개 結也맺을、개 卦 (五) 施 ᄋ쓰 시 捨也놓을、시 紙 與也줄、시布也펼、시 支 設也베풀、시用也쓸、시加也더할、시前後不能屈伸戚ㅣ안팎곱사등이、시喜悅貌ㅣㅣ벙글거릴、시 이 自得貌ㅣㅣ젠체할、이

又잘난체할、이移也옮길、이延也번을、이及也미칠、이(寘)訑訑見 **斿**우 [유]旌旗垂末깃발、유(尤)游通 **旀** [韓]句讀接續詞하며、며 **❻** **旅**。뤼 [려]寄客羈ㅣ나그네、여又손님、여ㅣ圍여단、여(軍五百人爲ㅣ)衆也무리、여陳也베풀、여卦名괘이름、여祭名제사이름、여西戎之長曰西ㅣ서녘오랑캐어른、여(語) **旆**。폐 [패]旗也기、패旗揚貌ㅣㅣ깃발날릴、패(泰) **旃**。잔 [전]曲柄旗자루굽은기、전語已辭말그칠、전(之也愼ㅣ焉也舍ㅣ)(先)旜氈見 **旄**。뫄 [모]幢也기、모羽旗깃붙인기、모(指揮時用)丘前高後低언덕앞높을、모(豪)老也늙을、모犬足毛개발털、모(號) **旂**치 [기]畫青黃交龍於旒용대기、기又교룡기、기竿頭懸鈴방울단기、기又절령기、기(微) **旁**。菊俗字 **㫚**우 [물]洞里所建旗동리기、물(物) **❼** **旎**늬 [니]旌旗纚揚旖ㅣ깃발펄펄날릴、이雲騰구름피어오를、이(支)(紙) **旇**。피 [비]俗音[피]麾也旗靡대장기、피(支) **旉**敷古字 **旖**커 [아]旗纚ㅣ旎깃발날릴、아(哿) **旋**。쒼 [선]反也돌이킬、선疾也빠를、선溲也小便오줌、선謀力周ㅣ주선할、선鐘懸종달、선廻也盤ㅣ돌아다닐、선轉也斡ㅣ구를、선(先)還通、遶也逐ㅣ둘릴、선(霰) **旌**。징 [정]析羽置竿기장목、성表也ㅣ別표할、정(庚) **旍**旌同 **族**。쭈 [족]同姓宗ㅣ일가、족又겨레、족(祖子孫三ㅣ、自高祖至玄孫九ㅣ)類也동류、족(入ㅣ、禽ㅣ、獸ㅣ、魚ㅣ、虫ㅣ)(屋)[주]樂變節ㅣ풍류가락、주(宥)簇見 **旊**빵 [방]搏埴匠工옹기장공、방(養) **❽** **旐**。잔 [조]龜蛇旗거북과뱀그린기、조(建立後察形兆)(篠) **㫊**뉘 [나]旗纚旖ㅣ깃발날릴、나(哿) **❾** **旒**。릒 [류]旗末깃발、유冕冠前後垂玉면류관앞뒤에느린구슬、유(天子王藻十有二ㅣ)(尤)瑬見 **旓**쏘 [소]旗旒깃발、소(肴) **㫆**엔 [엄]覆也덮을、엄(琰) **❿** **旗**。치 [기]幡也標幟기、기將軍所建대장커、거(支) **旖**。이 [의]旗纚ㅣ旎기펄펄날릴、의(支)(紙) **旛**펀 [분]覆舟之蓬배덮는뜸、분(阮) **⓫** **旝**원 [운]標幟기、운動也움직일、운(阮) **⓬** **旚**황 [황]酒家標旗술집표기、황(養)

⑭ 旛。뻔 [번] 旌旗總名기、번 旗揚ㅣㅣ기펄펄날릴、번(元)

旚 뾰 [표] 旗飛揚貌깃발훌훌날릴、표(蕭)

⑮ 旜 잔 [전] 曲柄旗자루굽은기、전(先) 旃通

旝。괘 [괴] 天將指揮旗대장의지휘하는기、괴(泰)

旞 쒜 [수] 羽裝旗깃으로꾸민기、수 導車所載全羽차에꽂는온깃、수(有)

⑯ 旟。위 [여] 鳥隼旗새매그린기、여(魚)

⑱ 𣄠 쒜 [수] 羽裝旗깃으로꾸민기 수(有)

无部

无 無古字

旡。지 [기] 氣塞숨막힐、기(寘)

⑦ 既。지 [기] 已也이미、기 盡也다할、기 小食작게먹을、기(未)

⑨ 旤 禍古字

日部

日。시 [일] 太陽날、일 又해、일 晝也낮、일(質)

〈旦〉 딴 [단] 朝也아침、단 曉也새벽、단 早也일찍、단 又이를、단 夜鳴鳥盍ㅣ밤에우는새、단 悃惻ㅣㅣ간곡히슬플、단(翰)

② 旨 즈 [지] 有味맛있을、지 味也맛、지 意趣뜻、지 又뜻할、지 美也아름다울、지 王言詔ㅣ조서、지(紙)

旬。쓴 [순] 十日열흘、순 編也두루、순 均也고를、순 妖星요괴로운별、순(眞)

早。짜 [조] 晨也이를、조 又새벽、조 又일찍、조(皓) 蚤通

旭。쒸 [욱] 日初出날돋울、욱 又햇발비칠、욱 明也밝을、욱 又빛날、욱(沃)

③ 旴 쒸 [우] 日初出해처음돋을、우(虞)

旱。한 [한] 亢陽不雨가물、한(旱)

旰 깐 [간] 日晚날늦을、간(翰)

〈旲〉 대 [대] 日光햇빛、대 又날빛、대(灰)

旵 땀 [담] 或音[감] 日光照햇발비칠、감(鹽)

𣅀 꿍 [공] 助也도울、공(冬)

𣅊 지 [계] 暖也따뜻할、게 又따끈할、게(霽)

④ 旹 時古字

易。이 [이] 不難쉬울、이 治也다스릴、이 忽也홀하게여길、이 又쉽게여길、이(平ㅣ、輕ㅣ、簡ㅣ、樂ㅣ)(寘) [역] 變也변할、역 換也바꿀、역 象也형상할、역(陌)

昈。후 [호] 文彩貌ㅣㅣ문채날、호 又빛날、호 明也밝을、호(虞)

昕。쎈 [흔] 日出날돋을、흔 又해돋을、흔 朔日大ㅣ초하루、흔(文)

旿 우 [오] 日當午而盛明낮밝을、오 又한나절、오 又대낮、오(麌)

旻。민 [민] 秋

天가을하늘、민(眞)

〈昑〉친 금明也밝을、금(寢)

旼 민 민和貌ㅣㅣ화할、민(眞)

昏。훈 혼日暮黃ㅣ날저물、혼又어두울、혼亂也어지러울、혼夭死어려서죽을、혼(元)昏通

昆。쿤 곤兄也형、곤又맏、곤又언니、곤同也같을、곤後也뒤、곤孫也後ㅣ손자、곤又후손、곤咸也다、곤昜蜫見 혼天形ㅣ命하늘몸、혼人名漢公孫ㅣ邪사람의이름、혼(元)

昄 빤 판大也클、판明也밝을、판(潸)

昊 한 호夏爲ㅣ天여름하늘、호天氣廣大ㅣㅣ하늘기운넓고클、호(晧)皞通

昌。창 창盛也성할、창又창성、창顯也나타날、창善也착하게말할、창日光날빛、창(陽)

昂。앙 앙明也밝을、앙擧也들、앙高也軒ㅣ높을、앙又헌앙할、앙馬行貌ㅣㅣ말뚜벅뚜벅걸을、앙軍容ㅣㅣ군사형용、앙(陽)仰通

〈昀〉윈 윤日光날빛、윤(眞)

旺 왕 왕物之始盛왕성할、왕光美빛날、왕日暈해무리、왕(漾)暀同

明。밍 명光也밝을、명照也비칠、명顯也著ㅣ나타날、명又밝힐、명白也흴、명辨也분변할、명察也살필、명星名啓ㅣ별이름、명人名孟ㅣ사람의이름、명(庚)明通

昇。썽 승日升해돋을、승又날오를、승ㅣ平풍년들、승(蒸)舛見、升通

昒 우 홀未明ㅣ爽밝을녘、물먼동틀때、물(物) 홀尙冥밝으려할때、홀曉也새벽녘、홀(月)曶見

映。쮀 결日蝕色일식하는빛、결(屑)

昔。씨 석古也옛、석夜也밤、석前代往ㅣ옛날、석又옛적、석久也오랠、석嚮日曩ㅣ저즘께、석又접때、석昨日疇ㅣ어제、석始也비로소、석(陌) 착牛角理錯쇠뿔뒤틀릴、착(藥)㫺見

旽。툰 견至誠ㅣㅣ지성스러울、견(銑) 돈日欲出날돋을、돈(元)暾見

昗。쩌 측日傾西方해기울어질、측(職)仄通

昗 昃同

曶。후 홀尙冥밝으려할、홀又먼동틀、홀(月)昒通

⿰日内 누 눌日入暮色해저물、눌又어둡검검할、눌(月)

昚。쩨 계姓也성、계明也밝을、계(卦)

〈昖〉옌 연日行해다닐、연(先)晗同

昉。빵 방明也밝을、방始也비로소、방(養)

昐。뻔 분日光날빛、분(文)

昁 페 폐暑也흐릴、폐暗也어둘、폐(泰)

昍 쎈 헌明也밝을、헌(元)

⿰日冘。딴 탐夕景저녁경치、탐(覃)

五

昫 쒸 [구]日上照温해돋아따뜻할、구(虞)(遇)煦通 **昚** 愼古字 **昬**。훈 [혼]日暮어둘、혼又저물、혼(元)昏晵見 **昧**・메 [매]暗也어둘、매貪冒탐할、매又무릅쓸、매(隊)微明ㅣ爽밝을녘、매又먼동틀、매斗後星名夷樂별이름、매日入ㅣ谷해떨어지는곳、매(泰) **春**。춘 [춘]四時之首봄、춘(眞) **映**・잉 [영]相照비칠、영(敬)暎同 **昭**。쌰 [조]著明밝힐、조又나타날、조光也빛날、조(蕭)炤通 [소]明也ㅣㅣ밝을、소廟位ㅣ穆소목、소(篠)佋見 〔**昪**〕뻔 [변]日光날빛、변昇同、喜樂貌좋아할、변(霰)忭見 **昇** 昪同

昴 맢 [묘]西陸宿名旄頭묘성、묘(巧) **昜**・양 [양]光也빛날、양開也열릴、양(陽)陽古字 **昞** 뼝 [병]明也밝을、병又빛날、병(梗)炳同 **昺** 昞同 **星**。씽 [성]辰宿總名별、성點點ㅣㅣ반짝거릴、성(靑) **昰** 夏古字 **昤** 령 [령]日光ㅣ曨날빛영롱할、영(靑) **昝** 잔 [잠]姓也성、잠(感) **昱**。유 [욱]日光날빛、욱(屋)

昵。늬 [닐]親近친근할、일(質) [녜]禰廟아비사당、예(薺)暱同 **昢** 풰 [불]日出해돋을、불(月) **昧** 머 [말]小星작은별、말日中不明낮이어둠침침할、말(曷) **昳** 데 [딜]俗音[질]日傾해기울어질、질(屑) **昨** 쪄 [작]隔宵어제、작前日엊그제、작又아레、작(藥) **昲** 쀄 [비]乾物ㅣ曬말릴、비曝也볕쪼일、비(未) **昐** 昐同 **是**。쓰 [시]此也이、시非之對옳을、시正也바를、시直也곧을、시(紙) **昡** 쏀 [현]日光햇빛、현(先) **昮** 돠 [도]日色햇빛、도(豪)

⑥

時。씌 [시]辰也때、시是也이、시伺候문후할、시期也四時사시、시(支) **晐** 깨 [해]備也갖출、해咸也다、해(灰)賅通 **晒** 曬俗字 **晉**。진 [진]進也나갈、진抑也억제할、진揷也꽂을、진卦名괘이름、진周叔虞所封國名나라이름、진(震) **晅** 쉔 [훤]日氣볕기운、훤乾也말릴、훤(元)烜通 **晏**。앤 [안]晚也늦을、안安也편안할、안天清하늘맑을、안鮮明선명할、안和也화할、안(諫) **晁** 朝古字 鼂同 **昶**。창 [창]明也밝을、창通也통창할、창日長해길、창(養) **晃** 황 [황]明也밝을、황光輝ㅣㅣ환히빛날、황(養)晄同 〔**晄**〕晃同 **晌**

쌍 [상]俗音[향] 午也대낮、향 又한낮、향 半刻반각、향 (養)

晑 쌍 [향] 明也밝을、향 (養)

晊. 찌 [질] 大也클、질 明也밝을、질 (質)

哄。 홍 [홍] 日欲明ㅣㅣ날밝으려할、홍 又먼동틀、홍 (董)

昝 쯔 [자] 事事無礙일마다용이할、자 (支)

晀 쟌 [조] 明也밝을、조 (篠)

⿰日名 밍 [명] 日暗날어둘、명 (迥)

七

晞。 씨 [희] 乾也마를、희 燥也말릴、희 日始昇해돋을、희 (微)

晡 뿌 [포] 申時신시、포 又저녁때、포 (虞)

晤。 우 [오] 明也밝을、오 遇也만날、오 以言曉人깨닫게할、오 返照저녁별、오 (遇)

晢. 찌 [절] 明也照ㅣ밝을、절 (屑) 晣同 [제] 星光ㅣㅣ별광날、제 (霽) ⿰日制同

晦. 훼 [회] 月終그믐、회 冥也어둘、회 (隊)

晨。 천 [신] 曉也昧爽새벽、신 又샛별、신 (房星之ㅣ) 通作辰、又早朝之辰通作ㅣ) (眞)

晙。 쥔 [준] 明也밝을、준 早也이를、준 又아침、준 (震)

晜 쿤 [곤] 後嗣ㅣ孫후손、곤 (元) 昆通

⿱日赤 난 [난] 赤也붉을、난 (潸)

晥. 환 [환] 明貌밝아환할、환 (潸) 晥見

晛 쏀 [현] 日氣볕기운、현 又햇발、현 (銑) [년] 義同 (霰)

晧 하 [호] 日出해돋을、호 (晧)

晟。 청 [성] 明也밝을、성 熾也불꽃、성 (敬)

晝。 쟉 [주] 午也日中낮、주 又한낮、주 (宥)

晣 찌 [절] 明也照ㅣ밝을、절 (屑) 晢同

⿰日更 찡 [경] 日高해높을、경 (梗)

晚。 완 [만] 暮也저물、만 又늦을、만 後也뒤질、만 (阮)

⿰日孛 페 [패] 暗也어둘、패 (隊)

⿰日良 랑 [랑] 曝也볕쪼일、낭 明朗밝을、낭 (養) 朗通

晗 한 [함] 曙也날샐、함 又샐녘、함 (覃)

畳 疊俗字

八

晷 궤 [귀] 日影ㅣ刻해그림자、귀 (紙)

智。 찌 [지] 心有所知지혜、지 又슬기、지 敏也민첩할、지 (寘)

普 푸 [보] 博也넓을、보 大也클、보 徧也두루、보 日無色햇빛침침할、보 (麌) 溥通

⿰日制 찌 [제] 星光ㅣㅣ별빛찬란할、제 (霽) 晢同

晬。 취 [쉬] 子生周年돐、쉬 又첫생일、쉬 (隊)

晋 晉俗字

晼 웬 [원] 日落ㅣ晩해떨어질、원 又날저물、원 (阮)

暀 왕 [왕] 光美빛고울、왕 (漾) 旺同

晻 안 [암] 暗也어둘、암 障也막힐、암 (感) [엄] 日無光ㅣㅣ날흐릴、엄 又날침침할、엄 (琰)

景。 찡 [경] 光也볕、경

又빛、경又경치、경明也밝을、경大也클、경慕也사모할、경[영]物之陰影그림자、영衣也옷、영(梗)影見

晴 청 [청]雨止無雲날갤、청又날들、청(庚)暒姓同

晶◦징 [정]精光ㅣㅣ맑을、정又영채날、정美石水ㅣ수정、정又함나、정光也빛날、정(庚)

晳◦씨 [석]明辨분석할、석(錫)

晵 치 [계]霽也비갤、계(霽) [견]姓也성、견(霰)

⿰日穹 충 [궁]日乾物볕에말릴、궁(送)

晸◦정 [정]日初出貌햇발붉그레하게치밀、정(梗)

晹◦이 [역]日無光날흐릴、역(陌)

晽 린 [림]欲知ㅣㅣ알고저할、임(侵)

晌 쌍 [상]ㅣ午낮、상(養)

⿰日疌 체 [첩]日欲沒ㅣ曬해가떨어지려고껌벅거릴、첩(葉)

晲 웨 [예]日昳해기울어질、예(霽)

晫◦쫘 [탁]明盛貌환할、탁(覺)

晱 센 [섬]電光번개빛、섬(琰)

⿰日叕◦자 [재]日輝날빛날、자(禡)

⿰日彔 루 [록]曇雲也흐릴、녹(沃)

九

暌◦퀴 [규]日入해질、규違也어긋날、규(齊)

暐 웨 [위]光盛빛날、위輝也환이빛날、위(尾)

暆◦이 [이]日行ㅣㅣ해다닐、이(支)

暉◦훼 [휘]日光날빛、휘又햇빛、휘發光빛날、휘(微)

暄 쒠 [훤]日暖날따뜻할、훤(元)

暕◦잰 [간]陰朝日明흐린아침에날밝을、간(潸) [간]陰乾그늘에말릴、난(寒)

暇◦야 [가]閒也한가할、가又틈、가休日겨를、가又쉴、가(禡)

暘 양 [양]日出處ㅣ谷해돋는곳、양(陽)

暒 칭 [청]雨止雲散날갤、청(庚)晴同

暎 잉 [영]相照비칠、영(敬)映同

暗◦안 [암]不明어둘、암深也깊을、암(勘)闇通

暍 거 [갈]傷暑中熱더위먹을、갈(或音알할)(月)⿰火曷同瘍通

暅 꺼 [긍]曝也볕쪼일、긍(徑) [훤]乾燥말릴、훤(元)

暑◦쒀 [서]熱也더위、서又더울、서(大ㅣ小ㅣ)(語)

暈 윈 [운]日月周圍輪狀氣痕해와달무리、운(日ㅣ、月ㅣ)(問)

暋◦민 [민]强也강할、민(軫)敃同昬通

暖 놘 [난]溫也따뜻할、난(旱)⿰日耎同 [훤]柔貌온유할、훤(元)(阮)煖通

⿰日耎 놘 [난]溫也따뜻할、난(旱)暖同

⿰日昷 원 [온]日出而溫돋는볕따뜻할、온(元)

⿰日俞 두 [도]日陰해그림자、도(虞)

十

⿱能日 내 [내]日曇無光날흐릴、내(賄)

⿰日𥁕 同⿰日昷

暢◦창 [창]通也통창할、창

和ㅣ화창할、창琴曲저문고곡조、창㊀漾

暠꼬 [고] 明白명백할、고又깨끗할、고白也흴、고(皓)皜通

晄황 [황] 旱熱가물더위、황(養)

暝。밍 [명] 夕也저녁、명(徑)幽也ㅣㅣ어둘、명又감감할、명(青)冥見

曔치 [기] 日氣볕기운、기(未)

曤휘 [획] 暫明잠간환할、확(藥)

暟。캐 [개] 照也비칠、개(賄)

暚야 [요] 明也밝을、요(蕭)

暛차 [차] 日暮해저물、차(禡)

暷바 [박] 曝也볕쪼일、박(藥)

[日盍]앙 [앙] 曇也날흐릴、앙(漾)

⑪

暮。무 [모] 日晚날저물、모又늦을、모遲也더딜、모(遇)莫通

㬥 暴同

暳휘 [혜] 小星작은별、혜(霽)

暵한 [한] 乾也마를、한(旱)(翰)熯通

暤한 [호] 明也밝을、호(皓)皞同

暫。잔 [잠] 不久須臾잠간、잠卒也마침、잠(勘)蹔同

暱。늬 [닐] 親近친근할、일日近해가까울、일(質)昵同

暯뭐 [막] 冥也어둘、막(藥)

暬。쎄 [설] 慢也거만할、설近侍人ㅣ御근시하는사람、설晦暝감감할、설(屑)媟同

暲。장 [장] 日光上進햇발올라올、장(陽)

[日票]퍞 [표] 曬乾볕쪼여말릴、표(嘯)

[日區]어 [구] 暖也따뜻할、구(尤)

[日莽]망 [망] 不明曚ㅣ희미할、망日無光날흐릴、망(養)

[日曹]。짜 [조] 日光햇빛、조(豪)

暪만 [만] 暗也어둘、만(阮)

⑫

曈。퉁 [동] 欲明ㅣ曨먼동틀、동(東)(董)

暨。치 [기] 與也다못、기及也미칠、기果毅貌ㅣㅣ굳셀、기(寘)洎通

曀이 [에] 曇而風吹흐리고바람、에又음산할、에(霽)

曃태 [태] 不明曖ㅣ어둘、태(隊)

暾툰 [돈] 日始出날처음돋을、돈性不爽利溫ㅣ수더분할、돈(元)吨通

曉。쌰 [효] 曙也새벽、효知也깨달을、효說也달랠、효快也쾌할、효(篠)

暻。징 [경] 明也밝을、경(梗)

暿씨 [희] 盛熱몸시더울、희(紙)

曇。탄 [담] 雲布날흐릴、담又구름낄、담世尊瞿ㅣ부처의이름、담(覃)

暹쎈 [섬] 日光昇날빛오를、섬(國名ㅣ羅)(鹽)

曆。리 [력] 天時ㅣ象책력、력數也셀、력(錫)歷見

曄。예 [엽] 輝也빛날、엽明也밝을、엽震電번개번쩍할、엽(葉)

曅 曄同

暸。랴 [료] 明也밝을、요(蕭)

[日翕]씨 [흡] 日乾物볕에말릴、흡(緝)

一五八

曥 쑤 [속]俗音[숙] 乾也말릴、숙曝也볕쪼일、숙(屋) [日+敢] 깐 [감]日出해돋을、감(感) 暼。빼 [별]日勢欲沒해떨어지려끄무러거릴、별(屑) 曂 황 [황]明也輝ㅣ환

이밝을、황(漾) 暺 탄 [탄]明也밝을、탄(翰) ⑬ 曖。애 [애]日不明晻ㅣ날흐릴、애又해빛희미할、애昏昧ㅣㅣ어둠침침할、애(隊) 曒 쟈 [교]明也밝을、교(篠)

曏。썅 [향]往也前時지난번、향又접대、향又아레、향向通明也밝을、향(養)(漾) 曔 징 [경]明也밝을、경乾也마를、경(敬) 曎 이 [역]日光날빛、역(錫) ⑭ [日+蓋]

애 [애]日色날빛、애(泰) 曙。쓔 [서]曉也새벽、서又샐녘、서(日入于虞淵之汜ㅣ于蒙谷之浦)明也밝을、서(御) 曚 뭉 [몽]日未明ㅣ曨날샐녘、몽又동틀、몽(東) 曛

쑨 [훈]黃昏어둑어둑할、훈又땅거미질、훈(日入餘光)(文) 曜。야 [요]日出照해돋아비칠、요光也빛날、요(日ㅣ、月ㅣ、火ㅣ、水ㅣ、木ㅣ、金ㅣ、土ㅣ)(嘯)燿通 曓。뽀 [포]猛也사나울、

포急也급할、포侵也침노할、포徒搏맨손으로칠、포卒起ㅣㅣ갑자기일어날、포晞也마를、포(號)虣同 [폭]顯也나타날、폭日乾볕에말릴、폭(屋)暴本字、曝見 [日+㬎]。치 [급]欲乾마

르려할、급(緝) 曤 뒈 [대]茂也성할、대(隊) 曘 수 [유]日色햇빛、유(虞) ⑮ 曠。광 [광]空也빌、광遠也멀、광明也밝을、광大也클、광男子無室ㅣ夫홀아비、광(漾)

曝 푸 [포]晒也볕쪼일、포(號) [폭]日乾볕에말릴、폭(屋)暴通 [日+巤] 레 [렵]日欲沒해떨어지려할、엽(葉) 曞 리 [려]日光盛輝햇살퍼질、여(霽) ⑯ 曨。룽

[롱]日出曈ㅣ해돋을、롱又날밝을、롱(東)(董) 曦。씨 [희]日光햇빛、희(支) 曣。옌 [연]日出時無雲ㅣ曀날돋을때구름없을、연(霰) 曤 허 [학]明也밝을、학(藥) ⑰

曩。낭 [낭]既往저즘께、낭向日지난번、낭又아레、낭(養) 㬅 皭俗字 ⑱ 曬。쌔 [쇄]曝陽볕쪼일、쇄(卦)晒同 曪 라 [라]曪天날흐릴、나(哿)

⑳ 曭。탕 [당]日不明햇빛희미할、당(養) 曮 앤 [엄]日之躔度해다니는길、엄(琰) [日+矍] 훠 [확]明也밝을、확(藥) ㉑ 曯。쥬 [촉]照也비칠、촉(沃)

曰部

曰。웨 [왈]語也말할、왈又가로、왈謂也이를、왈稱也일컬을、왈於也에、왈之也의；왈(月)粤通

二 **曳**。예 [예]牽也끄을、예引也당길、예(霽)拽、抴通

曲。취 [곡]不直屈ㅣ굽을、곡節目委ㅣ곡절、곡詞ㅣ歌ㅣ곡조、곡懷抱心ㅣ회포、곡蠶器簿ㅣ잠박、곡(軍伍曰部ㅣ、鄕里曰鄕ㅣ)(沃)

三 **更** 㪅俗字

四 **曶** 忽同

五 **曷** 허 [갈]何也어찌、갈何不爲耶어찌아니하리오할、갈(曷)害通

[冊+曰] 채 [책]告也고할、책又이를、책(陌)

六 **書**。슈 [서]文也글、서記也쓸、서著也글지을、서經籍책、서牘也편지、서伏羲ㅣ契서계、서(大篆、小篆、刻符、蟲ㅣ、摹印、署ㅣ、殳ㅣ、隸ㅣ、謂八體)(魚)

曺 曹同

七 **曹**。찬 [조]輩也무리、조局也마을、조周武王弟振鐸所封나라、조(豪)

曼。만 [만]路遠길멀、만(寒)漫通、無極ㅣ衍끝없을、만末也끝、만(翰)長也길、만引也이끌、만澤也윤택할、만美也아름다울、만(願)

八 **朁** 찬 [참]曾也일찍、참(感)

最。쥐 [최]尤極가장、최第一첫째、최凡也ㅣ都대개、최勝也뛰어날、최(泰)

替 티 [체]代也대신할、체換也바꿀、체廢止폐지할、체(霽)

曾。정 [증]嘗也일찍、증乃也이에、증則也곧、증重也거듭、증經也지난번、증姓也성、증(王父之考爲ㅣ祖、王孫之子爲ㅣ孫)(蒸)層通

九 **會**。훼 [회]合也聚衆모을、회適也마침、회計也회계할、회朝觀조회할、회機期기회、회弁中縫고깔꾸밀、회[괴]畫也그림、괴(泰)繪通

十 **朄**。인 [인]擊小鼓소고칠、인引樂聲풍류끄는소리、인(震)

朅。졔 [걸]去也갈、걸[흘]勇也날랠、흘武壯貌위엄스러울、흘(屑)

月部

月。웨 [월]太陰달、월(地球之衛星、土地精水氣精)三十日한달、월(月)

二 **有**。우 [유]無之對있을、유取也취할、유物體萬ㅣ만물、유(大業曰富ㅣ、九州曰九ㅣ、五穀熟曰ㅣ年)(有)又也또、유餘也남을、유(宥)

三 **冐** 왜 [왜]吐也토할、왜(賄)

四 **朌** 빤 [반]賦也부세、반(刪)[분]大首머리통클、분(文)頒通

朋 펑 [붕]友也벗、붕(同師、同門、同道、ㅣ友)羣也ㅣ黨무리、붕五貝다섯자개、붕兩樽두술준、붕(蒸)

服 뱍 [복]衣着입을、복衣也옷、복習也익힐、복從也복종할、복事也嗣ㅣ섬길、복思也생각할、복職也직분、복用也쓸、복邦國九ㅣ나라、복蠻夷荒ㅣ오랑캐、복盛矢器동개、복(屋)

朊 웬 [원]月光稀微달빛희미할、원(阮)

⿰月冘 텐 [전]月落殘明달지고도헌이밝을、전(銑)

肟 우 [오]月明달밝을、오(豪)

五

朐 취 [구]車軛兩邊멍에목거리、구(虞)軥同

朏 븨 [비]三日月초사흘달、비向曙色먼동틀、비月未盛明달빛희미할、비(尾)[물]義同(月)

朎 링 [령]月光ㅣ朧달빛영롱할、영(青)

六

朓 턒 [조]晦月見西서녘그믐달뵐、조(蕭)(篠)

朕 연 [짐]我也나、짐皇帝自稱짐、짐徵兆조짐、짐(寢)

朒 뉵 [뉵]朔月見東초하루달이동녘에보일、육不伸縮ㅣ펴지못할、육(屋)

朔 쒸 [삭]月之初日초하룻날、삭北方북방、삭初也처음、삭(覺)

⿰月爭 朔古字

⿰月共 꿍 [홍]月不明夜어스름달밤、홍(董)

七

朘 쉔 [선]縮也오무라질、선(先)

望 왕 [망]瞻也바랄、망怨也원망할、망責也책망할、망爲人所仰우러러볼、망月體弦ㅣ보름달、망祭名제사이름、망名ㅣ명망、망十五日夜보름밤、망(漾)朢同

朗 랑 [랑]月明달밝을、낭(養)朖通

朙 明古字

朚 황 [황]翌日이튿날、황(陽)

八

朞 씨 [기]周年돌、기(三百有六旬有六日ㅣ)(支)期通

朝 잔 [조]早也이를、조又아침、조執政處ㅣ廷조정、조臣下覲君ㅣ會조회할、조東邦國名ㅣ鮮조선、조(蕭)

期 치 [기]約也기약、기會也모일、기百年一ㅣ백년、기當也당할、기時也시기、기待也기다릴、기限也기한、기必也기필할、기年老耄ㅣ나이많을、기(支)朞通

朜 뜬 [돈]月光달빛、돈(元)

十

朢 왕 [망]月滿보름、망(陽)(漾)望同

⿰月荒 황 [황]月不明曭ㅣ어스름달밤、황(養)

⿰月夌 링 [릉]輕視업신여길、능(蒸)凌同

十一

膰 膝俗字

⿰月旋 쉔 [선]小貌便ㅣ조그마할、선(銑)

⿰月見 녠 [년]月出달돋을、연(霰)

十二

朣 퉁 [동]月出ㅣ朧달돋을、동(東)

⿰月黑 꾸

[골]濁也달흐릴、골(黠)

⿰月敦 同朜

(十四) **朦**。뭉 [몽]月將入ㅣ朧지는달빛희미할、몽(東)

(十六) **朧**。룽 [롱]月初明朣ㅣ달처음밝을、농(東)

(二十) **⿰月黨** 탕 [당]月昏ㅣ⿰月荒달빛희미할、당又어스름할、당(養)

⿰月羲 씨 [희]月光달빛、희(支)

木部

木。무 [목]東方位나무、목(五行三曰ㅣ、八音六曰ㅣ)質樸ㅣ訥질박할、목不柔ㅣ强뻣뻣할、목直也곧을、목(屋) [韓]棉織무명、목

未 웨 [미]不也아니、미支名羊也양、미(未)

末 머 [말]端也끝말、顚也이마、말盡也다할、말 [韓]碎也細粉가루、말減也덜、말(曷)

本。뻔 [본]始也근본、본草木根也밑、본舊也예、본豫後張ㅣ장본、본(阮)

朮 쮸 [출]山薊삽주、출(藥名蒼ㅣ白ㅣ)(質)

札。짜 [찰]小簡편지、찰(古未有紙載文於簡謂之簡ㅣ)票也표、찰甲鱗갑옷비늘、찰夭死일찍죽을、찰(黠)

(二) **朼** 피 [비]調飮木匙주걱、비(紙)枇通

机 찌 [궤]木名如楡可燎糞田느티나무、궤書案책상、궤(紙)几通

朱。쮸 [주]赤色南方位붉을、주(虞)

朵 뚸 [타]樹枝垂下ㅣㅣ나무가지늘어질、타以手捉物손으로잡아움길、타花ㅣ꽃송이、타動也흔들릴、타(哿)朶同

朶 同朵

朽。쌱 [후]木腐나무썩을、후臭也냄새、후(有)

朴。푸 [박]木皮나무껍질、박質也질박할、박大也클、박本也밑동、박(覺)樸通

朷 됴 [도]木心나무고갱이、도(豪) [목]桑木削刀뽕나무치는칼、목(屋)

朸 릐 [력]木理나뭇결、역(職)

朳 빠 [팔]畚具無齒杷고무래、팔又곰배、팔(黠)

朾。띵 [정]旗桿깃대、정地名땅이름、정(靑)

朹。쮜 [구]山樝아가위、구又아가배、구(形似梅子大如指頭色赤ㅣ梅)(尤)

朻。쮸 [규]木下曲나무아래로굽을、규(尤)

朿 찌 [치]芒也까스랭이、치(寘)

(三) **杠**。깡 [강]旗竿깃대、강小橋작은다리、강牀前橫木상앞에가로댄나무、강(江)

杝 이 [이]白椵피나무、이(白楊類似)(支) [치]析薪隨理나무결로쪼갤、치(紙)

杍 쯔 [자]木匠목수、자(紙)梓通

李。릐 [리]果名形似杏오얏、이

姓也성、이行裝行ㅣ행구、이又보따리、이紙

杞 치 기 藥名枸ㅣ구기자、기柳屬ㅣ柳산버들、기紙

杅 위 우 浴桶목욕통、우自得貌ㅣㅣ든든한체할、우虞

杆 깐 간 山柘산뽕나무、간翰 僵木자빠진나무、간盾也방패、간臂衣토수、간寒

杇 우 오 泥鏝흙손、오虞 圬同

杜 두 두 塞也막을、두敷同 果名甘棠아가위、두香草ㅣ蘅藥名ㅣ冲蝎名ㅣ伯虞

杕 되 체 樹盛나무무성할、체木生高孤나무외롯홀로、설、체霽 타 船尾小梢배의작은키、타哿 梢通

材 채 재 木之原料재목、채性質賢ㅣ자품、재ㅣ料재료、재(金木水火土、謂五ㅣ、金工皮工設色工、刮磨工搏埴工、謂六ㅣ、珠象王右土金革羽謂八ㅣ)灰

村 춘 촌 市外部落마을、촌墅也농막、촌元 邨同

杓 쌰 표 斗柄북두자루、표蕭 작 飲器栖ㅣ술구기、작藥 勺同

杈 차 차 岐枝ㅣ椏나무두가장귀질、차捕魚具작살、차農具ㅣ把쓰레、차麻 椏同

杗 망 망 大梁대들보、망陽 맹 瘤梁고동보、맹棟也동자기둥、맹庚

杖 장 장 所以扶行持ㅣ지팡이、장大梃몽둥이、장養 持也가질、장憑倚의지할、장漾 仗通

杉 싼 삼 葉似檀常綠樹多用船材스;기목、삼咸 樧同

杏 씽 행 果名似梅而甘살구、행銀ㅣ은행、행梗

杋 앤 범 木名나무이름、범(俗稱水浮木)咸

束 쑤 속 縛也묶을、속約也언약할、속斂結一團뭇、속(錦一匹爲ㅣ、脯十脡爲ㅣ、矢五十箇爲ㅣ)沃

杌 우 올 木無枝우둠지없는나무、올頑凶檮ㅣ완악할、올危也위태할、올月 頑通

杙 이 익 交趾果名익실과、익(如梨甜核)橛也말뚝、익所以擊獸몽치、익職

呆 대 매 癡也어리석을、매灰

杘 치 희 收絲具籰柄얼레자루、희小兒多詐嚜ㅣ아이간교할、희(或音치)寘

杊 씬 준 木可以爲鋤柄나무가호미자루될만할、순眞

杣 日 樵人나무군、산

杄 쳔 천 桾櫏木고욤나무、천先

杔 퉈 탁 木名ㅣ櫨타로나무、타藥 척 盞酒具ㅣ櫨술거를때에쓰는체다리、척陌

四

東 뚱 동 日出方동녘、동又오른쪽、동(日出於ㅣ、月出於西)東

杮 쀄 폐 削下木片자귀밥、폐又대패밥、폐隊 柿同

柿 同 杮

四畫 木

枇 삐 [비]果名ㅣ把비파、비(樹似槲實如杏)(支)細櫛참빗、비所以載牲도마、비(紙)枇通 **枝**。지 [지]柯也가지、지散也흩을、지手節손마디、지(支) **松**。쑹 [송]百木之長솔、송(千歲之ㅣ上有兔絲下有茯苓ㅣ脂入地千年化爲琥珀)番草甘ㅣ향풀、송(冬) **杵**。츄 [저]擣穀舂ㅣ절구공이、저槌衣砧ㅣ다듬이방망이、저(語) **枓**。쮸 [주]勺也水器ㅣ斢구기、주(虞)[두]柱上方木栱ㅣ기둥머리、두(有) **杼**。쮸 [저]織具ㅣ柚북、저長也길、저栩也栗屬도토리、저(語)抒通 **杸**。쓔 [수]兵器八稜無刃팔모진창、수殳同、擊也칠、수(虞) **枑** 후 [호]行馬遮攔梐ㅣ마름쇠、호(遇) **枘** 쉬 [예]柄也자루、예(霽) **枚**。메 [매]榦也줄기、매箇也낱、매馬鞭말채찍、매止喧銜ㅣ함오、매數物셀、매(灰) **杶** 춘 [준]木名似桼樹櫄ㅣ참죽나무、춘(古時作琴材)(眞)櫄杻橁同 **杯**。뻬 [배]酒盞술잔、배盃국바리、배(灰)桮同 **枌**。뿐 [분]白楡흰느릅나무、분(文) **板**。빤 [판]片木널、판木瓦널기와、판笏也手ㅣ수판、판反側뒤칠、판(潸)版通 **杳**。뫄 [묘]冥也아득할、묘幽也깊을、묘寂也ㅣㅣ고요할、묘寬也너그러울、묘(篠) **杪** 촤 [초]木末나무끝、초(篠) **杲** 꽈 [고]日出ㅣㅣ날돋을、고高也높을、고[호]義同(皓) **果**。꿔 [과]木實과실、과(木實有核曰ㅣ、草菓有核曰蓏)菓同、敢也과단할、과豫期ㅣ然과연、과決也결단할、과腹飽ㅣ然배부를、과獸名ㅣ然짐승이름、과勇也날랠、과(哿) **杷**。빠 [파]果名似杏枇ㅣ비파、파銚也平田器쇠스랑、파柄也자루、파(禡)欛通 **柒** 困古字 **枒** 야 [아]車輪外輞바퀴테、아木名椏ㅣ종려나무、아木相拒迦ㅣ가새목질을、아木栟杈ㅣ가장귀、아(麻)椰同、揶通 **杭**。항 [항]小舟거룻배、항銀漢天ㅣ은하수、항州名고을이름、항渡也건늘、항(陽)航通 **枋** 빵 [방]染色木蘇ㅣ단목、방木堰魚場고기우리、방(陽)[병]柄也자루、병(敬) **杤** [日]橡木상수리나무、회櫟通 **枉**。왕 [왕]曲也굽을、왕屈也ㅣ駕왕림할、왕寃屈원통할、왕(養) **枊**。앙 [앙]繫馬柱말뚝、앙(漾) **枆** 뫄 [모]冬熟桃겨울에익은복숭아、모(豪) **枡** [日]升也量器되、승

林。림 [림]樹木叢生수풀、임又숲、임盛貌ㅣㅣ빽빽할、임(侵) **枕** 졈 [침]臥薦首具벼개、침繫牛後橫杙소매는말뚝、침車木수레뒤가룻대、침(寢)ㅣ之벼개벨、침(沁)

枏。난 [남]木名梅ㅣ子나무이름、남(一名ㅣ梓、似杏而酸似豫章美材江南多產)(覃)楠同 [염]義同(鹽) **杴** 셤 [험]鍫屬가래、험藥名稀薟草진동찰、험(一名火ㅣ)(鹽) **杰**。졔 [걸]壯也豪傑호걸、걸人名사람의이름、걸(梁公子鄗ㅣ後周魏ㅣ)(屑)傑同 **极**。졉 [겁]驢背物나귀길마、겁(葉)笈同 **杬**。웬 [원]身體按摩몸주무를、완(翰) [완]木名나무이름、원(近)似桑椹(元)

析。씨 [셕]分也나눌、셕破木쪼갤、셕又쪨、셕虹蜺ㅣ翳무지개、셕(錫) **析** 同析 **枂** 웰 [월]剝去木皮나무껍질벗길、월鞍瓦안장기와、월(月)

枃 씬 [진]篋也바디、진凡織先經以ㅣ梳然使不亂사침대、진(震) **杻** 츄 [뉴]檍也박달나무、유[추]手械수갑、추(有)(韓)荊也싸리、축 **柢**。씨 [시]舂具碓衡방아채、시(支)

枎。약 [부]布於四方사방에퍼질、부(虞) **枛** 쟈 [조]木刺나무가시、조(嘯) **枸** 꺼 [구]曲也구부러질、구(宥) **[illegible]** 멘 [면]木ㅣ吉貝솜、면又목화나무、면(先)棉同

杹 화 [화]木芙蓉목부용、화(禡) **枙** 왜 [와]木節나무마디、와(歌) **枔**。진 [심]木葉나무잎사귀、심(侵) **枖** 약 [요]樹木繁盛나무번성할、요(嘯)

杫。지 [지]俎也도마、지(寘) **杅** 우 [오]鋘名鋘ㅣ칼이름、오(虞) [화]釫鏵보습、화(麻)鋘鏵同

五

枲。씨 [시]牡麻無實수삼、시又씨없는삼、시(紙) **枷**。쟈 [가]刑也項械목에씨는칼、가打穀具連ㅣ도리깨채、가(麻)枷通 **柈** 판 [반]承盤쟁반、반盤也소반、반板木杅ㅣ널판、반(寒)槃同盤通 **枳**。지 [지]似橘多刺實少탱자、지[기]害也해할、기(紙)

柅 니 [니]停車木수레정지대、이絡絲器柄얼레자루、이木名實小如梨팔배나무、이盛貌ㅣㅣ무성할、이察也살필、이(紙) [닐]止也그칠、일(質) **柶**。쓰 [사]匕也喪用角ㅣ뿔숟가락、사(寘)(韓)戲具ㅣ枚윳、사擲ㅣ윳던질、사

柲。삐 [비]弓檠활도지개、비戈戟柄창자루、비(寘)閉通 [필]義同(質)鉍通 **柜** 쮜 [거]葉如櫸皮如櫝참나무、

거(語) 欅同 **柧** 꾸 [고] 稜角모질、고(虞) **枯**。쿠 [고] 槁木마른나무、고(虞) **柎** 뿌 [부] 木名楡ㅣ느릅나무、부(遇) 花萼꽃받침、부 編木以渡떼、부 欄足난간발、부(虞) 柎通 **枹** 부 [부] 鼓槌북채、부(虞)(尤) 梠同 桴通 [포] 木叢生나무무데기로날、포(肴) 苞通 **柱**。쥬 [주] 楹也기둥、주(麌) 撑也버틸、주 支也고일、주(遇) 拄通 **枸** 쥐 [구] 藥名ㅣ杞구기자、구(一名苦ㅣ、一名地骨、服之輕身益氣)(有) 曲也굽을、구 枳名ㅣ橘탱자、구(尤) 似椹爲醬필발、구 又구나무、구(麌) 蒟通 **柢**。듸 [저] 根也뿌리、저(齊)(薺)(霽) **枻** 이 [예] 檝也상앗대、예(霽) 栧同 [설] 正극 弩具檠ㅣ활도지개、설(屑) **架**。쟈 [가] 棚也시렁、가 建設세울、가 構也지을、가 衣ㅣ횃대、가 擧ㅣ틀가락、가(禡) **柺** 꽤 [괘] 老人拄杖노인지팡이짚을、괘(蟹) **柰**。내 [내] 果名蘋婆벗、내 那也ㅣ何어찌、내(泰) [나] 義同(箇) 那通 **柬**。잰 [간] 分別분별할、간 札也편지、간(潸) 簡揀同 **柹** 씨 [시] 赤果감、시(有七絕、一壽二多陰三無鳥巢四無蟲蠹五霜葉可玩六佳實七落葉肥大可書)(紙) 俗作柿非 **柿** 柹俗字 **柯**。거 [가] 枝也가지、가 斧柄도끼자루、가(歌) **枵** 쌰 [효] 虛也빌、효(蕭) **柁** 뒤 [타] 正船木키、타(拕於船尾)(哿) 舵同 **柂** 柁俗字 **柴**。채 [시] 薪也땔나무、시 又섶、시 祭名燔ㅣ시제지낼、시(佳) 祡同 [채] 籬也울타리、채(卦) 寨通 **柩** 작 [구] 棺也관、구 又널、구(在牀曰尸、在棺曰ㅣ)(宥) 匶同 **柘**。쟈 [자] 山桑산뽕、자(禡) **枰** 핑 [평] 碁局바둑판、평 博局장기판、평 木名子ㅣ회양목、평(庚) **柄**。뼝 [병] 柯也자루、병 持也잡을、병 權也권세、병(敬) 棅同 枋通 **柛** 씬 [신] 木自死나무절로죽을、신 又나무쓸어질、신(眞) **栟** 뼨 [변] 柱上木欂櫨주두、변(霰) 閞同 **柔**。석 [유] 剛之對부드러울、유 順也유순할、유 安也편안할、유 耎弱연약할、유 草木新生싹돋을、유(尤) **柳**。류 [류] 楊也버들、유 宿名별이름、유 姓也성、유(有) 栁同 **某**。뫼 [모] 不知名者指稱아무、모(有) [매] 梅古字(灰) **查**。쟈 [사] 考察사실할、사 訊也파물을、사 水上浮木떼목、사(麻) 槎楂通 **柚**。유 [유] 似橘橙而形小味酢유자、유(有) 櫾同 [축] 織具受

緯杼ㅣ북、축(屋) **柑** 깐 [감]橘屬色紅味甘감귤、감(覃)[겸]以木銜馬口재갈、겸(鹽)拑鉗通 **染** 산 [염]著色물들、염柔弱유약할、염(琰)漬也젖을、염汚也더럽힐、염(豔)

柷 쮸 [축]樂器ㅣ敔축풍류、축(樂之初擊ㅣ而作之、樂之末戛敔以止)(屋) **柮** 뚸 [돌]木頭榾ㅣ우둠지、돌[올]樹無枝무지렁나무、올伐木殘株밑둥만남은나무、올(月)

枿 녜 [얼]伐木餘在槎ㅣ나무등걸、알(或音얼)(曷)櫱通 **柝** 퉈 [탁]判也쪼갤、탁夜警刁斗조두、탁又목탁、탁(藥)欜通 **柞** 쭤 [작]櫟也가락나무、작又갈참나무、작

(藥)[책]除木나무베일、책(陌) **柤** 쨔 [사]木閑나무우리、사木名似梨而酸나무이름、사(麻)樝通 **柵** 쨔 [책]寨也목책、책編立竹木울타리、책(陌) **柙** 쌰 [합]獸檻짐

승우리、합香木楓ㅣ향나무、합(洽)匣通 **抾** 취 [거]极也길마、거(魚) **枮** 쪈 [점]斫木櫍모탕、침(侵) **枱** 이 [이]耒柄따비자루、이(支)鈶同 **柀** 피 [피]榧子비

자、피(紙) **柊** 쭝 [종]椎也ㅣ楑방망이、종(東) **柖** 쨔 [소]樹搖나무흔들릴、소射的관혁、소(蕭) **柒** 漆俗字七通 **柏** 빽 [백]似松常綠其實稍大美味滋養잣、

백椈也측백나무、백(陌)栢同 **柣** 지 [질]門閾문지방、질(質) **柫** 뿌 [불]耞也도리깨、불(物) **柅** 쯔 [자]檷也느릅나무、자(支) **柭** 페 [패]木生枝葉나무지

엽돋을、패(隊)[발]茂貌무성할、발(曷) **柍** 잉 [영]杏也살구、영(庚) **柋** 대 [대]蠶架누에시렁、대(隊) **[illegible]** 허 [화]棺頭관머리、화(歌) **栍** 슬 [韓]籤也사생、생路

程標木長ㅣ장승、생 **柾** [日]木之正直나무바를、정 **枺** 머 [말]柱也欏ㅣ표말、말又표말뚝、말(曷) **柃** 링 [령]木瘤나무혹、영又나무옹이、영(青) **柆** 라

[랍]折木나무꺾을、납(合)拉同 **柌** 쓰 [사]鎌柄낫자루、사(支) **柉** 빤 [범]木皮나무껍질、범(咸) **柪** 야 [요]曲木굽은나무、요(肴) 六 **栱** 꿍 [공]柱頭ㅣ

科기둥머리공栱也말장、공(腫) **桋** 이 [이]木名似栟赤棘가나무、이雌桑암뽕나무、이(支) **栭** 얼 [이]小栗작은밤、이櫨也주두、이(支) **株** 쮸 [주]根也뿌리、

주幹也줄기、주(植物之全體曰ㅣㅣ)虞 **栩** 쉬 [허] 椽也栗屬가랑나무、허又상수리나무、허又참나무、허 麌 **桂** 궈 [계] 百藥之長皮厚香多계수、계 霽 **栖** 씨 [서] 住

息쉴、서鳥宿새깃들일、서不安ㅣㅣ편치않을、서 齊 棲捿通 鷄止닭의홰、서 齊 **栘** 타 [체] 棠棣산매자나무、체又당체나무、체(ㅣ日薁李、一名爵梅、一名喜梅)ㅣ楊따드등나무、체

又사시나무、체(一名高飛、一名獨搖、圓葉弱蒂、微風大搖) 齊 **枅** 지 [계] 屋櫨장혜、계(柱上橫木承棟者橫之似笄也) 齊 [견] 義同 先 **栧** 이 [예] 楫也상앗대、예 霽 枻同 **栵**

리 [례] 木生從列나무줄로날、예 霽 [렬] 栵栗산밤、열又돌밤、열 屑 **桅** 웨 [외] 檣也돛대、외(舟上帆竿) 灰 [괴] 染黃木치자나무、괴 紙 **栒** 쓘 [순] 懸鐘磬格ㅣ簴경쇠거리、

순木名순나무、순 軫 簨簴同 **栽** 재 [재] 種也ㅣ培심을、재 灰 [재] 築牆長板토담틀、재 隊 **根** 껀 [근] 柢也뿌리、근本也밑、근木株대、근星名天ㅣ별이름、근車名金ㅣ수레이

름、근 元 **栞** 칸 [간] 砍木나무쪼갤、간 寒 刊同 **桓** 환 [환] 武勇貌ㅣㅣ씩씩할、환木名모감주나무、환郵亭ㅣ表표목、환難進盤ㅣ머뭇거릴、환下棺木ㅣ楹하관틀、환公爵所

執ㅣ圭홀、환 寒 **栫** 쪤 [천] 圍也에울、천柴木壅水나무로방천할、천籬也울타리、천捕魚具깃、천 霰 **桉** 안 [안] 食器玉ㅣ중발、안又옥바리、안 翰 案椀通 **栴**

쨘 [전] 香木ㅣ檀향나무、전 先 **案** 안 [안] 冊牀책상、안几屬안석、안著書草稿기안할、안考也腹ㅣ복안할、안官府登錄存ㅣ등록할、안 翰 桉通 **校** 쟌 [효] 學宮학

궁、효 [교] 械也착고、교計也계교할、교獵也사냥할、교軍官장교、교教授處學ㅣ학교、교檢也ㅣ訂바로잡을、교 效 挍通 **桃** 퇀 [도] 果也복숭아、도(五木精能辟鬼ㅣ茢ㅣ弧

ㅣ印、皆辟惡、果名、櫻ㅣ胡ㅣ)果名과실、도석名ㅣ枝대이름、도劒工ㅣ氏금공、도 豪 **栲** 칸 [고] 山樗복나무、고(ㅣ似樗色小白、生山中、亦類漆) 皓 **栳** 랖 [로] 柳器栲ㅣ버들고리

로짠、노 皓 **桄** 꽝 [광] 麪桄ㅣ榔광랑나무、광 陽 織機베틀、광充也찰、광 漾 **桑** 쌍 [상] 其葉養蠶뽕나무、상日出處扶ㅣ해돋는곳、상地名窮ㅣ空ㅣ台ㅣ땅이름、상 陽

桒 桑俗字

桁 항 [항]械也ㅣ楊착고、항浮橋배다리、항(陽)衣架횃대、항(漾)[형]柱頭橫木도리、형(庚)

栿 복 [복]梁也들보、복以小木附於大木나무덧붙일、복(屋)

栗 리 [률]櫟屬果實有毬多刺밤、률堅也견고할、률懼也戰ㅣ두려워할、률主材신주나무、률威嚴위엄스러울、률欒名屬ㅣ풍류이름、률(質)

桎 지 [질]足械발착고、질(在足曰ㅣ在手曰梏)窒也막힐、질(質)

核 허 [핵]果中含仁씨、핵(陌)[홀]義同籩豆實殽ㅣ과실、홀(月)覈通

栝 괘 [괄]柏葉松身노송나무、괄又전나무、괄(曷)檜同

桔 졔 [결]俗音[길] 藥名ㅣ梗도라지、길(食用)擧烽具봉화들、길(屑)橰通

桀 졔 [걸]凶暴흉포할、걸秀貌ㅣㅣ준수할、걸夏王御號하왕의이름、걸鷄棲杙닭의홰、걸(屑)傑榤同

格 꺄 [격]式也격식、격至也이를、격書架度ㅣ책거리、격正也바를、격究也궁구할、격感應감응할、격鬪也다툴、격登也오를、격資ㅣ자격、격標準方ㅣ표준할、격變革변혁할、격敵也대적할、격[핵]不入扞ㅣ막힐、핵(陌)[각]長枝긴가지、각又휘추리、각止也그칠、각阻ㅣ막을、각角戲ㅣ五씨름할、각(藥)挌通

栢 柏俗字

框 광 [광]門ㅣ문얼굴、광棺門관문、광棺頭관머리、광(陽)

栰 퍼 [벌]桴也編木汎水떼、벌(月)筏橃同

栓 쏸 [전]木釘나무못、전又말뚝、전(先)[日]桶ㅣ통마개、전甁ㅣ병마개、전

栔 쎄 [설]絶也끊을、설缺也이지러질、설憂也ㅣㅣ근심할、설(屑)[계]刻也새길、계(霽)

栭 이 [이]船中欲水斗배에물푸는바가지、이(支)

⿰木衣 뤼 [려]木名ㅣ松나무이름、여(箭笥用材似松極佳)(語)

栙 쌍 [강]船帆未張ㅣ欆펴지않은돛、강艭也뜸、강(江)

栠 인 [임]木弱貌나무연할、임(寢)

栮 얼 [이]木茸버섯、이又느타리、이(生於枯木形如人耳)(紙)茸同

栯 위 [욱]ㅣ李산앵두、욱(果如櫻桃稍小赤者)(屋)

栱 꿍 [공]手械수갑、공兩手共械두손에수갑챌、공(腫)

栻 씨 [식]推占木局점판、식(職)

桊 좐 [권]牛鼻穿環쇠코뚜레、권(霰)棬通

桌 쭤 [탁]几案탁상、탁(覺)

⿰木囟 씬 [신]箴也織具바디、신(震)

⿰木尗 椒俗字

⿰木氷 뺑 [평]析木聲나무패는

소리、평蒸

桐 ◦동 [동] 葉大材輕梧ㅣ오동、동又머귀、동(多用琴材)東

桏 ◦공 [공] 桓柳떡갈나무、공冬

桕 ◦구 [구] 木名鳥ㅣ오구나무、구一名鵶ㅣ아구나무、구

有

枈 ◦좌 [과] 手把物잡을、과(或音타)哿

梀 써 [색] 棗也대추、색陌 棗通

桍 꾸 [고] 枯木마른나무、고虞

柧 [韓] 墻壁中間結木 외가지、외

桛 [日] 織具물레가락、하

七

桶 ◦통 [통] 木器통、통董 [용] 斛也휘、용腫

桵 쉐 [유] 木名白ㅣ백유나무、유木生叢ㅣ樸나무떨기로날、유桵也보습、유支 棲同

梔 ◦지 [치] ㅣ子치자、치(一名鮮支實可染黃)支

梨 리 [리] 快果참배、이(在山曰檎、人植曰ㅣ)支 棃同

梩 ◦리 [리] 土轝蘽ㅣ흙담는들것、이支 鍬也가래、이紙

梓 ◦즈 [자] 楸也喬木노나무、자又가래나무、자(自生山野、如楸實赤)木工목수、자(治木器曰ㅣ、治土器曰陶、治金器曰冶)故鄉桑ㅣ고향、자家道橋ㅣ우러러볼、자鋟文書於板繡ㅣ책판、자紙

梳 소 [소] 櫛也빗、소(眞ㅣ月ㅣ)理髮머리빗을、소魚

梏 꾸 [곡] 手械수갑、곡沃

梧 ◦우 [오] 木名ㅣ桐오동、오虞 支持枝ㅣ상지할、오偉貌魁ㅣ허울찰、오遇

桴 부 [부] 屋脊집마룻대、부筏也떼、부擊鼓杖북채、부虞 尤 枹泭通

梯 ◦티 [제] 木階사다리、제木稚나무어릴、제無隅角突ㅣ모퉁이없을、제齊

梐 삐 [폐] 行馬ㅣ枑마름쇠、폐牢獄周ㅣ우리간、폐遮欄ㅣ枑목책、폐又말장、폐齊

梅 ◦메 [매] 似杏實酢花美매화나무、매喪容ㅣㅣ상제얼굴、매(雀ㅣ、楊ㅣ)灰

桮 빼 [배] 飲器ㅣ棬술잔、배灰 盃杯通

棖 ◦전 [진] 屋梠楔ㅣ평고대、진眞

械 ◦쎄 [계] 器之總稱기계、계又틀、계手搏桎梏수갑、계卦

梠 뤼 [려] 楣也문도리、여又문얼굴、여桶端連綿木평고대、여屋檐추녀、여語

梱 쿤 [곤] 門橛문지방、곤阮

梡 ◦환 [관] 虞俎우나라제기、관斷木토막나무、관旱

梴 찬 [천] 舂具碓機방아틀、천又방아쌀개、천木長貌나무길、천先

梘 ◦젼 [견] 灌具水筒홈통、견銑 筧同

條 ◦툐 [조] 小枝곁가지、조長也길、조法令ㅣ理조리、조達也사무칠、조枚擧ㅣ目조목、조地名

鳴ㅣ땅이름、조橘屬柚ㅣ탱자、조(蕭)

梟 쌰 [효]不孝鳥올빼미、효鴞通斬刑ㅣ首목베어매달、효健也건장할、효雄也웅장할、효采名摴蒲주사위、효(蕭)

梢 쌰 [소]木梢나무끝、소船尾키꼬리、소艄同農具喬ㅣ장기자루、소(肴)

梭 쒀 [사]織具緯絲북、사(歌)

桫 싸 [사]木名ㅣ欏사라나무、사(似椰出麵產峨眉山類似枇杷)(歌)

椰 예 [야]椰子야자나무、야(產熱帶地、形似棕櫚花可釀酒)(麻)椰同、枒通

桹 랑 [랑]木名桄ㅣ광랑나무、낭(俗名黃楊、形似栟櫚木皮有色、材質有鐵色有紫黑、多用舂具製櫛印版)船板빗전、낭(陽)椰通

梁 량 [량]負棟木들보、양木橋나무다리、양石障水爲ㅣ돌다리、양以笱堰水魚ㅣ발로웅덩이막을、양亂走貌陸ㅣ달음박질할、양跳ㅣ펄펄뛸、양強ㅣ굳셀、양(陽)樑同

梬 잉 [영]小柹ㅣ棗고욤나무、영(梗)

梗 껑 [경]山楡산느릅나무、경正直정직할、경大略ㅣ概대개、경病也병、경猛也強ㅣ강경할、경塞也막을、경(梗)

桯 텅 [정]牀前几ㅣ서안、정又결상、정柱也기둥、정[형]義同(青)

梃 텅 [정]杖也막대、정一枝直莖외줄기、정勁直貌ㅣ然꿋꿋할、정(迥)

梎 뿌 [부]鼓槌북채、부(虞)(尤)枹同桴通

梵 빤 [범]西域釋書불경、범(佛家用字、除邪淸潔)吟聲ㅣ唄읊을、범又경읽을、범(陷)

梮 쥐 [국]山中雪泥所乘썰매、국(沃)檋同

桷 쥐 [각]方形椽木네모진서까래、각(覺)

梛 柳本字

梪 뚜 [두]樹名獨ㅣ독두나무、두木食器나무식기、두(宥)荳同

梫 친 [침]桂也계수、침又계나무、침(ㅣ似枇杷皮厚白葉冬夏長靑)(侵)

梄 우 [유]積也쌓을、유薪也섶、유(有)槱同

桼 치 [칠]木汁可以黏黑옻나무、츨(質)榛同 漆通

桲 뽀 [발]打穀具連枷도리깨채、발梨屬榲ㅣ돌배、발梨種二十七中榲ㅣ其一)杖也지팡이、발(月)

棁 쭤 [절]梁上短柱棨ㅣ동자기둥、절(屑)[탈]大杖작대기 탈(曷)

梜 쟈 [협]箸也ㅣ提젓가락、협(葉)筴同

梀 쑤 [속]短椽짧은추녀、속梀也가사목、속又박달나무、속(陌)

桸 씨 [희]杇也나무썩을 희(支)

桻 뻥 [봉]枝端나뭇가지끝、봉(冬)

桽 취 [좌]麥李밀오얏、좌早桃일된복숭아、좌(歌)

梀 칙 [子]櫟實包房도토리받침、子(尤) **梆.** 빵 [방]木鐸목탁、방發響竹筒대롱칠、방(江) **梇.** 룡 [롱]地名ㅣ棟땅이름、농(送) **梑** 듸 [적]龍梑용두레、적(錫) **梒** 한 [함]櫻桃앵두、함(覃) **梖.** 패 [패]木名패나무、패(印度多產、葉可書字、實如椰子、經冬不凋)(泰) **梣.** 천 [침]青皮木무푸레、침(侵) **⿰木寽.** 레 [렬]帆檣돛대、열(屑) **梮** 꿘 [군]梬棗ㅣ櫏고욤、군(文) **⿰木夲** 뿐 [분]舟蓬배뜸、분(吻) **梴** 쎤 [선]鷹架매덕대、선(霰) **梍.** 잪 [조]皂莢스무나무、조又쥐염、조(皓)

梊 찌 [제]撮取집어가질、제(霽) **⿰木⿰朩刂.** 폐 [폐]券契어음조각、폐(隊) **梦** 夢俗字 **梶.** 이 [미]木杪나무끝、미(尾) [日]正船木키、미 **梛.** 나 [나]木名나무이름、나(歌) **梺.** [日]麓俗字 **栬.** [日]秋葉紅가을잎에단풍들、파 **⿱沙木** 싸 [사]木名ㅣ棠사당나무、사(花紅、實味如李無核、食之使人不溺、極可衛水)(歌) **桿** 깐 [한]木梃줄기、한(旱) [잔]棒也몽둥이、간(寒) **梌.** 뚜 [도]槐也쥐염나무、도(皓) **桡** 취 [각]藥名枳ㅣ탱자나무、각(覺) **椓.** 쪄 [저]自枯木말라죽은나무、저(魚) **梤** 뿐 [분]香木향나무、분(文) **梻** [日]佛供香木(用櫁爲主)향나무、불

八

採. 채 [채]擗也떡갈나무、채又참나무、채(賄) **棼.** 뿐 [분]亂也ㅣㅣ어지러울、분屋棟지붕마루、분多木나무많을、분(文) **棒.** 뼝 [방]俗音[봉] 杖也棍ㅣ몽둥이、봉打也칠、봉(講) 棓通 **棟.** 뚱 [동]屋脊들보、동(送) **棓** 뿌 [부]打也때릴、부星名天ㅣ별이름、부(尤) [방]打穀具連枷도리깨채、방(講)棒通 **⿰木委** 웨 [유]木名白ㅣ백유나무、유犂也보습、유桵同[위]農器곱정이、위(支) **棊.** 치 [기]奕子圍ㅣ바둑、기(支)碁同、棋通 **棋.** 치 [기]根柢뿌리、기圍碁바둑、기(支)棊通 **椎** 췌 [추]鐵棒철장대、추鐵ㅣ쇠몽치、추櫟也참나무、추擊也칠、추擣也짓찔、추不治ㅣ鈍둔할、추(支)槌通 **椅.** 이 [의]梓也노나무、의又가래나무、의(支)坐床ㅣ子의자、의(紙) **椑.** 뻬 [비]澁柹烏ㅣ떫은감、비(支)斧柄도끼자루、비圓榼둥근합、비飮器잔、비(齊) [벽]內棺속관、벽(陌) [華]鼠李갈매나무、비

棄 치 [기]捐也버릴、기忘也잊어버릴、기失也잃을、기(寘)

植。ᄋ지 [식]栽也樹立심을、식置也둘、식(職)[치]立也세울、치種也심을、치倚也기댈、치枝榦줄기、치築城楨榦달구질대、치椎也방망이、치將領主帥之稱두목、치(寘)

梘。이 [예]不安杌ㅣ불안할、예危也위험할、예(齊)輗通

棜 유 [어]承尊具술잔받침、어(御)

棃 梨同

椐。ᄋ쥐 [거]樻也인가목、거又가마태나무、거又영수목、거(木節腫可作杖以扶老靈壽也)(魚)

椇。ᄋ취 [구]婦人之贄枳ㅣ폐백에쓰는탱자나무、구梨屬蔆ㅣ팥배、구殷俎은나라제기、구(虞)枸蒟通

棲。씨 [서]息也쉴、서鳥ㅣ새깃들일、서牀也평상、서往來貌ㅣㅣ서성거릴、서(齊)栖通

棨 치 [계]有旗戟曰ㅣ기달린창、계傳信符ㅣ신호깃대、계(薺)

棙 리 [려]琵琶撥機關ㅣ비파고동、여(霽)

棣。티 [체]移也산매자、체郁李唐ㅣ아가위、체(霽)[태]威儀ㅣㅣ엄전할、태閑習貌ㅣㅣ익숙할、태(隊)

棷 ᄋ줴 [취]藪也숲、취(泰)[추]薪也섶、추(尤)[수]郊ㅣ수풀、수(有)藪通

棕 椶俗字

椌。쿵 [공]器物質朴기물질박할、공(東)[강]柷樂축풍류、강(江)

棺。꽌 [관]所以掩屍命完ㅣ椁관、관(有虞氏瓦ㅣ夏后氏堲ㅣ周殷人ㅣ椁)斂也염할、관(寒)

棼 뿐 [분]香木향나무、분(文)

棔 훈 [혼]合歡木자귀나무、혼又상무나무、혼(元)

棍。꾼 [혼]東木나무묶을、혼(阮)[곤]刑具ㅣ杖곤장、곤(願)

椀 완 [완]食器小盂주발、완又바리、완(旱)盌同

棧。ᄋ잔 [잔]棚也사다리、잔閣木爲ㅣ비게、잔閣道복도、잔馬ㅣ마판、잔柩車상여틀、잔小鐘작은쇠북、잔(大鐘曰鏞小鐘曰ㅣ)ㅣ橋다리、잔(潸)(諫)[華]ㅣ房전방、잔

棬。촨 [권]屈木爲器桮ㅣ동구리、권又휘어만든그릇、권牛鼻拘ㅣ쇠코뚜레、권(先)桊通

椒 ᄋ쟢 [초]似茱萸而辛香후추、초山巓산마루、초(蕭)

[illegible] 椒俗字

棐。ᄋ뷔 [비]輔也도울、비木名似柏비자나무、비(尾)篚榧通

棗。ᄋ잔 [조]棘實赤心果대추、조(大者曰ㅣ小者曰棘)(皓)

椖。빵 [방]木片나뭇조각、방揭示게시판、방標題방써붙일、방選職次序發表ㅣ目방목、방(養)椖榜同笞也볼기칠、방進船배떠날、방船人뱃사공、방(漾)[병]義同(敬)

棚 ° 평 [붕] 棧架시렁、붕閣也누각、붕矢藏전통、붕(庚)
梠 앙 [앙] 屋蓋斜角飛丨추녀、앙(陽)
棠 탕 [당] 木名如李無核沙丨아가위、당(杜棃甘丨)地名땅이름、당(陽)

棖 ° 청 [정] 門兩邊木문설주、정(庚)
栟 빵 [병] 椶也丨櫚종려나무、병(木高二丈葉如蒲扇、葉下有毛如髮、故名丨櫚)(庚)
棅 빵 [병] 柯也자루、병又잡을、병權也권세、병本也밑、병(敬)柄同

棽 ° 린 [림] 枝繁丨麗나뭇가지무성할、임(侵)
棄 乘本字
棸 ° 쫘 [추] 姓也성、추(尤)
棱 령 [릉] 柧也모질、능(蒸)楞同
森 썬 [삼] 木多貌丨林나무빽들어설、삼植也심을、삼丨嚴삼엄할、삼(侵)

禁 ° 진 [금] 机也책상、금(沁)
椓 쭤 [탁] 擊也칠、탁宮刑불알베일、탁(覺)斲椓通
椁 ° 꿔 [곽] 外棺덧관、곽度也잴、곽(藥)槨同

棘 ° 지 [극] 小棗多丨가시나무、극鳥名丨扈새이름、극藥名天丨약이름、극囚處叢丨가시성、극大극큰활、극(職)戟棘通
棫 위 [역] 木叢生丨樸나무무더기로날、역白棫柞丨허여 은참나무、역(職)

椄 ° 졔 [접] 續木나무접붙일、접刑械형틀、접楔也문설주、접(葉)
[木兔] 투 [도] 木枝四布나뭇가지퍼질、도(虞)

棆 ° 룬 [륜] 棆也느릅나무、윤(眞)
棉 멘 [면] 木丨주라나무、면又목화나무、면吉貝솜、면(先)柄同
棝 ° 꾸 [고] 捕鼠具丨斗쥐덫、고(遇)
棡 깡 [강] 木名강나무、강木柵横木목책가룻대、강(陽)

[木兩] 량 [량] 松脂송진、양(養)
棤 ° 제 [착] 木皮錯粗나무껍질두꺼울、착(或音척)(藥)
棪 옌 [염] 木名염나무、염(琰)
榙 따 [답] 柱頭기둥머리、답(合)

棯 신 [임] 果名丨棗대추이름、임(寢)
棳 ° 쥐 [절] 棒也몽치、절縣名毋丨고을이름、절(屑)
棶 래 [래] 木名丨椋박달나무、내(灰)
椈 쥐 [국] 柏也측백나무、국(屋)

椊 ° 쭈 [졸] 以柄納孔丨杌자루맞칠、졸(月)
椋 ° 량 [량] 葉似柹而材堅박달나무、양(適造車輛)(陽)
棎 씬 [섬] 果名似柰而酸팥배、섬(實形如梨冬熟味酢南越山中多産)(鹽)

椛 [화] 丹楓단풍나무、화
棑 예 [패] 盾也방패、패筏也뗏목、패(佳)
[木芮] 뤠 [예] 草木實垂貌초목에열매주렁주렁달릴、예(齊)
[木疌] °

싸[삽]木理起貌나뭇결일어날、삽(洽) **棩** 원[연]曲木나무굽을、연(先) **椄** 싼[삼]接檐遮陽채양、삼(陷) **棹** 잔[도]楫也노、도(效)櫂同 **椏** 야[아]樹枝分

岐杈ㅣ나뭇가지아귀질、아又두가장귀질、아(麻) **棰** 취[추]馬策말채찍、추箠刑매때릴、추(紙) 箠捶通 **[illegible]** 직[고]俗音[구]汲水具桔槔두레박 구(豪) **[illegible]** 쥐

[골]斷木토막나무、골自枯木풍당목、골(物) **椧** [韓]筧也홈통、명(寺名慶州北ㅣ寺) **椙** [日]杉也삼나무、창 ⑨ **楺** 역[유]屈木나무휠、유又굽은나무、유(宥)

椶 중[종]棕櫚종려나무、종(一名蒲葵)(東)棕同 **椸** 이[이]衣架횃대、이又옷걸이、이槅前几책상、이(支)箷同 **椔** 즈[치]木立死者서서죽은나무、치(支) **楣**

메[미]門上橫梁인중방、미又문웃설주、미(支) **楎** 훼[휘]掛衣架옷걸이、휘㩇也문지방、휘(微)[혼]農具犁轅쟁기술、혼(元) **楮** 츄[저]皮可造紙닥나무、저(葉有瓣曰ㅣ、葉

無瓣曰構)(語) **楚** 츄[초]荊也싸리、초國名초나라、초(熊繹所封)鮮明ㅣㅣ고울、초高也翹ㅣ높을、초叢木더부룩할、초撻ㅣ종아리칠、초(語)辛痛쓰라릴、초(御)憷䠞通 **楔**

위[유]木名鼠ㅣ산유자나무、유(似山楸而黑)(虞)(寘) **楡** 위[유]白粉느릅나무、유(ㅣ有十種葉皆相似皮木理異內皮汁取、塗料可用)晩景桑ㅣ저녁때경치、유(星名白ㅣ鄕名枌ㅣ、塞

名ㅣ林)(虞) **楛** 쿠[호]木名나무이름、호(形似荊而赤莖似蓍)[고]器物濫惡물건추잡할、고矢也화살、고荊也싸리나무、고(麌) **楀** 위[우]木名나무이름、우姓也성、우(麌)

楷 졔[해]模也본뜰、해又본보기、해法式법、해書名해자、해孔子墓木해나무、해(ㅣ木生於孔子塚上其幹枝疎而不屈)(佳) **楖** 쥐[핵]木下白나무밑둥허연을、핵[각]案脚

책상、각(陌) **楯** 쉰[순]欄干난간、순干也방패、순拔擢뺄、순喪車상여、순(眞)(軫)(震)盾輴通 **楥** 웬[원]木名柜柳떡갈나무、원卷絲籰실감개、원又얼레、원靴型신골、

원(元)楦通 **楝** 렌[련]木名似槐苦ㅣ고련나무、연(霰) **楗** 젼[건]鎖門橫木문빗장、건門限木關ㅣ문지방、건(阮)揵通 **楦** 훤[훤]履模신골、훤(願)楥通 **椵**

야 [가] 柚屬櫠ㅣ유자、가(ㅣ子大如盂、皮厚二三寸、中似枳、食之小味)(馬) 擧物具杖틀가락、가(禡) 囚械칼、가(麻)

椴 단 [단] 杝也피나무、단(一名杝樹似白楊而其材能濕)(翰)

椽 찬 [연] 榱也서까래、연(先)

楩 편 [편] 木名나무이름、편(南方大木、似豫章)(先)

楂 자 [사] 果名山ㅣ아가위、사 桴也떼、사 鵲鳴ㅣㅣ까치소리、사 古木下體등걸、사(麻) 查槎通

楊 양 [양] 蒲柳白ㅣ메버들、양 逢閏倒長黃ㅣ회양목、양(黃ㅣ性堅緻難長、歲長一寸、閏歲倒長一寸) 葉長青ㅣ왕버들、양 圓葉移ㅣ사시나무、양(移ㅣ弱蔕、微風大搖)(陽)

楹 잉 [영] 柱也기둥、영 窆棺具桓ㅣ하관틀、영(庚)

楞 령 [릉] 柧也四角네모질、능(蒸) 棱同、稜通

楨 정 [정] 木名쥐똥나무、정 剛木단단한나무、정 築墻具ㅣ幹담틀마구리、정(庚)

楢 유 [유] 柔木부드러운나무、유 燎柴홰、유(尤) 槱通

楸 추 [추] 梓也노나무、추 或가나무、추 棊局紋ㅣ바둑판줄、추(尤) 萩通

楓 풍 [풍] 欇也丹ㅣ단풍나무、풍 又신나무、풍(東)

楙 무 [무] 木瓜무과나무、무 盛也성할、무(宥) 茂古字

楱 주 [주] 小橘작은귤、주 又감자、주 鐵齒杷鎘ㅣ쇠스랑、주(宥)

椹 썬 [침] 斫木臺ㅣ鑕모탕、침 又도끼바탕、침(侵) [심] 桑實뽕나무열매、심 又오디、심(寑) 葚通

㮚 栗古字

㮇 톈 [첨] 炊竈火杖부지깽이、첨 又부짓대、첨(豔)

椷 잼 [감] 俗音[함] 函屬木篋목함、함 又궤짝、함 容也용납할、함(咸)

楔 쐐 [설] 帳也문설주、설(門兩傍柱) 柱也기둥、설 似松有刺노가주나무、설 櫻桃앵두、설(屑)

楅 뱍 [복] 牛角橫木ㅣ衡쇠뿔에가루댄막대、복(以防牛觸人故、以一木橫于角端)(屋) [벽] 義同(職)

楠 난 [남] 木名梅ㅣ남나무、남(美材似豫章)(覃) 枏俗字

楘 무 [목] 車軛皮束爲飾가죽으로감은차멍에、목(屋)

楶 제 [절] 梁上短頭동자기둥、절 又공대、절(屑)

[illegible] 퇴 [탁] 刁斗조두、탁 又목탁、탁 判也쪼갤、탁(藥) 欜柝同

極 지 [극] 中央가운데、극 甚也至ㅣ지극할、극 盡也다할、극 窮也궁진할、극 天地肇判前太ㅣ뎡어리、극 辰也별、극(北ㅣ出地三十六度、南ㅣ入地三十六度、嵩高正當天地中ㅣ) 方隅八ㅣ한끝、극(紀綱八ㅣ、經緯六合) 遠也멀、극

終也마침극(職)

楫 이지 [접]短棹曰ㅣ노、접(葉)檝同[집]棹也돗대、집(楫)

楪 데[접]牀板널평상、접牖也창바라지、접(葉)

業 예[업]事也업、업事之일할、업(功ㅣ、基ㅣ、世ㅣ、學ㅣ、工ㅣ、商ㅣ、藝ㅣ、農ㅣ、創ㅣ、產ㅣ)危也岌ㅣ위태할、업已然이미、업壯也씩씩할、업懸鐘具大板종다는널조각、업敬也ㅣㅣ공경할、업(業)

楬 거[갈]標示표할、갈又패세울、갈(月)止樂器椌ㅣ풍류그칠、갈(黠)鞨通

梛 梛同

椶 쏘[조]船之總名배、소(豪)艘㮴艘同

楈 쓔[서]木名나무이름、서(語)

榎 옌[언]積木防川나무로방천할、언(阮)(願)

楄 펜[편]棺中笭牀ㅣ柎칠성판、편方木ㅣ部모진나무、편短椽禁ㅣ짧은서까래、편(先)

㮑 차[잡]木折聲나무부러지는소리、잡茂也무성할、잡(洽)

楆 얀[요]腰細束허리잘룩한대추、요(蕭)

㮶 졔[계]食器藏置皮ㅣ찬탁자、계又찬장、계(卦)

楴 티[체]摘髮족집게、체整髮小簪빗치개、체(霽)

楔 얼[이]木耳버섯、이紅藍잇、이(支)

楖 졔[즐]木名ㅣ栗즐률나무、즐櫛也빗、즐縣名ㅣ裴고을이름、즐(質)

㮟 쏘[초]剡木殺上나무끝빨게깎을、초又위뾰족하게깎을、초(效)劁通

楀 위[우]人形木偶제웅、우又허수아비、우(遇)

楲 웨[위]褻器ㅣ窬요강、위(受大小便器古稱虎子)(微)

楃 우[옥]木帳나무로만든장막、옥(屋)[악]房帳방장、악(覺)

楉 쉬[약]果名ㅣ榴석류、약(藥)

橄 꺼[구]曲枝굽은가지、구(尤)

楑 퀘[규]椎也柊ㅣ방망이、규(支)

楇 훠[화]塗輪膏筒바퀴에바르는기름통、화(箇)

椿 츈[춘]壽木大ㅣ대춘나무、춘香櫄참죽나무、춘(葉常綠而花如冬碧、搾實取油、塗髮甚美)(眞)

楷 셩[성]俎也도마、성木參交以支炊簞체마리、성(梗)

楏 퀘[규]鋤柄호미자루、규(齊)

楀 뱌[포]四十斤사십근、포(效)

榇 네[이]俗音[내]枯立木죽은나무、내(霽)

楜 후[호]胡椒호초、호(虞)

楟 딩[정]木名棠梨아가위、정(青)

楩 梗本字

椯 타[태]箠也채쭉、타又회초리、타(哿)

椱 약[부]機足베틀발、부(有)[복]履也신、복(屋)

椳 왜[외]門

樞문지두리、외(灰)

揃 잔 [잔]棚也사다리、잔又시렁、잔(潸)棧通

格 거 [객]掛衣架횃대、객又옷걸이、객(陌) [격]鞍ㅣ안장걸이、격(藥)

橀 盉本字

楳 梅本字

楻 횡 [황]旗竿깃대、황(庚)

樺 허 [할]鼓也북、할(黠)

橅 센 [험]陰也그늘、험(琰)

樗 어 [악]穽也함정、악(藥)

檰 棉俗字

提 쓰 [시]木匙나무숟가락、시(支)

椺 보 [韓]樑也들보、보

槺 홈 [日]通水管홈통、천

榀 품 [日]土壁中編木외가지、품

⊕十

榕 융 [용]南方樹木용나무、용(熱帶地產喬木)(冬)

榿 지 [기]木名기나무、기(蜀人爲薪、樹不三年、其材可倍)(支)

榰 지 [지]柱礎나무주초、지(古用木今用石)(支)搘同

榌 피 [비]連檐木부연、비榒端梠木평고대、비(支)

榱 취 [최]椽也서까래、최(支)

槌 퇴 [퇴]棒也방망이、퇴蠶架簿木누에시렁、퇴摘也딸、퇴(灰) [추]擊也칠、추(支)椎搥通

榧 비 [비]木文似柏비자나무、비(尾)棐通

榛 전 [진]實如小栗개암나무、진蕪也ㅣㅣ덤거칠、진(眞)

榲 우 [올]拙梨ㅣ桲돌배、올(月) [온]柱也기둥、온(問)

[illegible] 棵 同

槃 판 [반]承盤쟁반、반(適父母舅姑之所少者奉ㅣ、長者奉水、請沃盥)樂也考ㅣ즐거울、반不進ㅣ停머뭇거릴、반(寒)拌同盤通

榦 깐 [간]木根밑줄기、간築墻具楨ㅣ담틀、간柘也산뽕나무、간柄也자루、간(翰) [한]樓名井ㅣ누이름、한(寒)幹通

榷 교 [교]橫木渡水쪽널다리、교(效) [각]義同、獨占利독득할、각(覺)搉通

槁 꼬 [고]枯也마를、고枯木마른나무、고乾魚말린고기、고積也쌓일、고(晧)

槀 槁同

槐 홰 [회]俗音[괴]喬木花可染黃괴화나무、괴又느티나무、괴(質堅理細)(灰)(佳)櫰同

槎 차 [사]桴也떼、사斜斫엇찍을、사(麻)查通

榎 야 [가]楚也싸리나무、가(馬)檟通

榭 셰 [사]講武屋ㅣ亭정자、사廟無室사당집、사(廟有室曰寢、無室曰ㅣ)(禡)

榶 당 [당]棣也아가위、당椀也주발、당(陽)

榨 자 [자]壓酒器술주자、자壓油機기름틀、자(禡)醡同

榔 랑 [랑]果名檳ㅣ빈랑、낭(向陽者曰檳ㅣ、向陰者曰大腹子、實有紫紋者曰檳、圓矮者曰ㅣ、熱帶地產、藥用果實)(陽)

槍 창 [창]稍也창、

창(銳削竹木之端、刺物用具)陽 槍同 [쟁] 彗 星欃ㅣ혜성、쟁庚

榥 황 [황] 讀書牀책상、황養 櫎通

榮° 숭 [영] 華也빛날、영名譽영화、영茂也무성할、영屋簷추녀、영碧桐오동나무、영氣血ㅣ衛피、영庚

榺 썽 [승] 織機持經者바디、승又도토마리、승徑

構° 꺼 [구] 屋架집세울、구造成지을、구合也모일、구楮也닥나무、구宥

榖 꾸 [곡] 楮也닥나무、곡姓也ㅣ梁성、곡屋

[illegible] 穀同

榜 椈俗字

槊° 쒸 [삭] 丈八矛창、삭雙陸상륙、삭覺 矟同

榤° 쪠 [걸] 鷄棲杙닭의홰、걸屑

榼 커 [합] 酒器주합、합蓋也뚜껑、합合

榾 꾸 [골] 木中箭笴枸ㅣ살대나무、골木頭ㅣ柮삭정이、골月

榻° 타 [탑] 狹長牀긴걸상、탑座也자리、탑合 [illegible]同

榏 이 [익] 青雀舟푸른새그린배、익錫 艗同

[illegible] 古松字

榝° 싸 [살] 山桃산복숭아、살(樹似茱萸實如草莓、淮南多產)黠

榠 밍 [명] 果名ㅣ櫖명자、명葉花實似木果돌무과、명靑

榡 쒀 [색] 木名白ㅣ백색나무、색梢也나뭇가지、색職

榐 차 [천] 俗音[전] 樹長貌槎ㅣ나무길찰、전銑

榩° 쪈 [건] 斫木鑕모탕、건米倉쌀고、건先

椶° 쮀 [취] 木節나무마디、취支

榣° 얀 [요] 樹動나무흔들릴、요蕭

榪 마 [마] 橫木關定器物ㅣ子나무로례멜、마禡 華ㅣ杓주걱、마

棞° 훈 [혼] 圓木未析통나무、혼元

榫 쓘 [순] 斫木入竅자루박을、순軫

[illegible]° 찌 [적] 屋之欂木마룻대、적陌

榹° 쓰 [사] 山桃산복숭아、사(實小如莓)槃也소반、사支

榯 씌 [시] 木直堅立나무곧게설、시支

[illegible] 착 [추] 牛鼻繫繩쇠코뚜레、추尤板木不正널판뒤틀릴、추虞

[illegible] 쏘 [소] 船之總名배、소豪 艘艘同

槅° 껴 [격] 車軛멍에、혁 [핵] 果中核씨、핵陌

槄 닾 [도] 梓也가나무、도豪

槇° 뎬 [전] 木杪나무끝、전顚木자빠진나무、전先

榊 [日] 神樹신나무、신(常用綠木爲主、楊桐之類)

尌 樹古字

[illegible] 더 [특] 杙也말뚝、특職

槉° 지 [질] 屋枅기둥머리、질質

槏° 쳠 [겸] 牖傍柱창설주、겸檢束단속할、겸鹽

榬 웬 [원] 絡絲籰자새、원懸鐘磬具종다는나무、

榴 원(元) 櫑俗字

榘 귀 [구]正方器곱척、구法也법、구(虞)矩同

榽 씨 [혜]木名ㅣ榼나무이름、혜(齊)[계]束也묶을、계(霽)

槑。 梅古字

槶 한 [함]棍也홈、함(覃)

榫 퇴 [제]研木槌절구공이、제(齊)

榑. 부 [부]神木ㅣ桑日所出해돋이뽕나무、부(虞)

槝。 우 [오]青梯푸른감、오(虞)

樑 꿍 [공]小舟거룻배、공可憎貌ㅣ松가증스러울、공(冬)

榓 삐 [필]門限문지방、필(質)

榚 야 [요]木長나무길、요(蕭)

榼 씨 [해]酒樽술통、해(賄)

(十)

樅.。 충 [종]木名松葉柏身전나무、종撞也칠、종(冬)

𣘻 차 [다]茶樹차나무、다(麻)茶同

椿.。 쫭 [장]杙也말뚝、장(江)[용]撞也두드릴、용(冬)

樏 레 [류]欙也山行所乘썰매、유榼中有隔찬합、유(支)(紙)欙同

樗 화 [화]樺也벚나무、화以其皮裹松脂似桃가죽나무、화(樹皮如黍而色青有臭)(禡)樺同[저]惡木不材개똥나무、저(魚)

模.。 뫄 [모]法也법、모以木爲規본뜰、모形也ㅣ範모범할、모周公墓木주공묘에난나무、모(虞)橅摹同

樞.。 우 [추]椳也戶ㅣ지두리、추本也밑둥、추主要주요할、추星名天ㅣ북두첫째별、추(北斗第一位星)中央가운데、추官名ㅣ密벼슬이름、추月也金ㅣ달、추(虞)[우]木名山ㅣ似楡쓰베나무、우(尤)

槥.。 쉐 [혜]小棺ㅣ櫝적은관、혜(霽)

槩 깨 [개]平斗斛말깎이、개(斗量時用平斗木)意氣節ㅣ졸가리、개大率梗ㅣ대강、개感觸經心거리낄、개榛樽칠한술통、개(隊)概同

槪.。 槩同

樺 씬 [신]牀前橫木상 앞에가로막대、신(眞)

槿. 。진 [근]蕣也木ㅣ무궁화、근(花開朝而暮萎、一名椵、一名櫬、一名舜華、一名日及、一名王蒸、一名無窮花、一名皇漢)(吻)

樊。 빤 [번]籠也새장、번藩籬울타리、번紛雜貌ㅣ然어수선할、번(元)

樠 만 [만]松心木관솔、만松脂出貌송진흘를、만(寒)[문]義同木液出ㅣㅣ나무진솟을、문(元)

標.。 퍄 [표]表識표할、표表記기록할、표擧也들、표高枝높은가지、표旌旗기、표書也쓸、표(蕭)木末나무끝、표(篠)

槾 만 [만]梠也평교대、만杇也泥ㅣ흙손、만(寒)墁同鏝通

槔 꼬 [고]汲水器桔ㅣ용두레、고(豪)

樂.。 러 [악]八

音總名풍류、악(典ㅣ、軍ㅣ、音ㅣ)復姓ㅣ正두자성、악(覺) [락] 喜也즐길、낙(樂) [요] 好也좋아할、요(效)

櫒 어 [아] 木盛ㅣ榢나무무성할、아(哿) 樹枝長弱나뭇가지휘청거릴、아(歌)

槽 찬 [조] 溜器馬ㅣ말구유통、조酒坊酒ㅣ술거르는틀、조茶碓茶ㅣ차절구、조ㅣ也琵琶비파바탕、조(檀ㅣ、石ㅣ)果名枸ㅣ子과실이름、조(豪)

樝 자 [사] 果名榠ㅣ명자、명似梨而酸돌배、사(麻) 柤通

樜 져 [자] 山桑산뽕、자(禡) 柘同

槳 쟝 [장] 橫楫前推櫂상앗대、장(縱曰櫓、橫曰ㅣ、長大曰櫓、短小曰ㅣ)(陽)(養)

樬 槳同

樟 쟝 [장] 木名橡ㅣ예장나무、장(其樹ㅣ梗楠豫ㅣ、熱帶地產、搾實取蠟)(陽)

樑 梁俗字

樘 탕 [탱] 衺柱버팀목、탱(庚) 橕同、撐通

樛 꾸 [규] 木枝下曲가지늘어질、규周流ㅣ流두루떠다닐、규(尤)

樓 럭 [루] 重屋다락、누銳嶺岑ㅣ봉우리、누兩肩玉ㅣ어깨、누城ㅣ문、누聚也모일、누(尤)

槱 의 [유] 積也쌓을、유薪也나무、유(有) 楢同、燎柴祭天화톳불놓고제지낼、유(尤)(有) 楢栖通

槮 썬 [삼] 木長貌나무밋밋할、삼積柴取魚고기깃줄、삼(侵) 罧同

槧 잔 [참] 削版鉛ㅣ분판、참麤樸始削겉목칠、참(感) [첨] 牘也서판、점(鹽)(豔)

槭 써 [색] 葉落枝空ㅣㅣ나뭇잎이떨어져앙상할、색(陌) [축] 丹楓屬단풍나무、축(職)

樚 루 [록] 井上所設汲水用機ㅣ轤두레박고패、녹(屋) 轆通

㯃 치 [칠] 木可爲杖汁可塗器옷나무、칠又칠나무、칠(質) 桼同、漆通

槷 네 [얼] 射的鵠中관혁、얼繩垂柱角줄띠워볼、얼不安兀ㅣ편치못할、얼(屑) 臬通

槲 후 [곡] 櫟類ㅣ樕떡갈나무、곡又도토리참나무、곡(屋)

樕 쑤 [속] 樸類槲ㅣ떡갈나무、속(屋)

槨 꽈 [곽] 外棺덧관、곽(藥) 椁同

樀 듸 [적] 檐也추녀、적機上卷絲器도토마리、적槌也방망이、적(錫)

㯀 쐰 [선] 鷹架매덕대、선(霰) 旋同

槢 씨 [습] 堅木굳은나무、습械也틀、습(緝)

槤 렌 [련] 門橫關木문빗장、연(銑)

槦 용 [용] 兵器插架병기꽂는틀、용木中箭笴槁ㅣ살대나무、용(冬)

槵 환 [환] 木名無ㅣ무환나무、환(一名無患)實爲念珠염주나무、환(此所謂當貫木ㅣ子、一百單八個常隨身、作可念珠)(諫)

槶 궤 [귀] 筐底광주리바닥、귀(或音궤)(未) 槸 이 [예] 木相磨나무서로개갈、예(霽) 樆 리 [리] 山梨돌배、이又메배、이(在山曰ㅣ、人植曰梨)(支) 樇 씩 [주] 木長나무밋밋할、수(尤) 椑 피 [피] 木下交接ㅣ槲나무밑둥서로얽힐、피(支) 樎 쒸 [축] 家畜食桶구유통、축(屋)槽通 檕 이 [예] 烏木오목、예(葉似棕櫚材質堅輕)(齊) 樔 쏘 [소] 澤上守草樓풀막、소(늪위의초루)橧巢너스레、소(肴) 穎 잉 [영] 錐柄송곳자루、영 [경] 足几발달린궤、경篋也상자、경(梗) 槯 최 [죄] 木蘊積나무쌓을、최(灰) 樋 퉁 [통] 木名어름나무、퉁(東) [日] 通水竹筧대홈통、통 槻 궤 [규] 適用궁材欒ㅣ느티나무、규(支) 樣 양 [양] 式也貌ㅣ모양、양(漾)様同 [상] 栩實상수리、상(養)橡通 樫 [日] 槲屬떡갈나무、견 樉 쌍 [상] 木茂貌나무더부룩할、상(養) 椅 깐 [간] 柄也자루、간又손잡이、간(旱) 樥 뱅 [봉] 草木盛也초목무성할、봉(送) 棓 뺑 [방] 杖也지팡이、방(或音부)(講) 槝 씬 [흔] 平斗量木되깎이나무、흔(眞) 樍 지 [적] 川柳물버들、적(錫) 檫 차 [찰] 木搖動聲나무흔들리는소리、찰(黠) 槴 헉 [호] 取魚具통발、호(虞) 橷 뚜 [두] 木根無椏곧은뿌리、두(尤) 㯆 싼 [산] 果樹산나무、산(ㅣ樹子如桃實長寸餘二月花連著實五月熟色黃味酸、似白梅出九眞)(潸) 樒 미 [밀] 香木침향나무、밀(南越交州有蜜香樹欲取先斷其根經年後外皮朽爛木心與節堅黑沉水者爲沉香浮水面平者爲雞骨最麤者爲棧香)(質)

十二

橦 퉁 [동] 木名동나무、동(花可爲績)陷陣車진둥는수레、동(東)木一截나무토막、동(冬) [장] 旗竿깃대、장(江) 機 지 [기] 織具ㅣ杼베틀、기發動所由고동、기運氣變化기미、기巧術ㅣ械기계、기(有ㅣ械者必有ㅣ事有ㅣ事者必有ㅣ心)ㅣ會기회、기星名握ㅣ별이름、기(微) 橅 뫄 [모] 法也規ㅣ법、모(虞)模同 樲 얼 [이] 酸棗ㅣ棘신대추、이(寘) 樹 쓔 [수] 植物總名나무、수立也세울、수植也扶ㅣ심을、수(麌)屛也막을、수獸名皮ㅣ짐승이름、수(遇) 櫄 츈 [춘] 木名琴材참죽나무、춘(眞)杶同 橇 취 [교] 泥

行乘ㅣ形如箕진흙썰매、교(蕭) 轎同 [교] 義同(嘯)

樽。준 [준] 酒桶술통、준 止也그칠、준(元) 罇同尊通

[illegible]。젠 [전] 山栗돌밤、전(一名甘栗、一名咸栗)(先) 山梅산매자、전(霰)

橋。챠 [교] 渡水ㅣ梁다리、교 懸繩以量絙ㅣ줄띠어잴、교 嫚也ㅣ泄업신여길、교 木名ㅣ梓교나무、교 魯地名陽ㅣ땅이름、교(蕭)

樵。챠 [초] 柴也땔나무、초 採薪나무할、초 焚也불사를、초(蕭)

橈。산 [요] 短櫂짧은노、요(蕭) [뇨] 動搖흔들릴、요 曲木굽은나무、요(巧) 枉也굽힐、요 摧折꺾을、요 弱也약할、요 散也헤칠、요 身體柔ㅣ착착분일、요(效)

橑。랴 [료] 椽崇木평교대、요(蕭) [로] 椽木서까래、노 車前蓋幌수레앞장、노(皓)

欀。뉘 [나] 木盛欀ㅣ나무무성할、나(哿)

橢。뒤 [타] 長圓形길게둥글、타 車笭中器다락기、타(哿)

樺。화 [화] 木屬皮可貼木벗나무、화(禡) 樗通

橡。쌍 [상] 栩實상수리、상 又도토리、상(實如栗而極小)(養)

樘。청 [탱] 斜柱枝ㅣ버팀목、탱 又작살、탱(庚) 本棠、古樘俗撐

橆。우 [무] 無同(虞) 蕃也번성할、무(麌) 廡蕪通

橫。헝 [횡] 縱之對비낄、횡 欄木난간목、횡(庚) 不順ㅣ逆거스를、횡(敬) 黌衡通

橙。떵 [증] 橘屬큰유자、증 又귤、증(實大皮甘柚類)(庚) [등] 几屬등상、등(徑) 凳通

橧。졍 [증] 積薪住居ㅣ巢너스레、증(上古未有住屋人皆居其ㅣ巢) 豚之所寢돝의북심자리、증(蒸)

橊。류 [류] 果名石ㅣ석류、유(一名丹若) 獸名ㅣㅣ짐승의이름、유(尤) 榴本字

橬。천 [잠] 積柴水中取魚물고기섶줄、잠(鹽) 潛通 [심] 義同(侵)

橄。깐 [감] 果名ㅣ欖감람、감(熱帶地產)(感)

橝。탄 [점] 檐也처마、점 蠶棚누에시렁、점 木灰可染잿물들일、점(琰)

樸。푸 [박] 質也질박할、박 木素나무등걸、박(土曰坏木曰ㅣ) 朴也순박할、박(覺) 朴通 [복] 小木叢生 棫ㅣ땅갈나무、복 木密나무빽빽할、복(屋)

橘。쥐 [귤] 柚屬木奴귤、귤(質)

橃。빠 [벌] 大船큰배、벌(月)

樻。꾸ㅔ [궤] 椐也가마괴나무、궤 靈壽木영수목、궤(寘)

樾。웨 [월] 兩樹陰閭두나무그늘、월(月)

橛。쥐 [궐] 杙也말뚝、궐 門梱문지방、궐 斷木토막나무、궐 馬銜말재갈、궐 擊鼓槌북채、궐(月)

[illegible]。여계 [결] 汲水具ㅣ槔

용두레、결 揳同、括通(屑)

橐 퉈 [탁] 無底囊전대、탁用力ㅣㅣ힘쓸、탁杵聲ㅣㅣ공이소리、탁冶器도가니、탁獸名ㅣ駝짐승이름、탁(藥)

樴 지 [직] 繫牛杙소매는말뚝、직橛也문지방、직(職)

[illegible] 榻古字

樿 싼 [전] 黃楊木황양목、전白理木전나무、전(木理白而多用印材、製櫛)(霰)

橀 씨 [혜] 木名楱ㅣ나무이름、혜(齊)

樃 랑 [랑] 木名ㅣ榆느릅나무、낭(養)

㯕 씨 [서] 木下相交榑ㅣ나무밑둥서로얽힐、서踏板발판、서(齊)

橉 린 [린] 木皮나무껍질、인 門閫문지방、인(震)

樶 최 [최] 重擣거듭찔、취(寘)

橓 쓘 [순] 木槿무궁화나무、순(朝榮暮落)(震)

㯊 후 [호] 棗大尖上굵고끝빤대추、호(虞)

橗 멍 [맹] 木心나뭇고갱이、맹(庚)

檕 찌 [지] 分蠶누에나눌、치(寘)

檸 닝 [녕] 果名ㅣ檬영몽、영(迥)

檿 예 [엽] 葉動貌잎이너풀거릴、엽(葉)

橭 꾸 [고] 木名牡ㅣ무고나무、고木布四方나무사방으로퍼질、고(虞)

椇 껑 [경] 犁田밭갈、경(庚) 耕同

橂 뎬 [전] 木理堅密나뭇결촘촘할、전(霰)

[illegible] 叢古字

橒 윈 [운] 木紋나무무늬、운(文)

橤 쉐 [예] 花鬚頭點꽃술、예垂也드릴、예(紙) 蘂繠通

橚 쓔 [숙] 長直貌ㅣ矗길고꼿꼿할、숙(屋)

橪 산 [연] 酸小棗산대추、연(銑) 香草ㅣ支향내나는풀、연(先)

[illegible] 이 [의] 八駿之一白ㅣ팔준마이름의(周穆王、八駿馬)(寘)

[illegible] 례 [철] 棗也대추、철(屑)

橏 싼 [전] 木瘤나무혹、전(霰) [권] 樹長貌ㅣ棍나무밋밋할、권(阮)

樢 씨 [석] 木履나무신、석(陌)

橞 [韓] 架木덕、덕又너스레、덕地名땅이름、덕

橴 [韓] 地名ㅣ木城땅이름、자

椅 이 [의] 木節나무마디、의(支)

[illegible] 추 [추] 實成열매열、추(尤)

橵 [韓] 屋上瓦下布木ㅣ子산자가지、산

橎 뺀 [번] 堅木단단한나무、번(元)

橺 젠 [간] 巨樹큰나무、간(潸)

[illegible] 파 [파] 棠也아가위、파(麻)

[illegible] 와 [와] 枝垂가지늘어질、와(哿)

椊 취 [취] 朽木썩은나무、취(寘)

(吉) **檥** 이 [의] 整舟着岸배등대할、의(紙) 艤同

檖 쒜 [수] 山梨楊ㅣ팥배나무、수(寘)

樐 루 [로] 大盾큰방패、

노(虞) 櫓同 **檜** 궤 [회]柏葉松身전나무、회國名나라이름、회(泰)鄶通[괄]義同(曷)栝通 **檀**° 탄 [단]香木旃ㅣ향나무、단(紫ㅣ、白ㅣ、黑ㅣ)善木박달나무、단(材質強韌木中車輻)

(寒) **檛** °좌 [과]馬鞭말채찍、과(麻)簻同篧通 **樌** °쟈 [가]楸也가나무、가(馬)榎通 **橿**° °쟝 [강]檍也박달나무、강(一名萬年木)鋤柄호미자루、강正直ㅣ然곧고바를、

강棧木사닥다리、강強盛貌ㅣㅣ억셀、강(陽) **檉**° 청 [정]河柳능수버들、정(一名兩師)(庚) **檠** °징 [경]燈架등잔대、경正궁器활도지개、경(庚)(梗)檄同、有足几발달린궤、경(敬)

檄 檠同 **檎** 친 [금]果名林ㅣ似柰능금、금(侵) **襟** °진 [금]杆門木格문막은목책、금又사립짝、금(侵) **檐** 옌 [첨]屋前後端처마、첨(鹽)櫩簷同 **檢**°

°잼 [검]校也교정할、검式也법、검制也금제할、검ㅣ束검속할、검印封봉할、검書簽수결둘、검又책메뚜기、검(琰) **樧**° 싼 [삼]木名스기목、삼(咸)杉同 **橇** °쥐 [국]雪

泥所乘썰매、국山行履나막신、국直轅車멍에、국(沃)梮同 **檗** 빼 [벽]黃柏황경피나무、벽(皮作可染)(陌)蘗同 **檄**° °지 [격]徵兵書羽ㅣ격서、격敵惡諭告격문、격過ㅣ과격할、

격(錫) **檍**° 이 [억]杻也참죽나무、억(葉似棣木質堅弓材)杻也박달나무、억(一名萬年木)(職) **檝** °졔 [즙]橈也短ㅣ노、즙(緝)楫同[접]義同(葉) **檩** 린 [름]屋上橫木들보

보도리、늠(寢) **檃** 櫽同 **[木+感]** 한 [함]木之裂線나무터질、함(感) **[木+皵]** °쥐 [작]木皮錯亂나무껍질뒤틀릴、작(藥) **檇** °쮀 [추]以木所擣절、추地名ㅣ李땅이름、추(支)

欈同 **檈**° 쎈 [선]以繩轉軸가리틀、선又가리질할、선(霰)圓案둥근책상、선(先) **檑** 레 [뢰]自高轉石돌굴릴、뇌守城捍禦具石ㅣ돌소뇌、뇌(灰)礌礧同 **檓** 훼

[훼]大椒호초、훼(椒實大者名ㅣ)(紙) **檔**° 땅 [당]冊床책상、당橫木框ㅣ널방판、당(陽) **檕** °지 [계]桔槔上轉機橫木용드레채、계又두레박채、계(霽) **[木+業]** 데 [접]屋

上笮板산자널판、첩(葉) **檡**° 씨 [석]梬棗고욤、석又개암、석(陌) **[木+剽]** 퍄 [표]表也표、표(篠) **檧** 쑹 [송]箸箭桶ㅣ수저통、송(冬) **橽** 타 [달]所以泄水물통、

달(曷)[韓]檀木박달나무、달

檣 장[장]帆柱돛대、장(陽)艢同

樮 취[거]藩蘺울타리、거(魚)

榦 깐[잔]栝也산뽕나무、간檀也박달나무、간(翰)

檞 졔

[해]松樠솔나무고갱이、해(蟹)

[木臿] 사[삽]枯也마를、삽(合)

樍 시[석]川柳개버들、석(錫)

十四

櫃 궤[궤]櫝也궤、궤簏也상자、궤(寘)匱同

檳 빈[빈]果名丨榔빈랑、빈(丨榔樹無枝實從心出熱帶地產藥用)(眞)

櫄 춘[춘]似㯉可弓幹참죽나무、춘(眞)杶櫄同

檼 인[은]屋脊집마룻대、은椱屋棟대공、은(吻)(問)檃通

櫜 곤[곤]櫜也전대、곤束也묶을、곤(阮)

櫂 잔[도]楫也노、도(效)棹同

機 젼[전]香木향나무、전(先)

檮 탄[도]斷木토막나무、도不明貌丨昧흐리멍덩할、도頑凶丨杌흉악할、도(豪)

檾 징[경]似苧白麻어저귀、경(今績麻布)(梗)(迥)苘同、潁通(俗作䔛)

檿 옌[염]山桑산뽕나무、염(丨有點文材可弓幹車轅)(琰)

檻 잰[함]欄也난간、함丨車죄인타는수레、함圈也우리、함(虎豹獅象等飼養處曰圈丨)(豏)轞通

[臨木] 한[함]境确地疆丨메마른땅、함(豏)壏通

檬 멍[몽]果名檸丨영몽、몽(東)

[木對] 뒈[대]車箱柱木차에난간기둥、대(隊)轛同

[木緊] 진[긴]木理密緻나뭇결촘촘할、긴(軫)

櫟 쌱[삭]縣名丨虜고을이름、삭(覺)

欂 뻐[벽]壁柱중깃、벽(陌)

[木豪] 檴同

檴 휘[확]樺也벚나무、확(藥)

檽 수[누]木名丨梓누신나무、누(棺槨用材)[유]木耳버섯、유(宥)

櫅 치[자]白棗흰대추、자(支)[제]斷木토막나무、제(齊)

檵 지[계]枸丨구기자、계(俗枸杞也)(霽)

櫋 멘[면]杜冲두충、면(先)

櫈 떵[등]卓子탁자、등

檯 태[대]燈臺등대、대(灰)

榾 쒸[핵]果中實씨、핵(陌)

[木奩] 옌[염]洗手器세수통、염鏡匳경대、염(鹽)

檷 니[니]卷絲具실패、이(紙)

[木簰] 예[패]筏木떼목、패(佳)

檭 인[은]丨杏은행나무、은(俗作銀杏)(眞)

十五

櫚 뤼[려]椶也棕丨종려、려(熱帶產植物)(魚)

櫓 루[로]櫂也進船具노、노艪通、大盾큰방패、노樐同、城上望臺망대、노戰陣望車망보는수레、노(麌)

櫑 레 뢰 酒樽彫雲雷象술잔에뇌문새길、뇌劒飾ㅣ具칼자루에새김놀、뇌(賄) **櫋** 멘 면 屋根連接지붕연접할、면(先) **櫞** 완 연 果名枸ㅣ둥근불수감、연(似橘實大有香)(先)

櫜 깐 고 弓衣활집、고受弓矢器ㅣ韔전동、고韜也갈집、고甲衣갑옷집、고(豪) **櫎** 황 황 所以支器그릇받침、황窓廡通名창、황屛風類帷ㅣ장지、황(或音광)(養)榥通

櫝 뚜 독 函也함、독又궤、독棺也관、독(屋)匵同 **櫛** 졔 즐 梳也빗、즐理髮빗질할、즐(質) **櫍** 지 질 斫木臺모탕、질(刑用斧ㅣ)(質)鑕通 **櫟** 리 력 秝也槲屬도토리나무、역又상수리나무、역又참나무、역捎掠노략질할、역(錫)櫪通

欆 쌍 상 鼓匡북통、상(養) **檇** 檇同 **櫌** 우 오 鉏柄호미자루、우(尤)

櫼 라 랍 樹生白蠟백랍나무、납(樹可放蠟煎汁爲油可作蠟燭)(合) **櫙** 어 오 刺楡스무나무、우(尤) **櫖** 뤼 려 山櫐굵은칡、여(魚) **橊** 리 류 木名나무이름、유(尤)

櫡 쥬 저 飯具匙ㅣ젓가락、저(俗作匙箸)(御)箸同 **櫠** 예 폐 柚屬ㅣ椵큰유자、폐(隊) **𣚃** 라 개 樹斜貌ㅣ椏나무비뚜루설、가(哿) **櫐** 레 류 似葛粗大山ㅣ굵은칡、유(紙)

櫏 쳔 천 㮽棗梠ㅣ고욤、천(先) **櫢** 쑤 수 樹盛貌ㅣ櫹나무무성할、수(宥) **樚** 루 록 梯也감나무、녹(屋) **縝** 쎤 진 絲線실갈피、진(眞)

十六

櫳 룽 롱 檻也난간、농養獸所우릿간、농窗也창、농(東)龔通 **龔** 룽 롱 窗也창、농(東)櫳通 **櫧** 쥬 저 木名나무이름、저(實似栟子如栗可食)(魚)

櫫 쮸 저 表識揭ㅣ표목、저杙也말뚝、저(魚) **櫲** 위 여 木名ㅣ樟여장나무、여(熱帶植物)(御) **櫩** 옌 염 砌也섬돌、염屋端四垂처마、염曲屋步廊처마기슭、염(鹽)檐簷同

櫱 네 얼 伐木餘그루터기、얼(屑)枿同 알 木根生芽나무뿌리에싹돋을、알(曷) **櫨** 루 로 柱頭주두、노(果名黃ㅣ楊ㅣ漆樹)(虞) **櫰** 홰 회 花可染黃회야나무、회又괴나무、회(槐之別名)(佳)(灰)槐同

櫬 천 친 棺也관、츤木槿무궁화나무、츤(或音친)(震)藽通 **櫯** 쑤 소 ㅣ枋단목、소(木可染黃)(虞) **檣** 챵

[장]帆柱돗대、장(陽)檣同

檂 난 [뇨]樹長弱貌나무휘청거릴、요(篠)

櫪 리 [력]廐棧마판、역櫟也가죽나무、역蠶薄누에발、역(錫)

櫅 졔 [졔]木釘楔ㅣ나무못、결(屑)

櫜 튀 [탁]ㄱ斗조두、탁(藥) 櫜榜同柝通

櫇 핀 [빈]柰也ㅣ婆사과、빈(眞) 檳通

櫮 악 [악]花盛開貌꽃활짝필、악(藥)

⿰木霍 휘 [곽]枳木탱자나무、곽(覺)・

槮 잔 [참]木實나무열매、참(刪)

⿰木隸 리 [례]簑柄자새자루、예(霽)

(七)

欅 쥐 [거]木名柜柳참귀목、거(葉如櫟槲皮似檀槐材堅多文用途最多)(語) 柜同

櫷 [韓]槐木一種느티나무、귀

⿰木戲 씨 [희]杓也구기、희(支)

櫽 인 [은]揉曲ㅣ栝휠、은又줄목、은又도지개、은(揉曲者曰ㅣ、正方者曰栝)(吻) 檃同櫽通

欄 란 [란]階除木句ㅣ난간、난牛圈외양간、난(寒) 闌通

欆 싼 [산]鎖門橫木빗장、산(刪)

櫻 잉 [앵]果名ㅣ桃앵두、앵又시랏、앵(一名含桃)黑ㅣ벚나무、앵(花美皮可卷皺弓、杖、也)(庚)

櫺 링 [령]檻也난간、영有間隔窓살창、영又완자창、영(俗格子窓)(青) 欞同

櫾 악 [유]似橙而酢유자、유(宥)

欃 찬 [참]檀木박달나무、참(一名木蘭) 通水管수통、참彗星ㅣ槍혜성、참(咸) 攙通

欂 뿌 [박]柱上方木ㅣ櫨주두、박壁柱중깃、박(藥)

⿰木還 쒠 [선]果名ㅣ味맛든대추、선(先)

欀 쌍 [양]木名交ㅣ교양나무、양(皮中有如白屑以水淋之作餠樹高五六尺葉長厚産交趾)[상]路上木길위에선나무、상(陽)

⿱蕉木 찬 [초]柴也나무、초採薪나무할、초(蕭) 樵同

⿰木靡 미 [미]蔆也마름、미(支)

⿰朩焦 찬 [조]生麻날삼、초(蕭)

櫼 첸 [첨]楔也문설주、첨(鹽) [삼]木名스기목、삼(感) 㰋同

(大)

⿰木濡 천 [잠]梫也무푸레、잠(一名青皮木)(侵)

權 촨 [권]事物隨意處置威力권세、권稱錘저울질할、권平也평할、권反經合道권도、권攝官벼슬겸임할、권(先)

欇 졔 [섭]楓也ㅣㅣ단풍나무、섭杖也지팡이、섭(葉)

⿱集木 자 [잡]海鳥ㅣ縣물새이름、잡交雜섞일、잡(合)

欆 쌍 [쌍]未張帆桻ㅣ접은배돗、쌍(江)

欈 쮜 [주]地名ㅣ李땅이름、추木名나무이름、추(支) 槜檇同

欋 취 [구]四齒耙쇠스랑、

亍木根盤나무뿌리얽힐、구(虞)

欌 [韓]所以衣藏의장、장

櫑 루 [류]藤也등나무、유(尤)

⑲

㰚 리 [리]藩也柴ㅣ울타리、이(支)籬同

欐 리 [려]梁也들보、여小船거루、여(霽)(霽)

欒 란 [란]木名似槿나무이름、난瘦貌ㅣㅣ파리할、난(寒)

欑 찬 [찬]叢木숲평이、찬又떨기、찬(寒)

欏 롸 [라]蘿也ㅣ落울타리、나裂也찢을、나似枇杷桫ㅣ사라나무、나(歌)

檧 체 [첩]飯臿주걱、첩(葉)

欄 찬 [전]栈也말뚝、전(先)[판]手相關付손댈、관(刪)

櫕 쥐 [절]木錐나무꼬챙이、절(屑)

⑳

欓 땅 [당]越椒월나라산초、당木桶나무통、당(養)

欔 훠 [곽]犂也보습、곽钁也가래、곽(藥)

欕 [韓]鵲不踏木엄나무、엄

㉑

欙 레 [류]山行所乘썰매、유(支)樏同

欗 란 [란]桂類木ㅣ목란、난(俗作木蘭)(寒)

欛 빠 [파]刀柄칼자루、파(禡)把通

欖 란 [람]果名橄ㅣ감람、남(感)(勘)

欘 쥬 [촉]斤柄自曲者절로굽은자귀자루、촉犂也보습、촉(沃)

欚 레 [례]小船종선、예(霽)

㉒

㰗 데 [첩]木名나무이름、첩(木實如繭其中有綿可以織布)(葉)

欝 위 [울]氣滯ㅣㅣ답답할、울(物)(鬱同俗字)

㉔

欞 링 [령]欄也란간、영(靑)櫺同

欠部

欠 쳼 [흠]張口解氣하품할、흠不足부족할、흠疲乏貌ㅣ伸기지개결、흠(豔)[감]義同(陷)

②

次 ㅊ [차]亞也버금、차又차례、차舍也사처、차急遽造ㅣ급거할、차又잠간、차至也이를、차編髮머리쪽질、차(寘)

③

欥 이 [의]嘯也수파람불、의(支)

欬 깨 [해]笑而破顔웃을、해(灰)[이]欬也기침할、이(紙)

④

欣 셴 [흔]喜也기쁠、흔忻同、訢通(文)

欪 씨 [희]戲笑貌ㅣㅣ희롱하며웃을、희(支)

欦 한 [함]含笑빙그레웃을、함貪欲탐낼、함(覃)欲同

欯 삐 [비]氣息呼出숨내쉴、비(支)

欫 쳰 [흠]噫也재채기할、흠(文)

欥 이 [일]喜悅기뻐할、일(質)

欻 후 [훌]怒聲성낸소리、훌(物)

⑤

欳 취 [거] 張口運氣欠ㅣ하품할、거(御)

歈。 쒸 [구] 吹也불、구笑貌벙글거리、구欠也하품할、구(虞)

歌 허 [해] 大笑ㅣㅣ껄껄웃을、하張口出息입벌리고숨쉴、하(齶) 歟通

嵌。 한 [함] 或也혹、함又혹그러할、함(覃) 㴻同

㰷 어 [액] 笑語ㅣ歅웃고말할、액(陌)

欪 씨 [게] 笑也ㅣ欯웃을、게(齊) 歌通

歃 싸 [합] 鼻息ㅣㅣ코로숨쉴、합(洽)

欱 씽 [형] 含笑貌빙그레웃을、형(敬)

欩 찬 [초] 氣上蒸ㅣ歊기운오를、초健也건장할、초(蕭)

欪。 츄 [출] 無慙咄ㅣ부끄럼없을、출笑也웃을、출(質)

軟 씬 [신] 吟也읊을、신苦마앓을、신(眞) 呻同

欸 ᅇ졔 [해] 飲也마실、해(灰)

㰣 ᅇ즈 [지] 吐也토할、지(寘)

欯 씨 [희] 氣逆상기할、희(支)

𣢾 ᅇ졔 [결] 開也열、결(月)

六

欬。 거 [해] 因風逆氣ㅣ嗽기침할、해大呼廣ㅣ크게부를、해疾言謦ㅣ일깰、해(隊) 咳同 [애] 飽食喘息배불러숨찰、애(卦) 噫通

欯。 ᅇ지 [힐] 喜也기쁠、힐笑也웃을、힐(質)

欱。 하 [합] 大歠한숨에흲들여마실、합合也합할、합斂受之意주름잡을、합(合) 哈同

歈 꿰 [궤] 疲極고달플、궤(紙)

㰯 꾸 [골] 飲聲마시는소리、골(月)

㰚 쒸 [술] 蟲鳴ㅣㅣ벌레울、술(質)

㰶 유 [유] 呼犬聲개부르는소리、유(虞)

㰨。 애 [애] 歎聲탄식하는소리、애(佳)

㰬 쓘 [순] 信也믿을、순悅也기쁠、순氣逆숨찰、순(眞)

㰰 ᅇ쥭 [축] 愁也근심할、축(尤)

七

欷。 씨 [희] 悲泣氣咽抽息한숨휘내쉴、희歎也歔ㅣ허희탄식할、희含泣歎聲흑흑느낄、희(未)(微) 唏同

欸 애 [애] 歎也탄식할、애然也그렁다할、애(灰) 唉同、棹歌ㅣ乃노젓는소리、애(賄)

欶。 쑤 [삭] 著也붙을、삭吮也含吸빨아들일、삭(覺) 瘷通 [수] 上氣咳ㅣ기침할、수(有) 嗽同

欲。 위 [욕] 期願之辭하고자할、욕貪也탐낼、욕愛也사랑할、욕將然장차、욕(沃) 慾通

㰮 젠 [신] 俗音 [진] 指而笑손가락질하며웃을、진(軫)

欦 한 [함] 含笑貌빙그레웃을、함(覃) 欱同

𣣞。 꾸 [구] 小兒凶惡數ㅣ아이흉악할、구(宥)

㰼 ᅇ졔 [협] 俗音 [협] 喘也氣息숨찰、협(合)

㰫 꾀 [괴] 太息크게한숨쉴、괴(卦)

畝 랑 [랑] 貪也탐냄、난(陽)

八

欹 이 [의] 歎美辭ㅣ與거룩하다할、의(支) 猗通

欺。치 [기] 詐也속일 기自昧其心속을、기陵也업신여길、기妄也망녕될、기(支)

款。관 [관] 誠也정성스러울、관叩也두드릴、관敬愛사랑할、관塞也막힐、관ㅣ曲관곡할、관科也條目조목、관誌也기록할、관所欲ㅣㅣ하고자할、관(旱) 款同

款 款俗字

欽。친 [흠] 敬也공경할、흠思望意ㅣㅣ물끄럼이바랄、흠恭也공순할、흠皇敕ㅣ差황제의칙교、흠鐘聲有節쇠북절조맞쳐칠、흠(侵)

欿。간 [감] 不滿意ㅣ然뜻에차지않을、감(感)

⿰亞欠 야 [아] 嘶也驢鳴나귀울、아(禡)

⿰咅欠。부 [부] 語而不受말하며받지않을、부(有)

⿰呰欠 쯔 [자] 無廉恥ㅣ염치없을、자(支)

⿰兒欠 씨 [혁] 拭淚눈물씻을、혁(錫)

⿰昏欠 훈 [혼] 不知ㅣㅣ알지못할、혼暗昧어둘、혼(元)

欻。후 [홀] 忽也홀연、홀暴起급히일어날、홀動也ㅣㅣ흔들거릴、홀疾貌ㅣ吸훅들여마실、홀幽邃歇ㅣ으슥할、홀(物) 歘同

⿰叕欠。치 [치] 齧也씹을、치(紙)

⿰孛欠。주 [졸] 吮也빨、졸口飮마실、졸(質)

⿰歹欠 쓰 [시] 惛死復生까무러쳤다깨날、시(寘)

⿰育欠 의 [육] 驚也놀랄、육(屋)

九

歈。위 [유] 歌名吳ㅣ노래이름、유相手弄笑ㅣ舞희학질할、유(虞)

歅 인 [인] 人名九方ㅣ사람의이름、인(秦人善觀相者)(眞) [연] 義同(先)

款 款同

歂 촨 [천] 姓也ㅣ孫ㅣ師성、천(先) 疾息헐떡거릴、천口氣귀吸들여마실、천(銑) 喘同

歆。씬 [흠] 神食ㅣ饗흠향할、흠饗也、흠欣羨흠선할、흠(侵)

歇。쎄 [헐] 休息쉴、헐氣泄無餘느른할、헐又헐덕거릴、헐幽邃ㅣ欻으슥할、헐消散흩어질、헐竭也다할、헐(月)

歃。싸 [삽] 歠也마실、삽信盟ㅣ血입에피발러맹세할、삽(洽) 通

歁 간 [감] 食不滿음식나쁠、감意不滿뜻에차지않을、감(覃)

⿰豈欠 이 [이] 驢鳴ㅣ⿰亞欠나귀울、이(紙)

⿰匽欠 옌 [언] 大呼用力크게부르짖어힘쓸、언怒而膨腹성나배불덕거릴、언(願)

⿰咸欠 쎈 [함] 含笑방그레웃을、함(覃) [감] 叫也부르짖을、감(勘)

⿰軍欠 운 [운] 逆氣피기할、운又딸꾹질할、운(願)

十

歊。쌰 [효] 氣出貌ㅣㅣ기운날、효熱

氣더운김、효喧也지꺼릴、효(蕭)

歌。꺼 [가]永言以聲노래、가詠也읊조릴、가曲合樂장단맞출、가(歌)謌同哥通

歉。겸 [겸]荒歲一穀不升흉년들、겸小也작을、겸(琰)嗛通食不滿나쁠、겸(鹽)[감]貪也탐할、감喙也무리、감(陷)

歍。우 [오]心有所惡欲吐아니꼬울、오又구역질할、오又토왁질할、오(虞)

歊 요 [요]氣出貌ㅣㅣ기운날、요(蕭)

[illegible] 한 [함]貪也탐할、함(感)

歂 치 [치]嘲笑조롱해웃을、치(支)嗤同

[illegible] 씨 [혜]歎息탄식할、혜(齊)

歋 이 [이]相笑ㅣ歈서로웃을、이(支)

[illegible] 허 [합]大啜혹들여마실、합(合)欱通

⑪

歐。어 [우]俗音[구]姓也성、구(尤)欲吐ㅣ逆토하려할、구捶擊쥐박을、구(有)嘔毆通

歎。탄 [탄]太息탄식할、탄稱美讚和아름답다할、탄(寒)(翰)嘆同

[illegible]。저 [색]語笑敀ㅣ말하며웃을、색(陌)

㱃 飲古字

[illegible] 럭 [루]小兒凶惡ㅣ頭어린아이흉악할、누(宥)

[illegible]。캉 [강]空也빌、강穀不充實흉년들、강(陽)

歑 후 [호]出氣太息숨길게내쉴、호吹也불、호(虞)

[illegible] 쭤 [최]一舉盡食한입에다먹을、최嚽也씹을、최(卦)嘬同

歏。진 [근]欠也모자랄、근(震)

⑫

歔。쒸 [허]抽息ㅣ欷휘한숨쉴、허泣也鼻息울며코훌적거릴、허(魚)

歕 뛴 [분]吹氣기운불、분潠也뿜을、분(元)噴同

[illegible] 라 [랍]不滿貌ㅣ歁서운해할、납(合)

歗 嘯古字

歙。씨 [흡]縮鼻코우무러질、흡又코찡찡이、흡歛氣숨들이쉴、흡(緝)[섭]義同(葉)

歘 후 [훌]暴起급히일어날、훌(物)欻同

[illegible] 희 [흑]唾聲침뱉는소리、흑咳也기침、흑(職)

歖 씨 [희]卒喜갑자기기뻐할、희(支)

⑬

歛。렌 [검]貪也탐할、검乞也구걸할、검(覃)

歜。츄 [촉]怒也盛氣대단성낼、촉(沃)[잠]菖蒲菹름ㅣ장포김치、잠(感)

[illegible] 씨 [희]相笑서로웃을、희(支)

[illegible] 써 [식]怯也겁낼、식(職)

⑭

歟。위 [여]助辭어조사、여又그러나할、여(疑問時或推測時用字)(魚)

[illegible] 훠 [획]吐聲토하는소리、획(陌)

[illegible] 디 [적]痛聲앓는소리、적(錫)

[illegible] 이 [읍]癡也痴歠어리석을、읍(合)

⑮

歠。쥐

〔절〕大飮훅들이마실、철(屑) 啜通

歔 우 〔우〕氣逆기운역할、우 慨歎개탄할、우(尤)

⑰ 歟 잉 〔영〕怒氣성낸기운、영(梗)

[illegible] 츄 〔축〕接口입맞출、축(屋)

⑱ 歡 환 〔환〕喜樂기뻐할、환 酒名ㅣ伯술이름、환 樹名合ㅣ나무이름、환(寒) 懽同驩通

欇 예 〔엽〕取也취할、엽 〔첩〕氣動貌ㅣㅣ기운뜰、첩(葉)

欑 찬 〔초〕飮酒盡杯술마셔다할、초(嘯)

㉑ [illegible] 쿤 〔곤〕愚也어리석을、곤(元)

㉒ [illegible] 同難

止部

止 쯔 〔지〕停也그칠、지 留也머무를、지 已也말、지 息也쉴、지 靜也고요할、지 居也살、지 心之所安마음、지 禮節容ㅣ예절、지 行儀擧ㅣ거동、지 語助辭어조사、지(紙)

正 졍 〔정〕方直不曲바를、정 歲首첫、정 定也정할、정 平也평할、정 當也마땅할、정 長也어른、정 射侯畫布사포、정 分辨분변할、정 豫期미리작정할、정(敬) 政通

② 此 츠 〔차〕玆也이、차(彼之對) 止也그칠、차(紙)

③ 步 뽀 〔보〕徒行걸을、보 擧足爲跬걸음、보 又자취、보 人才特出獨ㅣ독보、보 又하나、보 運也운수、보(國ㅣ天ㅣ) 渡頭水際나루、보 又선창、보 首飾ㅣ搖머리꾸밀、보(遇)

[illegible] 씬 〔신〕待也기다릴、신(震)

④ 歧 치 〔기〕路二達길두갈래질、기 飛行貌ㅣㅣ둥둥떠다닐、기(支)

武 우 〔무〕威也위엄스러울、무 健也건장할、무 勇也날랠、무 猛也용맹할、무 跡也자취、무 剛也강할、무 繼也接ㅣ이을、무 樂名풍류이름、무 北方星名玄ㅣ현무、무(麌) 〔韓〕軍官虎班호반、무

[illegible] 近古字 [illegible] 旅古字 [illegible] 正古字

⑤ 歫 쥐 〔거〕止也그칠、거 搶也찌를、거 超ㅣ뛸、거 違也어길、거 至也이를、거 抗也겨룰、거(語) 距通

歪 왜 〔외〕不正비뚤어질、외 又기울어질、외(尾)

[illegible] 피 〔피〕覆也덮을、피(寘)

⑥ 歭 쯔 〔치〕不進ㅣ躇주저할、치 又머뭇거릴、치 儲備저축할、치(紙) 跱同峙通

[illegible] 쯔 〔저〕盛物於器담을、저(御)

[illegible] 긴 〔근〕足踵발꿈치、근(元)

⑧ [illegible] 同歸

[illegible] 창 〔상〕掌拒버틸、상(漾)

[illegible]

剪古字

齒 齒同

崒 치 [취] 待也기다릴、취(寘)

崚 정 [정] 止也그칠、정(迥)

⑨ **歲** 쒜 [세] 年也햇、세(唐虞曰載、夏曰ㅣ、商曰祀、周曰年)年穀成곡식익을、세星名太ㅣ별이름、세(霽)

嶂 踵古字

⑩ **歰** 써 [삽] 酸苦떫을、삽不滑깔깔할、삽墻疊石成文ㅣ浪돌담무늬、삽(緝)澀澁濇同

𣦂 쥐 [후] 休息쉴、후(尤)

⑪ **𣦃** 지 [적] 正齊바를、적(陌)

⑫ **歷** 리 [력] 過也經ㅣ지낼、역傳也전할、역行也행할、역盡也다할、역靜也寂ㅣ고요할、역越也넘을、역釜鬲銅ㅣ다리굽은가마、역明也ㅣㅣ역력할、역文章貌ㅣ錄문채날、역(錫)

嶠 蹻同

⑬ **𡾾** 躇同

壁 躄同

⑭ **歸** 꿰 [귀] 還也돌아올、귀返送于他돌아갈、귀嫁也于ㅣ시집갈、귀附也붙일、귀投也던질、귀許也허락할、귀卦名ㅣ妹괘이름、귀(微)皈皈同 [궤] 餉也먹일、궤(寘)饋通

歹部

歹 어 [알] 剔肉殘骨살발른뼈、알(曷)

歺 歹同

歹 대 [대] 逆也거스를、대好之反좋지않을、대惡也괴악할、대(賄)

② **死** 쓰 [사] 澌也絕命죽을、사(紙)

𣦵 싹 [후] 割也저밀、후又베일、후(有)朽同

③ **𣦼** 지 [흘] 流也흐를、흘(質)

𣦶 졔 [결] 盡也다할、결(屑)

④ **歿** 뭐 [몰] 死也죽을、몰舒緩貌殟ㅣ천천할、몰盡也다할、홀(月)沒通殁同

歾 歿同

㱚 누 [눌] 心亂殟ㅣ심란할、눌(月)

殀 얀 [요] 短折早死일찍죽을、요又요사할、요又단명할、요斷殺끊을、요(篠)夭同

㱔 즈 [자] 死而復生까무러쳤다깨날、자(支)

歽 씨 [절] 夭死일찍죽을、설又단수할、설(屑)

㱖 류 [류] 欲死죽으려할、유(尤)

歼 첸 [천] 殘餘나머지、천(銑)

⑤ **殆** 태 [태] 危也위태할、태幾也거의、태近也가까이할、태始也비로소、태將也장차、태(賄)

殄 텬 [진] 絕也끊을、진盡也다할、진滅也멸할、진善也착할、진(銑)(軫)

㱟 피 [피] 開肉解剖살찢어벌릴、피枝折가지꺾을、피(紙)披通

殂 주 [조] 死也ㅣ落죽을、조(虞)

殃 앙 [앙] 禍

也앙화、앙罰也벌나릴、앙쌈也허물、앙(陽) 袂同 **殅** 썽 [생] 死而更生죽었다살아날、생(庚) **[歹民]** 민 [면] 矜也불상히여길、면(陌) **[歹冬]** 終古字 **[歹乍]** 殂古字

[歹戈] 쇄 [설] 盡也다할、설(屑) **[歹夫]** 찌 [치] 鬼魅귀신、치(寘) **[歹句]** 쮜 [구] 枯也마를、구又시들시들할、구(有)

六

殉 쓘 [순] 以人從死따라죽을、순營也경영할、순從也좇을、순(震) **殊** 쓔 [수] 異也다를、수絕也끊어질、수死也죽을、수誅也목베일、수語助辭어조사、수(虞) **殈** 씨 [혁] 卵坼알터질、혁(職)

[歹次] 쯔 [자] 死而復生죽었다깰、자(寘) **[歹欠]** 同[歹次] **[歹亂]** 롼 [란] 臨死神迷[歹亂]ㅣ죽으려까무러칠、난(翰) **[歹兆]** 씽 [승] 欲死ㅣㅣ까무러칠、승(迥) **[歹米]** 미 [미] 半壞쌀반쪽썩을、米미又절미、미(齊) **[歹肉]** 짠 [잔] 禽獸食餘짐승먹던찌끼、잔(寒) 腅同 **[歹各]** 러 [락] 卒死殙ㅣ갑자기죽을、낙(藥)

七

殍 퍋 [표] 餓死굶어죽을、표(篠) 莩同 莩摽通 **[歹求]** 칙 [구] 終也마칠、구(尤) **[歹妥]** 네 [뇌] 弱也猥ㅣ약할、뇌(賄) **[歹角]** 꾸 [곡] 臨死畏却죽길겁낼、곡(屋) **[歹束]** 쑤 [속] 殭也죽어썩지않을、속(屋)

殑 끈 [긍] 欲死죽으려할、긍(蒸) **[歹見]** 마 [묘] 飽厭물릴、묘(俗音모)(效) **[歹亨]** 헝 [형] 腫也부을、형(庚)

八

殘 찬 [잔] 凋傷쇠잔할、잔害也해할、잔餘也나머지、잔(寒) 戔通 **[歹卒]** 쭈 [졸] 死也죽을、졸終也마칠、졸(質)(月) 卒通 **殙** 훈 [혼] 心不明了흐리멍덩할、혼又혼미할、혼瞀也아찔할、혼(元) 惽同 **殖** 씨 [식] 生也蕃ㅣ날、식又번식할、식興財生利식리할、식又이불릴、식種也심을、식平正ㅣㅣ반듯할、식(職) [화] 骨ㅣ뼈、식 **[歹咅]** 뿌 [부] 物腐生黴골마지길、부又곰팡날、부腐也썩을、부(虞) [복] 斃也죽을、복(屋) **[歹奇]** 치 [의] 棄也버릴、의死也大ㅣ죽을、의(支) **[歹奄]** 예 [업] 病而不甚ㅣ殜병심하지않을、업(葉) [엄] 殁也죽을、엄(鹽) **[歹委]** 웨 [위] 枯死말라죽을、위又시들、위(支)

[歹隶] 이 [이] 瘞也埋沒묻을、이(寘) **[歹心心]** 친 [심] 草木萎死초목시들어죽을、심(沁) **[歹宛]** 웬 [완] 人死貌사람죽은모양、완(阮) **[歹岳]**

위 [악]卒死ㅣ骆갑자기죽을、악(覺)

殀 요 [요]害也해할、요(蕭)

[歹京] 장 [강]屍體시체、강(漾) 又송장

(九)

殛 지 [극]殺也죽일、극 誅也施刑형벌해죽일、극(職)

[歹畏] 웨 [외]不知人事ㅣ殀정신모를、외(賄)

殜 예 [엽]羅病병들、엽(葉)

殙 殙本字

[歹彖] 씨 [회]疲困피곤할、회(隊)

殬 뚜 [도]敗也패할、도(遇)

[歹柬] 란 [란]破壞깨뜨릴、난(翰)

殄 嗐同

(十)

殞 원 [운]歿也죽을、운落也떨어질、운(軫)

殠 착 [추]腐氣썩은기운、추(宥)

[歹豈] 깨 [개]腜胎첫아이밸、개殺羊取胎양죽여태끄벌、개(灰)

殟 우 [올]胎敗낙태할、올心亂ㅣ殁심란할、올(月) [온]病也병들、온極也극진할、온(元)

[歹益] 이 [의]萎死시들어죽을、의(寘)

[歹鬼] 홰 [회]愚也어리석을、회(賄)

[歹宰] 재 [재]滅也멸망할、재(賄)

殦 까 [고]曝也볕바랠、고(皓)

(十一)

殢 티 [체]困極늘어질、체又까부러질、체(霽)

殣 진 [근]餓死굶어죽을、근瘞也묻을、근(震)

殤 쌍 [상]夭也일찍죽을、상(未滿二十而死)(陽)

[歹責] 지 [지]病也병들、지獸死짐승죽을、지(寘)

殫

殥 인 [인]遠也멀、인(眞)

[歹貫] 관 [관]盡也다할、관(諫)

[歹崔] 최 [최]破也깨질、최(隊)

(十二)

殪 이 [에]死也죽을、에殺也殄絶죽여없앨、에(霽)

殫 딴 [단]盡也다할、단(寒)

殨 회 [회]腫決종기터질、회(隊)

殩 찬 [찬]饡喪家食ㅣ孝상제먹일、찬(翰)

[歹最] 쐐 [세]瘦病파리한병、세又마르는병、세(泰)

(十三)

殭 장 [강]死而不腐죽어썩지않을、강(陽)

殮 렌 [렴]着衣于屍염할、염殯也빈소할、염(豔) 斂通

[歹鬱] 뭐 [몰]臨死迷亂ㅣ殁죽으려까무러칠、몰(月)

[歹歲] 훼 [예]死物殘ㅣ죽은물건、예(隊)

[歹辟] 피 [벽]欲死죽으려할、벽(陌)

(十四)

殯 삔 [빈]殮也염할、빈死體入棺不葬致ㅣ빈소、빈(死在棺將遷葬柩賓遇之)(震)

(十五)

殰 뚜 [독]死胎사태할、독(屋) 牘同

(十六)

[歹歷] 리 [력]幾至死境거의죽으려할、역(錫)

(十七)

[歹闌] 란 [란]爛敗물크러질、난又물러터질、난(翰)

殲 젠 [섬]盡也다

할、섬滅也멸할、섬(鹽)

九

⿰歹羸。 라 [래] 病也병들、나(歌)

⿰歹顛 뎐 [뎐] 沒落떨어질、전又주거넘어질、전(先)

殳部

殳。 쓔 [수] 戈也창、수(兵器八稜無刃)杸同擊也칠、수(虞)

四

⿰冘殳 °짐 [침] 下擊上칩더칠、침(或音담)(沁) [금] 治也다스릴、금禁制금제할、(感)

금又제어할、금(侵)

五

段 똰 [단] 分片조각、단擇物고를、단(翰)

六

殷。 인 [은] 衆也많을、은盛也성할、은大也클、은中也가운데、은成湯國號은나라、은(文)盛貌ㅣㅣ융성할、은雷發聲천둥소리、은(吻)磤通 [안] 黑赤色검붉은빛、안(刪)

㱿 殼同

殺。 싸 [살] 戮也죽일、살矢鏃살촉、살散貌ㅣ然흩을살垂貌騷ㅣ늘어질、살(黠)煞殺同 [쇄] 減也감할、쇄疾也빠를、쇄降也내릴、쇄(卦) [시] 弑同(寘)

⿰介殳 깨 [개] 笑也웃을、개(灰)

七

㱿 허 [학] 嘔吐토할、학又구역질할、학(覺)殼通

殹。 이 [예] 聲相應소리마주칠、예(霽)

殿。 °전 [진] 躍而喜貌ㅣㅣ뛰며기뻐할、진又소스리쳐기뻐할、진擊也칠、진(眞)

⿰豆殳 뚜 [두] 遙擊멀리칠、두(尤)

殸 聲古字

八

殽。 햫 [효] 亂也어지러울、효相雜混ㅣ섞일、효豆肴마른안주、효俎肴진안주、효(肴)肴饈同淆通

殼 콱 [각] 甲皮껍질、각素也본디、각又바탕、각自上擊下내리칠、각(覺)殼同、㱿通

⿰尚殳 당 [등] 推也길、등揆也부딪칠、등(庚)

九

毁。 훼 [훼] 隳之헐、훼(寘)壞也허러질、훼訾也훙볼、훼瘦也哀ㅣ상제슬퍼얼굴파리할、훼小兒更齒아이이갈、훼(紙)

殿。 뎬 [전] 宸居宮ㅣ대궐、전又전각、전軍後군사뒤、전下功하등공、전(上功曰最下功曰ㅣ)呻也ㅣ屎신음할、전鎭也진압할、전(霰)

毄 °지 [계] 飼養ㅣ畜먹여기를、계(霽) [격] 攻也칠、격(錫)

十

毃。 챠 [각] 擊頭머리때릴、각橫擿결매로칠、각(覺)敲通

毄 °지 [긱] 勤苦用力애쓸、긱 [격] 相擊聲마주치는소리、격拂也물리칠、격戈戟類ㅣ兵창、격(錫)喫通

⿰宮殳 퉁 [동] 擊空之聲쿵쿵울리는소리、동(冬)

⿰宰殳 °재 [재] 殺也죽일、재(賄)

十一

毅。 이 [의] 果敢勇斷굳셀、의(弘ㅣ、剛ㅣ)妄怒성빨끈

벌、의(未)

毆。어(구)捶擊쳐박을、구又칠、구(有)

(十二) **毀** 훼(훼)精米쌀쓿을、훼又정미할、훼(紙)毇同

毈。단(단)卵不孵化알곯아까지못할、단(翰)

磬。쌰(소)舜樂大ㅣ풍류、소(蕭)韶同

數 취(착)穿也뚫을、착(屋)

(十三) **瞉**。취(각)鳥卵새알、각卵孵알깔、각(覺)

(十四) **罄** 잉(갱)不可近가까이못할、갱又멀리할、갱(庚)

毃 쓔(수)擊也칠、수(尤)

(十五) **毉**。醫同

毊 이(예)美也아름다울、예(霽)

(十九) **毊** 쌰(효)大磬큰경쇠、효(蕭)

毈 렌(렴)鏡函경대함、염(鹽)

(二十) **斆** 리(력)別離나눌역又떠날、역(錫)

毋部

毋。우(무)禁止辭말、무莫也없을、무地名寧ㅣ땅이름、무(虞)無通夏冠ㅣ追하우씨관、무(尤)

毌 꽌(관)貫也꿸、관地名ㅣ岳땅이름、관魏人複姓ㅣ丘儉성、관(翰)貫通

母。무(무)俗音(모)生我慈親어미、모(父之配、繼ㅣ、養ㅣ、伯ㅣ、季ㅣ、乳ㅣ、姑ㅣ、姨ㅣ)妻ㅣ聘ㅣ장모、모又빙모、모(石名雲ㅣ、藥名益ㅣ、仙名西王ㅣ、天干曰十ㅣ)(有)

(三) **每**。메(매)常也매양、매又일상、매凡也무릇、매各也각각、매貪也탐할、매雖也비록、매屢也여러、매(賄)數也셀、매美田ㅣㅣ좋은밭、매(隊)草盛풀성할、매(灰)

毐 애(애)人無行嫪ㅣ행실없을、애又음란할、애(賄)

(四) **毒**。뚜(독)惡也독할、독又악할、독害也해할、독痛也아플、독苦也괴로울、독恨也한할、독憎也미워할、독(草害荼ㅣ、烏頭鷄ㅣ、草名狗ㅣ、繩ㅣ、病名丹ㅣ)(沃)

(九) **毓**。위(육)養也기를、육稚也어릴、육盛多郁ㅣ번성할、육(屋)育同

比部

比。삐(비)較也비교할、비類也무리、비ㅣ例견줄、비(紙)和也고를、비並也아우를、비次也차례、비革帶鉤師ㅣ혁대갈구리、비虎皮皐ㅣ범의가죽、비(支)密也빽빽할、비及也미칠、비從也좇을、비矢括살오늬、비頻也ㅣㅣ자주、비櫛具ㅣ余빗、비偏也편벽될、비(寘)(필)次也櫛ㅣ차례、필又질번할、필(質)

(五) **毗**。피(비)輔

也도울、비明也밝을、비厚也두터울、비體柔夸ㅣ몸굽신거릴、비革帶鉤犀ㅣ혁대갈구리、비(支) **毘** 同毗 **毖**。삐[비]愼也삼갈、비勞也수고로울、비泉流貌샘졸졸흐를、비(寘)

六 **毗** 毗本字 **毘** 同毗

十 **㲋** 쮀[결]貉也담비、결(屑)

十一 **毚** 씨[시]담비、시(寘)

十二 **毚**。찬[참]약은토끼、참(感)

毛部

毛。모[모]毫也터럭、모(動物支膚上所生細條)無草不ㅣ풀없을、모羊也柔ㅣ양、모髮斑白터럭반쯤셀、모莎草地ㅣ떼、모序齒燕ㅣ나이차례、모(豪)

毽同

二 **毟** 닝[녕]犬毛毽ㅣ개털、영(徑)

四 **毦**。빼[패]多毛ㅣ毽털많을、패(泰) **毜** 뿐[분]毛落털빠질、분(文) **毝**。쯰[지]毛織毲ㅣ털로짠베、지(支) **毞**。졔[계]獸之細毛짐승의가는털、계(卦) **毢** 사[삽]眼睫長貌속눈섭길、삽(合)

五 **毢** 링[령]毛結不理털엉길、영(青) **毤**。됴[조]鳥尾翹毛ㅣ毽새꽁지、초(蕭) **毡**。氈俗字 **毨** 썽[생]毛起貌ㅣ氅털끝일어설、생(庚) **毞** 삐[비]毯類담、비(支) **毠**。쟈[가]毛衣털옷、가(麻) **毣** 럭[루]毽席담자리、누又담방석、누(虞) **毳** 취[택]初生毛갓난털、택(陌) **毷** 머[모]毛密貌털많이날、무(宥)

六 **毦**。얼[이]結毛爲飾머리틀、이兜飾罽ㅣ투구치장할、이羽毛飾깃과털로꾸밀、이錦名兜羅ㅣ비단이름、이(寘) **毸** 씨[시]張羽毸ㅣ날개벌릴、시(灰) 毢同 **毨**。쎤[선]毛落更生整齊털다시나함치르르할、선(銑) **毻** 허[합]目睫長속눈섭길、합(合) **毣** 무[목]毛濕털젖을、목美好貌함함할、목思貌ㅣㅣ곰곰생각할、목(屋) **毥** 숸[순]初生毛솜털、순(震) **毮**。同翟 **毧** 숭[융]細毛가는털、융又솜털、융(東)

七 **毫**。한[호]細長毛가늘고긴털、호又털끝、호筆也揮ㅣ붓、호(豪)豪通 **毿** 싸[사]毛長貌毿ㅣ털길、사(麻)(歌) **毬**。추[구]戲具鞠丸제기、구又공、구(蹴ㅣ、打ㅣ、野ㅣ、撞ㅣ)毛布花ㅣ화문담요、구帶名團ㅣ띠이름、구(尤) **毹**。쌰[소]鳥尾毟ㅣ새꽁지、소(蕭) **毸** 同毹 **毲** 야[부]鳥脫毛

四畫 比毛

새털벗을부(虞)

毨 쎈 [선] 毛織모직、선(先)

𣯫 째 [첩] 目毛속눈섭、첩(葉) 睫䀹同

𣯒 래 [래] 斑毛얼룩털、내(泰)

𣭪 발 [발] 短毛짧은털、발(月)

八

毳 취 [취] 細毛솜털、취氄也 ㅣ幕담장막、취(霽)

毰 페 [배] 張羽ㅣ毸날개펼、배(灰)

毯 탄 [담] 毛席담자리、담(感)

毱 쥐 [국] 毬也蹴ㅣ제기、국(屋) 踘同

氂 리 [리] 驪毛억센털、이(支)

𣯉 쭈 [졸] 毛生털날、졸(月)

𣮰 맏 [모] 毛同 [용] 氄同

毵 뚸 [탈] 織毛罽모직、탈(曷)

𣯤 同毵

毶 더 [듬] 毛

小털작을、득(職)

𣰆 에지 [지] 毛多털많을、지(紙)

九

毹 위 [유] 毛席氍ㅣ털방석、유(虞)

毸 씨 [시] 張羽毰ㅣ날개벌릴、시(灰) 毢同

毷 맏 [모] 解也풀、모又끊을、모解毛털벗을、모(號)

毼 커 [갈] 毛織毼ㅣ털로짠베、갈又모직、갈(曷)

毻 퉈 [타] 禽獸解羽毛새와짐승털갈、타(箇)

毹 빵 [방] 毛織物ㅣ毼털로짠、베 방(養)

毸 쏘 [수] 毛布氍ㅣ털담요、수(尤)

毽 졘 [건] 戲具抛足제기、건(願)

毿 내 [내] 多毛毦ㅣ털많을、내(泰)

毹 편 [편] 長毛긴털、편 [변] 結毛不理ㅣ毿털엉길、변(銑)

毧 숭 [용] 細毛가는털、용(東)

鞠同

十

毾 타 [탑] 毛席ㅣ㲪털자리、탑(合)

氃 당 [당] 罽也ㅣ毦담、당冠上飾毫상모、당長毛긴털、당(陽)

氃 숭 [용] 細毛가는털、용(東)

氋 지 [기] 毛文털무늬、기又얼룩거릴、기(支)

氈 수 [욕] 毛織褥모직요、욕(沃)

𣰉 사 [사] 毛羽婆娑貌털너풀거리 사(歌)

十一

氂 리 [리] 牛尾쇠꼬리、이數名十毫호리、이雜毛잡털、이(支) 犛氂通

毿 싼 [삼] 毛長ㅣㅣ털길、삼(覃)

氀 럭 [루] 毛織布ㅣ毼털로짠베、누(虞)

氄 충 [종] 罽也ㅣ氍모직、종(冬)

氋 리 [리] 白毯帽子흰담모자、이(支)

氉 만 [만] 赤毛褥붉은털요、만(元)

氁 무 [모] 毛緞털비단、모(虞)

十二

氃 퉁 [동] 散毛氋ㅣ흩어진털、동又털웅숭거릴、동(東)

氄 숭 [용] 如絲細毛솜털、용(腫)

氅 창 [창] 以羽爲衣鶴ㅣ학창의、창 氅鶩同 [韓] 官人平常服ㅣ衣창의、창(養)

창(養)

㲪 떵[등] 罽也 毾ㅣ털로짠베、등(蒸)

氆 빵[방] 蕃織毲ㅣ양의털로짠융、방(養)

⿰焦毛 쟈[초] 兜上毛飾투구상모、초(蕭)

⿰業毛 뱍[복] 毛不理毾ㅣ털엉킬、복(屋)

〔十三〕

⿰喿毛 쌴[소] 煩悶毾ㅣ답답할、소(號)

⿰巤毛 례[렵] 車翣차에먼지막는깃부채、렵(所以車中防禦風塵者ㅣ)葉

氈 쟌[전] 蹂毛成片전、전又담、전毛席담자리、전又전방석、전(先) 旃通

氊 氈同

⿰臾毛 취[구] 毛褥털요、구又담요、구(虞) 氍同

〔十四〕

氋 뭥[몽] 鬆毛ㅣ氃흗어진털、몽(東)

⿰監毛 란[람] 毛長ㅣ毿털길、남(覃)

⿰盍毛 예[알] 多毛털많을、알(月)

⿰奭毛 同氍

⿺毛憑 핑[빙] 犬毛ㅣ毤개털、빙(蒸)

⿰寧毛 닝[녕] 多毛犬삽쌀개、영(庚)

⿰算毛 쵀[체] 斷也끊을、체(霽)

〔十五〕

氌 루[로] 西蕃毛織毲氆ㅣ융、노又우단、노(虞)

⿰賣毛 뚜[독] 旗也기、독(屋)

〔十八〕

氍 취[구] 毛褥ㅣ毹담요、구(虞) [illegible] 同

〔十九〕

⿰麗毛 쑤[수] 毛之逆立털거스릴、수(虞)

〔二十二〕

㲲 뎨[첩] 細毛織物세모직、첩(白ㅣ、金ㅣ、霞ㅣ)葉

氏部

氏 쓰[시] 俗[씨] 姓也ㅣ族성씨 씨婦人尊稱각씨、씨(男女尊稱辭)紙 [지] 西域國名月ㅣ서역나라이름、지單于妻名閼ㅣ되놈의처이름、지(支)

氐 뎌[저] 本也근본、저至也이를、저羌也오랑캐、저(齊) 抵同、邸通、宿名별이름、저賤也천할、저(齊) 低同

民 민[민] 衆庶백성、민(士、農、工、商、爲四等ㅣ)眞

〔四〕

岷 멍[맹] 民也백성、맹(庚) 甿岷同

氓 岷同

〔五〕

⿰司民 씌[시] 伺也살필、시(支)

〔六〕

⿰民失 뎨[질] 手拔物뽑을、질 觸也찌를、질(屑)

〔九〕

⿰民垔 인[인] 사라없어질、인(震)

气部

气 치[기] 雲ㅣ구름기운、기(未) 氣通 [걸] 求乞구걸할、걸(物) 乞通

〔二〕

氘 气同

氛 뿐[분] 氣也기운、분(妖氣ㅣ祲、祥氣ㅣ氳)文

氜 양[양] 陽氣별기운、양(陽) 陽同

⿹气月 인[음] 陰氣달기운、음(侵) 陰同

炁 同氣

〔六〕

氣 치[기] 候也기운、기息也숨、기生之元精ㅣ정기、기(天地間萬物

之現象陰陽風雨、晦明六ㅣ)(未) 炁同

氤 인 [인]天地合氣ㅣ氳천지기운합할、인(眞) 絪通

⿰旬气 쑨 [순]逆氣기운거스릴、순(眞)

七

⿹气肖 쏘 [소]天上雲ㅣ하늘、소天氣하늘기운、소(蕭) 霄同

十

氳 읜 [온]氣盛氤ㅣ기운성할、온(文)

十七

⿹气票 氣同

水部

水 쉐 [수]地之血氣물、수(河川海、洋、流動成體)(五行之一)(紙)

永 융 [영]長也길、영遠也멀、영(梗)

氷 冰俗字

二

氿 꿰 [궤]水涯물가、궤側出泉곁에서나오는샘、궤(紙)

汀 텽 [정]水際물가、정(青) 泥濘ㅣ濘진흙수렁、정(迥) 矴同

求 착 [구]索也구할、구乞也구걸할、구等也짝、구(尤)

氾 앤 [범]水溢ㅣ濫물넘칠、범不定之辭뜰、범又범범할、범濟陰水名물이름、범(陷)姓也성、범鄭地名땅이름、범(咸)

汃 파 [팔]波相擊聲澎ㅣ물결서로치는소리、팔(黠)

汁 찝 [즙]俗音[집]液也진액、집又국물、집(緝)

汆 툰 [탄]浮也뜰、탄又헤엄칠、탄(人在水上曰ㅣ、人在水下曰溺)(阮)

氻 릐 [륵]水聲물소리、늑(職)

氼 溺古字

三

汏 따 [대]水激過流물부딪치고지벌、대洗也씻겨갈、대又사태날、대(泰)

汎 앤 [범]任風波自縱떠울、범又떠나갈、범漂也ㅣ둥둥뜰、범輕也ㅣ剽가벼울、범(陷) 泛通 [봉]浮也뜰、봉(東)

汞 훙 [홍]水銀수은、홍(董)

江 꺙 [강]川之大者강、강水出岷山강수、강(江)

池 츠 [지]穿地瀦水못、지飛貌差ㅣ석바꿔나를、지黃帝樂名咸ㅣ풍류이름、지(支) [타]幷州水名滹ㅣ물이름、타(歌) 沱同

汜 쓰 [사]水之分流復合물결갈라졌다다시합할、사日入處濛ㅣ해떨어지는곳、사窮瀆늪、사又소、사河南水名물이름、사(紙)

汝 수 [여]爾也너、여(河南州名、弘農水名)(語)

汙 우 [오]窊下웅덩이、오降殺隆ㅣ낮을、오(虞) 洿同、穢染더러울、오(遇) [와]鑿地땅팔、와(箇) 涴通、鑿地爲尊구덩이、와(麻) 窊通

汗 한 [한]人液땀、한又진、한水長貌瀾ㅣ물질펀할、한(水無涯曰泮ㅣ、水廣大無際曰ㅣㅣ)(翰)(突厥酋長可ㅣ、地名番ㅣ)(寒)

汛 쉰 [신]灑

沇 汔 汮 沖 沁 沍 汭 汾 汶 沄 沔

也물뿌릴、신(震) **汚** 同洿 **汍** 완[환]洋泣丨瀾눈물줄줄흘릴、환(寒) **汕** 싼[산]罼也撩罟통발、산又반두、산魚游水물고기자맥질할、산韓國水名물이름、산(諫)

汊 차[차]水岐流물두갈래로흐를、차(遼東水名三丨河)(禡) **汔** 씨[흘]水涸물잦일、흘(物) **汒** 망[망]悤遽丨若총망할、망(陽)汒同 **汒** 同汒 **汋** 쟉

[작]挹取汲水물떠낼、작激水聲물결치는소리、작(藥) **氵彡** 쎈[섬]波起澰丨물결솟을、섬(鹽) **汓** 츄[수]足泳水上선헤엄칠、수又발헤엄칠、수(尤) **汖** 패[패]梟皮分割삼

젤、패(卦) **氵刃** 인[인]濕相付着젖어맞붙을、인(軫) **汐** 씨[석]夕潮저녁조수、석又썰물、석(陌) **汑** 튀[탁]滑也미끄러질、탁(藥) **四** **沖** 츙[충]和

也화할、츙深也깊을、츙虛也빌、츙動搖흔들릴、츙上飛위로나를、츙幼小어릴、츙垂貌丨丨늘어질、츙鑿冰聲丨丨얼음끄는소리、츙(東) **沚** 즈[지]小渚모래톱、지(紙)洔同

沂 이[기]魯南水名물이름、기靑州山名산이름、기(微) **沍** 후[호]凍也얼、호閉塞막힐、호(遇)涸通 **汭** 쉐[예]水曲물굽이、예水內嫣丨물속、예(雝州水名)(霽)

沛 페[패]行貌丨丨행하는모양、패雨盛貌丨然비쏟아질、패裕餘貌丨乎넉넉할、패偃仆顚丨자빠질、패容倭貌丨艾점잔을、패(泗水縣名)(泰)霈伂通 **汰** 태[태]滑也미끄러

질、태洗也淘丨씻길、태又밀릴、태(泰) **沕** 미[매]潛藏잠길、매(隊)[물]義同深微貌깊고작을、물(物) **汾** 쁜[분]水轉貌溫丨물굽이쳐흐를、분(太原水名)(文) **沄** 윈

[운]轉流굴러흐를、운沸貌沄丨끓을、운(文) **汶** 원[문]玷辱丨丨더럽힐、문又욕될、문(元)(瑯琊水名)(問) **沅** 웬[원]水名물이름、원(元) **沌** 툰[돈]不明貌混丨

어둘、돈元氣未判혼탁할、돈又흐릴、돈塞也不通막힐、돈(阮) **汳** 뺜[판]陳留水名물이름、판(願)汴通[변]義同(霰) **沜** 판[반]水涯물가언덕、반(翰)泮通 **㳄** 涎本字

沔 멘[면]流滿흘러가득할、면(銑) **汴** 뻔[변]陳留水名물이름、변(霰)汳通 **沙** 싸[사]疏土모래、사(石碎極細)(麻)砂通 **汸** 팡[방]大雨丨沱큰비、방併

船배서로연결할、방水名물이름、방(陽)滂同

汪。왕[왕]深廣ㅣㅣ깊고넓을、왕池也못、왕(鴈門縣名ㅣ陶)(漾)

沆.앙[항]大水滲ㅣ큰물、항水草廣大貌ㅣ茫진펴리、항水深廣貌ㅣ瀁물충충할、항北方露氣ㅣ瀣북방이슬기운、항(養)

沈.。천[침]沒也잠길、침采也綠ㅣ채색、침澤之無水못에물마를、침汁也진액、침(侵)沉同湛通[심]姓也성、심(寢)瀋通

沇옌[연]流貌ㅣㅣ물흐를、연(濟水別名)(銑)渷同

沁친[심]以物探水물적실、심又물속찾을、심(上黨水名)(沁)

沉沈俗字

沐.。무[목]治也다스릴、목濯髮머리감을、목浴也목욕할、목潤澤윤택할、목細雨溟ㅣ이슬비、목(屋)

汩위[율]水流물흐를、율疾行빨리걸을、율光明ㅣ越광명할、율鼓動貌拂ㅣ북울릴、율(質)

汨.。꾸[골]治也다스릴、골亂也어지러울、골水聲ㅣㅣ물소리、골浮沈ㅣ沒골몰할、골滃波ㅣ潏솟는물결、골通也통할、골(月)滑通[멱]長沙水名ㅣ羅물이름、멱(錫)

沃.우[옥]灌也물댈、옥潤也윤택할、옥又기름질、옥柔也부드러울、옥盛也ㅣ若무성할、옥土肥ㅣ壤토옥할、옥壯姣ㅣㅣ좋을、옥盥手ㅣ盥손씻을、옥(沃)

決.。쥐[결]斷也결단할、결行流물골터놓을、결絶也끊을、결破也깨질、결射具ㅣ拾활깍지、결(北方水名)(屑)決通

沒.。메[몰]沈也잠길、몰又빠질、몰盡也다할、몰過也지날、몰奪取乾ㅣ건몰로빼앗을、몰(月)歿通

沕沕俗字

沓타[답]重也거듭、답合也합할、답貪也탐할、답善語ㅣㅣ말잘할、답溢也넘칠、답(合)遝諸通

汲.。찌[급]引水於井물기를、급又물뜰、급引也당길、급不休ㅣㅣ부지런할、급又급할、급(緝)

汖流古字

汥。찌[지]水分流물나누여흐를、지(支)

汦.ㅊ[지]均一ㅣㅣ균일할、지又가지런할、지(支)

汵깐[감]水入船隙배틈으로물들、감水名물이름、감(勘)淦同

汱。촨[견]水落貌물떨어질、견伏水물샐、견[현]義同(銑)

汽.치[기]湯水蒸氣물끓는김、기(未)[흘]幾也거의、흘(物)

沞짜[잡]纔濕溍ㅣ겨우젖을、잡(合)

沘.。애[비]水名물이름、비(紙)

汯팽[굉]迅流ㅣㅣ물빨리흐를、굉水回泓ㅣ물굽이쳐돌아나갈、굉(庚)

汻운[오]水涯물가、오(麌)

㳂 沿俗字 **浖** 솨〔서〕溝渠개천、서又도랑、서(語) **沑** 우〔유〕瀸也젖을、유潤也윤택할、유(有)

五

泛 앤〔핍〕水聲물소리、핍(洽)〔범〕浮也뜰、범(陷)汎同〔봉〕覆也덮을、봉又엎을、봉(腫)覂通 **泜** 찌〔지〕臨城水名물이름、지(支)〔지〕南陽水名(紙)滍同〔저〕常山水名(霽) **治** 찌〔치〕理也다스릴、치又가릴、치攻也다듬을、치(支)理效다스림、치校也비교할、치州郡所駐고을、치(寘) **泚** ᄎᆞ〔자〕水清물맑을、자鮮明고울、자(紙)〔체〕汗出貌땀축축히날、체(薺) **泗** ᄊᆞ〔사〕肺液콧물、사(濟陰水名)(寘) **泌** 삐〔필〕水狹流물좁게흐를、필(質)〔비〕泉水涓流貌샘물졸졸흐를、비(寘) **沸** 뼤〔비〕涫也鼎ㅣ끓을、비(未)〔불〕泉湧渾ㅣ샘솟을、불(物) **沮** 쮜〔저〕漸濕ㅣ洳축축할、저(御)止也그칠、저拒也막을、저恐怖공포할、저(扶桑水名)(魚)壞也무너질、저漏也샐、저(語) **泭** 뿌〔부〕小筏적은떼、부水泡물거품、부(虞)桴通 **沽** 꾸〔고〕買也살、고(虞)賣也팔、고(漁陽水名)(語) **注** 쮸〔주〕灌漑물댈、주水流射물쏟칠、주嚮心ㅣ意주의할、주記也ㅣ文물건주문할、주措置ㅣ措조처할、주釋經典주낼、주(遇)註通 **泥** 늬〔니〕滯也막힐、이(霽)埿通、水和土수렁、이又진흙、이(書曰紫ㅣ、糊窓曰ㅣ窓、大醉曰ㅣ醉)塗也흙바를、이露濡ㅣㅣ이슬에젖을、이柔澤야드를할、이(薺)[illegible]通 **泲** 찌〔제〕沇水東流爲濟물이름、제(薺)濟同 **沴** 리〔려〕害也해로울、여妖氣요기、여水渚물가、여水不利물마스순치못할、여(霽) **泄** 쎼〔설〕漏也샐、설發越발설할、설瀉病똥질할、설(屑)〔예〕散也흩을、예出也怠緩ㅣㅣ내칠、예(霽)洩同 **沬** 메〔매〕微昧之明희미할、매畫星낮별、매(泰)洗面낮씻을、매(衛邑之名)(隊)靧通 **沫** 머〔말〕涎也침、말又춤、말泡也湯華끓는물거품、말汗也땀、말(水名)(曷) **泰** 태〔태〕大也클、태通也통할、태寬也너그러울、태安也편안할、태侈也사치할、태甚也심할、태(山名卦名)(泰)太通 **泯** 민〔민〕滅也민멸할、민沒也빠질、민昏也어둘、민盡也다할、민水貌ㅣㅣ물모양、민(軫) **泮** 판〔반〕半水諸侯學宮반궁、반冰解얼음풀릴、반(翰)頖同、沜泮通 **泉** 촨〔천〕水源샘、천(涌出曰濫ㅣ、縣

出曰沃丨、反出曰氿丨)瀑布立丨폭포수、천錢也貨丨돈、천劒也龍丨칼이름、천(先)

沺 뎬[전]水無際廣大물가없을、전(先)

沿 옌[연]從流而下물따라내려갈、연循也좇을、연(先)

泫 쏀[현]水深囦丨물깊을、현(先)渧流눈물흘릴、현露光이슬번드를할、현(銑)

沼 짷[소]曲池굽은못、소(篠)

泡 팦[포]水上浮漚물거품、포(肴)

河 허[하]四瀆之一물、하(天漢曰銀丨、酒器名銀丨)(歌)

波 빠[파]浪也물결、파(大丨爲瀾小丨爲淪直丨爲徑)潤也물젖을、파月光金丨달빛、파目光눈광채、파(書名偃丨)(歌)

沱 뚸[타]大雨滂丨큰비、타池也못、타水別流물갈래져흐를、타河名滹丨물이름、타(歌)

泱 앙[앙]水深廣물충충할、앙水聲宏大물소리우렁찰、앙(陽)廣大貌丨漭물질펀할、앙漂疾泱丨물결빨리갈、앙(養)

泓 훙[홍]水深물깊을、홍清也물맑을、홍(庚)

泠 링[령]涼意서늘할、영泉聲丨샘소리、영(丹陽水名)(青)

泂 찡[형]寒也찰、형遠也멀、형深廣깊고넓을、형(迥)迥通

泳 융[영]潛行水中헤엄칠、영又자맥질할、영又풍감질할、영又잠행할、영(敬)

油 위[유]膏也기름、유雲盛丨然구름필、유和謹丨丨공손할、유(武陵水名)(尤)

泅 쑤[수]浮行水上헤엄칠、수(尤)

泔 깐[감]米汁쌀뜨물、감(覃)

沾 잔[첨]漬也적실、첨濡也젖을、첨輕薄丨丨경박할、첨(鹽)[접]自喜丨丨스스로기뻐할、접(葉)霑通

沭 쒸[술]東莞水名물이름、술(質)

泝 쑤[소]逆流上丨洄물거스를、소順流下丨游물내리흐를、소(遇)溯遡同

泬 쎠[혈]空虛丨寥휑할、혈又빌、혈水從穴出샘솟을、혈(屑)

泊 빠[박]休宿쉴、박舟着埠頭배머무를、박止也그칠、박恬靜澹丨담박할 박又맑쏙할、박流寓漂丨표박할、박(藥)

泐 리[륵]石解散돌결일어날、늑(職)

泣 치[읍]無聲出涕소리없이울、읍沸聲丨丨끓는소리、읍(緝)

法 빠[법]憲章制度법、법(禮文刑律民丨、刑丨、商丨、司丨)效則본받을、법常也떳떳할、법象也형상、법(洽)

泗 쓰[시]縣名丨鄉고을이름、시(寘)

泎 쩌[색]水落地聲瀺丨물떨어지는소리、색(陌)

泪 同淚

泏 츄[줄]水湧貌물솟을、출

(質)

泧 빠 [발] 灌漑물댈、발 寒也찰、발(月)

㳌 야 [압] 低濕ㅣ插낫어合할、又 압 축축할、압(洽)

洇 닉 [닙] 淹濕狀浥ㅣ 축축할、닙(緝)

㳇 부 [포] 地名ㅣ州 땅이름、포(遇)

汴 뻔 [변] 導水使平물고르게할、변(霰)

汻 휘 [휘] 水波之紋물결무늬질、휘(未)

泍 뿐 [분] 泉湧貌샘솟을、분(吻)

泑 우 [유] 水黑色물검은빛、우(山名ㅣ山)(有)

盥 관 [관] 洗手器손씻는그릇、관(翰)

況 광 [황] 矧也하물며、황 況同、寒水찬물、황(琴名修ㅣ)(漾) [항] 俗

泆 이 [일] 淫蕩음탕할、일 溢出넘어나올、일(質)

沰 뛰 [탁] 使落떨어트릴、탁 投石돌던질、탁 水滴물방울떨어질、탁(藥)

泾 괘 [괘] 水勢물형세、괘(卦)

㳚 웨 [월] 大水큰물 ∶ 월 漲溢넘칠 ∶ 월(月)

沲 타 [태] 水流물흐를、타(哿)

泲 쪄 [제] 澄也맑을、저(語)

泙 핑 [평] 水聲물소리、평(庚)

(六)

洚 쟝 [홍] 水不導道물넘을、홍(東) 洪通 無水涯ㅣ洞물가없을、홍(送) [강] 水逆流물거슬려흐를、강(河內水名)(絳)

洞 룽 [동] 明也通達밝고통달할、동 [동] 幽壑골、동 疾流빨리흐를、동 深也깊을、동 空也빌、동(送) 孝敬ㅣㅣ공경할、동 相連鴻ㅣㅣ서로연할、동(董)

洟 이 [이] 鼻液콧물、이(澤名溫ㅣ)(支)

洪 홍 [홍] 大也클、홍 又넓을、홍 洚水큰물、홍 姓也성、홍(東) 洚通

洶 쓩 [흉] 水勢ㅣㅣ물결흉할、흉(冬) 水聲ㅣ涌물소리、흉(腫)

洢 이 [이] 河南水名물이름、이(支)

洏 얼 [이] 涕流連ㅣ눈물흘릴、이 湯水끓는물、이(支)

洧 웨 [유] 潁川水名溱ㅣ물이름、유(紙)

洔 즈 [지] 小渚작은모래톱、지(紙) 沚同

洎 지 [계] 及也미칠、계 潤也윤택할、계 灌釜가마부실、계 肉汁고기집벌、계(寘) 曁漑通

洳 수 [여] 漸濕沮ㅣ축축할、여(魚)(御)

洙 쥬 [주] 水涯물가、수(泰山水名ㅣ泗)(虞)

洿 우 [오] 濁水不流흐린물괴일、오 窊下地웅덩이、오(虞) 汚汙同

洣 미 [미] 波也물결、미 江州水名물이름、미(薺)

洗 씨 [세] 滌也씻을、세 承水器물받는그릇、세(薺) 洒通 [선] 潔也정결할、선 又조촐할、선(律名姑ㅣ)(銑)

洩 쎄 [설] 漏也샐、설 發越발설할、설 歇也쉴、설(屑) 泄同 [예] 飛翔貌나르는모

양、예怠緩ㅣㅣ게으르고느릴、예(胥)

洒 싸〔선〕肅貌ㅣ然조심할、선水深물깊을、선(銑)寒慄ㅣㅣ떨、선(霰)〔최〕高峻높을、최(賄)〔쇄〕滌也ㅣ掃씻을、쇄(卦)灑同〔세〕洗也씻을、세雪也설치할、세(霽)洗同〔사〕汛也ㅣ落물뿌릴、사(馬)〔새〕汛也뿌릴、새(蟹)

洼 와〔와〕曲也굽을、와(麻)〔왜〕義同陜西水名渥ㅣ물이름、왜(佳)

洄 훼〔회〕逆流溯ㅣ물거슬러흐를、회(灰)

派 패〔패〕俗音〔파〕分流물나눠흐를 파分出나눠나갈、파(卦)

泽 채〔채〕水浦개、채又나루、채(卦)

津 진〔진〕水渡處나루、진液也진액、진又침、진溢也ㅣㅣ넘칠、진(眞)

洵 쓘〔순〕信也믿을、순渦中水웅덩이물、순無聲出涕소리없이눈물흘릴、순(眞)〔현〕遠也멀、현(霰)

洹 웬〔원〕流也흐를、원(上黨水名)(元)

洊 젠〔전〕再至거듭올、전(霰)荐同

洮 탿〔조〕洗手손씻을、조洗濯ㅣ汰빨래할、조(隴西水名黃河支流)(豪)

洸 꽝〔광〕水涌물솟을、광怒也성낼、광武勇ㅣㅣ위엄스러울、광(陽)

洋 양〔양〕大海큰바다、양又물、양(太平ㅣ、大西ㅣ、南氷ㅣ、北氷ㅣ、印度ㅣ、是爲五ㅣ)水盛貌ㅣㅣ물부를、양瀷也물결칠、양(陽)

洲 주〔주〕洋中有陸섬、주(亞細亞ㅣ、歐羅巴ㅣ、亞弗利加ㅣ、濠太地利亞ㅣ、北亞美利加ㅣ、南亞美利加ㅣ、是爲六ㅣ、人畜可居)(尤)

洺 밍〔명〕易陽水名물이름、명(庚)

消 涓俗字

洑 뽁〔복〕伏流스며흐를、복(屋)澓同〔韓〕引水漑田보막을、복

活 훨〔활〕生也살、활〔괄〕水聲ㅣㅣ물괄괄흐를、괄(曷)

洌 례〔렬〕清也맑을、렬寒也찰、렬(韓國水名)(屑)

洛 러〔락〕都也ㅣ陽서울、낙弘農水名ㅣ水낙수、낙(藥)維通

洫 쓕〔혁〕田間水溝밭도랑、혁濫也넘칠、혁(職)減通

洽 허〔흡〕和也화할、흡合也합할、흡霑濡젖을、흡(洽)

涑 쓱〔색〕小雨零落가는빗방울뚝뚝떨어질、색(陌)

洃 회〔회〕洩粉반죽할、회(灰)

洘 칸〔고〕水涸물마를、고(皓)

洨 쟈〔효〕水流合물흘러합할、효(冀州水名)(肴)

浀 취〔곡〕水名ㅣ池물이름、곡(沃)

洀 쓔〔주〕水文물노리칠、주(尤)〔반〕(판)曲也ㅣ屈서릴반(寒)盤同

洦 메〔맥〕淺水얕은물、맥(陌)

流 츙〔츙〕山下泉산밑샘、츙水聲ㅣ淙물소리、츙(東)

洇 젼〔견〕寶也구

멍、건(阮) **汧**。견 [견]澤也못、견(扶風水名)(先) **洱** 이 [이]弘農熊耳山水名물이름、이(紙) **洝** 안 [안]湯也끓는물、안(翰)[알]鼻曲不平穿ㅣ구슬풀、알(曷) **洆**。청 [승]沒也潛ㅣ빠질、승又잠길、승(蒸) **洍**。쓰 [사]水別復入물모여들、사江水강물、사(紙)汜同 **沖** 충 [충]水遠물멀、충(東) **泆** 이 [일]水岸물가언덕、일(質) **渢** 쏘 [속]降雨비올、속(沃) **洡** 래 [래]染色물들、내(隊) **洁**。지 [길]良水맛좋은물、길(質) **洢** 이 [의]水清물맑을、의(微) **洇** 인 [인]細波가는파도、인(震) **洠** 뭐 [모]水岸물가언덕、모(尤) **㳊** 싹 [휴]水沉退減물들었다빠질、휴(尤)

七

浵 룽 [동]水深汪ㅣ물깊을、동(冬) **浲**。뿡 [봉]單孤山出水名물이름、봉(冬)逢同 **涌**。湧同 **浽** 쇄 [수]小雨ㅣ微작은비、수濁也물흐릴、수(支) **涘**。쓰 [사]水涯물가、사(紙) **涖** 리 [리]水聲ㅣㅣ물소리、이(寘)莅通 **涂** 투 [도]溝道도랑、도(虞)[차]沮洳축축할、차塗飾맥질할、차(麻)搽通 **浯** 우 [오]琅邪水名물이름、오零陵溪名내이름、오(虞) **浦**。프 [포]水濱물가、포又개、포(虞) **涕** 티 [체]淚也눈물、체(薺)(霽) **浿** 패 [패]水涯물가、패(韓國水名)(泰)(卦) **海**。해 [해]天池바다、해(百川之朝宗)(賄) **浼** 멘 [매]汚也더러울、매水平貌ㅣㅣ물평평할、매(賄) **浚** 쭌 [준]取也취할、준深也깊을、준堀也팔、준淘也일、준(衛邑名)(震)濬通 **涒**。쥔 [군]水流曲折ㅣ瀄물굽이쳐흐를、군食而復吐먹고다시토할、군(願) **浣**。환 [완]洗衣옷빨、완(旱)澣同 **涆** 깐 [간]水流ㅣㅣ물흐를、간涸也물마를、간(翰) **涎**。옌 [연]口液침、연(先)光貌ㅣㅣ빛날、연相連迆ㅣ서로연할、연(霰)次漾同 **漩** 쒼 [선]回泉도래샘、선(元)(霰)漩同 **㳿** 짱 [장]米甑蒸汽쌀찔、장(漾) **涓**。윈 [연]小流ㅣㅣ졸졸흐를、연滴也물방울、연擇也가릴、연(先)涓本字 **涊** 넨 [년]垢濁澳ㅣ때낄、연汨沒골몰할、연汗出땀날、연邪媚態간사히아첨할、연(銑) **涀**。젠 [견]小溝작은도랑、견(高陵水名)(霰) **涏**。덴 [전]俗音[정]光澤ㅣㅣ빛나고윤택할、정美也아름다울、정(霰) **涍** 쌰

[효]水涯물가、효(南郡水名)(肴)

消 쏘 [소]滅也사라질、소又꺼질、소瞰也ㅣㅣ새질、소盡也다할、소釋也풀릴、소(蕭)銷通

浪 랑 [랑]流貌ㅣㅣ물결、낭(荊山水名滄ㅣ、陽武地名博ㅣ、朝鮮郡名樂ㅣ)(陽)不精要孟ㅣ맹랑할、낭(養)波也물결、낭不敬謔ㅣ희롱지거리할、낭(漾)

浩 할 [호]廣大ㅣ然넓고클、호(皓)

浧 잉 [영]沈也잠길、영泥滓찌끼、영(梗)

涇 징 [경]通也통할、경(安定水名)(青)

浟 유 [유]水流ㅣㅣ물흐를、유(尤)滺同

流 류 [류]水行물흐를、유覃也번질、유求也구할、유放也귀양보낼、유布也퍼질、유類也九ㅣ무리유(儒家ㅣ、道家ㅣ、陰陽家ㅣ、法家ㅣ、墨家ㅣ、縱橫家ㅣ、雜家ㅣ、農家ㅣ、小說家ㅣ、分爲九ㅣ)(尤)

浮 뿌 [부]泛也뜰、부溢也넘칠、부順流순히흐를、부盛貌ㅣㅣ성할、부無定意ㅣ沉맨데없을、부又정치못할、부(尤)

涑 쑤 [속]洗布세탁할、속(沃)(河東水名)(屋)[수]濯垢때씻을、수(尤)盪口양치할、수(宥)漱通

涔 천 [잠]牛馬足跡浸水蹄ㅣ소와갈발자국에괴인물、잠漬也적실、잠雨貌ㅣㅣ비죽죽올、잠淚貌눈물、잠(侵)

浸 진 [침]漬也적실、침又잠길、침潤也윤택할、침漸也점점、침涵也젖을、침(沁)濅浸同湛濅通

浴 위 [욕]洗身몸씻을、욕又목욕할、욕(陰山水名)(沃)

浞 쫘 [착]濕潤젖을、착(人名寒ㅣ)(覺)

浡 빼 [발]興起ㅣ然우적일어날、발(海別名ㅣ海)(月)勃通

浙 져 [절]洗米쌀씻을、절(錢塘水名)(屑)淛通

浹 쟈 [협]徹也ㅣ洽협흡할、협又관철할、협徧也둘릴、협(自甲至癸ㅣ日、自子至亥ㅣ辰)(葉)

浥 이 [읍]潤濕厭ㅣ젖을、읍(緝)[엽]潤也윤택할、엽(葉)[압]水流下貌물아래로흐를、압(洽)

浛 한 [함]沈也잠길、함(覃)

涅 네 [녈]水中黑泥앙금흙、녈染黑검은물들일、녈鷄伏卵始化닭이알안을、녈(屑)

涉 쎄 [섭]渡水물건늘、섭徒行跋ㅣ걸을、섭經也ㅣ獵지날、섭(葉)

浘 위 [미]海浼ㅣ閭바다물날、미(尾)[매]泉底샘밑、매(賄)

淋 쓔 [숙]善也착할、숙清也맑을、숙(屋)淑同

浭 껑 [경]流也흐를、경(庚)

渺 싸 [사]開口始語말시작할、사(麻)

涗 쒜 [세]灰汁잿물、세微溫미지근할、세(霽)

浖 레 [렬]山上有

水산우에물있을、열(屑) **浜**・뼁 (평)安船溝배매두는갯고랑、퐁(庚) (빈)濱通(眞) **洍**。졔 (집)纔有水渠ㅣ물자질자질할、즙(葉) **浤** 형 (굉)海水騰湧바닷물용솟음할、굉(庚)

浢 뚜 (두)挾浦옆갯고랑、두(河北水名)(宥) **浻**。징 (형)水回旋貌ㅣ濴물빙빙돌、형(庚) **浺** 층 (중)水深廣貌ㅣ瀜물충충할、충(東) **浬**。리 (리)水路里數물잇수、이(現今各國通行海ㅣ米「미터」千八百五十二倍、邦度十六町五十八間餘)(支) **浝** 뺑 (방)大水큰물、방(江) **湍** 단 (단)高波높은물결、담(覃) **湓**・뿐 (분)水出물날、분(願)

洌 롄 (련)急流급히흐를、연(霰)

八

涳。쿵 (공)細雨ㅣ濛가는비、공 直流곧게흐를、공(東) **涷**・뚱 (동)暴雨소낙비、동(東)(送) **淞** 쑹 (숭)吳郡江名강이름、송(冬) **淙** 충 (종)水聲ㅣㅣ물소리、종(冬)(장)義同(江) **淇** 치 (기)河內水名물이름、기(支) **涯**。예 (애)水畔물가、애(佳)厓通(의)義同(支)(아)義同、窮盡意다할、아(麻)

淄 쯔 (치)黑色검을、치(梁父水名)(支) **淚**・레 (뤼)俗音(루)涕也눈물、누(泣時從目自出)(寘) **淤** 위 (어)泥也진흙、어澱滓해감、어(魚)(御) **涸**。허 (학)水渴물잦일、학(藥)(호)義同(遇)沍通 **凄**。처 (처)雲貌ㅣㅣ구름피여날 처寒風찬바람、처(齊) **淝** 쀄 (비)廬江水名강이름、비(微) **淛**。지 (제)江名강이름、제(齊)(절)義同汰米쌀일、절(屑)

淠 피 (비)舟行貌배떠날、비盛貌ㅣ성할、비(汝南水名)(霽) **淮**。홰 (회)揚州水名ㅣ水회수、회又물이름、회(佳) **淬** 취 (쉬)燒刃入水날담글、쉬染也물들일、쉬犯也범할、쉬(隊)焠同 **淳**。쥰 (순)純樸순박할、순清也맑을、순(眞) **淪** 룬 (륜)沈沒빠질、윤小波작은물결、윤(眞)(론)氣未分渾ㅣ기운순전할、논(元) **混**・훈 (혼)濁也ㅣ沌흐릴、혼又섞일、혼(阮)渾通(곤)西戎ㅣ夷서녘오랑캐、곤(元) **涴**・와 (완)水廻曲貌ㅣ演물굽이쳐돌、완泥著物진흙묻을、완(阮)(와)汚也더러울、와(箇)汙通 **淦**。깐 (감)水入船隙배틈으로물들、감(豫章水名)(勘)汵同 **淺**。쳰 (천)水不深물얕을、천少聞ㅣ識고로할、천又들은것없을、천(銑) **淀** 뎬 (전)俗音(정)如淵淺泉옅은샘、정船

泊배댈、정(霰) **涫**。판 [관] 沸也끓을、관(寒)(輪) **淟** 텬 [전] 垢濁ㅣ涊 때낄、전(銑) **淼**• 묘 [묘] 大水ㅣ茫 큰물、묘(篠) **淆** 쑈 [효] 亂也요란할、효水濁混ㅣ물흐릴、효雜也잡될、효(肴)殽通

淖 뇨 [뇨] 泥也진흙、뇨(效) **涹** 워 [와] 汚穢涹ㅣ더러울、와漚也물에불릴、와(歌) **涶** 唾同 **涼**。량 [량] 微冷서늘할、양薄也엷을、양(陽)涼通佐也도울、양信也믿을、양(漾)諒通

清• 칭 [청] 淨也맑을、청潔也정결할、청靜也고요할、청廉直청렴할、청(目上眉下曰ㅣ揚)(庚) **淨** 찡 [정] 清也無垢정결할、정又맑을、정(敬)瀞同 **洴** 핑 [병] 洗濯ㅣ澼빨래할、병(靑) **涬**• 씽 [행] 自然氣溟ㅣ천연스러울、행(迥) **淩**。령 [릉] 馳也달릴、능歷也지날、능慄也떨、능(臨淮水名)(蒸)棱通

淜 평 [빙] 徒涉걸어물건늘、빙馮通水聲ㅣ滂물소리、빙(蒸) **涪** 뿌 [부] 水泡물거품、부(廣漢水名)(尤) **淫**• 인 [음] 亂也奸ㅣ음란할、음又간음할、음過也과할、음溢也넘칠、음貪也탐할、음甚也심할、음漬也浸ㅣ적실、음久也滯ㅣ오랠、음(侵)婬通 **淋**• 림 [림] 注也물댈、임水滴ㅣ漓물뚝뚝떨어질、임渥貌ㅣㅣ질퍽질퍽할、임(侵)

深。썬 [심] 淺之對깊을、심藏也감출、심遠也멀、심淺ㅣ測量천심재어볼、심(沁)湥俗字 **淰** 썸 [심] 濁也흐릴、심(寢) [섬] 魚驚躍貌고기놀랄、섬(琰) **涵** 한 [함] 濡也ㅣ泳젖을、함沈也잠길、함(覃)涵同 **淡**• 땀 [담] 水貌ㅣㅣ물맑을、담(覃)澹通薄味싱거울、담(感)濃之對맑을、담(勘) **淵**。완 [연] 池也못、연深也깊을、연鼓聲ㅣㅣ북소리둥둥할、연江中沙地모래둔、연(先)

添• 텸 [첨] 益也加付더할、첨(鹽) **淹** 엠 [엄] 漬也담글、엄久留오래머무를、엄(扶餘國水名ㅣ滤)(鹽)沒也빠질、엄水涯물가、엄(豔) **淑**。쓕 [숙] 善也착할、숙清也맑을、숙和也화할、숙(屋)淑同、婌通 **淥**• 루 [록] 水清물맑을、녹(沃)滲也샐、녹(湘東水名)(屋)漉通 **涿** 쮜 [탁] 擊也칠、탁水滴流下물방울떨어질、탁(上谷郡名ㅣ鹿)(覺)

淈 꾸 [굴] 濁也흐릴、굴決流汩ㅣ물콸콸흐를、굴 [홀] 治也다스릴、홀(月) **液**。이 [액] 汁也津ㅣ진액、액又집、액潤也부를、액解散헤칠、액(陌)

淅 씨 [석]汰米쌀일、석 雨聲ㅣ瀝빗소리、석(錫)

淢° 위 [역]疾流빨리흐를、역 [혁]悲愴惻ㅣ슬퍼울、혁 城溝성도랑、혁 又해자、혁(職) 洫通

㳠 타 [답]沸溢끓어넘을、답 水波ㅣ漇물결출렁거릴、답(合)

涮 쏸 [산]俗音 [쇄]洗也씻을、쇄(諫) [찰]水名물이름、찰(黠)

淘• 탇 [도]淅米쌀일、도 水流ㅣㅣ물흐를、도(豪)

淈° 후 [홀]極潔극히정결할、홀 大清극히맑을、홀 黑青色검푸른빛、홀(月)

淊° 한 [함]泥水ㅣㅣ진흙물、함(感)

淔• °지 [칙]草名풀이름、칙 水名물이름、칙(職)

[illegible]° °져 [책]俗音 [석]隁也방축、석(陌)

溙• 쎄 [설]漏也샐、설 治井우물칠、설(屑) 渫同

[illegible] 팦 [포]漬也담글、포 又적실、포 清也맑을、포(肴)

湤 퉈 [타]砂隨水流遺ㅣ모래물에흘려내릴、타(哿) 漇同

[illegible] 깐 [감]或然혹그러할、감(覃) 歁同

[illegible] 漇同

淴 워 [올]水聲물소리、올(月)

涽• 훈 [혼]濁水ㅣㅣ흐린물、혼(願)

[illegible]° 좐 [권]水廻旋貌물돌아흐를、권(霰)

淍 °적 [주]水匝물둘릴、주(尤)

淣 이 [예]水際물가、예(齊)

淁 °제 [접]纔有水ㅣ洷물자질할、접(葉)

淯• °우 [육]水增물부를、육(縣名ㅣ陽)(屋)

〈淏〉 한 [호]清也맑을、호(皓)

洟 이 [이]口液침、이(或音역)(錫)

[illegible] 인 [은]滓也찌끼、은(震)

淂° 더 [득]水貌물모양、득(職)

[illegible]• 망 [망]大水큰물、망(養)

淧 삐 [필]水溢물넘을、필(質)

淗• °쥐 [국]水文물결어룽거릴、국(屋)

[illegible] 꿍 [궁]急流빨리흐를、궁(送)

[illegible] 단 [담]險波험한파도、담(勘)

淒° 쳬 [첩]湧出물솟을、첩(緝)

九

渢 뿡 [풍]水聲ㅣㅣ물소리、풍(東) [범]汎貌뭉둥뜰、범(感)

渱 훙 [홍]水沸湧潰ㅣ물끓어솟을、홍(東)

湩° 뚱 [동]乳汁젖、동 鼓聲북소리、동(腫)(送)

湧• 涌俗字

港° °쟝 [항]水分流물갈려져흐를、항 水中航路배다니는길、항(講) [華]海口貿易場항구、항

湄 메 [미]水草之交물가、미(支)

渼 메 [미]波紋물결무늬、미(長安水名ㅣ陂)(紙)

渳 미 [미]水平貌물질편할、미 浴尸송장목욕시킬、미(紙)

湋 웨 [위]水回轉물돌아갈、위(關中水名)(微)

渭• °웨 [위]心不安貌沸ㅣ속끓일、위(隴西水名

ㅣ水)(未)

渠 쥐 [거] 溝也도랑、거又개천、거深廣ㅣㅣ깊고넓을、거笑貌軒ㅣ껄껄웃을、거大也클、거指稱他人ㅣ儂저이、거(魚)

湑 쒸 [서] 露貌ㅣㅣ이슬맺을、서漉也걸를、서(魚)醑通

渚 쥬 [저] 小洲모래톱、저又물가、저水岐물갈래질、저(語)陼通

湖 후 [호] 大陂큰늪、호又물、호(圍陸大湛)(虞)

渝 위 [투] 俗音[유] 變也변할、유汚也더러울、유(虞)

渡 뚜 [도] 濟也通涉건늘、도讓與건네줄、도(遇)

[illegible] 泝古字

湝 졔 [개] 水盛ㅣㅣ물성할、개[해]寒也찰、해(佳)

湃 패 [배] 水聲澎ㅣ물소리、배(卦)

湮 인 [인] 沒也빠질、인塞也ㅣ鬱막힐、인落也떨어질、인(眞)

湣 민 [민] 諡也시호、민(齊ㅣ王諡號)(軫)[혼]未定滑ㅣ정치못할、혼(元)

湓 퓬 [분] 水溢물넘칠、분驟雨소나비、분(潯陽水名)(元)水湧물솟을、분水聲물소리、분(願)噀也물뿜을、분漬也적실、분(問)

渾 훈 [혼] 俗音[훈] 濁也ㅣ淪흐릴、훈(戎名吐谷ㅣ)(元)雜也ㅣ淆섞일、훈厚貌ㅣㅣ혼후할、훈(阮)混通

湌 손 [존] 飯也밥、손(元)飧通[천]俗音[찬] 饌也먹일、찬(寒)餐通

湲 웬 [원] 水聲潺ㅣ물소리、원(先)水流潺ㅣ물졸졸흐를、원(元)[환]義同(刪)

湍 퇀 [단] 急瀨激ㅣ급한여울、단(寒)

渙 환 [환] 流散흘러흩어질、환文貌ㅣ爛문채날、환水盛ㅣㅣ물부를、환解釋풀어질、환卦名괘이름、환(翰)

湔 쳔 [전] 洗也씻을、전(蜀郡水名)(先)

渷 연 [연] 濟水別名물이름、연(銑)沇同

湎 멘 [면] 溺酒沈ㅣ술에적실、면流移ㅣㅣ흘러갈、면(銑)[illegible]同

湅 렌 [련] 熟絲익힐실、연(霰)

[illegible] 멘 [면] 大水滇ㅣ큰물、면(霰)

渺 먀 [묘] 水長貌ㅣㅣ물질펀할、묘(篠)

湫 쯔 [조] 隘下웅덩이、초(篠)[추]懸瀑龍ㅣ꿈틀거려흐르는폭포、추涼意으스스할、추憂愁貌ㅣㅣ찌푸릴、추水池늪、추(尤)

渦 워 [와] 旋流물돌아흐를、와(歌)

渮 꺼 [가] 山陽水名물이름、가(歌)(哥)

渣 자 [사] 滓也찌끼、사(麻)

湘 썅 [상] 烹也삶을、상(零陵水名)(陽)

湟 황 [황] 冷水찬물、황溺也빠질、황(金城水名)(陽)

湯 탕 [상] 波動貌ㅣㅣ물결칠、상[탕]熱水물끓을、탕(商王號成ㅣ)(陽)熱沃튀할、탕(漾)

渻 씽

[성]減少물줄、성(梗) **渟** 딩[정]水止물괴일、정(靑) **游** 유[유]浮行헤엄칠、유順流遡ㅣ떠내려갈、유又순히흐를、유自適優ㅣ놀、유旗旓깃발、유(尤)斿遊通 **溲** 쑤[수]溺也오줌、수(小便)(尤)溲同水調粉麪반죽할、수(有) **湊** 착[주]水會물모일、주競進다퉈나갈、주(宥) **湛** 딴[담]樂之久也오래즐길、담(覃)妉通[침]沒也빠질、침(侵)沈通、漬也젖을、침(沁)浸通[잠]露貌ㅣㅣ이슬、잠澄也맑을、잠沒也빠질、잠安也편안할、잠(豏)姓也성、잠(陷) **湳** 난[남]西河水名물이름、남(感) **渰** 옌[엄]雲起貌구름피여오를、엄(琰) **減** 졘[감]損也除去감할、감(豏) **渥** 우[악]霑濡젖을、악潤澤윤택할、악(覺) **渤** 빠[발]霧濃滃ㅣ안개자욱할、발(海名ㅣ海)(月) **渴** 커[갈]欲飮목마를、갈急也급할、갈(曷)[걸]水涸물잦일、걸(屑) **渫** 쎄[설]漏也샐、설治井우물칠、설(屑)渫同[접]波貌浹ㅣ물결칠、접(葉) **渹** 훠[획]波激聲㶁ㅣ물결부딪치는소리、획又파도소리、획(陌) **湨** 지[격]波激물결칠、격(河內水名)(錫) **測** 처[측]度也측량할、측又잴、측深也깊을、측清也맑을、측刃利ㅣㅣ날카로울、측(或音칙)(職) **湢** 삐[벽]水涌ㅣ㳇물솟을、벽浴室목욕간、벽(職) **湜** 씨[식]水清ㅣㅣ물맑을、식持正貌엄숙할、식(職) **湆** 치[읍]濕也축축할、읍(緝)胠通 **湒** 치[즙]雨下비올、즙沸湧물끓어솟을、즙(或音집)(緝) **湁** 리[립]泉出ㅣ潗샘날、입(緝) **氿** 꿰[궤]涸也물마를、궤(紙)厬同 **湀** 꿰[규]泉出샘날、규(紙) **渨** 웨[외]俗音[외]波涌ㅣ漚물결용솟음할、외沒也빠질、외水澳曲물굽이、외(灰) **渪** 수[유]霑也젖을、유滯也지체할、유(虞)濡同 **渲** 쒠[선]淋之물적실、선小水물지적지적할、선書畫ㅣ刷개칠할、선(霰) **湸** 찐[침]漬也적실、침潤也윤택할、침(沁)浸同 **渜** 놘[난]浴水餘汁목욕한물、난湯也더운물、난(翰) **湪** 渜同 **渽** 재[재]清也맑을、재(水名ㅣ水)(灰) **湇** 이[읍]俗音[읍]羹汁국물、읍(緝) **湦** 씽[생]人名終ㅣ사람의이름、생(庚) **湞** 정[정]水名물이름、정(庚) **渏** 커[가]船著沙

배가모래에붙을、가(箇) **湄** 모 [모]水漲물부를、모(號) **渞** 직 [추]水源물근원、추(尤) **渹** 횡 [횡]水石相激聲물과돌이마주치는소리、횡(庚) **渧** 드 [제]滴水드는물、제又물방울、제(霽) **⿰氵思** 쌔 [사]漉米쌀씻어건질、사(支) **⿰氵歃** 촨 [견]淖耕물가리할、견(銑) **⿰氵便** 뻰 [변]小便오줌、변(霰) **湴** 뻰 [픔]深泥수렁、픔(陷)

温 운 [온]暖也따슬、온又따뜻할、온燖也데울、온習也익힐、온和也화할、온柔也ㅣㅣ숙부드러울、온(元) 自勝ㅣ藉온자할、온(問) 溫同 **⿰氵扁** 偏同 **⿰氵參** 濟古字

⿰氵孥 노 [노]漬濕젖을、노(虞) **湭** 착 [추]酒汁술집별、추(尤) **渶** 잉 [영]水淸물맑을、영(庚) **湠** 탄 [탄]廣也넓을、탄(翰) **湙** 씨 [역]流也흐를、역(錫)

湸 량 [량]大水큰물、양(漾) **洦** 배 [백]淺水얕은물、백(陌) **⿰氵臿** 싸 [삽]濕也젖을、삽(合) **⿰氵齊** 제 [제]洗米水쌀뜨물、제(齊) **⿰氵粉** 뿌 [분]飛也나를、분(文)

湶 泉同

十

溶 융 [용]安流ㅣㅣ편편히흐를、용閒寂한적할、용消解녹을、용(冬) **滃** 웡 [옹]雲起구름일어날、옹(董) **滋** 쯔 [자]潤殖부를、자旨也ㅣ味맛、자蕃盛번성할、자多也많을、자益也더할、자浸也잠길、자液也진액、자(支) **滓** 쯔 [자]俗音[재]渣也찌끼、재又앙금、재(紙) **滍** 泜同 **溦** 웨 [미]小雨溦ㅣ이슬비、미(微)

滁 츄 [저]山東水名물이름、저(魚) **滏** 뿌 [부]沸也물끓을、부(磁州水名)(虞) **溥** 푸 [부]大也클、부廣也넓을、부(虞)普通[박]水名물이름、박(藥)

溪 씨 [계]谷間流水시내、계(齊) 谿嵠磎同 **溱** 천 [진]盛也ㅣㅣ성할、진衆也많을、진舒也펼、진至也이를、진(鄭水名)(眞) 臻通 **㴱** 深古字 **準** 쥰 [준]法規법、준平也평평할、준均也고를、준倣也비슷할、준樂器似瑟풍류、준(軫) 准通[절]鼻頭隆ㅣ콧마루、절(屑) 埻通 **湏** 瀕同 **溫** 温同 **源** 웬 [원]泉本근원、원(元)

溷 훈 [혼]厠也便所뒷간、혼濁也흐릴、혼穢也더러울、혼亂也어지러울、혼(願) 圂同 **滇** 뎬 [전]盛貌ㅣㅣ성할、전大水ㅣ汙물창일할、전(益州地名、西南夷名)(先) **漾** 얀

溔 요 大水浩ㅣ 큰물、요(篠)

潲 쵸 초 峻波높은 물결、초(嘯)

溺 뇨 요 溲也小便오줌、요(嘯) 尿同、溲通 익 沒也빠질、익(錫)

滔 도 도 水漫물넘칠을、도 流貌ㅣㅣ물질펀할、도(豪)

溞 쌒 소 淅米聲쌀이는소리、소(豪)

滈 학 호 久雨장마、호 水盛ㅣ汗 호(長安水名)(皓)

[氵+射] 쌔 사 瞻諸山水出ㅣ물、사(禡)

溠 차 자 豫州水名물이름、자(禡)

溳 원 운 波之相疊盡ㅣ물결서로부딪칠、운(軫)

滄 창 창 寒也서늘할、창(水名ㅣ浪)(陽)

滉 황 황 水之深廣ㅣ瀁물깊고넓을、황(養)

溏 당 당 池也연못、당 淖也진흙수렁、당(陽)

滎 숭 형 小溝실개천、형(河南水名郡名ㅣ陽)(青)

溟 밍 명 海也바다、명 小雨ㅣㅣ이슬비、명(青) 自然氣ㅣ涬천연스러울、명(迥)

滕 텅 등 水超涌물뛰어오를、등(魯附庸國名ㅣ)(蒸)

溝 꾸 구 水瀆개천、구 又도랑、구 田間水道ㅣ洫밭새물도랑、구(尤)

溲 溲俗字

溜 륙 류 水流下簷ㅣ처마물흘러내릴、유(宥) 霤通

[氵+朕] 젼 짐 流貌물졸졸흐를、짐(寢)

溵 인 은 水聲汩ㅣ물소리、은(潁川水名)(文)(吻) 濦濦同

溓 렌 렴 粘着붙을、염 漬也담글、염 薄冰살얼음、염(豔) 中絶小水중간끊인작은물、염(琰) 濂同

涵 涵本字

溽 슈 욕 濕熱무더울、욕 季夏ㅣ暑늦더위、욕 濃厚무르녹을、욕 又기름질、욕(沃)

溢 이 일 漲滿洋ㅣ넘칠、일 滿也찰、일(質)

溧 리 률 水涯물가、율(丹陽水名)(質)

滑 화 골 詼諧ㅣ稽회해할、골 治也다스릴、골 亂也어지러울、골(月) 汩通 활 澾也미끄러울、활 又미끄러질、활(黠)

滅 메 멸 自亡멸할、멸 火熄불꺼질、멸(屑)

滌 듸 척 先也씻을、척 除也제할、척 熏風ㅣㅣ더운바람、척 旱氣ㅣㅣ가무는기운、척(錫)

溼 濕本字

溘 커 합 奄忽문득、합 又잠간、합 至也이를、합(合)

溕 뭉 몽 微雨이슬비、몽(送)

溣 룬 론 水中曳船배끌、논(願)

溡 씌 시 雨水빗물、시(支)

溴 척 츄 水氣물기운、취(宥)

溻 타 탑 濕也젖을、탑(合)

溾 웨 외 汙濁ㅣ溰더러울、위(屋)

溭 져 즉 波如鱗ㅣ減물결이비늘같을、

四畫 水氵氺

즉(職) **溸** 漃俗字 **滂**。빵 [방] 大兩ㅣ沱비퍼붇、방渥也젖을、방(陽) 汸雱霶霶同 **溯**。쑤 [소] 逆流물거슬릴、소(遇) 泝遡溸遡同 **溿** 판 [반] 水涯물가、반(翰) **溍**

얀 [요] 深不測ㅣㅣ깊이모를、요(篠) **滊**。쎼 [혈] 鹽池소금못、혈(月) [기] 蒸氣김오를、기(未) **㵍** 싸 [합] 湍流ㅣ濈여울、합(合) **滒**。꺼 [가] 多汁즙많을、가又진흐를、

가淖也ㅣ溏수렁、가(歌) **滀**。츄 [축] 水聚물몯일、축(屋) **滐**。쩨 [걸] 水激回旋물이부딪고돌、걸(屑) **溎** 옌 [연] 大水貌물창일할、연(霰) [계] 水名물이름、계(霽)

漽。찌 [저] 研米槌방앗공이、저(齊) **㴬**。째 [착] 濕也젖을、착(藥) **溗** 씽 [승] 水不流물흐르지않을、승(蒸) **㵒** 삐 [비] 水聲물소리、비(寘) **㴲**。쓰 [사] 水

涯물가、사(支) **十一** **㵉** 짱 [장] 水深處立標물깊은곳에표세울、장(江) **漴** 츙 [충] 水聲ㅣㅣ물소리、충 雨急소낙비、충(東) **潀** 츙 [총] 水聚ㅣㅣ물몯일、총

(東) [송] 疾貌ㅣㅣ빠를、송(腫) **漦**。씨 [시] 涎沫침거품、시(支) **漓**。릐 [리] 流貌滲ㅣ질펀히흐를、이秋雨淋ㅣ가을비부슬부슬올、이(水名ㅣ水)(支) 灕同 **漵**。쒸 [서] 浦

也개、서又포구、서(語) 溆同 **漇** 쓰 [사] 流貌ㅣㅣ물흐를、사潤也흠치르르할、사(紙) **漬**。쯔 [지] 漚也거품、지浸潤也담글、지染也물들일、지獸死짐승죽을、지(寘) **漁**。

위 [어] 捕魚고기잡을、어侵取ㅣ奪낚어빼앗을、어(魚) **漪**。이 [의] 波文如錦비단결같은물결、의(支) **漊** 럭 [루] 下水溝돌창、누又도랑、누又개천、누(有) 小雨不絶ㅣㅣ비

지즘거릴、누(麌) (武陵水名)(虞) **滹**。후 [호] 信都水名ㅣ沱물이름、호(虞) **滬** 후 [호] 漁具통발、호(水名玄ㅣ)(麌) **滸** 후 [호] 俗音[허] 水涯물가、허(麌) **漨** 浲同

滯。찌 [체] 止也막힐、체積也쌓일、체凝也엉길、체淹也오래머물、체漏也샐、체(霽) **漼**。췌 [최] 霜雪積聚서리와눈쌓일、최(灰) 深也깊을、최鮮明선명할、최涕垂貌눈물

흘릴、최(賄) **溉**。깨 [개] 灌也물댈、개滌也씻을、개(隊) **漘** 츈 [순] 水厓물가、순(眞) **滾** 꾼 [곤] 流貌ㅣㅣ꿈틀거려흐를、곤湯水끓은물、곤(阮) **漶** 환 [환] 不

分漫ㅣ섞일、환(旱)(翰)

漧 乾古字

漫 만 [만] 廣遠無涯汗ㅣ아득할、만漫㵴물크러질、만分散爛ㅣ흩어질、만編布퍼질、만雲色ㅣㅣ구름빛、만(翰)水廣ㅣㅣ물질펀할、만(寒)曼通

滿 만 [만] 盈也찰、만又가득할、만(旱)

漙 퇀 [단] 露貌ㅣㅣ이슬맺을、단(寒)

漢 한 [한] 天河雲ㅣ은하수、한男子賤稱놈、한(賊ㅣ惡ㅣ常ㅣ)(嶓冢水名ㅣ水)(翰)

漼 찬 [산] 藍田水名물이름、산(潸)

漹 옌 [언] 西河水名물이름、언(先)

漣 렌 [련] 水紋ㅣ漪물문채、연漪流ㅣㅣ눈물흘릴、연(先)

漩 쉔 [선] 水之回ㅣ물돌、선(先)回泉도래샘、선(霰)旋同

潒 澆同

漂 퍄 [표] 浮流떠서흐를、표又뜰、표(蕭)水中洗絮빨래할、표高飛貌ㅣㅣ까맣게뜰、표又빤짝거릴、표(嘯)

漻 랴 [료] 淸深맑고깊을、요高遠貌寂ㅣ높고멀、요又아득할、요(蕭)漻同[류]水淸貌물맑을、유(有)瀏通

漕 챂 [조] 航船배질할、조水運轉ㅣ배로실어옮길、조(號)衛邑名고을이름、조(豪)

漳 장 [장] 南郡水名물이름、장(陽)

漿 쟝 [장] 酢也초、장米汁쌀뜨물 장飮液미음、장蔵草寒ㅣ풀、장蚌也含ㅣ조개、장(陽)

漭 망 [망] 大水ㅣ沆큰물、망曉色決ㅣ새벽빛、망(養)

漲 쟝 [창] 水滿물부를、창水溢시위날、창(漾)

漾 양 [양] 波動蕩ㅣ물결일、양(隴西水名)(漾)瀁通

澎 평 [붕] 水擊聲물결치는소리、붕(地名ㅣ口)(蒸)堋通

潁 잉 [영] 陽城水名ㅣ川물이름、영(梗)

滺 우 [유] 水流ㅣㅣ물철철흐를、유(尤)㴋同

滮 뺘 [퓨] 水流물흐를、퓨(尤)

漚 어 [우] 水泡물거품、구(尤)久漬오래불릴、구(宥)

滫 쓔 [수] 久泔ㅣ瀡오랜뜨물、수(有)

漱 쑤 [수] 盪口양치할、수澣也빨래할、수(宥)涑嗽通

漏 루 [루] 泄也샐、누穿也뚫을、누遺失忘ㅣ잊을、누屋西北隅집서북모퉁이、누壺水知時玉ㅣ누수、누(宥)

滲 썬 [삼] 漉也스밀、삼羽生ㅣㅣ깃날、삼漏也샐、삼(侵)流貌ㅣ灕물스며흐를、삼(沁)

漸 쟨 [점] 稍也점점、점次也차차、점進也나갈、점(琰)浸入번질、점染也물들、점濕也젖을、점沒也빠질、점洽也흡족할、점(鹽)[참]高也높을、참(咸)嶄巉通

漉 루 [록] 濾也걸를、녹滲也스

밀、득(屋) 滌盞通

漆• 치 [칠]塗料樹汁옻、칠 (岐周水名)(質)榛通

滭 삐 [필]泉湧ㅣ沸샘끓어 솟을、필(質)觱通

漠。뫄 [막]廣大ㅣㅣ아득할、막清也맑을、막磧鹵 沙ㅣ사막、막恬靜 淡ㅣ고요할、막(藥)

滴。듸 [적]水點涓ㅣ물방울、적 瀝下스며내릴、적(錫)

漷 쿼 [곽]水名물이름、곽(藥)[획]義同(陌)

漐 찌 [칩]汗出ㅣ ㅣ땀날、칩(緝)

漯 타 [탑]東郡水名물 이름、탑(合)

漀。칭 [경]側器傾水그릇에물따를、경 側出泉옆으로나오는샘、경(迥)

漈• 찌 [제]水涯물 가、제(霽)

漮 캉 [강]空 也빌、강(陽)

滵 미 [밀]流貌물졸졸 흐를、밀(質)

演。옌 [연]長流줄창흐를、연通也통할、연潤 也윤택할、연廣也넓을、연(銑)衍通

滷 루 [로]苦也쓸、노(麌)鹵 通[華]鹽ㅣ 간수、노

漤 란 [람]鹽漬果소금에저린과실、남水滴下ㅣ如물방울、남(感)

漥。와 [와]牛蹄跡地溜水소발자 국에괴인물、와(麻)窊通

滫 쓘 [순]汗出ㅣ ㅣ땀날、순(眞)

浪 랑 [랑]溝渠涂ㅣ도랑、낭又개천、낭(漾)

滰。찡 [경]瀡也걸를、경(敬)[강] 乾黏말라붙을、강(養)

漃。지 [적]水淨ㅣ漻물맑 아정결할、적(錫)

漗• 쭝 [총]汲也물길 을、총(東)

漺 쐉 [상]淨也맑을、상 冷也찰、상(養)

⿰氵梵 빤 [반]浮也 뜰、반(諫)

潚 쑤 [숙]清潔조촐 할、숙(屋)

澯。찬 [찬]清白 말숙할、찬(翰)

漌 친 [근]清也맑 을、근(吻)

漼 涯 同

漟 탕 [당]谷也 골、당(陽)

漝 씁 [습]影也그림 자、습(緝)

⿰氵通• 퉁 [통]水聲물소 리、통(東)

十二

潼。퉁 [동]高波물결높을、동(廣漢水名)(東)

潨 충 [종]水會물모일、총(東)[종]義同(冬)

澒。홍 [홍]水銀수은、홍元氣未分濛ㅣ기운순 전할、홍相連ㅣ洞서로연할、홍(董)鴻 通

潙 웨 [위]益陽水名물이름、위 [귀](河東水名又姓也)(支)

澓 뿌 [복]伏流은혈로흐를、복(貯水引洩)(屋)洑同

澈• 처 [철]水澄물맑 을、철(屑)

潿。웨 [위]濁不流흐려서흐 르지못할、위(微)

澍 쭈 [주]時雨때맞춰오는비、주注流물쏟힐、주(遇)霔同

潞。루 [로]歸德水名물 이름、노(遇)

潰• 꿰 [궤]散也흩 어질、궤

壞也무너질、궤 亂也어지러울、궤 怒也성낼、궤(隊) **瀶** 린[린] 水清물맑을、인(交趾地名金ㅣ)(眞) 石間水돌샘、인(震) 鄰通 **潣** 민[민] 流貌물졸졸흘러내릴、민(軫) **潤**

순[윤] 滋也부를、윤 澤也윤택할、윤(震) **潘** 빤[번] 淅米水뜨물、번(元)[반] 義同 姓也성、반 水名물이름、반(寒) **潬** 딴[단] 水中沙堆모래톱、단(旱) **潺** 찬[잔] 水流貌

ㅣ湲물졸졸흐를、잔 静流ㅣㅣ물잔잔히흐를、잔 流涕貌눈물졸졸흘릴、잔(刪) **澗** 잰[간] 山夾水간수、간 又시내、간(諫) 磵礀𡾟同 **潸** 싼[산] 流涕貌눈물흘릴、산(刪)(潸)

潮 찬[조] 海濤呼吸조수、조 又밀물、조(太陽太陰引力關係海水進退早則ㅣ、晩則汐) 魚名望ㅣ끌뜨기、조(蕭) **潎** 페[별] 水潎ㅣ洌물다닥칠、별 魚游ㅣㅣ물고기오락가락할、

별(屑) **潑** 퓌[발] 散水澆ㅣ물뿌릴、발(曷) **澇** 랖[로] 大波큰물결、노(豪) 潦通 **滜** 깐[고] 岸也언덕、고 澤也늪、고 又못、고 緩也완완할、고 虎皮ㅣ比호피、고 頑貌ㅣ

ㅣ완만스러울、고 姓也성、고(豪) 皋同 **澔** 할[호] 采色映耀ㅣ汗채색빛날、호(皓) **濆** 뿐[분] 水涯물가、분(水名汝ㅣ)(文) **澎** 펑[팽] 水聲ㅣ濞물소리、팽(庚) **潦**

랖[로] 霖雨장마、노(號) 澇通、雨水빗물、노 路上流水行ㅣ길바닥에흐르는물、노(皓) **潢** 황[황] 天河銀ㅣ은하수、황 積水池방축、황 又물모인늪、황 星名별이름、황(陽) **潒**

썅[상] 水急貌潒ㅣ물쏟혀내릴、상 廣也넓을、상(養) **潠** 쑨[손] 含水噴물물어뿜을、손(願) **澄** 청[징] 清也맑을、징(蒸) 瀓同 **瀓** 澄同 **潯** 씬[심] 水涯물가、심(鄩

水名)(侵) **潭** 탄[담] 淵也水深연못、담 又소담、담(覃) **澉** 깐[감] 無味䊋ㅣ맛없을、감 洗滌澉ㅣ씻을、감(感) **潛** 첸[잠] 沈也잠길、잠 藏匿감출、잠 浮游떠다닐、

잠 又헤엄칠、잠 魚所息너겁、잠(鹽) 灊潛通潛同 **潜** 潛俗字 **澌** 쓰[시] 水盡물잦일、시(支) 散聲목쉰소리、시(齊) **澆** 쟌[요] 漑也물댈、요 薄也엷을、요(蕭) 澆同(人名

寒促子ㅣ)(嘯) **潏** 쥘[율] 水流泬ㅣ물이뭉글뭉글흐를、율[술] 大中小洲모래톱、술(質)[휼] 泉涌샘솟을、휼(杜陵水名)(屑) **濡** 수[유] 霑也젖을、유 滯也지체할、유(虞) 濡同

潔。졔 [결]清也맑을、결(屑) 挈通
潄 쉭 [색]細雨가는비、색小雨零貌 빗방울뚝뚝떨어질、색(陌)
潟 씨 [석]鹹土염밭、석又짠흙、석(潮汐出入之地)(陌)
潗。찝 [집]泉出湁ㅣ샘날、집水沸ㅣㅣ물끓을、집(緝)
澁 써 [삽]不滑깔깔할、삽石墻成文ㅣ浪돌담무늬、삽[십]酸苦떫을、십(緝)澀濇同澀俗字
潝。씨 [흡]水疾聲급한물소리、흡不善ㅣㅣ착하지못할、흡(緝)
潕。우 [무]水涸물마를、무(水名)(麌)
潚。쓔 [숙]深清깊고맑을、축疾也빠를、축[숙]姓也성、숙(屋)
濆 쀄 [비]泉湧샘솟을、비(未)[불]水溢貌ㅣ渭물철렁철렁할、불(物)
潳 두 [도]潤也부를、도(山名)(虞)
⿰氵筑 筑同
渢 홍 [홍]水風물바람불、홍(董)
澅。화 [홰]揚水물끌어올릴、홰(卦)
澐。원 [운]大波큰물결、운(文)
潐。쟈 [초]漉酒술걸를、초(嘯)
⿰氵最 나 [닙]影動그림자움직일、입(洽)
⿰氵婺 어 [우]罧也고기깃줄、우(冬月積草於水中以取潛魚)(宥)
潶 희 [흑]水濁물흐릴、흑(水名)(職)
漽 지 [저]研米槌방앗공이、저(齊)澼同
⿰氵詹。澹俗字
澋 징 [갱]水流旋回물돌아나갈、갱(梗)
澖 셴 [한]廣也無涯넓을、한(刪)澗同
澗。澖同
潓 씨 [혜]水波물결、혜(霽)
潱 이 [열]俗音[일]流也흐를、일(屑)
⿰氵戠 즤 [직]粘也차질、직(職)
潵 싼 [산]散水물뿌릴、산(翰)

(吉)

濃。눙 [농]淡之對걸쭉할、농又무르녹을、농厚也두터울、농(冬)
潍 쒸 [수]浚儀水名물이름、수(支)睢通
澬 쯔 [재]霖雨涔ㅣ장마、자(支)
澻 쒸 [수]田間ㅣ溝밭도랑、수通谷골속、수(寘)
澴 환 [환]波流轉貌漩ㅣ물결굼틀거려흐를、환(刪)
澧。리 [례]衡山水名물이름、예(武陵州名)(薺)
澨 씨 [서]水涯물가、서(水名三ㅣ)[예]義同(霽)
澺 이 [예]水貌溶ㅣ물노리칠、예(霽)
澥。쎄 [해]海之別名勃ㅣ바다이름、해(蟹)
澮。쾌 [회]井溝畎ㅣ봇도랑、회(泰)[괘]義同(卦)[활]兩水合流두물이합쳐흐를、활(黠)
⿰氵蘂 이 [예]蒸葱찐파、예(霽)
濊。훼 [회]深廣汪ㅣ깊고넓을、회(泰)[예]水多물많을、예(隊)[활]礙流ㅣㅣ거쳐서흐를、활(曷)獩通
濾。쮜

[거]乾也마를、거(御)[子]曝也말릴、子(麌)

澠 썽 [면]縣名ㅣ池고을이름、면(銑)黽通[면]義同(軫)[승](臨淄水名)(蒸)

澦 위 [여]瞿塘水名灩ㅣ물이름、여(御)滪同

澳 오 [오]深也깊을、오水隈물굽이、오(號)[욱]義同(屋)隩同、墺通

澣 浣同

澱 뎐 [전]滓垽찌끼전又앙금、전(霰)

澡 조 [조]洗也씻을、조(皓)

濄 궈 [과]淮陽水名물이름、과(歌)

澪 령 [령]海中航路배다니는길、영水落물떨어질、영(靑)

濂 렴 [렴]輕薄경박할、염(道州谿名)(鹽)

澹 단 [담]複姓ㅣ臺두자성、담(覃)水貌ㅣ淡물맑을、담(感)恬靜ㅣ泊담박할、담凝也엉길、담(勘)澹同淡通

澶 찬 [전]波靜물결고요할、전(衛地名ㅣ淵)(先)

澩 햑 [학]涸泉마른샘、학夏有水冬無水여름에만샘날、학(覺)

潝 늬 [읍]沸聲끓는소리、읍水紋물결무늬、읍(緝)

⿰氵慼 척 [수]憂愁貌근심할、수又쳐푸릴、수(尤)

澤 재 [택]沼也늪、택又못、택潤也윤택할、택恩也은혜、택洗也씻을、택(陌)[탁](星名格ㅣ)(藥)

激 지 [격]急烈급할、격衝突다닥칠、격興奮흥분할、격疾波빠른물결、격(錫)

滜 취 [최]新水새로난물、최(賄)

濈 치 [즙]和也화할、즙疾貌ㅣ然빠를、즙角貌ㅣㅣ뿔갈을、즙(或音집)(緝)

⿰氵董 뚱 [동]物落水聲물에떨어지는소리、동又풍덩하는소리、동(董)

⿰氵葛 꺼 [갈]波勢漻ㅣ물결、갈(曷)

澞 위 유[오]陵夾水언덕사이물、우(虞)

湝 이 [예]燒松取汁송진낼、예(霽)

灘 灘同

濋 츄 [초]大水溢出큰물넘쳐흐를、초(語)

⿰黑沓 타 [답]積厚두틈할답無賢愚之別ㅣㅣ분별모르기、답(合)

潽 부 [보]水廣貌물넓을、보(麌)

⿰氵盝 루 [록]瀝也걸를、녹竭也다할、녹(屋)盝同漉通

濅 진 [침]漸也점점、침大瀦큰못、침(沁)浸通

澯 찬 [찬]淸也맑을、찬水貌ㅣ瀾물출렁거릴、찬(翰)

澼 피 [벽]漂帛洴ㅣ빨래할、벽(錫)[피]腹臍間水창자사이물、피(寘)

澟 린 [름]淒淸차고맑을、늠(寑)

濇 써 [색]不滑깔깔할、색(職)

澰 렴 [렴]水溢貌ㅣ灩물벌창할、염(琰)水滿泛ㅣ물철철넘을、염(豔)瀲同

⿰氵歇 쎄 [갈]俗音[헐]遲也더딜、헐(曷)

瀢 瀢同

⿰氵窟 쥐 [굴]水深貌물속우중충할、굴(月)

㵪 涎同

澼 피 [벽] 水分流물나뉘여흐를、벽(陌)

澾 타 [달] 泥滑미끄러울、달(曷)

澾 澾同

濁 쥐 [탁] 不清混ㅣ흐릴、탁(蒲州水名)(覺)

演 演古字

溦 미 [미] 水際물가、미(支) 細雨가는비、미(微)

㵩 예 [업] 防水橫木물막는나무、업(葉)

滭 삐 [필] 過溢물철철넘칠、필(質)

漗 총 [총] 水聲물소리、총(東)

(十四)

濛 뭥 [몽] 微雨濛ㅣ이슬비、몽(東) 元氣未分鴻ㅣ기운순전할、몽(董)

濰 웨 [유] 瑯琊水名물이름、유(支)

濞 피 [비] 水聲滂ㅣ물소리、비(寘)

潊 쉬 [서] 浦也개、서(水名)(語) 漵同

濡 수 [유] 霑也젖을、유 滯也지체할、유 潤澤흠치르르할、유 漬也적실、우 又담글、유(虞) 鴻濡同

濩 후 [호] 流散布ㅣ흘러퍼질、호(遇) [확] 烹也삶을、확 雨流霤下貌기슭에물떨어질、확 宮室深遽貌蠖ㅣ궁실으슥할、확(藥) 頀通

濔 늬 [니] 俗音[미] 衆也ㅣㅣ많을、미 水滿물넘칠、미(薺) 瀰同

濟 지 [제] 度也건늘、제 賙救건질、제 又구제할、제 事遂일치를、제(霽) 定也정할、제 止也그칠、제 多威儀貌ㅣㅣ가지런할、제(薺)

濜 진 [진] 急流貌ㅣ湏물쏟혀흐를、진(軫) 氣之液김서릴、진(眞)

濬 쥔 [준] 深也깊을、준 淪也팔、준(震) 浚通

濤 탄 [도] 大波큰물결、도(豪)

㶏 溵濦同

濠 학 [호] 城下池해자、호(鍾離水名)(豪) 壕通

濙 잉 [형] 小水洴ㅣ작은물、형(梗) 瀅通 水回旋瀅ㅣ물돌아나갈、형(青)

濘 닝 [녕] 淖也泥ㅣ진흙수렁、영(迥) 滑也미끄러질、영(徑)

濫 란 [함] 泉湧샘솟을、함(豏) 浴桶목욕통、함(陷) [람] 義同 溢也넘칠、남 漬也담글、남 氾ㅣ범람할、남 叨也참람할、남 失實실없을、남 浮辭헐은말、남(勘)

濮 푸 [복] 東郡水名물이름、복(屋)

濯 쥐 [탁] 澣也씻을、탁 又빨、탁 大也ㅣㅣ클、탁 漑也적실、탁 光明빛날、탁 山無草木산빨개벗을、탁(覺)

漻 랖 [료] 清深맑고깊을、요(蕭) 漻同

濕 씨 [습] 霑潤젖을、습 又축축할、습 牛耳驚動ㅣㅣ소귀벌쭉거릴、습(緝) 溼同

濢 취 [취] 飲也마실、취 吮也빨、취(霽)ㅣ

濥 인 [인] 水脈ㅣㅣ물줄기、인 水門물문、인(軫)

濭 애 [애] 陰翳晻ㅣ그늘질、애 雲陰貌구

름길、애(泰)[갑]船著沙場배모래에걸릴、갑(合) **[illegible]**°잼[함]沈水使冷물에챌、함(陷) **湲**환[환]弄水물작난할、환(旱) **濚**•잉[영]水回流瀠ㅣ물돌아나갈、영(庚)

瀯同濚 **濢**췌[취]小濕눅눅할、취(寘) **[illegible]**라[랄]灘也여울、날(曷) **[illegible]**칭[정]冷寒찰、정(徑) **[illegible]**°적[조]急流물급히흐를추(有) **澀**同澁 **濵**°빈[빈]水涯물가、빈(眞)瀕同

瀩°뒈[대]潰也담글、대濡也젖을、대(隊) **瀥**와[알]取水물받을、알(曷) **瀸**°제[섭]水滿물가득할、설(屑) ㊄ **[illegible]**•뤼[려]泄渽水尾ㅣ미려할、려又물스밀、여(魚)

濾•뤼[려]鹿水去滓걸를、여洗也씻을、여澄也맑을、여(御) **瀊**판[반]水回旋물돌、반(寒) **瀍**°찬[전]河南水名물이름、전(先)

濺•잰[천]水激물뿔、천(霰)湔通疾流ㅣㅣ빨리흐를、천(先) **瀌**°뱦[표]雨雪貌ㅣㅣ눈비퍼붇、표(蕭) **[illegible]**쌷[효]水遠渺ㅣ물멀、효(篠) **漻**°잔[교]大水貌ㅣ滈물벌창할、교(肴)

瀉•쎄[사]洩水쏟을、사吐也토할、사泄也설사할、사(馬)(禡) **瀁**°양[양]水貌流ㅣ물모양、양水無際ㅣㅣ망망할、양(養)漾通 **瀏**류[류]流清맑게흐를、유(有)漻通水清물맑을、유(尤)

瀅•잉[형]水澄물맑을、형(迥)濴通小水汀ㅣ물비자울、형(徑) **瀀**°우[우]潤氣多貌윤기많을、우又喜치르를할、우寬也너그러울、우渥也기름질、우(尤)

瀆•뚜[독]溝也도랑、독又개천、독濁也흐릴、독慢也거만할、독慝也어지러울、독(屋)黷通 **瀋**썬[심]汁也즙、심(寑)沈通置水于器그릇에물담을、심(沁)

濼푸[록]濟南水名물이름、녹(沃)[락]義同[박]陂澤늪、박又방죽、박(藥) **瀄**°제[즐]水流貌ㅣ汩물흐를、즐(質) **㶁**°허[괵]水裂去물갈래져흘러갈、괵[획]水聲ㅣㅣ물소리날、획(陌)

[illegible]°자[잡]波也물결、잡吳興水名、잡(洽) **灅**•레[루]波湧貌漯ㅣ물결용솟음할、누(紙) **濿**°리[례]俗音[여]履石渡水돌밟고물건늘、여(霽) **[illegible]**

쓰[사]泄水門물문터놓을、사溜也방죽、사(寘) **[illegible]**훼[휘]振水去물떨어버릴、휘(微) **瀑**•뽀[포]疾雨소낙비、포(號)폭그懸泉飛下폭포、폭(屋)瀑同 **[illegible]**훠[할]不

淨ㅣ瀕 맑지 못할、할(曷) 澢 드 [적] 土得水沮 흙이 물에 풀어질、적(錫) 瀘 어 [子] 飲水 물마실、子(或音우)(宥) 瀇。왕 [왕] 極望ㅣ瀁 아득할、왕 又 넓을、왕(養) 停水

臭 고인물 냄새날、왕(漾) 瀎。머 [말] 淨巾ㅣ布 걸레、말 又 밑씨깨、말 拭滅 닦아버릴、말(曷) [멸] 疾流貌ㅣ潏 물쏜혀흐를、멸(屑) 濇 써 [삽] 不滑 깔깔할、삽 墻石成文ㅣ浪 돌담무늬、

삽 酸苦 떫을、삽(緝) 澀澁同 瀕 취 [쵀] 不淨瀕ㅣ 맑지못할、취 又 흐릴、취(黠) 瀙。字 淨古 滭 피 [필] 泉湧 샘솟을、필(質) 滴 드 [적] 水點下 물방울 떨어질、

적 水注 물댈、적(錫) 滴通 溲 쓰 [흠] 面汗 얼굴의땀、휴(尤) ⑯ 瀧。롱 [롱] 沾漬ㅣ涷 적실、농 雨貌ㅣㅣ 비부슬부슬올、농(東) [日] 瀑也 폭포、농 [랑] 昭州水名 [상] 急灘 급한여

울、상(江) 瀢 웨 [유] 魚相隨游ㅣㅣ 물고기떼지어놀、유(支) [대] 水泛沙動ㅣ漇 물에모래밀릴、대(隊) 瀡 쒜 [주] 滑也瀡ㅣ 미끄러울、수(紙) 瀡同 瀦。쪄 [저] 水停ㅣ澤 물

괼、저(魚) 澦 위 [여] 瞿塘峽水名灩ㅣ 물이름、여(御) 澦同 瀘 루 [로] 牂牁水名 물이름、노(虞) 瀤 홰 [회] 北方水名ㅣ澤 물이름 회(佳) 瀨。래 [뢰] 灘也 여울、

뇌(泰) 瀣。쎄 [해] 北方海氣流ㅣ 북녘바다기운、해(卦) 夜半露氣流ㅣ 이슬기운、해(隊) 瀕 빈 [빈] 水涯 물가、빈(眞) 濱同 瀚。한 [한] 廣大貌浩ㅣ 질펀할、한(北海名)(翰)

瀟。쌰 [소] 雨聲ㅣㅣ 빗소리、소 水清深 물맑고깊을、소(永州江名ㅣ湘)(蕭) 瀛 잉 [영] 大海 큰바다、영(神山ㅣ洲)(庚) 瀞。찡 [정] 無垢 정결할、정 清也 맑을、정(敬) 淨同

瀖 훠 [곽] 波聲ㅣ泋 물결소리、곽 彩色 眩曜ㅣ濩 채색휘황할、곽(藥) 瀜 슝 [융] 水深沖ㅣ 물깊을、융(東) 潢。횡 [횡] 小津 작은나루、횡 以船渡水 배로건늘、횡 筏

也 떼、횡(庚) 瀝。리 [력] 滲也 스밀、역 水下滴 물떨어져방울질、역 飲食盡餘 력찌끼、역 雨聲淅ㅣ 빗소리、역(錫) 瀩 뙈 [대] 水帶沙往來 물에모래밀릴、대(隊) (氵閻)。옌

[염] 汚也 더러울、염(鹽) 瀫 어 [알] 水名金ㅣ 물이름、알(在於金國釀酒甚佳)(曷) 潠 쎈 [선] 含水噴 물물어뿜을、선(銑) 瀥 싹 [학] 水漲 물부를、학(覺) (氵滕) 덩

[등]水湧물솟을、등(蒸) ⑰ **瀰**。니[니]水滿貌물가득할、이(齊)[미]水流貌ㅣㅣ물철철넘어흐를、미(支)(紙)瀰同 **濦** 澱瀺同 **濆**• 뿐[분]散也흩어질、분(汾陰

水名)(問) **瀾**。란• [란]大波큰물결、난泣貌氿ㅣ눈물흘릴、난(寒)淋漓貌ㅣ漫번드를할、난洪濤ㅣ汗파도일、난米汁쌀뜨물、난(翰) **瀁**。양[낭]流貌泱ㅣ물절절흐를、낭

(蘷州水名)(養)瀼同[양]露濃ㅣㅣ이슬무르녹을、양(陽) **瀯** 잉[영]水聲ㅣㅣ물소리、영小水渟ㅣ웅덩이、영(庚) **瀲**• 렌[렴]水溢貌ㅣ灩물벌창할、염(琰)水滿泛ㅣ물가득할、염(豔)

澰同 **瀸**。잰• [점]泉水乍出乍渴건수샘、점漬也적실、점(鹽) **瀺**。찬[잠]水聲ㅣ灂물소리、참(咸) **瀹** 워[약]薄熟데칠、약煮也지질、약漬也적실、약開滌疏ㅣ씻

을、약(藥) **瀱** 지[계]井水우물물、계泉出貌샘퐁퐁솟을、계無水ㅣ汋물잦일、계(霽) **瀷**。이[익]漏流스며흐를、익(職) **瀻** 대[대]酒不清술흐릴、대濁酒흐린술、대

(隊) **瀿** 빤[번]水暴溢물급히넘칠、번(元) **瀴** 잉[영]水遠貌ㅣ溟물질펀할、영遙也멀、영(庚) **灀** 쌍[상]殺物된서리칠、상(漾) ⑱ **灃**。뻥• [풍]扶風水名물

이름、풍(東) **灉**• 웅[옹]曹州水名물이름、옹(冬)(宋)澭同 **灌**。꽌• [관]漑也물댈、관(翰) **灂**• 잔[작]俗音[작]水聲瀺ㅣ물소리、작(覺)[조]車轅漆塗수레에옻칠할、조(嘯)

瀑。뽀[포]疾雨소나비、포(號)[폭]懸泉流下폭포、폭(屋)瀑同 **灊** 쏜[잠]盧江縣名고을이름、첨(鹽)潛通[심]巴郡水名(侵) **灋** 法古字 **灄** 쎄[섭]雨露澀ㅣ흡치를

할、섭(西陽水名)(葉) **[illegible]** 쑤[숙]波貌ㅣ潤물결번득거릴、숙(屋) **灈**。취[구]水名물이름、구(虞) **[illegible]** 씨[혁]怖遽ㅣ沭두려워할、혁(錫) **灆** 란[람]清也맑을、

남(勘) ⑲ **灕**• 리[리]流貌滲ㅣ줄펀히흐를、이秋雨淋ㅣ가을비지점거릴、이(支)漓同 **灑**。쌔• [새]散水물뿌릴、새驚貌ㅣ然깜짝놀랄、새(蟹)[쇄]義同(佳)[사]ㅣ落깨끗할、

사(馬)洒通 **灘**• 탄[탄]瀨也여울、탄(水中多石而急流處)(寒)歲名涒ㅣ해이름、탄又지지、탄(歲在申曰涒ㅣ)(翰) **灓**。롼[란]橫流渡물비껴건늘、난(翰)漏流스며흐를、난漬也적실、

난(寒)

瓚 잔 [잔] 汗灑땀뿌릴、찬(翰) **灑** 롸 [라] 長沙水名汨ㅣ물이름、나(歌) **藥** 워 [약] 熱貌勺ㅣ물펄펄끓을、약(泚陽水名ㅣ水)(藥) **灖** 미 [미] 流也흐르、미(御)

二十 **灛** 찬 [천] 大水溢出別爲小江샛강、천(銑) **灚** 쟌 [교] 攪水聲물젓는소리、교(巧) **灙** 당 [당] 水形물모양、당(養)

二十一 **灡** 란 [란] 米泔潘ㅣ뜨물、난(翰) **灞** 빠 [파] 俗音[패] 水涯물가、패(長安水名)(禡) **灝** 한 [호] 水勢遠ㅣ漾물줄기멀、호又끝없을、호夷曠ㅣㅣ아득할、호豆汁콩물、호(以ㅣ浴身故四月八日用豆俗佛)(皓) **灢** 냥 [낭] 流貌決ㅣ물철철흐를、낭(水名)(養) 瀼同 **灠** 란 [람] 湧泉샘용솟음할、남染也물들일、남(感) **灟** 쮸 [족] 恭也ㅣㅣ공손할、촉淚也눈물、족(沃)

二十二 **灣** 완 [만] 水曲물굽이、만(刪) **瀼** 낭 [낭] 水濁決ㅣ물흐릴、낭(漾) **灘** 한 [한] 水濡更乾물에젖었다마를、한(翰)

二十三 **灤** 롼 [란] 漏流새서흐를、난(遼西水名ㅣ河)(寒) **灩** 얨 [염] 水滿溢ㅣ물가득할、염(琰)水波動물결출렁거릴、염(豔)灧同 **⿰氵驀** 쏸 [산] 洗馬말씻길、산(翰)

二十四 **灨** 공 [공] 豫章水名물이름、공(送)漬同、贛通[감]義同(勘) **灧** 灩俗字

二十八 **灎** 灩同

二十九 **灪** 위 [울] 大水貌ㅣ㵮물벌창할、울(物)

三十 **⿰氵⿱馮馬** 뿌 [부] 水聲물소리、부(尤)

火部

火 훠 [화] 炎上불、화(五行一、南方位)燒也불사를、화(燧人氏初作ㅣ、質陽性陰)(哿)

二 **灰** 회 [회] 燒餘燼재、회(灰) **灯** 뎡 [등] 烈火맹렬한불、등(蒸)燈通 **灮** 光同 **灰** 훠 [화] 火起불일어날、화(哿) **灱** 됴 [효] 熱也더울、효[도]燒也태울、도(肴) **灰** 灰古字

三 **災** 재 [재] 禍害재앙、재又횡액、재(天ㅣ水ㅣ旱ㅣ、震ㅣ虫ㅣ火ㅣ)(灰) 烖同菑通 **灾** 災同 **灺** 쎄 [사] 燭燼초똥、사又불똥、사(馬) **灵** 靈俗字 **灸** 꾸 [구] 灼也지질、구爇也불사를、구灼體療病뜸뜰、구(有)(宥) **灼** 쟉 [작] 燒也사를、작炙也지질、작又구을、작煎盡졸、작花盛貌ㅣㅣ꽃활작필、작(藥)焯通 **灶** 竈俗字 **灴** 꽁 [공] 燎也횃불、공(東)

炇 퉈 [탁] 燒聲 타는 소리, 탁 (禡) 炣 와 [와] 煖也 따뜻할, 와 (箇) 炪 쭈 [주] 燒土 탄흙, 주 (遇)

(四)

炊 취 [취] 爨也 불땔, 취 (地名ㅣ鼻) (支) 炁 氣同

炘 씬 [흔] 熱也 확근거릴, 흔 又 이글이글할, 흔 火盛貌 ㅣㅣ 불활활 일어날, 흔 (文) 炒 찬 [초] 熬也 볶을, 초 (巧) 煼同 炙 쩌 [적] 燔肉 고기구을, 적 (陌) [자] 義同 親近 薰ㅣ 친근할, 자 (禡) 炕 캉 [항] 乾也 마를, 항 炙也 구을, 항 北地煖牀 캉, 항 (漾) 亢通 炅 찡 [경] 光也 빛날, 경 (梗) 炎 얜 [염] 火光上 불꽃, 염 熾也 불꽃성할, 염 熏也 더울, 염 (鹽)

炄 뉴 [뉴] 半乾 㶴ㅣ 반쯤 마를, 유 (有) 炔 쮀 [혈] 火始然 焚ㅣ 불붙을, 혈 [결] 煙盛貌 연기 뭉게뭉게 일어날, 결 (屑) 㶴 후 [홀] 火氣盛 불기운성할, 홀 (物) 炖 뚠 [돈] 從風火盛 바람결에 불성할, 돈 赤色 붉을, 돈 (元) 炉 爐俗字 炐 팡 [방] 遇火脹起 불에 데워 부풀어 일어날, 방 火光貌 불빛환할, 방 (絳) 炈 이 [역] 陶竈煙 옹기가마굴뚝, 역 (陌)

炂 쑹 [송] 熱化 녹일, 송 熟汁 끓일, 송 (冬) 炆 운 [문] 熅也 연기날, 문 (文) 炓 랴 [료] 火光貌 불빛환할, 요 (嘯) 𤆵 눈 [눈] 熱也 더울, 눈 (願) [내] 義同 (泰) 焀 화 [화] 明照 밝을, 화 (禡) 炚 꽝 [광] 照明 비칠, 광 (陽)

(五)

炬 쮜 [거] 束葦爲燎 횃불, 거 (語) 苣通 炷 쮸 [주] 燈心 심지, 주 (麌) (遇) 炱 태 [태] 煙塵ㅣ煤 거림, 태 (灰) 炭 탄 [탄] 燒木余 숯, 탄 (木ㅣ、石ㅣ、烟ㅣ 骨ㅣ 粉ㅣ) 灺也 불똥, 탄 (翰) 炫 쏀 [현] 明也 밝을, 현 火光 ㅣ燿 불빛환할, 현 (霰) 炤 쌰 [소] 明也 밝을, 소 (蕭) 昭通 [조] 光也 빛날, 조 (嘯) 照通 [작] 明也 밝을, 작 (藥) 灼焯通

炮 빠 [포] 裹物燒 싸서 구을, 포 毛炙肉 털 그슬를, 포 (肴) 炰 炮同 炟 딴 [달] 火起 불일어날, 달 (曷) 炳 뱅 [병] 明也 밝을, 병 光也 빛날, 병 (梗) 昞同 㶾 좐 [천] 火種 불씨, 천 (霰) 炯 징 [형] 光也 빛날, 형 (迥) 明察 ㅣㅣ 밝게 살필, 형 (梗) 炥 쀄 [비] 氣熱 기운 더울, 비 (未) 炠 쌰 [압] 火乾 불에 말릴, 압 (洽) 炡 쨍 [정] 爍也 ㅣ爚 데칠, 정 (庚) 炦 뻬 [별] 氣上 김오를, 별 火氣 불기운, 별 (屑) 炨 우 [유] 欲乾 ㅣ炄 쭈글쭈글할, 유 又 뿌득뿌득할

유(有)

炵 동[동]火焱불꽃、동火熾불붙을、동(冬)

炶 ◦젠[졉]俗音[졈]火閃불번쩍거릴、점(覃)

⑥

烘 ◦홍[홍]火乾불에쪼일、홍炬也횃불、홍(東)(送)

烜 훤[훤]光明빛나고밝을、훤乾也마를、훤(阮)晅通[훼](官名司ㅣ)(紙)

烏 ◦우[오]孝鳥까마귀、오(反哺爲ㅣ)何也어찌、오又어디、오歎辭하하、오又오흡다할、오秦曲ㅣㅣ진나라곡조、오(虞)嗚通

烖 災本字

烓 궤[계]小竈화덕、계明也밝을、계(齊)霽通

烟 ◦煙俗字

烋 쓕[휴]美也아름다울、휴(尤)休通[효]氣健皃ㅣ기운건장할、효和也화할、효(肴)

烝 ◦정[증]蒸氣上行찔、증熏也김오를、증冬祭겨울제사、증上淫치붙을、증語辭어조사、증(蒸)蒸通

烈 ◦레[렬]熱也뜨거울、열寒氣ㅣㅣ매울、열又찬기운、열毒也독할、열威也ㅣㅣ위엄스러울、열光也빛날、열功也공、열猛也맹렬할、열(屑)列通

烕 ◦쎄[혈]消火불꺼질、혈(屑)

烙 러[락]灼也지질、낙火鍼단근질할、낙(藥)

烆 씽[행]炬也화、행(庚)

烔 퉁[동]熱氣ㅣㅣ더운기운、동(東)

衮 언[은]微火溫肉고기쪼일、은(元)

烊 ◦양[양]炙也구을、양(陽)

〔烉〕 환[환]火光明불빛밝을、환(翰)

烌 쓕[휴]灰也재、휴(尤)

烬 ◦진[진]火餘불똥、진(震)燼同

烑 ◦야[요]光也빛날、요(蕭)

烤 칸[華]ㅣ曬불에말릴、고

烄 ◦쟈[교]燃也태울、교(巧)

烧 썬[선]野火들불、선(銑)

烐 ◦쪽[주]火閃불반짝거릴、주(尤)

烛 충[충]旱也가물、충(東)

⑦

烿 융[융]火氣불기운、융(東)

焜 ◦휘[휘]火熾불훨훨붙을、휘(紙)燬同

烽 ◦뿡[봉]煙火警報봉화、봉(晝燧夜ㅣ)(冬)熢同

㷭 烽同

焄 쒼[훈]香臭향내、훈(文)

烳 푸[보]炬也횃불、보(麌)

焌 ◦쥔[준]燃火불붙을、준(願)

焉 ◦옌[언]何也어디、언又어찌、언疑也의심쩍을、언語助辭어조사、언(先)

焆 약[결]火光불빛、결(屑)

烹 평[팽]煮也삶을、팽(庚)

烰 뿌[부]烝也ㅣㅣ찔、부火氣불김、부(尤)

烴 ◦징[형]焦臭눗는냄새、형(迥)

焅 ◦쿠[혹]旱氣가무는기운、혹[곡]熱氣뜨거운기운、곡(沃)

焋 ◦쫭[장]熏蒸찔、

焎 처[철] 火燃불당길、철(屑) 唉 씨[이] 乞人ㅣ欲널름거릴、이(支) 焍。띄[제] 灼龜木거북지지는나무、제(齊) 烺 랑[랑] 火

장又김오를、장(ㅣ糕於甑)(漾)

貌爣ㅣ불이글이글할、낭(養) 㶿 빼[발] 蒸熱熨ㅣ찌는듯할、발煙起貌연기뭉게뭉게날、발(月) 焇。쇼[소] 鑠也녹일、소乾也말릴、소曝也쪼일、소(蕭) 炈 이[혁] 燒

麥보리볶을、혁(陌) 焣 차[삽] 火乾불에말릴、삽(洽) 㷆。후[훌] 火熜구을、훌暖也따뜻할、훌(月) 焥。애[애] 輝也빛날、애熱也더울、애火盛貌불성할、애(灰)

焊 한[한] 火乾불에말릴、한(旱) 烸 회[회] 使乾말릴、회(賄) 烱 쌍[형] 炎也불꽃、형(梗) 庻。庶古字 烯 씨[희] 火色불빛、희(微) 灼。쟉[작] 火盛불

성할、작(藥)

八

無。우[무] 有之對없을、무橆同、不也않을、무(草名文ㅣ)(虞) 亾毋通 焙 빼[배] 火乾불에말릴、배(隊) 焞 츈[퇴] 盛貌ㅣㅣ성할、퇴(灰) [순] 明也밝

을、순(眞) [돈] 灼龜炬거북지지는홰、돈(元) 𤋳 뷴[분] 燒也사를、분(文) 焚燌同 焚 同棼 焠。쵀[쉬] 燒刃入水날담글、쉬灼也지질、쉬染也물들일、쉬(隊) 淬同 焮 씬

[흔] 炙也구을、흔熱也불살을、흔(問) 焜 훈[혼] 火光불빛、혼明也밝을、혼(阮) 輝通 然。산[연] 如是그럴、연又그렇다할、연許諾허락할、연承上接語그러나、연(山名燕ㅣ、蛇名

率ㅣ、猿名果ㅣ)(先) 燃通 焰 앤[염] 火光불꽃、염(豔) 爓同、炎通 焦。쟌[초] 火傷델、초火燒黑탈、초又볶을、초火之臭味불내날、초(蕭) 龜焦通 焫 어[절] 俗音 [열] 燒也

불사를、열(屑) 爇同 焯。쫘[작] 明也밝을、작光貌ㅣ爍빛날、작(藥) 灼焰通 焱 씨[혁] 火焰ㅣㅣ불꽃、혁(錫) [염] 義同(豔) 𤈷 어[압] 埋火불묻을、압(合) 焣 찬

[초] 火乾불에말릴、초(巧) 焵 깡[강] 燒刃칼날벼를、강(漾) 㷊。뿌[불] 火盛貌불이글이글할、불(物) 烕同 焝 훈[혼] 火燃불탈、혼火閃불번쩍거릴、혼(元) 焟

씨[석] 爆也쪼일、석(陌) 焧 충[총] 暖也따뜻할、총(東) 焴 윽[육] 光也빛날、육(屋) 爲 象古字 焬 씨[석] 乾也말릴、석(錫)

九

熙。씨[희] 光ㅣ

……也빛날、희和也ㅣㅣ화할、희(支)

煇。휘[훈]灼也지질、훈(文)[휘]光也빛날、휘(微)輝通[운]日光氣해무리、운(問)暈通[혼]赤色붉을、혼火氣ㅣ煌불빛、혼(阮)焜通

煒.웨[위]盛赤벌건을、위光也밝을、위(尾)

煓。퇀[단]火熾불꽃성할、단赫也빛날、단(寒)

煮.주[자]烹也삶을、자又지질、자又다릴、자(語)鬻同

煑 煮同

煦 쒸[호]蒸也찔、후熱也뜨거울、후日出温해돋아따뜻할、후(麌)(遇)昫通

煤 메[매]煙塵炱ㅣ거림、매石炭석탄、매(灰)

煞 싸[살]戮也죽일、살(黠)殺同

煙。옌[연]火氣연기、연(先)烟同[인]氣也ㅣ熅기운、인(眞)

煩 빤[번]繁亂번거로울、번勞也수고로울、번悶也번민할、번ㅣ熱번열할、번(元)

煖。놘[난]温也더울、난又따뜻할、난(旱)暖通

煗 煖同

煟 웨[위]火光불빛、위(未)

煥。환[환]文貌ㅣ爛빛날、환火光불빛、환明也밝을、환(翰)

煅 鍛俗字

煎。잰[전]熟煮다릴、전又지질、전(先)熬也볶을、전醬煮조릴、전(霰)

煉。롄[련]鑠冶金쇠불릴、련(霰)鍊同

照.짜[조]暎也發光비칠、조(嘯)炤曌通

煌 황[황]火光ㅣㅣ불빛휘황할、황輝也빛날、황盛也성할、황(郡名敦ㅣ)(陽)

尞 랖[료]明火불밝힐、요柴燎祭天불놓고천제지낼、요(嘯)燎燎通

煬。양[양]融和화할、양鑠也녹일、양炙燥구어말릴、양(陽)(漾)

煢.칭[경]獨也외로울、경憂也근심할、경(庚)嬛惸通

煁。썬[심]烓也炉屬화덕、심無釜竈헛부억、심(侵)

煜.위[욱]燿也빛날、욱火焰불꽃、욱(屋)[읍]義同火貌불빛환할、읍(緝)

[illegible] 예[알]傷暑더위먹을、알(月)暍同

煏 피[픽]火乾불에말릴、픽(職)[illegible]同

煠.짜[잡]薄熟데칠、잡(洽)

煆 쌰[하]爇也불잘를、하(禡)乾也煦ㅣ말릴、하(馬)

[illegible] 뿽[풍]焚也불살를、풍燒也태울、풍(送)

[illegible] 웅[옹]煇也빛날、옹(人名孫ㅣ)(腫)

[illegible] 뿌[불]火盛貌불이글이글할、불(物)烕同

煣。쒸[유]以火屈木불로나무지져휠、유(有)

煯 차[삽]火燒殘餘불탄끝으리、삽(洽)

〈煛〉 엉[영]明也밝을、형(周穆王太僕官名伯ㅣ)(迥)

煐 잉[영]輝也빛날、영(人名張ㅣ)(庚)

焰.焰俗字

煝。메[미]旱……

[劉灬] 氣가무는기운、미 赫也빛날、미(眞) 烈古字

煊 쉔 [훤] 暖也따뜻할、훤(元)

煄 중 [종] 燃也탈、종(腫)

猷 착 [착] 耳鳴귀울、추又귀먹먹할、추(尤)

熜 중 [총] 熅也더운김、총 麻蒸삼졀、총(董)

十

熊 웅 [웅] 似豕冬蟄곰、웅(獸名、姓、猛、冬期山中穴居白ㅣ黑ㅣ)光也빛날、웅(東)

熂 씨 [희] 燒草풀사를、희(未)

煨 웨 [외] 火中埋炙불에묻어구을、외 盆中火爊화루에구을、외(灰)

𤐰 燐同

熏 쉰 [훈] 火氣上出불기운、훈又훈징할、훈灼也불사를、훈和悅ㅣㅣ기뻐할、훈(文) 爋同

熉 원 [운] 黃色ㅣ然누런빛、운(文)

熅 원 [온] 鬱烟서린연기、온又내낄、온氣也煙ㅣ기운、온 煖也따뜻할、온(文) 火炙伸物불에쪼여펼、온(問)

煽 싼 [선] 使火熾불부칠、선(霰) 盛熾불일어날、선(先)

熇 쌰 [효] 炎氣불꽃、효(蕭) [혹] 熱也뜨거울、혹(沃) 炎熾불꽃이글이글할、혹(屋) [학] 義熇同(藥) [고] 乾也마를、고(肴) 燆同

煼 찬 [초] 熬也볶을、초(巧) 炒同

煻 탕 [당] 熱灰ㅣ煨더운재、당(陽)

熒 잉 [형] 疑惑의혹할、형 眩亂현란할、형(迥) 瑩通、燈燭光ㅣㅣ등불반짝거릴、형 明也밝을、형(靑)

熑 렌 [렴] 火不滅불꺼지지않을、염 爍車輞수렛바퀴불로지져휠、염(鹽)

煿 빡 [박] 火乾불에말릴、박(藥) 爆通

熄 씨 [식] 鎭火불끌、식 滅火불꺼질、식(職)

熁 쎼 [협] 火氣迫也불닥칠、협(葉)

[火追] 搥同

熈 熙俗字

熆 허 [합] 吹火불불、합(合)

熐 밍 [명] 匈奴部落ㅣ蠡흉노의부락、명(靑)

[宀采灬] 재 [재] 小烹살짝데칠、재(賄)

[火冓] 꾸 [子] 烽火봉화、구(有)

[羊炊] 츠 [치] 束炭묶은숯、치(支)

[殼火] 후 [혹] 日出時赤해돋을때붉으레할、혹(屋)

熀 네 [엽] 火光盛貌煒ㅣ불빛이글이글할、엽(葉)

熻 웡 [옹] 烟氣ㅣ然연기기운、옹(董)

熌 쎈 [섬] 火行불당길、섬(琰)

[目火] 징 [경] 驚目貌놀란눈모양、경(迥)

熷 쯩 [증] 熱也더울、증(蒸)

熓 우 [울] 火滅불꺼질、올(月)

十一

熢 뺑 [봉] 擧火警報봉화、봉(冬) 烽同

熨 위 [외] 火斗다리미、외(未) [울] 持火展繒다림질할、울(物) 尉斗同

熯 한 [한] 乾也말릴、한 炙也구을、한(旱)(翰) 暵同

[선]火盛불성할、선敬也공경할、선(銑)

熭° 웨[위]曝乾볕에말릴、위(霽)

熛· 빠[표]飛火屑불티、표又불똥튈、표(蕭)

熮 랴[료]燒也사르를、요穴貌빤할、요又빠끄할、요(蕭)

熬· 오[오]乾炒볶을、오愁聲ㅣㅣ걱정소리、오又애타는소리、오(豪)

熠° 씨[습]盛光환할、습鮮明ㅣㅣ선명할、습螢火ㅣ燿반딧불반짝거릴、습(緝)

熲 잉[경]光也빛날、경(梗)(迥)

熰 어[구]熱極몹시뜨거울、구(尤)

熟· 쓔[숙]生之反익을、숙深煮흐물흐물할、숙食飪익힐、숙成也이룰、숙歲稔풍년들、숙(屋)

熱·° 여[열]溫也더울、열又뜨거울、열暑度더위、열炎氣불꽃、열(屑)

熞° 젼[견]灼鐵淬之쇠달궈물에담을、견(先)

[illegible] 퉤[퇴]湯除毛튀할、퇴(灰)㷟同

熢° 뽕[봉]煙鬱ㅣ焞연기서릴、봉(東)(冬)

熤 이[역]輝也빛날、역(人名張ㅣ)(陌)

熥 퉁[통]以火暖物불로덥게할、통(東)

熧 쭝[종]火連行불번질、종(冬)

𤏓·° 잪[조]燒也사를、조火餘木불탄끝으리、조(豪)

燩 예[별]煙起白연기허옇게일어날、발(月)

㷭 펑[봉]烟塵雜起ㅣ焞연기와티끌이자욱할、봉(董)

㷰·° 리[리]帷中火장막속불、이(支)

熚° 삐[필]火貌ㅣ㷼불이글이글할、필火聲불타는소리、필(質)

㷱 찰[소]燋也불살을、소(肴)

㸅 쓔[서]野火들불、서燒草풀탈、서(語)

㸎· 잔[잠]俗音[점]火起불일어날、점(鹽)

熝 루[록]煉也단련할、녹(屋)

熣 최[최]煤也거림、최(灰)

熡 러[루]炎也불꽃、누(灰)

熩 후[호]輝也빛날、호(虞)

十二

熹° 씨[희]明也밝을、희熾也불성할、희(支)

熺 同熹

熾·° 지[치]火盛불성할、치炊也불땔、치(寘)

燐· 린[린]鬼火도깨비불、인自起燐불일어날、인(震)(眞)(軫)粦·粦同

燔° 반[번]炙也구울、번(元)

燉 툰[돈]火盛불성할、돈(地名ㅣ煌)(元)

燖 씬[심]火熟物불에익힐、심又삶을、심沈肉於湯데쳐벌、심(侵)燂同

燀· 찬[천]炊也불땔、천光明貌빛나고환할、천(先)(銑)

燕·° 옌[연]召公所封國名연나라、연(先)鳦玄鳥제비、연安也ㅣㅣ편안할、연息也쉴、연(先)鷰醼通

燋° 쟌[초]然持火불당

길、초 焦也그슬을、초(蕭) 灼龜炬거북의등지지는횃불、초(嘯)

爚 씨 [흡] 熱也더울、흡(緝)

燈 떵 [등] 鐙中置燭등、등又등잔、등點火取明등불、등(靈草名金ㅣ)(蒸) 灯鐙通

燎。료 [료] 地上露火庭ㅣ뜰에세운홰、요(嘯) 放火불놓을、요照也비칠、요(篠) 尞通

燃。산 [연] 燒也불붙을、연又불탈、연使燒태울、연(先) 然通

熸 쳼 [잠] 火滅불꺼질、잠(鹽)

燂。탄 [담] 火爇불당길、담(覃) [심] 燖同(侵) [첨] 灰爛불시울、첨 [섬] 湯瀹肉고기삶을、섬(鹽) 爓通

[illegible] 탄 [담] 青黃色繒유록빛비단、담(感) 緂同 [첨] 衣動ㅣㅣ옷움직일、첨(鹽)

燄。앤 [염] 火初燃불처음당길、염炎也불꽃、염(琰) 爓通

燅 찬 [잠] 湯中瀹肉고기데칠、잠温也따뜻할、잠(鹽)

燁 예 [엽] 光也빛날、엽火盛ㅣㅣ불이글이글할、엽(葉)

燒。쏘 [소] 焚也사를、소又태울、소燔也구을、소(嘯) 野火들불、소(羌名ㅣ當)(蕭)

燍 쓰 [사] 火焦臭단내、사又화덕내、사 [서] 焦貌燍ㅣ타서누를、서(支)

[illegible]。燧同

燙 탕 [탕] 滌也씻을、탕(漾) [華] 火傷델、탕

[illegible] 앤 [안] 火色불빛、안(翰)

燚 이 [일] 火貌불모양、일(質)

燏 이 [율] 光也빛날、율(質)

燆 熇同

燌 焚同

十三

燧 쒜 [수] 烽火봉화、수火也불、수(左佩金ㅣ、右佩木ㅣ)取火於木鑽ㅣ나무문질러불낼、수取火於日金ㅣ(又陽ㅣ)햇발로불낼、수(寘) 隧同 [華] 自來火성냥、수

燬。훼 [훼] 烈火불이글이글할、훼(紙) [illegible]同

熝 안 [오] 埋灰煨物재에묻어구울、오熟炙흠씬구울、오(豪) 爊同

燥。짜 [조] 火乾불에말릴、조(皓)(號)

燠 유 [욱] 暖也따스할、욱 [옥] 熱也더울、옥(屋) [오] 痛聲ㅣ咻끙끙앓을、오(皓)(號)

[illegible] 후 [흘] 火熯불에묻어구을、흘(物)

燮。쎄 [섭] 和也ㅣ理화할、섭炎也불꽃、섭(葉)

燷 란 [람] 焦黃누를、남(覃)

營 잉 [영] 造也지을、영度也經ㅣ경영할、영治也다스릴、영軍廧영문、영惶恐意屛ㅣ황송할、영(庚)

燦。찬 [찬] 光明ㅣ爛찬란할、찬又빛날、찬(翰)

燭。쮸 [촉] 蠟炬촛불、촉照也비칠、촉明也밝을、촉(四時和曰玉ㅣ、藥名南天ㅣ、草名石ㅣ)(沃)

燡 예 [역] 火甚불심할、역(陌)

燪 충 [총] 炬火횃불、총(東)

燫 렘 [렴] 火不絶불끊

이지않을、염(鹽)熑同

(十四) 燼。진 [신]俗音[진]火餘灰ㅣ불탄끝으리、진餘也나머지、진燭餘燈ㅣ초끝으리、진(震)𦦨同

燻。쉰 [훈]火氣上出불기운、훈又훈징할、훈灼也불사를、훈和氣ㅣㅣ기쁘할、훈(文)熏同

燿。얀 [요]照也비칠、요光貌炫ㅣ빛날、요明也燿ㅣ밝을、요(嘯)耀通

燾 똬 [도]覆也덮을、도照也비칠、도(號)幬通

燺 칸 [고]火乾불에말릴、고(皓)

爁。란 [람]火延불번질、남(覃)

爀 허 [혁]輝也빛날、혁(陌)赫通

⿱稫火。煏同

爂 뾰 [표]輕脆연약할、표(蕭) [초]義同(嘯)

燸 수 [유]溫也따뜻할、유(虞)

燹。쏀 [희]野火들불、희(寘) [선]義同兵火병화、선(銑)

燽。쭈 [주]明也밝을、주現著드러날、주(尤)

⿰火蒦 휘 [획]熱也더울、획(藥)

(十五) 爈 뤼 [려]山火熂ㅣ산불、여(御)

爋 쉰 [훈]火乾불에말릴、훈(問)

爆。빠 [포]俗音[폭]火裂불터질、포(效) [박]爇也불사를、박(覺)火乾불에 말릴、박(藥)爆同、煿通

爇 서 [설]俗音[열]燒也불사를、열(屑)焫爇同

⿱埶火。爇俗字

⿰火節。지 [즉]俗音[절]燭燼초끝으리、절(職)

爄 리 [례]火斷불끌、예又불물릴、예(霽) [렬]義同(屑)

爊。熝同

爕。燮俗字

爍 쐬 [삭]光也灼ㅣ빛날、삭(藥)

(十六) 爐。루 [로]火函화로、노(火ㅣ、風ㅣ、香ㅣ、暖ㅣ)列陽洪ㅣ되약볕、노(虞)炉鑪同

爒。랴 [료]炙也구을、요(篠)

爗。燁同

燅 쳄 [점]以湯脫毛튀할、섬(鹽)

爔 씨 [희]火也불、희日光赫曦날빛、희(支)

燔。빤 [번]膰肉번육(宗廟祭亨熟肉)、번(元)

⿱隊火 燧古字

爓 예 [엽]俗音[엄]火不明불밝지못할、엄(葉)

爓。앤 [염]火光불빛、염又불꽃、염(豔)焰同、燄通、瀹肉于湯고기데칠、염(鹽)燂通

(十七) 爛。란 [란]燭光ㅣㅣ촛불휘황할、난熟也糜ㅣ익을、난明也燦ㅣ찬란할、난ㅣ漫난만할、난潰也火傷데서버서질、난(翰)

爚。웍 [약]爇也불사를、약電光번개번쩍할、약火飛불똥뛸、약(藥)

(十八) 爞 츙 [츙]旱熱ㅣㅣ가무러뜨거울、츙(東)蟲通

爟。꽌 [관]烽火봉화、관擧火불켜들、관日影取火볕에불켤、관(翰)

爝。쟈 [조]炬火횃불、조(嘯) [작]義同(藥)

⿰火聶 녜 [녑]俗音[섭]

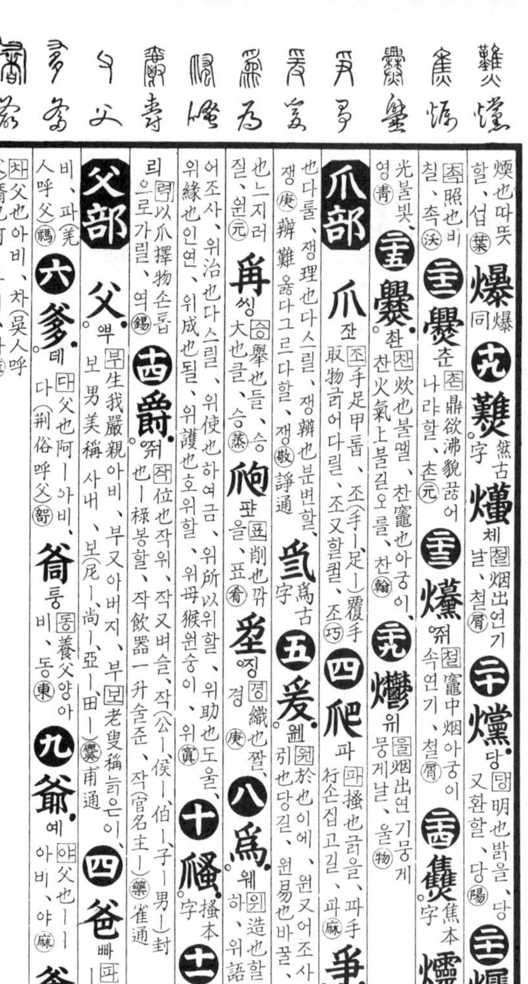

熯也따뜻할、섭(葉) 爆 同爆 (十九) [illegible] 古然字 [illegible] 체 [철] 烟出연기날、철(屑) (二十) 爣 당 [당] 明也밝을、당又환할、당(陽) (二十一) 爥 쥬

[촉] 照也비칠、촉(沃) (二十二) [illegible] 춘 [촌] 鼎欲沸貌끓어나라할、촌(元) (二十三) [illegible] 쳐 [철] 竈中烟아궁이속연기、철(屑) (二十四) [illegible] 焦本字 爧 링 [령] 火

光불빛、영(青) (二十五) 爨 찬 [찬] 炊也불땔、찬竈也아궁이、찬火氣上불길오를、찬(翰) (二十九) 爩 위 [울] 烟出연기뭉게뭉게날、울(物)

爪部

爪 잔 [조] 手足甲손톱、조(手ㅣ、足ㅣ)覆手取物긁어다릴、조又할퀼、조(巧) (四) 爬 파 [파] 搔也긁을、파手行손집고길、파(麻) 爭 정 [쟁] 競也다툴、쟁理也다스릴、쟁辨也분변할、쟁(庚)辨難옳다그르다할、쟁(敬)諍通 [illegible] 古爲字 (五) 爰 웬 [원] 於也이에、원又어조사、원引也당길、원易也바꿀、원緩也느지러질、원(元) 爯 씽 [승] 擧也들、승大也클、승(蒸) [illegible] 퐈 [표] 削也깎을、표(肴) [illegible] 징 [경] 織也짤、경(庚) (八) 爲 웨 [위] 造也할、위又하、위語助辭어조사、위治也다스릴、위使也하여금、위所以위할、위助也도울、위緣也인연、위成也될、위護也호위할、위母猴원숭이、위(寘) (十) [illegible] 搔本字 (十一) [illegible] 리 [력] 以爪擇物손톱으로가릴、역(錫) (十四) 爵 쟈 [작] 位也작위、작又벼슬、작(公ㅣ、侯ㅣ、伯ㅣ、子ㅣ、男ㅣ)封也ㅣ祿봉할、작飮器一升술준、작(官名主ㅣ)(藥)雀通

父部

父 뿌 [부] 生我嚴親아비、부又아버지、부 [보] 老叟稱늙은이、보男美稱사내、보(尼ㅣ、尚ㅣ、亞ㅣ、田ㅣ)(麌)甫通 (四) 爸 빠 [파] 父也ㅣㅣ아비、파(羌人呼父)(禡) (六) 爹 데 [다] 父也阿ㅣ아비、다(荆俗呼父)(哿) [illegible] 퉁 [동] 養父양아비、동(東) (九) 爺 예 [야] 父也ㅣㅣ아비、야(麻) [illegible] 져 [차] 父也아비、차(吳人呼父)壻也阿ㅣ사위、차(麻)

爻部

爻。쌀 [효]像也형상、효易卦六ㅣ육효、효又점괘、효效也본받을、효(肴) 㸚 례 [례]明白밝을、례(霽) 五 ⿰爻宁 [illegible] [저]進也나갈、저(語) ⿰爻延 [illegible] [서]引導인도할、서(魚) 七 爽。쌍 [상]清快ㅣ塏시원할、상明也밝을、상忒也틀릴、상差也어긋날、상微明昧ㅣ훤이밝을、상烈也매울、상(養) ⿰㸚見 髮古字 十 爾。얼 [이]汝也너、이語助辭어조사、이近也가까울、이已而말、이(紙)尒𤕨同 十一 𤕨 爾同

爿部

爿。장 [장]判木조각널、장(右半爲片左半爲ㅣ)(陽) 四 牀。창 [상]臥榻ㅣ簀평상、상(人所坐臥)踦床걸상、상(陽) ⿰爿水 漿古字 ⿰爿片 卯古字 五 牁。꺼 [가]繫舟杙배매는말뚝、가(郡名牂ㅣ)(歌)戨牁同 ⿰爿召 쌀 [소]浴床목욕상、소(蕭)牊同 六 牂。장 [장]牝羊암양、장盛貌ㅣㅣ성할、장(歲在午曰敦ㅣ、郡名ㅣ牁)(陽)牫同戕通 七 ⿰爿求 착 [구]鑿首끌머리、구(尤) 八 ⿰爿戔。잔 [잔]飼羊屋양의우리、잔(潸) ⿰爿空 쿵 [공]穿垣담뚫을、공(送) 九 ⿰爿枼 데 [접]牀板평상널판、첩(葉) 十 牄。창 [장]鳥獸食聲ㅣㅣ새와짐승먹는소리、장(陽) 十一 ⿰爿庸 용 [용]垣也담、용(冬)墉同 十二 ⿰爿賁 뿐 [분]牀板평상널、분(文) 十三 牆 牆同 ⿰爿戠 치 [즙]殳立貌창옷뚝세울、즙(緝) 十五 ⿰爿嗇。창 [장]垣也담、장門屛ㅣㅣ둘러막을、장又차면할、장(陽)牆墻廧廥同

片部

片。편 [편]判木조각、편又반쪽、편(左半爲爿右半爲ㅣ)判也쪼갤、편(霰) 三 ⿰片女 창 [장]畫飾그림으로꾸밀、창(陽) ⿰片也。이 [이]羨也국、이(支) 四 版。빤 [판]判也조각、판又쪼갤、판戶籍ㅣ圖호적、판笏也手ㅣ홀、판僻也ㅣㅣ궁벽할、판(潸)板通 ⿰片分 빤 [반]片也조각、반(寒) ⿰片片 치 [척]板也널、척(錫) 五 ⿰片平 뺑 [팽]析木聲나무짜개는소리、팽(庚) 牉。판 [판]分也나눌、판又가를、판(翰) 牊。쌀 [소]浴床목욕상、소(蕭)⿰爿召同 ⿰片禾 휘 [회]棺蓋관

뚜껑、화(麻)

六 ⿰片旨 으지 [지] 假家가게、지 蓋舍집이울、지(支)

⿰片朱。 쓔 [주] 防水板ㅣ⿰片婁물막는널、수(虞)

⿰片𠂢 패 [백] 破物깨뜨릴、백 分也나눌、백(陌)

⿰片列。 렬 [렬] 破裂깨질、열(屑)

⿰片向 쌍 [향] 北窓북창、향(漾)

七 ⿰片足 추 [촉] 迫也재촉할、촉又촉박할、촉(沃)

八 牌。 패 [패] 牓也패、패札也조각、패籍也篁ㅣ호패、패(佳) [華]下書于賤者曰ㅣ旨배지、배

牋。 젠 [전] 記書附ㅣ표지、전又쪽지、전又부전、전(先) 箋同

⿰片忩 牕俗字

九 牒。 데 [첩] 札也편지、첩 官廳公文通ㅣ공문、첩書板서판、첩譜ㅣ족보、첩(葉) [壐]判任授官ㅣ紙첩지、첩

牏。 루 [루] 俗音[유] 築墻板담틀、유(尤) 窬通

牐。 짜 [잡] 俗音[삽] 城門閉具문빗장、삽(洽) 閘通

⿰片柬 렌 [련] 木理解裂나뭇결풀릴、연(霰)

⿰片怱 牕俗字

十 牔。 빡 [박] 屋端板ㅣ風박공、박(藥)

牓 빵 [방] 標也방、방題也ㅣ目방목、방木片나뭇조각、방(養) 榜[illegible]同

十一 牗。 약 [유] 壁窓창、유又바라지、유向也안할、유又향할、유導也인도할、유(有)

⿰片婁 뤼 [루] 防水板⿰片朱ㅣ물막는널판、누(虞)

牕 촹 [창] 户也창、창(在墻曰牗在屋曰ㅣ)(江) 窗窓同、囪通

⿰片崔 취 [최] 屋破狀ㅣ⿰片貴집모양허술할、최(灰)

⿰片离 리 [리] 破木못쓸나무、이(支)

十二 ⿰片粦 린 [린] 稜也觚모질、인(震)

⿰片貴。 퇴 [퇴] 屋破狀⿰片崔ㅣ집모양허술할、퇴(灰)

十三 ⿰片業 예 [업] 築墻板담틀、업(葉)

⿰片詹。 잔 [첨] 簷端板평고대、첨又처마끝널、첨(豔)

十四 ⿲辛片辛 편 [편] 革中絶가죽끊어질、편(霰)

⿰片臺 태 [대] 木理逆剡나뭇결거슬러깎을、대(賄)

⿰片壽 쓰 [수] 棺也관、수(有)

十五 牘。 뚜 [독] 書板서판、독簡간독、독又편지、독(屋)

十七 ⿰片毚。 찬 [참] 板也널판、참 水門물문、참(陷)

牙部

牙。 야 [아] 牡齒엄니、아又어금니、아大將旗대장기、아(麻)

㸦 互俗字

三 ⿰牙予 야 아어린아이、아(麻)

六 ⿰牙艮 깐 [감] 齧

也씹을、감(潸)

八

猗 치[기]虎牙범의어금니、기(支)

牚 청[당]邪柱버팀목、당(撐)

九

𤛓 우[우]齷齒너리먹은이、우又벌레먹은어、우(虞)

十

𤜇 애[애]牙也어금니、애咀也씹을、애又새김질할、애(灰)

牛部

牛。 뉴[우]耕畜大牲소、우(體大脚短頭有兩角、一元大武)(宿名牽ㅣ)(尤)

二

牝。 핀[빈]雌獸암컷、빈又짐승、빈(軫)

牟 뫄[모]大也클、모牛鳴소울、모侵奪빼앗을、모取也취할、모大麥來ㅣ보리、모器也敦ㅣ그릇、모(地名中ㅣ)(尤)麰通

牞 꺽[구]牛多力소힘셀、구(尤)

𤘘 꺽[구]牡牛수소、구又황소、구(尤)

三

牣 신[인]滿也實ㅣ가득할、인塞也充ㅣ꽉맥힐、인(震)

牢。 랖[로]堅也굳을、노又견고할、노養獸圈우리、노(牛曰太ㅣ、羊曰少ㅣ)海獸蒲ㅣ물짐승、노(豪) 窂通

牡。 무[무]雄獸수컷、무又수짐승、무門鍵자물쇠、무(有)

𤘬 쓘[순]牛行遲소걸음더딜、순(眞)馴通

𤘫 간[간]牛停소머무를、간(寒)

四

㸴。 젠[건]犗牛불친소、건(元)(郡名ㅣ爲)(先)犍同

㸸 썬[심]水牛물소、심(寢)

牧。 무[목]畜養기를、목又칠、목畜養場우리、목治也다스릴、목司也맡을、목察也살필、목田官권농관、목(屋)坶同

物。 우[물]有形萬ㅣ만물、물事也일、물財也재물、물類也같을、물(物)

牦 갚[모]野牛들소、모(豪)

牬。 빼[패]二歲牛두살된송아지、패(泰)

𤘺 빠[파]牛角相背자빠를、파(麻)

𤘼 텐[천]牛食草소풀먹을、천(霰)

𤙀 예[개]四歲牛사년된송아지、개(卦)

𤘲 의[유]靜也고요할、유不動꿈쩍않을、유(尤)

𤘿 뿐[분]牡牛수소、분(文)

𤙃。 찐[금]牛舌病소헛병、금(沁)

牥 뱅[방]良牛좋은소、방(如橐駝日行二百里)(陽)

𤘸 牼同

牫 짜[가]角也뿔、가(歌)

𤘧 꺼[과]牡之大牛큰황소、과(歌)

五

牯 꾸[고]牝牛암소、고(虞)

牴。 듸[저]觸也받을、저又찌를、저略也大ㅣ대저、저雜技角ㅣ씨름、저當也당할、

저齊舐 同抵通 牱 꺼 가 繫船杙배매는말뚝、가歌 牱牁同 牲。 성 생 將殺犧ㅣ희생、생又죽이랴할、생(六畜曰六ㅣ、飼養曰畜將殺曰ㅣ、祭神供用牛羊豕畜)庚 牧

탄 도 牛徐行소더디갈、도豪 牭。 쓰 사 四歲牛사년된소、사寘 牬 픠 비 使牛聲소부리는소리、비支 犃同 牵。 쳔 쳔 土石防水흙과돌로물막을、쳔霰

㸬。 학 후 牛鳴소울、후犢也송아지、후有 牰。 유 유 目黑牛눈저먼은소、유有 牠 튀 타 無角牛뿔없는소、타哿 牠 同牠 牸 쟉 쟉 山牛산소、쟉藥

牨 핑 평 斑牛얼룩소、평庚 六 牸 쯔 자 牝牛암소、자獸育子짐승새끼칠、자寘 特。 트 특 挺立우뚝할、특唯獨특별할、특配匹짝、특牡牛수소、특凡三

歲獸삼년쯤된짐승、특但也다만、특獨也ㅣ牛소한필、특職 牶 촨 권 牛鼻捲소코뚜레、권願 㸶 인 연 牛尾縫소꼬리혼솔、연先 牷。 촨 전 純色牛순색소、

전又한빛털로생긴소、전先 㸷。 꼐 긔 牛聲소소리、긔紙 㸹 쎄 협 牛健소건장할、협葉 犗 씨 세 牛之仰角소천지각、세又뿔뾰족할、세霽 牱

혁 후 牡牛황소、후有 七 犀。 씨 서 南徼外牛물소、서又무소、서(形如水牛鼻上一角)瓠瓣박속、서齊 屖通 牼。 찡 경 牛膝下骨소정갱이뼈、경庚 牽。

첸 견 引也이끌、견挽也잡아당길、견連也연할、견速也속할、견(星名ㅣ牛)先 舟索百文ㅣ배끄는줄、견霰 牂 쨩 장 牝羊암양、장陽 㸺 쓰 사 一歲牛일년된소、사

紙 犤 삐 폐 牛馬行犕ㅣ마소다닐、폐齊 牻。 망 방 白黑雜色牛희고거먼은얼룩소、방江 㸹 얍 열 駁牛얼룩소、열屑 㸷 잡 초 角尖뿔날카로울、

초效 犎 뽕 봉 野牛들소、봉冬 㸽 빼 패 二歲牛두해된소、패泰 𤙣 騂同 牿 꾸 곡 牛馬牢외양깐、곡沃 八 犂。 리 리 斑牛얼룩소、이

耕具보습、이 려 義同齊 犉 츈 순 黃牛黑脣누르고입술꺼먼은소、순眞 犅。 깡 강 赤色牡牛붉은수소、강陽 犇 뻔 분 牛驚소놀라뛸、분元 奔同 犆。 이지

……직 緣也선두를、직 牛也犆ㅣ소、직 특 一也하나、특(職)

⿰牛舍 써 사 牝也암컷、사(禡)

⿱制牛 씨 세 牛角直立소뿔꼿꼿할、세(霽)

⿰牛京 량 량 犕牛얼룩소、양(陽)

犈 찬 권 黑脚牛다리거먼은소、권(先)

⿱臤牛 쳰 견 牛不從牽소끌리지않을、견(霰) 한 義同(潸)

⿱非牛 뼤 비 耦耕쌍겨리할、비 又쌍소밭갈、비(尾)

⿰牛卓 뇨 뇨 以角挑物뿔로들출、요(肴)

⿰牛番 빼 비 牛齒現出소이드러날、비(眞)

犄 이 의 長也길、의 犄ㅣ也소불깔、의(支)

⿰牛咅 뿌 부 牡也수컷、부(有)

九

犎 뿡 봉 野牛들소、봉(形如橐駝)(冬)

⿰牛兪 위 유 黑牛거먼소、유(虞)

犍 졘 건 犗牛불깐소、건(元) (蜀郡名ㅣ爲)(先) 犍同

犌 쟈 가 牛有力소힘있을、가(麻)

⿰牛重 츙 종 牛孕胎새끼밴소、중(送)

⿰牛叟 쑤 수 三歲牛삼년된소、수(尤)

犑 지 격 牛也소、격(錫)

⿰牛蚩 찬 천 牛緩소굼뜰、천 又느린소、천(銑)

⿰牛軍 훼 휘 犂牛頭얼룩소머리、휘(微)

犐 꿔 과 無角牛뿔없는소、과(歌)

⿰牛苗 먀 묘 長尾牛꼬리긴소、묘(肴)

十

犗 졔 개 騬牛불깐소、개 畜健强者짐승건강한놈、개 宮刑불알썩힐、개(卦)

犒 캎 호 餉軍ㅣ牛호궤할、호 又군사먹일、호(號) 槁同

犖 러 락 駁牛얼룩소、낙 超羣卓ㅣ뛰여날、낙 分明ㅣㅣ분명할、낙(覺)

⿰牛秦 친 진 牛名소이름、진(眞)

犓 츄 추 以芻飼牛꼴먹여기를、추(虞)

⿰牛氣 씨 희 牛病소병들、희 牛健소굳길、희(未)

犕 빼 비 以鞍裝馬말안장지을、비 八歲牛여덟해된소、비(寘)

⿱𣪊牛 꺼 구 擠取牛乳소젓짤、구(有)

⿰牛隺 워 악 白牛흰소、악(覺)

⿰牛修 쑤 수 無尾牛꼬리없는소、수(尤)

⿰牛虔 졘 건 犗牛불깐소、건(元)

⿰牛旁 빵 방 背白牛등흰소、방(陽)

十一

⿱尉牛 웨 위 黑耳牛귀검은소、위(未)

⿰牛尉 同⿱尉牛

犛 리 리 黑牛거먼소、이(支)

⿰牛累 레 류 俗音 루 求子牛암내내는소、누(支)

⿰牛産 잔 산 飼畜짐승기를、산 畜牲새끼기를、산(潸)

犙 싼 삼 三歲牛삼년된소、삼(覃)

⿰牛庸 융 용 犎也들소、용(冬)

⿰牛堇 진 근 牛馴소길들、근 柔也부드러울、근(吻)

⿰牛習 라 [랍]牛牴소받을、납(洽)

⿰牛啇 디 [적]特牛수소、적(錫)

⿰牛崔 위 [최]白牛흰소、최(灰)

(十二) 犝 등 [동]無角牛뿔없는소、동(東)

⿰牛堯 찬 [의]俗音 [요]牛馬騰躍曰ㅣ말소솟아뛸、요(嘯)

⿰牛喬 캰 [교]乾肉鮮ㅣ말린고기、교 又 포、교(宗廟祭亨所以奉ㅣ)(篠)

⿰牛龠 따 [랍]抵也받을、랍(合)

⿰牛莽 [華]ㅣ牛황소、망

⿰牛敫 [韓]貂也ㅣ皮돈피、돈

(十三) ⿰牛畺 쟝 [강]白脊牛등마루흰소、강(陽)

⿰牛豢 환 [환]飼也기를、환(諫)豢同

⿱覃牛 환 [환]劣也용렬할、환(刪)

⿰牛萬 례 [례]白脊牛등마루흰소、예(泰)

⿰牛蜀 犢同

(十四) ⿰牛需 수 [유]牛莖소자지、유(遇)

⿰牛翟 위 [악]白牛흰소、악(覺)

⿰牛壽 탄 [도]牛無孕둘암소、도(豪) [채]義同(灰)

(十五) 犢 뚜 [독]小牛송아지、독 又 송아지、독(屋) ⿰牛蜀同

⿰牛罷 피 [피]短脚牛난장이소、피(支)

犣 레 [렵]牛名소이름、엽(葉)

⿰牛藏 쟝 [장]善牛순한소、장(陽)

⿰牛憂 산 [요]牛柔소순할、요(篠) ⿰牛夒同

⿰牛㬥 犦同

⿰牛麃 빠 [표]黃白駁牛얼룩소、표(蕭)

(十六) 犧 씨 [희]廟牲희생할、희(帝號庖ㅣ)(支) [사]酒器ㅣ樽술준、사(歌) 獻戲通

⿴行牛 웨 [위]牛蹄소굽、위(齊) [궤]牴也받을、궤(寘)

犨 척 [주]牛息聲소숨소리、주 出也나올、주 姓也성、주(尤) 犫通

⿰牛褱 홰 [회]獸似牛四角네뿔돋은짐승、회(佳)

(十七) ⿰牛營 잉 [영]嚶牛子聲송아지부르는소리、영 又 소울、영 犢也송아지、영(梗)

⿰牛毚 잔 [참]牛角소뿔、참(陷)

(十八) 犩 웨 [위]蜀牛촉나라소、위(大而肉重千斤)(微)(未)

⿰牛夒 와 [요]牛柔順소순할、요(篠) ⿰牛憂同

犦 빠 [박]牛名소이름、박(狀如橐駝日行三百里牴觸百獸無敢當者)(覺) 犦同

(二十) 犪 궤 [규]牛名ㅣ牛소이름、규(支)

(二十二) ⿰牛纍 직 [로]求子牛암내내는 누(支)

(十三) 犫 척 [주]人名郤ㅣ사람이름、주(尤) 犨通

(十四) ⿰牛霝 링 [령]大牛큰소、영(青)

犬部

犬 촨 [견]大狗큰개、견(銑)

犮 빼 [발]犬走貌개달는모양、발(曷)

(二) 犯 빤 [범]干也범할、범 抵觸다닥칠、범 侵也침노할、범 僭也참

남할、범(鎌)

勑 리 [력]犬爭貌개으르렁거릴、역(職)

犰 직 [子]獸名ㅣ狳짐승이름、구(熱帶產獸形如穿山甲、逢敵則縮身如毬)(尤)

㊂

犴 안 [한]野犬들개、한獄也狴ㅣ옥、한又우리、한(翰)豻通

犵 지 [힐]南蠻ㅣ狫남녘오랑캐、힐(質)

⿰犭卂 쉰 [신]小獸色黃食鼠족제비、신(震)

⿰犭也 지 [시]狼屬이리、시(蛇山有獸其狀如狐白尾長耳)(紙)

㊃

狁 윤 [윤]北狄玁ㅣ북녘오랑캐、윤(軫)

犿 반 [번]相從連ㅣ서로좇을、번(元)

㹠 툰 [돈]豕子돝의새끼、돈(元)豚同

狂 광 [광]心病미칠、광失情錯亂정신잃을、광(陽)

犺 캉 [강]健狗실팍한개、강(漾)

狀 장 [장]樣也형상、장牒也문첩、장札也편지、장類也같을、장(或音상)(漾)

狃 뉴 [뉴]親狎친압할、유習也익힐、유(有)慣也익숙할、유就也나갈、유(宥)

狄 듸 [적]北ㅣ북녘오랑캐、적樂吏ㅣ人풍류맡은관원、적畫雉衣揄ㅣ꿩그린옷、적遠也멀、적(錫)

⿰犬欠 위 [유]呼犬子ㅣㅣ강아지부를、유(虞)

犾 인 [은]犬相吠개마주짖을、은又개서로물、은(文)

⿰犭及 차 [잡]犬之食개먹을、잡(合)

⿰犭斤 인 [은]犬吠聲ㅣㅣ개짖는소리、은(文)狺同

⿰犭市 페 [패]犬怒개성낼、패(隊)

狆 중 [日]長毛犬삽살개、중

⿰犭幵 옌 [연]獟犬사나운개、연逐虎犬후박개、연食人犬사람잡아먹는개、연(霰)

⿰犭互 후 [호]長尾猿꼬리긴원숭이、호(遇)

犼 후 [후]山犬산개、후(有)

⿰犭帀 獅俗字

㊄

狐 후 [호]妖獸多疑여호、호又여우、호(形如犬而稍小毛赤黃死則首丘)(虞)狐同

狉 퓌 [비]羣走ㅣㅣ떼지어달아날、비貍子삵의새끼、비(支)豾通

⿰犭主 쥬 [주]黃犬黑頭몸누르고머리거먼개、주(遇)

狋 이 [의]犬怒貌개응승그릴、의(微)[은]犬爭개싸움할、은(眞)[권](代郡縣名ㅣ氏)(先)

狙 쥐 [저]手長猿손긴원숭이、저伺也注視엿볼、저(魚)[처]詐也간사할、처(御)

狒 삐 [비]猿類ㅣㅣ원숭이、비又비비、비(或音불)(ㅣ如人身、被髮脣長)(未)

狚 딴 [단]似猿編ㅣ원숭이같은짐승、단(旱)[달]巨狼猲ㅣ큰이리、달(曷)

狌 썽 [성]似猿能言ㅣㅣ성성이、성(青)[생]義同(庚)猩同

狗 꾸 [구]犬也개、구(有)

狖 우[유] 黑猿꺼먼은원숭이、유(有) 貁同 **狘** 웨[월] 驚走貌놀라달아날、월(月) **狊**° 지[격] 犬視貌개노리고볼、격鳥張兩翅새기지개결、격(錫) **狎**· 쌰[압] 親近친압할、압習也익힐、압忽也홀하게여길、압(洽) **⿰犭召** 쟌[조] 短尾犬동강개、초(蕭) **狔**° 늬[이] 從風貌猗ㅣ바람에너풀거릴、이(支)(紙) **⿰犭弁** 뻰[변] 犬爭貌개싸움할、변(霰) **狆** 쯴[신] 狂也미칠、신(眞) **⿰犭加**· 쟈[가] 玃也큰원숭이、가(麻) **⿰犭占** 톈[첩] 犬舐개핥을、첩(葉) **⿰犭付** 뿌[부] 羊也양、부(遇) **⿰犭玄**° 쏀[현] 心急마음급할、현(先) **⿰犭只** 지[채] 駁也얼룩、채(蟹) **⿰犭央** 앙[앙] 貉也담비、앙(陽) **狓**· 삐[피] 飛上猖ㅣ너풀너풀나를、피(支) **狑** 링[령] 怜犬영리한개、영(青)

六

狨 숭[융] 猴類원숭이、융(東) **狧** 쓰[시] 犬舌取物개핥을、시(紙)[탑] 義同貪欲ㅣㅣ탐욕낼 탑(合) **狟**° 쏸[환] 貒子담비새끼、환(寒) 貆同 **狠**°· 인[한] 俗音[완] 犬鬪聲개싸우는소리、완(阮) 戾也사나울、완很通[흔] 過度之意과도할、환 **狦**° 싼[산] 惡犬악한개、산(刪) **狡**· 쟌[교] 猾也교활할、교又간사할、교狂也미칠、교小狗작은개、교疾也빠를、교(巧) **⿰犭休** 貅同 **狩**°· 쑤[수] 冬獵겨울에사냥할、수巡也순행할、수又돌、수(天子適諸侯曰巡ㅣ)(有) **狣**° 쟌[조] 犬有力개힘셀、조(篠) **⿰犭夅** 썅[항] 犬不服牽擁ㅣ개길들지않을、항(江) **狤** 지[길] 獸名ㅣ掘짐승이름、길(質) **⿰犭各**°· 허[학] 貈也담비、학(藥) 貉同 **⿰犭幷** 옌[연] 逐虎犬범쫓는개、연(霰) **⿰犭曳** 예[예] 狸子삵의새끼、예(霽) **⿰犭巛** 놔[노] 牝貉암담비、노(皓) **⿰犭爪** 빠[과] 腰軀而行허리굽으리고갈、과(哿)

七

狴· 피[폐] 牢獄ㅣ犴옥、폐(獸名ㅣ犴)(齊) 陛同 **狵**° 망[방] 犬多毛삽살개、방(江) 尨同厖遲 **狽** 빼[패] 獸名狼ㅣ낭패、패又이리、패(狼短後足ㅣ短前足相依而行)(泰) **狸**· 리[리] 野貓삵、이(支) 貍同 **狷**° 쟌[견] 性急패려궂을、견又편엽할、견(銑) 獧通 有所不爲고집스러울、견燥急조급할、견猶豫未決미적미적할、견(霰) **狿** 옌[연] 獸名獌ㅣ짐승이름、연(似狸而長)(先) **狼**°· 랑[랑] 獸名이리、낭(似犬銳頭、口大耳小

頫白ㅣ藉낭자할、낭又와자할、낭(陽)(地名博ㅣ)(漾)浪通(星名)(養)

狺。 인 [은] 犬爭吠聲ㅣㅣ뭇개짖는소리、은(文)犷同

[犭廷] 팅 [정] 猿類猱ㅣ원숭이、정(青)

[犭足]。 취 [작] 宋種良犬송나라개씨、작(藥)猎同

狻。 싼 [산] 獅子ㅣ猊사자、산(寒)

狹。 쌰 [협] 隘也좁을、협(洽)陜陿同峽通

狶 씨 [희] 豕也돝、희(支)

[犭孝] 쌰 [효] 豕犬驚貌개돋놀랄、효(肴)

[犭豆] 뚜 [두] 犬吠聲개짖는소리、두(宥)

狾。 찌 [제] 狂犬미친개、제(霽)猘同

狳。 위 [여] 獸名犰ㅣ짐승이름、여(魚)犰通

[犭孚] 후 [화] 小犬ㅣ狢작은개、화(歌)

[犭肖] 싸 [소] 狂病미치광이、소(蕭)

[犭谷] 위 [욕] 獸名獨ㅣ짐승의이름、욕(狀如白虎犬首馬尾)(沃)

[犭巠]。 징 [경] 狩也사냥할、경(迴)

[犭吾] 우 [오] 猿也원숭이、오(虞)

八

猗。 이 [의] 犗犬불깐개、의長也길、의(支)弱貌ㅣ狔휘청거릴、의(紙)[아]柔順ㅣ儺유순할、아(哿)欹倚通

猊 이 [예] 獅子狻ㅣ사자、예(齊)

猘 狾同

猜。 채 [시] 疑也의심낼、시恨忌시기할、시又샘낼、시懼也두려워할、시狠也사나울、시(灰)

猋 뱌 [표] 犬走개달아날、표回風회리바람、표(蕭)

猇 햐 [효] 虎欲齧聲범이물랴하는소리、효虎吼범울、효(濟南縣名)(肴)虓同

猖。 창 [창] 駭也狂ㅣ미쳐뛸、창縱裂ㅣ披너풀거릴、창(陽)

猙。 정 [쟁] 獸名짐승이름、쟁(似狐有翼)(庚)

猛。 멍 [맹] 勇也날랠、맹威也위엄스러울、맹惡也사나울、맹又모질、맹嚴也엄할、맹(獸名ㅣ氏如熊大者)(梗)

猒。 옌 [염] 飽也배부를、염足也족할、염安也편안할、염斁也싫을、염(鹽)(豔)饜同、厭通

猝。 추 [졸] 倉卒창졸、졸忽然갑자기、졸又별안간、졸突出뛰어나올、졸(月)卒通

猎 [犭足]同

猅 패 [배] 短頭犬머리짧은개、배(佳)

猈 패 [패] 短脛狗발발이개、패(一名案下狗)(蟹)

猆 뻬 [비] 姓也성、비(微)

猉 치 [기] 犬子강아지、기(支)

猓。 꿔 [과] 似猴ㅣ然원숭이、과(長尾猿)(哿)

猔。 猣同

猪 타 [답] 犬食개먹을、답(合)

[犭委] 猧同

猑。 쿤 [곤] 大犬큰개、곤(元)

[犭易]。 쨰 [적] 犬怒張耳개성내어귀벌죽거릴、적(陌)

[犭咎] 챺 [교] 健也ㅣ犺건장할、교(篠)

[犭屈]

취[굴]獸名猪ㅣ짐승이름、굴(物) **獋**。퇴[탁]猛犬사나운개、탁犬嚙개물、탁狩也사냥할、탁(覺) **猍**• 래[래]貍也삵、내(灰) **[犭戔]** 찬[찬]犬咬개물、찬(潸) **猏**

젠[견]三歲豕세살된돋、견(先) ⑨ **猪**。字 豬俗 **猣** 쭝[종]犬生三子개새끼셋낳、종(東) **猤** 퀘[계]武勇용맹스러울、계(寘) **猢** 후[호]猴也ㅣ猻원

숭이、호(虞) **猨** 원[원]猴類원숭이、원(似獼猴長大者長臂善嘯)(元)猿本字 **猴**。후[후]猱也獮ㅣ원숭이、후又잔나비、후(猿之大者)(尤) **猫**• 字 貓俗 **猱** 노[노]猴

也원숭이、노(手長猿善升木)(豪)獶同夒通 **猧** 와[와]犬名개이름、와(歌)[犭委]同 **猵**。편[편]似猿ㅣ狚수달、편(先) **猷**• 유[유]謀也꾀、유圖也도모할、유道也길、유可也

옳을、유若也같을、유(尤)猶通 **猩** 성[성]似猿ㅣㅣ성성이、성(猿類中最大而最近人類者)(靑)[생]義同(庚)狌同 **猶**。유[유]似也같을、유尚也오히려、유同一한가지、유舒

遲夷ㅣ더딜、유(尤)未決ㅣ豫머춤、유(宥)宂猷通 **獀**。쑤[수]秋獵가을에사냥할、수(有)南越名犬獀ㅣ수캐、수(尤)獀同蒐通 **[犭矦]**• 字 猴本 **猰** 同 猰 **猲**。허[헐]

獵犬사냥개、헐(月)[갈]義同(曷)[갑]恐逼공갈할、갈又얼를、갑(洽) **猋** 쌰[효]犬吠ㅣㅣ개짖을、효(效) **㚟** 쫘[작]犇走怵ㅣ달아날、작(藥) **献** 字 獻俗 **猭** 찬

[천]獸走貌짐승달아날、천[전]義同(先) **猳** 야[가]羆如熊黃白文누르고허연점박인큰곰、가(麻)猳同 **猯**。퇀[단]狸屬似豚而肥삵、단又오소리、단(體如豬而薄黑頭瘦喙尖、

穴居好眠)(寒)貒同 **[犭是]**。씨[시]獺屬ㅣ排수달、시(紙) **[犭甾]** 同 貓 **[犭音]** 안[암]犬吠개짖을、암(咸) **猬**• 위[위]刺鼠食瓜고슴도치、위(未) **㹠** 듄[둔]獵犬사냥개、

돈(願) ⑩ **獅**• 쓰[사]猛獸ㅣ子사자、사又사지、사(獸之長也肉食動物勇猛敏捷能食虎豹)(支) **獃**。애[애]癡也못생길、애又지더릴、애失忘懷ㅣ우두컨할、애(灰)

猥。웨[외]妄也망녕될、외雜也잡될、외鄙也더러울、외又외람할、외曲也굽을、외(賄) **猻** 쓴[손]猴也猢ㅣ원숭이、손(元) **猿**• 字 猨俗 **[犭員]** 同 猿 **[犭般]** 판

[반] 短尾犬ㅣ狐 동갱이、반 (寒)

獄 위 [옥] 人因牢屋옥、옥又우리、옥 (沃)

猺 얀 [요] 狗種獏ㅣ개、요蠻種ㅣ獞남녘오랑캐、요 (蕭)

獀 同狻

⿰犭恙 양 [양] 獸名無恙짐승이름、양又무양、양(北方荒野有獸如獅食人虎豹咋人則疾黃帝殺之人無憂疾謂之無恙) (漾)

⿰犭兼 칸 [혐] 犬吠不止개연속짖을、혐兩犬相爭개맞싸울、혐 (豏)

猾 화 [활] 狡也교활할、활又간흉할、활黠也꾀많을、활亂也어지러울、활 (黠)

獂 웬 [원] 豕也돋、원(縣名ㅣ道) (元)

⿰犭荒 황 [황] 狼屬이리、황 (陽)

⿰犭蚩 치 [치] 狩也사냥할、치狵也삽살개、치 (支)

⿰犭翁 웅 [옹] 豬也돋아지、옹 (東)

⿰犭差 차 [차] 犬狂개미칠、차 (歌)

十一

獌 만 [만] 似狸貙ㅣ스라소니、만 (願)

獒 안 [오] 四尺犬큰개、오又후박개、오猛犬사나운개、오 (豪)

獎 쟝 [장] 嗾犬厲之개뒤길、장又개버릇사납게가르칠、장 (養)

獍 징 [경] 惡獸梟ㅣ짐승이름、경(狀如貙而形似虎豹始生還食其母故曰梟ㅣ) (敬)

獐 쟝 [장] 鹿屬노루、장(似鹿體小無角善驚) (陽) 麞同

⿰犭參 싼 [삼] 賊疾미워할、삼又팩덤빌、삼 (豏) 大容頭進개구멍에머리내밀、삼獸名山ㅣ짐승이름、삼(形似人而體長尺餘捕食蝦蟹) (咸)

獔 꼬 [호] 犬吠개짖을、호咆也웅얼거릴、호 [고](人名夷ㅣ) (豪)

⿰犭從 쭝 [종] 犬生一子개새끼한마리낳、종 (宋) 猔同

⿰犭婁 뤼 [루] 豬求子돋암내벋、누 (虞)

⿰犭翏 쟌 [교] 擾也요란할、교獪也교활할、교 (肴)

獏 머 [맥] 似熊食鐵불가사리、맥 (覺) 貘同 [모] 犬種ㅣ猺개、모 (虞)

⿰犭庸 융 [용] 獸名짐승이름、용 (冬)

⿰犭毫 학 [호] 貉類ㅣ子담비、호 (豪)

⿰犭帶 체 [체] 狂犬미친개、체 (霽)

⿰犭展 낭 [낭] 狵也삽살개、낭 (江)

十二

獞 뚱 [동] 犬名개、동 (東)

⿰犭壹 씨 [희] 人名獟ㅣ사람의이름、희 (寘)

⿰犭貴 꿰 [계] 蜼之小者獴ㅣ꼬리재진작은원숭이、계 (霽)

獘 삐 [폐] 死也죽을、폐 (霽) 斃同

獠 랴 [료] 夜獵밤에사냥할、요 (蕭) (蠻種犬名ㅣ獞) (嘯) (西南夷) (巧) 獠通

獢 쌰 [효] 短喙犬부리짧은개、효 (蕭)

獝 쮜 [귤] 狂也미칠、귤 (質)

獟 챠 [교] 勇也날랠、교 (蕭) [요] 狂犬미친개、요 (效)

⿰犭然 산 [연] 猴名猓

ㅣ원숭이、연(先)
獗。궐[궐]賊勢猖ㅣ도둑일어날、궐(月)
犭敢 칸[함]俗音[감]大聲개소리、감(感)
獡。쒀[삭]犬隨人ㅣㅣ개가사람따를、삭(藥)
獥[韓]貂也ㅣ皮돈피、돈
獚 황[황]大犬큰개、황(陽)
獜 린[린]強健강건할、인(眞)(震)
獳 놔[노]犭也삽살개、노(豪)
犭單 쎈[선]犬嚙개물、선(先)

⑬

獬。예[해]神羊ㅣ豸해태、해(能別曲直)(蟹)鮭同
獪。화[회]狡也간교할、회(泰)[괘]義同(卦)
獩 홰[예]東夷ㅣ貊동녘오랑캐、예(隊)濊薉通
獶。놔[노]獮犬더펄개、노(豪)
獫 렌[렴]長喙犬입부리긴개、염(豔)玁通
獨。뚜[독]單也홀로、독(獸名ㅣ狢)(屋)
㺚 타[달]水狗물개、달(曷)獺同
獧。쒠[현]疾也빠를、현(銑)狷通
獥 씨[혁]俗音[격]狼子이리새끼、격(錫)
獽 양[옹]犬不訓개길들지않을、옹(江)
獦 거[갈]短口犬입짧은개、갈(曷)

⑭

獱。삔[빈]小獺작은수달、빈(眞)
獯 훈[훈]北狄ㅣ鬻북녘오랑캐、훈(文)
獴 멍[몽]蜼之小者ㅣ猜꼬리째진원숭이、몽(東)
獮 쎈[선]秋獵가을에사냥할、선(銑)[미]殺也捕獲죽여잡을、미(未)
獳。부[누]怒犬성낸개、누(尤)
獰。닝[녕]惡也영악할、영(庚)
獲。휙[획]取得얻을、획(陌)[확]失志隕ㅣ실심할、확(藥)
犭監 칸[함]虎聲범의소리、함(豏)
犭意 인[은]산나귀、은(問)

⑮

犭畾 레[뢰]박쥐、뇌(紙)
獶 놔[뇨]개놀랄、요(巧)[노]원숭이춤、노(豪)[모](犬名ㅣ獀)(尤)
獷。꿍[광]麤惡ㅣㅣ추악할、광(梗)[韓]黃鼠족제비、광
獸。쓔[수]짐승、수(宥)
獵。려[렵]사냥할、엽(葉)

⑯

獻。쎈[사]술준、사(歌)犧通[헌]드릴、헌(願)献同
獹 루[로]큰개、노(虞)
獺 타[달]물개、달(曷)[찰]義同(黠)㺚同
犭䜌 렌[련]토끼달아날、연(先)
霍犬 휘[학]至也이를、학 高也높을、학(覺)

⑰

獼。미[미]원숭이、미(支)
犭嬰 잉[영]짐승이름、영(庚)
犭霝 링[령]良犬좋은개、영(靑)犭靈同
犭戲 씨[희]豕也돋、희(支)

⑱

獿。猱同
獾 환[한]貒也왕살기、한(寒)貛同

⑳

玁。현[험]北夷북녘오랑캐

랑개、험(琰) 獫通

玃 취 [확]큰원숭이、확(藥) 玃同

獑 치 [기]개새끼한마리낳、기(微)

(十三) **⿰犭囂** 쌰 [효]누른개、효(蕭)

(十四) **⿰犭靈** 링 [령]좋은개、령(靑)

五畫

玉部

玉 위 [옥]石之美者寶ㅣ옥、옥愛也 사랑할、옥成也이룰、옥(沃)

王 왕 [왕]君也임금、왕又인군、왕(陽)盛也성할、왕保有一國之主稱號임금노릇할、왕(漾)

(二) **玎** 띵 [쟁]玉聲ㅣ玲옥소리、쟁(庚)[정]義同(靑)

玏 러 [륵]如玉美石옥돌、늑(職)

⿰王卜 뱍 [박]未琢玉石덩어리옥、박(覺)

玐 빠 [팔]玉聲옥소리、팔(黠)

(三) **玒** 꽁 [공]玉名옥이름、공(東)[강]義同(江)

玘 치 [기]珮玉패옥、기又노리개、기(紙)

玗 유 [우]石似玉옥돌、우(樹名ㅣ琪)(虞)

玕 깐 [간]美石琅ㅣ예쁜돌、간(狀如珠玉)(寒)

玖 직 [구]黑石검은돌、구(有)九通

玓 디 [적]明珠色ㅣ瓅구슬빛환할、적(錫)

玔 촨 [천]玉環옥고리、천玉製腕環옥팔지、천(霰)

⿰王土 뱌 [보]玉器옥그릇、보(寶)

⿰王乞 이 [흘]高也높을、흘(質)

(四) **玢** 뿐 [분]玉紋貌ㅣ豳옥무늬、분(文)[빈]義同(眞)

玞 뿌 [부]美石次玉珷ㅣ무부、부又곁옥、부(虞)砆同

玟 민 [민]石種次玉瑉ㅣ옥돌、민(眞)珉碈砇同

玫 메 [매]火齊珠ㅣ瑰붉은구슬、매(灰)

玠 졔 [개]大圭큰서옥、개又큰홀、개(卦)

环 빼 [배]占吉凶玉ㅣ珓배교、배(灰)

玤 빵 [방]玉中次玉옥돌、방(講)

玩 완 [완]弄物구경할、완又작난할、완珍也奇ㅣ보배、완(翰)

玭 핀 [빈]有聲淮珠소리나는진주、빈(眞)[변]義同(先)蠙同

玜 꿍 [공]玉名옥이름、공(東)

⿰王丑 鈕古字

玦 꿰 [결]珮玉半環노리개、결(屑)

玡 야 [아]玉似骨옥같은뼈、아(禡)

玣 뻰 [변]玉飾冠弁옥으로꾸민관、변又고깔꾸미개、변(霰)

玧 뮨 [윤]充耳玉귀막는옥、윤(軫)[문]赤玉붉은옥、문(元)

(五) **珏** 쟈 [각]雙玉쌍옥、각(覺)瑴同[곡]義同(屋)瑴同

珇 쪼 [조]珪上凸起서옥머리도두룩할、

조(虞)

玳 대 [대]龜甲ㅣ瑁대모、대(隊)瑇同

珍。 전 [진]寶也보배、진貴重귀중할、진(眞)

珎 字珍俗

珊 싼 [산]海中產動物ㅣ瑚산호、산(形如樹枝、色有赤白、黑者甚美)珊玉聲ㅣㅣ패옥소리、산(寒)

玼。 츠 [자]玉病옥티、자(支)[차]玉色옥빛、차(紙)[체]玉色鮮明옥빛깨끗할、체(霽)疵通

玻 뻐 [파]寶石ㅣ瓈파려파(一名水玉、瑩如水、堅如玉、有兩點者眞品)(歌)

珂。 커 [가]白瑪瑙흰마노、가馬勒飾말굴레치장、가(歌)

玲 링 [령]玉聲ㅣ瓏쟁그렁거릴、영又옥소리、영瑪鏤貌아롱아롱할、영(靑)

玷 뎬 [점]玉傷痕옥이즈러질、점(琰)(豔)

珈。 쟈 [가]笄飾六ㅣ비녀치장、가(麻)

珌。 삐 [필]刀飾琫ㅣ칼장식옥、필(質)

珄 썽 [생]金色금빛、생(庚)

珀 퍼 [맥]俗音[박]松脂所化琥ㅣ호박、박(陌)

珉。 민 [민]美石次玉옥돌、민(眞)玟同

玹 쒠 [현]玉次石옥돌、현(霰)

玺 字璽俗

(六)

珕 리 [려]蜃屬刀飾자개로칼장식할、여(霽)

珙 꿍 [공]大璧크고둥근옥、공(腫)

珮 페 [패]帶也ㅣ玉패옥、패又찰、패(隊)佩同

珣。 쓘 [순]玉器옥그릇、순(玉名)(眞)

班。 빤 [반]列也반렬、반又늘어설、반別也분별할、반次序차례、반(删)般通

珧。 야 [요]蜃屬江ㅣ柱강요주、요(一名海月)(蕭)蜌蜤同

珓 쟈 [교]占吉凶玉环ㅣ배교、교又점치는산통교(效)

珦 썅 [향]玉名옥이름、향(漾)

瑶 字寶古

珩。 헝 [형]佩玉노리개、형(庚)

珬 쒸 [술]老鵬入海所化珂類수리가물에들어가변해된조개、술(質)

珞。 리 [락]頸飾瓔ㅣ구슬로목에치장할、낙(藥)

珫 충 [충]玉名ㅣ珥충이옥、충(東)

珖 꽝 [광]琯也옥피리、광(人名孫ㅣ)(陽)

珆。 이 [이]五色斑石화반석、이(支)

珢 컨 [은]俗音[간]石似玉옥돌、간(眞)

珨 야 [압]俗音[합]開閉門문여닫을、합(洽)

瑙 同瑙瑙

珥。 얼 [이]耳璫簪ㅣ귀고리、이瑱也琉ㅣ귀마개옥、이(紙)(寘)

珠。 쮸 [주]蚌胎所生진주、주又구슬、주(虞)

珝 쒸 [후]俗音[우]玉名옥이름、우(虞)

珪。 꿰 [규]瑞玉서옥、규(齊)圭同

珙 꿍 [공]玉帶옥띠、공(冬)

七

理 리 [리] 治也 다스릴、이 道也 이치、이 性也 성품、이 正也 바를、이 (紙)

璵 우 [오] 美石琨ㅣ 옥돌、오 (虞)

珷 우 [무] 美石ㅣ玞 무부、무 (虞) 碔同

琋 되 [제] 佩玉瓊ㅣ 패옥、제 (齊)

琅 랑 [랑] 石似珠玉ㅣ玕 낭간、낭 玉聲琳ㅣ 옥소리、낭 (陽) [華] 法ㅣ 파란、낭

珸 璵同

琊 예 [야] 齊國郡名琅ㅣ 고을이름、야 (麻)

珵 청 [정] 佩玉 패옥、정 (庚)

珽 뎡 [정] 笏也大圭 옥홀、정 (天子搢ㅣ) (迥)

現 쎈 [현] 玉光 옥빛、현 顯也 나타날、현 今也 지금、현 (霰) 見通

琉 랴 [류] 石有光ㅣ璃 유리돌、유 (泉州國名ㅣ球) (尤) 璢同

琇 쑤 [수] 美石ㅣ瑩 옥돌、수 (宥)

球 쿠 [구] 玉磬 옥경쇠、구 美玉 아름다운옥、구 圓也 둥글、구 (尤) 璆同 [華] 地ㅣ 지구、구 (世界二分、東半ㅣ、西半ㅣ) (泉州國名琉ㅣ)

琀 한 [함] 飯含玉 반함옥、함 (勘) 含通

珋 류 [류] 寶石 보석、유 金剛石 금강석、유 (尤)(有)

琄 쉔 [현] 佩玉貌ㅣㅣ 패옥늘어질、현 (銑) 鞙通

〈琈〉 부 [부] 玉采ㅣ筍 문채、부 (尤)

珿 취 [착] 等也 비등할、착 (覺) [축] 義同 (屋)

璇 센 [선] 玉石 옥돌、선 又 구슬、선 (先) 璿璣同

[illegible] 처 [華] ㅣ璖 자개、차

八

琫 뽕 [봉] 刀鞘裝飾ㅣ珌 칼집장식옥、봉 (董) 鞛同

琮 쫑 [종] 祭地瑞玉黃ㅣ 지신제에쓰는옥、종 (冬)

琦 치 [기] 玉也 옥、기 大貌ㅣ瑋 클、기 又 헌거러울、기 (支)

琪 치 [기] 玉屬、珣ㅣ 옥、기 (支)

琵 피 [비] 馬上樂器ㅣ琶 비파、비 (ㅣ琶胡琴、體圓有柄、四絃十二柱) (支)

琥 후 [호] 發兵虎符 옥호부、호 松脂所化ㅣ珀 호박、호 (襲)

琚 쮜 [거] 佩玉瓊ㅣ 패옥、거 (魚)

琨 쿤 [곤] 美玉ㅣ璵 아름다운옥、곤 (元)

琬 웬 [원] 俗音 [완] 圭也 서옥、완 又 홀、완 美玉ㅣ琰 아름다운옥、완 (阮)

琯 꽌 [관] 以玉爲管 옥저、관 又 옥소、관 又 옥피리、관 (ㅣ狀如篪六孔) (旱) 管通

琠 뎬 [전] 玉名 옥이름、전 (銑) 瑱通

琱 댜 [조] 治玉ㅣ琢 옥다듬을、조 又 옥조각할、조 (蕭) 彫雕通

琶 빠 [파] 馬上樂器 琵ㅣ 비파、파 (琵ㅣ胡琴) (麻)

琤 쩡 [쟁] 玉聲ㅣㅣ 옥소리쟁쟁할、쟁 (庚)

琳 린 [림] 美玉球ㅣ 아름다운옥、임 (侵)

琡 쓕 [숙] 玉名 옥이름、숙 大璋 큰홀、숙 (屋)

琰 앤

염 青玉비취옥、염美玉 琬ㅣ아름다운옥、염(琰) **琖** 잔 잔 夏爵名玉ㅣ옥술잔、잔(潸) 盞同 **琴** 친 금 七絃樂거문고、금(伏羲初造五絃、文武各加二絃)(侵) **珐** 애

법 齒質ㅣ瑯 법랑、법(洽) **琚** 꺼 거 耳環귀고리、거(魚) **琢** 취 탁 俗音 탁 治玉雕ㅣ옥다듬을、탁(覺) **琛** 瑛賝 同 **琭** 루 록 玉貌ㅣㅣ자질구러한옥、녹(屋)

琸 쫘 탁 人名劉ㅣ사람의이름、탁(覺) **琕** 同鞞 **琧** 어 악 白玉흰옥、악(藥) **琙** 위 역 人名公孫ㅣ사람의이름、역(職) **琲** 애 배 珠十貫진주열꿰미、배(賄)(隊)

九

瑋 웨 위 珍奇瑰ㅣ기이하고보배스러울、위(尾) **瑞** 쉐 서 祥也상서、서信玉符ㅣ홀서又옥신부、서(寘) **瑚** 후 호 海中産物珊ㅣ산호、호宗廟祭器ㅣ璉호련、호(虞)

瑀 유 우 美玉琚ㅣ옥돌、우(麌) **瑅** 틔 제 玉名ㅣ이름、제(齊) **瑇** 대 대 龜屬ㅣ瑁대모、대(雄曰ㅣ瑁、雌曰蠵蠵)(隊) 玳同 **瑁**

맏 매 龜屬玳ㅣ대모、매(隊) 蝐同 모 義同、圭冒서옥두겁、모(號) **[illegible]** 빈 빈 玉文ㅣ璘옥무늬얼른얼른할、빈(眞) **瑗** 웬 원 大孔璧구멍큰옥、원(願)(霰) **瑄**

쎈 선 大圓玉크고둥근옥、선(先) **瑑** 잔 전 圭上凸刻兆ㅣ옥홀머리도두룩하게아로새길、전彫玉爲文옥새길、전(銑) **瑕** 싸 하 玉玷옥티、하赤玉붉은옥、하(麻) 遐通

瑌 완 연 珉也蜀石黃ㅣ옥돌、연(先) 碝同 **瑝** 황 황 玉聲옥소리、황(陽) **瑙** 난 노 文石瑪ㅣ마노、노又옥돌、노(印度産、可製裝品)(皓) 瑙碯同 **瑊** 잰 감 俗音 함

石次玉ㅣ玏 옥돌、함(咸) **瑟** 씨 슬 大琴絃樂큰거문고、슬又슬슬又실풍류、슬(包犧氏所製二十五絃)風聲ㅣㅣ바람소리、슬矜莊貌끼끗한체할、슬(質) **瑃** 츈 춘 玉名옥이름

춘(眞) **瑒** 창 창 圭瓚제향에강신하는주자、창(宗廟祠時、降神祭器)(漾) **瑈** 뎍 유 玉名옥이름、유(尤) **瑛** 잉 영 玉光옥광채、영(紫ㅣ皆石之有光者今名

水晶)(庚) **琿** 흔 혼 美玉아름다운옥、혼(或音훈)(元) **瑍** 훤 환 玉有文采환옥、환(翰) **瑉** 삔 민 俗音 민 石次於玉 琳ㅣ옥돌、민(眞) **瑜** 위 유 美玉 瑾ㅣ아

름다운옥、유(虞)

瑎 쌰[해]黑石似玉꺼먼은옥돌、해(佳)

⊕十

瑰• 궤[괴]石次於玉瑰ㅣ옥돌、괴火齊珠玫ㅣ불구슬、괴(灰)瓌通

瑱。 뎬[진]充耳玉귀막이옥、진(震)[전]義同(霰)

瑢 융[용]珮玉聲瑽ㅣ패옥소리、용(冬)

瑠• 瑠俗字

瑥 원[온]人名晉翟ㅣ사람의이름、온(元)

瑵。 잪[조]車蓋일산、조又수레덮개、조(玉ㅣ金ㅣ)(巧)

瑤。 얖[요]美玉아름다운옥、요ㅣ琨瓊ㅣ)斗杓ㅣ光북두자루、요(蕭)

瑳 촤[차]玉色鮮明옥빛깨끗할、차巧笑貌상긋웃을、차(歌)(哿)

瑣• 쇄[쇄]磨玉屑옥가루、쇄細小ㅣㅣ잘、쇄又좀스러울、쇄(或音쇠)(哿)璅同

瑪 마[마]美石ㅣ瑙마노、마又옥돌、마(馬)碼同

瑲。• 챵[장]玉聲ㅣㅣ옥소리、장樂聲ㅣㅣ풍류소리、장(陽)鏘同

瑬。 류[류]垂玉冕飾면류관드림옥、유旗末 깃발、유(尤)旒通

瑩。• 잉[영]瑱也귀막이옥、영明也밝을、영(庚)[형]玉色光潔옥빛조촐할、형水鏡ㅣ然물맑을、형(徑)惑也의혹할、형(迥)滎通

瑭 당[당]玉名ㅣ瑭옥이름、당(陽)

瑴。 쟈[곡]二玉相合쌍옥、곡(屋)[각]義同(覺)珏同

瑨 璡同

瑯• 랑[랑]硬質珐ㅣ법랑、낭(齊郡名ㅣ琊)(陽)

[illegible] 천[침]寶也보배、침(侵)琛賝同

[illegible]• 瑴同

[illegible] 인[은]玉也옥、은(眞)

瑠 瑠俗字

[illegible]。 퇴[퇴]磨玉옥광채별、퇴又옥다듬을、퇴(灰)

⊕十一

瑽 춍[종]珮玉聲ㅣ瑢옥차는소리、종(冬)

瑿 이[예]黑玉꺼먼은옥、예(琥珀千年者爲ㅣ狀如玄玉、黑如純漆、大如車輪)(齊)

璃• 리[리]水玉玻ㅣ유리、이(俗硝子、或琉ㅣ)(支)

瑾。 진[근]赤玉붉은옥、근(震)美玉ㅣ瑜아름다운옥、근(吻)

璀。 췌[최]玉光ㅣ璨옥빛찬란할、최(賄)

璊 뮨[문]赤玉붉은옥、문(俗音만)(元)

璇• 쉔[선]玉名ㅣ瑰옥이름、선(星名ㅣ璣)(先)璿琁同

璉• 렌[련]宗廟祭器瑚ㅣ호련、연(銑)

璈 앞[오]樂器雲ㅣ악기이름、오(豪)

璆。 챠[구]玉聲옥소리、구(尤)球同

璅 쇄[쇄]玉屑옥가루、쇄石之似玉옥돌、쇄(或音쇠)(哿)瑣同

璂 치[기]弁飾玉ㅣ고깔꾸미개、기(支)[illegible]同

璋。• 쟝[장]半圭반쪽서옥、장(生男慶云弄ㅣ)(陽)

瑹 슈[서]笏也홀、서(魚)

璭 큔 [곤] 美玉아름다운옥、곤(俗音관)〔元〕
[illegible] 좌 [좌] 人名景ㅣ사람의이름、좌〔歌〕
[illegible] 빤 [반] 駁也어룽질、반〔刪〕
璄 징 [경] 玉光옥빛、경〔梗〕璟同

十二

璐 루 [로] 美玉寶ㅣ예쁜옥、노〔遇〕
璣 지 [기] 小珠작은구슬、기渾天儀璿ㅣ선기、기(星名璇ㅣ、北斗第三位)〔微〕
璘 린 [린] 玉文璘ㅣ옥무늬、인〔眞〕
璡 진 [진] 石之似玉옥돌、진〔眞〕〔震〕瑨同
璠 빤 [번] 寶玉璵ㅣ보배옥、번〔元〕
璙 랴 [료] 玉名옥이름、요〔蕭〕
璚 瓊同
璟 璄同
璢 라 [류] ㅣ璃유리、유〔尤〕琉瑠同
[illegible] 璿古字
璜 황 [황] 半璧珩ㅣ반달옥、황〔陽〕
璏 지 [체] 劍鼻玉飾칼코옥으로꾸밈、체〔霽〕
璞 푸 [박] 玉未琢옥덩어리、박〔覺〕
璑 우 [무] 玉光옥빛、무〔虞〕
璗 탕 [탕] 金之美者아름다운금、탕(與玉同色)〔養〕
璝 瑰同
璛 쑤 [숙] 琢玉工옥장공、숙〔屋〕

十三

璲 쒸 [수] 瑞玉서옥、수佩玉패옥、수〔寘〕
璨 찬 [찬] 玉光璀ㅣ옥광채、찬〔翰〕
環 환 [환] 繞也둘릴、환〔諫〕還通、璧屬도리옥、환圜也둥글、환圓成無端옥고리、환〔刪〕
璬 쟈 [교] 珮玉차는옥、교〔篠〕
璪 잔 [조] 飾冕玉면류관드림옥、조〔皓〕
璫 땅 [당] 華飾耳珠귀고리、당佩玉聲丁ㅣ패옥소리、당鈴鐸琅ㅣ방울、당〔陽〕
[illegible] 쓔 [촉] 玉名옥이름、촉〔沃〕
[illegible] 판 [관] 金玉磨光금옥마광할、관〔旱〕[곤] 義同〔願〕
[illegible] 웅 [옹] 玉器옥그릇、옹〔冬〕
璱 씨 [슬] 碧珠ㅣㅣ푸른진주、슬〔質〕
璧 삐 [벽] 圜玉둥근옥、벽又도리옥、벽(星名東ㅣ)〔陌〕

十四

璺 원 [문] 玉破옥깨어질、문器破未裂그릇금갈、문〔問〕
璽 씨 [사] 俗[새] 王者印玉ㅣ옥새、새〔紙〕
[illegible] 璂同
璵 위 [여] 寶玉璠ㅣ보배옥、여〔魚〕
瓀 옌 [연] 石似玉옥돌、연〔先〕〔銑〕碝通
璿 쒼 [선] 美玉아름다운옥、선(天子之寶ㅣ)〔先〕琁璇同
璸 삔 [빈] 珠名진주이름、빈玉文옥무늬、빈〔眞〕
璹 쓔 [숙] 玉器옥그릇、숙〔屋〕
璾 깨 [개] 人名向ㅣ사람의이름、개〔泰〕
璼 란 [람] 白玉흰옥、남〔勘〕

十五

瓈 리 [려] 水玉玻ㅣ유리、여〔齊〕
瓃 레 [뢰] 玉器옥그릇、뇌

(灰)

瓄 독 [독]玉器옥그릇、독(屋)

瓊° 경 [경]赤玉ㅣ琚붉은옥、경(庚)璚同

瓆° 지 [질]漢人名劉ㅣ사람의이름、질(質)

瓅 리 [력]明珠色玓ㅣ진주빛환할、역(錫)

璣° 지 [기]不圓珠둥글지않은진주、기(未)

瓋 티 [적]瑕也옥티、적(錫)

瓚 瓚俗字

十六

瓏° 룽 [롱]玉聲玲ㅣ옥소리쟁그렁거릴、농精明환할、농(東)

瓌 꿰 [괴]玉名瓊ㅣ옥이름、괴大貌ㅣ偉큰모양、괴(灰)瑰通

瓍 쉬 [수]珠也진주、수(尤)

瓐° 루 [로]碧玉비취옥、노(虞)

十七

瓓 란 [란]玉采옥무늬、난(翰)

瓔 잉 [영]美石似玉옥돌、영頸飾玉ㅣ珞목도리구슬、영(庚)

瓖° 쌍 [양]馬之腹帶裝飾말배띠장식、양釵釧飾玉ㅣ嵌비녀와팔걸이치장할、양(陽)

靈 링 [령]靈巫以玉事神신을위성하는옥、영(青)

十八

瓘 관 [관]珪也서옥、관(人名陳ㅣ)(翰)

十九

瓚° 잔 [찬]宗廟祼器玉ㅣ종묘제향에강신하는옥주자、찬(旱)(翰)

二十

瓛° 환 [환]桓圭서옥、환(位在公者所執)(寒)

二十二

⿰王甗 옌 [언]玉甗옥시루、언(銑)

⿰王纍 뤼 [루]玉器옥그릇、누(支)

玄部

玄° 쒠 [현]黑也꺼먼을、현天也上ㅣ하늘、현幽遠아득할、현(先)玆通

四

玅 먀 [묘]精微玄ㅣ현묘할、묘(嘯)妙同

五

玆 쯔 [자]此也이、자(支) [현]黑也검을、현(先)玄通

六

率° 쒜 [솔]領也거느릴、솔循也좇을、솔皆也다、솔大略ㅣ常대강、솔用也쓸、솔輕貌ㅣ爾경솔할、솔(上天兜ㅣ、蛇名ㅣ然) 帥通 [률]約數셈、율計也헤아릴 율表的표할、율(官名ㅣ叟)(質) [수]鳥網새그물、수(寘)

玈° 루 [로]黑色거먼은빛、노(虞)

瓜部

瓜° 꽈 [과]蔓生蓏외、과又참외、과木ㅣ모과、과(麻)

三

瓝 瓟同

四

⿰瓜丰 뿡 [봉]瓜多實외주렁주렁맺힐、봉(董)唪通

五

瓟° 빡 [박]小瓜ㅣ瓝종구락、박(覺) 瓝同 [포]醬名외지、포(豪)

⿰句瓜 꾸 [구]王瓜ㅣ瓝박、구又쥐참외、구(尤)

瓞° 데 [질]小瓜ㅣ瓝자질구레한외、질又북치 질(屑)

[瓜弗] 同瓞 [瓜危] 위 [유]根本微弱밑둥약할、유(虞) [古瓜] 수 [여]乾菜말린채소、여(語) 六 瓠。후 [호]瓢也표주박、호(虞) 壺通、匏ㅣ박、호(遇) [耒瓜] 레 [려]瓜中ㅣ瓠외속、뇌傷熟瓜진물른외뇌(賄) [瓜舌]• 꽈 [괄]藥名ㅣ蔞하늘타리、괄(曷)苦同 七 [奴瓜] 네 [뇌]瓜中瓤ㅣ외속、뇌(賄) 十 [婁瓜] 럭 [루]王瓜瓠ㅣ박、누(尤)

[瓜兼] 렌 [렴]瓜子외씨、염(鹽) [熒瓜]。씽 [형]小瓜작은외、형(靑) 十一 瓢。퍞 [표]瓠也박、표又표주박、표(蕭) 十三 [當瓜] 땅 [당]瓜中實ㅣ瓤외씨、당

(陽) 十四 瓣。빤 [판]瓜中實외씨、판花ㅣ꽃잎아리、판(諫) [편]義同(霰) 十六 [盧瓜] 루 [로]瓠似壺瓠ㅣ호로박、노(虞) 十七 瓤 상 [양]외속、양(陽)

瓦部

瓦。와 [와]燒土蓋屋기와、와陶器總名질그릇、와紡塼길삼벽돌、와(馬) [와]施瓦於屋기와로집덮을、와(禡) [日]佛國基本衡名單位그람、와(我衡二分六毛六厘餘) 二 [冖瓦] 와

瓧• 십 [日]衡名데가그람、(瓦十倍) 三 瓨。썅 [항]長頸似罌목긴항아리、항(江)缸同 瓩 천 [日]衡名킬로그람(瓦千倍)

[土瓦] 두 [두]瓦器기와그릇、두(虞) 四 瓫 뿐 [분]盎也동의、분水溢물넘칠、분(元)溢盆通 瓮。同甕 瓪 빤 [판]牝瓦암기와、판(潸) [亢瓦] 깡 [강]大甕큰

독、강(陽) 瓱• 모 [日]衡名미리그람、(瓦千分之一) [瓦今]。한 [함]似瓶有耳귀있는병、함(覃) 瓰 분 [日]衡名데시그람、(瓦十分之一) 瓲 [日]衡名돈、돈(瓲千倍 我衡二

百六十貫餘當) 五 [央瓦] 앙 [앙]大罌貌甕ㅣ큰혹부리、앙(漾) 瓵。이 [이]甌甊小罌중두리、이(支) [白瓦] 빼 [백]井甃우물벽돌、백(陌) 瓴• 령 [령]牝

瓦암키와、영(靑) 六 瓷• ㅊ [자]瓦器오지그릇、자(支) [同瓦] 同[?瓦] 瓸 백 [日]衡名헥트그람、(瓦百倍) 七 瓻。치 [치]酒瓶술병、치(支) [肙瓦] 쫜

[견]瓮底孔독밑구멍、견(先) [?瓦] 둥 [동]牡瓦수키와、동(東) [同瓦]同 [夾瓦]。쎼 [협]半瓦반쪽기와、협瓦相掩기와가서로엎힐、협(葉) [每瓦] 멍 [맹]屋脊지붕대마루、맹。

(庚) 甍同

瓺 장 [장] 罌也질그릇、장(陽)

㼨 한 [함] 似瓶有耳귀달린병、함(覃)

八

甀 췌 [추] 小口罌부리작은항아리、추(支)

𤭛 堈同

瓽 땅 [당] 大盆큰소래기、당又큰동이、당(漾)

甁 핑 [병] 酒水等所入器병、병(青) 缾同

瓿 뿌 [부] 小罌ㅣ甊작은항아리、부又중두리、부(有)

㼮 뎬 [점] 支物不平괴임벽돌、점(豔)

𤭢 차 [채] 瓦屑磨器벽돌가루로그릇닦을、차(麻)

甍 명 [맹] 甑帶시루레、맹(梗)

九

甄 쪤 [진] 陶也질그릇、진姓也성、진(眞) [견] 義同、明也밝을、견表也표할、견(先)

甃 쭈 [주] 井甓우물벽돌、추(宥)

甂 삔 [변] 小盆口大下卑자배기、변(先)

㼩 틔 [제] 甂也자배기、제(齊)

㽁 레 [렵] 破瓦聲歷ㅣ기와깨지는소리、엽(葉)

㼶 우 [유] 罌也항아리、유(虞)

甅 이 [리] 衡名센티그람、(瓦百分之一)

十

甈 치 [계] 破罌깨진질그릇、계(霽)

甉 쎰 [함] 施瓦於屋기와덮을、함(咸)

十一

甎 쫜 [전] 甓也벽돌、전(先) 塼同

㼹 캉 [강] 陶器ㅣ瓬질그릇、강(陽)

甇 甁同

甌 어 [우] 俗音 [구] 盌也중발、구又사발、구(尤)

甊 루 [루] 甁也병、누小罌瓿ㅣ작은단지、누(有)

甋 듸 [적] 甓也벽돌、적(錫)

𤮊 쳬 [접] 未燒瓦굽지않은기와、접(葉)

㼜 쌍 [상] 그릇닦는가루、상(養)

十二

甒 우 [무] 酒尊瓦ㅣ질술준、무(麌)

甐 린 [린] 敝也해질、인動也움직일、인(震)

甑 찡 [증] 甗也蒸器시루、증炊器釜ㅣ솥、증(徑) 䰝同

㽄 쓰 [사] 破甕聲깨진독소리、사(支)

十三

𤮪 떵 [등] 禮器瓦豆질제기、등(蒸) 登同

甔 딴 [담] 大罌큰독、담(覃)(勘)

甓 피 [벽] 瓴也벽돌、벽又벽장、벽(錫)

甕 웡 [옹] 罌也독、옹(送) 瓮罋同

㽟 레 [뢰] 屋棟瓦지붕말루기와、뇌(灰)

𤮭 싼 [선] 瓦器緣질그릇전、선(霰)

十四

甖 잉 [앵] 甇也큰독、앵瓦器질그릇、앵(庚) 罌罃同

㽉 쟨 [함] 大瓮瓦큰독、함(陷) 𦉥通

十六

甗 옌 [언] 甑也시루、언(銑)

𤮐 룽 [롱] 築土礱穀연자매、용(東)

十七

㽍 찬 [참] 大盎큰소래기、참(陷)

𤯃 쎄 [섭] 瓦破聲

기와깨지는 소리、섭(葉)

⑯ 甗 궤 [규] 甑孔시루구멍、규(齊) 窐同

⑲ 𤮊 라 [란] 瓦器질그릇、나烟突굴뚝연통、나(麻)

⑳ 𤮐 레 [뢰] 屋檼지붕마루、뇌(灰)

甗 레 [뢰] 屋檼지붕마루、뇌(灰) 𤮐同

甘部

甘 깐 [감] 甜也달、감(五味之一) 嗜也즐길、감美味맛、감快意쾌할、감(覃)

④ 甚 썬 [심] 劇也심할、심尤也더욱、심(寢) 何也무엇、심(沁)

⑥ 甛 텐 [첨] 甘也달、첨卧睡黑ㅣ곤히잠잘、첨(鹽)

甜 同甛

⑧ 甝 한 [감] 白虎흰범、감(覃)

甞 同嘗

𤯌 옌 [염] 甘也달、염(琰)

⑩ 𤯍 셈 [혐] 香也향기로울、혐(俗音겸)(鹽)

⑪ 𤯷 깐 [감] 調和화할、감(覃)

生部

生 썽 [생] 出也날、생產也해산할、생死之對살、생(庚)

③ 𤯓 姓同

⑤ 甡 썽 [신] 衆貌ㅣㅣ많을、신(眞)

毓 우 [육] 養也기를、육(屋) 育通

⑥ 產 찬 [산] 生也낳을、산民業生ㅣ생산할、산(動物曰天ㅣ植物曰地ㅣ)(潸)

⑦ 甤 쉬 [유] 草木實垂ㅣㅣ초목에열매다닥다닥맺힐、유(支)

甥 썽 [생] 姊妹之子생질、생女壻사위、생外孫彌ㅣ외손자、생(庚)

甦 甦俗字

⑨ 甦 수 [소] 息也쉴、소死而復生깨날、소(虞) 甦同、穌通

用部

用 융 [용] 可以施行쓸、용使也利ㅣ부릴、용(宋)

甪 루 [록] 仙名ㅣ里신선이름、녹(四皓之一)(屋)

② 甬 융 [용] 湧也물솟을、용巷道골목길、용斛也量名휘、용(仲春之月 日夜分則角斗ㅣ) 鐘鼻쇠북꼭지、용(腫) 埇通 [통] 筩也통、통(東) 筩同

甫 쀼 [보] 男子美稱某ㅣ아무개、보大也클、보衆也ㅣㅣ무리、보且也또、보(麌) 父通

⑦ 甯 닝 [녕] 願詞차라리、영又원할、영姓也성、영(徑) 寧通

⑭ 𤰈 융 [용] 城垣성담、용(冬)

田部

田。텐 전 耕地밭、전 獵也사냥할、전 蓮葉貌ㅣㅣ연잎둥글둥글할、전 先 曰 水ㅣ논、전

甲。쟈 갑 幹名閼逢첫재천간、갑(十干之首)始也으뜸、갑 草木初生ㅣ坼떡잎날、갑 法令영갑、갑 鎧也갑옷、갑 魚蟲介殼껍질、갑 科第과거、갑(歲課ㅣ乙丙科)殿也ㅣ帳대궐、갑 洽 鉀通

由。우 유 從也말미암을、유 經也지날、유 尤 繇通

甶 부 불 鬼頭귀신머리、불 物

申。썬 신 伸也펼、신 也支第九位猿也원숭이、신 眞 欠伸기지개결、신 震 伸通

二

甸 뎐 전 王畿五百里경기 전 霰 승 治也다스릴、승 車名衷ㅣ수레、승 徑 乘通

町。띵 정 田區밭지경、정 市街區域구역、정(三千步爲一ㅣ)田畝밭두덕、정 迥

甹 우 유 倒木生苗쓰러진나무에싹날、유 尤

甹 핑 병 曳也끄을、병 青

⿰田巛 畎同

男。난 남 丈夫사내、남(子對父母曰ㅣ)(位名ㅣ爵)覃

三

甽 畎古字

甿 氓同

画 畫同

⿰田巛 畎同

甾 鶅同

畀 삐 비 與也줄、비 寘

四

界。지 계 境也지경、계 又갈피、계 卦

畄 菑同

畇 윤 균 墾田밭개간할、균 畬同 윤 義同 眞

畈 앤 판 平疇평평한밭두둑、판(俗音반)願

畋。텐 전 獵也사냥할、전 平田평밭、전 先 佃通

畎。쟌 견 田中溝밭도랑、견 山中水道산골물도랑、견 先 ⿰田巛甽同

畊 耕古字

⿰田亢 깡 강 陌也밭사이길、강 境也지경、강 養

畏。웨 외 恐懼두려울、외 忌也끄릴、외 未 威通

畓 韓 水田논、답

畑 日 田也밭、전

五

畚 뻔 븐 분 盛土器흙삼태、분 阮

畛。쩐 진 田界畦ㅣ밭지경、진 眞 軫

⿰田尔 畛同

畔。짠 반 田界밭두둑、반 又밭도랑、반 翰 叛通

留 畱俗字

畜。쌱 휵 養也기르、휵 容也용납할、휵 慉通 축 養也기를、축(牛馬羊豕鷄犬)積也쌓을、축(卦名大ㅣ、小ㅣ)屋 추 家養獸집에서기르는짐승 추(在野曰獸、在家曰ㅣ) 휴 獸可養기를직한짐승、휴 宥 蓄通

畝。뫄 무 田壟밭이랑、무(六尺爲步步百爲ㅣ)(俗音묘)有 畮同

畞 畝同

畋 퍼 파 小高貌畯ㅣ조금두두룩할、파 哿 피 耕也밭갈、피 支

畟。지

[즉]進也||나갈、즉良耜||보습날카로울、즉骰子瓊|주사위、즉(職) **畐** 福古字 **畘** 난 [남]田十畝曰|밭열이랑、남(覃) **畠** [日]田也밭、창 ⑥ **時**。 찌 [치]祭地제터、치(紙) **畡** 垓同 **畦** 치 [휴]田壟밭두둑、휴(田五十畝爲|)(齊) **畢**。 삐 [필]竟也마칠、필盡也다할、필簡也편지、필兔網토끼그물、필(星名二十八宿之一)(質) 畢通 **略**。 략 [략]簡也간략할、약謀也方|꾀할、약(藥) **[田朶]** 뒤 [타]小高貌|畽조금도두룩할、타(哿) **畣** 答古字 **[列田]** 리 [렬]陷也빠질、열(霽) [韓]畓區논배미、열 ⑦ **異**。 이 [이]不同다를、이怪也괴이할、이分也나눌、이(寘) 異正字 **畬** 위 [여]開墾三年田삼년된밭、여(魚) [사]火田화전、사又따비밭、사(麻) **畯** 꽌 [준]農夫농부、준典田官권농관、준(震) **畫**。 화 [홰]俗音[화]繪也그림、화(卦) 画同 [획]分界그을、획又나눌、획止也그칠、획計策꾀할、획書也글씨、획(陌) **番** 뺀 [번]第次차례、번宿直번들、번(諫)(元) [반](南海地名|禺)(寒) [파]勇力貌||날랠、파老貌||하얗게늙을、파(歌) **畮** 畝同 **畱**。 류 [류]住也머무를、유待也기다릴、유久也오랠、유滯也淹|막힐、유(宥) 留本字 **[田寽]** 레 [렬]耕田起土밭갈아흙들출、열(屑) ⑧ **畸**。 찌 [기]殘田뙈기밭、기餘數|零셈남어지、기(支) **畷** 췌 [체]田間道밭사이길、체(霽) [철]義同(屑) **畤** 庤同 **畹** 완 [원]田三十畝밭삼십이랑、원(阮) **畺** 疆同 **當**。 땅 [당]適合마땅할、당敵也당할、당卽也곧、당(陽)出物質|전당할、당中也맞을、당(漾) **[田來]** 래 [래]不耕荒田묵은밭、내(灰) **[田卑]** 삐 [베]壅水漑田|田보막아논에물댈、비(支) **[田忝]** 텐 [전]鹿跡|畽사슴의발자취、전(銑) ⑨ **畽**。 퇀 [톤]無廉隅염우없을、톤(阮) [탄]舍傍空地마당、탄(旱) 疃通 **[田耎]**。 완 [연]隙地틈서리땅、연城下田성밑밭、연(先)(霰) 堧壖同 **[田壽]** 疇古字 **[田柔]**。 유 [유]良田좋은밭、유又걸찬밭、유(尤) **[田登]**。 청 [승]畦也밭두둑、승(蒸) **[田爰]** 疃同 **畼** 창 [창]地名땅이름、창(漾) ⑩ **畿**。 찌 [기]王國千里경기、기疆界지경、기門內문안、기(微) 圻通 **[田奚]** 蹊同

⿰田差• 취 [채] 殘穢田거친 조각밭、차 (歌)

⿱艸當 畇同

畾 뢰 [뢰] 田間밭사이、뇌 (灰)

⑪ ⿰田疌。 차 [잡] 耠也부삽、잡 (洽)

暘 場同

⿰田翏 료 [료] 火田화전、유 (燒草詩種) (尤)

暵 한 [한] 耕麥地보리밭、한 (翰)

⑫ 疄。 린 [린] 田壟밭두둑、인 (眞)

⿰番去 뻔 [번] 輩也무리、반 (寒)

⿰土番 ⿰番去同

疃 탄 [탄] 鹿跡畭ㅣ사슴발자국、단 (旱) 暖同、畽通

畻 영 [증] 水田논、증 (迴)

⿰舟番 膳古字

⿰巾登 덩 [등] 伸長펴서 느릴、등 (蒸)

⑭ 疆。• 장 [강] 境界지경、강 限也변두리、강 堅也굳셀、강 (陽) 畺壃同

疇。• 착 [주] 田也밭、주 (穀田曰田、麻田曰ㅣ) 誰也누구、주 匹也짝、주 類也무리、주 (尤)

⑮ ⿰畐畐• 삐 [벽] 析也쪼갤、벽 副通 (祭名ㅣ辜) (職)

⑰ 疊。• 데 [첩] 重也거듭、첩 積也쌓을、첩 震慴두려워할、첩 (葉)

疊 疊同

⑱ ⿰田雋 이지 [휴] 龍也밭두둑、휴 五十畝밭 사면칠십보남짓할、휴 (齊) 畦同

疋部

疋。• 피 [소] 足也발、소 (魚) [필] 偶也짝、필 布ㅣ끝、필 又필、필 (質) 匹通

疋 雅同

③ 疌 네 [섭] 機下足所履板베틀디딜판、섭 (葉)

⑦ ⿰疋延 쓔 [소] 疏窓영창、소 (魚)

疏。• 쓔 [소] 稀也성길、소 (不近不親) 通也소통할、소 遠也멀、소 分也나눌、소 麤也추할、소 (魚) 疏通、註釋주벌、소 條陳抗ㅣ상소할、소 (御)

疎 쓔 [소] 枝葉盛扶ㅣ지엽무성할、소 (魚) 疏通

⑨ 疑。• 이 [억] 正立바로설、억 (職) [읔] 義同 (物) [응] 定也정할、응 (蒸) [의] 惑也의심낼、의 似也그럴듯할、의 (支)

疐• 이지 [치] 頓也곱힐、치 跲也미끄러질、치 (寘) 躓通 [체] 去本꼭지딸、체 (霽) 嚏通

⑪ ⿰疋雙。 창 [창] 趨走추창할、창 又달아날、창 (陽)

疒部

疒 네 [녁] 疾也병、역 (陌)

② 疔• 띵 [정] 毒瘡정、정 又헌데、정 (青)

⿸疒廾。 짠 [교] 腹中急痛뱃속경길、교 (巧)

疞 ⿸疒廾同

⿸疒九 역 [구] 病也병、구 (尤)

疕 삐 [비] 頭瘡머리헐、비 (紙)

③ 疝。• 싼 [산] 三陰急痛산증、산 (男子有七ㅣ、寒水筋血氣狐癩是也) (諫)

疚 역 [구] 久病오랜병、구 (宥)

疛 쭈 [주] 小腹痛하복통、주(有)
疙 치 [흘] 癡也어리석을、흘 頭上瘡突起쥐부스럼、흘(物)
⿸疒乇 뚜 [투] 乳癰젖멍울、투 乳病젖몸살、투(遇)
⿸疒下 쌰 [하] 痢疾이질、하(禡)
⿸疒丸 환 [환] 搔生瘡긁어난부스럼、환(翰)
疘 꽁 [공] 下部病脫ㅣ밑빠질、공(東)

四

疥 째 [개] 痒瘡옴、개(卦)
疷 찌 [기] 滯病체증、기(支) [저] 義同(齊)
疢 천 [진] 熱病열병、진 美嗜爲病감질、진(軫)(震)
疤 빠 [파] 瘡痕헌데자리、파(麻)
疣 우 [우] 瘤也혹、우(尤) 肬同
疫 이 [역] 癘也瘟ㅣ온역、역 又염병、역(陌)
疩 쒜 [세] 俗音[수] 腫病부증、수 又습종、수(霽)
疦 쎄 [혈] 瘡裏空창구멍빌、혈(屑)
⿸疒冉 찬 [첨] 皮剝病피풍、첨(鹽)
疪 삐 [폐] 脚濕冷病다리습냉병、폐(霽)
⿸疒反 빤 [반] 癡騃어리석을、반 吐疾토할、반(阮)
疨 야 [하] 喉病인후병、하 [아] 病甚疨ㅣ병심할、아(麻)
⿸疒子 쫘 [좌] 無腕팔목없을、좌

五

痄 짜 [차] 瘡不合합창되지않을、차(禡) [자] 病甚ㅣ疨병더칠、자(麻)
疲 피 [피] 勞也가쁠、피 乏也피곤할、피(支) 罷通
疻 쯔 [지] 毆傷맞어서상할、지(紙)
疽 쮜 [저] 瘡也종기、저 癰ㅣ등창、저(魚)
痀 쥐 [구] 曲脊ㅣ僂곱사등이、구(虞)
疰 쮸 [주] 病染병전염할、주(遇)
疹 젼 [진] 痘瘡역질、진 又마마、진 又손님、진 皮外小起癰ㅣ두드러기、진(軫) 胗同 熱病화병、진(震) 疢通
疸 딴 [단] 黃病황달、단 (目黃 溺黃赤、安臥者、黃ㅣ、已食如餓者 胃ㅣ)(翰) 癉通 [달] 頭瘡疙ㅣ쥐부스럼、달(曷)
疴 커 [아] 病也병、아(歌) 痾同
痂 쨔 [가] 乾瘍헌데딱지、가 (瘡生肉所蛻乾爲ㅣ)(麻)
病 삥 [병] 疾加병들、병 憂也근심할、병 苦也괴로울、병 痛也아플、병(敬)
疵 츠 [자] 病也병、자 痕跡험집、자 黑黶검은사마귀、자(支) 玼通
疾 찌 [질] 病也병、질 急也급할、질 妒也투기할、질 怨也원망할、질 憎也미워할、질(質) 嫉通
疼 텅 [등] 俗音[동] 痛也아플、동(蒸) ⿸疒滕同
疳 깐 [감] 小兒食病ㅣ疾감질、감 (小兒食甘物多生ㅣ病 ㅣ病有五、心、肝、肺、脾、腎也)(覃)
痆 나 [닐] 瘡痛부스럼아플、닐 又헌데쑤실、닐(黠)
疶 쎄 [설] 痢也이질、

설(屑)

疺 빠 [법] 瘦也파리할、법 疲也가쁠、법 又고달플、법(洽)

痁° 꾸 [고] 小兒口瘡어린아이입병、고(遇)

疨 疢俗字

疿• 삐 [비] 觸暑汗濕痤ㅣ땀띠、비(觸熱膚疹如沸者曰ㅣ子)(未)

疱• 팦 [포] 腫病부푸를、포(皮上如泡小瘡)(效)

痃 쎈 [현] 癖積적병、현 筋肉急縮病힘줄당기는병、현(先)

疛° 뿌 [보] 俛病몸펴지못하는병、보(麌)

⿸疒它 뒤 [타] 病也병、타(歌) 痷同 [華] ㅣ子곱사등이、타

痷 同⿸疒它

痁° 뎬 [점] 瘧疾학질、점(鹽)(豔) [華] 癮ㅣ멍들、점

症• 정 [華] 病勢병증세、증

⿸疒瓜 과 [과] 瘡也헌데、과(春發爲燕ㅣ 秋發爲雁ㅣ)(歌)

⿸疒朮 추 [술] 狂走미쳐달아날、술(質)

❻

痌 恫同

痍• 이 [이] 傷也다칠、이 傷痕험집、이(支)

痔 찌 [치] 肛門病隱ㅣ치질、치(紙)

痏 웨 [유] 打傷맞어서상할、유(紙)

痎 깨 [해] 二日瘧이틀거리학질、해(佳)

痕° 헌 [흔] 瘢也딱지자리、흔 凡物之跡흔적、흔(元)

痒°• 양 [양] 疥疾옴、양 病也병들、양(陽) 瘍通、膚欲搔가려울、양(養) 癢通

痊 촨 [전] 病除병나을、전(先)

痑° 뛰 [타] 馬病말병、타 疲也고달플、타(哿)

痓 ㅊ [치] 風病풍병、치 惡也악할、치(寘)

瘌• 癘同

⿸疒老 랖 [로] 疥瘡⿸疒高ㅣ옴、노(皓)

痐 회 [회] 腹中長蟲회、회 又거위、회(灰)

⿸疒合 따 [답] 肥也살찔、답 [압] 寒病오한증、압(合)

[illegible] 쌍 [상] 憂也근심할、상 痛也아플、상(漾)

❼

痛°• 퉁 [통] 疼也아플、통 傷也상할、통 甚也심할、통 病也병、통(送)

痞 피 [비] 氣隔不通더부룩할、비 又답답할、비 腹內結痛뱃속결릴、비(不痛者爲ㅣ滿痛者爲結胷)(紙)

痢• 리 [리] 腹痛瀉疾이질、이 又곱똥、이(寘)

痣 쯔 [지] 黑子검은사마귀、지(寘)

痡° 푸 [부] 病也병들、부(虞)

痗• 메 [매] 病也병、매(賄)(隊)

⿸疒肙 윈 [연] 骨節酸痛뼈마디저릴、연 煩鬱답답할、연(先)

痟° 쌰 [소] 渴病조갈증、소 頭痛머리아플、소(蕭)

痤 취 [좌] 小腫뾰루지、좌 癤也멍울、좌(歌)

痘• 떠 [두] 胎毒ㅣ瘡역질、두 又마마、두(傳染性瘡)(有)

⿸疒𠬶 친 [침] 體貌醜惡몸모양추악할、침 又난장이、침(寢)

⿸疒辛° 씬 [심] 感寒體戰오

한낱、심(或音신)寢 痙。징[경]彊急목뻣뻣할、경又중풍뜸、경(筋急縮而屈伸不利)梗 ⿸疒里。리[리]病也병、이紙 ⿸疒希 인[은]創肉反出다친살뒤쳐질、은熱氣著

膚몸더울、은脪通[흔]義同 痛也아플、흔(或音희)震 痠 산[산]痛也ㅣ疼저릴、산寒 ⿸疒呑 툰[탄]病而善食과식하는병、탄軫 ⿸疒言。후[홀]多睡病잠자는병、홀月

⿸疒孝 쌰[효]喘也헐떡일、효喉病ㅣ瘷인후증、효肴 ⿸疒差 쎄[사]痒也가려울、사麻 ⿸疒酉。우[유]朽木臭썩은나무냄새、유尤 ⿸疒孚 뿌[보]復病병도질、보又병더칠、

보遇 痧 싸[華]霍亂괴질、사 ⿸疒狂 광[광]熱病열병、광又미친병、광陽 痥 뒤[탈]馬腫말부스럼、탈曷 八 痿。웨[위]痺濕病각기、위又습병、

위陰ㅣ不起자지늘어질、위又늘어질、위支 痾同疴 瘁 췌[췌]俗音췌顇病병들、췌勞也焦ㅣ파리할、췌寘萃顇通 痺。쎄[비]脚病각기、비又습다리、비寘

痺通 痱 쀄[비]風病풍병、비小腫뾰루지、비微未[배]義同賄 ⿸疒叔 츄[축]腹痛배아플、축屋 瘀。위[어]血壅病어혈질、어御 痼 꾸[고]久病고질、고遇

痯 꽌[관]懷憂病근심병、관疲貌ㅣㅣ고달플、관旱 痴 癡俗字 瘂 야[아]瘖也벙어리、아(不能發言)馬啞通 瘃。쮸[촉]手足中寒傷瘡손발얼어터질、

촉沃[착]義同覺 瘍。이[역]病相傳染병전염할、역陌 ⿸疒長 장[창]腹脹배부를、창漾 ⿸疒盍 거[합]寒病추위에상한병、합合[금]瘧也학질、금侵 ⿸疒戔 쟨[천]小痒근

지러울、천銑 痳。린[림]尿道病임질、임(小便難通)痳痛산증、임侵 痵 지[계]心動마음두근거릴、계寘 痲 마[마]風熱病ㅣ疹홍역、마體失感覺저릴、마麻

痺 삐[비]鳥名새이름、비支 痹通 ⿸疒春 同⿸疒春 ⿸疒卷 찬[권]手屈病손굽는병、권先 ⿸疒敢 진[긴]脣腫순종、긴軫 ⿸疒侖。륜[륜]指病손가락병、윤眞 九

瘏 두[도]病也병들、도困病노곤증、도虞 瘇 同尰 瘐 위[유]罪囚病死갇혀서병나죽을、유憂而成病근심하여병될、유麌 瘉。위[유]病差병나을、유麌愈

通 癒同

痻 민 [민] 病也병、민(眞) 瘖同

瘕° 쨔 [가] 腹病積塊적병、가又괴벌、가(馬)

瘍• 양 [양] 頭瘡머리헐、양痒通、腫瘡종기、양(陽)

瘄 썽 [생] 瘦也파리할、생(梗)

瘦° 쑤 [수] 臞脊파리할、수(宥) 瘦膄同

瘖• 인 [음] 不能言ㅣ瘂벙어리、음(侵) 喑通

⿸疒曷 거 [갈] 內熱病속가깝할、갈(曷) 傷暑더위먹을、갈(月) 暍通

瘈 치 [계] 瘛疾ㅣ瘲간질、계狂犬미친개、계(齊)

瘊• 후 [후] 疣之小者ㅣ子무사마귀、후(尤)

瘋• 븡 [풍] 頭風病바람머리、풍又두풍、풍(偏頭風在右屬痰屬熱在左屬風屬血)(東)

瘌° 라 [랄] 病也앓을、랄疥也옴、랄藥毒痛ㅣ약독랄、랄(曷)

㾫° 편 [편] 半枯편고증、편又몸반쪽마를、편病也병들、편(先)

瘓 환 [환] 四體癱瘓不仁癱ㅣ중풍할、환又전신불수、탄(旱)

⿸疒胡°• 후 [호] 物阻喉中ㅣ獲목에걸릴、호(虞)

⿸疒突 두 [돌] 下部病하초병、돌(月)

癠 쪠 [해] 老瘧無時發作ㅣ瘧오래된학질때없이발할、해(佳)

⿸疒夆 癃同

瘔 구 [고] 困也곤할、고病不善乘ㅣ車병들어차멀미할、고(遇)

⊕十

瘝 꽌 [관] 病也병들、관癏同、矌也빌、관(刪)

⿸疒衰 衰同

瘛°• 씨 [계] 小兒驚風ㅣ瘲어린아이경기병、계(齊)

瘣• 홰 [외] 病也병들、외木瘣나무혹、외(賄)

瘙 쌀 [소] 疥也옴、소(號)

瘥° 차 [채] 病除병나을、채(卦) 差通 [차] 小疫작은역질、차(歌)

瘟 원 [온] 疫也온역、온又염병、온(元)

瘢° 빤 [반] 瘡痕딱지자리、반又험질、반(寒)

瘨 뎐 [전] 病也병들、전狂也미칠、전(先) 癲通

瘡• 창 [창] 瘍也종기、창又부스럼、창痍也상할、창(陽) 創通

⿸疒桑 쌍 [상] 馬病말병、상(養)

瘦 瘦同

瘚 꿔 [궐] 氣逆기운질릴、궐(月) 厥通

瘧°• 햑 [학] 寒熱病ㅣ疾학질、학又고금、학(隔日或每日間定時而先寒後熱之病)(藥)

瘚 欮俗字

瘠°• 쳑 [척] 瘦也파리할、척(陌)

瘞• 이 [예] 埋也묻을、예(霽)

瘜 씨 [식] 寄肉군살、식又혹、식又쓰리、식(職)

⿸疒馬 마 [매] 眼病눈병、마惡氣著身악기몸에범할、마(禡) [단] 牛馬病蝕創마소비름먹을、난(潸)

⿸疒烝 졍 [증] 骨ㅣ뼈골쑤실、증(迥)

⿸疒盍° 야 [압] 短氣기단할、압跛病발저는병、압(合)

⿸疒壹

애[애]痴病어리석은병、애(灰) **瘯** 색[색]脉動맥들먹거릴、색(陌) **瘸** 꾸[골]膝病무릎병、골(物) **瘤** 字 癅俗

十一

癕 옹[옹]鼻塞코막힐、옹(冬)

⿸疒滯 嬬同 **⿸疒帶** 대[대]婦人下部病ㅣ下대하증、대(有赤白ㅣ)(泰) [체]久痢오랜이질、체(霽) **瘵** 재[채]勞病허로병、채又노점、채(卦) **瘽** 진[근]病也병、근(文)

瘰 뤼[라]疥瘡옴、나蠃同、蠡通 瘡也ㅣ癧연주창、나(哿) **瘶** 쑤[수]上氣欬ㅣ해수할、수(有)嗽欶同 **⿸疒殹** 이[의]瘠也파리할、의呻吟聲앓는소리、의(或音이)(支)

瘯 쭈[족]疥癬진버짐、족又진옴、족(屋) **瘼** 뫄[막]病也병、막(藥) **瘴** 쨩[장]山川厲氣ㅣ癘장기、장(漾) **瘳** 챠[추]病愈병나을、추(或音요)(尤)

⿸疒畢 삐[피]轉筋전근될、피又뒤틀릴、피(寘) **瘹** 댶[조]狂也미칠、조(嘯) **瘭** 퍞[표]病名ㅣ疽병이름、표(肉中忽生點、大者如豆、小者如粟、甚大者如梅李有根痛傷心久則四面腫泡日ㅣ疽)(蕭)

⿸疒徙 瘲同 **瘲** 쭝[종]小兒驚風病瘛ㅣ경기증、종(宋) **瘑** 쵀[개]手足病손발병、가(歌) **⿸疒奏** 꺼[패]禾苗蟲傷有病벼이삭벌레먹어병들、패(歌)

⿸疒虘 짜[사]痂甲헌데딱지、사(麻) **瘻** 뤼[루]曲脊痀ㅣ곱사등이、누頸腫목부을、누(虞)久瘡오랜종기、누(宥) **癊** 인[음]心病심화병、음(沁)[華]ㅣ暈멍들、음

十二

癈 쀄[폐]痼疾고질、폐(隊) **癉** 딴[단]勞也가쁠、단(旱)黃病황달、단(翰)疸癉通[다]義同、怒也성낼、다(箇) **癇** 쏀[한]俗音[간]小兒癲病간기、간(刪) **癄** 쨔[초]減縮ㅣ瘁초췌할、초憂也근심할、초(嘯)憔通

療 랴[료]治病병고칠、요(嘯)藥同 **癅** 랴[류]疣也혹、유(肉起爲疣血聚爲ㅣ)(尤)(宥) **⿸疒朁** 同憯 **⿸疒復** 뿌[복]病復병도질、복(屋)

⿸疒斯 씨[서]聲散소리흩어질、서(齊) **癆** 랖[로]積勞瘦削노점병、노藥毒약독날、노(號) **癌** 안[암]臟腑內生腫암종、암(咸)(子宮ㅣ胃ㅣ) **癟** 뻬[별]腫滿皮裂부어터질、별(屑)

癀 황[황]黃疸病황달병、황(陽) **⿸疒爲** 워[위]口咼입비뚤어질、위(紙) **⿸疒貰** 써[사]多病병많을、사(禡) **癃** 륭[륭]罷病들피병、융又파리할、융老也

늙을、융(東)癃同 瘩 따 [畢]疙ㅣ두두러기날、답 ⿸疒貴。태 [回]陰病소문병、퇴又자지병、퇴(灰)[대]血漏대하증、대(隊) ⿸疒享 쌀 [亘]腫欲潰곪길、효(蕭) ⿸疒登 덩

[등]病甚병심할、등(蒸) ⿸疒罽 예 [계]頭瘡머리헐、계禿病머리털빠질、계(霽) (十三) 癖。벽 [벽]腹病積聚적병、벽偏嗜편기할、벽又즐길、벽(陌) ⿸疒睪。이 [역]病相傳

染병전염할、역(陌) ⿸疒睘 瘝同 ⿸疒亶。딴 [단]病也병들、단(旱)癉通 癜。뎬 [전]斑片ㅣ風어루러기、전(皮膚上生斑之病)(霰) ⿸疒微 웨 [비]骬瘍종아리종기、비(微)

⿸疒雍 癰同 ⿸疒僉 찬 [첨]物毒入喉而痛목구멍아릴、첨(鹽) 癘。리 [려]痛也ㅣ疫염병、여又시환、여惡疾악질、여(霽)癩同 ⿸疒暑 쓔 [서]中暑더위먹을、서(御) 癛

름 [름]感寒栗體소름돋을、늠(寢) 癑。농 [농]瘡潰종기터질、농腫血섣곰길、농(送) ⿸疒賁 뷴 [분]熱腫ㅣ膰종기확근거릴、분病悶병으로번민할、분(問) 癗 레 [뢰]皮外小

栗痱ㅣ두드러기、뇌(賄) 癙 쓔 [서]憂病근심으로난병、서(語) 癒 瘉同 癔 이 [억]心病심화병、억(屋) (十四) ⿸疒齊 치 [제]病也병、제(齊)(霽) 癡。츠

[치]心神不慧어리석을、치又지더릴、치疵病죽은깨、치(支)痴同 癮 인 [은]皮外小起ㅣ疹두드러기、은(吻)癮同 ⿸疒鼻。뻬 [비]手冷손시릴、비(寘) ⿸疒蒦 확 [확]物在喉

中癡ㅣ목에걸릴、확(藥) ⿸疒雝 癰同 ⿸疒走。쟈 [협]獸之足病짐승발병날、협(洽) 癟 뼤 [별]不能飛날지못할、별枯病마르는병、별(屑) (十五) 癢。양 [양]搔病가

려울、양伎ㅣ마음간지러울、양(養)痒癢通 癥。졍 [징]腹中結塊ㅣ瘕적병、징又괴、징(蒸) ⿸疒滕 疼同 癤。졔 [절]瘍之小者부스럼、절(屑) ⿸疒樂。療同 ⿸疒編 뼌

[변]骨風疾골절풍、변(銑) (十六) 癩。래 [나]惡疾문둥병、나又대풍창、나(原音라)(全身腐敗)(泰) 癨 곽 [곽]吐病ㅣ亂곽란、곽又토와질、곽(藥) 癧 리 [력]筋節病瘰ㅣ

연주창、역(錫) ⿸疒頹 퉤 [퇴]下部病ㅣ疝산증、퇴(泰) ⿸疒穌 쑤 [소]病也병、소(虞) (十七) 癬。쎤 [선]乾瘍마른옴、선又마른버짐、선又새면바리、선(銑)癣同 癭。

잉[영]頸瘤목의혹、영(梗)

癮 인 癮同[華]烟酒成癖인배일、인朋通

十八

癰。옹[옹]疽也종기、옹又등창、옹(有疵ㅣ、厲ㅣ脫ㅣ、最多生於頸部、或背)(冬) 癕癰癰同

癯 臞同

十九

癲 뎬[뎐]狂病미칠、뎐又지랄병、뎐(先) 瘨通

癱 탄[탄]四肢不仁중풍날、탄又사지틀릴、탄(筋脈瘫痺)(寒)

癧。리[려]瘦黑파리하고검을、려(霽)

癮。레[리]病疲병들어파리할、이(支)

癵 련[련]病體拘曲병들어굽으러질、연(先)

二十二

癰 뤼나[라]疥瘡옴、(哿) 瘰同

癶部

癶 뱕[발]行也걸을、발又갈、발(曷)

四

癸。궤[계]幹名昭陽천간、계(天干之終、方位則北、時配則冬、五行則水)婦人經水天ㅣ몸날、계又경도、계(紙)

發 뱕[발]以足夷草발로풀뭉그질를、발(月)

七

登。뎡[등]升也오를、등進也나갈、등成也이룰、등尊也높일、등高也높을、등熟也익을、등(蒸)

發。빠[발]開也필、발起也일어날、발出行떠날、발興也일으킬、발動也움직일、발洩也누설할、발明也발명할、발放射쏠、발疾貌ㅣㅣ빠를、발(月)

白部

白。빼[맥]西方色素흰、백告也고할、백又사뢸、백又아뢸、백潔也透明깨끗할、백又청백할、백(陌)

百。빼[맥]十十백、백又일백、백(紀于一、協于十、長于ㅣ、犬于千、衍于萬)[맥]勵也힘쓸、맥行杖道驅入曰五ㅣ매드길나장이、맥(陌)

乢 체 [가]姓也성、가(歌)

二

皃 貌同

皁。잔[조]黑色검은빛、조馬櫪마판、조賤隸하인、조櫟實도토리、조(皓)

皀 씨[흡]香也향내날、흡(緝)

皂 皁同

三

的。듸[적]明也밝을、적實也적실할、적射板관혁、적標準표할、적(錫)

帛 메[메]布帛幅邊포백자투리、메(霽)

皯 皔同

四

皇。황[황]君也ㅣ帝황제、황又임금、황大也클、황正也바를、황美也아름다울、황盛美貌ㅣㅣ성할、황(陽)光貌ㅣㅣ빛날、황嚴肅엄숙할、황(養)

皆。졔[개]俱辭다、개同也같을、개(佳)

皅 퓌[발]淺白ㅣ昧엷게흴、발(曷)

皈 歸同

皎 皈同

皉 빠[피]亂也어

지러울、파(麻) 五 **眛** 머 미 淺白睛ㅣ엷게흴、미(未) **皐**。깐 고 岸也언덕、고澤也늪、고又못、고告也고할、고緩也늦으러질、고又완완할、고ㅣ復혼부를、고(陞屋

而號告曰 ㅣ某復)虎皮ㅣ比호피、고顏貌ㅣㅣ완만스러울、고姓也성、고(豪) 滜同、睪通 호 呼也부를、호(號) 六 **皎**。쟈 교 月光白달밝울、교又달빛흴、교白也흴、교(篠)

皏 평 평 淺薄色열은빛、팽(梗) 七 **皖** 환 환 地名땅이름、환明星밝은별、환(寒) **皓**。한 호 白也흴、호光也빛、호玥也밝을、호(商山四ㅣ)(皓) 皞通 **皔** 한

한 白也ㅣㅣ흴、한(旱) 旰同 八 **皙** 씨 석 人色白ㅣ사람의빛흴、석(錫) 晳通 **皘**。첸 천 白貌희멀건을、천(霰) **⿰白彔** 루 록 白獸흰짐승、녹(屋) **⿰白卑** 베 배 白

皮흰가죽、배(卦) 十 **皚**。霻同 **皛** 쌰 효 明也밝을、효白也흴、효顯也나타날、효ㅣ飯흰밥、효(篠) **皜** 깐 고 白貌흴、고 호 義同(皓) 暠顥通 **皝** 황 황 氣

容貌엄숙할、황盛也성할、황(人名燕主慕容ㅣ)(養) **皞** 후 호 明也밝을、호(帝號太ㅣ)(皓) 皡皥同、皓昊通 **皬**。翯同 **⿱竝白** 톄 체 廢一偏低한쪽으로치우쳐낮을、체(齊) 十一

皠 취 최 白也흴、최高峻높을、최(賄) **皟** 채 책 深白깊게흴、책(陌) 十二 **皡** 皞同 **皤**。퍼 파 頭白머리흴、파(歌) **皢** 샢 효 日白날흴、효(篠)

十三 **皦**。쟈 교 玉石白옥과돌흴、교(篠) **皣** 예 엽 白花흰꽃、엽(葉) 十四 **⿰白蒙** 뭉 몽 物上所生白醭곰마지몽 又곰팡이、몽(董) **⿰白書** 룽 릉 左右小

門ㅣ歷좌우협문、용(冬) **⿰白壽** 쯔 주 詞也말、주(尤) 十五 **皫** 뺘 표 禽毛變色새털빛변할、표(篠) **皪**。리 력 白貌的ㅣ희꿋、역(錫) ⿰白歷同 **⿰白華**。예 엽 白花흰

꽃、엽光盛빛날、엽(葉) 十六 **⿰白霍** 허 학 鳥白ㅣㅣ새흴、학(藥) **⿰白爲** 웨 위 花也꽃、위(御) **⿰白歷** 皪同 十八 **皭**。쟈 조 白也흴、조(嘯) 작 淨也정결스러울、작(藥)

二十 **⿰白黨**。당 당 明也밝을、당(養) 二十四 **⿰白靈** 링 령 白也흴、영(靑)

皮部

皮 피 [피] 剝獸取革가죽、피(生曰ㅣ、理曰革、柔曰韋)體表껍질、피又거죽、피(凡生物之表皆曰ㅣ)(支)

二

⿸皮丁 딩 [정] 皮膚急縮가죽당길、정(梗)

三

⿰丸皮 완 [환] 瘑病혹병、환 箭筒韇ㅣ전통、환(寒)

皯 깐 [간] 面黑病얼굴에기미낄、간(旱) 䵟酐同

四

⿰开皮 피 [피] 開口貌ㅣ覞입딱벌릴、피(支)

⿰比皮 피 [피] 器破未離그릇금날、피(支)

⿰彳皮 뼈 [파] 蹇也절、파又절뚝거릴、파(哿) 曲足病발비틀어질、파(箇)

⿰内皮 난 [남] 柔革다룬가죽、남(勘)

⿰巴皮 파 [파] 赤濃鼻주독오른코、파(麻)

⿱比皮 삐 [비] 劈麻苧ㅣ頭삼모시갈라꼭지질、비 不伸ㅣ皺쪼그러질、비(寘)

五

皰 팦 [포] 面皮所生如水泡부푸를、포又여드름、포 痘痕얽은자리、포(效)

⿰目皮 츄 [추] 皮裂皴ㅣ가죽터질、추(虞)

⿰民皮 민 [민] 皮膚細ㅣ피부에주름살질、민(軫)

⿱此皮 쟈 [자] 皮不伸가죽오그러질、자(紙)

⿰央皮 앙 [앙] 面色蒼얼굴빛푸를、앙(漾)

六

⿱合皮 따 [답] 皮寬가죽늘어질、답(合)

⿰危皮 劫同

⿰吉皮 지 [길] 皮黑가죽검을、길(質)

⿰交皮 요 [오] 皮堅가죽단단할、오(肴)

⿰旬皮 슌 [순] 足坼발리터질、순(眞)

七

皴 츈 [준] 皮生細條ㅣ裂살터져주름질、준(眞)

⿰酉皮 쟈 [잡] 老人皮膚皺貌늙은이피부에주름질、잡(合)

⿱旱皮 한 [한] 射鞲ㅣ臂활쏘는팔지、한(翰)

⿱叕皮 쵀 [절] 撮取皮꼬집어뜯을、설(屑)

⿰鬼皮 퀴 [갈] 皮剝가죽벗어질、갈(曷)

⿰求皮 칙 [구] 毬也공、구又제기、구(尤)

八

⿰散皮 춰 [작] 皮皴가죽주름질、작(藥)

⿰婁皮 루 [록] 皮肉瘦惡ㅣ瘯마른살결억셀、륵(屋)

⿱臤皮 찐 [흠] 皮厚貌가죽두듬할、흠(寢)

九

皸 쥰 [군] 凍裂ㅣ瘃얼어터질、군(文)(問)

皻 戲俗字

⿱封皮 빵 [봉] 枲履미투리、봉又삼신、봉皮履가죽신、봉又꺽두기、봉(董)

皷 鼓俗字

⿰都皮 뚜 [두] 桑皮뽕나무껍질、두(虞)

⿸皮甾 쯔 [치] 皮黑살검을、치(支)

十

皺 쭈 [추] 蹙摺주름질、추又쭈그러질、추(宥)

⿰聚皮 췌 [추] 粟體소름돋을、추(如粟粒者發膚)(支)

⿰𡉉皮 확 [확] 卵孚알속껍질、확(覺)

⿰麻皮 마 [마] 閉口ㅣ嚐입다물、마(麻)

十一

皻。차 [사]鼻上皰코에열꽃돋을、사粉刺비누가시、사(麻) ⿱肉皮 쭈 [추]皮縮가죽오그라들、추(宥) ⿰曼皮 만 [만]皮脫가죽벗을、만(阮) ⿰皮曼 同⿰曼皮 ⿸鹿皮 루 [록]皮文가

죽무늬、녹(屋) ⑬ 皽 잔 [전]皮外薄膜피부걸허물、전(銑) ⿰達皮 타 [달]皮外突起부르틀、달(曷) ⑭ ⿸厭皮 얜 [염]瘍痂딱지、염(琰) ⿰需皮。산 [천]俗音[연]

柔皮다룬가죽、연(銑) ⑮ 皾。同韇 ⑯ ⿰爾皮 쩬 [견]皮起부르틀、견(銑)

皿部

皿。밍 [명]器也그릇、명(梗) ② ⿱丿皿 치 [기]器也그릇、기(紙) ③ 盂 유 [우]飯器밥그릇、우又주발、우又바리、우(虞) 盳

망 [맹]不精要ㅣ浪맹랑할、맹又거칠、맹(養) ⿱干皿 깐 [간]大盌큰바리、간(寒) ④ 盅 쭝 [충]器虛그릇빌、충(東) 盃 杯俗字 盆。뿐 [분]盎也、동이

분又소래기、분盆通(盛水瓦器)乳房上骨缺ㅣ젓가슴뼈、분(藥名覆ㅣ)(元) 盈。잉 [영]充滿찰、영ㅣ縮남을、영溢也넘칠、영(庚) ⑤ 盎 양 [앙]盆也(瓦器동이、앙盛貌ㅣ

ㅣ섬할、앙(漾) 盌 同椀 ⿱氾皿 뺀 [범]盃也술잔、범(咸)(陷) 盋 同鉢 益。이 [익]增也더할、익進也나갈、익助也도울、익多也많을、익饒也넉넉할、익(卦名)(陌) 盍

허 [합]何不之義어찌아니할、합合也합할、합覆也덮을、합(鳥名ㅣ旦)(合) 盉。허 [화]調味器양념그릇、화(歌) 盄 얃 [요]器中不平그릇속험할、요(效) 昷。원 [온]온

화할、온又어질、온(元) ⿱丕皿 아 [아]酒杯술잔、아(馬) ⑥ 盓 유 [오]旋流盤ㅣ돌아흐를、우(虞) 盖 蓋俗字 盒 허 [합]有蓋食器합、합(合) 盔

퀴 [회]首鎧투구、회盆也동이、회(灰) ⿱尽皿 盡俗字 ⿱有皿 우 [유]抒水小器물뜨는그릇、유(有) ⑦ 盜。따 [도]賊也도둑、도又훔칠、도(暗取他物曰竊ㅣ憎取他物曰

強ㅣ)(號) ⿱亩皿 同簋 盛。썽 [성]繁昌성할、성壯也장할、성多也많을、성大也클、성(敬)容入于器담을、성成也이룰、성薦穀粢ㅣ제향곡식、성(庚) ⿱皀皿 同簋 ⿱囧皿

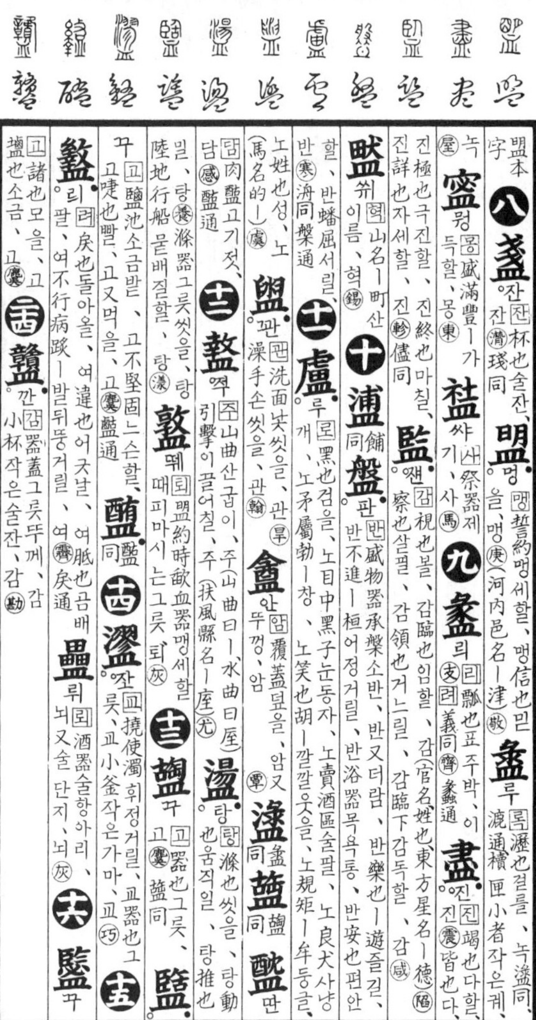

盟本字 八 盞。잔 잔 杯也술잔、잔 潸 琖同 盟。명 맹 誓約맹세할、맹信也믿을、맹 庚 (河內邑名ㅣ津) 敬 盝 루 록 瀝也걸를、녹 𥂝同、漉通櫝匣小者작은궤、

녹 屋 𥂁 뭉 몽 盛滿豐ㅣ가득할、몽 東 盐 쌰 사 祭器제기、사 馬 九 盠 리 리 瓢也표주박、이 支 려 義同 齊 蠡通 盡。진 진 竭也다할、진 震 皆也다、

진極也극진할、진終也마칠、진詳也자세할、진 軫 儘同 監。잼 감 視也볼、감臨也임할、감(官名姓也、東方星名ㅣ德) 陷 察也살필、감領也거느릴、감臨下감독할、감 咸

盬 쒸 혁 山名ㅣ町산이름、혁 錫 十 盙 鋪同 盤。판 반 盛物器承槃소반、반又더람、반樂也ㅣ遊즐길、반不進ㅣ桓어정거릴、반浴器목욕통、반安也편안

할、반蟠屈서릴、반 寒 洀同 槃通 十一 盧。루 로 黑也검을、노目中黑子눈동자、노賣酒區술팔、노良犬사냥개、노矛屬勒ㅣ창、노笑也胡ㅣ깔깔웃을、노規矩ㅣ牟둥글、

노姓也성、노(馬名的ㅣ) 虞 盥。꽌 관 洗面낯씻을、관 旱 澡手손씻을、관 翰 盦 안 암 覆蓋덮을、암又뚜껑、암 覃 𥂝 盝同 𥃂 盬同 醓 만

담 肉醓고기젓、담 感 醓通 十二 盩 쪄 주 山曲산굽이、주(山曲曰ㅣ水曲曰厔) 引擊이끌어칠、주(扶風縣名ㅣ厔) 尤 盪。탕 탕 滌也씻을、탕動也움직일、탕推也

밀、탕 養 滌器그릇씻을、탕陸地行船뭍배질할、탕 漾 盭 뙤 퇴 盟約時歃血器맹세할때피마시는그릇、퇴 灰 十三 𥂡 꾸 고 器也그릇、고 麌 盬同 盬。

꾸 고 鹽池소금밭、고不堅固느슨할、고嘖也빨、고又먹을、고 麌 盬通 𨡓 醢同 十四 𥂺。잔 교 撓使濁휘정거릴、교器也그릇、교小釜작은가마、교 巧 十五

盭。리 려 戾也돌아올、여違也어긋날、여胝也곰배팔、여不行病跛ㅣ발뒤뚱거릴、여 霽 戾通 𥃲 뤼 뢰 酒器술항아리、뇌又술단지、뇌 灰 十六 𥃚 꾸

고 諸也모을、고 盬也소금、고 麌 二十四 𥃳。깐 감 器蓋그릇뚜께、감 小杯작은술잔、감 勘

目部

目 무[목]眼也눈、목條件조건、목要點題ㅣ제목、목(屋)

⿰目乚 야[교]目重皮눈쌍꺼풀질、교(巧)

㈡

旬 쎈[현]目搖눈방울굴릴、현(霰)[순]目眩눈앗질할、순(眞)

⿰目卜 약[복]目骨눈퉁이빼、복(屋)

㈢

盱 쒸[우]張目ㅣㅣ눈부릅뜰、우喜悅貌睢ㅣ눈웃음칠、우(虞)

盲 망[맹]目無瞳판수、맹又장님、맹暗也어둘、맹(庚)

盰 깐[간]張目눈부릅뜰、간(翰)

直 지[직]不曲곧을、직正也바를、직伸也펼、직但也다만、직侍也번들、직不猶豫곧、직(職)[치]物價값、치(寘)

⿰目千 쳔[천]遙視不明멀어희미할、천(先)

⿰目丸 환[환]轉目睆ㅣ눈동자굴릴、환(翰)

盳 망[망]仰視치어다볼、망(陽)

⿱目儿 야[요]深目깊은눈、요(效)

⿰目凡 빤[범]大目큰눈、범(陷)

⿰目川 체[천]常視일상볼、천又늘볼、천(霰)

㈣

⿰目又 내[내]惡目睢ㅣ악한눈、내(泰)[왈]搯目눈부빌、왈(曷)

盻 씨[혜]恨視눈흘겨볼、혜(霽)盼通

眂 視同

盾 츈[순]干也방패、순(官名鉤ㅣ)(軫)[돈](人名晉趙ㅣ)(阮)

眅 판[판]眼多白눈에흰자위많을、판反目흘겨볼、판(刪)、白膜侵睛눈동자에백태낄、판(潸)

看 칸[간]視也볼、간(寒)(翰)

盼 판[반]美目눈매예쁠、반流視흘겨볼、반顧視돌아볼、반(諫)盻通

眄 멘[면]斜視곁눈질해볼、면(霰)

相 쌍[상]共也서로、상質也바탕、상(陽)視也볼、상助也도울、상導也인도할、상扶也붙들、상官名정승、상ㅣ術상볼、상(漾)

眇 먀[묘]偏盲애꾸、묘一目小한눈짜긋할、묘微也작을、묘遠也멀、묘盡也다할、묘(王者仁ㅣ天下、義ㅣ天下、威ㅣ天下)(篠)

眀 밍[명]視也볼、명又눈밝을、명(庚)明通

省 썽[성]察也살필、성公署마을、성[생]減少덜、생詳也자세할、생(梗)

眊 마[모]目少精눈흐릴、모不明老ㅣ눈어둘、모(號)耄通

眈 땀[탐]視貌ㅣㅣ노려볼、탐過喜너무즐길、탐(覃)耽同

⿰目勺 뎐[전]轉視貌徹ㅣ눈알굴려볼、전(人生三月而徹ㅣ、然後能有見)大目ㅣ瞑큰눈、전又왕눈이、전(先)

盹 뜐[순]目藏졸、순又눈감을、순(眞)

県 쟈[교]斬首倒懸목베어달、교(蕭)

⿱目又 쒸[혁]舉目使之눈

지할、혁(或) 音혈)(職) 眘同 **眘** 昊同 **昉** 倣同 **眉**。메 미 目上毛눈섭、미(天有攝提八有兩丿)(支) 䁕同 **昳** 쥐 결 目患눈앓을、결 혈 驚視눈휘둥그래볼、혈 不定

顴眄흘금흘금볼、혈(屑) **[目+勿]**。메 매 遠視멀리볼、매 目迷눈침침할、매(隊) **[目+化]** 화 화 目動눈끔적거릴、화(麻) **[目+天]** 텬 천 仰視우러러볼、천(先) **[目+巿]** 패

패 目不明눈어둘、패(泰) **五** **看** 看俗字 **眙** 이 이 擧目눈치뜰、이(楚州縣名盱丨)(支) 치 直視똑바로볼、치(寘) **眥**。쯔 자 目際눈추리、자(寘) 재 義同含恨疾視

睚丨흘겨볼、제(霽) 眦同 **眦** 眥同 **眡** 디 저 視也볼、저(齊) **眛** 메 매 目暗눈어둘、매(隊)(泰) **眞**。쩐 진 實也참、진又진실로、진 正也바를、진 神也신검스러

운、진 精也정할、진 原質근본、진(眞) **真** 眞同 **眕** 쩐 진 目有所限한껏볼、진 重厚진중할、진(軫) **眢**。완 원 目不明눈어둘、원 水涸井물마른우물、원(元) 완 義同(寒) **眠**

멘 면 翕目졸、면又조름、면又자부름、면 瞑通寐也잘、면又쉴、면(先) **[目+占]** 覘同 **眩**。쏀 현 視亂瞑丨현황할、현又어찔어찔할、현 又아득할、현 暗也어둘、현 惑也의혹

할、현(霰) 幻通 **眑** 야 유 深遠아득할、유又응성깊을、유(有) 요 幽靜깊숙할、요又고요할、요(篠) 窅通 **眚**。씽 생 災也재앙、생 目病生翳백태낄、생 過誤허물、생(梗) **眣**

찌 질 目不正눈비뚤、질 目露出貌눈망울룩불거질、질(質) 眰同 **眛** 머 말 目不明눈어둘、말(曷) **[目+必]**。마 말 疾視몹시볼、말又노려볼、말 耻也부끄러울、말(黠) **眨**

짜 잡 目動눈끔적거릴、잡(洽) **䀠**。쭈 구 左右視좌우로볼、구(遇) 瞿同 **眗** 䀠同 **眒** 썬 신 張目눈부릅뜰、신 疾貌儵丨빠를、신 鳥獸驚貌새짐승놀랄、신(震) **眖**

광 황 視也볼、황(漾) **眐** 쩡 정 獨視貌혼자만볼、정(庚) **眧**。찬 초 以目弄人눈으로사람희롱할、초(嘯) **眪** 뼝 병 目明눈밝을、병(梗) **眎** 視古字 **[目+夫]**

쓘 순 以目通知瞚瞬눈짓할、순(震) **[夂+目]** 뫄 무 嫉妒人丨瞼사람투기할、무(宥) **[奴+目]** 누 노 怒目눈부릅뜰、노(慶) **[目+卯]**。먚 묘 邪視眩丨할금할금볼、묘(巧) **眝**

데 [저]長眙정신들여볼、저(語) **眣** 쎄 [혈]驚視깜짝놀라볼、혈 [결]目深옴팡눈이、결(屑) **眘** 愼古字

❻

眵。 츠 [치]目汁凝눈곱、치(支) **眣**. 천 [진]目瞳눈동자、진(無目丨謂之瞽)兆也幾微빌미、진又조짐、진(軫) **眴** 쒠 [현]目動눈곰적거릴、현(霰) [순]以目使人눈짓할、순(震)瞬通 **眼**.。 앤 [안]目也눈、안(果名龍丨)(潸)

眺 됴 [조]視也볼、조望遠멀리바라볼、조(嘯) **眷**.。 좐 [권]回視돌아볼、권顧念고념할、권親屬부치、권勤意丨丨근념할、권(霰)睠同 **眮**。 둥 [동]轉目눈굴릴、동目眶눈자위、동怒視눈흘겨볼、동(東)

眶. 쾅 [광]目厓눈두덩、광(陽) **眡** 씨 [식]目所記눈여겨볼、식眼標안표할、식(職) **眰** 眣同 **眱** 이 [이]熟視不言물끄러미보고말없을、이(支)

眲. 늬 [익]輕視얕잡아볼、익又멸시할、익(或音액)(陌) **⿰目亥**。 깨 [개]俗音[해]相視貌丨矚서로볼、해目大눈부리부리할、해(灰) **⿰目㐬** 황 [황]目不明눈어둘、황(陽)⿰目荒同

眳 밍 [명]目暗눈어둘、명不悅貌기뻐아니할、명眉睫之間눈섭사이、명(庚) **眭**.。 씨 [휴]深目깊은눈、휴惡視몹시볼、휴(齊) **⿰目开** 치 [계]蔽人視사람을가리고볼、계又엿볼、계(齊)

⿰目攸 쓱 [주]斂容視貌瞜丨얼굴스침하고볼、수(尤) **眯** 미 [미]物入目中눈에티들、미(齊) **眸**. 뭏 [모]目瞳丨子눈동자、모(尤) **眽**。 머 [맥]相視丨丨서로볼、맥衺視빗겨볼、맥(陌)覛同

⿰目舌 꽈 [괄]怒視성내볼、괄(曷)

❼

睂 眉同 **睎**。 씨 [희]望也바랄、희慕也사모할、희(微)希通 **睇**. 듸 [제]小視할깃볼、제(霽)題通 [체]視也볼、체(霽)

睅 한 [환]大目큰눈、환又왕눈이、환(潸)睆通 **睊** 좐 [견]側目相視貌丨丨서로결눈질해볼、견(先)(霰) **睆**.。 환 [환]光鮮貌睍丨고울、환又예쁠、환明星貌별반짝거릴、환(潸)晥睅通

睍.。 쎤 [현]光鮮貌丨睆고울、현視貌丨丨물끄러미볼、현(銑) **睋** 어 [아]視也볼、아(歌) **⿰目貝** 꿕 [격]閉目눈감을、격(陌)

⿰目夾. 睫⿺毛夾同 **睃** 쥰 [준]視也볼、준(震) **睄** 쏘 [초]小視잠간볼、초(效) **⿰目豆** 뚜 [두]目汁凝丨眵눈곱、두(尤) **睉**。 좌 [자]惡目丨眼사나운눈、자(馬) **⿰目汪**

왕 [왕] 目泣ㅣㅣ눈물그렁그렁할、왕 (陽) **睒** 싼 [섬] 目數動ㅣㅣ눈자주끔적거릴、섬 (琰) **[illegible]**。좐 [권] 目圍눈언저리、권 (霰) **䀻**• 핑 [빙] 視也볼빙 (敬) **[illegible]** 뚜 [도] 多

也많을、도 (虞) **眐**• 딩 [정] 目出눈솟을、정 (梗) **睈** 청 [정] 照視ㅣㅣ비쳐볼、정 (梗) **晢**。지 [제] 目光눈광채、제 (霽) **省** 쇄 [사] 偷視곁눈질해볼、사 (歌)

晩。만 [만] 無畏而視겁없이볼、만 (潸) **眇** 省同 **眡** 뤼 [류] 臥視누어서볼、유 (尤) **䀲** 무 [목] 眼疾안질、목 (屋) **䁱** 쨔 [효] 偏目애꾸、효 (效) 瞎也눈멀、효 (肴)

䀶 량 [량] 目病눈병날、양 (漾) **八** **睢**。• 쉐 [휴] 怒視恣ㅣ성내어볼、휴 (寘) 瞋視ㅣ盱눈부릅뜨고볼、휴 (支) 濉通 **睟**• 쉐 [수] 正視똑바로볼、수 潤澤윤택할、

수 目明눈밝을、수 (寘) **睡**。• 쉐 [수] 坐寐졸、수 又졸음、수 (寘) **睥** 삐 [비] 傍視ㅣ睨곁눈질할、비 (霽) 睤同 **睤** 睥同 **睨** 이 [예] 斜視흘겨볼、예 (霽) **睚** 애

[애] 目際눈가、애 (佳) 恨視ㅣ眦밉게볼、애 又눈흘길、애 (卦) **睞**。래 [래] 傍視곁눈질할、내 顧眄돌아볼、내 (隊) **睠** 眷同 **睘** 칭 [경] 驚視놀라볼、경 (庚) 瞏同 **睛**•

징 [정] 目珠눈망울、정 (庚) **睒** 싼 [섬] 晶瑩ㅣㅣ빛날、섬 又번쩍거릴、섬 暫視언뜻볼、섬 (琰) **睩** 루 [록] 謹視曼ㅣ눈곱게떠볼、녹 (屋) **睦**。• 무 [목] 親和친목할、목

又화목할、목 目順눈매고울、목 敬也공경할、목 (屋) **督**。• 뚜 [독] 董也동독할、독 察也살필、독 領也거느릴、독 勸也권할、독 中央가운데、독 催促독촉할、독 (沃) **睪** 이

[역] 伺視엿볼、역 又기찰할、역 (陌) **睫** 예 [첩] 目毛속눈섭、첩 (葉) 𣯋䀹同 **䁕** 뎬 [전] 慚也부끄러울、전 (銑) **睔**。• 꾼 [곤] 大目큰눈、곤 (阮) **睕**• 완 [완] 轉目눈굴릴、완

開目눈뜰、완 (翰) 深目눈옴폭할、완 (阮) **䁦** 뺘 [표] 著眼而視눈에대고볼、표 (蕭) **䁏** 씽 [행] 瞑目눈어둘、행 又눈감을、행 (迥) **䀺**。쟈 [겸] 目陷눈자위꺼질、겸 (俗音)

함 (洽) 䁍同 **睙** 레 [렬] 轉視눈굴려볼、열 (屑) **䁰** 쟝 [창] 失志貌실심할、창 (漾) **睜**。• 졍 [정] 不悅視賂ㅣ반갑게보지않을、정 (梗) **䁟** 치 [기] 目一隻외눈、기 (支) **睧**

훈[혼]目暗눈어둘、혼(元) ⿰目頁 眀同 窅 미[밀]暫見얼핏볼、밀又슬적볼、밀(質)[믁]義同(職) 睗 씨[석]速見빨리볼、석(陌) 九 瞀 우[무]無識ㅣ무식할

무又천치、무又어리석을、무(宥)貿通、目不明눈어둘、무(遇) 睹 뜨[도]見也볼、도(麌) 睽 퀘[규]乖也어그러질、규異也다를、규(齊) 睼 티[제]迎視마

주쳐볼、제遠視멀리볼、제(齊) 睿 叡同 ⿰目爰 쒠[훤]大目큰눈、훤(阮) ⿰目咸 臽同 睾 깐[고]陰囊睪丸불알、고(豪) 瞍 쑤[수]無目판수、수又장님、수又봉사、

주(有) 瞍同 瞂 빠[벌]盾也방패、벌(月) 睮 위[유]諂也ㅣㅣ아첨할、유(尤) ⿰目枼 쎄[섭]閉一目視한눈짜긋하고볼、섭又한눈멀、섭(葉) ⿰目冒 만[모]俯目細視눈내리

떠볼、모(皓) 睲 씽[정]目精照눈에광채날、성(庚) ⿰目亭 띵[중]詳審視자세히볼、증(庚)[정]目眵눈곱、정(青) 睴 꾼[곤]大目出큰눈툭불거질、곤(願) ⿰目要 야[요]遠

視ㅣ眇멀리볼、요(篠) 睶 츈[준]大目큰눈、춘(軫) ⿰目㚇 쭁[종]相窺視서로엿볼、종(董) 睧 민[민]俯視굽어볼、민(眞) ⿰目匽 ⿰目晏同 ⿰目咼 와[알]目深黑貌눈깊고

검을、알(曷) 睱 싸[하]綫視천천히볼、하(禡) ⿰目昜 양[양]眉間양미간、양(陽) 睺 후[후]半盲반판수、후(宥) ⿰目剌 라[랄]目子不正눈알비뚤、날又눈엇뜨기、날(曷)

⿰目旲 쉬[혁]驚視놀라볼、혁(陌) 狊 징[경]目光눈광채、경(迥) 睷 젼[건]以目許貧눈으로세볼、건(元) 睯 훈[혼]煩悶번민할、혼(元) 十 瞋 천

[진]怒而張目눈부릅뜰、진(眞) 瞑 밍[명]翕目눈감을、명(青)(迥)(徑)[면]劇也ㅣ眩독할、면(霰)眠通 ⿰目䍃 약[요]視貌眇ㅣ찌긋하고볼、요(篠) ⿰目霍 쭤[곽]去目精눈뺄、곽

(覺)矐通[학]失明눈멀、학(藥) 瞎 쌰[할]一目盲애꾸눈、할(黠) 瞇 미[미]眇目애꾸눈비、미(紙) ⿱般目 판[반]轉目視눈굴려볼、반(寒) ⿰目晏 옌[언]目相戲눈으로희

롱할、언(阮) ⿰目匽同 ⿰目荒 ⿰目巟同 瞉 꾸[구]無識지식없을、구愚也어리석을、구(宥) 瞌 커[갑]坐眠ㅣ睡앉아졸、갑(合) 瞍 睃同 ⿱𦥯目 잉[앵]目淨貌눈밝을、

앵(或音영)(庚) **[illegible]** 써 [식]視無見瞾ㅣ뵈지않을、식(職) **督** 리 [려]索視찾아볼、여 又둘러볼、여(霽) **⿰目荅** 따 [답]垂目貌눈내리깔、답(合) **⿰目監** 메 [몌]汚面낯더러울、멸(屑) **罠**。同罠 **⿰目員** 쏜 [손]目病눈병、손(阮) **⿰目秦** 진 [진]淫亂음란할、진(眞) **⿱䀠夭** 작 [구]畏視두려워볼、구(遇)

(十一) **瞢**。명 [몽]目不明눈어둘、몽(東)(澤名雲ㅣ)(送) 懵通 [맹]悶也답답할、맹 不明ㅣㅣ 캄캄할、맹(徑) 懵通 **瞖** 이 [예]眼疾ㅣ膜안질、예 又눈에백대낄、예(霽) **⿰目祭**。치 [체]視察살펴볼、체(霽) **瞞**。만 [만]平目반듯한눈、만 欺也속일、만 慚也부끄러울、만 目瞼低눈거슴츠레할、만(寒) **瞠**。청 [쟁]直視곧게볼、쟁(庚) 瞸同 [징]義同(敬) ⿰目掌同 **瞙** 뫼 [막]目不明눈어둘、막 目瞖눈에백대낄、막 又예막、막(藥) **⿰目旋**。선 [선]目好貌ㅣㅣ 눈매예쁠、선(先) **⿰目密** 미 [밀]不可測측량못할、밀(質) **⿰目鹿**。루 [록]目淨瞴ㅣ눈맑을、녹(屋) **⿰目脩**。티 [적]失意視실신하고볼、척(錫) **⿰目條** 同脩 **⿰目堅** 컹 [갱]視不分明ㅣ矆아릿아릿할、갱(庚) **⿰目啇** 쪄 [적]目竪눈곧두설、적(陌) **⿰目虘** 同覷 **瞛** 쭝 [종]目光눈에광채날、종(冬) **瞜** 루 [루]偏盲ㅣ睺애꾸눈、누(尤) 笑也眴ㅣ웃을、누(虞) **⿰目魚** 위 [어]環眼馬고리눈말、어(魚) **瞟**。퐈 [표]目小貌눈자그마할、표(篠) 明察ㅣ瞭밝게살필、표(蕭) **⿰目鳥**。됴 [조]熟視익히볼、조(蕭) **瞝** 리 [리]急視급히볼、이(支) **瞡**。궤 [규]眇視곁눈질해볼、규(支) **瞕**。장 [장]目生障翳눈에백대낄、장(漾) **⿰目容** 가 [갑]困悶眼졸린눈、갑(合) **⿰目寅**。同瞚 **⿰目斬** 찬 [잠]ㅣ眼눈끔적일、참(華) **⿰目梨** 리 [리]目耴눈쌍꺼풀질、이(支) **瞔** 쨔 [책]目張눈부릅뜰、책(陌)

(十二) **瞚**。同瞬 **瞳**。퉁 [동]目珠눈동자、동(東) **瞯**。同瞷 **瞬**。쓘 [순]目動눈끔적일、순(震) 瞚同 眴通 **瞤** 쓘 [순]目動눈끔적거릴、순(眞) **瞵** 린 [린]目精눈정기、인(震) [련]以目隨之눈치챌、연(眞) **⿰目掌** 同瞠 **瞭**。랴 [료]目明눈밝을、요 遠視멀리볼、요(蕭)(嘯) **瞪** 청 [징]直視직시할、징(徑) **瞫**。썬 [심]窺視가만이볼、심(寢) **瞰** 칸

[감]俯視굽어볼、감(勘) 矙通

𥌒 쟈 [흘]驚視놀라볼、흘 目深눈깊을、흘(質)

瞥。폐 [별]暫見얼핏볼、별(屑) 覕瞥同

𥌰 관 [관]直視貌똑바로볼、관(諫)

𥌉 웨 [위]目好貌ㅣㅣ눈매예쁠、위(紙)

𥌾 쟌 [존]赤目붉은눈、존(元)

瞧。챠 [초]偸視결눈질할、초 竊視엿볼、초(蕭)

𥋵 瞠同

䁮 쳠 [잠]閉目內思눈감고생각할、잠(鹽)

矚 矚俗字

𥌓 치 [즙]出淚눈물날、즙(緝)

瞴。뫄 [무]微視ㅣ婁잠간볼、무(尤)

𥌚 졔 [혈]目赤貌職ㅣ눈속붉을、혈(屑)

瞢 졍 [증]目小作態瞢ㅣ눈째긋하고태도지을、증(蒸)

瞟 뱌 [표]惡視貌반갑지않게볼、표(蕭)

瞯。셴 [한]覘視엿볼、한(刪) [간]義同(諫) [희]馬片目白한쪽눈흰말、희(眞)

瞦 씨 [희]瞳清눈동자맑을、희(支)

曉 쑈 [우]目深눈깊을、우(尤)

瞮 례 [철]目明눈밝을、철(屑)

⑬

瞿。취 [구]驚視ㅣㅣ놀라볼、구 鷹視노려볼 구又매볼、구(虞) 懼通

瞽。꾸 [고]盲也장님、고 又판수、고 樂官전악、고(舜父名ㅣ瞍)(麌)

瞾。쟌 [조]目美눈고울、조(唐武后自制爲名)(嘯) 照通

瞻。잔 [첨]仰視우러러볼、첨(鹽)

瞼 잼 [검]目上下弦눈시울、검(琰)

䁴。쟌 [전]視而止보고말、전(銑)

𥍉 뻰 [편]始生兒目有翳갓난아이눈에예맥있을、편(銑)

睪 이 [역]目明눈밝을、역(陌)

𥌺 싹 [휴]目多汁눈곱지적지적할、휴 又눈물많을、휴(尤)

𥌮 메 [미]覘視엿볼、미(支)

曖 애 [애]目不明눈흐릴、애(泰)

𥌯 예 [엽]瞼也눈시울、엽(葉)

⑭

矇。뭉 [몽]有瞳未見청맹과니、몽(有眸子而無見曰ㅣ瞍)(東)

矉。顰同

𥍂 쒬 [현]目不正ㅣㅣ눈엇뜨기、현(霰)

䁺 허 [혁]目赤눈붉을、혁(陌)

䁟 차 [찰]詳視자세볼、찰(黠)

𥍑 치 [읍]俗音[읍]目睛中枯눈속말라뻐덕뻐덕할、읍(緝)

𥍋 쿠 [굴]目突눈불거질、굴(月)

矄 쉰 [훈]目暗눈침침할、훈(文)

矆。훠 [획]電光ㅣ睒번개빛、획(陌) [확]大視눈부릅뜨고볼、확(藥)

辦。판 [판]小兒白眼아이눈뽀얄、판(諫)

矏。멘 [면]片目不明외눈어둘、면 密也빽빽할、면(先)

矊 멘 [면]黑瞳검은눈

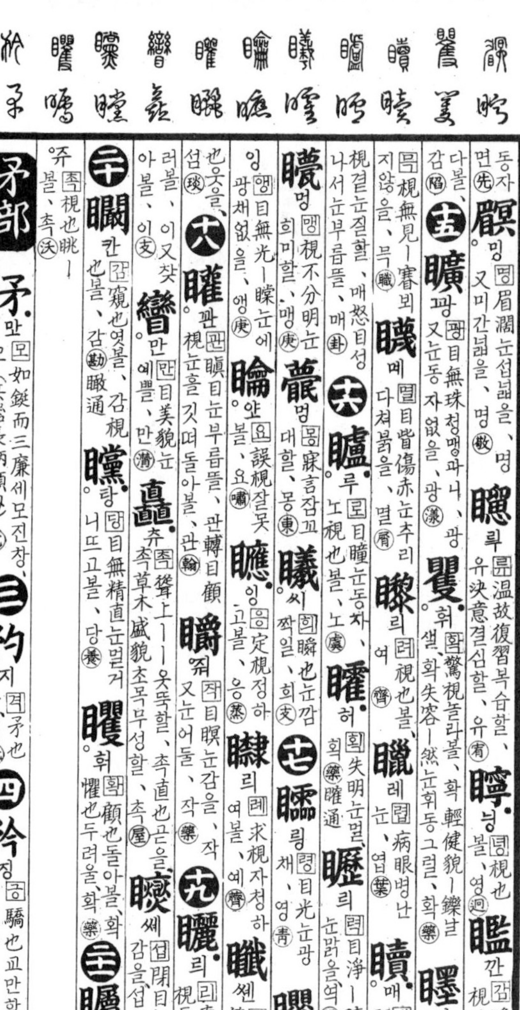

동자면(先) 瞑。밍 [명] 眉濶눈섭넓을、명 又미간넓을、명(敬) 瞜 루 [루] 温故復習복습할、유 決意결심할、유(宥) 矃• 녕 [녕] 視也볼、영(迥) ⿰目監 깐 [감] 瞻視처다볼、감(陷)

⑮ 矌 광 [광] 目無珠청맹과니、광 又눈동자없을、광(漾) 矆。휘 [확] 驚視놀라볼、확 輕健貌ㅣ鑠날샐、확 失容ㅣ然눈휘동그럴、확(藥) ⿰目墨 머 [믁] 視無見ㅣ窨뵈지않을、믁(職) ⿰目蔑 메 [멸] 目眥傷赤눈추리다쳐붉을、멸(屑) ⿰目黎 리 [려] 視也볼、여(齊) ⿰目巤 레 [렵] 病眼병난눈、엽(葉) ⿰目賣。매 [매] 邪視결눈질할、매 怒目성나서눈부릅뜰、매(卦)

⑯ 矑。루 [로] 目瞳눈동자、노 視也볼、노(虞) 矐• 허 [확] 失明눈멀、확(藥) 矐通 ⿰目歷 리 [력] 目淨ㅣ⿰目鹿 눈맑을、역(錫) 矒 멍 [맹] 視不分明눈희미할、맹(庚) ⿰目夢 멍 [몽] 寐言잠꼬대할、몽(東) ⿰目羲。씨 [희] 瞬也눈깜짝일、희(支)

⑰ ⿰目霝 령 [령] 目光눈광채、영(青) ⿰目嬰 잉 [앵] 目無光ㅣ⿰目榮 눈에광채없을、앵(庚) ⿰目龠。약 [요] 誤視잘못볼、요(嘯) ⿰目應• 잉 [응] 定視정하고볼、응(蒸) ⿰目隸 리 [례] 求視자청하여볼、예(齊) ⿰目韱 쎈 [섬] 笑也웃을、섬(琰)

⑱ 矔。관 [관] 瞋目눈부릅뜰、관 轉目顧視눈흘깃며돌아볼、관(翰) ⿰目爵 쟈 [작] 目瞑눈감을、작 又눈어둘、작(藥)

⑲ ⿰目麗• 리 [리] 索視둘러볼、이 又찾아볼、이(支) 矕。만 [만] 目美貌눈예쁠、만(潸) 矗• 츢 [촉] 聳上ㅣㅣ옷뚝할、촉 直也곧을、촉 草木盛貌초목무성할、촉(屋) ⿰目褻 쌔 [섭] 閉目눈감을、섭(葉)

⑳ 矙 칸 [감] 窺視也엿볼、감 視也볼、감(勘) 瞰通 矘。탕 [당] 目無精直눈멀거니뜨고볼、당(養) ⿰目矍。휘 [확] 顧也돌아볼、확 懼也두려울、확(藥)

㉑ 矚• 츢 [촉] 視也眺ㅣ볼、촉(沃)

矛部

矛• 맏 [모] 如鋋而三廉세모진창、모(兵器長柄頭刅)(尤)

㊂ 矵 。지 [격] 矛也창、격(銑)

㊃ 矜。징 [긍] 驕也교만할、긍 哀也슬플、

긍憨也불상히여길、긍飾也꾸밀、긍矛柄창자루、긍自賢자랑할、긍惜也애낄、긍竦也곱송거릴、긍蒸 兢通 [근]矛柄창자루、근眞 𥎦通 [환]老無妻늙은홀아비、환刪 鰥通

矝 씨 [혁]長矛긴창、혁錫

⑦ **矞**。위 [율]以錐有穿송곳으로뚫을、율詭詐궤휼할、율(神名ㅣ皇)質

矟 槊同

稂。랑 [랑]短矛짧은창、낭陽

⿰矛侵 친 [침]錐也송곳、침侵

⿰矛夆 뿡 [봉]二枝矛두갈래진창、봉冬

⑧ **矠**。처 [착]俗音[색]刺取魚類작살、색陌

⑩ **⿰矛倉** 槍同

⑪ **𥎦** 친 [근]矛柄창자루、근眞文 矜通

⿰矛悤 촹 [총]短矛짧은창、총冬

⑫ **⿰矛童**。춍 [충]短矛짧은창、충冬

⑬ **⿰矛解** 졔 [해]矛銳利貌창날카로울、해蟹

⑭ **⿰矛爾** 미 [미]矛也창、미支

⑮ **⿰矛暴** 빡 [박]杖矛지팡이창、박(唐時衛仗名ㅣ矟)覺

⑲ **穳**。좐 [찬]鋋也작은창、찬(ㅣ制如戟鋒刃兩旁微起下有鐏銳)旱

⑳ **矡**。휘 [확]鋤也호미、확藥

矢部

矢。쓰 [시]箭也살、시(肅愼氏楛ㅣ石砮尺有咫)誓也맹세할、시直也곧을、시陳也베풀、시糞也똥、시又찌、시紙 屎通

② **矣** 이 [의]語助辭어조사、의又말끝날、의(用之語末以表斷定之意)紙

③ **知**。지 [지]識也알、지覺也깨달을、지諭也이를、지主也주장할、지支 智通

④ **矧** 신 [신]況也하물며、신齒本이틀、신軫 訠同 哂通

矦 侯同

⑤ **矩**。쥐 [구]正方器곡척、구法也법、구虞 榘同

⿰矢此 즈 [자]短小貌짧고작을、자支

⿰矢去 빠 [법]矢也살、법業

⿰矢召。쟢 [조]短也짧을、조蕭

⑥ **⿰矢舟** 쪄 [주]射鳥箭활고두리、주尤

⿰舟夫 ⿰矢舟同

⑦ **矬** 최 [좌]身短난장이、좌歌

⿰身夫 射同

短。됸 [단]長之反짧을、단又저를、단指人過失남의허물지목할、단旱

⿰矢見 規同

⑧ **矮**。애 [왜]短人난장이、왜又키짧을、왜蟹

⿰矢卑 삐

[비]短小貌ㅣ䂂체형작을、비(齊) 䂕 례 [철] 短身키작을、철(屑)

十 𥏫 씨 [싀] 待也기다릴、시(紙)

十二 矯 쟢 [교] 正曲바로잡을、교 詐也거짓、교 擅也천단할、교 又오로시할、교 勇貌ㅏㅣ용맹스러울、교(篠) 撟通 矰 쯩 [증] 弋矢ㅣ繳줄살 증(蒸) 𢨈同 𥐉 쓰 [시] 短也𥐌쓸、시(支)

十四 矱 휘 [확] 度也榘ㅣ법도、확(藥) 彠同

十五 矲 파 [패] 短小貌작고앙징할、패(ㅣ矮、ㅣ䂂ㅣ𥎿)(蟹)

石部

石 씨 [석] 山骨돌、석 又돌침、석(一種堅硬鑛物) 量名十斗섬、석 衡名百二十斤저울、석 樂器八音之一경쇠、석(擊ㅣ拊ㅣ)(陌) 祏通

二 矴 띵 [정] 錘舟石배닻돌、정(徑) 碇䃥同 𥐘 碇同 𠩺 石古字

三 矷 쯔 [재] 小石잔돌、자(紙) 矼 강 [강] 聚石渡水돌징검다리、강(江) 矸 깐 [안] 山石산돌、안(翰) 𥐒 망 [망] 山石산돌、망(沛邑山名ㅣ碭)(陽) 矹 우 [올] 石崖不穩硉ㅣ돌비알、올(月) 矻 쿠 [굴] 勞也ㅣㅣ수고로울、굴 又느른할、굴(月) 矺 뒥 [탁] 打石돌로칠、탁(木名ㅣ鼠)(藥) 磔通 𥐗 차 [채] 山石산돌、차(佳) 𥐨 저 [적] 衆石돌무더기、적(錫) 磩同

四 砆 玞同 砌 치 [체] 階甃섬돌、체(霽) 砏 얜 [분] 雷聲ㅣ磤우렛소리、분(文) 砂 싸 [사] 沙也모래、사(丹ㅣ辰ㅣ)(麻) 沙通 砑 야 [아] 碾也연、아 又맷돌、아 ㅣ刀인두、아 [華]熨縫之具(禡) 砐 이지 [업] 山高ㅣ磼산높을、업(葉) 砉 휘 [획] 皮骨相離聲ㅣ然뼈장의칼쓰는소리、획 又가죽과뼈서로떨어지는소리、획(陌) [혁] 義同(錫) 砇 玟同 砅 리 [려] 履石渡水돌디디고물건늘、려(霽) 砒 磇同 砋 쯔 [지] 擣衣石방칫돌、지(紙) 砎 예 [길] 小石礒ㅣ조약돌、길(質) [개] 硬也단단할、개(卦) 砊 강 [항] 石聲ㅣ硠돌소리、항(漾) [강] 雷聲ㅣ磕우렛소리、강(陽) 砃 단 [단] 赤石붉은돌、단(寒) 砓 씨 [설] 石山돌산、설(屑)

五 砥 쯔 [지] 磨石숫돌、지 節操ㅣ礪절개、지(支)(紙) 砮 누 [노] 石鏃돌살촉、노(肅愼

氏國產楛矢石砮(虞)(寘)

砠 同岨

硜 꽤 [괴] 石似玉者돌옥같을、괴(卦)

砦 同寨

砢。 커 [가] 衆小石貌磊ㅣ잔돌무더기、가又돌서덜、가(哿)

砰 핑 [팽] 水石聲砯ㅣ물에돌굴르는소리、팽(庚)

砲 同礮

破。 퍼 [파] 裂也物壞깨질、파又깨뜨릴、파(箇)

砯 핑 [팽] 水急打巖聲물이바위에부딪치는소리、팽(蒸) [빙] 義同(徑)

砧。 ᄋ젼 [침] 擣衣石방칫돌、침又다듬잇돌、침(侵) 碪同

砭。 뼌 [폄] 石鍼돌침、폄(以石刺病)(鹽)(豔) 砭同

砞 머 [말] 碎石부서진돌、말(曷)

砟 ᄋ자 [사] 碑石비석、사又빗돌、사(禡)

砣 톼 [타] 投石戲돌팔매칠、타碾輪石연자매、타又맷돌、타(歌) 堶碢同

砤 同砣

玼 ㅊ [자] 石名ㅣ黃자황석、자又누런은돌、자(支)

砩。 ᄋ뷔 [폐] 以石過水돌로물막을、폐(隊)

砅 써 [사] 石垂貌砂ㅣ돌수구러질、사(或音나)(馬)

砪 무 [무] 藥石雲ㅣ돌비늘、무又운무、무(有)

砛。 ᄋ젼 [진] 石不平貌돌험상스러울、진防水石방천돌、진又돌모루、진(眞)

砳 럭 [력] 二石相擊成聲돌마주부딪치는소리、력(藥) [각] 義同(覺)

砕。 판 [반] 大石큰돌、반(寒)

𥑑 뱍 [부] 白水晶흰수정、부(遇)

砱。 링 [령] 石孔돌구멍、영(青)

𥐥 씨 [시] 石落聲돌떨어지는소리、시(支)

砫 쮜 [주] 石櫃돌궤、주(麌)

六

硔。 꿍 [공] 水邊石물가돌、공(腫)

硊 웨 [외] 石貌硊ㅣ바위옹두라지、위(紙)

研。 옌 [연] 礲也갈、연又연마할、연究也궁구할、연又연구할、연(先) 硯通

硋 同礙

硉 루 [률] 石轉돌구를、률石崖ㅣ矹돌비알질、율(月)

砮 同䂮

硌 러 [락] 石貌磊ㅣ바위옹두리、낙山上大石큰바위、낙(藥)

硃。 쮜 [주] 丹砂주사、주(虞)

硄 광 [광] 石色光澤돌빛윤택할、광(陽)

硈。 ᄋ쟈 [할] 堅固ㅣ然견고할、할(黠)

硇。 놔 [노] 藥石ㅣ砂노사、노(肴)

硍。 권 [간] 石有痕돌에흔적있을、간(願)

硐 통 [동] 磨也갈、동以刀通竹節作笛鏓ㅣ대마디뚫어저만들、동(董)

硗。 ᄋ쟢 [요] 山田산밭、요(肴)(效) [교] 義同(篠)

硎。 씽 [형] 砥石숫돌、형(青)

硂 꿔 [과] 盤石반석、과又편편한돌、과(麻)

𥐯 유 [유] 石似玉옥같은돌、

유(虞) ⑦ **硯** 엔[연]研墨石벼룻돌、연(霰)研通 **碊** 찬[천]展繒石깁펴는돌、천又방칫돌、천(霰)又쟁 **硝** 챂[소]俗音[쵸]藥石硭ㅣ망초、쵸ㅣ石유리만드는돌、쵸(蕭) **硪** 어[아]巖也바위、아山高 破ㅣ산높을、아(哿) **硨** 처[차]石似玉者ㅣ磲옥돌、차(寶石一種)(麻) **硭** 망[망]藥石ㅣ硝망초、망(陽) **硠** 랑[랑]石聲ㅣㅣ돌소리 낭堅也단단할、낭(陽) **硜** 컹[갱]小人貌ㅣㅣ똑똑한체할、갱又아릿아릿할、갱(或音경)(庚)硻同 **硬** 잉[경]堅牢굳셀、경又견강할、경又딱딱할、경又단단할、경(敬)鞕同 **硫** 랴[류]藥石ㅣ黃유황、유(性烈易燃磨則生臭火山之地最多産出用度廣汎)(尤)磂同 **确** 챠[학]石地犖ㅣ자갈땅、학(覺)塙同 **硩** 티[척]挑摘딸、척(官名ㅣ蔟)(錫) **硤** 쌰[협]堅也굳셀、협(縣名ㅣ石)(洽) **硊** 웨[예]磨消갈아없이할、예(霽) **砦** 싸[새]小石잔돌、사(地名ㅣ石)(麻)[좌]義同(箇) **⿰石甫** 약[보]碮也ㅣ碻돌매、보(襃) **硱** 큰[곤]石落貌ㅣ碖돌떨어질、곤(阮) **⿰石赤** 땅[韓]地名ㅣ城땅이름적 **⿰石牢** 랖[로]石器돌그릇、노(豪)(皓) **⿰石坐** 좌[좌]碎石부스러진돌、좌(哿) **⿰石孚** 약[뷰]石破聲돌깨뜨리는소리、부(尤) **⿰石尾** 위[미]磨石돌갈、미(屋)

⑧ **碗** 완[화]器也그릇완 **碁** 棊同 **碎** 쒜[쇄]細破부슬、쇄又부서질、쇄(隊) **⿰石隶** 埭同 **碓** 뒈[대]舂具水ㅣ방아、대(隊) **碕** 埼同 **硯** 엔[연]人名사람의이름、연(先) **碔** 珷同 **硾** 쮀[추]鎮也누를、추擣也다듬을、추(寘)磓同 **碍** 礙俗字 **碆** 퍼[파]石鏃돌살촉、파(歌)磻通 **⿰石刪** ⿰石冊同 **硼** 평[평]石名평돌、평(庚)[봉](藥名ㅣ砂)(蒸) **⿰石昆** 곤[곤]鐘病聲종소리럳럳할、곤(阮) **碌** 루[록]綠石푸른돌、녹(沃)石地不平ㅣ磏자갈땅、녹又조악돌많은땅、녹庸貌ㅣㅣ녹녹할、녹又용렬할、녹(屋)錄通 **⿰石亞** 야[아]地形不平硊ㅣ지형험할、아(麻) **⿰石沓** 다[답]踏碓舂米방아디딜、답又쌀씷을、답(合) **碇** 矴同 **⿰石彖** 쫘[탁]擊也칠、탁(覺) **碑** 빼[비]刻石紀功德비석、비又빗돌、비(宮室廟屋墓隧之碣鐫文於石而建立者皆

曰ㅣ(支) **碄** 린 [림]深貌ㅣㅣ깊을、임(侵) **碏**。 챡 [작]敬也공경할、작雜色石얼룩돌、작(藥) **碉** 됴 [조]石室돌집、주(蕭) **碒** 인 [음]深險嶔ㅣ내험할 음(侵)

碖 륜 [론]石落貌硱ㅣ돌떨어질 논(阮) **[石妻]** 취 [최]磓也매、취(隊) **硿**。 쿵 [공]藥石ㅣ青공청、공(東)石落聲돌떨어지는소리、공(送) **[石連]** 차 [첩]山連貌산이 연접할、첩(葉)

[石乖] 괘 [괴]碎石돌부서뜨릴、괴(佳) **碃** 창 [청]青石푸른돌、청(青) **硱** 쥔 [균]石危돌위대할、균(眞) **碐** 렁 [릉]石險돌험할、능(蒸)

[石卓] 됴 [조]石高돌높을、조(篠)

九

碣。 쎼 [갈]碑也비석、갈又비、갈(方者爲碑 圓者爲ㅣ 李斯所造)(月)(東海山名ㅣ石)(屑) [계]立石돌세울、계(霽) **碝**。 쇤 [연]美石次於玉옥돌、연(白者如冰 半有赤色)(銑) 瑌同、瓀通

碯。 노 [노]文石碼ㅣ마노、노又무늬진돌、노(晧) 瑙瑙同 **碫** 同鍛 **碬**。 쌰 [하]礪石숫돌、하(麻) **碭** 땅 [탕]文石무늬있는돌、탕(浦邑 山名芒ㅣ)(漾)

碪 同砧 **碞**。 옘 [암]險也험할、암山不齊貌사울뭉줄뭉할、암(咸) **碡** 뚜 [독]磨田器碌ㅣ밭고르는돌 곰배、독(沃) **[石皇]** 네 [뎨]明礬別名백반、열(屑)

碩。 쌰 [석]大也클、석充實충실할、석(陌) 鼫通 **碧**。 뼈 [벽]深青色깊게퍼런 은빛、벽青石似玉청강석、벽(陌) **[石敄]** 맏 [모]前高後低丘앞은높고뒤는낮은언덕、모(豪)

[石皆] 예 [개]黑石似玉검은옥돌、개(佳) **碈** 同玟 **碟** 뎨 [혈]治皮가죽다룰돌、혈(屑) **碵** 쥐 [저]磓也碓ㅣ맷돌、저(語) **碃** 同碗 **碥**。 뼌 [편]乘降履石노듯돌、편又디딤돌、편水疾厓傾물결에언덕무너질、편(銑)

[石豕]。 墜本字 **䃎** 차 [차]石垂貌ㅣ砎돌수구러질、차(禡) **碤** 잉 [영]石有文彩화반석、영又채색돌、영(庚)

碠 쨍 [정]石亭녕정자、정(青) **碨** 외 [외]險也험할、외(尾) **碦** 커 [각]堅石단단한돌、각(陌)

十

磁。 ᄌᆞ [자]石名吸引鐵類지남석、자(支) **磈** 웨 [외]石貌ㅣ礧돌서덜、외又바위엉드러지、외(尾) 磈通

磓 뙤 [퇴]落石돌떨어뜨릴、퇴(灰) [추]鎭也누를、추(寘) 硾通 **碨**。 웨 [외]地不平ㅣ磊돌자갈땅、외(屋) 磈通 **磇**。 피

비毒石ㅣ霜비상、비㊞砒同 **磕**· 커 개 石聲돌소리、개㊉泰磕同 갑 義同㊉合 **磑**。애 애 磨石맷돌、애㊉隊 외 積也쌓을、외㊉灰 **磊**。레 뢰 衆石重疊ㅣㅣ돌첩첩할、뇌又돌무더기、뇌礨通、奇偉ㅣ落끼끗할、뇌魁貌ㅣ砢헌걸찰、뇌㊉賄 **磐**· 판 반 大石반석、반㊉寒 **碾** 넨 년 轢物器맷돌、연又연자매、연㊉霰 **磋** 취 차 磨也갈、차㊉歌㊉箇 **磎** 溪同 **碼**· 瑪同(英國度名英尺三尺)야드、마又야루、마㊉馬 **磅**。팡 방 石落聲돌떨어지는소리、방(山名ㅣ礴)㊉陽 팽 地形ㅣ礴땅언틀먼틀할、팽㊉庚 英國貨幣單位名又衡名파운드、방(我十二兩重餘) **磉** 쌍 상 柱下石주춧돌、상㊉養 **磏**。렌 렴 磏礪센숫돌、염㊉鹽 磏同 **確**· 취 확 堅實확실할、확堅也굳을、확㊉覺 **碻** 確同 **磆** 화 활 藥石ㅣ石활석、활㊉黠 **磔**。쩌 책 刑名ㅣ市능지할、책又찢어벌릴、책(裂體剮肉死刑)㊉陌 **䃒**。꺼 격 石地險惡돌땅험할、격㊉陌 **碽** 꿍 공 石擊聲돌치는소리、공㊉東 **磂** 硫同 **磃** 티 체 怪石磃ㅣ괴석、체㊉齊 사 館名ㅣ氏집이름、사㊉支 **磌**· 텐 전 柱下石주춧돌、전石轉落聲돌떨어지는소리、전㊉先 **磍** 쌰 할 感怒磍ㅣ성불끈낼、할礫地ㅣ磤자갈땅、할㊉黠 **磒**。윈 운 落也떨어질、운㊉文 **礐** 롹 락 石相扣聲ㅣ確돌서로부딪치는소리、낙㊉覺 **磄** 탕 당 怪石ㅣ磃괴상스러운돌、당㊉陽 **磖** 라 랍 破物聲ㅣ磼깨지는소리、납㊉合 **䃓**。꺼 구 碥也디딤돌、구㊉有 **磧**· 싸 사 小石조약돌、사又자갈、사㊉碼 **䃔** 꿍 강 石落聲돌떨어지는소리、강㊉江 **䃖**。우 오 石阿돌언덕、오㊉虞 **䃦** 어 악 險也험할、악㊉覺 **䃗** 젠 건 礎也주춧돌、건㊉先

⑪ **䃜** 이 예 黑石검은돌、예㊉齊 **磤** 인 은 雷聲砏ㅣ우뢰소리、은㊉文㊉吻 殷隱通 **磝**· 嶅同 **磨**。머 마 治石갈、마㊉歌 礳同、石磑맷돌、마摩擦만질、마㊉箇 **磢** 창 창 以石洗物去垢돌로닦을、창㊉養 **䃩** 矵本字 **磬**。칭 경 石造樂器돌경쇠、경又돌풍류、경(玉ㅣ、石ㅣ)騁馬말달릴、경僂身ㅣ折몸굽힐、경縊也목맬、경激事掉ㅣ일충동일、경又일을격동할、경㊉徑

磧 지 [적] 水渚有石ㅣ歷 물가자갈、적 沙漠 모랫벌、적 (陌)
磶 씨 [석] 礎也 주춧돌、석 (陌)
磞 평 [팽] 擊石 돌때릴、팽(或音붕) (庚)
磚 同甎
⿰石族 추 [족] 砮也 돌살촉、족 (屋)
磣 천 [참] 物中混沙 모래섞일、삼(或音침) (感)
磫 쫑 [종] 石遷 돌결、종 (冬)
⿰石虖 쌰 [하] 石裂 돌버러질、하 (禡)
⿰石堅 同硜
磩 치 [적] 美石似玉 옥같은돌、척 (錫)
⿱暫石 찬 [참] 山險 산험할、참 (咸)
⿰石斬 同暫
磪 최 [최] 險高 험하고높을、최 (灰)
磦 퍄 [표] 山峰出貌 산봉오뚝할、표 (蕭)
⿰石郭 꺼 [곽] 石椁 돌관、곽 (覺)
⿰石莫 머 [막] 沙漠 모래바닥、막 (覺)
⿰石婁 러 [루] 石多 돌많을、누 (尤)

十二

磯 지 [기] 水激石 물이돌에부딪칠、기 水中磧 물속자갈、기 (微)
磲 취 [거] 石似玉 硨ㅣ옥돌、거 大蛤 큰조개、거 (魚)
磾 디 [제] 染色黑石 물들이는검은돌、제(入名金日ㅣ) (齊)
磷 린 [린] 玉石符采ㅣㅣ 옥돌문채、인 (眞) 雲母 돌비늘、인 薄石 얇은돌、인 (震)
磻 판 [반] 溪名 시내、반(鳳翔溪名ㅣ溪姜太公釣處) (寒) 碆通 [과] 石⿰石族 돌살촉、과 (歌)
磵 同澗
磽 챺 [교] 磽地 자갈땅、교 堅硬 단단할、교 (肴) 磝通
磴 同嶝
⿰石欽 친 [금] 深險連延貌ㅣ硷 줄창험할、금 (侵)
⿰石厥 쥐 [궐] 採石 돌뜰、궐 (月)
⿰石朁 잔 [잠] 石門 돌문、잠 (侵)
磹 뎬 [점] 電光⿰石韱ㅣ 번개빛번쩍거릴、점 (琰)
⿰石尊 同矴
⿰石毳 췌 [취] 石破 돌깨질、취 (霽)
磺 同礦
⿱敦石 뚠 [돈] 石可踞 걸터앉는돌、돈 (元)
磼 쨔 [잡] 山高貌ㅣ礏 산우뚝솟을、잡 (合) [접] 物破聲磖ㅣ 물건깨지는소리、섭 (葉)
磿 리 [력] 石聲ㅣㅣ 조약돌대그락대그락할、역(燕宮名ㅣ室) (錫)
礁 찬 [초] 水中巖ㅣ 암초、초
⿰石肅 쑤 [숙] 砥石玄ㅣ 검은숫돌、숙 (屋)
⿰石虛 쒸 [허] 輕石 가벼운돌、허 (魚)
⿰石最 쬐 [죄] 小石 자갈、최 (泰)

十三

礎 츄 [초] 柱下石 주춧돌、초 (語)
礌 同礧
礉 챺 [교] 石不平 돌울퉁불퉁할、교 (效) 磽通 [핵] 刻也 각박할、핵 (陌)
礓 쟝 [강] 小石ㅣ礫 조약돌、강 (陽)
⿰石詹 땀 [담] 藥名 石ㅣ 석담、담(石ㅣ者石中有汁如膽汁、酸辛氣寒、治諸石癃石淋、目痛) (感)
⿰石廉 同磏
⿰石感 깐 [감] 石篋 돌함、

감(封禪所用)感 **礈** 墜同 **礐**。착 각 石聲돌소리、각 覺 **磯** 쩐 침 以石打之돌로칠、침 寢 **礏** 찌 즙 山高貌礏ㅣ산우뚝솟을、즙 緝 **礔** 霹同 **礒**

이 의 巖也바위、의 紙 **磈** 외 외 石多貌돌많을、외 賄 **礆** 젬 검 石險돌험할、검 琰 **䃫** 찌 즙 石高돌높을、즙 緝 ㊉㊃ **礜**。위 여 毒石名白ㅣ여돌、

여(ㅣ石鼠食則死蠶食則肥) 御 **礚** 磕同 **礙**。애 애 阻止그칠、애又막을、애妨也해롭게할、애 隊 硋同閡通 **礛**。잼 감 磨玉礪石ㅣ䃴옥가는숫돌、감 咸

礞 뭥 몽 藥石青ㅣ石청몽석又퍼런은돌、몽 東 **礊** 치 척 夜警鼓순경북、척 錫 **礗** 삔 빈 碎石聲돌부스러뜨리는소리、빈 眞 **礰**。리 력 耕具石犂돌

모습、역 錫 ㊉㊄ **礧** 레 뢰 自高轉石돌굴려내릴、뢰 隊 礌櫑同擂通、山貌磈ㅣ산높을、뢰 紙 **礪**。리 려 砥石숫돌、여 霽 **礨** 레 뢰 小穴ㅣ空작

은구멍、뇌 賄 磊通 **礥** 쎈 흔 難貌근지할、흔又어려워할、흔 眞 현 艱險간험할、현剛強딱딱할、현 先 **礬**。빤 번 涅石백반、번(俗音반)(一種礦物使用於藥材 又染

料)(花名山ㅣ) 元 **礩**。지 질 柱下石주춧돌、질 質 **礦** 꽁 광 金銀銅鐵類樸石쇳돌、광 梗 鑛磺同 **礤** 차 찰 粗石거친돌、찰又껄끄러운돌、찰 曷 **礫**。리

력 小石자갈、역又조악돌、역 錫 **礒** 磯同 **礣** 머 말 小石자갈、말堅也단단할、말 曷 **礷** 뤼 려 石堅돌단단할、여 語 ㊉㊅ **礱**。룽 롱 礳也磨ㅣ갈、농

東 磑也맷돌、농 送 **礮** 판 포 兵機石彈돌탄알、포又돌쇠뇌、포又대포、포(或音표) 效 砲同 **礰**。靂同 **䃴** 쟈 저 磨玉青礪礛ㅣ옥가는푸른숫돌、저 魚 **𥗼**

뇨 요 山曲산꼬불꼬불할、요 篠 **𥗼**。괘 괴 小石조약돌、괴 灰 **䃡** 친 친 水中石물속돌、친 震 ㊉㊆ **礴**。뿨 박 地形旁ㅣ땅형세、박裸體盤ㅣ벌거벗을 박

混也섞일、박廣被넓게덮일、박 藥 **礏**。쎄 섭 雷光ㅣ磹번개빛、섭(或音섬) 葉 礏同 ㅣ磕石부싯돌、섭 **𥗬** 상 양 軟石연한돌、양(雌黃之惡者) 養 ㊉㊇ **礭**

잭[자]青礪石푸른숫돌、구(虞)

[illegible] 짜[잡]雜石多貌잡석많을、잡(合)

(十九) **[illegible]**°同磨

(二十) **礹**°옌[엄]石山돌산、엄(鹽)

(二十一) **[illegible]**°파[파]砧也방칫돌、파(禡)

(二十) **[illegible]**°同[illegible] **[illegible]** 라[라]石山돌산、나(哿)

示部

示°쓰[시]呈也揭ㅣ보일、시(寘) [기]神ㅣ귀신、기(支)祇通

礼禮古字

(二) **礽**이[잉]福也복、잉就也나갈、잉(蒸)

(三) **祁**치[기]大也클、기盛也성할、기衆多ㅣㅣ많을、기(支)

祀쓰[사]祭也제사、사奉祭제지낼、사年也해、사(紙)禩通

社°써[사]主土神ㅣ稷귀신、사又사직、사(建國之神位右ㅣ稷左宗廟ㅣ日사일、사(立春立秋後、五戊爲ㅣ)團合結ㅣ둘레、사又모일、사(馬)

礿同禴

(四) **祇**°°지[기]地神지신、기安也편안할、기大也클、기示通[지]敬也공경할、지但也다만、지適也마침、지(支)祇通

祈°치[기]禱也기도할、기又빌、기告也고할、기徐也ㅣㅣ천천할、가(微)

祋대[대]殳也창、대(泰)[갈]義同(曷)

祅얀[요]災也재앙、요(蕭)

[illegible]同庋

祊뺑[팽]廟門祭神사당문제사、팽(庚)閍通

祉°쯔[지]福也복、지(紙)

[illegible]예[비]奉祭제사지낼、비(紙)

(五) **祠**츠[사]廟也사당、사(將營宮室先立ㅣ堂)春祭名봄제사、사(支)

祕°삐[비]密也비밀할、비隱也가만이할、비又은근할、비神也귀신비(寘)秘同

祛취[거]却也물리칠、거強健ㅣㅣ굳셀、거散也흩을、거逐也쫓을、거(魚)

祟쒜[수]神禍빌미、수又동토、수(寘)

〔**祘**〕쏸[선]省也살필、성(梗)

祖°쭈[조]父之父할아비、조又한아비、조又한배、조始也비로소、조本也근본、조道神祭길제사、조(虞)

神썬[신]靈也신、신又검、신又영검할、신(天ㅣ棲于日八ㅣ棲于月)(眞)

祐°우[우]助福也도울、우(天ㅣ神助)幸也다행할、우(宥)

[illegible]同殃

祓뿌[불]除災求福제액할、불又푸닥거리할、불除也덜、불滅也소멸할불(物)

祝°쭉[주]以言告神축

원할、추(宥)[축]祭主贊詞축문、축饗食神求福빌、축織也짤、축斷也끊을、축始也비로소、축(屋)呪通

祏 씨[석]廟中藏主石室宗ㅣ종묘돌감실、석(陌)

祢 禰同

祜。 후[호]福也복호(麌)

祔 얍[부]祭名부제사、부(以後裔合祭先祖也)合葬합폄할、부(遇)

祚。 쭤[조]福也복조、조位也지위、조(卒踐帝ㅣ)歲也해조(初歲元ㅣ)(遇)

祡 채[시]燔柴祭天천제지낼、시(佳)柴通

祙 미[미]山神산귀신、미(寘)

𥘵 거[가]祭也제사、가(歌)

六

祣。 뤼[려]山川祭산천제、여(語)

祪。 꿰[궤]廢廟之主폐한사당신주、궤(紙)

祭。 지[제]祀也제사、제又기고、제奉祀제사지낼、제(霽)[채](姓也)(卦)

祧 됴[조]遷遠祖廟체천할、조又사당、조(蕭)

祥。 쌍[상]幸福상서、상福也복、상吉也길할、상凶吉之兆조짐、상祭名제사、상(父母喪期而小ㅣ、再期而大ㅣ、二十五月而大ㅣ)(陽)

祫。 싸[협]合祭先祖합제사、협(ㅣ者謂已祧之祖合於太祖廟而祭之)(洽)

祤 위[우]縣名고을이름、우(麌)

祵 인[인]成就성취할、인(眞)

票。 퍈[표]火起불날、표輕擧貌ㅣ然훌적날、표(蕭)勁疾ㅣ姚날랠、표(嘯)嫖飄通

祩 쥬[주]詛也방자할、주又저주할、주(虞)

七

祴。 졔[개]塼道甓ㅣ벽돌깐길、개(佳)(夏樂名)

祳。 천[신]社祭生肉사직에제지내는날고기、신(軫)脤同

祰 까[고]祈也빌、고(皓)

禉 유[유]燎柴祭天홰켜고천제지낼、유(有)槱通

禝 稷古字

祲。 친[침]日傍暉氣해무리、침精氣感祥상서、침凶氣ㅣ妖흉할、침(侵)(沁)

祒 찬[조]福也복조(蕭)

䄉 어[아]盛也성할、아祭也제사、아容貌美好얼굴예쁠、아(歌)

八

祺。 치[기]吉也길할、기祥也상서、기(壽考維ㅣ)(支)

祽 취[최]月祭월제지낼、최又삭제、최(隊)

裸 꽌[관]祭酌鬯以ㅣ地강신할、관(翰)灌通

䄍 자[자]年終祭名납향제、자(夏曰清祀商曰嘉平周曰ㅣ秦曰臘)(禡)蜡通

禁。 진[금]制止금할、금又금지할、금天子所居宮ㅣ대궐、금承酒尊器술잔대、금(沁)勝也이길、금當也당할、금(侵)

祿。 루[록]福也복록、녹俸給녹봉、녹又요、녹善也착할、녹火神回ㅣ불귀신、

녹(屋)

禂 닾 [도] 禱馬祭마조단제、도 又말제지낼、도(皓) 禱同

禀 稟俗字

祹 닾 [도] 吉祥상서、도(虞) 神也귀신、도(豪)

祅 요 [요] 災也재앙、요(蕭)

⿰礻奇 치 [기] 好也좋을、기(支)

⿰礻甾 츠 [치] 安也편안할、치(支)

⿰礻坴 륙 [륙] 現露나타날、륙(屋)

禃 씨 [식] 專一오로지할、식(職)

九

禕 이 [의] 美也아름다울、의 珍貴보배로울、의 嘆美辭의홈다할、의(支)

禔 쓰 [지] 福也복、지 [시] 義同(支) [제] 義同 安也편안할、제(齊)

禊 씨 [계] 除惡祭祓ㅣ푸닥거리할、계(霽)

禘 듸 [제] 王者大祭大ㅣ나라의큰제향、제(霽)

禖 메 [매] 天子求子祭名高ㅣ천자의아들비는제、매(仲春之月以太牢祠高ㅣ)(灰)

禋 인 [인] 潔祀정결히제지낼、인(眞) 裀通

禍 화 [화] 災也재화、화 又재앙、화 殃也재앙、화(哿)

福 복 [복] 祐也복、복 吉祥상서、복 善也착할、복 慶也경사、복 祭祀胙肉음복할、복(屋)

禎 정 [정] 祥也상서、정(庚)

禓 양 [양] 道上祭길제사、양 道神길귀신、양 [샹] 逐強鬼귀신쫓을、상(陽)

禗 쓰 [사] 神不安欲去ㅣㅣ귀신이불안하여가려할、사(支)

⿱毄示 쇄 [쇄] 問吉凶무꾸리할、쇄(隊)

⿰礻侯 후 [후] 求福복구할、후 祈也빌、후(虞)

⿰礻胥 슈 [서] 祭器제기、서(語)

禒 쎈 [션] 祭餘肉제사나머지고기、선(銑)

十

禠 치 [사] 福也복사(支)

禡 마 [마] 師旅所止地祭名진터제、마(禡)

禜 잉 [영] 除災祭재앙제하는제、영 禳風祭雨기우제、영(敬)

禚 쟉 [작] 齊地名땅이름、작(藥)

⿰礻冥 밍 [명] 福也복명(青)

禛 젼 [진] 以眞受福복받을、진(眞)

⿰礻留 류 [류] 祝神詛也예방할、류 又방법할、유(宥)

⿰礻旁 뱡 [방] 春祭봄제사지낼、방(庚)

禟 당 [당] 神祐도울、당(陽)

十一

禦 워 [어] 防也막을、어 止也그칠、어(語)

⿰礻虘 詛古字

⿰礻畢 삐 [필] 竈祭조왕제、필(質)

⿰礻逢 뽕 [봉] 負山之神산귀신、봉(冬)

⿰礻𦞦 씬 [신] 上古神人신인、신(眞) 神古字

⿰礻婁 류 [루] 飮食祭음식제、누(尤)

十二

禧 씨 [희] 福也복、희 吉也길할、희(支) 釐通

禩 쓰 [사] 年也해、사(紙) 祀通

禨 지 [기] 祥也상서、기 祟也빌미、기(微)

沐而飮酒목욕한뒤에 먹는 술、기(新沐體虛必進ㅣ酒)未

禪。싼 선 讓位전위할、선除地封ㅣ터닦을、선(古者天子封泰山而祭天ㅣ、小山而祭山川)霰 靜也고요할、선僧也중、선(ㅣ有五外道ㅣ、凡夫ㅣ、小乘ㅣ、大乘ㅣ、最上乘ㅣ)先 嬗同

⿰礻尞 료 료 燔柴祭天섶대워천제지낼、요嘯 賫通

⿰礻焦 醮同

禫。단 담 除服祭담제、담(父母喪期而小祥、又期而大祥、中月而ㅣ)感

⿰礻番 膰同

⿰礻虛 쉬 허 耗鬼주린귀신、허魚

十三

禮。리 례 節文仁義예도、예(表敬意之式)齊

禬。괘 회 除殃祭재앙제하는제사、회泰

⿰礻睪 이 역 祭之明日제사이튿날、역(殷曰肜、周曰ㅣ)陌 繹通

⿰礻亶 싼 선 祭天천제지낼、선讓也사양할、선霰

禭 쉐 수 神名귀신이름、수祭名제사이름、수(高句麗國在遼東之東千里、國東有大穴號ㅣ神以十月而祭之)寘

十四

禰。늬 니 親廟아비사당、이(正音녜)生 稱父死稱考入廟稱ㅣ)薺 祢同

禱。닿 도 祈神求福빌、도又기도할、도皓 號

⿰礻厭 앤 염 禳也도액할、염又예방할、염琰 厭通

十五

禲 리 려 鬼災뜬귀신작난할、여又여귀、여霽

⿰礻憂 우 우 福也복、우有

十六

⿰礻賴 래 뢰 詛祝방자할、뢰壞也무녀질、뢰泰

十七

禳。상 양 祈也기도할、양陽

禴。위 약 夏祭名여름제사、약(天子、四時之祭、夏曰ㅣ)藥 礿同

十九

禷。레 류 祭天神천제지낼、유寘

⿰礻贊 찬 찬 詛呪저주할、찬翰 祝神귀신에게빌、찬旱

二十

⿰礻薦 옌 건 祭也제사、건元

禸部

禸 쉭 유 獸足蹂地짐승의발자국、유有

四

禺 위 옹 (廣州地名番ㅣ)冬 우義同、日在巳曰ㅣ中사시、우虞 母猴암원숭이、우遇

禹。위 우 夏后名하우씨、우(夏朝創業聖君之號)舒也펼、우徐緩느즈러질、우虞

六

离。리 리 明也밝을、이麗也빛날、이散也헤어질、이(卦名、獸名)支 離通

七

⿱巛禺 拂同

卨 쎄 설 殷祖名은나라시조이름、설卓也높을、설屑 偰卨同、契通

八

禽。천 금 鳥也飛ㅣ새、금戰勝生獲사로잡을、금侵

十三

⿱𦥑禺 拂同

禾部

禾 허 [화]穀類總名곡식、화又벼、화(嘉穀二月生八月熟)〈歌〉和通[華]馬齒數말나수효、수

秀 쑤 [수]榮茂빼날、수(凡言特異者皆曰ㅣ)禾吐華이삭、수又벼패일、수美也아름다울、수ㅣ才수재、수〈宥〉

私 쓰 [사]不平사정、사又사사、사又마들、사己稱나、사自爲姦ㅣ간사、사女子之姊妹夫謂ㅣ형제의남편、사又아제사〈支〉

禿 투 [독]毛脫털빠질、독〈屋〉

三

秄 쯔 [자]培也북돋을、자(或耘或耔)〈紙〉

䄎 치 [기]禾名穋ㅣ육기벼、기白粟흰조、기〈紙〉

秆 稈同

秉 빙 [병]把也잡을、병柄同、禾束벼묶음、병〈梗〉

秊 年本字俗作秊

秅 차 [타]穀數곡식수효、타[차](國名烏ㅣ)〈麻〉

秈 籼同

䄈 댜 [조]禾穗垂貌벼이삭고개숙일、조〈篠〉

䄷 쎄 [흘]屑米細者싸라기、흘稻生벼싹날、흘(或音헐)〈月〉

䄅 위 [우]禾不秀也벼패지않을、우〈虞〉

秇 이 [익]稈也짚、익〈職〉

四

种 츙 [충]稚也어릴、충〈東〉冲同

秖 찌 [지]稻熟벼익을、지〈支〉秪通

秕 삐 [비]穀不成實쭉정이、비使穢더럽힐、비稗也가라지、비〈紙〉粃同

秒 먀 [묘]禾芒벼가시랭이、묘〈篠〉[日]時針초침、초

秏 모 [모]減也덜、모又모손할、모稻也벼、모〈號〉耗通

科 커 [과]程也과정、과又한정、과本也근본、과又밑둥、과條也조목、과品也품수、과等也무리、과坎也웅덩이、과條格ㅣ第과거、과罪責處罰ㅣ料벌쓸、과〈歌〉

䄍 穲同

秊 季俗字

秔 겅 [갱]稻不粘메벼、갱(稻之不黏而晩熟者曰ㅣ)〈庚〉粳稉同

秋 착 [추]夏之次節가을、추(金行之時、白藏節)馬騰貌ㅣㅣ말뛸、추愁也ㅣㅣ근심할、추〈尤〉

秌 秋同

䄮 뿌 [부]再生稻벼움날、부〈虞〉

秎 뿐 [분]稻束벼묶음、분又볏단、분〈文〉

䄯 부 [부]禾

秐 耘同 ... 耎弱벼연약할、유又모、유〈有〉

秐 耘同

䄦 찌 [지]稈也벼줄기、지又잡、지〈支〉

采 쒜 [수]禾成벼익을、수禾穗벼이삭、수〈寘〉

䄦 리 [려]耕也밭갈、려〈齊〉

䄰

야 [아]芽也싹、아稻束볏단、아稷也피、아〈麻〉

秈 쪈 [견]小束작은단、견十束열묶음、견〈銑〉

秓 찌 [지]茂也무성할、지〈支〉

五

秠 퓌 [비]黑黍검은기장、비〈支〉〈紙〉

秧 양 [앙]禾苗모양(陽) **秭** 쯔 [자]億之千倍천억、자(紙) **秬** 쥐 [거]黑黍검은기장、거(語) **秘** 秘同 **秜** 늬 [니]自生稻돌벼、이又피、이(支) **秦**。 친 [진]國名진나라、진(白翳所封)(禾名)(眞)

秩。 찌 [질]序也차례、질俸給봉급、질官職班列품수、질常也떳떳、질(質)袟帙通 **秤** 청 [칭]衡也저울、칭(徑)稱通 [華]百斤칭、칭

秫 쓔 [출]黏粟차조、출(質) **秣** 머 [말]飼馬料말먹이、말飼馬말먹일、말(曷)䬴同 **秚** 빤 [반]物相和섞일、반又화합할、반(旱) **租**。 쭈 [조]稅也부세、조又구실、조積也쌓을、조(虞) [華]已收禾正ㅣ벼、조

秢 링 [령]稻始熟벼처음익을、영年也나이、영(青)齡通 **秙** 쿠 [고]禾不實ㅣ稴벼여물지않을、고(遇) **[禾弗]**。 삐 [필]禾重生ㅣ櫛움벼、필(質)

秞 야 [유]禾黍並盛벼와기장무성할、유(尤) **䄷**。 씨 [석]十斗섬、석(陌)石通 **秥** 뎬 [점]禾也벼、점(鹽) **秡** 빠 [발]禾傷벼상할、발(曷)

秨 쬐 [작]禾搖動貌벼흔들릴、작(藥)

六

移。 이 [이]遷也옮길、이禾相倚遷모볕、이(支) **[禾夷]**。 稊同 **秷** 찌 [질]禾穗벼이삭、질刈禾聲벼비는소리、질(質)挃通

秸 稭同 **秱** 퉁 [동]禾盛貌벼마디길、동又벼무성할、동禾節벼마디、동(東) **[禾巟]** 황 [황]凶年흉년들、황空也빌、황(陽)[禾荒]同 **秳** 커 [괄]禾生貌벼날、괄 [활]舂粟不潰조닭여지지않을、활(曷)

秵 인 [인]禾華벼꽃、인(眞) **[安/禾]**。 안 [안]轢禾벼갈、안(翰) **秺** 뚜 [두]地名땅이름、두(遇) **[禾兆]** 됴 [도]自生禾피、도又돌벼、도(蕭)(肴)

[禾存] 춘 [존]禾積벼쌓을、존(願) **[禾曳]** 이 [예]收禾벼거둘、예(霽) **[共/禾]** 궁 [공]晚稻늦사리벼、공(冬) **[禾劦]** 례 [례]長禾긴벼、예(霽) **[覀/禾]** 粟古字

七

稀。 씨 [희]疏也드물、희又성길、희少也적을、희希通、淡也맑을、희(微) **稆** 穭同 **稃**。 뿌 [부]穀類外糠등겨、부又왕겨、부(虞) **稌** 뚜 [도]稉稻찰벼、도(虞)(麌)

稊 티 [제]野生ㅣ稗돌피、제又가라지、제(齊)稊苐同 **稅**。 쒜 [세]貢賦부세、세又구실、세斂也거둘、세捨也놓을、세又버릴、세休息ㅣ駕쉴、세(霽) [태]追服추복입을、

태(日月已過聞喪而服曰ㅣ)㊀泰[탈]解也풀、탈又끄를、탈(曷)稅通 **稇** 균[곤]成熟곡식익을、곤(阮) **秿** 부[부]禾積벼쌓을、부又볏가리、부(虞)稃通 **稩** 견[견]麥

莖보리줄기、견又보릿대、견(先) **稍** 쵸[초]漸也ㅣㅣ점점、초(巧)少也적을、초稟食요식、초又녹、초均也고를、초(效) **稂** 同蓈 **程** 졍[정]式也법、정限也한정、정量

也헤아릴、정準也준거할、정課也과정、정道里길잇수、정又길정(庚) **秸** 쿠[곡]禾熟벼익을、곡(沃) **稄** 처[측]禾密稫ㅣ벼빽빽할、측(職) **稈** 깐[간]禾莖벼줄기、

간又볏짚、간(旱)秆同 **𥞥** 뻬[별]禾列不齊벼포기고르지않을、별(屑) **稉** 秔同 **𥟶** 뎡[정]稻麥傑立貌벼우뚝우뚝설、정(徑) ㊇ **䅓** 뻬[별]禾香벼향기、

별(屑) **稚** 찌[치]幼禾어린벼、치晩也늦을、치小也幼稺어릴、치(寘)稺同 **稗** 빼[패]似禾實細피、패(葉似稻而實小)(卦) **䅘** 래[래]麥也보리、내(灰) **稡** 취[최]聚

也會ㅣ모을、최(泰)[졸]禾聚貌벼포기모을、졸(月) **稛** 균[균]束也묶을、균滿也가득할、균(軫) **稕** 쥰[준]稈束짚묶음、준又짚단、준(震) **䅜** 뛰[타]小積작게쌓을、

타(哿) **稏** 야[아]稻名䆉ㅣ벼이름、아(禡) **稜** 릉[릉]田片밭뙈기、능(藥名三ㅣ)(徑)廉角觚ㅣ모、능又모질、능神靈之威영검할、능勢也형편、능(蒸)楞通 **稠** 쥬

[주]密也빽빽할、주多也많을、주濃也무르녹을、주(或音조)(尤) **稟** 빙[품]奏事품할、품又아뢸、품天賦性質성품、품給也줄、품受命받을、품(寑) **㣐** 穆古字 **稔**

신[임]穀熟풍년들、임又곡식익을、임年也해、임積久오랠、임(寑) **稑** 루[륙]稻名種ㅣ동륙벼、육早熟稻올벼、육又이른벼、육(屋) **稙** 찌[직]早種稻일찍심은벼、직又

조도、직又올베、직又옥자강、직(ㅣ穋菽麥先種曰ㅣ種後種曰穋)(職) **䅧** 쯔[치]禾死벼죽을、치耕也갈、치(支) **𥟍** 뷔[비]禾穗垂貌벼이삭숙을、비(尾) **𥟬** 쥐[거]黍

也糖ㅣ기장、거(魚) **𥟇** 셈[험]禾傷貌벼상할、험(鹽) **稖** 同䅣 **䅊** 허[화]棺頭관머리、화(歌) **䅚** 촨[권]禾相近벼포기서로가까울、권(阮) **𥢳** 同穊 **稘**

지 기 豆莖콩줄기、기周年주년、기 支 朞通 **稞** 쾨 과 無芒麥중보리、과 歌 無皮穀알 곡식、과 哿 **稒** 꾸 고 縣名ㅣ陽고을 이름、고 遇 捆同 **稤** 各宮幹事者ㅣ宮

숙궁、숙 **稖** 옌 엄 禾不實벼쭉정이、엄 琰 **稇** 쿤 곤 束也묶음、곤又단、곤(或音혼) 阮 **稐** 이 의 禾茂貌벼무성할、의 支 **稆** 꽌 관 禾病벼병들관 旱

稏 콩 공 藁也짚、공 東 ⑨ **種** 쭝 종 類也종류、종髮短ㅣㅣ머리털모지라질、종ㅣ子씨、종物物가지、종 腫 蓺植심을、종 宋 **稰** 쒸 서 熟穫타작할、

서又가을걷이할、서 소 祭神米고사쌀、소 語 **稭** 쟤 갈 禾藁짚고갱이、갈(去皮爲席祭天設之) 黠 秸䅊同 개 義同 佳 藍同 **稬** 눠 나 黏稻찰벼、나 箇 糯同 **稱** 청 청 言

也일컬을、칭銓也저울질할、칭揚也날릴、칭擧也들、칭名號이름할、칭 蒸 稱同、衡也저울、칭愜也맞을에맞을、칭相等參ㅣ같을、칭又상등할、칭量度헤아릴、칭 徑 秤通 **稫**

삐 벽 禾密生貌ㅣ稜벼빽빽할、벽又보일、벽 職 **稧** 쎼 결 禾稈볏짚、결 屑 계 修ㅣ계、계 霽 **稯** 쭝 종 禾束벼묶음、종又볏단、종 東 **稰** 옌 엽 苗齊ㅣㅣ싹

고를、엽 鹽 **稩** 쯔 추 稔實벼알염을、추又실염될、추 宥 **稲** 치 즙 種也심을、즙 緝 **稲** 뛰 타 禾垂貌벼고개숙일、타 哿 단 義同 寒 **稨** 삐 변 籬上豆울콩、

변 先 **稑** 우 옥 禾芒벼꺼럭、옥 屋 ⑩ **穆** 穆同 **稺** 稚穉同 **稗** 푸 포 大豆왕콩、포 虞 補通 **稹** 연 진 密也빽빽할、진叢也무더기、진茂也성

할、진 軫 **稽** 이지 계 考也상고할、계留止머무를、계貯滯저체할、계詼諧滑ㅣ회해할、계計也계교할、계議也의논할、계至也이를、계 齊 下首돈수할、계又허리굽힐、계 齊

乩通 **稻** 따 도 水田種穀벼、도(其實穀有芒、穀物中最好者) 皓 **稼** 쨔 가 種穀곡식심을、가 禡 **稾** 꽈 고 禾稈볏짚、고文草초잡을、고 皓 稿藁同 **稿** 稾同

穀 꾸 곡 禾稼之總名곡식、곡又낟알、곡又쌀、곡善也착할、곡生也살、곡祿也녹、곡 屋 穀同、穀通 **穀** 穀同 **穢** 위 욱 黍稷盛貌서속성할、욱 屋 **穡** 蓄同

稷· 찌 [직]黍屬不黏메기장、직又피、직(五穀之一、其實黃其苗穗似蘆)(農官曰后ㅣ土神曰社ㅣ)(職) 穲 리 [률]積禾貌ㅣㅣ벼쌓어가릴、율(質) 稴。렴 [렴]稻不黏메벼、염(鹽) [겸]義同(琰)

⿰禾荒 同⿰禾㐬 ⿰禾唐 당 [당]黍也ㅣ秬기장、당(陽) [韓]玉蜀黍옥수수、당又강냉이、당 ⿰禾耆 씨 [시]麥下播種보리밑에씨뿌릴、시(或音기)(支) ⿰禾昷。운 [온]盛也번성할、온(文)

⓫ ⿰禾悤 쭝 [총]禾束벼묶을、총(董) 穊。찌 [기]稠密빽빽할、기又밸、기(寘) 穈· 메 [미]黍屬기장、미粥也미음、미(支) 糜同 [문]赤梁粟붉은차조、문(元)虋通

積。찌 [적]堆疊쌓을、적聚也모을、적(陌) [자]儲也委ㅣ저축할、자(寘)積通 穄 찌 [제]稷也기장、제又피、제(似黍黑而不黏、飯之美者)(霽) 穌。쑤 [소]息也쉴、소舒悅기쁠、소死而復生깨날、소(救世主曰耶ㅣ)(虞)甦蘇通

稞 롸 [라]穀積노적더미、나又곡식쌓을、나(歌) ⿰禾麃 쨔 [초]物縮少축날、초又쭈그러질、초(嘯)

穅 캉 [강]穀皮겨、강(樂器名)(陽)糠同 穎· 잉 [영]穗也이삭、영錐鋩송곳끝、영才能拔出빼날、영(梗) 穆。무 [목]和也화할、목敬也공경할、목廟序昭ㅣ사당차례、목(屋) 穋同繆通

⿰禾荼 투 [도]禾穗벼이삭、도(虞) 穋。同稑 穮 뫄 [묘]禾芒벼꺼럭、묘又벼가시랭이、묘(篠) [표]稻苗秀出상이삭、표(蕭) ⿰禾虘 짜 [채]俗音[새]紅稻赤ㅣ붉은벼、사又샘다리、사又산오려、사(麻)

穇· 싼 [삼]穗不實穇ㅣ벼실염못될、삼稗也피、삼禾長벼길찰、삼(感) ⿰禾离 리 [리]禾華ㅣㅣ벼이삭고개숙일、이(支) ⿰禾啇 쩨 [적]離而種之모종낼、적又떼어심을、적(錫)

⓬ 種。둥 [중]禾名ㅣ稑충륙벼、충[충]義同(冬)[동]先種晩熟늦벼、동(東)重通 穗。쒸 [수]禾秀벼이삭、수又벼고갱이、수(寘)穟同

穖。찌 [기]禾也벼、기(尾) 穚 쨔 [교]禾秀벼패여날、교(蕭) 穛· 쫘 [작]早穀이른곡식、착又풋바심할、착(熟穫曰穛、生穫曰ㅣ)(覺) 穦 삔 [빈]穀米簸貌穦ㅣ까부르지않은곡식、분(吻)

⿰禾晉。천 [잠]禾欲秀벼패려고할、잠(侵) 穤 메 [매]禾傷雨生黑斑벼가비에상하여대모앉을、매(隊) ⿰禾勞· 롸 [로]野豆돌콩、노(豪) ⿰禾栗 斧

[속]禾穗벼이삭、속(沃) 穉。同稺 穓 이 [익]耕也갈、익(職) 穔 황 [황]野麥들보리、황(陽) 䅖 류 [류]禾盛벼성할、유(尤) 穘 요 [요]禾傷벼상할、요(肴)

⑬ 穠 농 [농]繁華번화할、농(冬) 穟 同穗 𥣱。괘 [괴]穅也등겨、괴(泰)(隊) 穢 훼 [예]汚也더러울、예蕪也거칠、예使汚더럽힐、예田中雜草검、예(隊) 薉通

䆃。또 [도]擇也가릴、도治粟용정할、도瑞禾상서벼、도(皓)(號) 𥣚 령 [령]草莖疎풀줄기성길、영(靑) 穡 同穡 𥣦。젠 [전]禾束볏단、전(霰) 𥣬 즈 [자]積禾벼쌓을、자(支)又볏가리、자 䆋 렌 [렴]草不結實풀에열매맺지않을、염(鹽)

⑭ 穫。훠 [확]刈穀곡식베일、확收穀곡식거둘、확困迫곤박할、확(藥)[호]扶風地名焦ㅣ(遇) 穧。지 [제]穫刈베인벼、제禾把벼움큼、제(霽) 穨 퉤 [퇴]暴風급한바람、퇴禿貌보지라질、퇴(灰) 頹通 穩。원 [온]安也편안할、온聚穀곡식걷어모을、온(阮)

穥 위 [여]蕃盛貌ㅣㅣ서속번성할、여(語) 穪 稱俗字 𥢆 총 [총]俗音[추]麻束삼단、추(寘)[수]聚也모을、수(有) 穦 삔 [빈]香氣향기、빈(眞)

䆨 닝 [녕]禾芒벼꺼럭、영又벼가시랭이、영(庚) 𥣸 데 [적]黏米찹쌀、적(錫) ⑮ 穲 빠 [파]稻名ㅣ稏벼이름、파(禡)䆉同 穮。同穮 𥣤 째 [즐]禾重生움벼、즐(質)卿同 𥤓 우 [우]把數十筥파흔줌、우又웅큼수、우(把謂之秉秉四曰筥筥十曰ㅣ)(尤) 穬。꽁 [광]稻不熟벼여물지않을、광(梗) 穭 루 [려]自生稻돌벼、여(語)稆同

⑯ 𥤦 미 [미]散種씨놓을、미又씨뿌릴、미(寘) 穡。써 [색]收穫曰ㅣ곡식거둘、색又곡식타작할、색(職)穑同 ⑰ 䆍 룽 [롱]禾病벼병들、농(東)

𥤹 쎈 [섬]禾不實穲ㅣ쭉정、섬(鹽) 穰。상 [양]禾莖벼줄기、양豐也풍년들、양(陽)人多浩ㅣ사람많을、양繁盛번성할、양(養) 𥤗 첸 [천]獸類所食草짐승먹는풀、천又끌천(霰)

⑱ 𥤚 쮜 [작]稻下種麥벼그루에보리심을、작(覺) 𥤛 좐 [권]禾熟黃벼익어누러질、권(元) 𥤜。뿐 [분]糞田거름、분紫稻상무벼、분稻不黏벼

차지지않을、분(問)

𥣬 씨[섭]禾動於風벼가바람에흔들릴、섭(葉)

十九

穳 찬[찬]刈禾積벼베어가리칠、찬(寒)

二十

𥤟 당[당]黃穀누른곡식、당(養)

穴部

穴 혈[혈]窟也굴、혈又구멍、혈土室움、혈(上古ㅣ居而野處)隙也틈、혈壙也곳、혈又광중、혈(屑)

穵 와[알]手探穴구멍우빌、알大穴큰구멍、알(點)

二

究 구[구]窮理궁리할、구又궁구할、구(宥)

𥤢 정[정]穿也뚫을、정(庚)

三

穹 궁[궁]高也높을、궁天也ㅣ蒼하늘、궁大也클、궁窮也궁할、궁(東)

空 공[공]虛也빌、공天也太ㅣ하늘、공又공중、공大也클、공(東)窮也궁할、공缺也ㅣ乏이즈러질、공又없을、공穴也구멍、공(官名司ㅣ)(送)孔通

穸 씨[석]墓穴窀ㅣ광중、석又곳、석(陌)

𥤚 써[색]以土塞穴흙으로구멍박을、색(職)

𥤨 망[망]穴也ㅣ窅구멍、망空也빌、망(養)

四

穻 유[우]窓也창、우(虞)

窀 준[둔]墓穴ㅣ穸광중、둔埋也묻을、둔(眞)

穿 촨[천]通也통할、천鑽也뚫을、천穴也구멍、천(先)貫也꿸、천(霰)

穾 窔突同

窂 라[로]獸圈짐승우리、노充實충실할、노(豪)牢通

穽 정[정]穿地陷獸坑함정、정又구덩이、정(梗)(敬)阱同

突 투[돌]出貌오뚝할、돌卒出법뜰、돌觸也부딪칠、돌猝急급할、돌煙出竈굴뚝、돌(月)

𥥉 완[연]柔皮革다룬가죽、연(銑)

𥥍 헝[굉]大屋큰집、굉(庚)

五

窈 야[요]靜也ㅣㅣ고요할、요幽閒ㅣ窕요조할、요又안존할、요深也ㅣㅣ깊을、요姿美고운、요(篠)窅通

窅 야[요]深目옴팡눈이、요又눈옴쑥할、요深遠까말、요又멀、요(篠)窈眑通

窆 뻰[폄]下棺하관할、폄葬也장사지낼、폄(豔)封通

窊 와[와]汙下웅덩이、와(麻)汙窪窳通

窋 쿠[줄]欲出穴中뾰족이내밀、줄(質)

窄 재[책]狹也좁을、책迫也낄、책(陌)

窑 야[요]燒瓦기와구을、요(蕭)

窌 잔[교]窟也굴、교(效)奅窖通

窉 삥[병]穴也구멍、병驚疾놀라는병、병三月삼월、병(三月爲ㅣ)(梗)寎同

窇 빠[박]土窟움、박又굴、박(覺)

𥥜 헝[굉]幽深아

득할、굉(庚) ⿱穴甲 야 [압] 刺脈맥찌를、압(洽) ⿱穴皿 밍 [명] 窟也굴、명(梗) ⿱穴令 링 [령] 井也우물、영(靑) ⿱穴示 피 [피] 排泄샐、피(寘)

六

窐 ° 괘 [규] 甑孔시루구멍、규(齊) 甗同 ⿱穴交 窔同 窓 · 窻俗字 窕 ° 됴 [조] 幽閒窈ㅣ요조할、조又미려할、조靜也고요할、조(篠) 窤 宦俗字 窒 ° 지 [질] 塞也막힐、질又막을、질滿也가득할、질(質) [절]義同(屑) ⿱穴合 · 커 [합] 相當ㅣ合합합할、합又맞을、합又상당할、합(合) ⿱穴缶 窯同 ⿱穴同 퉁 [동] 通也통할、동(東) ⿱穴孚 우 [오] 卑也낮을、오(虞) ⿱穴炎 씬 [심] 烟突굴뚝、심(侵) ⿱穴共 꽁 [공] 使空빌、공(送)

七

窘 ° 쥔 [군] 迫也군색할、군(軫) 僒同 窖 ° 쟈 [교] 地藏大ㅣ지함、교又움、교(效) 窌通 ⿱穴卯 窌同 ⿱穴卯 ° 류 [류] 濟北地名石ㅣ땅이름、유(宥) 窗 窻同 ⿱穴巠 ° 칭 [경] 空也빌、경(徑) ⿱穴良 · 랑 [랑] 空也寙ㅣ빌、낭穴也窂ㅣ구멍、낭(陽) ⿱穴分 뿐 [분] 地名땅이름、분(文) ⿱穴豆 · 두 [두] 陷穽함정、두(宥) ⿱穴肙 ° 젼 [견] 狹穴좁은구멍、견(銑) ⿱穴甬 퉁 [통] 圓孔둥근구멍、통(送) ⿱穴彖 ° 젼 [견] 遠也멀、견(鹿名)(琰) ⿱穴坐 운 [온] 座所자리、온(阮) ⿱穴冥 닝 [명] 天也하늘、영(靑)

八

窛 쿠 [구] 猛也사나울、구(宥) 窠 · ° 커 [과] 巢也둥우리、과(穴中曰ㅣ、樹上曰巢)空也빌、과穴也구멍、과(歌) 窣 ° 쑤 [솔] 俗音 [졸] 徐行貌勃ㅣ천천이 걸을、졸枝撐聲窸ㅣ나뭇가지우지직거릴、졸自穴中出구멍으로나올、졸(月) 窞 ° 탄 [담] 坎也구덩이、담(感) 窟 · 쿠 [굴] 土中孔穴구멍、굴土室 굴、굴 又움、굴(月) 窡 ° ° 자 [찰] 穴中見구멍으로볼、찰(黠) 窢 · 화 [획] 逆風聲ㅣ然바람마주치는소리、획(陌) ⿱穴卦 과 [괘] 博局方目바둑판줄、괘(卦) ⿱穴朋 · 평 [붕] 葬後平土평토칠、붕(逈) ⿱穴林 란 [람] 聚土흙그러모을、남(感) ⿱穴典 뎬 [전] 山下穴산밑구멍、전(霰) ⿱穴注 유 [유] 器之傷痕그릇험、유(寘) ⿱穴莧 관 [관] 深穴깊은구멍、관(寒)

九

窬 · ° 위 [유] 穿板爲户판장문、유(虞) [두] 門傍小户옆문、두褻器械ㅣ요강、두(宥) 竇通 ⿱穴㒳 ⿱穴丙同 窩 위 [와] 藏也감출、

와土窟움、와(歌) **窪** 와 [와]深也깊을、와溝也도랑、와窊也웅덩이、와(麻)窊通 **窨**。인 [음]地室움、음又지하실、음(沁) **⿱穴复** 부 [부]鳥抱卵새알품을、부(宥) **十**

窳。유 [유]怠也惰ㅣ게으를、유器缺苦ㅣ그릇이지러질、유(麌)窊通 **窮** 同窴 **窴** 뎐 [전]塞也막을、전(先)塡同 **窯** 요 [요]燒瓦竈기와굽는가마、요(蕭)窑同

窰 上同 **⿱穴氣** 피 [비]氣由下泄방귀、비又방기、비放氣방귀뀔、비(寘) **⿱穴料** 찬 [초]俗音[요] 屋深寥ㅣ집안으슥할、요(肴) **窱** 됴 [조]深遠窈ㅣ아득할、조又까

망고아득할、조(篠) **十一** **⿱穴康** 강 [강]空也ㅣ食빌、강家静집조용할、강(陽) **⿱穴庸** 용 [용]器病窳ㅣ그릇털털할、용(冬) **窻**。창 [창]户也창、창(江)牕窗同、匆通 **窺**。

큐 [규]小視엿볼、규(支)闚同 **窶** 寠同 **⿱穴淡** 담 [담]薄而大窪ㅣ엷고클、담(勘) **窵**。됴 [조]深也ㅣ窅깊을、조(嘯) **⿱穴漸** 친 [침]漸也점점、침(地名ㅣ縣)(沁) **⿱穴喜**

우 [오]竈也아궁이、오又부뚜막、오(遇)窹 **⿱穴喜** 同窹 **窼** 찬 [초]鳥巢새집、초(肴) **⿱穴商** 쩌 [적]兎窟토끼굴、적(陌) **窸**。씨 [실]聲也ㅣ窣바람에부딪치는소리、실自

穴中出구멍으로나올、실(質) **⿱穴區** 우 [우]山穴뫼구멍、우又산구멍、우(虞) **⿱穴答** 따 [달]入食張頰빰불룩거릴、달又음식씹을、달圓面얼굴둥글、달(黠) **十二** **窿**。

륭 [륭]天形穹ㅣ하늘형체、융(東) **竁**。취 [취]穿壙始穴광중팔、취又금전놓을、취(霽)[천]義同(霰) **窾** 관 [관]空也빌、관(旱) **⿱穴復**。부 [복]穴室움、복窟也굴속、복(屋)

⿱穴焦 쬭 [초]穴中鼠聲구멍속쥐소리、추(尤) **⿱穴覃** 탄 [담]内曲안으로굽을、담(感) **竀**。청 [징]正視바로볼、징[탱]赤色붉은빛、탱(庚) **⿱穴敫** 竄古字 **寮** 료

[료]穿也뚫을、요[요]舍也집、요(蕭) **⿱穴登** 뎡 [정]廣大貌ㅣ宏넓고클、정畫繪그림、정(靑) **⿱穴星** 싱 [성]大悟크게깨달을、성(靑) **十三** **竄**。찬 [찬]逃也도망할、찬匿也

숨길、찬放逐誅ㅣ내칠、찬又귀양보낼、찬隱也숨을、찬(翰) **竅** 찬 [규]穴也구멍、규(嘯) **十四** **竆**。츙 [궁]極也극진할、궁又다할、궁究也궁구할、궁困窘곤궁할、궁又

막힐、궁(獸名ㅣ奇)(東)竆同竉通 [illegible]란 [람]薄而大ㅣ窾 얇고클、남(覃) 竆。츙 [궁]廣而深也넓고깊을、궁(夏后時夸羿國有ㅣ)(東)竆通 ⑮ 竇。뚜 [두]穴也구

멍、두決也더질、두(有)竇通 [illegible] 竊俗字 ⑯ 竉 롱 [롱]深穴竅ㅣ깊은구멍 농(董) 竈。잔 [조]爨炊竈부뚜막、조又(炊煮器掛處)(號) ⑰ 竊。

체 [절]盜也도둑질할、절私闇가만히、절又사사、절淺也얕을、절察察貌ㅣㅣ깐깐할、절(屑) [illegible]。씨 [시]水厓물가、시穴也구멍、시(支) ⑳ [illegible] 단 [담]옷입은 재잘담(覃)

立部

立。립 [립]起住설、립建也세울、립成也이룰、립堅也굳을、립速 意끝、입(緝) [日]佛國基本量名(五合五勺四抄三撮)리터、입 ㊀ 竍 [日]佛

國量名(五十倍、五升五合餘)데카리터、십 竌 치 [처]正也바를、처(御) ㊂ 竏 [日]佛國量名(立千倍、五石五斗四升三合餘)킬로리터、천 ㊃ 竑。횡 [횡]廣

也넓을、횡量度헤아릴、횡(庚) 竕 [日]佛國量名(立十分之一、五勺五毛餘)데시리터、분 竓 [日]佛國量名(立千分之一)미리리터、모 ㊄ 竝。빙 [병]併也아우를、

병比也견줄、병皆也다、병相扶붙들、병(迥)並同 [방]與人同處짝할、방(漾)傍通 [반]連近연접할、반(牂柯郡名)(旱) 竚。同佇 竛 령 [령]行不正ㅣ竮배착거릴、영又비쓱거릴、

영(青)矜通 站。잔 [참]驛也참、참又역、참獨立홀로설、참(陷) 竘。쥐 [구]治也다듬을、구飾也꾸밀、구健也건장할、구(有) 竜。龍古字 [illegible]。주 [주]待也기다릴、

주(麌) ㊅ 章。장 [장]文彩문채、장文也글、장明也밝을、장表也표할、장印款인장、장條也장정、장(陽) 竟。징 [경]終也마침、경窮也궁리할、경際也지음、경(敬)

竮 同竮 竡 [日]佛國量名(立百倍、五斗五升四合餘)헥트리터、백 ㊆ 童。퉁 [동]幼也ㅣ蒙아이、동(十歲前後男女兒稱)盛貌ㅣㅣ우뚝우뚝할、동又쀼죽쀼죽할、

동山無草木민둥산、동(牛羊之無角者謂之ㅣ)(東) 竦 숭 [송]敬也공경할、송懼也두려울、송聳也솟을、송(腫)悚通 竢 同俟 竣。쥰 [준]退立물러설、준事畢일마

칠、준止也그칠、준(眞)竣｜[전]義同(先)

竨 뿌 [포]物之端끝、포(虞)

⿰立肖 챂 [초]立貌선모양、초又우뚝설、초(嘯)

⿰立孛 쀠 [발]撥物聲물건누르는소리、발(月)

竮 뻥 [빙]使也부릴、빙(青)

八

竫 ㅇ징 [정]停安머물러편안할、정靜也고요할、정擇也가릴、정(梗)

竪 豎俗字

⿰立屈 퀘 [외]俗音[괴]獨立貌｜然홀로설、괴(賄)

⿰立卓 댝 [조]高危｜嶢휘뚝휘뚝할、조(嘯)

⿰立卑 ㅇ피 [비]行不正비틀거릴、비立貌｜｜오뚝설、비(齊)

⿰立彔 ㅇ루 [록]鬼見｜｜귀신볼、녹(屋)

⿰立昔 ㅇ작 [적]驚也놀랄、작懼也겁낼、작(藥)

⿰立忝 텸 [첨]恭也공손할、첨(琰)

⿰立享 대 [대]重也포갤、대木實垂貌나무열매늘어질、대(賄)

九

端 ㅇ된 [단]物首끝、단正也단정할、단萌也싹、단始也비로소、단專也오로지、단緖也실마리、단審也살필、단(寒)耑通

竭 ㅇ제 [갈]盡也다할、갈涸也마를、갈(月)[걸]義同(屑)

⿰立屏 竮同

⿰立甚 ㅇ전 [침]坐立不移貌우두커니침(侵)

⿰立頁 쓔 [수]立而待서서기다릴、수(虞)

⿰立里 [리]佛國量名(立百分之一)센티리터、이

十

⿰立眞 ㅇ뎬 [전]塞也막을、전(先)

⿰立奚 쎄 [혜]待也기다릴、혜(齊)

十一

竸 競同

⿰立屏 펑 [병]行不正竛｜비틀거릴、병(青)竮竮同

⿱臤立 ㅇ지 [계]窮究궁구할、계(霽)

十二

⿱須立 ㅇ쓔 [수]久待오래기다릴、수(虞)

⿰立堯 ㅇ쟈 [요]高危⿰立卓｜높아위태할、요(蕭)

竳 떵 [등]立貌｜｜우뚝설、등(蒸)

竲 ㅇ청 [증]高也높을、증(蒸)

十三

⿱亡⿲月立凡 라 [래]弱立약하게설、나(箇)

十四

⿰立需 쓔 [수]久待오래기다릴、수(虞)

十五

競 ㅇ징 [경]爭也다툴、경強也굳셀、경盛也성할、경高也높을、경進也나갈、경(敬)竸競傹同倞通

十七

⿰童頁 ㅇ퉁 [동]鐘聲쇠북소리、동(送)

競 競同

六畫

竹部

竹。쥬 [죽] 冬生草대、죽(桿有節而中空)(屋)

二

竺。쥬 [독] 厚也두터울、독(沃) 篤通 [축](西域國名天ㅣ)(屋)

竻 러 [륵] 竹根대뿌리、늑(職)

三

竼 篷同

竾 篪同

竽 유 [우] 大笙큰생황、우(三十六簧樂形如鳥翼管有十九)(虞)

⿱竹己。지 [기] 竹席대자리、기(紙)

竿。깐 [간] 竹梃대줄기、간 掛衣架횃대、간 漁ㅣ낚싯대、간(寒)

四

笋 筍同

笊。잔 [조] 竹器ㅣ籬조리、조(巧)(效)

笑。쌴 [소] 喜而解顔啓齒웃을、소 又웃음、소(嘯) 咲同

笆 빠 [파] 竹籬대울타리、파 竹有刺가시대、파(麻)

笇 筭同

笐。깡 [황] 衣架횃대、황 又옷걸이、황(竹名)(漾) 桁通

笔 筆同

笏。후 [홀] 手版홀、홀(有位者朝見時所持版曰ㅣ、有事則書于此版以備要件ㅣ有二種玉或象牙長二尺六寸廣六寸)(月)

笈。지 [급] 書箱책상자、급(緝) [겁] 驢上負나귀길마、겁(葉) 极同

⿱竹公 쭝 [종] 長節竹마디긴대、종(冬)

笹。뜬 [둔] 容穀竹篇둥구미、둔(阮)

笌 야 [아] 竹筍죽순、아(麻)

笒 한 [함] 實中竹속밴대、함(覃) [금] 竹籤첨대、금(沁)

笅 筊同

笎 빵 [방] 竹籠죽롱、방(陽)

笓 씨 [시] 王竹큰대、시(長至百丈)(紙)

笎。웬 [원] 竹文대무늬、원(元)

笓 삐 [비] 眞梳참빗、비(寘) [필] 列也벌릴、필(質)

笐 항 [항] 竹編捕魚具통발、항(漾)

五

笞。치 [치] 俗音[태] 箠打매칠、태 又볼기칠、태 又태장、태(支)

笫 쯔 [자] 牀也평상、자(寘)(紙)

符。뿌 [부] 兩合爲信병부、부 又보람、부(以木版或竹簡製之各持一片相合爲信) 證驗증거、부 祥瑞상서、부(虞)

笯。누 [노] 鳥籠새농、노(虞)(遇) [나] 義同(麻)

⿱竹古 꾸 [고] 竹名관음대、고(虞)

第。띠 [제] 次也차례、제 宅也집、제 但也다만、제 且也또、제 科ㅣ과거、제(霽)

笨。뻔 [분] 竹裡댓속、분 麤率추솔할、분 又추잡할、분 肥大투박할、분(吻)

笲 빤 [번] 盛婦贄棗修器신부의폐백반、번(以葦竹類製造形如箱而着青繒者ㅣ)(元) [반] 義同(阮)

笴 깐 [간] 矢幹살대、간 幹也줄기、간(旱) 幹同 [가] 義同(哿)

笳。쟈 [가] 卷蘆葉而作笛吹之갈잎피리、가 又초금、가 又피리、가(麻)

笙。씽

[생] 樂器ㅣ簧저、생又생황、생(女媧所作、大者有十九管、小者有十三管)竹席桃ㅣ대자리、생(庚) **笭**。령 [령] 漁具ㅣ箸종다래끼、영 小籠작은농、영(青) **笥**・쓰 [사] 衣篋상자、사(寘) **笱**。꾸 [구] 曲竹捕魚具통발、구(有) **笪** 따 [달] 覆船簟배덮는삿자리、달又뜸、달(曷) [단] 笪也고리짝、단(旱) **笵** 同範 **笮**・째 [책] 矢箙전동、책狹也좁을、책迫也짤、책屋上板산자、책壓也누를、책(陌) [작] 黥刑鑽ㅣ자자할、작(藥) 筰通 **[illegible]** 나 [납] 繫舟竹索배매는댓줄、납(合) [닙] 補籬울타리얽어맬、입(洽) **笛**・듸 [적] 管樂저、적又피리、적又날라리、적(錫) **笸** [日] 細竹가는대、세 **笠**・리 [립] 簦也삿갓、입 頭冠갓、입(緝) **笟** 同篕 **[illegible]** 취 [허] 竹製飯器대밥그릇、허(魚) **笰** 뿌 [불] 輿之後户수레뒷창、불箭也살、불(物) **笧** 策同、冊古字

⑥ 筒・퉁 [통] 竹名射ㅣ사통대、통圓長中虛之物대통、통(東) 筩通 **筇** 쭁 [공] 蜀竹可爲杖공대、공又대지팡이、공(冬) **筎** 수 [여] 竹皮대껍질、여(ㅣ爲塞舟孔)(魚) **筓** 찌 [계] 簪也비녀、계(齊) **筍**・쓘 [순] 竹萌댓순、순(軫) 簨箰同、簴通 **筋** 찐 [근] 骨絡肉力힘줄、근(肉中通理體力之本)(文) 觔同 **筌** 촨 [전] 藏魚竹器다래끼、전又가리、전又통발、전(先) **筐**・광 [광] 方形竹器모진대광주리、광(陽) **筊**。쨔 [효] 小簫작은퉁소、효(肴) [교] 義同(巧) 笅同 **等**・떵 [등] 齊也가지런할、등輩也무리、등類也같을、등級也등급、등待也기다릴、등(迥) **筑** 쥭 [축] 樂器似箏축풍류、축又죽방울、축拾也주울、축(水名)(屋) 濲同 **筆**・삐 [필] 作字述書붓、필(一名不律)(史載ㅣ、士載言)(辛夷別名木ㅣ)(質) 笔同 **筏** 뿨 [벌] 桴也떼、벌(編竹渡水者曰ㅣ)(月) 栰橃同 **策**。처 [책] 謀也籌ㅣ꾀、책馬箠채쭉、책簡冊책、책落葉聲ㅣㅣ잎떨어지는소리、책蓍也龜ㅣ시초、책鐵杖金ㅣ쇠지팡이、책(星名天ㅣ)(陌) 笧同 筴冊通 **[illegible]** 찌 [체] 以竹補缺대로기울、체(霽) 簀通 **筭**・촨 [전] 貫物竹針대끄챙이、전(銑) **答**・따 [답] 對也대답、답報也갚을、답麤布굵은베、답然也그러나할、답(合) **[illegible]** 찌 [기] 取蟣櫛참빗、기(支) **筄** 얀 [요] 屋笮산자、요(嘯)

筕 항 [행]竹篁ㅣ篂대삿자리、행(庚) 箷 이 [예]合板際널불인듬、예(霽) 筈 괄 [괄]受絃矢頭살오늬、괄(曷)栝通 [日]將然之意그러할터、괄 筁 곡 [곡]蠶箔누에발、곡(沃) 笔 로 [로]柳器笭ㅣ버들고리、노(皓) 笴 고 [고]竹器ㅣ笔대고리、고(皓) 笿 락 [락]束也묶을、낙(藥) 筃 인 [인]車褥차방석、인(眞) 箣 례 [례]籌也숫가지、예(霽) 䈶 용 [용]斑竹아롱진대、용(冬) 篜 청 [승]竹炬대홰、승(蒸) 䈁 잉 [영]竹筍죽순、영(庚)

七

筩 통 [통]竹筒대통、통捕魚鉤낚시、통(東)甬同筒通 [용]箭室전통、용(腫) 筥 거 [거]圓筐둥근광주리、거(語) 筮 서 [서]著卜시초점、서(霽) 筞 策俗字 筠 윤 [균]竹皮대껍질、균(眞) 筦 管同 筭 산 [산]籌也숫가지、산又셈대、산(翰)笇同計數수놓을、산(旱)算同 筵 연 [연]竹席대자리、연(先) 筧 견 [견]以竹通水대홈통、견(銑)梘同 筲 소 [소]竹器容斗二升말두되드는대그릇、소飯器밥통、소(肴) 筳 정 [정]竹片대쪽、정細竹가는대、정紡絲筳ㅣ子가락、정(青) 筤 랑 [랑]幼竹蒼ㅣ어린대、낭(陽) 筬 성 [성]織具經絲者바디、성(庚) 筰 작 [작]竹索대새끼、작又대동아줄、작笮通引舟배끌、작(藥) 𥬇 桓同 筯 箸同 筴 자 [협]箸也젓가락、협(葉)(洽)梜同策 筟 부 [부]竹中衣댓속、부又댓속청、부織緯具북、부(虞) 箻 률 [률]射鳥竹管새쏘는대총、율(質) 筡 도 [도]中空속빈、도(虞)[서]竹筐籢ㅣ대광주리、서(魚) 笆 파 [파]用以取草泥ㅣ갈퀴、파(麻) 䈇 필 [필]分契엄쪽、필割竹대쪼갠、필(質) 筣 리 [리]竹籬笆ㅣ대울타리、이又대차면、이(支) 箌 잔 [첨]削物使薄깍어얇게할、첨(鹽) 箹 박 [박]手足指節鳴손발마디울、박(覺) 篷 퐁 [강]酒篘ㅣ篗용수、강(江)[봉]車奪수레뜸、봉(東) 䈈 웨 [미]帚也비、미(尾) 笣 篘同 筋 제 [제]竹席대자리、제(霽) 䈡 사 [사]梭也북、사(歌) 䇾 언 [언]大簫큰퉁소、언(元) 䇯 각 [각]竹椽대서까래、각(覺) 䇜 인 [은]大笛큰저、은(文)

𥳇산 [산]竹製盛飯器대밥통、산(寒) 笐레 [첩]小葉적은잎사귀、첩(葉) 笣이 [읍]捕魚具竹器통발、읍(緝) 筱°쌴 [소]細竹가는대、소(篠) 箽쟈

[갑]竹箱대상자、갑(合) 箎°지 [지]堅서단단한대、지(支) ⑧ 箜°쿵 [공]絃樂瑟類ㅣ篌공후、공又거문고、공(師延所作、絃有二十三、而體曲而長、以兩手抱而彈奏)(東)

箕°지 [기]去糠具키、기(宿名南ㅣ、風師名ㅣ伯)(支) 箄°삐 [비]捕魚具가리、비又종다래끼、비(支)小籠작은종다래끼、비(齊)篦通 箛°꾸 [고]笳也피리、고又초금、고(車駕住、吹小ㅣ發吹大ㅣㅣ卽笳)(虞)

箅삐 [폐]甑底所敷箔시루밑에까는발、폐(齊) 箄°同箅 管°관 [관]截竹대통、관主也주관할、관樂器如篪六孔쌍피리、관筆彄붓대、관樞要고동、관(旱)筦同、琯通

箋°젼 [전]記書表札쪽지、전又부전、전註也주낼、전文體名전문、전(今奏記之類)(先)牋同 箌同罩 箇°깨 [개]枚也낱、개(箇)個同个通

箏°정 [쟁]竹身絃樂쟁풍류、쟁(秦時蒙恬之創作、絃有十三)(庚) 箒°同帚 箝쳠 [겸]鉗攝족집개、겸又재갈、겸鑽頸목잠글、겸又목에칼씌울、겸(鹽)𥳣同、鉗通

𥳣同箝 箙°약 [복]盛矢器전동、복(屋)韇韥同 箔빠 [박]簾也발、박(藥)薄通 箚°쟈 [잡]俗音[차]奏事ㅣ子차자、차又전갈할、차針刺침줄、차記錄기록할、차(洽)

箑°싸 [삽]扇也부채、삽(洽)䈉同、篓通 篓°싸 [삽]竹翣대아삽、삽(洽)箑翣通 箁°뿌 [부]竹葉댓잎、부(有) 箳뼝 [병]門扉ㅣ箳대사립문짝、병(靑) 箵망

[망]節多竹마디많은대、망(養) 箈치 [지]篠箈가는댓순、지水中魚衣말풀、지(一名箈萌)(支)箈通 箋同篗 箍꾸 [고]以竹束物대테멜、고(虞)箛同 䉐°녠 [념]挽舟索배끄는줄、념(一名百丈)(豔)

箬同篛 䈬돠 [도]牛飼筐소먹이그릇、도(虞) 𥴖°쥐 [국]竹根대뿌리、국(屋) 箃쪄 [추]竹黃대누를、추(尤) 箓°루 [록]竹高筐높은대상자、녹(屋)

箉따 [대]淺長籃얕고긴바구니、대(泰) 箤°취 [줄]洗物刷子그릇닦는솔、줄(物) 篡[韓]柳筐버들고리、오(地名ㅣ城、栗名ㅣ栗) 䈇°뎬

[점]漉紙箔종이뜨는발、점(鹽)[전]簽絮簀솜발、전(先) **箘**。췬[균]美竹箭材살대감、균笋也댓순、균(木名ㅣ桂)(眞)(軫) **䈁**륜[륜]推船竿배밀대、윤(眞) **箐**쳰[정]小籃笭

ㅣ바구니、정(庚)[천]竹극대활、천(霰) **䈧**。위[어]葉薄竹잎사귀엷은대、어(魚) **䈊**빠[파]竹笆대산자、파(麻) **箎**후[호]長竹긴대、호(長至百丈)(虞) **九**

箠。취[추]馬策말채쭉、추笞刑볼기칠、추竹節대마디、추(紙)棰通 **箶**。후[호]箭室ㅣ簏전통、호(虞) **䈚**。태[태]竹萌죽순、태(灰)笞通 **簨**쉰[순]懸鐘磬格ㅣ

簴경쇠걸이、순(軫)箕簨同筍通 **簨**箕同 **篹**筍同 **篅**촨[천]盛穀圓器둥구미、천(先)圌同 **簜**簜同 **篇**。편[편]聯章글편、편書冊책、편(先) **篆**

。좐[전]書也전자、전(大ㅣ者、周史籀所作、小ㅣ者、秦李斯所作)繫鐘帶쇠북매는띠、전(銑) **箷**椸同 **箸**。쥬[저]飯具挾物匙ㅣ젓가락、저(御)筯櫡同 **箭**。잰[전]矢也살、전

(藥名赤ㅣ)(霰) **篍**착[초]吹簫勸役퉁소부러역사시킨、초(蕭)[추]竹簫대퉁소、추(尤) **箾**쌰[소]舞者所執象ㅣ상소、소(蕭)簫通[삭]舞曲名桓ㅣ춤가락이름、삭(覺) **箱**。

썅[상]篋也상자、상米廩쌀고、상(陽) **篁**。황[황]竹叢대포기、황竹林대밭、황(陽) **箵**씽[성]漁具笭ㅣ종다래끼、성(青) **篂**씽[성]車蔽簵ㅣ수레덮는뜸、성(青)

篌후[후]絃樂箜ㅣ공후、후(尤) **箴**。전[잠]縫衣細針바늘、잠規戒경계할、잠(侵)針通 **䈜**친[침]工人用墨尺먹자、침(沁) **範**。빤[범]法式법、범模也골、범又

모뜰、범又본보기、범(豏)范同 **築**。쥬[축]擣也다질、축積重쌓을、축(屋) **箹**워[약]小笛작은피리、약(覺)[요]竹節대마디、요(效) **箮**쉔[훤]竹花대꽃、훤(元)

䈇우[옥]竹叢대빽빽할、옥又대총총할、옥(屋) **簁**쒸[사]席也돗、솨(縣名ㅣㅅ)(哿) **箬**篛同 **節**。졔[절]竹ㅣ대마디、절操也절개、절檢制절제할、절示信符ㅣ

인、절時候때、절又절후、절(屑)卩凷巀通 **篋**匧同 **箽**똥[동]竹器대그릇、동竹根대뿌리、동(董) **䈈**패[패]竹片대쪽、패(卦)箄同 **箄**䈈同 **箑**싸[삽]竹

器緣編대그릇가휘갑칠、삽(合)

𥳁 괘 [괘]竹笋ㅣ筍죽순、괘矢竹살대、괘(卦)

𥳗 쫘 [작]漉米具조리、작(藥)

篊 홍 [홍]以竹漁梁대어살、홍筧也홈통、홍(送)

𥮷 유 [유]黑竹검은대、유(尤)

𥱧 同篎

𥳑 예 [엽]竹簡대쪽、엽(葉)

䈑 예 [야]海濱生竹바닷가에나는대、야(麻)

䈌 삐 [비]編竹小盤대쟁반、비(支)

箯 뼌 [편]竹輿대남여、편(先)

𥳅 同籔

𥳎 쯔 [자]竹名자죽、자竹盛대성할、자(支)

䈯 찐 [진]皮白竹껍질흰대、진(軫)

𥳙 띵 [정]竹欄干대난간、정(庚)

十

篩 쓰 [사]大竹왕대、사(南方大竹船材)去麤取細체、사(馬尾或葛或竹線編造)擇分粉末之麤者而取其細末者之用器)(支)

篪 치 [지]橫吹笛여으로부는저、지(篪有八孔)(支)箎同

篚 삐 [비]圓形竹器둥근대광주리、비(方曰筐圓曰ㅣ)(尾)

篨 츄 [저]竹席籧ㅣ대자리、저不能俯病籧ㅣ천상바라기、저(魚)

𥲤 뤼 [려]盛飯器밥소쿠리、려(語)

篦 삐 [비]髮具密櫛참빗、비箄通、齊毛叙ㅣ비치개、비(齊)

篔 윈 [운]大竹ㅣ簹왕대、운(文)

𥳉 빤 [반]捕魚具통발、반(魚能入其口而不能出之者)(竹名ㅣ籛)(寒)

篹 쫜 [찬]逆奪빼앗을、찬(諫)簒同 [산]竹筥離ㅣ대소쿠리、산(旱) [전]述也지을、전具食반찬、전(霰)饌撰通

篡 篹同

篙 꼬 [고]進船竿상앗대、고(豪)𥯳同

䈢 쟈 [차]洞簫篸ㅣ퉁소、차竹貌篸ㅣ대퍼질、차(歌) [자]炭籠숯둥구미、자(馬)

篣 搒同

𥳒 쵸 [추]簏酒용수、추(尤)篘同

篛 쉬 [약]箬也죽순、약竹皮대껍질、약(藥)箬同

𥰹 젠 [겸]竹籠대농、겸又종다래끼、겸(鹽)

篤 뚜 [독]厚也두터울、독又도타울、독固也견고할、독又굳을、독純也순전할、독疾甚병위독할、독馬行頓遲말걸음느릴、독(沃)竺通

篥 리 [률]勁竹쟁쟁한대、율(蕃樂觱ㅣ)(質)

篞 네 [녈]中管중피리、녈(屑)

篝 꺼 [구]覆火籠불우리、구又불덮개、구負物笭부담농、구(尤)𥵘同

篎 먀 [묘]小笛작은저、묘又세피리、묘(篠)𥱧同

䈓 다 [답]窓扉창짝、답(合)

䈏 쀠 [부]竹有斑文자문죽、부又아롱대、부(尤)

𥳿 먀 [묘]竹

枝댓가지、요(蕭)

簹 당 [당] 竹席笐ㅣ대자리、당(陽)

籆· 篗同

[⺮納] 나 [납] 纜舟竹索배매는대동아줄、납(洽)

篸。찬 [잠] 搔馬말긁을、잠 [담] 刷馬篦말긁는빗、담(覃)

篊 홍 [홍] 熯物竹器경그레、홍又너스레、홍又배롱、홍(送)

[⺮舀] 도 [도] 飼牛竹筐소먹이는그릇、도(豪)

簫· 쏘 [소] 竹聲ㅣㅣ대소리、소(豪)

篧。쥐 [착] 捕魚籠가리、착又고기잡는발、착(覺)

篬 창 [창] 竹色青貌ㅣㅣ대빛푸를、창(陽)

箁 뿌 [부] 竹青皮대푸른겹질、부(虞)

簑· 蓑同

[⺮稍]。쏘 [소] 飯臿주걱、소(巧)

[⺮袁] 웨 [원] 絡絲籰얼레、원又자세、원(元)

[⺮扇] 쫀 [선] 箑也부채、선(霰)

篕。깨 [합] 竹席대자리、합(合) [계] 義同(泰)

[⺮息] 시 [식] 搔耳具귀이개、식(職)

[⺮叟] 삭 [수] 篘也용수、수(尤)

[⺮屐] 지 [격] 竹履대신、격(陌)

篢 궁 [공] 竹笠대삿갓、공(東)

[⺮鉤] 쥐 [구] 箴也織具바디、구(遇)

[⺮容] 융 [용] 文竹자문죽、용(冬)

篭· 籠同

[⺮暮] 무 [모] 竹箱대상자、모(遇)

[⺮索] 쒀 [삭] 竹索대동아줄、삭(或音색)(藥)

⓫

[⺮累] 레 [루] 盛土籠삼태、누(紙)

篷。평 [봉] 編竹覆舟대뜸、봉(東) [⺮凡]同

簁。쓰 [사] 竹篩대체、사 籭同 篩通(支)(紙)

簋。궤 [궤] 盛黍稷器簠ㅣ제기、궤又보、궤(紙) [皀皿]同

篲。쒜 [세] 帚也비、세(霽) 彗通 [수] 義同(寘)

[⺮浦] 뿌 [포] 沈水取魚具가리、포(虞)

[⺮差] 찬 [산] 大篴큰피리、산(似笛三孔而短)(潸)

篿。쮄 [전] 折竹卜占筳ㅣ점대、전(先) [단] 圓竹器둥근대그릇、단(寒)

[⺮稍]· 쏘 [초] 船舵尾키꼬리、초又키끝、초(效) [삭] 飯帚솥솔、삭(覺)

[⺮巢] 쪼 [조] 大笙큰생황、조(肴)

箳 뻥 [병] 車覆ㅣ篂수레가림、병(庚) (上障塵者、前曰籓、後曰ㅣ)(梗)

簍。루 [루] 竹籠대농、누又대상자、누(有)

簉· 쭉 [추] 齊飛일매지게나를、추又가지런히나를、추副也버금、추(宥)

簇 추 [족] 小竹가는대、족聚也모일、족(屋) 蔟通 [초] 義同(或音촉)(宥)

[⺮淡] 딴 [담] 甘竹단대、담大竹큰대、담(勘)

簏。루 [록] 竹篋대상자、녹(屋)

篠。· 쏘 [조] 細竹가는대、소 [조] 義同(篠)

簎 취 [착] 刺魚具작살、착刺也찌를、착(覺) 擉同

篳 삐 [필] 門사

립문、필(質)華通 **簚** 메 [멸] 析竹짜갠대、멸竹皮대껍질、멸(屑)篾同 **篾** 簚同 **簀** 져 [책] 牀棧살평상、책葦箔갈대발、책積聚쌓아모을、책(陌) **篸** 잔 [잠] 針也바늘、잠首笄비녀、잠(覃)簪通 **篱** 리 [리] 竹器笊ㅣ대조리、이(支) **篵** 총 [종] 病枯竹삭은대、종(東) **篴** 笛同 **篶** 옌 [언] 黑竹흑죽、언(先) **簰** 패 [패] 大桴큰떼、패(佳) **篻** 퍂 [표] 細竹가는대、표(蕭) **篼** 뚜 [두] 竹輿ㅣ子대남여、두飲馬器말구융통、두(尤) **篽** 籞同 **簂** 꿔 [귀] 婦人首飾첩지、귀(隊) **簃** 이 [이] 樓邊小屋누에달아진작은집、이(支) **䉹** 링 [령] 筧也홈통、영(青) **簆** 쿠 [구] 筬也織具바디、구(宥) **籌** 척 [주] 箸也젓가락、주躕躇주저할、주(尤) **筩** 통 [통] 無節竹마디없는대、통(東) **簌** 쏘 [속] 篩也체、속茂密貌더부룩할、속(屋) **簐** 완 [연] 鈎針낚시바늘、연(銑) **篬** 장 [장] 有節剖竹마디두고짜갠대、장(養) **䉆** 나 [나] 鳥籠새농、나(麻) **䉉** 꾸 [곡] 大箱큰상자、곡(屋) **䈽** 진 [근] 皮白竹껍질흰대、근(文) **䉭** 레 [렵] 編竹曝物엮은대、엽又대、엽(葉) **䈧** 두 [도] 架也시렁、도(遇)

十二

䉕 궁 [공] 車篷ㅣ籠수레덮는대뜸、공(冬) **簣** 궤 [궤] 盛土器삼태、궤(寘)匱通 **箛** 꾸 [고] 竹簡대쪽、고稜也모질、고(虞)觚通 **簠** 부 [보] 盛黍稷器ㅣ簋대제기、보又보、보(外方内圓曰ㅣ、容一斗二升)(麌)(遇)盙同 **簬** 루 [로] 作矢適竹활살만드는대、노(遇) **簞** 딴 [단] 小筐소쿠리、단又도시락、단笥也상자、단(寒) **簡** 잰 [간] 書札편지、간記文竹牒대쪽、간略也간략할、간易也쉬울、간分別분별할、간要也중요로울、간誠也진실로、간檢閱점고할、간又검열할、간選也가릴、간大也ㅣㅣ클、간(潸)柬通 **簜** 탕 [탕] 大竹큰대、탕(養)篡同 **簦** 떵 [등] 雨傘우산、등(蒸) **簪** 잔 [잠] 首笄비녀、잠聚也盍ㅣ모을、잠(侵)(覃)篸撍通 **簟** 탄 [점] 竹席대자리、점(琰) **簙** 뻑 [박] 局戲六ㅣ장기、박(象棋)(藥) **簝** 랴 [료] 宗廟盛肉竹器종묘에고기담는대제기、요(蕭)[로]義同(豪) **簩** 랃 [로] 竹名대이름、노(ㅣ竹有毒)(豪

人爲觚刺獸則(死)(豪)

簧。황 [황] 樂器笙ㅣ생황、황(女媧所作)笙舌피리혀、황 (陽)

簫。쇼 [소] 管樂등소、소(洞ㅣ、短ㅣ、玉ㅣ)舜樂韶ㅣ소소풍류、소ㄱ末활고지、소 (蕭) 箾通

簚。미 [멱] 白狗皮素ㅣ흰개가죽、멱車覆수레덮개、멱 (錫)

⿱竹復 뿌 [복] 竹實대열매、복 (屋)

⿱竹閔 민 [민] 竹中空대속빈、민 (軫)

簥 쟈 [교] 大管큰저、교 (蕭)

⿱竹慧 쉐 [예] 初生筍갓난죽순、예 (支)

簨。簨栒 同

⿱竹粦 린 [린] 竹中實대속찰、인 (震)

⿱竹絕。쥐 [취] 絡絲具실패、취 (寘)

簛 쓰 [시] 篩也체、시 竹節대마디、시 (支)

⿱竹鎇 메 [미] 冬生筍겨울에나는죽순、미 (寘)

⿱竹部 뿌 [보] 簾也발、보 (麌)

⿱竹須 쉬 [수] 魚笭고기다래끼、수 (虞)

篪 티 [체] 琴名ㅣ鐘거문고、체 (齊)

⿱竹最。좌 [좌] 竹帚대비、좌 (泰)

(十三)

簿。뿌 [부] 籍也記事적바림、부又문서、부又치부、부領也거느림、부笏也홀、부車駕鹵ㅣ의장、부 (麌) [박] 蠶箔누에발、박 (藥) 箔通

簴 쥐 [거] 鐘鼓柎筍ㅣ북틀、거 (語) 虡同 鐻通

簵。簬同

簺 쌔 [새] 戲具ㅣ子쌍륙、새(一名簙ㅣ)(隊)

簳 笴同

簸。빠 [파] 揚穀去糠까부를、파 (哿)(箇)

簹。땅 [당] 大竹篔ㅣ왕대、당 (陽)

簻 檛同

簾。렴 [렴] 箔也발、렴(天子外屛、諸侯內屛、大夫以ㅣ、士以帷)(鹽)

簽 쳠 [첨] 押署수결둘、첨又이름둘、첨信書편지、첨 (鹽)

簷 檐同

簶。루 [록] 箭筩胡ㅣ전통、녹 (屋)

⿱竹鶡 거 [갈] 止樂器木虎갈풍류、갈又그칠풍류、갈(一名敔)(黠) 楬通

⿱竹鬲 껴 [격] 竹帳ㅣ子대장지、격又대창살、격 (陌)

⿱竹雉。ㅇ지 [치] 幼竹어린대、치 (紙) ⿱竹稚同

⿱竹維 ⿱竹雞同

籣 쳰 [견] 户籍ㅣ簿호적、견 (銑)

⿱竹豦。ㅇ쥐 [거] 飲牛器소먹이그릇、거 蠶箔누에치는발、거 (語)

⿱竹⿰犭壽 篝同

⿱竹亶 탄 [담] 俗音 [단] 練索배끄는줄、단 (覃)

簙。뻐 [박] 行碁ㅣ奕바둑돌、박 (藥)

⿱竹愍 민 [민] 竹中空대속빈、민 (軫)

⿱竹獊 창 [창] 竹矛대창、창 (漾)

⿱竹豊 례 [례] 細軟竹가늘고연한대、예 (薺)

(十四)

籉。대 [대] 防雨笠子삿갓、대 (灰)

⿱竹冢 춍 [총] 捕魚竹器籠ㅣ고기잡는대그릇、총 (東)

⿱竹奧。위 [욱] 漉米籔炊ㅣ조리、욱 (屋)

籈 연 [진] 止樂鼓敔그

칠풍류 채진(眞)

籌。착 [주]算也숫가지、주又셈대、주ㅣ畫셈놓을、주壺矢투호살、주(尤)

籃란 [람]大篝籠큰등롱、남編竹盛物之器以便提携들바구니、남(覃)

籍。지 [적]簿書문서、적書冊서책、적户口圖ㅣ호적、적狼ㅣ와자할、적語聲ㅣㅣ재재거릴、적(陌)耤通

籊。티 [적]竹貌ㅣㅣ대길찰、적又대쪽쪽 번을、적(錫)

籋。녜 [녑]鉗也족집개、엽踏也밟을、엽(葉)鑷躡通

篝。꾸 [구]熏籠배롱、구(尤)

⿱竹銷쏘 [조]竹枝長댓가지길、초(巧)

⿱竹巢찰 [소]大笙큰생황、소鳥巢새보금자리、소(肴)

簍。篗同

⿱竹鍴딴 [단]小竹작은대、단竹名대이름、단(寒)

⿱竹領링 [령]盛飯筐밥담는광주리、영(徑)

⿱竹暑쓔 [서]疎篩성긴체、서(御)

⿱竹⿰金悳중 [종]箸筒젓가락통、총(董)

⑫

⿱竹穀꾸 [곡]函也함、곡(屋)

籔。쓔 [수]漉米籅조리、수(有) [수]頭戴薦盆籔ㅣ똬리、수量名휘、수(受十六斗)(麌)

籑。찬 [찬]述也지을、찬具食반찬、찬(潸)撰饌通

籀。쭈 [주]大篆ㅣ文큰전자、주(宥)繇通

⿱竹⿰禾盧어 [구]竹器以息小兒아이앉히는대둥우리、구又구자、구(或音우)(尤)

⿱竹畾뢰 [대]稻米礌쌀쓸는맷돌、대 [래] (隊)義同

籐。텅 [등]蔓生似竹등、등又등나무、등(蒸)藤通

籓。빤 [번]大箕큰키、번籬也울타리、번又바자、번又울、번(元)

⿱竹⿰禾番籓同

⿱竹遷쳔 [천]扱稻具벼흝는이、천(先)

⿱竹澑류 [류]竹聲댓소리、유(尤)

⿱竹爲쌔 [사]箠也채쭉、사(馬)

⑬

籠。룽 [롱]箱屬농、농又채롱、농笭也종다래끼、농包擧ㅣ物얽어들、농鳥檻새장、농矢箙전통、농(東)篭同

籚。루 [로]戟柄창자루、노筐也광주리、노(虞)

籛。졘 [전]姓也성、전(彭祖姓ㅣ名鏗善養性歷夏殷周年七百六十七歲而不衰)(先)

籟。래 [뢰]籥也피리、뇌(三孔籥)孔竅所發聲曰ㅣ소리、뇌(如天ㅣ地ㅣ)(泰)

籯잉 [영]箸筩젓가락통、영籠也농、영(庚)

籙。루 [록]籍也호적、녹又서적、녹冊箱책장、녹(沃)

籗。쥐 [곽]罩也가리、곽又종다래끼、곽(捕魚籠)(藥)

籜튁 [탁]竹皮대껍질、탁(藥)

⿱竹隨쒜 [수]籠也채롱、수(支)

籞。위 [어]御苑池ㅣ나라동산、어(語)篽同

⿱竹衛웨

원細竹가는대、위(齊) 篔 쎈 현 竹枯대마를、현(霰) 篶 옌 연 竹病대병들、연(鹽) 𥳽 뻔 편 蘆葉笛갈잎피리、편(銑)

⑰ 籧。 쥐 거 竹席ㅣ篨대자리、거(魚) 籣。 란 란 盛弩矢負器동개、난(寒) 𥵼 쎈 선 入户版籍籣ㅣ호적、선(銑) 籥 워 약 樂器似笛管ㅣ피리、약(有三孔或六孔者)(藥) 籤。 쳼 첨 標記찌지붙일、첨讖同、用以卜者竹ㅣ점대、첨書ㅣ서상대、첨驗也증험할、첨(鹽) 䉤 데 접 俗音접 籙也까부를、접(葉) 籅 워 여 竹輿대남여、여(魚) 籦 죵 종 枝多竹가지많은대、종(冬) 籢 同奩 𥸤 지 계 竹實대열매、계(或音혜)(齊)

⑱ 籩。 뻔 변 祭用竹器ㅣ豆변두、변又대제기、변(先) 䉶 쌍 쌍 帆也돛、쌍 酒篘용수、쌍(江) 䉣 꼐 개 黑竹검은대、개(佳) 𥸡 자 잡 簾也발잡(合)

⑲ 籭 同簁 籬 리 리 藩也울타리、이(支) 欐同、蘺通 籮 롸 라 箕也키、나筐也광주리、나(歌) 籫 좐 찬 竹器대그릇、찬(旱)

⑳ 籯。 잉 영 箱屬상자、영(庚) 䉷。 옌 엄 射雉翳꾸집게、엄禦也막을、엄(鹽) 籰 쥐 확 卷絲器자새、확(藥) 籆篗同 籠 룽 롱 筐也광주리、농 箱也상자、농(東)

㉒ 𥸤 깐 감 有毛竹털난대、감(感)

㉖ 籲。 워 유 呼也부를、유(遇) 籲同

米部

米。 미 미 穀實精鑿쌀、미又낟알、미(薺) 粎通 曰佛國基本度名(我度三尺三寸三分)미터、미 粊 삐 피 碎米싸래기、피(寘)

② 籴 糴同 籶 曰佛國度名(米十)倍데카미터、십

③ 籹。 뉘 여 蜜餌粔ㅣ약과、여又중백기、여(以米麪和蜜煎熬者)(語) 籸 썬 신 粉滓무거리、신又녹말、신粥凝범벅、신(眞) 籺。 쪠 흘 米粉糠ㅣ쌀가루、흘(月)麧同 粠。 훙 홍 陳臭米묵은쌀 범새날、홍(東) 籼 쎤 선 稉也메벼、선(先)秈同 籽 쯔 자 種子ㅣ粒씨앗、자(紙) 粈 씬 심 米滓쌀찌끼、심(侵) 类 類同 籾 曰稻也벼、인又나락、인 粁 曰佛國度名(米千)倍길로미터、천 㮚 粟古字

④ 粃。 秕同

粉• 분 [분] 物之碎末가루、분ㅣ飾분바를、분燒鉛傅面분、분白灰塗壁회새벽할、분(吻) [日]佛國度名(米十分之一)데시미터、분

粆 싸 [사] 砂糖사탕、사(麻)

粄• 빤 [판] 屑米餠싸래기떡、판團子경단、판(潸)

粅 우 [물] 粉貌ㅣㅣ고운가루、물(物)

粈° 뉴 [뉴] 雜飯잡곡밥、유又비빔밥、유(有)

粍 [日]佛國度名(米千分之一)밀리미터、모

粎 지 [기] 赤米붉은쌀、기(支)

粚 메 [멸] 屑米싸래기、멸(屑)

粹 쉬 [쇠] 純也순전할、쇠精也정밀할、쇠(隊)

五

粔° 쮜 [거] 蜜餌ㅣ粔약과、거又중백기、거(一名環餠)(語)

粗° 추 [조] 疎也엉성할、조又성길、조略也약간、조(麌) 麤通

粕• 퍼 [박] 酒滓糟ㅣ재강、박又지게미、박(藥) 魄通

粜 糶同

宷 미 [미] 深也깊을、미冒也무릅쓸、미罝也둘、미(紙)

粐 후 [호] 粥也죽、호煮米爲粥죽쑬、호(虞)

粘• 黏同

粊 삐 [비] 惡米낮은쌀、비(寘) 粃同

䉾 밍 [명] 漬米물에담근쌀、명(青) [미] (縣名ㅣ泠)(支)

粣 짜 [사] 滓也찌끼、사(麻)

粰° 뿌 [부] 穀皮겨부、부(虞)

粓 깐 [감] 洗米汁쌀뜨물、감(覃)

粒• 리 [립] 米顆쌀알、립又낟알、입(緝)

粖 머 [말] 饘也糜粥미음、말又죽、말(曷)

粯 뻬 [배] 磨麥之粥간보리죽、배(灰)

粙 작 [주] 稻之結實벼알들、주(宥)

六

粢• 쯔 [자] 祭飯ㅣ盛젯밥、자稷也明ㅣ피、자餈食也인절미、자(或音지)(支)

粥 쮸 [죽] 糜也미음、죽饘也죽、죽卑劣貌ㅣㅣ어리석은체할、죽鬻通 [육] 賣也팔、육(屋)

粟• 쑤 [속] 黍屬極小조、속米有殼者겉곡식、속(沃)

粵• 웨 [월] 語辭發端어조사、월于也於也審愼之詞곰곰생각할、월國名(月)曰越通

粞• 씨 [서] 碎米싸래기、서(齊)

粷 쒸 [색] 壞米糒ㅣ상한쌀、색餠相黏떡차질、색(陌)

籸 씬 [신] 粥凝죽엉길、신粉滓무거리、신(眞)

粯 환 [환] 白米흰쌀、환(寒)

粨 [日]佛國度名(米百倍)헥트미터、백

粡 퉁 [동] 粗米굿은쌀、동(東)

粠 총 [공] 精米정한쌀、공(冬)

粦 燐粦同

粣 쒸 [색] 扁米ㅣ전병、색(陌)

粧• 糚同

𥻦 페 [패] 研米混羹쌀갈아국에탈、패(隊)

臬 직 [구] 熬米볶

은쌀、구㊒

粚 단 [담] 黏也차질、담(覃)

❼

餔 뿌 [포] 꿀떡、포(遇)

粲。찬 [찬] 鮮明ㅣㅣ선명할、찬盛笑貌ㅣ然껄껄웃을、찬精鑿食쓿은쌀밥、찬(翰) 餐通

粮 糧同

粱。량 [량] 穀名기장、량(ㅣ、粟類五穀之長)(陽)

⿰米每 메 [매] 酒本술밑、매(灰) 醾同

粰 뿌 [부] 穀皮겨、부饙也된죽、부(尤)

粳 秔同

⿰米宋 싼 [삼] 蜜漬瓜實정과、삼(感)

⿰米兌 태 [태] 粉末가루、태(隊)

⿰米見 깐 [간] 米粉쌀가루、간(諫)

⿰米流 류 [류] 煮米볶은쌀、유(尤)

⿰米肖。찰 [초] 細粉고운가루、초(篠)

❽

粿 꽈 [과] 無皮穀알곡식、과精米정한쌀、과(哿)

粽 糉同

粹。쒜 [수] 精也純ㅣ순전할、수專也오로지할、수(寘)

粺 빼 [패] 精米정한쌀、패又곧른쌀、패(卦)

粼。린 [린] 水清ㅣㅣ물맑을、인(眞) 水出石間물이돌틈에서날、인(震) 潾通

粻。장 [장] 糧也양식、장餳也엿、장(陽)

精。징 [정] 擇定가릴、정又정할、정專一전일할、정物之眞氣정기、정又정신、정細密세밀할、정詳也자세할、정明也밝을、정熟也익숙할、정(庚)

粶 루 [록] 火爆米불에말린쌀、녹(屋)

⿰米卷。촨 [권] 粥稠貌죽되직할、권(阮)

⿰米非 ⿱非米同

⿱利米 리 [리] 軟粥묽은죽、이(支)

⿰米斤 시 [석] 洗米쌀씻을、석(錫)

⿰米周 작 [주] 團子餅도래떡、주又경단、주(尤)

❾

糉。종 [종] 餅也角黍송편、종又주악、종又편수、종(宋)(米粉和水作如芋子裹之樹葉蒸成餅者曰角黍、昔屈原五日投汨羅楚人此日竹筒貯米投水致祭今世五月端午節作ㅣ)(遇) 粽同

糈。숴 [서] 糧也양식、서祭神米제메쌀、서(魚) [소] 饊也산자、소(語) ⿰貝疋通

糎 [리] 佛國度名(米百分之一)센티미터、이

糊。후 [호] 黏也풀、호又풀칠할、호(以米麪粉煮成濃粥用於付物)漫通、模ㅣ모호할、호(虞)

糇 학 [후] 乾食ㅣ糧마른밥、후(尤) 餱同

糅。뉴 [유] 色混雜ㅣ섞일、유亂也粉ㅣ얽힐、유雜飯잡곡밥、유(宥)

糂。糝同

⿰米英 잉 [영] 精米정한쌀영(庚)

糆 麪俗字

糄。뻰 [변] 燒稻取米벼볶아쌀만들、변(銑)

⿰米畐。피 [픽] 以火焙肉불에고기말릴、픽(職)

⿰米屎 쓰 [시] 屎尿똥오줌、시(紙)

糍 쯔 [자] 稻餅ㅣ餻인절미

자支 糲 라랄粗飯추한 밥、날曷 [米是] 지지黏也차 질、지紙 糃 당당精米정 미、당陽 [米南] 난남雜穀粥잡 곡죽、남感 [米皇] 황황祭米 제사쌀、

황陽 ⑩ 糕 餻同 糖 당당飴也엿、당砂ㅣ사 탕、당陽 餹同、飴餳通 [米芻] 착추濾取粉末녹말、추又분앉힐、추尤 [穀] 穀同 糗 착구熬米 粉미싯

가루、구乾飯細屑밥 말려가루만듦、구有 糈 셰설舂餘屑米방아 찌꺼기、설屑 [殺米] 싸살散也흩을、살放也 놓을、살曷 撒蔡摋通 糒 삐비乾飯말린 밥、비寘 빼

義同 [米逢] 쑤수汁也국물、수水調 稻粉쌀반죽할、수有 粹 취쉬粉滓무거리、쉬隊 [米兼] 쎈험稻不黏메 벼、험咸 糐 부부早 團

餌동곤수제비、 부又경단、부虞 [米旁] 빵방玉蜀黍옥 수수、방庚 ⑪ 糜 미미饘也죽、미爛也물크러 질、미糏也싸래기、미支 糟 잣조酒滓ㅣ 糠술재강、

조又지게미、 조豪 醩同 糢 무모漫貌ㅣ糊모호할、모又흐릴、 모又어 름어름할、모虞 韓 模俗字 糞 분분穢也똥、분(食物消化之殘滓) 培也거름할、분掃除쓸、분問

[米冀]同 叅通 糙 찬조粗米거친 쌀、조號 糚 장장粉飾분단장 할、장陽 粧同 糠 穅同 糝 싼삼米屑쌀가루、삼雜也섞일、 삼以米和羹국죽、삼黏也차질、

삼感 糕同 [米啇] 쳐적壞米ㅣ粖상 한쌀、책陌 [米曼] 만만飯澤ㅣㅣ밥윤택할、 만又밥웃물、만寒 [米戚] 치축熬米餅쌀볶아 만든떡、축屋 [米翟] 취취精米 정한쌀、

최灰 ⑫ [米番] 빤반米汁쌀뜨 물、반寒 [米喜] 饎同 糧 량량穀食곡식、양又 양식、양陽 粮同 [米焦] 쥐작早收穀풋바심、착又지 레타작할、착(生穫曰ㅣ

熟穫曰 稍)覺 [米敫] 饊同 [米強] 꺙강和水磨米풀 무리、강漾 [米禽] 䊳同 [米龜] 추추米不精궂 은쌀、추虞 [米黃] 황황麴黴누룩곰 팡날、황陽 糯 뉘

나 黏稻찰벼 나箇 穤同 [米壹] 예열糵也송 편、열屑 ⑬ [米睪] 씨석淅米ㅣㅣ쌀일、 석又쌀씻을、석陌 [米毀] 毇同 糪 빽벽飯之未熟선밥、 벽陌 [米贊]同 圓餅半

熟선떡、필(黏) **糫** 환 [환]粔籹膏ㅣ약과、환(删) **䊍** 라 [라]積米쌀쌓을、나(歌) **䊪** 전 [전]濃粥된죽、전(先)饘同 十四 **糯** 稬糯同 **糰** 단 [단]粉餌수단、단又경단、단(寒)

⿰米壽 도 [도]厚粥범벅、도又죽、도黏也차질、도(尤)(皓) 十五 **糲** 리 [려]米不精䊍ㅣ궂은쌀、여(霽)[랄]脫粟애찧은조、날又매지미、날(曷) **⿰米幾** 메 [멸]粥也죽、멸(屑)[말]麥粉밀가루、말(曷)

十六 **糱** 얼 [얼]酒媒麴ㅣ누룩、얼(屑)蘖同 **⿱丵米** 착 [착]精舂米정하게쓿은쌀、착又정미、착(藥)鑿通 **糴** 뎍 [적]買穀곡식살、적(錫)籴同

十七 **糵** 蘖同 **⿰米襄** 상 [양]雜也섞일、양(漾) **糤** [韓]豆團子콩경단、산(一名豆ㅣ餻) 十九 **糶** 탸 [조]賣穀곡식팔、조(嘯)粜同 **覈** 허 [핵]粗糠거친겨、핵(陌)

⿰米靡 미 [미]碎糠몽근겨、미舂米쌀찧을、미(支) **⿰米贊** 糱同 **⿱米** 찬 [조]米穀雜궂은쌀、조又섞인쌀、조(號) 二十 **⿰米雚** 찬 [산]礳粟곡식갈、산(濳)

二十二 **糷** 란 [란]飯黏相著밥질、난又밥들러붙을、난(翰) **糳** 쟉 [착]精白米정한쌀、착(藥) **⿱𠧪米** 粟古字

糸部

糸 미 [멱]俗音[사]細絲가는실、사(錫) **系** 계 [계]緖也실끝、계繫也맬、계繼也이을、계血統계통、계胤也맏아들、계(霽)繫通 **糺** 규 [규]收也거둘、규(有)糾通

二 **糾** 규 [규]繩三合삼겹노、규察也살필、규擧也들、규督也동독할、규質問물을、규彈也탄핵할、규纏也동여맬、규綯也꼬을、규(有)[교]舒遲窈ㅣ종요할、교愁結窈ㅣ맺칠、교笠輕擧삿갓선뜻들、교(篠)糺[illegible]通 **紏** 絿同 **⿰糹丁** 정 [정]絲繩緊直貌노끈팽팽히켱길、정引也잡아당길、정(梗) **⿰糹了** 됴 [조]倒懸거꾸로달、조(篠)

⿰糹力 궁 [공]紡績길쌈할、공又쫠、공(東) 三 **紅** 홍 [홍]絳也붉을、홍(南方色)女ㅣ길쌈、홍顔料臙脂연지、홍(東)功通 **紆** 우 [우]縈也얽힐、우縮也얽을、우屈曲굽힐、우(虞)

紀 기 [기]維也벼리、기記也기록、기十二年열두해、기法也綱ㅣ법、기理也다스릴、기歲也해、기(支) **紉** 인 [인]以絲貫針바늘에실꿸、인(眞)

紃 쑨 [순]條也실띠、순又끈、순(如縄圓綸曰ㅣ)法也법、순(眞) 紈 완 [환]素也冰ㅣ 흰깁、환(寒) 約 약 [약]期也기약할、약結也맺을、약誓也맹세할、약又 언약할、약儉也검소할、약簡也간략할、약大槪대개、약省也덜、약 柔弱淖ㅣ유약할、약(藥) [요]信也믿을、요契也약속할、요(嘯) 紇 허 [흘]絲下실끝、흘束也묶을、흘大絲굵은실、흘(人名孔子父叔梁ㅣ)(月) 紒 졔 [결]絲束실묶음、결(屑) 紂 쭈 [주]馬緧말뒷걸이、주又밑치、주(商王辛號)(有) 紎 쯔 [순]粹也순전할、순(眞)純通 [치]黑色검은빛、치(支)緇通 紌 [華]牝鈕암단추、구 紆 깐 [잔]摩衣而展옷만져펼、간(旱) 紁 차 [차]內衣襠ㅣ속바지、차(禡)

四

紕 삐 [비]繒欲壞삭은비단、비邊飾가꾸밀、비衣緣옷선、비粗繒성긴비단、비(支)飾也꾸밀、비織組짤、비(寘)諀通 [치]績苧길쌈모시、치(紙) 紙 쯔 [지]楮皮其他原料所成종이、지(蔡倫作始)(紙) 紓 쓔 [서]緩也더딜、서又늘어질、서解也풀、서(魚)(語)舒通 素 쑤 [소]白也흴、소本也본디、소又바탕、소質朴질박할、소生帛깁、소無色순색、소(遇) 純 츈 [순]粹也순전할、순篤也도타울、순全也온전할、순絲也실、순 [돈]包束꾸릴、돈又묶을、돈(元)(眞)純通 [준]衣緣옷선、준(軫) 紖 쩐 [진]牛鼻繩쇠코뚜레끈、진(軫) [인]牽車索수레끄는줄인(震) 紛 뻔 [분]紛亂ㅣㅣ분잡할、분又시끄러울、분雜也섞일、분衆也많을、분(文) 紜 윈 [운]物多紛ㅣ분운할、운又어지러울、운(文) 紋 원 [문]織文무늬、문又문채、문(文) 紊 원 [문]亂也어지러울、문又얽힐、문(問) 紗 싸 [사]絹屬깁、사又사、사(麻)繺同 紡 빵 [방]治麻編絲ㅣ績길쌈、방又넣을、방(養) 紘 헝 [굉]宏也넓을、굉又클、굉長垂冠纓긴갓끈、굉綱也八ㅣ벼리、굉(庚)紭同 紞 綆同 紑 뿌 [부]衣潔옷정결할、부(尤) 紐 뉴 [뉴]結也맺을、유(有) [華]牡鈕숫단추、유 紟 찐 [금]衣系옷고름、금結衣者댄추、금(侵)單被홑이불、금(沁)衿通 紝 신 [임]織也짤、임又길쌈할、임(侵)絍同 紞 딴 [담]冕前垂紐면류관앞드림、담(感) 索 쒀

[삭]綯而作條노、삭又줄、삭又새끼、삭盡也다할、삭散也흩을、삭懼也ㅣㅣ두려워할、삭縈紆蕭ㅣ얽힐、삭(藥)[색]求也찾을、색搜也더듬을、색探也탐지할、색法也법、색(陌)

紒 예 [계]束髮상투、계(霽)髻通 [결]締也맺을、결(屑)結通

級 여 [급]等次등급、급又차례、급又층、급(品位、班列等ㅣ、階ㅣ)絲次第실갈피、급(緝)[韓]編魚二十曰ㅣ두름、급

納 나 [납]入也들일、납受也받을、납獻也바칠、납(合)內通

紩 찌 [지]挽舟繩배끄는줄、지(支)

紌 쭈 [구]白絹絲흰비단실、구(尤)

紏 뎌 [두]告也고할、두黃絲누른실、두(有)

(五)

終 쯍 [종]竟也마침、종又마침내、종窮極마지막、종又마침、종末也끝、종卒也죽을、종(君子曰ㅣ、小人曰死)(東)

絁 쓰 [시]繒屬비단、시紬也명주、시(支)

細 씨 [세]微小가늘、세又세밀할、세小也잘、세又작을、세(霽)

累 레 [류]俗音[루]縈也얽힐、누緣坐연좌할、누纍通繫也係ㅣ맬、누又동일、누又묶을、누(支)增也더할、누又부를、누(紙)絫通[韓]多貌여럿、누

紫 쯔 [자]黑赤間色검붉을、자又자주빛、자(紙)

紵 쯔 [저]絺屬絺ㅣ모시、저(語)褚苧通

組 쭈 [조]綬也인끈、조條也실띠、조交織、섞어짤、조事物構成얽어만들、조(麌)

絇 쮜 [구]履頭飾신코꾸밀、구(虞)(遇)屐同

紿 대 [태]絲縈難理실엉킬、태欺也속일、태疑也의심할、대(賄)詒通

紳 쎤 [신]大帶큰띠、신束也묶을、신仕宦縉ㅣ벼슬아치、신(眞)

絣 繃同

紾 젼 [진]引戾비틀、진使轉굴릴、진(軫)抮同

絆 빤 [반]馬縶羈ㅣ말옭아맬、반(翰)

組 綻同

絃 쎤 [현]八音之絲管ㅣ풍류줄、현(琴瑟等樂器之彈絲)(婦死曰斷ㅣ)(先)

紹 쌰 [소]繼也이을、소相助ㅣ介소개할、소緊糾얽을、소(篠)

絅 징 [경]急引급히끌、경捕魚고기낚을、경禪衣홑옷、경(青)(迥)褧同

紲 쎠 [설]繫也맬、설牛馬牽繩마소고삐、설(屑)絏緤同

紱 뷰 [불]印綬인끈、불纏也얽을、불(物)紼韍通

絨 웨 [월]細布가는베、월采繒채색비단、월紵布반베、월(月)

紮 짜 [찰]纏絡弓弝활줌통싸개、찰札通纏束동여맬、찰(黠)

紨 뷰 [부]粗紬거친명주、부布也베、

部大絲紬은실、부(虞)

絮。 나[녀]敝絮묵은솜、여[여]塞也막을、여(魚)[나]相著들러붙을、나絲亂실엉킬、나(馬)

⿰糸穴 졔[결]一縷絲실한올、결(屑)

紙 듸[저]絲滓실찌끼、저(齊)

紽 톼[타]絲數실마리、타又실수효、타縫也꿰맬、타縫際실밥、타(歌)

⿰糸正 졍[정]馬飾말갈기땋서치장한실、정(庚)

紬。 착[주]大絲繒명주、주(尤)緒也실끝、주引其端緒실뽑을、주(宥)

紭 紘同

紺。 깜[감]深靑而含赤色애청、감又보라빛、감(勘)

紩 찌[질]縫也꿰맬、질索也줄、질(質)

絀 츳[출]縫也꿰맬、출(質)[굴]曲也굽을、굴(物)詘同

紼。 뷰[불]亂絲엉킨실、불引索끄는줄、불(物)繂紱通

⿰糸末 머[말]束衣옷맬、말足衣버선、말(月)[멸]義同(屑)

紴。 뻐[파]錦紋水ㅣ비단무늬、파(歌)[피]縧也실띠、피(紙)

⿰糸民 민[민]釣絲낚시줄、민(眞)

紶 쥐[거]絲繩실끈、거(語)

紸 주[주]繼也이을、주冕傍纊면류관곁에단솜、주(遇)

⿰糸古 구[고]草名ㅣ縷고루풀、고又망개、고(虞)

六

絨 숭[융]練熟絲삶은실、융細布가는베、융(東)

絧 퉁[동]布名동베、동連也이을、동直馳貌鴻ㅣ곧게달릴、동(東)

統。 퉁[통]總理거느릴、통紀也벼리、통緒也실머리、통本始근본、통系ㅣ대이을、통(宋)

絳 쟝[강]深赤色짙게붉을、강染草名강초、강(水名)(絳)

絲。 쓰[사]細條之稱실사蠶之所吐비단실、사(數名十忽)(八音之一)(支)

絫。 레[류]俗音[루]重也포갤、누增也더할、누十黍之重가장열무게、누(紙)累通

絝 袴同

⿰糸耳 얼[이]緌盛貌ㅣㅣ고삐늘어질、이(紙)

絮。 쒀[서]敝綿헌솜、서(棉花去實曰ㅣ)[처]調味맛마칠、처絲亂실엉킬、처(御)[여]姓也성、여(魚)

絘 츠[차]績緝길쌈할、차市場稅布저자구실베、차(寘)

絑 쥬[주]赤色繒붉은비단、주(虞)

⿰糸米 미[미]繡文수놓은무늬、미(如粒極小者ㅣ)(薺)米通

給。 께[급]足也족할、급又넉넉할、급口捷말잘할、급供也공급할、급與也급(緝)

絓 罣同

絪 인[인]枲麻수삼、인元氣ㅣ縕원기、인(眞)氤通

絙 환[환]緩也느즈러질、환(寒)

絟 촨[전]細布고운베 전葛布갈포、전(先)

絭。 쵠

【권】攘臂繩소매걷는 끈、권又팔찌、권(霰) **絢**。쇈 【현】采成文채색무늬、현又문채날、현(霰) **絞**• 쟉 【교】縊也ㅣ刑목매죽일、교急也급할、교斂布염베、교(小斂布ㅣ)蒼黃色초

록빛、교(草綠色)(巧) **綟** 뛰 【려】冕前垂物면류관앞드림、타(哿) **絚** 껀 【긍】急張絃줄켕길、긍大索 밧줄、긍(徑) 緪通 **絖** 同纊 **結**。졔 【결】締也맺을、결(屑) 紒通 (韓)稅

禾百頁 못、결 **絰** 데 【질】喪服麻帶삼띠、질又수질、질(麻在首在腰皆曰ㅣ)(屑) **絏** 同紲 **絕**。졔 【절】斷也끊을、절自斷끊어질、절滅也멸할、절奇也기이할、

절超也뛰어날、절冠也으뜸、절相距遼遠아득할、절(屑) **絜**。예 【혈】度也ㅣ矩잴、혈又헤아릴、혈約束묶을、혈 【결】麻一耑삼한끝、결靜也고요할、결(屑) 潔通 【계】提也끄을、계(霽)

絡。락 【락】聯也연락할、낙脈也經ㅣ맥、낙又경낙、낙包ㅣ쌀、낙生麻생삼、낙連也얽을、낙(藥) **絯** 깨 【해】束也묶을、해(灰)挂也걸、해(蟹) 【핵】大絲굵은실、핵(陌) **絤**

同線 **絘** 쯔 【자】理絲실다듬을、자(寘) **糹式**。同織 **糹𠂢** 패 【파】散絲흩은실、파(卦) **絣**• 同絣 **絎** 씽 【행】縫紩바느질할、행(敬) **絍**。同紝 **絗** 후 【회】縷

縈실꾸리、골又실둘릴、골(月) **糹臣** 젠 【견】緊結줄켕겨맬、견(先) **絩** 쟌 【조】絲數실수효、조五色絲오색실、조(嘯) **絬**• 졔 【설】堅也굳을、설(屑) **絫** 찬 【차】塗

漆옻칠할자(寘) **糹牟** 뭐 【무】不和화하지않을、무(尤) **糹亦** 예 【역】絡絲실얽을、역(陌) **(七)** **絺** 치 【치】細葛布가는갈포、치(支) **綏**。쉬 【수】安也편안할、수

車轡수레고삐、수冠纓갓끈、수 【유】旗竿頭飾기머리장식할、유(支) 緌通 **糹志** 쯔 【지】治絲실다룰、지(寘) 織通 **綀** 同紓 **綑** 쿤 【곤】織也짤、곤(阮) 捆通 **綈**• 틔 【제】厚•

繒두터운비단、제(齊) **絻**。원 【문】喪服상복、문(始發喪服)紼也끄는줄、문(引舟引棺者ㅣ)(問) 免通 **綄** 환 【환】船上風候標배위바람표、환(寒) **綖** 연 【연】冕上前後覆면류

관싸개、연(先)(銑) **絹**。쟌 【견】繒如麥稍김、견又비단、견(蠶絲所織厚而疎者便於染色故畫幅多用)(霰) **𥾯** 同紗 **綃** 쌰 【초】生絲綺繒생초、초(絞ㅣ冰ㅣ)采繒색비단、초(蕭)

絛 탚[도] 編絲繩엮은줄、도 又실띠、도(豪) 縚同

綁 빵[방] 縛也결박할、방 又묶을、방 又얽을、방(陽)

絿 착[구] 急也급할、구 求也구할、구 嚴也엄할、구(尤) 紈同

經 엉징[경] 書也경서、경 又글、경 過也지날、경 常也떳떳、경 織用縱絲날、경 營也경영할、경 法也법、경 治也다스릴、경(青) 縊也목맬、경(徑)

綎 텅[정] 綬也인끈、정 又띠술、정(青) 縕同

綎 綎同

綐 뙈[예] 俗音[태] 細紬가는명주、태(霽)

綂 統俗字

綍 얃[불] 大索동아줄、발(物) 紼通

綉 쓱[수] 錦一片爲ㅣ비단조각、수(宥)

綊 쪠[협] 晁綎紐ㅣ면류관싸개、협(葉)

綌 차[격] 麤葛布굵은갈포、격(精曰絺、麤曰ㅣ)(陌)

絼 엳전[짐] 牛鼻索繩ㅣ著쇠고뚜레끈、짐(侵)

綅 친[침] 絳絲붉은실、침(侵)

綒 얃부[부] 麤網굵은그물 부(虞)

綔 후[호] 印綬인끈、호(遇)

緐 뺀[번] 馬髦飾말갈기치장、번(元)

絸 繭古字

絽 뤼[려] 紩衣ㅣ䌫옷꿰맬、여 絣織줄지게짠베、여(語)

綀 쑈[소] 綌屬花ㅣ화문포、소 粗葛布굵은갈포、소(魚)

綆 꼉[경] 汲水器繩두레박줄、경(或音갱)(梗)

綇 석[수] 絆前足앞발잡아맬、수(有)

𥿮 베[별] 編繩엮은줄、별(屑)

綹 릐[류] 旗旒깃발、유(尤)

綘 縫同

八

綜 쫑[종] 經絲交持機縷잉아、종 聚也모을、종(宋)

維 웨[유] 綱也벼리、유(國有四ㅣ、曰禮、義、廉、恥) 發語辭발어사、유 係也맬、유 惟也오직、유 方隅모퉁이、유(支)

綦 치[기] 綺采蒼白艾色반베、기 履飾신들메、기(支)

緌 쒜[유] 冠纓下垂관끈늘어질、유(支) 綏通

綺 치[기] 彩繒무늬비단、기 又깁、기(紙)

緋 쀄[비] 絳色짙게붉은빛、비(微)

緀 처[처] 文采相錯무늬엇놀、처(齊) 萋通

綮 치[경] 筋肉結處肯ㅣ힘줄얽힌곳、경(迥)[계] 繳繒톡톡한비단、계 又두터운비단、계 旗標기표、계 戟衣창집、계(薺)

綟 릐[려] 綠色초록빛、여(霽)

綴 쮜[체] 連也연결할、체 又이어맬、체 緝也선두를、체(霽)[철] 義同 止也그칠、철 聯也잇댈、철 結也맺을、철 舞列춤나란이출、철(屑)

綵 채[채] 五采繪繒채색비단、채(五色綢曰ㅣ)(賄)

緍 緡同

綷 쵀

[최]紈素聲ㅣ縩깁바삭거릴、최(賄)[채]五綵繒오색비단、채(隊)

綸。륜・[관]青絲綬푸른인끈、관(删)[륜]義同綱也벼리、윤鈞繳낚싯줄、윤王言絲ㅣ사륜、윤(王言如絲其出如ㅣ)纏裏彌ㅣ휩쌀、윤揉雜紛ㅣ분잡할、윤(眞)

緊。・진[긴]急也긴할、긴(凡縛之急者曰ㅣ事之急者亦曰ㅣ)(軫)

緄 곤[곤]繡帶수놓은띠、곤(阮)

綣 촨[권]厚情繾ㅣ정다울、권(願)不離繾ㅣ서로떠날、권(阮)

綰 완[관]繫也맬、관又얽을、관貫也꿸、관(潸)

綻。잔[탄]衣縫解ㅣ裂옷솔기터질、탄(諫)綻組同、袒通

綿。・면[면]纊也솜、면(精曰ㅣ、麤曰絮)(先)緜通

綪 쳔[천]赤繒붉은비단、천(霰)[쟁]結而又屈고볼、쟁(庚)

綫 線同

綯 됴[도]糾絞繩索새끼꼬을、도(豪)陶通

綢。・착[주]纏也ㅣ繆얽을、주(尤)[도]藏也감출、도纏也동일、도韜也쌀、도(豪)

綱。・깡[강]總綱大繩벼리、강總要근본、강法紀법、강(陽)

⿰糸阿 어[아]細繒가는비단、아縞練마전할、아(歌)

網 왕[망]漁具ㅣ罟그물、망(養)

緉 량[량]雙履신한켤레、양(漾)

絣 뻥[병]振繩墨먹줄튀길、병(庚)絣同

総 總同

綾。・릉[릉]紋繒무늬있는비단、능(其文如望冰淩故曰ㅣ)(蒸)

緅。쪽[추]青赤色아청빛、추(即鵶青色)(尤)

綬。・쑤[수]佩組載維인끈、수(ㅣ受也所以官人承受者印環)(有)(宥)

綝 천[침]繕也수보할、침又기울、침又꿰맬、침(侵)

綠。・뤼[록]青黃間色초록빛、녹(王名結ㅣ)(沃)

⿰糸屈 취[궐]俗音[굴]結也맺을、굴后服황후의옷、굴(月)

綽 챠[작]寬大너그러울、작多也많을、작(藥)繛通

緂 毯同

〔**緈**〕씽[행]直也곧을、행(迥)

緎・위[역]縫際옷솔기흘、역(職)

緁。체[첩]衣縫옷꿰맬、첩(葉)

⿰糸咅 뿌[부]敝絮發理묵은솜펼、부(麌)

緀 쳬[접]絲績실이을、접(葉)

綧 쭌[준]布帛廣幅피륙넓이、준又포백넓이、준(軫)

綶・꿔[과]纏束얽어동여맬、과(哿)

綹。릒[류]絲二十縷실스무오리、유(有)

綼 삐[비]裳幅錦繡치마폭에수치장할、벽(錫)

緆。씨[석]細布가는베、석熟布누은베、석又의힌베、석(錫)

綳 繃同

⿰糸奄 옌[염]繅絲以手振出고치의실뽑아낼、염(豔)

⿰糸爭 칭[쟁]急

絃聲풍류줄켕길、쟁 赤紐붉은끈、쟁(庚)

綞。타 [타]紽屬ㅣ子 공릉、타(哿)

綡• 량 [량]裏頭巾머리싸 는수건、양(陽)

⿰糹空 쿵 [공]長絲긴 실、공(送)

⿰糹忝 텸 [첨]毛 織모직、첨(鹽)

綪 욱 [욱]以靑色經絲 연옥색、육(屋)

縱 즁 [종]染色繒물들 인비단、종(冬)

⿰糹忽 후 [홀]細小 잘홀(月)

(九)

緵• 쭝 [종]布縷베올、 종(東)魚網그물、 종(所謂 百囊罟)(送)

緦。 쓰 [시]十五升布열다섯새베、시三 月服석달복、시又시마、시(支)

緢 먀 [묘]絲旋실반대、묘又실두 를、묘旄絲기술、묘(蕭)

緻• 의 [치]密 也톡톡할、치又밸、치縫 補敝衣헌옷기울、치(寘)

緹 티 [제]赤帛붉은비단、제 (土色黃赤者曰ㅣ)(齊)

緯• 웨 [위]織橫絲經ㅣ씨、위又둘릴、 위星右旋별오른편으로돌、 위(五ㅣ、即 五星言ㅣ者二十八宿、 隨天左轉爲經五星右旋爲ㅣ)(未)

緭 웨 [위]白繒흰비 단、위(未)

緖。 쒀 [서]絲耑실끝、서又실머리、서殘 餘나머지、서發端시초、서(語)

締。 티 [체]結也맺을、체 閉也닫을、체(霽)

⿰糹皆 캐 [개]大絲굵은 실、개(佳)

緺 와 [왜]紫靑印綬왜청빛인끈、왜 又푸른인끈、왜(佳)[과]義同(麻)

緡 민 [민]錢 孔貫 繩돈꿰미、민釣繳낚싯줄、 민被也입을、민(眞)緍同

緷 곤 [혼]百羽백우、혼又장목、 혼(元)大束큰묶음、혼(阮)

緩• 환 [완]遲也느즈러질、 완又더딜、완(旱)

緞。 똰 [하]履 跟帖신뒤축、하 (麻)鍛同[단]義同(翰)

緣。 원 [연]因也인할、연(先)衣服邊端옷선、연又 인연、연ㅣ飾옷에선두를、연(霰)椽通

緜 면 [면]新絮햇솜、면不 絶ㅣㅣ그치지않을、 면鳥聲ㅣ蠻꾀꼬리소리、 면纏也얽을、면(先)綿通

編。 뼌 [편]次簡책편、편交綴엮을、편錄也적을、편婦人 假紒副ㅣ첩지、편(先)[변]ㅣ髮머리땋을、변(銑)辮通

緬 면 [면]遠 也멀、면改葬禮면례할、면思 貌ㅣ然우두커니바라볼、면(銑)

練。 련 [련]煮漚潔白마전할、련又눌、련又의힐、련閱 歷열력할、련又단련할、련又겪을、련(霰)鍊通

線 쎈 [선]縷也실、선又 줄、선(霰)綫絤同

緇 쯔 [치]黑色검은 빛、치(支)紂通

緲• 먀 [묘]微也、縹ㅣ적을、묘 遠視貌아득할、묘(篠)

緗。 쌍 [상]淺黃色엷게 누른빛、상(陽)

緥 同襁 緶• 뼌 [편]縫也꿰맬、편(先)[변]裹衣옷걷어칠、변(銑) 緪 껀 [긍]大索동아줄、긍(蒸)絚通 緱 꾸 [구]劍頭飾纏칼자루감을、구(尤) ⿰糹秋 취 [추]紂也馬

鞧말가슴걸이、추馬股後革말뒷걸이、추(尤)鞧緧同鞦通 緧 同⿰糹秋 緘°• 셴 [감]俗音[함]封也봉할、함束也묶을、함(咸) ⿸广繫 쎄 [혈]廣帶넓은띠、혈(屑) 緝 치

[즙]績也길쌈、즙續也이을、즙集也모을、즙光也ㅣ熙빛날、즙(或音집)(緝)葺通 緤 同絏 ⿰糹前 쳔 [전]織一番베한참짤、전(先) 緟°• 츙 [중]增也더할、중重也거듭할、

중(冬) ⿰糹盾• 쓘 [순]衣之督脊옷등솔、순(眞) ⿰糹盈 同綖 緰° 위 [유]裂繒찢어진비단、유(虞)[요]帛也비단、요(蕭) ⿰糹封 뿡 [봉]枲履미투리、봉小兒革鞋아이가죽신、봉(董)

⿰糹要 同⿰木要 ⿰糹奓 쨔 [저]相著貌ㅣ繄서로붙을、저(馬) ⿰糹臿 짜 [잡]縫也꿰맬、잡(洽) 總• 쫑 [종]靑黑繒검푸른비단、총輕絹얇은비단、총(東)[종]絲數실오리、종(冬)

⿰糹⿱尸木 치 [희]固結매듭질、희(眞) 縇 [韓]衣緣曰ㅣ선、선又선두를선 緎 [日]甲麟縫縷갑옷비늘다는실、위 縕°• 운 [온]舊絮묵은솜、온枲麻모시、온盛貌紛ㅣ성할、

온元氣絪ㅣ기운넝이、온(吻)(問)緼同 ⿰糹背 베 [배]襦也속적삼、배(隊) ⿰糹柔• 여 [유]雜色繒잡색비단、유(有) 緛 숸 [연]縮也쭈으러질、연(銑) ⿰糹南 넌 [난]細織가

늘게짤、인(侵) ⿰糹⿱白木 상 [승]麻布삼베、승(蒸) 緾 纏略字 ⿰糹屋 우 [우]喪中束手묶을、우(宥) ⑩ 縋° 쮜 [추]繩懸줄에매달、추(寘) 縊°• 이 [의]俗音[에]結項

목맬、에(霽) 縗 췌 [최]喪服상복、최(灰)縗同衰通 縖 싸 [할]束物묶을、할又동일、할(黠) 縝 천 [진]結也맺을、진密也톡톡할、진絲纑실오리、진(軫) 縉°•

°진 [진]淺絳色분홍빛、진(震)搢通 縓 촨 [전]絳色붉은빛、전(先) 縕 同緼 縏 판 [반]小囊작은주머니、반(寒) 縣°• 쏀 [현]繫也달릴、현又맬、현絕也끊어

질、현(先)懸同行政區域州ㅣ고을、현(霰) 縚 同絛 縞°• 깐 [호]素也白繒흰비단、호(練繒精繒生繒)縷紋줄질、호(晧)(號) 縈 숭 [영]繞也얽힐、영繫也맬、영(庚)

縢 텅 [등] 緘也봉할、등又꿰맬、등纏脚行ㅣ행전、등繩也노、등約也묶을、등(蒸) **縐** 적 [추] 蹙也주름질、추又구길、추細絺가는갈포、추(宥) **縑** 졈 [겸] 合絲交絹합사로짠비단、겸又갑견、겸又교직、겸(鹽) **[illegible]** 同緂 **縠** 후 [곡] 縐紗저사、곡又비단지우사、곡細緻霧ㅣ고운비단、곡(屋) **縟** 수 [욕] 采飾織ㅣ화문놓을、욕細也가늘、욕(沃) **縒** 춰 [착] 絲亂ㅣ綜실엉킬、착(藥) **縛** 뿨 [박] 繫也얽을、박又동일、박束也묶을、박(藥) [韓] 面有痘痕ㅣ色얽을、박 **縌** 이 [역] 印綬인끈、역(陌) **緆** 타 [답] 以索罥物얽을、답(合) **[illegible]** 同緧鞧 **緝** 꾸 [귈] 結也맺을、귈(月) **縡** 쟤 [재] 事也일、재(賄)(隊)載通 **縜** 윈 [운] 俗音[운] 持網紐그물고、운(眞) **[illegible]** 찌 [치] 針縫刺ㅣ바느질할、치(寘) **縭** 리 [리] 惡絮縭ㅣ궂은솜、이(支) **縍** 同幫幚 **繨** [華] 紇ㅣ실매듭、탑 **[illegible]** 삐 [비] 細布가는베、비(支) **𦅗** 당 [당] 大繩큰줄、당(陽) **䌆** 귀 [귀] 黑繒검은비단、귀(寘) **繂** 리 [률] 綵繒채색비단、율(質) **繀** 쉬 [수] 緯絲씨실、수(寘) **𦇐** 꺼 [학] 生絲생사、학(陌) **縤** 수 [소] 生繒생사로짠비단、소(遇)

十一

總 쫑 [총] 統也거느릴、총合也합할、총皆也다、총括也끄덩이잡을、총聚也ㅣㅣ모을、총ㅣ角束髮총각상투짤、총(董) 摠揔総同縫也꿰맬、총(冬) **縱** 쭝 [종] 直也길이、종又세로、종竪也세울、종(冬)從通雖也비록、종放也놓을、종亂也어지러울、종(宋)[총]急遽ㅣㅣ바쁠、총又총총할、총又급할、총(董) **縫** 뽕 [봉] 以針綴衣꿰맬、봉又바느질할、봉補合彌ㅣ아물을、봉大衣ㅣ掖큰옷、봉(冬)絳同衣會혼솔、봉(宋)摓通 **縭** 리 [리] 帨也차는수건、이綾也끈、이以絲介履신들메끈、이(支)褵通 **縲** 레 [류] 俗音[누] 黑索絏ㅣ검은새끼、누(支)纝同纍通 **縻** 미 [미] 繫也맬、미又얽을、미靡通、牛轡소고삐、미(支) **縷** 뤼 [루] 綫也실、누委曲覼ㅣ곡진할、누衣敝藍ㅣ남루할、누(麌) **繄** 이 [예] 黑青繒검푸른비단、예戟袋창집、예歎辭하하할、예(齊)翳通 **縰** 同纚 **繁** 빤 [반] 馬腹帶ㅣ纓말배때끈、반(寒)緐同[번]盛也

성할、번多也많을、번雜也ㅣ蕪번잡할、번(元) **縳** 繐同 **縵**。만 [만]無文繒무늬없는비단、만(翰)寬心마음너그러울、만調絃줄고를、만(寒)緩也ㅣㅣ늘어질、만(諫) **縼** 絗

[선]牛馬繫바、선(霰) **繇**。야 [요]順從순종할、요隨也따를、요茂也성할、요役也역사할、요(蕭)[유]從也좇을、유行貌ㅣㅣ달려갈、유和柔優ㅣ부드러울、유(尤)傜謠由通[주]占辭爻ㅣ

점패、주(宥)籀通 **縹**。퍄 [표]青白色옥색빛、표(篠) **繰** 쏘 [소]繹繭出絲고치결、소(豪)繅通[조]薦玉采繒옥받침비단、조(ㅣ有五采)(皓) **繈** 鏹同 **繃**。뻥 [팽]俗音[붕]

束也묶을、붕又얽을、붕卷也감을、붕(庚)繃棚同 **繆**。뮤 [무]絲千縷실천오리、무纏綿綢ㅣ얽을、무[규]絞也ㅣ經수질、규又요질、규(尤)[류]錯也紕ㅣ그릇칠、유又어긋칠、유姓

也성、유(宥)[목]惡謚목슬시호、목(屋)穆通 **縿** 싼 [삼]旗幅기폭、삼(咸)幓同纖通 **縮**。쒀 [축]斂短쭈그러질、축又줄어질、축直也곧을、축束也묶을、축(屋) **縬** 츄

[축]縮也움츠러질、축縮文子김살、축(屋) **⿱戚糸** 縬同 **縪**。삐 [필]止也그칠、필冠縫관솔기、필(質) **繂** 뤼 [률]維舟大索뱃머리줄、율又배닻줄、율玉籍韋ㅣ옥받칠、

율(質) **績**。지 [적]緝也紡ㅣ길쌈、적功也成ㅣ공、적續也이을、적事也일、적(錫)勣通 **縶**。지 [집]繫馬말맬、집(緝)馽同 **縩** 채 [채]鮮衣綷ㅣ선명한옷、채衣聲옷와삭

거릴、채(泰) **縳**。좐 [전]紡絲올、전又나이실、전(霰)白而鮮色곱고선명한빛、전羽數束名장목、전(十羽爲審百審爲摶十摶爲ㅣ)(銑) **縴** 쳰 [견]惡絮ㅣ纊궂은솜、견(先) **縸**

무[모]惡絮궂은솜、모(遇)[막]網羅貌絡ㅣ그물칠、막(藥) **⿰糸習**。체 [첩]鮮明衣緹ㅣ선명한옷、첩(葉) **繀**。쒜 [쇄]織ㅣ실톳、쇄(隊) **緷** 훈 [혼]縫也꿰맬、혼(阮) **⿰糸覓**

미[멱]繩索노、멱(錫) **[illegible]** 뤼 [략]紩衣絽ㅣ옷꿰맬、약(藥) **縯**。인 [인]長也길、인引也당길、인(軫)[연]義同(銑) **⿰糸堅** 젼 [견]緊急긴급할、견(先) **⿰糸鳥** 냐 [조]懸

也매달、조(篠) **⿰糸鹿** 루 [록]純綷순전할、녹(屋) **⿰糸兜** 뎌 [두]編絲結囊실로짠주머니、두(尤) **⿰糸區**。어 [우]漚麻삼불릴、우(宥)

(十二) **繠**。쉐 [예]垂也드릴、

예葺也기울、예羣集모여들、예(紙)澩通 **織**。지[직]經緯相交짤、직又나이、직(職)絨同[지]治絲실다듬을、지絨通[치]幟也기、치(寘) **繐**쉐[세]俗音[혜]細絲疏布가늘고성

긴베、혜(霽)繕同 **繢** 繪同 **繣**。화[홰]乖戾緯ㅣ어긋칠、홰(卦)[획]破聲깨지는소리、획兩頭繫두끝맬、획(陌) **繙**。반[번]譯也번역할、번旗貌繽ㅣ기펄렁거릴、번解

紐끈풀、번(元) **繜**쥰[준]小衣잠방이、준又작은옷、준聚也모을、준(阮)撙通 **繟**찬[천]帶緩띄늘어질、천(銑) **繕**。싼[선]補也기울、선又꿰맬、선寫也쓸、선治也다

스릴、선(霰)勁通 **繞**。샨[요]纏也얽을、요圍也둘릴、요(篠) **繚**랸[료]纏也얽을、요又동일、요繞也둘릴、요(蕭)(篠)理也다듬을、요(嘯) **繒**쩡[증]帛之總名비단、증(國)

名姒姓夏禹之後(蒸) **繡**。쒸[수]五采刺文수놓을、수(姓也)(宥) **繘**유[율]汲水器綆두레박줄、율(質) **繖** 傘同 **繓**쬐[촬]結也맺을、촬縫餘가위밥、촬(曷) **繛**

취[작]緩也너그러울、작(瑩)白貌깨끗할、작(藥)婥通 **繎**。안[연]深紅色짙게붉을、연又빨갈、연絲難理실엉킬、연(先) **繗**。린[린]紹也이을、인(眞) **繁**뻬[별]紉帶칼

끈、별惡絮찻은솜、별(屑) **纊**황[황]繩束줄로동일、황(漾) **纕**쌍[상]淺黃緗ㅏ엷게누렁을、상(陽)(漾) **繜**。찬[초]生麻생삼、초(蕭) **繻**。쒸[수]絆前兩足두앞발

동일、수(虞) **纆**쏀[선]蠶巢懸繩누에집달아매는줄、선(蜀錦名)(霰) **繑**。챠[교]袴紐바지끈、교(蕭) **繜**신[심]續也이을、심(侵) **纀**뿌[복]纏頭巾머리동여매는

수건、복(沃) **繅**우[무]繅淹残餘실꺼고남저지、무(虞) **繻** 繻同 **繥**。시[희]笑也웃을、희樂也즐길、희(支) **纆**무[목]黑絲검은실、목(屋)

十三 **繸**쒸

[수]綬也인끈、수又노리개끈、수(寘) **繫**。지[계]縛也맬、계又얽을、계又동일、계約束묶을、계[혜]義同(霽)係系通 **繪**。훼[회]彩畫그림、회繡也수놓을、회(泰)(隊)繢同

繲。졔[해]浣衣옷빨、해(卦) **繭**。젼[견]蠶衣누에고치、견(銑)趼通 **繯**쒠[현]絡也얽을、현環也둘릴、현(銑)[환]薄繒엷은비단、환(諫) **繳**。쟌[교]纏也얽을、교(篠)

[격]弋箭繒丨주살、격(藥)

繰 잔 [조]紺色繒아청통견、조(皓) [소]繹繭고치결、소(豪)繅通

繮 양 [강]馬紲말고삐、강(陽)韁同

繹 이 [역]理也다스릴、역又풀、역(抽絲曰丨、言解曰丨)抽絲실뽑을、역不絶絡丨잇닿을、역尋究抽丨끝찾을、역又궁구할、역光采丨丨빛날、역(陌)繹同襗通

繹 繹同

繩 씽 [승]索也노、승又줄、승直也곧을、승又먹줄、승衆多丨丨많을、승繼也이을、승法也법、승治也다스릴、승(上古結丨而治政)(蒸)

繴 뼥 [벽]鳥網새그물、벽魚網훌치그물、벽(錫)

繶 이 [억]絛繩땋은노、억(赤丨、黃丨)履緣縫絡신변자、억(職)

繐 쉐 [세]繐布마전한베、세(霽)

⿰糸著 쥬 [저]綿絮裝衣옷에솜둘、저(語)

繧 윤 [운]染間色간색들일、운(問)

繳 쥐 [작]生絲縷생실오리、작(藥)

繵 탄 [단]單衣홑옷、전纏繞丨緣얽힐、전(先) [단]紫色자주색、단繩也노、단(寒)腰帶허리띠、단(旱)

⿱咸糸 쳼 [겸]持意堅固뜻굳게가질、겸閉口입담을、겸(鹽)

繷 농 [농]盛多紛丨많을、농又수두룩할、농(董)

⿰糸業 예 [업]縛也얽을、업縫也꿰맬、업(葉)

⿰糸僉 렌 [렴]蠶箔懸繩누에발다는줄、렴(琰)

⿰糸零 링 [령]古綿묵은솜、영(青)

⿰糸雋 纂同

繬 써 [색]縫也交合합쳐꿰맬、색(職)

⿰糸辟 뼈 [벽]織絲爲帶분합띠、벽絮也緶丨솜、벽(陌)

⿰糸禁 진 [금]絲也실、금(沁)

⿰糸萬 라 [랍]薄繒엷은비단、납(合)

(十四)

繻 수 [수]細密羅고운깁、수繒綵비단무늬、수帛符비단보람、수(虞)繻同

繼 지 [계]續也이을、계(霽)

繽 삔 [빈]盛也丨紛성할、빈衆也丨丨많을、빈(眞)

纁 쉰 [훈]淺絳色분홍빛、훈(文)

辮 뼌 [변]交也땋을、변又얽을、변(銑)編通

⿰糸㥯 인 [은]縫衣相著옷호아맞붙일、은(吻)

纂 쫜 [찬]集也모을、찬又편찬할、찬(旱)⿰糸雋同纘通

繾 쳰 [견]不相離丨綣다정스럴、견又떨어지지않을、견(銑)

繿 襤同

⿰糸蒙 뭥 [몽]絲亂緖貌실끝얽힐、몽(東)

⿰糸翟 똬 [도]青黃間色초록빛、도(號)

⿰糸匱 궤 [궤]織餘짜든토끝、궤(寘)

(十五)

纍 레 [류]罪也죄、유囚繫갇힐、유索也노、유(支)係也맬、유(寘)縲累通

⿰糸蔡 채 [채]紈素聲

綷ㅣ깁와삭거릴、채(泰)

纇。레 뢰 絲節실마디、뇌疵也사마귀、뇌又주근깨、뇌(隊)

纊 팡 광 細綿고운솜、광(漾) 絖同

纏 찬 전 繞也얽을、전束也묶을、전(先) 約也동일、전(霰)

續。쒸 속 纘也이을、속(沃)

纈 혜 힐 結也맺을、힐文繒무늬있는비단、힐(屑)

纆 머 묵 三合繩세겹노、묵(職)

纅。유 약 色絲색실、약(藥) 역 治絲실다듬을、역(錫)

纋 우 우 笄巾비녀당기、우又게건、우(尤)

𦆎 라 랍 絲之錯雜실섞일、납(洽)

纖 纖俗字

纘 纘俗字

繐 씨 세 細布가는베、세(霽)

十六

纑。루 로 布縷베올、노麻絲삼실、노練麻익힌삼、노(虞)

繽 핀 빈 擣衣옷다듬을、빈(眞)

繖 傘繖同

𦇊 라 랍 衣敝ㅣ縙옷해질、납(合)

纜 纜同

纚 리 력 張繩定界줄띠울、역又줄칠、역(錫)

十七

纔。채 재 僅也겨우、재暫也잠간、재始也비로소、재才通、재(灰) 삼 微黑色회색빛、삼(咸)

纕 상 양 佩帶蕙ㅣ패옥띠、양馬腹帶말북두、양又말배때끈、양攘臂팔걷을、양(陽)

𦆼 罽同

纓。잉 영 冠系갓끈、영(庚)

纖。쎈 섬 細也가늘、섬細線가는줄、섬(鹽) 纖同 鐵通

籥 얀 약 絲也실、약(藥)

十八

纗。씨 수 繫也맬、수大帶큰띠、수(支)

𦇼 총 종 合絲而織실합쳐서짤、총(東)

𦇻 촨 권 掩頭巾풍뎅이、권又풍차、권(先)

十九

纘。찬 찬 繼也이을、찬(旱) 纂通

纚。씨 사 縰布韜髮치포건、사又머리싸는수건、사連續ㅣ迤연속할、사(紙) 縰同 이 纓也갓끈、이(支) 라 長貌緌ㅣ긴모양、나素也ㅣㅣ비비꼬일、나(歌)

纛 뚜 독 羽葆幢깃일산、독軍中大旗、독(沃) 도 義同(號) 翿通

纙 라 라 錢緡돈꿰미、나(箇)

𦇸 샤 학 衣領內옷깃안、학(陌)

纚 纚同

二十

纚 시 시 紬也명주、시(支) 纚同

二十一

纍。同 纍

纜。란 람 維舟索배닻줄、남(勘) 纜同

𦆶。수 촉 帶也띠、촉綴領紐깃걸어매는끈、촉(沃)

二十二

纕 낭 낭 緩也느러울、낭(漾)

二十三

戀 롼 련 不斷끊어지지않을、연(霰)

缶部

缶 뷔 [부] 盎也장군、부(腹大口小、燒土陶器盛用酒醬)(有) 瓴缸通

缶 缶俗字

【三】

缸。 깡 [항] 長頸甖병、항又항아리、항(江) 瓨同 瓴通

⿰缶亏 우 [우] 汲水器두레박、우(虞) ⿰缶于同

⿰缶于 ⿰缶亏同

【四】

缺。 취 [결] 虧也器破이지러질、결毁也깨질、결又이빠질、결電光裂ㅣ번개번쩍거릴、결(屑) 鈌同

䍃 얀 [요] 瓦器질그릇、요(蕭) [유] 瓶瓦也독、유(尤)

【五】

⿰缶瓦 깡 [부] 盎也동이、부(有) 缶通 [항] 缸通(江)

⿰缶占。 뎬 [점] 缺也이지러질、점(琰)

⿰缶宁。 쥬 [저] 米袋쌀주머니、저(語)

⿱䍌 궁 [공] 大甖큰독、공(腫)

【六】

⿰缶后。 썅 [항] 貯金器돈모으는벙어리、항受信器ㅣ筩항통、항(講)

⿰缶交 쟌 [교] 土造樂器질장구、교吹火器풀무、교(肴)

【七】

⿰缶孚 뿌 [부] 未燒瓦굽지않은기와、부(虞)

⿰缶舌 베 [배] 缶也장군、배(灰)

⿰缶巠 징 [형] 頸長器목긴그릇、형(庚)

【八】

⿰缶并。 瓶同

⿰缶戔 잔 [잔] 酒器玉爵옥술잔、잔(潸)

⿰缶岡 깡 [강] 甕也독、강(陽)

【九】

⿰缶是 듸 [제] 缶也장군、제(齊)

⿰缶重 즁 [종] 量名말이름、종(六斛四斗入)(冬)

【十】

⿱𤇾缶。 甖同

⿰㱿缶 꾸 [곡] 未燒瓦器굽지않은질그릇、곡(屋) [자] 義同(有)

⿰缶留 릭 [류] 甑也시루、유(宥)

【十一】

罅。 쌰 [하] 孔隙틈、하裂也벌어질、하又갈라질、하(禡) ⿰土虖同

罄。 칭 [경] 盡也다할、경器中空그릇속빌、경(徑)

【十二】

⿰缶尊。 쥰 [준] 酒器술통、준又술준、준(元) 樽同尊通

⿰缶單 싼 [선] 瓦器之緣질그릇전、선(霰)

【十三】

罋 甕同

⿱毄缶 지 [계] 器中空그릇속휜히빌、계(霽)

【十四】

罌。 甖同

⿱興缶 씬 [흔] 器裂그릇터질、흔(震)

【十五】

⿱監缶 쨈 [함] 陶器질그릇、함(陷) ⿰監瓦通

罍 레 [뢰] 酒器술잔、뇌(畫雲雷形者)(灰)

⿰缶畾 네 [알] 器缺그릇이빠질、알(黠)

【十六】

⿰缶盧 루 [로] 罍也뇌문놓은술잔、노(虞)

【十七】

⿰缶霝。 링 [령] 似瓶有耳귀달린병、영(青)

【十八】

⿰缶雚。 꽌 [관] 물뜨는그릇、관(翰)

网部

网 왕 [망] 羅罟總名그물、망(養)

【二】

⿱罒丁 딩 [정] 小罟작은그물、정(青)

【三】

罕。 한 [한] 稀也드물、한旌旗雲ㅣ기、한畢星ㅣ車

필성、한旱

⿱罒干 罕同

罔• 왕 망 無也없을、망欺也속일、망結也맺을、망無知ㅣㅣ흐릴、망養

四

⿱罒互° 호 호 兔罟토끼그물、호遇

⿱罒厷 헝 횡 網그물벼리、횡庚

罘• 뿌 부 兔罟토끼그물、부罦也ㅣ罳병풍、부又차면、우(山名芝ㅣ)尤

⿱罒比 삐 비 取鰕網새우잡는그물、비支

⿱罒今 신 심 新網새그물、심侵

五

罞 뭉 몽 麋罟고라니그물、몽東 모 義同肴

罛 꾸 고 魚罟最大큰그물 고虞

罟° 꾸 고 魚網그물、고麌

罠•° 민 민 麋罟고라니그물、민釣也낚을、민眞

罝° 쮜 저 捕獸網짐승그물、저麻

罡 깡 강 北斗星名天ㅣ강별、강(二月榆魁臨于卯八月麥生天ㅣ據西)陽

罜• 주 주 魚罟ㅣ麗물고기그물、주小網작은그물、주遇

⿱罒示 뭄 무 水中張網그물칠、무有

六

罙 采同

罣• 괘 괘 礙也거리낄、괘罥也옭힐、괘又걸릴、괘罟也그물、괘卦 絓同

⿱罒光 꽝 광 滿網그물에가득할、광庚

七

罦°• 뿌 부 覆車大網새잡는덮치기、부(有兩轅中施罥以捕鳥)虞尤

⿱罒每 메 모 雉網꿩그물、모虞 매 義同灰

罤 뎨 제 兔網토끼그물、제齊

罥 쮠 견 係取옭아다릴、견霰 挂也걸릴、견銑 羂同

⿱罒良 랑 랑 廣大貌莽ㅣ질편할、낭 廣張網그물넓게칠、낭漾

八

置•° 찌 치 止也둘、치設也베풀、치棄也廢ㅣ버릴、치驛也郵ㅣ역、치寘

罪•° 쬐 죄 罰惡허물、죄又죄、죄科惡죄줄、죄(卽辠字秦始皇以辠似皇乃改爲ㅣ)魚網물고기그물、죄賄

⿱罒翟 쟈 조 覆鳥網새덮치기、조效

罫• 꽤 홰 棋局線間바둑판정간、홰礙也거리낄、홰卦

罧° 싼 삼 積薪取魚고기깃줄、삼侵 槮通 림 義同沁

罨 옌 엄 網魚후리질할、엄覆也덮을、엄琰 압 義同合

罬 취 철 鳥網새그물、철屑

罭•° 위 역 魚網물고기그물、역職

罩 쟈 조 捕魚器竹籠가리、조效 篧同

九

罳 쓰 시 屛也遮面병풍、시又차면할、시宮殿簷間罘ㅣ전각처마기슭、시支 새 義同灰

署• 쓔 서 官衙마을、서表記표할、서又쓸、서置也둘、서御

罰 빠 벌 責罪行法벌줄、

벌(月)

罯 안 [암]覆也덮을、암(感)

⿱罒削 쉬 [삭]罹於網그물에걸릴、삭(覺)

⿱罒某 먹 [무]破網해진그물、무(有)

十

罷 빠 [파]休止파할、파了也마칠、파黜也내칠、파(禡) [패]止也그칠、패遣囚귀양보낼、패閩人呼父曰郎ㅣ아비、패(蟹) [피]困極ㅣ弊느른할、피又고달플、피ㅣ癃잔병、피(支)疲通

罵 마 [마]俗音[매]惡言꾸짖을、매又욕설할、매(禡)

罶 罶同

⿱罒㼌 워 [여]廣網넓은그물、여(魚)

十一

罹 리 [리]罹也걸릴、이憂也근심할、이遭也만날、이(支)

罻 위 [위]鳥網ㅣ羅새그물、위(未)[울]義同(物)

罺 찬 [조]撩罟반도、조又가는그물、조(肴)

䍡 루 [록]小罟잔그물、녹(屋)

罼 삐 [필]田獵網사냥그물、필(質)畢通

十二

罿 춍 [동]鳥網새그물、동(東)[종]義同(冬)

䍢 우 [무]雉網꿩그물、무(虞)

罽 지 [계]毛布담요、계(霽)⿰糹罽同

⿱罒巽 쒠 [선]繯獸足網올무、선(銑)⿰⻊巽同

⿱罒尞 랴 [료]魚罟물고기그물、요(嘯)

罾 정 [증]魚網有機삼태그물、증又활지、증(蒸)

罶 릐 [류]魚笱통발、유(有)罶同

十三

羂 쫜 [견]挂也걸릴、견(銑)罥通、網也그물、견(霰)

⿱罒綈 듸 [제]網索그물줄、제(齊)

⿱罒辟 피 [벽]鳥網새그물、벽(陌)

十四

羆 피 [비]熊屬猛獸곰、비(形似熊而體大脚長毛色黃白)(支)

羅 뤄 [라]列也벌릴、나又벌、나綺也깁、나鳥罟새그물、나(東方國名新ㅣ)(歌)

羃 미 [멱]飲食蓋巾밥보자기、멱覆也덮을、멱(錫)冪同幂通

⿱罒馬 지 [기]馬之絡頭말굴레、기(支)

⿱罒眞 젠 [권]絲罟실그물、권(願)

⿱罒齊 재 [제]漉酒술짤、제又술걸를、제(齊)

十五

⿱罒畾 레 [뢰]百囊罟백고그물、뇌(灰)

⿱罒歛 쿤 [곤]麻網삼그물、곤(元)

十六

⿱罒歷 리 [력]蓋烟貌 羃ㅣ연기자욱할、역蓋食巾밥보자기、역(錫)

十七

羇 지 [기]旅寓나그네、기(支)羈通

十九

羈 지 [기]勒也말굴레、기(支)羇通

羉 롼 [란]山猪罟산돝그물、난(寒)

⿱罒繯 쫜 [견]綰也얽을、견羂也올무、견(霰)

䍦 리 [리]覆頭巾머리덮는수건、이帽也모자、이(支)

⿱罒麗 쓔 [소]以筐漉酒용수、소(魚)

羊部

羊。양 [양] 柔毛家畜양、양一足鳥商ㅣ상 양새、양遊也相ㅣ노닐、양(陽)

芊 메 [미] 羊鳴양울、미(楚姓)(紙) 吀同

二

羌 창 [강] 西戎되、강又서녘오랑캐、강 語端詞말끝별、강(陽)羗同

羗 羌同

三

美。메 [미] 嘉也아름다울、미好也예 쁠、미又좋을、미(紙)媺同

羑 유 [유] 導也인 도할、유進善착한말 할、유(殷獄名ㅣ里)(有)

羍 따 [달] 小羊애양、달又양 의새끼、달(曷)達通

四

羖。꾸 [고] 黑牝羊ㅣ羅검은 암양、고(麌)羖同

羔 꼬 [고] 羊 子양새끼、고又염소、 고(大曰羊小曰ㅣ)(豪)

羓 빠 [파] 腊屬 포、파(麻)

羒。뿐 [분] 牝羊암 양、분(文)

羘 牂同

羦 완 [완] 野羊들 양、완(寒)

䍧 양 [양] 羝 羊수양、양(陽) [韓]牛胃양、양

五

羛。이 [의] 魏郡地名ㅣ陽 땅이름、의(紙)

羜。쥬 [저] 小羊어린양、저 (五月羔未成羊)(語)

羖 同羖

羝 디 [저] 牡羊 수양、 저(性善 抵觸(齊)

羚 링 [령] 大羊큰양、영(似羊而大角有圓繞蹙 文夜則懸角木上、以防患)(青)䍅羷麢同

羞。쑤 [수] 恥也부끄러울、수膳也반찬、 수滋味庶ㅣ음식、수供物진 찬할、 수(尤)

䍪 머 [말] 胡羊名ㅣ羯 말갈、말(月)

䍈 핑 [평] 駁毛羊얼 룩양、평(庚)

䍨 타 [타] 野羊들 양、타(歌)

𦍵 뿐 [분] 白牡羊흰 수양、분(文)

六

羠。이 [이] 野羊羠ㅣ 들양、이(支)

羕。양 [양] 水長물 길、양(漾)

羡 이 [이] 廣也넓 을、이(地名沙ㅣ)(支)

𦍩 쯔 [자] 牝羊암 양、자(紙)

𦍠 계 [결] 牡羊수 양、결(屑)

𦍳 퉁 [동] 無角羊뿔없 는양、동(東)

䍦 쨔 [조] 一歲牝羊한 살된양、조(篠)

䍑 인 [인] 黑羊검은 양、인(眞)

七

羣。췬 [군] 會 衆무 리、군又떼、군朋也벗、 군聚也모일、군(文)

群 羣俗字

義。이 [의] 適宜事理옳을、의人所可行道理 의리、의事物ㅣ旨뜻、의(寘)誼同

羡。쎤 [선] 貪欲 歆ㅣ부 러워할、선餘裕奇ㅣ넉넉할、선溢也넘칠、 선長也길、선[연]義同、埏也墓道광중길、연(霰)

羦 환 [환] 細角山羊뿔가는 산양、환(寒)

羧 취 [최] 羊病양의 병、최(灰)

䍧 렌 [천] 羊之長尾양의긴꼬리、천(霰) 䍮 위 [여] 野羊들양、여(魚) 䍐 뺀 [반] 毛長羊털긴양、반(寒) ⑧ 䍶 이 [예] 胡羊羺ㅣ오랑캐양、예(齊) 䍴。영 [쟁] 羊子양의새끼、쟁(庚) 䍪 산 [잔] 羊屋양우리、잔馬必作驪豕必作豣、羊必作ㅣ(潛) 䍴。웨 [위] 羊聚양모일、위(寘) 䍶 둥 [동] 一角羊외뿔난양、동(東)

⑨ 羭。위 [유] 黑牡羊검은수양、유(虞) 羹 羹俗字 羯。제 [갈] 犗羊불깐양、갈(羊之被閹割者曰ㅣ)(上黨地名)(月) 䍾 웨 [위] 羊相逐貌ㅣㅣ양서로쫓는모양、위(尾) 䍳。이 [예] 黑羊검은양、예(齊) 羬 쳄 [암] 大羊큰양、암(咸) [검] 義同(鹽) 䍷。우 [무] 生經六月羊여섯달된양、무(遇) ⑩ 䍹 쟈 [잘] 騬羊불깐양、알(黠) 𦏁 꾸 [구] 搾取羊乳양의젖짜볼、구(尤) 羱。완 [완] 野羊들양、완(角大可以爲器亦善鬪)(寒) 羺 羶同 䍸 뼈 [박] 去勢羊불깐양、박(藥) 䍺 타 [탑] 鼓名북이름、탑(合)

⑪ 羲。씨 [희] 氣也기운、희(古聖帝號伏ㅣ)(姓也又官名ㅣ和)(支) 䍿 지 [지] 集也모을、지 羊瘦양여윌、지(寘) 䍶 러 [루] 四角羊뿔넷난양、누(尤) 䍺 환 [환] 無口獸입없는짐승、환(刪) ⑫ 䍻 퉁 [동] 無角羊뿔없는양、동(東) 羵。얜 [분] 土怪ㅣ羊흙속괴물、분(文)(吻) 羳。뺀 [번] 黃腹羊배누런은양、번(元) 羴 羶同 𦏧。잔 [잠] 羊腌젓담근양고기、잠(覃) 䍽 䍽略字 𦏨 쥐 [궐] 長毛羊털긴양、궐(月) ⑬ 羸。레 [리] 瘦也파리할、이 弱也약할、이(支)

羶。싼 [전] 羊臭양냄새날、전又노린내날、전(先) 羴羶同 𦏹 뚜 [독] 羊丈六尺예자되는양、독(屋) 𦏼 렌 [검] 羊角曲捲양의뿔비틀릴、검(琰) [렴] 義同(鹽) 羹。갱 [갱] 臛也국、갱(五味和羹)(庚) ⑭ 羺 수 [누] 胡羊오랑캐양、누(尤) 䎂 위 [여] 肥羊살찐양、여(魚) ⑮ 𦐂 매 [매] 垢膩貌ㅣ䍦비게낄、매又때낄매(卦)

羼。찬 [산] (俗音[찬]) 羊相雜양서로섞일、찬(諫) 相出爭前서로다퉈앞설、찬(潸) ⑯ 𦐇 리 [력] 羊名羖ㅣ염소、역 黑色羊검은수양、역(錫) 䍽羶同 𦐈 𦐇同

⿰羊褱。홰 회 垢膩貌⿰貝責ㅣ 매낄、회 卦 (十七) ⿰羊霝。羚同 (十八) ⿰羊靈 羚同

羽部

羽。위 우 鳥翅깃、우 又깃、우 五音之一우성、우(五聲 宮商角徵ㅣ) 舒也펼、우 虞 遇 (三) 羾 공 공 飛至날아올、공(或音홍) 送 羿 이 예 平也평단할、예 (古射師 名后ㅣ) 霽 ⿰羽也 치 치 鷙飛貌제비 나를、치 支 (四) 翀 츙 츙 直上飛치떠나를、츙 東 冲通 翁。웡 옹 父也아비、옹 老稱늙은이、옹 鳥頸下毛새목털、옹 飛貌훨훨나를、옹 東 翅。츠 시 鳥翼날개、시 又나래、시 回飛貌ㅣㅣ 돌아나를、시 啻也뿐、시 寘 翄同 啻通 翄 同⿰羽氐 ⿰羽氐。同翄 翂 분 분 飛貌ㅣㅣ 풀풀나를、분 文 ⿱分羽。翂同 ⿰亢羽 항 항 飛下날아버릴、항 陽 漾 頏通 翃 헝 굉 蟲飛貌ㅣㅣ 벌레 풀풀나를、굉 庚 ⿰羽巴 파 파 飛貌나를、파 麻

翆 翠同 ⿱羽皇 황 황 持羽而舞깃들고춤출、황 陽 (五) 翏 랴 료 高飛貌까맣게나를、요 風聲ㅣㅣ 바람소리、요 蕭 翎。링 령 鳥羽새깃、영 又날개、영 矢羽살깃、영 青 翐 찌 질 飛貌ㅣㅣ 펄펄나를、질 質 ⿰羽只 翐同 翇。뿌 불 舞羽춤추는것、불 (祓舞執羽以祀社稷) 物 翌 이 익 明日이튿날、익 又다음날、익 又명일、익 職 翊。이 익 輔也도울、익 敬謹ㅣㅣ 공경할、익 飛貌나를、익 職 翼通 習。씨 습 學也익힐、습 慣也익을、습 風ㅣ 又풍습、습 和舒ㅣㅣ 습습불、습 緝

翈 싸 압 翮上短羽쭉지위의 짧은 깃、압 洽 ⿰木羽 펀 분 飛起일며 날、분 阮 翋 라 랍 飛也나를、납 合 ⿰羽包 빠 보 矢羽살 깃、보 皓 ⿰角羽 산 염 翼下細毛깃밑잔털、엽 琰 ⿰羽冉 翈同 翍 페 피 張羽貌날개적 벌릴、피 支 披通 翑。쮜 구 羽曲날개굽을、구 後足白馬뒷발흰말、구 虞 ⿰召羽 잔 초 鳥尾翹貌새꼬리 쳐들、초 蕭

(六) 翔。쌍 상 回飛돌아나를、상 伸翅飛行날개펴고 나를、상 莊敬貌ㅣㅣ 엄숙할、상 陽 ⿰羽戌 쓔 휼 飛去貌훨훨 날아갈、휼 質 翓 예 힐 上飛 날

아오를、힐(屑)頡同 **翕**。씨 [흡]合也합할、흡聚也모을、흡盛也성할、흡(緝) **翖** 翕同(西域官名) **翢** 쪽 [주]弱羽부둥깃、주(尤) **翗** 펴 [락]飛去날아갈、낙(藥)

⿰羽各 翗同 **⿰羽朱**。주 [주]高飛높이나를、주(虞) **⿰羽曳** 이 [예]低飛낮게나를、예(霽) ㊆ **翛**。쏘 [소]羽聲丨丨깃소리、소又날개치는소리、소羽破丨丨깃모지리질、

소(蕭) **⿰羽甫**。약 [부]細毛가는털、부又솜털、부(虞) **翜**。써 [삽]捷也빠를、삽又휙나를、삽(緝) **⿰含羽** 한 [함]雛鳥飛貌새새끼풀풀나를、함(覃) **⿰告羽** 꼬 [고]斜飛빗

게나를、고(號) **⿰羽辛** 신 [신]羽多깃많을、신(眞) **⿰羽瓜** 네 [엽]急飛급히나를、엽(洽) **⿰羽見** 봐 [맥]打羽而飛깃치며나를、박(藥) ㊇ **翠**。취 [취]青羽鳥비취、취又

산초록 취(翡翠形如燕而產越南等處雄赤曰翡雌青曰丨、總身青黃羽可爲飾品)(一名山鷸)山氣丨微산기운、취綠色초록빛、취(寘)翠同 **翡**。뷔 [비]赤羽鳥비취、비(翠之雄也)(一名

魚狗、王名丨翠)(未) **⿰羽戔** 잔 [잔]速飛丨丨빨리나를、잔(潸)[전]猛也모질、전(銑) **翟**。듸 [적]山雉꿩、적(后服揄丨、車名重丨、厭丨)(錫)鸐同[적](姓也、縣名陽丨)(陌) **翣**。쌰

[삽]棺飾如扇운아삽、삽(雲丨、亞丨)扇也부채、삽(洽)箑通 **⿰羽彔** 루 [록]水上飛물위로나를、녹(屋) **⿰羽京** 쟝 [강]鵲行貌丨丨까치걷는모양、강又강장 강장뛸、강(陽) **⿰或羽**

쒸 [혁]羽聲깃소리、혁(職) **⿰羽奄** 앤 [엄]斂羽쭈지길、엄(豔) **翐** 추 [줄]飛疾貌휙나를、줄(或音 출)(質) **⿰羽疌** 치 [첩]捷飛빨리나를、첩(洽) ㊈ **⿺是羽** 츠 [시]羣

飛丨丨떼지어나를、시(支)提通 **翨**。츠 [시]鳥之彊羽、굳센깃、시(官名丨氏)(寘) **翬**。훼 [휘]打羽丨丨날개칠、휘疾飛빨리나를、휘雉屬꿩、휘(五采成文、毛色鮮光)(微)

翫。완 [완]弄觀구경할、완貪也탐낼、완慣習익숙할、완厭也싫을、완(翰)忨通 **翥** 쥬 [저]飛上날가며오를、저(御) **翭** 혹 [후]羽初生부둥깃날、후羽本깃밑둥、

후(尤) **翪** 쭝 [종]竦翼而飛날개움추리고나를、종(東) **翩**。편 [편]疾飛丨丨빨리나를、편輕擧貌丨丨너풀거릴、편往來貌聯丨오락가락할、편(先) **翦**。젼 [전]削

滅齊斷갈길、전 除也제칠、전 (銑) 剪通

翭。화 [화] 緩飛느러느러나를、환 (旱)

䎅 형 [횡] 打羽聲깃치는소리、횡 又날개치는소리、횡 (庚)

(十) 翰。한 [한] 羽也깃、한 又날개、한 榦也줄기、한 飛也나를、한 筆也붓、한(以羽爲筆故稱筆曰ㅣ) 書也글、한(天鷄赤羽、官名ㅣ林)(寒)(翰)

翯。후 [혹] 鳥羽光澤ㅣㅣ깃흠치르르할、혹 (沃) [학] 義同 (覺)

翮。꺼 [핵] 羽本쭉지、핵 勁羽칼깃、핵 (陌) 䎗同

䎕 형 [횡] 羣鳥弄翅뭇새가날며희롱할、횡 飛聲ㅣㅣ나르는소리、횡 (庚)

𦑝 뷰 [부] 翮下羽쭉지밑깃、부 又부둥깃、부 (虞)

䎜 타 [답] 飛也ㅣㅣ훨훨나를、답 (合)

䎎 우 [유] 鳥飛貌ㅣㅣ새훨훨나를、유 (尤)

翋 따 [답] 羣飛떼지어나를、답 (合)

(十一) 翳。이 [예] 語助辭어조사、예 (齊) 瞖通 掩也가릴、예 蓋也羽葆깃일산、예 (霽)

翲 퍄 [표] 高飛ㅣㅣ높이나를、표 (蕭)

𦒓 형 [홍] 蟲聲ㅣㅣ벌레소리、홍 飛貌풀풀나를훙 (蒸)

𦑶 한 [한] 俗音 [한] 高飛높이나를、한 (翰)

(十二) 翻。뻔 [번] 飛也날、번 反覆뒤칠、번 又뒤치락엎치락할、번 (元) 飜拚同 幡通

翹。찬 [교] 俗音 [요]、擧也들、요 高貌ㅣㅣ우뚝할、요 (蕭)

翺。오 [고] 遨遊ㅣ翔노닐、고 (豪)

𦒇 슉 [숙] 羽聲ㅣㅣ깃소리、숙 飛也나를、숙 (屋)

䎖 쩡 [증] 翥也나를、증 (蒸)

翼。이 [익] 翅也날개、익 又나래、익 敬也공경할、익 扶也붙들、익 衛也호위할、익(星名、二十八宿之一)(職) 翊通

𦒄 찬 [교] 仄飛기울게나를、교 高飛높이나를、교 (蕭)

𦒈 훼 [혜] 六翮之末칼깃끝、혜 又쭉지끝、혜 (霽)

(十三) 翽。훼 [홰] 羽聲ㅣㅣ날개소리、홰 (泰)

翾。환 [현] 小飛파뜩파뜩나를、현 急也輕薄경박할、현 (先)

𦒠 뎐 [전] 遠飛멀리나를 전 (先)

(十四) 翿 도 [도] 翳也舞踏所執둑、도 又깃일산、도(今羽葆幢)(號)(豪) 纛通

耀。얍 [요] 光也照ㅣ빛날、요 (嘯) 燿曜通

𦒔 뼌 [빈] 飛上ㅣㅣ날아오를、빈 (眞)

(十五) 𦒑 훼 [혜] 六翮之本쭉지밑둥、혜 (霽)

𦒜。라 [랍] 飛初起貌ㅣ翜처음으로나를、납 (合)

老部

老。로 [로]年高늙을、노尊稱늙은이、노又늙으신네 노(皓) **考**。고 [고]老也壽ㅣ오랠、고又늙을、고父死稱죽은아비、고(死父稱ㅣ生前父母、死後ㅣ妣)稽也상고할、고成也이룰、고終也마칠、고(皓)

三 **耇** 텬 [뎜]老人面上如點늙은이얼굴의검버섯、점(琰) **耇** 꾸 [구]長命명길、구老壽오래살、구(有)耉同

四 **者**。져 [쟈]語助辭어조사、자指物之辭놈、자又것、자(即如彼ㅣ、此ㅣ)此也이、자(馬) **耆** 씨 [기]老也늙을、기長也어른、기(六十日ㅣ)(支) [지]致也이를、지(紙)底通 **耄**。모 [모]九十歲ㅣ期구십세、모又늙은이、모(自八十至九十歲)(號)眊通 **[耂+易]** 식 [주]老人僅行追從늙은이겨우따라갈、수(遇)

五 **[耂+匋]** 또 [도]七十歲老人칠십세늙은이、도(號) **耈**。耉同

六 **耋**。데 [질]八十歲老人팔십세노인、질(屑)耊同 **耊** 耋同

而部

而。이 [이]上下接續辭말이을、이又또、이又그리하여、이於也에、이汝也너、이如也같을、이乃也이에、이語助辭어조사、이(支)

三 **耐**。내 [내]忍也견딜、내又참을、내(隊)能通 **耑** 端古字 **耍** 솨 [솨]戲也희롱할、솨利也이할、솨(或音산)(馬) **耏** 이 [이]頰鬚ㅣㅏ구레나룻、이(支) [내]剃鬚수염깎을、내(古時刑罰)(隊)

耎。軟同 **媆** 이 [이]媚也아첨할、이(支)

四 **[而+皮]** 난 [난]縮也움추러질、난(旱)

六 **[而+需]** 이 [이]連續이을、이(支)

七 **[而+忍]** 뉵 [뉵]憂貌눈살찌푸릴、육(屋)

八 **[而+敝]** 𪄳同

十 **[卮+耑]**。잔 [잔]小卮작은잔、잔(銑) **[耑+甫]** 同

耒部

耒。레 [뢰]手耕曲木따비、뇌又쟁기、뇌又굽정이、뇌又훌청이、뇌(隊)木장기술、정(靑)

二 **耓** 레 [뢰]縣名ㅣ陽고을이름、뇌(賄) **耵** 딩 [뎡]耒之下

三 **耔**。즈 [자]培也苗木북돋을、자(紙)芓同 耘也김맬、자(支) **耛**。치 [치]俗音 걸 平量고루게두랑할、걸(物) **耗** 톼 [화]鼠也ㅣ子쥐、타

⿰耒巳 同耜 (四)

耘。원 [운] 김맬、운 (文) 秐同

耖 챠 [초] 重耕거듭갈、초 農具如耙쓰레、초 (效)

耗・ 모 [모] 亂也어지러울、모 減也축낼、모 又덜릴、모 (號)

耙 빠 [파] 農具破塊쇠스랑、파 又쓰레、파 (禡)

耕。・ 껑 [경] 犂田밭갈、경 又호미질할、경 又서리질할、경 (庚) ⿰礻具同

(五)

耞。쟈 [가] 打穀具連ㅣ도리깨、가 (麻) 枷通

耛 츠 [치] 除草耘ㅣㅣ김맬、치 (支)

耜・ 쓰 [사] 耒末刃따비날、사 又보습끝、사 (紙) ⿰耒巳同、耟通

耟 쥐 [거] 耒末刃따비술、거 (語) 耜通

耝。쥐 [저] 耕而起土갈아흙들출、저 (縣名ㅣ城) (御)

⿰耒平 청 [증] 耒柄따비자루、층 (蒸)

(六)

⿰耒圭・。졔 [규] 田器長耒긴쟁기、규 又곱정이、규 (齊) [와] 耕也갈、와 (歌)

耠 촨 [전] 深耕깊이갈、전 (先)

⿰耒各 거 [객] 直耕곧게갈、객 (陌)

(七)

耡・。쮸 [조] 稅也부세、조 [저] 共耕한가지갈、저 (井田八區八家共作) (御) 助通 [서] 田器助耕호미、서 (魚)

⿰耒局 쥐 [국] 耕田밭갈、국 (沃)

(八)

⿰耒咅 빵 [방] 田器보습、방 (講) [부] 耕也鑼ㅣ밭갈、부 (尤) ⿰耒咅同

⿰耒炎 얨 [염] 利耜날카로운따비술、염 (琰)

耤・。지 [적] 帝王親耕之田적전、적 又친경할、적 (陌) 籍通

⿰耒侖 룬 [룬] 束禾벼묶음、윤 (軫)

⿰耒委 웨 [위] 大耒큰따비、위 (支)

(九)

⿰耒㚇 촹 [창] 不耕而種갈지않고심글、창 (或音총) (江)

耦・。어 [우] 耒也쟁기、우 又따비、우 配也짝、우 並耕겨리、우 又둘이갈、우 (陽卦奇陰卦ㅣ) (有) 偶通

(十)

耩。쟝 [강] 耕也밭갈、강 (講)

耨・ 녹 [누] 薅耨田김맬、누 (宥) 鎒同

⿰耒耆 치 [기] 播下麥種보리씨뿌릴、기 (支)

(十一)

耬・ 뤄 [루] 播種具씨뿌리는그릇、누 (尤)

⿰耒曼。만 [만] 不播田묵은밭、만 (翰)

⿰耒啇 디 [체] 不耕而種대우칠、체 又갈지않고심을、체 (霽) [적] 義同 (錫)

⿰耒莫 한 [한] 冬耕겨울에갈、한 (翰)

(十二)

⿰耒幾・ 지 [기] 耕也갈、기 (微)

⿰耒責。시 [책] 灰中播種재속에심을、책 (陌)

耮 랖 [로] 摩田器고무래、노 又번지、노 (皓)

⿰耒童 촹 [동] 播種씨뿌릴、동 (江)

⿰耒斬 잔 [작] 作畦밭고랑지을、작 (地名) (藥)

(十三)

⿰耒睪。시 [석] 深耕깊이갈、석 (錫)

⿰耒會・ 홰 [회] 柄長耒자루긴쟁기、회 (泰)

(十四)

䎳° 휘 [확] 刈穀곡식베일、확（藥） ⑮ 䎱 뱦 [표] 除田穢草김맬、표又지심맬、표（蕭）穮同麃通 耰° 우 [우] 破塊椎곰방메、우播種摩田具써레、우（尤） 䎲

비 [피] 長耒긴따비、비、피（支）

⑱ 𦔑° 작 [구] 耜也보습、구（虞） ⑲ 䎱° 메 [마] 廣耕넓게갈、마（哿）

耳部

耳° 얼 [이] 主聽귀、이語決辭말끝낼、이又뿐、이柔從ㅣㅣ훌부들할、이附於物之兩旁者ㅣ쪽자리、이盛也성할、이八代孫여덟대손자、이(卽玄孫之曾孫)（紙）

耴 녜 [쳡] 耳下垂肉귀뿔、첩（葉） ② 耵 뗭 [정] 耳垢ㅣ聹귀에지、정（迥） 𦔮 쉬 [서] 待也기다릴、서（魚）胥通 ③ 耶° 예 [야] 語助辭어조사、야疑問辭그런가、야（麻）邪通 𦔒 약 [요] 耳鳴膠ㅣ귀울、요（蕭） 耷 따 [답] 大耳큰귀、답（合） 𦔓 꿍 [공] 耳聞鬼聲귀신소리들을、공（東） ④ 耿° 징 [경] 小明ㅣㅣ반짝거릴、경光也빛날、경心不安ㅣㅣ마음편치않을、경介也깨끗할、경憂也근심할、경（梗） 耽° 딴 [탐] 虎視ㅣㅣ흘겨볼、탐耽同、過樂과히즐겨할、탐耳太而垂귀크게늘어질、탐深遠깊고멀、탐（覃） 耼° 딴 [담] 耳無輪귀바퀴없을、담(老子名ㅣ)（覃）聃同 耹 친 [금] 音也소리、금(地名ㅣ遂)（侵） 耺 원 [운] 耳中聲귀청울릴、운（文）

耻° 恥俗字 耾 횡 [횡] 耳語귀에말할、횡大聲ㅣㅣ큰소리、횡 [굉] 聾聵也귀먹을、굉（庚） 𦔻 웨 [월] 耳斬귀베일、월（月） 𦔳 聽古字 𦔺 치 [체] 耳聰귀밝을、체（霽） ⑤ 聄 뗜 [진] 告也고할、진聽也들을、진（軫） 聆° 링 [령] 聽也들을、영悟也깨달을、영（青） 聊° 랴 [료] 賴也힘입을、요又애오라지、요耳鳴귀울、요願也원할、요語助辭어조사、요（蕭） 聃 耼俗字 聅 처 [철] 以矢貫耳살로귀꿸、철(軍法小罪ㅣ)（屑） 聟° 壻同 𦔅 삐 [비] 耻也부끄러울、비（寘） [필] 義同（質） 𦔼° 뎬 [졈] 耳小垂귀조금늘어질、졈（鹽） ⑥ 聒° 꽈 [괄] 聲擾讙語요란할、괄又떠적거릴、괄愚也어리석을、괄（曷） 聐° 네 [얼] 痴不聽顡ㅣ멍청이、얼無覺감각없을、

얼(屑)

聑 예 [접]安也편안할、접(葉) **耴** 잔 [조]耳疾귀앓을、조(蕭) **耼** 홍 [홍]耳鳴귀울、홍又귀속쩡할、홍(東)(送) **聏** 유 [육]恥也부끄러울、육(屋) [이]和也화할、이(寘)

七

聕 우 [오]聽也들을、오(遇) **香** 聞古字 **聖** 성 [성]大而化之성인、성又착할、성(智德最高無不通知)通也통할、성(皇帝尊稱ㅣ)(敬) **聘** 핑 [빙]國際相問사신보낼、빙徵召부를、빙又청할、빙娉也장가들、빙(敬)娉通 **聐** 할 [호]聞也들을、호長耳긴귀、호(皓) **⿰耳彖** 홍 [홍]耳中鳴ㅣㅣ귀속울、홍(董) **⿰耳斤** 제 [제]近聞가까이들을、제(齊)

八

聞 문 [문]耳受聲感心들을、문(文)感聲들릴、문傳說소문、문達名令ㅣ이름날、문(問) **聚** 쥐 [주]俗音[취]集會모을、취又모길、취斂也거둘、취衆也많을、취積也쌓을、취(寘)(遇) **聜** 디 [치]耳患膿귀에지않을、저(齊) **聙** 징 [정]善聽잘들을、정又귀밝을、정(庚) **⿰耳奇** 치 [기]傾耳귀기우릴、기(支) **⿰耳垂** 뚜 [타]耳垂귀뿔늘어질、타(哿) **聝** 꿔 [괵]斷耳귀베일、괵(陌) **聟** 壻俗字 **⿰耳奄** 앰 [엄]耳也귀、엄(琰) **聡** 同聰 **⿰耳罔** 망 [망]聽也귀밝을、망(養) **⿰耳彔** 루 [록]蜥蜴도마뱀、녹(屋) **⿰耳卸** 샤 [사]遙聞멀리들을、사(禡)

九

⿰耳音 얼 [이]聽音不敢言소리는듣고감히말못할、이(寘) **聤** 팅 [정]耳病膿出귀에지않을、정(青) **聥** 쥐 [구]驚也놀랄、구張耳所聞귀쭝긋거릴、구(虞)[우]義同(遇) **聧** 퀴 [규]聾者귀머거리、규(齊) **⿰耳匽** 옌 [연]耳戲귀흔들、연(霰)[안]義同(諫) **聰** 聰俗字 **⿰耳秋** 착 [추]耳鳴귀울、추(尤) **⿰耳星** 싱 [성]耳明귀밝을、성(青) **⿱叕耳** 츠 [채]誤聞잘못들을、차(寘) **⿰耳夋** 삭 [수]聽也귀밝을、수(宥)瞍同 **聢** 정 [정]確定결정할、정

十

⿰耳宰 째 [재]聽而不聽멍청이、재又귀머거리、재(賄) **⿰耳冥** 멘 [면]注意而聽잠심하여들을、면又자세히들을、면(先) **⿰耳侖** 웡 [옹]耳聲귓소리、옹(董) **⿰耳眞** 뎬 [전]聲滿耳소리가귀에찰、전又귀에쩡할、전(先) **⿰耳叟** 瞍同 **⿰耳兼** 렌 [렴]耳垂귀늘어질、염(琰) **⿰耳恧** 누 [뉵]恥也부끄러울、육(屋)

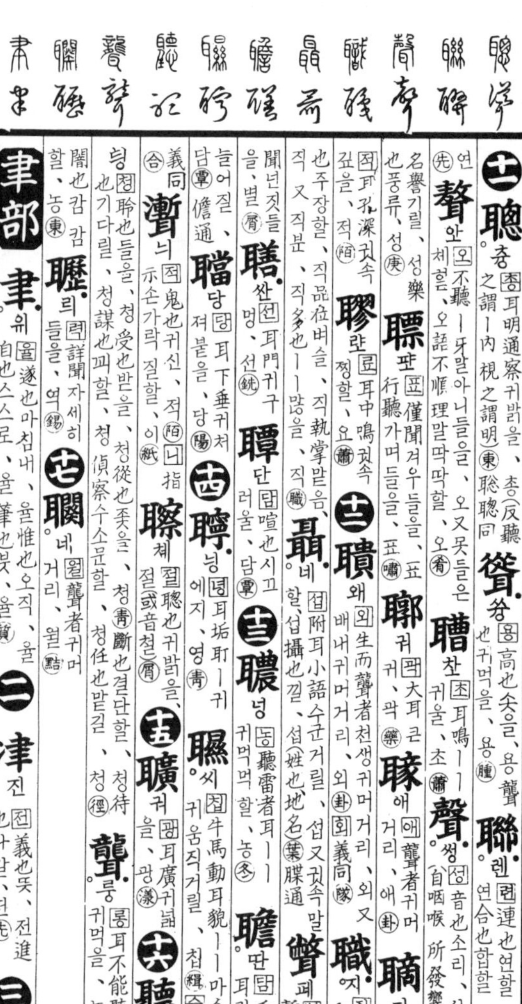

⑪ 聰。총 종 耳明通察귀밝을、총(反聽之謂ㅣ內視之謂明)東 聰聰同 聳。용 용 高也솟을、용 聾也귀먹을、용 腫 聯。련 련 連也연할、연合也합할、연

先 聱 오 오 不聽ㅣ牙말아니들을、오又못들은체할、오語不順理말딱딱할、오 肴 䎮 찰 초 耳鳴ㅣㅣ귀울、초 蕭 聲。썽 성 音也소리、성(自咽喉所發響)

名譽기릴、성 樂也풍류、성 庚 聽 퍞 표 僅聞겨우들을、표 行聽가며들을、표 嘯 聹 궈 곽 大耳큰귀、곽 藥 聺 애 애 聾者귀머거리、애 卦 聻 듸

적 耳孔深귀속깊을、적 陌 聊 럎 료 耳中鳴귀속쩡할、요 蕭 ⑫ 聵 왜 외 生而聾者천생귀머거리、외又배내귀머거리、외 卦 회 義同 隊 職。지 직 主

也주장할、직品位벼슬、직執掌맡음、직又직분、직多也ㅣㅣ많을、직 職 聶。녜 섭 附耳小語수군거릴、섭又귀속말할、섭攝也끌、섭(姓也、地名)葉 牒通 聸 폐 별 暫

聞넌짓들을、별 屑 聸 싼 선 耳門귀구멍、선 銑 聸 단 담 喧也시끄러울、담 覃 ⑬ 聹 넝 농 聽雷者耳ㅣㅣ귀먹먹할、농 冬 聸。딴 담 垂耳귀

늘어질、담 覃 儋通 聸 당 당 耳下垂귀처져붙을、당 陽 ⑭ 聹 닁 녕 耳垢耵ㅣ귀에지、영 青 聥。씨 집 牛馬動耳貌ㅣㅣ마소귀움직거릴、집 緝 合

義同 合 聻 늬 적 鬼也귀신、적 陌 니 指示손가락질할、이 紙 聺 체 절 聰也귀밝을、절(或音철)屑 ⑮ 聸 귀 광 耳廣귀넓을、광 漾 ⑯ 聽。

딍 청 聆也들을、청受也받을、청從也좇을、청 青 斷也결단할、청待也기다릴、청謀也꾀할、청偵察수소문할、청任也맡길、청 徑 聾。룽 롱 耳不能聽귀먹을、농

闇也캄캄할、농 東 聸 리 력 詳聞자세히들을、역 錫 ⑰ 聸。녜 얼 聾者귀머거리、얼 黠

聿部 聿。위 율 遂也마침내、율惟也오직、율自也스스로、율筆也붓、율 質 ② 津 진 전 義也뜻、전進也나갈、전 先 ③

肁 잔 [조]謀也꾀할、조開也열、조始也비로소、조(篠) **④** **肂** 쓰 [사]埋棺坎下토감할、사又하관할、사(寘) **⑤** **畫** 畫俗字 **⑦** **肄** 이 [이]習也익힐、이勞也수고로울、이嫩枝곁가지、이(寘) **肆** 쓰 [사]放恣방자할、사陳也베풀、사店也市ㅣ저자、사緩也느즈러질、사長也길、사究也궁구할、사(寘)四通 **肅** 슉 [숙]嚴也엄숙할、숙恭敬공경할、숙戒也경계할、숙進也나갈、숙整也정제할、숙(國名ㅣ愼)(屋) **⑧** **肇** 잔 [조]始也비로소、조敏也민첩할、조(篠) **肈** 同肇

肉部

肉 위 [육]肌也살、육又고기、육(屋) [유]肥也살찔、유滿也찰、유壁邊옥둘레、유錘也저울추、유(宥) **②** **肌** 찌 [기]膚肉살、기(人身四肢附骨者皆曰ㅣ)(支) **肎** 肯同 **肍** 착 [구]肉醬고기장담글、구(尤) **肋** 러 [륵]脅骨갈빗대、늑(職) **肔** 치 [칠]肥骨살쪄서미끄러울、칠(質) **肸** 시 [흘]振也떨칠、흘(物) **③** **肜** 융 [융]商祭名ㅣ상나라융제、융(祭之翌日、又祭爲ㅣ)和也화할、융(東) **肛** 깡 [항]大腸之端ㅣ門분문、항又똥구멍、항又밑구멍、항脹大膖ㅣ배똥동할、항(江) **肔** 이 [이]刳膓창자가를、이(紙) **肚** 뚜 [두]胃也밥통、두(胃謂之ㅣ)(麌) **肖** 쌰 [초]似也같을、초(子不似父謂之不ㅣ、不賢亦曰不ㅣ)小也작을、초模倣본받을、초(嘯) [소]衰微쇠약할、소失散흩어질、소(蕭) **肝** 깐 [간]木藏간、간(五臟之一ㅣ、左三葉右四葉以膽爲府附脊第九椎)(寒) **肓** 황 [황]胸膈흉격、황又명치끝、황(陽) **肘** 적 [주]臂之關節팔꿈치、주手腕脈動處팔회목、주(有) **肒** 한 [환]搔而生創긁어부스럼날、환(翰) **肐** 이 [억]胸骨가슴뼈、억(職) [흘]ㅣ肘팔꿈치、흘 **肕** 신 [인]堅肉질긴고기、인(震)韌通 **肙** 원 [연]小蟲작은벌레、연撓動요동할、연(先) **肑** 데 [적]膓下肉창자밑살、적(錫) [박]指節鳴손가락마디울、박(覺) **肞** 돠 [도]大腹큰배、도(虞) **肗** 유 [여]魚腐생선썩을、여(語) **胘** 셴 [현]牛胃소밥통、현(先) **④** **肨** 팡 [방]腹脹배불룩할、방臭也퀴퀴할、방(絳) **肢**

지 [지]體也四ㅣ사지、지又팔다리、지(人之足鳥之翼及足皆謂之ㅣ)(支)胑同 **肥**。 뻬 [비]體肉厚多살찔、비又이질、비地味厚沃토옥할、비(地名合ㅣ)(微) **肵** 치 [기]尸所食俎시동이먹는도마、기(微)[근]敬也공경할、근(問) **股**。 꾸 [고]脛本다리、고(虞) **肺** 뻬 [폐]金藏主魄부와、폐又허파、폐(五臟之一呼吸作用而有六葉兩耳附着脊骨第三椎)(一名心臟)(隊)[패]盛貌ㅣㅣ성할、패(泰) **胚**。 피 [배]婦孕一月曰ㅣ胎한달된잉태、배又애밸、배(事物有形未成者曰ㅣ)(灰)肧衃同 **肫**。 쭌 [순]懇誠ㅣㅣ정성스러울、순面頯광대뼈、순(眞)諄通 **肩**。 졘 [견]髆上어깨、견委任맡길、견能也능할、견克也이길、견負擔멜、견(先) **肴** 햪 [효]俎實啖肉안주、효(肴)餚同、殽通 **肮** 캉 [항]頸也목、항(陽) **肪**。 빵 [방]脂也비계、방又기름、방肥也살찔、방(陽) **肯**。 컨 [긍]可也즐길、긍骨間着肉뼈새에살、긍(迥)肎同 **肎** 肯同 **肱** 헝 [굉]臂之上部팔、굉(蒸)厷同 **肣** 친 [금]斂也거둘、금(侵)[함]舌也혀、함又세、함牛脯쇠고기포、함(覃) **育**。 위 [육]養成기를、육生也發ㅣ날、육(屋)毓同、毒通 **肬** 疣同 **肸** 쎠 [힐]響布盛作ㅣ蠁소리울릴、힐大貌佛ㅣ클、힐(質)[흘]義同(物) **肹** 肸同 **肭**。 눠 [놀]俗音[내]海狗膃ㅣ해구、내又물개、내肥也살찔、내[눌]義同(月) **肳** 吻同 **䏍** 꽌 [관]胃府밥통、관(旱) **肦**。 뿐 [분]大首큰머리、분(文)頒通[반]賦也부세、반(刪) **肕**。 인 [인]俗音[인]瘡痕험집、인脊肉등살、인又등심、인(震)癮通 **胝** 츠 [치]鳥腹膍ㅣ새창자、치(支) **肶**。 膍同 **䏚** 먀 [묘]脅下兩傍虛軟處허구리、묘(篠) **肤** 졔 [결]肛門똥구멍、결(屑) **肰** 연 [연]犬肉개고기、연(先) **肐** 꽤 [괘]腰痛허리아플、괘(隊) **䏙** 탄 [탐]肉破살해질、탐(覃) **肒** 탄 [탐]肉汁滓고기국찌끼、탐(感) **肚** 두 [도]大腸큰창자、도(虞)

五

胝。 디 [지]皮堅胼ㅣ못박일、지(因於勞動手足添肉、皮堅者)(支) **胑** 肢同 **胏** 쯔 [자]有骨肉腊뼈섞인포、자(紙) **胔** 骴同 **胃**。 웨 [위]消食之腑밥통、위(脾ㅣ、腸ㅣ、星名二十八宿之一)(未) **胥** 쓔 [서]相也서

로、서皆也다、서蝴蝶나비、서待也기다릴、서(國名華ㅣ地名蒲ㅣ)㊂語 胥通 **胠**。취[거]開發열、거㊂魚脅也갈비、거㊂語[겁]義同軍右翼오른편군대、겁(軍法右ㅣ)㊂葉[협]義同㊂洽

朐 취[구]脯也포、구遠也멀、구(草名寋柜ㅣ)㊂虞 **胡**。후[호]何也어찌、호壽也오래살、호遐遠멀、호牛頷垂肉소멱줄띠、호瓠米彫ㅣ고미、호大笑盧ㅣ깔깔웃을、호(蒙古地方民族謂ㅣ)㊂虞 **胕** 同腑 **胙** 쬐[조]祭餘肉제지낸고기、조福也복、조報也갚을、조㊂遇 **胎**。태[태]孕也삼、태又애밸、태又태、태(懷姙三月)㊂灰 **背**。뻬[배]脊也등、배負也질、배日旁氣해무리、배[패]棄也버릴、패違也孤負배반할、패又저바릴、패反面얼굴돌이킬、패㊂隊 偕同倍通 **胗** 同疹 **胤**。인[윤]繼也이을、윤嗣也맏아들、윤又씨、윤(子孫相承)受也받을、윤㊂震 **胖** 판[반]大也肥ㅣ살찔、반㊂寒[판]半體肉반짝、판(凡牲之半體曰ㅣ)脅側薄肉견지、판㊂翰 **胞**。빠[포]胎衣태、포(同ㅣ)㊂肴

䏴 쪙[정]煑魚煎肉전유어、정又고기지질、정㊂庚 鯖通 **胜** 씽[성]犬膏臭개기름범새、성生肉날고기、성㊂青 腥通 **胄**。쭈[주]嫡也ㅣ子맏아들、주後裔자손、주系嗣血統혈통、주㊂宥 **胚** 同肧 **胈** 빼[발]股上細毛다리털、발㊂曷 **胅** 同獻 **胛**。쟈[갑]背上兩髆間肩甲견갑、갑㊂洽 **䏠** 치[급]肉羹고기국、급㊂緝 湆通

胇 쀄[필]身大ㅣ肸장대할、필㊂質[비]乾也마를、비㊂未 **胂**。썬[신]伸身몸펼、신㊂眞[이]背脊肉등심、이㊂支 **胉**。퍼[박]髆也허리뼈、박㊂藥 **䏒** 싼[산]脂肪기름、산㊂寒 **胘**。쎈[현]牛胃소천엽、현㊂先 **胢** 쟈[가]瘡痂딱지、가疥瘡옴、가㊂麻 **胆**。딴[단]口脂澤침버케、단㊂寒[달]肥也살찔、달㊂曷 **胴** 쓰[새]頭會백회、사㊂寘 **胦**。양[앙]臍也脖ㅣ배꼽、앙㊂陽 **䏣**。체[저]蠅之所生肉中蟲구더기、저又쉬、저㊂魚 蛆通 **胍** 구[고]大腹ㅣ肫큰배、고又배불뚝이、고㊂虞[괘]義同㊂麻

𦙫 작[고]臀也볼기、고㊂豪 **䏡** 시[시]肉生새살날、시㊂寘 **䏚**。주[주]身直몸곧을、주㊂麌 **胥**。同腕 **胟** 무[무]拇也엄지손가락、무㊂麌

胣 이 [이] 剞膓창자끊을、이(紙)

⑥

胷 흉 [흉] 膺也가슴、흉(兩乳在處曰ㅣ如、ㅣ襟ㅣ次)心情마음、흉(冬)

胸 胷同

胮 팡 [방] 腹脹貌ㅣ肛배불룩할、방又복창할、방腫也부을、방(江)

胹 열 [이] 煮熟익힐、이又글、이(支)

脂 지 [지] 膏也기름、지又비게、지(肉中粘液凝結柔滑)臙ㅣ연지、지(以紅藍花汁凝ㅣ爲之燕國始出謂之燕ㅣ後人用爲口ㅣ化粧)肥也살찔、지(支)

脂 脂同

胵 치 [치] 鳥之餵囊膍ㅣ새멀떠구니、치臟腑總稱오장과육부、치牛胃소천엽、치(支)

胰 이 [이] 脊肉등살、이(支) 胑通

胾 즈 [자] 切肉大臠큰고기、자(寘)

胯 과 [과] 兩股間사타구니、과又사태、과(禡) 袴通 [고] 股也다리、고(遇)

脃 취 [취] 物易斷연할、취又부스러지기쉬울、취(霽) [철] 弱也약할、철(屑)

脆 脃俗字

胲 개 [해] 足之大指엄지발가락、해備也갖출、해(書名奇ㅣ五行用兵二十三卷)(灰) 侅通頰肉볼살、해(賄)

⿰月旬 츈 [츈] (蜀縣名ㅣ腮)(震) [華]蚓也ㅣ腮지렁이、순

能 녕 [능] 善爲능할、능又착할、능勝任능히할、능(蒸) [내] 三足鼇세발자라、내黃熊누런곰、내(灰) 耐通 [대] 台通(隊)

胭 옌 [연] 嗌也목구멍、연ㅣ脂연지、연(先) 咽臙通

胱 광 [광] 水府膀ㅣ오줌통、광(在於腹部中津液藏囊氣化則湛溺)(陽)

脛 졍 [증] 熟肉익은고기、증(蒸)

脀 청 [승] 癡也어리석을、승 [증] 以牲盛俎희생잡아제기에담을、증(蒸)

脊 지 [척] 背心등마루、척(背之中央、上下貫骨) 理也倫ㅣ결、척(陌)

⿰月血 쎄 [설] 脂膀기름、설(屑)

脋 쎄 [협] 腋下갈비、협、威力恐人ㅣ迫위협할、협又얼를、협斂也거둘、협(葉)

脇 脋同

⿰月合 씨 [흡] 體也몸、흡(緝) [華]肩也ㅣ膊어깨쭉지、흡

脮 나 [나] 不密脮ㅣ성길、나(麻) [치] 肉之肥美살찌고연할、치(紙)

胳 꺄 [각] 腋下겨드랑이、각(藥)

胴 퉁 [동] 大腸큰창자、동形貌형상、동(送)

胺 예 [알] 肉腐臭고기썩을、알(曷)

脈 머 [맥] 血絡맥、맥又핏줄、맥(血理臟腑之氣分流四肢通精神)(血ㅣ、山ㅣ、泉ㅣ)(陌) 衇衇脉同

脉 脈同

胻 씽 [행] 脛也종아리、행(庚)

脄 메 [매] 背肉등심、매又등살、매(灰)

六畫 肉月

腴 腴俗字 胶。산 [효]脛骨다리뼈、효(肴) ⿰月昆 와 [와]手足曲病손발곱으러지는병、와(麻) ⿰月艮 훈 [흔]足踵발뒤꿈치、흔(元) 脁 잔 [조]祭肉제사고기、조(嘯)

⿰月耳 열 [이]筋強힘줄강할、이(眞) ⿰月林。삭 [휴]瘠腹파리한배、휴(尤) ⿰月虫 쥬 [죄]蛆也구더기、저(魚) ⿰月关 얜 [華]鷄眼脚ㅣ티눈、첨 (七) ⿰月匝 이

[이]豕肉돝의고기、이(支)腆通 脯。야 [포]腊也乾肉포、포(虞) 脫。튀 [탈]免也벗을、탈又벗어날、탈略也간략할、탈誤也그릇칠、탈物自解풀어질、탈或然之辭혹그런듯할、탈遺也끼칠、탈又버릴、탈(曷) [태]舒遲ㅣㅣ천천히할、태(泰)娧通 脢 메 [매]脊肉등심、매(灰)(隊) 脣。춘 [순]口耑입술、순又입설、순(眞)脗同 脤 祳同 脗

원 [문]合也합할、문(吻) [민]義同(軫) ⿰月忍 신 [인](蜀縣名朐ㅣ)(震) [華]蚯蚓朐ㅣ지렁이、인 脘。환 [완]胃府중완、완(胃之受水穀者曰ㅣ、臍上五寸爲上ㅣ、四寸爲中ㅣ、二寸爲下ㅣ)(旱) 脬。파 [포]膀胱尿ㅣ오줌통、포(肴) 脞 촤 [좌]細碎叢ㅣ좀스러울、좌又잘、좌(哿) 脡 팅 [정]脯朐포、정(迥) 脝 헝 [형]脹貌膨ㅣ배불룩할、형(庚)

脛 씽 [경]胻也종아리、경又정강이、경(自膝至踝骨)(迥)(徑) 脩。쑤 [수]脯也束ㅣ포、수長也길、수治也닦을、수敬也공경할、수乾也마를、수(尤)修通 脚 腳同 脰 떠 [두]項也목、두(宥) 脥 頰同 脙。착 [구]瘠也파리할、구(尤) 脟 레 [렬]脅肉갈비살、열腸脂、열(屑)臠通 ⿰月肖 쏘 [소]物之尖銳끝빨、소(效)

⿰月旱 한 [한]用創藥名瞚ㅣ창병에쓰는약、한(翰) 脧。춰 [최]赤子陰部어린아이자지、최(灰) [선]減也감할、선(先) ⿰月坒 삐 [폐]胃脘ㅣ脛밥통、폐(或音비)(齊) 脪。인 [은]腫起부을、은(震)痛通 脖 뿌 [발]臍也ㅣ胦배꼽、발(月) 脕。문 [만]美也예쁠、만(願) [문]草芽新生풀새로날、문(問) 脠 션 [전]生肉醬날고기장、전(或音선)(生ㅣ以一分膾二分細切、和ㅣ攪之)(先)

⿰月更 껑 [갱]食骨掛咽뼈가목에걸릴、갱(梗) ⿰月志 지 [지]黑子사마귀、지(寘) ⿰月析 졔 [절]脂皮기름껍질、절(屑) ⿰月弟。데 [제]鼻不正코삐뚤어

질、체(齊) [절]違也어긋칠、철(屑)

⿰月邑 이 [읍]鹽漬肉저린고기、읍(葉)

⿰月呈 딩 [정]精肉정한고기、정(庚)

脮 뒤 [뇌]肥也살찔、뇌(賄)

⿰月圼 네 [녈]腫也부을、녈(屑)

八

腔 강 [강]內空속빌、강骨體뼈대、강馬膁말허구리、강歌調노래곡조、강(江)

脾 피 [비]土藏ㅣ胃지라、비又허파、비又만하、비(五臟之一、在於胃下、助胃主掌食物消化)(支)

腗 脾俗字

脽 쉐 [수]尻也꽁무니、수臀也볼기짝、수(支) [주]義同(尤)

腓 뻬 [비]脛腨장딴지、비病也병들、비避也피할、비(微)

腂 꾀 [괘]腫赤부어서붉은발설、과(箇)

腁 펜 [변]皮堅ㅣ胝못백일、변(先) 趼同

腑 뷰 [부]臟ㅣ장부、부又육부、부(心脾肝肺腎五臟 小腸大腸胃膽膀胱命門三焦 六ㅣ)(麌)(遇) 腑同

腒 쥐 [거]乾雉건치、거又꿩의포、거(魚)

腇 네 [뇌]耎弱萎ㅣ잔약할、뇌(賄)

腐 뷰 [부]朽也썩을、부(傷敗發臭)(麌)

腎 썬 [신]水藏콩팥、신臟精불알、신(軫) [韓]陰莖자지、신又정액、신

⿰月爭 쪙 [쟁]跟筋발꿈치힘줄、쟁(庚)

⿰月奇 지 [기]分牲희생나눌、기羹也국、기(寘)

腆 텬 [전]厚也두터울、전多膳ㅣㅣ많이차려놓을、전善也착할、전至極지극할、전(銑)

脹 쟝 [창]腹滿鼓ㅣ배부를、창又창증、창張也벌어질、창(漾)

腍 신 [임]熟也익힐、임飫也배부를、암又물릴、임味好맛좋을、임(寑)

腋 이 [액]左右脅間겨드랑이、액(陌) 掖通

腊 씨 [석]乾肉포、석(陌) 昔通

腌 연 [엽]鹽漬魚肉저린고기、엽(葉)

腃 퀘 [권]筋節急힘줄당길、귀(寘) [권]吻也입시울、권(先)

腕 완 [완]臂也팔、완手ㅣ팔목、완(翰) 捥腎督同、腎通

⿰月戔 찬 [잔]禽獸食滓짐승먹든찌끼、잔(寒) 殘同

⿰月奉 팡 [방]腹脹滿배불룩할、방(陽)

脿 膔同

腄 취 [수]瘢胝딱지자리껍질、수(縣名黃ㅣ)(支)

⿱旨月 치 [기]腓也장딴지、기又종아리、기(紙)

⿰月留 脣同

䐃 쥔 [균]腸中脂肪창자속기름、균肘膝後肉如塊者사태、균(軫)

䐈 찌 [직]黏也끈끈할、직頭髮積有脂膏머리겨를、직(職)

腏 춰 [철]挑取骨間之肉뼈사이살발라낼、철(屑)

⿰月巹 跽同

⿰月甾 쯔 [자]肥貌살퉁퉁할、자(寘)

⿰月扁

쥐 [子]女子陰部보지、구(虞)

脺。 수 [全]顏面光澤얼굴윤택할、수腦也머리털미、수(眞) [졸]耎易연할、졸(月)

䐄 한 [함]頤也턱、함(口上曰臄口下曰ㅣ)(覃)

脽 쥐 [글]臀骨볼기뼈、글(月)

䐑。 치 [첩]肩端骨어깨쭉지뼈、첩(葉)

䏽 부 [부]豕肉醬돝의고기젓、부(尤)

𦞼 량 [량]味多맛있을、양(養)

𦞦 례 [례]跛足절뚝발이、예(霽)

腍 셤 [함]食肉不厭고기먹어서싫지않을、함(感)

腖 동 [동]肉赤고기붉을、동(送)

九

腫。 종 [종]癰也종기、종膚肉浮滿부을、종(腫)

腴。 위 [유]下腹肥腴아래배살찌고기름질、유(虞)

腱。 천 [건]筋也힘줄、건(先)(願)

腯。 돈 [둔]牲肥희생살찔、둔(願) [돌]豕肥돝살찔、돌(月)

䐇 춘 [춘]肥也살찔、춘(軫)

腛 워 [악]脂厚비게두터울、악(覺) [옥]義同(屋)

腳。 쟈 [각]脛也종아리、각又다리、각(藥) 脚同 [화]足也발、각

腨。 찬 [천]腓也장딴지、천又어복、천(銑)

腰。 야 [요]身體中央허리、요(蕭) 要通

腦。 난 [노]俗音[뇌]頭骨之髓머리골、뇌(ㅣ形橢圓主掌知覺運動呼吸)(皓) 㛴同

腸 창 [장]水穀道창자、장(心肺腑大小ㅣ)(陽)

腥 싱 [성]生肉날고기、성肉臭누린내날、성又비릴、성穢也더러울、성(青) 胜鯹通

腶。 똰 [단]脯也ㅣ脩약포、단(翰)

腵 쟈 [가]腸病창자병、가(麻)

腬。 석 [유]肥肉살찐고기、유(尤)

腢 억 [우]髆前骨어깨앞뼈、우(尤)肩頭어깨쭉지、우(有)

腤 안 [암]烹也삶을、암煎油魚전유어、암(覃)

腠 척 [주]皮膚ㅣ理피부、주又살갈피、주(宥)

腹。 뿌 [복]五臟總括배、복厚也두터울、복(屋)

腷。 삐 [픽]臆塞不泄뜻막힐、픽又뜻내뵈지않을、픽鷄打羽聲ㅣ膊닭의날개치는소리、픽(職)

𦝫。 졔 [접]細切肉회절、접(葉) 聶通

腜。 메 [매]始孕ㅣ兆첫애밸、매(灰)

腭 同齶

膣。 지 [질]生肉새살날、질(質) 女子陰部보지、질 膣同

腡 뤄 [라]手文손금、나(歌)

䯄 同腡

臝 뤄 [라]獸名짐승이름、나(歌)

腝。 눈 [이]有骨雜醢뼈섞인젓、이(支) [눈]臂節팔꿈치、눈(願) [노]軟也연할、노(號)

腧。 쒸 [수]鍼灸ㅣ穴침놓는혈、수(脊中要處)(遇)

𦞜 퀘 [규]醜

也臛ㅣ추하게생길、규又꼽사등이、규(支)

膠 자 [자] 不密ㅣ膠성길、차(麻)

腮 顋俗字

[illegible] 착 [주] 膕也오금、수(腴膝曲節處) (尤) [華]曲ㅣ팔다리오금、수

腪 윈 [윤] 膜也흘떼기、운(問)

[illegible] 쥐 [갹] 牛舌소혀、갹大笑크게웃을、갹(藥)

腺 [曰] 頸腋核멍울、선肉孔살구멍、선又땀줄기、선(動物體肉中、諸液汁分泌路分泌乳汁者曰乳ㅣ分泌汗液者曰汗ㅣ)

[illegible] 추 [추] 膳也반찬、추(遇)

腩 [韓] 肝炙간랍、남又지짐질、남

[illegible] 지 [절] 違骨뼈어긋날、절(屑)

[illegible] 인 [음] 胸病가슴병、음(沁)

十

膍 피 [비] 鳥胃ㅣ胵새멀떠구니、비牛胃천엽、비厚也두터울、비(支) 臍也배꼽、비(齊) 朏同

膇 쥐 [추] 足腫重ㅣ발부을、추(寘)

腿 퇴 [퇴] 股也다리、퇴脛也정강이、퇴(股大ㅣ、腓小ㅣ)(賄)

膂 려 [려] 力也힘、려脊骨心ㅣ등성마루뼈、려又사능이뼈、려肉也고기、려(語) 呂通

膎 혜 [해] 脯也포、해肉肴고기안주、해肌也살 해(佳)

膋 료 [료] 膓間脂肪창자의발기름、료(蕭) 膫通

膏 고 [고] 脂也기름、고(凝曰脂、澤曰ㅣ)沃也ㅣ粱、고以ㅣ濯物기름지게할、고(號)

膀 팡 [방] 水腑ㅣ胱오줌통、방(陽)

[illegible] 騷同

膁 쳠 [겸] 腰之左右허구리、겸(琰) [엄] 美味맛좋을、엄(鹽)

膃 우 [올] 海狗ㅣ肭해구、올肥也살찔、올(月)

臛 허 [확] 肉羹고기국、확又곰국、확(藥) 臞同

膊 뿌 [박] 肩也어깨、박磔也능지할、박又발길질할、박脯也포、박界也지경、박鷄打羽鳴膊ㅣ닭이날개치고울、박(藥) 髆通

膉 이 [익] 脰肉목덜미살、익(陌)

[illegible] 카 [갑] 欲睡졸릴、갑(合)

[illegible] 씨 [식] 鼻中寄肉곳속군살、식(職)

膄 瘦同

膆 쑤 [소] 肥也살질、소喉食受處멱통、소又멀떠구니、소(遇)

[illegible] 천 [진] 肉脹起부어오를、진(眞)

膈 꺼 [격] 心脾間胸ㅣ흉격、격又명치、격(陌)

膌 지 [적] 俗音[척] 瘦也파리할、척(陌)

膅 당 [당] 脚肥다리살찔、당(陽)

[illegible] 창 [창] 皮膓껍질상할、창(養)

[illegible] 궁 [궁] 腐刑불알썩힐、궁(東)

[illegible] 좌 [좌] 膏膜기름흘떠기、좌(哿)

[illegible] 꾸 [구] 足曲발굽을、구(尤)

[illegible] 차 [차] 腹鳴배꿇을、차(歌)

⿰月氣 치 [기] 積病적병、기 (寘)

⿰月殼 꾸 [곡] 足跗발등、곡 (屋)

⿰月塞 새 [새] 體顫몸떨、새 (隊)

⿰月蚩 치 [치] 目之凝汁눈곱、치 (支)

十一

膚。 부 [부] 體面被皮피부、부又껍질、부又살갗、부美也아름다울、부大也클、부 (虞)

膢。 려 [루] 立秋神祭貙ㅣ입추제、누(八月一日先人廟立秋日宗廟祭)食新離ㅣ천신할、누又새것먹일、누 (虞)(尤)

膜。 뭐 [막] 肉間ㅣ脈흘떼기、막 (藥) [모] 長跪拜길게절할、모 (虞)

膞。 좐 [전] 切肉고깃점、전膓也腓ㅣ창자、전 (銑) 陶作器具질그릇만드는틀、전 (先)

⿰月皐 쏘 [효] 腫欲潰膝ㅣ종기터지라할、효 (蕭)

膝。 씨 [슬] 脛骨節무릎、슬又종지뼈、슬 (質) 厀同

膠。 쟈 [교] 黏膏아교、교又부레、교堅固굳을、교不通옹색할、교鷄鳴ㅣㅣ닭울、교(膠州水名) (肴) 和也ㅣㅣ화할、교擾也ㅣㅣ흔들릴、교 (巧)

膟。 릐 [률] 腸間脂肪발기름、율 (質)

膕 꿔 [괵] 膝後曲節오금、괵 (陌)

膒 워 [구] 以脂漬皮가죽에기름먹일、구久脂오래된기름、구(或音우) (尤)

膔 루 [록] 腹鳴배쫄을、녹 (屋)

⿰月累 례 [류] 俗音 [루] 形醜貌ㅣ膗형상추악할、누脯也포、누 (紙)

膗。 쵀 [좌] 俗音 [최] 形惡貌⿰月累ㅣ형용추악할、최 (支)

⿰月習 지 [집] 爚也데칠、접薄切肉얇게썬고기、접 (葉)

⿰月寅 인 [인] 脊肉등심、인 (眞)

⿰月強 쟝 [강] 筋強힘줄셀、강 (養)

⿰月從。 춍 [종] 肥病몸시살찔、종肥也살찔、종 (冬)

膘。 퍄 [표] 脅後髀前肉허구리살、표 (篠) [華] 魚ㅣ부레、표

⿱𣪠月 퀘 [궤] 腰痛ㅣ腰허리아플、궤 (隊)

⿱匜月 이 [이] 豕肉제육、이 (支)

⿰米⿱龷青 청 [華] 蚤子서캐、성

膣 [日] 腔同

膓。 腸俗字

⿰月虘 자 [자] 皰鼻如榴주독오른코、자 (麻)

⿰月責 처 [책] 魚子脯물고기새끼포、책 (陌)

⿰月魚 워 [어] 馬目白者ㅣ고리눈말、어 (魚)

十二

膩。 늬 [니] 肥也살찔、이滑也미끄러울、이垢也때、이 (寘)

膴。 후 [무] 大也클、무多也많을、무脯也포、무法也법、무 (虞) 厚也두터울、무美也ㅣㅣ아름다울、무 (虞)

膰 빤 [번] 祭餘肉제지번고기、번 (元) 播同 [파] 大腹뚱뚱한배、파 (歌)

膳。 싼 [선] 具食반찬、선食也먹을、선 (銑)(霰) 饍同

膲。 쟌 [초] 無形之府삼초、

초(六腑之一)(蕭)

膫。 료[료]炙也구울、료又지질、료(嘯)膋通

膨• 팽[팽]大腹ㅣ脝배부를、팽(庚)

𦡦 수[수]乾魚말린고기、수(尤)鱐通

膱 직[직]長脯긴포、직(ㅣ長尺二寸)(職)

膦 련[련]無力ㅣ胦힘없을、련(銑)

𦢊 화[획]曲脚中오금、획(陌)

膮。• 효[효]豕羹돝의고기국、효(蕭)

𦡶 빈[빈]腫欲潰ㅣ膊종기터지라할、표(蕭)

䐖 쟈[자]瘡痕부스럼자국、차(麻)

膵• [日]甜肉經첨육경、취又지라、취(臟腑一名、在胃之下方狹長如舌分泌消化以消化食物者)

膧。 퉁[동]尻骨볼기뼈、동(東)

膞 순[손]切肉混血고기썰어피에섞을、손(阮)

䐶 잔[잠]缺脣언청이、잠(覃)

膯• 덩[등]飽厭물릴、등(蒸)

𦢰 제[결]喉脈목의맥、결(屑)

⑬

膿 눙[농]腫血고름、농(筋肉腐爛所出之液汁)(冬)

臂• 삐[비]肱也팔、비又팔뚝、비(自肩至肘曰臑自肘至腕曰ㅣ)(寘)

膾。 쾌[회]魚肉細切회、회又회깟、회(泰)鱠同

𦢧 뚜[탁]肥貌살통통할、탁(藥)

臀• 툰[둔]腿靨볼기、둔(腰下股上肉之厚部)(元)

臋 臀同

臇 쟌[전]臛也곰국、전又지짐이、전(銑)

臊。 쏘[조]犬豕脂臭개돝누린내、조(豪)

膺。• 잉[응]胸也가슴、응受也받을、응親也가까울、응擊也칠、응馬帶말배띠、응又북두、응(蒸)應通

膽 딴[담]肝之腑쓸개、담又담、담拭治씻을、담(感)

臆。• 이[억]胷也가슴、억意也뜻、억(職)億通

臉 렌[검]頰也뺨、검(琰)

臄 쥐[각]口上인중、갹(藥)

臈 臘同

膷 쌍[향]牛肉羹소고기국、향(陽)

膻。• 싼[잔]兩乳間ㅣ中젖사이、잔(先)

𦢓 안[욱]鳥胃새멀떠구니、욱(屋)

𦡝 膝俗字

臃 융[옹]腫也종기、옹(冬)

𦢈 땅[당]耳下凹處귀밑오목한곳、당(陽)

臅 츄[촉]臆中脂가슴속기름、촉(沃)

𦢣 臃同

臁 렌[렴]脛也정강이、염(鹽)

膸 髓同

⑭

臍。• 치[제]子生繫胞斷痕배꼽、제(齊)

𦢻 셤[함]餠中肉떡속고기、함(陷)

臒 훠[확]善肉좋은고기、확(藥)

臑。• 난[노]臂節팔마디、노(號)

臎 춰[취]鳥尾上肉새꽁무니살、취肥也살찔、취踝

骨복사뼈、취(寘)

臏• 삔 [빈]膝蓋骨종주뼈、빈(軫) 髕同

臐。 쒼 [훈]羊臛양고기국、훈(文)

⿰月壽 척 [주]髀後엉덩이、주(有)

⿰月鼻 삐 [日]肥壯살뚱뚱이절、비(寘)

⿰月寧 닝 [녕]耳中垢귓속때、영(迥)

⿰月馮 핑 [빙]腫滿부어서퉁퉁할、빙(徑)

【十五】

臖 씽 [흥]腫痛공겨쑤실、흥(徑)

臕 뺘 [표]肥貌脂ㅣ살찔、표(蕭) 膘同

臘• 라 [랍]年終祭神납향제、납終月섣달、납(夏曰清祀、殷曰嘉平、周曰蜡、漢曰ㅣㅣ)(昔冬至後第三戌日自李太祖冬至後第三未日)(合)臈同

⿰月賣、殰同

⿰月養 양 [양]欲吐ㅣㅣ메식거울、양(養)

臗 쿤 [곤]臀也볼기、곤(元)

膣 찌 [질]金創藥ㅣ胛금창약、질(質)

【十六】

臚• 뤼 [려]腹前배앞、여陳也베풀、여腹脹배부를、여(官名鴻ㅣ)(魚)

臛 膗同

臙• 옌 [연]紅藍花汁ㅣ脂연지、연咽也목구멍、연蚌粉조개분、연(先)胭通

⿰月肅。 쑤 [수]肉羹곰국、수(或音소)乾魚尾건어꼬리、수(尤)

⿰月嬴 잉 [영]大便똥、영(庚)

朧 룽 [롱]肥貌살찔、농(董)

⿰月閻 옌 [염]烹也삶을、염(鹽)

【十七】

臝• 裸同

⿰月薄 뿨 [박]割肉저민고기、박(藥)

⿰月嬰 잉 [영]嗌也목구멍、영頸也목、영(梗)

⿰月襄 상 [양]肥也ㅣㅣ살찔、양(養)

⿰月韱。 셴 [섬]羹也국、섬(鹽)

【十八】

臞。 취 [구]瘠也파리할、구(虞) 癯同

臟• 짱 [장]腑也五ㅣ오장、장(心肝肺脾腎)(漾) 藏通

⿰月聶 녜 [녑]肉動살떨릴、엽(葉)

⿰月雚 촨 [권]醜也ㅣ⿰月关추할、권(元)

臇 이 [이]瘖痕험집、이(紙)

【十九】

臡。 늬 [니]有骨醢뼈섞인젓、이(齊)

臠• 롼 [련]切肉고깃점、연又산적、연(銑) 脟通

⿰月靡。 머 [마]泄病ㅣ麻설사병、마(歌)

⿰月羅• 라 [라]腹下肉배아래살、나(麻)

⿰月蘇 수 [소]甘酒단술、소(虞)

【二十】

⿰月戀 궈 [과]驢胃나귀밥창자、과(麻)

臣部

臣• 천 [신]事君之稱신하、신(仕於國曰ㅣ、仕於家曰僕)惶恐之辭主ㅣ두려울、신(眞)

【二】

臥• 워 [와]偃也休息누울、와又쉴、와寢也잘、와(箇)

臤 깐 간 堅也굳을、간 刪 현 義同 庚 ⑤ 䀌 친 진 明也밝을、진又환할、진 軫 ⑥ 臦 광 광 乖也어그러질、광 漾 ⑧ 臧 장 장 善也착할、장厚也두터울、장奴婢ㅣ獲종、장(罵奴曰ㅣ罵婢曰獲) 陽 ⑪ 臨 림 림 涖也임할、임又다다를、임監視볼、임大也클、임(卦名) 侵 衆哭여럿이울、임 以尊適卑굽힐、임 沁

自部

自 즈 자 由也스스로、자從也부터、자又좇을、자己也몸、자又몸소、자無勉ㅣ然저절로、자 寘 鼻通 ④ 𦤎 쟢 교 自重진중할、교 篠

臭 착 추 俗音 취 鼻之所嗅냄새、취 敗也썩을、취 宥 臬 네 얼 門梱문지방、얼法也법、얼射的관혁、얼極也극진할、얼 屑 槷闑通 ⑥ 臯 皐俗字

臮 暨古字 臯 臭俗字 ⑧ 𦤗 예 열 臭發냄새날、열 屑 ⑨ 臱 멘 면 不現於眼보이지않을、면 先 ⑩ 臲 네 얼 ㅣ卼 不安위태할、얼 屑 隉同 摰通 䑇 씬 신 腋臭암내、신 震 𦤷 허 할 臭氣퀴퀴할、할又비린내、할又냄새、할 曷 ⑫ 𦤾 네 내 臭發냄새날、내 佳 ⑭

鼻+卑 삐 비 犬初生子개새끼첫배、비又문열이、비 寘

至部

至 즈 지 到也이르、지又이를、지極也지극할、지(日躔達極南極北處曰冬ㅣ夏ㅣ) 寘 ③ 致 직 치 至也이를、치極也극진할、치委也버릴、치使之招ㅣ부를、치趣也風ㅣ풍치、치納也드릴、치 寘 䟭同 ④ 䟭 致同 ⑥ 臶 젼 천 再也거듭、천頻也자주、천 霰 洊同 荐通 臷 데 질 年之至여든살、질 屑 臸 진 진 至也이를、진 眞 前進나갈、진 震 䑋 꺼 각 別也가지가지、각又각각、각 覺 ⑦ 臺 臺俗字 ⑧ 臺 태 대 築

土高而觀四方者대、대又높을、대又집、대賤稱輿ㅣ하인、대鼾息聲咍ㅣ코골、대(灰)

十 臻 연[진]至也이를、진(眞)轃同、溱通

十二 臸 지[질]塞也막을、질(質)

臼部

臼 짝[구]舂也절구、구(擣穀器具)(星名、地名)(有)

二 臾 위[유]俄頃須ㅣ잠간、유善也착할、유捽抴끄두를、유(國名、顓ㅣ)(虞)反弓張夾ㅣ활뒤집힐、유([illegible])[용]勸也縱ㅣ피일、용(腫)慂通、[궤]草器삼태、궤(寘)蕢通

臽 셴[함]小阱구덩이、함又함정、함(陷)

三 臿 차[잡]舂去麥皮보리닦일、잡(洽)函同、揷鍤通

四 舁 위[여]對擧마주들、여轝ㅣ마주잡이、여又들것、여(魚)

舀 얀[묘]抒臼절구학그러낼、유(尤)抗同、揄通[요]義同(篠)

⿰臼巿 빠[벌]舂米쌀찧을、벌又용정할、벌(月)

⿰臼帚 同⿰臼巿

⿰臼欠 얀[요]引也끄을、요(篠)

⿰臼反 同⿰臼反

五 舂 쫑[용]擣米절구질할、용又용정할、용鐘聲ㅣ容쇠북소리、용(冬)摏同

⿰臼末 머[말]舂米碎之싸래기、말(曷)

六 舄 씨[석]履也신、석(冕服用鞾)大也아람찰、석(陌)

七 舅 쨕[구]母之兄弟외삼촌、구夫之父시아비、구(婦事ㅣ姑、如事父母)妻父와ㅣ장인、구(有)

⿱臼呈 젼[정]土塊흙덩이、정(銑)

八 與 위[여]許也共爲더불、여及也다못、여如也같을、여善也좋아할、여施予줄、여和也화할、여干也參ㅣ참여할、여黨ㅣ무리、여(御)蕃蕪ㅣㅣ번성할、여語助辭어조사、여(魚)与同、歟預通

九 興 씽[흥]起也일어날、흥又일、흥擧也일으킬、흥盛也성할、흥悅也기쁠、흥感想而發흥치、흥又감동할、흥(六詩曰風曰賦曰比曰ㅣ曰雅曰頌)(徑)

十 ⿰臼差 취[차]舂也절구질할、차(歌)

十一 舉 쥐[거]扛也들、거皆也다、거拔也뽑、거升也오를、거動也움직일、거起也일으킬、거行也행할、거合也합할、거(語)

⿰臼柬 인[인]小鼓작은북、인(震)

十二 舊 짝[구]新之對예、구又오랠、구老也늙은이、구交誼故ㅣ친구、구(宥)

十三 舋 씬[흔]爭端罅隙틈날、흔又흔단날、흔(震)釁通

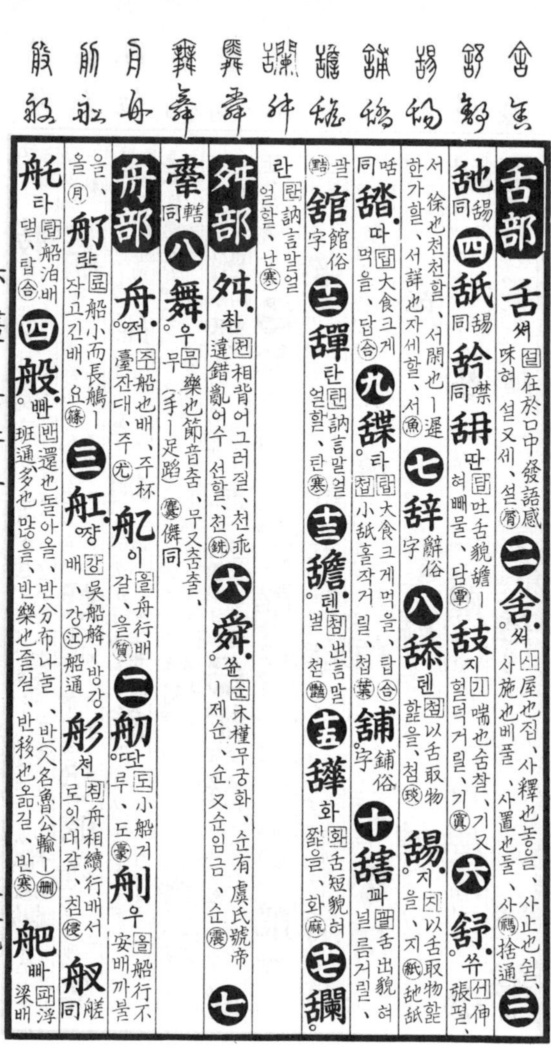

舌部

舌 셔[설]在於口中發語感味혀 설又세、설(屑) 二 舍。셔[사]屋也집、사釋也놓을、사止也쉴、사施也베풀、사置也둘、사(禡)捨通 三

⿰舌也 同舓 四 舐 同舓 ⿰舌今 同噤 舑 땀[담]吐舌貌舚ㅣ혀빼물、담(覃) ⿰舌支 지[기]喘也숨찰、기又헐덕거릴、기(寘) 六 舒。쓔[서]伸張펼、서徐也천천할、서閑也ㅣ遲한가할、서詳也자세할、서(魚) 七 辞 字辭俗 八 舔 텸[첨]以舌取物핥을、첨(琰) 舓。지[지]以舌取物핥을、지(紙)䑛舐咶同

⿰舌沓。따[답]大食크게먹을、답(合) 九 ⿰舌枼。타[탑]大食크게먹을、탑(合) [첩]小舐홀작거릴、첩(葉) 舖。字鋪俗 十 ⿰舌害 꽈[괄]舌出貌혀널름거릴、괄(黠) 舘 字館俗 十二 ⿰舌單 탄[탄]訥言말얼얼할、탄(寒) 十三 舚。텸[첨]出言말낼、천(鹽) 十五 ⿰舌華 화[화]舌短貌혀짧을、화(麻) 十七 ⿰舌闌。란[란]訥言말얼얼할、난(寒)

舛部

舛。촨[천]相背어그러질、천乖違錯亂어수선할、천(銑) 六 舜。쓘[순]木槿무궁화、순有虞氏號帝ㅣ제순、순又순임금、순(震) 七 舝 同轄 八 舞。우[무]樂也節音춤、무又춤출、무(手ㅣ足蹈)(麌) 儛同

舟部

舟。쥬[주]船也배、주杯臺잔대、주(尤) 舡 이[을]舟行배갈、을(質) 二 舠。닾[도]小船거루、도(豪) ⿰舟刂 우[올]船行不安배까불을、올(月) ⿰舟了 랖[료]船小而長觴ㅣ작고긴배、요(篠) 三 舡。꺙[강]吳船觵ㅣ방강배、강(江)船通 ⿰舟彡 천[침]舟相續行배서로잇대갈、침(侵) ⿰舟叉 艖同 ⿰舟乇 타[탑]船泊배댈、탑(合) 四 般。빤[반]還也돌아올、반分布나눌、반(人名魯公輸ㅣ)(刪)班通、多也많을、반樂也즐길、반移也옮길、반(寒) 舥 빠[파]浮梁배

六畫 舌舛舟

다리、파(麻)

舫 빵 [방] 兩船連結배연결할、방船人사공、방(滂)

航。향 [항] 船也배、항以船渡水배질할、항又건늘、항(陽) 杭通

舩 船同

⿰舟少 찰 [초] 船不安배위태할、조(肴)

⿰舟日 이 [일] 舟飾배꾸밀、일(質)

⿰舟今 진 [금] 新舟새배、금(沁)

⿰舟戈 자 [가] 小船작은배、가(歌)

五

舷 쎈 [현] 船邊뱃전、현(先)

船。쏸 [선] 舟也배、선(先) 舩同 舡通

⿰舟召 댜 [초] 吳船초배、초(蕭)

舸。커 [가] 大船큰배、가(哿)

舵 同柁

⿰舟句 꾸 [구] 大船ㅣ艛큰배、구又구록배、구州名ㅣ艛(尤)

舳。쥬 [축] 船尾배꼬리、축又고물、축(屋)

舶。빼 [백] 航海大船큰배、백又당두리배、백(陌)

舴 쩌 [책] 小舟ㅣ艋작은배、책(陌)

舲 同⿰舟霝

⿰永舟 융 [영] 舟行배떠날、영(敬)

⿰舟付。同⿰舟步

⿰舟甲 자 [갑] 長船긴배、갑(洽)

⿰舟氐 디 [제] 戰船ㅣ艡싸움배、제(齊)

六

⿰舟同。同艟

艂 팡 [방] 吳船ㅣ舡방강배、방(江)

⿰舟兆 닫 [도] 大船ㅣ舸큰배、도(豪)

七

艅。위 [여] 津船나룻배、여吳船名ㅣ艎(魚)

艄。쌀 [소] 船尾배꼬리、소又哨船金翅정탐배、소(肴) 梢通

艁 쪼 [조] 舟梁ㅣ首배다리、조(皓)

艇。팅 [정] 狹長小船길고작은배、정(迥)

艆 랑 [랑] 舷也뱃전、양(陽)

⿰舟步 뿌 [부] 短而深舟짧고속깊은배、부(遇) ⿰舟付艀同

⿰舟亭 헝 [형] 載鹽船소금배、형(庚)

艀。뿌 [부] 端艇거룻배、부又종선、부(尤)

⿰舟弟 디 [제] 小船작은배、제(齊)

艃 리 [리] 長形小船길고작은배、이(支)

八

⿰舟卓。뇨 [도] 行舟배띄어놓을、도舵也키、도(效)

艌 녬 [념] 舊船修理낡은배수리할、염挽船배끄을、염(鹽)

艋。멍 [맹] 釣船舴ㅣ낚싯배、맹(梗)

⿰舟疌。쪠 [접] 舟行疾배빨리갈、첩(葉)

九

⿰舟非 빼 [배] 船後所排方向木키、배(卦)

⿰舟侖 륜 [륜] 船之橫木배밑창나무、윤(眞)

⿰舟青。쳉 [천] 俗音 [청] 輕船가벼운배、청(霰)

艍 [韓] 小舟거룻배、거

艐。쭝 [종] 船着沙上배붙을、종(東)

艑 편 [편] 小舟작은배、편 [변] 義同(銑)(先) 扁通

艎。황 [황] 吳船艅ㅣ오나라배、황大船큰배、황(陽)

艛 同樓

艓。데

접 小舟ㅣ子 작은배、접 葉

艒。 웨 위 漕運船 운송선、위 未

颿 帆同

艅• 유 유 刳空木中作船 홈배、유 虞

⿰舟契 지 계 長船 긴배、계 霽

艏 사 수 船首 뱃머리、수 有

⿰舟斿 의 우 舟浮 배뜰、유 尤

十

艖 촤 차 小舟 작은배、차 歌 麻 ⿰舟叉同

艘• 樓同

艗。 이 익 靑雀舟 푸른새그린배、익 錫 榏同、鷁通

⿰舟昜 타 탑 廣大船 큰배、탑 合

艙• 창 창 甲板底 갑판밑창

艕 빵 방 廣船 넓은배、방 漾

⿰舟芻。 척 추 海船 대동선、추 尤

⿰舟兼 젼 겸 底深船 밑깊은배、겸 鹽

⿰舟豈 애 애 底廣船 밑넓은배、애 灰

十一

艛• 락 루 樓船 艭ㅣ 다락있는배、누 尤

⿰舟鹿 루 록 船名 ⿰舟句ㅣ구 록배、녹 屋

⿰舟符 ⿰舟步同

艚。 찬 조 小舟 작은배 조、又 종선、조 豪

⿰舟習 시 십 覆船具 배차일、십 緝

十二

⿰舟尞。• 랴 료 小長船 작고 긴배、요 蕭

⿰舟發 빠 발 樓船ㅣ艛 다락있는배、발 曷 벌 海筏 떼、벌 月

⿰舟⿱⺮兆 탸 조 船泊掛板 배발판、조(或音요)(自岸至船、所掛長板、以通往來) 蕭

⿰舟尊 쭌 준 船底孔 배밑구멍、준 願

艟。• 퉁 동 戰船 艨ㅣ 싸움배、동 東 ⿰舟同同 충 義同 冬

⿰舟厥 줴 궐 繫船杙 배매는 말뚝、궐 月

⿰舟縢 딍 등 緘閉 봉할、등 蒸

十三

艤。 이 의 整舟向岸 배등대할、의 又 배댈、의 紙 檥同

艣 루 로 進船具似槳曰ㅣ 노、노 虞 艪同 櫓通

艡 땅 당 兵船 舡ㅣ 병선、당 陽

⿰舟達 따 달 戰船 싸움배、달 曷

艢 챵 장 帆柱 돛대、장 陽 艢同

⿰舟賁 삐 비 船釘 배못、비 尾

十四

艨• 뭉 몽 戰船 ㅣ艟 싸움배、몽(狹而長曰ㅣ艟以衝突敵船) 東

艦。• 잼 함 戰船 싸움배、함(四方施版以禦矢石)(今稱海軍曰ㅣ隊戰船曰軍ㅣ) 豏

⿰舟齊 치 제 船之承艣凸物 노거리、제 齊

十五

艪 艣同

⿰舟彖 레 예 大船 큰배、예 齊

⿰舟墨 머 묵 釣船 낚시배、묵 屋

十六

⿰舟廧 艢同

艫。• 루 로 船頭 뱃머리、노 虞

⿰舟龍 룽 룡 覆蓋小船 뚜껑덮은배、용 冬

⿰舟歷 리 력 往來船 왕래하는배、역 錫

十七

⿰舟霝。 링 령 舟有窓者 창있는배、영 青 舲同

十八

艭• 쌍 쌍 大船 艂ㅣ 큰배、쌍 江

艮部

艮。건 [간]止也그칠、간限也한정할、간方位간방、간(方則東北時則自午前二時至同四時)卦名)(願)

良。량 [량]善也어질、[양]又착할、양頗也자못、양誠也진실로、양夫稱ㅣ人남편、양首也머리、양深也깊을、양器工장인、양能也능할、양(陽)ㅣ有以때문、양(瀁)

(十一) **艱**。잰 [간]難也어려울、간又가난할、간憂也근심할、간(遭父母之喪曰丁ㅣ又丁憂)苦窮고롱할、간(刪)

色部

色。써 [색]五采빛、색顔氣낯、색又기색、색美女예쁜계집、색(男女間之情慾)怒也作ㅣ핏대올릴、색(職)、

(四) **䒊** 씨 [혜]黃病色황달빛、혜(齊)

(五) **艴**。부 [불]怒也ㅣ然성발끈낼、불(物) **𦫸**同[발]怒色ㅣ如성낸빛、발(月)勃通[배]將曙之色새벽빛、배(隊)

𦫹 앙 [앙]氣上기운뜸、앙(養)

𦫺 빠 [발]無色빛없을、발浅色엷을、발(曷)

䒋 빠 [파]色不眞正빛참되지않을、파(禡)

(七) **𦫻** 同艴

(八) **艵**。병 [병]縹色옥색、병(王色)青

(十) **䒌**。밍 [명]青黑色ㅣ艴검푸를、명又애청빛、명(青)閉目눈감을、명(敬)

𦫼 와 [와]色脫빛벗을、와(禡)

(十二) **䒐**。청 [증]顔色凶惡얼굴빛흉할、증(蒸)

(十三) **艶**。艷俗字

(十四) **𦫽** 졈 [훈]物被熏色그을어누른빛、훈(問)

(十六) **䒑** 멍 [몽]顔色之惡낯빛흉할、몽(東)

(十八) **艷**。豔俗字

艸部

艸。찬 [초]百卉總名풀、초又새、초(皓)草通

艹 제 [개]羊角開貌양의뿔벌어진모양、개(卦)

(二) **艾**。애 [애]蕭也灸草쑥、애老也者ㅣ늙은이、애養也頤ㅣ기를、애美好少ㅣ예쁠、애安也保ㅣ편안할、애(泰)忞通[예]治也ㅣ安다스릴、예(隊)又通

芀 됴 [조]葦華갈대꽃、조(今人取之爲帚曰ㅣ帚)(蕭)

艽。착 [교]藥名蓁草망초、교(肴)[규]義同[구]荒野거친들、구(尤)

艼 同酊

艿 싱 [잉]陳根不芟新草更生묵은뿌리에새로싹날、잉(蒸)礽同

艻 러 [륵]香草蘿

ㅣ향풀、누(藥名牛脂ㅣ)職

㊂

芄。완 [환] 莞也ㅣ蘭왕골、환(寒) 雚通

芎 츙 [궁] 香草ㅣ藭궁궁이、궁(東)

莩 秄同

芑 찌 [기] 白粱粟흰차조、기又와여묵이조、기(菜名似苦菜)紙

芋。위 [호] 大也클、후(虞) 訏通 [우] 土芝토란、우(葉如蓮根似藷)遇

芃 펑 [봉] 草盛ㅣㅣ풀성할、봉(東)

芊 쳰 [천] 草茂ㅣㅣ풀더부룩할、천(先)

苄 쌰 [하] 地黃지황、하(地黃生者以水試之浮者天黃半沈半浮者人黃沈者地黃ㅣ字亦趨下之義)禡 [변] 熟ㅣ숙지황、변(先)

芒。망 [망] 草端가시랑이、망又꺼럭망 大貌ㅣㅣ질펀할、망(神名句ㅣ)陽 茫恾通

芍。쌰 [적] 蓮實연밥、적(錫) 菂同 [작] 藥名ㅣ藥작약、작又함박꽃、작(藥)

芅 이 [익] 羊桃양도、익(草名銚ㅣ)職

芇。멘 [면] 睹也버기할、면 相當비길、면(先)

芉 깐 [간] 薏苡율무、간(旱)

芏 투 [토] 海邊生莞갯벌왕골、토(麌)

𦬒 퉈 [택] 藥草名약풀、택(陌)

𦬐 쌰 [소] 藥草遠志원지、소(篠)

㊃

芝。쯔 [지] 瑞草靈ㅣ지초、지又잔디、지又버섯、지(ㅣ寄生於已枯之樹木其體如菌)(荷名冰ㅣ)支

茚 앙 [앙] 菖蒲창포、앙(陽)

芪 찌 [기] 藥名黃ㅣ단너삼、기(ㅡ名王孫根高三四尺根爲藥用)支

芷 쯔 [지] 藥名白ㅣ구리때、지又궁궁이、지香草향풀、지(紙)

芰。찌 [기] 三角菱세뿔마름、기(寘)

芘 삐 [비] 草名浚ㅣ준비풀、비(寘) 庇通

芾 뿌 [비] 木盛蔽ㅣ나무성할、비(未) [패] 義同(泰) [불] 草木盛초목우거질、불(物) 黻通

芧 쮸 [서] 栩也가락나무、서(魚) [저] 義同(語) 苧通

芻。추 [추] 飼牛馬之草꼴、추又짐승먹이、추(虞)

芙。뿌 [부] 荷也ㅣ蓉연꽃、부(虞)

芮。쉐 [예] 草生貌ㅣㅣ풀뾰족할、예水涯물가、예(ㅣ之言內也水內曰隩水外曰鞫)轂繫楯後帶방패끈、예 姓也성、예(霽)

芸 윈 [운] 香草향풀、운多也ㅣㅣ더부룩할、운(文)

芬 퓬 [분] 香也향기、분亂也ㅣㅣ어지러울、분(文)

芹。친 [근] 水菜楚葵미나리、근(文)

芚 뚠 [둔] 木始生나무싹날、둔菜似莧可食둔나물、둔愚也어리석을、둔(元)

芭 빠 [파] 甘蕉ㅣ苴파초、파(麻)

芼。맏 [모] 菜也나물、모(豪) 擇也가릴、모(號)

花。화 [화] 草木之葩꽃、화 (麻) 華蘤通 芽 야 [아] 萌也싹、아 (麻) 芳。빵 [방] 香氣芬ㅣ꽃다울、방又향기、방聲譽之美이름빛날、방 (陽) 蒡 同芳 茉 뫌

[부] 車前草ㅣ苢질경이、부又길장구、부 (尤) 芤 쿠 [규] 蔥也파、규 (尤) 芩。친 [금] 鹿食草금풀、금(藥名黃ㅣ、根如釵股、葉如竹) (侵) 芡 쳄 [검] 水果鷄頭마름、검 (琰)

芟 짠 [삼] 제草풀베일、삼 (咸) 芴。우 [물] 菲也土苽순무、물緻密軋ㅣ빽빽할、물 (物) 惚通 芨。찌 [급] 藥名白ㅣ대암풀、급(白ㅣ葉做初生櫟苗開花紅紫色中心如舌、

一名鳥頭) (緝) 芛。씬 [순] 草木盛生초목성할、순 (軫) 蓴通 芙 쭤 [결] 蘚若ㅣ光초결명、결 (屑) 芢 신 [인] 種子씨、인(草名) (眞) 芫 蒝同 芫。웬 [원] 草名魚

毒고기잡는풀、원(煑ㅣ投水中則魚死而浮出故以爲名) (元) 芥。계 [개] 辛菜겨자、개草ㅣ집겸불、개 (卦) 茳 깡 [항] 蒲也부들、항(草名) (陽) 芺 얀 [요] 薊屬野芋엉겅퀴、

요(葉端有刺)(草名鉤ㅣ、又苦味草) (篠) 芋 나 [우] 藥名牛膝우슬、우 (尤) 苜 이 [일] 草色풀빛、일 (質) 五 茈。쯔 [자] 染紫草지치、자草名勃薺올매、자子薑새앙、

자 (支) 苴。쥐 [저] 有子麻암삼、저賂遺包ㅣ꾸러미、저竹喪杖대상장、저履藉신바닥、저 (魚) [채] 水中浮草마름풀、차 (麻) [자] 和糞草土두엄풀、자 (馬) 苡。이 [이] 草實薏ㅣ율무、이

(俗謂ㅣ米可煑粥磨麪並爲藥用)車前草芣ㅣ질경이、이 (紙) 苣 苡同 苣 쥐 [거] 菜名萵ㅣ상치、거胡麻ㅣ藤흑임자、거 (語) 炬通 苦。쿠 [고] 火味쓸、고苓也大ㅣ쓴바

귀、고勤勞괴로울、고惡也모질、고 (麌) 苧。쥬 [저] 草可布縷ㅣ麻모시、저 (語) 紵芧通 苽。꾸 [고] 茭米彫胡고미、고 (虞) 菰同 苻 뿌 [부] 草名鬼目귀목풀、부(似葛)(姓也)

(虞) 草之莩甲껍질、부 (尤) 苨 늬 [니] 似蔘薺ㅣ겨륵기、이 (薺) 苐 同稊 苔。태 [태] 蘚也이끼、태又김、태(高有瓦ㅣ、卑有澤葵、散巖竇者曰石髮、補空田者曰理衣、在屋曰昔邪、

在水曰陟釐) (灰) 菭同 苑。웬 [원] 囿也御ㅣ나라동산、원(養禽獸曰ㅣ)大風ㅣ風왜풍、원 (阮) 苯 뿐 [분] 草叢生ㅣ蕁풀더부룩하게날、분 (阮) 苕。쵸 [초] 草名陵ㅣ능초풀、

초高貌ㅣㅣ우뚝할、초(蕭)

苗 먀 [묘]穀草初生싹、묘禾秀벼이삭、묘胤也ㅣ裔이을、묘(蕭)

茅 마 [모]菅也띠、모(肴)

苞 빠 [포]藨也딸기、포包也쌀、포本也밑둥포草木叢生초목모도록이날、포茂也무성할、포(肴)枹通

苛 커 [가]小草잔풀、가煩也까다로울、가酷也혹독할、가責也꾸짖을、가擾也흔들、가(歌)

茄 쟈 [가]俗音(麻) [가]菜名ㅣ子가지、가芙渠莖연줄기、가(藥名五ㅣ)(歌)

苹 핑 [평]藾蕭可食다북쑥、평(庚) [日]林檎 사과、평

若 쉬 [약]如也같을、약汝也너、약順也순할、약豫及辭및、약假說辭만약、약年少젊을、약(藥) [야]梵語般ㅣ반야、야僧居蘭ㅣ절、야(馬)

英 잉 [영]華也꽃부리、영智出萬人영웅、영(樂名五ㅣ)(庚)韺通

苘 檾同

苓 링 [령]藥名茯ㅣ풍령이、영(千年之松下有茯ㅣ)草名ㅣ耳도꼬마리、영菌類豬ㅣ저령、영大苦草씀바귀、영(青)蘦通

茆 菲同

苟 꺼 [구]誠也진실로、구草率ㅣ且구차할、구但也다만、구僅也겨우、구草也풀、구若也만약、구(有)

茂 뭐 [무]草盛무성할、무美也아름다울、무勉也힘쓸、무(太歲在戊曰閹ㅣ)(宥)楙通

苷 깐 [감]甘草감초、감(一名靈通、一名國老ㅣ最爲衆藥之主)(覃)

苫 잔 [점]編茅覆屋집이울、점喪席거적자리、점書貌廉ㅣ글씨흘려쓸、점(鹽)(豔)

苒 산 [염]草盛貌풀우거질、염展轉荏ㅣ덧없을、염(琰)

范 빤 [범]蜂也벌、범草名벌풀、범(姓也)(豏)笵通

莓 메 [매]覆盆蛇ㅣ뱀딸기、매(賄)

苾 삐 [필]馨也ㅣ芬향기날、필(質)咇同

茁 좌 [줄]草芽풀싹、줄(質) [절]草初生貌풀뾰죽뾰죽날、절(屑) [찰]肥貌ㅣ壯살찔、찰(黠)

茀 뿌 [불]草盛풀성할、불福也복、불治也다스릴、불(物)

茇 뿌 [발]藥名蓽ㅣ필발、발(蒟醬生於蕃國者大而紫謂之蓽ㅣ)草舍초가집、발草名ㅣ䓞발괄풀、발草根풀뿌리、발(曷) [불]舟索뱃줄、불(物)

茉 머 [말]花名ㅣ莉말리꽃、말(曷)

茣 蓺同

苶 녜 [녈]疲貌ㅣ然고달플、날(屑) [녑]義同(葉)

苙 리 [립]藥名白芷궁궁이、입畜欄짐승우리、입(緝)

苖 듸 [적]羊蹄草소루장이、적(大黃)(錫)

苠 민 [민]竹皮대껍질、민多貌ㅣㅣ그득할、민(眞)

苪 빙 [병]明著나

타낟、병梗

茵 착 [주]芝也지초、수尤 **弦** 홍 [홍]胡麻藤ㅣ피마자、홍蒸 **苳** 똥 [동]冬生草ㅣ겨우살이、동冬 **苲** 자 [자]土苴두엄、자馬 [작](縣名定ㅣ、山名

ㅣ領)樂 **莌** 同悅 **苜** 무 [목]菜名ㅣ蓿거여목、목(牛馬飼草)(一名連枝草)屋 **苮** 쎈 [선]草名似莞노양이、선先 **茬** 同茌 **苼** 셩 [생]花蕊꽃술、생庚 **苩**

[韓]百濟姓성、백

六

茺 츙 [충]藥名ㅣ蔚익모초、충東 **茙** 슝 [융]似葵茙葵규화、융厚貌ㅣㅣ두툼할、융東 **茚** 츙 [공]蓂莢實책력풀、공冬 **茸** 슝 [용]草生ㅣㅣ풀날、용不肖闒ㅣ못생길、용美貌丰ㅣ예쁠、용冬鹿角鹿ㅣ녹용、용腫 㒞通 [이]松情松ㅣ송이、이寘 **茳** 쟝 [강]香草ㅣ蘺향풀、강江 **茨** 츠 [자]以茅蓋屋집이을、자草名疾藜납가새、자支 薺通 **茲** 쯔 [자]蓐席돗자리、자重也거듭、자此也이、자草木盛貌초목우거질、자(西域國名龜ㅣ)支 **荑** 티 [이]白蕢흰비름、이(一名莁ㅣ)荑제베일、이支 [제]茅始生花띠꽃순、제齊 **荔** 리 [려]果名ㅣ枝여지、예(ㅣ枝樹高五六丈靑花米實實如鷄卵)寘 [려]香草薜ㅣ벽려풀、여霽 **茹** 수 [여]食也먹을、여語茅根띠뿌리、여御 受也받을、여度也헤아릴、여柔也부드러울、여染草ㅣ藘꼭두서니、여魚 **茱** 쮸 [수]藥名ㅣ萸수유、수(九月九日折ㅣ萸房插頭可辟惡氣)虞 **荄** 깨 [해]草根풀뿌리、해佳 灰 **茷** 뻬 [패]草葉茂盛풀잎무성할、패 有法度ㅣㅣ법도있을、패泰 **茴** 훼 [회]藥名ㅣ香회향、회(有大ㅣ香小ㅣ香)藥草防風葉방풍잎사귀、회灰 **茝** 쯔 [채]蘼ㅣ芎궁궁이싹、채(一名蘼蕪)蘭類蕙ㅣ난초、채賄 **茵** 인 [인]蒿也ㅣ蔯더위지기、인又다위때、인蓐席자리풀、인眞 鞇通 **荀** 쓘 [순]草名풀이름、순(靑要之山有草焉黃花赤實名曰ㅣ草)(姓也又國名)眞 **荃** 촨 [전]香草향풀、전芥粉겨자가루、전先 **荈** 촨 [천]晩取茶늦차、천銑 **荐** 쪤 [천]薦席자리、천再也거듭、천頻也자주、천霰 洊通 **茜** 쳰 [천]茅蒐꼭두서니、천又잇、천(花可染絳)霰 蒨通 **荍** 쟈 [교]錦葵花금규화、교(一名荊葵)蕭 **茭** 쟈 [교]乾芻마른꼴、교肴 **草** 찬 [조]百

卉總名새、초又풀、초文藁글씨쓸、초粗也ㅣ率초솔할、초苟簡ㅣㅣ초초할、초創初비로슬、초(皓)艸通 **夸** 과[과]花也꽃、과(麻) **茶。** 차[다]茗也차、다(葉與椿煎飲者)

(麻) 榛同 **茫。** 망[망]廣大ㅣㅣ망망할、망水貌滄ㅣ물빛질펀할、망(陽)芒通 **荒。** 황[황]蕪也거칠、황大也클、황廢也폐할、황穀不登曰ㅣ흉년들、황(陽) **荇** 씽[행]水

菜接余마름풀、행(一名蓴菜)(梗)莕同 **茗** 밍[명]茶芽차싹、명(迥)酩通 **[illegible]** 蒸同 **[illegible]** 麻同 **荏。** 인[임]大豆ㅣ菽콩、임白蘇可油들깨、임柔也ㅣ染부드러울、임(寑)

茯。 부[복]藥名ㅣ苓복령、복又풍낭이、복(松脂入地千年化爲ㅣ苓、ㅣ苓化爲琥珀、且精氣不盛止爲附結本根旣不離本故曰ㅣ神)(白ㅣ苓、赤ㅣ苓)(屋) **荊。** 荆俗字 **[illegible]** 취

[곡]蠶箔누에발、곡(沃) **茼。** 퉁[동]香菜ㅣ蒿쑥갓、동(東) **茢** 례[렬]茗帚桃ㅣ부정풀이비、열(屑) **茖。** 꺼[격]山葱산파、격(陌) **荅** 따[답]小豆좀콩、답當也당할

답(合) **茛。** 깐[간]草烏頭苗毛ㅣ바곳의싹、간又노저나물싹、간樟類장뇌나무、간(願) **茤** 뒤[다]菱也마름、다(南夷名鹿ㅣ)(歌) **茦。** 츠[자]草之刺針풀가시、자(寘)莿同

[책]義同(陌) **茩。** 꾸[구]決明藓ㅣ초결명、구(有) **茪** 꽝[광]決明英ㅣ초결명、광(陽) **茬** 츠[치]草貌풀모양、치(地名)(支)茌同 **[illegible]** 쎄[혈]蒨也地ㅣ꼭두서니、혈(染

絳)(屑) **茥。** 꿰[규]覆盆子딸기、규(齊) **[illegible]** 꽈[괄]藥名ㅣ蔞하늘타리、괄(曷) **荁** 환[한]草名풀이름、한(寒) **茝** 치[기]藥草약풀、기(紙) **荗** 쒸[술]藥

名義ㅣ아술、술艾也쑥、술(質) **[illegible]** 殍同 **荎。** 찌[지]五味子ㅣ豬오미자、치(支) **茰** 萸同 **茟** 이[일]花蕾꽃방울、일赤藜명아주、일(質) **茻** 멍[맹]衆草相雜잡

풀우거질、맹(養) **茽。** 중[중]草貌叢生풀무더기로날、중(送) **[illegible]** 머[모]麰麥귀은보리、모(尤) **莱** 래[래]果垂과실주렁주렁달릴、내(隊) **荖** 베[배]果名ㅣ醬구

장、배(灰) **[illegible]** 착[착]河柳능수버들、축(屋) **七** **荽** 쉬[유]香菜胡ㅣ고수풀、유(支) **荾** 荽同 **莉** 리[리]花名茉ㅣ말리꽃、이(南越花草)(寘) **莅。** 리

리臨也임할、이位也자리、이寘 涖通

莒 쥐 거草名풀이름、거(可爲結繩)諸也감자、거(邑名ㅣ父又國名)語

莁 우 무白蕡ㅣ荑흰비름、무虞

荼 투 도苦菜씀바귀、도苦也쓸、도(神名神ㅣ)虞

莩 부 부葭中白皮갈청、부虞 표餓死亩어죽을、표篠

莆 부 보蓂時瑞草萐ㅣ삽보풀、보麌

荰 뚜 두香草ㅣ蘅두형풀、두冬葵겨울해바라기、두麌

荹 뿌 보亂藳짚북더기、보遇

莫 머 막勿也말、막無也없을、막定也정할、막薄也엷을、막大也클、막茂也ㅣㅣ무성할、막謀也꾀、막藥 맥靜也고요할、맥陌 모菜也푸성귀、모遇 幕通

莓 메 매苔也이끼、매草實山ㅣ산딸기、매美田ㅣㅣ걸찬밭、매灰

莘 씬 신藥名細ㅣ세신、신衆貌ㅣㅣ많을、신長也길음할、신(國名)眞 [illegible]同 姺通

莞 완 관草可爲席왕골、관寒 菅同 완笑貌ㅣ爾빙그레할、완潸

莬 菟同

莧 환 한商也패모、한諫 현商陸草자리공、현又비름、현霰

莚 옌 연不斷蔓ㅣ만연할、연又덩굴번을、연續也연속할、연霰

莜 蓧同

[illegible] 맏 모蓴菜鳧葵순나물、모肴 묘義同 巧 茅通 류蒲柳갯버들、유有 茆本字

莢 야 협豆角콩껍질、협瑞草蓂ㅣ책력풀、협葉

荷 허 하芙蕖연꽃、하擔也멜、하怨聲ㅣㅣ원망할、하藥名薄ㅣ박하、하歌 負也짐、하哿 加也더할、하箇

莪 어 아蒿屬蘿ㅣ다북쑥、아歌

莝 취 좌斬芻여물、좌箇

莊 쟝 장嚴也씩씩할、장端也단정할、장敬也공경할、장盛也성할、장六達衢육거리、장田舍別ㅣ별장、장陽

莣 왕 망杜榮도롱이、망(ㅣ草似茅皮可以爲繩)陽

莨 랑 랑毒草ㅣ菪초우엉、낭又이앎이풀、낭漾 日烟草담배、낭

莖 징 경草幹줄기、경庚

莛 딩 정莛也줄거리、정屋梁들보、정青

莕 荇同

莠 우 유害穀草稂ㅣ가라지、유醜也추할、유有

荳 豆同

莟 한 함花開ㅣ菡꽃필、함又함박꽃、함勘

莤 쒸 숙束茅灌鬯酒모에강신할、숙屋 유漉酒술걸를、유有

苩 뻐 백藍也쪽、백陌

荻 듸 적萑也蘆屬갈대、적又달、적錫 蔐同

莎 쒸 사香附子향부자싹、사ㅣ鷄범메

뚜기、사〔歌〕[수]ㅣ草 잔디、수〔支〕𦯬同 **萩** 약 [부]荷葉將落時연 잎이울、부〔虞〕 **蔥** 인 [인]菜名ㅣ冬인동초、 인(一名隱ㅣ)〔軫〕 **蕲** 여 [절]斷草풀베 일、절簞也

죽점、 절〔屑〕 **苭** 윤 [윤]蓮根연뿌리、 윤(草名)〔軫〕 **莃** 씨 [희]食用菜蔬희나물、 희(葉似葵而稍小)〔微〕 **莶** 분 [분]以草爲境풀로 지경정할、분〔願〕 **莋** 쥐 [적]食 草풀

먹을、적 (地名)〔陌〕 **莌** 떠 [탈]草名活ㅣ활 탈초、탈〔曷〕 **茦** 착 [구]茱萸子수 유씨、구〔尤〕 **莐** 천 [침]知母ㅣ藩지 모、침〔侵〕茺同 **莔** 멍 [맹]藥草貝母 패모、맹〔庚〕

莭 여 [접]小葉작은 잎、첩〔葉〕 **莄** 징 [경]草莖풀줄 기、경〔梗〕 **莥** 뉴 [뉴]鹿豆돌콩、유 (山野自生豆)〔有〕 **莦** 쏘 [소]惡草모진 풀、소〔肴〕 **莙** 쥔 [군]蓬

水藻ㅣ말마름、군菜 名ㅣ蓮근대、군〔軫〕 **蓱** 萍同 **莂** 베 [별]移植옮겨심을、 별又모종낼、별〔屑〕 **⿱艹尾** 미 [미]草垂풀늘어질、 어질、미〔未〕 **⿱艹均** 운 [문]山漆산칠 나무、문〔吻〕

荶 인 [음]水蒜물에나 는마늘、음〔侵〕 **莗** 쳐 [차]藥名ㅣ前子 차전자、차〔麻〕 **⿱艹悳** 직 [지]藥草遠ㅣ 원지、지〔寘〕 **⿱艹私** 쓰 [사]茅蕎띠 싹、사〔支〕 ㊇ **菘** 쑹

[중]菜名배 추、숭〔東〕 **菶** 뿡 [봉]草茂貌ㅣㅣ풀 우거질、봉〔東〕〔董〕 **菾** 톈 [첨]苫也상치、 첨(菜名)〔鹽〕 **萁** 치 [기]豆莖豆ㅣ콩대、 기(菜名似蕨)〔支〕 **萎** 웨 [위]枯也 이울、

위又마를、위矮 縮시들、위〔支〕 **萑** 환 [환]蓷也달、환荻也갈、환 〔寒〕[추]益母草익모초、추〔支〕 **⿱艹待** 蒔同 **萃** 취 [췌]聚也모을、취(或 音췌)(卦名)〔寘〕瘁通 **菲** 뻬 [비] 菜

名葑類순무、비(似菁蕪可食者)香也芳ㅣ향기로울、 비草茂貌芳ㅣ풀우거질、비〔微〕薄也엷을、비〔尾〕 **菹** 쮜 [저]潰菜김치、저又 침채、저〔魚〕葅同 **菩** 푸 [보]樹名ㅣ 提염주나

무、보(摩伽陀國有ㅣ提樹高二丈餘葉如卵形大實如櫻桃子可爲 念珠)事也ㅣ薩보살、보又깔、보(佛號ㅣ薩又佛覺道通曰ㅣ薩)〔虞〕 **菰** 苽同 **菟** 투 [토]藥名ㅣ絲새 삼、토〔遇〕[도]虎

也於ㅣ범、도(魯邑名ㅣ 裘又朝鮮郡名玄ㅣ)〔虞〕 **莽** 망 [모]粗率鹵ㅣ추솔할、무〔陌〕[망]義同 草深ㅣ ㅣ풀우거질、망〔養〕[모]宿草묵은풀、모〔麌〕 **萋** 치 [처]草盛ㅣㅣ 풀무성할、

처雲行貌구름뭉게뭉게갈、처(齊)緀通

萉 늬 [니]露濃ㅣㅣ이슬이드르를할、이草根露出풀뿌리들어날、이(齊)泥通

落 苔同

萊○ 래 [래]藜草명아주、버田休不耕밭묵힐、내荒草쑥、내(蒿ㅣ草ㅣ)(灰)

菜• 채 [채]蔬也나물、채(隊)

菌○ 균 [균]地蕈버섯、균(一名朝ㅣ)黴ㅣ곰팡、균又벌레、균(寄生他物體曰細ㅣ、恆爲傳染病之媒介者)(軫)

菣 천 [긴]香蒿다북쑥、긴(震) 墐同

菫○ 진 [근]苦草씀바귀、근藥名烏頭오두、근(香草名ㅣ菜)(吻)(震)

菀• 완 [울]茂也ㅣ然무성할、울(物) [원]木盛나무우거질、원(藥名紫ㅣ)(阮)

菅 관 [간]茅也띠、간(姓也)(刪)[관]小蒲왕골、관(寒)莞同

菆 추 [추]積木以殯ㅣ塗丕빈할、찬(寒)欑通[주]草叢풀더부룩할、추矢之善者좋은살、추(尤)

萍○ 평 [평]楊花所化浮ㅣ개구리밥、평又마름、평(根不着地浮生水上)(靑)蓱萍同

菤○ 권 [권]草名ㅣ耳도꼬마리、권(銑)

萄○ 도 [도]蔓果葡ㅣ포도、도又머루、도(豪)

菢 빠 [포]鳥抱卯새알품을、포覆也덮을、포(號)

菏 허 [하]菔也菁根무、하[가](澤名)(歌)

華○ 화 [화]榮也빛날、화花開꽃필、화色澤윤택할、화(麻)華同 蘤通(西嶽名太ㅣ國名中ㅣ)(禡)華同、花通

菖 창 [창]似蓀ㅣ蒲창포、창(冬至後五旬七日ㅣ始生、ㅣ者百草之先于是耕)(陽)

萇○ 창 [장]木名ㅣ楚보리수、장(俗名羊桃國名爲ㅣ)(陽)

菪• 탕 [탕]毒草莨ㅣ초우엉、탕又이아리풀、탕(莨ㅣ葉圓而光有毒、悞食令人狂亂、甘草解之)(漾)

菓• 꽈 [과]木實熟成과실、과又실과、과又과자、과(哿)果同

荊 엉 [형]楚也광대싸리、형蔳也가시、형(庚)

菁○ 엉 [정]菜名蕪ㅣ무、정韭花부추꽃、정三脊茅세골진띠、정(庚)[청]茂貌ㅣㅣ휘늘어질、청(靑)

萌○ 멍 [맹]草芽싹、맹(凡草木始生皆曰ㅣ)始也비롯을、맹(庚)

荓 핑 [평]使也부릴、평[병]草名馬帚말솔풀、병燕子花연자화、병(人名趙靑ㅣ)(靑)

菫 菫同

萎○ 위 [어]葉無色ㅣ읍시들、어臭草썩은풀、어(魚)蔫通

菱• 릉 [릉]芰也마름、능(三角四角曰芰、兩角曰ㅣ)(蒸)蔆同

菴 안 [암]蒿草ㅣ藺진주봉、암又쑥、암草舍초막암又암자、암(覃)庵通、翳薈ㅣ藹기릴、암(勘)

菼○ 탄 [담]䓕萑生芽달순、담又갈싹、담(感)

菡 탄 [담]芙蓉菡ㅣ연꽃봉

오리、담(感) **菽** 쓕 [숙]衆豆總稱콩、숙又다랏、숙(屋)尗同、叔通 **菊**。쥭 [국]秋華국화、국(屋)蘜同、鞠通 **菔** 뿍 [복]菜名蘿ㅣ무、복(一名萊ㅣ又蘆ㅣ)(屋) [븍]義同(職) 葍

通 **菉** 록 [록]綠色小豆녹두、녹(一名王芻)(沃) **菥** 씨 [셕]大薺ㅣ蓂큰은냉이、석(錫) **萋**。졔 [접]水生荇菜조악이、접又마름풀、접又순채、접(一名接余)(葉) **菂** 芍同

萐。쌉 [삽]瑞草ㅣ莆삽보풀、삽又상서풀、삽(ㅣ莆王者有孝德則生於廚)(洽) **莿** 茦同 **菇** 꾸 [고]王瓜蔉ㅣ쥐참외、고(虞) **[艹帛]** 빼 [백]木綿목화、백(陌) **菋**

웨 [미]五味子오미자、미(未) **[艹旴]** 쒸 [후]藥草蛇床뱀도랏、후(虞) **菎**。쿤 [곤]香草향풀、곤(元) **菍** 蔥同 **菒** 깐 [고]枯草마른풀、고(皓) **[艹沁]** 씬 [심]苗心蕈

食枯死이삭벌레먹어죽을、심(侵) **[艹紬]** 챡 [주]地楡ㅣ蒢외나물、주(尤) **[艹豝]** 패 [가]俗音 [괴]頭寬中狹잘룩할、괴又바르지않을、괴(麻) **葥** 蘿蔔俗字 **菠**。빠 [파]菜

名ㅣ薐시금치、파(歌) **菡** 菌同 **菦**。친 [근]草名白芆흰쑥、근(眞) **菧** 디 [저]薺苨계로기、저(根似桔梗)(薺) **菰**。꾸 [고]草盛貌풀우거질、고(橋名ㅣ首)(虞) **菺**

옌 [견]蜀葵촉규화、견(先) **菻**。린 [름]艾也쑥、늠(國名拂ㅣ)(寢) **菿** 따 [도]草木倒초목거꾸러질、도(號) **萆**。삐 [비]藥名ㅣ薢며래、비(支) [벽]蓑衣도롱이、벽(錫)

菙。췌 [수]荊也싸리、수(熱帶地產荊木)(紙) **[艹沓]** 따 [답]荷葉覆水연잎물에덮일、답(合) **萉**。뼤 [비]避也피할、비(微) 枲實삼씨、비(未) [복]菔也무、복(屋) **菄** 둥 [동]白

山菊흰산국화、동(東) **菕**。룬 [륜]香草향풀、논(元) **[艹姁]** 쥐 [구]諸也감자、구(虞) **菈** 라 [랍]萊菔무、납壞聲무너지는소리、납(合) **[艹泜]** 지 [지]漬菜김치、지(支)

萴 즉 [주]五色葵오색촉규화、주(尤) **菵** 망 [망]春麥봄보리、망(養) **萞** 예 [비]蓖麻子피마자、비又아주까리、비(或音배)(齊) **[艹空]**。쿵 [공]莖之中空줄기속빌、

공(東) **[艹知]** 지 [지]香附子향부자、지(支) **[艹秏]** [日]疲也가쁠、침 **九** **葼**。쭝 [종]細枝나무휘추리、종染草종풀、종(東) **葒** 홍 [홍]水草馬蓼요화、홍(東)葓同

葓 葒同 葑。 뿡 [풍] 蕪菁배추、풍(東) 蘴同 [봉] 義同(冬) 菰根고미뿌리、봉(宋) 董。 뚱 [동] 督也동독할、동正也바를、동固也굳을、동藕根연뿌리、동雜膳骨ㅣ비빔밥、동(董) 董同 [日] 古物骨ㅣ고물、동 蕧 蓼同 萵。 워 [와] 菜名ㅣ苣부루、와又상치、와(歌) 葹 쓰 [시] 草名卷ㅣ도꼬마리、시(一名豨薟)(支) 菑。 쯔 [치] 田一歲한해된밭、치(支) [재] 災也재앙、재(灰) 甾同 灾通 葸 쓰 [사] 怯也겁낼、사(紙) 葳 웨 [위] 草木盛ㅣ蕤초목성할、위(微) 葦。 웨 [위] 大葭굵은갈、위(初生爲葭稍大爲蘆長成爲ㅣ)(尾) 菹 葅同 著。 쮜 [착] 被服입을、착附也붙을、착置也둘、착着也다다를、착(官名ㅣ作又殷樽名ㅣ)(藥) 着同 [저] 明也밝을、저述也지을、저(御) 位次朝ㅣ반열、저(太歲在戊曰雍ㅣ)(魚) 萸。 위 [유] 藥名茱ㅣ수유、유(九月九日折茱ㅣ房插頭可辟惡氣)(虞) 茰同 葡。 푸 [포] 蔓果ㅣ萄포도、포又머루、포(一名草龍)(歐洲國名ㅣ萄牙)(虞) 葫 후 [호] 大蒜굵은마늘、호(虞) 蔽 蒯同 葰。 쮠 [준] 大也클、준(震) [유] 薑屬새앙、유(支) [사](上黨縣名ㅣ人)(馬) 葷。 쉰 [훈] 臭菜고명풀、훈(葱、蒜韮薑等屬)(文) 薰通 萱。 쉰 [훤] 忘憂草원추리、훤(一名宜男草)(元) 萲 萱同 葐 뿐 [분] 藥名覆ㅣ딸기、분(覆ㅣ子花曰蘇蜜那花) 香也馥ㅣ향기、분盛貌ㅣ蒕자욱할、분(元) 萬。 완 [만] 數名十千만、만又클、만(蜂名又舞名)(願) 万通 葂 완 [면] 盛也성할、면(人名蕣閭ㅣ)(銑) 莬同 葜 완 [연] 木耳버섯、연(銑) 葽。 얀 [요] 草名遠志아기풀、요(一名王萯) 草盛貌풀우거져 많을、요(蕭) 葆。 빠 [보] 草盛풀성할、보韜藏감출、보蓋也羽ㅣ일산、보(皓) 葵 퀘 [규] 向日花해바라기、규百菜之主아욱、규蜀ㅣ촉규화、규(支) 葭 쨔 [가] 葦之未秀갈、가(麻) 葬。 짱 [장] 藏也埋尸장사지낼、장又묻을、장又영장、장(漾) 葬塟同 葬 葬同 葩 파 [파] 花也꽃송이、파(麻) 萩。 착 [추] 蒿也다북쑥、추木名明枝子가래나무、추又싸리、추(尤) 楸通 葶。 팅 [정] 大薺ㅣ藶두루미냉이、정又할새냉이、정野芥들겨자、정(青) 萯 뿌 [부] 王瓜쥐참외、부又땅외、부(有) 葴。 쪈 [짐] 草名馬藍꼬아리、침(一名酸醬)(侵) 葚。

썬[심]桑實오디、심又뽕、심(寢)椹黮通 **萷** 쏘[소]葉落莖立줄기만남을、소(蕭)又마들가리、 **葍**。 뽁[복]葍也예무、복又순무、복(屋) **葀** 꽈[괄]瑞草상서로

윤풀、괄(曷) **葛** 꺼[갈]蔓生絺綌草칡、갈(取其纖維而織布、取其根而作粉食用)(曷) **落**。 랔[락]零也떨어질、낙聚也村ㅣ마을、낙天也碧ㅣ하늘、낙蕭索冷ㅣ쓸쓸할、낙難合ㅣ

ㅣ헤질、낙始成ㅣ成祭낙성재、낙(藥)[韓]畓斗石數마지기、낙 **萼** 어[악]花跗꽃받침、악(藥)蕚同、蘁通 **萴**。져[즉]藥名ㅣ子즉자、즉又부자、즉(一年虫附子)(職) **葺**。치

[즙]覆屋집이울、즙修繕수리할、즙又고칠、즙又수집할、즙(緝) **葉**。 예[엽]花之對잎、엽又잎사귀、엽(莖枝發生扁形美物)世也대、엽(所謂初ㅣ中ㅣ末ㅣ)(姓也)[섭](南陽縣名)(葉) **䒵**

한[호]草木葉折糞田갈꺾어거름할、호又절초하여밭에놓을、호(號) **萭**。 위[우]姓也성、우(虞) **萰** 렌[련]白蘞가회톱、연靑盛貌芊ㅣ퍼렁게우거질、연(霰) **萹**。 뻰[변]藥

名ㅣ蓄옥매답、변(先) **葯**。 웍[약]白芷구리때、약(藥)[악]義同(覺)[華]藥也약、약 **萿** 휡[활]藥草獨ㅣ땃두릅、활(曷) **莱** 어[유]蘇也蘸ㅣ들깨、유(蘇之ㅣ者、謂之蘸ㅣ)香

ㅣ노야기、유(尤) **葋** 취[구]草名풀이름、구(虞) **葄**。 쥐[조]藉也갈、조(遇) **葎**。 뤼[률]藥名ㅣ草한삼、율又너삼、율(似葛莖有細刺)(質) **葔** 훠[호]香附子향부

자、후又후사、후(一名ㅣ莎)(尤) **葂** 쉐[예]草生貌풀돋은아날、예(霽) **葖** 투[돌]蔙也무、돌(月) **葻**。 란[람]風草바람에흔들리는풀、남(覃) **葝** 징[경]山薤산염교、

경又산부추、경(庚) **蕩** 탕[탕]不自收斂儻ㅣ방탕할、탕(養)蕩通 **葟**。 황[황]茂也ㅣㅣ무성할、황(陽) **葥**。 쳔[전]藥草車ㅣ질경이、전(先) **葞** 미[미]春草봄

풀、미春麥봄보리、미(紙) **𦰺** 빼[배]草名靑藜푸른명아주、배(卦) **葪**。 지[계]割也베일、계鯁刺蔕ㅣ목걸릴、계(霽) **藐** 먀[묘]草細莖풀가는줄기、묘(篠) **葙**

쌍[상]鷄冠花靑ㅣ맨드라미꽃、상(陽) **葸** 씨[사]藥名ㅣ耳도꼬마리、사(一名卷耳)(紙) **蓫**。 쒸[술]藥名蓬蔬茂다위매、술(質) **蓸** 彙同 **蔕**。 蔕同 **萩** 척

[주]鳥巢새집、주(有)
茴 씨 [홀]草盛貌풀성할、홀(人名孫丨)(物)
萪 커 [과]藤也등나무、과(歌)
萫 상 [향]菜羹나물국、향(漾)
萮。유 [유]木耳나무버섯、유(尤)
葅。저 [자]芹也미나리、자(麻)
菜 채 [시]野芹돌미나리、시藥名丨胡시호、시(佳)
葱。蔥同
葮 똰 [단]槿花무궁화、단(翰)
十
蒙。뭥 [몽]幼穉어릴、몽草名女蘿삼넌출、몽覆也덮을、몽被也입을、몽冒也무릅쓸、몽飛揚蕿丨날릴、몽(卦名)(東)冢同
蓊 웡 [옹]草木盛貌丨鬱초목성할、옹染黃草옹풀、옹(董)
蓉。융 [용]蓮花芙丨연꽃、용(一名拒霜花、一名木蓮藥名蕿丨)(冬)
蓍 씨 [시]筮草시초、시(支)
蒔。씌 [시]小茴香소회향、시(一名丨蘿)(支) 叜 種모종벌、시植也심을、시(寘)蒔同
蒲 푸 [포]水草부들、포(可以造席)菖丨창포、포(一名白菖、端午製丨劍者即此故陰歷五月亦曰丨節)(虞)
蒱 푸 [포]戲具摴丨저포、포(虞)
蒩。주 [조]茅藉띠자리、조(虞)
蒟。취 [구]華茇丨醬구장、구又필발、구(丨醬緣樹而生其子如桑椹正青長二三寸以蜜藏而食之)(草名丨蒻)(麌)椇同、枸通
蓋。깨 [개]覆也덮을、개又뚜께、개大凡대개、개傘也華丨일산、개掩也가릴、개苦也白茅이엉、개(泰) [합]苫覆이엉덮을、합又지붕이울、합蒲席부들자리、합 [갑](齊下邑名又姓也)(合)
蓓。빼 [배]始華丨蕾꽃방울、배(草名黃丨)(賄)
蒯。괘 [괴]茅類菅丨기령풀、괴(卦)蔽同
蓁。전 [진]草盛丨丨풀성할、진藥名丨艽망풀、진(眞)
蒨。쳰 [천]草盛丨丨풀더부룩할、천(霰)茜通
蒀 원 [온]盛貌蒀丨성할、온(文)
蒭 芻俗字
蓇 꾸 [골]莖也풀줄기、골(草名丨草、花黑而不實食之令人無子)(月)
蓀。쑨 [손]香草蘭丨난초、손(一名谿丨)菖蒲창포、손(元)
蒜。싼 [산]葷菜마늘、산(俗稱小丨)(翰)
蒑 인 [은]草色青풀빛푸를、은(文)
蒿。한 [호]蓬屬다북쑥、호眛塵丨目눈에티들、호蒸出丨氣김오를、호(豪)
蓑。쐬 [사]防雨草衣도롱이、사又누역、사(歌)簑同
蓏。롸 [라]草實果丨풀열매、나(木實曰果草實曰丨)(哿)
蓈 랑 [랑]莠屬가라지、낭禾粟不成實者董丨쭉정이、낭(陽)稂同
蒡 팡 [방]藥名牛丨우엉、방又우방

자、방(陽)

蒼 창 [창] 深青푸를、창人間ㅣ生창생、창急遽ㅣ卒창졸、창華髮ㅣ浪흰털、창(陽)草野色莽ㅣ풀난들질펀할、창(養)

蒗 랑 [랑] 溝也도랑、낭(譙郡渠名ㅣ蕩)(漾)

蓂 밍 [명] 知時草ㅣ莢책력풀、명(ㅣ莢瑞草堯時生于庭月一日一莢生、十六日一莢落、俗謂曆曰ㅣ莢)(青) [멱] 大蓂薪ㅣ굵은냉이、멱(錫)

蒸 정 [증] 炬也홰、증熱也薰ㅣ찔、증去皮麻幹삼대、증(麤曰薪、細曰ㅣ)衆也무리、증薪也섶、증(蒸)蒸同、烝通

蒝 웬 [원] 莖葉廣布줄기와잎퍼질、원(元)

菡 한 [함] 花未發曰ㅣ꽃봉오리、함芙蓉ㅣ萏연봉오리、함(感)菡同

蒹 옌 [겸] 葦屬ㅣ葭갈、겸(似萑而細)(鹽)

蒧 뎬 [점] 草名점풀、점(人名曾ㅣ)(琰)

蓄 츄 [축] 積也쌓을、축聚也모을、축貯也저축할、축藏也감출、축(屋)稸同、畜通

蓐 수 [욕] 陳草復生묵은풀에싹돋을、욕薦席깔、욕又자리、욕(沃)

蒺 지 [질] 旱草ㅣ藜납가새、질藥草ㅣ藜찔레、질(質)

蒻 숴 [약] 蒲下白者부들밑동、약草名蒟ㅣ구약풀、약(藥)

蓆 씨 [석] 大也클、석(草名ㅣ荲)(陌)

蒳 나 [납] 香草艾ㅣ향풀、납(合)

蔱 싸 [살] 茱萸수유、살菽荑ㅣ薔흰비름、살(黠)

⿱艹狼 랑 [랑] 藥名ㅣ毒오독도기、낭(陽)

蒘 나 [나] 粘草蘮ㅣ찰풀、나(其實如麥、善附人衣)(麻)

蒚 리 [력] 山蒜산마늘、력(錫) [핵] 蒲黃부들꽃、핵(陌)

蒐 쒀 [수] 草名茅ㅣ모수풀、수(可染絳色)聚也모을、수隱也숨을、수(尤)椶通

蒵 씨 [해] 草也풀、해(齊) [계] 屧ㅣ신들메끈、계(齊)

蒢 츄 [제] 地榆蒢ㅣ외나물、제蘵也黃ㅣ땅꽈리、제(魚)

蒤 투 [도] 藥草虎杖감젓、도委葉시든잎、도(虞)

蒦 워 [약] 度也잴、약尺也자、약(藥)

⿱艹耿 징 [경] 芋莖곤대、경(梗)

蒪 뿨 [박] 大蘘荷ㅣ苴큰은양하、박(莖葉根似薑)(藥)

蒫 취 [채] 薺實냉이열매、차(歌)

⿱艹隺 위 [욱] 山韭산부추、욱(屋)

蒓 蓴同

蒴 숴 [삭] 藥名ㅣ藋말오줌나무、삭(覺)

葸 씨 [식] 菜也나물、식(職)

⿱艹豈 애 [애] 菜似蕨生水中고사리같은물쑥나물、애(灰)(尾)

蓌 취 [좌] 拜失容節ㅣ拜꾸뻑할、좌(箇)

蓎 탕 [당] 女蘿ㅣ蒙소나무겨우살이、당(陽)

⿱艹⿰及瓜 지 [급] 瓜也동아、급(緝)

⿱艹酒 직 [주] 酒液술진액、주(尤)

蔦

우[오]荻也갈、오(盧) 蔚 蔚同 營。궁[궁]香草芎藭궁이、궁(東) 蒒。쓰[사]海草實如大麥싸락풀、사(支) 蔾 리[릐]蔆也마름、율(質) 蒶 뿐[뿐]積

草盛풀쌓을、분(文) 蕇 단[담]葱也파、담(覃) ⿱艹龍 중[종]草亂貌풀어수선할、종(腫) ⿱艹貢 궁[공]結實결실될、공(送) (十一) 蔥。총[총]葷菜파、총青也푸를、총

佳氣ㅣㅣ좋은기운어릴、총(東)蔥同 蓬。펑[봉]蒿也다북쑥、봉亂盛貌ㅣㅣ더부룩할、봉(東) 蓪 퉁[퉁]藥名ㅣ草어름덩굴、퉁又목퉁、퉁(東) 蓯 총[총]草盛貌ㅣ

풀무성할、총(董)[종](藥名肉ㅣ蓉)(冬) 蓰。쓰[사]物數五倍오곱、사又다섯갑절、사(紙) 蔇 지[기]至也이를、기(寘) 蔂 蘲同 蔚。위[위]藥名茺ㅣ익모초、위(益母草)

草木盛貌翁ㅣ초목우거질、위文密貌잔무늬、위(未)蔚同[울](州名又島名)(物)蔚同 蔀。뿌[부]障明小席떼우적、부(有)閏餘一數ㅣ首부수、부(七十二歲爲一ㅣ、二十ㅣ爲一紀)草名蔀ㅣ서부

풀、부(虞) 蔬。쏘[소]草菜通稱푸나물、소(食用菜ㅣ)(魚) 蔞 러[루]似艾ㅣ蒿물쑥、누(虞)(尤) 蓿 쓔[숙]菜名苜ㅣ게여묵、숙(屋) 蔕。듸[체]果蓏托處根ㅣ꼭지、

체(霽)蔕同 蓷 퉈[퇴]益母草익모초、퇴(一名茺蔚)(灰) 蔡。채[채]法也법、채龜也거북、채(ㅣ仲所封國名)(泰)[살]放也내칠、살(曷)粲通 蓴 쓘[순]水葵蓴ㅣ순나물、

순(ㅣ生水中、葉似鳧葵、採莖可噉、三月至八月、莖細如釵股、名曰絲ㅣ、九月至十月、漸粗在泥中、名曰瑰ㅣ)(眞)蒓同 ⿱艹貞 穳俗字 蓘 곤[곤]培也북돋을、곤(阮) 蔓。만[만]葛

屬延茂덩굴、만又넌출、만(願)菁也순무、만(寒) 蓮。련[련]荷實연밥、연(今多用如荷華曰ㅣ花、荷葉曰ㅣ葉)(先) 蔦。됴[조]寄生草겨우살이、조(篠)(嘯) 蔈 퍞[표]落

也떨어질、표又이울、표(篠)標通 蓼。료[료]辛菜여뀌、요(國名)(篠)[륙]草長ㅣㅣ풀길、육(屋) 蓧。됴[조]竹器대삼태、조莜同苗也싹、조(嘯) 蓩 우[모]卷耳도꼬마리、

모茂也성할、모(晧) 蔗 쟈[자]砂糖草甘ㅣ사탕풀、자(葉莖如黍、採汁製糖之植物熱帶地多產)(禡)柘通 蔣。쟝[장]水草菰ㅣ파장풀、장(陽)(姓也)(養) 蔫。연[언]物不鮮시들부들

할、언(先)菸通[연]臭草ㅣ菸썩은풀、연(霰) **蔆**。菱同 **蔞**畝同 **蔌**• 쑤[수]菜蔬總稱나물、수又푸성귀、수(有)[속]義同、陋也ㅣㅣ더러울、속威風ㅣㅣ바람서슬、속(屋)

[艹造] 쪽[추]草相連接풀서로잇달、추草根相雜풀뿌리서로얽힐、추(有) **蔻** 쿠[구]藥名荳ㅣ두구、구(草則藿蒳荳ㅣ)(宥) **蔟**。추[족]聚也모을、족(屋)簇族通[주](正月律名大ㅣ)(宥)

蔘 썬[삼]神草人ㅣ인삼、삼(一名人銜、又名地精)(山ㅣ、紅ㅣ、沙ㅣ)(侵)葠蓡同、參通 **蔭**。인[음]庇護덮을、음又음덕、음(凡托庇於人者、謂之ㅣ、如祖ㅣ、父ㅣ)陰景그늘질、음(沁)䕃

蔭同 **蔪** 쨈[점]麥秀ㅣㅣ보리팰、점(鹽)草相ㅣ苞풀더부룩할、점(琰) **蓺**。이[예]種也심을、예(霽)埶同、藝通 **蓫** 쮸[축]羊蹄草소루장이、축(屋) **蓽**• 삐[필]藥

名ㅣ茇필발、필荊也휘추리、필豆也콩、필(質)篳通 **蒫** 쨔[차]蒯類菌ㅣ그령풀、차(歌)[사]楚葵미나리、사(麻) **蔑**• 메[멸]無也없을、멸削也깎을、。멸輕易업신여길、멸(屑) **[艹淺]**

젠[전]以色飾紙종이에물들일、전(先) **蔑**蔑同 **蓨** 됴[조]苗也싹、조(蕭) **蓭**庵同 **[艹淡]** 단[담]瓜菹濫ㅣ외김치、담(覃) **蓱**• 萍同 **蓲**。착[구][艹亂]也달、

구荻也갈、구(尤) **[艹捷]** 톄[첩]編草障户풀거적、첩又뎨적、첩(葉) **蓶** 웨[유]菜蔬푸성귀、유(紙)芛通 **蔃** 쟝[강]百合ㅣ菜개나리、강(陽) **蓾**。루[로]蘆也그령

풀、노(虞) **蔋**• 듸[적]旱氣가무는기운、적(錫) **蔏** 쌍[상]大藜명아주、상(藥名ㅣ[艹陸])(陽) **[艹陸]**。루[륙]大藜명아주、육(藥名蔏ㅣ)(屋) **蔔**• 부[복]梔子花薝ㅣ치자꽃、복(職)

菔通 **蔐**荻同 **蔒** 쒼[훈]蒸氣出貌ㅣ蒿김오를、훈又훈증할、훈(文)葷通 **蔙** 쒼[선]藥名ㅣ複하국、선(霰) **蓹**。위[어]地名땅이름、어(御) **蔛**• 후[곡]藥

草石ㅣ석곡초、곡(屋) **蔜**。와[오]鷄腸草달기씨깨비풀、오(豪) **蔝** 미[미]鷄腸草달기씨깨비풀、미(齊) **蔠** 쭁[종]草名ㅣ葵머루덩굴、종(東) **蔢** 빼[파]薄

荷박하、파草木茂盛초목무성할、파果名蘋ㅣ사과、파(歌) **[艹率]** 뤼[률]草芽甲出풀아귀틀、율(質) **蔤**。미[밀]荷本연근、밀(質) **蔧**• 쒜[세]草箒풀비、세(霽)[혜](草名)(寘)

六畫 艸艹

蔨 춘 〔균〕野鹿豆들콩、균(或音균)(軫)

蔩 인 〔인〕王瓜쥐참외、인又땅외、인(一名土瓜)(眞)

萆 삐 〔비〕細莞가는왕골、비(紙)

蔊 한 〔한〕辛味菜산갓、한(旱)

蔮 꿰 〔궤〕無笄繼布冠잠없는치포관、궤(隊)

蔯 천 〔진〕蒿屬茵ㅣ더위자기、진又약쑥、진(茵ㅣ經冬不死更因舊苗而生故亦名因陳)(眞)

蕞 蕞最俗字

蓡 썬 〔심〕蒲類부들、심(可作席)(侵)

蔍 루 〔록〕忘憂草원추리、녹(屋)

蓶 최 〔최〕花垂貌꽃늘어질、최(灰)

蔎 시 〔설〕香也향내날、설(屑)

䔟 이 〔이〕萎也시들、이(支)

蕱 산 〔소〕荷根細者가는연뿌리、소(巧)

蔿 위 〔어〕蓲也들깨、어(魚)

蓲 쉬 〔허〕蘤也꽃、허(飼牛馬草)(語)

⑫

蕤 쉐 〔수〕俗音〔유〕盛貌葳ㅣ더부룩할、유花垂貌꽃늘어질、

藜 리 〔리〕旱草蒺ㅣ납가새、이(支)〔려〕義同(齊)

蕊 蘂同

蕢 퀘 〔궤〕草器둥구미、궤又삼태기、궤(寘)臾通〔괴〕赤莧붉은비름、괴(卦)

蕖 취 〔거〕蓮花芙蓉연꽃、거(魚)

蕪 우 〔무〕荒也거칠、무(虞)

蔽 삐 〔폐〕掩也가릴、폐(霽)弊通

蕙 훼 〔혜〕蘭屬香草난초、혜又향풀、혜(一幹一花而香有餘者蘭、一幹數花而香不足者ㅣ)(霽)

蕞 쮀 〔최〕小貌ㅣ爾조그마할、최(泰)叢同 蕝通

蕣 쓘 〔순〕木槿무궁화、순(震)

蕓 윈 〔운〕菜名ㅣ薹평지、운又장다리、운(文)

蕝 쮀 〔쵀〕束茅表位綿ㅣ띠묶어표할、체(叔孫通與弟子百餘人、爲綿ㅣ)(霽)〔절〕義同(屑)蕞通

蕡 뿐 〔분〕麻子삼씨、분草木多實열매많이열릴、분(文)

蕃 빤 〔번〕茂也번성할、번多也많을、번滋也부를、번(元)藩通

蓴 쭌 〔준〕草叢生茱ㅣ풀다부룩이날、준(阮)

蕑 쟨 〔간〕野蘭들난초、간(一名都梁香殺蟲除毒)(刪)

蕆 찬 〔천〕備也갖출、천敕也신칙할、천解也풀、천(銑)

蕭 쌰 〔소〕蒿也쑥、소寂寞ㅣ條쓸쓸할、소馬鳴ㅣㅣ말울、소風聲ㅣ瑟바람소리、소斧名도끼이름、소(蕭)

蕎 쟈 〔교〕白花穀ㅣ麥모밀、교藥名大戟호랑버들、교(蕭)

蕉 쨔 〔초〕草名芭ㅣ파초、초薪也땔나무、초(蕭)

蕘 샤 〔요〕刈草採薪芻ㅣ나무할、요(蕭)

蕩 탕 〔탕〕大也ㅣㅣ클、탕廣遠질펀할、탕無檢放ㅣ방탕할、탕法廢板ㅣ법없어질、탕(養)蕩

通 蕚 蕚同 藤 씽 승 胡麻苣ㅣ흑임자、승(徑) 蕕 우 유 臭草썩어범새나는풀、유(尤) 蕈 씬 심 菌也버섯、심(地菌俗稱地ㅣ)(侵) 蕨 줘 궐 薇屬고

사리、궐(山中濕生、初芽無葉、形如人拳、食用佳菜)(月) 酷 쿠 고 醋菹초김치、고(一名菲菹)(遇) 蕀 쩌 극 藥草遠志아기풀、극(一名ㅣ莞又天門冬)(職) 蕁 단 담 海藻마름、

담(藥名知母)(覃) 蔞 쌋 소 鷄腸草ㅣ蔞달기씨깨비풀、소(皓) 蕾 뿌 부 細蕾잔무、부(宥) 藕 藕同 蔄 멍 맹 在也ㅣㅣ있을、맹(庚) 蕇 뎬 전 山芥산겨자、전

葶藶두루미냉이、전(銑) 蔾 리 려 草茂貌풀성할、여(國名新ㅣ)(齊) 蘟 蔭同 蓁 친 금 草名三稜莖매자것줄기、금(侵) 蕍 위 유 藥名澤瀉쇠귀나물、유(尤)

藸 藸同 蘎 한 한 酸漿꽈리、한(寒) 蕒 매 매 菜名野苣들상치、매(一名苦苣)(蟹) 蕺 쪄 극 藥名大ㅣ버들、극(陌) 蕐 華同 款 관 관 藥名ㅣ冬승

검초、관(旱) 蘩 수 녀 黏着들러붙을、여(魚) 蕦 쓔 수 蕪也순무、수(虞) 蕧 뿌 복 藥名旋ㅣ하국、복ㅣ盆草딸기넌출、복(一名金佛草)(屋) 蕫 퉁 동 似蒲而細蕫

ㅣ자오락、동(董) 蕛 띄 제 似稗布地而生돌피、제(齊) 蕬 쓰 사 藥名兎ㅣ새삼、사(支) 蕿 완 연 紅藍草잇、연(染草)(銑) 蔿 웨 위 草也풀、위(紙) 薳通 괴 喧也

떠들、괴(麻) 蕎 이 의 蔕也꼭지、의莎也잔디、의又뎨、의藍穗쪽이삭、의(紙) 蕋 蕊俗字 薵 뚜 독 地柳땅버들、독(沃) 薴 닝 녕 荏也들깨、녕(梗) 蕒

이 이 麻也삼、이(眞) 蕃 뿌 보 菹也김치、보(尤) 蕣 쌴 효 黃茅根그령이뿌리、효(肴) 蕎 쥐 취 野芹돌미나리、취(一名馬芹)(質) 蘋 쌍 항 向日葵해바라기、

항(漾) 蕗 루 로 甘草감초、노(遇) 蕺 시 십 草聲풀소리、십(緝) 蕥 야 아 無實穀쪽정이、아(馬) 蕛 지 지 草名卷耳도꼬마리、지(紙) (十三) 贅 즈

자 積也쌓을、자惡草蒺藜납가새、자(支) 薋通 薙 쯰 치 제草풀깎을、치(紙) 체 義同(齊) 薏 이 의 草珠ㅣ苡율무、의(寘) 억 蓮心연밥속、억(職) 蕷 위 여 山薯마、여又산감

자、여(御) 薁蘡通

薊。지 [계] 朮也삽주、계(ㅣ生山中者名朮、形似蒲公英)(涿郡地名)(齊) 鄭同

薜。삐 [폐] 牡贊ㅣ荔담장이덩굴、폐山麻돌삼、폐(麻生山中者名ㅣ)當歸승검초、폐(霽) [벽] 義同(陌)

薛。쐬 [설] 藾也다북쑥、설(國名又姓也)(屑) 辥同

薈 홰 [외] 俗音[회] 草多ㅣ蔚풀많을、회鬔 菜鴻ㅣ염교、회障也막을、회(泰)

蕾 레 [뢰] 花之將開蓓ㅣ꽃방울、뇌又맷힐、뇌(賄)

薅 핫 [호] 拔草田間김맬、호又기음맬、호刈草풀베일、호(豪)

[illegible] 同薅

薆 애 [애] 草木盛貌ㅣ薱초목성할、애香氣觸鼻향내날、애(隊)

薪。씬 [신] 蕘也섶、신又나무、신(燃料草木)(眞)

薀 윈 [온] 水草有文무늬있는수초、온藻屬마름、온(吻) 蘊通 積也쌓을、온(問)

薖 커 [과] 寬大貌너그러울、과饑意속허출할、과(歌)

薦。젠 [천] 進也ㅣ擧천거할、천祭也ㅣ新천신할、천(無牲而祭曰ㅣ)席也자리、천(莞曰席、藁曰ㅣ)草稠풀모도록할、천薦也쑥천(獸之所食)(霰)

薙 鬀俗字

薧。캬 [고] 乾魚말린물고기、고黃泉ㅣ里저승、고(皓)

薉。훼 [예] 汙也더러울、예荒蕪田中雜草김묵일、예(隊) 穢獩通

薠 빤 [번] 似莎靑ㅣ잔디、번又떼、번香附子향부자、번(元)

蕸 싸 [하] 荷葉연잎、하(麻)

薑。쟝 [강] 葷菜多香새앙、강(味辛食用)(陽) 蘁同

薌 香同

蕶 링 [령] 草木零落초목이울어떨어질、영(靑)

薓 蔘同

薇。메 [미] 蕨也고비、미花名紫ㅣ백일홍、미花名薔ㅣ장미화、미(微)

薝 딴 [담] 梔子花ㅣ蔔치자꽃、담(感)

薟。렌 [렴] 藥名白ㅣ진동찰、염(琰) 蘞通

薁。앜 [욱] 山生葡萄類蘡ㅣ머루、욱(屋)

薩 싸 [살] 佛名菩ㅣ보살、살普濟도울、보(菩普也ㅣ、濟也、能普濟衆生)(曷)

薘 따 [달] 草名馬舄질경이、달菜名蒼ㅣ근대、달(曷)

薄。빡 [박] 不厚엷을、박又얇을、박輕微적을、박又가벼울、박(謂之物ㅣ、土ㅣ、味ㅣ、德ㅣ、情ㅣ等)聊也애오라지、박臨迫임박할、박又닥칠、박疾驅ㅣㅣ빨리달릴、박簾也발、박草叢林ㅣ풀떨기、박集也모을、박(草名ㅣ荷)(藥)

蕺。치 [즙] 野生菜모밀나물、즙又멸、즙(一名筆管菜、葉似蕎麥、多生濕地、根可食用)(緝)

蕻 훙 [홍] 草菜之心장다리、홍(送)

蘧。취 [거] 苦菜ㅣ蕒사라부루、거(魚)

薔。써

[색]澤生者蓼물여뀌、색(職)薔通

藾 칭 [칭]黑荏子흑임자、칭(胡麻)(蒸)

蕽 농 [농]蘆花蓬ㅣ갈꽃、농(冬)

薡 명 [정]似蒲而細ㅣ董자오락、정又그령이、정(迥)

薂 [격]蓮實연씨밥、격(錫)

蕇 단 [단]草蔓布地덩굴땅에퍼질、단(寒)

蕺 제 [적]木賊속새、적(職)

薍 완 [완]荻也갈、완(潸)

薢 애 [해]藥名草ㅣ며래、해(山野自生、根似諸者)(蟹)

蕍 뚜 [투]俗音[유]草席초석、유(有)

薕 렴 [렴]蒹也갈、염(鹽)

薚 당 [당]商陸자리공、당(陽)

薨 훙 [훙]奄也죽을、훙又상사날、훙(庶民死曰亡皇帝死曰崩、王侯(死曰ㅣ)(蒸) [횡]羣飛聲ㅣㅣ떼로날으는소리、횡(庚)

蘖 녜 [얼]俗音[얼]餘枿나무그트리、얼(月)

蘱 잰 [간]俗音[건]瓜病외병들、건(删)

薞 손 [손]菜名ㅣ蕪손무、손(元)

蘤 화 [화]草連接貌풀연접할、화(馬名ㅣ騮)(麻)

蘾 훼 [회]草名惡芋못된감자、회(灰)

蘮 와 [오]瓜蔓외덩굴、오(皓)

薣 꾸 [고]葒草龍ㅣ요화、고(虞)

蜀 쏙 [촉]花名ㅣ葵촉규화、촉(沃)[蜀]玉ㅣ黍옥수수、촉

薃 한 [호]侯莎향부자、호(皓)

蓎 당 [당]樹名莖薁들벚나무、당(莖葉形似榆也)(陽)

蔦 션 [선]細菔가는무、선又열무、선(銑)

蘀 탁 [택]葛蔓칡덩굴、택(陌)

䕅 거 [가]薄荷박하、가(箇)

蓺 藝俗字

菌 쥔 [균]地蕈땅버섯、균(眞)

十四

薺 치 [자]蒺藜납가새、자(藥名采ㅣ)(支)薋通 [제]甘菜냉이、제(薺)似蓼ㅣ莨게로기、제(霽)茨通

藂 叢同

薳 원 [원]藥草遠志아기풀、원(阮)蔿通 [위]義同(紙)

薿 이 [의]茂也ㅣㅣ무성할、의(紙) [억]義同(職)

薯 쉬 [서]藥名ㅣ蕷마、서又감자、서又고구마、서(御)

藇 유 [여]藷也薯蕷마、여又감자、여(御)蕷通 [서]美酒아름다운술、서(語)

薹 태 [대]菜名蕓ㅣ평지나물、대又장다리、대夫須草띠、대(灰)

薶 同埋

薱 뒈 [대]草木盛薆ㅣ초목무성할、대(隊)

賮 同藎

藎 진 [신]染黃草염황초、신又갈꽃、신進也나갈、신(震)

薰 쉰 [훈]香草향풀、훈灼也훈할、훈(文)

薸 퍄 [표]浮萍草개구리밥、표(蕭)

藐 먀 [막]染紫草지초、막美也아름다울、막輕視경솔히볼、막(覺)邈通 [묘]少也적을、묘弱也

약할、묘廣遠멀、묘(篠) **藋**。댜[조]藜也명아주、조藥名蒴ㅣ말 오줌나무、조(嘯) **藁**•꼬[고]禾稈짚、고文草글초잡을、고(皓) 稿同 **藻** 藻同 **歊**학[모]俗音[고]暴起

貌퇼、고草肥倒傷풀웃돼서쓰러질、고(號) **藏**。창•[장]隱也감출、장匿也숨길、장(陽)倉也광、장又곳간、장(漾) **蒖**칭[경]香草ㅣ茅향풀、경(庚) **藉**。지•[자]薦也布席깔、자

助也도울、자借也憑ㅣ빙자할、자又핑계댈、자厚待慰ㅣ대접할、자(禡) [적]雜踏狼ㅣ와자할、적又어수선할、적(陌) **薷**수[유]藥名香ㅣ향유、유又노야기、유(尤) **藍**。란•[람]染

靑草쪽、남繿衣ㅣ縷옷추루할、남僧居伽ㅣ절、남(伽ㅣ梵語)(覃) **蘵**데[절]蘵草蔣ㅣ김、절又돌피、절(屑) 芺蘵同 **藺**린[름]莪蘿ㅣ蒿뺑쑥、늠(寑) **䕨**。숭[영]草

旋풀얽힐、영(庚) **甄**。연•전[진]草名ㅣ葪개비름、진(眞) **薾**。얼•[이]花盛꽃번성할、이(紙) **䔛**싱[형]藥草萎蕤들개나리、형(一名笑草)(靑) **藄**。치[기]薇也고비、기(支)

藅빠[벌]草枯萎縮풀시들시들할、벌(月) **虇**。젼[건]草名건초、건(銑) **藈**꿰[규]王瓜ㅣ姑쥐참외、규(齊) **蔳**。징[정]仙草黃ㅣ둥구레、정(庚) **藊**뻰

[편]白扁豆백편두、편(一名茨扁豆)(銑) **䕋**餧同 **藒**。계[걸]香草ㅣ車향풀、걸(屑) **薵**•쥬[주]葱也다、주覆也덮을、주(尤) **蘞**레[렵]草疎貌풀성긋성긋할、엽

(葉) **蕱**찬[초]草生長貌풀자랄、초(巧) **蕿**뱌[박]花落꽃떨어질、박(藥) ⑮ **藭**。•충[궁]香草芎ㅣ궁궁이、궁(其根藥用)(東) **藙**이[의]吳茱萸오수유、

의(未) **藘**•뤼[려]染絳草茹ㅣ꼭두서니풀、려(魚) 蘆通 **藟**레[류]葛蔓칡덩굴、유(紙) 蘽通 **蕳**뤼[려]蕳也들쑥、려藥名菴ㅣ진주봉、려(魚) **藜**。리[려]蒿類藁

菜명아주、여(ㅣ莖葉似王芻可爲作杖)(玉名縣ㅣ)(齊) **藝**。이•[예]才能재주、예文也글、예法也법、예準也대중할、예種也심을、예極也극진할、예(霽) 埶通 **藩**뺀[번]籬也울타리、

번域也土ㅣ제후나라、번(元) 蕃通 **藖**。잰[간]莖餘여물찌끼、간(刪)[현]菫草고목박이、현(先) **藨**。빺[표]山苺산딸기、표耘也김맬、표(蕭)穮通、草名鹿藿녹두잎、표(篠) **藤**•

덩【등】蔓生木藟등나무、등又덩굴、등(熱帶地產)(蒸)籐通 **藕** 우【우】荷根연뿌리、우(有)藕同 **藪**。쑤【수】大澤큰늪、수林ㅣ숲、수又덤불、수戴器簍ㅣ똬리、수(有)槭通 **藗**

쑤【속】白茅흰띠、속又곱띠、속(屋) **藫** 탄【담】水苔물이끼、담海藻마름、담(覃) **藚**。쑤【속】菜名水舃쇠귀나물、속(一名ㅣ斷)(沃) **藤** 씨【슬】藥草牛ㅣ쇠무릎지기、슬(質)

藥。약【약】治病草약、약(金石木草劑、可以治病者、皆謂之ㅣ、神農氏嘗百草始有醫ㅣ)(藥) **蘛** 티【제】草名羊蹄소루장이、제(齊) **夢** 뭥【몽】睡起잠깰、몽(徑) **蘦** 레

【렵】草動풀흔들릴、엽(葉) **蕮** 쌔【사】藥草澤ㅣ쇠귀나물、사(馬) **薾** 蔕同 **蘆** 얍【부】草名地ㅣ댑싸리、부(莖可爲帚)(虞) **藠**。쌰【교】薤類ㅣ子자총이、교又염교、

교(根似蔥頭)(嘯) **藢** 씨【치】紫芋검붉은토란、치(紙) **藬** 퇴【퇴】草名牛蹄소루장이、퇴(一名羊蹄)(灰) **藣**。삐【피】旄也牛尾쇠꼬리、피(草名)(支) **藖** 쎄【혈】馬蓼龍

ㅣ말여뀌、혈(屑) **藦**。머【마】草名蘿ㅣ새박、마(箇) **蘩** 빤【번】草名번풀、번(元) **薻** 藻同 **蔕** 티【체】蔕也꼭지、체(霽) **蔚** 웨【위】益母草익모초、위(一名茺ㅣ)(未)

蔚同 **蕬** 산【삼】漏也젖을、삼(陷) (十七) **蘄**。친【근】藥名山ㅣ승검초、근(文)【기】芹也미나리、기求也구할、기(支) **蘂** 쉐【예】花心鬚꽃술、예又꽃수염、예(ㅣ有雌雄花內

植物、傳種之粉)(花外曰萼、花內曰ㅣ)(藥名石ㅣ)(紙)蕊同、蘂通 **蘆**。루【로】葦也갈、노(葦之未秀者ㅣ)(虞)絳染草【려】茹ㅣ꼭두서니、여(藥名漏ㅣ)(魚)藘通 **藶** 리【력】大薺葶ㅣ두루미냉이、

역(錫) **蘇**。쑤【소】草名紫ㅣ차조기、소木名扶ㅣ부소나무、소氣懼ㅣㅣ기운까부러질、소荏子들깨、소死而復生깨날、소(虞)穌通【韓】ㅣ魚밴댕이、소 **藾** 래【뢰】艾也ㅣ蕭맑은대

쑥、뇌陰也덮일、뇌又그늘질、뇌(泰) **蘁** 어【오】逆也거스를、오(遇)忤通【악】華蹛꽃자리、악(藥)萼通 **藹**。애【애】盛多貌ㅣㅣ수두룩할、애(泰)草木叢雜貌초목우거질、애(賄) **蘋**

핀【빈】大萍큰개구리밥、빈(眞)蘋同 **藽** 천【츤】俗音【친】木槿무궁화、친(震)櫬通 **薔**。창【장】花名ㅣ薇장미화、장(一名灌木、枝茂多刺、花有紅白黃色)(陽)蘠同、薔通 **蘈** 퉤

[퇴]草名牛ㅣ소루장이、퇴又암눈비얏、퇴(方莖長葉有穗有花)(灰) **蔃** 同薑 **蘊** 원 [온]積也쌓을、온(文)(吻)(問)宛溫通 **蘉** 명 [망]勉也힘쓸、망(陽) **蘅** 형 [형]香草杜ㅣ금취、형(庚)

蘀 퇴 [탁]葉落낙엽질、탁枯葉잎파리마를、탁(藥) **蕮** 재 [택]藥名ㅣ瀉쇠귀나물、택(陌) **藿** 휘 [곽]豆葉콩잎、곽藥草ㅣ香곽향、곽(藥) [韓]海菜미역、곽

䕻 뚜 [독]藥名ㅣ活땅두릅、독(屋) **藻** 잔 [조]水草마름、조文章글、조(皓)藻薻同 **藺** 린 [린]草名馬ㅣ뇌양이、인(似莞而細可爲編席)(震) **藷** 쥬 [서]俗音[저] 番薯甘ㅣ감자、저又마、저(形似薯而稍大甘味)(御)

藸 쥬 [저]五味子莖ㅣ오미자、저(魚)豬同 **蘞** 쳠 [섬]蟞人野草ㅣ麻풀쐐기、섬又독사풀、섬(拂人肉體即成瘡疱)(鹽) **藔** 랴 [로]乾梅實마른매실、노(皓)蘱同

蘌 위 [어]掩也가릴、어(地名ㅣ況)(語) **藩** 빤 [번]藥名知母지모、번(元) **蘡** 잉 [영]菊花국화、영(庚) **蘕** 핑 [빙]草木茂盛초목무성할、빙(蒸)

藮 찬 [착]藥名附子부자、착(覺) **蘑** 뭐 [華]ㅣ菇표고、모

㊆

蘩 빠 [파]白蒿흰쑥、파(歌) **蘢** 룽 [롱]葒草ㅣ鼓요화、농(東) [룡]馬蓼말여뀌、용(冬)

蘪 메 [미]芎藭苗ㅣ蕪궁이싹、미(支) **蘳** 툭 [투]禾苗發出벼싹팰、투(有) **蘧** 취 [거]瞿麥석죽화、거又패랑이꽃、거自得貌ㅣㅣ마음에든든할、거(魚) **蘙** 이 [예]草盛ㅣ薈풀성할、예(霽)

蘩 빤 [번]白蒿애탕쑥、번(元) **蘭** 란 [란]香草一幹一花난초、난(寒) **蘚** 쎈 [선]苔也瓦ㅣ이끼、선又김、선(一名宣ㅣ)(銑) **蘨** 야 [요]草盛貌풀더부룩할、요(蕭)

蘦 링 [령]甘草감초、영(青)苓通 **蘘** 상 [양]草名ㅣ荷양하、양(一名蓄葅莖葉如薑味辛食用)(陽) **蘠** 薔同 **蘡** 잉 [앵]蔓草ㅣ薁머루넌출、앵(葉似葡萄而小)(庚)

蘞 렌 [렴]藥名白ㅣ가회톱、렴又진동찰、렴(琰)蘝通 蔓草덩굴진풀、염 [험]辛毒草험풀、험(鹽) **蘗** 蘖同 **蘽** 뤼 [루]鷄腹草蔞ㅣ닭기씨깨비、수(寘)

蘜 菊同 **蘤** 웨 [위]花也꽃、위(紙)花華通 **蘬** 궤 [귀]馬蓼말여뀌、귀薺實냉이씨、귀(支) **蘥** 워 [약]雀麥귀리、약(一名燕麥)(藥) **蘮** 이지 [계]粘

草ㅣ蘩찰풀、계實如麥而善着人衣) 霽 蘙 예 혤 菸也요화、혈又말여뀌、혈 屑 蘱。蘱同 蘬 위 육 茂也무성할、육花開敷ㅣ꽃필、육 屋 蘫 란 람 瓜葅외김치、

남 覃 韱。섬 섬 山韭산부추、섬 鹽 ㊅ 叢。총 총 草叢生풀떨기로날、총 東 蘴 뗑 풍 蕪菁무、풍 東 葑通 藮 잔 교 藥名連ㅣ어아리나무、교 蕭

蘱 레 류 茅屬蕈菫그령、유又자오락、유 眞 鼞 뚱 동 鼓聲ㅣㅣ북소리、동 董 蘲。레 류 土籠삼태기、유 支 蔂同 瞿。취 구 蘧也ㅣ麥석죽화、구 虞

蘳 稽同 蘵。지 직 黃蒢땅꽈리、직 職 䕻 리 리 香附子향부자、이 支 蘶 레 첩 花開꽃필、첩 洽 ㊈ 蘼。미 미 虋冬蘠ㅣ맥문동、미 支

蘺 리 리 香草茳ㅣ궁궁이、이 支 籬通 虉 鷊同 蘿。라 라 托松而生女ㅣ솔겨우살이、나菜也ㅣ葍무、나香也蒔ㅣ시라향、나藤ㅣ당당이덩굴、나薜ㅣ담장이덩

굴、나 歌 蘸。잔 잠 以物淬水물에담글、잠 陷 躅 쓔 촉 花名躑ㅣ철쭉꽃、촉(草名) 沃 蘻。지 계 草連貌풀연접할、계 霽 蘽。레 류 虆也山ㅣ산머루、유

紙 顚 덴 전 草頭풀머리、전 先 蘹 화 괴 藥名茴香회향、괴 卦 藤 뜽 등 睡覺瞢ㅣ잠깰、등 徑 贊 잔 찬 蔓草牡ㅣ담장이덩굴、찬 翰 識 씨

식 苦蔘쓴너삼、식 職 虀。齏俗字 ㉐ 虃。잰 첨 草名첨풀、첨又지네풀、첨(形似蜈蚣而百足) 鹽 虄 살 韓 箭也화살、살 虂 루 로 草名蔠葵머루덩굴、

노 遇 ㉑ 虇 촨 권 蘆筍갈순、권 阮 虉。이 역 草有雜色似綬역풀、역又인끈풀、역 錫 鷊同 虉 鷊同 虆。레 류 蔓也덩굴、유 支 藟通 ㉒ 躑

찌 척 花名ㅣ躅철쭉、척 陌 ㉓ 蘥 위 약 風吹水貌물노리칠、약 藥 虊。롼 란 蓴菜순채、난鳧葵마름풀、난 寒 欒 虊同 ㉔ 釀 상 양 蘇也ㅣ

蘘들깨、양(蘇小者曰ㅣ) 菜葅나물김치、양 養 贛。꿍 공 薏苡율무、공 送 ㉕ 虋。뭔 문 草名ㅣ冬맥문동、문赤粱粟붉은기장、문 元 穈通 虌 뼤 별 初生蕨

처음난고사리、별(屑) (二十三) 蘙。추 [추] 草履짚신、추(虞)

虍部

虍 후 [호] 虎文범의문채、호(虞) (二) 虎。후 [호] 猛獸之君범、호又호랑이、호(虞) (三) 虐。뉙 [학] 苛酷사나울、학又모질、학又까다로울、학殘害해롭게할、학(藥) 虖 후 [호] 虎吼범울、후(虞) (四) 虒 쓰 [사] 虎有角委ㅣ뿔있는범、사(地名虒ㅣ)(支) 虔。젼 [건] 敬也공경할、건強取빼앗을、건殺也죽일、건(先) 虓。햐 [효] 虎怒聲ㅣ然범이고함지를、효(肴) 猇唬同 [illegible] 同虓 [illegible] 이 [예] 虎貌범의모양、예(隊) 虑 뻬 [필] 愁也근심할、필又애탈、필(質) (五) 處。츄 [처] 所也곳、처(御) 居也살、처又거처할、처定也정할、처止也그칠、처分別ㅣ置처치할、처(如言ㅣ事ㅣ刑ㅣ斬ㅣ絞ㅣ理ㅣ分等) 未嫁ㅣ女처녀、처又색씨、처未仕ㅣ士처사、처(語)処同 [illegible] 處俗字 虖。후 [호] 歎也탄식할、호大聲소리지를、호(虞) 呼嘑通 虙 뿌 [복] 虎貌범웅승거릴、복(帝號ㅣ犧)(姓也)(屋) 宓通 [illegible] 이 [을] 虎視범이노리고볼、을(物) 虗 同虛 虚 同虗 [illegible] 이 [의] 虎息범이숨쉴、의(未) (六) 虛。쉬 [허] 空也빌、허徒然헛될、허弱也약할、허(宿名)(魚) 虗虚同 [illegible] 배 [맥] 白虎흰범、맥(陌) 虜 루 [로] 生擒사로잡을、노(生得曰ㅣ、斬得曰獲)(虞) 擄通 (七) 虞。위 [우] 慮也艱ㅣ염려할、우樂也騶ㅣ즐길、우擇也가릴、우備也갖출、우誤也그릇칠、우葬後祭禮우제、우(帝舜國號、山澤官名、仁獸騶ㅣ)(虞) 號。하 [호] 大呼부르짖을、호大哭크게울、호(弓名烏ㅣ)(豪) 譹同、嘷通 召也부를、호命令호령、호票記표할、호名稱이름、호(號) 号通 [illegible] 한 [함] 虎聲범의소리、함(感) 虘 처 [차] 猛也모질、차(歌) [illegible] 꾸 [고] 虎息범이숨쉴、고(虞) (八) 虡。同簴虡 [illegible] 후 [호] 不見보지못할、호(虞) [illegible] 쟌 [교] 虎聲범의소리、교(巧) (九) 虣。빠 [포] 虐也포악할、포又혹독할、포(號) 暴同 虢。꿔 [괵] 虎攫범이하빌、괵(國名)(陌) [illegible] 웨 [열] 虎睡범잘、열(屑) [illegible] 안

암 雄虎수ㄱ범、암 咸 (十) 虥。잔 잔 淺毛虎ㅣ猫털몽근범、잔 刪 虓 안 요 不安貌뒤뚱거릴、요 嘯 䖑 쓕 숙 虎入林中범이숲에들、숙 屋 䖘 두 도 虎也烏ㅣ범、도 虞 虤 䖙 현 현 虎怒범이성낼、현 銑 䖇。彪同 (十一) 虧。퀘 휴 缺也이지러질、減也덜릴、휴 支 虧同 虨 빤 반 虎文범의문채、반 刪 䖇同

虒 되 제 虎卧범누을、제 齊 (十二) 虩。씨 혁 恐懼ㅣㅣ두려워할、혁 繩虎虫승호충、혁 陌 虧 同虧 𧇊 우 오 虎也ㅣ菟범、오 虞 䖤 한 호 土釜흙가마、호 號 䖔 한 함 虎聲범의소리、함 咸 䖛 쒸 삭 虎貌범의모양、삭 藥 (十三) 䖜 쐬 색 虎驚貌범이놀랄、색(或音속) 陌 (十四) 䖒。지 지 恐也두려워할、

䖗。인 은 兩虎爭聲범다투는소리、은 眞 (十五) 䖪。례 려 細切肉가늘게끊은고기、려 語 𧇼 쎼 혁 虎聲범의소리、혁 陌 (十七) 𧈀 쥬 저 器物그릇、저 語 (二十) 虪。쓕 속 黑虎검은범、속 屋 (二十二) 𧈂 텅 등 黑虎검은범、등 蒸

虫部

虫。훼 훼 俗音충 鱗介總名벌레충、훼 尾 蟲通 虬 同虯 (二) 虯。쮸 규 龍之無角者뿔없는용、규 尤 虬同 虱 蝨同 虮 이 기 蟣蝨 名蜜ㅣ밀기벌레、기 支 虰。띵 정 蜻蜓ㅣ蛵잠자리、정 青 증 蟶也蠪ㅣ개미、증 庚 虸 지 직 蟲食病벌레먹는병、직 職 (三) 虹。홍 홍 蝀也ㅣ蜺무지개、홍(太陽光線映射水氣弓形作色現出空中) 東 강 義同(泗州縣名) 絳 蚊通 虹 同虹 虷。깐 간 水中赤色細蟲쟁가비、간 又장구벌레、간(汙水棲息化形爲蚊)犯也범할、간 又덤빌、간 寒

蚕 텬 천 蟲之曳行벌레꿈틀거릴、천 銑 虵 蛇俗字 虶 위 우 蛐蟺蚨ㅣ그리마、우 又치자리、우(形似蟝蚣節足尤多) 虞 虴。퇵 택 蚱蜢베메뚜기、택(一名稻蝨) 陌 虹 同蝱 虹 공 공 泗州縣名 送 虹通 虸。쯔 자 害稼蟲ㅣ蚄며루、자 紙 蚉 同螣 虺 同虺 虳。듸 적 鼠也쥐、적 錫 적 義同 錫 虰 작

[주]海蟲바닷벌레、주(有) ④ **蚣** 공 [공]毒蟲蜈ㅣ지네、공(一名百足蟲) (東)[송]蝗也ㅣ蝑메뚜기、송(冬)蜙通 **蚌** 빵 [방]蛤也조개、방(講)蜯同 **蚩** 치 [치]愚也ㅣㅣ어라석을、치醜也추할、치(蟲名星名ㅣ尤旗人名ㅣ尤)(支) **蚨** 뿌 [부]水蟲青ㅣ청부、부又물나비、부(狀如蟬而塗錢可還故俗因謂錢曰青ㅣ)(虞) **蚑** 치 [기]蟲行貌ㅣㅣ벌레길、기長足蛛蟰蛸발긴거미、기(一名長ㅣ)(支)(寘) **虺** 훼 [훼]蝮蛇독사、훼(尾)虺同[회]馬病ㅣ隤말비루먹을、회(灰) **蚍** 피 [비]大蟻ㅣ蜉왕개미、비(支) **蚋** 蜹同 **蚘** 우 [회]赤長蟲회、회(寄生人腹)(灰)蛔通(九黎君號蚩ㅣ)(灰) **蚆** 파 [파]貝也자개、파(麻) **蚓** 인 [인]土龍蚯ㅣ지렁이、인(一名曲蟺)(蚯ㅣ土精、無心之蟲與阜螽交)(軫)螾通 **蚥** 뿌 [보]黃甲小蟲노른재、보又외벌레、보(喜食瓜葉故名守瓜)(虞) **蚊** 뭔 [문]虻之羽化모기、문(齧人吸血)(文)䘇蟁同 **蚕** 텬 [천]蟺也지렁이、천[잠]俗蠶通(覃) **蚄** 빵 [방]害稼蟲蚄ㅣ며루、방(陽) **蚪** 뚜 [두]蛙子蝌ㅣ올창이、두又개구리새끼、두(一名蝌子)(有) **蚤** 잪 [조]嚙人跳蟲벼룩、조早也일찍、조(皓)早通 **蚦** 싼 [염]大蛇可食먹는구렁이、염又염뱀、염(無鱗尾圓身有斑文)(鹽) **蚎** 蚺同 **蚇** 치 [척]屈身匍行蟲자벌레、척(一名蠖蟲)(陌) **蚡** 뿐 [분]地鼠두더지、분(伯勞所化)(文)(吻)鼢同 **蚅** 어 [액]豆菜青蟲콩망아지、액又배추벌레、액(陌) **蚧** 졔 [개]白蛤흰조개、개(燕雀所化)(卦) **蚗** 졔 [결]蟬類蛥ㅣ쓰르라미、결蛟也교룡、결(屑) **蚖** 웬 [원]蜥蜴蠑ㅣ도마뱀、원又도롱뇽、원(元)螈通[완]蝮蛇독사、완(寒) **蚟** 왕 [왕]蟋蟀ㅣ蟋귀뚜라미、왕(陽) **蚰** 뉴 [뉵]蚰蜒ㅣ蚭지차리、육又그리마、육(屋) **蚔** 치 [기]米蠹쌀바구미、기(微) **蚛** 쭝 [중]蟲食物벌레먹을、중(送) **蚝** 츠 [재]斑蝥龍ㅣ갈애、자(寘)截通 **蚞** 무 [목]蛥蚗蠑ㅣ쓰르라미、목(屋) **蚠** 뿐 [분]人名伯ㅣ(文) **𧈪** 뺘 [묘]俗音[묘]蠶初生새끼누에、묘(蕭) **蚢** 항 [항]食蕭蠶쑥누에、항(陽) **蚥** 뿌 [보]螳螂蜣ㅣ버마재비、보又연가시、보(虞) **蚐** 쥔 [균]臭蟲馬陸노래기、균(一名香娘角氏)(眞) **蚜** 야 [아]小蟲작은벌

레、아(麻)

蚘 [日]螺類소라、회

⑤

蚳• 츠 [지]蟻卵|醢개미알、지(支)

蛇。 써 [사]毒蟲眼聽뱀、사又구렁이、사(爬蟲一種)(麻) [이]自得貌委|든든하게여길、이(支) [이]義同 (歌)它通

蚢 숭 [용]小蟲匍行작은벌레길、용(腫)

蛆。 취 [저]蠅子구더기、저(生於腐物中者)蝍蛆지네、저(魚)胆通

蚷 취 [거]馬蚿商|노래기、거(語)

蛄。 꾸 [고]穴蟲螻|도로래、고(土中穴居、雄能鳴飛、雌腹大羽)(一名天螻、仙|)蟬類蟪|쓰르라미、고(虞)

蛀 쯔 [주]食木蟲나무좀、주(遇)

蛃 뼝 [병]白蟫흰좀、병(衣書中蟲、一名|魚、衣魚)(梗)

蛉。 링 [령]赤卒蜻|고추잠자리、영(靑)蠕通

蚯• 칙 [구]土龍|蚓지렁이、구(尤)

蚴 우 [유]龍貌|蟉용꿈틀거릴、유(有)土蜂땅벌、유(尤)

蚶。 깐 [감]蚌屬魁陸강요주、감(覃)

蚻 짜 [찰]小蟬쓰르라미、찰(黠)

蚿• 쏀 [현]多足蟲馬|노래기、현(先)

蚱 짜 [책]蝗類|蜢메뚜기、책 [칙]秋蟬가을매미、칙(陌)

蛣 취 [겁]紫貝石|겁붉은자개、겁(葉)蜐同 [거]蟾也두꺼비、거(語)

蚭 늬 [니]蚰蜒蚰|지차리、이又그리마、이(支)

蚼。 쮜 [구]蟻也蜉蚍개미、구(有)

蚰• 우 [유]蚰也|蜒지차리、유(尤)

蚸 씨 [석]螳蜋버마재비、석(陌)

蚵 커 [개]蜥蜴|蠪도마뱀、가(歌)(蟲名蝸|)(哿)

蚸 릐 [력]細長蠡螇|가늘고긴메뚜기、역(錫)蝷同

蚹• 뿌 [부]蛇腹下橫鱗뱀의배비늘、부蝸牛달팽이、부(遇)

蛁。 됴 [조]蛁也|蟧쓰르라미、조(一名蟪蛄)(蕭)

蛂 뼤 [별]甲蟲蟦蛢풍뎅이、별(以翼鳴者)(屑)

蚍。 蝠同

蚣 삐 [필]黑、蜂검은벌、필(質)

蛆 蜇同

蛅。 신 [염]蛓也|蟖쐐기、염(鹽)

蛈 데 [철]蛈蟷|母도로래、철土蛛땅거미、철(屑)

蛋• 단 [단]鳥卵새알、단(翰)蜑通

蚲 핀 [평]蝱也등에、평(庚)

蚾 퍼 [파]蟾也두꺼비、파(哿)

蛪 자 [가]食米蟲쌀바구미、가(麻)

蚕 쉬 [서]蔥蟲파벌레、서(語)

⑥

蛬 꿍 [공]蟋蟀귀뚜라미、공(冬)蛩通

蛜• 이 [이]鼠婦|蝛쥐며느리、이(支)

蛩。 꿍 [공]稻蠡벼메뚜기、공獸名||공공이、공(狀如馬、名曰||、一走百里)(冬)蛬通

蛛。 쮸 [주]網蟲蜘|거미、주(虞)鼄同

蛙。와 [와] 黽屬개구리、와(麻) [왜] 義同(佳) 鼃同、䵷通 **蛔** 훼 [회] 腹中蟲회충、회又거위、회(灰) 蛕同、蚘通 **蛕** 蛔同(灰) 土蟲흙벌레、회(賄) **蛟**。쟌 [교] 龍屬교룡、교(肴)

蛑 뭐 [모] 大蟹蝤ㅣ큰게、모又바닷게、모(尤) **蛐** 취 [곡] 蝍也지렁이、곡(沃) **蛣**。찌 [길] 啖蜣ㅣ蜣말똥구리、길蟹奴蟝ㅣ방게、길食木蟲나무좀、길(質) **蛭**。찌 [질] 血食蟲거머리、질(水棲蟲而着人皮膚吸取其血)(質) **蛚**。레 [렬] 蛬也蜻ㅣ귀뚜라미、열(屑) **蛤**。꺼 [합] 蚌類조개、합(雀入海水爲化)(合) **蛓** 츠 [자] 毛蟲쐐기、자(紙) 蠀同、蚝通

蛖 빵 [방] 螻蛄도로래、방(江) **蛝** 쏀 [한] 大蟻蚍蜉왕개미、한(刪) **蛞**. 쿼 [활] 蝸牛無殼ㅣ蝓집달팽이、활又암달팽이、활蝌蚪ㅣ東올챙이、활(曷) **蛇** 차 [타] 俗音[타] 水母무렴、타又해파리、타(形如笠而泛泛浮水)(碼) 鮀同 **蛥**. 쎄 [설] 蟬類ㅣ蚗쓰르라미、설(屑) **蛪** 蜺同 **蛢** 쳔 [견] 螢火반딧불、견(腐草化爲螢火)(先) **⿰虫兆** 珧同

蚰 큔 [곤] 蟲之總名벌레、곤(元) **蛗** 뿌 [부] 蝗也稻螽벼메뚜기、부(有) **蛡** 이 [익] 蟲之翩行벌레길、익(職)

七

蜂。逢蟲同 **蛹**。용 [용] 繭蟲누에번데기、용(蠶化爲ㅣ、ㅣ化爲蛾)(腫) **蜍** 위 [여] 似蛙大者蟾ㅣ두꺼비、여(腹下有丹書八字者眞蟾ㅣ)(魚) 蠩同 **蜈**. 우 [오] 毒蟲ㅣ蚣지네、오(虞) **⿰虫弟** 티 [제] 小蟬작은매미、제(齊)

蛻。쒜 [세] 蛇蟬類脫皮허물벗을、세(霽) [태] 義同(泰) **蜃**. 천 [신] 大蛤큰조개、신蛟屬이슴、신又이무기、신(ㅣ狀如蛇大有角生如龍紅鬣)(一名ㅣ氣樓又曰海市)(軫)(震) 蜄通 **蜐** ⿰虫去同 **蜑** 딴 [단] 南蠻남녘오랑캐、단(旱) 蛋通 **蜎** 윈 [연] 蟲行ㅣㅣ벌레꿈틀거릴、연(先) 屋中深廣貌蜎ㅣ집속깊고넓을、연(霰) [견] 水中蟲ㅣ蠉장구벌레、견(銑) **蜓**。뎡 [정] 赤卒蜻ㅣ고추잠자리、정(靑) [전] 蛇屬蝘ㅣ도마뱀、전(銑) **蛸** 쌀 [소] 桑蟲螵ㅣ뽕나무벌레、소(蕭) 蟢子蠨ㅣ거미알、소(肴) **蛾**。어 [아] 蠶蛹所化ㅣ羅누에나비、아ㅣ眉나비눈섭、아(歌) **蜋** 랑 [랑] 螳ㅣ버마재비、낭(前肢如鎌) 轉丸蟲蜣ㅣ말똥구리、낭(陽) **⿰虫豕** 훼 [회] 豕掘地돋땅뒤질、회 蝟也땅두더지、회(灰) **蜉**。뿌 [부] 大蟻蚍ㅣ왕개미、부

渠略ㅣ蝣하루살이、부(朝生暮死)(尤) **蜀**。쑤 [촉]菜蟲배추벌레、촉(地名巴ㅣ、西ㅣ)(沃) **蛺** 졔 [협]野蠛ㅣ蝶범나비、협(洽)[겹]義同(葉) **蛵** 씽 [형]蜻蛉虹ㅣ잠자리、형(青)

蛶。례 [렬]蟲名벌레이름、렬(屑) **蛷** 착 [구]蟲也ㅣ螋그리마、구(形如蛅而多足)(尤) **蝆** 메 [미]米中甲蟲強ㅣ쌀바구미、미又쌀눈、미(紙) **蜌** 삐 [폐]淡菜海ㅣ홍합、폐(一名紅蛤又東海夫人)(薺) **蜁** 쒄 [선]螺也ㅣ蝸소라、선(先) **蜄**。전 [신]動也움직일、신(軫)蜃通 **蜇** 져 [철]螫也쏠、철(屑)蛆通 **蜆**。쎈 [현]小蛤작은조개、현(銑)

蜊 리 [리]海蚌蛤ㅣ참조개、이(支) **蜏** 우 [유]蜉蝣하루살이、유(朝生暮死)(有) **蛒** 蝣同 **蜒** 옌 [연]蚰蚭蚰ㅣ지차리、연又그리마、연屈曲貌蜿ㅣ꿈틀거릴、연(先) **蜈** 우 [오]蜈蚣지네、오(虞) **[虫赤]** 둥 [동]赤蟲붉은벌레、동(冬)

八

蜙 쑹 [송]蝗類ㅣ蝑다리로우는메뚜기、송又베짱이、송(冬)蚣通 **蝀**。뚱 [동]虹也螮ㅣ무지개、동(東)(董)(送) **蜯** 蚌同 **蜰**。삐 [비]臭蟲蠦ㅣ떡풍뎅이、비旱蟲蠦ㅣ진디벌레、비(尾) **蜞** 치 [기]小蟹蟛ㅣ방게、기水蛭거머리、기(支) **蜝** 蜞同 **[虫奇]** 이 [기]長足蛛발긴거미、기(支)[기]蟬也매미、기(紙) **蜚**。삐 [비]阜螽메뚜기、비(尾)(未)惡臭蟲떡풍뎅이、비(微)飛通 **蜼** 우 [류]似猴尾歧꼬리째진원숭이、유(紙)[유]義同(宥) **蜺** 이 [예]雌虹암무지개、예(齊)[얼]蟬黑而赤亂鳴붉은매미、얼又발매미、얼(屑)蛪同 **蜘**。찌 [지]網蟲ㅣ蛛거미、지(支)鼅蜘鼅同 **蝃** 듸 [체]虹也ㅣ蝀무지개、체(霽)螮同 **蜹**。웨 [예]蚊也모기、예藍鷄초눈이、예又바구미、예(霽)蚋同 **蜳** 윤 [윤]氣不安定蜳ㅣ가슴두근거릴、윤又기운펀치못할、윤(軫)[돈]義同(元) **蜫**。쿤 [곤]蟲也벌레、곤(元)昆通

蜿 웬 [원]龍貌ㅣㅣ꿈틀거릴、원(元)(阮)[완]虎行貌범이설렁거릴、완蟲動貌蟠ㅣ꿈틀거릴、완(寒) **蝂** 빤 [판]負蟲蝜ㅣ지기잘하는벌레、판(蝜ㅣ者、善負小蟲也、行遇物輒取仰首負之踏至極不止)(潸) **蜷** 촨 [권]屈曲不行貌움추러질、권(先) **蜩**。댶 [조]蟬也매미、조(蕭) **蜾**。꿔 [과]細腰蜂ㅣ蠃나나니벌、과(ㅣ蠃逢螟蛉之殖子而祝之曰類我類我、

久則肖之) 哿

蜡。자 [사] 蠅蛆 쉬、사(年終祭名) 禡 褚通 [저] 義同 御

蟯 창 [강] 啖牛糞蟲蛣ㅣ쇠똥구리、강(取糞作丸轉般者) 陽

蜻。칭 [청] 胡離ㅣ蛉 잠자리、청 蟋蟀ㅣ蛚 귀뚜라미、청 庚

蝄 同魍

蜢 멍 [맹] 蝗類蚱ㅣ메뚜기、맹 梗

蜽 同魎

⿰虫坴 루 [륙] 圓蛤有文魁ㅣ강요주、육又동근조개、육 屋

蜜。미 [밀] 蜂釀甘飴 꿀、밀 質

蜲。웨 [위] 鼠婦ㅣ⿰虫桼 쥐며느리、위 紙

⿰虫屈 취 [굴] 木蠹蛣ㅣ나무좀、굴 物 ⿰虫出同

蝁。어 [악] 虺屬大眼有毒 눈큰독사、악 藥

蜴 이 [역] 守宮蜥ㅣ도마뱀、역 陌 [척] 欺也 속일、척 錫

蜥。씨 [석] 蛇屬ㅣ蜴 도마뱀、석(在草曰ㅣ蜴、在壁曰蝘蜓) 錫

蜮。위 [역] 含沙射人短狐 단호、역(一名射影) 職

蜨 同蝶

⿰虫空 쿵 [공] 蟬蛻ㅣ皮 매미허물벗은껍질、공 東

⿰虫帚 뷰 [부] 蜲也鼠婦 쥐며느리、부 有

蜟 위 [육] 蟬⿰虫空未蛻 허물벗으랴하는매미、육 屋

蜠。쥔 [균] 俗音[균] 貝也 자개、균 軫

⿰虫夜 셰 [사] 蟹醢 게젓、사 禡 蝑通

⿱胥虫 쓰 [사] 蜙蝑ㅣ螽 황새메뚜기、사(以長足相摩發聲) 支

⿱离虫 리 [리] 蟲名蛺ㅣ 질리、이 支

蜦。륜 [륜] 行貌蝹ㅣ 꿈실거림、윤 大蝦蟇 찰머구리、윤 眞 蜧通

⿰虫虎 후 [호] 蜘蛛 거미、호(一名蠅虎) 虞

蜧。리 [려] 大蝦蟆 큰찰머구리、여又두꺼비、여(善食蛇者) 蜦通、神蛇 여뱀、여 霽

蜪 도 [도] 蝗子蝝ㅣ 메뚜기새끼、도 豪

⿰虫戔 잔 [잔] 蟲名馬ㅣ 노래기、잔 潸

蜬 한 [함] 蠃小者 작은소라、함 覃

蜭。한 [함] 毛蠹 쐐기、함(多毛螫人) 感

⿰虫沓 타 [답] 蛘也ㅣ⿰虫盍 딱정벌레、답 小蝱 작은등애、답 合

⿰虫阜 부 [부] 蝗類ㅣ螽 메뚜기、부 有

⿰虫祁 치 [기] 蠍也 蛜ㅣ 전갈、기(一名全ㅣ、熱帶產虫) 支

⿰虫長 창 [장] 蚰蜒ㅣ蠼 그리마、장又치자리、장 陽 [華] ㅣ蜋 바퀴、장

蛢。핑 [병] 蛂也 黃ㅣ 풍뎅이、병 青

蜸 컨 [간] 蠶也 누에、간 [견] 蚯蚓 지렁이、견 銑

蜱 삐 [비] 蟷蠰子ㅣ蛸 버마재비새끼、비又연가시새끼、비 支

蝅 **⿱⿰夭夭虫**。蠶略字

九

蝺 위 [우] 青蚨蠍ㅣ 청부、우又물나비、우(蠍ㅣ形如蟬其子如蝦著草葉得其子則母飛來就之煎食辛而美) 虞

蝦。쌰 [하] 蟾屬ㅣ蟆 두꺼비、하又찰머구리、하 麻 鰕通

蝛

웨[위]鼠婦蝍ㅣ쥐며느리、위(微) **蝟**。웨[위]刺鼠고슴도치、위(形似鼠而毛刺容生)(未)彙通 **蝑** 쉬[서]蝗類蚣ㅣ다리로우는메뚜기、서(脚長善鳴)(魚)蝜通 **蝴**• 후[호]野

蛾ㅣ蝶들나비、호(虞) **蝶**• 데[접]野蛾蝴ㅣ들나비、접(蠐螬羽化者)(莊周夢爲蝴ㅣ)(葉)蜨同 **蝓**。 위[유]蝸牛집없는달팽이、유(無殼蛞ㅣ)(虞) **蟴** 쓰[시]強蛘蛞ㅣ쌀바구미、

시(支) **蝡**• 순[윤]蟲動貌꿈실거릴、윤(軫)[연]蟲行ㅣㅣ벌레길、연(先)(銑)蠕同 **蝔** 쪠[개]雨蛙참개구리、개(一名雨毋)(佳) **蝘**。 옌[언]守宮ㅣ蜓도롱뇽、언(阮) **蝝** 원

[연]螽子메뚜기새끼、연(先) **蝙**• 삐[편]仙鼠ㅣ蝠박쥐、편又뽈쥐、편(形似鼠而有翼晝隱暗處夜出飛行)(一名服翼)(先) **蜵** 원[연]深廣ㅣ蜎깊고넓을、연(屋中深廣)(先) **⿰虫耑**

찬[천]蟲動ㅣ蝡벌레꿈직일、천(銑) **蝥**。 마[모]食穀毒蟲盤ㅣ가뢰、모(或音묘)(肴) **蝌** 궈[과]蛙子ㅣ蚪올챙이、과(狀如河豚頭圓身上青黑色始出有尾無足稍大則足生

尾脫)(歌) **蝩** 츙[중]蠶晩生두벌누에、중(一云原蠶)[종]蝗也메뚜기、종(冬) **蝗** 황[황]食苗蟲황충、황(陽) **蝱**。 멍[맹]俗音[망]齧人飛蟲등애、망(庚)虻同 **蝣**• 우

[유]渠略蜉ㅣ하루살이、유(尤) **蝤** 우[유]大蟹ㅣ蛑큰게、유[추]木食蟲ㅣ蠐나무좀、추(尤) **⿱范虫** 빤[범]蜂也벌、범(豏)范通 **蝠**• 부[복]飛鼠蝙ㅣ박쥐、복(蝙ㅣ千歲體白

如銀)(屋) **蝎**• 허[할]桑蠹뽕나무좀、할(曷)[헐]俗音[갈]螫蟲전갈、갈(ㅣ形如蟋蟀有尖尾前有兩螯能咬人甚毒)(月)蠍通 **蝮**。 부[복]毒蛇독사、복又살모사、복(屋) **蝳** 뚜[독]蜘

蛛거미、독(沃) **蝨**• 씨[슬]齧人蟲이、슬(生於皮膚之垢而嚙人吸血)(質)虱同 **蝍** 찌[즉]蜈蚣ㅣ蛆지네、즉(職) **蝐** 瑁同 **蝜** 부[부]善負小蟲ㅣ蝂지기잘하는벌레、부

(ㅣ蝂者善負小蟲也行遇物輒取仰首負之雖困極不止)(有) **蝞** 메[미]胄貝투구자개、미蝦也새우、미(寄生龜甲蟲)(寘) **蝚**。 슈[유]螻蛄도로래、유(國名ㅣ蠕)(尤) **蝭**• 듸

[제]蟬也ㅣ蟧쓰르라미、제(齊) **蝬** 쑤[수]多足蟲그리마、수(尤)螋同 **蝸**• 쫘[와]陵螺ㅣ牛달팽이、와(麻)[왜]義同(佳) **蝯**。 웬[원]猱也원숭이、원(腕長猿)(元) **⿰虫泉** 찬[천]貝

也자개、천先。

蝹。원 빈 俗音운 龍貌ㅣㅣ용꿈틀거릴、운眞 蝷 同蚸 蝺 위 구 好貌예쁠、구虞 蝏 팅 정 馬刀ㅣ蛢말씹조개、정又맛살조개、정靑

蛢 빙 병 馬刀蝏ㅣ말씹조개、병梗 蝪 탕 탕 土蛛螳蟷땅거미、탕又도로래、탕(一名蛈ㅣ形似蜘蛛穴居爲窠網覆穴口)陽 蝭 싱 성 蜻蜓잠자리、성靑

𧍯 앵 풍 蟲窟벌레구멍、풍又벌레집、풍東 蝵 착 추 蜘蛛거미、추尤

十

融。숭 융 和也화할、융明也昭ㅣ밝을、융ㅣ通、융통할、융(神名祝ㅣ)東 螉。옹 옹 細腰蜂蠮ㅣ허리가는벌、옹又가다리、옹東 螄。쓰 사 螺也소라、사支 螘。이 의 蚍蜉개미、의醪汁滓酒浮ㅣ술구더기、의紙 蟻同 螓 친 진 蛰也작은개미、진大蠅蝴ㅣ왕파리、진眞

螆 同蛓 螈 웬 원 二化蠶두벌누에、원蜥蜴도마뱀、원元 蠠同、蚖通 螗 탕 당 蜩也매미、당陽 螃 팡 방 蟹也ㅣ蜞방게、방陽

螟。밍 명 食苗害蟲며루、명桑蟲ㅣ蛉뽕나무벌레、명靑 蝅 蠶俗字 螢 잉 형 腐草爲化반딧불、형又개똥벌레、형(一名丹鳥一名宵燭形小翅大夜間飛行腹下發光)靑

螣。텅 득 蝗也황충이、특職 蟘同 등 神蛇등뱀、등蒸 螛 쌰 할 搖目吐舌눈굴리고혀널름거릴、할曷 𧏠 꿍 궁 守宮蜥蜴도마뱀、궁(一名壁虎形似蜥蜴尾端長項夜出捕蟲體色灰黑有斑)東

螇。씨 해 似蜙蠑而細長ㅣ蚸긴메뚜기、해齊 蝑同 蟀 쏜 손 蟋蟀蚟ㅣ귀뚜라미、손元 螌。빤 반 毒蟲ㅣ蝥갈외、반又반묘、반(一名斑貓體長五六分黃足斑文馬腹犬喙秋食豆花爲ㅣ蝥)刪

蟶 츠 지 蛭也거머리、지支 螋 同蝬 螏 찌 질 蟲名ㅣ蛰질이、질質 螠 허 합 蚱也蜡ㅣ딱정벌레、합合

螐 우 오 食菜蟲ㅣ蠋배추벌레、오虞 螑 쮸 후 伸頸低昂趣ㅣ목들고끄떡거릴、후宥 蟍。쪄 결 土螽땅메뚜기、결屑 螒 한 한 沙鷄글가리、한翰

螔 이 이 蝸牛ㅣ蝓달팽이、이支 螕。피 비 牛蝨진드기、비又비름、비齊 螅 同蟋 螖 화 할 小蟹ㅣ蠌방게、할黠 螜 후 곡 螻蛄도

로래、곡(屋) **螝**。 훼 [회] 蠶蛹누에번더기、회(隊) **蝥** 蟊同 **螞** 마 [마] 馬蛭ㅣ蟥말거머리、마(馬)[華] ㅣ蚱메뚜기、마 **螙** 蠹古字 **螠**• 이 [의] 小黑蟲ㅣ女목잘

라죽는벌레、의(善經死蟲)(寘) **[虫䍃]** 跳同 **[虫尃]**• 뻐 [박] 螳蜋卵ㅣ蟭버마재비、박(藥) **[豎虫]** 두 [두] 蝌蚪올챙이、두(有) **[甘䖵]** 간 [감] 瓜虫외벌레、감(勘) **[虫宿]** 쑤

[숙] 尺蠖蟲자벌레、숙(屋) **蛢** 제 [개] 螢火반딧불、개(齊) ⑪ **[镸䖵]** 蚊同 **[虫從]**。 춍 [종] 小蜂蝓ㅣ작은벌、종(牛馬皮中發生蜂)(冬) **螭**• 치 [리] 蛟龍赤ㅣ교룡、이(似

龍無角體小)(支) 彲同 **螮**• 蝃同 **螴** 천 [진] 氣不定ㅣ蜳기운정치못할、진(眞) **螾** 인 [인] 蟬屬寒螿참매미、인(眞) 蚓通 **蟂**。 쟌 [교] 水蟲ㅣ獺교달、교(形似蛇而有四

足)(蕭) **螵** 퍞 [표] 桑蟲ㅣ蛸뽕나무벌레、표又연가시알、표脚長蛛발긴거미、표(蕭) **蟉**。 랖 [규] 龍貌蚴ㅣ용구비칠、규(尤) [류] 義同 [료] 龍貌蜩ㅣ용꿈틀거릴、요(蕭) **螯**•

오 [오] 蟹屬倒行가제、오蟹之鋏狀肢게엄지발、오(豪) 鼇通 **螬**。 찬 [조] 地蠶蠐ㅣ굼벵이、조(豪) **螺** 蠃同 **蟆**• 마 [마] 蟾類蝦ㅣ찰머구리、마又개구리、마(麻) 蟇同

蟇 蟆同 **[虫麻]** 蟇同 **螳** 당 [당] 臂有斧ㅣ蜋버마재비、당又연가시、당(陽) **蟊**。 뫄 [모] 食苗根蟲게심이、모又느리、모(尤) **螻**• 뤄 [루] 有翅土蟲ㅣ蛄도로래、누

(一名天ㅣ、穴土而居、吸風食土、喜就燈光) 蛙也ㅣ蟈청개구리、누(尤) **蟋**。 씨 [실] 蛩也ㅣ蟀귀뚜라미、실(一名促織)(質) 螅蟋同 **蟀** 쐐 [솔] 蛩也蟋ㅣ귀뚜라미、솔(一名吟蛩、秋初生、

得寒則鳴)(質) **蟄**• 。지 [칩] 蟲藏벌레움추릴、칩和集貌ㅣㅣ우물거릴、칩(緝) **蟈** 꿔 [괵] 蛙也蟈ㅣ개구리、괵(陌) **螫** 씨 [석] 蟲行刺毒벌레쏠、석(陌) **[虫康]** 캉 [강] 蜻

蜓ㅣ蝍잠자리、강(陽) **螲**。 지 [질] 螻蛄도로래、질(質) **蟟**。 뤼 [략] 蜉蝣하루살이、약(藥) **[虫畧]** 蟟同 **螪** 썅 [상] 蟲名상벌레、상(陽) **螿**• 쟝 [장] 蟬屬寒螿쓰르라

미、장又참매미、장(似蟬而小色青)(陽) **螰**。 루 [록] 蛄也螻ㅣ쓰르라미、녹(屋) **[甘䖵]** 한 [감] 桑蟲뽕벌레、감瓜蟲외벌레、감(覃) **[镸䖵]** 蝶同 **螱**• 웨 [위] 飛蟻나는개미、

위又왕개미、위(未)

螱 同螱

螸。위 [유] 螸醜번밑구멍、유(虞)

螼 친 [근] 螼蚓지렁이、근(軫)

𧏡 同蜘

螽・종 [종] 蝗類阜ㅣ메뚜기、종(東) 蝩同

蟱 우 [무] 多足蟲ㅣ蛷그리마、무(遇)

蟦・적 [책] 小貝작은자개、책(陌)

蟃 완 [만] 桑蟲螟蛉뽕나무벌레、만(獸名ㅣ蜒)(願)

䗪 쟈 [자] 蟲名鼠婦쥐며느리、자(禡)

蠊。 䗪同

𧒀・렌 [련] 蟲盤屈貌蜷ㅣ벌레서릴、연(先)

𧑅 쥬 [축] 百足蟲馬陸노래기、축(屋)

𧓑。씨 [습] 螢火ㅣ蜦반딧불、습(緝)

蟍 리 [리] 蜈蚣蠬ㅣ지네、이(支)

𧑇 위 [어] 蠹也좀、어(魚)

蜂 同蠭

十二

蟲。츙 [충] 毛羽鱗介總稱버러지、츙(如羽ㅣ、毛ㅣ、甲ㅣ、裸ㅣ類) 熏蒸ㅣㅣ김오를、츙(東) 虫爞通

蟢 씨 [희] 蜘蛛蠨蛸납거미、희(紙)

蟣 지 [기] 蝨子서캐、기(微)(尾)

蟨 줘 [궐] 獸名궐짐승、궐(與蛩駏比肩行)(月)

𧐖 린 [린] 螢火반딧불、인(震)

蟠。판 [반] 伏也屈曲서릴、반(寒)

蟬・찬 [선] 蜩也매미、선(棲在樹陰飮露善鳴) 舞盤曲貌蜿ㅣ굼닐、선(先)

蟜。쟈 [교] 蟲也蠪ㅣ개미、교(蕭) 龍貌夭ㅣ용꿈틀거릴、교(篠)

蟓 쌍 [상] 蠶也누에、상(桑葉食蟲)(養)

蟒 망 [망] 大蛇구렁이、망(一名王蛇)(養)

蟛 평 [팽] 似蟹而小ㅣ蜞방게、팽(庚)

蟚 同蟛

蟫・단 [담] 衣書蠹白魚좀、담(ㅣ始生則黃色既老則身有粉視之如銀故名曰白魚)(覃) [음] 義同(侵)

蟵 츄 [축] 尺蠖자벌레、축(屋)

蠘 웨 [월] 小蟹蟛ㅣ방게、월(月) 蚏同

蟪。훼 [혜] 蟬屬ㅣ蛄쓰르라미、혜(霽)

𧒂。同螽

蠵・취 [수] 大龜ㅣ蠵큰거북、수(ㅣ蠵生海邊甲有文如玳瑁、堪爲物飾)(支)

蟖・쓰 [사] 截也蛅ㅣ쐐기、사(支)

蟭 쟢 [초] 螳蜋卵螵ㅣ버마재비알、초(蕭)

蠆 착 [추] 蜘蛛次ㅣ거미、추(尤)

蟙 지 [직] 蝙蝠ㅣ蠌박쥐、직(職)

蟘。同螣

蝩 종 [종] 蝗也簸ㅣ황충、종(冬)

蟝・취 [거] 蜉蝣ㅣ蟝하루살이、거(魚) 蠱同

蟞 폐 [별] 蟻也개미、별(羌名)(屑)

蟦 뻔 [비] 水母무렴、비蠐螬굼벙이、비(微)

蟥・황 [황] 蛂也ㅣ蛢풍뎅이、황(陽)

蟧 랖 [로] 小蟬蟧ㅣ쓰르라미、노(豪)

蜳 툰 [돈] 靑蚨ㅣ蝺청부、돈又나비、돈(元)

蟩 쮜 [궐] 井

蟲우물벌레、궐又장구벌레、궐(月)

蟱。뫄 [모] 蜘蛛蝥ㅣ거미、모(尤)

⿰虫黍 쓔 [서] 鼠婦쥐며느리、서(一名蛜ㅣ)(御)

⿰虫黑 머 [묵] 蛅蟖쐐기、묵(職)

蟳 씬 [심] 蝤蛑큰게、심又솥개、심(侵)

蟤 촨 [전] 屈曲貌蜿ㅣ꿈틀거릴、전又서릴、전(先)

⿱𠂤䖵 同⿱𠂤蟲

蟯。얀 [요] 腹中短蟲촌충、요(蕭)

蟮 싼 [선] 蚓也土ㅣ지렁이、선(銑)

蟴 어 [오] 甲蟲풍뎅이、오又딱정벌레、오(豪)

蠨 쑈 [소] 長脚蛛발긴거미、소(一名ㅣ蛸)(蕭)

(十三)

蟹。쎼 [해] 介蟲게、해(有八足二鰲而傍行二名無腸公子)(蟹)

蟻 同螘

蜑 옌 [연] 蟲形貌蜿ㅣ벌레모양、연又징그러울、연(銑) [단] 南海夷種남해오랑캐、단(旱)

蠆 쨰 [채] 螫蟲蜂ㅣ벌、채(卦)

蠉。환 [현] 水中小赤蟲子孑장구벌레、현蟲行貌벌레꿈실거릴、현(先)

蟺。싼 [선] 相糾蜿ㅣ서로뒤틀릴、선蚯蚓지렁이、선(銑)

蠃· 뤄 [라] 蚌屬소라、나(殼大而卷旋者)(歌) 螺同 蠡通、細腰蜂蜾ㅣ나나니벌、나(哿)

⿰虫畺 쟝 [강] 死蠶죽은누에、강又백강잠、강(陽)

蠁。썅 [향] 蛹也누에번데기、향(養)

蟶 청 [정] 蚌屬가리맛、정又맛살조개、정(庚)

蠅。잉 [승] 逐臭蟲파리、승(蛆之羽化)(蒸)

蟾 찬 [섬] 蛙屬ㅣ蜍두꺼비、섬(ㅣ蜍壽三千歲者頭上有角頷下有丹書八字)月影ㅣ光달그림자、섬(鹽)

蠈。쪄 [적] 蝗也황충、적(食木蟲)(屋)

蠋· 쓕 [촉] 桑蟲뽕나무벌레、촉藿ㅣ콩망아지、촉菜蟲배추벌레、촉(沃)

蠍· 쎼 [헐] 蠆類全ㅣ전갈、헐(頭上有螫、尾端有毒刺、熱帶產蟲)(月) 蝎通

蟷。땅 [당] 蟲名ㅣ蠰버마재비、당又연가시、당(別名螗螂)(陽)

蟼。징 [경] 蛙屬蝦蟆찰머구리、경(大腹短脚)(梗)

蟿。지 [계] 螇蚸ㅣ螽긴메뚜기、계(霽)

⿰虫葛 蠟俗字

⿰虫過 꿔 [괘] 蟲名不ㅣ붙파벌레、괘(箇)

⿰虫瑟 同蟋

蠊 렌 [렴] 飛ㅣ땅풍뎅이、렴(一名石薑、形似蛢而大者)(鹽)

⿱雍虫 융 [옹] 蛘也쌀바구미、옹(冬)

蠌 쪄 [책] 小蟹蟚ㅣ방게、책(陌)

(十四)

蠕 同蝡

蠓。뭥 [몽] 似蠛蠓ㅣ바구미、몽又하루살이、몽(春夏之月、有ㅣ蚋者、因雨而生、見陽而死)(董)

蠐。치 [제] 地蠶ㅣ螬굼벵이、제(齊)

蠙 同玭

蠔· 한 [호] 蚌也굴、호(初生每旁如拳石、四面漸長高

一二丈、黏附如山(地名ㅣ石) 豪

蠑・숭 [영] 水宮ㅣ螈도룡뇽、영(形似蜥蜴、棲在沼池) 庚

⿱阜䖵 뿌 [부] 蝗也ㅣ螽메뚜기、부 有 蝜同

蠒 繭俗字

蠖。후 [확] 屈伸蟲尺ㅣ자벌레、확 藥

⿱維䖵 웨 [유] 蟲之小者작은등애、유 寘

蠘 제 [절] 似蟹大殼곳게、절 屑

⿱東䖵 둥 [동] 蝌蚪올챙이、동 東

(十五)

蠣。리 [려] 蚌屬牡ㅣ굴、여(附石而生魂磊相連如房、呼爲ㅣ房) 霽

蠡。리 [려] 齧木蟲追ㅣ나무속에좀먹을、여(人名范ㅣ、澤名彭ㅣ) 薺 瓠瓢표주박、여 齊 蠡通 [리] 蚌屬달팽이、이 支 [라] 螺屬소라、나 歌 瘰病옴、나 哿 羸瘰通

蠢。춘 [준] 蟲動벌레꿈실거릴、준 愚也ㅣㅣ어리석을、준 軫

蠜 뺀 [번] 阜螽메뚜기、번 元

蠛。메 [멸] 似蚋亂飛ㅣ蠓바구미、멸 屑

蠚 허 [학] 毒螫쏠、학 藥

蠟・라 [랍] 蜜滓밀、납冬青樹蟲脂所凝白ㅣ백랍、납 合

蠝 레 [뢰] 飛鼠박쥐、뇌 灰

⿰虫霆 팅 [정] 蠶之二眠누에두잠잘、정 青

⿰虫墨 머 [묵] 蝙蝠⿰虫墨ㅣ박쥐、묵 職

蟁 蚊同

⿱者䖵 쥬 [저] 毒蟲독한벌레、저 御

蠠 미 [밀] 黽勉ㅣ没강잉할、밀又힘쓸、밀 質

⿰虫養 양 [양] 蠶也누에、양 養

(十六)

蠩 蜍同

蠹。뚜 [두] 木中蟲좀、두 遇 蠧蠹同

⿸厂䖵 同螈

蠦・루 [로] 臭蟲ㅣ蜰떡풍뎅이、노 虞

蠥。네 [얼] 妖也요괴、얼又요물、얼(禽獸蟲蝗之怪) 憂也근심、얼 屑 孽通

⿰虫憲 쎈 [흔] 蚯蚓寒ㅣ지렁이、흔 吻

⿰虫歷 리 [력] 野蠶들누에、역 錫

蠨・쌰 [소] 蠨子ㅣ蛸낙거미、소 又바퀴、소(長足蛛) 蕭

蠪。룽 [롱] 蟻也개미、농(赤駁文蟻) 東

(十七)

蠭 뿡 [봉] 螫人飛蟲벌、봉 冬 蜂蠭同

蠱・꾸 [고] 腹蟲놈、고 亂也ㅣ惑고혹、고事也일、고(卦名) 麌

蠯 패 [패] 蚌也긴금조개、패(狹長如鞘) 佳

⿰虫應 잉 [응] 寒蟬쓰르라미、응 蒸

⿰虫霝 링 [령] 桑蟲螟ㅣ뽕나무벌레、영 青 蛉通

蠲。좐 [견] 明也밝힐、견潔也吉ㅣ정결할、견除也ㅣ賦덜、견(蟲名馬ㅣ) 先

蠮・예 [열] 細腰蜂ㅣ螉허리가는벌、열 屑

蠰。쌍 [상] 蟲名螳ㅣ연가시、상 漾

⿱尉䖵 웨 [위] 飛螘나는개미、위 未

⿰虫谿 씨 [계] 土蜂땅벌、계 齊 ⿰虫谷同螇通

⿰虫龠 워 [약] 螢也⿰虫習ㅣ반딧불、약 藥

⿱匿䖵 늬 [닉] 蟲

食之病벌레먹는병、익(職)

(十六)

蠵 씨 [휴] 海龜蠵ㅣ큰거북、휴(雄曰玳瑁雌曰蠵ㅣ)(齊)

蠶 찬 [잠] 食桑葉吐絲蟲누에、잠(作繭化蛹後羽化爲蛾)(地名ㅣ陵)(覃) 蠶同

蠶 蠶同

蠷 취 [구] 足多蟲ㅣ螋그리마、구(尤)

蠸 촨 [권] 黃甲小蟲노른재、권(ㅣ喜食瓜葉而不食瓜故曰守瓜)(先)

[illegible] 웨 [위] 再蠶두벌누에、위(夏蠶)(未)

蠹 蠹同

(十九)

蠻 만 [만] 南夷남녘오랑캐、만 鳥聲綿ㅣ새소리、만(刪)

[illegible] 잔 [전] 蟲食瘡벌레먹는창병、전(銑)

[illegible] 리 [리] 蚰蜒蝂ㅣ지차리、又그리마、이(支)

(二十)

蠼 잗 [각] 大猿큰원숭이、각(藥)

(二十一)

蠽 졔 [절] 蟬類茅ㅣ매미、절(似蟬而小青者)蜻蜓잠자리、절(屑)

蠾 쑥 [촉] 蚕也벼룩、촉(沃)

血部

血 셰 [혈] 水穀精氣피、혈(動物之體內循環ㅣ液可成生存力之要素ㅣ脈)(受氣于父受ㅣ于母)(屑)

(二)

[illegible] 딩 [정] 息也숨쉴、정(青)

(三)

衁 황 [황] 血也피、황(陽)

卹 쑤 [솔] 掃塵ㅣ勿먼지떨이、솔(月) [술] 憂也근심할、술(質) 恤䘏通

[illegible] 징 [정] 見定보고정할、경(青)

(四)

衃 퀘 [배] 凝血엉긴피、배又멍들、배(灰)

衄 뉵 [뉵] 鼻血코피、육敗北패할、육(屋) 衂同

衂 衄俗字

[illegible] 졔 [결] 破也파할、결(屑)

(五)

衅 씬 [흔] 以血塗器際피로그릇틈바를、흔(震) 釁通

衇 脈同

(六)

衆 중 [중] 多也뭇、중又무리、중(送) 依同、藥名貫ㅣ고비뿌리、중(東)

[illegible] 脈同

衈 얼 [이] 耳血귀피、이(寘)

[illegible] 蛒同

(七)

[illegible] 취 [최] 赤子陰莖어린애자지、최(灰)

[illegible] 만 [만] 塗血피칠할、만(旱)

(八)

[illegible] 탄 [담] 肉醢육젓、담(感) 醓同

[illegible] 꿔 [획] 犬血개피、픽(陌)

衉 칸 [감] 血羹피국、감又선지국、감(勘)

(九)

[illegible] 커 [객] 吐血피토할、객 [illegible]同 吐聲외욕질할、객(陌)

(十)

[illegible] 지 [기] 刲而出血찔러피낼、기(微)

[illegible] 수 [욕] 汚也더러울、욕(屋)

(十一)

[illegible] 후 [호] 血汗피땀、호(遇)

(十三)

[illegible] 눙 [농] 腫血고름、농(冬)

(十四)

[illegible] 衄同

(十五)

衊 메 [멸] 汚血피칠할、멸(屑)

(十八)

[illegible] 씨 [혁] 傷痛哀ㅣ쓰라릴、혁(職)

行部

行。씽 [행] 步也다닐、행往也갈、행路也길、행運也五ㅣ오행、행(金木水火土)用也쓸、행書體행서、행庚 身之所敬행실、행巡視순행할、행梗 [항] 列也항렬、항陽 剛強ㅣㅣ굳셀、항漾 華(物貨賣買所曰洋ㅣ、金錢貯畜處曰銀ㅣ)

② **衼** 지 [기] 跡也자최、기紙

③ **衎**。칸 [간] 和樂화락할、간信也믿을、간旱翰

衍。연 [연] 廣也넓을、연茂盛蕃ㅣ번성할、연溢也넘칠、연筍也簇ㅣ상자、연(數名大ㅣ)銑霰 演通

④ **䘕** 항 [항] 樂人ㅣ衏악공、항陽

衏 웬 [원] 樂人衏ㅣ악공、원霰

⿱不行 라 [랍] 不能行者앉은뱅이、납合

⿴行幵 싱 [형] 步行貌걸음걸는모양、형青

⑤ **衒** 쉗 [현] 自矜自謀자랑할、현霰 賅衒同

術。쉬 [술] 技也재주、술又皿、술業也술업、술心之所由심술부릴、술道也길、술質

⑥ **衕** 퉁 [통] 通街거리、퉁送

衖 巷同

街。졔 [개] 四通路거리、가佳

⿴行圭 衘俗字

⿴行卷 꺄 [갸] 倦也게을를、갸又느릴、갸藥

⿴行微 웨 [비] 隱行암행할、비微

⑦ **衙**。야 [아] 官府마을、아蜂房벌의집、아麻 迓通

衙 衙同

⑨ **衝**。츙 [충] 突也충돌할、충又마주칠、충道路거리、충動也충동일、충冬 衝同

衚 후 [호] 街也ㅣ衕골목、호虞

⿴行今 진 [금] 暗行가마니갈、금沁

⑩ **衛**。웨 [위] 護也호위할、위又모실、위營也경영할、위(康叔所封國名)霽

衞 衛同

衡。형 [형] 秤也權ㅣ저울、형車軛차멍에、형眉目之間눈룽이、형庚 横通

衜 道古字

衠 쥰 [순] 正也바를、순不雜순전할、순眞

⿴行素 쑤 [소] 淨也정결할、소遇

⑪ **⿴行率** 쐐 [솔] 統也거느릴、솔質

⑫ **衝** 衝同

⑱ **衢**。취 [구] 四達之道거리、구(星名天ㅣ)虞

衣部

衣。이 [의] 庇身上衣裳옷、의(所以隱形)微 服之입을、의未

② **⿰衤八** 襻同

⿰衤了 랴 [료] 小袴校ㅣ잘방이、요篠

⿱衣十 卒同

③ **表**。빠 [표] 外面겉、표上衣웃옷、표明也밝을、표識也표할、표模範모뜰、표出衆ㅣㅣ표표할、표篠

衫 싼 [삼] 小襦적삼、삼衣之通稱옷、삼咸

衪 이 [이] 衣緣옷

선、이袖也소매、이(支) **衩** 차 [차]衽也褸ㅣ옷자락、차(禡) [채]襟也옷깃、채(卦) **衪** 탁 [탁]披衣옷헤칠、탁(藥) **[衤+勺]** 지 [적]衫也적삼、적(錫) [표]襟也옷깃、표(效) ④ **衷**。

쭝 [중]中也속、충又가운데、충誠也정성、충褻衣속옷、충善也착할、충正也바를、충當也당할、충(東)斷其中折ㅣ절충할、충又알맞을、충(送) **衰**。 쇠 [쇠]殘微쇠할、쇠弱也약할、

쇠耗也모손할、쇠瘦同[최]等也비등할、최(灰)喪服상복、최(支)縗通 **袂**。 메 [메]袖也소매、메又사매、메(霽) **袀** 쥰 [균]戎服균복、균(眞) **衯** 분 [분]衣長貌옷치렁거릴、

분(文) **袁** 원 [원]衣長貌옷길、원(姓也)(元) **衮** 곤 [곤]九章法服ㅣ龍衣곤룡포、곤(天子法服繡衣)(阮) **衺** 쌔 [사]不正奇ㅣ비뚤어질、사(麻)邪斜通 **衾**。 친 [금]寢

衣이불、금(侵) **衿** 진 [금]衣領옷깃、금士服青ㅣ도포、금(侵)襟通結也衣系옷고름、금(沁)紟通 **衻** 산 [염]嫁衣纁ㅣ활옷、염衣緣옷선、염(鹽) **衽**。 袵同 **衵** 시 [일]婦

人常服內衣속것、일又속옷、일(質) **衲**。 나 [납]補也기울、납僧衣장삼、납(琴名百ㅣ)(合) **[衤+少]** 標同 **衱**。 지 [겁]衣裾옷뒷자락、겁衣領옷깃、겁(葉)袷通 **衭**。 부 [부]衣

前襟옷앞짓、부(虞) **袑** 됴 [조]死者衣수의、조(蕭) **[表古字]** 表古字 **衴** 단 [담]衾緣이불、담(感) **[衤+互]** 후 [호]短衣짧은옷、호(遇) **衹**。 치 [기]袈裟ㅣ被가사、

기(支) **衼** 쯰 [지]袈裟衹ㅣ가사、지(支) **衶** 즁 [중]袴也바지、중(腫) **衸** 졔 [개]脚絆행전、개衣幅옷폭、개(卦) **衳** 숑 [종]褌也속바지、송(冬) ⑤ **被**。

삐 [피]寢衣이불、피着服입을、피(紙)覆也덮을、피及也미칠、피著也나타날、피(寘) **袘**。 이 [이]衣中옷속、이(支)裳下緣치마선、이(寘) **袪**。 취 [거]衣袂소매、거袖口소매아귀、

거(魚) **袋**。 대 [대]囊也주머니、대又자루、대(隊)帒同 **袗** 쪈 [진]袨服고운옷、진單衣홑옷、진(軫)裖同 **袢**。 판 [번]近身內衣속옷、번(元) **袒** 탄 [단]偏脫衣ㅣ裼옷벗

어엇멜、단衣縫옷솔터질、단(旱)襢綻通 **袨**。 쏀 [현]好衣고운옷、현(霰) **[衤+朮]** 쓔 [출]麤縫성기게홀、출劍袋칼집、출(質) **袙**。 帕同 **袎** 얀 [요]襪頸버선목、요(效)

裒 어 [아] 衣長貌ㅣ裹옷치렁거릴、아(哥) **袉** 퉈 [타] 裾也옷뒷자락、타 美也ㅣㅣ아름다울、타 長舒貌옷치렁치렁할、타(哥) **袈**。쟈 [가] 僧衣ㅣ裟가사、가(麻) **袊** 링 [령] 婦人嫁服直ㅣ활옷、영(梗) **袧** 쥐 [구] 喪服辟兩側상복사폭、구(尤) **袤**。뭐 [무] 延亙南北뻗힐、무 (東西曰廣南北曰ㅣ)(宥) **袖**。쓔 [수] 衣袂소매、수(宥) 褎同、褏通

袜。머 [말] 腰帶허리띠、말(曷) 足衣버선、말(月) 襪韈同 **袟**。지 [질] 劍衣칼집、질(質) 帙秩通 **袥**。퉈 [탁] 披開衣領옷깃헤칠、탁 衣衸옷자락、탁(藥) **袠** 同帙 **⿱比衣** 빼 [피] 衣不伸옷구길、피(寘) [제] 衣交衸옷자락여밀、제(霽) **袍**。팦 [포] 長襦두루마기、포 衣前襟앞섶、포(豪) [韓] 平常禮服道ㅣ도포、포 **袕** 쒸 [술] 衣開孔옷에구멍날、술(質)

袌 同抱 **袛**。디 [저] 汗襦ㅣ裯땀받기、저 又속적삼、저(齊) **⿰衤出** 同褔 **袝** 뿌 [부] 盛服성한옷、부(遇) **袑** 쌒 [소] 袴襠바지、소(篠) **袔** 同襭 **⿰衤正** 정 [정] 小兒衣아이옷、정(庚) **䘉** 라 [랍] 衣敝옷해질、납(合) **袏** 쥐 [좌] 衣囊호주머니、좌(箇) **⿰衤比**。츠 [지] 換着衣옷갈아입을、지(紙)

六

袽。수 [녀] 敝衣袾ㅣ해진옷、여(魚) **袴** 쿠 [고] 脛衣바지、고(遇) 絝同 [과] 兩脚間사타구니、과(禡) 胯通 **袿** 꿰 [규] 婦人上衣부인웃옷、규(齊) **裁**。채 [재] 制衣ㅣ縫옷마를、재 度也헤아릴、재 判决판결할、재(灰) 鑑別品ㅣ품재할、재(隊) 財通 **裀**。인 [인] 内衣속옷、인(眞) **裒** 퍼 [부] 聚也모을、부 减也덜、부(尤) 掊通 **袼** 꺼 [각] 衣袂當腋之縫겨드랑이솔기、각(藥) **袵** 신 [임] 衣襟옷깃、임(寢) 衽同、臥褥요、임(沁)

袱。뿌 [복] 包巾보자기、복(屋) **裂**。레 [렬] 破也찢을、열 繒餘비단자투리、열 綻也옷터질、열(屑) **袺**。졔 [결] 執衽옷섶잡을、결(屑) **袹** 매 [말] 始喪服邪巾ㅣ頭상복、말 又동건、말(黠) [맥] 腹帶배띠、맥(陌) **袳** 치 [이] 衣長貌裒ㅣ옷치렁거릴、이(紙) [치] 義同(哥) [다] 義同(支) **袷**。졔 [겁] 曲領동근깃、겁(葉) 衱通 [협] 合衣겹옷、겹(洽) 裌通 **袾**。쥬 [주] 短衣ㅣ襦짧은옷、주 内衣속옷、주(虞) **袶** 쟝 [강] 草名풀이름、강(緝) **袸** 춘 [존] 衣帶돌띠、존(元) **⿰衤充** 츙 [충] 短衣ㅣ裾짧은옷、충(東)

袻 얼[이] 衣之縮皺옷구김살、이(支) 䘬 융[융] 軍服군복、융(東) 裃 [日] 禮服一種예복、상

㊆

裏。리[리] 衣內옷속、이表ㅣ속、이又안、이(紙) 裡同 裡 同裏 補。뿌[보] 綴也기울、보助也도울、보(數名十垓曰ㅣ)(麌) 裋 쓔[수] 長襦ㅣ褐두루마기、수 敝衣해진옷、수(麌) 裕。유[유] 寬也너그러울、유饒也넉넉할、유緩也늘어질、유(遇) 裙 쥔[군] 裳也치마、군(文) 帬同 裔。이[예] 衣裾옷뒷자락、예後嗣후손、예邊也四ㅣ가、예種類苗ㅣ싹、예又씨、예(遠代子孫謂之ㅣ)(霽) 裞 쒜[세] 贈死者被衣수의、세追服추복입을、세(日月已過乃聞喪而服曰ㅣ)(霽) 裖 同袗 裍 퀀[곤] 縛衣옷동일、곤(阮) 袅 뇨[뇨] 曳貌끌릴、요又끄을、요輭美ㅣ娜간들거릴、요(駿馬名騕ㅣ)(篠) 裹通 裟 싸[사] 僧衣袈ㅣ가사、사(麻) 裝。장[장] 飾也꾸밀、장又장식할、장裹也行ㅣ봇짐、장又행장、장(陽) 裎 청[정] 裸體벌거벗을、정(梗)(庚) 裘。쿠[구] 皮衣갖옷、구(狐ㅣ羊ㅣ)(尤) 裗 류[류] 裷也衣縷실끝、유又옷해질、유襟也옷깃、유(尤) 裓 꺼[극] 衣裾옷뒷자락、극(職) 裛。이[읍] 纏也얽을、읍香襲衣옷에향내밸、읍書囊책주머니、읍(緝) [엽] 義同(葉) 裌 쟈[겹] 合衣겹옷、겹(洽) 袷通 裲 룡[롱] 衣一件옷한벌、농(送) 䘑 무[목] 衣縫혼솔、목(屋) 䘙 어[아] 衣服盛飾옷모양벌、아又옷치장할、아(歌) 裚 찌[제] 斷衣옷끊을、제(霽) 䘽 션[한] 小兒涎巾아이턱받기、한(濟) 䘺 쥰[준] 袴裥바지통、준(眞)

㊇

裨。피[비] 補也기울、비又도울、비益也더할、비小也작을、비與也줄、비(朝服ㅣ冕)(支) 裶 뷔[비] 曳衣貌ㅣㅣ옷줄줄끌릴、비(微) 裾 쮜[거] 衱也衣後옷뒷자락、거(魚) 裯。츄[도] 衣袂소매、도(豪) [주] 單衣홑이불、주(尤) 幬通 裞 이[예] 衣縷옷해질、예又시침실、예(齊) 製。찌[제] 裁也마루잴、제制也、造也지을、제式也법제、제(霽) 裼 씨[석] 露肩袒ㅣ어깨드러낼、석(錫) [체] 裼也포대기、체(霽) 禘通 裴。페[배] 衣長貌옷길、배(姓也)(灰) 裵同 裵 同裴 裸 뤄[라] 赤體벌거벗을、나(哿) 躶臝羸同 裩 同褌 裹。꿔

[과]包也쌀、과纏也얽을、과(哿)(箇)
裳。상[상]婦人腰下掩衣치마、상(陽)
⿰衤定同綻
裲량[량]柏腹ㅣ襠배자、양(ㅣ襠掛着胸背兩面而缺其兩臂者)(養)
⿰衤朋同繃
裺앤[암]衣寬옷너그러울、암(陷)
裧。同襜
⿰衤屈쿠[굴]短衣⿰衤朮ㅣ짧은옷、굴又등거리、굴(物)⿰衤出同
裻。투[독]背縫등솔기、독衫襦橫幅소매、독(沃)
⿰衤夜이[맥]衣掖下ㅣ縫겨드랑이솔기、액(陌)掖通
裪도[도]袖也⿰衤喬ㅣ소매、도(豪)
⿰衤彔루[록]衣聲옷소리、녹(屋)
褍완[연]袖曲處소매뚜리、연(先)
裬。릉[릉]馬腹下帶말북두、능(蒸)
裱。뱌[표]領巾목수건、표(嘯)
裰。뚜[탈]補也기울、탈[철]義同(曷)
⿰衤卒쉐[쉬]副衣여벌옷、쉬單衣홑옷、쉬(或音쇄)(隊)
袳치[게]開衣옷헤칠、게(齊)
⿰衤宛웬[원]袖耑屈處소매뚜리、원(阮)
裮창[창]衣不帶띠아니맬、창(陽)
褀지[기]繫也맬、기(寘)
褂꽈[괘]馬ㅣ마고자、괘(卦)

九

褘。웨[위]帳也장막、위美也아름다울、위幃通[휘]后祭服翟ㅣ후의제복、휘(微)
褚。츄[저]綿絮裝衣옷에솜둘、저囊也주머니、저蓄也쌓을、저覆棺物구의、저又관덮개、저(姓也)(語)紵通
褕。위[유]直裾襜ㅣ괘자、유翟羽飾衣꿩의깃으로꾸민옷、유(虞)[요]皇后服ㅣ狄황후의옷、요(蕭)
褆티[제]衣厚ㅣㅣ옷두터울、제(齊)
褌。쿤[곤]褻衣合襠속것、곤又잠방이、곤(元)裩同
褍똰[단]衣正幅玄ㅣ옷바른폭、단(寒)端通
褖톤[단]后服황후의옷、단(翰)緣通
褊。삔[편]衣貌ㅣ褼옷너풀거릴、편(先)[변]狹也좁을、변(銑)
褋데[접]襌衣홑옷、접(葉)
褓。빠[보]小兒被襁ㅣ포대기、보(皓)緥同
褏袖同
褎。우[유]衣服盛飾옷치레할、유進也나갈、유長也길、유禾盛貌벼성할、유[수]袂也소매、수(宥)袖通
複。약[복]重衣겹옷、복(衣服有裏曰ㅣ)(屋)復通[부]重也거듭、부(宥)
褐허[갈]毛布털베、갈麤布굵은베、갈賤者所服갈옷、갈(曷)
⿰衤要얀[요]衣襻옷고름、요(蕭)⿰衤要同
褒。褒俗字
⿰衤青。뛰[타]無袖衣소매없는옷、타(箇)
⿰衤畏웨[의]垢衣때묻은옷、의(灰)
褑웬[원]佩玉之帶패옥띠、원(霰)
褺뼝[봉]皁屨미투리、봉

(董) ⿰衤冒 맏[모]小兒頭帽어린아이남바위、모又모자、모(號) 褗。옌[언]衣領옷깃、언(阮) ⿰衤癸 꿰[규]衣之分裾옷뒤틀릴、규(霽) 褙 빼[배]襦也배자、배又등거리、배(隊)[華]褾ㅣ배접할、배 褒 부[부]聚也모일、부(尤) ⿰衤臿 시[집]衣重緣옷겹선、십(緝) ⿰衤契。옌[연]衣縮옷구김、연(銑)

十 ⿰衤邕 용[옹]襛襰버선목、옹(宋)

褫。츠[치]褫衣ㅣ氈옷잇、치神志喪失ㅣ魄넋잃을、치奪衣옷빼앗을、치解衣옷끄를、치(紙)(寘) ⿰衤裊 繞同 褦 내[내]涼笠ㅣ襶패랭이、내又평량자、내不曉事ㅣ襶분수없을、내(隊) 褞 원[온]褐衣굵은베옷、온(元) 褪 툰[톤]卸衣옷벗을、톤花謝꽃떨어질、톤(願) 褰。췬[건]袴也바지、건扱衣옷걷을、건(先)攐同 褭 냐[뇨]以組帶馬말북두、요駿馬騕ㅣ준마、요(篠)裊通 褧。징[경]襌也홑、경縠也저사、경(梗)(迥)絅纐通 ⿰衤芻。쭈[추]衣不伸옷구길、추(宥) 褥。수[욕]籍也裀ㅣ요、욕(沃) 褡 따[답]衣敝옷해질、답小被橫ㅣ처네、답(合) 褠。꾸[구]袖狹襌衣소매좁은홑옷、구(尤) 褢。홰[회]褢衿藏物품을、회(佳) ⿰衤殺 쌔[쇄]衣削幅사폭、쇄(卦) ⿰衤冥 襛同 褱。懷古字 ⿰衤差 춰[차]衣長貌옷길、차(哿) 褩 빤[반]衣表옷거죽、반(寒) ⿰衤畜 츄[축]藏也감출、축貯也쌓을、축(屋) 褮。잉[형]衲也옷에구멍날、형(庚) ⿰衤席 쪠[재]小兒服어린애옷、자(禡) 褲 쿠[고]袴也바지、구(遇) ⿰衤盍 허[합]婦人上衣계집저고리、합(合)

十一 ⿰衤离。리[리]衣帶돌띠、이(支)縞通 襈 쎈[선]衣貌褊ㅣ옷너풀거릴、선(先) 褾 뱦[표]袖端소매끝、표卷帙飾ㅣ褙책의、표(篠)衩同 ⿰衤烏 댜[조]短衣짧은옷、조(蕭)(篠) 襄。쌍[양]贊也도울、양平也편편할、양上也오를、양盛也성할、양(陽) 襂 싼[삼]羽衣垂貌ㅣ襹깃옷늘어질、삼(侵)腰帶허리띠、삼(咸) 襁。쨩[강]負兒衣ㅣ褓포대기、강(養) 褸 럭[루]衣敝襤ㅣ옷해질、누(麌) 積 찍[적]衣間蹙襞ㅣ옷주름、적(陌)積通 褶 데[습]騎服袴ㅣ슬갑、습(緝)[첩]襲也裌衣껴입을、첩(葉) 褺。데[첩]重衣겹옷、첩(巴郡縣名ㅣ

(葉)江 𧞤° 우[구] 小兒涎衣어린애턱받기、구(尤) ⿰衤徙 襹同 裔 이[예] 裾也옷뒷자락、예(人名明ㅣ之)(齊) 褻• 쎄[절] 褻衣속옷、설私服사복、설(屑) 媟通 ⿰衤率 쇄[솔] 短衣裙ㅣ䙜온옷、솔(質) ⿰衤盍 거[합] 前後兩當衣ㅣ襠더그레、합(合) 襃°• 빠[포] 揚美포장할、포又기릴、포(谷名ㅣ斜)(豪) ⿱殹衣 이[예] 小兒涎衣어린애턱받기、예(齊) ⿰衤戚 츄[초] 鮮也선명할、초好衣고운옷、초又선명한옷、초(語) ⿰衤速 쑤[속] 衣聲⿰衤條ㅣ옷소리、속(屋) ⿰衤舂° 쟝[용] 短襒衣짧고해진옷、용(冬) ⿰衤從° 죵[종] 襌衣ㅣ⿰衤從홑옷、종(腫) 褽°• 웨[외] 薦也깔、외(賄) 襅 빵[필] 肩絛질빵、필

十二

⿰衤啻 티[체] 褓也포대기、체又처네、체(霽) 褅通 襌°• 딴[단] 單衣홑옷、단(寒) 襇° 잰[간] 裙幅相攝치마주름、간(諫) ⿴衣展° 진[전] 后服丹縠衣붉은저사옷、전(銑) 襢通 襓 샨[요] 劒衣칼전대、요(蕭) ⿰衤賀 허[하] 袖也소매、하(箇) 袔同 襐°• 쌍[상] 首飾머리치장할、상(養) ⿰衤黃 형[횡] 小被ㅣ褡처네、횡(庚) 襑° 씬[심] 衣大옷클、심(侵)[담]義同(感) ⿰衤業 幞同 襏• 뻐[발] 雨衣ㅣ襫도롱이、발又뉘역、발(曷) 襊 취[촬] 緇布冠치포관、촬或音찰(曷)[최]衣領옷깃、최(泰) 襒• 삐[별] 拂衣떨칠、별(屑) ⿰衤棘° 지[극] 衣領옷깃、극(職) 襍 雜同 ⿰衤虛 취[거] 衣系옷고름、거(魚) ⿰衤厥° 쥐[궐] 揭衣渡옷걷고건늘、궐(月) ⿰衤晉 틔[체] 綴也꿰맬、체(霽) ⿰衤戠 지[직] 裝飾꾸밀、직(職)

十三

襛 눙[농] 衣厚옷두터울、농(冬) 襚°• 쒸[수] 死者衣服수의、수(寘) 襩同 襘° 괘[괴] 帶所結띠맬、괴領交會옷깃、괴(泰) ⿱亡⿲月衣凡• 裸同 襢 단[전] 喪廬不障ㅣ簀여막、전(銑) 后服丹縠衣붉은저사옷、전(霰) ⿴衣展通[단] 肉袒옷벗을、단(旱) 袒通 襟°• 진[금] 交衽옷깃、금(侵) 衿通 ⿰衤零 ⿰衤靈同 襖 안[오] 袍屬도포、오(皓) 襠 땅[당] 袴屬褌ㅣ잠방이、당又고의、당衣名裲ㅣ배자、당(陽) 襜°° 잔[첨] 衣整貌ㅣ如옷가지런할、첨車帷수레휘장、첨(鹽) 幨通、蔽前衣앞치마、첨(豔) 裧同 韂通 襡• 쑤[촉] 長襦긴두루마기、촉連腰衣桂ㅣ통치마、촉(沃) 襞° 삐[벽] 帬襵ㅣ積치마주름、

벽(陌) 襗。떡[탁]褻衣속옷、탁(陌) ⿰衤敫 허[핵]衣領中骨깃받침、핵(陌) ⿰衤督 뚜[독]衣背縫옷등솔、독(沃)

(十四) ⿱齊衣 쯔[자]衣下縫옷단홀、자(支) 齊通 襦。수[유]短衣저고리、유(虞) [한]紙衣ㅣ衫유삼、유布笠匠曰ㅣ匠베쐐기갓장이、유 襣。삐[비]犢鼻褌쇠코잠방이、비(以三尺布作形如牛鼻故曰犢鼻褌)(寘) 襤。란[람]襤衣ㅣ褸해진옷、남(覃) 繿同 ⿰衤帶 쩨[자]小兒衣帶어린아이돌띠、자(禡) ⿱覀衣。쮜[탁]衣至地옷끌릴、탁(屋) ⿰衤蓋 깨[개]上衣웃옷、개(卦) ⿱列衣 레[렵]衣相着옷서로닿을、엽(葉) ⿱毦衣 毦同 襨[한]皇室所御服衣ㅣ의대、대 ⿰衤察 나[닐]奴服하인옷、닐(黠) ⿰衤累 궈[과]包衣옷쌀、과(箇)

(十五) 襭。셰[혈]以衣袺扱物옷섶에쌀、혈(屑) 擷通 襬 삐[피]裙也치마、피(支) 襫 씨[석]兩衣襏ㅣ뉘역、석又우비、석(陌) 襪 韈袜同 襮。뾱[박]黼領수놓은깃、박表也거죽、박(藥)

(十六) 襱。롱[롱]袴兩股바지양쪽가랑이、농(東) ⿰衤遺 襚同 襯 천[츤]近身衣속옷、츤(震) 襲。씨[습]重衣껴입을、습因也인할、습斂尸염습할、습嗣爵承ㅣ습작할、습掩其不備曰ㅣ엄습할、습(緝)

(十七) ⿰衤蹇 쳔[건]袴也바지、건(先) 襴 란[란]裳與衣連ㅣ衫난삼、난(寒) 襳。쎈[섬]長帶긴띠、섬(鹽) [삼]旗旒깃발、삼(咸) ⿰衤嬰。잉[영]作襞주름잡을、영(敬) 襷 거[거]肩條멜빵、거又질빵、거

(十八) 襶。대[대]不曉事襶ㅣ우둔할、대又분수없을、대涼笠襶ㅣ평량자、대(隊) ⿰衤纍。字 ⿰衤纍古 襵 쩨[접]襞積주름질、접(葉) 㡇通

(十九) 襹。쓰[시]羽衣貌襹ㅣ깃옷푸수수할、시[사]義同(支) 褷同 ⿰衤藝 이[예]袂也소매、예(霽) 襻 판[반]衣系옷고름、반(諫) ⿰衤八同 襺 졘[견]新綿著衣새솜옷에둘、견(銑) 襸。잔[찬]鮮衣고운옷、찬(翰) ⿰衤羅 라[라]婦人上衣계집웃옷、나(歌)

(二十) ⿰衤寯 졘[건]袴也바지、건(先)

(二十一) ⿰衤屬。쓔[촉]長襦긴두루마기、촉(沃)

(二十二) ⿰衤囊 낭[낭]寬也너그러울、낭(漾)

(二十四) ⿰衤靈。링[령]衣光옷광채날、영(青) ⿰衤零同

襾部

襾 야 [아] 覆也덮을、아(禡) **西。** 씨 [서] 日入方서쪽、서又서녘、서(齊) **覀** 밍 [명] 同也같을、명(青) (三) **要。** 얀 [요] 求也구할、요察也살필、요會也모을、요勤也억륵할、요(蕭) 約也언약할、요樞也중요할、요欲也하고자할、요(嘯) 腰邀通 (四) **[覀+廾]** 쏀 [현] 人名孫ㅣ사람이름、현(先) (五) **覂** 뿡 [봉] 覆也덮을、봉泛通、乏也ㅣ竭다할、봉馬有逸氣不循軌轍ㅣ駕말내댈、봉又멍에벗을、봉(腫) (六) **[覀+圭]。** 씨 [亮] 俗音 [규] 鄙也더러울、규(齊) **覃。** 탄 [담] 及也미칠、담延也뻗을、담布也펼、담長也길、담深廣웅성깊을、담(覃) (八) **[覀+辰]** 삐 [복] 農夫醜稱傴ㅣ고공이、복又시골뜨기、복(職) (十) **[覀+堇]** 꿔 [규] 行竈들고다니는화덕、규(齊) (十二) **覆。** 뿌 [복] 反也도리킬、복又 회복할、복敗也엎칠、복倒也엎더질、복審也檢ㅣ살필、복(屋) 復通 [부] 蓋也덮을、부伏兵군사매복할、부(宥) (十三) **覈。** 허 [핵] 考事得實핵실할、핵又사실할、핵(陌) 核通 **覇** 霸俗字 (十七) **覊。** 여지 [기] 旅寓寄也나그네、기(支) 羈俗字 (十九) **覉** 覊同

七畫

見部

見。 쪈 [현] 發露드러날、현顯也나타날、현謁ㅣ보일、현現通 [견] 視也볼、견(霰) (四) **規。** 꿔 [규] 正圓器ㅣ矩그림쇠、규法度법、규計也ㅣ求계교할、규正也箴ㅣ바르게할、규(鳥名子ㅣ)(支) 䂓同、雉通 **覓** 미 [멱] 尋也찾을、멱(錫) 覔同 **覔** 覓俗字 **覑** 펜 [편] 視貌스처볼、편(人名)(銑) **覒** 맢 [모] 視也볼、모(豪) **[开+見]** 니 [니] 閉口貌입다물、이(支) (五) **覗** 쓰 [사] 窺視엿볼、사(支) **[宀+見]** 씌 [시] 伺候기다려볼、시(支) **視。** 쓰 [시] 見也볼、시比也견줄、시效也본받을、시(紙)(寘) **覘。** 잔 [점] 窺視엿볼、점(鹽)(豔) 佔貼同 **[氐+見]** 미 [미] 病人視貌병든사람볼、미(微) **[必+見]** 瞥同 **[厄+見]** 어 [액] 善驚놀라기잘할、액(陌) **[台+見]** 시 [시] 誘引유

인할、시(支)

六

覜。됴 [조] 視也보일、조(諸侯三年大相聘曰ㅣ)(嘯) ⿰至見 同覿 覛 同眽 ⿰朮見 취 [척] 柔也ㅣ[illegible]다 수굿할、척(錫) ⿰吉見 젠 [길] 人名必ㅣ사람이름、길(霰)

七

覡。씨 [격] 男巫사내무당、격又박수、격(事之神明豫言吉凶者、女曰巫男曰ㅣ)(錫) 覝 렴 [렴] 察視살펴볼、렴(鹽) 覞 야 [요] 竝視아울러볼、요(嘯) ⿰赤見 허 [혁] 見也볼、혁(地名ㅣ峴)(陌) 覠。윤 [균] 大視크게볼、균(眞) ⿰告見 꼬 [고] 熟視오래볼、고又우두커니볼、고(號) ⿰宎見 묘 [묘] 深視뚫어지게볼、묘(篠) ⿰志見 쯔 [지] 審視자세볼、지(寘) ⿰朋見 천 [점] 私出頭視가만히머리내밀고볼、침(侵)

八

覢、싼 [섬] 視貌ㅣㅣ물끄럼이볼、섬(琰) 睒通 ⿰彔見。루 [록] 共視한가지볼、녹 眼曲而視눈고부장이볼、녹(屋) ⿰厓見 애 [애] 笑視웃고볼、애(蟹) 覣。웨 [위] 好視좋게볼、위(支) ⿰來見 래 [래] 俗音[래] 內視안으로볼、내(隊) 覤 씨 [혁] 驚貌ㅣㅣ깜짝놀랄、혁(陌) ⿰叕見 쐬 [세] 破碎부스러뜨릴、세(霽)

九

覦。위 [유] 欲得覬ㅣ넘겨다볼、유(虞) 覩 睹古字 親。친 [친] 愛也사랑할、친近也친할、친又가까울、친躬也몸소、친又손수、친九族戚ㅣ겨레、친又친척、친(父母、兄弟、妻子、謂之六ㅣ)(眞) 婚家사돈、친(震) 覧 覽俗字 覑 편 [편] 斜視빗겨볼、편(先) ⿰咢見 어 [악] 久視오래볼、악(藥) ⿰臾見 퀘 [규] 瑤視음란하게볼、규(支) ⿰省見 썽 [생] 脚露종아리드러낼、생(梗) ⿰甚見。탄 [담] 徐視천천이볼、담(感) ⿱敖見 착 [추] 悶視민망이볼、추(宥) ⿰相見 상 [상] 信也믿을、상(養) ⿰䏍見 궤 [게] 直視바로볼、게(霽)

十

覬。지 [기] 希望ㅣ覦바랄、기(寘) 覯。꾸 [구] 遇見만나볼、구(宥) ⿰旁見 팡 [방] 側視貌곁눈질할、방(養) ⿰員見 원 [운] 姓也ㅣ平성、윤(問) ⿰豆見 뚜 [두] 目蔽垢눈곱낄、두(尤) 覭。밍 [명] 暗處竊窺어둔데서엿볼、명(青) ⿰都見 처 [기] 覗也볼、기(支) ⿰鹵見 와 [유] 下視探物내려다보며찾을、유(尤) ⿰益見 완 [견] 遠視멀리볼、견(先)

十一

覷 취 [처] 伺視엿볼、처(御) 覰同 覲。진 [근] 謁見보일、근(諸侯秋見天子曰ㅣ)(震)

覼 루 [루] 細視자세히볼、누 片盲ㅣ瞜애꾸、누(尤)

䙉 찬 [참] 避也피할、참(咸)

䙬 ° 뾰 [표] 所見省察둘러볼、표(篠)

䙝 · 이 [예] 視貌흘깃거릴、예(霽)

䚀 재 [책] 憎視밉게볼、책(陌)

⑫

覵 ° 잰 [한] 覗也엿볼、한(刪) [간] 義同 [간] 雜也섞일、간(諫) 瞯同

覴 떵 [등] 久視오래볼、등(蒸)

覶 · 覼同

覿 ° 지 [적] 目赤눈붉을、적 遙視멀리바라볼、적(錫)

𧢍 꼬 [교] 見也볼、고(豪)

䙾 썬 [심] 深見깊이볼、심 下視내려다볼、심(寑)

䚏 린 [린] 親也친할、인(震)

䙿 同瞥

䚐 매 [매] 小視조금볼、매(佳)

⑬

覺 ° 쟈 [각] 寤也깨달을、각 知也깨우칠、각 直也꼿꼿할、각 大也클、각(覺) [교] 夢醒꿈깰、교(效)

⑭

覼 뤼 [라] 好視좋게볼、나 委曲ㅣ縷곡진할、나(歌) 覶同

⑮

覽 ° 란 [람] 視也볼、남 周視두루볼、남(感)

覿 · 디 [적] 謁見뵈올、적(錫) 覿通

䙳 뻰 [빈] 暫視ㅣ覹잠간볼、빈(震)

覹 뺸 [번] 暫視覹ㅣ잠간볼、번(元)

䙥 려 [려] 疾視몹시볼、여(霽)

⑰

䚋 야 [요] 誤視잘못볼、요 又그릇볼、요(嘯)

⑱

觀 ° · 꽌 [관] 視也볼、관 示也보일、관 闕也대궐、관 容貌儀ㅣ형용、관 道宮樓ㅣ도관、관 壯麗壯ㅣ장관、관(翰)

䙫 퀴 [규] 注視눈녀겨볼、규(支)

⑲

䚕 ° 리 [리] 求也구할、이 索視찾아볼、이(寘)

角部

角 ° 쟉 [각] 獸所戴芒ㅣ뿔、각 觸也받을、각 競也다툴、각 校也비교할、각 隅也모퉁이、각 吹器대평소、각 量器휘、각 頭髻總ㅣ총각、각(宿名二十八宿之一)(覺) [록](商山四皓之一ㅣ里)(屋)

②

觔 · 筋同

觓 뚸 [다] 角短貌뿔짧을、다(歌)

斛 ° 觩同

③

䚗 扛同

䚘 씬 [신] 二十枚ㅅ무개、신(眞)

䚙 차 [자] 角觜뿔비녀、차(麻)

④

觖 · 쾌 [결] 怨也원망할、결 不滿ㅣ望서운할、결(屑)

觕 同麤

𧢲 觸古字

䚉 파 [파] 牛角張뿔벌을、파(麻)

觘 샤 [소] 角匙뿔숟가락、소(肴)

⑤

觜 ° 쥐 [자] 西方宿名ㅣ觽자별、자(二十八宿之一)(支) [취] 喙也부리、취(紙) 嘴通

觚 ° 꾸 [고] 酒爵술잔、고 方也모질、고 竹簡대쪽、고(虞) 柧箛通

觝 ·

抵同 **觝** 距同 **觓** 뉴아 [뉴]屋角집모릉、약(覺) **𧢱** 쓰 [사]角器뿔그릇、사(寘) (六) **解** 졔 [해]判也풀、해緩也느즈러질、해(卦名)[개]釋也끄를、개脫也벗

을、개散也헤칠、개(蟹)發也ㅣ頟발신할、개物自散흩어질、개(卦) **觥** 광 [굉]大也클、굉酒器兕ㅣ뿔술잔、굉剛直ㅣㅣ꼿꼿할、굉(庚)觵通 **觡** 껴 [격]鹿有枝角사슴뿔、격(陌)麋角

有枝曰ㅣ無枝曰角(陌) **觟** 獬同 **觠** 좐 [권]曲角굽은뿔、권(先) **觜** 씨 [서]兩角竪立두뿔곤두설、서(齊) **觤** 궤 [궤]角一長뿔하나길、궤(紙) **䚙** 빠 [파]角

曲뿔굽을、파(麻) (七) **觪** 씽 [성]角弓調利활바로잡을、성又활져마할、성(庚)觲同、騂通 **觩** 착 [구]角上曲貌뿔끝굽을、구弓健貌활핑핑할、구(尤)觓同、捄通

觫 쑤 [족]懼貌觳ㅣ곱송거릴、속又두려워할、속(屋) **䚡** 쏘 [초]牛角開貌쇠뿔벌어질、초(巧)角上銳뿔끝뾰족할、초(效) **觷** 꾸 [곡]象也코끼리、곡治象牙상아다듬을、

곡(沃) **觽** 시 [희]好角좋은뿔、희(紙) **觢** 치 [치]角不正뿔뒤틀어질、치(紙) (八) **觭** 치 [기]兩角俯仰억바뿔、기又천지각기(角一俯一仰)得也얻을、기隻也외짝、

기(支) **䚝** 주 [졸]角初生뿔첨날、졸(質) **觮** 대 [대](人名宋都ㅣ)(賄) **𧣲** 훈 [혼]角圓貌뿔둥구스럼할、혼(阮) **䚜** 뻬 [패]角橫倒貌뿔비뜨름할、패(齊) **觼**

졔 [결]角觿뿔에받칠、결(屑) **䚟** 대 [대]俗音[래]角心뿔심、내(賄) (九) **䚡** 쌔 [새]角中骨뿔속뼈、새(灰) **觿** 똰 [단]獸名角ㅣ각단、단(形似豕而角在鼻上堪爲作弓)(寒)

𧣩 치 [즙]角多ㅣㅣ뿔많을、즙(緝)濈通 **觱** 삐 [필]觱篥ㅣ篥대평수、필(羌人所吹角屠ㅣ以驚馬)風寒ㅣ發쌀쌀할、필(質)滭滭通 **𧣾** 쳐 [쳡]角也뿔、쳡帶飾띠장식、

쳡(天子革帶玉鉤ㅣ、太子革帶金鉤ㅣ)(屑) **𧣽** 쏀 [헌]角揮뿔두를、헌(先) **觰** 따 [다]角根뿔뿌리、다(麻) **𧢿** 듸 [제]角鑽뿔비녀、제(齊) (十) **觳** 꾸 [곡]懼

貌ㅣ觫두려울、곡又멸、곡盡也다할、곡(屋)[각]無潤윤택지않을、각又가슬가슬할、각競也다툴、각(覺)斛通 **觲** 觪同 **䚛** 치 [이]角傾뿔기울어질、이(紙) (十一) **觴**

쌍 [상] 酒巵總名잔、상(陽) 觴同

⑫ **觶** 찌 [지] 鄉飮酒器술잔、치(四升入角)罰爵벌술잔、치(寘) **觵** 꾕 [굉] 酒器兕ㅣ뿔술잔、굉(庚) 觥通 **⿰角矞** 꿰 [결] 有舌鐶미늘있는고리、결(屑) 觼同、鐍通

⑬ **觸** 춰 [촉] 觝也받을、촉又찌를、촉犯也범할、촉(沃) **觷** 쒀 [학] 角也뿔、학治角뿔다듬을、학(覺) **⿱毄角** 씌 [혁] 角飾杖頭뿔로지팡이에손잡이할、혁(錫)

⑭ **觺** 이 [의] 角利ㅣㅣ뿔예리할、의(支) [억] 義同(職)

⑮ **觻** 루 [악] 角鋒뿔끝、악(錫) [록] (縣名)(屋) **觼** ⿰角矞同

⑰ **觾** 옌 [연] 鳥名巂ㅣ전연、연(霰)

⑱ **觿** 씨 [휴] 角錐뿔송곳、휴(左佩小ㅣ右佩大ㅣ)(支)(齊) **⿰角雚** 촨 [권] 揮角뿔두를、권(元)

言部

言 옌 [언] 語也말씀、언又말할、언(直ㅣ曰ㅣ論難曰語)語辭어조사、언(元)

② **訃** 부 [부] 告喪부음、부又통부、부(遇) **計** 찌 [계] 數也ㅣ算셀、계又셈、계又회계、계謀策꾀할、계又계교、계(霽) **訇** 헝 [굉] 大聲ㅣ큰소리날、굉(庚) **訂** 띵 [정] 評議평론할、정正定바로잡을、정(迥)(徑) **訆** 叫同 **⿰言乃** 셩 [잉] 厚也후할、잉(蒸) 訒同 **訄** 직 [구] 迫也급할、구(尤)

③ **訌** 홍 [홍] 潰也무너뜨릴、홍敗也패할、홍爭訟相陷모함할、홍(東) 虹通 **訑** 이 [이] 淺意自得자긍할、이(支) 詑施通 [탄] 放也慢ㅣ방탕할、탄(翰) 誕通 **記** 찌 [기] 誌也주별、기錄也기록할、기又적을、기書也글、기志也뜻、기(寘) **訏** 쒸 [우] 詭也속일、우大也ㅣㅣ클、우(虞) **訒** 신 [인] 鈍也둔할、인訥言말어눌할、인(震) **訊** 씬 [신] 問也물을、신鞫罪국문할、신(震) 誶迅通 **訓** 쒼 [훈] 誨也가르칠、훈說敎뜻일러줄、훈註解ㅣ詁주별、훈(問) **⿱巛言** 訓古字 **訕** 싼 [산] 謗也비방할、산(刪)(諫) **⿰言卩** 叩同 **討** 탄 [토] 治也다스릴、토誅也칠、토訶也꾸짖을、토探也탐지할、토(皓) **訉** 뻔 [범] 多言수다할、범(陷) **訖** 치 [흘] 至也이를、흘 [글] 終也마칠、글(物) 迄通 **訐** 졔 [알] 發人陰私발각할、알(月) **託** 퉈 [탁] 寄也委也부탁할、탁(藥) 侂同 **⿱夸言** 誇古字 **訋** 됴 [조] 聲

也소리、조(嘯)
訔 인 [은] 爭論ㅣㅣ시비할、은(眞)
訫 信古字
訍 차 [차] 異言딴말할、차(禡) 諛同、訐也발각할、차(麻)
⿰言卩 지 [기] 呻也高聲소리지를、기(支)
訏 와 [와] 拒絶거절할、와又끊을、와(歌)

(四)

⿰言元 완 [완] 發也語始말시작할、완(入名與ㅣ)(翰)
⿰言戈 識同
訟 쑹 [송] 爭辯송사할、송責也꾸짖을、송(卦名)(宋)
許 쒸 [허] 與也承諾허락할、허處所곳、허(國名) (語)[호] 衆力聲ㅣㅣ여럿이지르는소리、호(虞)
⿰言叐 녜 [나] 말바르지아니할、나(麻)
⿰言厄 呃同
訞 야 [요] 巧言공교히말할、요災也ㅣ孼재앙、요(蕭)
訢 씬 [흔] 喜也기빼할、흔欣通 敬貌ㅣㅣ공순할、은(文)誾通
訬 챂 [초] 輕也가벼울 초(效)
訛 어 [와] 僞也거짓말、와鄙言사투리 와動也소동할、와和也화할、와(歌)吪 譌通
訝 야 [아] 疑怪의혹할、아 迎也맞을、아(禡)
訪 빵 [방] 謀也꾀할、방尋也 심방할、방(漾)
訩 쓩 [흉] 訟也송사할、흉 亂也어지러울、흉(腫) 詾同
訧 우 [우] 罪也허물、우(尤)
訥 누 [눌] 言難謇ㅣ말더듬거릴、눌(月)
訣 꿔 [결] 別也이별할、결 方術要法비결、결(屑)
設 써 [설] 陳也베풀、설作也지을、설假借辭서령、설(屑)
⿰言毛 마 [모] 信也소식、모(號)
訮 諺同
⿰言中 이 [억] 快也쾌할、억(職)
⿰言王 誑同
⿰言云 원 [운] 言語不定諺ㅣ말정하지못할、운(文)
詽 얀 [염] 多言ㅣㅣ말수다할、염(鹽)
訰 쭌 [준] 亂也ㅣㅣ어지러울、준(震)
⿱爫言 우 [유] 從也좇을、유(尤)
訡 吟同
訨 쯔 [지] 許也들처낼、지(紙)
⿰言㞢 詩古字
訦 천 [신] 信也믿을、신(侵)
訠 썬 [신] 况也하물며、신(軫)
⿰言介 쎄 [해] 言善말잘할、해(卦)
⿰言夫 뿌 [부] 語辭어조사、부(虞)
訜 뿐 [분] 語不定ㅣ訫말정하지못할、분(文)
⿰言乃 訒同
⿰言支 찌 [치] 快也쾌할、치(寘)
⿰言斗 투 [유] 誘也꾀일、유(有)
⿰言互 후 [호] 기록할、호(遇)
⿰言丑 츄 [축] 부끄러워할、축(屋)
⿰言日 궈 [과] 말더달、과(箇)
⿰言欠 인 [음] 泣也울、음(侵)
訍 사 [사] 지꺼릴、사(馬)
⿰言反 빤 [반] 자랑할、반(寒)
⿰言勻 쥔 [균] 속일、균(震)
⿰言壬 인 [임] 생각할、임(侵)

五

詞。ᄎ 사言也말씀、사告也고할、사文也글、사支

訾ᄌ 재毁也헐방할、자又흉볼、자量也어림할、자思也생각할、자病也병통、자支限也한정할、자紙訿同

詖。삐 피辯也말잘할、피佞也간사할、피不正險ㅣ알소할、피支寘

詒이 이贈言遺也줄、이懈倦貌誒ㅣ느른할、이支貽同태欺也속일、태賄隊紿同

詑퉈 이自得貌ㅣㅣ자득할、이支訑同타欺也속일、타歌

訿 訾同

詈。리 리罵ㅣ욕할、이寘

詛쮸 조告禱神明저주할、조又방자할、조語御阻通

詎쥐 거豈也어찌、거未知詞모를、거語御

詁꾸 고通古今明其故訓ㅣ주낼、고又새김、고慶遇

訴。쑤 소告也하소연할、소訟也송사할、소遇

註。쮸 주解也訓釋주낼、주又글뜻새김、주記物기록할、주遇

詆。듸 저訶也꾸짖을、저許也들춰낼、저訾也흉볼、저齊薺

詍이 예多言ㅣㅣ잔말할、예霽

診。쪈 진視也볼、진驗也증험할、진候脈ㅣ察맥볼、진又병볼、진軫震

詔。쨘 조上命ㅣ勅조서、조敎也가르칠、조告也고할、조嘯

訶허 하俗가大言而怒責역정내어꾸짖을、가譴也꾸지람、가歌呵同何通

詐。짜 사僞也거짓、사欺也속일、사詭譎간사할、사禡

詇양 앙智也슬기스러울、앙早知미리알、앙養

評。핑 평品論평론할、평量也헤아릴、평訂也꼲을、평庚平言기롱할、평敬

証。쪙 정諫也간할、정敬俗作證略字

詗。씽 형刺探候伺염탐할、형敬明悟똑똑할、형知處告言고발할、형迥

訹쒸 수誘也꾀일、수有술義同質

詀。쨘 잠譫也희학질할、잠咸被誑속을、잠陷

詘。취 굴曲也굽을、굴辭塞말막힐、굴喜失節貌充ㅣ굴할、굴物屈通

詉나 나語不解絲ㅣ말아지못할、나麻

䛌。팦 포亂語ㅣ譳말수선스러울、포豪詾通

詟 辯古字

詓취 거聲也소리、거語

詝。쮸 저智也슬기스러울、저語

[illegible]탄 도言不節ㅣ謟말두

미없을、도 豪 詙 빠 발 神農妃聽ㅣ신농씨부인、발 黠 [言+尼] 늬 니 呼人사람부를、이 齊 言不通말통하지못할、이 齊 詌。깐 감 口開不言입다물、감 勘

[謀古字形] 謀古字 [言+戈]。츠 자 謀也꾀、자 人名崇ㅣ사람의이름、자 寘 詉。呶同 [言+只] ㅉ지 혜 喜笑不止빙글빙글할、혜 霽 [言+民] 면 면 誘言꾀이는말、

면 霰 詅 령 령 賣也팔、영 青 詄。데 질 忘也잊을、질 誤也그릇할、질 屑 誸。쟌 견 誘也꾀일、견 詐也속일、견 銑 詂 뿌 부 言有所依믿음직

한말、부 遇 誧 푸 포 諫也간할、포 敷陳베풀、포 遇 [言+㕣]。원 연 笑貌웃을、연 善言말잘할、연 銑 [言+禾] 同和 [言+由]。쭈 주 祝也빌、주 人名楊ㅣ사람

의이름、주 宥 訽。同詬 訵 치 치 陰知은근히알、치 伺察살필、치 支 詋 同呪 [言+甲] 쟈 갑 多言수다할、갑 洽 [言+乏] 빤 범 急言말급할、범 咸

[言+矢] 시 시 爲志뜻할、시 寘 詊 빤 반 巧言말잘할、반 翰 詏。얀 요 逆也거스릴、요 效 [言+冉]。안 염 言未盡말다못할、염 豔 [言+弗] 애 비 言

急말급할、비 未 詑 同訑 [言+穴] 쎄 혈 怒也성낼、혈 屑 [言+旦] 따 달 不靜조용하지아니할、달 曷 ❻ 詷。퉁 동 急言譂ㅣ말더덜거릴、동 送

詾 흉 흉 訟也송사할、흉 衆言수군거릴、흉 冬 喧戾聲떠들석할、흉 腫 哅同 詩。씌 시 言志커글、시 樂章풍류가락、시 承也持也받들、시 經書名시전、시

支 詭。꿰 궤 詐也속일、궤 異也다를、궤 責也꾸짖을、궤 至怪弔ㅣ괴이할、궤 戾也어그러질、궤 紙 誄。레 뢰 謚也시호、뢰 述死人生前功德만장、뢰 紙

[言+未] 同寂 試。씨 시 用也ㅣ驗시험할、시 探也嘗ㅣ더듬을、시 較也明ㅣ비교할、시 持也가질、시 寘 誎 ㅊ 자 諷ㅣ下刺上비유하여나무랄、자 寘 刺通

誅 쮸 주 戮也벨、주 責也꾸지람、주 剪除갈길、주 罰也벌줄、주 虞 詡。쒸 후 俗허 和也화할、허 普也넓을、허 大言자랑할、허 敏而有勇열쌜、허 又날랠、

허(虛)

詣 이 [예]至也이를、예進也나갈、예學業深入造ㅣ학업에달통할、예(霽)

詍 詍同

該 깨 [해]其也그、해備也갖출、해宜也마땅할、해皆也다、해兼也겸할、해軍中約군호、해(灰)

誒 희 [괴]俗[회]嘲也조롱할、회調也고를、회譏戱기롱할、회ㅣ諧재담、회又익살、회(灰)

話 화 [화]語也이야기、화又말할、화善言착한말、화(卦)

詿 괘 [괘]誤也그릇할、괘(卦)

詢 순 [순]咨也물을、순諮ㅣ상의할、순信也믿을、순謀也꾀할、순(眞)

詵 씬 [신]俗[선]衆多ㅣㅣ많을、선致言말전할、선(眞)

詮 촨 [전]評論事理평론할、전具也갖출、전(先)

誂 됴 [조]相呼誘꾀일、조卒然별안간、조弄言ㅣ戱기롱지거리할、조(篠)

詨 쑈 [효]叫呼부르짖을、효(肴)

誇 콰 [과]大言矜ㅣ자랑할、과(麻) 侉同

詫 차 [차]俗[타]誇也자랑할、타吒大言而驚人풍칠、타驚ㅣ신통할、타(禡)

詳 쌍 [상]審也자세할、상悉也다、상[양]詐也거짓、양(陽) 佯通

誆 誑同

詷 둥 [동]急言諗ㅣ말더덜거릴、동(送)

詶 酬同

詬 꾸 [구]罵也꾸짖을、구恥辱욕할、구無志節寠ㅣ절조없을、구(有)[후]義同(宥)

詹 쟌 [첨]至也이를、첨瞻也볼、첨小言ㅣㅣ소군거릴、첨官名ㅣ事벼슬이름、첨(鹽)

詰 찌 [길]俗[힐]問也물을、힐又따져물을、힐責讓꾸짖을、힐治也다스릴、힐謹也삼갈、힐明朝밝는아침、힐(質)

詧 察同

詻 어 [액]論訟송사논난할、액辭厲ㅣㅣ말불근거릴、액(陌)

誙 誣同

誃 츠 [치]離別이별할、치(紙)

訹 쓔 [술]靜也고요할、술(質)

誁 삥 [병]助言도와말할、병人名不ㅣ사람의이름、병(梗)

誀 얼 [이]誘也꾀일、이(寘)

詽 쎤 [현]爭語말다툼할、현怒也ㅣㅣ성낼、현(先)

詺 밍 [명]目諸物기록할、명(敬)

[言+字] 쯔 [치]作名也이름지을、치(寘)

[言+有] 웨 [외]呼人사람부를、외(灰)

[弱/言] 뤼 [약]歎美言칭찬할、약(藥)

詯 훼 [회]膽氣充滿聲在人上말소리우렁찰、회(隊)

[言+朶] 뛰 [타]言相誇말자랑할、타

(箇)

誅 츄 [축] 聞香貌讓ㅣ향내맡을、축(屋)

諕 껀 [간] 不聽從듣지않을、간(阮) [현] 爭語말다툴、현(銑)

誑 인 [임] 信也믿을、임念也생각할、임(侵)

誋 지 [기] 發人之惡발악할、기(寘)

謊 황 [황] 夢言잠꼬대할、황詐也속일、황(陽)

諛 謏俗字

詥 허 [합] 和也화할、합(合)

詶 주 [주] 多言수다할、주(尤)

㊆

誦 쑹 [송] 唱讀읽을、송又읽을、송言也말할、송怨謗원망할、송諷也풍유할、송(宋)

諀 삐 [비] 錯謬그릇할、비(支)

誌 쯔 [지] 記也기록할、지史傳記事文사기、지(寘)志識通

誼 誼同

語 위 [어] 告人말할、어言辭말씀、어(御)

誣 우 [무] 欺罔속일、무詐也간사할、무(虞)

誧 뿌 [포] 大也클、포諫也간할、포人相助도울、포(虞)謀也꾀할、포(遇)

誤 우 [오] 謬失그릇할、오又잘못할、오(遇)悞同

誓 씨 [서] 約信戒也맹세할、서(霽)

說 쒀 [설] 告也고할、설又말할、설辭也말씀、설序述글、설 [열] 喜樂也기쁠、열(屑)悅同 [세] 誘也달랠、세舍也쉴、세(霽)

誡 쪠 [계] 警敕辭命也告也경계할、계(卦)

誨 훼 [회] 敎訓가르칠、회(隊)

誖 뻬 [패] 亂也어지러울、패乖也어그러질、패逆也거스릴、패(隊)悖同 [발] 義同(月)

認 신 [인] 辨識알、인許也ㅣ可허락할、인(震)

誕 딴 [탄] 生也降ㅣ날、탄大也클、탄乃也이에、탄育也기를、탄欺也속일、탄潤也넓을、탄妄也허탄할、탄(旱)放也방탕할、탄(翰)訑同

誚 챠 [초] 以辭相責꾸짖을、초(嘯)譙同

誥 깐 [고] 文言告曉깨우쳐고할、고敎也가르칠、고(號)

詐 짜 [자] 慙語부끄러운말、자(禡)

誑 광 [광] 欺也속일、광(漾)誆誑同

誙 컹 [경] 言確말확실히할、경羣趨貌ㅣㅣ여럿이굽신거릴、경(庚)

誠 청 [성] 純一無僞정성、성信也믿을、성敬也공경할、성審也살필、성果也과연、성(庚)

誘 와 [유] 相勸導也달랠、유敎也가르칠、유引也당길、유(有)牖通

䛠 떠 [투] 不能言ㅣ譳말머뭇거릴、두(宥)

䛕 투 [독] 狡猾詆ㅣ간사할、독

七畫 言

欺詆속일、독(屋) 誩。쟝 [경]競言다투어말할、경(敬) 誎 씨 [혁]內侮속으로업신여길、혁(錫) 諦· 씨 [희]語聲말소리、희(眞) [言坐] 취 [좌]以言折人핀잔줄、좌(箇) 誢· 셴 [현]諍語간하는말、현(銑) [言甹] 착 [추]不決ㅣ譠결단하지못할、추(尤) [言貝] 홰 [해]言長말느럭느럭할、해(隊) 誜 싸 [사]俊言준절한말、[言侵] 친 [침]私語소근거릴、침(侵) [亻巳/言]。씨 [혜]待也기다릴、혜(薺) [言別] 뻬 [별]言析理말로판단할、별(質) 誒。씨 [희]ㅣ笑선웃음칠、희娭也즐길、희(支) 誔 팅 [정]欺也속일、정(梗) [言余] 투 [도]言不明말분명치못할、도(虞) 誐。어 [아]狡猾詆ㅣ간사할、아(歌) 誏· 랑 [랑]泛言띄어놓고말할、낭(養) 誎。쏘 [속]督促독촉할、속(屋) [言夾]· 쟈 [겹]多言떠지거릴、겹(葉) 誋。쩌 [기]誡也경계할、기(眞) [言利] 천 [짐]言美말아름다울、짐(鹽) [言甘] 난 [노]謎也수수께끼、노(豪) [言旱] 한 [한]多言수다할、한(旱) [言足] 추 [촉]言急말급할、촉(沃) [言何] 싸 [하]喧也시끄러울、하(歌)

八

[言穹] 츙 [궁]多言말수다할、궁問也물을、궁(送) 誰。쉐 [수]孰也누구、수何也무엇、수(支) 諀 피 [비]惡言악담할、비毁헐어말할、비(紙) 諅 쯰 [기]忌也꺼릴、기志也뜻、기(眞) 諉。웨 [위]託言推ㅣ핑계할、위勞也수고로울、위(寘) 誶 쉐 [수]詬也욕할、수(寘) [쇄]義同(隊) [신]訊同(震) [줄]責罵몰아셀、줄(質) 誹· 쀄 [비]ㅣ謗훼볼、비謗言怨ㅣ중얼거릴、비(微)(尾)(未) 諏 쭈 [추]聚謀꾀할、추(虞)咨事물을、추(尤) 娵通 諄 쥰 [순]誠懇貌지극할、순佐也도울、순(眞) 肫通 論。 룬 [론]議也의논、논思也생각、논(願) [륜]言有理倫也차례、윤(眞) 諓 쏀 [전]善言착한말、전諂言아첨할、전(先) 諐 同愆 調。 됴 [조]和也고를、조(蕭)査也조사할、조(嘯) [주]朝也ㅣ飢아침、주(尤) 課。 커 [과]稅也부세매길、과程也법식、과(箇) 諕 한 [하]誑也속일、하(禡) 謼同 [확]驚貌ㅣ然깜짝놀랄、확(陌) 謋同 誷 왕

【망】誣也속일、망(養)
諒 량 【량】信也믿을、양 思也 생각하여줄、양(漾) 亮同
請。칭 【청】乞也청할、청(梗) 義同 秋朝見가을에조회할、청(敬)
諍 쟁 【쟁】諫也간쟁할、쟁(敬)
[illegible] 쭈 【구】毀也훼방할、구(有)
[illegible] 쑤 【수】口授말전할、수(宥)
諗 썬 【심】告也고할、심 謀也꾀할、심(寢)
談。탄 【담】言論말씀、담(覃) 碁手ㅣ바둑둘、담(覃)
諂。찬 【첨】佞言曰ㅣ아첨할、첨(琰)
諑 쫘 【착】譖訴참소할、착 責也꾸짖을、착(覺)
諎 쪄 【책】大聲큰소리、책(陌)
[illegible] 쨩 【장】誑也속일、장(陽)
誻。타 【답】妄語망녕되이말할、답 多言잔말할、답(合) [illegible]同
[illegible] 諜同
[illegible] 쳐 【첩】多言口ㅣ말이죽거릴、첩(葉)
[illegible] 리 【려】人名사람의이름、여(魚)
[illegible] 옌 【엄】予也줄、엄(豔)
誼。이 【의】人所宜옳을、의 理也다스릴、의(寘) 義同
[illegible] 훼 【회】毀謗훼방할、회(灰)
諘 뾰 【표】讚也칭찬할、표(篠)
[illegible] 訊同
諔。쑤 【숙】詭也속일、숙(屋)
[illegible] 찌 【기】語相戲말로농할、기(支)
[illegible]。識古字
[illegible] 커 【갑】笑語ㅣ譺웃고말할、갑(合)
[illegible] 쫘 【작】人名韓ㅣ사람의이름、작(覺)
諈。취 【추】ㅣ諉핑게할、추 許也들처낼、추(寘)
諆。치 【기】謾言속이는말、기 謀也꾀할、기(支)
[illegible] 찌 【제】語不正말바르지못할、제(霽)
[illegible] 멘 【면】慧黠총명할、면 欺也속일、면(先)
[illegible] 티 【제】言不懈말부지런히할、제(霽)
[illegible] 훈 【혼】語不明말분명하지못할、혼(阮)
諃 천 【침】善言착한말、침(侵)
[illegible] 쥐 【거】言有則말법도있을、거(御)
誾。인 【은】和悅貌ㅣㅣ화평할、은(眞)(文)
誺 치 【치】不知모를、치 白ㅣ울림소리、치(支)
誸 썬 【현】言急말급할、현(先)
誵 쟈 【효】言不恭謹말불공할、효(肴)
[illegible] 뒤 【타】退言말물리칠、타(歌)
[illegible]。탄 【도】往來言왕래하는말、도(豪) 記通
[illegible] 텐 【전】言不定ㅣ讖말정하지못할、전(銑)
[illegible]。우 【오】相毀서로훼방할、오(虞)
諊 鞫同
誳。쥐 【굴】詭異괴이할、굴(物)
誴 쫑

(종)樂也즐거울、종(冬) [illegible] 싱 (행)怒也성낼、행(敬) 誽。나 (나)以言窺知人之心情뜨개질할、나(痲) 諁 톄 (철)喧也시끄러울、철(屑) 䜒 오 (오)鴉鳴聲

까마귀우는소리、오(豪) [illegible] 쓰 (시)入言말들일、시(寘) 諌。동 (동)言多也잔말할、동(董) [illegible] 신 (섬)無實言거짓말、섬(鹽) [illegible] 옌 (언)談語鬼事도깨비

이야기할、언(霰) 諙 홰 (홰)誤也그릇칠、홰(卦) (九) 諷。뽕 (풍)ㅣ刺비유하여나무랄、풍誦也욀、풍(送) 諮。쯔 (자)問也물을、자謀也꾀、자(支)咨

同 諟 쓰 (시)是也이、시理也다스릴、시(紙) 謚 씨 (시)立號以易名시호、시誄行행장、시(寘) 謂。웨 (위)與之言이를、위告也고할、위(未) 諱

훼 (휘)忌避也끄릴、휘死者名죽은이이름、휘(未) 諸。쟈 (저)衆也모든、저語助辭어조사、저(魚) 諝 쉬 (서)智才之稱슬기、서(魚)(語) 諛 유 (유)諂也아

첨할、유(虞) 諭。위 (유)告也고할、유曉也효유할、유(遇) 諦 틔 (체)審也살필、체(霽) 諧 쎄 (해)笑謔詼ㅣ기롱지거리할、해(佳) 諲 인 (인)敬也공

경할、인恭也공순할、인(眞) 諠 훤 (훤)譁也지꺼릴、훤(元)喧諼通 諼 훤 (훤)忘也잊을、훤詐也거짓、훤(元)(阮) 諺。안 (언)俚語상말、언(霰) (안)剛猛사나울、

안(翰) 喭同 諫。쟨 (간)直言以悟人간할、간諷也비유하여나무랄、간(諫) 諞 편 (편)巧言교묘한말、편(先) (변)義同(銑) 謏 쑈 (소)小也작을、소誘也꾀일、

소(篠) (수)私詈중얼거릴、수(宥)謏同 諻 헝 (황)大聲큰소리、황(庚) 謀。뭐 (무)俗(모)計也꾀、모議也의논할、모(尤) 諶 썬 (심)信也믿을、심測也헤아릴、심

(侵) 諳 안 (암)知也알、암記憶기억할、암(覃) 諵 난 (남)多言ㅣㅣ재잘할、남(咸) 諴 쎈 (함)和也화할、함誠也정성、함(咸) 謁。예 (알)請見보일、

알白也아뢸、알(月) 諾。녀 (낙)答也대답할、낙許也허락할、낙(藥) 諤 어 (악)直言蹇ㅣ곧은말、악(藥) [illegible] 여 (극)訥言말더듬거릴、극(職) 諿 치

[즙]和也화할、즙(緝) 諜。뎨[첩]軍中反間이간할、첩(葉)諜通 [illegible] 끼[기]人名與ㅣ이름、기(寘) 諄 同詢 諑 쭈[주]奏也아뢸、주(尤) 諽 껵[격]飾也꾸밀、격(陌) 謻 쓰[시]多言말수다할、시(支) 謚 同譜 [illegible] 챠[가]巧言ㅣ詬교묘한말、가(禡) [illegible] 同辯 諻 훼[훼]謗也비방할、훼(紙) 諰。씨[시]懼貌눈휘둥굴할、시直言바른말、시(紙) [illegible] 同誘 諯。쟝[전]相讓서로사양할、전(先) [illegible] 同誡 [illegible] 노[노]語相侮말로욕할、노(皓) 謹。쭝[종]言相觸말서로마주칠、종(宋) 諢。웬[원]弄談농담할、원(願) [illegible]。同訴 [illegible] 현[현]相責서로책망할、현(霰) [illegible] 同諳 諝 뤄[타]慧也민첩할、타(哿) [illegible] 뒤[탁]欺也속일、탁(藥) [illegible] 혹[후]言也말할、후(肴) [illegible] 인[은]頑也완악할、은(眞) [illegible] 홰[과]急言말급할、과(麻) 謳。우

[목]備也갖출、복(屋) 諪 딩[정]調也고를、정(青) [illegible] 라[랄]語聲말소리、날(曷) 諹 양[양]讚也칭찬할、양(陽) [illegible]。지[치]笑也웃음、치(寘)

十

講。쟝[강]論也강론할、강和解강화、강(講) 謚。이[시]俗謚同行謚非(寘)[익]笑貌빙그레웃을、익(陌) 謑 씨[혜]不正貌ㅣ髁비뚤、혜(齊)恥辱ㅣ詬욕할、혜(齊)[하]怒言성내어말할、하(禡) 謎。미[미]隱語수수께끼、미(齊)詸通 謓 천[진]恚怒성낼、진(眞)嗔同 謜。웬[원]徐語천천히말할、원(元)(願) 謇 옌[건]吃也難言말떠듬거릴、건(阮)直言ㅣ諤곧은말、건(銑) 謠。요[요]徒歌無章曲노래、요風說ㅣ言소문、요(蕭) 謏 謏俗字 謅 찬[초]弄言농담할、초相擾갸드락질할、초(巧) 謟 탄[도]疑也의심할、도(豪)慆通 謌 同歌 謝。쎄[사]拜ㅣ사례할、사絶也끊을、사告也고할、사(禡) 謗 빵[방]毀也헐어말할、방又흉볼、방訕也나무랄、방(陽)(漾) 謄。텅[등]移寫베낄、등(蒸) 謙。켬[겸]自不滿겸손할、겸(鹽)嗛通 謖 쑥[속]起也일어날、속峻挺ㅣㅣ꼿꼿

할、속(屋) 謐。미 [밀]靜也고요할、밀 安也편안할、밀(質) 謞 허 [학]崇讒慝ㅣㅣ간특할、학(樂) 熇同 謔。뉘 [학]調戲ㅣ浪기롱지거리할、학(樂) 謋 훠

[획]速也빠를、획(陌) 諕 同唬 譁 화 [화]應也대답할、화(麻) 䛐 껴 [격]語不相入말서로 듣지못할、격(陌) 謏 쏘 [소]諳也월、소(遇) 謔 연

[건]口吃말더듬더듬할、건(阮) 謇同 謘。츠 [지]諄諄말거듭이를、지(支) 譄 쨍 [증]語煩ㅣ仍말번거할、증(蒸) 䜂 찌 [질]語急말급할、질(質) 謈。뽀

[포]痛寃聲呼ㅣ부르짖을、포(豪) 謒。챵 [창]語輕말경하게할、창(陽) 諸 씨 [시]怒也성낼、시(支) 䜄 씨 [희]語氣말기운、희(未) 謆。싼 [선]以言感

人말로감동시킬、선(霰) 譗 허 [합]多言말수다할、합(合) 諕 同誻 謉。同愧 䛣 청 [승]促言말속히할、승(徑) 謝。同訴 䜅 애 [개]謹也삼갈、

개(灰) 謍。잉 [영]小聲속살거릴、영(庚) 謎 차 [채]異言又失也다른말、차(禡) 誖。빠 [발]言亂말어지러울、발(月) 䛺。쟈 [하]誑也속일、하(禡) ⑪

謦 칭 [경]欬聲기침、경(迥)(徑) 謥 춍 [총]急言貌ㅣ詷더덜거릴、총(送) 謨。뫼 [모]汎議將定其謀꾀、모(虞) 謩 同謨 謼 후 [호]大叫부르짖

을、호(虞) 嘑呼通 號也부르를、호(遇) 譇 루 [로]言不定ㅣ謊황당히말할、노(虞) 謹。찐 [근]愼也삼갈、근敬也공경할、근(吻) 譔 찬 [찬]代人說대신말할、초

(看) 謾 만 [만]欺也속일、만(寒) 且也또、만(諫) 慢同 謷 오 [오]不肖人語중얼거릴、오 (看)譹也농담할、오(號) 傲通 䜊 同諕 謳。우 [구]歌也노래、구(尤)

謬。무 [무]俗[류]誤也그릇、유 亂也어지러울、유(宥) 謫 쪄 [적]咎也罪也귀양갈、적 譴責꾸짖을、적(陌) 讁同 謮 쪄 [책]怒也성낼、책讓也꾸짖을、책(陌) 嘖

同 譖 同諳 鏘 챵 [강]詞不屈말굳셀、강(養) 警。字 速古 譩 이 [예]譽也대답할、예(齊) 諳 안 [암]語不決ㅣ阿말결단못할、암(覃) 謑

이 [이]別門단문、이(支)誃通 ⿰言畢。삐 [필]敬也공경할、필(質) 謺。지 [접]多言말수다할、집(緝) [접]拾人語남의말주을、접(葉) ⿰言爽 同訍 ⿰言望 왕 [망]相責서

로책망할、망(漾) ⿰言窒。지 [질]言無倫脊譗ㅣ말종작없을、질(質) ⿰言基 同諆 謵。씨 [습]服習익달할、습(緝) 謰。렌 [련]繁絮말전주할、연(銑) 謴

꾠 [곤]語不明말분명하지못할、곤(阮) 謱。루 [루]委曲覼ㅣ곡진할、누(麌) ⿰言屚 루 [루]暴怒ㅣ詬불끈할、누(霽) ⿰言竟 同競 謪 쌍 [상]度也헤아릴、상

(陽) ⿱既言 지 [기]無次차례없을、기(寘) 謭 同譾 ⿰言敫 同謷 ⿰言帶 듸 [제]審諦讀ㅣ살필、제(霽) ⿰言祭 同嚓 謧。리 [리]多言말수다할、이(支) 謤

퍞 [표]言輕말경할、표(蕭) 謣 위 [우]妄言망녕되이말할、우(虞) 謲。천 [침]讖也흉볼、침(寢) ⿰言竟 징 [경]語也말할、경(徑) ⿰言羕 양 [양]聲變소리변할、

양(漾) ⿰言虘 同詛 謏 사 [사]虛談빈말할、사(馬) ⿰言桼 同誎 謶 쟉 [작]欺也속일、작(藥) ⿰言曹 同嘈 (十二) 譆。씨 [희]痛呼아소리지를、희(支)

識。지 [식]知也알、식(職) [지]記也기록할、지(寘) 志通 誌同 譏 지 [기]誹也나무랄、기 誚也꾸짖을、기(微) ⿰言惡 우 [오]憎也미워할、오(遇) 譓 훼 [혜]多

智슬기많을、혜 順也순할、혜(霽) 譒 同播 譐 쭌 [준]聚語수군거릴、준(阮) 噂同 譔。쏸 [선]述也지을、선 選也뽑을、선(銑)(霰) 譙。챺 [초]羽殺ㅣㅣ깃모

지라질、초(蕭) 呵責꾸짖을、초(嘯) 誚同 譊。냪 [요]恚呼볼멘소리할、요 鳴也울、요(肴) ⿱暑言 同暑譽 譌 同訛 譁 화 [화]讙也喧ㅣ시끄러울、화(麻)

證。졍 [증]驗也증거、증 質也질정할、증(徑) 譍 잉 [응]答言대답할、응(蒸) 以言對대답할、응(徑) 應通 譛 찬 [참]讒也참소할、참 不信거짓말、참(沁) 僭通

譚 同談 譎。웨 [휼]詐也간사할、휼 詭也속일、휼(屑) ⿰言靑 同請 ⿰言勞 랖 [로]聲多소리많을、노(號) 譝 씨 [흡]疾言말빨리할、흡(緝) ⿱差言 同嗟

[illegible] 무 [묘]言不定譎ㅣ황당히말할、묘(囊)

譗 짜 [잡]言不倫脊ㅣ譶말종작없을、잡(洽)

[illegible] 쒜 [수]相毁서로훼방할、수(寘)

譕 우 [무]言行莫先언행있을、무(虞)

[illegible] 쓰 [서]悲聲슬픈소리、서(齊)

[illegible] 이 [의]審諦ㅣ謕살필、의(寘)

[illegible] 얌 [암]戲言희롱할、암(感)

䜍 랴 [료]巧言ㅣ譺말잘할、요(蕭)

譈 뒈 [대]怨也원망할、대惡也미울、대(隊)

[illegible] 롼 [련]言不絶말잇다일、연治也다스릴、연(霰)

譇 쌰 [사]語競말다툼할、사不解ㅣ諏아지못할、사(馬)

[illegible] 謝同

[illegible] 홰 [회]中止그칠、회悟也깨달을、회(泰)

譅 써 [삽]訥也어눌할、삽(緝)

譄 쩡 [증]加也더할、증人名사람의이름、증(蒸)

譃 쒸 [후]妄言거짓말、후(虞)

[illegible] 허 [하]應語대답할、하(箇)

[illegible] 화 [호]相欺ㅣ讀속일、호(號)

譂 찬 [전]妄言망녕된말、전(銑)

[illegible] 嘲同

譑 쨔 [교]發罪糾ㅣ죄들어낼、교(篠)

[illegible] 탄 [담]言不正而違也말어긋날、담(感)

[illegible] 쩐 [전]善言좋은말、전(銑)

[illegible] 譅同

[illegible] 韋同

古

譭 휘 [훼]謗也헐어말할、훼(紙)毁通

議 이 [의]語也의논、의謀也꾀할、의(寘)

譬 피 [비]喩也비유할、비曉也깨우칠、비(寘)

譜 푸 [보]音樂曲節곡보、보牒也문서、보(麌)

[illegible] 휘 [홰]衆聲들렐、홰(泰)噦通

譮 話同

譞 환 [현]慧智슬기스러울、현多言말수다할、현(先)

譱 善古字

譥 쨔 [교]訐也들쳐낼、교痛呼소리지를、교(嘯)

譟 쌴 [소]俗[조]羣呼聒也지꺼릴、조(號)噪同

警 징 [경]戒也경계할、경起也경동할、경寤也깨달을、경(梗)

譫 쟌 [섬]多言중얼거릴、섬心病ㅣ妄헛소리할、섬(鹽)

譣 쎈 [험]姦言ㅣ詖간사한말、험(琰)

譧 詀同

譯 이 [역]傳ㅣㅣ夷之言者통변할、역詁釋經義번역할、역(陌)

[illegible] 짜 [잡]聲也소리、잡(合)

譨 누 [누]多言ㅣㅣ속살거릴、누(尤)

譩 이 [의]忿也분할、의傷也상할、의(支)

[illegible] 꽈 [파]相誤서로그릇할、파(禡)

譡 讜同

譤 여 [격]詐也거짓、격(錫)
譢 쵞 [수]諫也간할、수告也고할、수(寘)
譠。탄 [탄]欺也ㅣ謾속일、탄(寒)
⿰言萬。매 [매]誇誕자랑할、매(卦)
⿰言遀 쵞 [수]言從말좇을、수(支)
⿰言葉 쎄 [섭]言失蘢讋ㅣ실언할、섭(葉)
⿰言奧 안 [오]告也고할、오(號)奧通
譝。썽 [승]譽也칭찬할、승(蒸)
⿰言敬 警同
譪。애 [애]盡力힘다할、애(泰)
⿰言煎 켠 [전]語煩말번거할、전(銑)
⿰言業 예 [업]語笑말하며웃을、업(洽)
⿱鄉言 쌍 [향]暫也잠간、향(漾)
⿰言感 깐 [흠]怒言성내말할、흠(沁)

⑭

譽。위 [여]俗[예]稱也聲美기를、예令聞이름날、예(魚)義同、樂也즐길、예(御)豫通
護。휴 [호]擁全保ㅣ호위할、호庇也역성들、호(遇)
譴 켠 [견]責也誚也꾸짖을、견怒也성낼、견譴問귀양갈、견(霰)
譹。한 [호]號也哭聲부르짖을、호(豪)謼同
⿰言寧 녕 [녕]小言속살거릴、녕(庚)
譻。잉 [앵]聲也鳴也ㅣㅣ방울달랑할、앵(庚)
譸。착 [주]誑也ㅣ張속일、주(尤)
譳 부 [누]不能言謱ㅣ말머뭇거릴、누(宥)
⿰言遝 타 [답]言語相及말다툼할、답妄語망녕되이말할、답(合)沓譶同
⿰言㡭 퇀 [단]言惑譎ㅣ말의혹날、단(旱)
⿰言菐 푸 [박]以言蔽말로방패막이할、박(屋)
譼 監古字
譺。擬同
⿰言蒙 뭥 [몽]言不明말분명하지못할、몽(東)
⿰言爾 診同
⿰言臱 면 [면]慧黠영리할、면(先)
⿰言望。왕 [망]責望책망할、망欺也속일、망(漾)
譶。타 [답]疾言재재거릴、답(合)
⿰言㬎。어 [압]笑語謔ㅣ웃고말할、압(合)
⿰言察 치 [철]細語속살거릴、철(屑)
⿰言睿。이 [예]恨也한탄할、예(霽)
⿰言聚 직 [추]罵也욕할、추(宥)
⿰言臺 태 [태]明審자세할、태(灰)
⿰言齊 착 [제]言多수다할、제(霽)

⑮

譾。얜 [전]淺也얕을、전(銑)
讀。뚜 [독]誦書글읽을、독(屋)[두]文語絕處句ㅣ귀절、두(宥)
讁。謫同
⿰言蔡 싸 [살]散言흩은말、살(曷)
譞 쳰 [현]有所求욕심낼、현流言뜬소리、현(霰)
⿰言樂 러 [락]狂言ㅣ謊미친말、낙(藥)
讄。레 [뢰]謚也시호、뢰哀死

而述其行행장、뇌(紙) 誄讄同 **⿰言舄** 셰[사]以言寫志말로속시원하게할、사(馬) **⿰言質** 찌[질]野人言상말、질(質) **⿰言慮** 뤼[려]詐也거짓、여(御) **譿** 훼[혜]辨察살

필、혜(霽) **譒** 審同 **⿰言截** 識俗字 **讃** 讚俗字 **⿰言巤** 례[렵]多言饒舌지껄거릴、렵(葉) **⿰言遲** 치[지]言之逸出말헛나갈、지(支) **讂** 위[육]嗅也냄

새맡을、육(屋) (十六) **讆** 웨[위]夢言不慧잠꼬대할、위(霽) 僞通 **變** 뼌[변]化也변할、변災異재앙、변死喪죽을、변戰亂난리、변手段수

단、변(霰) **讌** 연[연]會飲잔치、연合語ㅣ坐모여말할、연(霰) 燕醼宴同 **讎** 쓔[수]仇也원수、수匹也짝、수校也비교할、수等也같을、수(尤) **讇** 諂古字

讋 졉[섭]慴也두려울、섭失氣言시르죽은말、섭(葉) 懾慴同 **⿱感言** 한[함]愛也사랑할、함(覃) **⿰言𦎫** 쓘[순]誨言重複ㅣㅣ거듭이를、순人名崇ㅣ사람의이름、

순(眞) 諄同 肫通 **讉** 웨[유]怒也성낼、유(支) **⿰言親** 천[친]訓言훈계할、친(震) **⿰言噩** 諤同 **⿱頻言** 뼌[빈]多言수다할、빈(眞) **⿰言憲** 쎤[헌]狼戾ㅣ搏낭

자할、헌(阮) **讈** 리[력]巧言讈ㅣ교묘한말、력(錫) **讐** 讎同 (十七) **謇** 졘[건]口吃難말더듬거릴、건(阮) **讕** 란[란]逸言미댈、난誣毀誣ㅣ속여말

할、난(翰) **讓** 상[양]謙也사양、양責也꾸짖을、양與也줄、양(漾) **讖** 찬[참]符命圖ㅣ참서、참(未來의吉凶禍福을豫言한것)(沁) **讒** 찬[참]僭也참소할、

참佞也간악할、참(咸) **讔** 인[은]隱言ㅣ者숨겨말할、은(吻) **論** 얀[요]誤也그릇칠、요(嘯) (十八) **讙** 환[훤]譁也지꺼릴、훤(元) 喧同 [환]義同、歡也기

쁠、환(寒) **讘** 녜[녑]俗[섭]多言詀ㅣ속살거릴、섭(葉) **讗** 훠[획]言壯貌장담할、획數相怒성발끈낼、획(陌) **⿰言醫** 嘻同 **⿰言闒** 따[답]言多수다할、답(合)

(十九) **讛** 囈同 **讚** 짠[찬]佐也도울、찬明也밝을、찬稱美칭찬할、찬(翰) 贊同 (二十) **讞** 엔[언]議罪評獄죄의논할、언(銑)(霰) [얼]義同 **讜** 땅

당直言忠ㅣ곧은말、당養 言中理유리하게말할、당漾

⿰言嚴 연 섬病人自語헛소리할、섬鹽

⿰言矍· 훠 확妄言망녕될、확藥

㉒ ⿰言纍。 同讄 ⿱縣言 詰古字

㉓ 讟。· 뚜 독怨痛而謗원망할、독屋

㉔ 讋 ⿱龍言 同

谷部

谷。· 꾸 곡山間水道골、곡窮也궁할、곡養也기를、곡王名ㅣ蠡오랑캐임금의이름、곡屋 욕姓也성、욕沃

㕡 잔 각笑也웃을、각藥

㊁ ⿰谷九 쥐 구大谷큰골、구尤

㊂ ⿰谷千。 쳔 천青貌ㅣㅣ퍼럴、천先

⿰谷工 홍 홍大谷큰골、홍東

㊃ 谻 이지 극倦也끈할、극陌

谺· 쌰 하空谷貌谽ㅣ골속휑할、하麻

谹。· 형 횡谷中響골속울릴、횡庚

㊄ ⿱谷谷。 叡古字

⿰谷甘 깐 함高谷높은골、함覃

㊅ 谼 홍 홍大壑큰구렁텅이、홍東

⿰谷合 허 합兩山相接두산서로닿을、합合

㊆ 谽· 한 함谷空貌ㅣ谺골속휑할、함覃

⿰谷牢 랖 로深谷貌䜲ㅣ깊은골자기、노谷空貌골속휑할、노豪

㊇ 谾· 홍 홍谷空골휑할、홍東 롱山深貌산깊숙할、농東 항空谷빈골짜기、항江

⿰谷周。 쟌 교谷大골짜기클、교蕭

⿰谷虎 깐 감虎怒범성낼、감陷

㊉ 谿。 씨 계川澗水注시내、계齊 俗作溪

⿰谷奚 씨 혜反戾怒爭勃ㅣ뒵들、혜齊

豁。· 훠 활通谷내뚫린골、활疏也開也통할、활廣也넓을、활明知환할、활曷

㊉㊀ ⿰谷尞 同隙

⿰谷翏 랼 료谷深골깊을、요蕭

㊉㊁ ⿰谷敫· 한 함開也열릴、함深谷貌골깊을、함感

⿰谷皋 한 호深谷貌ㅣ䜲깊은골짜기、호豪

⿰谷間 同澗

⿰谷勞 랖 로谷空골빌、노號

㊉㊃ ⿰谷睿· 씬 신深谷깊은골、신震

㊉㊄ ⿰谷賣。 古隮字

㊉㊆ 豅。· 룽 롱大長谷크고긴골、농東

㊉㊈ ⿰谷靈 링 령岩穴바위구멍、영青

豆部

豆。떠 [두]菽也콩、두小荳팥、두量名말、두(有) 荳同斗通

㊂ 豈。치 [기]何也어찌、기曾也일찍、기(尾) [개](賄) 愷凱通

豇 양 [강]豆名광저기、강(江)

㊃ 豉 츠 [시]配鹽幽菽豆ㅣ콩자반、시(寘)

㊄ 豋 豌同

⿰豆句 닥 [두]裂也찢을、두(尤)

㊅ 登。떵 [등]禮器瓦豆제기、등(蒸) 甑同鐙通

⿰豆夅 쌍 [강]豇豆ㅣ䝅광저기、강(江)

豐。禮古字今俗豊略字

㊆ ⿰豆𠬶 친 [침]野生豆들콩、침鼓也콩자반、침(侵)

⿰豆疋 쥬 [족]小荳팥、족(屋)

⿰豆尾 메 [매]豆碎其콩깍지、매(賄)

⿰登丁 딩 [정]張幕장막칠、정(青)

㊇ 豎。쓔 [수]立也세울、수童僕더벅머리、수(麌)

豍 삐 [비]白扁백편두、비(齊)

豌。완 [완]西胡豆名동부、완(寒) 豋同

⿰豆昔。처 [책]磨豆비지、책(陌)

⿰豆其 同萁

⿰豆召 깐 [감]豉味厚也된장맛깊을、감(勘)

⿰豆或。위 [욱]豆也콩、욱(屋)

㊈ ⿰豆兪 위 [유]變色豆빛변하는콩、유(虞)

⿱敄豆 무 [목]豆萁콩깍지、목(屋)

⿱𠔉豆 豋同

⿰壴豆 登同

⿰豆是。同豉

⿰豆音 인 [음]幽豆메주만들、음(侵)

㊉ ⿰豆兼。쎈 [함]豆半生더친콩、함餅中豆콩소、함(豏)

⿱𤇾豆。同⿰豆尞

⿰壴東 둥 [동]鼓聲북소리、동(東)

⿰壴卑 삐 [비]騎兵用鼓군사북、비(齊)

⿰豆登 덩 [동]舒也펼、동(蒸)

(十一) 豐。뻥 [풍]有年풍년、풍饒也많을、풍大也클、풍盛也성할、풍(東)

⿰壴夬 위 [여]量也헤아릴、여(魚)

⿰豆畢 삐 [필]豌豆동부、필(質)

⿰豆婁 뤄 [루]白豆흰콩、누(尤)

⿰豆亶 탄 [탄]黃色누를、탄(寒)

(十二) ⿰壴眞。뎬 [전]鼓聲북소리、전(先)

⿰豆尞。루 [로]野豆새콩、노(豪) ⿱𤇾豆同

⿰壴兼。렌 [렴]打鼓북칠、렴(鹽)

(十三) ⿰豐弟。秩古字

⿰壴國 꿔 [국]鼓聲ㅣ䵩북소리、국(職)

⿰号⿱虍豆 한 [호]土釜흙솥、호(皓)

⿱⿰西瓦豆 레 [렵]打鼓북칠、엽(葉)

(十四) ⿰豆㬎 데 [접]黃色荳누른콩、접(葉)

(十五) ⿰豆幾。치 [기]相摩近맞비빌、기(微)

(十七) ⿰壴巤。레 [렵]鼓聲북소리、엽(葉)

(十八)

豆雙 쌍 [쌍]缸豆醬ㅣ팡 저기、쌍(江)

豆歷。리 [력]鼓聲鼜ㅣ북 소리、역(錫)

⑳ 豓。豔同

㉑ 豔。얜 [염]容也豐滿美也탐 스러울、염歆羨부 러울、염(豔)

㉓ 豆登。덩 [등]益也더 할、등(蒸)

豕部

豕。쓰 [시]彘也돝、시 又돼지、시(紙)

㊀ 豖。쮸 [축]豕絆足行발얽은 돝의걸음、축(屋)

㊁ 豕丁 딩 [정]豕貌돝모 양、정(靑)

㊂ 豗。휘 [회]相擊맞부딪칠、회 鬨聲喧ㅣ떠들석할、회(灰)

豕干 깐 [한]豕走貌돝달아 나는모양、한(旱)

豕夂 수 [족]豕行돝 갈、족(沃)

豕土 화 [홰]豕 掘土돝흙뒤 질、홰(灰)

㊃ 豚。둔 [돈]小豕돼지、돈 魚名河ㅣ복、돈(元)

豝。빠 [파]牝豕二歲 암돝、파(麻)

豰 후 [홀]豬子돼지 새끼、홀(月)

豕厷 홍 [홍]孤豕홀 돝、홍(東)

豕尤 우 [우]大豕큰 돝、우(尤)

豛 예 [역]豚也돼 지、역(陌)

豜 豣俗 字

㊄ 象。쌍 [상]南方大獸長鼻牙 大코끼리、상 形也 형상할、상 法也법받을、상 樂曲名풍류곡조、상(養)

象 象俗 字

豕令 링 [령]藥名豬ㅣ약 이름、령(靑)

豛。쮜 [탁]擊也칠、 탁(覺)

豟 어 [액]大 豕큰 돝、 액(陌)

豿 후 [구]豕鳴꿀꿀 할、구(有)

豠 쥬 [처]小豕작은 돝、처(魚)

豕母 무 [무]牝豕암 돝、무(有)

豕皮 애 [애]瘠豕마른 돝、애(賄)

豕冊 싼 [산]豕羣돼지 떼、산(寒)

㊅ 豥 해 [해]豕白蹢네굽 흰돝、해(蟹)

豢。환 [환]養畜芻ㅣ칠、 환又기를、환(諫)

豤。컨 [간]齧也씹을、간 款誠정성스러울、 간(阮)

豕艾 애 [애]老豭늙은 돝、애(泰)

豣。견 [견]大豕큰돝、견(先) 麛也노루、견(銑)

豦 취 [거]猿類원숭 이、거(魚)

豕夷 시 [시]去勢豕불 친돝、시(紙)

豕先 션 [선]牝豕암 돝、선(先)

豕同 퉁 [동]山豬멧 돝、동(東)

罒豕 깐 [간]大豬큰 돝、간(旱)

㊆ 豨。씨 [희]大豕큰돝、희 神獸封 豕짐승이름、희(微)(尾)

豪 호 [호] 俊也호걸、호 俠也호협할、호 強也잘날、호 (豪) 毫通 **豨** 뚜 [두] 尾星名龍ㅣ별이름、두 (宥) **豩** 삔 [빈] 二豕쌍돝、빈 (眞) **豙** 이 [위] 豕怒也毛竪돝성나털일어날、위 (未) **豧** 푸 [포] 豕聲돼지소리、포 (遇) **⿰豕孝** 쌰 [효] 豕走돼지달아날、효 (效) **⿰豕巵** 지 [지] 大豕큰돝、지 (支)

八

豵 쫑 [종] 牡豕수돝、종 (宋) **⿰豕介** 매 [매] 頑惡ㅣ⿰豕舌완악할、매 (泰) **⿰豕双** 쿠 [굴] 豕發土돝흙뒤질、굴 (物) **⿰豕空** 깡 [강] 豕肉之中空돼지고기속빌、강 (江)

九

豬 쭈 [저] 豕也돝、저 水所停물괴일、저 澤名孟ㅣ못이름、저 (魚) 瀦通 **豭** 쟈 [가] 牡豕수돝、가 (麻) **豫** 위 [여] 俗[예] 早也先也먼저、예 猶ㅣ머뭇거릴、예 悅也기쁠、예 游也놀、예 州名고을이름、예 (御) **貐** 위 [유] 豪豬別名豲ㅣ멧돝、유 (虞) **⿰豕耑** 퇀 [단] 似豕而肥오소리、단 (寒) 貒同 **⿰豕畏** 젼 [견] 豬也씹을、견 (銑) **⿰豕便** 뻔 [변] 大豕큰돝、변 (先) **⿰豕奏** 착 [주] 皮理堅厚之豕껍질두터운돝、주 (宥) **⿰豕軍** 쥔 [군] 小野豕작은멧돝、군 (問) **⿰豕殳** 퉈 [탁] 行也갈、탁 (覺)

十

豯 씨 [혜] 豕生三月석달된돝、혜 (齊) **豳** 삔 [빈] 周始封國陝西州名나라이름、빈 (今陝西省邠州) (眞) 邠同 **豲** 웬 [원] 豕屬돝、원 (元) [환] 豪豬멧돝、환 (寒) 貆同 **豱** 원 [온] 豕名ㅣ豬돝이름、온 (元) **豰** 후 [혹] 白狐子흰여우새끼、혹 (屋) **⿰豕氣** 씨 [희] 豕息돝숨쉴、희 (未) **⿰豕舌** 홰 [홰] 頑惡⿰豕介ㅣ완악할、홰 (卦) **⿰豕冥** 밍 [명] 小豚작은돝、명 (青)

十一

⿰豕從 쯍 [종] 一歲豚햇돝、종 豕生三子세새끼돝、종 (東) **⿰豕婁** 랶 [루] 求子牝豕암내내는돝、누 (尤) **⿰豕啇** 듸 [적] 豕蹄돝굽、적 (錫) **⿰豕覓** 메 [멱] 頭黑體白豕머리검고몸흰돝、멱 (錫) **⿰豕滿** 만 [만] 肥豕살찐돝、만 (寒) **⿱癸犬** 패 [괘] 逐犬개쫓을、괘 (佳)

十二

⿰豕壹 씨 [희] 豕息돝숨쉴、희 (寘) 豷同 **豶** 뿐 [분] 去勢豕불친돝、분 (文) **⿰豕脊** 쒜 [수] 豕子돝의새끼、수 (支) **⿰豕曾** 청 [증] 豕所寢檜돼지우리、증 [증] 圈也우리、증 (蒸) **⿰豕童** 충 [충] 土豬땅돼지、충

(東) ⿰豕粦• 린 [린] 大豕큰 돋、인 (眞)

十三 豰 후 [혹] 豕聲돋소리、혹 (屋) ⿰豕遀° 수 [수] 牝豕암돋、수 (支)

十四 ⿰豕彖 츄 [추] 小母豬작은 암돋、추 (虞)

十六

⿰豕箑 샤 [삽] 老母豬늙은 암돋、삽 (洽) ⿰豕夢 멍 [몽] 山豬산돋、몽 (東)

十五 ⿰豕巤° 례 [렵] 豕長毛돋의 긴털、엽 (葉) ⿰豕暴• 뽀 [폭] 小豕작은 돋、폭 (屋)

⿰豕雚° 환 [환] 野豬들돋、환 (寒) ⿰豕聶 攝同

豸部

豸• 츠 [치] 無足蟲발없는벌레、치 解也풀치 (紙) [채] 義同 (蟹) 廌同

二 ⿰豸力 리 [력] 犬也개、역 (職)

三 豺° 채 [재] 俗[시] 狼屬승냥이、시 (佳) 豻 안 [안] 野犬似狐들개、안 (寒) 獄也옥、안 (翰) 犴同 [간] 野犬들개、간 (刪) ⿰豸乇 톽 [탁] 驢父牛母之獸트기、탁 (陌) 豹°• 뽀 [표] 猛獸似虎圜文표범、표 (效)

四 豽• 놔 [놜] 獸似狸삵、놜 (黠) 豼° 貔同 ⿰豸巴 빠 [파] 獸醜狀짐승 더러울、파 (麻) ⿰豸牛 웅 [옹] 獸似豕돋같은짐승、옹 (冬) ⿰豸朱 貅同 ⿰豸元 웬 [완] 狐也여우、완 (寒) 豣 젼 [견] 大豕큰돋、견 (先)

五 豾 뷔 [비] 貍子삵의새끼、비 (支) ⿰豸瓜 狐同 ⿰豸穴°• 우 [유] 似猿仰鼻長尾원숭이、유 (宥) 狖同 ⿰豸出° 누 [눌] 無前足獸앞발없는짐승、눌 (月) 貂°• 됴 [초] 鼠屬黃黑色돈피、초 (蕭) 鼦同 ⿰豸央 앙 [앙] 貉也ㅣㅣ담비、앙 (陽) 豿 꾸 [구] 熊虎之子곰과범의새끼、구 (有) ⿰豸坐 쥐 [좌] 獸也짐승、좌 (哿) ⿰豸乍 단 [단] 無足蟲발없는벌레、단 (潸) ⿰豸犮• 삐 [비] ⿰豸乍也발없는벌레、비 (未) ⿰豸冬 둥 [동] 有角獸뿔난짐승、동 (冬) ⿰豸巨 궈 [거] 猛也사나울、거 (魚)

六 貆°• 훤 [훤] 貉屬담비새끼、훤 (元) 狟同 [환] 義同 (寒) 貅• 쓔 [휴] 摯獸貔ㅣ비휴、휴 (尤) ⿰犭休同 貉° 貈同 貊 매 [맥] 蠻ㅣ오랑캐、맥 靜也고요할、맥 食鐵似熊夷맥이、맥 朝鮮國名나라이름、맥 (江原道春川) (陌) 貄 쓰 [사] 獸體多長毛짐승의 몸에긴털많을、사 (寘) ⿰豸冊 싼 [산] 暴

惡사나울、산(刪)

⿰豸⿱巛囟 묘 [묘]好睡羊잠잘 자는양、묘(篠)

⿰豸多 이 [이]頭白野犬머리 흰들개、이(支)

⿰豸伏 부 [복]狐也여우、복(屋)

⿰豸吏 시 [시]貉也 담비、시(寘)

⿰豸同 둥 [동]大豕큰 돋、동(東)

貈。허 [학]似貍善睡斑毛 狐ㅣ담비、학(藥)

七

貌。만 [모]容儀모양、모(效)皃額同 [맥]描畫모뜰、막(覺)邈同

貍。리 [리]野猫狐ㅣ삵、이(支)狸同

貋 同豻

八

貄 쓰 [사]貍子삵의 새끼、사(寘)

貏 뻬 [피]漸平貌ㅣ豸점 점평평할、피(紙)

⿰豸奇 이 [의]犗犬 불친개、의(支)

⿰豸沓 타 [답]海狗물 개、답(合)

貎 同猊

⿰豸卓 됴 [조]豸也발없 는벌레、조(效)

⿰豸來 래 [래]貍也삵、 내(灰)

九

貐。위 [유]似貙貏ㅣ 짐승이름、유(虞)

貓 同猫

貑 同猳

貒。퇀 [단]貛也似豕而肥 오소리、단(寒)

⿰豸契 야 [알]俗囯似貙虎爪ㅣ 貐짐승이름、설(黠)

⿰豸⿱巛囟 나 [노]雌貉암담 비、노(皓)

⿰豸柔 同猱

⿰豸胃 同蝟

⿰豸酉 우 [유]良犬좋은 개、유(尤)

⿰豸重 죵 [종]乳也젖、 종(宋)

十

貔。피 [비]猛獸名ㅣ貅짐승 이름、비(支)豼同

貕 씨 [해]豬子돼지、해(蟹)澤 名ㅣ養못이름、해(齊)

⿰豸原 同獂

⿰豸益 어 [액]大鼠큰 쥐、액(陌)

⿰豸弗 삐 [비]猛也사나 울、비(支)

十一

貙。위 [추]似貍 而大ㅣ貗이리、추(虞)

貘。머 [맥]似熊食鐵짐 승이름、맥(陌)

⿰豸离 치 [리]猛獸名짐승 이름、이(支)

⿰豸曼 만 [만]狹屬貙也 이리、만(翰)

貗 루 [루]貒子오 소리새끼、누(遇)

⿰豸滿 만 [만]貙貗이 리、만(願)

十二

⿰豸尞 랴 [료]西南夷名오랑 캐이름、요(巧)

⿰豸賁 쁜 [분]羊也양、 분(吻)

⿰豸皐 同嗥

十三

⿰豸雍 융 [옹]大猿큰원숭 이、옹(冬)

⿰豸歲 同濊

十八

貛。환 [환]牡狼숫이리、환 野豕너구리、환(寒)

二十

貜。쥐 [확]大猿큰원 숭이、확(藥)

貝部

貝 빼 [패]海介蟲자개、패又조개、패貨 也재물、패錦名비단이름、패(泰)

二

貞。졍 [정]正也곧을、정固也 굳을、정女操정절、

(庚)정 負。뿌 [부]背荷物짐질、부敗也질、부蒙也ㅣ傷입을、부(有) 貟 員同 [貝+卜] 푸 [부]羨人之財재물부러워할、복(屋) [貝+夂] 베 [배]河神물귀신、배(灰)

㊂ 貢 꿍 [공]獻也바칠、공稅也세바칠、공(送) 貤 이 [이]物重數물건무게、이(寘)延也벋을、이移也옮길、이(支) 財。째 [재]貨也재물、재所寶보배、

재(灰)裁材通 貣 터 [특]從人求物假ㅣ빌、특(職)貸通 [貝+⺌] 솨 [솨]貝介聲자갯소리、솨(哿) [貝+刃] 신 [인]堅牢굳을、인(震) ㊃ 責。째 [책]誚也꾸

짖을、책求也조를、책任也맡을、책(陌) [채]負債빚、채(卦)債同 貧。핀 [빈]乏也無財가난할、빈又구차할、빈(眞) 貫 관 [관]穿也꿰일、관達也달할、관中

也맞힐、관(翰) 販。빤 [판]賣也팔、판商也장사、판(願) 貨。훠 [화]財也재물、화物ㅣ물건、화賂也선물할、화(箇) 貪。탄 [탐]欲物愛財탐

낼、탐(覃) [貝+亢] 항 [항]大貝큰자개、항(陽) [貝+亡] 貯同 貭 質略字 貦 완 [완]好也좋을、완(翰) [貝+勻] 민 [민]稅貢부세、민(眞) [負+免] 먼 [면]財殖천

량늘、면(願) ㊄ 貲 쯔 [자]財也재물、자(支)訾同 貽 이 [이]遺也끼칠、이貺也줄、이(支) 貾 츠 [지]黃貝누른자개、지(支) 貳。얼 [이]二也둘、

이副也버금、이疑也攜ㅣ의심낼、이代也대신、이(寘)二同 費。쀠 [비]散財用耗損허비할、비ㅣ用入ㅣ비용、비(未) 賁 뻔 [비]飾也꾸밀、비(寘) [분]大也클、분

(文)勇也虎ㅣ날랠、분(元) 貴。쮜 [귀]位高尊也높을、귀不物賤귀하게여길、귀(未) 貯。쥬 [저]積也쌓을、저又저축할、저藏也감출、저(語) [貝+疋] 솨 [소]卜

問財복채、소(語) 貰 씨 [세]賖也세낼、세借也빌、세(霽) [사]義同寬罪죄용서할、사(禡) 買 매 [매]市也ㅣ賣살、매招也ㅣ怒부를、매(蟹) 貸。대 [대]借

施빌릴、대以物與人更還其主假也갚을、대(隊) [특]借也빌、특(職)貣同 [貝+玄] 쏀 [현]售也賣也팔、현(霰)衒同 賀。허 [하]慶也하례할、하勞也위로할、하加也더

할、하(箇) 貺 황 [황]賜也與也 줄、황(漾) 貿° 뫄 [무]財貨交易무역할、무無識貌 ｜｜어릿어릿할、무(宥) 瞀同 貶 뼌 [폄]損也덜릴、폄 謗也폄할、폄減

也덜、폄(琰) 貼° 뎨 [첩]依附붙일、粘置접어 둘、첩藥包數첩、첩(葉) ⿰貝它 貤同 ⿰貝央 양 [앙]無極限한량 없을、앙(養) ⿰貝甘 한 [감]貪財｜ 贎재물탐

낼、감(覃) ⿰貝皮° 피 [피]與也 줄、피(寘) ⿱弁貝 뻰 [편]財增천량 늘、편(銑) ⿰貝乍 줘 [작]財也재 물、작(藥) 貹 셩 [성]財也재 물、성(敬) ⿰貝主 주 [주]財也 재물、

주(遇) ⿰貝句 쥐 [구]治也다스 릴、구(宥) ⿰貝示 시 [시]示財재물 보일、시(寘) ⑥ 資° 쯔 [자]貨物재물、자賴也憑也자뢰、 자｜本밑천、자取也취할、자(支)

賈 꾸 [고]坐賣앉은장사、고買也살、 고(麌) [가]售値값、가(禡) 價同 賂° 루 [로]進物선물、노賄｜뇌 물、노遺也줄、노(遇) 賅 깨 [개]俗[해]備也 갖출、해贍

也넉넉할、해非常奇也 이상할、해(灰) 咳侅同 賄 훼 [회]財帛總名재물、회｜賂뇌 물、회進物선물、회(賄) ⿰貝每同 賃° 림 [님]傭也품팔이、임 借也빌、임以財雇

物세벌、 임(沁) ⿰貝血 쒸 [휼]俗[흘]分賑기민 먹일、흘(質) 卹同 賊° 쩨 [적]盜也寇｜도둑、적傷害殘｜해 칠、적不忠不孝｜子역적、적(職) 賌 깨 [개]俗[해]陰陽奇

秘之要奇｜이상 할、해(灰) 賅同 ⿰貝寺° 치 [치]貯財재물 모을、치(紙) ⿰貝厽 린 [린]貪食음식 탐낼、인(軫) ⿰貝安 애 [애]貯也쌓 을、애(卦) ⿱夾貝 셰 [협]財也 재물、

협(葉) 賑° 신 [신]質物전 당、신(軫) 賚 래 [래]積也쌓 을、내(賄) ⿱肖貝 쏘 [효]煩也번거 할、효(蕭) ⿰貝光 황 [황]賜也줄、 황(漾) 貽 이 [이]遺送 보내줄、

이(支) 賋 餃同 賆 뼌 [변]益也더 할、변(先) ⑦ 賫 쨔지 [제]俗[재]持遺집어줄、재 裝送싸보낼、재(齊) 齎同 ⿰貝每 賄同 賓° 삔 [빈]客也손、 빈導也寅

｜인도할、빈懷德｜ 服복종할、빈(眞) 賒° 써 [사]貰買세낼、사違也멀、 사久也오랠、사(麻) 賕 착 [구]贓也以財枉 法장전、구(尤) ⿰貝甫 뿌 [포]財 相酬

갚을、포 (遇)

賔 賓俗字

敱 깨 [개] 深堅깊고 굳을、개 (隊)

賑。연 [진] 救也ㅣ卹 기민먹일、진 富也풍부할、진 (震)

䞘 순 [순] 益也加也 더할、순 (震)

賂 린 [린] 貪也탐할、인 (震)

䝿 타 [탈] 貨也재물、탈 (黠)

八

賨 총 [종] 蠻賦ㅣ布오랑캐부세、종 (冬)

賜。쓰 [사] 錫也上予下줄、사 惠也고마울、사 (寘)

質。지 [질] 物ㅣ물건、질 主也本質바탕、질 性ㅣ성품、질 信也미쁠、질 正也바를、질 (質) [지] 以物相贅交ㅣ전당、지 (寘) 贄通

賦 부 [부] 稅也부세、부 又구실、부 給與줄、부 量也헤아릴、부 詩之流글、부 (遇)

賣。매 [매] 出貨鬻物팔、매 詐也ㅣ友속일、매 求也ㅣ名구할、매 (卦)

賚 래 [뢰] 賜也予也줄、뢰 (隊)

賢 쎈 [현] 有德行어질、현 善也좋을、현 勝也나을、현 (先) 贒同

賤。쟌 [천] 卑下不貴천할、천 (霰)

賫 商古字

賞。쌍 [상] 賜有功상줄、상 玩也구경할、상 嘉也아름다울、상 稱美칭찬할、상 (養)

賡。경 [갱] 續也ㅣ載이을、갱 (庚)

䝼 칭 [청] 受賜받을、청 (庚)

賙。쭈 [주] 給也賑贍기민먹일、주 (尤) 周通

賧 탄 [담] 蠻夷以財贖罪속바칠、담 (勘)

賬。쟝 [장] 計簿치부책、장 (養)

䝹 완 [완] 小有財ㅣ䝭재물조그마치있을、완 (旱)

賠。폐 [배] 補償물어줄、배 又배상할、배 (灰)

賥 취 [수] 貨也재물、수 (寘)

賛。同贊

賝 친 [침] 寶也보배、침 (侵)

䝶 량 [량] 稅也부세、양 (陽)

𧶠 지 [지] 質物전당、지 (支)

䝯 지 [긔] 赤貝붉은자개、긔 (寘)

䝺 뎬 [전] 富裕넉넉할、전 (銑)

䝬 쥐 [거] 責也팔、거 (魚)

賒 써 [사] 不交사귀지않을、사 (麻)

䝷 애 [애] 豐裕넉넉할、애 (卦)

𧶜 예 [비] 稅也부세、비 (未)

九

賵。뻥 [봉] 贈死助喪車馬曰ㅣ부의、봉 (送)

賮 貴本字

賭。뚜 [도] 博奕取財내기、도 (虞)

賴。래 [뢰] 蒙也힘입을、뇌 恃也믿을、뇌 藉也자뢰할、뇌 (泰)

賮。진 [신] 珍貨琛ㅣ보배、신 送行財幣노자、신 又노수、신 (震) 贐同

𧷓 뽀 [표] 散匹帛與三軍봉죽줄、표 (嘯)

賱 윈 [운] 富

有ㅣ賰넉넉할、운吻 貿빠[모]和儥物者거간、보皓 賰춘[춘]富有賰ㅣ넉넉할、춘軫 賱옌[연]物相當물건알맞을、연阮 賻돤[단]小有財

腕ㅣ재물조그마치있을、단旱 賥同賥 賗따[답]博戲노름、답洽 賯헉[후]貪財게염낼、후宥 䞕안[연]小有財작은재물、연銑 䞓

정[정]責而不得利밀질、정敬 䞡지[치]賑也진휼할、치寘 (十) 賻°부[부]以貨助喪부의、부遇 賽°쌔[새]報祭치성드릴、새立方形六角戲具

주사위、새相誇勝내기할、새隊塞通 賸°씽[잉]送也보낼、잉副也버금、잉以物相增加더할、잉[싱]餘也남을、싱益也더할、싱徑俗作剩非 購°꾸[子]以財求

設賞募살、구宥 賝同琛 賺°쨘[잠]重賣되팔기、잠陷 䝻同 賾쩌[색]幽深難見깊을、색陌 賹애[애]寄人物부쳐보낼、애卦 賶창[창]貯

財재물모을、창漾 賷同齎 (十一) 贄°쩌[지]幣也執ㅣ폐백、지寘 贅°쮀[췌]屬也붙일、췌無用物군것、췌疣瘤附ㅣ군살、췌又혹、췌壻也데릴사위、

췌聚也모을、췌霽 䞚同贓 贃쏸[환]支財貨재물지탕할、환諫 贂°썸[삼]賭也내기할、삼感 䝼뤄[루]貪也탐할、누宥 䞤미[밀]水流물

흐를、밀質 (十二) 贇원[윤]美好貌예쁠、윤眞 贊쪈[찬]佐也도울、찬明也밝힐、찬頌也기릴、찬又찬성할、찬參也참예할、찬翰贊同 贈°

쪙[증]送遺줄、증增也더할、증徑 贉°딴[담]買物先入直선셈받을、담錦ㅣ책마구리꾸밀、담感 䞠뚜[도]賭勝내기하여이길、도虞 贗°贋譌字

贆퐢[표]陸居貝물에사는조개、표蕭 䞘쥐[굘]大貝큰자개、굘質 䝱지[귀]財也재물、귀寘 䞍同賟 䞡깐[함]賄也뇌물、함陷

(十三) 贏°잉[영]有餘남을、영包也쌀、영擔負멜、영伸也펄、영庚 贍°싼[섬]足也富ㅣ넉넉할、섬賙給도울、섬豔 䝻同賺 䞜쉬[쉬]賻

物부의、쉬(寘)

(十四) **贔** 삐 [비] 作力貌ㅣ屭기운낼、비 雖鼈암자라、비(寘)

贐 賮同

贒 賢古字

[貝監] 란 [람] 貪財재물탐낼、남(勘)

贓 ㅇ장 [장] 吏受賂非理所得財장물잡힐、장(陽)

(十五) **贗** 얀 [안] 僞物眞ㅣ위조할、안 又갓자、안(諫)

[貝廛] ㅇ잔 [전] 謀人財남의재물꾀할、전(霰)

贖 ㅇ쑤 [속] 納金免罪속바칠、속貿易살、속(沃)

贕 뚜 [독] 卵內敗곯을、독(屋)

贎 리 [례] 多財많은재물、예(霽)

(十六) **贙** ㅇ인 [인] 分別분별할、인 西海獸名짐승、인(軫)

[貝遺] 이 [유] 贈也줄、유(寘)

[貝親] 츤 [친] 錢也돈、친(震)

贚 ㅇ룽 [룽] 貪也가난할、용(宋)

[貝篤] 뚠 [돈] 贈送奇異物기이한물건보낼、돈(阮)

(十七) **贛** ㅇ꿍 [공] 賜也줄、끙(送) 貢贑灨漬通

[賏矣] 징 [증] 愚也어리석을、증(蒸)

赤部

赤 ㅇ치 [적] 朱色붉을、적空盡無物빨갈、적又빌、적不穩過激ㅣ化과격할、적眞心진정、적不隱숨김없을、적(陌)

(二) **[赤丁]** 딩 [정] 赤色붉은빛、정(庚)

(三) **[赤工]** 홍 [홍] 皮肉腫赤곪아붉을、홍(東)

(四) **[赤支]** ㅇ찌 [지] 婦人面飾䞓ㅣ연지、지(支)

[赤欠] 씨 [혁] 笑聲ㅣㅣ깔깔웃을、혁赤也붉을、혁(錫)

赦 ㅇ써 [사] 釋罪죄사할、사 又용서할、사(禡)

(五) **赧** ㅇ난 [난] 面慚赤ㅣ然무안할、난 又얼굴빛붉을、난(潸)

[赤皮] 넨 [년] 笛聲緌寘ㅣ저느러지게불、연(霰) 赧同

(六) **赩** ㅇ허 [혁] 大赤싯벌걸、혁(職)

赨 뚱 [동] 赤色벌걸、동(冬)

[赤同] 퉁 [동] 赤色붉을、동(董)

(七) **䞓** 赬同

赫 ㅇ허 [혁] 火赤貌불이글이글할、혁光明빛날、혁盛也ㅣㅣ성할、혁怒發불끈성낼、혁(陌)

[赤含] 한 [함] 淺赤色분홍빛、함(覃)

[赤尾] 미 [미] 赤尾붉은꼬리、미(尾)

(九) **赮** 쌰 [하] 東方赤色貌벌걸、하(麻)

赭 ㅇ쟈 [자] 赤土붉은흙、자禿山민둥산、자罪人服전중이옷、자(馬)

赬 ㅇ쪄 [정] 赤色붉을、정(庚) 䞓同

[赤垔] 옌

[연]婦人飾연지、연(先)

⿰赤畐 씌 [혁]絳色빨갈、혁(職)

十 赯 탕 [당]面色紫얼굴검붉을、당(陽)

⿰⿱士赤殳 후 [혹]日出之赤햇발붉을、혹(屋)

⿰赤余 환 [환]濁也흐릴、환(旱)

十一 ⿰赤累 시 [흡]赤貌붉을、흡(緝)

十四 ⿰赤需 수 [유]火色불빛、유(虞)

⿰赤焦 씌 [혁]濃赤色진한붉은빛、혁(職)

走部

走 짝 [주]奔也달아날、주求也구할、주僕也종、주獸類짐승、주(宥)

赱 同走

二 赴 부 [부]奔也달을、부趨而至다다를、부(遇)

赳 꺄 [규]武貌ㅣㅣ헌걸찰、규(宥)

赲 력 [력]步也걸을、역(職)

三 起 치 [기]興也일어날、기擧事動作ㅣ居기동할、기立也설、기始也시작할、기(紙)

赶 깐 [간]逐也쫓을、간擧尾走꼬리뻗치고달아날、간(旱)趕同

赸 싼 [산]跳躍뛸、산(刪)

⿺走也 지 [지]走也달아날、지(支)

趚 쑤 [속]疾也빠를、속(沃)

趉 쥐 [굴]走貌달아날、굴(物)

⿺走才 재 [재]起去일어날、재(灰)

⿺走乞 치 [글]直行곧갈、글(質)

⿺走至 지 [질]碎也부술、질(質)

赹 징 [경]獨行貌혼자갈、경(庚)

四 ⿺走殳 투 [투]自投下떨어질、투(宥)

⿺走匝 짜 [잡]急走貌달음박질할、잡(合)

⿺走从 총 [종]急行빨리갈、종(冬)

趹 꿔 [결]踶也찰、결馬疾行貌말달려갈、결(屑)

⿺走匀 赵同

⿺走日 이 [율]遠走멀리달아날、율(質)

⿺走冘 탄 [탐]徘徊머뭇거릴、탐(感)

⿺走止 떼 [척]越也넘을、척(陌)

⿺走句 작 [구]足屈而不伸발꼬부라질、구(尤)

⿺走支 지 [기]猿之昇樹원숭이나무에오를、기(支)

⿺走亏 우 [오]東夷之舞동녘오랑캐、오(虞)

赾 진 [근]難也어려울、근(吻)

五 趄 쨔 [저]不進趑ㅣ머뭇거릴、저(魚)且通

趁 천 [진]逐也쫓을、진行不進ㅣ擅머뭇거릴、진(震)[전]踐也밟을、전(銑)蹍同

趂 천 [진]趁同、[진]驅ㅣ다다를、진(震)

超 찬 [초]越也躍過뛰어넘을、초又뛰어날、초過剩넘칠、초卓也높을、초(蕭)

越 웨 [월]過度넘을、월渡也건늘、월遠也멀、월超也뛸、월春

秋戰國時代國名나라이름、월(今浙江省地方) (月) 粤通 [활] 蒲席부들자리、활 瑟孔실구멍、활 (曷)

[走+朮]。 츄 [출] 走出달아나올、출 (質)

[走+去]• 솨 [솰] 走去달아나갈、솰 (曷)

趃 지 [절] 大走크게달아날、절 (屑)

[走+玉] 위 [옥] 跛足절뚝발、옥 (沃)

[走+同]。 융 [용] 急走급히달아날、용 (冬)

[走+白]• 同迫

趄 쥐 [거] 步也걸음、거 (語)

[走+犮] 빠 [발] 忙行바빠갈、발 (曷)

[走+玄]• 쏀 [현] 遠走멀리달아날、현 (先)

[走+石] 치 [척] 緩步천천히걸을、척 (錫)

[走+旦]。 단 [단] 直行곧장갈、단 (旱)

[走+比] 즈 [지] 渡涉淺瀨얕은여울건늘、지 (紙)

[走+立]• 시 [십] 走貌달아날、십 (緝)

[走+乍]。 쥐 [작] 忙走바삐달아날、작 (藥)

[走+世] 티 [체] 越也넘을、체 (霽)

[走+斥] 챠 [차] 留也머무를、차 (馬)

[走+句] 쥬 [구] 走而顧달아나며돌아볼、구 (虞)

趉 쥐 [굴] 卒起而走별안간달아날、굴 (物)

[走+丘] 큐 [구] 跛行절뚝거릴、구 (有)

六

趑。 츠 [자] 難行ㅣ趄머뭇거릴、자 (支)

趍。 趨俗字

趎 츄 [추] 人名南榮ㅣ사람의이름、추 (虞)

趒。 쟌 [조] 躍也뛸、조 越也넘을、조 (嘯)

趌。 쪄 [길] 怒走골나서달아날、길 (質)

趏 꽈 [활] 蒲席부들자리、활 (曷) 越同

趐 쎼 [혈] 進也나아갈、혈 衆鳥叢飛새떼로날、혈 (屑)

[走+并] 进同

[走+各]• 혀 [혁] 僵也、ㅣ蹉자빠질、혁 (陌)

[走+圭]• 지 [기] 擧足半步반걸음、기 (紙)

[走+有] 와 [유] 急走급히달아날、유 (宥)

[走+后] 후 [후] 蹇行절며갈、후 (宥)

[走+夷] 이 [의] 遠走멀리달아날、의 (微)

[走+劦] 셴 [험] 勇走날쌔게달아날、험 (豔)

[走+束] 지 [적] 側行足옆으로걷는발、적 (陌)

[走+舟] 작 [주] 佇立멀거니볼、주 (尤)

[走+合]。 허 [흡] 跛行절、흡 (洽)

[走+百] 배 [맥] 越也넘을、맥 (陌)

[走+亘] 웬 [원] 居處相換처소바꿀、원 (元)

趔 레 [렬] 趑也자저할、열 (屑)

七

[走+夋]。。 쥔 [준] 行速빨리걸을、준 (眞)

趙。。 쟌 [조] 春秋時代國名나라이름、조(今直隸省南部、山西省北部) 刺也찌를、조 趨也자주걸을、조 久也오랠、조 (篠)

趕• 同赶

[走+余] 두 [도] 伏地[走+甫]ㅣ땅에엎드러질、도 (虞)

[走+是]

七畫 走

쬬 [촉]局小貌趢ㅣ국축할、촉(沃) 趖• 좌 [좌]疾行빨리달아날、좌(歌) ⿺走君 윈 [운]亂也어지러울、운(吻) ⿺走告。 후 [혹]越也넘을、혹(屋) ⿺走求 칙 [구]違也어

굿날、구(尤) ⿺走里。 리 [해]欲走而留달아나다머물을、해(灰) ⿺走否 뿌 [부]僵也엎드러질、부(遇) ⿺走孚• 뿌 [부]速也속할、부(遇) ⿺走夾 샤 [삽]疾行빨리갈、삽

(洽) ⿺走希 시 [희]走貌달아날、희(微) ⿺走赤。 시 [확]急走급히달아날、확(陌) ⿺走谷• 훠 [혹]倒也거꾸러질、혹(屋) ⿺走尾 씨 [혁]獸走짐승달아날、혁(錫) ⿺走束

쏘 [속]走聲닫는소리、속(屋) ⿺走呈 녀 [녈]急行급히갈、열(月) ⿺走豆 혀 [후]趑趄자저할、후(有) ㊇ 趣• 취 [추]俗[취]指意뜻、취心向마음갈、취ㅣ味재

미、취疾也빠를、취(遇)[조]掌馬官ㅣ馬벼슬이름、추(有)[촉]催也재촉할、촉(洽)促同 趠。 탸 [조]五月風舶ㅣ오월바람、초超也뛸、초(效)[작]俗[탁]遠也멀、탁(覺)逴同 趢

루 [록]局小貌ㅣ趗국축할、녹(沃) ⿺走豖• 쬬 [족]小兒行趢ㅣ타달타달걸을、촉(沃) ⿺走易 티 [적]狂走趨ㅣ미쳐서달아날、적(錫) 趡。 웨 [유]動也움직일、유地名

땅이름、유(紙) ⿺走或 쒸 [혁]盜走몰래달아날、혁(職) 趟 청 [쟁]躍貌⿺走周ㅣ뛸、쟁(庚) ⿺走念 옘 [겸]俯首疾行머리숙이고달아날、겸(豔) 趞• 치 [척]側行옆

으로걸어갈、척(錫) 趛 인 [음]低頭疾行머리숙이고빨리갈、음(寢) 趜 쥐 [국]窮也궁구할、국(屋) ⿺走咅• 뿌 [복]僵也넘어질、복(職) ⿺走奄。 야 [압]急走급

히달아날、압(合) ⿺走困 균 [균]赴也다다를、균(吻) ⿺走東 둥 [동]狂走미쳐뛰어나갈、동(東) ⿺走夌 렁 [릉]越也넘을、능(蒸) ⿺走卑• 애 [비]小步자박자박걸을、

비(支) ⿺走肴 쑈 [효]走貌달아날、효(肴) ⿺走來 래 [래]到也이를、내(灰) ㊈ 趦• 趑俗字 趥。 쭈 [추]徒步行貌타달거릴、추蹴也찰、추(尤) ⿺走复

뿌 [복]小兒手據地行⿺走甫ㅣ어린아이길、복(屋) 趪• 황 [황]直走곧달아날、황(陽) ⿺走盾 츈 [준]逃也도망할、춘(眞) ⿺走曷。 제 [걸]怒走성내고달아날、걸(月) ⿺走重

죵[종]斜行비뚜루걸을、종(宋)
⿺走胃。윓[울]急遽行갑자기갈、울(物)
⿺走𡿺• 채[채]進行나갈、채(灰)
⿺走叜 삭[숙]脊曲未伸者곱사등이、숙(屋)
⿺走勇 융[용]勇行날쌔게갈、용(腫)
⿺走昜• 탕[탕]進也나갈、탕(陽)
⿺走俞。同踰
趧 듸[제]夷舞오랑캐춤、제(支)
⿺走臿 샤[삽]疾行빨리갈、삽(洽)
⿺走卒 취[탁]半步반걸음、탁(陌)
⿺走耑 월[불]正走바르게달아날、불(物)

十

趨。• 추[추]走也달아날、추捷步|蹌자박자박걸을、추(虞)
⿺走疾 찌[질]走遽빨리달아날、질(質)
⿺走寒。션[현]走貌달아날、현(元)
⿺走虒。츠[치]輕薄|儯경박할、치(支)
⿺走索 싀[색]僵也⿺走各|자빠질、색(陌)
⿺走晏 연[언]烟上升연기오를、언(阮)
⿺走豈• 깨[해]急走급히달아날、해(灰)
⿺走烏 우[오]輕走가볍게달아날、오(虞)
⿺走骨• 화[활]速走속히달아날、활(黠)
⿺走眞 뎐[전]猝走별안간달아날、전(先)
⿺走䍃 야[요]遠行멀리갈、요(蕭)
⿺走臭 슝[흉]疲行피곤히갈、흉(送)
⿺走差• ㅊ[치]僵也자빠질、치(支)
⿺走留 쎄[해]留也머물을、해(灰)

十一

⿺走參 찬[참]走貌달음질할、참(覃)
⿺走畢。삐[필]止行淸道警|길치울、필(質) 蹕同
⿺走覓 미[멱]狂走|⿺走昜미쳐달아날、멱(錫)
⿺走曼。만[문]行遲더디걸을、문(元)
⿺走票。• 퍞[표]輕行사뿐사뿐걸을、표(蕭)
⿺走焉 연[언]緩行천천히걸을、언(阮)
⿺走雀 져[저]斜進비뚜루갈、저(語)
⿺走巢 샾[초]競走다투어달아날、초(肴)
⿺走章• 쟝[장]勇行날쌔게걸을、장(陽)
⿺走鹿 루[록]走聲달는소리、녹(屋)
⿺走啇。지[적]正行바로걸을、적(陌)
⿺走宗 착[축]直也곧을、축(屋)
⿺走斬 잔[잠]疾騰빨리오를、잠(勘)

十二

趫。• 쟌[교]緣木善走輕|나무에잘오를、교健也건장할、교(蕭)
趭• 쟢[초]奔走貌달음질할、초(嘯)
趪• 황[횡]威武貌||위엄스러울、황走也달아날、황(陽)
⿺走覃 탄[담]走也、驅步⿺走參|몰아달릴、담(覃)
趬 쟌[교]行輕貌사뿐사뿐걸을、교(蕭)
⿺走尞 랸[료]脚長貌성큼성큼걸을、요(蕭)
趩。

치 [칙]行聲ㅣㅣ걷는소리、칙(職)

⿺走爲。와 [와]蹦踏주저할、와(歌)

⿺走肅 쑤 [숙]正走바로달아날、숙(屋)

⿺走厥 궤 [궐]挑起헤치고일어날、궐(月)

⿺走厤 리 [력]速行속히갈、역(錫)

⿺走幾。지 [기]遠走멀리달아날、기(微)

⿺走矞 쥐 [귤]狂走미쳐뛰어나갈、귤(質)

⿺走童 둥 [동]輕步사뿐사뿐걸을、동(董)

(十三)

⿺走亶。잔 [전]趁也다다를、전轉也구를、전(先)邅同

趮。잪 [조]疾也빠를、조太急뛸、조(號)躁同

⿺走蜀。쮸 [족]小兒行자박자박걸을、촉(沃)

⿺走睘 환 [원]疾行빨리갈、원(元)

⿺走僉 젼 [김]低首疾走고개숙이고빨리달아날、김(寑)

⿺走豦 쥐 [거]犯行범할、거(魚)

⿺走敫 쟌 [교]從也따를、교(嘯)

⿺走詹。젼 [점]疾走빨리달아날、점(琰)

⿺走辟 삐 [벽]遠走멀리달아날、벽(陌)

⿺走感 깐 [함]跳上뛰어오를、함(感)

(十四)

趯。티 [적]跳也ㅣㅣ뛸、적(錫)

⿺走與。위 [여]安行편안히걸을、여(魚)

⿺走矍。흭 [괵]脚長다리길、괵(陌)

(十五)

⿺走臱。벤 [변]猝走별안간달아날、변(先)

⿺走韱 졔 [길]斜進비뚜루갈、길(質)

⿺走夐 규 [귤]走意달아나랴고할、귤(質)

⿺走燄 옌 [염]疾走빨리달아날、염(琰)

⿺走賣。뚜 [독]獨行혼자갈、독(屋)

(十六)

⿺走憲 쎤 [헌]走意달아나랴할、헌(願)

⿺走歷 同⿺走厤

(十七)

⿺走霝 링 [령]犬走貌개달아날、영(青)

(十八)

⿺走雚。촨 [권]屈脊而走구부리고달아날、권(先)

⿺走翼 이 [익]擴手如翼而走손벌리고달아날、익(職)

⿺走瞿 쟉 [구]走顧달아나며돌아볼、구(虞)

(十九)

趲。쫜 [찬]散走흩어달아날、찬逼也쫓을、찬(旱)

(二十)

⿺走矍。꺼 [각]大步뚜벅뚜벅걸을、각(藥)

足部

足。쮸 [족]趾也발、족滿也흡족할、족行也疾ㅣ걸을、족(沃)[주]益也添物더할、주(遇)

(二)

⿰𧾷丩 쮜 [규]足行不正ㅣ蹊비틀거릴、규(宥)

⿰𧾷丁 띵 [정]脚細長跉ㅣ다리가늘고길、정(庚)

⿰𧾷卜 뿌 [부]走也달아날、부(遇)

(三)

⿰𧾷叉 차 [차]岐道갈린길、차踏也밟을、차(禡)

⿰𧾷凡。싸 [삽]歛

膝坐꿇어앉을、삽(緝) 趶 꽈 [우] 踞也걸터앉을、우(虞) 趵 박 [박] 蹴聲차는소리、박 [작] 足齊발나란할、작(覺) 趕。깐 [간] 脛骨정강이뼈、간(翰) ㊃

趾。쯔 [지] 足也발、지止也그칠、지基ㅣ터、지(紙) 趺。뿌 [부] 佛坐跏ㅣ도사리고앉을、부(虞) 跗同 趻 천 [참] 一足行ㅣ踔앙감질할、참(寢) 趹。꿰

[결] 馬行貌말갈、결(屑) 趿。싸 [삽] 進足有所擷取발로긁어다릴、삽(合) 䟜 뚠 [둔] ㅣ坐쪼구리고앉을、둔(眞) 跀。웨 [월] 斷足발벨、월(月) 跁 빠 [파] 短

人ㅣ踦난장이、파(禡) 𧿳。누 [눌] 足傷발상할、눌(月) 𧿲 뿨 [발] 行貌걸을、발(曷) [비] 義同(未) 䟘 깡 [항] 伸脛다리뻗을、항(養) 跃 후 [호] 雙膝著地두

무릎꿇을、호(遇) 趽。빵 [방] 曲足쥐암발、방跗骨之一발목뼈、방(陽) 䟗 시 [시] 躕躇주저할、시(紙) 䟙 치 [절] 失足헛디딜、절(屑) 䟤。와 [와] 跛

足절뚝발이、와(歌) 䟓。웬 [완] 踞也걸터앉을、완(寒) 䟑 뿐 [분] 失足실족할、분(文) 䟐 쎄 [혜] 跡也자취、혜(齊) 跂。씨 [기] 足多指육발이、기蟲行벌

레길、기(支) 蚑通、垂足坐걸터앉을、기(紙) 擧足望발저겨디딜、기(寘) 企同 䟕 즈 [지] 却行뒤로나설、지(支) ㊄ 䟩 라 [라] 佇立가다가설、나(馬) 䟭

민 [민] 獸蹄굽、민(軫) 距。쮜 [거] 經也相ㅣ지날、거至也이를、거鷄ㅣ며느리발톱、거(語) 跔。쮜 [구] 跳躍跿ㅣ뛸、구凍足不伸발곱을、구(虞) 跗。뿌 [부] 足

背발등、부(虞) 跇。이 [예] 渡也、超踰뛰어넘을、예(霽) 跆。태 [태] 蹋也밟을、태(灰) 跚 싼 [산] 跛行蹣ㅣ절뚝거릴、산(寒) 散通 跈 산 [전] 踐也밟을、전(銑)

蹍同 跑 퐈 [포] 蹴也足ㅣ地허빌、포(肴) 跎。뛰 [타] 不遇蹉ㅣ시기잃을、타又미끄러질、타(歌) 䟠 跎同 跏。쨔 [가] 屈曲坐ㅣ趺도사리고앉을、가(麻)

踇 뭐 [무] 行貌걸음、무足大指엄지발가락、무(有) 䟷 쀼 [불] 跳也急行貌뛰어달아날、불(物) 跋。빠 [발] 水草行ㅣ涉걸을、발(山野行曰ㅣ水中行曰涉)足後

발뒤꿈치、발踐也躐也밟을、발書末文글、발曷 䟦 同跋 跌。데 [뎔]俗[질]蹶也蹉ㅣ미끄러질、질又어긋날、질屑 跖。찌 [척]足下발바닥、척履踐밟을、

척人名盜ㅣ도척、척(古代大盜賊)陌 跅。치 [척]無檢局ㅣ弛놓아먹을、척陌 跕。뎨 [접]墮貌ㅣㅣ미끄러질、접曳履신끌、접葉 ⿰足瓜 꽈 [과]足理文발금、

과麻 ⿱尚足 칭 [쟁]正也바를、쟁庚 跓 쮸 [주]停足발머물、주虞 ⿰足田 뎐 [전]踏地聲땅밟는소리、전先 ⿰足必 삐 [별]足擊찰、별屑 ⿰足尤。취 [츌]獸

足跡짐승의발자국、출質 ⿰足甲 쟈 [갑]步行聲걸음소리、갑洽 跍。꾸 [고]蹲也걸터앉을、고虞 跙。쮜 [저]行不進머뭇거릴、저語 跜 늬 [니]龍

動貌ㅣ蚪꿈틀거릴、이支 跒。커 [가]跁也난장이、가馬 ⿰足丘 작 [子]步行걸을、구宥 跐。츠 [자]蹈也履也밟을、자紙 跘 빤 [판]跏也도사리고앉

을、판旱 跛。삐 [파]足編廢절뚝발이、파哿 [피]仄立기우려설、피寘 ⑥ 跫 쿵 [공]足音蹋聲발자취소리、공冬 [강]俗[샹]江 跠 이 [이]距也걸터앉

을、이支 夷同 跪 꿰 [궤]拜ㅣ兩膝隱地꿇어앉을、궤紙 跱 찌 [치]不前ㅣ躇머뭇거릴、치具也갖출、치紙 峙同 路。루 [로]道也길、노大也클、노車名수

레이름、노遇 輅通 跟 끈 [근]足踵발뒤꿈치、근元 跧 촨 [잔]伏也엎드러질、잔蹴也찰、잔刪 [전]義同先 跣。쎈 [선]徒足履地맨발로다닐、선旋行貌蹁ㅣ돌

아다닐、선銑 踐通 趼 옌 [견]胝也皮起如繭발부르틀、견銑 跳。댶 [도]躍也蹶也뛸、도蕭 越也건늘、도嘯 趒同 跨。콰 [과]騎也걸터앉을、과越也넘을、과

禡 不進踦ㅣ머뭇거릴、파遇 跡。찌 [적]步處前人所留발자국、적陌 迹蹟同 跲。쟈 [겁]躓也엎드러질、겁葉 跮 찌 [희]疾走互前卻ㅣ踱아금막기할、희寘

跭 쌍 [강]竪立ㅣ𨇓우뚝설、강江 ⿰足叕 쉬 [약]足下文발금、약藥 ⿰足伏 부 [복]屈手足伏地꿇어엎드릴、복屋 跦。쮸 [주]跳行貌강중-강장뛸、주虞

跤 쟈 [교] 脛也종아리、교(肴)
跢 뒤 [대] 小兒行어린아이걸음、대(箇)
⿰足匡 꽝 [광] 急行급히갈、광(陽)
跬。 궤 [규] 半步반걸음、규(紙)
⿰足亥 해 [해] 急行급히갈、해(隊)
⿰足吉。 지 [길] 步行걸을、길(質)
⿰足同 둥 [동] 走貌달아날、동(東)
⿰足聿 뤼 [률] 後退ㅣ⿰足夾뒷걸음칠、율(月)
⿰足曳 씨 [세] 踰也넘을、세(霽)
跰 同跰
⿰足丞 청 [증] 長足긴발、증(迥)
⿰足在 재 [재] 行步遲걸음더딜、재(賄)
⿰足行 깐 [함] 步貌걸을、함(咸)

七

踊。 융 [용] 跳也哀至辟ㅣ뛸、용 刖足屨ㅣ貴끌신、용(腫) 踴通
跽。 지 [기] 兩膝着地長跪꿇어앉을、기(紙)
踈 疏俗字非
⿰足走 두 [도] 跳也ㅣ跔뛸、도(虞)
踆 쥔 [준] 止也그칠、준 伏也엎드릴、준 退也물릴、준(眞) ⿺走夋踆蹲通
踉 랑 [랑] 勇躍跳ㅣ뛸、양 行不迅천천히걸을、양(漾) [랑] 急行ㅣ蹌급히걸을、낭(陽)
踁。 씽 [형] 俗 [경] 脚也다리、경 胻也종아리、경(迥) 脛同
⿰足局 쮜 [국] 不伸踡ㅣ허리굽히고걸을、국 曲也굽을、국(沃) 局通
踂 녜 [녑] 俗 [섭] 兩足不相過두발오그러붙을、섭(葉)
⿰足武。 우 [부] 跡也발자국、부(麌)
⿰足余 두 [도] 不履맨발、도(遇)
踶 이 [예] 一足行앙감질할、예(霽)
踃。 쌰 [소] 動也跳ㅣ움직일、소(蕭)
⿰足貝 패 [패] 踏也밟을、괘(泰) 狽同
蹮 센 [선] 靜行조용히갈、선(霰)
⿰足足 쥬 [족] 謹也삼갈、족(屋)
⿰足弟 디 [제] 踏也밟을、제(霽)
⿰足旱 한 [한] 偏足立외발로설、한(旱)
⿰足辛。 신 [선] 步也걸을、선(先)
⿰足延 同蹮
⿰足辰 천 [진] 動力就事일할、진(震)
⿰足更。 형 [항] 獸迹짐승의발자취、항(陽)
⿰足求。 추 [구] 踏也밟을、구(尤)
⿰足坐 줘 [좌] 詐拜거짓절할、좌(箇)
⿰足斯。 졔 [체] 踰也넘을、체(霽)
⿰足幷 지 [기] 曲脛굽은종아리、기(支)
⿰足今 신 [심] 蹄蹟之停水짐승의발자국에괴인물、심(侵)
⿰足寽。 례 [렬] 踰也넘을、열(屑)
⿰足豆 두 [두] 跌足미끄러질、두(尤)
⿰足每。 무 [무] 行貌걸을、무(有)
⿰足見。 옌 [언] 行步不正貌걸음바르지못할、언(霰)
⿰足呈 뎡 [정] 里數잇수、정(庚)
⿰足甫

푸[포]馬蹄痕말굽자국、포(虞) **䟻** 예[열]踏楚가시밟을、열(屑) **䟸** 드[절]足長발길、절(屑)

⑧

踏 타[답]踐也밟을、답(合) 蹋同 **跔** 칙

[지]不進ㅣ躕머뭇거릴、지(支) **踦** 치[기]跛也절뚝발이、기(支) **踑** 치[기]長踞ㅣ踞걸터앉을、기(支) **踓** 웨[유]狂走貌미쳐서달아날、유(紙) **䠊** 얘

[비]刖足발꿈치벨、비(未) **踞** 쥐[거]蹲也걸터앉을、거(御) **踠** 웬[원]屈也굽힐、踠馬跌말넘어질、원(阮) **跰** 同胼 **踡** 촨[권]不伸ㅣ跼허리굽힐、권(先)

踐 쟨[천]蹋也履也밟을、천(銑) **踔** 챡[초]踰也넘을、초(效) [착]俗[탁]卓立高遠우뚝설、탁行貌踔ㅣ앙감질、탁(覺) **踒** 워[와]足

跌미끄러질、와(歌) [위]折足발접칠、위(支) 踠通 **踝** 과[과]足骨跟也복사뼈、과(馬) **踣** 뻐[부]僵也엎드러질、부偃也쓰러질、부(宥) 仆同[복]義同 **踘** 쥐

[국]毬戲蹴ㅣ제기찰、국(屋) 鞠同 **踧** 쥬[축]行敬謹ㅣ踖조심하여걸을、축(屋) 蹙通[척]行平易ㅣㅣ편편할、척(錫) **踤** 추[졸]蹴也찰、졸蹋也밟을、졸(質)

踖 쪄[적]行敬謹踧ㅣ조심하여걸을、적躐也뛸、적(陌) **踢** 틔[척]以足蹴物찰、척驚動貌깜짝놀랄、척(錫) **踥** 쳬[첩]行貌ㅣ蹀저벅저벅걸을、첩往來貌

ㅣㅣ오락가락할、첩(葉) **踭** 쟁[쟁]足痕발자국、쟁(江) **踆** 蹝古字 **𨂔** 쿤[곤]瘃足얼어터진발、곤跡也자취、곤(阮) **踕** 쳬[첩]足疾발잴、첩(葉)

𨂊 앤[염]疾行ㅣㅣ빨리걸을、염(琰) **䞾** 야[아]岐路갈랜길、아(麻) **跻** 뷰[부]跗骨之一발목뼈、부(虞) **踪** 同蹤 **𨃃** 跗俗字 **𨂥** 창

[창]踞也걸터앉을、창(養) **𨁲** 레[례]跛行절、예(霽) **䟶** 쥐[구]跔也손발곱을、구(虞) **𨁿** 뎬[전]迹也자국、전(銑) **踗** 녀[념]輕步삽붓삽붓걸을、념(葉)

䟣 데[득]急行貌빨리갈、득(職) **跙** 뎌[저]馬足病말발병、저(語) **𨃅** 야[압]跛足절뚝발이、압(合) **𨂴** 챵[장]跪也꿇어앉을、장(陽) **踚** 륜[륜]勇

步날래게걸을、윤(眞)
⿰足屈 쥴 [굴]力也힘、굴(物)
踛 륙 [륙]跳也뛸、육(屋)
踜 릉 [릉]留也머물、능(蒸)
⿰足官 관 [관]逃也도망할、관(翰)
跱 지 [치]難進가기어려울、치(紙)
(九)
踶 뎨 [제]踢也찰、제(霽)獸足굽、제(齊)蹄同
踵 죵 [종]足跟발뒤꿈치、종接也접할、종因也인할、종(腫)
踰 위 [유]越也넘을、유(虞)逾同
踴 踊俗字
踽 쮜 [구]俗[우]獨行貌ㅣㅣ혼자갈、우(麌)
踳 츈 [준]相舛ㅣ駮어그러질、준雜也잡될、준(軫)
蹁 편 [편]旋行ㅣ蹮돌쳐갈、편足不正잘름거릴、편(先)
踼 탕 [탕]逸也跌ㅣ미끄러질、탕(漾)
蹂 쓔 [유]踐也履也밟을、유ㅣ黍쌀씻을、유(尤)(有)(宥)
踸 趻同
蹀 데 [접]行貌ㅣ躞저벅저벅걸을、접履也밟을、접(葉)
踹 돤 [단]ㅣ足발구를、단足跟발꿈치、단(寒)
踷 어 [야]小兒始行貌⿰足容ㅣ타달타달걸을、야(馬)
⿰足昊 착 [규]行不正跬ㅣ비틀거릴、규(宥)
踱 뙥 [탁]跣足踢地맨발로걸을、탁乍卻跮ㅣ어금막기할、탁(藥)
⿰足奎 퀴 [규]開足발벌릴、규(齊)
蹅 쟈 [사]履也밟을、사(麻)
蹄 듸 [제]獸足굽、제取魚兎器筌ㅣ토끼그물、제(齊)
⿰足叚 샤 [하]足跡발자국、하(麻)
⿰足屋 어 [악]迫也급할、악(覺)
⿰足盾 遯同
⿰足致 지 [치]踏也밟을、치(寘)
⿰足癸 꿰 [기]脛肉정강이살、기(寘)
⿰足者 따 [다]斜行비스듬히갈、다(馬)
⿰足彖 뎐 [천]正步단정하게걸을、천(霰)
踺 젼 [건]行步速걸음속할、건(願)
踻 궈 [과]足理발금、과(麻)
⿰足胡 후 [호]屈膝무릎굽힐、호(虞)
⿰足發 빠 [발]踏草풀밟을、발(曷)
⿰足彥 안 [안]迹也자취、안(潸)
⿰足序 퉈 [탁]緩也늘어질、탁(藥)
⿰足柴 채 [채]急行급히갈、채(灰)
⿰足毒 뚜 [독]不正行비뚜루갈、독(沃)
⿰足便 뻔 [변]遠行멀리갈、변(先)
⿰足軍 훈 [혼]步行걸을、혼(願)
踾 뷰 [복]聚也모을、복(屋)
踿 츄 [죽]近也가까울、죽(屋)
⿰足屏 뼝 [병]急行급히갈、병(靑)
⿰足怱 츙 [총]遽行바삐갈、총(東)
⿰足臿 샤 [삽]足動발움직일、

삽(洽)

蹆 퇴 [탑]涉也건늘、탁(藥)

十

蹊 씨 [혜]徑路穿徑지름길、혜(齊)蹊同

蹏 同蹄

蹇• 젼 [건]跛也절、건又절뚝발이、건盡忠義ㅣㅣ충성다할、건拔也빼、전停也머물을、건(銑)

𨂿 판 [반]屈足굽장발、반(寒)

蹍 넨 [전]足踏履밟을、전(銑)跈同

蹈° 땋 [도]踐也밟을、도舞ㅣ춤출、도(號)

蹉• 취 [차]失時ㅣ跎미끄러질、차過也지날、차(歌)(箇)

蹎 뎐 [전]仆也엎드러질、전跋也뛸、전(先)

蹌° 창 [창]趨也추창할、창舞貌ㅣㅣ춤너풀거려출、창(陽)

䠙 팡 [방]急行踉ㅣ달음박질할、방(陽)

蹐• 쪄 [척]小步累足발소리없이걸을、척(陌)

蹋 同踏

䠛 야 [요]跳也뛸、요(蕭)

𨃮 와 [와]踏地用力ㅣ踏힘써디딜、와(禡)

踏 따 [탑]跳也뛸、탑(合)

蹅 차 [다]難進而立가다가설、다(麻)

䠗 칙 [축]肥足살찐발、축(屋)

𨄌 同跨

𨅝 웨 [괘]跛也절뚝발이、폐(齊)

𨆑 칙 [주]獸足짐승의발、추(尤)

𨅖 싸 [살]不正行비뚜루갈、살(曷)

䠆 산 [소]跳也뛸、소(號)

𨃹° 꾜 [교]脛也종아리、교(肴)

十一

蹖 츙 [용]蹋也밟을、용(冬)

蹤• 쭁 [종]跡也자취、종人行處ㅣ跡간곳、종(冬)踪同

蹛°• 대 [대]北漢地名땅이름、대踶也밟을、대(泰)

蹣 만 [반]跛行貌ㅣ跚절뚝거릴、반[만]踰也넘을、만(寒)

蹡 쟝 [장]行貌ㅣㅣ종종걸음칠、장(陽)

蹔 同暫

蹙°• 츄 [축]迫也쭈구러질、축愁貌顰ㅣ찡그릴、축(屋)顣同

蹜• 쓕 [숙]俗[축]擧足曳踵발끌어디딜、축(屋)

䠟 同躅

蹕 삐 [필]清道止行警ㅣ길치울、필(質)趩同

蹟°° 지 [적]前事行ㅣ사적、적跡也자취、적(陌)迹同

蹠• 쪄 [척]履也밟을、척足下발바닥、척(陌)跖同

蹢 쪄 [척]跳貌ㅣ躅깡창뛸、척(陌)躑同[적]蹏也굽、적(錫)

𨇀 데 [첩]小步ㅣ足지어걸을、첩(葉)

蹝• 싀 [사]徐也천천히걸을、사(紙)

𨇈 뭉 [몽]疲行貌ㅣ𧿹다리질질끌、몽(送)

蹞 同跬

𨇖 同𨆌

𨇘 同蹙

𨇦° 쥐 [구]跛行절、구

(虞) 蹗 루 [록] 疾走 빨리달아날、녹(屋) ⿰足梁 량 [량] 走也 달아날、양(陽) 蹘。 랴 [료] 遠走 멀리달아날、요(肴) ⿰足祭 쳬 [철] 疾行 빨리갈、철(屑) ⿰足屚 루 [루] 輕踏 사뿟밟을、누(宥) ⿰足基 지 [기] 本也 근본、기(支) ⿰足票 표 [표] 輕行 사뿟사뿟갈、표(蕭) ⿰足巢 소 [소] 行捷 걸음빠를、소(肴) 蹚。 탕 [당] 跛也 미끄러질、당(陽) ⿰足專· 잔 [전] 踵也 발뒤꿈치、전(銑) ⿰足虘 자 [자] 跫音 발자국소리、자(歌) ⿰足族 주 [족] 足曲 발굽으러질、족(屋) 蹥。 련 [련] 踵也 발뒤꿈치、연(先)

⿰足康 강 [강] 散走 흩어져달아날、강(漾)

十二

蹰 躕俗字 蹶。 궤 [궤] 動也 움직일、궤 行遽 급히걸을、궤(霽) [궐] 僵也 쓰러질、궐 跌也 미끄러질、궐 拔也 뺄、궐 跳也 뛸、궐(月) 蹸 린 [린] 車践 수레에밟힐、인(震) 躪轔同 蹲。 쥰 [준] 踞也 걸터앉을、준 聚也 모을、준 舞貌 ㅣㅣ 춤움직거려출、준(元) 蹯 반 [번] 獸足掌 짐승의발바닥、번(元) 躚 션 [선] 旋行貌 蹁ㅣ 돌쳐갈、선 舞貌 蹁ㅣ 춤너풀너풀출、선 蹣跚 절뚝거릴、선(先) 蹭。 청 [층] 失路貌 어정거릴、층(徑) 蹻。 쟈 [교] 一擧足 발저겨디딜、교 武貌 ㅣㅣ 날쌜、교 剛直 강직할、교(篠) [갹] 草履 짚신、갹 驕貌 교만할、갹(藥) [교] 企也 바랄、교(蕭) 蹺同 蹺· 챠 [교] 擧足企也 발저겨디딜、교(蕭) 蹻同 蹬 뗭 [등] 失勢貌 어정거릴、등 履也 밟을、등(徑) 蹴。 츄 [축] 躡也 踏也 찰、축 밟을、축(屋) 蹵同 蹳 뿨 [발] 足拔物 찰、발(曷) 蹩。 뼤 [별] 跛也 절뚝발이、별 踶也 밟을、별(屑) 蹹· 踏同 ⿰足徹 轍同 ⿰足間 탄 [담] 以足踏地而歌 발장단맞추며노래할、담(感) 蹼· 뿌 [복] 鳧足 오리발、복(屋) 躄 蹶同 蹪 줴 [퇴] 仆也 엎더질、퇴(灰) ⿰足巽。 션 [선] 買獸足網 올무、선(霰) ⿰足單 타 [타] 小兒行態 ㅣ아장 아장걸을、타(哿) 蹵 蹴同 ⿰足敫 蹩同 ⿰足啻。 蹢古字 躇 쥬 [저] 踟ㅣ 머뭇거릴、저(魚) 蹨 안 [연] 逐也 쫓을、연(銑) 蹜 쏴 [소] 正行 단정히갈、소(嘯) 蹫· 쥐 [귤] 狂走 미쳐달아날、귤(質) ⿰足最

쬐 [최]忙行바삐갈、최(泰)

躝 란 [람]急行바삐갈、남(覃)

蹹 따 [답]跨也걸터앉을、답(合)

䠎° 자 [잡]留止머물、잡(合)

𨇝 同䠎

蹱 즁 [종]小兒行步어린애걸을、종(冬)

趩 틔 [척]步行聲걷는소리、척(職)

十三

躇•° 츄 [저]住足躕ㅣ머뭇거릴、저(魚) [착]超也不次건너뛸、착(藥)

躁• 쪼 [조]ㅣ急조급할、조 又성미급할、조 動也움직일、조 不安靜바시댈、조 急進疾也빠를、조(號)

𨇀° 잔 [점]馬急行말달려갈、점(豔)

躅•° 쮸 [족]跡也자취、촉 行貌躑ㅣ강동강동뛸、촉 花名躑ㅣ철쭉꽃、촉(沃)

躄• 삐 [벽]坐客앉은뱅이、벽(陌)

𨇽 챠 [규]蹄也말굽、규(嘯)

蹞° 同蹯

躆 쮜 [거]手據也짚을、거 動作僑ㅣ꿈적거릴、거(御)

躃 同躄

𨇤 쮸 [조]馬蹄痛病말저름날、조(語)

𨇌• 同躐

𨇾° 뛰 [탁]跣足맨발、탁(藥)

躉 둔 [돈]解舟종선、돈(阮)

𨇂 덴 [전]移也옮길、전(銑)

𨆪 사 [삽]獨行홀로갈、삽(合)

𨆝• 진 [금]坐也앉을、금(侵)

躂 따 [달]跌也미끄러질、달(曷)

𨆌 지 [기]擧足발들、기(紙)

蹮° 젼 [견]疾跳빨리뛸、견(霰)

𨇁 평 [팽]踏地聲땅밟는소리、팽(敬)

𨇃 괘 [괘]小便오줌、괘(隊)

蹶 져 [적]踐害밟아해할、적(職)

十四

躋•° 지 [제]登也升也오를、제(齊) 隮同

䡖 칭 [경]一足行앙감질할、경(徑)

躊• 챡 [주]進退ㅣ躇머뭇거릴、주(尤)

躍•° 워 [약]跳也進也뛸、약(藥)

𨇽 취 [착]行疾걸음빠를、착(覺)

𨇁 同蹼

躖° 똰 [단]踐處발자국、단(翰)

𨇅 변 [변]行不正걸음바르지않을、변(先)

𨆵 주 [주]醉倒취하여넘어질、주(宥)

躎 녠 [년]踏也밟을、연(銑)

𨇸 同跛

𨆰 同踏

十五

躓•° 찌 [지]頓也쓰러질、지 又너머질、지 路也밟을、지(寘) 疐同

𨆷 찌 [지]躓同、礙也거리낄、지(寘) 疐同

躔° 찬 [전]日運行해질、전 星次별자리、전 踐也밟을、전(先)

𨇦 광 [광]路曠遠길넓고멀、광(漾)

躐• 례 [렵]踐也밟을、엽 踰也ㅣ等넘을、엽 又뛸、엽(葉)

躒。릭 [력]動也움직일、역(錫)
躑。쳑 [척]跢貌ㅣ躅머뭇거릴、척花名ㅣ躅철쭉꽃、척(陌)
躕 츄 [주]不進踟ㅣ머뭇거릴、주(虞)
⿰⻊厲 리 [려]跛行절뚝거릴、뇌(泰)
⿰⻊暴 봐 [포]行貌갈、포(號)
⿰⻊憂 약 [요]足動발움직일、요(篠)

(十六)

躛。웨 [위]衛也호위할、위謬也不信거짓、위過也잘못할、위(霽) [홰]義同(卦)
躙。린 [린]車踐짓밟힐、인(震)
躚。同蹮
躃 셰 [선]旋行躄ㅣ돌쳐설、선(霰)
躠。싸 [설]躃同(屑) [살]行貌跋ㅣ돌쳐갈、살(曷)
⿰⻊歷 리 [력]足所經踐지날、역(錫)
躘 룽 [룡]小兒步行어린애걸음、용(冬)
⿰⻊賴 례 [래]跛足절뚝발이、내(泰)
⿱龍足 룽 [롱]步行貌걸음새、농(東)

(十七)

躝。란 [란]踰也넘을、난(寒)
⿰⻊鮮。셴 [선]病不能行跰ㅣ비척비척할、선(先)蹮同
躞。셰 [섭]書畫軸心玉ㅣ족자마구리、섭行貌蹀ㅣ저벅저벅걸을、섭(葉)
躟。상 [양]行遽距ㅣ바삐걸을、양(陽)
⿰⻊蹇 蹇俗字
⿰⻊韱。찬 [참]步行貌걸음새、참(陷)
⿰⻊閻 탄 [탐]跕足而望넘어다볼、탐(豏)
⿰⻊毚 싼 [삼]疾步빨리걸을、삼(江)

(十八)

躤 쪄 [적]踐也蹈ㅣ밟을、적(陌)
躡。녜 [녑]俗[섭]蹈也밟을、섭著履신신을、섭登也오를、섭(葉)
躢 同踏
⿰⻊雙 쌍 [쌍]竦立跭ㅣ곱송거리고설、쌍(江)
⿰⻊雚 환 [권]曲脊行등구부리고걸을、권(先)
躣 쥐 [구]行貌꿈틀꿈틀할、구(虞)
⿰⻊臱 同⿰⻊旁
躖 同⿰⻊㡭

(十九)

躧。쓰 [새]小履無跟끌신、새(蟹) [사]徐行貌천천히걸을、사(紙)
⿰⻊䜌 렌 [련]足病발병、연(先)
⿰⻊羅 라 [라]失道길잃을、나(箇)

(二十)

躩。쥐 [각]屈足발굽힐、각(藥)
躪 同躙
躨 지 [기]虯龍動貌꿈틀거릴、기(支)

(二十一)

⿰⻊屬。同躅
⿰⻊戚 쥬 [죽]急也급할、죽(屋)

(二十二)

⿰⻊疊 데 [쳡]走聲달아나는소리、첩(葉)

身部

身。썬 [신]躬也몸、신懷孕有ㅣ아이밸、신己也몸소、신又나、신給符告ㅣ측지、신又교지、신(眞)娠通

(三)

躬 궁 [궁]身也몸、

궁親也몸소、궁(眞)躬同 ⿰身小 롱 [롱]身也몸、농(蒸) **四** ⿰身比 피 [비]體柔⿰身夸ㅣ몸부드러울、비(支) 躭 耽俗字 ⿰身支 시 [설]使也부릴、설(屑)

五 ⿰身匀 궁 [궁]恭貌공순할、궁(東) 躰 體俗字 ⿰身夫 射同 ⿰身主 쥬 [주]身直貌몸꼿꼿할、주(寘) ⿰身立 친 [친]身端몸단정할、친(吻) ⿰身付 부 [부]著衣옷입을、부(遇)

⿰身丘 軀俗字 ⿰身犮 빠 [발]走也달아날、발(曷) ⿰身只 ⿰月只同 ⿰身出 친 [친]走貌달아나는모양、친(眞) ⿰身中 츙 [총]身直몸곧을、총(冬)

六 躱 뚸 [타]避也피할、타(哿) ⿰身夸 콰 [과]體柔ㅣ⿰身比몸부드러울、과(麻) ⿰身向 쌍 [향]仰向쳐다볼、향(漾) ⿰身同 퉁 [동]身不端⿰身龍ㅣ몸단정하지못할、동(董)

⿰身兆 탄 [조]體長몸길、조(嘯) ⿰身亥 駭俗字 **七** 躳 躬同 躴 랑 [랑]身長ㅣ躿키클、양(陽) ⿰身廷 팅 [편]身長直몸길고클、편(銑)

八 ⿰身穹 츙 [궁]曲躬몸구부릴、궁使役부릴、궁(送) 躶 裸同 ⿰身奇 치 [기]身也몸、기隻也외짝、기(支) ⿰身委 矮同 躹 쥐 [국]曲躬몸굽힐、국(屋)

九 躽 연 [언]曲身몸굽힐、언怒腹ㅣ體성난배、언(阮) ⿰身兪 쉬 [수]著衣⿰身付ㅣ옷입을、수(遇) ⿰身重 죵 [종]孕也아이밸、종(宋) ⿰身段 쌰 [하]屈身몸굽힐、하(麻)

⿰身皇 황 [황]鐘聲종소리、황(陽) **十** ⿰身豈 깨 [해]身長몸길、해(灰) ⿰身弱 탕 [탕]弱也약할、탕(養) **十一** 軀 취 [구]四體몸、구又몸동이、구(虞)

躿 캉 [강]身長躴ㅣ키클、강(陽) ⿰身國 귀 [괵]裸身맨몸、괵(陌) **十二** 軃 퉈 [타]廣厚넓고두려울、타垂下드릴、타(哿) 軂 랖 [로]身長몸길、노(號)

軄 職俗字 **十三** 軆 體俗字 ⿰身亶 젼 [전]裸身맨몸、전(銑) ⿰身詹 딴 [담]好也좋아할、담(覃) **十四** ⿰身監 란 [람]身長貌ㅣ軁키클、남(覃)

⿰身寧 넝 [녕]垢也때、영(迥) 軇 또 [도]身長몸길、도(號) **十六** ⿰身歷 릭 [력]裸身맨몸、역(錫) ⿰身龍 룽 [롱]身不端ㅣ⿰身同몸단정하지못

할、농(董) (十七)軈。[回]待暫時잠시기다릴、응 (十八)軇 찬 [참]身長艦ㅣ키클、참(咸) (二十)軉 위 [옥]寶也보배、옥(沃)

車部

車。여 [거]輅也수레、거回轉輪之總稱바퀴、거綱名覆ㅣ그물、거齒根잇몸、거(魚) [차]義同、姓也성、차(麻)

(一) 軋。야 [알]勢相傾아슬、알又불화할、알又다툴、알車輾수레삐걱거릴、알無涯際軼ㅣ편할、알(黠)

(二) 軌。궤 [궤]車軸兩轍間굴대、궤法也법、궤循也좇을、궤(紙)

軍。진 [군]兵隊군사、군又병정、군戰爭싸울、군師所駐진칠、군(文)

⿰車巳 반 [범]車軾前차앞턱나무、범(鑑) 軓同

⿰車丁 딩 [정]停車수레머물、정(青)

⿰車力 릭 [력]彩也채색、일(質)

(三) 軔 신 [인]礙車止輪木바퀴괴임나무、인八尺長여덟자길이、인(震)

軒。쎤 [헌]大夫車초헌、헌擧也들、헌檐宇추녀끝、헌笑貌ㅣ渠껄껄웃을、헌自得貌ㅣㅣ주적댈、헌欄板ㅣ檻툇마루、헌樂設ㅣ縣풍류틀、헌(元)肉膾麤切고기굵게저밀、헌(願)

軓 ⿰車巳同

軏。웨 [월]車轅耑持衡木멍에막이、월(月)

軎 쉐 [세]車軸頭굴대끝、세(霽)

⿰車工 釭俗字

⿰車川 쥰 [준]下棺車하관차、준(眞)

軑。듸 [대]輨也바퀴통감기쇠、대(寘)

軓 션 [선]車跡수레자국、선(霰)

⿰車斗 작 [주]車後수레뒤、구(尤)

(四) 軖 광 [광]紡車물레、광一輪車외바퀴수레、광(陽)

軝。치 [기]車轂之旁出者수레굴통대、기(支)

軘 둔 [돈]兵車싸움수레、돈(元)

⿰車反。빤 [반]車耳反出수레휘장、반(阮)

軟。완 [연]柔也부드러울、연又연할、연水에鑛物質이섞이지아니한것「ㄱ水」(銑)

⿰車厶 흥 [굉]車聲수렛소리、굉(蒸)

較。較同

軛。어 [액]轅耑横木駕馬領者멍에、액(陌) 軶同

転 轉略字

軜。나 [납]驂馬內轡속고삐、납(合)

軞 맏 [모]君王所乘ㅣ車임금타시는수레、모(豪)

⿰車心 신 [심]車軥心木수레심대、심(侵)

軗。삭 [수]車引수레끌、수(虞)

⿰車亢 항 [강]軌也수레바탕길、강(漾)

⿰車月

워[월]釭也바퀴통쇠、월(月)

⿰車巴 빠[파]軍車군사수레、파(麻)

⿰車壬 인[님]紡車물레、임(侵)

軡 진[금]新車새수레、금(侵)

⿰車尹 션[현]車蓋骨수레뚜껑살、현(銑)

⿰車夫 뷰[부]轄也바퀴비녀장、부(麌)

(五)

軹 쯔[지]轂末轊頭굴대끝、지縣名고을이름、지(紙)

軱 꾸[고]大骨큰뼈、고(虞)

軥 꾸[구]車軛兩邊叉馬頸者멍에、구(虞)ㅣ牛소멍에、구夏后車名하후씨수레、구(尤)

軴 쮸[주]車止수레머무를、주(遇)

軧 듸[저]大車後수레뒷채、저(齊)

⿱北車 輩俗字

軫 쪈[진]車後橫木수레뒤턱나무、진動轉구를、진地形盤曲貌길구불텅구불텅할、진二十八宿名별이름、진(軫)

軺 됴[초]小車展望車유람차、초(蕭)

軻 커[가]不遇轗ㅣ때못만날、가車軸차축、가孟子名맹자이름、가(歌)(哿)

軨 링[령]獵車사냥하는수레、령車欄수레난간、령獸名ㅣㅣ짐승의이름、령(青)

軸 쮹[축]車輪中心木굴대、축又장축、축中心樞要중요할、축織具杼ㅣ바디집、축書帙卷ㅣ질책、축又축、축病也앓을、축[物理]物體가一直線上에回轉할때그直線又는그것에相當한假設의線「地ㅣ」[數]一個의圓形의各部가一個의直線에對하여對稱的으로있을때此直線의稱(屋)

⿱壳車 同轂

軼 뎨[질]過突지나칠、질(質)迭通[질]車相過侵突마주칠、질(屑)

軷 빠[발]將出道祭노제、발(曷)

軶 軛本字

⿰車它 퉈[타]車疾馳차빨리달아날、타(歌)

軯 뺑[팽]車行聲수레가는소리、팽鐘鼓聲쇠북소리、팽雷聲천둥소리、팽(庚)

軬 빤[반]車上篷수레뜸、반(阮)

軵 숭[용]輕車가벼운수레、용(腫)

軮 앙[앙]無涯際ㅣ軋편할、앙(陽)

⿰車弘 同軦

軦 광[황]蟲名黃ㅣ벌레이름、황(漾)

⿱車几 빠[발]車破聲수레깨지는소리、발(黠)

⿱巩車 꿍[공]車輪外圍바퀴둘레、공(腫)

軩 태[태]車傾수레기울어질、태(賄)

軪 야[요]車聲수레소리、요(肴)

軲 꾸[고]車也수레、고(虞)

軳 뽀[포]戾也돌아올、포(肴)

⿰車石 同硨

⿰車卯 류[류]載柩車

관싣는수레、유(有) **⿰車民** 민 [민]輞也바퀴두리、민(眞) **⿰車尼** 니 [니]軾也차앞턱나무、이(支) **⿰車乍** 차 [차]車裂차벌어질、차(禡) **⿰車田** 뎐 [전]轟也차소리시끄

러울、전(先) **⿰車反** 년 [년]轢也수레에깔릴、연(銑) ⑥ **輀** ᅀᅵ [이]喪車상여차、이(支) **輊** 지 [지]車前低也앞낫은수레、지(寘) **輅** 루 [로]車

也天子所乘玉ㅣ천자타시는수레、노(遇) 핵 [핵]車前橫木수레앞가로나무、핵(陌) **載** ᄌᆡ [재]乘也실을、재又탈、재記也기록할、재始也비로소、재滿也가득할、재則也

곧、재事也일、재勝也이길、재年也해、재書也글、재運也운전할、재語助辭어조사、재(隊)(賄) 縡同 **輇** 찬 [전]量人物달、전柩車상여차、전(先) 銓同 **較**

갸 [교]相角不等比ㅣ비교할、교少也조금、교(效) 校同 [각]車耳車上曲銅수레귀、각明也ㅣ然밝을、각略也大ㅣ대강、각競也獵ㅣ다툴、각(覺) **⿱丞車** 칭 [증]輜車後登초

헌뒷발판、증(迥) **輈** ᄌᆔ [주]車轅수레채、주强梁貌ㅣ張발칙할、주(尤) **輂** ᄀᆔ [국]大車駕馬마차、국轝土器들것、국(沃) **軾** 씨 [식]車前橫木可憑수

레앞가로나무、식(職) **⿰車次** ᄎᆞ [차]以漆飾車수레에칠할、차(寘) **輄** 轒同 **輁** 꿍 [공]所以持棺관괴임、공(冬) **⿰車色** 쌔 [색]轉戾軫ㅣ비틀、색(職) **輧**

輧同 **⿰車艮** 끈 [흔]車前裝飾차앞치장、흔(元) **⿰車夅** 쟝 [항]打也칠、항(江) **⿰車兆** 됴 [조]薄也엷을、조(蕭) **⿰車多** 지 [게]礙也거리낄、게(齊) **⿰車旬** 횡 [횡]轟

車聲亂수렛소리어지러울、행(庚) **輆** 해 [해]礙也거리낄、해(賄) **⿰車曳** 이 [예]輀也상여、예(霽) **⿰車氷** 삥 [빙]轟也수렛소리시끄러울、빙(徑) **⿰車皆** 看同

⑦ **輔** ᄫᅮ [보]兩旁夾車木수레덧방나무、보頰骨광대뼈、보弼也助也도울、보(麌) **輓** 완 [만]引車수레끌、만薦也推ㅣ천거할、만(願) 挽同 **輕** 칭

[경]不重가벼울、경薄也엷을、경ㅣ便손쉬울、경又편리할、경疾也빠를、경(庚) **輒** ᄌᆑ [첩]忽然문득、첩每事即然번번히、첩專也오로지、첩足疾발병들、첩軍兩騎수레에

병장기꽂는틀、첩(葉) **⿰車耶** 류 류 喪車상여차、유(有) **輐**・완 완 刓去圭角둥굴릴、완(翰) **⿰車甸**・뎐 전 車聲수렛소리、전(先) **輍**。유 욕 車枕前수레앞피일、욕(沃) **輑** 쥰 균 車軸相連굴통대、균(眞) **⿱𦍌車** 장 장 修車차중수할、장(漾) **輎**。샤 소 軍車군사수레、소(肴) **⿰車卮** 지 지 車之器具수레연장、지(支) **輬** 량 량 軍車군사수레、냥(陽) **⿰車皃** 묘 묘 引車차끌、묘(效) **⿰車辛** 싱 성 長車긴수레、성(庚) **⿰車余** 슈 셔 車鈴차에다는방울、셔(魚)

(八)

輝・휘 휘 光也빛날、휘(微) 煇同 **輗** 이 예 轅端持衡者수레채마구리、예(齊) **輩**。베 배 類也무리、배 又패、배 比也견줄、배(隊) **輪**。륜 륜 車所以轉바퀴、윤 高大ㅣ焉우렁찰、윤 委曲ㅣ困서릴、윤 迴旋ㅣ轉돌、윤 九州地域廣ㅣ땅길이、윤(眞) **輥** 끈 곤 轉速빠르게구를、곤(阮) **輨**。관 관 ㅣ轄줏대、관 車轂端鐵굴통끝휘갑쇠、관(旱) 館通 **輚**・쟌 잔 臥車ㅣ輅누어타는차、잔 兵車싸움수레、잔(潸) 轏同 **輧**。편 변 婦人車부인의수레、변(先) 병 車馬聲ㅣ輷벅적할、병(庚) 輕車가벼운수레、병(靑) **輦**・년 련 駕人以行王ㅣ연、연 輓運당길、연(銑) **輤** 쳔 천 柩車之蓋상여뚜껑、천(霰) **輠** 궈 과 筩也車盛膏器차기름통、과(哿) **輬**。량 량 臥車輼ㅣ누어서타는수레、양(陽) **輞** 왕 망 車輪外匡바퀴테、망 川名내이름、망(陝西省藍田縣所在)(養) **輣**・평 팽 兵車有樓싸움수레、팽(庚) **輘**・릉 릉 踐踏ㅣ轢짓밟힐、능 車聲ㅣ輷수렛소리、능(蒸) 陵同 **輖**。쥬 주 低也낮을、주 重載짐무거울、주(尤) **輡** 칸 감 車行不正ㅣ轗수레길언틀먼틀할、감(感) 轗同 **⿰王車**。부 복 車笭間皮篋盛弩者수레상자、복(屋) 箙同 **輟**・쵀 철 止也歇也그칠、철 又걷을、철(屑) **⿰車昏** ⿰車昏同 **⿰車宛** 웬 원 車後壓차뒤로숙을、원(元) **輛**・량 량 車數詞수레、양 又채、양 車ㅣ수레、양(養) **輫** 폐 배 車箱수레난간、배(佳) **⿰車肯** 컹 갱 車鞭차채찍、갱(庚) **輢**

이 [의]車旁兵所插處수레에병장기꽂는틀、의(寘)

輙 輒俗字

輜 츠 [치]載衣物車짐수레、치(支)

⿰車爭 징 [정]車聲수렛소리、정(庚)

⿰車坴 륙 [륙]軸也바퀴심대、육(屋)

⿱曾車 증 [증]副車따르는수레、증(蒸)

⿰車奄 안 [압]車之器具수레연장、압(合)

⿰車尙 당 [당]鐵軸쇠심대、당(陽)

⿰車卷 좐 [권]車牽차끌、권(霰)

⿰車卓 됴 [조]車弓수레우장대、조(效)

⿰車沓 따 [답]釭也바퀴통속쇠、답(合)

⿰車隹 퉤 [퇴]盛也성할、퇴(灰)

⿰車音 징 [경]車聲수렛소리、경(庚)

⿰車昌 원 [운]軍車군사수레、운(文)

九

輭 軟同

⿰車咼 輠同

輸 쓔 [수]送也보낼、수盡也다할、수勝負ㅣ贏질、수隳也떨어트릴、수瀉也쏟을、수(虞)委ㅣ수운할、수所送짐바리、수(遇)

輺 輜同

⿰車㚇 종 [종]輪也바퀴、종(董)⿰車悤同

輴 츈 [춘]俗[순]喪車龍ㅣ상여차、순泥行所乘진길썰매、순(眞)

輷 헝 [횡]車聲ㅣㅣ수렛소리、횡大聲輷ㅣ소리크게지를、횡(庚)轟同

輶 유 [유]輕車가벼운수레、유輕也가벼울、유(尤)(宥)

輮 여 [유]踐也짓밟을、유(有)蹂同、車軔바퀴괴임、유車輞바퀴테、유(宥)

輳 추 [주]競聚輻ㅣ바퀴살통、주又몰려들、주(宥)

輻 뿌 [복]俗[폭]輪轑바퀴살、폭(屋)[부]競聚ㅣ輳몰려들、부(宥)

輹 뿌 [복]伏兎以承輻者바퀴통、복車下縛바퀴테、복(屋)

輵 커 [갈]戟形轇ㅣ세갈래질、갈馳驅貌몰아달릴、갈(曷)轕通

⿰車客 허 [핵]輓車當胷橫木수레차앞마구리、핵(陌)輅同

輯 찌 [집]聚也모을、집和也睦也화목할、집斂也거둘、집(緝)

⿰車軍 훈 [흔]車相避수레서로피할、흔(元)

⿰車昬 민 [민]車伏兎下革차바탕밑가죽、민(軫)⿰車昏同

⿰車悤 ⿰車㚇同

⿰車皆 쎄 [해]登車차에오를、해(佳)

⿰車貞 정 [경]堅也굳을、경(庚)

⿰車秋 착 [추]輻也바퀴살、추(尤)

⿰車扁 뻔 [변]小車작은수레、변(銑)

⿰車屛 輧同

輰 양 [양]飾車치장한수레、양(陽)

輱 한 [함]車聲찻소리、함(咸)

⿱敄車 무 [목]轅也멍에채끝、목(屋)

⿰車蒦 뒤 [탁]迴轉也구를、탁(藥)

⿰車胥 쉬 [서]車下수레 아래、서語 ⿰車皇 황 [황]引也끌、황 庚 ⿰車彖 삭 [수]暢也펼、수 寘 ⓵十 輿。위 [여]車底수레바탕、여 佳氣扶ㅣ기운어릴、여

衆也무리、여始也權ㅣ비로소、여負也질、여世界ㅣ地천하、여魚 舁ㅣ남여、여御 轃。전 [진]至也이를、진臻同 大車簀수레뜸、진眞 轀。원 [온]臥車ㅣ

輬누워서타는 수레、온文 轅。원 [원]車宮ㅣ門진문、원車前駕馬木 멍에、원星名軒ㅣ별이름、원元 ⿰車畚。반 [분]車篷수레 뜸、분阮 輾。잔 [전]轉 之半

모로눌、전銑 [년]轉輪治轂연자 매、년霰 韓[전]打稻타작할、전 ⿰車䍃 軺同 轂。꾸 [곡]車輻所湊바퀴통、곡薦 人推ㅣ사람천거할、곡屋 轄。싸 [할]車軸 鐵鍵굴

대빗장、할統ㅣ거느릴、할又다스릴、할黠 鎋舝同 ⿱⺌車。칭 [경]一輪車외바 퀴차、경庚 ⿱共車。재 [재]車抵階차섬돌 에대일、재佳 ⿰車旁 輣同 ⿰車桑 쌍

[상]輪之外圍바퀴 걸두리、상養 ⿰車尃 박 [박]車下索수레아 래맨줄、박藥 ⿰車盍 자 [갑]車聲수렛 소리、갑合 ⿰車圂 후 [홀]車軸수레 심대、홀月 ⿰車唐。

당 [당]軍車군사 수레、당陽 ⿰車冥 징 [경]車堅수레튼 튼할、경庚 ⿰車鬼 홰 [홰]轉也구 를、홰賄 ⿰車烏 우 [오]車之心木수 레심대、오虞 ⿰車眞 징 [경]車 響수

렛소리、경庚 ⿰車疌 치 [치]小車작은 수레、치寘 ⓵十一 轊。웨 [예]車軸頭굴 대끝、예霽 轉。쫜 [전]動運구를、전ㅣ倒넘어질、전回轉돌、전ㅣ輾돌아볼、

전銑 遷也옮길、전 運之굴릴、전霰 轇。쟢 [교]ㅣ轕세갈래질、교 長遠貌아득할、교肴 轆。루 [록]車軌轣ㅣ멍에채에가죽테할、녹吸水器ㅣ轤두레박달아올리

는바퀴、녹又물건달아올리 는바퀴、녹ㅣ轤갈이、녹屋 轈。찬 [소]兵高車加巢以望敵軍 망대수레、소肴巢同 ⿰車衮 輥同 ⿰車悤 총 [총]檻車載囚 者죄수싣는

차、총東 ⿰車從。쭝 [종]車跡수렛바 퀴자국、종冬 ⿰車逢 뿡 [봉]車聲수렛 소리、봉東 ⿰車曼 만 [만]車之衣蓋차 장막、만願 ⿰車羞 삭 [수]載柩車상 여수레、수

(尤) ⿱殸車 징 [경] 車堅수레튼튼할、경 (庚)

⑫ 䡴 충 [충] 陷陣車진뚫는수레、충 (冬) 衝通 轔。린 [린] 車聲ㅣㅣ수렛소리、인 鄰通、户限문지방、인 (眞) 轢也짓칠、인 (震) 躪同 轒。분 [분] 戰車ㅣ轀싸움수레、분 (文) 轓 반 [번] 車箱수레난간、번 車蔽수레가림、번 (元) 轏 잔 [잔] 兵車싸움차、잔 卧車수레평상、잔 (潸) 輚同 轎。교 [교] 竹ㅣ가마、교 (蕭) 小車籃ㅣ남여、교 (嘯) 轑。료 [료] 車蓋弓수레뚜껑、요 轉也구를、요 楚邑名고을이름、요 (蕭) [로] 撓也轢也가마긁을、노 (豪) ⿰車黃 광 [광] 車下橫木수레밑가로나무、광 (陽) 輄同 轐。복 [복] 伏兔所以安軫수렛바퀴받침、복 (屋) 轍。철 [철] 車迹바퀴자국、철 (屑) ⿰車截 잔 [조] 飾車有華藻수레번화하게꾸밀、초 (皓) ⿰車間 鐗同 ⿰車登 덩 [등] 車飾수레치장、등 (徑) ⿰車彭 평 [팽] 車聲찻소리、팽 (庚) ⿰車單 싼 [산] 車輞바퀴둘레、산 (刪) ⿰車堯。잔 [교] 軸端수레심대끝、교 (嘯) ⿰車斯 쓰 [시] 車輪수렛바퀴、시 (支) ⿰車衺 나 [나] 車軸之端수레심대끝、나 (箇)

⑬ 轙。이 [의] 車衡載轡者수레에고삐매는고리、의 (紙) 轘。환 [환] 車裂人발길、환 (諫) 地名ㅣ轅땅이름、환 (刪) 轗。輡同 轕 輵同 轚。지 [격] 車轄相擊굴대서로부딪칠、격 迫隘處ㅣ互회좁은길、격 挂也걸릴、격 (錫) ⿰車稟 란 [람] 車不進輡ㅣ수레머뭇거릴、남 (感) 轖 시 [색] 氣結기운맺을、색 (職) ⿰車夆 뽕 [봉] 車篷수레뜸、봉 (東) ⿰車當 당 [당] 車床수레바탕、당 (陽) ⿰車遂。삭 [수] 車之裝飾수레치장、수 (寘) ⿰車豦 쥐 [거] 車輞바퀴둘레、거 (魚) ⿰車廉 렌 [렴] 車輞바퀴둘레、염 (鹽)

⑭ 轝 輿同 ⿰車憲 인 [은] 車聲ㅣㅣ수렛소리、은 (吻) 轞。쎈 [함] 車聲수렛소리、함 囚車죄인태는수레、함 (豏) 檻通 ⿱監車 轞同 轟。횡 [횡] 俗[굉] 車聲수렛소리、굉 大砲雷鳴ㅣㅣ우르를、굉 又쿵쾅、굉 (庚) 轛。퇴 [대] 車箱立木수레난간기둥、대 (隊) ⿰車盍 캐 [개] 車聲輵ㅣ수렛소리、개 (泰) 轜。輀同 ⿱算車 센 [선] 繕治車수레중수

할、선(霰) ⑮ 轡。 패[비]馬轡靶也고삐、비(寘) 轠 뢰[뢰]車連ㅣ轤수레잇달、뇌也칠、뇌觸也찌를、뇌(灰) 轢。 력[력]車陵踐轢ㅣ수렛바퀴에치일、역不和軋ㅣ화목하지못할、역(錫) 轒 同輕 轕 락[락]車轉聲차소리、낙(藥) ⑯ 轤。 루[로]吸水器轆ㅣ두레박틀、노轆ㅣ갈이、노(虞) 轥

同輕 轞 룡[룡]軸頭굴대끝、용(東) 轣 同簏 轣。 력[력]軌道ㅣ轆수렛바퀴길、역(錫) ⑰ 轤 싼[삼]車聲수렛소리、삼(咸) 轉 버[박]車之裝飾수레치장、박(陌) ⑱ 轎。 씨[휴]輪轉一周바퀴한번돌、휴(齊) 轟 지[객]車之重複수레거듭칠、객(陌) ⑲ 轡 렌[련]綴也이을、연(先)

⑳ 轗。 녜[얼]高貌ㅣㅣ우뚝할、얼(屑) 알[알]車載高수레에높이실을、알(曷) 轞。 同躪 ㉒ 轢 데[첩]車聲수렛소리、첩(葉)

辛部

辛。 씬[신]金味艱苦悲酸매울、신ㅣ苦고생、신苛酷혹독할、신天干第八位천간、신(眞) ⑤ 辜 同辭 辜 꾸[고]罪也허물、고磔也驅ㅣ능지할、고又사지찢을、고障也막을、고必也반드시、고(虞) ⑥ 辟。 삐[벽]君也임금、벽妻祭夫남편제사、벽法也법、벽除也屛也물리칠、벽邪也잔사할、벽偏也편벽될、벽刑也형벌、벽驚退ㅣ易놀라물러날、벽明也밝을、벽徵也부를、벽開綮열、벽(陌) [피]避同(寘) 皋。 罪古字 辢 싸[살]味辛ㅣ辣매울、날(曷)

辝 辭字 辤 辭俗 辧 신[신]多也많을、신(眞) ⑦ 辣。 同辢 辣 라[랄]味辛甚몹시매울、날苛酷가혹할、날(曷) 辡 同 辨。 뻰[면]罪人相訟죄인서로송사할、면(銑) ⑧ 辥 同辭 辨 辣俗字 ⑨ 辤 시[시]末端따끝、시(紙) 辨。 뻰[변]別也분별할、변判也판단할、변井地九夫爲ㅣ아홉갈피、변(銑) 偏通 辦 빤[판]力也힘쓸、판具也갖출、판處理처리할、판(諫) 辥。 쎄[설]罪也허물、설姓也성、설國名나라이름、설(屑) 薛通

[illegible] 꾸 고 辛而苦쓰고 매울、고 (遇)
⑩ [illegible] 젼 겸 艱也어려울、겸 (鹽)
⑪ [illegible] 환 환 駁也얽을、환 (刪)
[illegible] 삔 빈 駁也얽을、빈 (眞)

辦 변 변 兩股間허벅지、변 (諫)
⑫ 辭 스 사 言也말씀、사 文ㅣ글、사 別去사례할、사 却不受사양할、사 (支) 辤辭通
[illegible] 뻔 변 憂也근심할、변 (銑)

[illegible] 홰 획 辛也매울、획 (陌)
⑭ 辯 뻔 변 善言말잘할、변 諷諭풍유할、변 (銑)

辰部

辰 천 신 日月合宿謂之ㅣ별、신 時也때、신 地支第五位지지、신 龍也용、신 方位東南동남방、신 時刻午前八時진시、신 天樞北ㅣ북두성、신 古朝鮮國名나라이름、신（今慶尚北道及慶尚南道東北部地方）時也때、신 日也날、신 (眞) 俗 진

③ 辱 수 욕 恥也욕될、욕 屈也굽힐、욕 汙也더럽힐、욕 僇也욕할、욕 (沃)

⑥ 農 능 농 耕種闢土植穀농사、농 勉也힘쓸、농 (冬)

⑦ [illegible] 辱古字

晨 신 신 夙也일찍、신 (眞)

⑧ [illegible] 숑 용 不省못생길、용 劣也용렬할、용 (腫)

辳 農古字

⑫ [illegible] 능 농 多也많을、농 (冬)

辴 전 진 笑貌ㅣ然빙그레할、진 (軫)

辵部

辵 쮸 착 乍行乍止쉬엄쉬엄갈、착 蹐也뛸、착 (藥)

② 辻 日 四通路사거리、십

込 日 入滿之意담을、입

辺 俗邊字

辸 성 잉 行也갈、잉 (蒸)

③ 迆 이 이 邪也가만가만걸을、이 連接ㅣ邐잇달、이 (紙)

迂 위 우 曲也굽을、우 遠也멀、우 避也피할、우 濶也오활할、우 (虞)

迅 쉰 신 疾也빠를、신 狼子有力억셀、신 (震)

迄 씨 흘 至也이를、흘 竟也마침、흘 (物)

迖 티 체 足滑미끄러질、체 (霽)

辿 싼 천 緩步느럭느럭걸을、천 (先)

迁 遷俗字

迃 迂正字

[illegible] 부 부 安也편안할、부 (虞)

[illegible] 지 기 進也나아갈、기 (眞)

迀 깐 간 進也나아갈、간 (寒)

四

迕 우 [오] 遇也만날、오違也어길、오逆也거스를、오交雜錯ㅣ섞일、오(虞)(遇) 迍 듄 [둔] 難行ㅣ邅머뭇거릴、둔(眞) 屯同 近 진 [근] 不遠가까울、근庡幾거의、근(吻) 附也親也가까이할、근(問) 返 빤 [반] 還也復也돌아올、반(阮) 迓 야 [아] 迎也맞을、아(禡) 迋 광 [광] 欺也속일、광(養)(漾) 誑同 [왕] 往也갈、왕恐懼두려울、왕(漾) 迎 잉 [영] 迓也接也맞을、영逢也만날、영(庚) 婿迓婦親ㅣ장가들어올、영(敬) 迊 匝同 迚 [韓]國字마두리、두穀不滿斛 迒 깡 [항] 兎道토끼길목、항(陽) 𨑒 치 [질] 近也가까울、질(質) 𨑏 뚜 [돌] 詆誘貌ㅣ교활할、돌(月) 䢍 빵 [방] 急行달아날、방(養) 迖 빠 [발] 急走급히달아날、발(曷) 𨑕 즤 [지] 移也옮길、지(紙) 𨑳 지 [기] 使近가까이할、기(紙) 𨑶 데 [제] 退也물러갈、제(霽) 𨑹 쭁 [종] 從也따를、종(冬)

五

迤 이 [이] 自得貌逶ㅣ든든할、이(支) 迆同 (紙) [타] 行貌逶ㅣ어정거릴、타(歌) 迩 邇略字 迡 녀 [니] 近也가까울、니(霽) 迨 대 [태] 及也미칠、태(賄) 逮同(隊) 迢 툐 [초] 遠也ㅣ遞멀、초(蕭) 迱 퉈 [타] 自得貌逶ㅣ든든할、타旁行ㅣ邐외돌아갈、타(支) 迤同(紙) [라] 行貌逶ㅣ어정거릴、나(歌) 迦 쟈 [가] 佛號釋ㅣ부처이름、가(歌)(麻) 迥 쯍 [형] 寥遠멀、형光輝빛날、형(迥) 述 쓔 [술] 譔也修也著ㅣ지을、술續也이을、술循也繼ㅣ좇을、술諸侯朝ㅣ職조회할、술(質) 迭 데 [뎔]俗[질] 更遞갈마들일、질侵突침노할、질(屑) 軼通 迣 迾古字 迫 뻐 [백]俗[박] 逼也핍박할、박急也급할、박窘ㅣ궁할、박又곤난할、박(陌) 迮 쩌 [책] 迫也낄、책起也ㅣ발끈일어날、책(陌) 迪 띄 [적] 進也나아갈、적順也순할、적開發導ㅣ열어줄、적至也이를、적躬行행할、적(錫) 迲 [韓]國字以鐵索小曰ㅣ자내、겁又자래、겁 迠 데 [쳡] 行也갈、쳡(葉) 迯 逃俗字 迌 쥬 [조] 行也갈、조(虞) 迟 지 [격] 曲行굽게갈、격(陌)

七畫 辵辶

逑 越同 逓 듸 [제] 驚也놀랄、제(齊) 遾 씨 [세] 遊步놀며걸을、세(霽) ❻ 送。쑹 [송] 遣也보낼、송餞也전송할、송篕射縱ㅣ활잘쏠、송持也가질、송(送) 逄 팡 [방] 姓也성、방(江) 追。쥐 [추] 逐也쫓을、추上溯已往밀을、추隨也따를、추(支) [퇴] 治玉ㅣ琢옥다듬을、퇴鐘紐쇠북꼭지、퇴(灰) 頽通 迷 미 [미] 惑也미혹할、미又헤맬、미又흐릴、미亂也희미할、미(齊) 迺 내 [내] 乃同、語助辭어조사、내汝也너、내(賄) 乃俗字 退。퉤 [퇴] 却也물러갈、퇴去也갈、퇴遜讓謙ㅣ겸양할、퇴退之물리칠、퇴減也덜、퇴(隊) 逃。닾 [도] 避也달아날、도又피할、도亡也도망군이、도逸去도망할、도(豪) 逅 흫 [후] 不期而會邂ㅣ우연히만날、후(宥) 迵 迥俗字非 适 콰 [괄] 疾也빠를、괄人名南宮ㅣ사람의이름、괄(曷) 迾 례 [렬] 車駕清道길치울、열遮遏막을、열(屑) 逆。이 [역] 不順거스릴、역迎也맞을、역君父臣子之道不守大ㅣ역적、역(陌) 迹。찌 [적] 足ㅣ발자국、적凡有形可見者曰ㅣ자취、적(陌) 跡蹟同 迨 허 [합] 行相及ㅣ還뒤미처갈、합(合) 迬 [韓] 國字땅이름、수地名ㅣ城 迿 쓘 [준] 先也먼저、준(震) 迵。뚱 [동] 過也지날、동達也사무칠、동(東) 迻 移同 迴 回同 迸 逬同 迎 인 [인] 走也달아날、인(軫) 逌 우 [유] 步行貌걸을、유(宥) 逘 해 [해] 走也달아날、해(隊) ⿺辶而 연 [연] 行步遲걸음더딜、연(銑) ⿺辶羊 양 [양] 欲行不進머뭇거릴、양(陽) ⿺辶至 지 [치] 走貌달아날、치(支) ⿺辶戌 쑤 [휼] 衆人之走貌여럿이달아날、휼(質) ⿺辶聿 위 [율] 分配나누어펼、율(質) ⿺辶灰 恢同 ❼ 通。퉁 [통] 達也통할、통又뚫릴、통又사무칠、통亨也형통할、통暢也통창할、통交好사귈、통ㅣ過지날、통總也모두、통往來왔다갔다할、통普ㅣ널리、통男女密情私ㅣ간음할、통文書數詞一ㅣ벌、통(東) 逢。뽕 [봉] 遇也만날、봉迎也맞을、봉大也클、봉(冬) 鼓聲ㅣㅣ북소리、봉(東) 逋

뿌[포]欠ㅣ官物포흠질、포又세금못받은것、포亡也도망갈、포(虞)

途。뚜 [도]道也路也길、도(虞)塗同

逜 우 [오]寤也相干깨우칠、오(遇)

遆 遞俗字

逝 씨 [서]往也行也갈、서死也죽을、서發語辭이에、서(霽)

逡。쮠 [준]行不進ㅣ巡추창할、준(眞)

連。련 [련]接也聯也연할、연續也잇닿을、연牽也끌릴、연屬綴蟬ㅣ붙일、연(先)難也ㅣ蹇어려울、연遲久머무를、연ㅣ坐연좌、연(銑)

逍 쑈 [소]自適ㅣ遙노닐、소又노라리、소(蕭)

造。쪼 [조]作也지을、조(皓)至也이를、조就也나아갈、조急遽ㅣ次잠간、조始也처음、조時代시대、조(號)

這 쪄 [자]此也이것、자迎也맞을、자(禡)[韓]條條曰ㅣㅣ갓갓、갓

逞。쳥 [정]俗[령]通也통할、영快也쾌할、영解也풀、영不檢不ㅣ구속아니받을、영(梗)

逕。꼉 [경]相去遠ㅣ庭동안뜰、경步道길、경至也이를、경直也곧을、경近也가까울、경(徑)徑同

逑。꺆 [구]匹也짝、구聚斂모을、구(尤)

逌 야 [유]田古字、笑貌ㅣ爾빙그레할、유(尤)條同

透。틀 [투]通也통할、투徹也사무칠、투過也지나칠、투ㅣ明환할、투(宥)

逗 뚜 [두]止也ㅣ遛머무를、두(宥)

速。쑤 [속]疾也빠를、속召也부를、속陋也더러울、속鹿跡曰ㅣ사슴발자취、속(屋)遬通

逐。쮸 [축]追也쫓을、축斥也물리칠、축ㅣㅣ一날날이、축爭也角ㅣ다툴、축(屋)[적]馳貌ㅣㅣ달릴、적(錫)

逖。틔 [적]遠也疏ㅣ멀、적(錫)

逛 꽝 [광]走貌달아날、광(養)

⿺辶貝 패 [패]壞也무너질、패(卦)

⿺辶⿱日艮 退古字

⿺辶更 꺙 [갱]兎路토끼길、갱(庚)

⿺辶耴 틔 [첩]走貌달아날、첩(葉)

八

⿺辶疌 치 [첩]疾走빨리달아날、첩(葉)

逵 퀴 [규]九達道큰길、규(支)

逶 웨 [위]袤行貌ㅣ迤비쓸거릴、위(支)

逮。띄 [체]及也미칠、체繫囚잡아갇힐、체安和貌ㅣㅣ단아할、체(霽)[태]及也미칠、태追也쫓을、태(隊)迨隸同

進。찐 [진]前也나아갈、진登也오를、진薦也천거할、진效也본받을、진勉強힘쓸、진增也더할、진獻

上올릴、진進物선물、진(震)

逭。환 [환] 逃也도망할、환迭也갈마들일、환(翰)

[辶+亞] 야 [아] 次第行줄느런히갈、아次也버금、아(禡)

[辶+㞷] 字 往古 迸

뻥 [병] 散走흩어져달아날、병(敬)趙同

逴 취 [착] 遠也멀、착蹇也절、착超絶뛰어날、착(覺)[작]義同(藥)

逸。이 [일] 縱也놓일、일遁也隱也숨을、일過失허물、일放也놓을、일奔ㅣ달아날、일優也ㅣ品뛰어날、일脫也빠질、일(質)佚同

逷。字 逖古

逰 字 遊俗

逯。루 [록] 忽然往來훌적갔다올、녹(屋)

週。쭈 [주] 周同、日、月、火、水、木、金、土之七曜日謂之ㅣ주일、주又이레、주(尤)

逫 제 [결] 遠也멀、결(屑)[줄]氣出遲貌김뜰、줄(質)

[辶+㸒] 인 [임] 過也지날、임(侵)

逳 와 [육] 轉也구를、육(屋)

逨 래 [래] 至也이를、내(灰)

逪 잔 [착] 交雜섞일、착(藥)

九

遂。쒜 [수] 因也드딜、수又인할、수竟也마침、수達也사무칠、수進也나아갈、수成就從志이룰、수(寘)

違。웨 [위] 背也違也어길、위不決依ㅣ미적미적할、위(微)

逾 위 [유] 邁也갈、유過也越也넘을、유(虞)

運。윈 [운] 轉也行也운전할、운動也움직일、운徙也옮길、운曆數ㅣ祚운수、운土地南北曰ㅣ땅길이、운(問)

遯 字 遁古

遁 툰 [돈] 逃也달아날、돈隱也숨을、돈回避피할、돈(阮)[둔]義同(願)

遄 촨 [천] 疾也速也빠를、천頻繁자주、천(先)

遍 偏同

遇。위 [우] 道路相逢만날、우待也接也대접할、우(遇)

道。따 [도] 路也길、도理也이치、도順也순할、도仁義忠孝之德義도、도言也말할、도由也말미암을、도行政區域의一、我國은全國을十四道로分함(號)

過 꿔 [과] 經也지날、과越也넘을、과誤失그릇할、과罪愆허물、과ㅣ去지난날、과又예전、과(箇)

遐。허 [하] 遠也멀、하(麻)

遑。황 [황] 急也급할、황暇也겨를、황(陽)

逿 탕 [탕] 倒也거꾸러질、탕蕩也마음두근거릴、탕(漾)蕩通

遉 청 [정] 邏候순라군、정(庚)(敬)

遊。우 [유] 遨也놀、유友也交ㅣ벗사귈、유旅也나그네、

유(尤)游同 **遒** 착 [주]勁也健也굳셀、주固也단단할、주盡也다할、주聚也모을、주迫也핍박할、주(尤) **達** 따 [달]通也사무칠、달到ㅣ이를、달送ㅣ보낼、달

成就이룰、달顯也나타날、달決也결단할、달生也날、달薦也천거할、달放恣挑ㅣ방자할、달(曷) **遏** 어 [알]絶也막을、알止也그칠、알(曷)選同 **逼** 삐 [벽]俗

[핍]近也가까울、핍迫也驅也핍박할、핍窮也궁핍할、핍(職) **遅** 遲同 **遌** 어 [악]遇也만날、악(藥) **選** 選同 **迦** 야 [가]猶犬牙左右相制ㅣ互좌우로겨

를、가(麻) **𨗇** 動古字 **逌** 逌同 **遠** 遠古字 **逽** 위 [약]進也나아갈、약(藥) **遳** 뎐 [천]閒步한가히걸을、천(銑) **𨓤** 사 [삽]疾步빨리걸을、

삽(洽) **逡** 작 [주]步行貌걸을、주(尤) ⑩ **遡** 쑤 [소]逆流거슬릴、소迎也맞을、소嚮也향할、소訴也호소할、소(遇)泝同愬通 **遞** 듸 [톄]更迭ㅣ代갈

마들일、톄驛也傳ㅣ역말、톄遠也迢ㅣ멀、톄物順次傳送우톄、톄(齊)(霽) **遠** 웬 [원]遙也멀、원(阮)離也ㅣ之멀리할、원(願) **遜** 쑨 [손]謙恭겸손할、손順也

순할、손遁也도망할、손辭避사양할、손(願)愻同 **遣** 켠 [견]送也보낼、견放逐쫓을、견祛也물리칠、견(銑)祖奠견전제、견(霰) **遙** 요 [요]遠也멀、요徜徉逍

ㅣ노닐、요又노라리、요(蕭) **遘** 꾸 [구]遇也만날、구(宥) **遝** 타 [답]行相及逮ㅣ뒤미쳐따를、답雜ㅣ뒤섞일、답(合) **遢** 타 [탑]穩行貌邋ㅣ천천히걸을、

탑不謹事용렬할、탑(合) **遛** 遛同 **𨗨** 道古字 ⑪ **遰** 듸 [톄]往也갈、톄遠也迢ㅣ멀、톄刀鞞칼집、톄(霽) **遲** 츠 [지]緩也더딜、지久也오래、

지徐行천천할、지息也棲ㅣ쉴、지(支)待也기다릴、지乃也이에、지(寘) **遯** 遁同 **遨** 오 [오]遊也ㅣ嬉노닐、오(豪)敖同 **遭** 짜 [조]逢也ㅣ遇만날、조巡也周

ㅣ빙둘릴、조匝也마주칠、조(豪) **遮** 쟈 [차]蔽也가릴、차攔也遏也막을、차語多周ㅣ잔말할、차(麻) **遬** 쑤 [속]謙愨齊ㅣ공순할、속(屋) **適** 듸 [적]偶

爾ㅣ然마침、적往也갈、적自得安便맞갖을、적悟也깨달을、적嫁也시집갈、적(陌)嫡同[적]從也좇을、적專主주장할、적親也친히할、적意所必從좇을、적(錫)

[illegible] 遙古字

遧 장[장]彰顯드러낼、장(陽)

遷 천[천]移也徙也옮길、천變也변할、천又바뀔、천謫也귀양보낼、천去下之高옮을、천徙官曰ㅣ벼슬옮길、천(先)

遦 관[관]君也익힐、관(翰)

遪 사[삽]滲也스밀、삽(合)

[illegible] 치[치]近也가까울、치(紙)

[illegible] 총[종]緩步천천히걸을、종(冬)

遱 루[루]連也연할、누(尤)

遳 좌[좌]急躁바쁠、좌(歌)

(十二)

遺 이[유]贈也끼칠、유又줄、유饋也먹일、유(寘)失也잃어버릴、유餘也남을、유加也더할、유陳迹자취、유棄也버릴、유小便오줌、유落也떨어뜨릴、유(支)

遻 우[오]遇也만날、오違也어길、오(遇)忤通

遵 쭌[준]循也좇을、준行也행할、준(眞)

遴 린[린]行難머뭇거릴、인貪也거염낼、인選也掄才가릴、인(震)

選 쎈[선]擇也가릴、선又뽑을、선數也셀、선貨貝白ㅣ재물、선須臾少ㅣ조금있다가、선(銑)擇也銓ㅣ뽑을、선環舞도래춤、선(霰)巽通

遼 랴[료]遠也멀、요國名나라이름、요川名ㅣ河내이름、요(盛京省奉天을經하여海에注함)(蕭)

遶 繞同

遛 류[류]止也逗ㅣ머무를、유(尤)(宥)

遹 쒸[휼]循也좇을、휼述也지을、휼發語辭이에、휼回邪간사할、휼(質)

[illegible] 짜[잡]行書貌초서、잡(洽)

[illegible] 뻰[변]振繩墨먹줄튀길、변(先)

[illegible] 우[무]迹也자취、무(麌)

[illegible] 찬[초]疾走빨리달아날、초(篠)

[illegible] 상[상]行步貌갈、상(養)

[illegible] 총[충]逃也도망할、충(東)

[illegible] [변]姓也성변

(十三)

避 삐[피]逃也피할、피隱遁숨을、피違也어길、피(寘)辟同

遽 쥐[거]急也卒也급할、거又바쁠、거懼也두려울、거驛車傳ㅣ역말수레、거(御)

遾 씨[서]逮也及也미칠、서(霽)

邁 매[매]遠行멀리갈、매過也지나갈、매老也늙을、매力行힘쓸、매不顧돌아보지않고갈、매(卦)

邂

䢘 해 [해]不期而遇ㅣ逅우연히만날、해(卦) 還。환[환]返也돌아올、환退歸돌아갈、환償也갚을、환顧也돌아볼、환(删)繞也둘릴、환(諫)環同[선]轉也周ㅣ돌、선便捷가벼울、선速也빠를、선(先)旋同 邅。잔[전]難行貌迍ㅣ머뭇거릴、전(先)轉也굴릴、전逐也쫓을、전(霰) 邀。요[요]迎也맞을、요求也구할、요招來부를、요(蕭)

徼 要通 𨗨 同鐴 𨘼 홰[홰]周繞두를、홰(泰) 𨙗 첸[첨]欲近가까이할、첨(琰) 𨙑 젠[섬]速行속히갈、섬(豔) ⑭ 邃。 취[수]深遠幽ㅣ깊숙할、수又깊을、수(寘) 邇。열[이]近也가까울、이(紙)迩同 邈 먀[막]遠也渺也멀、막輕視업신여길、막悶也ㅣㅣ민망할、막(覺)

藐同 𨗴 사[삽]疾行빨리갈、삽(洽) ⑮ 邌 리[려]徐行貌천천히걸을、여天欲明ㅣ明먼동틀、여(齊)黎同 邊。벤[변]側也가、변ㅣ邑변방、변旁近결할、변陲也모퉁이、변辟邑두메、변(多角形을에워싼線「等ㅣ三角形」)(先) 邋。라[랍]行貌ㅣ遢천천히걸을、납(合) 𨘬 뚜[독]慣也익을、독(屋) ⑯ 𨙍 웬[원]廣原넓은언덕、원(元) 𨘻。리[력]近也가까울、역(錫) ⑰ 邎 요[요]疾行빨리갈、요(蕭) 𨙫 야[약]遙也멀、약(藥) ⑱ 𨙝 原古字 𨙨 이[익]走也달아날、익(職) 𨙪 예[엽]行貌갈、엽(葉) ⑲ 邏。뤄[라]巡也행순할、나游偵순라、나環繞둘러막을、나(哿)(箇)

邐。리[리]行貌ㅣ迤비쓰거릴、이連接잇닿을、이因循미적거릴、이(紙) 𨘈 遷古字 ⑳ 𨙻 휘[곽]旋也돌、곽(藥)

邑部

邑。이[읍]都ㅣ四縣爲都四井爲ㅣ골、읍氣結於ㅣ흑흑느낄、읍憂鬱ㅣㅣ답답할、읍(緝)悒同 ② 𨚗 시[십]縣名골이름、십(緝)

③ 邛 충[공]勞也病也병될、공亂也어지러울、공蜀地名臨ㅣ땅이름、공(今泗川省內)(冬) 邔 이[기]廣大之邑넓은고을、기(紙) 邕。융[옹]塞也막

힐、옹和也화할、옹(冬)壅同 **邘** 위 [우]鄭地名武王子所封우나라、우(虞) **邗** 깐 [한]吳水名ㅣ溝물이름、한(寒) **邙** 망 [망]洛陽山名北ㅣ북망산、망(河南省河南府)(陽) **邦** 재 [재]鄉名시골이름、재(灰)

四

邨 村俗字 **邦** 빵 [방]國也나라、방封也봉할、방(江) **邠** 豳同 **邧** 웬 [원]秦邑名고을이름、원(元) **那** 那俗字 **那** 나 [나]何也어찌、나大也클、나多也많을、나安也편안할、나盡也다할、나都也도읍、나(歌)(哿)語助彼也저、나國名支ㅣ나라이름、나(今中華民國)(箇) **邪** 쌔 [사]不正姦思ㅣ佞간사할、사衺同、不祥ㅣ氣사기、사[야]下地汙ㅣ축축한땅、야語助疑辭그런가할、야地名瑯ㅣ땅이름、야(麻) **郏** 岐同 **邥** 썬 [심]地名ㅣ垂땅이름、심(侵) **邢** 씽 [형]國名나라이름、형(今直隸省邢臺縣地名)姓也성、형(青) **郱** 邢同 **邞** 얍 [부]縣名고을이름、부(虞) **邟** 鄍同 **邡** 訪同 **邤** 신 [흔]鄰也이웃、흔(文)

五

邳 퓌 [비]泗州縣名下ㅣ고을이름、비(今江蘇省邳縣)(支) **邸** 듸 [저]貴人之宅집、저郡國京舍주막、저又사처、저圭本홀바탕、저屏也皇ㅣ병풍、저(薺) **邰** 태 [태]國名나라이름、태(今陝西省武功縣地方)(灰) **邶** 뻬 [패]故商邑朝歌地땅이름、패(今河南省衛輝府地方)(隊) **邯** 한 [한]趙都ㅣ鄲땅이름、한(今直隸省大名道에屬함)(寒)[함]義同(覃) **邵** 쌒 [소]晉邑名땅이름、소(嘯)召同 **邴** 삥 [병]鄭邑名땅이름、병和適貌ㅣㅣ맞갖을、병(梗)丙通 **邲** 삐 [필]鄭地名땅이름、필(今河南省開封府鄭州)美貌예쁠、필(質) **邱** 취 [구]丘也언덕、구(尤)

六

邾 쮸 [주]魯附庸國나라이름、주(今山東省鄒縣地方)(虞) **邽** 꿰 [규]縣名上ㅣ下ㅣ고을이름、규(上ㅣ는今甘肅省秦州府內、下ㅣ는陝西省鳳翔府內)(齊) **郇** 쓘 [순]文王後所封地나라이름、순(今山西省猗氏縣)(眞) **郊** 쟌 [교]邑外曰ㅣ들、교市外시외、교又문밖、교(肴) **郉** 邢同 **郈** 훅 [후]魯邑名고을이름、후(今山東省東平州)(有) **郁**

위 [욱]文盛ㅣㅣ문채날、욱氣厚濃ㅣ자욱할、욱香氣향내날、욱(屋)

郄 同隙

郅 지 [질]至也이를、질登也오를、질(質)

郃 허 [합]馮翊縣名고을이름、합(今陝西省同州府內)(合)

邿 씨 [시]國名나라이름、시(今山東省寧州)山名산이름、시(山東省平陀縣所在)(支)

⿰安阝 안 [안]當陽里名마을이름、안(寒)

郋 씨 [해]汝南部陵里名마을이름、해(齊)

⿰危阝 궈 [귀]遠里먼마을、귀(紙)

郲 래 [래]縣也고을、내(隊)

七

郗 치 [치]河內邑名땅이름、치(今河南省河內縣地方)(支)

郛 얶 [부]城外大郭성바퀴、부(虞)

郚 우 [오]魯邑名땅이름、오(虞)

郜 꼬 [고]文王子所封國나라이름、고(今山東省武縣內)(號)

郡 쥔 [군]縣所屬고을、군行政區域之一道之下面之上(問)

郞 랑 [랑]男子稱사내、낭婦稱夫남편、낭官名벼슬이름、낭(陽)

郕 청 [성]國名나라이름、성(今山東省寧陽府地方)鄭地名땅이름、성(河南省武陟縣西南)(庚)

郢 잉 [영]楚地名땅이름、영(今湖北省江陵縣內)(敬)

郝 허 [학]扶風地名땅이름、학(今陝西省鄠縣盩厔內)(藥)

郤 씨 [극]隙同、姓也성、극(陌)

郟 쟈 [겹]河南邑名ㅣ鄏땅이름、겹(河南省洛陽縣內)(洽)

郣 뿨 [발]地之起者땅붕긋할、발(月)

郠 엉 [경]邑名고을이름、경(梗)

郶 뿌 [부]地名땅이름、부(有)

郔 옌 [연]地名땅이름、연(先)

郖 떠 [두]津名ㅣ津나루이름、두(尤)

⿰余阝 두 [도]縣名고을、도(虞)

⿰辰阝 신 [신]小邦작은나라、신(眞)

⿰肖阝 산 [소]郡也고을、소(效)

八

郫 피 [비]益州地名땅이름、비(支)

部 뿌 [부]分也나눌、부行伍ㅣ曲떼、부又항오、부(麌)統也거느릴、부署也마을、부界也지경、부(有)

郱 핑 [병]齊地名땅이름、병(今山東省臨朐縣內)(靑)

郵 우 [우]驛也역말、우政府經營之文書物品運送制度ㅣ便우편、우又우체、우過也지날、우(尤)

郴 천 [침]桂陽縣名땅이름、침(今湖南省內地方)(侵)

郯 탄 [담]少昊後所封나라이름、담(今山東省郯城縣地方)(覃)

⿰奄阝 옌

[엄]國名나라이름、엄(琰) 郭。꾸 [곽]外城박성、곽姓也성、곽(藥) 郳 이 [예]國名나라이름、예(齊) 郬 칭 [청]地名땅이름、청(庚) 郲 래 [래]地名時ㅣ땅이름、내 山名邛ㅣ산이름、내(灰) 郰 쭈 [추]魯下邑孔子之鄕땅이름、추(今山東省曲阜縣內)(尤) 郪。치 [처]齊地ㅣ丘땅이름、처(齊) ⿰尚阝 당 [당]住所머무는곳、당(養) ⿱非邑 배 [패]鄕里마을、패(灰) ⿰昔阝 씨 [석]鄕名고을이름、석(錫)

九

鄈 퀴 [규]汾陰地名땅이름、규(支) 郿。메 [미]地名땅이름、미(今陝西省郿縣)魯邑名고을이름、미(今山東省東平州內)(支) 都。뚜 [도]天子所居도읍、도ㅣ合모두、도總也거느릴、도居也거할、도盛也성할、도歎美辭아아、도(虞) 鄅 위 [우]國名나라이름、우(虞) ⿰契阝 찌 [계]上谷縣名黃帝後所封나라이름、계(霽) 薊通 鄆。윈 [운]魯地名땅이름、운(一은山東省沂水縣內、一은山東省鄆城縣內)姓也성、운(問) 鄢。옌 [언]潁川縣名땅이름、언(今河南省鄢城縣)(願) 鄂。어 [악]楚地名땅이름、악(今湖北省武昌縣內)外見貌ㅣ然나타날、악辨厲ㅣㅣ말정직하게할、악垠也가、악額也이마、악(藥) 諤愕通 鄇 후 [후]地名땅이름、후(宥) 鄄。옌 [전]地名땅이름、전(先) ⿰韋阝。이 [위]聚也모을、위(微) 鄃。쓔 [서]縣名고을이름、서(虞) 郹 껵 [격]邑名ㅣ陽고을이름、격(錫) 鄀。쒀 [약]國名나라이름、약(藥)

十

鄑。쯔 [자]邑名땅이름、자(支) 鄔 우 [오]鄔地名땅이름、오(今河南省偃師縣內)晉地名(今山西省介休縣內)(麌) 鄖。윈 [운]漢南國名나라이름、운(今湖北省安陸縣內)衛地名땅이름、운(今江蘇省如皐縣內)(文) 鄗 핲 [효]滎陽水名敖ㅣ물이름、효(肴) [호]常山邑名땅이름、호(今直隸省趙州府高邑縣)(皓) [학]晉邑名고을이름、학(藥) 鄕。썅 [향]邑里시골、향生地고향、향處也周代行政區劃名一萬二千五百戶曰ㅣ향、향(陽) 嚮向通 鄍 밍 [명]晉邑名고을이름、명(今山東省平陸縣內)(青) 鄒。쭈 [추]魯縣古邾婁國나라이름、추(今山東省袞州府

內)(尤)

鄏 우 [욕] 河南地名郟ㅣ땅이름、욕(今河南省洛陽縣內)(沃)

郶 이 [익] 地名땅이름、익(陌)

鄐 츄 [축] 邑名고을이름、축(屋)

鄋 쑤 [수] 狄國名ㅣ瞞나라이름、수(尤)

鄎 씨 [식] 齊地名땅이름、식(職)

䣀 꽤 [왜] 不平坦평탄하지아니할、왜(賄)

⑪

鄘 융 [용] 周國名나라이름、용(河南省汲縣內)城也재、용姓也성、용(冬)

鄙 뻐 [비] 陋也더러울、비又더럽힐、비都之對시골、비邊邑邊ㅣ변방、비自己語謙稱ㅣ見나、비嗇財ㅣ吝인색할、비(紙)

鄜 뷰 [부] 馮翊縣名땅이름、부(今陝西省西安府의北)(虞)

鄠 후 [호] 扶風縣名땅이름、호(今陝西省西安府內)(麌)

鄢 연 [언] 鄭地名땅이름、언(今河南省鄢陵縣內)(阮)楚都ㅣ郢땅이름、언(今湖北省宜城縣內)(先)

鄞 인 [운] 會稽縣名땅이름、운(今浙江省寧波府內)(眞)

鄤 만 [만] 鄭地名땅이름、만(寒)

䣜 차 [차] 沛邑땅이름、차(歌)

鄣 쟝 [장] 莒國邑名땅이름、장(今江蘇省楡縣內)(陽)障同

鄡 챺 [교] 鉅鹿縣名땅이름、교(蕭)

鄟 좐 [전] 地名땅이름、전(先)

鄝 랸 [료] 國名舒ㅣ나라이름、요(篠)

鄛 챂 [소] 南陽棗陽縣名땅이름、소(蕭)

鄚 뫅 [막] 縣名땅이름、막姓也성、막(藥)

鄁 페 [배] 國名나라이름、배(灰)

鄿 깐 [간] 地名땅이름、간(寒)

⑫

鄪 삐 [비] 魯邑名땅이름、비(寘)費通

鄰 린 [린] 近也이웃、인親比이웃할、인連接맞붙을、인輔弼臣ㅣ도울、인周代行政區劃名五家之稱(眞)

鄲 딴 [단] 趙都邯ㅣ땅이름、단(今直隸省大名道)(寒)

鄯 쌴 [선] 西域國名ㅣ善나라이름、선(今新疆省婼羌縣地方)(霰)

鄱 퍼 [파] 趙地名땅이름、파(今江西省饒州府)湖名호수이름、파(江西省所在)(歌)

鄭 쪙 [정] 周叔友所封國정나라、정(今河南省新鄭縣內)ㅣ重정중할、정姓也성、정(敬)

鄧 뜽 [등] 國名나라이름、등(今湖北省襄陽縣內)姓也성、등(徑)

鄫 쯩 [증] 姒姓國나라이름、증(蒸)

鄩 씬 [심] 河南地名땅이름、심(今山東省濰州縣內)姓也성、심周邑名고을이름、심(今

河南省鞏縣內)(侵) 鄚• 뫄 [무]縣名고을이름、무(宥) 鄬 위 [위]地名又坂名땅이름、위(支) 鄡 쟈 [교]國名나라이름、교(蕭) 鄨。 뼤 [폐]水名ㅣ水물이름、폐縣名고을이름、폐(霽) 鄦• 후 [허]炎帝太岳之胤甫侯所封나라이름、허(語) (十二) 鄶。 꽤 [회]祝融後所封國나라이름、회(河南省密縣內)(泰) 鄵 쟈 [조]地名땅이름、조(號) 鄳。 멍 [맹]江夏縣名땅이름、맹(庚) 鄴• 예 [업]魏郡縣名땅이름、업(今河南省臨漳縣內)姓也성、업(葉) [義阝] 이 [의]地名땅이름、의(紙)

[盟阝] 멍 [맹]古縣名在義昌땅이름、맹(敬) 酆字 鄷俗 (十四) 鄸• 멍 [몽]邑名曺地땅이름、몽(東) 鄹同鄒 [壽阝] 삭 [수]蜀水名也물이름、수(尤) (十五) 鄽同廛 鄻。 넨 [련]邑名周地땅이름、연(銑) 鄾• 우 [우]地名땅이름、우(尤) [蓈阝] 랑 [랑]縣名고을、낭(陽) (十六) 鄼 찬 [잠]宋地名땅이름、참(感) 酀 옌 [연]邑名고을이름、연(先) 鄿• 치 [기]沛郡地名땅이름、기(微) (十七) 酃 링 [령]長沙縣名땅이름、영(靑) (十八) 酆。 뿅 [풍]周文王所都땅이름、풍(今陝西省鄠縣內)水名물이름、풍(東) 酅 씨 [휴]邑名고을이름、휴(齊) 酄 환 [환]境界지경、환(寒) (十九) 酇。• 촤 [찬]聚也모을、찬(寒)義同南陽縣名땅이름、찬(今湖北省光化縣內)(翰) [차]沛邑땅이름、차(歌) 鄼同 酈。• 릭 [력]南陽縣名땅이름、역(今山東省兗州府附近)姓也성、역(錫) (二十) [瞿阝]。 취 [극]河東地名땅이름、극(陌)

酉部

酉。• 우 [유]地支第十位지지、유鷄也닭、유方位西方서쪽、유時刻自午後六時至八時유시、유西方辰별、유就也나아갈、유(有) 丣同 (二) 酊• 띵 [정]醉貌酩ㅣ비틀거릴、정又술취할、정(迥) 酋• 쭈 [추]魁首ㅣ長괴수、추又두목、추酒熟술익을、추過也지날、추(尤) (三) 酏。 이 [이]飲也미

음、이酒也약주술、이(支)黍酒기장술、이甜也달、이(紙)

配 페 [배]匹也짝、배ㅣ之짝할、배侑也도울、배(隊) 배流刑隸귀양보낼、배分ㅣ나눌、배(隊)

酒 쥬 [주]米麴所釀술、주明水玄ㅣ무술、주官名벼슬이름、주(有)

酎 쮸 [주]三重酒세번위덮은술、주醇也重釀酒전국술、주火酒소주、주(宥)

酌 쟉 [작]斟也行觴잔질할、작酒也술、작審擇參ㅣ짐작할、작又대중할、자(藥)

⿰酉弋 이 [익]酒色술빛、익(職)

酑 위 [우]飲也마실、우(虞)

酐 한 [항]苦酒쓴술、항(養)

四

酗 쒸 [후]醉怒迷亂酒德주정할、후(遇)⿰酉句同

酕 맏 [모]極醉貌ㅣ醄몹시취할、모(豪)

⿰酉亢 깡 [강]鹽澤염전、강(養)⿰鹵亢同

酘 뚜 [두]重釀酒위덮은술、두(宥)

酖 천 [짐]鴆酒짐새술、짐(沁)[탐]嗜酒樂飮술즐길、탐(覃)

⿰酉巿 뻐 [발]酒色술빛、발(曷)

⿰酉勻 인 [인]少少飮홀작홀작마실、인(軫)

酓 앰 [염]酒味苦쓴술、염酒盈量술이양에찰、염ㅣ桑뽕나무、염(琰)

酔 醉俗字

⿹戈酉 꽈 [과]酒之色술빛、과(歌)

⿰酉屯 툰 [준]美酒좋은술、준(眞)

⿰酉不 醅同

酚 운 [운]酒杯술잔、운(問)

⿰酉今 옌 [염]酒也술、염(琰)

⿰酉丙 湎同

⿰酉支 리 [리]乳腐젖석을、이(支)

⿰酉氐 지 [지]腐乳썩은젖、지(支)

五

酥 쑤 [수]酪屬牛羊乳타락죽、수(虞)

酤 꾸 [고]買酒술살、고賣酒술팔、고一宿酒계명주、고(虞)(麌)(遇)

⿰酉句 酗同

酢 추 [초]酸漿醶也초、초又단것、초味酸실、초(遇)醋通[작]酬ㅣ술권할、작又수작할、작(藥)

酡 퉈 [타]醉容얼굴붉을、타(歌)

酏 酡同

⿰酉央 양 [앙]濁酒막걸리、앙(養)醠同

酣 한 [함]俗[감]酒宴最中한참어우러질때、감樂酒不醉흥날、감酒樂飮治술얼근할、감(覃)

酟 텬 [첨]和也섞을、첨又탈、첨(鹽)

⿱夗酉 원 [문]和酒鬆餠起ㅣ떡기주할、문(問)

⿰酉包 판 [포]美人醉面얼굴붉으레할、포(效)

⿰酉此 츠 [자]糟也재강、자(支)

⿰酉犮 바 [발]酒氣술기운、발(曷)

⿰酉瓜 꾸 [고]酒杯술잔、고(虞)

⿰酉冬 둥 [동]酒敗也술썩을、동(冬)

⿰酉且 추[추]醬也된장、추(虞) 酠 커[가]苦酒쓴술、가(馬) ⿰酉必 삐[필]酒飮盡술다마실、필又술홀닥마실、필(質)

⑥

酮 퉁[동]馬酪말젖、동酢也초、동酒壞신술、동(東) 酨 °재[재]酢漿초、재又단것、재釋米汁뜨물、재(隊) 酩° 밍[명]醉貌ㅣ酊비틀거릴、명又술취할、명甘酒단술、명(迥) 酬° 척·[수]勸酒술권할、수又수작할、수報也갚을、수周也두루、수(尤)醻同 酧 酬俗字 酪° 러[락]乳漿타락、낙(藥) 酭° 유[우]勸酒也술권할、우(宥) 酟 甜同 ⿰酉朱 작[저]酌也잔질할、저(魚) ⿰酉舍 남[남]厭飽물릴、남(勘) ⿰酉全 착[철]鹽藏物젓갈、철(屑) ⿰酉危 왜[왜]醉貌취할、왜(灰) ⿰酉交 쟈[교]賣酒술팔、교(肴) ⿰酉而 이[이]再釀酒두번빚은술、이(寘)

⑦

酴° 투[도]重釀酒ㅣ醾위덮은술、도酒母술밑、도(虞) 酺° 뿌[포]飮酒作樂大ㅣ술잔치、포(虞)會飮여럿이마실、포除裁祭고사지낼、포(遇) 酹° 래[뢰]綴祭酒沃地강신술、뇌(泰)(隊) 酶· 메[매]酒本누룩、매(灰)媒通 酳 인[윤]酒漱口술로양치할、윤飮酒安食반주、윤(震) 酸° 싼[산]酢味실、산悲痛슬플、산又아플、산ㅣ素의略稱、非金屬元素의一、無色無味無臭의氣體로서地球上가장많이存在하여水、空氣等을構成함、成分의一、酸味를有하고「리트머스」青色素를變하여金屬과合하여水素를發生하는것「ㅣ類、硫ㅣ」(寒) 酵· °쟈[교]俗[효]以酒母起麪發ㅣ술괴일、교(效) 酲° 청[정]病也술병、정醉覺술깰、정(庚) 酷· 쿠[곡]俗[혹]虐也慘也혹독할、혹甚也심할、혹痛恨원통할、혹酒厚味술맛텁텁할、혹(沃) ⿰酉巠 영[영]酒醒술깰、영(迥) ⿰酉含 한[함]酒之色술빛、함(覃)

⑧

醉° °취[취]爲酒所酣술취할、취心ㅣ침혹할、취潰也괴란할、취(寘) 醋 추[작]主客相酌酬ㅣ술권할、작(藥)酢通、ㅣ酸은無色酸性의液인데刺戟臭를有하며酢의主成分을成함、醫藥、染色其他工業上廣히使用됨[초]酸漿초、초(遇) 醅° 페[배]酒未漉醱ㅣ술괴일、

(灰)배

醆。잔 [잔]酒微清술도청덜될、잔夏爵名술잔、잔(潸)

醇。쓘 [순]不澆酒전국술、순專也순전할、순重也ㅣ謹삼갈、순厚也두터울、순(眞) 純通

醄 됴 [도]極醉貌酕ㅣ몹시취할、도(豪)

醃 옘 [엄]鹽漬魚物저릴、엄菹也김치、엄(鹽)

醁・루 [록]美酒名醽ㅣ맛좋은술、녹(沃)

醶 옘 [념]苦味쓸、염(鹽)

䣼。량 [량]漿也장、양(瀁)

醈 단 [담]酒醋薄也술맛새금할、담(勘)

醂・린 [람]乾柿전시、남又곶감、남(感)

醀 이 [위]和肉酒고기든술、위(支)

䣭 뎐 [전]濃酒전국술、전(銑)

䤊 지 [제]魚子醬생선조림、제(霽)

醞 우 [우]宴也잔치、우(虞)

九

醐。후 [호]酥之精液醍ㅣ타락웃물、호清酒약주술、호(虞)

醑 쉬 [서]美酒좋은술、서釃酒술거를、서(語)

醍。티 [제]酥之精液ㅣ醐타락웃물、제清酒약주술、제(霽)

醒・씽 [성]醉解술깰、성夢ㅣ꿈깰、성覺ㅣ깨달을、성(青)(迥)(徑)

醎 鹹俗字

醘 씨 [혜]酸漿단것、혜又초、혜(霽) 醯同

䤈 메 [매]醋之別名단것、매又초、매(灰) 酶同

醙・쑤 [수]白酒흰술、수(尤)(有)

醕 醇同

醶。투 [두]楡醬醬ㅣ느릅나무장、두(宥)

䤄 면 [면]沈於酒술에젖을、면(銑)

䤃。뭏 [무]楡醬ㅣ醶느릅나무장、무(宥)

䣶 신 [심]麴也누룩、심(侵)

醅 인 [음]醉也취할、음(侵)

醌 쉰 [혼]注酒술따를、혼(阮)

醏・뚜 [도]醬也된장、도(虞)

醓 씨 [해]酒杯술잔、해(賄)

醲 충 [총]濁酒탁주、총(東)

䤆 난 [남]煮肉고기지질、남(感)

䤋 꿔 [귀]清酒맑은술、귀(紙)

䤇 지 [절]漬菜풋김치、절(屑)

十

醞。원 [온]釀酒술빚을、온含蓄ㅣ藉온자할、온(吻)(問)

醩 嗜同

醝 취 [차]白酒흰술、차(歌)

醟。웅 [영]酗酒주정할、영(敬)

醡 쨔 [자]壓酒具술거르는체다리、자(禡)

醜。착 [추]惡也미울、추穢也더러울、추類也같을、추衆也무리、추美之對추할、추鼈䤃자라똥구멍、추恥也부끄러울、추(有)

醠 미 [밀]飮

酒俱盡술그릇마를、밀醬也간장、밀又지령、밀(質) **醫**이 [의]酒也술、의(支) **⿰酉冡**。뭉 [몽]麴生衣누룩뜰、몽(東) **醚**미 [미]醉也취할、미(支) **醛**

[출]酒味變술맛변할、출(屑) **醘**커 [갑]酒器술그릇、갑(合) **醢**。해 [해]肉醬간장、해刑罰人體鹽漬형벌、해(賄) **⿱殸酉**。꾸 [곡]濁酒蟲술파리、곡(屋) **⿰酉桑**

상 [상]乳酒젓술、상(陽) **⿰倝酉**한 [한]清酒맑은술、한(翰) **⿰酉冥**메 [멱]乾酪말린젓、멱(錫) **⿰酉旁**。빵 [방]奉上酒술올릴、방(陽) **⿰酉或**우 [욱]面黃낯빛누를、

욱(屋) (十一) **醨**。리 [리]薄酒모주、이(支) **醫**。이 [의]治病者의원、의又의사、의療也병고칠、의療病學問技術의술、의救也구원할、의(支)毉同、酏也梅漿단

것、의又초、의(紙) **醥**퍄 [표]清酒약주술、표(篠) **醩** 糟籀文 **醪**。랖 [료]濁酒醇ㅣ막걸리、요(豪) **醬**。쟝 [장]鹽也肉醬간장、장(漾) **⿰酉鹵**루

[루]ㅣ魚젓、누(虞) **⿰酉㒼**미 [미]白生醬酢醭ㅣ끌마지、미(齊) **⿰酉曼** 醂同 **醧**。어 [어]私燕飮사사로이잔치할、어(御) **⿰酉責** 醡同 **⿰酉𥏻** 觴同 **⿰酉畢**폐

[폐]榆醬느릅나무장、폐(霽) **⿰酉莫**무 [모]美醬좋은장、모(虞) **⿰酉項**홍 [홍]醉倒취하여자빠질、홍(董) (十二) **醮**。쟈 [초]冠娶祭名초례제、초(嘯) **醰**。

탄 [담]酒長味醇단술、담(感) **醯**。씨 [혜]酢味단것、혜又초、혜(齊)醓同 **醭**뿍 [복]酒上白술에끌마지끌、복(屋) **醱**。뼥 [발]重釀ㅣ醅술괴일、발(曷) **⿰酉幾**

끼 [기]旣沐飮酒又秫酒목욕하고술마실、기(未) **⿰酉單**탄 [단]濁酒막걸리、단(寒) **⿰酉⿱非手**삐 [비]酒之色술빛、비(紙) **⿰酉朁**신 [짐]飮酒술마실、짐(寢) **⿰酉黃**

황 [황]未漉酒전국술、황(漾) **⿰酉尞**랖 [료]清酒맑은술、요(篠) **⿰酉善**。젼 [전]苦酒쓴술、전(銑) **⿰酉華**화 [화]醇酒전국술、화(麻) **⿰酉奧**우 [유]清薄酒멀건술、

유(有) **⿰酉間**한 [한]鹹也짤、한(諫) (十三) **醲**。ᄂᆞᆼ [농]厚酒전국술、농(冬)濃酒 **醴**。리 [례]一宿熟甘酒단술、예ㅣ泉단샘、예(薺) **醷**이 [의]梅漿단

것、의又초、의(紙)【억】義同(職) 醵。취【거】斂錢共飮酒술추렴벌、거ㅣ金돈거둘거(魚)(御)【갹】義同(藥) 醳 이【역】苦酒쓴술、역醇酒전국술、역(陌)釋同 醹 醽同

醰 싼【선】酒苦술맛쓸、선(銑) 醥 표【표】面疱여드름、표(巧) 醶 어【엄】酸也실、엄(豔) 䣼 상【상】嘗也맛볼、상(陽) 䤃 감【감】鹹也짤、감(感)

十四 䤏 서【서】美酒좋은술、서(語) 醹。수【유】厚酒전국술、유(虞)(麌) 醺。훈【훈】醉也和悅貌술얼근히취할、훈(文) 醻。酬同 醂 란【람】泛齊行酒잔넘게술따를、남(勘)

醿 만【몽】麴衣누룩곰팡이、몽(東) 䤄 제【제】鹹也짤、제(霽) 䤔 잠【점】味薄싱거울、점(琰) 十五 䤕 학【악】酢也초、악(藥)

䤖。포【포】一宿酒게명주、포(號) 䤐 醆同 十六 醼 宴同 醿 리【력】下酒술거를、역(錫) 十七 醾 미【미】酴ㅣ酒名막걸리、미(支)

釀。냥【양】醞酒술빚을、양(漾) 醽。령【령】美酒ㅣ醁좋은술、영(靑)醽同 䤍 한【감】敗酒신술、감(感) 醶 참【참】酢也초、참酸也실、참(鹽)

䤘 미【미】麴也누룩、미(齊) 十八 釁。쓴【흔】鑄隙틈、흔爭端틈벌、흔罪累죄、흔兆也조짐、흔牲血塗器피로틈바를、흔(震) 釂 쟌【조】飮盡훌적들이마실、적(嘯)

醸 빤【포】一宿酒게명주、포(號) 十九 釃。쓰【시】下酒술거를、시(支)【소】義同(魚) 醾 醿同 二十 釅。엔【엄】酒醋味厚술과초맛준할、엄(豔)

二十一 𨤻 리【력】酪滓젖찌끼、역(錫) 二十二 醽 醹同

釆部

釆。뻔【변】辨別분변할、변(銑)辨本字

一 采。채【채】取ㅣ色채색、채事也일、채擇也가릴、채食邑채읍、채風ㅣ풍채、채(賄)採彩通(隊) 採同

四 宷 메【매】深入깊이들어갈、매(齊) 𢍏 쟝【권】握飯爲圓밥뭉칠、권(霰)

五 釉。우【유】光澤빛날、유石英末和灰汁制者所以塗

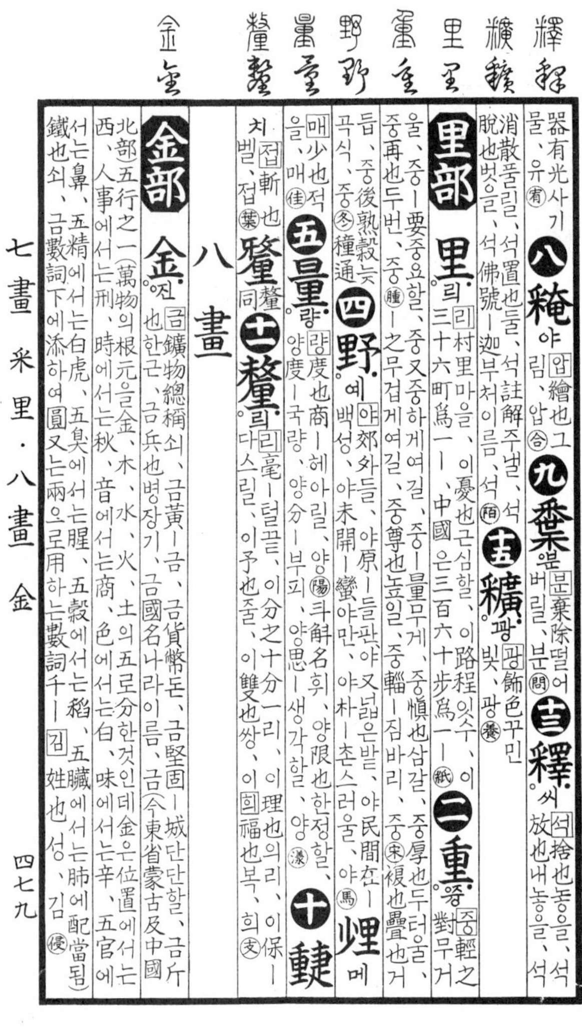

器有光사기물、유(宥)

八 ⿰釆奄 야 압 繪也그림、압(合)

九 ⿱釆棄 분 분 棄除떨어버릴、분(問)

十三 釋 석 석 捨也놓을、석放也내놓을、석消散풀릴、석置也둘、석註解주낼、석脫也벗을、석佛號ㅣ迦부처이름、석(陌)

十五 ⿰釆黃 광 광 飾色꾸민빛、광(養)

里部

里 리 리 村里마을、이憂也근심할、이路程잇수、이三十六町爲一ㅣ、中國은三百六十步爲一ㅣ(紙)

二 重 쭝 중 輕之對무거울、중ㅣ要중요할、중又중하게여길、중ㅣ量무게、중愼也삼갈、중厚也두터울、중再也두번、중(腫)ㅣ之무겁게여길、중尊也높일、중輜ㅣ짐바리、중(宋)複也疊也거듭、중後熟穀늦곡식、중(冬)種通

四 野 예 야 郊外들、야原ㅣ들판、야又넓은밭、야民間在ㅣ백성、야未開ㅣ蠻야만、야朴ㅣ촌스러울、야(馬)

⿰火里 메 매 少也적을、매(佳)

五 量 량 량 度也商ㅣ헤아릴、양(陽)斗斛名휘、양限也한정할、양度ㅣ국량、양分ㅣ부피、양思ㅣ생각할、양(漾)

十 ⿰里隶 치 접 斬也벨、접(葉)

⿸厂釐 釐同

十一 釐 리 리 毫ㅣ털끝、이分之十分一리、이理也의리、이保ㅣ다스릴、이予也줄、이雙也쌍、이 희 福也복、희(支)

八畫

金部

金 진 금 鑛物總稱쇠、금黃ㅣ금、금貨幣돈、금堅固ㅣ城단단할、금斤也한근、금兵也병장기、금國名나라이름、금(今東省蒙古及中國北部)五行之一(萬物의根元을金、木、水、火、土의五로分한것인데金은位置에서는西、人事에서는刑、時에서는秋、音에서는商、色에서는白、味에서는辛、五官에서는鼻、五精에서는白虎、五臭에서는腥、五穀에서는稻、五臟에서는肺에配當됨)鐵也쇠、금數詞下에添하여圓又는兩으로用하는數詞千ㅣ 김 姓也성、김(侵)

二

釜˚부 [부]鬴俗字、無足鼎가마、부量名휘、부(六斗四升)(虞) **釗**쟈 [쇼]俗[쇠]勉也힘쓸、쇠見也보일、쇠弩牙소뇌고등、쇠(蕭)[교]周康王名이름、교(蕭)

[韓]金也쇠、쇠 **釘**˚뎡 [정]鐵尖못、정裝ㅣ못박을、정矛名창、정(青)ㅣ鈒불린금、정(徑) **針**˚전 [침]縫具바늘、침刺病침、침(侵)鍼同縫也바느질할、침刺也찌를、침(沁) **釕**˚료 [조]帶頭飾띠머리장식、조錦ㅣ걸쇠、조(篠) **釙**부 [팍]未鍊荒鐵불리지않은쇠、팍(覺) **鈚**비 [비]箭也화살、비(支) **釞**지 [집]銛也날카러울、칩(緝) **釟**빠 [팔]鍊也단련할、팔(黠)

三

釪위 [우]樂器似鐘錞ㅣ요령、우僧家飯器鉢ㅣ바릿대、우(虞) **釭**˚궁 [공]車轂中鐵굴대、공(東) [강]燈也등잔、강(江) **釱**듸 [체]足鉗착고、체(齊)[대]義同(泰) **釵**˚채 [채]婦人岐笄비녀、채(佳)[차]義同(麻) **釬**깐 [한]臂鎧팔찌、한以硼砂合땜할、한急也급할、한(翰)銲同 **釩**˚빤 [범]拂也떨칠、범(豏) **釧**찬 [천]女飾臂環釵ㅣ팔까찌、천(霰) **釣**˚됴 [조]鉤魚낚시、조取也낚을、조求也구할、조(嘯) **釦**쿠 [구]金飾器口그릇에금테두를、구譁動떠들석할、구叩也두드릴、구(有) **釳**˚치 [흘]乘輿馬頭飾方ㅣ말머리장식、흘(物) **釤**싼 [삼]鏟屬자귀、삼(咸)大鎌큰낫、삼(陷)

釨예 [걸]戟也삼지창、걸(屑) **釴**이 [익]鼎附耳在表솥귀、익(職) **釶**鍦同 **釥**찬 [초]美金좋은쇠、초(篠) **釨**졔 [자]剛也강할、자(紙) 釨別字 **釮**채 [재]銳利날카로울、재(齊) **釰**이 [일]鈍也둔할、일(質)

四

鈚˚피 [비]箭鏃살촉、비(齊)犂錧別名보습、비(支) **鈇**˚부 [부]莝斫刀작도、부斧也ㅣ鉞ㅣ質도끼、부(虞) **鈞**˚쥰 [균]三十斤설흔근、균陶具질그릇끌、균天地大ㅣ洪ㅣ천지、균樂名ㅣ天풍류이름、균(眞)均通 **鈗**윈 [윤]侍臣所執兵器창、윤(軫) **鈏**인 [인]錫金白鑞백철、인(軫) **釿**인 [근]平木具대패、근(文) **鈍**˚뜬 [둔]頑ㅣ둔할、둔不利무딜、둔(願) **鈑**빤 [판]鉼金金ㅣ불

린금、판(潸) **鈔**。찬 초 取也취할、초 略也노략할、초 謄寫베낄、초(肴) 抄同 紙幣지전、초(效) **鈋** 어 와 刓名爲圓 모잴、와(歌) **鈀**・파 파 兵車싸움수레、파 鉏屬五齒平土除穢쇠스랑、파 又갈퀴、파(麻) **釾** 鋣同 **鈜**・횡 횡 鐘鼓聲鏗ㅣ쇠북소리、횡(庚) **鈕**。뉴 뉴 印鼻인꼭지、유 鏡鼻거울손잡이、유(有) **鈐** 쳠 검 車轄굴대비녀장、검 鏁也자물쇠、검 大犂보습、검 星名鈐ㅣ별이름、검(鹽) **鈒**。써 삽 鋋也 戟也삽지창、삽(緝) 鏤也새길、삽(合) **鈌** 꿰 결 刺也찌를、결(屑) **鈉**・녀 눌 打鐵메、눌(月) **鈆** 鉛同 **鈲**。피 벽 裁木爲器갈이박、벽 破也깨질、벽(錫) **鈎** 鉤同 **鈂** 친 침 鐵杵쇠공이、침(侵) **鈅** 웨 월 劍也칼、월(月) **鉚** 꿍 궁 釧也팔고리、궁(東) **鈊** 신 심 銳利날카로울、심(沁) **鈠** 이 역 小矛작은창、역(陌)

五

鈹。피 피 刃戈날있는창、피 大針쇠꼬창이、피(支) **鉏**・츄 조 俗 서 治田器호미、서(魚) 鋤同、相距ㅣ鋙어긋날、서(語) **鉅**。쥐 거 大也클、거 鉤也갈구리、거 大剛鐵강한쇠、거(語) 巨詎通 **鈷** 꾸 고 熨斗ㅣ鏻다리미、고(虞) **鉒** 쮸 주 丱也쇠돌、주(遇) **鉛**。쳰 연 錫類靑金납、연 白粉분、연(先) 鈆同 **鈿** 뎬 전 首飾金ㅣ비녀、전 具飾器자개그릇、전(先)(霰) **鉉**。쒠 현 所以貫鼎擧之솥귀、현(銑) **鉊** 쟌 초 大鎌큰낫、초(蕭) **鉋**・빠 포 鉋屬平木器대패、포(效) **鉌** 허 화 車鈴ㅣ鑾차방울、화(歌) **鉠** 양 앙 鈴聲ㅣㅣ방울소리、앙(陽) **鉎** 썽 생 鐵衣동록、생(庚) **鈶** 枱同 **鋑** 鋑同 **鉗**。쳠 겸 以鐵束頸髡ㅣ목사실、겸(鹽) 拑通 **鉦** 쪙 정 鐃也 鐲也징、정(庚) **鈴**。령 령 鐸也방울、영 呼ㅣ종、영(靑) **鉤** 꾸 구 鐵曲갈구리、구 牽也끌、구 規也ㅣ矩그림쇠、구ㅣ索갈거머리、구 鉤屬곱장칼、구 懸物者갈구리、구(尤) **鉆**。쳠 검 大犂보습、검(鹽) 鈐通 첩 鐵鉆집게、첩(葉) **鈺** 위 옥 寶也보배、옥 堅金단단한쇠、옥(沃) **鉍**・삐 필 矛柄창

자루、필(質) **鈯**。두 돌 鈍也무딜、돌 小刀창칼、돌(月) **鉞** 웨 월 斧也鈇ㅣ도끼、월(月) **鈸** 빠 발 鈴也銅ㅣ방울、발(曷) **鉢**· 뿨 발 盂屬食器바릿대、발

(曷) **鈼**。쭤 작 釜也가마、작(藥) **鉐** 씨 석 鍮也놋、석(陌) **鉀**· 꺄 갑 鎧也갑옷、갑(洽)甲同 **鈾** 와 유 銀上黑은빛죽을、유(遇) **鉄** 鐵俗字(韓)

無痘痕뻔뻔이、석 **鉧**· 무 무 熨斗鈷ㅣ다리미、무(有)鉾同 **鉑** 빠 박 金薄금박、박(藥) **鉾** 마오 무 矛也所以巡警하는장、무(尤) **鉥**。쒀 술 針長돗바늘、

술導也인도할、술(質) **鉟**。애비 비 刅戈날있는창、비(支)鈹同 **鉈** 샤 사 短矛짧은창、사(麻) **鉚**· 랴 류 美金황금、유(有) **鉴** 즈 지 斧也도끼、지(支)

鈱 민 민 鐵葉철판、민(眞) **鈳**。아 아 小釜작은가마、아(哿) **鉘**· 제 제 銳利날카로울、제(齊) **鉊** 시 시 鋌也쇳덩이、시(支) **鈽** 부 포 金板철

판、포(虞) **鉂** 시 사 金環쇠고리、사(紙) **鉃** 시 지 箭末살끝、지(紙) **鉇**。鉈同 **鉓** 티 척 飾也꾸밀、척(職) **鉕** 퍼 파 銅器也구리그르 파(歌)

鉔· 쟈 잡 轉旋不倒之香爐구르는향로、잡(合) **鉖** 둥 동 釣針낚싯바늘、동(冬) **鉮** 안 염 黑鐵무쇠、염(琰) **鉜** 뿌 부 大釘큰못、부(尤) **鉝** 리

립 食器밥그릇、입(緝) **鉣** 제 접 組帶鐵띠매는쇠끈、겁(葉) **鉶** 싼 산 鐵器쇠그릇、산(諫) ⑥ **銅**。퉁 동 赤金구리、동赤ㅣ貨동전、동石髓鉛自然

ㅣ산골、동(東) **銎**。쿵 공 斤斧受柄孔도끼구멍、공(冬) **銔** 퓌 피 旗名靈姑ㅣ기이름、피(支) **䤥** 꿰 궤 匭屬가래、궤(紙) **銖**。쓔 수 百黍錙ㅣ저울눈、

수一割十分之一푼、수(虞) **銀**。인 은 白色金屬은、은白色ㅣ河하얄、은金錢돈、은(眞) **銓** 촨 전 度也權衡저울질할、전選法사람가릴、전(先) **銒** 옌

견 酒器似鐘頸長목긴병、견(先)형義同(青) **銑**。쏀 선 ㅣ鐵분쇠、선金之澤者윤택한금、선鐘兩角쇠북귀、선飾弓以金활꽃이에금올릴、선(銑) **銚** 댜 조 田

器ㅣ鎒가래、조[요]溫器쟁개비、요(蕭) **鉸** 쟈 [교]交刀가위、교(巧)義同、裝飾금장식、교(肴) **銙** 쾌 [과]帶飾十三ㅣ띠돈、과(馬) **銘**。밍 [명]刻以識事새

길、명志也記誦기록할、명ㅣ心명심할、명ㅣ旌명정、명(青) **銛** 셤 [섬]利也날카로울、섬鍤屬가래、섬(鹽) **銜**。셤 [함]馬口勒재갈、함口ㅣ物함오、함官啣관

함、함感也느낄、함恨也원망할、함(咸) **銍**。지 [질]刈禾短鎌갈강낫、질(質) **銕** 鐵古字 **銱** 됴 [조]釘ㅣ걸쇠、조(蕭) **銗** 흑 [후]頸鎧鏂ㅣ목투구、

후投書函함통、후(尤) **銊** 쒸 [훌]鎖處鍎ㅣ배목、훌鋸聲톱소리、훌(質) **銃** 츙 [총]兵器총、총(送) **鉿**。꺼 [협]陷聲빠지는소리、협(洽) **鉺** 열

[이]鉤也갈구리、이(寘) **鉶**。씽 [형]羹器국그릇、형(青) **鉼** 鉼俗字 **鉻** 러 [락]鬅也깎을、낙(藥) **銋** 신 [임]聲不進貌鍖ㅣ목막힐、임(寑) **鉾**

矛古字 **鈐** 진 [겸]鑯也끌、겸(鹽) **鉵** 둥 [동]鋌也쇳덩이、동(冬) **鍒** 뒤 [태]鈇也이지러질、타(哿) **銂**。쥬 [주]金劍금갈、주(尤) **銆** 메 [맥]兵

器병기、맥(陌) **銌** 춘 [존]切也끊을、존(願) **銾** 홍 [홍]弩牙소뇌고둥、홍(東) **銐** 치 [체]剃草鎌풀베는낫、체(霽) **銁** 회 [홰]金屬器具쇠연장、홰(隊)

鉥 슉 [휴]長針긴바늘、휴(尤) **銷** 鋗同 **⑦** **鋒**。뽕 [봉]刀劍芒칼날、봉事物之端筆ㅣ끝、봉軍之前列先ㅣ앞잡이、봉(冬) **鋤** 츄 [조]俗[서]田

器去穢호미、서除草김맬、서滅也誅ㅣ없앨、서(魚)鉏同 **鋙** 위 [어]不相當鉏ㅣ어긋날、어(語) **鋪**。푸 [포]布也펼、포門首銜環문고리、포(虞)設也베풀、포病也

병들、포貫肆전방、포(遇)舖同 **鋘** 우 [오]劍名錕ㅣ칼이름、오(虞)[화]兩刃鍤쌍날가래、화(麻)鏵同 **鋭**。쉐 [예]利也날셀、예凡物纖利者날카로울、예又뾰족할、

예芒也까락、예(霽)[태]矛屬창、태(泰) **鋂**。메 [매]子母環사슬고리、매大鎖큰자물쇠、매(灰) **銲** 釬同 **鋎** 환 [환]刀也칼、환(潸) **鋗**。휀 [현]銅銚둥

노구、현無足鐺노구솥、현(先)

鋋。연 [연]小矛작은창、연刺也찌를、연利金좋은금、연(先)

鋧 션 [현]小鑿銑ㅣ푼끌、현(銑)

銷。쇼 [소]鑠金녹일、소盡也녹을、소散也ㅣ暑헤칠、소衰也쇠할、소(蕭)消同

鈔 싸 [사]銅器水盆ㅣ鑼구리동이、사(歌)

鋣 예 [야]吳神劍名鏌ㅣ칼이름、야(麻)

鋩。망 [망]刀劍鋒ㅣ서슬、망又날、망(陽)

鋐 同鋩

鋃。랑 [랑]鎖也잠글、양又쇠사슬、양(陽)

鋥 청 [정]磨出劍光칼날세울、정(敬)

鋌 텽 [정]銅鐵樸쇳덩이、정箭足箭ㅣ살촉、정疾走貌달음박질할、정(迥)

銶 챠 [구]鑿屬끌、구(尤)

鋟 첨 [침]鏤版爪刻새길、침(寑)

鋄 만 [만]馬首飾말머리치장、만(豏)

鋈。우 [옥]銷金灌沃爲飾도금할、옥(沃)

鋜 쮜 [착]足鎖발목잡아맬、착鋤也호미、착(覺)

鋝。례 [렬]量名六兩옛냥중、열(屑)

鋏。쨔 [겹]俗[협]劍也칼、협可以持治器鑄鎔者집게、협(葉)

銸。녜 [녑]俗[섭]箝也拔毛쪽집게、섭(葉)鑷同

鋦 쮜 [국]以鐵縛物철로동일、국(屋)

[⿱局金] 鋦同

錊 랖 [로]銅器也놋그릇、노(豪)

鋊。위 [욕]銅屑구릿가루、욕(沃)

銼 춰 [좌]釜也가마、좌挫也꺾을、좌(箇)

銹。쑤 [수]鐵生衣동록、수(宥)鏽同

鋕 직 [지]銘也새길、지(寘)

鋇 빼 [패]銅樸쇠뭉치、패(泰)

銴 시 [세]五色銅오색구리、세(霽)

[⿱壯金] 장 [장]鈴聲방울소리、장(養)

銾 홍 [홍]鐘之聲종소리、홍(董)

鋀。두 [두]鍮也놋쇠、두(尤)

銿。鐘鏞同

[⿰金希] 飾同

鋆 신 [윤]貴金금、윤(眞)

[⿰金步] 시 [섭]黑鐵무쇠、섭(葉)

[⿱泣金] 지 [급]鋤也호미、급(緝)

鋓 텐 [첨]銳也날카로울、첨(鹽)

鈠 이 [역]小矛작은창、역(陌)

鋖 시 [시]鉇也대패、시(支)

鋚 됴 [조]轡首銅고삐끈쇠、조(蕭)

鋞。싱 [형]鍋也남비、형(靑)

鋠 신 [신]圓鐵둥근무쇠、신(震)

鋫 리 [리]黑金검은쇠、이(支)

(八)

錐。쮜 [추]銳也鍼也송곳、추(支)

錤 찌 [기]鉏也鎡ㅣ호미、기(支)基通

錡。치 [기]三

足釜세발가마、기(支)[의]義同、弩架노쇠틀、의鑿屬끌、의不安貌崎ㅣ휘뚝거릴、의(紙)

錍 피 [비]斧屬鍤也도끼、비(支)箭鏃살촉、비(齊)鈚同

鋸。역 [거]鐵葉齟齬其齒片解木石者刀ㅣ톱、거(御)

錄。루 [록]記也기록할、녹籍也문서、녹總也목록、녹又물록、녹取也취할、녹(沃)循常ㅣㅣ변변치않을、녹(屋)碌同[려]寬省ㅣ囚사실할、여(御)

錮 꾸 [고]鑄塞땜질할、고禁ㅣ가둘、고公權剝奪벼슬막힐、고ㅣ疾긴병、고(遇)

錯。추 [착]雜也섞일、착迭也交ㅣ갈마들일、착砥也숫돌、착誤也그릇할、착乖也어긋날、착(藥)[조]行也행할、조王莽錢名ㅣ刀돈、조(遇)措同

錞。뒤 [대]矛下鐏창고달、대(隊)鐓同[순]似鐘ㅣ釪사발종、순(眞)

錕 큰 [곤]赤金붉은금、곤鋙名ㅣ鋙칼이름、곤(元)車釭수레굴통쇠、곤(阮)

錧 판 [관]車轂鐵수레굴통쇠、관田器보습、관(旱)輨同

錢。쳔 [전]貨幣돈、전圜之百分一전、전(先)田器ㅣ鎛가래、전(銑)

鋼。깡 [강]鍊鐵강철、강(陽)

鋹 창 [창]利也날카로울、창(養)

錚。정 [쟁]金聲ㅣㅣ쇳소리、쟁鉦也징、쟁(庚)

鉼 뻥 [병]金鈑불린금덩이、병(梗)

錠 뗭 [정]鐙也촛대、정薦熟物器구자틀、정純金銀貨幣定率덩이、정錫屬주석、정(徑)

錦。긤 [금]襄色織文비단、금尊稱形容詞ㅣ地(寢)

錟 탄 [염]利刃서슬、염(琰)[담]長矛긴창、담(覃)

錣 취 [철]策馬箠端有針채찍고달、철(屑)

錫。써 [석]鉛類金ㅣ백철、석賜也줄、석杖也지팡이、석(錫)

錔 타 [탑]器物金冒쇠두겁、탑(合)

錘。취 [추]稱ㅣ八銖저울눈、추(支)鍛器爐ㅣ마치、추(紙)稱ㅣ저울추、추(寘)

錥 위 [욱]小釜鎘ㅣ옹솥、욱(屋)

錪。뎐 [전]金也쇠、전鍑也솥、전(銑)[톤]重也무거울、톤(阮)

錨。먀 [묘]鐵ㅣ닻、묘(蕭)

錌 예 [업]椎也마치、업(葉)

[金屈] 취 [굴]鐨處ㅣ鉞배목、굴(物)

[金非] 피 [비]鍼也침、비(微)

錛 뿐 [분]平木器자귀、분(元)

錑 례 [뢰]鉋也대패、뇌(隊)

錏。야 [아]頸鎧목가림투구、아(麻)

[金宕] 錫同

錈

쫜[권]屈金쇠말릴、권(銑) 鋻° 쩐[견]剛鐵강철、견(霰)淬刃使堅날담글、견(先) 鈉 同鏺 錩 창[상]車輪繞鐵바퀴테、상(陽) 鉶 同鉶 錜 녠

[녑]小釵비녀、엽(葉) 錇° 부[부]缶別名曰ㅣ장구、부(尤) 錎 셴[함]連環사슬고리、함陷也빠질、함(陷) 鋺• 웬[원]權衡臺저울바탕、원(阮) 錆• 칭

[청]精也정할、청(陽) 錙°• 츠[치]六銖曰ㅣ저울눈、치六兩重稱엿냥중、치(支) 鋽 돤[조]未鍊鐵불리지않은쇠、조(嘯) 鋾 돠[도]鈍也쇳덩이、도(豪) 錀

륜[륜]貴金금、윤(眞) 錁° 궈[과]帶飾金具띠치장、과(馬) 錂 렁[릉]強鐵강한쇠、능(蒸) 鋣 예[야]鏡也거울、야(禡) 錊• 새[쇠]鍊也단련할、쇠

(隊) 錋 평[병]兵器병기、병(庚) 錌 얜[안]軟鐵연한쇠、안(翰) [illegible]°• 산[소]鐵粉쇳가루、소(號) 鋡 한[함]鎧也갑옷、함(覃) 錒 아[아]釜也가

마솥、아(歌) 錗 同錘 [illegible] 同[illegible] 錬 둥[동]犂刃보습날、동(東) (九) 鍿 同錙 鍾°• 쭝[종]酒器술잔、종量名八斛휘、종律名黃ㅣ검은고、종聚也

뭉킬、종垂淚貌눈물흘릴、종(冬)鐘通 鍍• 뚜[도]以金飾物도금할、도(遇) 鍥° 치[계]刻也새길、계(霽)[결]鎌也낫、결(屑) 鍇 캐[개]好鐵좋은쇠、개

(蟹) 鍲 민[민]計稅쾌지을、민業也장사밑천、민(眞) 鍵 첸[건]開鑰金具열쇠、건車轄수레굴대、건(阮)(先)(銑) 鍛°• 똰[단]打鐵冶金쇠불릴、단修鍊단련

할、단(翰) 鍰 환[환]鋝也黃鐵六兩주석엿냥중、환(刪)環同 鍊°• 렌[련]精金쇠불릴、연冶也단련할、연煎冶銅鐵使精熟달을、연又불릴、연(霰) 鍬 챺

[조]臿也가래、조(蕭) 鍫 同鍬 鍋• 궈[과]釜屬溫器노구、과又남비、과車釭수레굴통쇠、과盛膏器기름통、과(歌) 鍜° 쌰[하]頸鎧鍜ㅣ목투구、하(麻) 鍚

양[양]馬額飾당노、양(陽) 鍧 훵[횡]俗[굉]鐘鼓聲鍧ㅣ쇠북소리、굉(庚) 鍠° 황[횡]俗[굉]鐘鼓聲ㅣㅣ쇠북소리、굉(庚) 鍒 ᅀᅮ[유]鐵之軟者떡쇠、유又

시우쇠、유(尤) **鍪** 뫃 [무]首鎧兜ㅣ투구、무(尤) **鍮**· 투 [투]俗[유]銅十亞鉛三之合金놋쇠、투(尤) **鍭**。후 [후]箭鏃살촉、후(尤) **鍍** 쑤 [수]刻鏤새길、수(尤)

鍼· 짐 [침]刺病石ㅣ침、침縫布帛錐바늘、침(侵) 針同(鹽) **鍔** 어 [악]劒刃鋒ㅣ칼날、악(藥) **鍤** 차 [삽]鍬也가래、삽(洽) 臿同 **鍑**。부 [복]釜也가마솥、복(屋)

鍱。셰 [섭]金鐵片鏶也쇳조각、섭又편철、섭(葉) **鍴** 돤 [단]鑽也송곳、단(寒) **鍝** 위 [우]耳垂金寶鐻ㅣ귀고리、우(虞) **鍘**。자 [찰]ㅣ刀작도、찰(黠)

鍖· 짐 [침]斧質쇠모탕、침聲不進ㅣ鉗목맺힐、침(侵) **鍯** 충 [총]大鑿끌、총(東) **鍐** 종 [종]馬首飾말굴레、종(冬) 㚇同 **鍉**。츠 [시]鍵也열쇠、시錯

ㅣ슨갈、시(支) [저]鋒也날、저(齊)(錫) **鍦**· 셔 [사]短矛짧은창、사(支) 鉈同 **鍳** 鑑同 **鍺**。뎌 [도]釭也바퀴통쇠、도(豪) **錥** 퉈 [타]車轄수레굴통쇠、타䭾館

보습、타(哿) **鎁**· 鋣同 **鍈** 잉 [영]鈴聲방울소리、영(庚) **[illegible]** 산 [연]軟銀연한은、연(霰) **鍎** 뚜 [돌]槍也창、돌(月) **鍏**。웨 [위]䭾也보습、위(微)

鍓· 지 [집]板鐵판철、집(緝) **鍗** 톄 [제]大釜큰가마、제(齊) **鍞** 鏗同 **鍟** 싱 [성]銹也녹、성(靑) **鍶** 숭 [종]鐵器무쇠그릇、송(冬) **鍸**。후

[호]鐵皿쇠접시、호(虞) **鍹** 쉔 [선]鏇也가래、선(先) **鍻**。커 [갈]金飾鼓금으로장식한북、갈(月) **[illegible]** 쉬 [삭]鐶也쇠고리、삭(覺) **鎀** 삭 [수]鋋也쇳덩이、수(尤)

十

鎔·。슝 [용]銷也녹일、용ㅣ鑄불릴、용鑄型틀、용즈물、용(冬) **鎡** 쯔 [자]鋤之別名ㅣ基호미、자(支) **鎚**· 취 [추]金ㅣ쇠마치、추權也저울추、추(支)

錘同 [퇴]治玉옥다듬을、퇴(灰) **鎩**。쌔 [대]長矛긴창、대(卦) [살]義同、翦翩除갈길、살(黠) **鎞** 삐 [비]櫛髮具빗치개、비箭鏃살촉、비金ㅣ손톱칼、비釵也비녀、비(齊)

鎭·。진 [진]安也진정할、진戍也수자리、진寶器玉ㅣ홀、진(眞)按也ㅣ壓누를、진藩ㅣ변방、진安之진정시킬、진重ㅣ무거울、진(震) **鎧** 캐 [개]甲也갑

옷、개兜鍪首ㅣ투구、개(賄)(隊)

鎬 호 [호]温器남비、호又쟁개비、호武王所都ㅣ京、호경、호(陝西省西安府內)耀也빛날、호(皓)

鎖 쇄 [쇄]俗[쇄]鑰也자물쇠、쇄鐵環사슬、쇄封ㅣ꼭막을、쇄項ㅣ항쇄、쇄英語Chain의譯字「첸」一哩의八十分之一約十一間三寸八分餘」(哥) 鎖同

鎻 鎖同

鎈 차 [차]錢異名돈、차金光금빛、차(麻)

鎊 팡 [방]削也깎을、방(陽)

鎗 창 [쟁]金石聲鏗ㅣ금석소리、쟁三足鬴鼎類세발노구、쟁(庚)鏘鐺同

鎣 잉 [형]飾也꾸밀、형磨劒器줄、형(徑)

⿰金函 한 [함]鎧也갑옷、함(覃)函通

鎒 槈同

鎌 렴 [겸]鉤鍥씨草낫、겸(鹽)鐮同

鎰 이 [일]量名二十四兩스물넉냥중、일(質)溢通

鎋 싸 [할]車軸頭鐵바퀴비녀장、할管ㅣ주장할、할(黠)轄同

鎛 뻐 [박]鐘也쇠북、박鋤類호미、박鐘筍飾ㅣ鱗쇠북틀채색할、박(藥)

⿰金𡵂 찬 [천]捋長늘여길게할、천(銑)

⿰金隺 워 [악]大椎메、악(覺)

⿰金疾 찌 [질]鐵擿ㅣ鑕쇠뭉치、질(質)

鎤 황 [황]鐘聲종소리、황鈴也방울、황(養)

⿰金冓 꺼 [구]甕根爲溝受水뿌리물받이、구(尤)

鎢 우 [오]小釜ㅣ錥옹솥、오(虞)

⿰金蚤 쏘 [소]銅器놋그릇、소(豪)

⿰金耆 치 [기]軸鐵쇠굴대、기(支)

鎘 리 [력]曲脚鼎다리굽은솥、력(錫)

鎏 류 [류]美金순금、유冕飾垂玉면류관드림、유(尤)

鎍 쐭 [색]鐵繩철줄、색[책]鐵弗적쇠、책(陌)

鎉 따 [탑]鉤也갈구리、탑(合)

鎭 鎭俗字

⿰金祖 鈨同

⿰金冓 鍛同

鎐 얀 [요]金屬酒器쇠술잔、요(蕭)

⿰金盍 타 [탑]鑢也줄、탑(合)

鎓 옹 [옹]鍤也가래、옹(東)

⿰金鬼 외 [외]金屬之塊쇳덩이、외(賄)

⿰金罙 판 [판]犂刃보습날、판(刪)

⿰金舀 댜 [도]鐵函쇠함、도(豪)

鎕 당 [당]赤珠붉은구슬、당(陽)

鎝 삽 [삽]鏤也새길、삽(合)

⿰金冢 뭥 [몽]犂刃보습날、몽(東)

鎟 쌍 [상]鈴聲방울소리、상(養)

鎦 류 [류]殺也죽일、유(尤)

鎪 鎪俗字

⿰金笱 지 [제]曲刀굽은칼、제(齊)

十一

鏞 웅 [용]大鐘큰쇠북、

용(冬) **鏦** 총 [총]矛也창、총(冬)[창]義同(江) **鏤** 루 [루]刻也새길、누剛鐵강철、누(虞) **鏝** 同墁 **鏟** 찬 [산]平木鐵器대패、산剗也깎을、산鏟也쇳조각、산鞘也칼집、산(潸)(諫)

鏇 쉔 [선]轆轤바퀴、선(先) 轉軸갈이틀、선(霰) **鏖** 오 [오]多殺무찌를、오又함빡죽일、오銅盆구리동이、오(豪)

鏊 오 [오]燒器번철、오(號) **鏁** 同鎖 **鏘** 창 [장]玉聲ㅣㅣ옥소리、장(陽) **鏜** 탕 [당]鼓聲북소리、당(陽) **鏗** 컹 [갱]金石聲ㅣ鏘금옥소리、갱

(庚) **鏡** 징 [경]鑑也取景器水ㅣ거울、경眼ㅣ안경、경模範본뜰、경明察살필、경(敬) **鏉** 쑤 [수]利也날카로울、수彫也새길、수(尤) **鏐** 류 [류]美金순금、유(尤)

鏨 잔 [찬]小鑿끌、찬鐫石돌새길、찬(覃)(咸)[잠]義同(勘) **鏃** 쭈 [족]俗[촉]矢末金살촉、촉(屋) **鏌** 뫽 [막]釾名ㅣ鋣칼이름、막(藥) **鏚** 치 [척]斧也도끼、척(錫)

鏑 뎍 [적]箭鏃살촉、적(錫) **[illegible]** 同銍 **鏩** 쟨 [점]銳進貌ㅣㅣ속히나갈、점(琰) **鏢** 퍞 [표]刀鋒갈날、표(蕭) **鏠** 뿡 [봉]兵耑병장기끝、봉(冬)

鏈 련 [련]鎖也사슬、련鉛末煉者덩어리납、연(先) **鏄** 퇀 [단]塊鐵쇳덩이、단(寒) **鋺** 웬 [원]鉏頭曲鐵호미목아지、원(元) **[illegible]** 同鋂

鏬 싸 [하]罅也坼ㅣ틈、하(禡) **鏀** 루 [로]釜也가마、노以木爲刀柄칼자루、노(虞) 鑪同 **鏋** 만 [만]金也금、만金精금정기、만(願) **鏥** 同銹 **鏂** 우 [우]削也깎을、우(尤)

鏅 同鏒 **鏆** 관 [관]穿也뚫을、관(翰) **鏎** 삐 [필]簡也쪽、필(質) **鏒** 쌈 [삼]黑鐵器무쇠그릇、삼(感) **[illegible]** 평 [팽]鍊也쇠불릴、팽(庚)

鏓 총 [총]大鑿큰끌、총(東) **鏞** 루 [루]銹也녹、누(宥) **鏙** 최 [최]雜也섞일、최(賄) **鏛** 창 [상]磨也갈、상(陽) **鏫** 위 [어]鍚也백철、어(語)

鏧 룽 [롱]鼓聲북소리、농(冬) **鍪** 머 [무]首鎧투구、무(尤)

⑫

鐘 쭝 [종]懸樂金音쇠북、종時刻報ㅣ인경、종(冬) 鍾通 **鐀** 同櫃 **鐖**

예 [기]魚鉤逆鋩낚시미늘、기 大鎌큰낫、기(微)
⿰金皐 꾸 [고]矢名鏃ㅣ살이름、고(虞) 姑通
鐓· 同錞
鐏 쭌 [준]矛下銳銅창고달、준(願)
鐗。잰 [간]車軸鐵수레굴대、간(諫) [韓]鐗也쇳덩이、간
鐎。쵸 [초]溫器有柄쟁개비、초 ㄱ라조두、초(蕭)
鐐· 료 [료]白金之美은、료 有孔鑪풍로、료(蕭)
鐃。뇨 [뇨]小鉦似鈴無舌징、요 又팽과리、요(肴)
鏵 同鋘
鏹· 쟝 [강]錢貫돈꿰미、강 金別名白ㅣ금、강(養) 繈同
鐋 탕 [탕]平木器鐁ㅣ대패、탕 [韓]治木器邊ㅣ변탕、당(漾)
鐄 헝 [횡]大鐘큰쇠북、횡 鎌也낫、횡(庚)
鐙。뎡 [등]馬鞍足所踏등자、등 足下跗발적대、등(徑) 登同 燈古字(蒸)
鐂 劉古字
鐔 씬 [심]劒珥칼코등이、심 似劒而小작은칼、심 姓也성、심(侵)
鐕。잔 [잠]釘也못、잠(覃)
鏷· 푸 [박]矢名ㅣ鏲살이름、박 生鐵날쇠、박(覺)
鏺。뻐 [발]兩刃刀有木柄쌍날칼、발 刈也벨、발(曷)
鐍· 위 [결]俗[휼]箱篋前鎖處扃ㅣ상자장식、휼 日旁氣玉ㅣ해무리、휼(屑) 鐍同
鏶。지 [집]金鐵쇳조각、집(緝)
鐝 쮜 [궤]大鉏ㅣ頭괭이、궤(卦)
鐥 [韓]國字量酒油器복자、선 又구기、선
鑐 쓔 [수]자물쇠속、수(虞)
⿰金款 관 [관]燒鐵炙단근질할、관(翰)
鐌· 쌍 [상]器鈕ㅣ鼻그릇꼭지、상(養)
鐉。찬 [전]樞也문돌쩌귀、전(先)
鐇· 반 [번]椎也ㅣ鑁몽치、번(元)
⿰金敢 란 [남]馬口中鐵ㅣ驂말재갈、남(覃)
鐁 쓰 [시]平木器ㅣ彌까뀌、시(支)
鏽· 同銹
⿰金策 쑈 [족]錫槍창、족(屋)
⿰金奠。同鈿
鏴 루 [로]金路금길、노(遇)
鏾 싼 [산]弩牙緩쇠뇌고등늦출、산(旱) [선]雄鷄去勢수탉불알칠、선(霰)
鏸· 시 [혜]三隅矛세모창、혜 大鼎큰솥、혜(霽)
⿰金育 퉈 [타]大犁鈴ㅣ보습、타(賄)
鐚· 야 [아]錏同(麻)
鏳。청 [청]玉聲옥소리、청(庚)
鏿 청 [청]鐘聲종소리、청(庚)
⿰金粟 쑈 [족]貴金금、속(沃)
⿱厥金 쥐 [궐]磨也갈、궐(月)
鐅。베 [별]犁刃보습날、별(屑)
鐆 同鐩
鐈 챠 [교]長足鼎발긴

솔、교(嘯) **鏟** 산 [찬] 小鑿 작은 끌、잔(刪) ⑬ **鐩** 쉬 [수] 取火日中陽 ㅣ화경、수(寘) **鐶** 환 [환] 圜郭有孔 고리、환(刪) **鐻**。 쥐 [거] 鐘鼓柎 북받침、

거(御) 簴同、金銀器 금은그릇、거(魚) **鐫**。 쫜 [전] 刻也 새길、전 ㅣ黜 깎일、전(先) **鏖** 오 [오] 溫器 등노구、오(豪) **鐺** 땅 [당] 鎖也 琅ㅣ쇠사슬、당(陽) [쟁] 鼎屬

有耳노구、쟁(庚) **鐮** 同鎌 **鐸**。 뙥 [탁] 武用大鈴 金ㅣ요령、文用木ㅣ목탁、탁(藥) **鑤** 빡 [박] 杵頭 공이머리、박(覺) **[illegible]** 뤄 [라] 小釜 鍋ㅣ 옹솥、나(歌)

鐪 루 [로] 煎膠器 부레도가니、노(虞) **鍋** 꿔 [과] 세鉤 낫、과(哿) **鐵**。 텨 [철] 黑金 쇠、철 又 철、철 武器 寸ㅣ병장기、철 堅耐不動 ㅣ石 단

단할、철(屑) 銕同 **鐷** 예 [엽] 鋌也 쇳조각、엽(葉) **[illegible]** 同鏢 **鐲**。 쮜 [탁] 鉦也 징、탁(覺) **鐯** 쭤 [작] 大鉏 괭이、작(藥) **[illegible]** 同鑯 **鐳** 레 [뢰] ㅣ

甁 병、뇌(灰) **[illegible]**。 同鏝 **鐬** 홰 [홰] 鈴聲 방울소리、홰(泰) **[illegible]** 젼 [전] 打鞭 채찍、전(銑) **鐱** 쳠 [첨] 銛也 가래、첨(鹽) **[illegible]** 쟌 [교] 器之把頭 그릇손잡이、

교(篠) **鐴** 삐 [벽] 犂耳 보습귀、벽(錫) **鑿** 同鑿 **鐨** 븐 [분] 鉋也 대패、분(元) ⑭ **鑢** 뤼 [려] 鑢也 줄、여 矛戟受柄處 창심배、여(御) **鑄**。 쥬 [주] 鎔

金入範 부을、주 又 쇠를 녹여 틀에 부을、주(遇) **鑌** 삔 [빈] 鐵也 爲刀甚利 매운쇠、빈(眞) 磨光匠 마광할、빈 又 광낼、빈(韓) **鑑**。 잼 [감] 鏡也 거울、감 模範 본뜰、

감 誡也 경계할、감(陷) 明也 밝을、감 照也 비칠、감(咸) **鑒** 同鑑 **鑊**。 휘 [확] 釜屬 鼎ㅣ 가마、확(藥) **鐕**。 잔 [잠] 無蓋釘 쇠꼬챙이、잠(侵) **鑏** 능 [정] 刀柄入

處 칼슴배、정(庚) **鑋**。 칭 [경] 金聲 쇳소리、경(徑) **[illegible]** 웨 [미] 鉤也 갈구리、미(微) **鑂** 쉰 [훈] 金色渝 금빛 투색할、훈(問) **鑐** 수 [유] 金鐵銷而可流者

쇠녹을、유(虞) **鑁** 명 [몽] 環也 쇠고리、몽(徑) **[illegible]** 여 [여] 簪也 비녀、여(御) **鐀** 궤 [궤] 櫃也 궤、궤(寘) ⑮ **鑢**。 뤼 [려] 所以磨錯銅鐵 줄、여 又 줄

질할、여治也다스릴、여(御)鐧同 **鏕**。뽀 [표]盛貌ㅣㅣ성할、표馬銜外鐵一名扇汗排沫말재갈、표(蕭) **鑛**• 꾕 [광]銅鐵樸쇳덩이、광ㅣ朴쇳돌、광(梗)礦同 **鑕**。찌 [질]鐵椹머루、질斧也도끼、질(質) **鑠**• 쌱 [삭]銷金쇠녹일、삭美盛於ㅣ아름답다할、삭老而強정정할、삭(藥) **鑞**• 라 [랍]錫也백철、납(合) **⿰金寫** 쎄 [사]範金쇠부을、사(馬) **鑚**。鑽俗字 **鑳** 뎐 [전]腕鐶팔고리、전(先) **鏠** 뿡 [봉]首鎧투구、봉(東) **鑟** 뚜 [독]印櫝인궤、독(屋) **⿰金蝱** 밍 [명]銷也쇠녹일、명(庚)

(十六)

鑪。루 [로]火函화로、노酒器주전자、노賣酒場술청、노箭名鉀ㅣ살、노(虞)爐同 **鑩** 리 [력]鼎屬同鬲솥、역(錫) **⿰金曉** 쑈 [효]黑鐵文시우쇠문채、효(篠) **⿱彊金** 쟝 [강]鉛也납、강(養) **⿰金噩** 어 [악]懸物鉤다는갈구리、악(藥) **鏪** ⿰金夢同

(十七)

鑱。찬 [참]犂鐵보습쇠、참石鍼침、참刺也찌를、참銳也뾰족할、참(咸)劖通、土具가래、참(陷) **鑮**。뿨 [박]大鐘큰쇠북、박鋤類호미、박(藥)鎛同 **鑰**• 약 [약]關牡자물쇠、약(藥) **鑲** 쌍 [양]鉤ㅣ쇠갈구리、양型中腸거푸집알맹이、양飾緣선두를、양(陽) **鑯**。• 쪈 [첨]銳也뾰족할、첨鑴也ㅣ器새김칼、첨(鹽) **鑭** 란 [란]金采금채색、난(翰) **鑨** 룽 [롱]金屬器쇠그릇、농(東)

(十八)

鑴。씨 [휴]日旁黑氣검은해무리、휴大鐘큰쇠북、휴鼎屬쟁개비、휴(齊) **⿰金𣎆** ⿱𣎆金同 **鑷**• 녜 [녑]俗[섭]攝取物ㅣ子족집게、섭(葉)⿰金耴同 **鑵**。• 꽌 [관]汲器두레박、관(翰) **鑶** 창 [장]鈴聲방울소리、장(陽) **⿰金斷** 쏴 [찰]斷草刀작도、찰(黠) **鑺** 취 [구]戟屬창、구(虞) **鑹** 찬 [찬]小稍작은창、찬(翰)⿰矛贊同

(十九)

鑾。• 롼 [란]鈴也天子乘車四馬鑣八ㅣ방울、난(寒)鸞通[韓]犂也보습、거 **鑽** 쫜 [찬]穿也뚫을、찬穿物錐송곳、찬寶石금강석、찬(翰) **鑼**• 뤄 [라]軍樂銅ㅣ징、나(歌) **鑿**。쫘 [착]所以穿木끌、착取氷얼음뜰、착剃木爲舟깎을、착鮮明깨끗할、착精米쓿은쌀、착(藥)鑿同[조]穿空구멍、조(號)

(歌) 二十 **钀**。 네 [알] 鑣也馬勒旁鐵 말재갈、알 (月) 钀同 **钁** 쥐 [곽] 斫也 깎을、곽 大鋤 큰호미、곽 又괭이、곽 (藥) 二十一 **钃**· 쑈 [촉] 鋤也 호미、촉 (沃)

長部

長。· 창 [장] 短之對 긴、장 又 길이、장 常也 늘、장 又장、장 遠也永也 길、장 久也 오래、장 大也 클、장 優也 넉넉할、장 善也 잘할、장 (陽) 孟也 맏、장 年ㅣ 어른、장 尊也 높을、장 首領ㅣ官 두목、장 (養) 餘分 나머지、장ㅣ物 좋을、장 冗ㅣ 쓸데없을、장 度也 잴、장 (漾)

二 **⿰镸几**。· 큰 [곤] 醜牛貌ㅣ屯 커달이소、곤 (元)

三 **⿰镸叉** 쥐 구 [구] 長也 길、구 (有)

四 **⿰镸夭** 우 오 [오] 長也 진、오 (皓) **⿰镸殳**。· 돤 [단] 投物 던질、단 (翰) **⿰镸公** 숭 송 [송] 長也 길、송 (冬) **⿰镸攵** 양 양 [양] 擧也 들、양 (養) **⿰镸毛**· 髦同 **⿱亠長** 애 [애] 不長 짧을、애 (蟹)

五 **⿰镸失**。 뎌 [절] ㅣ鑯 독사、절 (屑) **⿰镸出** 두 도 [도] 長貌 길、도 (號) **⿰镸幼** 얀 [요] 長而弱 길고 약할、요 (篠)

六 **⿰镸犮**。· 髮同 **⿰镸术** 뇨 [뇨] 皮鞜鞋 가죽신、요 (篠) **⿰镸兆** 됴 도 [도] 長貌 길、도 (皓)

七 **⿰镸幷** 네 얼 [얼] 長也 진、얼 (屑) **⿰镸來** 치 [치] 漆器 칠그릇、치 (寘)

八 **⿰镸屈**· 髷同 **⿰镸宗** 죵 [종] 亂髮 흩어진 머리털、종 (冬) **⿰镸垂** 타 [타] 頭髮之美 머리고울、타 (哿) **⿰镸岸** 얀 안 [안] 大也 클、안 (翰) **⿰镸卑**。 븨 [피] 冠飾 갓치장할、피 (齊)

九 **⿰镸省** 셩 성 [성] 長貌 진、성 (梗) **⿰镸青** 텨 [타] 盡也 다할、타 (哿)

十 **⿰镸差** 嗟古字 **⿰镸則** 틱 [척] 憂也 근심할、척 (錫) **⿰镸容**。· 용 [용] 飾也 꾸밀、용 (冬)

十一 **⿰镸敖** 오 [오] 長大 길고 클、오 (豪) **⿰镸從** 죵 [총] 亂髮 머리흩어질、총 (東)

十二 **⿰镸尞**· 랴 요 [료] 長也 길、요 (篠) **⿰镸喬**。 챤 [교] 長也 길、교 (篠) **⿰镸勞** 랖 노 [로] 長貌 길、노 (蕭)

十三 **⿰镸農**。· 웅 [용] 多也 많을、용 (冬)

十四 **⿰镸寧** 넝 [녕] 髮亂 머리흩어질、영 (庚)

門部

門。· 뭔 [문] 兩戶象形人所出入在堂曰戶在區域曰ㅣ 문、문 家也 집、문ㅣ閥 가문、문 輩也孔ㅣ 무리、문 家族一ㅣ 집안、문 其道ㅣ外漢 길、문

(元)

一

閂 싼 [산]門橫關빗장、산(刪)

閁 싸 [할]邪視흘겨볼、할(黠)

閅 머 [말]邪視흘겨볼、말(黠)

二

閃。 싼 [섬]動貌ㅣ번쩍번쩍할、섬闚頭門中視가웃이볼、섬暫見貌언뜻볼、섬譚避피할、섬(琰)(豔)

閄 쭈 [구]訟也송사할、구(尤)

三

閊 천 [진]從門出入貌문에드나드는모양、진(震)

閈。 한 [한]里門閭也이문、한垣也ㅣ閎담、한(翰)

閉。 삐 [폐]闔門닫을、폐掩也가릴、폐終也ㅣ會마칠、폐(霽) [별]塞也막을、별藏也감출、별(屑)

閆 閻同

四

開。 캐 [개]闢也啓也열、개通也통할、개始也ㅣ會시작、개ㅣ祖처음、개ㅣ花필、개啓發깨달을、개文明ㅣ化열릴、개乘根을求함「ㅣ平」(灰)

閔。 민 [민]姓也성、민病也병、민傷也민망할、민(軫) 愍同黽通

閏 순 [윤]曆上平年보다日、月數가多한것太陽曆에는三百六十六日이요太陰曆에는十三個月윤달、윤(震)

閑。 쎈 [한]門闌문지방、한平穩한가할、한衛也호위할、한法也법、한馬廐마구간、한(刪) 嫺通閒同

閒。 쎤 [한]暇也겨를、한安也한가、한 [간]隙也中也사이、간(刪) 隔也사이할、간廁也가까울、간迭也갈마들일、간ㅣ道샛길、간離ㅣ이간할、간瘳也병나을、간訾也나무랄、간雜也섞일、간(諫)

間 閒俗字

閌 캉 [강]俗[항]門高ㅣ閬문높을、항(漾)

閎。 헝 [횡]俗[굉]閎門이문、굉虛郭貌횡할、굉大也클、굉(庚) 宏同

閍 뺑 [팽]宮中門대궐문、팽廟門名사당문이름、팽(庚) 祊同

閕 쒜 [결]無門戶문없을、결(屑)

閐 싼 [섬]雨笠ㅣ首삿갓、섬(勘)

閞 틍 [정]門上關문위빗장、정(迥)

𨳊。 쎄 [해]門扉문짝、해(卦)

𨳐 엳 [이]內入안으로들어갈、이(寘)

閦 쭁 [종]門外開문짝밖으로열、종(冬)

𨳡 판 [관]鎖也쇠사슬、관(旱)

𨳤 툰 [돈]滿門문에찰、돈(元)

𨳮 얀 [분]戰也싸울、분(文)

閚 뷰 [유]門關빗장、유(有)

閜。 쌰 [하]閉門문닫을、하(麻)

五

閘。 야 [갑]通舟水門물문、갑閉門具빗장、갑(洽)

閟。

삐 [비]閉也닫을、비幽深으슥할、비終也마칠、비神也신기로울、비愼也삼갈、비(眞) **閞** 뻔 [변]柱上木欂櫨주두、변(霰) **閜** 싸 [하]大開空虛谽ㅣ휑뎅글할、하(馬) **閞** 씨 [계]門扉문짝、계(齊) **閝** 링 [령]門上窗문위창、영(靑) **閄** 지 [계]門臼문둔테구멍、계(齊) **閊** 찬 [첨]ㅣ闚엿볼、첨(鹽) **閚** 쟌 [첨]立待서서기다릴、첨(鹽) **閘** 땅 [당]門不開문열지않을、당(漾) **閙** 鬧同 **閆** 주 [추]直開곧열、추(遇) **閛** 팡 [평]閉戶聲문닫는소리、평(庚) **閠** 이 [이]門關문빗장、이(支) **閳** 단 [단]門關문빗장、단(旱)

六

閖 쓰 [시]寺人閹官내시、시(寘) **閨** 꿰 [규]女稱ㅣ秀색씨、규又계집、규宮中小門협문、규上圓下方월문、규女子所居도장、규(齊) **閡** 애 [애]外閉隔ㅣ닫힐、애(隊)礙似同 **閒** 쎈 [한]門闑문지방、한(潸) **閦** 추 [축]衆也무리、축佛名阿ㅣ부처이름、축(屋) **閥** 예 [벌]門地가문、벌功績ㅣ공로、벌門在左曰ㅣ왼편문、벌(月) **閮** 데 [질]閉也닫힐、질(屑) **閣** 꺼 [각]樓也다락집、각又층집、각官署內ㅣ내각、각棧道사다리、각端直貌ㅣㅣ꿋꿋할、각蛙聲개구리소리、각藏食物皮ㅣ찬장、각(藥) **閤** 꺼 [합]內中小門도장、합小室ㅣ子침방、합蛙聲개구리소리、합(合)閣通 **閩** 민 [민]東南越땅이름、민「今福建省地方」(眞) **閪** 서 [韓]國字失物잃을、서又서실할、서 **闋** 퀘 [결]無門戶문없을、결(屑) **閾** 쒸 [욱]門阻문막힐、욱(沃) **関** 闗俗字 **閞** 関同 **閞** 뻥 [병]閉扉聲문짝닫는소리、병(庚) **閜** 싸 [할]門之開閉聲문여닫는소리、할(黠) **閞** 꾸 [무]開也열、무(尤) **閎** 숑 [송]門臼문둔테구멍、송(董) **閖** 신 [신]澁而不滑끈끈할、신(震) **闀** 광 [광]門之周圍木문도리나무、광(陽) **閞** 開本字 **閪** 웨 [위]門門危문위태할、위(支) **闊** 꽈 [괄]開門문열、괄(黠)

七

閭 뤼 [려]里門이문、여五比마을、여海泄水石尾ㅣ미려할、여二十五家스물다섯집、여(魚) **閫**

쿤 곤門限문지방、곤阮願 閬。랑 랑高門솟을대문、낭空虛ㅣㅣ휑뎅그릴할、낭山名ㅣ風산이름、낭漾 韓臀囊裏불알、낭 閱。웨 열歷也지낼、열又겪을、열簡軍實大ㅣ군사점고할、열讀也읽을、열閥ㅣ가문、열容也용납할、열觀也볼、열屑 閣 꾸 곽門聲문소리、곽沃 ⿵門甬 융 용入門문에들어갈、용腫

⿵門希 휙 획開門문열、획陌 ⿵門廷 딩 정門之中문가운데、정迥 ⿵門豕 뚜 독小門작은문、독屋

㊇

閿。원 문低目視눈내리깔고볼、문弘農鄉名시골이름、문文本作閿 閽。흔 혼守門人문지기、혼元 閼。어 알止也塞也막을、알夭折일찍죽을、알月歲名ㅣ逢單ㅣ해이름、알人名사람의이름、알曷 연單于妻ㅣ氏성、연先 閶 창 창天門ㅣ闔하늘문、창陽 閻。옌 염里中門이문、염閭ㅣ여염、염巷也구렁、염地獄大王名ㅣ羅염라、염鹽 閹 옌 엄男無勢精閉者내시、엄又고자、엄鹽琰 閾。위 역門下橫木內外之限문지방、역職 閪 韓國字門風문바람、팽 ⿰糸閃 殺同 閧 홍 홍鬪也다툼、홍東 ⿵門翟。躙同 ⿵門导 애 애以木欄門문횡강목、애泰 ⿵門希 씨 희壁隙ㅣ虛벽틈、희支 閜。빠 와門傾문기울어질、와哿 ⿵門間 褒同 ⿵門官 꽌 환宮殿門전각문、환寒 ⿵門幸 워 어小門작은문、어語 閫 쿤 곤宮門궁문、곤阮 ⿵門殺 시 설城門板성문널쪽、설屑 ⿵門委 웨 위門高문높을、위紙 ⿵門夏 閿同 ⿵門咅 우 부開門문열、부有 ⿵門巷 巷同 ⿵門林 한 한習也익힐、한刪 ⿵門固 꾸 고獨扉門외문짝、고虞

㊈

闈。웨 위宮中之門대궐중문、위微 ⿵門俞 위 유邪視闚ㅣ엿볼、유虞 闍。뚜 도城門臺闍ㅣ성문층대、도虞 사義同、梵語ㅣ維卽茶毗화장할、사麻 閺 원 문低目視눈내리깔고볼、문文 闌。란 란門遮차면、난晚也늦을、난稀也드물、난盡也다할、난ㅣ干난간、난縱橫ㅣ干어슷비슷할、난寒 闇 안 암喪廬諒ㅣ여막、

암(覃)隱晦숨을、암(感)冥也幽也어두울、암(勘)暗同 **闊**。콰 [활]廣也넓을、활快ㅣ활발할、활疏遠久ㅣ성길、활世事不通迂ㅣ우활할、활勤苦契ㅣ근고할、활乖ㅣ

어기어질、활簡ㅣ간단할、활(曷) **⿵門曷** 허 [할]門聲문소리、할(黠) **闋**。퀘 [결]休息쉴、결盡也다할、결樂終풍류마칠、결空也헛될、결終也마침、결閉門문닫을、

결(屑) **闃**。지 [격]靜也고요할、격(陌) **闆** 판 [반]門中視문속에서볼、반(諫) **闏** 씽 [생]禁署대궐마을、생(梗) **⿵門春** 츈 [준]中門중문、순(眞) **闉**。인

[인]城內中門겹성문、인曲城굽은성、인(眞) **⿵門癸** 잉 [영]門之中문가운데、영(庚) **闋** 졔 [결]門户之無문짝없을、결(屑) **⿵門畐** 뻬 [벽]塞也막을、벽(陌) **閴**

쎄 [혈]門聲문소리、혈(屑) **⿵門若** 워 [약]引也끌、약(藥) **⿵門艮** 쎈 [한]門限문지방、한(潸) **⿵門建** 쪤 [전]門關빗장、전(銑) **⿵門重** 후 [흘]小門작은문、흘(物)

⿵門秝 베 [배]閉扃자물쇠、배(霽) 【十】 **闓**。캐 [개]開也열、개解也풀、개決拾활깍지、개(賄) **闐**。텐 [전]車馬聲ㅣㅣ거마소리、전鼓聲ㅣㅣ북소

리、전滿也찰、전盛也성할、전(先)西域國名于ㅣ汁라이름、전(霰) **闖** 창 [침]窺覘엿볼、침出頭貌머리남지시내밀、침突入막들어올、침(沁) **闕**。궈 [궐]宮ㅣ대

궐、궐缺也궐할、궐失也過也허물、궐空也빌、궐穿也뚫을、궐(月) **闑** 녜 [얼]門橛문지방、얼(屑) **闔**。허 [합]門扇문짝、합閉也닫을、합皆也모두、합天門하

늘문、합(合) **闒**。타 [탑]意下ㅣ茸용렬할、탑鶱頓貌어리보기、탑[답]樓上户다락문、답(合) **⿵門豩** 잔 [전]門開閉利문시원하게여닫아질、전(銑) **⿵門荅**

따 [답]鐘聲종소리、답(洽) **[illegible]** 뒤 [타]奠酌술잔드릴、다(禡) **⿵門焉**。잔 [효]大開門문크게열、효(蕭) **⿵門倉** 창 [창]開門聲之和문여는소리순할、창(陽) **⿵門烏**

우 [오]高門높은문、오(虞) **闋** 졔 [결]終也마칠、결(屑) 【十一】 **闚**。퀘 [규]傾頭門中視갸웃이볼、규竊視엿볼、규(支)窺覘通 **關**。꽌 [관]門也빗장、관閉

也문닫을、관港入口海ㅣ해관、관防也막을、관機械기관、관係也관계할、관通也통할、관車牽聲閘ㅣ굴대소리、관白也사뢸、관涉也겪을、관由也말미암을、관界上門관문、관鳥鳴聲ㅣㅣ새우는소리、관[완]持弓ㅣ矢화살먹일、완扃也문지방、완門牡수돌저귀、완要會處관계될、완(刪)彎通

闛。탕[당]鼓音ㅣ鞈북소리、당(陽)

⿵門執。墊同

⑫

⿵門爲• 웨[위]闢門문열、위(紙)[왜]義同(佳)

闠 훼[회]俗[계]市門闤ㅣ저자문、궤(隊)

闡。싼[천]開也열、천明也밝힐、천大也클、천(銑)

闞。한[함]聲大소리우렁찰、함(感)[감]望也바랄、감魯邑名고을이름、감(勘)[함]虎怒聲범의포함소리、함(豏)

⿵門焦 잔[초]鳥木오목、초(蕭)

闟• 씨[흡]鋌也창、흡闟也닫을、흡安定편안할、흡彳亍우뚝설、흡(緝)

⿵門畫 훠[획]破壞깨칠、획(陌)

⿵門壹 이[열]塞也막을、열(屑)

⿵門黑 이[옥]閉也닫을、옥(職)

⿵門黃 황[광]關木빗장、광(陽)

⑬

闤 환[환]市垣저자담、환(刪)

闥。타[달]禁門紫ㅣ대궐문、달門屛문차면、달(曷)

闢。피[벽]開也열、벽避也피할、벽(陌)

⿵門鄉。썅[향]門頭문머리、향(漾)

⿵門詹 젼[염]廟門사당집문、염(鹽)

闍 항[항]直視바루볼、항(絳)

⿵門墨 뎐[전]市門저자문、전(先)

⿵門當 당[당]窺覘也엿볼、당(漾)

⿵門昷 운[온]門扉문짝、온(元)

⿵門睪。예[역]開門문열、역(陌)

⑭

⿵門爲 젼[전]家家집마다、전(霰)

⿵門黨• 同⿵門當

⑰

⿵門霝 링[령]門上小窓들창、영(青)

⿵門龠• 약[약]門關빗장、약(藥)

⑲

⿵門䜌。롼[란]妄入宮中대궐에함부로들어올、난(寒)

阜部

阜•。우[부]土山無石언덕、부又둔덕、부大陸뭍、부又땅、부大也클、부肥也살찔、부盛多많을、부高厚두둑할、부地名曲ㅣ땅이름、부蠜也ㅣ螽메뚜기、부(有)

②

阞。레[륵]地脈흙켜、늑數之餘分數나머지、늑(職)

⿰阝十 시[십]漢之縣名고을이름、십(緝)

⿰阝刀 됴[조]山穴산구멍、조(蕭)

㊂陁。츠[치]小崩山頹사태날、치毀也헐릴、치落也떨어질、치崖際언덕、치(紙)陊同[타]壞也무너질、타(哿) 阡 쳔[천]田間道ㅣ陌밭두둑길、천 墓道무덤、천(先) 阠。씬[신]陵名언덕이름、신(震) 阢 우[올]險也험할、올(月) 阣 깨[개]險也험할、개(隊) ㊃阰 피[비]楚南山名산이름、비(支) 阺 쓰[시]蜀山名산이름、시山堆欲墮산무너지랴할、시(紙) 阯。쯔[지]漢郡交ㅣ땅이름、지(紙)址同、趾通 阨 애[애]狹也좁을、애險也험할、애(卦)隘同[액]限塞막힐、액礙也거리낄、액迫也액색할、액(陌)阸同、戹通 阫 뛔[배]墻也담、배(灰)坏通 阮。웬[원]姓也성、원國名나라이름、원(今甘肅省涇州地方)(阮) 阪 빤[판]山脅산비탈、판坡也언덕、판澤障못둑언덕、판地名ㅣ泉땅이름、판(今直隸省保安縣內)(阮) 防。빵[방]禦也막을、방備也방비할、방堤也방축、방崖如墳大ㅣ둔덕、방止水방축、방(漾) 阬。컹[갱]墟也터、갱塹也구덩이、갱陷也파묻을、갱(庚)坑同 阱。찡[정]陷也ㅣ擭함정、정(梗)穽同 阧 뚜[두]峻也ㅣ絶높을、두(有)陡同斗通 阳 陽同 阦 지[급]梯段사다리층계、급(緝) 阩 昇同 陔 해[해]笑聲웃는소리、해(灰) 阷 삐[벽]地裂땅벌어질、벽(職) 阴 陰同

㊄陂。퍼[피]傾也기울어질、피偏ㅣ치우칠、피(寘)[파]長阪不平ㅣ陀된비알、파(歌)坡同、澤障언덕、파蓄水池也방축、파(支) 阹。취[거]牛馬圈외양간、거遮禽獸그물칠、거(魚) 阻。쮸[조]隔也막힐、조憂也근심할、조艱難어려울、조險也험할、조止也그칠、조疑也의심할、조恃也믿을、조(語) 阼 쭤[조]東階主人接賓處동편섬돌、조(遇) 附。뿌[부]寄托ㅣ麗붙일、부著也붙을、부又붙일、부近也가까울、부ㅣ屬붙일、부加也더할、부與也줄、부依也의지할、부ㅣ庸속국、부(遇) 阺。듸[저]陵阪隴ㅣ비알、저(薺)坻同 陒 阨同 陀。튀[타]長坂不平陂ㅣ비탈질、타夷地名沙ㅣ땅이름、타(歌) 陁 퉈[타]陀同、海中山普

ㅣ섬、타(歌)

阿。아[아]大陵水岸曲阜언덕、아比也曲也아첨할、아棟也기둥、아美貌ㅣ然가지죽죽번을、아月御曰纖ㅣ항아、아慢應聲건성으로대답할、아細繒고운비단、아商官名ㅣ衡벼슬이름、아劍名太ㅣ칼이름、아倚也의지할、아(歌)[옥]孰也ㅣ誰누구、옥(屋)

阽。뎀[점]臨危낭떨어지、점(鹽)近邊欲墮비탈、점(豔)墊同

阸。엑[곡]曲岸水外물가언덕、곡(屋)

䧁 학[후]離也떠날、후(虞)

䧋 쎈[현]坑也구덩이、현(銑)

𨹖 쩽[정]阜也언덕、정(庚)

⑥

降。썅[항]服也항복할、항(江)[강]下也내릴、강落也떨어질、강貶也떨어뜨릴、강歸也돌아갈、강(絳)

陑 열[이]河曲地名땅이름、이(支)

䧅 이[이]險阻험할、이(支)

陊 陁同

陔。깨[개]俗[해]階次重也층대、해隴也언덕、해(灰)八極변방、해(賄)

限。쎈[한]度也한정、한阻也막힐、한界也지경、한齊也가지런할、한門閾문지방、한檢也검정할、한定也정할、한(潸)

陋。럭[루]踈惡側ㅣ더러울、누卑賤낮을、누阨狹좁을、누醜猥추할、누獨學孤ㅣ고루할、누(宥)

陌 매[맥]田間道阡ㅣ밭두덕길、맥市中街저자거리、맥(陌)

䧇。이[의]阪也언덕、의(微)

陓 위[우]藪名揚ㅣ숲이름、우(虞)

陒。씨[개]俗[해]險也험할、해(支)戲同(紙)

䧆 홍[홍]山名從ㅣ산이름、홍(東)

𨹟 꺼[각]人名張ㅣ사람의이름、각(藥)

𨺀 톼[타]射堋화살받이、타(哿)

陏。蓏古同

侊 꽝[광]陌也밭사잇길、광(陽)

⑦

除。츄[저]俗[제]去也제할、제又버릴、제階也섬돌、제門屛間문안뜰、제拜官벼슬줄、제筭法乘ㅣ젯법、제治也修ㅣ다스릴、제易也歲ㅣ바뀔、제(魚)去也갈、제(御)

陛。삐[폐]天子階殿ㅣ대궐섬돌、폐天子奉稱ㅣ下천자、폐(薺)

陣。연[진]師旅行列진칠、진又진、진軍營영문、진(震)陳俗字

院。웬[원]宅也집、원垣也담、원官署法ㅣ마을、원寺ㅣ절、원學校학교、원庭也ㅣ落뜰、원(霰)

陗 峭同

陘 씽[형]連山中絕산잘룩할、형坂也언덕、

형(青)

陞 씽 [승] 登也躋也오를、승進也올릴、승(蒸)升同

陡 떠 [두] 崖壁절벽、두頓也별안간、두(有)斗通

陜 싸 [협] 不廣隘ㅣ좁을、협(洽)狹陿同

陝 산 [섬] 弘農縣名古號國땅이름、섬(今河南省內地方)(琰)

陟 쪄 [척] 進也올릴、척登也오를、척(職)

陠 庯同

陖 峻同

陋 陋本字

陙 신 [신] 小阜작은언덕、신(眞)

陚 뿌 [부] 小阜작은언덕、부(遇)

⿰阝告 꾸 [곡] 大阜큰언덕、곡(屋)

⿰阝見 쎈 [현] 限也한정할、현(銑)

八

陴 피 [비] 城上女牆성위담、비(支)

陫 뼤 [비] 陋也더러울、비(尾)

陪 폐 [배] 伴也ㅣ從모실、배助也도울、배重也거듭、배貳也버금、배隨也따를、배滿也찰、배益也더할、배(灰)

陳 천 [진] 列也벌릴、진布也펼、진故也묵을、진久也오랠、진告也고할、진張也베플、진堂途섬돌、진國名舜後所封나라이름、진(今河南省開封府以東으로安徽省亳州地方에至하는地方)(眞)行伍之列진、진(震)陣同

陶 돨 [도] 瓦器질그릇、도暢也통할、도哀思鬱陶ㅣ불상히생각할、도化也화할、도敎也薰ㅣ가르칠、도姓也성、도地名땅이름、도(豪)匋同、馳貌ㅣㅣ달릴、도(號)[요]和樂ㅣㅣ화락할、요舜臣皐ㅣ순임금신하、요(蕭)

陵 링 [릉] 大阜丘ㅣ큰언덕、능帝王葬山ㅣ능、능犯侮侵ㅣ업수이여길、능ㅣ夷민昃할、능轢也짓밟을、능乘也탈、능峻也높을、능(蒸)

陬 쪄 [추] 隅也모퉁이、추正月孟ㅣ정월、추愧恧卑ㅣ부끄러울、추聚居마을、추魯邑鄕名땅이름、추(今山東省曲阜縣內)(尤)

陰 인 [음] 陽之對음기、음又응달、음影也그늘、음雲也흐릴、음光ㅣ세월、음山北북쪽、음川南남쪽、음背面碑ㅣ등、음又뒤、음祕密몰래、음男女生殖器음부、음婦禮ㅣ敎부인에게예가르칠、음默也가만히、음蔭也그늘할、음闇也음침할、음電氣又는磁氣의消極(侵)

陷 쎈 [함] 沒也地隤빠질、함ㅣ穽함정、함(陷)

陸 루 [륙] ㅣ地水ㅣ뭍、육又땅、육路也길、육ㅣ續잇닿을、육跳也ㅣ梁뛸、육碌碌ㅣㅣ녹록할、육參差ㅣ離어긋날、육厚也두터

울、욱(屋)六通 **陭**。이[의]俗[기]不安ㅣ嘔언틀먼틀할、기(支) **陲**。취[수]疆也邊也변방、수危也위태할、수(支)垂通 **陮**퇴[퇴]高也높을、퇴(賄) **陝**

래[래]階也섬돌、내(灰) **陯**同淪 **陫**뱌[부]盛也성할、부(有) **陱**쥐[국]盈也찰、국(屋) **隅**주[주]大阜큰언덕、주(尤) **隂**년[념]岸上相遇언

덕위에서만날、념(琰) **陵**젼[전]水中阜물가운데있는언덕、전(銑) **陹**싱[승]日升해돋을、승(蒸) ❾ **隆**。룽[룽]盛也성할、융尊也높을、융物

之中高가운데우뚝할、융豐也두둑할、융大也클、융(東) **隋**。쉬[수]國號楊堅受封**隋**諸同 **隃**유[유]越也넘을、유(虞)逾同[요]遠也멀、요

行也다닐、요縣名골이름、요(蕭)遙同 **隅**위[우]方也모퉁이、우廉稜모、우(虞) **隄**堤同 **隁**隁同 **階**。계[개]俗[계]陛也섬돌、계差等ㅣ梯층、계又사

다리、계級也官階벼슬차례、계ㅣ級등급、급登堂道층뜰、계三台星泰ㅣ삼태성、계(佳)堦同 **隊**。뒤[대]羣也部也ㅣ五떼、대(隊) **陻**인[인]塞也막을、인(眞)

堙同 **隍**황[황]城下池無水해자、황(陽) **陽**。양[양]日也볕、양又해、양陰之對總是一氣分爲陰ㅣ양기、양明也밝을、양春也靑ㅣ봄、양川北북쪽、양

湮通 山南남쪽、양男子之生殖器자지、양佯也거짓、양自得ㅣ

ㅣ양양할、양文章貌환할、양電氣又는磁氣의積極(陽) **隀**。성[잉]築墻聲담쌓는소리、잉(蒸) **隉**。

同 **隇**同陝 **隂**同陰 **隌**안[암]不明어두울、암(感) **隈**。워[외]水曲深隩處모퉁이、외(灰) **隨**쉰[순]階也섬돌、순(軫) **隩**피[퍽]頹山무

너진산、**隔**同陝 **陵**수[수]坑也구덩이、수(虞) **隔**어[악]阜貌언덕、악(藥) **隈**同堺 ❿ **隖**。우[오]壁壘흙성、오山阿小障돈대、

오(虞)塢同 **隑**치[기]曲岸굽은언덕、기梯也사다리、기(支)埼碕同 **隗**。웨[외]高貌높을、외(灰)高也높을、외人名郭ㅣ사람의이름、외姓也성、외(賄) **隘**。

애[애]陜也좁을、애險也험할、애塞也막을、애陋也더러울、애(卦) 阸阨同

隕。원[운]墜也떨어질、운殞也죽을、운困迫ㅣ穫곤란할、운(軫) [원]均也幅ㅣ폭원、원(先)

隒 연[엄]崖有重岸층언덕、엄(琰)

隔。껵[격]塞也障也막을、격又막힐、격遠也멀、격己也이미、격(陌)

⿰阝唐 탕[당]堤也방축、당(陽)

隙。치[극]壁際孔틈、극舋也怨ㅣ틈날、극暇也閑也틈탈、극(陌) 郄郤同

⿰阝旁 빵[방]近也가까울、방(漾)

⿰阝荅 따[답]低也낮을、답(合)

⿰阝馬 마[마]益也더할、마(禡)

⑪

隙 隙俗字

際。찌[제]會也合也지음、제又모을、제極也끝、제接也대일、제機會때、제又기회、제交ㅣ사귈、제又쒸일、제逢也만날、제(霽)

⿰阝崔 췌[최]崩也무너질、최(灰)

⿰阝島 島同

障。쨩[장]隔也막힐、장(陽) 保ㅣ가리울、장屛ㅣ장지、장界也隔塞간막을、장故ㅣ거치적거릴、장又붙복할、장(漾)

隟 隙古字

⿰阝區。취[추]不安貌ㅣ隅편치못할、추(尤)

隞 와[오]地名땅이름、오(豪)

⿰阝焉 隁同

⿰阝婁 루[루]縣名羸ㅣ고을이름、누(有)

陛。狴同

⿰阝習 隰同

隚 당[당]礎也주춧돌、당(陽)

⿰阝頃 징[경]危也위태할、경(梗)

⿰阝庸 墉同

⑫

隤。퉤[퇴]下墜摧也무너질、퇴蹉跎崔ㅣ미끄러질、퇴柔順순할、퇴疲勞피곤할、퇴(灰) 頹同

隣。鄰俗字

隥。뗭[등]險坂된비알、등仰也우러럴、등梯也사다리、등(徑)

⿰阝皋 한[호]城下道성밑길、호(豪)

⿰阝菐 뿌[복]蠻國名나라이름、복(屋)

⿰阝爲 웨[휘]坂也고개、휘(支)

⿰阝需 열[이]險也험할、이(支)

⿰阝晉 신[심]陷也빠질、심(沁)

⿰阝尋 신[심]小阜작은언덕、심(侵)

⑬

隨。쒸[수]附ㅣ따를、수任也맡길、수從也좇을、수卦名震下兌上괘이름、수地名땅이름、수國名나라이름、수(支)

隧。쒸[수]地中鑿穴道路굴、수墓道무덤길、수道也門ㅣ亭ㅣ길、수大穴神ㅣ구멍、수(寘)

隩。와[오]藏也감출、오水隈물가언덕、오(號) 澳同 [욱]室也아랫목、욱四ㅣ네모퉁이、욱

(屋)澳同

險。셤 [험]難也험할、험危也위태할、험心不正陰ㅣ음흉할、험邪也惡也간악할、험(琰)嶮同 隩 쥐 [거]階也섬돌、거(魚) 澥 제 [해]小谷작은골、해(蟹) 隲 쳄 [첨]陷也빠질、첨(鹽) 隤 墳同

(十四) 隮。지 [제]登也오를、제升雲구름피어오를、제虹也무지개、제(齊) 隱。인 [은]藏也숨을、은蔽匿ㅣ諱숨길、은陰事몰래、은謎也ㅣ語수수께끼、은短墻면담、은困也어려울、은微也은미할、은私也아낄、은痛也ㅣ憂속걱정、은仁心惻ㅣ불상히여길、은占也ㅣ度점칠、은(吻)殷通、依也ㅣ几의지할、은築也쌓을、은(問) 隰。씨 [습]阪下濕진펄、습(緝)

(十五) [阝+頻] 濱同 隩 뇨 [뇨]低也낮을、뇨(篠) 隳 휘 [훼]壞也무너질、휴(支)隓同、毁通 [阝+賣]。瀆同

(十六) 隴。롱 [롱]大坂큰긴등、농天水縣名땅이름、농(今甘肅省鞏昌府)ㅣ畝밭두덩、농丘ㅣ둔덕、농(腫)壟通

(十七) [阝+戲] 시 [희]險也험할、희(支) [阝+毚]。산 [삼]陷也빠질、삼(陷)

(二十) [阝+靈] 링 [령]隙也틈、영(青)

隶部

隶。이 [이]本也밑、이及也미칠、이與也더불、이(隊)

(七) 肆 리 [시]陳也벌릴、시故也연고、시(寘)

(八) 隷 리 [례]奴ㅣ종、예附屬配ㅣ붙이、예閱也검열할、예書名篆之捷者팔분글씨、예罪囚전중이、예(霽)

(九) 隸。隸古字 隸。대 [태]及也미칠、태(賄)迨同、逮通

(十) [隶+棣] 同隸

(十一) 彙 웨 [위]獸似鼠짐승、위(未)

隹部

隹。쥐 [추]鳥之短尾總名새、추(支)

(二) 隼 쥰 [준]鷙屬貪殘之鳥鷹ㅣ새매、준(軫) [九+隹] 鳩同 隻。지 [척]物單稱외짝、척鳥一枚외새、척軍艦數詞、척、척(陌) 隽 雋同 隺 호 [혹]高至높이이를、혹(沃)[작]志高뜻고상할、작(覺)

(三) 雀。챠 [작]依人小鳥참새、작燕麥귀리、작

鳥名孔ㅣ공작새、작ㅣ躍깡창깡창뀜、작南方宿名朱ㅣ별이름、작(藥)

雃 깐 [간] 雁也기러기、간(寒)

⿰弋隹 이 [익] 飛鳥之繳射주살、익(職)

琟 홍 [홍] 鳥肥새살찔、홍(東)

雎 同雖

四

雇。꾸 [고] 傭也ㅣ賃품팔、고又더부살이、고(遇) 顧通 [호] 農桑候鳥九ㅣ뻐꾹새、호(虞) 鳸鳲同

雅。야 [아] 素也儒ㅣ맑을、아正也바를、아常也항상、아儀也閒ㅣ거동、아樂器名풍류이름、아友人敬稱ㅣ兄(馬)

集。찌 [집] 聚也會也모을、집就也나갈、집安也편안할、집成也이룰、집齊也가지런할、집諸書總要經史子ㅣ문집、집(緝) 輯通

雁 同鴈

⿰支隹 의 [지] 觀名ㅣ鵲집이름、지鳥名새이름、지(支)

雄。쓩 [웅] 羽屬之牡雌ㅣ수컷、웅武稱웅장할、웅英ㅣ영웅、웅勇也용맹、웅勝也優也決雌ㅣ이길、웅(東)

⿰夫隹。귀 [규] 杜鵑子ㅣ접동새、규(支) 規通

⿰亢隹 항 [항] 飛上飛下날아오르락내리락할、항(陽)

⿰兼隹 친 [겸] 鶼也도요、겸(鹽)

⿱隹夫 지 [귀] 顧也돌아볼、귀(支)

⿰氐隹 치 [치] 雌鳥암새、치(紙)

五

雍。옹 [옹] 和也화할、옹學名辟ㅣ학교、옹太歲在戊曰著ㅣ무년、옹(冬) 雝同、蔽也가릴、옹地名支那九州之一땅이름、옹(今陝西、甘肅、青海地方)(宋) 壅通

雌。츠 [자] 牝也암컷、자弱也약할、자敗也決ㅣ雄질、자藥名ㅣ黃약이름、자(支)

雉。찌 [치] 野鷄꿩、치ㅣ性耿介士所摯폐백、치城五堵ㅣ堞성위담、치牛鼻繩쇠코뚜레、치縊也ㅣ經목맬、치(紙)

雎 쮜 [저] 匹鳥ㅣ鳩王ㅣ저구새、저又원앙새、저又징경이、저(魚)

雋。쮠 [전] 鳥肥肉새살찔、전書號ㅣ永글이름、전(銑)

雊 꾸 [구] 雄雉鳴장끼울음、구(有)

⿰右隹 雄同

⿰足隹 同鵻

六

雒。러 [락] 鳥名새이름、낙馬名말이름、낙地名낙수、낙(藥) 洛同

⿰兆隹 됴 [조] 低頭聽머리숙이고들을、조(嘯)

雃。젼 [견] 鳥名ㅣ鳽새이름、견(先)

⿰杂隹 雜俗字

⿰合隹。同鴿

翟 수 [여] 鶉也메추라기、여(魚)

⿰危隹 同鵗

⿰勺隹 워 [약] 碁中心一點바둑치중점、약(藥)

七

⿰余隹

위[예]鷄子병아리、예(魚) 雛 추[추]細頸가는목、추(紙) 䧹 同鵬 䧿 명[망]鴦也솔개、망(講) 䳄 同鴟 ❽ 雕 됴[조]鷲也수리、조治

玉皁ㅣ옥다듬을、조章明貌ㅣㅣ환할、조(蕭)鵰同彫琱通 雔 착[수]檮繭ㅣ由가죽나무고치、수雙鳥새한쌍、수(尤) 䧳 同鶅 巂 同雟 䧶 쉬[수]鵻

也솔개、수(寘) 䧴 同雖 䨢 례[례]鸞也꾀꼬리、예(齊) ❾ 雖 쉬[수]設兩辭假令비록、수蟲名벌레이름、수(支) 稚 취[추]鷄雛ㅣ子병아리、

추(尤) 䨍 종[종]雀也참새、종(腫) 雺 우[무]鷄雛병아리、무(遇) ❿ 雝 옹[옹]和也ㅣㅣ화할、옹學名辟ㅣ벽옹、옹(冬)廱同雍通 雙 쌍[쌍]鳥

二枚쌍、쌍又둘、쌍兩隻한쌍、쌍偶也짝、쌍獸名ㅣㅣ짐승이름、쌍一對物之數詞쌍、쌍(江) 巂 쉐[규]鵑也子ㅣ접동새、규(支)規雉同[수]邛都國名越ㅣ나라이름、

수(今四川省寧遠府)(紙)[휴]杜鵑ㅣ周접동새、휴(齊) 雛 추[추]鷄子병아리、추鳥子새새끼、추鳳屬鷄ㅣ새이름、추小兒어린아이、추(虞) 雞 계[계]司晨鳥翰音

닭、계蟲名莎ㅣ베짱이、계(齊) 雘 후[확]善丹적선지、확丹也붉은칠할、확辰砂주사、확(藥) 雜 자[잡]參錯五采相合섞일、잡亂也난잡할、잡(合) 雗

한[한]白雉흰꿩、한(翰) 䨭 同鸛 䯖 좌[조]鷚屬징경이、조(蕭) 雋 전[전]鐫也새길、전(先) ⓫ 離 리[리]別也떠날、이又이별할、이陳也베

플、이麗也걸릴、이歷也지낼、이散也流ㅣ떠돌아다닐、이美貌陸ㅣ아름다울、이兩也둘、이語不分明侏ㅣ반벙어리、이遭遇만날、이穗實垂ㅣㅣ이삭늘어질、이卦

名괘이름、이姊妹之孫曰ㅣ외손、이馬名纖ㅣ말이름、이地名鐘ㅣ땅이름、이草名江ㅣ풀이름、이(支)去也자리뜰、이(寘) 難 난[난]不易艱ㅣ어려울、난珠名木ㅣ

구슬이름、난(寒)患也근심、난阻也막을、난責也꾸짖을、난詰辨힐난할、난(翰)[나]盛貌ㅣ然성할、나國ㅣ大ㅣ탈、나(歌)儺同 䨨 루[류]大雛큰병아리、유(宥)

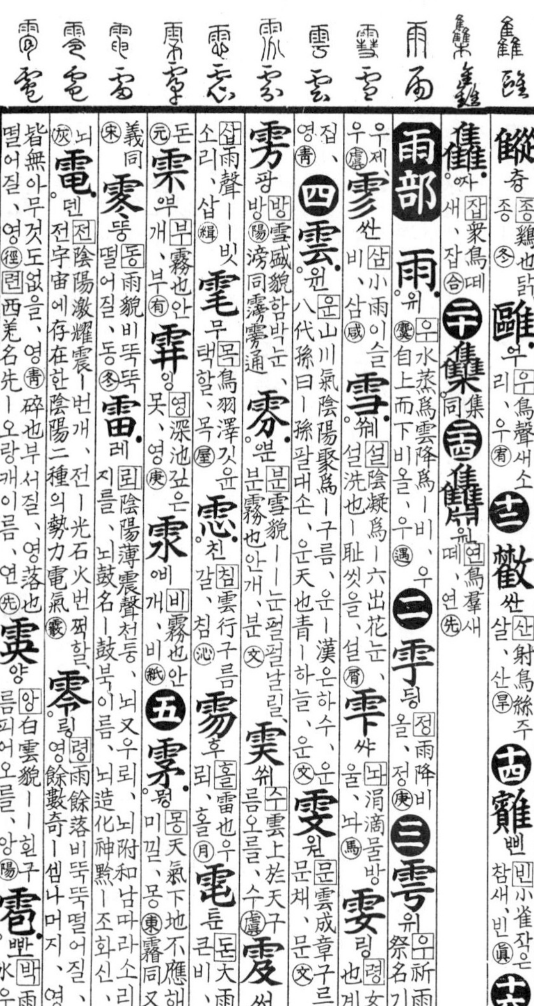

[illegible] 춍 [종]鷄也닭、종㉧冬 [illegible] 우 [우]鳥聲새소리、우(宥) 十二 [illegible] 싼 [산]射鳥絲주살、산(旱) 十四 [illegible] 빈 [빈]小雀작은참새、빈(眞) 十六 雥 짜 [잡]衆鳥떼새、잡(合) 二十 雧 同集 二十四 [illegible] 윈 [연]鳥羣새떼、연(先)

雨部

雨 위 [우]水蒸爲雲降爲ㅣ비、우(麌) 自上而下비올、우(遇) 二 [illegible] 딩 [정]雨降비올、정(庚) 三 雩 위 [우]祈雨祭名기우제、우(虞) [illegible] 싼 [삼]小雨이슬비、삼(咸) 雪 쉘 [설]陰凝爲ㅣ六出花눈、설洗也ㅣ耻씻을、설(屑) 雫 놔 [놔]涓滴물방울、놔(馬) [illegible] 링 [령]女也계집、영(青) 四 雲 원 [운]山川氣陰陽聚爲ㅣ구름、운ㅣ漢은하수、운 八代孫曰ㅣ孫팔대손、운天也青ㅣ하늘、운(文) 雯 원 [문]雲成章구름문채、문(文) 雱 광 [방]雪盛貌함박눈、방(陽) 滂同霶雱通 雰 윤 [분]雪貌ㅣㅣ눈펄펄날릴、분霧也안개、분(文) [illegible] 쉬 [수]雲上於天구름오를、수(虞) [illegible] 써 [삽]雨聲ㅣㅣ빗소리、삽(緝) [illegible] 무 [목]鳥羽澤깃윤택할、목(屋) [illegible] 친 [침]雲行구름갈、침(沁) [illegible] 후 [흘]雷也우뢰、흘(月) [illegible] 둔 [돈]大雨큰비、돈(元) [illegible] 우 [부]霧也안개、부(有) [illegible] 잉 [영]深池깊은못、영(庚) [illegible] 애 [비]霧也안개、비(紙) 五 [illegible] 멍 [몽]天氣下地不應해미낄、몽(東) 霿同又義同(宋) [illegible] 뚱 [동]雨貌비뚝뚝떨어질、동(冬) 雷 레 [뢰]陰陽薄震聲천둥、뇌又우리、뇌附和남따라소리지를、뇌鼓名ㅣ鼓북이름、뇌造化神點ㅣ조화신、뇌(灰) 電 뎐 [전]陰陽激耀震ㅣ번개、전ㅣ光石火번쩍할、전宇宙에存在한陰陽二種의勢力電氣(霰) 零 링 [령]雨餘落비뚝뚝떨어질、령餘數奇ㅣ셈나머지、영皆無아무것도없을、영(青) 碎也부서질、영落也떨어질、영(徑) [련]西羌名先ㅣ오랑캐이름、연(先) 雵 양 [앙]白雲貌ㅣㅣ흰구름피어오를、앙(陽) 雹 뽀 [박]雨氷우

八畫 隹雨

박、박㊕覺 **雴**。 립 [립]大雨貌ㅣ霫 큰비쏟아질、입㊕緝 **霠** 안 [암]霜也 서리、암㊕覃 **霋** 부 [불]雨降貌 비올、불㊕物 **雬** 부 [불]雲貌 구름、불㊕物 **䨔**。 쥐 [착]降雨貌 비올、착㊕陌 **䨇** 부 [불]雲起 구름일、불㊕月 **䨦** 탕 [탕]洞屋 빈끌、탕㊕漾

⑥ **需**。 수 [수]食也 음식、수要求 구할、수遲疑ㅣ待 머뭇거릴、수待也 기다릴、수ㅣ要 쓸、수索也 찾을、수卦名 乾下坎上 괘이름、수㊕虞 **䨺**。 인 [인]氣流行 기운퍼질、인㊕震 **靁**。 雷古字 **䨒** 우 [우]暴雨 霶ㅣ소나기、우㊕虞 **霃**。 신 [심]霖雨 장마、심㊕侵 [애]雨聲 빗소리、애㊕佳 **霎**。 즈 [자]大雨 큰비、자㊕紙 **䨲** 러 [락]雨零 비떨어질、낙㊕藥 **䨮** 화 [해]海船 바닷배、해㊕卦 **霁** 되 [제]雨止 비그칠、제㊕齊 **䨹**。 위 [우]水聲 물소리、우㊕遇 **䨜** 뼝 [병]雷聲 우뢰소리、병㊕梗 **䨨** 써 [색]霰也 싸라기、색㊕陌 **䨉**。 됴 [조]幽冥 어두울、조㊕嘯 **䨏** 同處

⑦ **霈** 패 [패]大雨霶ㅣ비쏟아질、패㊕泰 沛通 **震**。 전 [진]動也 진동할、진落雷 벼락칠、진威也 위엄、진懼也 두려울、진ㅣ災 지진、진卦名 괘이름、진㊕震 **䨘** 同霰 **霄** 쏘 [소]天氣雲ㅣ하늘、소雨霰 싸라기눈、소㊕蕭 **霆**。 텅 [정]疾雷 천둥、정㊕青 [전]陰陽相薄激而爲ㅣ電 번개、전㊕銑 **霃** 천 [침]久陰 음산할、침㊕侵 **霂**。 무 [목]小雨霢ㅣ부실부실오는비、목㊕屋 **霅** 싸 [삽]雨聲ㅣㅣ빗소리、삽㊕合 [잡]震電ㅣㅣ천둥번개할、잡衆言 떠들、잡吳興水名 물이름、잡㊕洽 **霉**。 메 [매]雨汙ㅣ涴 곰팡이、매㊕灰 **䨗** 부 [부]雪降 눈올、부㊕尤 **䨏** 이 [역]大雨 큰비、역㊕陌 **霂**。 써 [색]細雨 가는비올、색㊕陌 **䨐** 쳐 [첩]細雨 가는비、첩㊕葉 **䨣** 경 [갱]雲盛延貌 구름뭉게뭉게필、갱㊕梗 **霳**。 롱 [롱]雨聲 빗소리、농㊕冬 **䨩** 뼝 [병]雨降 비올、병㊕青 **䨵** 윤 [윤]雨也 비、윤㊕軫 **䨼** 연 [연]雲起 구름일、연㊕霰

⑧ **霏**。 삐 [비]雨雪雰貌 눈비부실부실올、비霧也 안개、비靄也 놀、비㊕微 **霓**。 이

예 虹也雲ㅣ무지개、예(齊) 역 義同(錫) **霔** 澍同 **霋** 치 처 霽也갤、처 雲行貌구름뭉게뭉게갈、처(齊) **霖**。 린 림 久雨不止장마、임 時雨甘ㅣ단비、임(侵)

霒。 陰古字 **霠** 陰古字 **霍**。 휘 확 俗 곽 疾也빠를、곽 吐瀉ㅣ亂곽란될、곽 刀光閃칼날번적거릴、곽 國名周武王弟ㅣ叔領地나라이름、곽(今山西省霍州)南嶽別名남악、곽(藥)

霑。 잔 점 漸也濡也젖을、점 受也받을、점 雨淋비지점거릴、점(鹽) **霎**。 싸 삽 小雨이슬비、삽 暫也ㅣ時잠간、삽(洽) **⿱雨垂** 타 타 雲散구름벗어질、타(哿)

雹 雹本字 **⿱雨忽** 후 홀 雨降비올、홀(月) **⿱雨爽** 상 상 驟也소나기、상(陽) **⿱雨是** 치 첩 雪降눈올、첩(葉) **⿱雨析**。 써 석 細雨가는비、석(錫) 색 義同

⿱雨奄 안 암 雲威구름성할、암(感) **霌** 쥐 주 霖也장마、주(尤) **⿱雨朋** 븡 붕 大雨큰비、붕(蒸) **⿱雨弦** 셴 현 露繁이슬성할、현(銑)

霐 헝 홍 幽深속깊을、홍(庚) **⿱雨立** 라 랍 雨聲빗소리、납(合) **⿱雨斤** 霽同

九

霞。 싸 하 日旁彤雲놀、하 遐也멀、하(麻) 赮通 **霜**。 쌍 상 露凝서리、상 歷年星ㅣ세월、상 又해、상 至嚴秋ㅣ엄할、상 白髮흰터럭、상(陽)

霛 靈古字 **霙**。 잉 영 雪華눈꽃、영 雨雪交降진눈까비、영 雲貌구름、영(庚)

⿱雨曷。 靄同 **⿱雨染**。 산 염 沾也젖을、염(豔) **⿱雨叙** 霧同 **⿱雨洼** 와 와 蹄涔쇠발자국에고인물、와(麻) **⿱雨禹** 우 우 雨聲빗소리、우(麌) **⿱雨數** 빠 발 雲起구름필、발(曷)

⿱雨臿 차 잡 大雨큰비、잡(洽) **⿱雨侯**。 훠 후 霖也장마、후(尤) **⿱雨甚** 단 담 雲起구름필、담(感) **⿱雨革** 뽀 박 雨濡革비에가죽적실、박(藥) **霝** 零同

十

⿱雨顛 뎐 전 雨甚비심히올、전(先) **霣**。 윈 운 隕也떨어질、운 雷起出雨천둥에비몰아올、운(軫) 隕同 **霶** 팡 방 大雨ㅣ霈비쏟아질、방(陽) **⿱雨兼** 렌 렴 微雨ㅣ霵비부실부실올、염(鹽)

霢。 머 맥 小雨ㅣ霂이슬비、맥(陌) **⿱雨派** 霢同 **⿱雨豈** 애 애 雪貌ㅣㅣ하얄、애(灰) **⿱雨埋** 霾同 **⿺辶雨** 얘 예 隱也숨

을、추雷也우뢰、추(支)

霤。 [류]屋水流낙수물、유屋水流器홈통、유又 류낙수받이、유室神祭處中ㅣ회춤、유(宥)

⿱雨隻。 [확]大雨소낙 확비、확(藥)

⿱雨翁 웅 [옹]雲之延起구름뻗칠、옹(董)

⿱雨函 한 [함]霖也장마、함(覃)

⿱雨眞. 지 [지]雨聲빗소리、지(支)

⿱雨軍 진 [진]雲起구름일、진(震)

⿱雨差。 차 [차]雨聲빗소리、차(歌)

⿱雨冓 꾸 [구]大雨큰비、구(宥)

⿱雨家 뭥 [몽]雷聲우뢰소리、몽(送)

⿱雨⿰彳夆 뿡 [봉]雨聲빗소리、봉(東)

十一

霨 웨 [위]雲起貌구름피어오를、위(未)

霧. 우 [무]地氣發天不應而成안개、무氣ㅣ안개자욱할、무(遇)

⿱雨鹿 루 [록]暴雨소나기、녹(屋)

⿱雨執。 뎬 [점]早霜又寒也일은서리、점(豔)

霫。 씨 [습]雨貌비쏟아질、습(緝)

霏 얘 [비]雲貌구름、비(尾)

霪. 인 [음]久雨霖ㅣ장마、음(侵)

霦 빈 [빈]玉光璘ㅣ옥광채、비(眞)

霩. 쿼 [확]虛ㅣ휑할、확(藥)

⿱雨莫 머 [막]雨降비올、막(藥)

⿱雨婁 루 [루]雨降비올、누(虞)

⿱雨責 재 [책]雨降비올、책(陌)

⿱雨㲄 부 [불]雲起구름일、불(月)

⿱雨彗。 雪本字

⿱雨專 좐 [전]露繁이슬성할、전(銑)

⿱雨示 상 [상]雨降비올、상(絳)

⿱雨洴 빵 [방]大雨큰비、방(陽)

十二

⿱雨衆。 쭝 [중]久陰小雨비지점거릴、중(東)

霳. 룽 [룽]雲師豐륭ㅣ구름맡은귀신、융(東)

⿱雨斯 쓰 [사]小雨이슬비、사(支)

露。 로 [로]陰之液霜之始이슬、노現也暴ㅣ드러날、노高澤雨ㅣ이슬줄、노羸也드러날、노疲勞가쁠、노(遇)

霮 탄 [담]雲繁ㅣ䨴구름피어오를、담(勘)

霱 유 [휼]卿雲상서구름、휼(質)

䨓。 同雷

⿱雨車. 완 [만]人名孫ㅣ사람의이름、만(刪)

⿱雨南 난 [남]泥也진흙、남(陷)

⿱雨重 쭝 [중]氣往來ㅣㅣ기운왕래할、중(東)

霰. 싼 [선]粒雪싸라기눈、선星也별、선(霰)

⿱雨登 덩 [등]大雨큰비、등(徑)

⿱雨胥。 뒤 [타]雨降비올、타(箇)

⿱雨澤。 맏 [박]澤也못、박(藥)

⿱雨雲 대 [대]雲起구름일、대(泰)

⿱雨朁. 신 [심]雨聲빗소리、심(侵)

⿱雨復 뿌 [복]覆水물흘릴、복(屋)

十三

⿱雨農

농 [농]露多이슬흠치르르할、농(冬)濃通 **霸**。빠 [파]俗[패]把持諸侯之權ㅣ業으뜸、패以武道治天下者패왕、패(禡)伯通[백]月始生ㅣㅣ然朔死ㅣ望生ㅣ달력、백(陌)魄同

霷 양 [양]十月爲ㅣ시월、양(陽)陽通 **霶** 同雱 **霹**。피 [벽]迅雷ㅣ靂벼락、벽(陌)(錫) **霮** 지 [즙]雨降비올、즙(緝) **霯** 젼 [점]小雨작은비、점(鹽)

䨚 박 [박]大雨큰비、박(藥) **霫** 홰 [회]小雲실구름、회(泰) **霳** 웅 [옹]雲氣구름기운、옹(腫) **霺** 미 [미]細雨가는비、미(微) (十四) **霿**。뭉

[몽]鄙吝霿ㅣ자욱할、몽無識貌컴컴할、몽(東)(送) **䨚** 씨 [희]雲貌䨚ㅣ구름낄、희不審貌흐릴、희(尾)(未) **霽**。으지 [제]雨止갤、제(霽) **霾**。매 [매]風而土雨晦

해미、매又흙비、매(佳) **䨴**。뒈 [대]雲黑貌霼ㅣ검은구름낄、대(隊) **䨫** 쌀 [산]小雨이슬비、산(寒) **䨼** 만 [만]雨露濃貌蒙ㅣ흠치르르할、만(寒) **䨲**。부

[누]兎子토끼새끼、누(尤) **䨺**。씨 [희]雨止貌갤、희(微) **靀** 명 [몽]微雨가는비、몽(東) (十五) **靁**。雷古字 **䨝** 탄 [담]久雨장마、담(感) **䨞** 싼

[산]雨降비올、산(潸) (十六) **靄**。어 [애]雲貌구름피어오를、애(泰)氣也아지랑이、애(賄)[알]義同(曷) **靆** 대 [태]俗[체]雲狀靉ㅣ구름낄、체(賄)(隊) **霴** 同靆 **䨸**

휘 [확]飛聲ㅣㅣ날으는소리、확(紙) **靈**。령 [령]神也신령、영魂魄혼、영神之精明신통할、영妙不可思議영할、영寵也괴일、영善也좋을、영(青) **靂** 리

[력]迅雷霹ㅣ벼락、역(錫) **䨮** 치 [즙]雨下비올、즙(緝) **靇** 룽 [롱]雷聲우뢰소리、농(東) (十七) **䨣**。同霰 **靉**。애 [애]雲狀ㅣ靆구름낄、애(賄)(隊) **䨧**

쎈 [섬]微雨靡ㅣ비부실부실올、섬(鹽) **䨲**。상 [양]露繁이슬성할、양(陽) (十八) **靊** 뿡 [풍]雲師ㅣ霳구름맡은귀신、풍(東) **靐**。同霳 **靃** 同雲 (十九)

䨔。리 [력]雨不止貌霖ㅣ비그치지않을、역(錫) (二十) **䨕** 치 [칩]雨降비올、칩(緝) (二十六) **䨺** 대 [퇴]雲盛구름성할、퇴(賄) (三十二) **靐** 뼝 [빙]雷

聲우릿소리、빙(徑)

青部

青。칭 [청]東方木色푸를、청竹皮대껍질、청簡書殺ㅣ죽력、청ㅣ年젊을、청地名땅이름、청(今山東省의登、萊、青의三府及奉天의遼陽地方)(青)菁通

(三) **晴** 잉 [영]小語ㅣ吟잔말할、영(庚)情通

⿰青彡 징 [정]清飾조촐하게꾸밀、정(梗)

(五) **靖**。ㅇ징 [정]安也편안할、정謀也꾀할、정思也생각할、정理也다스릴、정(梗)靜同

(六) **⿰青色** 칭 [정]妝飾明也치장환히할、정(敬)青黑色검푸를、정(徑)

(七) **靚**。징 [정]粉白黛黑ㅣ莊단장할、정(敬)靜同、女容徐ㅣ안존할、정(梗)

(八) **靜**。ㅇ징 [정]動之對고요、정又조용할、정謀也꾀할、정安也편안할、정息也쉴、정寂也고요할、정(梗)靖通

⿰冫靚 칭 [청]冷也찰、청(徑)

靛。뎐 [전]藍質ㅣ花청대、전(霰)

(十) **靝** 天同

(十二) **⿰青瑟** 시 [슬]青而赤푸르고붉을、슬(質)

(十四) **⿰青蒦** 후 [호]善青파랄、호(遇)

非部

非。ㅇ뻬 [비]不是아닐、비訾也나무랄、비不正也그를、비違也어길、비無也없을、비(微)

(三) **奜** 패 [배]大也클、배(賄)

⿱非乙 ㅇ비 [비]分也나눌、비(尾)

⿱非巾 ㅇ비 [비]隱也숨을、비(未)

扉 ㅇ비 [비]隱也숨을、비(未)

⿱非子 ㅇ비 [비]輕也가벼울、비(微)

啡。베 [배]睡聲숨소리、배吹也불、배(灰)

(四) **⿱非手** ㅇ뻬 [비]覆手손엎을、비(未)

⿱非毛 ㅇ비 [비]細毛가는털、비(微)

⿱非巴。ㅇ비 [비]別也나눌、비(寘)

⿱非火 ㅇ비 [비]塵也티끌、비(未)

(五) **⿱非古** 苦同

(七) **靠**。코 [고]相違어길、고依附倚ㅣ붙일、고(號)

(十一) **靡**。미 [미]散也흩어질、미爛也滅也썩을、미又물크러질、미繫也얽을、미損也ㅣ費허비할、미奢麗侈ㅣ사치할、미美也ㅣ曼예쁠、미偃也披ㅣ쓰러질、미順隨ㅣㅣ붙좇을、미連延貌ㅣㅣ벋을、미無也없을、미勿也말、미(紙)縻通

面部

面。면 [면]顔也낯、면又얼굴、면向也향할、면表也外也겉、면對面만날、면對也대할、면前也앞、면見也보일、면當四方之一方面방위、면行政區劃之一郡之下里之上면、면(霰)

(三)

⿰面干。同⿰黑干 ⿰面刃 뉵 [뉵]羞顏부끄러운얼굴、육(屋)

(四)

⿰面丰. 뱡 [방]面腫면종、방(江) ⿰面巴 빠 [파]黃面누른얼굴、파(麻) ⿰面今 깐 [함]出頭머리내밀、함(咸) ⿰面丑 뉴 [뉵]慙也부끄러울、육(屋) ⿰面冘。탄 [담]鈍也둔할、담(勘) ⿰面比 시 [시]顏也얼굴、시(寘)

(五)

靤。밮 [포]面瘡면종、포(效) ⿰面且 同靦 ⿰面巧 산 [소]面曲낯곱을、소(巧) ⿰面幼 야 [요]面曲낯곱을、요(巧) ⿰面皮 넨 [년]寬也너그러울、연(銑) ⿰面未 메 [매]顏也얼굴、매(隊) ⿰面乍。산 [산]老也늙을、산(潸) ⿰面占 뎬 [점]面陋얼굴더러울、점(豔)

(六)

⿰面舌. 꽈 [괄]面小낯작을、괄(曷) ⿰面并 뼝 [병]面黃낯누르를、병(梗) ⿰面台 퉤 [퇴]面陋낯더러울、퇴(灰)

(七)

靦。톈 [전]慚貌ㅣ然무안할、전面見물그러미볼、전(銑)靦同 ⿰面甫。뿌 [보]頰也뺨、부(麌) ⿰面每 회 [회]面肉肥厚얼굴퉁퉁할、회(隊) ⿰面巠. 징 [경]頑也완악할、경(敬) ⿰面忍 녜 [녁]愁面수심띤낯、역(錫) ⿰面含 한 [함]面赤얼굴붉을、함(覃) ⿰面足 츄 [축]均也고르를、축(屋) ⿰面夋。사 [솨]面醜얼굴못날、솨(馬) ⿰面免 만 [만]塗面낯칠할、만(翰)

(八)

⿰面宛 웬 [원]目開貌눈뜰、원(阮) ⿰面官 완 [완]形如杓子之面오목한낯、완(諫) ⿰面宜 이 [의]正面단정한낯、의(文) ⿰面周 댜 [조]習也익힐、조(嘯) ⿰面奄. 안 [암]面之黑子사마귀、암(感)

(九)

⿰面音 안 [암]戚容ㅣ⿰面參슬플、암(感) ⿱監面. 란 [람]面長貌ㅣ⿰面斬얼굴길、남(覃) ⿱雨面 산 [산]廣面넓적얼굴、산(翰) ⿰面面 면 [면]頑劣面못생긴얼굴、면(銑)

(十)

⿰面眞。면 [면]汗血ㅣ炫피묻을、면

(霰)

⿰面臭 착 [추]面醜얼굴추할、추(有)

(十一) ⿰面麻 머 [마]面靑貌又慚也얼굴푸를、마(禡)

⿱斬面 찬 [잠]面長貌⿱監面ㅣ얼굴길、잠(覃)

⿰面參 찬 [참]戚容⿰面音ㅣ슬플、참(感)

⿱面娶 츄 [츄]面短낫짧을、츄(質)

(十二) 靧 휘 [회]洗面낫씻을、회(隊)

⿰面單 뎐 [전]面黃낫누를、전(銑)

⿰面焦 챠 [초]面色焦枯파리할、초(蕭)

⿰面尞 랸 [료]面白낫흴、요(篠)

⿰爭面 션 [선]圓面둥근낫、선(先)

⿰面然 산 [연]年少顏色젊은얼굴빛、연(銑)

(十三) ⿰面亶 靦同

(十四) 靨 엳 [엽]姿也頰輔웃을때빰옴속들어갈、엽面黑子얼굴에검은사마귀、엽(葉)

⿱漸面 젼 [점]色弱빛약할、점(琰)

(十五) ⿰面蔑 메 [멸]面小얼굴작을、멸(屑)

(十七) ⿰面韱 젼 [점]短顏짧은얼굴、점(鹽)

(十九) ⿰面羅 러 [라]慙也부끄러울、나(哿)儸同

革部

革 껴 [격]俗[혁]去毛生皮가죽、혁卦名離下兌上괘이름、혁改也고칠、혁翼也날개벌릴、혁甲胄金ㅣ갑주、혁轡首가죽바、혁(陌)[극]急也病ㅣ병급할、극(職)亟通

(二) 靪 뎡 [정]補履下신창받을、정(青)

(三) 靫 채 [채]箭室전동、채(佳)[차]義同(麻)

靬 찬 [잔]乾革마른가죽、간弓衣활전대、간西域國名黎ㅣ나라이름、간(寒)

靮 뎍 [적]馬韁고삐、적(錫)

靭 신 [인]堅柔難斷질길、인(震)

⿰革乞 후 [흘]緊縛졸라맬、흘(月)

⿰革丸 지 [기]革也털벗긴가죽、기(寘)

靯 두 [도]箭筩전동、도(豪)

⿰革于 위 [우]大帶큰띠、우(虞)

(四) 靷 인 [인]駕牛馬具在胷引車軸가슴걸이、인(震)

靳 엳 [근]吝也아낄、근固也ㅣ制其行가슴걸이、근(問)

靴 쒜 [화]洋ㅣ양화、화又구두、화鞮屬履也목화、화(歌)韡同

靸 싸 [삽]小兒履꺽두기、삽(合)[韓]祭鞋제사신、삽

靲 친 [금]鞮帶신들메、금(寑)[감]竹簝짜갠대、감(覃)

靶 빠 [파]御人所把轡革고삐、파弓的也관혁、파(禡)

⿰革卬 앙 [앙]履也신발、앙(養)

⿰革殳 뒤 [단]履跟緣신근

피、타(哿) ⿰革氏。지 [지] 紂餘鞋밑치끈、지(支) ⿰革介 제 [갈] 鞍下之被안갑、갈(黠) ⿰革欠 지 [격] 鞍也안장、격(陌) 鞆 同⿰革面 ⿰革勾 지 [기] 轂飾바퀴통치장、기(支)

⿰革丑 同紐 ⿰革尹 쎤 [헌] 傳軶革멍에얽는가죽、헌(銑) ⿰革丰 뽕 [봉] 鞍飾안장치장、봉(冬) ⿰革毛 同鞲 ⿰革比 同⿰革必 ⿰革少 샤 [사] 靴也구두、사(麻)

五

鞁。피 [비] 鞁也말가슴걸이、비馬駕具鞍上被안갑、비(寘) 鞄。포 [포] 革包가방、포柔革工가죽다르는장인、포(肴) 靽 빤 [반] 駕牛馬具소밀치、반(翰) ⿰革玄 同鞙 ⿰革幼。요 [요] 靴頸목화목、요曲也굽을、요(效) 鞀。도 [도] 如鼓而小以導樂作、도(豪) 鞉鼗同 鞅 양 [앙] 煩勞ㅣ掌가쁠、앙馬駕具말배띠、앙牛鞼쇠굴레、앙(養) 怏通 鞃。훙 [굉] 軾中靶수레앞턱에맨고삐、굉(蒸) ⿰革厷通 ⿰革尼 늬 [니] 轡垂貌고삐늘어질、이(齊) ⿰革占 톄 [첩] 韉飾ㅣ鞢안갑、첩(葉) 鞢韆也말다래、점 ⿰革禾 同秸 靺 머 [말] 韎ㅣ붉은끈、말國名ㅣ鞨나라이름、말(今間島로露領沿海州方面)(曷) ⿰革由 同胄 靼 탄 [달] 柔革다룬가죽、달韃ㅣ靺鞨之後女眞別種종족、달(蒙古地方)(曷) ⿰革它。타 [타] 馬尾ㅣ밑치、타(歌) 靻。찬 [조] ㅣ蹻가죽신、조(豪) ⿰革巨 쥐 [거] 鞍也안갑、거(語) ⿰革色 同靶 ⿰革申 신 [신] 大帶큰띠、신(眞) ⿰革必 삐 [필] 束車革차묶는가죽、필(質) ⿰革弗 부 [불] 車後革수레뒷가죽、불(物) ⿰革世。이 [예] 馬鞍안장、예(霽) ⿰革甲 쟈 [갑] 花相次列貌꽃벌려있을、갑(洽) ⿰革瓜 반 [보] 製革工人가죽다루는직공、보(肴) ⿰革句。쥐 [구] 馬鞍말안장、구(虞) ⿰革令 링 [령] 羊子양의새끼、영(青)

六

鞏。꽁 [공] 以皮束物가죽테、공固也굳을、공羌名煎ㅣ오랑캐이름、공州名고을이름、공(腫) ⿰革印 인 [인] 木履有足나막신、인(震) 鞋。쎄 [혜] 革履신、혜(佳) 同鞵 鞇 인 [인] ⿰革辱也車重席수레에깐겹요、인(眞) 鞎 헌 [흔] 車前革飾수레앞꾸밈、흔(元) 鞍 안 [안] 馬鞁具안장、안(寒) ⿱安革。안 [안] 同鞍、

地名땅이름、안(寒) 鞉。同軺 鞈 야 [협]ㅣ革겹가죽、협(葉) 䩣。러 [락]生革可以爲縷가죽오리、낙(藥) ⿰革朵 同鞖 ⿰革羊 양 [양]治皮가죽다룰、양(養)

⿰革曳 同靾 ⿰革夸 짜 [과]帶飾띠치장할、과(馬) ⿰革耳 융 [용]毛飾털치장할、용(冬) ⿰革交。쟌 [교]革囊가죽주머니、교(嘯) ⿰革并 삥 [병]革帶가죽띠、병(迥)

⿰革夷 이 [이]柔革다룬가죽、이(支) ⿰革同 퉁 [동]箭筒飾전동치장、동(東) 鞊。지 [길]鞅也가슴걸이、길(質) ⿰革危 꿰 [궤]獨角외뿔、궤(紙) ⿰革旨。지 [지]日

傘紐일산끈、지(寘) ⿰革至 同⿰革旨 ❼ ⿰革兌 뒈 [태]補也기울、태(泰) 鞙。쉰 [현]玉貌ㅣㅣ노리개드림、형馬勒굴레、현刀鞘⿰革巂ㅣ칼집、현車靻차멍에동인끈、

현(銑) 鞗。됴 [조]轡也ㅣ革고삐、조(蕭) 鞘。쌰 [소](嘯)俗[초]刀室칼집、초鞭也채찍、초(肴) 鞓 틩 [정]皮帶가죽띠、정(青) ⿰革廷同 ⿰革廷 同鞓 鞔。만

[만]履殼신울、만 靶也고삐、만(寒) 鞕 同硬 ⿰革夾 졔 [겹]靴也구두、겹(洽) ⿰革豆 뚜 [두]車中席차에까는자리、두(宥) ⿰革析 졔 [계]刀鞘칼집、제(霽) ⿰革余

두 [도]藁靴짚신、도(虞) ⿰革見。쎄 [혈]急繫단단히맬、혈(屑) ⿰革延 탄 [단]馬之腹帶말배띠、단(旱) ⿰革甫。부 [보]靴也가죽신、보(麌) ⿰革沙 사 [사]馬尾말꼬리、

사(歌) ⿰革束 써 [색]堅也굳을、색(陌) ⿰革坒 페 [폐]長靴장화、폐(霽) ⿰革言 쎄 [혈]急繫단단히맬、혈(屑) ❽ ⿰革咅。뿡 [봉]刀下飾鞞ㅣ칼아래장식、봉(董) 琫同

鞚。쿵 [공]馬勒말굴레、공(送) ⿰革奇 羈古字 鞞。피 [비]騎鼓말메인북、비(齊) 鼙同 [병]刀室칼집、병(迥) ⿰革戔 同韉 鞠。쥐 [국]養也기를、국又칠、국

毬子蹋ㅣ궁、국又제기、국告也고할、국曲也ㅣ躬굽으릴、국稚也ㅣ子어린아이、국窮也궁할、국盈也찰、국(屋) 鞫毬踘菊通 鞛。音同 ⿰革匋 됴 [도]鼓木皐ㅣ북

통、도(豪) 鞜。타 [답]革履가죽신、답(合) ⿰革昔 시 [석]舊靴헌신、석(陌) ⿰革長 챵 [창]弓衣활집、창(漾) ⿰革宛 同輐 ⿰革非 뻬 [배]吹火器풀무、배(卦) ⿰革叚。

추 [추]束也묶을、추(有) **鞆**·緉同 **[illegible]** 베 [별]鞘飾칼집치장、별(屑) **[illegible]**。노 [노]優緩革누그러운가죽、노(號) **[illegible]** 이 [익]羔裘之縫갓옷바느질할、익(職)

[illegible] 야 [압]小兒履아이신、압(合) **[illegible]** 이 [역]素靴흰신、역(陌) **鞉** 쇼 [소]覆也덮을、소(蕭) **[illegible]** 평 [붕]靳也가슴걸이、붕(蒸)

❾

鞮。듸 [제]革履가죽신、제無絇之縷ㅣ鞻코안놓은신、제上黨縣名銅ㅣ고을이름、제晉離宮名이궁이름、제西戎通官狄ㅣ오랑캐이름、제(齊) **鞂** 캐 [개]鼓名북이름、개(卦) **韗**。운 [운]理鼓工ㅣ人북메는장인、운(問) **鞬**。견 [건]弓矢器동개、건櫜ㅣ동개、건鞱也칼집、건(元) **鞤**。방 [방]以皮爲履가죽신、방(陽)幫同 **鞦**· 착 [추]北方戲ㅣ韆그네、추馬鞧말고들개、추(尤) **鞣**。석 [유]熟皮다룬가죽、유乾革마른가죽、유(尤) **鞪**。모 [무]首鎧鞮ㅣ두구、무(尤)鍪同 **鞫**·쥑 [국]窮理罪人訊죄인밥별、국又문초할、국水之外언덕、국盡也다할、국(屋)諊同鞠通 **鞨** 허 [갈]北方國名靺ㅣ나라이름、갈(今間島로露領沿海州方面)寶名紅靺ㅣ보석、갈(曷) **韘** 셰 [섭]馬皮見鞊ㅣ말언치、섭(葉) **[illegible]**。끽 [극]急也급할、극(職) **[illegible]** 위 [율]皮器가죽그릇、율(質) **鞭**。뻔 [편]箠策회초리、편馬箠ㅣ채찍、편箬也ㅣ扑볼기채、편(先) **鞧**·緧同 **[illegible]** 뚜 [도]牛牽舟소로배끌、도(虞) **[illegible]** 쑤 [수]治革가죽다룰、수軟皮부드러운가죽、수(尤) **鞕** 숭 [영]堅强딱딱할、영(敬) **[illegible]** 鞰同 **[illegible]** 멘 [면]馬之絡頭具굴레、면(銑) **[illegible]** 시 [실]刀室칼집、실(質) **[illegible]** 훤 [훤]靴也가죽신、훤(願) **[illegible]**· 듸 [제]常也떳떳、제(齊) **[illegible]**。쌰 [하]履跟신뒤축、하(麻) **[illegible]** 뷰 [복]革帶가죽띠、복(屋) **[illegible]** 지 [치]靴底신바닥、치(寘) **鞥** 야 [압]革韇가죽고삐、압(合) **[illegible]**。위 [유]餘也남을、유(虞) **[illegible]** 쏘 [소]刀鞘칼집、소(嘯) **[illegible]** 양 [양]馬頭所絡具굴레、양(陽)

❿

[illegible]。옹 [옹]靴鞠목화、옹(宋) **鞵**·셰 [혜]俗[혜]屩也짚신、혜(佳)鞋同

鞶。판 [반] 大帶ㅣ帶가죽띠、반 以鏡飾ㅣ鑑거울꾸민가죽、반(寒)
鞱 韜同
鞳。타 [탑] 鐘鼓聲鏜ㅣ쇠북소리、탑(合)
⿰革畐 어 [액] 補履신기울、액(陌)

⿰⿱士⿱冖革殳 허 [학] 急束바싹묶음、학 又졸라맴、학(覺)
⿰革翁 옹 ⿰革邕同
⿰革𧴪 쐐 [쇄] 革鎖가죽자물쇠、쇄(哿)
鞲。꾸 [구] 臂捍射ㅣ팔찌、구(尤)
鞴。뻬 [피] 革袋風出器품무、피 [비] 馬裝束말뱃대끈、비(寘) [모] 盛箭室ㅣ鞁살집、모(遇)
⿰革鬼。화 [훼] 馬轡繫御革말고삐、훼(灰)
鞖 수 [수] 軟皮연한가죽、수(尤)
⿰革茸 융 [용] 鞍飾안장치장、용(腫)
⿰革貢 궁 [공] 生皮날가죽、공(董)
⿰革盍 쟈 [갑] 革履가죽신、갑(合)
⿰革尃。봐 [박] 革囊가죽주머니、박(藥)
⿰革罘。鞳同
⿰革冤 웬 [원] 井水汲器두레박、원(元)

(十一)

⿰革庸 슝 [용] 乾革마른가죽、용(冬)
⿰革徙。쓰 [사] 鞮屬革履가죽신、사(紙) ⿰革麗同
鞻。루 [루] 扉類四夷舞者所춤신、누 樂官名鞮ㅣ악관이름、누(遇)
⿰革傁 鞭同
鞸 뼁 [병] 同鞞(迥) [필] 韍也슬갑、병(質) 韠韍通
鞹。콱 [곽] 皮去毛다룬가죽、곽(藥)
⿰革章 쨩 [장] 鞍飾ㅣ泥말다래、장(陽)
鞺。탕 [당] 鼓聲북소리、당(陽)
⿰革崔 최 [최] 鞍皮안장가죽、최(灰)
⿰革逢 뿡 [봉] 鼓聲북소리、봉(冬)
⿰革鹿 簏同
⿰革區。우 [우] 胡矛也오랑캐창、우(宥)
⿰革废 샤 [사] 藥草石韋돌장아리、사(禡)
⿰革參 쌈 [삼] 旗旒깃발、삼(咸)

(十二)

鞿。쟈 [기] 馬韁在口말재갈、기(微) 䩭同
鞽 쟈 [교] 泥行所乘나막신、교(蕭) 橇同
鞼。퀘 [궤] 盾綴革방패끈、궤 折也꺾음、궤 繡革가죽에수놓음、궤(寘)
鞾。靴同
⿰革賁 운 [분] 鼓也북、분(文)
⿰革買 매 [매] 草鞋짚신、매(佳)
⿰革需 수 [누] 胡羊오랑캐양、누(尤)
⿰革童 퉁 [동] 鞁飾전동장식、동(東)
⿰革舄 시 [석] 履也신、석(陌)

(十三)

韁 짱 [강] 繫也ㅣ鎖고삐、강(陽) 繮同
⿰革蜀。쑥 [촉] 弓衣활전대、촉(沃) 韣同
韂。짠 [첨] 馬障泥鞍ㅣ다래、첨(鹽)
韃 따 [달] 靺鞨之後女眞別種ㅣ靼나라이름、달(今間島로露領沿海州方面)(曷)
⿰革葛

同鞨 **⿰革意** 이 [억] 履頭裝飾신머리치장、억(職) **⿰革旁** 광 [광] 草鞋짚신、광(江) **⿰革嗇** 同轖 **⿰革遂** 同繸 **十四** **韄** 후 [호] 刀飾칼장식、호(遇) [획] 佩刀絲칼

끈、획(陌) **韅** 쎈 [현] 駕馬具말뱃대끈、현(銑)(霰) **⿰革需** 수 [유] 革履가죽신、유(虞) **⿰革爾** 녜 [녜] 轡垂고삐드릴、예(齊) **⿰革聚** 추 [추] 鞍上掛具언치、추(宥)

⿰革匵 同韇 **⿰革遣** 젼 [견] 腰帶허리띠、견(霰) **⿰革僕** 우 [복] 纏絡牛頸之具소목걸이、복(沃) **⿰革翟** 랸 [락] 堅皮단단한가죽、낙(覺) **十五** **韆** 쳔 [천] 繩

戲鞦ㅣ그네、천(先) **韇** 뚜 [독] 藏筴器시초통、독又정대통、독又첩통、독盛弓矢器동개、독(屋) **韈** 메 [말] 足衣버선、말(月) 襪韤同 **⿰革爾** 지 [지] 鞁也언치、지

(支) **⿰革巤** 례 [렵] 馬頭絡繫具말굴레、엽(葉) **十六** **⿰革龍** 룽 [롱] 馬被具언치、농(東) **⿰革遺** 위 [유] 繩也줄、유(未) **十七** **韉** 옌 [천] 鞍具언치、천(先)

同韱 **⿰革毚** 찬 [참] 韉也언치、참(陷) **⿰革薄** 박 [박] 車中席차안에까는자리、박(藥) **韊** 란 [란] 箭筒전동、난(寒) **十八** **⿰革雟** 쉐 [쇠] 垂貌늘어질、쇠鞍邊帶선후

결이、쇠(灰) **十九** **⿰革麗** 同⿰革徙 **二十一** **⿰革蘭** 란 [란] 藏弩矢服동개、난(寒)

韋部

韋 웨 [위] 柔皮다룬가죽、위柔韗脂ㅣ훌부들할、위諧和依ㅣ화할、위武服韎ㅣ군복、위(微) **三** **韌** 신 [인] 堅柔難斷질길、인(震)

四 **⿰韋及** 사 [삽] 小兒履꺽두기、삽(合) 亦作靸 **⿰韋犬** 예 [피] 車軾차앞턱나무、피(寘) **⿰韋內** 나 [납] 軟也연할、납(合) **⿰韋爻** 쑈 [효] 革囊가죽주머니、효

(肴) **五** **⿰韋圭** 쮸 [주] 戎服蔽膝슬갑、주皮袴가죽바지、주(遇) **韍** 우 [불] 蔽膝슬갑、불印組인끈、불(物) **韎** 메 [매] 茅蒐所染赤韋붉은가죽、매樂官名

ㅣ師악관이름、매(卦)(隊) **⿰韋必** 삐 [비] 弓檠활도지개끈、비(寘) **⿰韋包** 同鞄 **⿰韋戉** 웨 [월] 斧囊도끼집、월(月) **⿰韋斥** 퇴 [척] 刀之把中韋자루막가죽、척(陌) **⿰韋它**

타[타]革履가죽신、타(歌) **⿰韋弗** 부 [불]棺繩관매는줄、불(物) ⑥ **韐**。갸 [갑]戎事服韐ㅣ가죽바지、갑(合) [겹]韋蔽膝슬갑、겹(洽) **韏**。좐 [권]革中斷又中分가죽사분파할、권(願) **⿰韋艮**。끈 [곤]束也묶을、곤(元) **⿰韋交** 죠 [교]囊也주머니、교(肴) **⿰韋伏** 부 [복]軾也수레앞덕나무、복(屋) **⿰韋亘** 훤 [훤]製鼓工匠북만드는장인、훤(願) ⑦ **韒** 同鞘 **⿰韋甫** 부 [부]尻衣잠방이、부(虞) ⑧ **韔** 창 [창]韜也활집、창(漾) **韓**。한 [한]國名ㅣ萬所封한나라、한(今河南省中部及山西省澤路地方)朝鮮國名三ㅣ나라이름、한(今京畿、忠淸、慶尙、全羅等地朝鮮改稱大ㅣ한국、한(寒) **⿰韋沓** 타 [답]指衣끌무、답(合) 揩同 **⿰韋非** 빼 [패]韋囊吹火허풍손이、패(卦) **⿰韋卷** 촨 [권]曲也곱을、권(願) **⿰韋匊** 쥐 [국]裹也쌀、국(屋) ⑨ **韙**。웨 [위]美之是也옳을、위(尾) **韘**。셰 [접]射決깍지、접(葉) **韗**。원 [운]攻皮之工가죽장인、운(問) **⿰韋叚** 쌰 [하]履跟帖신근피、하(麻) **⿰韋复** 부 [부]衮也갓옷、부(宥) **韖** 여 [유]韌也질길、유(宥) **⿰韋兗** 연 [연]韖皮다룬가죽、연(銑) ⑩ **韞** 원 [온]藏也ㅣ匵감출、온 赤色붉은빛、온(吻) **韜**。돠 [도]藏也감출、도 寬也너그러울、도 劍衣칼전대、도 兵法ㅣ略병법、도(豪) 鞱同弢通 **韝**。꾸 [구]射決깍지、구 臂衣팔찌、구(尤) **⿰韋尃** 뽀 [박]韋裹車軛멍에싸게、박(藥) **韛** 鞴同 **韠**。鞸同 **⿰𠦝韋** 韓本字 **⿰韋⿱日羽** 따 [답]皮衣갓옷、답(合) **⿰韋荅** 同⿰韋沓 ⑪ **⿰韋崔** 새 [쇠]鞍也안장、쇠(灰) **⿰韋巢** 산 [소]束也묶을、소(肴) **⿰韋彗** 쉐 [쉬]囊紐주머니끈、쉬(寘) ⑫ **韡**。웨 [위]華盛貌ㅣㅣ꽃활짝필、위 光明환할、위(尾) **⿰虛韋** 휘 [위]柔革平均가죽달을、위(支) **⿰韋番** 빤 [번]韋平方가죽반듯할、번(元) **⿰韋登**。덩 [등]張皮가죽벌릴、등(梗) **⿰韋皐** 간 [고]弓衣활집、고(豪) **⿰韋惠** 셰 [혜]囊紐주머니끈、혜(齊) ⑬ **韂** 옌 [첨]蔽膝슬갑、첨(鹽)義同、障泥말다래、첨(豔)幨襜同 **韣**。뚜 [독]弓衣활전대、독

(屋)속韜也칼집、속(沃)韣同 韐 쎄 험 被也입을、험(鹽) 十五 韥 뚜 독 箭筩전동、독(屋) 韤。同韈 十七 䪇 봐 박 藁鞋짚신、박(藥) 十八 䪒。쭈 추 收束묶을、추(尤) 十九 韏 좐 권 鞻皮다룬가죽、권(願) 二十 韄。좌 곽 刀裝革칼장식가죽、곽(藥)

韭部

韭。쭈 子 葷菜豐本又草種乳부추、子(有) 四 韮。同韭 八 韱。쳠 섬 山韭산부추、섬細也가늘、섬(鹽) 纖同 䪥 사 삽 起也일어사날、삽(合) 十 韲 쪄 제 擣辛物爲之양념、제(齊) 虀同 齏 同齏 韰 쎄 해 送死歌상여소리、해(卦) 𩐎 지 제 㓹菜섣은나물、제(齊) 十一 韲。쪄 제 醯醬所和양념、제(齊) 䪢 대 대 漬菜之㓹者섣은김치、대(隊) 十三 韭番 뺀 번 小蒜달래、번(元) 十四 韲 同薤

音部

音。인 음 聲也소리、音訓之對文字讀聲음、音言語말、音ㅣ信소식、音又편지、音樂也음악、음(侵) 三 䪫 홍 홍 大聲소리크게지를、홍(東) 四 韵 同韻 䪬 자 잡 斷聲끊는소리、잡(合) 五 韶。쌰 소 舜樂簫ㅣ순임금의풍류、소紹也ㅣ護이을、소美也ㅣ華ㅣ光아름다울、소春色봄、소(蕭) 磬同 䪭 뿌 불 樂聲乍息풍류소리잠시그칠、불(物) 䪲。뿡 봉 屋響집울리는소리、봉(東) 䪯 뤄 락 喧也시끄러울、낙(陌) 六 䪱。봐 박 手足之指節鳴손발마디울、박(覺) 七 韸。팡 봉 鼓聲ㅣㅣ북소리、봉和也화할、봉(東) 䪫 쩡 형 俗경 巔項樂名六ㅣ풍류이름、경(庚) 莖通 韽 안 암 細聲가는소리、암(覃) 䪬。뿌 불 撫聲만지는소리、불(月) 䪴 팡 방 鼓聲북소리、방(江) 八 䪩 녜 념 聲止也소리그칠、염(葉) 九 韺。잉 영 帝嚳樂名五ㅣ풍류이름、영(庚) 英通 韹 헝 횡 樂聲풍류소리、횡 앵 錭器聲그릇소리、앵(庚) 十 韻。윈 운 和也화할、운風

度ㅣ致운치、운音員爲ㅣ운、운同聲相應울림、운(問) **[音+芻]**작〔추〕衆聲之喧떠들、추(有) **[音+頁]**둥〔동〕鐘聲종소리、동(送) **[熒+音]**。영〔영〕小聲작은소리、영(庚)

(十一) **韽**。안〔암〕聲微不越揚가는청、암(覃)(陷) **韾**인〔음〕和也화할、음(侵) (十二) **響**。쌍〔향〕聲之外曰ㅣ即影ㅣ소리울림、향又맞은소리、향樂器方ㅣ풍류그릇、향(漾) 鄉同饗通 **[音+蜀]**톡〔탁〕聾者귀머거리、탁(覺) **[音+業]**예〔업〕樂也풍류、업(葉) **[音+意]**이〔의〕痛聲앓는소리、의(微) **[音+贛]**공〔공〕賜也줄、공(送)

(十四) **頀**。후〔호〕湯樂大ㅣ탕나라풍류、호(遇) 濩同 **[音+雙]**쌍〔항〕打也칠、항(陽) (十五) **[音+廣]**。광〔광〕聲也소리、광(漾) (十六) **[音+靈]**령〔령〕聲也소리、영(靑)

頁部

頁。예〔혈〕頭也머리、혈書册片面又其數詞페지、혈(屑) (二) **頄**꿰〔규〕面顴광대뼈、규厚也두터울、규(支) 頯同〔구〕義同(尤) **頃**。칭〔경〕田百畝백이랑、경俄也아까、경(梗) 頭不正머리비뚜리、경暫也잠간、경近時요사이、경又요지음、경比時쯤、경山名西ㅣ산이름、경(庚) **頉**우〔유〕顫也떨、유(宥) **頂**뎡〔정〕顚也이마、정物之最上部꼭대기、정戴也일、정(迥)

(三) **項**。쌍〔항〕頭後頸也목뒤、항大也클、항箇條조목、항分數의分子又는分母、又는級數를組立한各數、又는代數式에서多項式을組立한各單式(講) **須**。쒸〔수〕頭毛同鬚수염、수待也기다릴、수斯ㅣ잠간、수資也用也同需거리、수魚動腮생선아가미벌떡거릴、수婢妾餘ㅣ종첩、수必也모름지기、수又반드시、수草名夫ㅣ풀이름、수星名ㅣ女별이름、수(虞) **順**。쓘〔순〕循理不逆순할、순從也좇을、순和也화할、순次第ㅣ序차례、순(震) **[幺+頁]**얃〔요〕頭小貌머리작을、요(蕭) **[乞+頁]**。쿠〔굴〕頰旁骨광대뼈、굴(月) **頇**한〔안〕岸頭無髮ㅣ額대머리、안冠欵後갓잦

허쓸、안(翰)[한]義同(寒) ⿰己頁 깨[개]頰下빰밑、개(賄) ⿰乇頁 뚜[독]頭骨머리뼈、독(屋)[탁]義同(藥) ⿰凡頁 꿍[공]顏也낯、공(東) ⿰弓頁 꾸[호]動頭머리움직일、후

(饗) ⿰丸頁 완[환]頭也머리、환(寒) ④ 頌 용[용]貌也모양、용又얼굴、용(冬)容同[송]稱述ㅣ德칭송할、송歌誦외일、송(宋) 頍 켸[규]弁貌고깔비녀、

규擧首貌머리들、규(紙) 頎 치[기]長貌헌걸찰、기(微) 預 위[여]俗[예]先也미리、예參與참여할、예及也미칠、예干也간섭할、예(御)豫同與通 頒 뱐

[반]布也반포할、반區分나눌、반頭半白머리털반쯤셀、반頒兩旁관자노리、반(刪)攽朌同[분]魚大首貌물고기머리클、분(文) 頓 뚠[돈]下首至地조을、돈又꾸벅거릴、

돈又절할、돈止也그칠、돈敗也패할、돈貯也모을、돈又쌓을、돈捨也놓을、돈壞也委ㅣ무너질、돈遽也陡ㅣ급할、돈食一次밥한끼、돈宿舍객사、돈ㅣ挫꺾을、돈

整ㅣ가지런할、돈俄也별안간、돈[둔]固鈍둔할、둔又무딜、둔(願)[돌]單于太子冒ㅣ선우의이름、돌(月) 頑 완[완]固陋완고、완鈍也愚也완악할、완貪也탐할、완

(刪) 頏 항[항]鳥飛下頡ㅣ새날아내릴、항(陽)頸也목、항聲也소리、항(養) 頊 욱[옥]謹貌ㅣㅣ머리굽실거릴、옥人名顓ㅣ사람의이름、옥(沃) ⿰允頁 얜

[침]垂頭貌머리숙일、침(寢) ⿰山頁 위[이]養也기를、이(支)(韓)有故탈날、탈 ⿰丰頁 뿡[봉]耳本귀뿌리、봉(董) 頕 당[당]頭也머리、당(感) ⿰卬頁 앙[앙]擧

頭머리들、앙(陽) ⿰今頁 깐[감]醜也추할、감(覃) ⿰𧾷頁 치[척]正也바르、척(陌) ⿰乞頁 꾸[골]頰高빰높을、골(月) ⿰不頁 배[배]曲頤굽은턱、배(佳) ⿰尹頁

윤[윤]面不正낯비뚤、윤(軫) ⿰尤頁 와[오]顫也떨우(宥) ⿰牛頁 우[오]大頭큰머리、오(皓) ⑤ 顧 顧俗字 頗 퍼[파]不公平偏ㅣ편벽될、파(歌)

義同、僅可자못、파(哥) 領 링[령]衣體옷깃、영項也고개、영統理거느릴、영受也받을、영要ㅣ종요로울、영占ㅣ차지할、영悟也깨달을、영(梗) 頔 디

[적]好也고울、적(遇) 頊古字 **⿰弁頁** 弁同 **頖** 泮同 **⿰出頁**。쥐 [절]面秀骨곳마루、절(屑) **⿰丕頁** 빼 [배]曲頭貌주걱턱、배(灰) **⿰冉頁** 안 [염]頰須구레나룻、염(鹽)

頱 쥬 [저]頭也턱、저(魚) **⿰旦頁** 단 [단]平廣面넓적얼굴、단(旱) **⿰句頁**。쥐 [구]勉也힘쓸、구(宥) **⿰民頁** 민 [민]强也강할、민(眞) **⿰占頁** 단 [담]垂頰처진뺨、담(覃)

⿰可頁。커 [가]傾頭而視머리기우리고볼、가(哿) **⿰去頁** 자 [갑]頭也턱、갑(合) **⿰白頁** 뿌 [복]髮白머리털힐、복(職) **⿰叵頁** 퍼 [파]頭之偏傾머리기울、파(歌)

⿰氐頁 듸 [제]垂頭머리숙일、제(齊) **⿰号頁** 화 [호]白髮頭흰머리、호(號) **⿰戊頁** 깐 [감]頰疾뺨병、감(感)

六

頤。이 [이]頷也턱、이ㅣ指ㅣ덕끄떡거릴、이養也기를、이嚼也朶ㅣ턱까불거릴、이老也期ㅣ늙은이、이卦名震下艮上괘이름、이語助聲夥ㅣ많다고느낄、이(支) **頠**。웨 [외]頭閑習머리마음대로가질、외靜也고요할、외(賄) [위]義同(紙) **頫** 俯同 **頦** 해 [해]頤頷턱、해(灰) **⿰自頁** 뒈 [퇴]夏冠名毋ㅣ하나라관이름、퇴(灰) **⿰囟頁** 씬 [신]頂門숫구멍、신(震) 囟同 **頞**。어 [알]鼻莖곳마루、알獸名幽ㅣ짐승이름、알(曷) **頥** 頤同 **頡**。혜 [갈]轢也긁을、갈掠除휙차갈、갈(黠) [혈]俗[힐]飛上ㅣ頏날아오를、힐直項곧은목、힐古史官倉ㅣ사람의이름、힐(屑) 翓同 **頟**。어 [액]顙也이마、액不息ㅣㅣ늘、액(陌) 額同 **頜**。꺼 [갑]俗[합]頤傍아래볼、합(合) **⿰共頁** 홍 [홍]頭昏顳ㅣ머리아뜩할、홍(董)

⿰至頁 츠 [치]面黑얼굴검을、치(紙) **⿰灰頁** 훼 [홰]大首큰머리、홰(隊) **頛** 뢰 [뢰]頭傾머리기울、뇌(賄) **⿰艮頁** 큰 [끈]頰高뺨높을、끈(阮) **⿰匡頁** 광 [광]目匡눈가、광(陽) **⿰交頁**。잔 [교]不媚아첨안할、교(肴) **頢** 꽈 [괄]短面짧은얼굴、괄(曷) **頩** 삥 [병]淺青色옥색、병(青) **⿰朿頁** 戚同 **⿰充頁** 총 [총]滿也찰、총(腫) **頣** 신 [신]擧目而視눈들고볼、신(軫) **⿰开頁** 옌 [연]姣也얼굴예쁠、연(霰) **⿰羽頁**。삔 [변]頭美머리고울、변(先) **⿰同頁** 뚱 [동]直頸곧은목、동(董)

七

頯 퀴 [규]面顴광대뼈、규㉠支

頯 醴同

頹。퉤 [퇴]崩壞무너질、퇴衰也쇠할、퇴暴風사나운바람、퇴傾也기울어질、퇴從也좇을、퇴㉠灰隤同、穨通

頵 쥔 [균]頭大머리동클、균㉠眞

頻。핀 [빈]數也자주、빈連也比也자주할、빈急蹙貌찡그릴、빈㉠眞顰通

頸 껑 [경]項也목、경㉠梗

䫉 貌同

頲 팅 [정]直也곧을、정狹頭머리동홀죽할、정㉠迥

頷 한 [암]點頭ㅣ之머리끄떡거릴、암[함]不飽顑ㅣ주릴、함頤也턱、함㉠感

頭。투 [두]首也머리、두上也위、두首領ㅣ目두목、두始也年ㅣ시초、두端也끝、두牛馬數詞마리、두㉠尤

䫇 髯同

頰。쨔 [겹]俗[협]面兩旁뺨、협徐言譬說緩ㅣ천천히말할、협㉠葉

䫃 균 [곤]耳門귀문、곤㉠元

頶。후 [곡]鼻高貌코우뚝할、곡㉠沃

頱 추 [구]戴也일、구㉠尤

䪬 뿔 [발]頸也목、발㉠質

頳 赬同

頺 頹同

頴 穎俗字

䫄。퉈 [탈]小頭작은머리、탈㉠黠

䫱 어 [아]均也고를、아㉠歌

䫒 산 [삼]動頭머리움직일、삼㉠勘

䫘 휘 [활]短面짧은낯、활㉠曷

䫫 메 [매]暗也어두울、매㉠隊

䫋 홍 [홍]頭直머리곧을、홍㉠董

䫆。청 [성]頸也목、성㉠庚

䫲 라 [랄]面醜낯추할、랄㉠曷

䫍 뿌 [부]頰骨광대뼈、부㉠虞

䫀 인 [음]顩頭머리흔들、음㉠沁

䫮 홍 [홍]頭痛머리아플、홍㉠東

䫣 시 [희]頭動머리움직일、희㉠微

䫶。우 [오]大頭큰머리、오㉠虞

䫭 멍 [망]頭也머리、망㉠江

䫠 듸 [제]頭不正머리비뚤、제㉠齊

䫕。빼 [패]曲頭굽은머리、패㉠灰

八

顇。瘁同、悴同

頿。쯔 [자]口上髭윗수염、자㉠支、俗作髭非

顁。띵 [정]額也題ㅣ이마、정㉠徑、定通

顈 찡 [경]似苧可績爲布어저귀、경㉠迥、褧絅檾苘同

頩 핑 [병]怒色青성나파랗게질릴、병斂容천연할、병㉠迥

顄 頷同

顆。커 [과]ㅣ粒알、과又알갱이、과土塊덩어리、과蓬ㅣ무덤、과㉠哿

顉 친 [금]曲頤주걱턱、금㉠侵、[암]低頭머리숙일、암㉠感、頷同

顀。쥐

[추]出額이마툭불거질、추(支) **顅**。젼 [간]頭鬢少髮머럭적을、간(删) **顉** 同鬜 **頧**。同頤 **䫌** 삐 [패]傾頸목기울、패(齊) **㡀頁** 삐 [별]短貌짧을、별(屑)

頼 래 [래]覆也덮을、내(齊) **爭頁**。징 [정]美也아름다울、정(敬) **炎頁**。단 [담]面長낯길、담(覃) **叕頁** 톄 [철]頭短머리짧을、철(屑) **頛** 지 [기]小頭작은머리、기(支) **棶頁** 同頼 **杲頁** 구 [고]頭也머리、고(皓) **林頁** 린 [림]俯首머리숙일、임(侵) **岸頁** 안 [안]額也이마、안(翰) **屈頁** 위 [굴]面短낯짧을、굴(物) **靑頁**。칭 [청]大頭큰머리、청(庚) **亞頁** 두 [두]面不正낯비뚤、두(尤) **彔頁**。루 [록]項也목、녹(屋) **卷頁** 좐 [권]曲頷굽은뿔、권(先)

九

顒 용 [옹]仰也우러를옹大也클、옹溫貌ㅣㅣ온공할、옹(冬) **題**。티 [제]額也이마、제ㅣ目제목、제試問물을、제書ㅣ글제、제品ㅣ평론할、제署也쓸、제(齊) 小視볼、제(霽) 睇同 **思頁** 쌔 [싀]俗[신]頰也볼다구니、시(灰) **顔**。얀 [안]容也額角얼굴、안又낯、안山高巘ㅣ산우뚝할、안姓也성、안(删) **顓**。좐 [전]獨專오로지、전蒙也어리석을、전星名ㅣ項별이름、전國名ㅣ史나라이름、전(先) 專通 **顑**。칸 [함]不飽ㅣ頷주릴、함瘦也파리할、함(感) **額** 어 [액]顙也이마、액分量ㅣ數수효、액扁ㅣ현판、액(陌) 同頟 **顐**。同渾 **靣頁** 훼 [회]面肥얼굴살찔、회(隊) **顎** 어 [악]頷骨上下ㅣ骨턱、악(藥) **頼** 頼俗字 **契頁** 지 [혜]伺候찾을、혜(霽) **彖頁** 둔 [돈]禿也모지러질、돈(願) **冤頁**。웬 [원]面不正낯비뚤、원(阮) **帝頁** 지 [절]小頭작은머리、절(屑) **叚頁** 자 [가]無度言語헛된말、가(麻) **曷頁** 싸 [할]健也건장할、할(曷) **奥頁** 폐 [폐]傾頭머리기울어질、폐(霽) **癸頁** 궤 [기]大口큰입、기(寘) **咼頁**。궈 [과]短頭짧은머리、과(麻) **頣** 同頤 **頁頁** 찬 [찬]具也갖출、찬(潸) **幽頁** 야 [요]頭凹머리오목할、요(肴) **頏** 항 [항]飛上飛下날아오르락내리락할、항(養)

十

類。레 [류]分ㅣ나눌、유肖似같을、유種ㅣ종류、유善

也착할、유比也견줄、유法也법、유等也무리、유祭名제사이름、유(寘)

顗• 。이 [의]樂也즐길、의謹壯貌점잖을、의(尾)

⿰員頁 윈 [운]面首俱圓머리낯이둥그스름할、운(吻)

願• 。원 [원]欲也원할、원又하고자할、원顗望바랄、원羨慕부러워할、원思也생각할、원請也청할、원(願)

顚• 뎐 [전]頂也이마、전仆倒엎드러질、전專一ㅣㅣ한갈질、전傾斜비뚜름할、전ㅣ倒거꾸로설、전本也ㅣ末근본、전又시초、전(先)

顙。쌍 [상]額也이마、상(養)

顝。쿠 [골]獨處貌오뚝이앉을、골大頭머리통클、골醜也추할、골相抵觸다닥칠、골(月)

顎 뚜 [두]面折⿰區頁ㅣ핀잔줄、두(尤)

顜• 걍 [강]明也밝을、강(講)

⿰翁頁 웅 [옹]頸毛也목털、옹(東)

顄 同頷

⿰悤頁 同顖

顛。顚俗字

⿰羔頁 샾 [효]大頭큰머리、효(嘯)

⿰否頁 ᅇ비 [비]短鬚髮짧은수염、비(支)

⿰兼頁 안 [암]頰長뺨길、암(感)

⿰衾頁 진 [금]首動머리움직일、금(沁)

⿰奚頁 시 [해]頭不正머리비뚤、해(齊)

⿰冥頁 밍 [명]額也이마、명(青)

⿰盍頁 커 [갑]頰骨뺨뼈、갑(合)

(十一)

顣• 同蹙

顡。이 [의]不聽明痴ㅣ멍텅구리、의(未)

⿰參頁。싼 [참]搖頭顉ㅣ머리흔들、참(感)

⿰區頁 우 [구]面折ㅣ顎핀잔줄、구(尤)

顠• 퐌 [표]髮亂貌ㅣㅣ털엉킬、표(蕭)

⿰責頁 지 [책]頭不正머리비뚤、책(陌)

⿰婪頁 란 [람]垂首머리숙일、남(覃)

⿰麻頁 마 [마]語訥말더듬을、마(麻)

顟• 랸 [료]頭長머리길、요(蕭)

⿰爽頁 상 [상]醜也추할、상(屋)

顊 삐 [비]髮半白털반백될、비(支)

⿰盧頁 同顱

(十二)

⿰善頁。싼 [선]居視人사람거만히볼、선(銑)

顧• 。꾸 [고]回首旋視돌아볼、고眷也돌보아줄、고發語辭反也도리어、고思也생각컨대、고(遇)俗作顧非

顦• 同憔

顥• 。호 [호]大也클、호白貌허열、호(皓)

⿰童頁 홍 [홍]肥也살찔、홍(董)

⿰皐頁 갼 [고]大顏큰얼굴、고(皓)

⿰晉頁 친 [침]俯首머리숙일、침(寢)

⿰貴頁 홰 [홰]無髮털없을、홰(賄)

⿰尋頁。산 [삼]俯首머리숙일、삼(覃)

⿰⿲木束木頁 뻰 [번]醜

也추할、번(元)

⿰粦頁 린 [린]髮疎털성길、인(軫)

⿰爭頁 센 [선]圓顏둥근얼굴、선(先)

(十三) **顪** 훼 [훼]頰也빰、훼(隊)

顫 잔 [전]頭不正머리비뚜를、전四支寒掉사지떨릴、전(霰)

顩 잔 [검]俗[엄]頰面銳頤貌하관빠를、엄(琰)

⿰業頁 야 [압]頭動머리움질、압(合)

顑 한 [함]臨於火氣불쪼일、함(勘)

⿰蜀頁 뜨 [독]頭骨머리뼈、독(屋)

(十四) **顯** 센 [현]著也明也나타날、현達也통달할、현尊也높을、현子孫이亡父母에對한敬語ㅣ考ㅣ妣(銑)

⿰寧頁 녕 [녕]頂顚이마、영(迥)

顭 뭉 [몽]頭昏ㅣ頫머리아뜩할、몽(董)

顬 수 [유]鬢骨顳ㅣ귀밑뼈、유(虞)

⿰盍頁 깨 [개]頭骨머리뼈、개(泰)

⿰壽頁 도 [도]大面큰낯、도(豪)

⿰夢頁 형 [횡]惛也어두울、횡(蒸)

⿰臱頁 뻔 [변]雙生兒쌍동이、변(先)

(十五) **⿰頻頁** 퀸 [빈]眉蹙눈살찌푸릴、빈强學效ㅣ숭내낼、빈(眞) 嚬同

⿰齒頁 웨 [왈]齟齬어긋날、왈(黠)

(十六) **顱** 르 [로]首骨頭ㅣ해골、노頭也머리、노(虞)

⿰瞭頁 잔 [교]面不正낯바르지못할、교(肴)

(十七) **⿰嬰頁** 잉 [영]頸瘤목에혹날、영(梗)

⿰薨頁 ⿰夢頁同

⿱霝頁 링 [령]面瘦얼굴파리할、영(庚)

⿰毚頁 산 [삼]頭長머리길、삼(陷)

(十八) **顴** 찬 [권]頰骨광대뼈、권(先)

顳 네 [섭]鬢骨ㅣ顬귀밑뼈、섭(葉)

飛部

飛 뷔 [비]鳥翥날、비六馬六ㅣ여섯말、비疾也빠를、비散也흩을、비(微)

(十二) **飜** 빤 [번]反覆飛也뒤칠、번又번드길、번(元)

(十三) **⿰亶飛** 센 [현]飛也날、현(先)

⿰睘飛 환 [환]繞貌ㅣ飛빙돌아날、환(刪)

風部

風 뿡 [풍]空氣之搖動바람、풍ㅣ吹바람불、풍敎化가르칠、풍ㅣ俗풍속、풍威ㅣ위엄、풍容姿모양、풍ㅣ景경치、풍病名中ㅣ풍병、풍牝

牡相誘흘레할、풍 王者聲敎울림、풍 東 諷同 送 𠙊 風古字

二 䫻 뇨 뇨熱風더운바람、요 肴

三 䫺。홍 홍風聲바람소리、홍 東 䫼 랖 료風聲바람소리、요 肴

四 䫿。위 율大風颶ㅣ큰바람、율 質 颫 뿌 부風自上下ㅣ飄바람내리불、부 虞 颬・ 쌰 하開口吐氣입벌리고기운도할、하 馬 䬀・ 헝 횡大風큰바람、횡 庚 䬁 듄 돈風也바람、돈 元 䬃。쇼 소風起바람일어날、소 肴 䬄 졔 결風吹바람불、결 屑 䬅 잔 감寒風찬바람、감 覃 䬂 퐈 포輕也가벼울、포 豪 䬆 뿡 붕炊也불멸、붕 送 䬇 망 망經風내리부는바람、망 養

五 颭。쟌 점物受風動搖펄렁거릴、점 琰 颮・ 뽀 박物自空墮貌ㅣㅣ뚝뚝떨어질、박飛相擊聲날개치는소리、박 覺 䬈。부 불小風바람솔솔불、불疾風휘부는바람、불 物 䬍 웨 월風聲바람소리、월 月 颯・ 싸 삽風聲바람소리、삽衰也쇠할、삽 合 䬙 챠 초淸風맑은바람、초 蕭 䬉 링 령寒風찬바람、영 青 䬊 와 우風聲ㅣㅣ바람소리、우 有 䬋 이 이小旋風작은회리바람、이 支 颱・ 태 태南支那海에서起하는暴風、氣象學上區別한風의一種、颶風보다조금緩하고비가섞임、바람、태 灰 䬌。삐 별微風적은바람、별 屑 䬎 류 류風聲바람소리、유 有 䬏・ 쑤 술微風적은바람、술 質 䬐 한 호風聲바람소리、호 豪 䬑 이 이大風큰바람、이 支 䬒。깐 함風聲바람소리、함 勘 䬓 홍 홍風吹바람불、홍 董 颰 빠 발疾風빠른바람、발 曷 䬔 䬑同

六 䬕 려 려急風휘부는바람、여 霰 颲。례 렬烈風매운바람、열 屑 烈通 䬖 뾰 표狂風미친바람、표 蕭 䬗・ 홍 홍風聲바람소리、홍 東 䬘 쉐 휼微風적은바람、휼 質 䬚 슈 휴風聲바람소리、휴 尤 颳。꽈 괄惡風모진바람、괄 黠 䬛・ 지 힐風吹바람불、힐 質 䬜 쉐 협風

和바람화할、협(葉)

七

颵 쌀 [소]風聲바람소리、소(肴)
颬 랴 [류]緒風颵ㅣ슬슬부는바람、유(有)
颳° 同飃
颶° 同颸
颴 쉰 [선]風轉회리바람、선(先)
䬂° 발 [불]風吹바람불、불(月)
𩖈 뇌 [뇌]風動貌바람움직일、뇌(賄)
䫽 옌 [연]微風적은바람、연(霰)
䬁 미 [미]風吹偃物불어자빠뜨릴、미(未)
䬄 착 [구]微風적은바람、구(尤)
䬅° 화 [홰]熱風뜨거운바람、홰(陌)
𩗘 쌰 [삽]風疾바람빠를、삽(洽)
䬀 우 [유]風聲바람소리、유(尤)
颯 싸 [살]風吹바람불、살(曷)

八

𩗓° 량 [량]北風북풍、양(陽) 涼通
颶 쮜 [구]四方風海中大風회리바람、구(遇)
䬆 리 [려]風聲바람소리、여(霽)
𩗳° 후 [홀]疾風貌휙부는바람、홀(物)
𩗼 췌 [수]風偃物바람에쓰러질、수(支)
䬋 렁 [릉]大風큰바람、능(蒸)
𩙈 뿌 [푸]風之強吹바람셀、푸(尤)
䬟 작 [주]風吹바람불、주(宥)
𩗂° 뻬 [배]風吹바람불、배(齊)
䬍 꿔 [괵]熱風뜨거운바람、괵(陌)
𩗟 왜 [외]低吹風낮은바람、외(灰)
𩗬 시 [석]風聲바람소리、석(錫)
𩘋 쳐 [첩]風勁吹바람몸시불、첩(葉)
䬬 뽕 [봉]風起바람일어날、봉(董)
䬨 당 [정]風聲바람소리、정(庚)
颭° 새 [세]破也파할、세(霽)
䬅 뱌 [부]風穩바람잔잔할、부(有)
颷 퍟 [표]狂風미친바람、표(蕭)

九

颸° 쓰 [시]涼風서늘한바람、시(支)
䬡° 예 [개]疾風휙부는바람、개(佳) 喈通
颾 쌀 [소]風聲바람소리、소(豪)
颺° 양 [양]風飛날릴、양(漾) 揚同
颼° 쑤 [수]風貌ㅣ飀바람쏴불、수(尤)
䬐 위 [울]大風큰바람、울(物)
飌 쿵 [공]亂風어지러운바람、공(講)
颮 헝 [횡]風聲바람소리、횡(敬)
䬀 우 [유]風聲바람소리、유(尤)
颲 라 [랄]風吹바람불、날(曷)
颹 웨 [위]大風큰바람、위(微)
䬤° 허 [후]風吹바람불、후(尤)
䬃 삭 [수]風聲바람소리、수(尤)
䬣 옌 [연]微動風잔잔하게부는바람、연(銑)
䬂 예

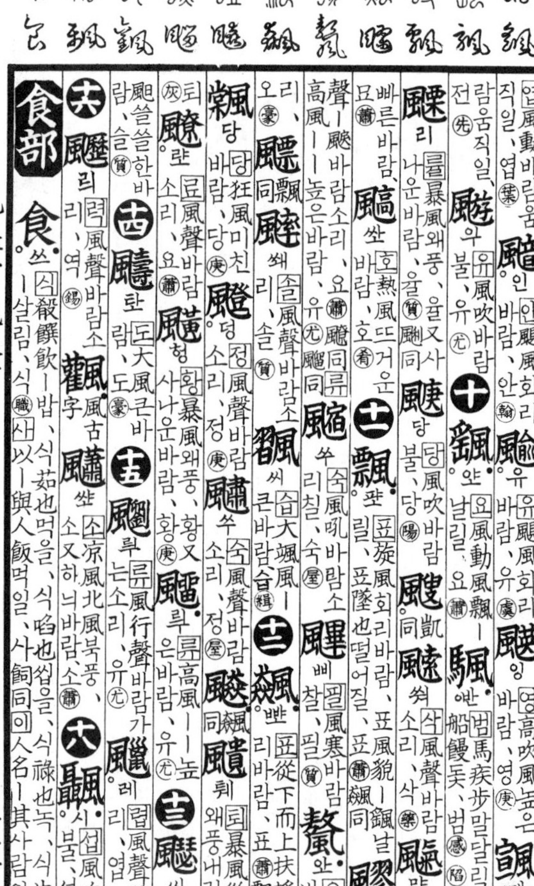

엽 風動바람움직일、엽(葉) 䬈。인 안 颶風회리바람、안(翰) 颵。유 유 颶風회리바람、유(虞) 䬝。잉 영 高吹風높은바람、영(庚) 䬙 연 전 風動바람움직일、전(先) 䬀。우 유 風吹바람불、유(尤)

十

颻。요 요 風動風颻ㅣ날릴、요(蕭) 颿。빤 범 馬疾步말달릴、범 船幔돛、범(感)(陷) 帆䭵同 颲 리 률 暴風왜풍、율又사나운바람、율(質) 䬍同 䬁 당 당 風吹바람불、당(陽) 颽。同凱 䬌 쇠 삭 風聲바람소리、삭(藥) 䬗 먀 묘 疾風吹빠른바람、묘(蕭) 䬘 쏘 호 熱風뜨거운바람、호(肴)

十一

飄。퍞 표 旋風회리바람、표風貌ㅣ飄날릴、표墜也떨어질、표(蕭) 飆同 飂。랴 료 風聲ㅣ飂바람소리、요(蕭) 飉同 류 高風ㅣㅣ높은바람、유(尤) 飀同 䬞 쑤 숙 風吼바람소리칠、숙(屋) 䬛 삐 필 風寒바람찰、필(質) 䬚 와 오 風聲바람소리、오(豪) 飃 同飄 䬃 쇄 솔 風聲바람소리、솔(質) 飁 씨 습 大颯風ㅣ큰바람、습(緝)

十二

飆。빤 표 從下而上扶搖風회리바람、표(蕭) 飄飆同 䬟 당 당 狂風미친바람、당(庚) 䬅。덩 정 風聲바람소리、정(庚) 飅 쑤 숙 風聲바람소리、정(屋) 䬔 同飆 䬣 퀘 퇴 暴風從上下왜풍내리불、퇴(灰) 飉。랴 료 風聲바람소리、요(蕭) 䬜 헝 황 暴風왜풍、황又사나운바람、황(庚) 飀 류 류 高風ㅣㅣ높은바람、유(尤)

十三

飋 씨 슬 秋風ㅣ颼쓸쓸한바람、슬(質)

十四

䬖 톼 도 大風큰바람、도(豪)

十五

飀 류 류 風行聲바람가는소리、유(尤) 䬝。레 렵 風聲바람소리、엽(葉)

十六

䬆 리 력 風聲바람소리、역(錫) 飌 風古字 飍 쌰 소 凉風北風북풍、소又하늬바람、소(蕭)

十八

䬓。시 섭 風吹바람불、섭(葉)

食部

食。쓰 식 殽饌飲ㅣ밥、식茹也먹을、식啗也씹을、식祿也녹、식生計衣ㅣ살림、식(職) 사 以ㅣ與人飯먹일、사飼同 이 人名ㅣ其사람의이름、

이(眞)

㊁

⿰食乂 유 [어] 餞也전별할、어(御)

飤 飼同

飣 띵 [정] 貯食ㅣ飣괴임새、정(徑)

飢。 찌 [기] 餓也굶을、기又주릴、기又곯을、기五穀不成흉년들、기(支) 饑同

飡 飧俗字

㊂

飧。 쑨 [손] 餔也夕食저녁밥、손 水澆飯물、만밥、손(元)

⿰食也 지 [지] 飴也엿、지(支)

⿰食乞 치 [흘] 飽也배부를、흘 麪ㅣ밀수제비、흘(物)

⿰食勺。 위 [약] 食節음식존절할、약(藥)

飥。 튀 [탁] 麪湯餺ㅣ밀수제비、탁(藥)

飦 饘同

㊃

⿰食殳 뚜 [두] 饅ㅣ만두、두(尤) 飣也괴임새、두(宥) 餖同 [설] 陳飲食음식차려놓을、설(屑)

飲。 인 [음] 歠也咽水마실、음(寑) 予人以歠마시게할、음 含也머그믈、음 隱也숨길、음(沁)

⿰食厄 ⿰食戹同

飰 飯俗字

飯。 빤 [반] 食也먹을、반 飼也칠、반(阮) 餐也炊穀밥、반(願)

飩 뚠 [돈] 圜餌餛ㅣ경단、돈 賜也줄、돈(元)

飫 위 [어] 燕食饜食也먹기싫을、어 飽也배부를、어(御)

飪。 신 [임] 羹美ㅣ떡국、임 熟也익힐、임(寑) 餁同

⿰食内 나 [납] 食也먹을、납(合)

飬 養同

⿰食元 웬 [원] 餅也떡、원(元)

⿰食冗 융 [용] 食也먹을、용(腫)

飱 飧俗字

飭。 치 [칙] 致堅신칙할、칙 整備修ㅣ갖출、칙 修治닦을、칙 勤也부지런할、칙 謹也삼갈、칙 正也바를、칙(職)

㊄

⿰食令 링 [령] 屑餅가루떡、영(靑)

⿰食甲。 쟈 [흡] 餅也떡、흡(洽)

⿰食句。 쥐 [구] 牛之飽소배부를、구(尤)

餇 징 [경] 飽也배부를、경(迥)

⿰食尼 니 [니] 餌也미끼、이(支)

⿰食夊 饑古字

⿰食本 뻔 [본] 粗飯거친밥、본(阮)

⿰食召 찬 [초] 小食적게먹을、초(嘯)

⿰食占。 옌 [염] 食麥보리먹을、염(鹽)

⿰食付 뿌 [부] 食也먹을、부(尤)

⿰食正。 쩡 [정] 餅也떡、정(庚)

⿰食主 주 [주] 餌也미끼、주(遇)

⿰食氐 듸 [제] 寄人而食얻어먹을、제(齊)

⿱此食。 츠 [자] 惡食악한음식、자(紙)

⿱夗食 위 [울] 飴和豆콩엿、울(物)

飾。 씨 [식] 裝也修ㅣ꾸밀、식 緣ㅣ가선두를、식 文ㅣ문채날、식 粉ㅣ분바를、식 整也정제할、식(職)

⿰食戹。 어 [액] 飢也굶을、액 又주릴、액(陌) ⿰食厄同

⿰食必。 삐 [필] 食

之香음식맛있을、필(質)苾同 **䬴**。秣同 **䬬** 양 앙 飽也배부를、앙滿也가득할、앙(養)(漾) **䬸** 예 자 食無味음식맛없을、자(馬) **飽**。빠 포 食充滿배부

를、포厭也飫也먹기싫을、포又물릴、포滿足十分흡족할、포(巧) **飯** 앤 반 屑米餅싸라기떡、반(旱) **飵** 쟤 조 相謁食麥饘보리미음、조(遇) 작 義同(藥) **飼**。

쓰 사 以食食人먹일、사畜禽獸칠、사(寘)飤同 **飴**。이 이 餳也以米蘖煎秫엿、이 시 養也기를、시(支) **六** **䭐** 양 양 餅也떡、양(漾) **𩛧** 안 한 飢也주

릴、한(願) **餇** 퉁 동 食物음식、동(東) **䬶** 요 요 屑餅가루떡、요(蕭) **餎**。루 로 餎ㅣ국수、노(虞) **𩛰** 셔 서 厭也싫을、서(御) **餄** 야 협 餅

也떡、협(洽) **𩛿** 지 질 刈禾人벼베는사람、질(質)(屑) **餃** 쟈 교 屑米麪和飴湯中烹丸경단、교(效) **餀**。애 해 穢臭더러운냄새、해(卦) **餅**。삥 병 餅俗

字 **餂** 뎐 첨 鉤取낚아들일、첨(琰) **餁** 餁同 **餉**。쌍 상 俗饟 향 饋也먹일、향饁也점심、향軍糧군량、향短時間食頃식경、향(漾)既通 **養**。양 양 育

也長也기를、양取也취할、양憂貌ㅣㅣ마음수란할、양ㅣ生몸위할、양飼ㅣ칠、양滋ㅣ살찔、양賤役廝ㅣ하인、양(養)下奉上봉양할、양(漾) **餌**。얼 이 食也먹일、

이又먹을、이粉餅흰떡、이動物飼料먹이、이(寘)啗魚具釣ㅣ미끼、이又이깝、이(紙) **餈**。츠 자 餻也飯餅인절미、자粢餌떡、자(支) **七** **䭃** 딩 정 餉也먹

일、정(敬) **𩛿**。이 이 食物음식、이(寘) **䭫** 수 수 蒸飯찐밥、수(尤) **䭜** 랑 랑 善美也국、낭(陽) **𩜁** 신 신 鳥飯검은밥、신(震) **䬾** 듸 제 餅也떡、

제(霽) **餑**。뻐 불 麥餅보리떡、불(月) **䬼** 시 세 食也먹을、세(霽) **餗**。쑤 속 鼎實八珍之膳곰、속(屋) **䭂** 이 읍 臭也食ㅣ밥쉴、읍(緝) **䬿** 메

미 食餘대궁、미又덕찌기、미(尾) **䬹** 찌 제 敗味맛변할、제(霽) **䭈** 웬 원 貪食게걸스럽게먹을、원(元) **餓**。어 아 甚于飢굶을、아又굶길、아(箇) **餖**

뚜[두]貯食飣ㅣ괴임새、두(有)餖同
餶 원[연]饜食飫물릴、연(霰)
餐。쑨[손]餔也먹을、손水澆飯물만밥、손(元)飧同[찬]呑食삼킬、찬間食간식먹을、찬飲饌안주、찬(寒)湌同
餕。쓴[준]食之餘대궁、준又터찌기、준祭餘제사퇴물、준(震)[산]ㅣ餡떡소、산(寒)
餧。네[뇌]餓也주릴、뇌魚爛생선물크러질、뇌飢之죄길、뇌(賄)餒同
餔。뿌[포]申時食저녁결두리、포食也먹을、포(虞)與食먹일、포(遇)哺同
餘。위[여]殘也나머지、여賸也饒也남을、여末也끝、여大韓民國古國名扶ㅣ나라이름、여(長春吉林等地)(魚)

八

䭔 췌[추]飢也虛ㅣ헛헛할、추(寘)
餲 예[얼]飯窒밥체할、얼(屑)
[食+念] 餡同
餤 탄[담]進也나아갈、담(覃)噉也씹을、담餌之미끼먹일、담(勘)
餡。쎈[함]餅中實味떡소、함(陷)
餅。삥[병]麪餈밀가루떡、병又떡병一片한조각、병(梗)
餉。쌍[향]糧也양식、향(漾)
餦 쨩[장]餳也ㅣ餭산자、장(陽)
[食+匋] 餡同
餚 화[효]饌也반찬、효(肴)殽肴同
餞。쨴[전]送行燕전별잔치、전送也보낼、전(銑)(霰)
館。판[관]客舍候ㅣ객사、관官署公使ㅣ마을、관店也전방、관學校학교、관院也집、관(旱)(翰)
餛 훈[혼]餫餌ㅣ飩경단、혼(元)
餟 예[체]祭酹酒모사술、체(霽)[철]義同、聯祭차려지낼、철(屑)
餧。웨[위]飼也먹일、위(寘)[뇌]飢也주릴、뇌(賄)
餳。싱[성]飴也엿、성(庚)
餣 연[업]餅也떡、업(葉)
[食+夌]。링[릉]馬食穀多氣流四下말피내릴、능(蒸)
[食+甾] 츠[치]粥也죽、치(支)
[食+昔]。주[조]食也먹을、조(遇)
[食+固] 구[고]餅也떡、고(虞)
[食+事] 쓰[시]嗜食즐길、시(寘)
餜 궈[과]餅也떡、과(哿)
餝。飾同
餥 웨[비]食也먹을、비(尾)
餢 쭤[부]起麪餅ㅣ餉밀전병、부(有)
[食+於] 위[어]飫也싫을、어(御)

九

[食+柔]。여[유]蒸飯찐밥、유(有)
[食+勇] 융[용]食物먹을、용(腫)
[食+复]。뿌[복]食也먹을、복(屋)
[illegible] 饕同
[食+巽] 饌同
[食+甚] 깐[감]飢也주릴、감(感)
[食+畐] 애[벽]飽厭물릴、벽(職)

九畫 食

餜 궈 [과] 以穀屑蒸造餅而塗細粉者 고물떡、과 (歌)

餴 운 [분] 半蒸飯 선밥、분 (文) 饙同

[illegible] 두 [두] 起麪餅ㅣ 밀전병、두 (有)

餱。후 [후] 乾食ㅣ糧 말린밥、후 (尤) 糇同

飻。톄 [철] 貪食貪財 탐할、철 惡獸名 饕ㅣ 짐승이름、철 (屑)

餯 훼 [훼] 餀也 더러운냄새、훼 (隊)

餃 쏴 [수] 飯壞 밥상할、수 (尤)

餳 당 [당] 飴也 엿、당 (陽) 餹同 [성] 義同 (庚)

餲。애 [애] 飯臭 밥쉴、애 (卦) [알] 義同

餭 황 [황] 黍餳乾飴餦ㅣ 산자、황 (陽)

⿰飠扁 [韓國字] 餅也 떡、편

餬 후 [호] 糜也ㅣ 미음、호 寄食 붙여먹을、호 (虞)

⿱衍食 饘同

餪 놘 [난] 女嫁後三日餉食饋 풀이기잔치、난 (旱)

⿰飠青 쉬 [수] 豆屑雜糖 콩가루묻친엿、수 (紙)

餫。훈 [운] 野饋 들에서먹일、운 (問)

十

⿰飠𦐇 타 [답] 食也 먹을、답 (合)

⿰飠息 시 [식] 氣息 숨、식 食也 먹을、식 (職)

餽。饋同

⿰飠害 젼 [건] 乾餅 마른떡、견 (銑)

餻。꼬 [고] 餌餅粉資饔ㅣ 흰떡、고 (豪)

饀 餡同

饁 예 [엽] 餉田食 들점심먹일、엽 (葉)

⿰飠素 쑤 [소] 菜食無肉 소식、소 (遇)

⿰飠害 샤 [할] 飽厭 물릴、할 (黠)

⿰飠郎。라 [라] 飽厭 물릴、나 (哿)

⿰飠宛 웬 [원] 貪也 탐할、원 (元)

餺 뿩 [박] 餅屬ㅣ飥 떡、박 麪湯 밀수제비、박 (藥)

饂。어 [온] 飽也 배부를、온 (願)

餼 씨 [희] 稟也 饔ㅣ 곳집쌀、희 饋餉 먹일、희 (未)

⿰飠兼。렌 [렴] 飯後小食 간식、염 (琰)

⿰飠高 犒同

餾。류 [류] 飯氣蒸流 饋ㅣ 밥뜸들、유 (有)

⿰飠花 꽈 [과] 消食 밥내릴、과 (麻)

餹 糖同

⿰飠蚩 뎬 [전] 好味 좋은맛、전 (銑)

餿 餃同

⿰飠臭 착 [후] 食物爛 밥상할、후 (有)

⿰飠耆 嗜同

⿰飠追 퇴 [퇴] 蒸餅 증편、퇴 (灰)

⿰飠臿 사 [삽] 餅也 떡、삽 (洽)

十一

饈 쑤 [수] 進供 드릴、수 (尤)

饅 만 [만] 餅也ㅣ頭 만두、만 麪食 밀것、만 (寒)

⿰飠庸。충 [종] 多食 많이먹을、총 (冬)

⿰飠商 쨰 [적] 日月蝕 일월식할、적 (陌)

⿰飠從。상 [종] 愛食 饞ㅣ 게걸들릴、종 (冬)

⿰飠崇 충 [숭] 貪食 饞ㅣ 게걸스러울、숭 (東)

⿰飠參 산 [삼] 粒也 낟알、삼 (感)

⿰飠區 위 [어] 飽也 배부를、어

(御)飫同[우] 義同(遇)

⿱麻食 머 [마] 哺小兒어린아이먹일、마(歌)

饉 。찐 [근] 飢也주릴、근 無菜白ㅣ푸성귀흉년、근(震)

⿰食強 。쟝 [강] 硬食찬밥、강(養)

⿱斬食 。잔 [잠] 無味澉ㅣ맛없을、잠(感)

⿰食疾 쟈 [저] 豕食돼저、저(御)

⿰食曹 잔 [조] 餡也떡소、조(豪)

饆 삐 [필] 餅麪有餡ㅣ饠두텁떡、필(質)

⑫

⿰食畱 同餾

⿱敦食 둔 [돈] 貪也탐할、돈(元)

饙 。同餴

⿰食尞 [韓]國字飢乏不食요기할、요

饐 。이 [의] 飯傷濕臭味變밥쉴、의(寘) [애]義同(霽)

饎 。찌 [치] 酒食술밥、치 炊黍稷서속찔、치(寘) 糦同

⿰食象 샹 [상] 晝食점심、상(養)

⿰食黃 황 [황] 粥也죽、황(陽)

⿰食景 잉 [영] 飽滿배부를、영(梗)

⿰食登 。덩 [등] 祭食제사밥、등(蒸)

⿱聲食 단 [담] 無味맛없을、담(感)

⿰食晉 。잔 [참] 味小甘달금할、참(寢)

饍 同膳

饒 。산 [요] 豐也넉넉할、요 飽也배부를、요 益也더할、요 餘也남을、요(蕭)

饋 켜 [궤] 餉也먹일、궤 進食於尊진지올릴、궤(寘) 餽同

饌 。。잔 [찬] 具食반찬、찬(潸) [전]義同(霰) 膳同

饑 。찌 [기] 穀不熟흉년들、기 餓也주릴、기(微)

⿰食掌 탕 [탕] 飽也배부를、탕(庚)

⿰食童 당 [탕] 貪食탐하여먹을、탕(江)

饊 싼 [산] 餦餭熬稻산자、산(旱)

⑬

⿰食會 홰 [홰] 食也먹을、홰(泰)

⿰食達 다 [달] 麪乾ㅣ수제비、달(曷)

饘 。。잔 [전] 糜也厚粥범벅、전(先)

⿰食過 궈 [과] 食也먹을、과(箇)

⿰食農 넝 [농] 强食餪ㅣ억지로먹을、농(江)

⿰食蜀 이 [이] 飽厭물릴、이(寘)

饄 당 [당] 與食밥줄、당(陽)

⿰食零 링 [령] 飽厭於食밥물릴、령(青)

⿰食奥 와 [오] 妒食거염내먹을、오(號)

⿰食雍 웅 [옹] 食之酸敗밥쉴、옹(腫)

饕 。학 [도] 貪財嗜食ㅣ餮탐할、도(豪)

⿰食僉 렌 [렴] 無味맛없을、렴(琰)

饔 。웅 [옹] 朝ㅣ아침밥、옹 熟食밥、옹(冬)

⿰食廉 젬 [겸] 不厭물리지않을、겸(琰)

⿰食睪 이 [역] 飯之酸敗밥쉴、역(陌)

⿰食歲 애 [예] 飯之腐臭밥상한냄새날、예(隊)

饗 。샹 [향] 大飲賓잔치할、향 祭而神歆흠향할、향(養) 享同

⿰食感 깐 [함] 食不飽나쁠、함(感)

⿰食熙

同鐥 ⑭ 𩞄 녕 [녕]强食ㅣ饟억지로먹을、녕(庚) 𩞁 젼 [견]乾菓子마른과자、견(銑) 饜 옌 [염]飽也足也싫을、염(鹽)(豔)厭同 饛 뭉 [몽]器滿밥수북히담을、몽(東) 籑 同饌 饚 웨 [의]食而吐먹고토할、의(賄) 𩟓 차 [찰]添食더먹을、찰(黠) 䭪 훡 [학]味薄싱거울、학(藥) 饐 언 [은]食欲飽ㅣ饐배부르려할、은(願) ⑯ 𩟐 화 [회]飯敗밥팔、회(卦) 𩟗 룽 [롱]餅名ㅣ餅떡、농(東) ⑰ 𩟦 찬 [참]貪也탐할、참(陷) 𩟧 미 [미]哺小兒어린아이먹을、미(紙) 饟 同餉 饞 同嚵 ⑲ 饡 잔 [찬]以羹澆飯국만밥、찬(翰) 䭧 머 [마]哺小兒어린아이먹일、마 (歌) 饠 롸 [라]餅也饆ㅣ두텁떡、나(歌)

首部

首 쓔 [수]頭也머리、수先也먼저、수魁ㅣ괴수、수始也처음、수君也임금、수ㅣ領우두머리、수(有)嚮也향할、수有咎自陳자백할、수降服항복할、수詩歌數詞수、수(有) 𩠐 首古字 ② 馗 퀘 [규]九達道아홉거리、규鬼名鍾ㅣ귀신이름、규(支)逵通[자]義同(尤) 𩠑 同頂 ⑤ 𩠒 同髮 ⑥ 𩠓 해 [해]首也머리、해(灰) ⑦ 𩠔 稽古字 ⑧ 馘 꿕 [괵]軍前斷首목벨、괵軍法獲而不服則殺而獻其左耳왼편귀베어바칠、괵(陌) ⑨ 𩠗 수 [수]初產兒첫아이、수(有) ⑩ 𩠚 부 [불]婦人首飾額前飾이마드림、불(物) ⑫ 𩠜 同馘

香部

香 썅 [향]氣芬芳향내、향又향기、향又고소할、향(陽)薌通 ④ 馞 뻬 [별]香發향기날、별(屑)[합]義同(覃) 馚 同馩 ⑤ 馛 빠 [발]香也향기날、발(曷) 馟 썅 [항]氣疾기운 병、항(陽) 馝 삐 [필]馨香ㅣㅣ내날、필(質) 馜 니 [니]香也향기날、이(紙) ⑦ 馞

퍼 [발]大香馝ㅣ향내물큰날、발(月) 馠 한 [함]香也향기날、함(覃) 馞 투 [도]香也향기날、도(虞) ⑧ 馢 젼 [전]향나무、전(先) 馣 안

[암]香氣ㅣㅣ향내、암(覃)(感) 馡 볘 [비]香氣ㅣㅣ향내、비(微) 菲通 ⿰香奇 이 [의]香也향기날、의(紙) ⿰香奉 뵹 [봉]香盛향기성할、봉(董) ⑨ 馤 애

[애]香氣향내、애(泰) ⿱襄香 썅 [향]大香향내물큰날、향(陽) 馥 뿌 [복]香氣芬ㅣ향내、복(屋) ⑩ ⿰香翁 웅 [옹]香也향내날、옹(董) ⿰香害 쌰 [할]香氣향

내날、할(曷) 馧 원 [온]香氣香ㅣ향내、온(文) 馦 션 [혐]香味고소할、혐(鹽) ⑪ 馨 씽 [형]香遠聞향내멀리날、형語辭寗ㅣ이러한、형(青) ⿸麻香

눈 [논]香也溫ㅣ향내、논人名사람의이름、논(元) ⑫ ⿰香覃 탄 [담]香氣향내、담(覃) 馩 뿐 [분]香臭향내、분(文) ⑭ ⿰香蓋 애 [애]香也향내날、애

(泰) 馪 삔 [빈]香氣盛貌향내물큰날、빈(眞) ⑯ 馫 흥 [홍]香氣향기、홍(蒸) ⿸鬼香 웨 [위]藥草약풀、위(未)

十畫

馬部

馬 마 [마]武獸乘畜生於午禀火氣無膽말、마戲具말、마屋四角陽ㅣ추녀끝、마朝鮮古國名ㅣ韓나라이름、마獨逸貨幣마크、마(馬) ②

⿰馬八 빠 [팔]馬八歲여덟살된말、팔(黠) 馭 위 [어]使馬駕ㅣ말어거할、어又말부릴、어(御) 御同 馮 핑 [풍]姓也성、풍郡名ㅣ翊고을이름、풍官名ㅣ相벼슬、

풍(東) [빙]乘也탈、빙陵也업신여길、빙依也비길、빙相視마주볼、빙(蒸) 憑淜通 ⿱馬十 환 [환]馬十歲열살된말、환(刪) ③ 馱 뒤 [타]負荷以畜載物짐실을、

타騎也탈、타(歌)(箇) 或作佗 ⿰馬凡 반 [범]馬行貌말저벅저벅걸을、범(陷) 颿通 馴 쓘 [순]馬順擾也從也길들일、순善也착할、순漸致길들、순(眞) [훈]順也순할、훈(問)

古訓字

馳 츠 [치]疾驅ㅣ鶩달릴、치御路ㅣ道거동길、치傳也전할、치(支) **馰** 듸 [적]馬白頭별박이、적(錫) **馯** 한 [한]東夷別名오랑캐、한(寒) [간]馬靑黑검푸른말、간姓名성、간(刪)

馵 쥬 [주]馬後左足白왼쪽뒷발흰말、주(遇) **馲** 둬 [탁]負重畜脊有肉鞍ㅣ駝약대、탁(藥)驝同 [쳑]驢父牛母ㅣ[illegible]맥이、책(陌)

四

馹 싀 [일]驛傳遞馬역마、일(質) **馺** 싸 [삽]馬行疾ㅣ䮞말빨리걸을、삽漢殿名ㅣ娑전각、삽(合) **[illegible]** 앙 [앙]千里駒천리마、앙馬怒貌ㅣㅣ말성낼、앙(陽)

馻 윈 [윤]馬毛逆말털거스릴、윤(軫) **[illegible]** 맏 [모]馬之長毛말긴털、모(豪) **[illegible]** 뗜 [점]馬睡貌말졸、점(勘) **馱** 馱譌字 **[illegible]** 부 [부]牡馬수말、부(虞)

[illegible] 졔 [개]結馬尾말꼬리잡아맬、개(卦) **[illegible]** 驢俗字 **駃** 쾌 [쾌]疾也빠를、쾌(卦)快同 [결]馬父驘子ㅣ騠버새、결(屑) **[illegible]** 폐 [폐]馬勇말날랠、패(泰)

駁 뿌 [박]馬雜色얼룩말、박雜ㅣ섞일、박非難攻擊논박할、박(覺)駮通 **駂** 봐 [보]驪馬烏驄오총말、보(皓) **馽** 지 [칩]絆馬ㅣ羈잡아맬、칩(緝)縶通

[illegible] 앙 [항]馬頭高말머리높을、항(養)

五

駏 쪄 [거]馬名似騾ㅣ驉트기、거負蟨獸ㅣ蛩벌레이름、거(語) **駛** 쓰 [사]馬行疾말빨리걸을、사(紙)(寘)

駓 피 [비]馬黃白雜色황부루말、비走貌ㅣㅣ말달릴、비(支) **[illegible]** 쒠 [현]馬歲한살된말、현(先) **駒** 꾸 [구]二歲馬망아지、구小馬依ㅣ애말、구(虞) **駚**

앙 [앙]野馬들말、앙(漾) **駈** 驅同 **駗** 쪈 [진]馬載重難行ㅣ驙말짐무거워걷지못할、진(軫) **駜** 삐 [필]馬飽而肥살찐말、필(質) **駞** 駝同 **[illegible]** 이

[일]疾走빨리달아날、일(質) **駊** 퍼 [파]馬搖頭ㅣ騀말머리내두를、파(哿) **駔** 창 [장]壯也駿馬좋은말、장會買責買ㅣ儈거간、장又중개、장(養) **[illegible]** 騧同

駝 퉈 [타]封牛駱ㅣ약대、타佝僂곱사등이、타(歌) **[illegible]** 빤 [반]馬行말걸을、반(翰) **駟** 쓰 [사]一乘四馬夏駕兩謂麗殷益一謂驂周益一謂ㅣ사마、사房四

星天ㅣ별이름、사(寘)

駐。쥬 [주]馬止말머무를、주滯在머무를、주行在所ㅣ蹕임금탄말머무를、주(遇)

駑 누 [노]最下乘ㅣ駘노둔한말、노魯鈍노둔할、노(虞)

駕。쨔 [가]馬在軛中멍에、가車ㅣ임금탄수레、가馭也멍에멜、가(禡)

駉 엉 [경]馬肥壯貌ㅣㅣ살찌고큰말、경(靑)

[illegible] 얀 [요]馬驂따르는말、요(篠)

駘。태 [태]駑馬노둔한말、태脫銜재갈벗을、태(灰)廣大意편할、태ㅣ蕩화창할、태疲也들피질、태(賄)

駙 부 [부]副馬곁말、부皇女王女之婿ㅣ馬부마、부近也가까울、부(遇)

六

駯 주 [주]口黑馬입검은말、주(虞)

駱。락 [락]ㅣ駝약대、낙白馬黑鬣검은갈기의흰말、낙(藥)

駛 駛同

駧 둥 [동]馳馬말달릴、동(送)

[illegible] 쥬 [주]蕃地大馬큰말、주(尤)

駥。숭 [융]馬高八尺有絶力者크고세찬말、융(東)

駣 탄 [조]馬三歲始乘習새로길들인말、조(篠)

駡 罵同

駬。얼 [이]馬名騄ㅣ준마、이(紙)

駮。駁同

駰。인 [인]泥驄馬陰白雜毛준마、인(眞)

[illegible] 취 [주]馬後足皆白뒷발흰말、주(虞)

駭。셰 [해]驚起놀랄、해ㅣ鼓북울릴、해(蟹)駴同

駩 찬 [전]白馬黑唇검은입술의흰말、전(先)

[illegible] 머 [맥]驢牛交生駝ㅣ트기、맥(陌)

[illegible] 유 [유]疾也빠를、유(虞)

駢。騈同

[illegible] 레 [렬]列馳나란히달아날、열(屑)

駪。씬 [신]馬衆多ㅣㅣ말우물우물할、신疾行貌빨리걸을、신(眞)侁同

駤 찌 [치]말뒷걸음칠、치勃怒성불끈낼、치(寘)

七

[illegible] 뿌 [보]習馬步ㅣ馬말걸음익힐、보(遇)

駹 망 [방]青馬面顙皆白ㅣ찬간자、방(江)

駾。퉈 [대]奔突넘뛸、대(隊)[태]馬行疾말빨리걸을、태(泰)

駷 쑹 [송]馬搖銜走재갈채쳐달릴、송(腫)

駼。두 [도]良馬騊ㅣ말이름、도獸名騊ㅣ짐승이름、도(虞)

騃。애 [애]癡也無知貌어리석을、애(蟹)

駽 휀 [현]青驪馬鐵驄철총마、현(先)(霰)

騁 청 [칭]俗[빙]直馳走也달릴、빙(梗)

駵 騮同

駻 한 [한]惡馬ㅣ突사나운말、한(翰)馯通

駿。쥰 [준]馬

之美稱준마、준大也클、준[준]疾速빠를、순(震) **騂** 씽 [성]赤色牲붉은소、성馬赤黃누른말、성(庚)觲通 **駴** 駭同 **駸**。 친 [침]驟貌ㅣㅣ말몰아달릴、침(侵)

騀。 어 [아]馬搖頭騀ㅣ말머리내두를、아獸名짐승이름、아(哿) ⑧ **騍** 커 [과]牝馬암말、과(箇) **騄**。 루 [록]八駿之一ㅣ駬준마、녹(沃) **⿰馬沓** 타

[답]馬行疾貌⿰馬沓ㅣ말빨리걸을、답(合) **騘** 驄俗字 **騊**。 도 [도]良馬ㅣ駼좋은말、도(豪) **騋**。 래 [래]馬高七尺ㅣ牝키큰말、내(灰) **騐** 驗俗字 **騌**

騣俗字 **⿰馬夌** 령 [릉]馬病말병、능(徑) **駢** 뻔 [변]二馬並駕두말한멍에할、변增贅旁出者육손이、변列也벌릴、변(先)[병]齊地名땅이름、병(青) **騏**。 치

[기]青黑馬日行千里천리마、기(支) **騇** 써 [사]牝馬암말、사(禡) **騎**。 치 [기]跨馬말탈、기(支)馬軍車ㅣ마병、기(寘) **⿰馬𡿺** 노 [노]良馬좋은말、노(皓) **⿰馬空**

장 [강]馬行步말걸음걸을、강(江) **騉** 쿤 [곤]馬名ㅣ蹄말이름、곤(元) **⿰馬叕** 데 [철]白額馬별박이、철(屑) **騅**。 쮀 [추]蒼白雜色馬오추마、추(支) **騑**。 쀄

[비]驂馬곁말、비馬行不止貌ㅣㅣ말쉬지않고갈、비(微) **⿰馬阜** 뿌 [부]盛也성할、부(有) **⿰馬兒** 이 [예]小馬작은말、예(齊) ⑨ **騥** 석 [유]青驪繁鬣갈기숱

하고푸른말、유(尤) **騜** 황 [황]馬黃白相間色누르고흰말、황(陽)⿰馬黃同 **騝** 쩬 [건]騮馬黃脊등마루누르고검은말、건(先) **⿰馬罙** 탄 [탐]馬步向前말걸음벌뜰、

탐(勘) **騧**。 꽈 [왜]黃馬黑喙ㅣ驪주둥이검고누른말、왜(佳)[과]義同(麻) **騕**。 요 [요]騕馬ㅣ褭日行千里천리마、요(篠) **⿰馬复** 삐 [필]神馬ㅣ騊도총이、필(質) **騛**。

뻬 [비]馬逸走말뛸、비六馬여섯말、비(微) **騟** 위 [유]紫色馬검붉은말、유(尤) **騠**。 티 [제]良馬駃ㅣ잘닫는말、제(齊) **⿰兹馬** 쎈 [한]馬步習말걸음익힐、한(刪)

⿰馬禺 顒同 **騢**。 싸 [하]駁馬얼룩말、하(麻) **⿰馬春** 춘 [준]馬雜文얼룩말、준鈍馬걸음느린말、준(軫) **騖**。 우 [무]奔也달릴、무疾也빠를、무(遇) **騗**

편[편]躍上馬말뛰어오를、편霰 **騙**편[편]欺也속일、편霰 **騣**。종[종]馬鬣말갈기、종東鬉同 **騤**퀴[규]馬壯健ㅣㅣ말세찰、규馬行威儀끌밋할、규支

騞。훠[획]行不止쉬지않고갈、획解牛聲백정칼쓰는소리、획陌砉同 **[馬亭]**딩[쟁]馬佇貌말우뚝설、쟁庚 **[馬段]**똰[단]遲行馬더디게걷는말、단翰

騘驄同

⊕十

騱。씨[해]駏驉類驒ㅣ트기、해齊 **騰**。텅[등]升也오를、등馳也달릴、등踊躍뛰놀、등蒸 **[馬宰]**재[재]雜毛驄馬얼룩말、재賄

騵。웬[원]騮馬白腹배희고갈기검은말、원元 **[馬眞]**뎬[전]馬額白戴星별박이、전先顚通 **騸**싼[선]割去畜勢ㅣ馬불알친말、선霰 **[馬昜]**타[탑]馬行不進驪ㅣ말막설、탑合

騩。퀴[괴]馬淺黑色잿빛말、괴寘[귀]義同山名산이름、귀微 **騬**청[승]去勢馬불알친말、승蒸 **[馬展]**。잔[전]馬轉卧土浴말땅에구를、전霰

騫。켠[건]虧也이지러질、건馬腹病말배앓을、건先 **[馬高]**잔[교]體高六尺馬높이여섯자되는말、교蕭 **騭**。지[즐]牡馬수말、즐升也오를、즐定也정할、즐質

騮。류[류]赤馬黑鬣驊ㅣ검은갈기에붉은말、유尤駵同 **騪**搜同 **騲**찬[조]牝畜通稱암컷、초皓 **[馬冢]**[illegible]同 **騬**청[승]犗馬불알친말、승蒸

騷。쏘[소]擾動소동할、소愁也근심스러울、소豪 **騴**앤[안]馬尾本白꼬리밑둥흰말、안諫 **騯**펑[팽]馬行盛貌ㅣㅣ말떼지어갈、팽庚彭通

騶。쩍[추]厩御ㅣ徒마부、추仁獸ㅣ虞짐승이름、추尤鄒鄹同 **[馬昷]**윤[온]駿馬좋은말、온元 **[馬豈]**驥同

⊕十一

驀。머[맥]上馬말탈、맥超越뛰어넘을、맥一字進곧장、맥陌 **驁**오[오]駿馬준마、오輕視깔볼、오豪義同、樂章名ㅣ夏풍류이름、오號 **驃**。퍞[표]驍勇ㅣ騎날쌜、표黃色馬누른말、표嘯

驄。총[총]馬青白色푸른말、총東 **[馬啇]**왜[적]牡牛交驢而生ㅣ騾트기、적陌 **[執馬]**。지[지]馬重말짐무거울、지寘 **[馬离]**리[리]驢子나귀새끼、

이 驅。취 子 騶也奔馳몰、구軍前鋒先ㅣ앞잡이、구 虞遇 驂。찬 참 駕三馬세말멍에할、참車衡外兩馬멍에밖곁마、참 覃 參通 ⿰馬舂 츙 용 駑馬용렬한 말、용 冬 麤 루 록 野馬騼ㅣ들말、녹 屋 ⿰馬覓 미 멱 馬惡말사나울、멱 錫 騾 鸁俗字 騻 驌同 ⿰馬魚 위 어 環眼馬고리눈말、어 魚

⓬ 驐 둔 돈 畜去勢짐승불알칠、돈 元 驕。쟈 교 自矜교만할、교逸傲縱姿방자할、교馬六尺키큰말、교 憍同、효 短喙田犬주둥이짧은사냥개、효 蕭 獢同

驒。탄 탄 連錢驄돈점박이말、탄 寒 타 義同、野馬ㅣ騱들말、타 歌 ⿰馬番 빤 번 畜之蕃殖짐승번성할、번 元 驏。잔 잔 馬不鞍而騎안장없이말탈、잔 潸

驈。위 율 驪馬白跨사타귀흰검은말、율 質 驉 싀 허 似騾駏ㅣ트기、허 齊 驑 騮同 驊 화 화 駿馬名ㅣ騮준마、화 麻 驎。린 린 馬斑文얼룩말、인 眞

⿰馬黃 騜同 驍。쌰 효 勇捷날랠、효良馬좋은말、효 교 健也武猛건장할、교 蕭 驔 탄 담 驪馬黃脊등누르고검은말、담毫在骭白정강이흰말、담 覃 점 義同 琰

驌 쑤 숙 良馬ㅣ驦좋은말、숙 屋 ⿰馬間 쎈 한 馬一目白한눈흰말、한 刪 驓。졍 증 四骹皆白발목다흰말、증 蒸

⓭ 驛。이 역 遞馬역말、역傳舍역말집、역汽車停車場정거장、역連屬絡ㅣ잇달、역苗貌ㅣㅣ싹뾰족할、역 陌 驙。탄 단 白馬黑脊등검은흰말、단馬載重말짐무겁게실을、단 寒

驜 예 업 壯也장할、업 葉 驖。톄 철 馬如鐵赤黑色검붉은말、철 屑 ⿱𦥯馬 워 악 馬腸鳴말배끓음、악 覺 驗。넴 엄 俗 험 證也증험할、험效ㅣ보람、험兆候조짐、험考視시험할、험 豔 ⿰馬歲 훼 외 馬怒말성낼、외 賄 驘 뤄 라 騎畜驢馬交生노새、나 歌 騾本字 ⿰馬蜀 뚜 독 野馬騼ㅣ들말、독 屋

驚。졍 경 馬駭말놀랄、경駭也놀랄、경懼也두려울、경 庚

⓮ ⿰馬監 쎈 함 馬走말달아날、함 陷 驞 삔 빈 衆聲ㅣ駍떠들석할、빈 眞 驟 쭈

[줄]俗[취]突然별안간、취ㅣ雨소나비、취馬疾 步몰아갈、취奔也달릴、취數也자주、취(宥) **騎**。禍 **騄**同 [락]脊有肉鞍ㅣ駝 뤄 약대、탁(藥)駝同 **驝** 뭥 [몽]牡

牛交驢生騇ㅣ 트기、몽(東) ㊄ **騬** 씽 [경]馬求芻不得而怒 말끌샘낼、경(敬) **驝**。 레 [력]馬色말 빛、역(錫) **驪** 라 [랍]馬不進ㅣ騔말 가지않을、납(合)

驃同 鑣 **驜** 광 [광]馬回毛在脊闋ㅣ 말등도래털、광(陽) ㊅ **驡** 룽 [롱]野馬들 말、농(東) **驠** 옌 [연]馬白尻꽁무 니흰말、연(霰) **驣** 덩 [등]馬

躍말뛸、등(蒸) **驢**。뤼 [려]俗[로]似馬長耳以午及 五更初而鳴나귀、노(魚) ㊆ **驥** 찬 [찬]ㅣ馬잰 말、찬(刪) **驦** 쐉 [상]良馬驌ㅣ좋 은말、상(陽) 驌同 **驧**。

[국]馬曲脊새우 쥐 등말、국(屋) **驤**。쌍 [양]馬低昂騰躍말뛸、양遠也擧也날 칠、양官名龍ㅣ벼슬이름、양(陽) ㊇ **驫** 녜 [녑]俗[섭]馬疾貌 말달릴、섭(葉)

駹𩧭 **驨** 쒸 [휴]騏驥천리 마、휴(齊) **驩**。환 [환]馬名말이름、환南荒國名 ㅣ頭나라이름、환(寒) 歡同 ㊈ **驪**。리 [리]純黑色馬八 駿一盜ㅣ검은

말、이黑色검을、 이(支) [려]義同(齊) 麗通 ㊀ **驨**。聘古字 **驫**。뱦 [표]衆馬走貌말몰 려달아날、표(尤)

骨部

骨。꾸 [골]肉之覈뼈、골事物之ㅣ子 살、골剛直꽂꽂할、골(月) ㊁ **骬** 딩 [정]腨骨종아 리뼈、정(靑) **骪** 꾸 [골]用力 힘쓸、

골 **骫** 骩俗 字(月) ㊂ **骩** 꺼 [억]胷骨가슴 뼈、억(職) **骬**。위 [우]鈌盆骨髃ㅣ 가리、우(虞) **骫**。骩 同 **骪** 화 [활]治骨聲뼈긁 는소리、활

(黠) **骭**。깐 [한]脛骨정강이뼈、한 脅也갈빗대、한(諫) **骲** 인 [인]喉中軟骨嗓ㅣ목구 멍에연한뼈、인(震) **骫** 웨 [위]骨屈曲ㅣ骳뼈고 불탕고불탕할、위

茂盛貌拔ㅣ더 부룩할、위(寘) **骬** 骬同 ㊃ **骳**。사 [삽]搖頭머리 흔들、삽(合) **骳**。반 [반]臂骨節팔마디、반 撓骨굽은뼈、반(阮) **骰**。야 [알]咽 中息

不利숨쉬기거북할、알(黠)
骯 캉 [항] 亢直ㅣ髒꼿꼿할、항(泰)
骱 졔 [갈] 小骨작은뼈、갈(黠)
骰 투 [투] 博陸釆具ㅣ子주사위、투(尤)
⿰骨支。跂同

五

骶。듸 [저] 脊盡處꽁무니끝、저(薺)
骩 칸 [고] 尻骨꽁무니뼈、고(豪)
骲 빤 [박] 骨鏃箭不翦羽뼈다귀살촉、박(覺)
⿰骨号 야 [요] 肩骨어깨뼈、요(篠)
骳 삐 [피] 骨屈曲骫ㅣ뼈구불탕구불탕할、피(紙)(寘)
骷 쿠 [고] 髏也頭蓋骨해골、고(虞)
骴。쯔 [자] 朽骨삭은뼈、자(寘)
⿰骨令 링 [령] 長骨긴뼈、영(靑)
⿰出骨 쿠 [굴] 月所生月ㅣ달나오는곳、굴(月)
⿰骨失 데 [질] 骨差뼈튕길、질 又삐일、질(屑) 胅同
⿰骨它。두 [과] 手足之曲病손발굽으러지는병、과(麻)

六

骻 콰 [과] 腰骨股間잔허리뼈、과(馬) 髁通
骺 헉 [후] 骨端骺ㅣ뼈끝、후(有)
⿰骨舌 콰 [괄] 骨端뼈끝、괄(曷)
骼 꺼 [격] 枯骨마른뼈、격(陌)
骸。쌔 [해] 骨也百ㅣ뼈、해 身體形ㅣ몸、해(佳)
⿰骨行 씽 [행] 牛脊後骨소등마루뒤뼈、행(庚)
骹。쟈 [교] 脛骨近足細處발목뼈、교(肴)(效)

七

⿰骨廷 팅 [정] 大腿骨넙적다리뼈、정 長骨貌긴뼈、정(靑)
骾。껑 [경] 骨留咽中가시걸릴、경 骨ㅣ之臣遇事敢行가시셀、경(梗) 鯁同
⿰骨甫 뿌 [부] 膝骨무릎뼈、부(麌)
⿰骨完 환 [환] 燒骨和漆而髹漆골회칠할、환(翰)
⿰骨坒 삐 [폐] 股也넙적다리、폐 ㅣ臀볼기짝、폐(薺)
⿰骨良。랑 [랑] 膝骨무릎뼈、낭(陽)
⿰骨肙 야 [요] 肩骨어깨뼈、요 右脅오른편갈비、요(篠)
⿰骨巠 징 [경] 骨也뼈、경(靑)
骽。同腿
髇。쌰 [효] 鳴鏑우는살촉、효(肴)
⿰骨系 鯀鮌同
⿰骨夾 쌰 [협] 顴骨광대뼈、협(葉)

八

⿰骨非。뼤 [비] 腓骨장딴지뼈、비(微)
⿰骨垂 쒜 [수] 漆器先以脣垸之칠하기전에틈메일、수(寘)
⿰骨兒 이 [의] 骨細뼈가늘、의(支)
髁。콰 [화] 不正貌誒ㅣ비뚤、화(哿) [과] 膝骨무릎뼈、과(馬) 骻同
⿰骨空 창 [강] 尻骨髐ㅣ꽁무니뼈、강(江)
髀。삐 [비] 股骨넙적다리뼈、비(紙) [폐] ⿰骨坒同
⿰骨叕 틔 [철] 續骨뼈이을、철(屑)
⿰骨宛 완 [원] 膝

ㅣ무릎뼈、원(翰)

[骨+卒] 쑤[솔]小骨잔뼈、솔(月)

骿 뼨[변]井脅肋骨連合爲ㅣ통갈비、변(先) 骿通

[骨+奇] 치[기]小骨잔뼈、기(紙)

[骨+昜] 틱[적]骨間黃汁뼈 사이누른 집、적(錫)

⑨ [骨+度] 두[도]頭骨머리뼈、도(虞)

骼 커[가]腰骨허리뼈、가(禡) [격]骼同(陌)

[骨+重] 죵[종]脚腫다리부을、종(腫)

髃 위[우]髆前骨 어깨죽지뼈、우肩前兩間骨앙가슴뼈、우(有) 腢同

[骨+曷] 허[갈]缺盆骨ㅣ骭 동정뼈、갈(曷)

⑩ [骨+兼] 졘[겸]瘦也몸마를、겸(鹽)

髈 膀同 髇 嚆同

髆 뵉[박]肩甲어깨죽지뼈、박(藥)

[骨+害] 해[해]細骨가는뼈、해(泰)

[骨+差] 骴同

[骨+追] 퉤[퇴]頂後骨목뒤뼈、퇴(支)

⑪ [麻/骨] 머[마]細瑣幺ㅣ잘、마(歌)(哿)

[敖/骨] 오[오]蟹大脚게엄지발、오(豪)

[骨+逢] 뵹[봉]胷前骨가슴뼈、봉(宋)

髏 루[루]首骨髑ㅣ해골、누(尤) 顱通

髎 랼[료]髖也응치、요(蕭)

髍 [麻/骨]同

⑫ [骨+童] 창[당]尻骨ㅣ骯꽁무니뼈、당(江)

[厥/骨] 궤[궐]尾本꼬리 밋둥、궐(月)

髐 쑈[효]白骨貌ㅣ然해골、효(肴)

[骨+菐] 뱍[박]骨箭뼈로만든화살、박(覺)

⑬ 髑 뚜[족]頂骨ㅣ髏해골、촉(屋)

體 톄[체]身也몸、체四ㅣ사지、체ㅣ之몸받을、체形狀모양、체又끌、체又체、체物ㅣ물건、체又것、체本也근본、체效也본받을、체(薺) 俗作體

[骨+零] 링[령]細骨가는뼈、영(靑)

髓 쒸[수]骨中脂골、수又뼈골、수心底마음속、수(紙)

[骨+葬] 쟝[장]婞直貌骯ㅣ꼬장꼬장할、장體胖貌몸뚱뚱할、장(養)

[骨+隋] 髓同

⑭ [骨+蒦] 훠[확]骨鳴뼈울、확(藥)

髕 臏同

⑮ 髖 콴[관]髀上兩股間응치뼈、관(寒)

⑯ [骨+歷] 리[력]骨病뼈병、역(錫)

髗 顱同

⑱ [骨+雚] 촨[권]頰骨광대뼈、권(先)

高部

高 꼬[고]崇也象臺觀形높을、고上也위、고尊也높을、고ㅣ尙고상할、고ㅣ歌ㅣ唱큰소리、고低之對높이、고敬也높

일、고(豪)

髙 高俗字

㊁

高。칭 [경]瓜屋원두막、경(梗)

㊂

亭 塙古字

㊃

⿰高毛 뫄 [모]強毛뻔뻔한털、모(號)

㊄

⿰高亢 꾸 [고]明也밝을、고(豪)

㊈

⿰高頁。잔 [고]大頭큰머리、고(皓)

⑪

⿰繇高。산 [소]足高발높을、소(肴)

⑫

⿰高喿 잔 [조]高也높을、조(號)

⑯

⿰高單 타 [타]廣也넓을、타(哥)

㉑

⿱嚚高 쑈 [효]喧也떠들、효(蕭)

髟部

髟。뺘 [표]長髮垂머리늘일、표羽旄飛揚貌ㅣ鼬깃발날릴、표白黑髮雜머리희뜩희뜩할、표(蕭)

㊁

⿱髟乃 내 [내]髮亂鬆ㅣ머리엉킬、내(灰)

髡。쿤 [곤]去髮머리깎을、곤古代刑罰之一머리깎는형벌、곤樹禿나무모지라질、곤(元)

⿱髟又 센 [섬]美髮좋은터럭、섬(鹽)

㊂

⿱髟己 ㆁ지 [기]男子陰部ㅣ⿱髟巴자지、기(未)

髢 티 [체]髲也益髮땋은머리、체月子다리꼭지、체(霽)鬄同

髨 髡同

㊃

髯。안 [염]在頤曰鬚在頰曰ㅣ구레나룻、염又수염、염(鹽)髯同

髩 鬢俗字

髤 퓌 [비]被髮走머리풀고달아날、비(支)[부]多鬚ㅣ⿱髟思수염많을、부(虞)

髣。ㆁ방 [방]相似ㅣ髴비슷할、방(養)

⿱髟介。ㆁ계 [개]簪髻쪽질、개假髻딴머리、개(卦)

⿱髟巴 바 [파]髻貌상투、파男子陰⿱髟巴ㅣ자지、파(禡)

髦。뫄 [모]兒生三月翦髮爲鬌及長猶爲事父母之飾다팔머리、모俊也ㅣ士준수할、모輕也并ㅣ가벼울、모童子髻ㅣ어린아이、모(豪)

⿱髟丈 장 [장]髻也상투、장(陽)

髤。髹同

髧。탄 [담]髮垂貌머리늘일、담(感)

㊄

髬 퓌 [비]猛獸奮鬣貌ㅣ髵갈기일어설、비(支)

⿱髟付 ㆁ브 [부]結髮머리땋을、부(虞)

⿱髟乍 자 [차]髮多터럭많을、차(禡)

髴。ㆁ부 [불]若似髣ㅣ비슷할、불婦人首飾부인머리치장할、불亂髮貌더벅머리、불(物)

髭。츠 [자]口上鬚웃수염、자(支)

⿱髟首 만 [만]小女首飾젊은계집머리치장할、만(删)

髫。됴 [초]童子垂髮ㅣ髦다박머

리、초(蕭)

髯 髯俗字

⿱髟占 잔 [점] 鬒髮疎薄貌ㅣ鬑 터력드믄성드믄날、점(琰)

髳 뫄 [무] 髮至眉다박머리、무 西方蠻族羌ㅣ오랑캐、무(尤)

髲 삐 [피] 婦人首飾被머리쓰개、피(寘)

⿱髟亢 궁 [궁] 髮亂터력엉킨、궁(冬)

髮 빠 [발] 頭上毛也머리、발 又터력、발 又머리카락、발 不毛之地窮ㅣ메마른땅、발 又아무것도되지않는땅、발(月)

髱 퐈 [포] 多鬚수염많을、포(效)

六

髷 취 [곡] 卷髮貌고수머리、곡(沃) 曲同

髶 웅 [숭] 細髮가는터력、숭(東)

髺 꽈 [괄] 束髮머리땋을、괄(曷) 髻同、括通

髸 궁 [공] 髮亂머리엉킨、공(冬)

髻 이지 [계] [결] 總髮魋結상투、계(霽) 竈神부엌귀신、결(屑)

鬐 지 [지] 鬣也갈기、지(紙)

髵 열 [이] 猛獸奮鬣貌髵ㅣ갈기일어설、이(支)

髹 쓔 [휴] 以漆漆物赤色옻칠할、휴(尤) 髤同

⿱髟兆 됴 [도] 髮長터력길、도(皓)

⿱髟次 츠 [차] 用梳比빗질할、차(寘)

鬂 鬢俗字

七

⿱髟耳 웅 [용] 亂髮엉킨터력、용(冬)

髿 싸 [사] 髮美머리흠치르르할、사 垂貌髿ㅣ머리풀어헤칠、사(麻)

⿱髟条 됴 [됴] 髮長머리길、요(篠)

髽 좌 [좌] 婦人喪髻猶男括髮여상제부상투쪽질、좌(麻)

鬀 剃同

鬁 리 [리] 顱下左右ㅣ鬢판자노리、이(支)

鬂 레 [렵] 髮疎머리털성길、엽(葉)

髼 퓽 [봉] 髮亂貌ㅣ鬆엉킨머리、봉(東)

髾 쌰 [소] 髮末털끝、소 旌旗所垂之羽기드림털、소(肴)

八

鬅 평 [붕] 髮亂ㅣ鬡머리더부룩할、붕(蒸)

⿱髟昔 시 [석] 髮也터럭、석(陌)

⿱髟卒 주 [졸] 髻也상투、졸(月)

鬄 髢同

⿱髟周 쵸 [초] 髮多털많을、초(蕭)

鬆 숑 [송] 髮亂髼ㅣ더벅머리、송 粗ㅣ거칠、송(冬)

鬜 깐 [간] 疎髮성긴터럭、간(刪)

鬃 쭁 [종] 高髻높은상투、종 馬鬣말갈기、종(冬)

⿱髟咅 부 [부] 髮短터럭짧을、부(尤)

⿱髟采 채 [채] 髻也상투、채(賄)

鬈 촨 [권] 鬢鬚好貌수염보기좋을、권(先)

⿱髟屈 취 [굴] 半臂羽衣繡ㅣ털반배、굴(月)

⿱髟卓 쥐 [탁] 長也길、탁(覺)

鬇 정 [쟁] 髮亂ㅣ鬡머리더부룩

할、쟁(庚)

九

鬍후 [호] 頰之鬚구레나룻、호(虞)

鬋°젼 [전] 鬢鬚貌살쩍、전剔治須髮수염깎을、전(先)(銑)

鬉쭌 [종] 髮亂더럭더부룩할、종(東)

髾싸 [살] 細毛솜털、살(黠)

𩭾부 [부] 假髻만상투、부(有)

鬆同鬉

鬊춘 [순] 亂髮머리풀어헤칠、순(震)

髩同鬢

鬌°취 [추] 髮落털빠질、추小兒翦髮所遺爲丨꼭두마머리、추(支) [타] 義同(哿)

𩮗쌔 [새] 多鬚鬢鬖丨덥석부리、새(灰)

十

𩮨용 [용] 髮長더럭길、용(冬)

鬒°젼 [진] 黑髮而稠머리숫할、진(軫)

𩯏차 [차] 髮美더럭아름다울、차(哿)

鬐°치 [기] 馬鬣말갈기、기魚脊생선잔등이지느러미、기(支)

鬄°쟈 [적] 鬀髮머리깎을、적(錫)

䰉판 [반] 臥髻북상투、반(寒)

十一

鬖싼 [삼] 髮垂貌丨鬖머리늘일、삼(侵) 亂髮貌鬑丨머리더부룩할、삼(覃)

鬕°마 [매] 顱下左右髯丨관자노리、마(禡)

鬏°同鬏

𩮍퍞 [표] 髮亂머리엉킬、표(蕭)

鬘만 [만] 月子다리꼭지、만(刪)

𩮰러 [라] 髮稠密머리숫할、나(歌)

鬗°만 [만] 髮長貌머리치렁치렁할、만(寒)

𩯣취 [최] 髮之亂垂더럭엉켜늘어질、최(賄)

十二

𩯔덩 [등] 毛亂貌머리엉킬、등(蒸)

𩯗애 [비] 鬚多수염많을、비(寘)

𩰅지 [극] 鬚也수염、극(陌)

鬜°쟌 [간] 頭鬢禿머리밀、간(刪) [갈] 義同(黠)

𩯝죤 [존] 禿也모지라질、존(願)

鬚쒸 [수] 頤毛수염、수又아래수염、수(虞)須同

𩯰°지 [직] 髮垢머리때、직(職)

𩰉同鬣

鬙썽 [승] 髮亂鬅丨머리더부룩할、승(蒸)

十三

𩯿찬 [찬] 髮光머리빤지르할、찬(翰)

鬟°환 [환] 屈髮爲髻쪽질、환(刪)

鬠同髻

十四

鬡녕 [녕] 髮亂鬇丨머리더부룩할、영(庚)

𩯭란 [람] 髮垂丨鬖머리치렁치렁할、남(覃)

鬢°빈 [빈] 頰髮살쩍、빈(震)

十五

鬣°레 [렵] 馬領毛말갈기、엽帚端비끝、엽(葉)

十六

𩰗리 [력] 髮疏더럭성길、역(錫)

十七

鬤상 [양] 亂髮머리엉킬、

양 陽 䰱。령 [령] 髮疏 터럭 성길、영 靑

鬥部

鬥 취 [각] 鬪也 싸울、각 覺 ④ 鬩 쎈 [현] 試力鍾 힘시험하는 추、현 先 鬦 鬪古字 ⑤ 鬧。뇨 [뇨] 擾也 喧囂 시끄러울、뇨 效 ⑥ 鬨。홍 [홍] 鬪聲 싸움소리、홍 鬪也 싸울、홍 送 [항] 義同 絳 ⑧ 鬩 씨 [혁] 怨恨訟也 송사할、혁 鬪也 싸울、혁 錫 閧 同鬨

鬪 琴古字 ⑩ 鬪 鬭俗字 鬮 류 [류] 絞也 목매 죽일、유 尤 ⑫ 闞 깐 [함] 虎聲 범우는 소리、함 豏 ⑭ 鬭。뚜 [투] 競也 ㅡ爭 싸울、투 又 싸움、투 戰 ㅡ 전쟁、투 爭也 다툴、투 宥 鬫 미 [미] 編狹 편협할、미 紙 ⑰ 鬮。꾸 [구] 手取也 제비뽑을、구 尤 [규] 義同 有

鬯部

鬯。창 [창] 奉宗廟香酒 鬱ㅡ秬ㅡ 술이름、창 弢弓 활집、창 漾 韔同 暢通 ⑩ [鬯巨] 제 [거] 黑黍 검은 기장、거 語 ⑲ 鬱 위 [울] 香草 ㅡ金 울금초、울 物 ⑨ 鬱。위 [울] 氣蒸 ㅡㅡ 답답할、울 木叢生 積也 盛也 나무 다부룩할、울 滯也 막힐、울 憤結 ㅡ陶 마음에 맺힐、울 棣屬 아가위、울 物

鬲部

鬲。꺼 [격] 瓦瓶 오지병、격 趙地名 땅이름、격 陌 [력] 隔同 [력] 曲脚鼎 다리굽은 솥、역 錫 ④ 鬳 이 [의] 釜也 가마、의 紙 [鬲戈] 同鍋

⑥ 鬵 리 [력] 熟飪 氣上出 김오를、역 錫 鬳。잔 [권] 鼎也 솥、권 願 鬹 해 [해] 糜中塊 以粉作塊 如鳥卵 새알심、해 灰 ⑦ 鬲巠 징 [경] 隔也 가릴、경 徑 鬴 同釜 ⑧ 鬵 씬 [심] 大釜 큰가마、심 似甑 大上小下 고리、심 侵 ⑨ 鬷。쫑 [종] 衆也 많을、종 總也 다、종 釜屬 가마、종 東

⑩ 鬸 루 [류] 甑也 시루、유 宥 䰛 루 [력] 去滓 거를、역 錫 ⑪ 鬺。쌍 [상] 烹煮 삶을、상 陽 鬻 오 [오] 乾煎 볶을、오 豪 ⑫ 鬻。

죽糜也죽、죽粥同[육]賣也팔、육儥同 육[국]養也기를、국稚也어릴、국(屋)鞠通 鬸。同甑 (十三) 䰈 커 [개]裘裏갓옷속、객(陌) 䰉·同䰉 (十五)

鬻·煮古字 (二十) 鬻。위 [약]內肉及菜湯中薄出之데칠、약(藥)

鬼部

鬼。궤 [귀]精魂所歸人死骨肉歸土血歸水魂歸天其陰氣薄然獨存無所依故爲ㅣ귀신、귀又도깨비、귀又뜬것、귀(尾) (三) 彪 메 [미]俗[매]老精物山林異氣所生도깨비、매(寘)或作魅

塊 외 [외]熱病열병、외(隊) (四) 魂。훈 [혼]附氣之神一身之精ㅣ魄혼、혼又정신、혼(元) 鬾 이지 [기]小兒鬼아이귀신、기(支)

魁。궤 [괴]首也으뜸、괴大也ㅣ然클、괴北斗首星별이름、괴(灰)小阜언덕、괴(賄) 䰟 魂同 (五) 䰫 뤼 [률]殺也죽일、율(質)

魄 퍼 [백]附形之靈人生始化心之精爽혼、백(陌)[박]志行衰惡落ㅣ넋잃을、박粕通[탁]失業落ㅣ넋잃을、탁(藥) 魅。메 [미]俗[매]性物魑ㅣ도깨비、매又허깨비、매(寘)

魃。빠 [발]旱鬼ㅣ名旱母가물귀신、발旱也가물、발(曷) (七) 䰪 뎐 [전]醜貌추할、전(銑) 䰦 태 [태]熱病열병、태(隊) 䰳 뷰 [보]北斗星별이름、보(麌)

䰾 릐 [리]惡鬼악한귀신、이(紙) 魈 쌒 [소]山精獨足鬼산도깨비、소(蕭) (八) 魎·량 [량]山鬼一脚魍ㅣ산도깨비、량(養) 蜽同 魓。삐 [비]醜也추할、비(齊)

魏·웨 [위]舜禹所都위나라、위大也클、위闕也象ㅣ대궐、위(未) 魖 후 [호]鬼貌귀신、호(虞) 魋。퉤 [추]椎頭髻북상투、추(支)[퇴]神獸赤熊곰、퇴人名宋桓ㅣ사람의이름、퇴(灰)

䶾 옌 [엄]使汚더럽힐、엄(豔) 魍·왕 [망]木石鬼ㅣ魎산도깨비、망(養) 蝄同 魌 倛同 (九)

䰩 처 [차]醜惡추악할、차(馬) (十一) 魑。리 [치]俗[리]鬼屬ㅣ魅도깨비、이(支) 魔·。머 [마]狂鬼迷人마귀、마害善事之惡神마귀、마不可思議之術法

마술、마鬼也 귀신、마 歌

⑫ ⿺鬼尞 랖 [료] 驚也놀랄、요 效

⿺鬼䍃 위 [욜] 無頭鬼머리없는귀신、율 質

魖。쉬 [허] 耗鬼헛도깨비、허 魚

⑬ ⿺鬼睪。이 [역] 鬼使사자、역 陌

⑭ 魗 착 [수] 惡也추악할、수棄也버릴、수 尤 [추] 義同、穢也더러울、추 有 醜通

魘。얜 [염] 驚夢ㅣ魅 잠꼬대할、염 琰 [엽] 睡中氣窒 가위눌릴、엽 葉

⑰ ⿰霝鬼 링 [령] 鬼也귀신、영 靑

十一畫

魚部

魚。위 [어] 鱗蟲總名물고기、어 又 생선、어 蠹名 衣ㅣ좀、어 魚

① ⿰魚乚 야 [알] 黃頰鱖ㅣ자가사리、알 黠

② 魝 지 [결] 治魚고기썰、결 屑

魜 인 [인] 人魚인어、인 眞

魛。또 [도] 鮆魚갈치、도 豪

③ ⿰魚亾 둥 [韓] 魚名망둥이、망

魠 퉈 [탁] 黃頰魚자가사리、탁 藥

魟 훙 [홍] 魚肥고기살찔、홍 東

④ 魯。루 [로] 愚也鈍也노둔할、노 伯禽所封國名나라이름、노 麌

魭 웬 [원] 大鼈큰자라、원 元

魮 삐 [비] 飛魚나는고기、비 支

魶 너 [납] 鯷魚메기、납 鯢也암코래、납 合

魦 鯊同

⿰魚公 꿍 [공] 鰕也새우、공 東

魴。빵 [방] 鯿魚小頭縮項闊腹細鱗방어、방 陽

魧。깡 [강] 大貝큰자개、강 陽

魲 鱸俗字

⿰魚幻 환 [환] 鯆也黃ㅣ복생선、환 諫

魪。꼐 [개] 比目魚가자미、개 卦

⿰魚王 왕 [왕] 大魚큰고기、왕 陽

魥 쳐 [겁] 竹貫魚말린고기、겁 葉

魬 빤 [반] 形似魪而稍大넙치、반 潸

魱 후 [호] 鰣魚준치、호 虞

魫。신 [심] 魚子고기새끼、심 寑

魳 싸 [사] 鰕也새우、사 支

魵。뿐 [분] 魚名鰕也고기이름、분 吻

⿰魚文 운 [문] 玄鱧가물치、문 文

魨 툰 [돈] 毒魚河ㅣ복、돈 元

魰 위 [어] 捕魚고기잡

을、어(魚)
魪 [日]메기편
五
鮇 믜 [미]嘉魚뱅어、미(未)
鮂 칙 [수]白鯈버들치、수(尤)
鮓 쨔 [자]魚菹젓갈、자又젓자(馬)東海魚名狀如凝血無頭目内無藏衆鰕隨之名水母해파리、자(禡)
鮔 쥐 [거]長足章魚발진문어、거(語)
鮌 꾼 [곤]魚也곤어、곤(阮)鯀鯀同
[魚且] 주 [저]鰻也뱀장어、저(魚)
鮭 싱 [성]魚臭비릴、성(靑)俗作鯹
鮈 쮜 [구]魚名鯸ㅣ고기이름、구(虞)
鮆 찌 [제]刀魚狹薄頭長如刀갈치、제(薺)
魽 깐 [함]蚶也조개、함(覃)
鮃 핑 [병]比目魚가자미、병(庚)
鮐 태 [태]河豚別名복、태老人ㅣ背늙은이、태(灰)
鮒 뿌 [부]鯽也붕어、부(遇)
鮗 [日]전어、동
[魚央] 양 [앙]黃頰魚ㅣ魟자가사리、앙(陽)
鮅 삐 [필]石ㅣ魚상피리、필(質)
鮑 반 [포]以鹽漬魚저린생선、포姓也성、포(巧)
魺 켜 [가]魟也자가사리、가(歌)
鮊 빼 [백]魚名돌잉어、백(陌)
[魚本] 쟌 [교]陽鱎피라미、교鱎也善躍水中돌잉어、교(蕭)
魼 쒸 [허]比目魚가자미、허(魚)鱋同
[魚尓] [日]모래무지、니
鮄 뿌 [불]魴也방어、불(物)
鰫 얀 [요]船矴魚꺽정이、요(蕭)
鮀 퉈 [타]小沙魚體圓而有點모래무지、타(歌)
魾 피 [비]魴也방어、비(支)
鮎 녠 [점]頭大尾小身滑無鱗一名鰋메기、점(鹽)
鮩 [日]뱅어병
六
[魚米] 미 [미]魚子고기알、미(薺)
鮜 헉 [후]鯷也메기、후(有)
鮥 러 [락]魚名고기이름、낙(藥)
鮬 뿌 [보]小魚魚婢쏘가리、보(遇)
鮞 얼 [이]鯤也魚子在腹고니알、이(支)
鮔 껑 [긍]鮪也상어、긍(徑)
鯃 위 [우]魚名鮈ㅣ고기이름、우(虞)
鮮 쎤 [선]生魚생선、선國名朝ㅣ조선、선新也새、선潔也조촐할、선善也좋을、선(銑)尟同
鮧 이 [이]鹽魚、腸鱁ㅣ아감젓、이又창명젓、이(支)[제]大鮎큰메기、제(齊)鯷同
鮫 쟈 [교]海鯊皮可飾刀상어、교ㅣ人居水織綃淚成珠인어、교(有)
鮣 인 [인]斑魚얼룩고기、인(震)
鮲 [日]가리맛、복(蚌屬)
鮛 쓔 [숙]魚名작은삼치、숙(屋)
[魚共] 궁

[홍]紅魚가오리、홍(腫)

鮦。둥 [동]鱧也가물치、동(東) [중]義同(冬)

鮪·우 [유]似鱣而小靑黑頭小而尖似鐵兜鍪口在頷下甲可磨薑상어、유(紙)

鮡 쟈 [조]魚名고기이름、조(篠)

鮨。쯔 [기]鮓也젓갈、기又젓、기(支)

鮋 지 [위]鼈也자라、위(尾)

鮘 鰣同

鮝 鯗俗字

鮭 쎄 [해]魚菜總名어채、해河豚복、해(齊)

鮤 례 [렬]刀魚갈치、열(屑)

鮚。쪄 [길]蚌也긍조개、길(質)

鮟· [안]琵琶魚、꺽저기、안

鮰 훼 [회]民魚민어、회(灰)

鮔 鮔俗字

鮀 차 [타]水母무럽생선、타(碼)

鮠 웨 [외]鯷之小者메기새끼、외河豚복、외(灰)

鮧 이 [이]河豚別名복、이(支)

七

鮹。쌒 [소]八梢魚문어、소小八梢魚낙지、소(肴)

鮸。멘 [면]石首魚조기、면(銑)

鮷。틔 [제]鮎也메기、제(齊)

鯏 [日]모시조개、이

𩶛 랑 [랑]雄蟹수게、낭(陽)

鯆 뿌 [포]江豚別名尾毒물아지、포(虞)

鯓· 약 [부]江豚물아지、부(虞)

鮼。이 [역]似鮎有四足메기같고네발있는고기、역(職) 鱡同

鮿 쪠 [첩]不鹽乾魚말린고기、첩(葉)

鮩 鯊同

鯈 이 [읍]魚名고기이름、읍(緝)

鯑 [日]청어알、희

鰵 뫼 [모]似鮻而小황석어、무(尤)

鮵 뒈 [탈]小鮦작은가물치、탈(曷)

鯈。됴 [조]好游魚피라미、조(蕭) [주]小魚송사리、주(尤)

鯗 鮝同

鯇· 훈 [혼]鯉也잉어、혼(阮) 鯶同

鯐 [日]모장이(송어새끼)

鯀。鮌同

鯊 싸 [사]鮀也모래무지、사鮫也皮可飾刀釖靶상어、사(麻) 魦同

鯂 쓰 [시]似猪魚물돼지、시(支)

鯅 싼 [전]魚醬젓갈、전又젓、전(先)

鯉。리 [리]三十六鱗魚有赤白黃三種잉어、이書札편지、이(紙)

鯅 팅 [정]全魚醬젓갈、정又젓、정(迥)

鯁。껑 [경]魚骨생선뼈、경ㅣ之臣가시신、경(梗)

鮾 鯘同

八

鯪· 릥 [릉]吞舟魚腹背有刺如三角菱능잉어、능小皮曰穿甲山천갑산、능(蒸)

鯠 래 [래]魚名鰻ㅣ고기이름、내(灰)

鯧 창 [창]魚名ㅣ鯸병어、창(陽)

鯌。춰 [작]鮫魚出入母腹드나들이상어、작(藥)

鯖。정 [청]魚名青色有枕骨비웃、청[日]고등어 청(青)[정]煮魚煎肉열구자、정(庚)脏同 鰔 [illegible]同 鰊 똥 [동]魚名似鯉고 기이름、동(東) 鯝 꾸 [고]魚肚 中腸생

선배리、 고(遇) 鯲。 [日]미 꾸리어 鯮 鯼同 鮥。쭈 [자]鮔也준 치、구(有) 鱭 찌 [제]魚名可爲醬美味 在額암채、제(齊) 鱝 윤 [분]形如荷葉 腹下有口額

上有眼尾有刺而螯 人魚가오리、분(問) 鯬 리 [리]魚名고기 이름、이(支) 鯢。늬 [예]雄鯨雌ㅣ암 코래、예(齊) 鯗 샹 [상]乾魚腊어 포、상(養) 鯘。 鮾同

鯤。쿤 [곤]魚子ㅣ鮞물고기알、 곤北溟大魚곤어、곤(元) 鯙 삐 [비]黑鯉검은 잉어、비(支) 鯰 [日]메 기、념 鯞 쩌 [추]鱖也쏘가 리、추(有) 鯘 네

[뇌]魚敗생선썩 을、뇌(賄)鯘同 鯛。댜 [조]銅盆魚도미、조 骨脆뼈연할、조(蕭) [illegible] [日]누 처、아 鯨。얭 [경]海中大魚 고래、경(庚) 鯕 치 [기]鯿也방 어、기(支)

鯔 쯔 [치]似鯉身圓頭扁 骨軟숭어、치(支) 鯫。쭈 [추]雜小魚송사리、추(尤) 小人ㅣ生소인、추(有) 鯡 삐 [비]魚子고기 새끼、비(未) 鯣 이 [역]鱺 也뱀

장어、 역(陌) 鯥 루 [륙]鯥ㅣ魚능 육어、육(屋) ❾ 鰐 어 [악]似鼉呑人악 어、악(藥)鱷同 鰍。추 [추]魚名生淺淖中似鱓 미꾸리、추(尤)鰌同 鰔 [日]보

리새 우、함 鯹 腥 同 鰉 황 [황]鱣 同 鰌。챠 [추]鰍同미꾸리、추 藉也빙자할、추(尤) 鯿 뼌 [편]魴類縮項鯾 魚병어、편(先) 鰇 유 [유]烏賊 魚오징

어、 유(尤) 鯼 쭁 [종]石首魚조기、 종(東)鯮同 鰅。웅 [옹]魚名고기 이름、옹(冬) 鰓 쌔 [새]魚類中骨아 가미、새(灰) 鰆 츈 [춘]馬鮫魚상 어、춘(眞)[日]

삼 치 鰙 [日]피 라미약 鰒 鯾 同 鯷 틔 [제]大鮎重千斤 메기、제(齊) 鰗 후 [호]河豚복、 호(虞) 鰑 양 [양]鮦也가물 치、양(陽) 鯶 鯇 同 [illegible]

듸 [제]大鯉큰잉 어、제(齊) 鰈。타 [탑]比目魚가자미、탑(合)[접]義同、 魚名出樂浪藩國넙치、접(葉) [illegible] [日]자가 사리비 [illegible] 鮦 同 鰋。연 [언]鯷類 額白메

기、언阮

鰚 [日]숭어선

鯸 후 [후]河豚복、후尤

𩸃 鮔同

鰒 박 [박]俗[복]魚名、似蛤有殼一面附石細孔或七或九一名石決明전복、복覺

鯽 지 [즉]似鯉色黑體促붕어、즉陌

鰊 련 [련]魚名고기이름、연回비웃霰

鰕 싸 [하]大鯢別名암코래、하水蟲長鬚새우、하鰕魚하어、하麻

鰂 져 [즉]烏賊魚口中有墨狀如算囊一名墨魚오징어、즉職

鯖 뙤 [타]魚子물고기새끼、타哿鰖同

⑩

鰨 타 [탑]比目魚가자미、탑合

鰝 한 [호]大鰕왕새우、호皓

鰜 견 [겸]比目魚가자미、겸鹽

鰞 우 [오]烏賊魚오징어、오虞

鰩 요 [요]文ㅣ魚鳥翼날치、鱏也홍어、요蕭

鰥 관 [환]無妻曰ㅣ홀아비、환大魚큰고기、환愁悒不寐目恒ㅣㅣ然如魚눈반반할、환刪矜同

鰣 씨 [시]美魚似魴多鯁준치、시支

⿰⿱虍魚攵 漁同

鮺 자 [자]藏魚젓담글、자馬

⿰魚叟 쑤 [수]人名사람의이름、수尤

⿰倝魚 깐 [한]魚名고기이름、한翰

⿰魚唐 당 [당]魠也자가사리、당陽

⿰魚豈 해 [해]雄蟹수게、해灰

鰭 치 [기]魚脊骨脊上鬣지느러미、기支

鰦 즈 [자]鯔也버들개지、자支

䲢 텅 [등]虎魚쐐기、등蒸

鰤 쓰 [사]鰕也새우、사支

鰯 [日]멜치、약

鰛 운 [온]小魚멜치、온刪

鰬 쳔 [건]大鱓뱀장어、건先

鰰 [日]은어、신

⑪

⿰魚規 궤 [규]河豚복、규支

鰹 견 [견]鱧大者큰가물치、견先海魚背蒼黑腹灰白色강고도리、견銑

鰿 져 [적]鮒也붕어、적紫貝자개、적陌

鰶 졔 [제]魚名전어、제霽

鱅 용 [용]似鰱而黑鱮也용어、용冬

鰾 뾰 [표]魚胞可作膠부레、표篠

⿰魚婁 랴 [루]鯉魚잉어、누尤

鱇 [日]꺽저기강

鱄 좐 [전]美魚전어、전先

鰵 민 [민]大口魚대구、민軫

鰺 쌰 [소]腥也비릴、소豪

鱁 쓔 [축]鹽魚腸ㅣ아감젓、축又창명젓、축屋

鱆 쟝 [장]望潮魚끌뚜기、장陽

鰷 됴 [조]魚名白ㅣ피라미、조蕭

鱈 [日]大口魚대구、설

鰻 만

[만] ㅣ鱺 뱀장어、만(寒)

[illegible] [日]파 라미이

鰼。 씨 [습] 鰼也 미꾸리、습(緝)

[illegible] 씬 [신] 魚尾長 꼬리긴생선、신(眞) 莘通 或作[illegible]

鰲。 鼇俗字

[illegible] 훼 [위] 魚有力 힘센고기、위(微)

鱀 찌 [기] 鰭屬 상어、기(未)

鰱。 련 [련] 鱮也 연어、연(先)

鰳 러 [륵] 似鰣小首細鱗 준치、늑(職)

十二

[illegible] 쪈 [잔] 魚名 멜치、잔(刪)

鱘 씬 [심] 魚名 背如龍 丈餘 고기이름、심(侵)

[illegible] 랖 [로] 魚名 고기이름、노(豪)

鱗。 린 [린] 魚甲 비늘、인 魚類 總稱 물고기、인(眞)

鱊 위 [율] 小魚大如針 晒乾爲脡 실뱅어、율(質)

[illegible] [日]고등어

鰖。 퉤 [타] 魚子已生者 물고기새끼、타(哿)

鱐 쓔 [수] 乾魚 腒ㅣ 어포、수(尤) 鱐同 [숙] 義同(屋)

[illegible] 魼同

鱍 뱕 [발] 魚掉尾貌ㅣㅣ 물고기꼬리툭툭칠、발(曷)

鱔 鱓同

鰎 옌 [건] 微鹽魚 얼간한생선、건(元)

鱉 鼈俗字

鱒。 쫀 [준] 似鯶赤眼 독너울、준(阮)(願)

鱓。 쎤 [선] 蛇ㅣ 似蛇黃黑文 두렁허리、선(銑) [타] 鼉ㅣ 皮可冒鼓 자라、타(歌) 鼉同

鱛 [日]메 대비증

鱖 궤 [궤] 婢魚 巨口細鱗斑彩 一名水豚 쏘가리、궤(霽) [궐](月) 義同

[illegible] 친 [침] 鹽藏魚 자반、침(侵)

鱏。 씬 [심] 長鼻魚 口在頷下 長七八尺 심어、심(侵)

鱎 쟈 [교] 白馬別名 돌잉어、교(篠)

十三

鱤 깐 [감] 魠也 자가사리、감(感)

[illegible] 예 [업] 魚盛 고기성할、업(葉)

鱝 뿐 [분] 洪魚 가오리、분(問)

[illegible] 옌 [엄] 魚口動貌ㅣ喁 고기 입쭝긋거릴、엄(琰)

鱧。 리 [례] 鮦也 가물치、예(薺)

鱦 씽 [승] 魚子 물고기새끼、승(徑)

鱨。 창 [상] 黃頰魚 날치、상(陽)

鱫 [日]해묵은연어、애

鱜 鱫同

鱣· 쪈 [전] 鯉類 黃魚 전어、전(先) 鱓同

鱶 이 [의] 魚子 고기새끼、의(支)

鱠。 膾同

[illegible] 푸 [보] 河豚 복、보(麌)

鱞 鰥同

鱢。 쏘 [소] 腥臭 비린내、소(豪)

鱟 헏 [후] 蟹屬 鬼ㅣ 바닷게、후(宥)

[illegible]。 찡 [경] 海中大魚ㅣ鯢 수고래、경(庚) 鯨同

鱡 鰂同

十四

鱪 착 [주] 魚之大者 큰고기、주(尤)

鱬 수 [유] 魚身人面 인어、

휴 (虞)

鱮 쒸 [서] 鰱也似魴 연어、서 (語)

鱭 鮆同

鱯 화 [화] 魚名似鮎 메기、화 (禡)

⿰魚賓 삔 [변] 魚名似魴 방어、변 (先)

鱐 쑤 [수] 白魚 뱅어、수 (有)

⑮

鱲 라 [렵] 魚名 고기 이름、엽 (葉)

鱵 연 [침] 針魚 공미리、침 (侵)

⿰魚黎 리 [리] 鰻也 뱀장어、이 (支)

鱴 며 [멸] 鮆魚 갈치、멸 (屑)

⿰魚節 졔 [절] 魚名 鼫鼠所化 망상어、절 (屑)

鱶 쌍 [상] 鯊魚之大 상어、상 [양] 鯗也 어포、양 (養)

⿰魚輩 鯌同

⑯

鱸 루 [로] 巨口細鱗似鱖四腮魚 出松江 농어、노 (虞)

⿰魚賴 獺同

⿰魚歷 리 [력] 魰也 자가사리、역 (錫)

鱷 鰐同

⑰

⿰魚薄 뻑 [박] 一目鯉 외눈박이 잉어、박 (藥)

⑱

⿰魚巂 씨 [휴] 大龜文似瑇瑁蠵ㅣ대모 점박인 큰 거북、휴 (齊)

鱹 꽌 [관] 人名鱹ㅣ 사람의 이름、관 (翰)

⑲

鱺 리 [리] 似蛇無鱗甲其氣辟蠹魚 뱀장어、이 (支) 鱧同

㉒

⿰魚蠡 鱧同

㉒

鱻 쎤 [선] 生肉 날고기、선 新魚 생선、선 (先) 鮮通

鳥部

鳥 됴 [조] 羽族總名 새、조 (篠)

①

鳦 이 [을] 燕也 玄ㅣ 제비、을 (質) [알] 義同 (黠)

②

鳨 리 [력] 小鳥 작은 오리、역 (職)

⿰七鳥 치 [칠] 鳥聲 새소리、칠 (質)

⿱九鳥 鳩同

鳫 鴈同

鳧 뿌 [부] 水鳥鷖屬 물오리、부 野ㅣ家鴨 背有文青色卑脚短喙 청둥이、부 (虞)

鳰 [日] 쥐오리 입

鳬 鳧同

鳩 쮜 [구] 鳥名鶻鵃鷹所化 비둘기、구 又鳩官名 五ㅣ 벼슬 이름、구 安也 편안히 할、구 聚也集也 모을、구 (尤)

鳪 뿌 [복] 雉也 꿩、복 (屋)

鳭 됴 [조] 黃鳥ㅣ鷯 꾀꼬리、조 (蕭)

③

鳶 원 [연] 鷙鳥鴟類 솔개、연 紙ㅣ 연、연 (先)

⿰凡鳥 鳳同

鳴 밍 [명] 鳥聲 새울、명 凡物出聲皆曰ㅣ 울、명 (庚)

⿰鳥大 때 [대] 鳥也 새、대 (齊)

鳳 뽕 [봉] 神鳥羽蟲長ㅣ 새、봉 又 봉황、봉 (送)

鳿 훙 [홍] 大鳳 큰새、홍 (東)

鳲 씌 [시] 布穀ㅣ鳩 뻐꾹새、시 (支)

⿰土鳥 뚜 [도] 杜

鶻접동새、도 虞 ⿰乞鳥 同鶻

四

鳿 위 [옥]似鴨而大鷖ㅣ독수리、옥 沃 鴈 얜 [안]隨陽鳥婚禮奠ㅣ取其信和不再偶기러기、안 諫 鳫 同鴈

鳼 원 [문]鶉子메추라기새끼、문 文 ⿰厷鳥 훙 [훙]雄鳥수새、훙 東 ⿱奞鳥 꾸 [격]姓也성、격 屋 鳳古字 鴃 同鴂 鴄 피 [필]鴨也집오리、필 質

鳸 후 [호]農桑候鳥九ㅣ오디새、호 鷃雀ㅣ鷃종달새、호 虞 扈通 ⿰毛鳥 만 [모]鳥輕毛솜털、모 號 鳭 쟌 [교]梟也올빼미、교 蕭 ⿰氏鳥 同鴟 鳷 으지 [지]鶄也까치、지 支

鴇 뽀 [보]似鴈無後趾毛有豹文너새、보 皓 鳵同 鴆 천 [짐]毒鳥食蛇其羽畫酒飲之卽死짐새、짐 沁 酖通 鴊 졍 [정]征鳥題肩매、정 庚

鴉 야 [아]烏別名갈까마귀、아 漆黑검을、아 麻 鵶同 ⿰鳥氏 지 [시]雉之別名꿩、시 支 鳻 윤 [분]青雀파랑새、분 文 鶞通 [번]大鳩빼꾹새、번 刪

鴂 꿰 [결]鴃ㅣ서쪽새、결子規접동새、결巧婦뱁새、결 屑 [격]蠻語伯勞ㅣ舌개고마리、격 錫 鵙同 鴀 우부 [부]鳺ㅣ오디새、부 尤 ⿰鳥丏 同⿰丏鳥 鴧 제

[개]雀也참새、개 卦 鳺 우부 [부]鳩也ㅣ鴒메비둘기、부 虞

五

⿰玄鳥 쎈 [현]燕也제비、현 先 鴚 꺼 [가]鵝也舒鴈거위、가 歌 鴕 퉈 [타]熱帶產大鳥타조、타 歌 駝同

⿰丕鳥 애 [비]鶥也징경새、비 支 鴛 웬 [원]匹鳥雄ㅣ雌鴦원앙새、원又징경새、원 元 鴦 앙 [앙]匹鳥鴛ㅣ원앙새、앙又징경새、앙 陽

鴟 츠 [치]惡鳥ㅣ鴞솔개、치角ㅣ수알치、치鵂鶹부엉이、치茅ㅣ말똥구리、치芋也蹲ㅣ토란、치跋扈ㅣ張마음대로날칠、치梟ㅣ올빼미、치 支 鴒 링 [령]雝渠鶺ㅣ飛行鳴相應以比兄弟할미새、령 青 鴫 [日]황새 鴥 위 [율]疾飛貌휙날、율 質 鴠 딴 [단]鶡ㅣ求旦似鷄晝夜常鳴尤美鳥할단새、단卵也알、단 翰

⿰宂鳥 쑹 [용]鸗飛새매날、용 宋 ⿰甘鳥 깐 [감]鳥聲새소리、감 勘 ⿰末鳥 머 [말]鴨也ㅣ鷗집오리、말 曷 鴣 꾸 [고]鷓ㅣ越鳥其鳴自呼云鉤輈格磔자고

새、고(虞) **⿱札鳥** 차 [찰]鳥之雜毛色새 잡털빛、찰(黠) **鴢** 약 [요]似鳧晃오리、요(篠) **鴘** 뼌 [변]二歲鷹묵이매、변(銑) **鴐** 쟈 [가]鴈屬ㅣ鵝들거위、가

(麻) **鴗**。리 [립]魚狗青似翠喙紅項下白食魚쇠새、입(緝) **⿰母鳥**• 鵡同 **⿰石鳥** 치 [척]鴟也할미새、척(青) **鴔** 뷥 [핍]戴勝ㅣ鴔오디새、핍(屋) 鵖同 **鵈**•。

雎同 **⿰由鳥** 우 [유]鼯鼠夷ㅣ나는다람쥐、유(尤) **鴝** 꾸 [구]ㅣ鵒似鴝有幘子욕새、구(虞) 鸜同 **鴨**•。야 [압]家鶩舒鳧晃집오리、압(洽) **鴂** 雉同 **鴩**

이 [일]勃鳩메비둘기、일(質) **鴞**• 쑈 [효]惡聲鳥鴟ㅣ솔개、효鶚鴞可爲羹올빼미、효(蕭)

● 六 ●

⿰羽鳥 후 [후]羽初生貌깃처음날、후(尤) **蔦** 鳶同 **鴰**。

꽈 [괄]九尾鳥鶬ㅣ왜가리、괄(曷) **⿰鳥戎** 쓩 [숭]似鷹而小捕雀새매、숭(東) **⿰鳥交** ⿰戎鳥同 **鵜**• 듸 [제]鵜也사다새、제(齊) **鴷** 려 [렬]啄木鳥딱다구리、열(屑)

⿰鳥旬 쉰 [순]鵻鷦뱁새、순(眞) **鴶** 까 [알]布穀ㅣ鳩뻐꾹새、알(黠) **鵄**• 츠 [치]鳶也솔개、치(支) **鴹** 쌍 [양]一足鳥⿰商鳥ㅣ舞則天下雨외발새、양(陽)

鴽• 슈 [여]鴾也집비둘기、여田鼠所化鴾母종달새、여鶉屬메추라기、여(魚) **鵅**。껴 [격]鵂鶹鵂ㅣ부엉이、격(陌) **⿰能鳥** [illegible]同 **鴲**。쯔 [지]雀聲참새소

리、지(寘) **⿰兆鳥** 쟌 [교]梟也올빼미、교(肴) **鳽**。졘 [견]鵁鶄교청새、견(先) **⿰年鳥** [日]따오기、연 **⿹𢦏鳥** 웬 [원]鳥名ㅣ鵲새이름、원(先) **鴻**•。훙 [홍]隨陽鳥

鴈之大者기러기、홍大也클、홍直馳ㅣ濛곧게달릴、홍ㅣ濛기운덩이、홍(董)澒同 **鴯**• 일 [이]玄鳥鴯ㅣ제비、이(支) **鴮** 우 [오]鵜鶘ㅣ鸅사다새、오(虞) **鴺**

이 [예]鼯鼠나는다람쥐、예(霽) **鵀**• 신 [임]戴勝別名戴ㅣ오디새、임(侵)(沁) **⿰老鳥** 랖 [로]鶴類鶖ㅣ두루미、노(皓) **⿹式鳥**。치 [직]水鳥물새、직(職)鷘通 **鴾**

뫄 [모]鴽也ㅣ母종달새、모(尤) **鴴** 싱 [행]雀也참새、행(庚) **鴱** 애 [애]雌桃蟲암뱁새、애(泰) **鵁**• 쟢 [교]睛交而孕ㅣ鶄似鳧晃교청새、교(肴) **⿰危鳥** 꽤

[계]子規鷶ㅣ접동새、계(紙)

䳏 꿰 [귀]子規鸈ㅣ접동새、귀(未)

鵂。쑤 [휴]怪鳥角鴟ㅣ鶹、부엉이、휴(尤)

䳨 황 [황]雀也 삼새、황(陽)

鵃 쭈 [주]斑鳩鶻ㅣ메비둘기、주(尤)

鴿。꺼 [합]鳩屬鵓ㅣ性喜合 집비둘기、합(合)

七

鵑。좐 [견]鳥名杜ㅣ蜀魂一名杜字一名子規 뻐꾹새、견又두견새、견又접동새、견花名杜ㅣ진달래、견(先)

鵙 쪄 [격]伯勞왜가리、격(錫)

鵖 랑 [량]鳩子비둘기새끼、낭(陽)

鵗 同鵋

鵋 찌 [기]鵂鶹鳥ㅣ鵋부엉이、기(寘)

鵔。同鵕

鵊 쟈 [겹]杜鵑접동새、겹(洽)

鵡 우 [무]能言鳥鸚ㅣ앵무새、무(麌)

鵒。위 [욕]似鴝入哥鵒ㅣ구욕새、욕(沃)

鳺 同鴝

鵐 同鴮

鵓 뿌 [발]鵓鴿也勃姑집비둘기、발(月)

鵞。同鵝

鵚 투 [독]禿頭鳥ㅣ鶖두루미、독(屋)

鵗 씨 [희]攻皮之工ㅣ雉가죽다루는장인、희北方雉名꿩、희(微)

鵝。어 [아]家所畜舒鴈善鳴峨首辟蛇蜮거위、아(歌)

鵕 쮠 [준]山雉似鳳장끼、준冠名ㅣ鸃관이름、준(震)

鵟 매 [일]새매판

鵠。꾸 [혹]天鵝黃ㅣ고니、혹 [곡]帿的과녁、곡 水鳥鴻ㅣ따오기、곡(沃)

鵘 쥔 [군]無尾雞꼬리없는닭、군(問)

鵟。광 [광]茅鴟부엉이、광(陽)

鵏 푸 [보]鴇也거위、부(虞)

鵜。티 [제]水鳥ㅣ鶘사다새、제(齊)

鵛 찡 [경]鳥名새이름、경(青)

鵌。투 [도]與鼠同穴쥐와함께사는새、도(虞)

鵖。예 [업]戴勝鴔ㅣ오디새、업(緝)

八

鶂。이 [역]水鳥相視而孕새이름、역鶂聲ㅣㅣ거위소리、역(錫) 鷁通 [예]義同(齊) 鶃同

鵹 리 [려]鸝也楚雀倉庚꾀꼬리、여(齊) 鸝通

䳘 쑤 [솔]家鳩집비둘기、솔(月)

鵺。예 [야]似雉鳥새이름、야(禡)

鶖 同鶖

鵧 뼝 [병]小黑鳥ㅣ鳩작고검은새、병(青)

鵳 쪤 [견]鶅屬鷂ㅣ새매、견(先)

鶀 치 [기]小鴈되강오리、기鶀也수알치、기(支)

鵼。쿵 [공]怪鳥새이름、공(東)

鵻。同隹

鶄。칭 [청]交睛而孕鶄ㅣ교청새、청(庚)

䳟 밍 [명]神鳥似鳳、鷶ㅣ초명새、

명 (庚) **鶆** 同䴘 **鶅** 쯔 [因] 東方雉名 쯩、치 (支) **鵰**。 됴 [조] 鷲也 翮可爲箭羽 수리、조 青ㅣ보라매、조 (蕭) **鶆** 래 [래] 鷹也 매、내 (灰) **鵲**・ 쟉 [작] 綠背白腹鳥 喜ㅣ乾ㅣ鵠ㅣ以音孚以視抱 까치、작 練ㅣ白毛如練 대까치、작 犬名 宋ㅣ개이름、작 人名 扁ㅣ사람의이름、작 (藥) **鶊**・ 껑 [경] 黃鳥鶬ㅣ 꾀꼬리、경 (庚) **鶌** 먼 [면] 鸎囀 꾀꼬리울、면 (先) **鶍** [日] 잣새 이 **鵽**。 쫘 [국] 布穀鳴鳩鵠ㅣ 뻐꾹새、국 (屋) **鵄**・ 同鵄 **鵩** 뿌 [복] 鵩屬 不祥鳥 올빼미、복 (屋) 服通 **鵫** 쫘 [착] 白雉 흰꿩、착 (覺) **鵵** 투 [토] 似鴟而小 木ㅣ 부엉이、토 (遇) **鶂** 同鷁 **鵯**・ 삐 [필] 鸒斯ㅣ鶋 갈까마귀、필 (質) **鵱**。 루 [륙] 野鵝 들거위、육 (屋) **鵪** 안 [암] 鴽也 메추라기、암 (覃) 鷂同 [압] 鴨古字 **鶋** 쥐 [거] 海鳥 鶢ㅣ 원거새、거 鸒斯鵯ㅣ 까마귀、거 (魚) **鵮** 칸 [감] 鳥啄物 쪼을、감 (感) **鶇**・ 둥 [동] 鳥名 새이름、동 (東) **鶌**。 쥐 [굴] 鶌鳩ㅣ鳩 메비둘기、굴 (物) **鶤** 쿤 [곤] 似鷄而大ㅣ鷄 고니、곤 (元) **鶉**。 츈 [순] 鶉ㅣ鴽也 메추라기、순 鶉衣懸ㅣ 옷해질、순 (眞) [단] 鵰也 수리、단 (寒) **鷻** 同鶉 **鵬** 평 [붕] 鯤魚所化 大ㅣ 붕새、붕 (蒸) **鵷**・ 웬 [원] 鳳屬ㅣ鶵 봉황、원 (元) **鵽**。 뒤 [탈] 沙漠所產小雀 사막새、탈 (曷)

⑨ **鶖**。 추 [추] 水鳥似鶴 扶老秃ㅣ 두루미、추 (尤) **鶜** 뫄 [모] 鳩也ㅣ鴟 비둘기、모 (肴) **鶟** 투 [돌] 似雉而青ㅣ 꿩갈고 푸른새、돌 (月) **鶝** 부 [복] 戴勝ㅣ鶝 오디새、복 (屋) **䳮** 머 [맥] 鳥驚視貌 새놀라 보는모양、맥 (陌) **鶘**・ 후 [호] 淘河鵜ㅣ 사다새、호 (虞) **鷤**。 同鶗 **鶩**・ 무 [목] 舒鳧 집오리、목 (屋) **鷉** 同鶗 **鶛** 예 [개] 雄鷄 수메추라기、개 (佳) **鶚**・ 어 [악] 鷙擊鳥雕鷲鶚屬 性好峙立 독수리、악 (藥) **鶗** 티 [제] 子規ㅣ鴃 접동새、제 (齊)(霽) **鶦** 후 [호] 似雉而青 鶦ㅣ 꿩갈고 푸른새、호 (虞) **鶪** 同鵙 **鶢**・ 웬 [원] 海鳥ㅣ鶋 바다새、원 (元) **鷎** 同鶡 **鶡**。 허 [할] 俗[갈] 似鷄善鬪ㅣ旦 새이름、할 (曷) [분] 青雀 파랑새、분 (文) 鳻同 **鶞**

凰同

鶥・ 메 [미] 鳥名鴲ㅣ왜가리、미(支)

鶪 메 [매] 誘取禽새후려잡을、매(灰)

鶠・ 연 [언] 鳳之別名봉새、언(阮)

鶟 쭁 [종] 鳥斂足새발오그릴、종(東)

鶔 쓔 [유] 如鵲短尾鶔ㅣ까치같고꼬리짧은새、유(尤)

鶒 치 [칙] 水鳥鸂ㅣ뜸부기、又물닭、칙(職)

鶓 먀 [묘] 鳥名鶓ㅣ새이름、묘(蕭)

鶉。 츈 [츈] 鳥名鶉ㅣ새이름、츈(眞)

鶝 뿌 [복] 戴勝鶝ㅣ오디새、복(屋)

鶏 츈 [순] 鷄晩生늦게깐닭、순(眞)

鶨 퇀 [단] 鳥名새이름、단(翰)

⊕十

鶹・ 릐 [류] 黃鳥鶹ㅣ꾀꼬리、유 角鴟鵂ㅣ부엉이、유(尤) 鷚同

鶭 꽁 [공] 鳥讓食새모이사양할、공(送)

鶱・ 쎤 [헌] 飛貌훨훨날、헌(元)

鶿 鷀同

鷉。 틔 [제] 似鳧鸊되강오리、又비오리、제(齊)

鶽 隼同

鶭 빵 [방] 淘河사다새、방(養)

鷂・ 얃 [요] 五色雉장끼、요(蕭) 隼也새매、요(嘯)

鷏 연 [진] 鷺也백로、진 羣飛貌떼로나를、진(眞)

鶼 면 [겸] 比翼鳥ㅣㅣ새이름、겸(鹽)

鷍 쟌 [교] 梟也올빼미、교(蕭)

鶴・ 허 [학] 仙禽似鵠학、학 又두루미、학 鳥肥澤ㅣㅣ새털흰치르르할、학 白也ㅣ髮흴、학(藥) 翯同

鶲 웡 [옹] 鳥頸毛새목털、옹 鳥名새이름、옹(東)

鶿・ ᄎᆞ [자] 鳥鬼鸕ㅣ더펄새、자(支)

鷄。 雞同

鷃 鴳同

鶮 꽈 [고] 邑名고을이름、고(豪)

鶺 쪄 [척] 鳥名鶺渠ㅣ鴒할미새、척(陌)

鶸 얘 [약] 鳥名새이름、약(藥)

鶬・ 창 [창] 水鳥ㅣ鴰왜가리、창 黃鳥ㅣ鶊꾀꼬리、창(陽) 倉通

鷇 싸 [살] 鳥飛疾새빨리날、살(黠)

鶵。 雛同

鷁・ 이 [익] 水鳥似鷺而大새이름、익 文ㅣ畫其象於船頭돛대끝바람개비、익(錫) 鶂鷊艗同

鶶 탕 [당] 鳥名ㅣ鷵새이름、당(陽)

鶯・ 잉 [앵] 黃鳥一名金衣公子꾀꼬리、앵(庚)

鶷 싸 [할] 百舌ㅣ鶷백설조、할(黠)

鷇 꾸 [구] 鳥子새새끼、구 鷄雛병아리、구 鳥子生哺曰ㅣ먹일、구(宥)

鷋 두 [도] 鳥名ㅣ鳩비둘기、도(虞)

鶾 한 [한] 丹鷄붉은닭、한 鷄肥貌살찐닭、한(翰)

鶻・ 꾸 [홀] 俗 [골] 鷹

屬ㅣ鵃매、골北夷種回ㅣ오랑캐、끌(月) **鷃** 라 [답]飛貌鶅ㅣ푸르륵날、답(合) **鷏**。뎐 [전]吐蚊鳥바람개비、전(先) **鷊**。이 [역]綬鳥名吐綬새이름、

역眞珠鷄진주닭、역(錫)鷁鷊鶂同 **鷅** 리 [률]黃鸝ㅣ鶹꾀꼬리、율(質) **鷛** 융 [옹]鷛鵛ㅣ鸂할미새、옹(冬) ⑪ **鷑** ᅀ지 [즙]小黑鳥ㅣ鳩작고검은새、

급(緝) **鷞**。쌍 [상]西方神鳥鷫ㅣ신조、상(陽)鸘同、鷹也ㅣ鳩매、상(養)爽通 **鷩** 민 [민]鷩也징경새、민(軫) **鷖**。이 [예]鷗也갈매기、예好浮ㅣ鷖수악새、

예鳳凰別名봉황새、예(齊) **鷂**。안 [암]鳥名ㅣ鶉메추라기、암(覃)鵪通 **鶞** 쫭 [좡]布穀鸀ㅣ뻐꾹새、좡(冬) **䳏** 귀 [규]杜鵑접동새、규(支) **嶲** 嶲同

𪇗 퍞 [퍞]鳥毛色變새털빛변할、퍞(篠) **鷟**。쟉 [작]鳳屬鸑ㅣ봉황새、작(覺) **鷸** 쌍 [상]一足鳥ㅣ鴹외발새、상(陽) **鷔** 鶇同 **鶞** 鶞同 **鷇**

쿠 [각]鳥卵새알、각(覺) **鷙**。지 [지]鳥獸猛勇억셀、지又날샐、지鷹鸇之類새매、지(寘) **鷗**。우 [구]鷖也似鴿而白羣飛갈매기、구(尤) **鷐** 천 [신]鷐

風새매、신(眞)晨同 **鷒** 돤 [단]如鵲短尾鸇ㅣ까치같고꼬리짧은새、단(寒) **鷕** 얀 [요]雌雉鳴聲암꿩우는소리、요(篠) **鷚**。릭 [류]大鷚종달새、유雉子꿩의새

끼、유(宥) **䳸**。매 [매]麻雀참새、매(佳) **鷇** 쿠 [구]鳥名ㅣ雉새이름、구(宥) **鷜** 뤄 [루]野鵝들거위、누(尤) **鷓**。져 [자]越雉ㅣ鴣隨陽鳥자고새、자(禡)

⑫ **鷢** 궤 [궐]似鷹白ㅣ징경이、궐(月) **鷩** 뼤 [별]赤雉붉은꿩、별(屑) **鷶** 매 [매]杜鵑접동새、매(蟹) **鷴**。쎈 [한]似雉白ㅣ한새、한(删)

鷥 쓰 [사]鳥名鷺ㅣ해오라기、사帶絲띠술、사(支) **鷭**。번 [번]鳥名새이름、번(元) **鷣**。인 [음]鷂之別名새매、음(侵) **鷵** 두 [도]鳥名鸕새이름、도(虞)

鷉 쓰 [사]鴉也鷽ㅣ鶨鶻갈까마귀、사(支) **鷻**。톤 [단]鵰也수리、단(寒)鳶別名솔개、단 **鷦** 쟌 [초]桃蟲ㅣ鷯뱁새、초南方神鳥ㅣ鵬신조、초(蕭) **鷲**。

쪽리、취又독수리、취(有) [추]俗[취]鵰類黑色多力수

鷷 쭌 [준]西方雉꿩、준(眞)(元)

鷰 연 [연]玄鳥제비、연角觝戲ㅣ濯씨름、연(霰)燕同

鷣 진 [침]魯鷄큰닭、침(侵)

鷤 탄 [단]雉子꿩새끼、단(寒) [제]子規ㅣ鴂접동새、제(齊)

鷧。 이 [의]鸕鷀더펄새、의(寘)

鷩 鷩同

鷳 鷳同

鵨 쒸 [서]似鳧ㅣ鴈거위、서(魚)本作舒

鷬 황 [황]黃鳥꾀꼬리、황(陽)

鷮。 쟌 [교]長尾雉꿩、교(蕭)

鷸 위 [휼]知雨翠鳥翠ㅣ비취새、휼相持勢蚌ㅣ맛버틸、휼疾飛貌ㅣ如훌적날、휼涉水鳥황새、휼(質)

鷫。 쑤 [숙]神鳥ㅣ鷞신조、숙(屋)

鷡 우 [무]鴽也종달새、무(虞)

鷯 럎 [료]桃蟲在葦小鳥鷦ㅣ뱁새、요(蕭)

[illegible] 鶀同

鷺。 루 [로]水鳥白ㅣ백로、노又해오라기、노朱ㅣ따오기、노(遇)

鷍 깐 [교]小鳩ㅣ鵃작은비둘기、교(豪)

鸈 취 [거]鶺鴒鸈ㅣ할미새、거(魚)

[illegible] 떵 [등]ㅣ鷄뜸부기、등(蒸)

鶹 鷚同

(十三)

鷹。 응 [응]鷙鳥强如類者征鳥題肩爽鷙而善捕雉鳩角ㅣ매、응(蒸)

鷿。 피 [벽]似鳧ㅣ鷈되강오리、벽(陌)

鸀 츄 [촉]山鳥산까마귀、촉(沃)

鷺 鷺同

[illegible] 츄 [서]白鷺鶿ㅣ백로、서(魚)

鸃。 이 [의]鳳屬鵔ㅣ봉황새、의冠名관이름、의(支)

鸗 눙 [농]鴻也기러기、농(冬)

鸉 양 [양]似鷹白鷹매같고꼬리흰새、양(陽)

鸇。 잔 [전]鷙鳥晨風鷂屬새매、전(先)

[illegible] 同

[illegible] 자 [가]鷹也매、가(馬)

鷾 이 [의]燕也제비、의(寘)

鸁 뤄 [라]鸊鷈되강오리、나(歌)

鸅。 쪄 [택]淘河ㅣ鸆사다새、택(陌)

鸆 위 [우]淘河鸅ㅣ사다새、우(虞)

鷙 지 [격]鳥名새이름、격(錫)

鶡 꺼 [갈]百舌鸜ㅣ백설조、갈(曷)

[illegible] 란 [람]郭公ㅣ鸜뻐꾹새、남(覃)

鸒。 쒀 [학]小鳩발의새、학山鵲산까치、학(覺)

鸂 씨 [계]水鳥ㅣ鶒뜸부기、계(齊)

[illegible] 꿰 [규]子規접동새、규(支)

(十四)

鸑。 위 [악]鳳屬神鳥ㅣ鷟봉새、악(覺)

鸍 쓰 [시]鸍鳥짐새、시(支)

鸋 냥 [녕]鴂梟ㅣ鴃부엉이、영鴛子종달

새새끼、영(靑)、

鸒。위[여]鳥也小而多羣腹下白 갈까마귀、여(魚)(御)鸒通

鸏。맹[몽]鳥名狂ㅣ鳥 새이름、몽(送)

⿰壽鳥 착[주]南方雉也 꿩、주(尤)

鸎 鶯同

鸐 同翟

(十五) ⿰截鳥 제[절]小鷄 닭、절(屑)

鸔。뿌[복]水鳥鳥ㅣ 물새、복(屋)

⿰蔑鳥 메[멸]⿰蔑鳥鷯 뱁새、멸(屑)

⿰巤鳥 라[랍]飛起貌ㅣ鷚 파뜩파뜩날、납(合)

鷚 라[류]鴨也 집오리、유(尤)

鸓 레[류]鼺鼠 나는다람쥐、유(紙)

(十六) 鸕。루[로]水鳥ㅣ鷀 더펄새、노(虞)

鸗 룽[롱]鳧屬小鴨 새、농(董)

⿰霍鳥 同鸛

(十七) 鸚。잉[앵]南越能言鳥ㅣ鵡 앵무새、앵(庚)

鸘 同鷞

鸙 위[약]鷚也天ㅣ 종달새、약(藥)

(十八) 鸛。관[관]水鳥似鵠 황새、관(翰)

鸜 同鴝

(十九) 鸞。란[란]神鳥鳳凰之佐 난새、난ㅣ鈴 임금타시는 수레방울、난ㅣ刀 칼방울、난(寒) 鑾通

鸝。리[리]黃鳥倉庚 꾀꼬리、이(支)[려]義同(齊)

(二十二) ⿰疊鳥 데[접]鳥名兩頭四足 새이름、접(葉)

(二十五) ⿰蠻鳥 만[만]比翼鳥ㅣㅣ與鶼鶼義同 새이름、만(刪)

鹵部

鹵。루[로]西方鹽地 염전、노輕脫苟且ㅣ莽 거칠、노地不生物斥ㅣ 황무지、노天子儀衛ㅣ簿 거동、노ㅣ掠 훔칠、노(麌) 櫓鑪通

(四) 鹶 영[긍]鹹苦滷ㅣ 짜고쓸、긍(蒸)

⿰鹵亢 캉[강]鹽澤 염전、강(養)

(五) 鹷 링[령]鹽也 소금、영(靑)

⿰鹵占。탄[담]鹹也 짤、담(陷)

(七) ⿰鹵肖 쌴[소]煎鹽 소금구울、소(蕭)

(八) ⿰鹵炎 딴[담]無味 싱거울、담(勘)

⿰土⿱鹵皿 同鹽

⿰鹵召 깐[감]鹹味 짠맛、감(陷)

(九) ⿰鹵甚 깐[감]鹹也 짤、감(勘)

鹹。쎈[함]鹽味 짤、함(咸) 俗醎非

(十) 盬 꾸[고]鹽也 소금、고(麌) ⿱鹵皿通

⿰鹵⿱昷皿 운[온]鹽也 소금、온(元)

鹻 얜[감]鹵之凝著者 소금버케、감(豏)

鹺。취[차]大鹹鹽味之厚 몹시짤、차(歌)

⿰鹵鬼 의[홰]鹽也 소금、홰(佳)

(十二) ⿰鹵喬 쥐[궐]醬也 장、궐(質)

(十三) 鹼。첸[검]鹽分 소금물、검 灰濾水 잿물、

검汚垢洗料 비누、검(鹽) 鹽。엔[염]煮海爲ㅣ소금、염俗作塩、ㅣ魚자반、염元素의一、黃褐色의劇臭이있는氣體、鹽素、酸類와金屬을結合하여成한物質(鹽)

鹽同 鹹 깐[감]過鹹몹시짤、감(感) ⑭ 鹺 鹺同

鹿部

鹿。루[록]麞屬仙獸사슴、녹積穀所圓曰囷方曰ㅣ모진곳집、녹小車ㅣㅣ작은수레、녹酒器술그릇、녹ㅣㅣ녹록할、녹錄碌通、劍名獨ㅣ

(屋)麓通 ② 麀 우[우]牝鹿암사슴、우(尤) 麂。지[궤]大麞狗足似鹿큰고라니、궤(紙) 麄 麤俗字 ③ 麆 쓰[사]鹿二歲두살된사

슴、사(紙) ④ 麂 삐[비]小鹿작은사슴、비(支) 麈 차[찰]鹿貌사슴、찰(曷) 麃。빠[표]武貌ㅣㅣ위엄스러울、표(蕭)[포]麞屬노루、포(肴) 麅同 麌

오[오]麌子고라니새끼、오(皓) ⑤ 麆 쥬[조]麞子노루새끼、조(御) 小兒어린아이、조(魚) 麇。쿤[균]麞也노루、균地名땅이름、균(眞) 麕麏同[균]

義同、羣也무리、균(文)束縛묶을、균(吻) 麚 야[가]牡鹿수사슴、가(麻) 麕同 麈。쥬[주]麋屬尾能辟塵사슴、주(麌) 麇 뺀[본]牝鹿암사슴、본(阮) 麞

麃同 ⑥ 麋。메[미]鹿屬似水牛고라니、미水草之交물가、미(支) 麎 인[인]牝鹿암사슴、인(眞) 麛 미[미]縣名ㅣ令고을이름、미(支) 麟 린

[린]麒麟기린、인(眞) 麖 옌[견]鹿之絕有力者힘센사슴、견(先) ⑦ 麎。천[신]牝麋암코라니、신(眞) 麌 위[어]驢也노새、어(魚) 麏 옌[균]鹿屬고

라니、균(眞) 麕同 麂。지[궤]大麕큰노루、궤(紙) 麐 麟同 麌 위[우]牡鹿수사슴、우羣聚貌ㅣㅣ사슴떼우물우물할、우(麌) 麟 騋同 ⑧

麓。루[록]山足산기슭、녹又산밑、녹守山林吏산감、녹又산지키는관리、녹(屋) 麤 추[추]小鹿작은사슴、추(虞) 麑。니[예]鹿子사슴새끼、예獸

名狻ㅣ사자、예(齊)猊通 麒。치 [기]仁獸ㅣ麟麕身牛尾一角牡曰ㅣ기린、기(支) 麖。엉징 [경]大鹿牛尾一角큰사슴、경(庚)麠同 麗。리 [려]美也고울、여華

也빛날、여附也걸릴、여施也베풀、여偶數짝、여高樓ㅣ譙문루、이(齊) [리]附著부딪칠、이國名高句ㅣ、高ㅣ나라이름、이(支) 麔 엑구 [구]牡麋수코라니、구(有)

麕。麏同 ⿸鹿隹 엑계 [주]鹿一歲한살된사슴、추(支) (九) 麙 연 [암]山羊大而細角염소、암(咸) 麘 향 [향]麝香鹿사향사슴、향(陽) 麛。미

[미]獸初生새끼、미(支)鹿子사슴새끼、미(齊) 麚 麛同 (十) 麜 리 [률]牝麕암노루、율(質) 麝。써 [사]似麜臍香사향노루、사(禡) (十一)

⿸鹿速 쑤 [석]鹿跡사슴발자국、석(屋) 麞 獐同 (十二) ⿸鹿菐 푸 [복]鹿相隨사슴서로따를、복(屋) 麟。린 [린]仁獸毛蟲長기린、인(眞) (十三)

⿸鹿彔 루 [록]獸名似鹿長尾一角五色光澤짐승이름、녹(屋) 麠 麖同 ⿸鹿零 麢同 (十七) 麢 羚同 (廿二) 麤。추 [추]大也클、추(虞)粗觕通

麥部

麥。머 [맥]五穀之一有芒穀來麰秋種夏熟보리、맥蕎ㅣ모밀、맥草名燕ㅣ돌귀리、맥瞿ㅣ귀리、맥(陌) 麦 麥俗字 (三) ⿺麥弋

이 [익]麥殼破碎者보릿겨、익(職) ⿺麥乇 뤄 [탁]餠也떡、탁(藥) 麧。히 [흘]糏也磨麥糖ㅣ보리싸라기、흘(月) ⿺麥亡 망 [망]麥芒보리꺼럭、망(陽)芒俗字 (四)

麨。찬 [초]糗也蒸麥成屑찐보릿가루、초(篠) ⿺麥夬 蘖同 麩。얘 [부]小麥屑皮밀기울、부(虞) 麪。멘 [면]麥末밀가루、면溫飩국수、면(霰) (五)

麮。취 [거]麥甘粥보리뜨물죽、거煮麥飯보리밥、거(語) 麭。퐈 [보]餌也경단、보麪ㅣ면보、보(效) ⿺麥穴 휘 [활]麴也누룩、활(黠) ⿺麥占 데 [첩]黏粟차조、

첩(葉) ⿺麥末 머 [말]麪也又米屑밀가루、말(曷) ⿺麥巨 거 [거]蜜餌과자、거(語) 麬 麩同 (六) ⿺麥并 병 [병]麥餅보리떡、병(梗) 麰。뫄 [모]大麥五

穀之長보리、모(尤) 麰同 牟通

麯. 麴同

七

麳. 라[라]粟粥조죽、나(箇)

麲 훈[혼]麥麴보리누룩、혼(元)

䴸。션[한]麥粉보릿가루、한(諫)

麮 연[견]麥藁보릿짚、견(先)

䴬 여[야]龍麥皮麩ㅣ밀기울、야(禡)

䴡 리[리]麥酒보리술、이(支)

䴛。솨[솨]麥粉보릿가루、솨(箇)

八

䴺 뷰[부]小麥粉餅밀가루떡、부(有)

䵅 도[도]麥餅보리떡、도(豪)

䴽 삐[비]麴也누룩、비(支)

麳 래[래]小麥밀、내(灰) 來通

麴。취[국]酒母ㅣ麴누룩、국酒也술、국花名ㅣ塵꽃이름、국(屋) 麯同

䴵. 䴵同

䴷。훈[혼]粒麥쌀보리、혼(元)

九

䵂 찬[초]麨也볶은보릿가루、초(篠)

麰 䴵同

麵. 麪俗字

十

麶 원[온]麴也누룩、온(問)

䴹 시[설]舂餘무거리、설(屑)

十一

䵁 장[장]麥腐보리썩을、장(漾)

麳。련[련]新麥之餅햇보리떡、연(銑)

䴱。듸[적]小麥粉밀가루、적(錫)

䴲 뫽[막]龍麥皮ㅣ밀기울、막(藥)

十二

䵀 싼[선]新麥餅햇보리떡、선(銑)

䵃 꽝[광]大麥보리、광麥麩밀기울、광(梗)

十四

䵄。취[거]麥小者잔보리、거(魚)

十五

䵆 꽝[광]皮厚麥껍질두터운보리、광(梗)

十七

䵇 예[얼]麥蘖보리움、얼(屑)

十八

䵈。뿡[풍]熬麥볶은보리、풍(東)

麻部

麻。마[마]枲屬삼、마勅書綸命임금의말씀、마胡ㅣ깨、마(麻)

三

麽 머[마]微也細瑣么ㅣ잘、마何也어찌、마(歌)(哿) 麿同

麂 사[삭]治病병고칠、삭(藥)

麼. 麽同

四

䴿 뮨[분]散也흩을、분(吻)

麾。휘[휘]大將旗대장기、휘指揮지휘할、휘指招손짓하여부를、휘(支) 戲撝通

五

䵉。훼[휘]旗也기、휘(支)

麻本 본[본]麻桿삼대、본(阮)

䵊 꾸[구]麻也삼、구(有)

六

䵋 마[마]捨也버릴、마(哿)

七

麿。[日]자네、여 又그냥반여 ⑧ ⿸麻森 미[미]深也깊을、미紙 黀。적[추]麻莖삼줄기、추聚麻 蒸 삼묶어쩔、추尤 ⿸麻臾 석[수]聚麻삼단、수麻莖삼줄기、수尤 ⑨ ⿸麻香 반[난]人名郭ㅣ사람의이름、난翰 ⑩ ⿸麻火 미[미]熟也익을、미爛也물크러질、미支 糜通 ⿸麻胥 同麽 ⑪ ⿸麻黍 미[미]穄別名、피、미支 ⑫ ⿸麻賁。분[분]枲實삼씨、분文

十二畫

黃部

黃。황[황]五色之一中央色누를、황ㅣ耇늙은이、황小兒之稱어린아이、황陽 ④ ⿰黃亢 강[강]黃色누른빛、강漾 ⿰黃屯 同䵩

黅。진[금]黃色누른빛、금侵 ⿰冊黃 딴[단]黃色누른빛、단寒 黆 꽝[광]武勇貌ㅣㅣ위엄스러울、광陽 ⑤ 黈 투[주]黃也누를、주演也느릴、주旁纊귀막이솜、주有 ⑥ ⿰黃舌 텐[천]黃白色누르고흰빛、천先 ⿰黃有 이위[위]黃色누른빛、위紙 黊。씨[규]鮮明黃곱게누를、규齊 ⿰黃充同 ⿰黃充 충[충]塞耳掩聽ㅣ纊귀막을、충東 ⑦ ⿰黃夾。셴[협]赤黃주황빛、험鹽 ⑧ ⿰黃昔 취[작]皮淡黃色껍질누를、작藥 ⿰黃定 덴[정]濃黃色노란빛、정鹽 ⿰享黃 툰[돈]黃色누른빛、돈元 ⑨ ⿰黃頁 윈[운]面黃色얼굴누럴、운吻 ⿰黃耑。퇀[단]黃黑色거낭빛、단寒 ⑩ ⿱殼黃 황[황]卯中黃알의노른자、황陽 ⿰黃員。윈[운]黃色누른빛、운吻 ⿰華黃 황[황]煇也빛날、황陽 ⑫ 黌 형[횡]學舍글방、횡又학교、횡庚

黍部

黍。쓔[서]禾屬粘爲秫不粘爲ㅣ기장、서又메기장、서語 ③ ⿰黍刃 늬[닐]黏也차질、일質 黎。리[려]衆也ㅣ民무리、여黑

也검을、여天欲曙ㅣ明동틀、여(齊)黧邌通 ④ **⿰黍丑** 우 [유]黏也차질、유(有) **⿰黍互** 후 [호]糊也풀、호(遇) **⿰黍日**。 닉 [닐]黏著붙을、일(質) ⑤ **⿰黍尼** 닉 [제]黏也차질、제(齊) **⿰黍包** 팦 [표]黍皷皮기장된장웃거덕、표(效) **黏**。 녬 [점]ㅣ土차질、점相著붙일、점糊也풀、점(鹽)粘同 **⿰黍必** 삐 [필]香也향내날、필(質) ⑥ **⿰黍多** 나 [나]黏着꼭붙을、나(馬) **⿰黍朱**。 주 [주]黏也차질、주(虞) ⑧ **⿰黍居** 쥐 [거]黍也기장、거(御) **⿰黍卷** 좐 [권]廣也넓을、권(阮) **⿰黍卑** 삐 [비]稗也피、비(支) ⑨ **⿰黍畐**。 븍 [복]治黍禾豆下潰葉떡잎제칠、복(屋) **⿰黍⿱占心** 녬 [점]心有所著마음붙일、점(鹽) ⑩ **黐**。 리 [리]所以黏鳥끈끈이、이又새잡는풀、이(支) **⿰黍舀**。 탄 [도]蜀黍옥수수、도(晧) **⿰黍兼** 렴 [렴]黍之疎기장성길、렴(鹽) ⑪ **⿰黍啇**。 듹 [적]糊也풀、적(錫) **⿰黍麻** 머 [마]黏黍찰기장、마(麻) **⿸麻黍** 糜同 ⑯ **⿰黍龍**。 롱 [롱]黏也차질、농(董) **⿰黍遺** 이 [의]黏也차질、의(支)

黑部

黑。 희 [흑]五色之一北方陰色검을、흑是非ㅣ白그를、흑暗黑캄캄할、흑黶黑也ㅣ子검은사마귀、흑歐羅巴國名나라이름、흑(職)

① **⿰黑乚** 야 [알]深黑色ㅣ昧어두울、알(黠) ③ **⿰黑大** 대 [대]墨痕흔적、대(泰) **黓**。 이 [익]黑色검을、익(職)弋通 **⿰黑乇** 두 [도]深黑새캄할、도(遇) **⿰黑勺**。 듹 [적]以丹注面玄ㅣ연지찍을、적(錫) **⿰黑干** 皯同 ④ **⿰黑乂** 미 [멱]刑也極ㅣ형벌할、멱(錫) **默**。 머 [묵]不語恭ㅣ잠잠할、묵靜也조용할、묵淵ㅣ침잠할、묵(職)嘿同墨通 **黔**。 친 [검]黎也ㅣ首검을、검黑也검어질、검地名땅이름、검貴州省의別稱(鹽) [금]神名ㅣ嬴ㅣ雷귀신이름、금(侵) **⿰黑予** 슈 [서]黑也검을、서(語) **黖** 캉 [항]冥也ㅣ黚어두울、항(漾) **⿰黑太** 태 [태]甚黑몹시검을、태(泰) **黗** 툰 [돈]濁也흐릴、돈(阮) **黕** 땀 [담]滓垢黑貌때낄、담(感) ⑤ **黜**。

츄[출]貶ㅣ내리칠、출擯斥물리칠、출(質)出同

點。뎜[점]黊也검은점、점ㅣ畫점찍을、점缺ㅣ흉볼 점ㅣ檢상고할、점件數수효、점雨ㅣ방울、점ㅣ頭고개끄덕일、점ㅣ火불결、점指ㅣ가리킬、점(琰)

[黑+未] 메[매]淺黑色엷게검을、매(隊)

黈 쥬[주]點也점찍을、주(麌)

[黑+旦]。따[달]白而有黑회색빛、달(曷)

黚 깐[겸]淺黃黑검을、겸(鹽)

黝。우[유]青黑色검푸를、유特出貌ㅣ糾우뚝할、유用黑飾地검은칠할、유(有)

黛。대[대]畫眉눈섭그릴、대似空青而色深青ㅣ새파랄、대(隊)

六

[黑+夅] 뱡[방]黑色검을、방(江)

黠。싸[할]慧也약을、할惡才컴컴할、할姦也간사할、할(黠)

[黑+戴] 재[재]黑染검은물、재(隊)

[黑+色] 위[울]深也깊을、울黑也검을、울(物)

黟。이[이]黑也검을、이丹陽黟縣名고을이름、이(支)

[黑+干] 사[사]汗垢때、사(馬)

[黑+灰] 휘[회]淡黑色회색빛、회(灰)

七

[黑+夋] 만[맘]暗也캄캄할、맘(豏)

[利+黑] 리[례]斑也얼룩질、예(齊)

黣。메[매]面黑氣얼굴검을、매(賄)

[黑+寽] 라[랄]黑也검을、날(曷)

[黑+肖] 챂[초]面點ㅣ[黑+肖]죽은깨、초(嘯)

[黑+見]。젼[견]濡墨而磨먹갈、견(霰)

八

[黑+沓] 타[답]猥茸貌ㅣ佁왈패、답(合)

[黑+妾] 쳐[첩]緣壞실엉킬、첩(葉)

[黑+夾]。래[래]赤黑검붉을、내(灰)

[黑+享] 툰[돈]不幹事ㅣ[黑+昆]일간섭아니할、돈(願)

黨。당[당]朋也輩也무리、당偏也편벽될、당比也견줄、당頻也자주、당所也곳、당知也알、당五百家稱마을、당鄉里고향、당親戚일가、당(養)儻同

黅 진[금]淺黃누렬、금(侵)

[黑+炎] 딴[담]黑雲검은구름、담(感)

黤。안[암]青黑검푸를、암(豏)

黧。리[리]黑也검을、이(支)[려]義同(齊)

[黑+昆] 훈[혼]純黑새까말、혼忘失잊을、혼(願)

[黑+知] 찌[치]草書勢ㅣ黈초서쓸、치(紙)

[黑+奔] 뿐[분]淡黑엷게검을、본(元)

黥。칭[경]墨刑在面자자할、경(庚)

黦。위[울]黑有文얼룩질、울(物)

九

黭 안[암]猝至貌ㅣ然왈칵、암黑色검은빛、암(感)

[黑+南] 난

[남]字畫之點점、남(琰) 黰 메 [매]陰氣著衣生斑沫 黴ㅣ곰팡이、매(灰) ⿰黑屋 위 [옥]黝也자자할、옥(屋) ⿰黑曷 예 [알]色變두색할、알(月) 黮。썬 [심]黑

也黯ㅣ검을、심雲黑黯ㅣ검은구름、심(感) [심]桑實오디、심(寢) 葚同 [담]不明ㅣ闇어둠침침할、담(勘) ⿰黑戠。안 [암]釜底黑솥밑에붙은거멍、암(感) ⿰黑枼。데 [접]黔首卽

民백성、접(葉) ⿰黑昜 양 [양]赤黑검붉을、양(漾) ⿰黑垔 인 [은]黑也검을、은(文) 黯。안 [암]深黑色시꺼멀、암傷別貌ㅣ然아득할、암(豏) (十) ⿰黑孚 우

[욕]垢黑때묻을、욕(沃) 黰 鬒黰同 ⿰黑兹 츠 [지]濃黑色새캄할、지(支) ⿰黑冥 미 [멱]草木叢茸초목떨기、멱(錫) 黱。同 黛 (十一) ⿰黑庸 충 [종]黑

穴어두운구멍、종(腫) 黴。메 [미]物中久雨青黑곰팡이、미ㅣ菌곰、미梅毒담、미面垢黑낯에때낄、미(支) ⿰黑鹿 루 [록]垢之黑着검게때묻을、녹(屋) 黲。

찬 [참]物將敗色두색할、참淺青色검파루족족할、참(感) 黳。이 [예]小黑子주근깨、예(齊) (十二) ⿰黑隊 뒤 [대]雲之黲黩구름뜰、대(隊) ⿰黑喜 시 [극]赤黑검

붉을、극(職) ⿰黑曾 쩡 [증]面黑氣奸ㅣ얼굴에검은진앉을、증(徑) ⿰黑雲 얀 [암]雲暗구름어두울、암(豏) ⿰黑業。부 [복]淺黑엷게검을、복(屋) ⿰黑惠。머 [말]淺黑엷

게검을、말(黠) ⿰黑最 촤 [찰]黑也검을、찰(曷) ⿰黑登。청 [징]米黑壞쌀썩어검을、징(徑) (十三) ⿰黑歲 화 [활]黑色검은빛、활(曷) ⿰黑喿。찬 [조]麻苦雨生壞장마

에삼주저앉을、조(蕭) ⿰黑箴 진 [금]黃黑色검고누른빛、금(侵) ⿰黑黽 잉 [잉]面黑子검은사마귀、잉(徑) ⿰黑詹。짠 [점]黑汚검은칠할、점(琰) ⿰黑會 홰 [홰]淺黑엷

게검을、홰(卦) ⿰黑僉 젠 [검]黑也검을、검(琰) (十四) ⿰黑臺 대 [대]黑也검을、대(灰) 黶。얨 [염]黑子검은사마귀、염 [암]黑痕검은점、암(豏) (十五) ⿰黑韱

깐 [감]面黑얼굴검을、감(感) 黷。두 [독]濁也汚也더러울、독頻ㅣ자주、독蒙也무릅쓸、독黑也黲ㅣ검을、독狎也媟也친압할、독(屋) 瀆通 (十六) ⿰黑黨 덩

十二畫 黑

[등]淡黑엷게검을、등(蒸)⿰黑歷리[력]黑色검은빛、력(錫)黸。루[로]黑甚새까말、노(盧)⑰⿰黑毚。산[삼]削去誤字글자지울、삼(咸)⿰黑襄。양[양]黑也검을、양(養)

黹部

黹。치[치]縫紩衣바느질할、치又바느질、치(紙)⑤黻。부[불]裳繡黑青相次文狀如兩己相背보불、불又예복이름、불韋韠以蔽膝슬갑、芾同불(物)⑦黼。부[보]裳繡斧形黑白爲文ㅣ黻보불、보又예복이름、보(麌)⑨⿰黹扁변[변]履底신바닥、변(銑)⑫⿰黹虘。추[초]合五采鮮明色ㅣㅣ오색빛、초(語)楚通

十三畫

黽部

黽。민[맹]鼃黽似青蛙而腹大맹꽁이、맹楚地ㅣ隘땅이름、맹(梗)[민]ㅣ勉힘쓸、민(軫)僶同[면]弘農郡名ㅣ池땅이름、면(今澠池縣)(銑)④黿원[원]介蟲之元似鼈而大以鼈爲雌큰자라、원(元)⑤鼀충[축]蟾也두꺼비、축(屋)鼂。찬[조]美王ㅣ采고운옥、조蟲名匽ㅣ벌레이름、조姓也성、조朝也아침、조(蕭)晁同⿱央黽앙[앙]龜也거북、앙(陽)鼁취[구]蟾蠩ㅣ䵷두꺼비、구(有)⑥䵷。와[와]鼃同、蛙古字、淫聲음란할、와(麻)鼄蛛同鼃와[왜]蝦蟇맹꽁이、왜(佳)蛙同[와]義同(麻)䵷同⿱去黽鼁同⑧鼅蜘同⑨⿱秋黽추[추]蟾也두꺼비、추(尤)⿰酉黽。착[추]蟾蠩鼀ㅣ두꺼비、추(尤)⿰曷黽커[갈]蛙聲개구리소리、갈(曷)⑩鼆멍[맹]邑名句ㅣ고을이름、맹(庚)⑪鼇。오[오]大鼈背負三神山큰자라、

오(豪) 鰲同 鼅 [illegible]同 ⊕十二 鼉 뒤[타]水蟲類魚有足似鼉而長甲如鎧皮堅可冒鼓 악어、타(歌) 鼈。 베[별]介蟲龜屬眼聽 자라、별(屑) 鱉同 ⊕十三 鼊。 벡[벽]似龜而漫胡無指爪甲有珠文如瑇瑁 거북、벽(錫) ⊕十四 [illegible] 시[시]蟾也 두꺼비、시(支)

鼎部

鼎。 띵[정]烹飪器三足兩耳 솥、정新也 새로울、정三向合之形容詞 섯이모일、정大舒貌 ㅣㅣ 늘어질、정卦名巽下離上 괘이름、정(迥) 鼎 鼎俗字 ⊕二 鼏 미[멱]鼎蓋 솥뚜껑、멱(錫) 鼐。 내[내]大鼎 큰솥、내(賄)(隊) ⊕三 鼒 채[자]小鼎 옹솥、자(支) [재]義同(灰) ⊕十一 [illegible] 장[상] 지질、상(陽)

鼓部

鼓。 꾸[고]樂器革音 북、고量器斛別名 휘、고牽牛星河ㅣ 별이름、고(麌) 鼓 꾸[고]擊也鳴也 두드릴、고又 울릴、고動盪之振作之 고동할、고扇火動槖ㅣ鑄 풀무、고撫也 어루만질、고(麌) ⊕一 鼓。字 鼓俗 ⊕三 [illegible] 지[격]鼓聲 북소리、격(錫) ⊕五 [illegible] 차[칩]打鼓邊 북변죽칠、칩(合) 鼕。 둥[동]鼓聲ㅣㅣ 북소리、동(冬) [illegible] 펑[팽]石聲 돌소리、팽(梗) [illegible] 뿌[부]軍聲喧 떠들석할、부(虞) ⊕六 鼖。 뷴[분]大鼓 큰북、분(文) [illegible] 타[답]鼓聲 북소리、답(合) 鼗。 鞉同 [illegible] 춍[충]鼓聲 북소리、충(東) [illegible]。 타[답]鼓聲 북소리、답(合) ⊕七 [illegible] 둥[동]鼓聲 북소리、동(東) ⊕八 鼛 깐[고]役事車鼓 큰북、고(豪) 皐通 [illegible] 따[답]鼓聲雜沓 북소리 시끄러울、답(合) 鼙。 피[비]騎鼓 마상북、비(齊) [illegible] 쿵[공]不堅ㅣ然 튼튼하지 못할、공(東) 鼘。 인[연]鼓聲 북소리、연(先) ⊕九 [illegible] 치[칩]鼓不鳴 북소리 아니날、칩(葉) ⊕十 鼜。 치[척]軍旅守夜鼓 순경북、척(錫) ⊕十一 鼞 탕[당]鼓聲 북소리、당(陽) ⊕十二 [illegible]。 룽[륭]鼓音 북소리、륭(東) 鼟 텅[등]鼓聲ㅣㅣ 북소리、등(蒸) ⊕十六 [illegible] 룽[롱]鼓

寬聲북소리 녹을、용(冬)

鼠部

鼠 쒸 [서] 穴蟲似獸善盜쥐、서 持兩端首ㅣ풀무디딤할、서 賊也ㅣ賊좀도둑、서 朧西山名鳥ㅣ산이름、서(語)

三

⿰鼠勺 뺘 [표] 鼠屬飛食虎豹범잡는쥐、표(效)

四

⿰鼠今 깐 [감] 蠑螈도롱뇽、감(覃)

鼤 원 [문] 斑尾鼠꼬리아롱진쥐、문(文)

⿰鼠方 방 [방] 土鼠흙쥐、방(陽)

鼣 폐 [폐] 鼠名쥐이름、폐(隊)

鼢 同蚡

五

鼥 빠 [발] 鼠肥者鼥ㅣ살찐쥐、발(曷)

⿰鼠令 링 [령] 斑鼠얼룩쥐、영(青)

鼨 쭝 [종] 豹文鼠다람쥐、종(東)

鼬 우 [유] 黃鼠狼족제비、유 野鼠善登木鼯ㅣ청서、유(宥)

鼧 퉈 [타] 鼠也쥐、타(歌)

鼦 貂古字

⿰鼠冋 쩡 [경] 斑鼠ㅣ⿰鼠令얼룩쥐、경(青)

鼪 썽 [생] 飛鼠鼬能啖鼠呼鼠狼족제비、생(庚)

鼩 취 [구] 小鼠鼱ㅣ새앙쥐、구(尤)

鼫 씨 [석] 五技鼠석쥐、석(陌)

六

⿰鼠并 삥 [병] 小鼠새앙쥐、병(青)

鼭 씌 [시] 鼠名쥐이름、시(支)

⿰鼠耳 얼 [이] 鼠子쥐새끼、이(紙)

七

⿰鼠夋 쮼 [준] 毛可爲筆청서모、준(震)

鼮 띵 [정] 豹文鼠얼룩쥐、정(青)

鼰 녠 [년] 似鼠而大蒼色在樹上ㅣ鼠푸른다람쥐、연(霰)

鼯 우 [오] 飛生鼠似蝙蝠一名夷由박쥐、오(虞)

八

⿰鼠隹 쮀 [추] 鼠也쥐、추(支)

鼱 찡 [정] 小鼠ㅣ鼩새앙쥐、정(庚)

九

⿰胡鼠 후 [호] 似猿而白獑ㅣ흰원숭이、호(虞)

⿰鼠曷 애 [애] 小鼠相銜尾而行⿰鼠离ㅣ서로꼬리물고다니는쥐、애(泰)

鼴 옌 [언] 大鼠形如牛好偃河而飲水언쥐、언(阮) 地中鼠두더지、언(願)

鼳 [격] 似鼠馬蹄長鬐貲鼠수염긴쥐、격(錫)

鼲 훈 [혼] 黃鼠다람쥐、혼(元)

⿰鼠頁 씨 [혁] 似鼠而白在樹上흰다람쥐、혁(錫)

鼵 투 [돌] 與鳥同穴새와함께사는쥐、돌(月)

十

⿰鼠益 이 [익] 鼠名쥐이름、익(陌)

⿱𣪊鼠 꾸 [곡] 鼬鼠족제비、곡(屋)

鼸 쏀

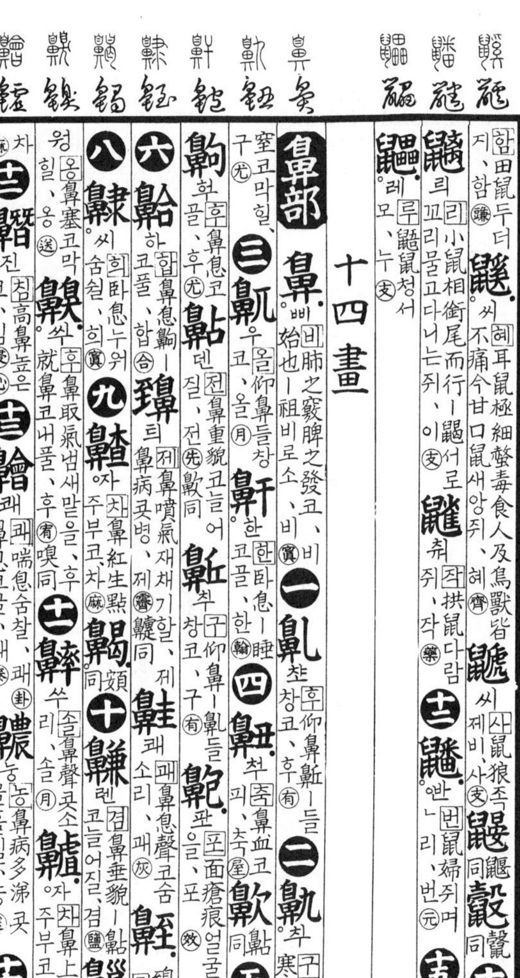

[함]田鼠두더지、함(鎌) 鼷。씨 [혜]耳鼠極細螫毒食人及鳥獸皆不痛今甘口鼠새앙쥐、혜(齊) 鼶 씨 [사]鼠狼족제비、사(支) 鼹 同鼴 鼸 同鼸 ⑪

鼷 리 [리]小鼠相銜尾而行ㅣ鼷서로꼬리물고다니는쥐、이(支) 鼱 취 [작]拱鼠다람쥐、작(藥) ⑫ 鼲。빤 [번]鼠婦쥐며느리、번(元) ⑮

鼺。레 [루]鼯鼠청서모、누(支)

十四畫

鼻部

鼻。삐 [비]肺之竅脾之發코、비始也ㅣ祖비로소、비(寘) ㊀ 鼽 찬 [후]仰鼻鼾ㅣ들창코、후(有) ㊁ 鼽。착 [구]病寒鼻窒코막힐、구(尤)

㊂ 鼿 우 [올]仰鼻들창코、올(月) 鼾。한 [한]臥息ㅣ睡코골、한(翰) ㊃ 齀 척 [축]鼻血코피、축(屋) 鼽 同齁 ㊄

齁 헉 [후]鼻息코골、후(尤) 齂 덴 [전]鼻重貌코늘어질、전(先) 齞同 齄 착 [구]仰鼻ㅣ鼽들창코、구(有) 齅 팍 [포]面瘡痕얼굴얽을、포(效)

㊅ 齆 하 [합]鼻息齁ㅣ코풀、합(合) 齇 티 [제]鼻噴氣재채기할、제 鼻病콧병、제(霽) 齈同 齃 쾌 [괘]鼻息聲코숨소리、괘(灰) 齁 同齇

㊇ 齂。씨 [희]臥息누워숨쉴、희(寘) ㊈ 齄。자 [차]鼻紅生點주부코、차(麻) 齃 同頞 ㊉ 齈 렌 [겸]鼻垂貌ㅣ齁코늘어질、겸(鹽) 齆

옹 [옹]鼻塞코막힐、옹(送) 齅。쑤 [후]鼻取氣냄새맡을、후就鼻코내풀、후(宥) 嗅同 ⑪ 齅 쑤 [솔]鼻聲콧소리、솔(月) 齇。자 [차]鼻上皰주부코、

차(麻) ⑫ 齒 진 [침]高鼻높은코、침(侵)(沁) ⑬ 齃。쾌 [괘]喘息숨찰、괘(卦) 鼻息코골、괘(泰) 齈 농 [농]鼻病多涕콧물흘릴、농(送) ⑯

鼻歷 리 [력] 鼻別臭냄새 분별할、역(錫) 鼻虒 鶗 。同

齊部

齊。쯔 [제] 等也가지런할、제同也같을、제整也정제할、제治也다스릴、제皆也모두、제謹也삼갈、제疾速빠를、제國名제나라、(今山東省地方莊也肅也엄숙할、제(齊) 恭慤貌ㅣㅣ공순할、제(齊) 和也고를、제(齋) [재] 潔也致ㅣ재계할、재(佳) 齋同 [자] 衣下縫ㅣ衰상옷아래단홀、자(支) 齋同

三 **齋**。째 [재] 潔也ㅣ戒재계할、재 燕居室집、재(佳)

懠 지 [제] 紡績길쌈할、제(齋)

五 **齍**。粢同

齋 지 [치] 盛禾祭器기장담는제사그릇、치(支)

七 **齎**。쪄 [재] 俗 [재] 持也가질、재 裝也쌀、재 送附보낼、재(支) 資同 [제] 義同(齊)

九 **齏** 쪄 [제] 醯醬所和양념할、제 碎也부술、제(齊) 虀同

十五畫

齒部

齒。츠 [치] 口齗骨上ㅣ下牙이、치年也나이、치列也벌、치類也같을、치(紙)

一 **齓** 齔同

二 **齔** 천 [츤] 毁齒이갈、츤 幼稱齠ㅣ어릴、츤(震) 齓同

⿰齒八。파 [팔] 齒聲잇소리、팔(黠)

三 **⿰齒干**。연 [언] 齒露貌이드러날、언(阮)

齕。허 [흘] 齧齒也齮ㅣ물、흘(月)

⿰齒也 치 [치] 齧也씹을、치(支)

四 **⿰齒巴** 빠 [파] 突出齒뻐드렁니、파(麻)

齖。야 [아] 齒列不正뻐드렁니、아 不聽人語聲ㅣ남의말아니들을、아(麻)

⿰齒亢 항 [항] 齧也씹을、항(陽)

齘。쎄 [계] 齒上下相抵處齒ㅣ이틈、계 切齒怒類ㅣ이갈릴、계(霽)

齗。인 [은] 齒根肉잇몸、은 辯爭ㅣㅣ말다툼할、은 忿疾意미워할、은(文)

五 **⿰齒失** 데 [절] 齒固貌이단단할、절(屑)

齙 뽀 [포] 齒露이들어날、포ㅣ牙엄니、포(肴)

⿰齒史 쓰 [시] 齒美이고울、시(紙)

齠。툐 [초] 始毁齒이갈、초(蕭)

齡 링 [령] 年也나이、영(靑) 齟 쥬 [주] 齒不相値｜齬이어긋날、주(語) 齣 츄 [착] 節句절귀、착(陌) 齚 同齰 ⿰齒司 츠 [치] 牛食復嚼새김질할、치(支)
齞 옌 [언] 齒露이드러날、언(銑) 齝 同⿰齒司 齛 쎄 [세] 羊食復嚼양새김질할、세(霽) 齥同 ⿰齒巨 쥐 [거] 齗不固曰｜잇몸무를、거(語) ⿰齒立 리 [립] 啖
堅物聲깨물、입(緝) ⑥ ⿰齒圭 애 [애] 齒不齊이고르지않을、애(佳) ⿰齒虫 츢 [구] 齒病朽缺니리먹을、구(有) 齨 주 [구] 臼齒어금니、구(有) 齥 同齛
齦 인 [은] 齒根肉잇몸、은(文) 齗同 [간] 齧齒也씹을、간(阮) ⿰齒舌 꽈 [괄] 齧齒聲씹는소리、괄(曷) 齧 同囓 齤 찬 [권] 曲齒옥니、권(先) ⿰齒并 빙 [병] 並
齒동니、병(庚) ⿰齒寺 츠 [치] 牛食草소가풀먹을、치(支) 齩 同嚙 ⑦ ⿰齒合 안 [암] 齗也잇몸、암(覃) ⿰齒⿱癶殳 쌋 [산] 齒酸이곱을、산又이새금거릴、산(寒)
齬 유 [어] 齒不相値齟｜이어긋날、어(語) ⿰齒足 쥐 [착] 急促局陿貌齷｜악착할、착又속이좁을、착 齒相近聲이맞치는소리、착(覺) 齹 춰 [차] 齒差跌貌이
어긋날、차(麻) ⿰齒告 꾸 [곡] 治象牙상아다를、곡(沃) ⿱佗齒 타 [타] 馬齒之長말이길、타(歌) ⿰齒夾 싸 [협] 曲齒옥니、협 齒重生덧니날、협(洽) ⿰齒困 쿤 [곤] 齒起貌
｜齦이솟을、끈(阮) ⑧ ⿰齒臽 섬 [함] 切齒이갈、함(陷) ⿰齒取 추 [족] 齒重生덧니날、족(屋) 齪通 齯 이 [예] 老人齒落更生노인이다시날、예(霽) 齮
이 [의] 齧齒也｜齕이물、의(紙) ⿰齒其 치 [기] 齧齒也씹을、기(支) ⿰齒卒 쑤 [졸] 齧齒也씹을、졸(月) ⿰齒宜 이 [의] 齒露이드러날、의(支) 齰 쩌 [색] 齧齒也물、색(陌) 齚同、
咋通 ⑨ ⿰齒客 자 [가] 突出齒뻐드렁니、가(禡) 齶 어 [악] 齒齦잇몸、악(藥) 腭同 齲 쮜 [구] 俗[우] 齒病니리먹을、구又충치、구(麌) ⿰齒臿 사 [삽] 齒
動이흔들릴、삽(洽) 齷 워 [악] 迫也｜齪악착할、악又속좁을、악(覺) 齃 허 [할] 齧齒聲씹는소리、할(曷) ⿱剌齒 라 [랄] 齧齒也씹을、날(曷) ⿰齒胥 슈 [서] 齒酸이

十五畫 齒

곱을、서又이새금거릴、서(語)

齳。운[운]無齒볼오무러질、운(吻)

齵。우[우]齒重生齒偏덧니、우齒不正뻐드렁니、우(尤)

⑩

齺。적[족]齒相近貌이촘촘할、족(屋)

齻。뎬[전]男子二十四歲、女子二十一歲ㅣ牙生사랑니、전(先)

⿰齒倉。창[창]齒旁小齒덧니、창(陽)

齹。츠[채]齒不齊이고르지못할、차齒本이뿌리、차(歌)

⿰齒豈。애[애]牙也어금니、애(灰)

齸。이[익]麋鹿呑芻而反出嚼사슴새김질할、익(陌)

⿰齒尃。얍[박]噍堅又噍聲단단한것씹을、박(藥)

⿸屑齒。체[절]齒差이어긋날、절(屑)

⿰齒害。졔[계]睡中切齒聲자며이갈、계(霽)

⿰齒悤。츠[치]齝也되씹을、치(支)

⑪

齇。자[자]齟齬이어긋날、자(麻)

⿰齒責。쩌[색]齒相伍이맞을、색(陌)

⿰齒産。찬[산]小兒齒어린애이、산(刪)

⿰齒匿。이[익]齒之痛이앓을、익(職)

⑫

⿱猌齒。인[은]笑也웃을、은(軫)

⿰齒幾。치[기]齒危이흔들릴、기(微)

⿰齒閒。젠[간]齧齒貌씹을、간(寒)

⿰齒單。同齳

⑬

⿰齒置。쮜[저]齒不齊덧니박이、저(魚)

⿰齒僉。쟌[참]無齒無牙볼오무러질、참(咸)

齽。진[금]鉤齒內曲謂之ㅣ옥니、금(沁)

齼。츄[초]齒傷酸이다쳐곱을、초(語)

⑭

⿰齒義。이[의]齧也씹을、의(紙)

⑮

⿰齒巤。라[랍]齧齒聲씹는소리、랍(合)

⑯

⿰齒歷。릐[력]齒病너리먹을、역(錫)

⑰

⿰齒毚。찬[삼]齒高이높을、삼(感)

⑳

齾。네[알]器缺그릇이빠질、알齒缺이빠질、알獸食餘짐승먹다찌기、알(黠)

十六畫

龍部

龍。룡[룡]鱗蟲之長想像上神靈動物용、용天子事物之用語ㅣ顔ㅣ駕상감님、용星名별이름、용高八尺以上馬말이름、용(冬)[총]寵同[롱]田中

高處龍同둔덕、농(腫) ㊂ 龏 공 [공]謹也삼갈、공(冬) 龐 룡 [롱]充實ㅣㅣ충실할、농(東)[방]雜亂貌어수선할、방高屋높은집、방姓也성、방(江) ㊃ 龒 龍古字 ⿰爿龍 룡 [롱]赤色붉은빛、농(東) 龑 얻 [엄]高明貌높고밝을、엄(琰) ㊅ 櫳 룡 [롱]乘馬말탈、농牽也끌、농(東) 攏 룡 [롱]禱旱玉龍용그린홀、농(冬) 龔 공 [공]給也줄、공慤也공순할、공姓也성、공(冬)供恭通 龕 칸 [감]塔下室감실、감受盛담을、감取也취할、감勝也ㅣ暴이길、감(覃) ㊇ 靇 룡 [롱]雷聲우뢰소리、농(東)

龜部

龜 귀 [귀]甲蟲之長外骨內肉天性無雄以蛇爲雄거북、귀星名天ㅣ별이름、귀ㅣ卜점칠、귀模範ㅣ鑑본뜰、귀(支)[균]手凍皸瘃손얼어터질、균(眞)[자]西域屬國ㅣ茲나라이름、구(尤) ㊃ ⿱龜灬 쟌 [조]灼龜卜兆거북지져점칠、초(蕭)焦通 ⿰龜毛 잔 [조]毛飾털치장、조(蕭) ㊄ ⿱宀龜 퍼 [파]龜也거북、파(哥) ⿰去龜 궤 [거]蟾也두꺼비、거(御) 龝 秋古字 ⑫ ⿱萑龜 후 [휴]大龜큰거북、휴(齊)

十七畫

龠部

龠 위 [약]樂名管ㅣ三孔피리、약量名容千二百黍홉사、약(藥)籥通 ㊃ ⿰龠斤 인 [은]大篪큰저、은(眞) 龡 吹本字 ⿰龠亢 야 [약]仰也우러를、약(藥) ㊄ 龢 허 [화]和古字、小笙새피리、화(歌) ㊈ 龥 위 [유]疾首號呼부르짖을、유和也화할、유(遇)俗作籲

國漢 明文新玉篇 終

한글字彙 (附音考)

가

加 더할 가 伽 절 가 架 시렁 가 珈 구슬 가 痂 딱지 가 枷 칼 가 哿 가할 가 迦 부처 가 茄 연줄기 가 笳 갈잎피리 가 疴 딱지 가 鴐 기러기 가

可 옳을 가 嘉 아름다울 가 耞 도리깨 가 駕 멍에 가 麚 수사슴 가 袈 가사 가 跏 꾸러앉을 가 岢 메 가 牱 땅 가 笴 살 가 騀 거위 가

坷 험할 가 呵 꾸짖을 가 柯 가지 가 牁 땅 가 哥 성 가 歌 노래 가 苛 까다로울 가 珂 흰마노 가 砢 돌 가 舸 배 가 訶 꾸짖을 가 軻 바퀴굴머 가

渮 물 가 蚵 버레 가 假 거짓 가 徦 이를 가 暇 겨를 가 椵 유자 가 犌 소 가 瘕 병 가 葭 갈 가 豭 돼지 가 謌 노래 가 歌 큰웃음 가 家 집 가

嫁 시집갈 가 幏 부세 가 稼 심을 가 皀 성 가 賈 값 가 價 값 가 檟 나무 가 榎 가나무 가 戨 땅 가 街 거리 가 佳 아름다울 가 个 명당곁집 가

箇 낱 가 個 낱 가 謑 공교한말 가 斝 옥잔 가 呿 입벌릴 가

각

却 물리칠 각 卻 물리칠 각 脚 다리 각 腳 종아리 각 傕 이름 각 搉 두드릴 각

膗 눈빨 각 角 뿔 각 桷 석가래 각 捔 떠밀 각 埆 험할 각 各 각각 각 确 자갈땅 각 恪 정성 각 格 소매 각 胳 겨드랑이 각 閣 집 각 殼 껍질 각

壳 껍질 각 殼 껍질 각 觳 알깔 각 愨 정성 각 敲 두드릴 각 瑴 쌍옥 각 覺 깨다를 각 礐 돌소리 각 較 비교할 각 較 비교 각 珏 쌍옥 각 刻 새길 각

斠 될 각

간

艮 간방 간 齦 잇몸 간 墾 개간할 간 懇 정성 간 豻 너구리 간 犴 물개 간 靬 활집 간 杆 줄기 간 刊 새길 간 玕 구슬 간

姧 간사할 간 奸 간사할 간 肝 간 간 竿 대 간 干 방패 간 馯 말 간 簳 대 간 [illegible] 미집 간 衎 미쁠 간 幹 줄기 간 矸 산돌 간 旰 늦을 간

涆 흐를 간 秆 볏짚 간 虷 버레 간 栞 깍을 간 赶 쫓을 간 趕 쫓을 간 稈 벼줄기 간 䵟 검을 간 間 사이 간 覵 엿볼 간 癎 지랄병 간

鬝 커밀 간 簡 편지 간 澗 시내 간 磵 시내 간 鐧 수레 간 襉 옷주름 간 谿 시내 간 蕑 난초 간 柬 가릴 간 暕 밝을 간 瞯 엿볼 간

揀 가릴 간 諫 간할 간 乾 마를 간 漧 마를 간 榦 간섭할 간 榦 줄기 간 幹 나무줄기 간 艱 어려울 간 囏 어려울 간 看 볼 간 贊 풀줄기 간

看 볼 간 姦 간사 간 慳 아낄 간 笴 살대 간 侃 굳셀 간 偘 굳셀 간

갈

毼 담 갈 揭 들 갈 堨 둑 갈 暍 더위먹을 갈 渴 목마를 갈

喝 꾸짖을 갈 曷 어찌 갈 褐 잠뱅이 갈 楬 표 갈 葛 칡 갈 竭 다할 갈 ⿸疒曷 병 갈 羯 양 갈 碣 비석 갈 稭 볏짚 갈 鞨 보석 갈 鶡 새 갈 ⿱艹渴 물결 갈

擖 긁을 갈 輵 달릴 갈 ⿱竹曷 풍류 갈 猲 산양개 갈 愒 두려울 갈 蝎 빈대 갈 餲 상한음식 갈 圿 때 갈 扴 긁을 갈 鞂 볏짚 갈 秸 볏짚 갈 害 어찌 갈

介 짐승

감

甘 달 감 欿 섭섭할 감 歛 탐할 감 鹻 짤 감 唅 머금을 감 淦 물 감 ⿷匚贛 상자 감 坎 북 감 弇 덮을 감 龕 감실 감 橄 감나무 감

輡 불편할 감 埳 웅덩이 감 泔 뜨물 감 柑 감자 감 苷 감초 감 嵌 굴 감 疳 간질 감 蚶 조개 감 紺 보라 감 邯 땅 감 酣 취할 감 澉 싱거울 감 憨 미련할 감

敢 구태 감 戡 이길 감 墈 험할 감 嵁 험할 감 勘 다스릴 감 堪 견딜 감 瞰 엿볼 감 矙 엿볼 감 㵎 깊은골 감 闞 바를 감 減 감할 감

感 감동할 감 憾 한할 감 撼 흔들 감 ⿰玉感 구슬 감 椷 함 감 緘 봉할 감 ⿰石感 함 감 轗 불편할 감 監 볼 감 礛 옥갈 감 鑑 거울 감 艦 큰배 감 鑒 거울 감

갑

甲 갑옷 갑 鉀 갑옷 갑 押 신칙할 갑 胛 어깨 갑 匣 갑 갑 猲 핍박할 갑 戾 문소리 갑 韐 갑옷 갑 敆 모일 갑 帢 사모 갑 合 화할 갑

강

江 물 강 扛 들 강 茳 풀 강 釭 등잔 강 舡 배 강 矼 돌다리 강 杠 다리 강 椌 풍류 강 控 칠 강 腔 입속 강 悾 믿을 강 岡 메 강 堈 둔덕 강

崗 메부리 강 剛 굳셀 강 犅 소 강 ⿰岡瓦 독 강 綱 벼리 강 鋼 쇠 강 僵 쓰러질 강 畺 지경 강 壃 지경 강 疆 지경 강 殭 죽을 강 橿 싸리 강

薑 생강 강 礓 돌 강 彊 굳셀 강 繮 고삐 강 韁 굴레 강 ⿰虫畺 누에 강 康 편안 강 慷 슬플 강 ⿰康瓦 질그릇 강 穅 겨 강 糠 겨 강 忼 슬플 강 犺 개 강

⿰田亢 언덕 강 ⿰亢瓦 독 강 ⿰酉亢 소금못 강 閌 높을 강 ⿰鹵亢 소금못 강 強 강할 강 襁 포대기 강 繦 끈 강 鏹 쇠 강 傋 거스릴 강 講 외일 강 耩 밭갈 강 羌

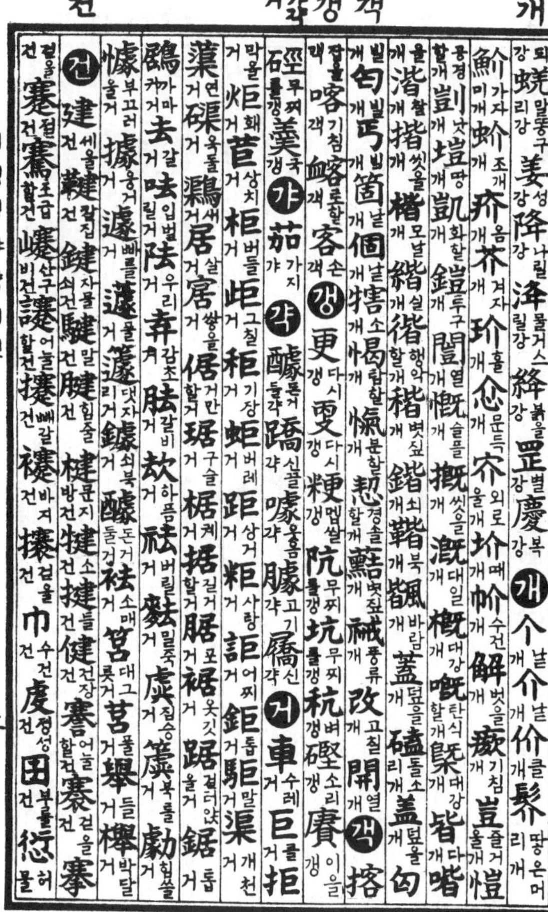

되강 蜣 말똥구리강 姜 성강 降 나릴강 洚 물거스릴강 絳 붉을강 罡 별강 慶 복강 **개** 个 낱개 介 낱개 价 클개 髻 땋은머리개

魪 가자미개 蚧 조개개 疥 옴개 芥 겨자개 玠 홀개 忦 문득개 夰 외로울개 玠 매개 帉 수건개 解 벗을개 欬 기침개 豈 즐거울개 愷

剴 공경할개 塏 낫은땅개 凱 화할개 鎧 투구개 闓 열개 慨 슬플개 摡 씻을개 漑 대일개 槪 대강개 嘅 탄식할개 槩 대강개 皆 다개 喈

湝 물흘를개 揩 씻을개 楷 모날개 緒 실개 偕 행악할개 稭 볏짚개 鍇 쇠개 鞜 북개 颽 바람개 蓋 덮을개 磕 돌소리개 盖 덮을개 匃

빌개 匃 빌개 丐 빌개 箇 낱개 個 낱개 犗 소개 愒 탑할개 愾 분할개 恝 경솔할개 藍 볏짚개 械 풍류개 改 고칠개 開 열개 **객** 揢

잡을객 客 기침객 喀 토할객 衉 피객 客 손객 **갱** 更 다시갱 㪅 다시갱 粳 멥쌀갱 阬 무찌를갱 坑 무찌를갱 秔 벼갱 硜 소리갱 賡 이을갱

硜 무찌를갱 羹 국갱 **갸** 茄 가지갸 **갹** 醵 돈거둘갹 蹻 신끌갹 噱 웃음갹 臄 고기갹 屩 신갹 **거** 車 수레거 巨 클거 拒

막을거 炬 횃불거 苣 상치거 柜 버들거 岠 그칠거 秬 기장거 蚷 버레거 距 상거거 粔 사랑거 詎 어찌거 鉅 톱거 駏 말거 渠 개천거

蘧 연거 磲 옥돌거 鶋 새거 居 살거 凥 쌓을거 倨 거만할거 琚 구슬거 椐 궤거 据 길거할거 腒 포거 裾 옷깃거 踞 걸어앉을거 鋸 톱거

鸒 까마귀거 去 갈거 呿 입벌릴거 阹 우리거 弆 감출거 胠 갈비거 欪 하픔거 祛 버릴거 麩 밀죽거 虡 짐승거 簴 북틀거 勮 힘쓸거

懅 부끄러울거 據 웅거할거 遽 빠를거 璩 물거 籧 대자리거 鐻 쇠북거 醵 돈거둘거 袪 소매거 筥 대그릇거 莒 풀거 擧 들거 櫸 박달거

건 建 세울건 鞬 활집건 鍵 자물쇠건 騝 말건 腱 힘줄건 楗 문지방건 犍 소건 揵 들건 健 건장할건 謇 어눌할건 褰 걷을건 搴

걷을건 蹇 절건 騫 조급할건 巘 산구비건 謇 어눌할건 攓 빼갈건 褰 바지건 搴 걷을건 巾 수건건 虔 정성건 囝 부를건 愆 허물

개·객·갱·갸·갹·거·건

건 愆 허물건 僁 허물건 乾 하늘건 件 물건건 [illegible] 상륙건 ㉠걸 乞 빌걸 釨 창걸 契 낫걸 担 들걸 偈 힘쓸걸 朅 버릴걸 榤 홰걸

傑 호걸걸 桀 사나울걸 ㉠검 芡 풀검 鈐 보습검 儉 검박할검 劍 칼검 劒 칼검 撿 살필검 檢 간검할검 瞼 눈가검 臉 뺨건 鉆 보습검

黔 검을검 ㉠겁 刧 겁박할겁 衱 옷깃겁 极 부담겁 跲 미끄러질겁 拾 다시겁 袷 옷깃겁 胠 허구리겁 㤼 겁낼겁 蜐 마재겁 刦 겁박할겁

怯 겁낼겁 ㉠게 洎 윤택할게 垍 굳은흙게 乩 점칠게 甈 깨질게 偈 쉴게 愒 쉴게 揭 들게 憇 쉴게 ㉠격 髂 뼈격 骼 뼈격 觡 뿔격

㦸 싸움격 佫 이를격 綌 갈포격 茖 달래래 挌 칠격 格 이를격 鬲 땅이름격 隔 막힐격 膈 가슴격 翮 날개격 [illegible] 대발격 湨 물격 狊

잣나비격 閴 고요할격 鶪 백로격 鼳 적은쥐격 毃 창격 擊 칠격 激 격동할격 鴃 자키새격 墼 벽돌격 檄 격서격 繳 주살격 覡 박수격 假 이를격

鴂 새격 ㉠견 見 볼견 俔 비유할견 筧 홈견 絸 고치견 梘 수통견 涀 물줄기견 幵 오랑캐견 汧 물견 岍 메견 豜 큰돼지견 趼 발부르틀견

[illegible] 묶을견 鈃 병견 麉 사슴견 肩 어깨견 鵳 새견 鵑 두견견 睊 흘겨볼견 悁 조급할견 罥 걸릴견 [illegible] 밀집견 羂 걸릴견 狷 편협할견 絹

비단견 涓 물견 駽 종마견 鋗 구리그릇견 遣 보낼견 繾 얽을견 譴 꾸짖을견 𩟄 배부를견 繭 고치견 蠒 고치견 襺 솜옷견 蠲 덜견 堅

굳을견 掔 끌견 [illegible] 이끌견 牽 이끌견 犬 개견 畎 이랑견 甽 이랑견 甄 질그릇견 ㉠결 駃 좋은말결 鴃 접동새결 觖 뼈송곳결 [illegible] 이지러질결

缺 이지러질결 訣 영결결 趹 달릴결 玦 구슬결 [illegible] 깍지결 抉 벨결 決 결단할결 决 결단할결 契 생애결 絜 헤아릴결 㓗 새길결 芵 초결명결

鍥 낫결 結 맺을결 桔 도랏이결 拮 길거할결 袺 옷깃결 闋 곡조결 杰 호걸결 觼 고리결 觼 고리결 揭 이러날결 紒 맺을결 㮞 두레박결

潔 맑을결 ㉠겸 箝 집게겸 箝 집게겸 柑 재갈겸 拑 자갈겸 鉗 재갈겸 兼 겸할겸 傔 겸인할겸 嗛 겸손겸 歉 흉년겸 蒹 갈대겸

慊 한할겸 膁 허리겸 簾 대농겸 縑 깁겸 謙 겸손겸 鎌 낫겸 鰜 가자미겸 鶼 겸새겸 **(겹)** 袷 겹옷겹 鵊 두견겹 裌 겹옷겹 郟 땅겹

俠 아오를겹 唊 말많을겹 **(경)** 庚 별경 鶊 꾀고리경 哽 목맥힐경 粳 멥쌀경 梗 도라지경 硬 굳을경 黥 자자경 麖 사슴경 鯨 고래경

暻 밝을경 憬 깨달을경 璟 옥빛경 景 볕경 倞 굳셀셀 剠 자자할경 勍 굳셀경 京 서울경 駉 말경 絅 홑옷경 扃 닫을경 冋 밝을경

坰 들경 苘 모시경 俓 곧을경 勁 굳셀경 剄 목찌를경 徑 지름길경 逕 길경 涇 물경 踁 다리경 莖 줄기경 牼 소다리뼈경 脛 종아리경 誙 추창할경

輕 가벼울경 經 글경 [illegible] 풍악경 頸 목경 [illegible] 암감질할경 敬 공경할경 儆 경계할경 檠 등경 檠 등경 擎 받들경 警 경계할경 驚 놀랠경

竟 마침경 境 지경경 獍 짐승경 竸 다툴경 鏡 거울경 競 다툴경 更 고칠경 挭 깨울경 莄 도라지경 梗 굳셀경 綆 두렛줄경 鯁 고기뼈경

骾 뼈경 頃 이랑경 傾 기우러질경 熲 빛날경 [illegible] 어저귀경 [illegible] 모시경 耿 밝을경 褧 홑옷경 [illegible] 두렛줄경 瓊 구슬경 藑 풀경 磬 경쇠경

罄 다할경 謦 기침경 惸 외로울경 [illegible] 외로울경 㷀 외로울경 [illegible] 모시경 耕 밭갈경 畊 밭갈경 [illegible] 고래경 麠 사슴경 瞏 놀라볼경 嬛 외로울경

綮 힘줄경 卿 벼슬경 慶 경사경 炅 빛날경 **(계)** 戒 경계계 誡 경계계 悈 경계계 械 기계계 乩 점칠계 屆 미칠계 計 계교계

階 섬돌계 堦 섬계 季 말재계 悸 동할계 癸 북방계 猤 날랠계 系 맬계 繫 맬계 係 이을계 罽 그물계 [illegible] 모직계 紒 당기계 繼 이을계

枅 기둥계 笄 비녀계 界 지경계 髻 상투계 薊 삽주계 桂 계수나무계 烓 밝을계 契 계계 鄈 땅계 挈 뚫을계 禊 계계 稽 상고할계

鍥 새길계 瘈 개미칠계 揭 들계 啓 열계 溪 시내계 綮 창집계 棨 창계 嵠 시내계 谿 시내계 磎 시내계 鷄 닭계 雞 닭계 鸂 물닭계 **(고)**

叩 두드릴고 尻 궁둥아고 攷 상고고 股 다리고 杲 해돋을고 賈 장사고 窌 굴고 絝 바지고 盬 약할고 蠱 일고 櫜 활집고 瞽 소경고

谷 이름 고 褲 바지 고 庫 곳집 고 顧 돌아볼 고 雇 삯줄 고 鼓 북 고 顧 돌아볼 고 皷 북 고 鼔 북 고 薧 어포 고 熇 마를 고 蒿 쑥 고 篙 떠 고

膏 기름 고 藁 짚 고 稾 짚 고 稿 짚 고 暠 밝을 고 暠 밝을 고 稾 짚 고 敲 두드릴 고 槁 마를 고 高 높을 고 翺 놀 고 橰 두레박 고

滜 못 고 皋 언덕 고 皐 언덕 고 袴 바지 고 胯 다리 고 刳 가를 고 栲 나무 고 拷 칠 고 考 상고 고 餻 시루떡 고 糕 시루떡 고 羖 수양 고 羔 염소 고

古 예 고 估 값 고 沽 살 고 姑 시어미 고 枯 마를 고 牯 소 고 故 연고 고 苦 쓸 고 罟 그물 고 楛 넘칠 고 筈 대 고 蛄 매미 고 詁 주낼 고

𦍩 양 고 鈷 다리미 고 酤 술팔 고 𢏍 활 고 鴣 새 고 辜 죄 고 告 고할 고 郜 땅 고 祰 빌 고 誥 고할 고 靠 의지할 고 孤 외로울 고 鯝 고기창자 고

呱 울 고 柧 모낼 고 苽 나물 고 罛 그물 고 菰 나물 고 箛 대 고 軱 큰뼈 고 觚 모날 고 觚 대쪽 고 固 굳을 고 涸 얼 고 婟 아낄 고 痼 고질 고

錮 자물쇠 고

곡

谷 골 곡 哭 울 곡 珏 옥 곡 轂 수레 곡 曲 굽을 곡 𦱍 발 곡 蛐 지렁이 곡 告 청할 곡 牿 마구 곡 梏 착고 곡 秸 벼익을 곡

鵠 따오기 곡 嚳 임금 곡 穀 곡식 곡 穀 곡식 곡 糓 곡식 곡 榖 닥나무 곡 瑴 옥 곡 瑴 옥 곡 螜 도루래 곡 殼 집 곡 轂 수레 곡 觳 떨 곡 斛 휘 곡

槲 나무 곡

곤

困 곤할 곤 捆 두드릴 곤 梱 문지방 곤 悃 정성 곤 稇 의울 곤 綑 짤 곤 裍 허리띠 곤 閫 문지방 곤 齫 잇속골 곤 衮 용포 곤 滾 흐를 곤

蓘 북돋울 곤 坤 땅 곤 壼 방구석 곤 髡 머리깎을 곤 褌 속것 곤 橐 자루 곤 晜 맏 곤 鯀 이름 곤 鮌 이름 곤 昆 맏 곤 混 오랑캐 곤 崐 메 곤

崑 메 곤 裩 속것 곤 棍 곤장 곤 琨 구슬 곤 碮 별똥소리 곤 緄 띠 곤 蜫 버레 곤 錕 구리 곤 輥 수레통 곤 鯤 고기 곤 鵾 새 곤

골

汨 골몰할 골

鶻 새 골 顝 머리 골 榾 나무 골 搰 팔 골 愲 심란할 골 滑 어지러울 골 骨 뼈 골

공

工 장인 공 功 공 공 攻 칠 공 邛 땅 공 㓚 벨 공 玒 옥 공

釭 수레통쇠 공 羾 날개 공 紅 공부 공 笻 지팡이 공 恐 두려울 공 𥐥 돌 공 蛩 커뜨라미 공 跫 발 공 䒗 풀 공 銎 도기구멍 공 鞏 공고 공 篢

수레할공 貢 바칠공 湏 물공 墳 땅공 䲨 사양할공 灨 물공 贛 줄공 㔶 잔공 空 빌공 倥 미련할공 涳 흐를공 悾 정성공 控 당길공 崆 메공

箜 비파공 椌 질박할공 鞚 굴레공 孔 구멍공 公 구이공 供 이바지공 拱 꽂을공 珙 구슬공 恭 공순공 栱 대공공 拲 수갑공 蛬 귀뚜라미공

龔 줄공 共 한가지공 蚣 지네공 **괴** 凷 덩어리괴 乖 어그러질괴 蔽 풀괴 蕢 풀괴 蒯 기령괴 會 그림괴 儈 거간괴 廥 여물망괴

傀 허수아비괴 媿 부끄러울괴 愧 부끄러울괴 槐 느티괴 塊 덩이괴 瑰 옥돌괴 魁 괴수괴 騩 말괴 穭 겨괴 旝 기괴 襘 띠맬괴 壞 무너질괴

瓌 구슬괴 櫰 느티괴 怪 괴이할괴 硁 옥돌괴 恠 괴이할괴 **괵** 敋 칠괵 馘 커벨괵 摑 칠괵 虢 나라괵 漷 물소리괵 膕 오금괵 **굉**

訇 소리굉 鍧 북소리굉 鍠 북소리굉 卝 쇠뭉치굉 觵 잔굉 觥 잔굉 軚 수레소리굉 宏 클굉 閎 넓을굉 厷 팔굉 肱 팔굉 紘 관줄굉 黌 학당굉

翃 날굉 䵃 밀굉 獷 개굉 軣 수레소리굉 轟 수레소리굉 **과** 過 지날과 剮 벨과 冎 벨과 輠 기름그릇과 撾 칠과 濄 물과 檛 매칠과

鍋 솥과 薖 풀과 簻 매과 寡 적을과 瓜 외과 𩡷 말과 科 과거과 蝌 올창이과 戈 창과 銙 띠돈과 夸 클과 侉 자랑과 㤉 자긍할과 姱 아름다울가

荂 꽃과 誇 자랑과 跨 걸터앉을과 骻 허리뼈과 媧 계집과 果 과실과 倮 좁을과 𠛅 벨과 堁 티끌과 菓 과실과 窠 자리파 蜾 나나니과

踝 복숭아뼈과 課 공부과 夥 많을과 輠 기름통과 顆 덩이과 髁 무릎뼈과 **곽** 霍 성곽 瀖 물소리곽 藿 아욱곽 癨 곽란곽 篧 통발곽

戄 놀랄곽 躩 발조심할곽 钁 괭이곽 郭 성곽 廓 넓을곽 漷 물곽 槨 관곽 椁 관곽 鞹 가죽곽 **관** 卝 쌍상투관 丱 쌍상투관 梡 토막관

莞 삿자리관 筦 피리관 寬 너그러울관 髖 엉덩이관 串 꿰미관 冠 갓관 祼 강신할관 盥 세수대야관 關 집관 悹 근심관 痯 파리할관 管 거느릴관

綰 맬관 館 집관 倌 어거할관 悺 근심관 𠹌 울관 矔 도라볼관 鑵 항아리관 觀 볼관 官 벼슬관 棺 관관 館 객사관 輨 수레통관 錧

(수레롱관) 貫 꿰일관 摜 떨관 慣 익을관 款 정성관 欵 정성관 窾 빌관 灌 부를관 瓘 구슬관 爟 봉화불관 涫 끓을관 琯 옥롱관 菅 골관

鸛 황새관 **괄** 适 빠를괄 聒 볼괄 鴰 새괄 葀 풀괄 筈 오늬괄 髺 머리묶을괄 鬠 묶을괄 懖 괄시할괄 佸 회계할괄 刮 긁을괄 括

걷을괄 活 물소리괄 栝 젓나무괄 **광** 廣 넓을광 僙 굳셀광 撗 채울광 壙 구덩이광 曠 빌광 礦 쇠돌광 矌 맹관이광 纊 풀솜광 鑛

쇠돌광 匡 바를광 劻 급힐광 恇 겁낼광 眶 구멍광 筐 광주리광 誆 속일광 迋 속일광 㤮 속일광 誑 속일광 狂 미칠광 軖 물레광 輄

수레광 光 빛광 洸 물솟을광 胱 오줌통광 桄 베틀광 絖 섬면자광 **괘** 枴 빌괘 咼 입비뚜러질괘 詿 그릇괘 絓 걸릴괘 罣 그물괘 卦 점칠괘

挂 걸괘 掛 걸괘 **교** 敎 가르칠교 酵 누룩교 巧 공교교 艽 풀교 劭 권할교 荍 규화교 榷 다리교 攪 흔들교 覺 꿈깰교 窖 골교

捁 깨우칠교 交 사귈교 佼 건장할교 姣 아름다울교 狡 사나울교 咬 새소리교 茭 마름풀교 郊 들교 蛟 도롱뇽교 絞 목맬교 筊 피리교 較 비교할교

挍 금사할교 鉸 가위교 骹 종아리뼈교 鮫 물사람교 鵁 새교 齩 씹을교 喬 우무지렁교 僑 나그네교 嶠 메교 撟 들교 憍 방자할교 嬌 아름다울

교 敿 이을교 橋 다리교 [illegible] 험할교 蕎 모밀교 穚 이삭교 矯 들교 蟜 개미교 蹻 들교 譑 허물교 轎 가마교 趫 빠를교 鞽 나무

신교 驕 교만할교 噭 부르짖을교 鷮 새교 曒 밝을교 璬 구슬교 礉 험할교 皦 백옥교 繳 맬교 謷 소리지를교 嘐 울교 嵺 높을교 膠 아

교 漻 물교 轇 멀교 磽 조약돌교 蹺 저겨드딜교 翹 날개교 校 학교교 珓 점통교 皎 힐교 **구** 口 입구 叩 두드릴구 扣 두드릴구 咎 허물

구 [illegible] 사실할구 釦 그릇구 [illegible] 훼방할구 韭 달래구 矩 법구 廐 마구구 璆 구슬구 糗 강정구 緱 끈구 九 아홉구 仇 원수구 艽 거칠구

叴 기막힐구 鼽 코막힐구 鳩 비둘기구 糺 당길구 究 상고할구 厹 세모창구 久 오랠구 灸 뜸구 玖 옥돌구 疚 병구 柩 관구 句 글귀구 勾

글귀 구 劬 수고로울 구 呴 불 구 牞 거리낄 구 峋 메 구 狗 개 구 昫 해빛 구 欨 불 구 苟 진실로 구 枸 구기자 구 朐 포 구 耉 늙은이 구 袧 제복 구

痀 곱사등이 구 絇 신코 구 笱 통발 구 䑦 배 구 跔 뒬 구 軥 멍에 구 鉤 갈구리 구 雊 새울 구 蒟 풀 구 駒 망아지 구 鴝 백로새 구 求 구할 구

捄 다질 구 俅 공순할 구 毬 죽방울 구 球 구슬 구 救 구원할 구 逑 짝 구 裘 갖옷 구 絿 급할 구 賕 장물 구 觩 우걱뿔 구 銶 끌 구 區 갈피 구 傴 굽힐 구

摳 걷을 구 嘔 토할 구 歐 성 구 嶇 높을 구 [illegible] 팔찌 구 漚 물거품 구 嫗 할미 구 彄 활꽂이 구 敺 칠 구 甌 질그릇 구 熰 더울 구 謳 노래 구

軀 몸 구 毆 칠 구 驅 몰 구 鷗 가마귀 구 懼 두려울 구 瞿 볼 구 戵 창 구 臞 파리할 구 氍 담요 구 癯 파리할 구 衢 거리 구 鸜 새 구 丘 언덕 구 蚯 지렁이 구

[illegible] 잔 구 觓 우걱뿔 구 彀 좀통 구 鷇 새새끼 구 垢 때 구 姤 만날 구 詬 욕할 구 [illegible] 먼지 구 具 갖출 구 俱 함께 구 椇 배 구 颶 바람 구

冓 깊을 구 媾 혼인 구 溝 개천 구 窶 가난할 구 寠 가난할 구 構 얽을 구 篝 배롱 구 遘 만날 구 覯 볼 구 購 살 구 韝 팔찌 구 屨 신 구 寇 도적 구

蔻 풀 구 臼 학 구 舅 외삼촌 구 舊 예 구 匶 관 구 鬮 제비 구

국

輂 수레 국 檋 나무신 국 [illegible] 언덕 국 麯 누룩 국 拲 수갑 국 跼 굽을 국

局 판 국 挶 들것 국 梮 썰매 국 匊 움큼 국 掬 움큼 국 趜 죽방울 국 踘 죽방울 국 菊 국화 국 鞠 칠 국 麴 누룩 국 鵴 뻐꾹새 국 蘜 국화 국 國 나라 국 幗 수건 국 蟈 머구리 국

군

軍 군사 군 皸 터질 군 攟 걷을 군 君 임금 군 涒 여울 군 、 群 무리 군 羣 무리 군 宭 무리 군 窘 군색할 군 僒 군박할 군 捃 가질 군 郡 골 군 帬 치마 군 裙 치마 군

굴

[illegible] 새길 굴 厥 오랑캐 굴 矻 곤할 굴 詘 어색할 굴 絀 굽힐 굴 [illegible] 버레 굴

[illegible] 옷 굴 窟 굴 굴 掘 팔 굴 崛 높을 굴 堀 굴 굴 淈 흐릴 굴 倔 굳셀 굴 [illegible] 굽은칼 굴 屈 굽힐 굴

궁

躳 공순할 궁 躬 공순할 궁 䛪 물을 궁

躳 몸 궁 躬 몸 궁 穹 하늘 궁 芎 궁궁이 궁 弓 활 궁 [illegible] 굽힐 궁 藭 궁궁이 궁 竆 다할 궁 窮 궁진할 궁 宮 집 궁 [illegible] 굽힐 궁

귀

貴

(continued) 귀할거 嘳 탄식할귀 賢 귀할귀 晷 햇빛귀 鬼 귀신귀 歸 돌아갈귀 帰 돌아갈귀 龜 거북귀

(궉) 幗 관궉 蟈 개구리궉 摑 칠궉

(권) 權 권세권 勸 권할권 顴 광대뼈권 孿 재울권 䊵 두량권 豢 소뇌권 鬈 구레나룻권 踡 굽힐권 蜷 서릴권 綣 얽힐권 絭 얽힐권

睠 돌아볼권 卷 책권 券 문서권 倦 게으를권 圈 우리권 惓 정성권 婘 고울권 捲 걷을권 拳 주먹권 棬 삼태기권 桊 도꼬마리권 眷 돌아볼권

(궐) 橛 문설주궐 蕨 고사리궐 撅 칠궐 劂 옴이칼궐 厥 그궐 瘚 병궐 蟨 짐승궐 蹶 미끄러질궐 闕 대궐궐 鱖 쏘가리궐 鷢 매궐 繘 옷궐

(궤) 匱 궤궤 潰 헤칠궤 憒 심란할궤 蕢 삼태기궤 簣 삼태기궤 櫃 궤궤 鐀 철궤궤 饋 먹일궤 闠 저자문궤 簋 대그릇궤

餽 먹일궤 臾 삼태기궤 匭 잡궤 劌 벨궤 几 궤궤 机 책상궤 麂 사슴궤 氿 샘궤 宄 간악할궤 軌 법궤 佹 어그러질궤 垝 담궤 祪 신주궤

跪 꿇어앉을궤 詭 속일궤 䤥 가래궤

(규) 圭 홀규 刲 찌를규 奎 별규 珪 구슬규 窐 구멍규 畦 이랑규 袿 옷규 跬 걸음규

閨 안방규 黊 누를규 鄈 땅규 揆 헤아릴규 葵 아욱규 戣 창규 𢎘 책규 巂 두견규 巋 높을규 竅 구멍규 嘄 부르짖을규 暌 해질규

騤 눈흘길규 摎 말규 繆 묶을규 樛 굽은나무규 潙 물규 嬀 성규 𨾴 두견규 逵 거리규 虯 구렁이규 糺 얽힐규 扏 파규 馗 머리규 頍 고깔규

頯 빰규 叫 부를규 蚪 올창이규 糾 얽힐규 赳 굳셀규 規 법규 摫 마루젤규 窺 엿볼규 闚 엿볼규

(균) 囷 장균 菌 버섯균

稇 볏단균 箘 대균 麕 노루균 麇 노루균 麏 노루균 𤲬 따비균 頵 머리균 龜 터질균 勻 고를균 均 고를균 畇 따비균 筠 대순균

袀 전복균 鈞 무거울균

(귤) 橘 귤귤 獝 미칠귤

(극) 郄 틈극 郤 틈극 隙 틈극 戟 창극 撠 당길극 棘 가시극 襋 옷깃극 克 이길극

剋 이길극 𧮫 게으를극 屐 나무신극 劇 심할극 革 급할극 裓 옷깃극 隟 틈극 可 오랑캐극 亟 급할극 極 극진할극 㥛 성급할극

殛 죽일극 [illegible] 어눌할극

근

斤 날근 劤 힘쓸근 芹 미나리근 近 가까울근 釿 까뀌근 靳 아낄근 根 뿌리근 瑾 옥근 墐 묻을근 殣 주려죽을근 厪 겨우근 瘽 병들근 謹 삼갈근 覲 뵈일근 [illegible] 창자루근 饉 주릴근 懃 은근할근 廑 집근 慬 정성근 槿 무궁화근 [illegible] 씻을근 僅 겨우 勤 부지런할근 菫 나물근 堇 겨우근 跟 발뒤축근 巹 초례근 [illegible] 펼근 觔 힘줄근 筋 힘줄근

글

契 오랑캐글

금

金 쇠금 捦 사로잡을금 嶔 험할금 顉 주걱턱금 錦 비단금 禁 금할금 澿 찰금 僸 풍악금 [illegible] 사로잡을금 噤 입다물금 [illegible] 문빗장금 襟 옷깃금 唫 입다물금 禽 새금 檎 능금금 擒 사로잡을금 今 이제금 [illegible] 입다물금 肣 걷을금 衿 옷깃금 芩 풀금 衾 이불금 紟 홑이불금 琴 거문고금 黔 검을금

급

及 미칠급 岌 높을급 芨 풀급 笈 상자급 級 두름급 圾 높을급 汲 물길을급 伋 생각할급 急 급할급 給 줄급 [illegible] 고깃국급

긍

肻 즐길긍 肯 즐길긍 肎 즐길긍 亘 뻗칠긍 揯 끌긍 絙 줄긍 恒 둥굴긍 搄 당길긍 堩 길긍 緪 줄긍 兢 조심할긍 矜 자랑긍

긔

乞 줄긔 亟 빠를긔 忌 꺼릴긔 紀 벼리긔 記 기록긔 起 일긔 [illegible] 높을긔 己 몸긔 屺 야산긔 杞 구기자긔 玘 구슬긔 芑 기장긔 [illegible] 벼긔 鵋 부형이긔 跽 꿇앉을긔 鐖 낚시미늘긔 饑 주릴긔 譏 기롱긔 耭 발갈긔 蟣 서캐긔 磯 선창긔 穖 벼긔 禨 상서긔 璣 구슬긔 機 틀긔 畿 왕터긔 嘰 추할긔 幾 몇긔 羈 굴레긔 羇 나그네긔 驥 준마긔 懻 사나울긔 冀 바랄긔 [illegible] 바랄긔 覬 엿볼긔 榿 나무긔 隑 언덕긔 豈 어찌긔 [illegible] 미칠긔 穊 빽빽할긔 蔇 이를긔 墍 벽칠긔 旣 이미긔 鶀 기러기긔 [illegible] 기러기긔 麒 기린긔 魌 방상수긔 騏 준마긔 瑧 구슬긔 璂 구슬긔 僛 기우러질긔 錤 호미긔 諅 꺼릴긔 旗 기긔 綦 신긔 箕 키긔 惎 꾀긔 朞 돌긔 欺 속일긔 踑 걸터앉을긔 期 기약긔 蜞 방게긔 碁 바둑긔 騎 탈긔 [illegible] 굴레긔 錡 가마긔 觭 뿔긔 踦 절뚝발이긔 綺 비단긔 畸 발긔

蜝 버레 긔 攲 기울 긔 碕 언덕 긔 寄 붙일 긔 琦 구슬 긔 萁 깍지 긔 棊 바둑 긔 祺 상서 긔 淇 물 긔 琪 구슬 긔 棋 바둑 긔 基 터 긔

倛 방상수 긔 其 그 긔 肌 살 긔 飢 주릴 긔 沂 물 긔 圻 지경 긔 祈 빌 긔 肵 공경할 긔 旂 기 긔 剞 옵이칼 긔 頎 길 긔 蘄 땅 긔 奇 기특 긔 崎

험할 긔 埼 언덕 긔 掎 이끌 긔 居 어조사 긔 鞿 굴레 긔 丌 책상 긔 刉 찌를 긔 攱 기울 긔 炁 기운 긔 氣 기운 긔 滊 김 긔 祁 성할 긔 器

그릇 긔 **기** 芪 황기 기 疷 체할 기 祇 귀신 기 軝 수레바퀴 기 耆 늙을 기 嗜 즐길 기 鬐 갈기 기 夔 짐승 기 鰭 등뼈 기 弃 버릴

기 棄 버릴 기 企 바랄 기 示 귀신 기 其 그 기 俟 성 기 枳 해할 기 伎 공교 기 攰 파리할 기 技 재주 기 妓 기생 기 岐 메 기 庋 고집 기 忮

모질 기 歧 갈래길 기 芰 마름 기 蚑 길 기 跂 저겨디딜 기 庪 산 기 **긱** 毄 부지런할 긱 喫 먹을 긱 **긴** 菣 쑥 긴 緊 긴할 긴 [illegible] 쑥 긴

길 吉 길할 길 趌 달릴 길 蛣 말똥구리 길 拮 실거할 길 狤 즘생 길 佶 건장할 길 姞 계집 길 **김** 金 성 김

나 奈 어찌 나 挼 꺾을 나 捼 꺾을 나 㦬 부끄러울 나 儺 탈 나 拏 잡을 나 挐 잡을 나 拿 잡을 나 那 어찌 나 挪 휠 나 娜 아름

다울 나 [illegible] 깃발 나 袲 옷모양 나 橠 성할 나 稬 찹쌀 나 愞 약할 나 懦 약할 나 糯 찹쌀 나 懶 게으를 나 **낙** 諾 허락 낙 **난**

愞 약할 난 餪 먹을 난 煗 더울 난 煖 더울 난 赧 부끄러울 난 難 어려울 난 戁 두려울 난 攤 안찰할 난 **날** 涅 검을 날 苶 파리할 날

捺 당길 날 捏 당길 날 埒 길둑 날 **남** 男 사나이 남 枏 들메나무 남 南 남녘 남 喃 울 남 湳 물 남 楠 들메나무 남 諵 지꺼릴 남 **납** 衲

고깔 납 軜 고삐 납 㨥 칠 납 蒳 풀 납 妠 장가들 납 納 드릴 납 內 드릴 납 **낭** 娘 각시 낭 㶞 물 낭 曩 어저께 낭 瀼 흐를 낭 灢 흐릴 낭

壤 굴 낭 儾 늦을 낭 囊 주머니 낭 **내** 乃 이에 내 鼐 솥 내 迺 이에 내 耐 견딜 내 奈 어찌 내 柰 어찌 내 妳 낮졸음 내 嬭 유모 내

能 자라 내　⿰能旨 호릴 내　褦 삿갓 내

낙　搦 잡을 낙

낭　娘 계집 낭　孃 어미 낭

녀　女 계집 녀　帤 수건 녀

녁　惄 근심 녁　翮 날랠 녁

년　年 해 년　撚 부빌 년　赧 부끄러울 년　碾 연자 년　涊 더러울 년　秊 해 년

녈　涅 백반 녈　篞 피리 녈

념　念 생각 념　姩 연약할 념　恬 편안 념

녑　敜 막을 녑　聶 가는말 녑　捻 다릴 녑

녕　寧 편안 녕　⿰寧頁 이마 녕　⿰言寧 작은말 녕　獰 사나울 녕　鬡 얽힐 녕　儜 약할 녕　嚀 정녕할 녕　濘 진흙 녕　寗 편안 녕　佞 재주 녕

녜　禰 사당 녜

노　腦 뇌수 노　瑙 화반석 노　嫐 한할 노　惱 번뇌할 노　碯 옥돌 노　硇 돌 노　笯 새농 노　砮 돌살촉 노　怒 노할 노　弩 소뇌 노　帑 처자 노　怓 심란할 노　孥 처자 노　呶 지꺼릴 노　奴 종 노　努 힘쓸 노　臑 팔 노　獶 삽살개 노　憹 뉘우칠 노　獿 잣나비 노　猱 잣나비 노　⿰犭君 메 노　駑 노둔할 노

논　黁 향기 논

농　膿 고름 농　濃 무르녹을 농　儂 나 농　農 농사 농

뇌　挼 휠 뇌　腇 고름 뇌　捼 만질 뇌　餧 주릴 뇌　餒 주릴 뇌　鯘 고기잡올 뇌　瓃 옥그릇 뇌　穢 무성할 뇌　襛 홈옷 뇌　醴 술 뇌　⿱雨農 이슬 뇌　齈 콧물 뇌

뇨　橈 약할 뇨　鐃 꽹과리 뇨　堯 임금 뇨　撓 흔들 뇨　譊 다툴 뇨　嬈 까다로울 뇨　溺 오줌 뇨　⿰亻褭 아름다울 뇨　嫋 고울 뇨　褭 북두 뇨　尿 오줌 뇨　淖 진흙 뇨　裊 고울 뇨　嬲 희롱할 뇨　鬧 지꺼릴 뇨

누　耨 호미 누　鎒 호미 누　㝅 젖 누　⿰需兔 토끼새끼 누　譳 어눌할 누　獳 개 누

눈　嫩 고울 눈　腝 젓담을 눈　嫰 고울 눈

눌　肭 물개 눌　訥 어눌할 눌　吶 어눌할 눌

뉴　紐 맬 뉴　杻 싸리 뉴　狃 개 뉴　扭 잡을 뉴　忸 익힐 뉴　鈕 인꼭지 뉴　糅 섞일 뉴

뉵　恧 부끄러울 뉵　朒 초생달 뉵　衂 코피 뉵　衄 코피 뉵　忸 부끄러울 뉵　䶊 코피 뉵

능　能 능할 능

니　迡 가까울 니　苨 풀 니　柅 나무 니　怩 부끄러울 니　呢 말끝 니　泥 진흙 니　尼 여승 니　旎 기 니　跜 꿈틀거릴 니　埿 진흙 니　⿰木旎 옷가닥 니　濔 많을 니　你 너 니　膩 기름질 니　殢 막힐 니　鸋 조림 니

닉　溺 빠질 닉　搦 잡을 닉　㥾 근심 닉　慝 부끄러울 닉

匿 숨길 닉

닌 紉 실 닌

닐 怩 친압할 닐 柅 그칠 닐 昵 친압할 닐 尼 가까울 닐 暱 가까울 닐 㥾 부끄러울 닐

님 恁 어조사 님 任 말길 님 賃 품팔 님

날 貀 삶을 날 妠 살찔 날

닙 㵋 그림자움직일 닙

다 茶 차 다 𣘻 차 다 多 많을 다 爹 아비 다

단 單 홑 단 匰 감실 단 潬 물가 단 鄲 땅 단 癉 병 단 襌 홑옷 단 亶 진실로 단 壇 제단 단 檀 박달 단 襢 벗을 단 蛋 오랑캐 단 驙 말 단 蜑 오랑캐 단 彖 결단할 단 褖 검은옷 단 緣 옷 단 丹 붉을 단 短 짧을 단 鷻 솔개 단 敦 모을 단 斷 끊을 단 旦 아침 단 但 다만 단 担 칠 단 怛 슬플 단 疸 병 단 袒 엇멜 단 鴠 새 단 耑 끝 단 端 끝 단 剬 썰 단 湍 물결 단 煓 빛날 단 褍 옷 단 貒 오소리 단 [illegible] 짐승 단 段 조각 단 煅 연단할 단 椴 홰대 단 腶 포 단 碫 숫돌 단 緞 비단 단 毈 곯은달걀 단 鍛 연단할 단 剸 끊을 단 摶 칠 단 漙 이슬 단 慱 근심 단 團 둥글 단

달 達 통달 달 撻 종아리칠 달 澾 진흙 달 獺 수달 달 闥 문지방 달 薘 나물 달 羍 양 달 [illegible] 슬플 달 獺 수달 달 呾 꾸짖을 달 狚 잣나비 달 怛 슬플 달 疸 황달 달 妲 계집 달 笪 뜸 달

담 儋 멜 담 擔 멜 담 澹 맑을 담 憺 편안 담 薝 꽃 담 膽 쓸개 담 甔 항아리 담 [illegible] 약돌 담 啗 씹을 담 萏 연꽃 담 窞 굴헝 담 [illegible] 두려울 담 湛 즐길 담 [illegible] 구름 담 曇 날흐릴 담 壜 병 담 噉 먹을 담 担 멜 담 倓 편안할 담 郯 나라 담 淡 맑을 담 啖 씹을 담 惔 불꽃 담 毯 담 담 菼 달 담 痰 담병 담 緂 비단 담 談 말씀 담 餤 먹을 담 [illegible] 비단 담 [illegible] 넓을 담 錟 창 담 [illegible] 비단 담 [illegible] 대 담 [illegible] 싱거울 담 覃 깊을 담 潭 못 담 壇 땅 담 嘾 먹음을 담 燂 불올 담 禫 제사 담 蟫 좀 담 [illegible] 다닐 담 譚 말씀 담 藫 물이끼 담 醰 술 담 驔 말 담 舑 혀내밀 담 耼 귀 담 紞 이불 담 媅 즐거울 담 眈 볼 담 耽 즐길 담 紞 관끈 담 [illegible] 젓 담 髧 더벅머리 담 黕 검을 담 [illegible] 젓 담

답 荅 대답 답 答 대답 답 剳 거듭 답 畣 대답 답 搭 당길 답 褡 해질 답

蹹 밟을답 䨟 창답 遝 섞일답 鷃 날답 誻 지꺼릴답 沓 답답할답 畓 논답 嗒 답답할답 涾 끓일답 踏 밟을답 諮 답답할답 騧 빠를답 黭

거만할답 ● 당 唐 당나라당 傏 당돌할당 塘 못당 搪 당돌할당 煻 구울당 榶 아가위당 瑭 옥당 螗 매미당 糖 엿당 當 마땅당 璫 귀에고리당

擋 헤아릴당 堂 집당 党 오랑캐당 倘 혹당 棠 아가위당 瞠 부릅뜰당 襠 고의당 艡 병선당 簹 대당 鐺 쟁과리당 黨 무리당 儻 혹당 薚

풀당 [illegible] 동이당 鏜 북소리당 螳 당낭이당 膛 가슴당 攩 두드릴당 欓 호초당 曭 날흐릴당 矘 달흐릴당 讜 바른말당 撞 칠당 幢 기당 戇 어리

석을당 餳 엿당 ● 대 對 대할대 懟 원망할대 薱 성할대 靆 구름대 臺 집대 儓 종대 擡 들대 薹 풀대 戴 일대 襶 미혹할대 待

기다릴대 祋 창대 隊 떼대 碓 학대 隸 막을대 代 대신대 岱 메대 袋 전대대 玳 대모대 帒 전대대 貸 뀔대 黛 눈썹그릴대 敦 쟁반대

鐓 창대 錞 창대 瑇 대모대 瀢 사태대 黱 땋은머리대 籉 삿갓대 憝 원망대 帶 띠대 癉 찰대 蹛 밟을대 大 큰대 鈦 착고대 汰 사태

대 ● 덕 德 큰덕 悳 큰덕 惪 큰덕 ● 도 度 법도 渡 건늘도 鍍 도금할도 滔 흐를도 慆 심할도 幍 수건도 稻 벼도 縚 바도 蹈 밟을

도 謟 의심할도 鞱 칼집도 韜 칼집도 [illegible] 기장도 濤 물결도 擣 다듬을도 幬 덮을도 檮 토막도 燾 덮을도 禱 빌도 翿 깃도 [illegible]

바람소리도 弢 활집도 菟 땅도 盜 도둑도 鞀 북도 絛 질빵도 圖 그림도 櫂 삿대도 饕 탐할도 兜 투구도 刀 칼도 叨 탐할도 忉 근심

할도 舠 배도 桃 복숭아도 魛 갈치도 咷 울도 挑 돋울도 逃 도망할도 艞 배도 鞉 북도 鼗 북도 徒 무리도 跿 뛸도 涂 개천도 峹 메도 荼

씀바귀도 稌 벼도 塗 바를도 匋 질그릇도 酴 술도 駼 나귀도 途 길도 道 길도 啕 수다할도 導 인도할도 檤 차릴도 掉 흔들도 悼 슬플도

棹 돗대도 陶 질그릇도 掏 택할도 淘 쌀일도 萄 포도도 屠 무찌를도 綯 새끼도 醄 취할도 饀 떡소도 [illegible] 북통도 騊 말도 都

도읍 도 壔 담 도 屠 술 도 睹 볼 도 賭 내기 도 瘏 말병 도 覩 볼 도 闍 성문 도 島 섬 도 搗 다듬을 도 隝 섬 도 到 이를 도 倒 거꾸러질

도

독

禿 무지러질 독 鵚 털갈 독 [illegible] 괴독할 독 獨 홀로 독 韇 활집 독 督 독촉할 독 裻 옷 독 竺 두터울 독 篤 도타울 독 讀 읽을 독

嬻 거만할 독 匵 독 독 瀆 개천 독 瓄 그릇 독 櫝 독 독 殰 낙태할 독 牘 편지 독 犢 송아치 독 毒 독할 독 碡 돌 독 蝳 거미 독 纛 기 독

韣 활집 독 黷 더럽힐 독 讟 원망할 독

돈

敦 도타울 돈 墩 돈대 돈 燉 빛날 돈 暾 해돋을 돈 蜳 곤할 돈 惇 도타울 돈 弴 활 돈 焞 지질 돈

[illegible] 누를 돈 豚 돼지 돈 囤 창고 돈 魨 고기 돈 飩 떡 돈 軘 수레 돈 純 쌀 돈 庉 광 돈 豘 돼지 돈 忳 민망할 돈 沌 흐릴 돈

돌

咄 슬플 돌 柮 나무 돌 鈯 무딜 돌 揬 당돌할 돌 堗 굴뚝 돌 突 빠를 돌

동

同 한가지 동 侗 미련할 동 恫 슬플 동 挏 끌 동 洞 골 동 峒 메 동 戙 닻 동

桐 오동 동 絧 베 동 衕 거리 동 [illegible] 배 동 詷 급한말 동 酮 말젖 동 銅 구리 동 鮦 고기 동 東 동녘 동 凍 얼 동 涷 소낙비 동 棟 기동 동

蝀 무지개 동 動 움직일 동 彤 붉을 동 浵 깊을 동 仝 같을 동 [illegible] 근심할 동 童 아이 동 董 동독할 동 懂 심란할 동 僮 종 동 潼 물 동 橦 나무 동

獞 개 동 曈 밝을 동 憧 맘동할 동 朣 밝을 동 犝 송아지 동 氃 터럭 동 瞳 동자 동 穜 벼 동 罿 그물 동 艟 배 동 [illegible] 양 동 冬 겨울 동

佟 이름 동 疼 아플 동 [illegible] 비올 동 鼕 북소리 동

두

土 뿌리 두 杜 막을 두 肚 창자 두 [illegible] 두충 두 頭 머리 두 陡 언덕 두 兜 투구 두

[illegible] 잔 두 酘 약술 두 [illegible] 막을 두 竇 구멍 두 窬 구멍 두 蠹 좀 두 斁 피할 두 豆 팥 두 荳 팥 두 㪷 말 두 脰 목 두 逗 머물을 두 梪 목기

두 [illegible] 목기 두 痘 역질 두 餖 만두 두 斗 말 두 枓 기동 두 蚪 올창이 두 阧 언덕 두 抖 찾을 두

둔

盾 이름 둔 遯 도망할 둔 臀 볼기

둔 遯 도망할 둔 腯 살찔 둔 遁 도망할 둔 屯 진 둔 迍 머뭇거릴 둔 頓 굳을 둔 芚 싹 둔 窀 무덤 둔 鈍 무딜 둔

득

得 얻을 득

등

橙 궤 등 嶝 언덕 등 墱 비게 등 鄧 땅 등 僜 곤할 등 隥 사다리 등 豋 그릇 등 登 오를 등 氃 전 등 燈 등불 등 磴 돌다리 등 ⿰登瓦 그릇 등 蹬 밟을 등 簦 우산 등 鐙 말등자 등 鼟 북소리 등 滕 나라 등 螣 도롱뇽 등 謄 벗길 등 騰 날 등 藤 등 등 𤺎 아플 등 縢 얽을 등 幐 주머니 등 等 무리 등 灯 등불 등

락 落 떨어질 락 樂 즐길 락 洛 서울 락 絡 연락할 락 㦡 크게 즐겨할 락 濼 물 락 ⿰言樂 미친 말 락

라 摞 다스릴 라 ⿰禾累 낟가릴 라 瘰 종기 라 螺 소라 라 騾 노새 라 羅 비단 라 儸 간능할 라 囉 소리 라 攞 찢을 라 ⿰氵羅 물 라 欏 나무 라 蘿 청머루 라 邏 순라 라 籮 광주리 라 鑼 나팔 라 饠 떡 라 ⿰酉羅 부끄러울 라 覶 볼 라 臝 벗을 라 蠃 나나니 라 蠃 나나니 라 驘 노새 라 ⿰金嬴 노구 라 懦 약할 라 懶 게으를 라 癩 헌대 라 裸 벗을 라 躶 벗을 라

란 卵 알 란 亂 어지러울 란 鸞 새 란 灤 샐 란 灓 샐 란 欒 나무 란 圞 둥글 란 鑾 방울 란 欄 난간 란 蘭 난초 란 闌 늦을 란 幱 연폭할 란 瀾 물결 란 攔 막을 란 爛 난만할 란 瓓 옥빛 란 孄 어루러기 란 ⿰歹闌 썩을 란 籣 전동 란 讕 휘방할 란 灡 뜨물 란 欗 목란 란

랄 辣 매울 랄 捋 취할 랄 喇 나팔 랄 剌 어그러질 랄

람 覽 볼 람 灠 물드릴 람 攬 당길 람 欖 감람 람 纜 닻줄 람 懢 탐할 람 ⿰巾監 옷 람 ⿰扌監 이끌 람 濫 넘칠 람 嚂 탐할 람 爁 불붙을 람 擥 이끌 람 藍 쪽 람 ⿱穴監 얇을 람 ⿰監毛 터럭 람 籃 채롱 람 襤 남루할 람 繿 남루할 람 ⿰酉監 술 람 ⿱髟監 터럭 람 嵐 메기운 람 婪 탐할 람 惏 탐할 람 壈 험할 람 燣 더울 람

랍 ⿰巤鳥 날 랍 鑞 납 랍 邋 갈 랍 擸 꺾을 랍 臘 섣달 랍 蠟 밀 랍 拹 잡을 랍 搚 꺾을 랍 拉 꺾을 랍 臈 납향 랍 摺 꺾을 랍

랑 琅 구슬 랑 烺 불붙을 랑 狼 이리 랑 埌 무덤 랑 浪 물결 랑 ⿰氵筤 개천 랑 閬 문 랑 㝗 대 랑 莨 독한 풀 랑 鋃 고랑 랑 郎 서방 랑 朗 밝을 랑 廊 행랑 랑 瑯 땅 랑 榔 빈낭 랑 蓈 가라지 랑 桹 나무 랑 稂 가라지 랑 硠 돌소리 랑 踉 달릴 랑 蜋 말똥구리 랑

래 萊 쑥 래 ⿰禾來 보리 래

來 올래 徠 올래 逨 올래 崍 메래 睞 볼래 騋 말래 ●랭 冷 찰랭 ●략 掠 노략할략 剠 노략할략 略 간략할략 蟟 하루살이략 䂮

칼갈략 [illegible] 칼갈략 ●량 良 어질량 悢 슬플량 蜋 당랑량 粮 양식량 粱 다리량 梁 기장량 樑 들보량 亮 밝을량 飆 북풍량

輬 수레량 諒 알량 掠 노략할량 涼 서늘할량 剠 빼앗을량 倞 헤아릴량 凉 서늘할량 兩 둘량 倆 재주량 裲 배자량 蜽 두꺼비량 緉 신량

魎 도까비량 ●려 戾 사나울려 唳 울려 悷 슬플려 棙 비파채려 綟 실려 颲 바람려 呂 법중려 侶 짝려 梠 현판려 閭 말려 [illegible]

미련할려 藺 쑥려 [illegible] 창집려 黎 검을려 藜 명아주려 櫚 종려려 邌 행할려 瓈 구슬려 勵 힘쓸려 癘 병려 礪 숫돌려 糲 거칠

려 蠣 굴려 慮 생각려 濾 거를려 爈 산불려 藘 풀려 鑢 줄려 麗 고울려 儷 짝려 攦 꺾을려 欐 들보려 驪 나귀려 鸝 꾀꼬리려

蘆 성할려 廬 집려 驢 나귀려 旅 나그네려 祣 제사려 沴 해로울려 膂 힘쓸려 痢 파리할려 颲 바람려 鵹 꾀꼬리려 穭 들벼려 錄

두남둘려 盭 어그러질려 ●력 歷 지날력 藶 풀력 䍥 덮일력 瀝 떨어질력 櫪 마구력 䚕 회꿋회꿋할력 癧 나력력 䍽 양력 鏖 솟솥력 櫟

나무력 靂 벼력력 𪘂 잇병력 瓅 구슬빛력 皪 흴력 礫 조약돌력 躒 움직일력 轢 어그러질력 酈 땅력 曆 책력력 力 힘력 劦 높을력 泐

얼력 ●련 煉 연단할련 湅 이길련 楝 단나무련 練 빨련 鍊 단련할련 戀 생각련 孌 고울련 攣 이을련 臠 육장련 輦 연련 憐 불상

할련 怜 어여쁠련 聯 이을련 連 연할련 僆 쌍동이련 漣 흐를련 摙 옮길련 璉 구슬련 蓮 연꽃련 鰱 고기련 ●렬 劣 용렬할렬

迣 막을렬 鋝 저울눈렬 [illegible] 거칠렬 列 벌렬 冽 찰렬 洌 맑을렬 栵 개암렬 挒 꺾을렬 茢 풀렬 烈 매울렬 迾 막을렬 裂

찢을렬 蛚 귀뚜라미렬 颲 바람렬 戾 사나울렬 捩 어그러질렬 攦 어그러질렬 ●렴 [illegible] 풀렴 匳 경대렴 斂 거둘렴 殮 염습렴 蘞

(붙)렴 瀲 넘칠 렴 獫 개 렴 獵 개 렴 奩 경대 렴 帘 술기 렴 廉 청렴 렴 濂 물 렴 鐮 낫 렴 簾 발 렴 溓 물 렴 熑 불붙을 렴 磏 돌 렴

렵

儠 악할 렵 躐 뛸 렵 獵 사냥 렵 鬣 갈기 렵

령

令 하여금 령 伶 광대 령 彾 외로울 령 怜 영악할 령 泠 찰 령 朎 영롱할 령 昤 날빛 령 玲 옥소리 령 跉 비척거 거릴 蛉 버레 령 羚 큰양 령 聆 들을 령 袊 옷깃 령 舲 배 령 軨 수레 령 鈴 방울 령 齡 나이 령 苓 복령 령 笭 다라끼 령 零 떨어질 령 澪 물 령 蕶 떨어질 령 囹 옥 령 酃 땅 령 櫺 기동 령 ⿰虫霝 버레 령 蘦 감초 령 ⿰缶霝 항아리 령 ⿰羊霝 양 령 ⿰舟霝 배 령 醽 맑을 령 逞 쾌할 령 另 다를 령 欞 기동 령 ⿸广霝 양 령 鴒 새 령 領 거느릴 령 靈 신령 령 翎 깃 령 瓴 병 령 ⿰令毛 엉킬 령

례

例 전례 례 栵 나무 례 隷 종 례 荔 여지 례 禮 예도 례 澧 물 례 醴 단술 례 鱧 가물치 례

로

勞 수고로울 로 僗 수고로울 로 澇 장마 로 撈 갈구리 로 簩 대 로 虜 오랑캐 로 擄 사로잡을 로 ⿰木虜 방패 로 ⿰舟虜 배 로 魯 나라 로 櫓 노 로 艣 배 로 氌 담요 로 鹵 짤 로 滷 짤 로 ⿰扌鹵 짤 로 ⿰言鹵 어지러울 로 老 늙을 로 恅 심란할 로 姥 노파 로 栳 고리짝 로 潦 장마 로 蹽 팔 로 橑 석가래 로 牢 우리 로 窂 우리 로 ⿰尞衣 검을 로 嫪 아낄 로 盧 성 로 瀘 물 로 獹 개 로 壚 수자리 로 櫨 대공 로 蘆 갈대 로 爐 화로 로 矑 볼 로 籚 창대 로 艫 배 로 罏 잔 로 纑 삼삶을 로 轤 활거 로 鑪 화로 로 ⿰盧瓜 병 로 顱 머리 로 鸕 새 로 黸 검을 로 鱸 농어 로 路 길 로 潞 물 로 璐 구슬 로 簬 대 로 鷺 백로 로 露 이슬 로 輅 수레 로 賂 뇌물 로 ⿱竹輅 대 로

록

鹿 사슴 록 漉 거를 록 摝 떨칠 록 樚 활거 록 ⿰舟鹿 배 록 轆 활거 록 騼 말 록 ⿱罒鹿 그물 록 簏 대상자 록 麓 산줄기 록 角 성 록 菉 녹두 록 渌 거를 록 琭 구슬 록 祿 녹 록 碌 녹록할 록 綠 푸를 록 睩 볼 록 醁 술 록 錄 기록 록 騄 말 록 籙 비결 록 盝 기름틀 록 ⿱淥皿 거울 록

론

淪 흐릴 론 論 의론 론 掄 가릴 론

롱

弄 희롱 롱 哢 울 롱 曨 해돋을 롱 瀧 젖을 롱 ⿱龍鳥 새 롱 ⿰食龍 떡 롱

襱 바지 롱 聾 귀먹을 롱 籠 채롱 롱 竉 굴 롱 攏 빌 롱 礱 갈 롱 ⿰禾龍 벼병 롱 蘢 여뀌 롱 朧 달빛 롱 櫳 문찌방 롱 龒 문찌방 롱 瓏 빛날 롱

隴 언덕 롱 巃 높을 롱 壟 언덕 롱 嚨 목구멍 롱 龐 성 롱 攏 가질 롱 ㉣ 賴 힘입을 뢰 瀨 여울 뢰 藾 마름 뢰 籟 피리 뢰 癩 문둥이 뢰

磊 돌무더기 뢰 磓 돌 뢰 酹 술부을 뢰 纇 실마디 뢰 賚 상줄 뢰 耒 따비 뢰 誄 시호 뢰 雷 우뢰 뢰 蕾 꽃봉우리 뢰 擂 갈 뢰 礌 돌 뢰 儡 허수아비 뢰

⿰扌畾 칠 뢰 壘 클 뢰 ⿱山畾 높을 뢰 ⿰犭畾 박쥐 뢰 櫑 잔 뢰 礧 돌무더기 뢰 礨 돌무더기 뢰 罍 잔 뢰 轠 찌를 뢰 ㉤ 了 마칠 료 料 헤아릴 료

膋 기름질 료 敹 가릴 료 ⿸疒樂 병고칠 료 翏 날 료 熮 불붙을 료 漻 깊을 료 憀 한할 료 寥 고요 료 廖 성 료 蓼 여뀌 료 蟉 꿈적거릴 료

醪 막걸리 료 飂 바람 료 聊 애오라지 료 ⿰山聊 산길을 료 寮 동관 료 嶚 높을 료 尞 사를 료 僚 동관 료 ⿰土尞 담 료 撩 잡을 료 獠 사냥 료

嫽 희롱 료 嘹 울 료 膫 기름질 료 璙 구슬 료 燎 횃불 료 橑 서까래 료 遼 멀 료 療 나을 료 瞭 밝을 료 ⿰礻尞 제사 료 ⿱罒尞 그릇 료

簝 대그릇 료 繚 얽을 료 轑 굴 료 鐐 화로 료 ⿰豸尞 오랑캐 료 ⿰炙尞 구울 료 鷯 새 료 飉 바람 료 ㉢ 龍 용 룡 ㉣ 漏 샐 루

淚 눈물 루 陋 더러울 루 蔞 풀 루 漊 배 루 嶁 메 루 窶 가난할 루 摟 이끌 루 慺 근간할 루 塿 언덕 루 屢 여러 루 僂 굽힐 루 婁 곤궁할 루

樓 다락 루 ⿰婁斗 노략할 루 膢 제사 루 甊 병 루 瘻 헌데 루 ⿰婁瓜 외 루 艛 배 루 褸 남루할 루 縷 실 루 螻 도로래 루 簍 채롱 루 ⿰豕婁 암내낸 돼지 루

鏤 새길 루 鞻 신 루 髏 머리뼈 루 ㉤ 茆 나물 류 柳 버들 류 桺 버들 류 窌 땅 류 ⿰車卯 상여 류 ⿺風卯 바람 류 駵 말 류

流 흐를 류 琉 유리 류 硫 유황 류 旒 기발 류 裗 시침 류 瑬 면류관 류 累 여러 류 蔂 덤불 류 樏 썰매 류 縲 얽힐 류 ⿱⺮累 삼태기 류

繆 어기여질 류 勠 힘쓸 류 漻 맑을 류 鏐 쇠 류 謬 그를 류 壘 진 류 藟 덤불 류 纍 얽을 류 ⿰糹纍 그물 류 蘲 삼태기 류 虆 덤불 류

劉 죽일 류 瀏 맑을 류 懰 즐길 류 類 같을 류 禷 제사 류 汖 흐를 류 䧙 학 류 絫 여러 류 蜼 짐승 류 留 머무를 류 溜 낙수물 류 畱 머무를 류 塯 질그릇 류 廇 마루대 류 橊 석류 류 瑠 유리 류 遛 머무거릴 류 罶 통발 류 瘤 혹 류 鎦 쪼길 류 霤 낙수물 류 餾 밥뜸들 류 飀 바람 류 騮 말 류 鶹 새 류

륙

陸 뭍 륙 稑 벼 륙 [虫坴] 조개 륙 六 여섯 륙 僇 욕할 륙 戮 죽일 륙 勠 죽일 륙 穋 벼 륙

륜

淪 빠질 륜 綸 실 륜 輪 바퀴 륜 圇 둥글 륜 侖 둥글 륜 崙 메 륜 崘 메 륜 倫 인륜 륜 掄 가릴 륜

률

律 법 률 嵂 높을 률 硉 높을 률 率 비례 률 膟 기름 률 繂 뱃줄 률 㮚 밤 률 䬕 바람 률 栗 밤 률 溧 물 률 凓 찰 률 搮 다스릴 률 慄 두려울 률 颲 바람 률 鷅 새 률

륭

肜 제사 륭 烿 불기운 륭 瀜 무루녹을 륭 隆 높을 륭 窿 하늘 륭 霳 구름맡은 귀신 륭 [鼓隆] 북소리 륭 癃 늙은병 륭

륵

肋 갈빗대 륵 艻 풀 륵 玏 옥 륵 扐 뽑을 륵 仂 십분일 륵 泐 허여질 륵 氻 부서질 륵 勒 구레 륵

름

廩 창고 름 凜 찰 름 懍 늠름할 름

릉

綾 비단 릉 蔆 마름 릉 輘 수레자국 릉 鯪 고기 릉 楞 모날 릉 [月夌] 능멸할 릉 夌 언덕 릉 凌 업수이여길 릉 陵 두덕 릉 淩 물 릉 棱 모날 릉 稜 모날 릉 菱 연 릉

리

里 말 리 俚 속담 리 悝 근심 리 娌 동서 리 狸 삵 리 梩 들것 리 理 이치 리 貍 삵 리 鯉 잉어 리 裏 속 리 裡 속 리 利 이할 리 俐 영리할 리 莉 꽃 리 梨 배 리 涖 임할 리 痢 이질 리 莅 임할 리 李 외얏 리 吏 아전 리 罹 병들 리 詈 꾸짖을 리 剓 메 리 履 신 리 羸 파리할 리 盠 표주박 리 劙 벨 리 离 남방 리 漓 샐 리 摛 펼 리 璃 유리 리 螭 용 리 縭 띠 리 褵 띠 리 醨 술 리 離 떠날 리 魑 도까비 리 灕 물 리 攡 펼 리 䍦 모지 리 樆 울타리 리 籬 울타리 리 蘺 풀 리 彲 용 리 孋 나라 리 邐 연할 리 矖 살필 리 纚 끈 리 覼 살필 리 鱺 뱀장어 리 驪 말 리 犂 보습 리 棃 배 리 藜 풀 리 黧 검을 리 嫠 과부 리 氂 터럭 리 犛 소 리 釐 다스릴 리

린

粦 인화 린

燐 인화 린 麟 기린 린 鱗 비늘 린 驎 말 린 轔 수레소리 린 磷 옥돌 린 ⿰虫粦 반디불 린 蹸 밟힐 린 瞵 눈자 린 疄 밭두둑 린 璘 옥빛

린 ⿰片粦 잔 린 甐 움직일 린 遴 빠를 린 潾 맑을 린 鄰 이웃 린 嶙 높을 린 粼 맑을 린 隣 이웃 린 吝 인색할 린 悋 아낄 린 恡 아낄 린

躙 밟을 린 藺 풀 린 (림) 棽 성할 림 痳 임질 림 霖 장마 림 琳 구슬 림 惏 찰 림 淋 젖을 림 林 수풀 림 臨 임할 림 (립) 笠

갓 립 苙 우리 립 立 설 립 雴 비 립 粒 쌀알 립 ⿰齒立 이소리 립 湁 샘 립

(마) 馬 말 마 傌 욕할 마 瑪 옥돌 마 碼 옥돌 마 禡 제사 마 罵 꾸짖을 마 蟆 개구리 마 麻 삼 마 麽 작을 마 摩 만질 마 磨 갈 마

嬤 어미 마 魔 귀신 마 麼 작을 마 劘 깎을 마 礳 갈 마 (막) 邈 멀 막 貌 업수이여길 막 莫 말 막 塻 티끌 막 漠 아득할 막 寞 고요할 막

幕 장막 막 摸 잡을 막 暯 어둘 막 瞙 백태 막 膜 껍홀 막 瘼 병 막 鏌 칼 막 (만) 晩 늦을 만 輓 수레 만 滿 찰 만 懣 번거할 만 樠

나무 만 瞞 속일 만 蹣 넘을 만 鬘 털길 만 巒 봉우리 만 彎 당길 만 灣 물구비 만 矕 볼 만 蠻 오랑캐 만 鸞 꾀꼬리 만 万 일만 만 萬 일만

만 曼 멀 만 漫 넓을 만 獌 이리 만 墁 흙손 만 幔 장막 만 鄤 땅 만 慢 거만할 만 嫚 오만할 만 蔓 넌출 만 槾 흙손 만 縵 비단

만 鰻 뱀장어 만 謾 속일 만 鏝 흙손 만 饅 만두 만 ⿱雨曼 젖을 만 挽 당길 만 娩 순산할 만 (말) 眜 어둘 말 眛 어둘 말 ⿰麥末 가루 말

抹 가루 말 沫 거품 말 帓 띠 말 末 끝 말 妺 계집 말 茉 꽃 말 秣 먹일 말 袜 버선 말 ⿰食末 말먹일 말 靺 오랑캐 말 襪 버선 말 韈 버선

말 韤 버선 말 ⿰目必 볼 말 袹 제복 말 (맘) ⿰黑叐 어둘 맘 鋄 굴레 맘 (매) 每 매양 매 梅 매화 매 莓 이끼 매 痗 병 매 酶 모주

매 鋂 고리 매 媒 중매 매 禖 제사 매 煤 철매 매 ⿰酉某 초 매 埋 묻을 매 薶 묻을 매 霾 흙비 매 買 살 매 賣 팔 매 枚 낱 매 玫

구슬 매 勱 힘쓸 매 邁 갈 매 浼 더러울 매 鬽 귀신 매 塺 티끌 매 脢 등 매 魅 귀신 매 寐 잘 매 韎 가죽 매 眛 눈어둘 매 沬 골 매 昧 어둘 매 妹 누의 매

맥

陌 언덕 맥 貊 오랑캐 맥 䮥 버쇠 맥 貘 맥 맥 莫 고요할 맥 驀 뛸 맥 麥 밀 맥 霡 가는비 맥 脉 맥 맥 覛 볼 맥 眽 볼 맥 衇 맥 맥 脈 맥 맥

맹

孟 맏 맹 猛 모질 맹 蜢 늣 맹 艋 배 맹 萌 움돋을 맹 盟 맹세 맹 甍 추녀 맹 懜 미련할 맹 嫇 계집아이 맹 鄳 땅 맹 氓 백성 맹 蝱 등에 맹 虻 등에 맹 盲 눈멀 맹 甿 백성 맹

망

鋩 날 망 硭 망초 망 茫 아득할 망 恾 근심 망 莣 풀 망 𥐥 돌 망 芒 가시 망 杗 들보 망 忘 잊을 망 妄 망녕될 망 邙 메 망 忙 빠를 망 汒 빠를 망 亡 도망 망 亾 도망 망 罔 없을 망 惘 슬플 망 蝄 버레 망 網 그물 망 誷 속일 망 輞 바퀴 망 魍 귀신 망 莽 풀 망 漭 아득할 망 䁳 어둘 망 蟒 구렁이 망 望 바랄 망 朢 보름 망 𠈓 거스릴 망 蘉 힘쓸 망 孟 맹랑할 망

멱

覓 찾을 멱 覔 찾을 멱 汨 물 멱 幭 수레뚜껑 멱 幦 수레뚜껑 멱 幭 수레뚜껑 멱 塓 바람 멱 幎 덮을 멱 鼏 솥뚜껑 멱 冪 덮을 멱 羃 덮을 멱 幭 수레뚜껑 멱

면

免 면할 면 俛 숙일 면 勉 힘쓸 면 㝃 순산할 면 冕 면류관 면 莧 이름 면 勔 이름 면 綿 솜 면 緜 솜 면 眠 졸음 면 櫋 들보 면 糆 국수 면 麵 국수 면 靦 땀 면 緬 면례 면 湎 취할 면 勔 힘쓸 면 偭 등질 면 面 낯 면

멸

滅 멸할 멸 搣 뺄 멸 衊 약할 멸 蠛 바구미 멸 𥽳 죽 멸 擮 틀릴 멸 篾 대 멸 蔑 멸시할 멸

몌

袂 소매 몌

명

明 밝을 명 眀 밝을 명 朙 밝을 명 鵬 새 명 鳴 울 명 皿 그릇 명 命 목숨 명 銘 새길 명 酩 취할 명 洺 물 명 茗 차 명 名 이름 명 螟 뽕벌레 명 蓂 풀 명 瞑 눈감을 명 溟 바다 명 鄍 땅 명 冥 어둘 명

모

冐 무릅쓸 모 帽 사모 모 媢 시기할 모 莫 저물 모 募 뽑을 모 嫫 계집 모 慕 사모할 모 摸 모뜰 모 糢 모호할 모 慔 힘쓸 모 模 법 모 暮 저물 모 膜 꺼풀 모 摹 모뜰

모 謨 꾀 모 謩 꾀 모 毛 털 모 芼 나물 모 秏 벼 모 眊 눈흘길 모 耗 덜릴 모 旄 기 모 酕 취할 모 髦 풀릴 모 髦 머리땋을 모 鶜 새털 모

耄 늙은이 모 矛 창 모 茅 띠 모 蟊 버레 모 蝥 버레 모 牟 보리 모 侔 짝 모 蛑 게 모 麰 보리 모 皃 모양 모 貌 모양 모 䫉 모양 모 母 어미

모 侮 업수이여길 모 罞 그물 모 某 아무 모 謀 꾀 모 牡 수컷 모 媌 아름다울 모 歊 일어날 모 蓩 풀 모 瑁 대모 모 **목** 目 눈 목 睦 화목 목

苜 풀 목 鶩 따우기 목 牧 칠 목 木 나무 목 沐 목욕할 목 霂 이슬비 목 鞪 수레채 목 毣 함함할 목 穆 화목 목 繆 얽을 목 **몰** 沒 빠질 몰

圽 묻을 몰 殁 죽을 몰 歿 죽을 몰 **몽** 蒙 무릅쓸 몽 氋 터럭 몽 曚 어둘 몽 朦 어둘 몽 矇 청맹관이 몽 蠓 구더기 몽 艨 배 몽 [illegible] 버쇠

몽 饛 그득할 몽 幪 덮을 몽 濛 흐릴 몽 冡 어릴 몽 雺 안개 몽 霿 안개 몽 夢 꿈 몽 瞢 어둘 몽 懜 미련할 몽 㝱 꿈 몽 罞 그물

몽 **묘** 卯 동방 묘 戼 동방 묘 茆 나물 묘 昴 별 묘 苗 싹 묘 庿 사당 묘 描 모뜰 묘 猫 괴 묘 貓 괴 묘 緢 기술 묘 杳 아득할 묘 淼 아득

할 묘 藐 아득할 묘 廟 사당 묘 墓 무덤 묘 妙 묘할 묘 秒 벼수염 묘 玅 묘할 묘 眇 외눈 묘 渺 아득할 묘 緲 아득할 묘 **무** 毋 없을 무 母

어미 무 姆 계집스승 무 姥 계집스승 무 拇 엄지가락 무 踇 엄지발가락 무 鴟 앵무 무 畮 이랑 무 畝 이랑 무 畞 이랑 무 武 호반 무 娬 아당할 무 珷

옥돌 무 碔 옥돌 무 鵡 앵무 무 婺 별 무 愗 미련할 무 瞀 무식할 무 鍪 투구 무 鞪 투구 무 騖 달릴 무 務 힘쓸 무 霧 안개 무 楙 성할 무 懋

힘쓸 무 髳 터럭 무 茂 성할 무 戊 별 무 巫 무당 무 莁 무 무 誣 속일 무 恈 탐할 무 无 없을 무 某 아모 무 牡 수컷 무 貿 살 무 鉾 차관

무 拊 칠 무 繆 묶을 무 亡 없을 무 儛 춤출 무 舞 춤출 무 [illegible] 그물 무 甒 술잔 무 橆 없을 무 橅 법 무 膴 두터울 무 蕪 거칠 무

憮 무색할 무 幠 덮을 무 撫 만질 무 廡 행랑 무 嫵 아당할 무 無 없을 무 **묵** 万 성 묵 纆 끈 묵 嘿 잠잠 묵 默 잠잠 묵 墨 먹 묵 **문**

吻 입술 문　刎 목찌를 문　免 순산할 문　悗 잊을 문　娩 순산할 문　絻 두건 문　閺 나려볼 문　閿 나려볼 문　捫 만질 문　們 무리 문　門 문 문　聞 들을 문　問 물을 문　忞 어지러울 문　雯 구름 문　抆 씻을 문　蚊 모기 문　紋 문채 문　紊 어지러울 문　文 글월 문　汶 물 문　璊 옥 문　虋 기장 문　亹 옥갈 문　蟁 모기 문　聞 들을 문　捪 씻을 문　濷 번민할 문

물

物 만물 물　芴 배채 물　昒 새벽 물　曶 새벽 물　勿 말 물　沕 잠길 물　岉 높을 물

믕

甑 질그릇 믕　甍 상 믕

미

眉 눈섭 미　湄 물가 미　媚 아당할 미　郿 땅 미　嵋 메 미　楣 현판 미　穈 기장 미　糜 싸라기 미　縻 얽을 미　靡 쓰러질 미　蘼 장미 미　䕷 기장 미　醾 술 미　微 작을 미　媺 아름다울 미　溦 비 미　薇 고사리 미　黴 곰팡이 미　麋 사슴 미　彌 찰 미　蘪 풀 미　瀰 가득할 미　嬭 어머니 미　獼 잣나비 미　芊 양소리 미　亹 아름다울 미　睂 눈섭 미　未 아닐 미　味 맛 미　米 쌀 미　罙 깊을 미　洣 물 미　迷 아득할 미　敉 어루만질 미　䍘 그물 미　眯 눈의 티 미　䋛 문채 미　謎 숨은말 미　尾 꼬리 미　娓 고울 미　弭 활끝 미　渳 가득할 미　麛 사슴새끼 미　美 아름다울 미　渼 물 미

민

民 백성 민　泯 빠질 민　珉 옥돌 민　岷 메 민　罠 그물 민　湣 민망할 민　旼 화할 민　旻 하늘 민　玟 옥돌 민　忞 힘쓸 민　昬 힘쓸 민　痻 병 민　鍲 구슬 민　緡 끈 민　緍 꿰미 민　敃 힘쓸 민　愍 민망할 민　暋 힘쓸 민　閔 민망할 민　悶 민망할 민　閩 오랑캐 민　潣 흐를 민　憫 민망할 민　黽 힘쓸 민　僶 힘쓸 민　澠 물 민　脗 합할 민　閺 성문 민　慜 민첩할 민　敏 민첩할 민

밀

宓 잠잠할 밀　昳 해떨어질 밀　密 빽빽할 밀　蜜 꿀 밀　醠 술먹을 밀　謐 평안할 밀

박

彴 별 박　爮 손톱 박　剝 깎을 박　亳 땅 박　襮 거칠 박　瓟 외 박　曝 노할 박　犦 소 박　墣 흙덩이 박　鏷 쇠뭉치 박　撲 질박할 박　泊 대일 박　粕 겨 박　箔 발 박　雹 우박 박　颮 칠 박　骲 살 박　博 넓을 박　搏 칠 박　煿 말릴 박　膊 어깨 박　縛 얽을 박　鎛 호미 박

餺 국수 박 簙 장기 박 簿 발 박 髆 어깨 박 薄 엷을 박 欂 반침목 박 膊 멜 박 礴 박석 박 鑮 쇠북 박 駁 말 박 **반** 半 반 반 泮
물 반 伴 짝 반 冸 녹을 반 拌 버릴 반 柈 소반 반 胖 살찔 반 畔 밭두둑 반 絆 얽을 반 䬳 떡 반 靽 길마 반 頖 태학 반 弁 즐길 반 拚
버릴 반 絣 얽을 반 反 돌이킬 반 扳 당길 반 返 돌아올 반 叛 배반 반 軬 수레 반 飯 밥 반 頒 나눌 반 盼 눈자위 반 肦 부세 반 攽 줄 반 斑 알룩질 반
班 반렬 반 般 일반 반 搬 옮길 반 𤢽 개 반 幋 띠 반 槃 소반 반 盤 소반 반 磐 반석 반 瘢 발반 반 縏 주머니 반 𥳉 통발 반 𨃞 발구브릴
반 瀊 뜨물 반 鞶 띠 반 𩮀 상투 반 繁 말갈기 반 播 무리 반 潘 성 반 磻 돌 반 蟠 서릴 반 攀 발들 반 襻 띠 반 虨 표범 반 𨑘
토끼 반 扮 장식할 반 斒 알룩할 반 飰 밥 반 竝 동거할 반 𧘂 띠 반 沜 물가 반 **발** 孛 혜성 발 勃 노할 발 𡋯 티끌 발 浡 물 발 桲 도리깨 발
悖 거스릴 발 渤 바다 발 綍 실 발 馞 향기 발 鵓 비둘기 발 艴 노할 발 䑰 뗏목 발 墢 팔 발 鉢 발잇대 발 鈸 주발 발 鱍 꼬리칠 발 鏺 칼 발
醱 술익을 발 蹳 밟을 발 襏 도롱이 발 撥 다스릴 발 潑 활발할 발 發 필 발 髮 터럭 발 魃 귀신 발 軷 제사 발 跋 밟을 발 盋 주발 발 胈
터럭 발 拔 뺄 발 坺 캘 발 沷 찰 발 **방** 邦 나라 방 玤 구슬 방 肨 범새 방 蚌 조개 방 綁 멜 방 尨 삽살개 방 厖 클 방 哤 잡말 방 狵 삽살개 방
駹 말 방 汸 물 방 枋 박달 방 牥 소 방 芳 꽃다울 방 放 놓을 방 房 방 방 昉 밝을 방 肪 살찔 방 方 모 방 仿 방불할 방 彷 방불할 방 防
막을 방 妨 해로울 방 坊 막을 방 紡 길쌈 방 蚄 버레 방 倣 본받을 방 舫 배 방 訪 찾을 방 魴 고기 방 髣 방불할 방 㫄 곁 방 榜 방목 방 霶 젓을
방 旁 곁 방 傍 곁 방 徬 머물을 방 搒 칠 방 滂 비소리 방 榜 방목 방 蒡 풀 방 膀 오줌통 방 牓 방목 방 磅 돌 방 螃 게 방 篣 칠 방 縍
신 방 𨃰 달릴 방 謗 비방 방 鎊 깍을 방 雱 비 방 逄 성 방 胮 창증 방 艂 배 방 棒 몸둥이 방 蜯 조개 방 幇 도울 방 㨍 막을 방 幫 도울 방

輂 신 방 棓 도리깨 방 䎱 밭갈 방 龐 성 방 [illegible] 담 방 **배** 杯 잔 배 环 옥 배 肧 아이밸 배 盃 잔 배 衃 피 배 桮 잔 배 阫 담 배 坏 흙덩이 배

俳 광대 배 排 헤칠 배 徘 허물을 배 琲 구슬 배 裴 성 배 裵 성 배 䑺 배치 배 輩 무리 배 倍 갑절 배 陪 모실 배 培 북돋을 배 焙 쬘 배

毰 털 배 蓓 꽃봉우리 배 醅 술익을 배 拜 절 배 湃 물소리 배 扒 뺄 배 背 등 배 配 짝 배 輩 무리 배 [illegible] 절 배 韛 풀무 배 妃 짝 배

北 패할 배 **백** 百 일백 백 舶 배 백 挀 칠 백 帛 비단 백 珀 호박 백 栢 잣 백 迫 가까울 백 柏 잣 백 佰 일백 백 白 흰 백 伯 맏 백 鮊 백어 백

魄 넋 백 [illegible] 우물돌 백 苩 쪽 백 霸 초생달 백 **번** 反 뒤칠 번 煩 번거로울 번 薠 풀 번 樊 울 번 礬 백반 번 蠜 메뚜기 번 繁 성할 번 蘩 나물 번

犿 쫓을 번 笲 그릇 번 袢 속옷 번 拚 번득일 번 番 번수 번 墦 무덤 번 潘 뜨물 번 幡 기 번 蕃 성할 번 燔 살을 번 璠 옥 번 旛 기 번

蹯 짐승발 번 轓 수레간 번 藩 울타리 번 翻 뒤칠 번 飜 뒤칠 번 **벌** 墢 밭갈 벌 橃 배 벌 閥 문벌 벌 筏 뗏목 벌 栰 뗏목 벌 垡 가대 벌

伐 칠 벌 瞂 방패 벌 罰 죄 벌 [illegible] 쌀쓿을 벌 **범** 氾 뜰 범 犯 범할 범 范 성 범 軓 수레 범 [illegible] 잔 범 笵 법 범 範 법 범 [illegible] 벌 범

訉 잔소리 범 颿 달릴 범 泛 뜰 범 汎 뜰 범 凡 무릇 범 凢 무릇 범 帆 돛 범 杋 나무 범 軓 수레 범 梵 범서 범 [illegible] 말 범 **법** 法 법 법 疺 파리할 법

灋 법 법 **벽** 偪 가까울 벽 愊 정성 벽 堛 흙덩이 벽 湢 목욕실 벽 稫 빽빽할 벽 疈 쪼갤 벽 捭 열 벽 碧 푸를 벽 辟 임금 벽 僻 궁벽 벽

劈 쪼갤 벽 擗 쪼갤 벽 壁 바람벽 벽 澼 빨래 벽 擘 쪼갤 벽 檗 나무 벽 薜 청머루 벽 璧 구슬 벽 甓 벽돌 벽 癖 성벽 벽 襞 주름잡을 벽

繴 그물 벽 躄 절뚝발이 벽 闢 열 벽 霹 벽력 벽 蘗 나무 벽 鷿 오리 벽 **변** 弁 고깔 변 匥 상자 변 拚 받을 변 [illegible] 피이목 변

昪 햇빛 변 閞 피이목 변 [illegible] 고깔 변 鴘 매 변 胼 터질 변 跰 터질 변 骿 갈빗대 변 忭 즐길 변 抃 뛸 변 汴 물 변 卞 꼭지 변

便 똥오줌변 枋 자루변 扁 표변 匾 그릇변 徧 두루변 辨 분변변 辮 엮을변 辯 말변 邊 갓변 籩 그릇변 變 변할변

별

㢼 활별 別 이별별 峢 메별 覕 깜작일별 批 밀칠별 彆 활별 撇 삐칠별 潎 물결별 撆 삐칠별 瞥 눈깜작할별 襒 떨칠별

蹩 번디기별 鱉 자라별 鷩 꿩별 鼈 자라별

병

秉 잡을병 棅 자루병 兵 군사병 琕 칼집병 鞞 칼집병 搒 행선할병

併 아오를병 並 아우를병 幷 아우를병 洴 빨래병 帲 장막병 郱 땅병 栟 나무병 荓 풀병 迸 흩을병 瓶 병병 絣 베병 餠 병병

趂 달릴병 軿 수레병 鉼 금조각병 頩 낯빛병 餅 떡병 䴵 떡병 駢 땅이름병 屛 병풍병 偋 물리칠병 摒 물리칠병 竮 비틀걸음병

箳 수레뚜껑병 丙 남녘병 邴 땅병 抦 잡을병 怲 근심할병 炳 빛날병 昺 빛날병 昞 빛날병 柄 자루병 窉 구멍병

病 병병 蛃 좀병 寎 병병

보

步 걸음보 荹 꼴보 騭 말걸음익힐보 駂 말보 鴇 너새보 譜 족보보 鯆 복생선보 寶 보배보

普 넓을보 菩 보살보 報 갚을보 保 보전보 堡 막을보 堢 막을보 葆 무성할보 褓 기저기보 緥 기저기보 甫 갓보 俌 도울보 補 기울보

莆 풀보 輔 도울보 簠 그릇보 黼 용포보

복

伏 엎드릴복 垘 막을복 洑 보복 茯 복령복 袱 보자복 栿 다리복 服 옷복

菔 무복 箙 전통복 鵩 새복 福 복복 楅 막대복 蝠 박쥐복 輻 바퀴복 幅 폭복 副 쪼갤복 匐 길복 葍 무복 卜 점복

扑 종아리칠복 宓 엎드릴복 虙 성복 韣 활집복 撲 칠복 蔔 무복 復 거듭복 腹 배복 蝮 독사복 覆 덮을복 複 거듭복

澓 물복 輹 수레복 鍑 가마복 馥 향기복 鰒 전복복 僕 종복 墣 흙덩이복 幞 폭복 濮 물복 襆 치마폭복 醭 술복

轐 수레떠목복 樸 나무복

봉

峰 봉우리봉 峯 봉우리봉 浲 물봉 夆 거스릴봉 韸 북소리봉 蜂 벌봉 烽 봉화봉 鋒 날봉

蠭 벌 봉 鬔 더벅머리 봉 縫 호올 봉 篷 뜸 봉 熢 봉화 봉 ⿰巾逢 수건 봉 蓬 쑥 봉 逢 만날 봉 奉 받들 봉 俸 녹 봉 捧 받들 봉 唪 웃을 봉 菶 성할 봉

琫 칼장식 봉 封 봉할 봉 崶 산이름 봉 犎 소 봉 丰 고울 봉 ⿰卜丰 외봉 봉 芃 성할 봉 ⿱竹凡 뜸 봉 泛 덮을 봉 鳳 새 봉 鞛 칼장식 봉 賵 호상할 봉

부

夫 지아비 부 扶 붙들 부 玞 옥돌 부 芙 부용 부 砆 돌 부 蚨 잠자리 부 趺 굵어앉을 부 鈇 도끼 부 麩 밀기울 부 鳺 비둘기 부 父 아비 부 滏 물 부

釜 가마 부 斧 도끼 부 付 붙일 부 附 붙일 부 府 마을 부 拊 칠 부 泭 뗏목 부 腑 장부 부 弣 줌통 부 苻 풀 부 柎 나무 부 祔 제사 부 俯 굽으릴 부

跗 발등 부 符 병부 부 胕 장부 부 駙 부마 부 腐 썩을 부 鮒 붕어 부 鈹 지꺼릴 부 孚 믿을 부 莩 갈청 부 俘 사루잡을 부 蜉 하루사리 부

捊 움킬 부 浮 뜰 부 郛 성 부 桴 북채 부 稃 겨 부 罦 그물 부 不 아니 부 否 아니 부 抔 움큼 부 芣 길장구 부 罘 그물 부 紑 깨끗할 부 ⿰扌否 움길 부

鴀 비둘기 부 剖 쪼길 부 部 떼 부 涪 물 부 掊 걷을 부 瓿 병 부 踣 쓰러질 부 蔀 떼 부 負 질 부 偩 의지할 부 媍 며느리 부 副 버금 부 富 부자 부

輻 바퀴 부 尃 펼 부 敷 펼 부 傅 스승 부 溥 넓을 부 簿 문서 부 賻 부의 부 復 다시 부 覆 덮을 부 仆 엎더질 부 訃 부고 부 赴 다다를 부

㕮 씹을 부 ⿰馬父 수말 부 阜 언덕 부 ⿱阜䖵 메뚜기 부 缶 장구 부 枹 북채 부 婦 며느리 부 伏 품을 부 培 언덕 부 ⿰木色 북채 부 鬴 가마 부 鳧 오리 부

鄜 땅 부 膚 살 부 頫 굽으릴 부 賦 부세 부 裒 모을 부 痡 파리할 부

북

菔 나물 북 北 북녘 북 ⿰革夫 오랑캐 북

분

笨 대 분 奔 달아날 분

苯 떨기 분 錛 찐밥 분 畚 삼태기 분 ⿰舟畚 배뜸 분 轓 수레뜸 분 坌 쓸 분 糞 똥 분 瀵 물 분 焚 살을 분 犇 달아날 분 奮 날칠 분 鼖 북 분 僨 엎더질 분

賁 클 분 噴 뿜을 분 墳 무덤 분 濆 물가 분 憤 분할 분 幩 자갈 분 蕡 삼씨 분 歕 뿜을 분 羵 흙귀 분 轒 수레 분 豶 불칠 분

饙 찐밥 분 黂 삼씨 분 分 나눌 분 汾 물 분 坋 땅 분 帉 수건 분 坌 티끌 분 坋 티끌 분 扮 잡을 분 岔 언덕 분 氛 털갈 분 芬 꽃다울 분

玢 문채 분 粉 느름나무 분 氛 기운 분 砏 우뢰 분 盆 동이 분 粉 가루 분 衯 옷 분 紛 어지러울 분 肦 머리 분 蚡 두더지 분 翂 날개 분 棻 향기 분

湓 물 분 棼 들보 분 葐 딸기 분 鳻 새 분 鼢 두더지 분

불

不 아닐 불 咄 해나올 불 艴 성낼 불 髴 땋은머리 불 弜 판단할 불 汥 찰 불

帗 수건 불 茇 뱃줄 불 祓 제사 불 紱 인끈 불 翇 깃 불 韍 인끈 불 弗 아닐 불 佛 부처 불 彿 방불할 불 刜 깎을 불 怫 답답할 불 咈 거스릴 불

岪 높을 불 沸 솟을 불 坲 티끌 불 拂 떨칠 불 茀 무성할 불 艴 노할 불 紼 상엿줄 불 ⿰足弗 뛸 불 ⿰風弗 바람 불 髴 방불할 불

붕

棚 사닥다리 붕 硼 붕사 붕 堋 장사지낼 붕 弸 활강할 붕 掤 전통 붕 漰 물소리 붕 鵬 새 붕 鬅 더벙머리 붕 朋 벗 붕 崩 무너질 붕

비

非 아닐 비 厞 그윽할 비 匪 아닐 비 悱 분할 비 剕 발굼치벨 비 奜 클 비 婓 귀신 비 陫 더러울 비 屝 신 비 扉 사립짝 비 霏 비 비 誹 그를 비 琵 비파

鈚 살촉 비 貔 짐승 비 ⿰身比 몸 비 粃 쭉정이 비 紕 꾸밀 비 蚍 개미 비 毗 도울 비 毖 삼갈 비 秕 쭉정이 비 枇 나무 비 芘 풀 비 庇 덮을 비 妣 어미 비

批 뽑을 비 阰 메 비 仳 이별 비 比 견줄 비 朼 주걱 비 庀 덮을 비 匕 비수 비 憊 곤할 비 ⿰忄備 곤할 비 悲 슬플 비 棐 나무 비 腓 장딴지 비

菲 꽃다울 비 斐 빛날 비 ⿰非隹 종기 비 裶 진옷 비 榧 비자 비 蜚 날 비 緋 붉을 비 ⿰足非 형벌 비 翡 비취 비 誹 비방 비 篚 광주리 비 騑 달릴 비

卑 낮을 비 ⿰卑刂 깎을 비 俾 하여금 비 陴 담 비 郫 땅 비 婢 종 비 ⿰彳卑 하여금 비 埤 담 비 庳 움집 비 椑 나무 비 脾 지라 비 痺 저릴 비

碑 비석 비 睥 흘겨볼 비 裨 도울 비 箄 통발 비 豍 팥 비 錍 자귀 비 諀 비방 비 鞞 북 비 髀 넓적다리 비 鼙 북 비 丕 클 비 伾 힘쓸 비

邳 땅 비 狉 달릴 비 秠 기장 비 豾 삵 비 駓 말 비 否 막힐 비 痞 병 비 泌 흐를 비 柲 창대 비 祕 감출 비 秘 감출 비 嚭 클 비 閟 닫을 비

畀 줄 비 淠 물 비 鼻 코 비 濞 코소리 비 肥 살찔 비 淝 물 비 狒 잣나비 비 蜰 버레 비 沸 끓을 비 媲 짝 비 鄪 땅 비 費 허비할 비 ⿰扌毘 칠 비

(巾+毘) 휘장 비 榌 부연 비 膍 두터울 비 磇 비상 비 篦 비녀 비 貔 짐승 비 鎞 비녀 비 飛 날 비 啚 더러울 비 (馬+飛) 날릴 비 鄙 더러울 비 (女+辟) 담 비 備
갖출 비 糒 군량 비 鞴 안장 비 臂 팔 비 譬 비유할 비 轡 고삐 비 贔 힘쓸 비 羆 곰 비 鞁 고삐 비 (囟+禺) 잣나비 비 奰 굳셀 비 賁 빛날 비 朏 먼동
틀 비 芾 무성할 비 **빅** 彴 별 빅 **빈** 牝 암컷 빈 玭 구슬 빈 份 빛날 빈 邠 땅 빈 貧 가난 빈 斌 빛날 빈 贇 아름다울 빈 彬 빛날 빈 璸
옥빛 빈 霦 옥빛 빈 豳 땅 빈 嚬 찡그릴 빈 瀕 물가 빈 頻 자주 빈 蘋 마름 빈 顰 찡그릴 빈 鬂 귀밑 빈 鬢 귀밑 빈 鑌 쇠 빈 蠙 조개 빈
繽 분분할 빈 矉 미워할 빈 賓 손 빈 儐 갖출 빈 嬪 계집 빈 濱 물가 빈 擯 내칠 빈 獱 수달 빈 殯 빈소 빈 臏 무릎 빈 薲 마름 빈
檳 빈랑 빈 **빙** 馮 달릴 빙 憑 의지할 빙 淜 물소리 빙 凭 의지할 빙 騁 달릴 빙 聘 초빙 빙 俜 헐은걸음 빙 娉 장가들 빙 冰 얼음 빙 氷
얼음 빙 砅 물소리 빙
사 士 선비 사 仕 벼슬 사 巳 뱀 사 汜 물 사 戺 돌섬 사 (厃+巳) 돌섬 사 祀 제사 사 似 같을 사 姒 성 사 辝 말씀 사 辤 말씀 사 辭 말씀 사
俟 기다릴 사 竢 기다릴 사 涘 물가 사 事 일 사 剚 꽂을 사 倳 일할 사 思 생각 사 葸 두려울 사 食 먹을 사 飤 먹을 사 虒 범 사 禠
복 사 絲 실 사 使 하여금 사 寺 절 사 死 죽을 사 私 사사 사 耟 보습 사 肆 넉 사 傞 좀스러울 사 禩 해 사 (雨+辭) 비 사 些 어조사 사 鷥 새 사
壐 옥새 사 璽 옥새 사 賜 줄 사 儩 다할 사 躧 천천할 사 纚 당길 사 籭 체 사 (革+麗) 신 사 史 사기 사 駛 빠를 사 柤 나무 사 樝 아가위 사
獻 잔 사 傻 경박할 사 犧 잔 사 蜡 제사 사 蓑 누역 사 嗄 목쉴 사 洒 시원할 사 槎 뗏목 사 傞 춤출 사 梭 북 사 唆 격동할 사 鶀 까마귀 사
(雨+斯) 비 사 斯 이 사 (革+徙) 신 사 簁 체 사 蓰 오갑절 사 漇 흐를 사 屣 신 사 徙 옮길 사 篩 체 사 螄 소라 사 獅 사자 사 師 스승 사 楂 등걸

査 사실할 사 渣 찌끼 사 飼 먹일 사 嗣 이을 사 詞 글 사 覗 엿볼 사 笥 상자 사 祠 사당 사 伺 살필 사 司 맡을 사 駟 四말 사 柶 四윷 사 泗 물 사

四 넉 사 詐 거짓 사 咋 잠간 사 乍 잠간 사 魦 사어 사 鯊 고기 사 髿 터럭 사 鈔 동이 사 裟 가사 사 桫 나무 사 莎 잔디 사 毶 터럭 사

挲 만질 사 娑 춤출 사 挱 만질 사 紗 깁 사 砂 주사 사 沙 모래 사

삭

索 노끈 삭 捒 찾을 삭 矟 창 삭 數 자주 삭 嗽 빨 삭 欶 빨 삭 朔 초하루 삭 槊 창 삭

산

產 낳을 산 滻 물 산 嵼 산구비 산 剷 깎을 산 鏟 깎을 산 散 흩어질 산 繖 일산 산 饊 산자 산 孿 쌍동이 산 孿 쌍동이 산 笇 산놓을 산 傘 일산 산 蒜 마늘 산 潸 눈물 산 閂 빗장 산 山 메 산 汕 물 산 疝 산증 산 訕 꾸짖을 산 欃 문빗장 산 删 덜 산 狦 개 산 姍 공굴 산 珊 산호 산 跚 절 산 筭 산놓을 산 算 산놓을 산 匴 대상자 산 篹 대그릇 산 狻 사자 산 酸 실 산 霰 비산 산

살

殺 죽일 살 撒 칠 살 樧 수유 살 摋 흩을 살 鎩 창 살 閷 죽일 살 蔡 귀양갈 살 薩 보살 살 煞 죽일 살 撒 흩을 살

삼

[雨彡] 비 삼 毿 털 삼 參 셋 삼 幓 휘장 삼 摻 잡을 삼 犙 잣나비 삼 毵 털 삼 糝 싸라기 삼 縿 깃발 삼 滲 샐 삼 槮 발 삼 襂 옷 삼 蔘 삼 삼 蓡 삼 삼 糂 싸라기 삼 三 셋 삼 杉 스기나무 삼 釤 낫 삼 衫 적삼 삼 森 삼엄할 삼 椮 나무 산 摲 벨 삼 剼 벨 삼 芟 벨 삼 罧 터럭 삼 [氵蔘] 삼 삼

삽

卅 설흔 삽 颯 바람 삽 霅 비 삽 箑 부채 삽 翣 삽선 삽 霎 비 삽 唼 조을 삽 鍤 가래 삽 歃 마실 삽 插 꽂을 삽 澁 알삽할 삽 澀 알삽할 삽 扱 거들 급 趿 내드딜 삽 靸 신 삽 馺 달릴 삽 啑 조을 삽 萐 풀 삽 箑 부채 삽

상

相 서로 상 廂 월랑 상 湘 물 상 想 생각할 상 緗 누를 상 箱 상자 상 傷 상할 상 殤 요사 상 觴 잔 상 商 장사 상 [商鳥] 새 상 賁 장사 상 象 코끼리 상 像 형상 상 潒 물 상 橡 도토리 상 [木象] 당기 상 蟓 버레 상 上 윗 상 鯗 어포 상 枀 뽕나무 상 向 성 상 晌 낮 상 翔 날개 상 詳 자세 상 鸘 새 상 床 책상 상 狀 형상 상 牀 상 상 桑 뽕나무 상 搡 칠 상 嗓 목구멍 상 磉 주초돌 상 㾵 말병 상 顙 이마 상 爽 시원할 상 塽

시원할상 駷 어진말상 鷞 새상 喪 잃을상 殤 죽을상 賞 상줄상 鱨 날치상 霜 서리상 孀 과부상 驦 말상 庠 학교상 祥 상서상 尚 오히려상

徜 머뭇거릴상 常 항상상 嫦 계집상 裳 치마상 償 갚을상 嘗 일찍상 (쌍) 㦼 두려울쌍 艭 배쌍 雙 쌍쌍 (새) 塞 변방새 賽

갚을새 簺 장기새 灑 뿌릴새 躧 작은신새 洒 뿌릴새 䚡 뿔새 䰄 구레나룻새 鰓 아가미새 (색) 色 빛색 溹 비색 賾 깊을색 塞 막을색

索 찾을색 槭 떨어질색 嗇 아낄색 濇 섈색 穡 거둘색 咋 씹을색 齚 씹을색 齰 씹을색 (생) 省 더를생 㾪 파리할생 鉎 동록생

鼪 쥐생 甥 생질생 笙 피리생 眚 재앙생 牲 짐승생 狌 잣나비생 生 날생 (샤) 社 사직샤 卸 벗을샤 衺 부정할샤 奢 사치샤 赦 놓을

샤 尐 작을샤 些 작을샤 斜 비낄샤 賒 세살샤 邪 사특할샤 射 쏠샤 㴬 물샤 榭 기동샤 謝 사례샤 麝 사향노루샤 舍 집샤 寫 쓸샤 捨

버릴샤 瀉 쏟을샤 它 뱀샤 蛇 뱀샤 灺 불똥샤 虵 뱀샤 䠶 쏠샤 (서) 西 서녘서 栖 기뜨릴서 閪 잃을서 恕 용서서 絮 솜서

徐 천천서 敘 펼서 紓 완완할서 漵 못서 胥 서로서 婿 사위서 壻 사위서 糈 양식서 蝑 늣서 諝 슬기서 醑 거를서 署 마을서

著 마서 曙 샐서 暑 더울서 緒 실머리서 湑 거를서 稰 거둘서 挑 매일서 瑞 상서서 黍 기장서 庶 뭇서 棲 깃들일서 犀 무소서 書 글서

鵨 오리서 墅 농막서 逝 갈서 誓 맹세서 癙 병서 鼠 쥐서 遾 미칠서 澨 물가서 噬 씹을서 筮 점칠서 鱮 고기서 䣨 술서 𣿅 물가

嶼 섬서 藇 아름다울서 鉏 호미서 鋤 호미서 耡 호미서 序 차례서 抒 물서 紓 완완할서 舒 펼서 (석) 昔 옛석 惜 아낄석 腊 포육석

猎 개석 析 쪼갤석 淅 씻을석 晳 밝을석 皙 힐석 菥 나무석 蜥 쏠석 裼 벗을석 緆 베석 錫 줄석 席 자리석 蓆 풀석 釋 쌀일석

釋 놓을석 奭 클석 襫 도롱이석 螫 쏠석 射 지목할석 夕 저녁석 汐 밀물석 穸 무덤석 石 돌석 祏 감실석 鉐 놋석 碩 클석 鼫 쥐석

磶 주춧돌 석 舄 신 석 潟 짤 석

(선) 鮮 빛날 선 廯 창고 선 癬 버짐 선 蘚 이끼 선 鮮 호적 선 蹮 어릿어릿할 선 漩 돌 선 旋 돌 선 漩 물돌 선

璇 구슬 선 縼 고삐 선 鏇 수레통 선 鄯 땅 선 鱔 뱀장어 선 饍 반찬 선 繕 기울 선 膳 반찬 선 善 착할 선 僊 신선 선 躚 뒤칠 선 選 뺄 선 僎 갖출 선

襈 옷모양 선 蹮 뒤칠 선 巽 옥노 선 譔 기록할 선 嬋 고울 선 單 오랑캐 선 墠 터닦을 선 禪 중 선 蟬 매미 선 撣 끌 선 鱓 뱀장어 선 仙 신선 선

仚 신선 선 先 먼저 선 洗 풍류 선 毨 털갈 선 姺 다닐 선 跣 맨발 선 詵 말많을 선 銑 금 선 宣 펼 선 瑄 구슬 선 璿 구슬 선 璿 구슬 선

扇 부채 선 煽 불붙을 선 騸 불칠 선 姍 옷끌릴 선 鱻 생선 선 埏 질그릇 선 洒 깊을 선 霰 싸라기눈 선 譱 착할 선 蟺 서릴 선 燹 병화 선 獮 사냥 선

熯 불꽃 선 霰 싸라기눈 선 線 실 선 綫 실 선 尟 적을 선 尠 적을 선 羨 부러울 선 朘 줄어질 선 船 배 선

(설) 舌 혀 설 屑 가루 설 雪 눈 설

卨 이름 설 禼 이름 설 呐 어눌할 설 焫 살을 설 設 베풀 설 洩 샐 설 絏 맬 설 僁 소리 설 齧 씹을 설 [illegible] 뽑을 설 說 말씀 설 折 꺾을 설

泄 샐 설 疶 설사 설 紲 맬 설 渫 샐 설 揲 뽑을 설 緤 맬 설 媟 설면할 설 契 이름 설 偰 이름 설 揳 막을 설 挈 끌 설 暬 친압할 설 楔 쐐기 설

猰 삵 설 褻 속옷 설 爇 사를 설 辥 땅 설 躠 절 설 躠 절 설

(섬) 閃 번득일 섬 [illegible] 번득일 섬 讝 섬어 섬 燂 고깃국 섬 爓 고깃국 섬 暹 햇돋을 섬

剡 땅 섬 掞 펼 섬 睒 볼 섬 覢 볼 섬 蟾 두꺼비 섬 贍 넉넉할 섬 譫 섬어 섬 鑯 부초 섬 攕 잡을 섬 孅 약할 섬 殲 벨 섬 纖 가늘 섬 襳 띠 섬

[illegible] 비 섬 憸 슬플 섬 銛 삽 섬 憸 간사할 섬

(섭) 涉 건늘 섭 籋 집게 섭 讋 두려울 섭 拾 건늘 섭 [illegible] 창일할 섭 摺 패할 섭 聶 성 섭 灄 물 섭

懾 두려울 섭 攝 잡을 섭 欇 단풍나무 섭 囁 머뭇거릴 섭 躡 밟을 섭 讘 잔말 섭 鑷 쪽집게 섭 [illegible] 말 섭 踂 어기적거릴 섭 銸 쪽집게 섭 弽 팔찌 섭

葉 성 섭 屧 신 섭 鍱 쇠몽치 섭 韘 팔찌 섭 燮 화할 섭 躞 행할 섭

(성) 醒 깰 성 猩 잣나비 성 惺 깨달을 성 腥 비린내날 성 姓 성 성

鯹 비린내 성 篂 수레뚜께 성 性 성품 성 胜 비린내 성 埩 진흙 성 ⿰牛辛 붉은소 성 觪 각궁 성 騂 붉을 성 省 살필 성 箵 다라기 성 祘

살필 성 渻 물 성 聖 성인 성 觲 뿔 성 垶 붉은흙 성 聲 소리 성 成 이룰 성 郕 땅 성 城 재 성 宬 사고 성 娍 아름다울 성 誠 정성 성 晟 밝을 성

盛 성할 성 筬 바디 성 晟 별 성 (세) 世 인간 세 勢 형세 세 歲 해 세 繐 베 세 彗 비 세 篲 비 세 ⿰糸歲 베 세 挑 구기 세 洒 정할 세 忕 이길

세 洗 씻을 세 細 가늘 세 貰 세놀 세 稅 부세 세 帨 수건 세 裞 상복 세 說 달랠 세 蛻 매미 세 (소) 小 작을 소 少 젊을 소 釗 힘쓸 소

翛 날 소 謏 꾀일 소 燒 사를 소 溯 거스릴 소 繅 실 소 甦 다시살 소 昕 바 소 所 바 소 梳 빗 소 嫂 형수 소 穌 깰 소 蘇 차조기 소 櫯 나무 소 ⿸麻穌

절 소 疋 발 소 踈 성길 소 疏 점채 소 疏 글 소 蔬 나물 소 泝 거스릴 소 訴 아뢸 소 掃 쓸 소 埽 쓸 소 艘 배 소 素 흴 소 傃 향할 소 愫 정성 소

塐 등신 소 嗉 새목 소 溸 거스릴 소 搔 긁을 소 溞 쌀일 소 慅 소동할 소 騷 소동할 소 颾 바람 소 塑 등신 소 遡 거스릴 소 溯 거스릴 소 愬 아뢸 소

巢 깃들일 소 漅 물 소 繅 누에실 소 喿 지꺼릴 소 ⿱巢毛 털 소 艘 배 소 邵 높을 소 召 부를 소 劭 굳셀 소 佋 소개 소 卲 높을 소 沼 못 소 昭 밝을 소

炤 밝을 소 肖 세약할 소 袑 바지 소 韶 풍류 소 紹 이을 소 招 풍류 소 ⿱殸音 풍악 소 俏 곡조 소 哨 부정할 소 消 사라질 소 捎 덜 소 宵 밤 소 弰

활끝이 소 梢 가지 소 逍 멀 소 硝 염초 소 痟 병 소 稍 기 소 蛸 버레 소 筲 되 소 艄 고물 소 銷 녹일 소 霄 하늘 소 箾 풍류 소 颵 바람 소 髾

터럭 소 魈 커신 소 嘯 수파람 소 歗 수파람 소 蕭 쑥 소 瀟 물 소 彇 활고지 소 蟰 바퀴 소 簫 퉁소 소 ⿰風肅 바람 소 笑 웃음 소 咲 웃음 소 篠 대 소

踈 성길 소 (속) 束 묶을 속 遬 겸손할 속 遫 떠 속 粟 조 속 㓘 쌀 속 謖 빼날 속 藚 풀 속 續 이을 속 贖 팔 속 俗 풍속 속 屬 붙일 속

栜 나무 속 涑 물 속 速 빠를 속 觫 무서워할 속 餗 밥 속 樕 나무 속 (손) 巽 손방 손 潠 뿜을 손 損 덜 손 孫 손자 손 噀 뿜을 손 飧 밥 손

飧 밥손 猻 잣나비손 遜 사양손 蓀 풀손 愻 겸손 (솔) 帥 거느릴솔 率 거느릴솔 蟀 커뜨라미솔 窣 천천히솔 (송) 松 솔송 訟 송사송

崧 진고대송 頌 칭송할송 蜙 늣송 鬆 더벙머리송 鶖 새매송 捒 공경송 竦 두려울송 駷 흔들송 宋 나라송 悚 두려울송 誦 욀송 嵸 메송 漎

빠를송 送 보낼송 摗 빼날송 淞 물송 (쇠) 挼 어루만질쇠 衰 쇠할쇠 韉 선후걸이쇠 (솨) 耍 희롱솨 鎖 잠을쇠솨 璅 저울솨 鏁

잠을쇠솨 瑣 옥가루솨 (솰) 刷 문지를솰 (쇄) 縰 당기쇄 煞 나릴쇄 碎 부서질쇄 殺 나릴쇄 晒 쬐일쇄 洒 뿌릴쇄 曬 쬐일쇄 灑 뿌릴쇄

(수) 首 머리수 𩠐 머리수 豎 더벙머리수 竪 더벙머리수 須 모름지기수 嬃 맏누이수 [illegible] 두전수 盨 기다릴수 鬚 수염수 隋 나라수 隨

따를수 瀡 미끄러울수 髓 골수 遂 드딜수 隧 길수 澻 받도랑수 [illegible] 길수 檖 팔배수 璲 구슬수 燧 불꽃수 邃 깊을수 穟 이삭수 襚 수의수

繸 인끈수 鐩 화경수 需 반찬수 繻 비단수 壽 목숨수 醻 갚을수 [illegible] 더러울수 褎 소매수 水 물수 手 손수 戍 수자리수 收 거둘수 帥

장수수 [illegible] 물수 率 장수수 祟 빌미수 羞 부끄러울수 獀 사냥수 裋 옷수 輸 실을수 樹 나무수 穗 이삭수 獸 짐승수 [illegible] 수의수 繡 수놓

울수 宿 별수 褏 소매수 守 지킬수 狩 사냥수 洙 물수 茱 수유수 殊 다를수 銖 저울눈수 秀 빼날수 琇 옥돌수 銹 동록수 綉 수놓울수

修 닦을수 脩 길수 滫 뜨물수 受 받을수 授 줄수 綬 인끈수 [illegible] 가르칠수 垂 드리울수 倕 공교수 陲 역마을수 睡 졸음수 脽 꽁무니수 售

팔수 睢 처다볼수 誰 누구수 濉 물수 雖 비록수 讎 원수수 倅 원수 睟 볼수 粹 순전할수 誶 꾸짖을수 叜 늙은이수 傁 오줌수 醙 술수 瞍

소경수 瘦 파리할수 廋 숨길수 嫂 아즈미수 謏 찌일수 颼 바람수 餿 쉬일수 叟 늙은이수 廋 숨길수 溲 오줌수 獀 사냥수 搜 수탐할수 嫂

아즈미수 瘦 파리할수 瞍 소경수 艘 배수 欶 기침수 漱 양치질수 摗 가질수 嗽 기침수 蔌 나물수 瘶 기침수 鏉 날카로울수 數 두어 擻

떨 수 藪 수풀 수 籔 광주리 수 涑 양치질 수 酥 타락 수 棷 수풀 수 嗾 추길 수 愁 수심 수 蒐 모을 수 [illegible] 어포 수 捒 묶을 수 殳 창 수 杸 창 수

囚 가둘 수 泅 뜰 수 岫 굴 수 袖 소매 수 詶 갚을 수 酬 갚을 수

(숙)

宿 잘 숙 蓿 풀 숙 肅 엄숙 숙 䎘 날 숙 驌 말 숙 鱐 어포 숙

鷫 새 숙 夙 이를 숙 茜 모시 숙 璹 옥그릇 숙 [illegible] 숙궁 숙 尗 콩 숙 叔 아자비 숙 俶 비로소 숙 淑 맑을 숙 婌 계집 숙 琡 구슬 숙 菽 콩 숙

倏 문득 숙 儵 문득 숙 瀭 물결 숙 孰 누구 숙 塾 글방 숙 熟 익을 숙

(순)

舜 임금 순 蕣 무궁화 순 瞬 눈깜작일 순 巡 순행 순

筍 죽순 순 簨 북틀 순 瞚 눈깜작일 순 蓴 나물 순 濬 깊을 순 瞤 살필 순 盾 방패 순 揗 만질 순 循 좇을 순 楯 난간 순 輴 상여 순 唇 입술 순

脣 입술 순 漘 물가 순 紃 끈 순 順 순할 순 馴 길들일 순 肫 포 순 蒓 나물 순 旬 열흘 순 侚 좇을 순 郇 땅 순 洵 물 순 峋 높을 순

徇 돌 순 恂 믿을 순 珣 옥돌 순 殉 순장 순 栒 북틀 순 荀 풀 순 [illegible] 땅 순 眴 눈깜작일 순 筍 죽순 순 詢 물을 순 簨 북틀 순 箰 죽순 순

淳 순박 순 焞 빛날 순 犉 소 순 諄 가르칠 순 醇 순숙할 순 鶉 메추라기 순

(술)

述 기록 술 術 술법 술 訹 꾀일 술 戌 개 술 珬 구슬 술

朮 약 술 沭 물 술 卹 근심 술 潏 물가 술

(숭)

崧 높을 숭 崈 높을 숭 嵩 높을 숭 崇 높을 숭 鶖 새매 숭 [illegible] 새매 숭 憽 깨달을 숭

(쉬)

焠 담을 쉬 睟 생일 쉬 倅 원 쉬 淬 담을 쉬

(슬)

瑟 비파 슬 璱 구슬 슬 飋 바람 슬 蝨 이 슬 [illegible] 우슬 슬 厀 무릎 슬

膝 무릎 슬

(습)

什 열 습 拾 주울 습 溼 젖을 습 襲 엄습 습 習 익힐 습 熠 빛날 습 槢 기계 습 褶 슬갑 습 霫 비 습 飁 바람 습 隰 진퍼리 습

濕 젖을 습

(승)

勝 이길 승 塍 밭두둑 승 [illegible] 죽을뜻할 승 蕂 칠 승 [illegible] 도꼬마리 승 [illegible] 밭두둑 승 升 오를 승 鬙 더벙머리 승 昇 오를 승

陞 오를 승 丞 이을 승 承 이을 승 乘 탈 승 椉 탈 승 嵊 메 승 騬 불깔 승 繩 노끈 승 蠅 파리 승 鱦 고기 승 僧 중 승

(식)

柴 섶 식

祡 제사 싀 毢 깃 싀 豺 이리 싀 澌 풀어질 싀 凘 성에 싀 撕 이끌 싀 嘶 울 싀 廝 마구 싀 襹 옷꼴 싀 釃 거를 싀 偲 힘쓸 싀 罳 병풍 싀

緦 시마 싀 顋 빰 싀 颸 바람 싀 毸 깃 싀 腮 빰 싀 猜 시기 싀

시

矢 살 시 示 보일 시 兕 물소 시 豕 돝 시 旹 때 시 試 시험 시

眎 볼 시 啻 뿐 시 弑 죽일 시 殺 죽일 시 謚 시호 시 漦 흘를 시 使 부릴 시 屣 신 시 市 저자 시 柿 감 시 柹 감 시 寺 내시 시 是 이 시 侍 모실 시

恃 믿을 시 時 때 시 詩 글 시 塒 홰 시 蒔 모종 시 [illegible] 환자 시 鰣 준치 시 枲 모시 시 咶 핥을 시 舓 핥을 시 視 볼 시 葹 팔 시 覗 살필 시

施 베플 시 絁 비단 시 匙 숟가락 시 禔 복 시 提 날 시 翨 날개 시 蓍 시초 시 諟 살필 시 嗜 즐길 시 尸 죽검 시 屎 똥 시 屍 죽검 시

鳲 뻐꾹새 시 氏 각시 시 始 비로소 시 阺 메 시 眡 볼 시 [illegible] 새이름 시 翅 날개 시 豉 약념 시

식

食 밥 식 飾 꾸밀 식 飤 먹일 식 蝕 먹을 식

息 쉴 식 媳 며느리 식 瘜 코병 식 殖 불을 식 植 심을 식 埴 진흙 식 識 알 식 式 법 식 拭 씻을 식 栻 점통 식 軾 수레난간 식 湜 맑을 식 寔 이 식

신

臣 신하 신 身 몸 신 哂 웃음 신 眘 삼갈 신 信 믿을 신 矧 하물며 신 愼 삼갈 신 甡 많을 신 腎 신 신 誶 물을 신 辰 별 신 宸 대궐 신

娠 애밸 신 脤 제육 신 晨 새벽 신 祳 제육 신 蜃 조개 신 鷐 새매 신 麎 사슴 신 新 새 신 [illegible] 나라 신 薪 섶 신 燼 불똥 신 藎 황엽 신

贐 노자 신 賮 노자 신 辛 매울 신 [illegible] 피물 신 莘 풀 신 [illegible] 고기 신 汛 뿌릴 신 迅 빠를 신 籸 찌끼 신 訊 물을 신 申 납 신 伸 펼 신

呻 읊을 신 神 신령 신 紳 띠 신 侁 행할 신 囟 정수리 신 姺 나라 신 兟 많을 신 駪 달릴 신 顖 정수리 신

실

失 잃을 실 室 집 실 悉 다 실

實 열매 실 蟋 귀뚜라미 실

심

深 깊을 심 㴱 깊을 심 蓡 창포 심 審 살필 심 嬸 아즈미 심 瀋 잠길 심 痒 멸 심 椹 오디 심 潯 물가 심 燖 익을 심

襑 옷 심 鱘 고기 심 鄩 땅 심 尋 찾을 심 燂 구을 심 蕈 버섯 심 瞫 엿볼 심 鐔 칼코 심 鱏 고기 심 心 마음 심 伈 두려울 심 沁 …

물 심

십

沈 성 심 狁 소 심 淦 흐릴 심 諗 아뢸 심 甚 심할 심 葚 오디 심 煁 화로 심 諶 믿을 심 黮 검을 심 橬 발 심 鬵 솥 심 瀋 물 심

十 열 십 辻 네거리 십 什 열사람 십

아

我 나 아 俄 아까 아 哦 읊을 아 峨 높을 아 硪 높을 아 莪 나물 아 睋 버릴 아 娥 계집 아 蛾 나비 아 鵝 거위 아 騀 흔들 아

餓 주릴 아 疋 맑을 아 衙 아문 아 丫 작대기 아 猗 부드러울 아 御 맞을 아 兒 아이 아 牙 어금니 아 芽 움 아 庌 집 아 枒 굽을 아 砑 갈 아 迓 맞을 아

訝 의심 아 雅 맑을 아 鴉 까마귀 아 阿 언덕 아 衺 옷길 아 婀 아름다울 아 娿 아름다울 아 [犭+可] 아기 아 疴 병 아 [糹+可] 깊을 아 [木+衰] 나무성할 아 亞 버금 아

啞 벙어리 아 瘂 벙어리 아 婭 동서 아 [辶+亞] 버금 아 椏 키 아 稏 벼 아 鵶 가마귀 아 痾 병 아

악

握 잡을 악 渥 젖을 악 喔 울 악 幄 장막 악

剭 벨 악 偓 악착할 악 齷 악착할 악 噩 놀랄 악 堊 백토 악 蝁 뱀 악 惡 모질 악 鱷 고기 악 蘁 꽃부리 악 樂 풍류 악 崿 언덕 악 岳 메뿌리 악

嶽 메 악 鸑 봉 악 咢 끌을 악 堮 언덕 악 鄂 땅 악 萼 꽃부리 악 諤 곧은말 악 鍔 칼날 악 愕 놀랄 악 鶚 매 악 齶 잇몸 악 鰐 고기 악

안

眼 눈 안 岸 언덕 안 犴 들개 악 矸 돌 안 喭 추솔할 안 顔 얼굴 안 安 편안 안 按 안찰 안 案 책상 안 桉 소반 안 鞍 안장 안

晏 늦을 안 鴳 종달새 안 鷃 종달새 안 鞌 안장 안 鴈 기러기 안 贋 거짓 안

알

暍 더울 알 靄 구름 알 謁 뵈일 알 按 막을 알 [火+曷] 데일 알

遏 막을 알 堨 막을 알 [黑+乚] 검을 알 軋 수레 알 圠 굽을 알 枿 나무움 알 訐 훼방할 알 斡 돌 알 捾 당길 알 頞 이마 알 揠 뽑을 알 蘖 싹 알

齾 이 알 [車+獻] 실을 알 钀 재갈 알 嘎 새소리 알 戛 끌 알 猰 짐승 알

암

弇 덮을 암 [口+弇] 코골 암 揜 가릴 암 媕 머뭇거릴 암 俺 나 암 黭 검을 암

盦 덮을 암 匼 아첨할 암 巖 염소 암 頷 숙일 암 厭 고혹할 암 庵 암자 암 晻 어둘 암 菴 암자 암 埯 구덩이 암 裺 너그러울 암 唵 먹을 암

黤 검을 암 馣 향기 암 鵪 오리 암 暗 어둘 암 喑 울 암 黯 검을 암 腤 삶을 암 闇 어둘 암 揞 가리울 암 諳 알 암 韽 가는소리 암 鵪 메추라기 암

嵒 바위 암 巖 바위 암 岩 바위 암 碞 험할 암 壛 구멍 암

압 匼 두를 압 姶 계집 압 壓 누를 압 䳌 오리 압 [illegible] 족두리 압 唈 느낄 압

押 누를 압 狎 친할 압 鴨 오리 압 鵪 오리 압 [illegible] 불붙을 압

앙 卬 나 앙 枊 마주대 앙 茚 창포 앙 昻 밝을 앙 仰 우러러 앙 棉 추녀 앙 岇 높을 앙 䣕 술 앙 醠 술 앙 央 가운대 앙 詇 슬기 앙 䄃 재앙 앙 坱 티끌 앙 霙 구름 앙 怏 원망 앙 殃 재앙 앙 佒 꼽사등이 앙 泱 깊을 앙 秧 모 앙

盎 동이 앙 鞅 굴레 앙 䬬 배부를 앙 鉠 방울 앙 㼜 동이 앙 鴦 원앙 앙

애 愛 사랑 애 曖 어둘 애 薆 성할 애 僾 어렴풋할 애 靉 구름 애

𣋝 날빛 애 壒 티끌 애 哀 슬플 애 阨 좁을 애 阸 좁을 애 呃 구역 애 𧥰 노할 애 磑 갈 애 娭 희롱 애 挨 밀 애 毐 음란할 애 輗 수레바퀴 애

隘 좁을 애 靄 아지랑이 애 藹 성할 애 馤 향기 애 餲 쉴 애 𩄰 눈 애 敱 다스릴 애 獃 미련할 애 皚 흴 애 硋 막힐 애 閡 닫힐 애 噫 트림할 애

喝 부르짖을 애 嗄 목쉴 애 欸 탄식 애 碍 걸릴 애 礙 걸릴 애 騃 미련할 애 唉 탄식 애 埃 티끌 애 睚 눈가 애 崖 언덕 애 捱 막을 애 涯 물가 애

厓 언덕 애 艾 쑥 애 𢗰 징계할 애

액 夜 땅 액 掖 낄 액 液 진액 [illegible] 장막 액 縊 목맬 액 隘 좁을 액 搤 잡을 액 嗌 목구멍 액 餩 주릴 액

腋 겨드랑 이액 戹 재앙 액 軶 멍에 액 軛 멍에 액 厄 액 액 扼 잡을 액 峉 높을 액 詻 의논 액 額 이마 액 頟 이마 액

앵 甖 독 앵 櫻 앵도 앵 鶯 꾀꼬리 앵 罃 목긴병 앵 嫈 계집 앵 鸎 꾀꼬리 앵 罌 양병 앵 鸚 앵무 앵 嚶 소리 앵 譻 소리 앵

야 埜 들 야 枒 종려 야 釾 칼 야

若 땅 야 惹 끌 야 喏 대답 야 夜 밤 야 射 벼슬 야 冶 풀무 야 野 들 야 爺 아비 야 斜 땅 야 耶 어조사 야 揶 희롱 야 鎁 칼 야 椰 종려 야 也 이끼 야 瑘 구슬 야 邪 어조사 야

약 約 언약 약 礿 제사 약 弱 약할 약 篛 대껍질 약 蒻 풀 약 嫋 부드러울 약 藥 약 약 濼 떠울 약 嫋

고울 약 躍 뛸 약 鄀 나라 약 箬 대껍질 약 若 같을 약 箹 피리 약 葯 풀 약 龠 피리 약 瀹 씻을 약 爚 번개 약 籥 피리 약 禴 제사 약 鑰 열쇠 약

양 暘 밝을 양 陽 볕 양 楊 버들 양 鍚 장식 양 瘍 헌데 양 煬 녹일 양 揚 날릴 양 敭 밝을 양 颺 날릴 양 霷 양기 양 襄

도울 양 蘘 풀 양 攘 빼앗을 양 瀼 무루녹을 양 壤 흙덩이 양 禳 빌 양 穰 풍년 양 瓤 외씨 양 釀 빚을 양 驤 뛸 양 瓖 구슬 양 纕 띠 양 讓

사양 양 勷 급할 양 羊 양 양 佯 거짓 양 徉 배회할 양 洋 바다 양 恙 병 양 㺊 근심 양 痒 가려울 양 鸉 새 양 羕 물길 양 樣 모양 양 漾 창일할 양

養 기를 양 懩 재주 양 瀁 물 양 癢 가려울 양 **어** 於 늘 어 瘀 어혈 어 棜 잔디 어 淤 더러울 어 扵 늘 어 齬 저어할 어 敔 풍류 어 語 말씀 어

圄 옥 어 鋙 섭섭할 어 峿 메 어 漁 고기잡을 어 魚 고기 어 魰 고기잡을 어 馭 어거할 어 飫 배부를 어 圉 곤할 어 御 모실 어 禦 막을 어 籞 동산

어 **억** 抑 문득 억 嶷 숙성할 억 繶 선을 꿰맬 억 億 억 억 憶 생각 억 檍 싸리 억 臆 가슴 억 **언** 焉 이끼 언 嫣 고울 언 蔫

풀 언 鄢 땅 언 嘕 기쁠 언 漹 물 언 菸 풀 언 彥 선비 언 [illegible] 물 언 喭 조상 언 諺 상말 언 言 말씀 언 唁 조상 언 匽 숨을 언 偃

쓰러질 언 鰋 메기 언 堰 언덕 언 蝘 도롱뇽 언 鶠 봉 언 郾 땅 언 鼴 두더지 언 讞 죄논할 언 齞 드러날 언 獻 드릴 언 甗 시루 언 **얼**

嶭 높을 얼 櫱 싹 얼 孼 서자 얼 蠥 요괴로울 얼 孽 요괴로울 얼 蘖 움돋을 얼 臬 문지방 얼 嵲 높을 얼 臲 위태할 얼 闑 문지방 얼 [illegible] 누룩 얼

齧 씹을 얼 槷 관혁 얼 噦 딸꾹질 얼 **엄** 崦 메 엄 弇 가리울 엄 揜 가리울 엄 渰 흐릴 엄 嚴 엄할 엄 儼 엄연할 엄 [illegible] 두룽다리 엄 曮

날빛 엄 巖 높을 엄 广 집 엄 噞 입 엄 隒 언덕 엄 奄 문득 엄 俺 나 엄 淹 머무를 엄 埯 묻을 엄 崦 메 엄 掩 가리울 엄 晻 어둘 엄 醃 젓담

글 엄 [illegible] 나라 엄 閹 고자 엄 罨 그물 엄 **업** 𢡟 두려울 업 嶪 높을 업 𤗪 담틀 업 業 업 업 鄴 땅 업 腌 자반 업 砐 높을 업 **에** 蜹

구더기에 獩 오랑캐에 曀 흐릴에 壒 티끌에 殪 죽을에 恚 분할에 (여) 予 나여 好 계집여 伃 계집여 預 미리여 澦 물여 豫 미리여

⿰氵豫 물여 櫲 나무여 蕷 마여 女 너여 汝 너여 籹 사탕여 與 더불여 璵 구슬여 歟 어조사여 旟 기여 輿 수레여 譽 기릴여 轝 수레여

礜 돌여 鸒 갈까마귀여 蜍 두꺼비여 余 나여 畬 세해된밭여 艅 배여 餘 남을여 如 같을여 絮 성여 鴽 비들기여 筎 대껍질여 茹 뿌리여 洳

물여 舁 들여 (역) 易 바꿀역 埸 지경역 鶂 물새역 鯢 고기역 鷊 물새역 虉 풀역 射 싫을역 役 역사역 墿 길역 繹 이울역

懌 기꺼울역 驛 역말역 醳 술역 域 지경역 蜮 고기역 緎 혼솔역 罭 그물역 棫 나무역 閾 문지방역 淢 흐를역 逆 거스릴역 縌 인끈역

圛 돌아올역 譯 번역역 ⿰礻睪 제사역 斁 싫을역 嶧 메역 睪 엿볼역 亦 또역 帟 장막역 (연) 涓 떨어질연 娟 고울연 捐 버릴연 悁

근심연 蜎 버레연 ⿸疒肙 아플연 ⿰食肙 싫을연 耎 부드러울연 㨎 꺾을연 ⿰日耎 빈땅연 蝡 버레연 堧 빈터연 ⿱艹耎 버섯연 瑌 구슬연 碝 옥돌연

瓀 구슬연 懦 약할연 壖 담연 蠕 꿈질연 淵 못연 蜵 깊을연 沿 좇을연 鉛 납연 烟 연기연 咽 목구멍연 胭 연지연 演 넓을연

鳶 솔개연 硯 벼루연 㳄 침연 撋 꺾을연 妍 고울연 研 갈연 囦 못연 爇 불사를연 鳶 솔개연 軟 부드러울연 沇 물연 衍 넓을연

宴 잔치연 煙 연기연 戭 이름연 吮 빨연 兗 땅연 ⿰扌兗 움직일연 ⿰氵兗 물연 延 맞을연 閼 오랑캐연 涎 침연 挻 당길연 筵 자리연 綖

관술연 狿 삵연 鋋 창연 蜒 거머리연 埏 땅가연 然 그럴연 燃 불탈연 燕 나라연 嚥 먹을연 臙 연지연 嬿 고울연 曣 더울연 讌 잔치

연 醼 잔치연 鷰 제비연 緣 인연연 蝝 늦연 椽 서까래연 掾 아전연 櫞 귤연 (열) 說 기쁠열 悅 기쁠열 閱 지날열 熱 더울열 拽

끌열 抴 끌열 噎 목맬열 (염) 冉 약할염 冄 약할염 袡 옷선염 苒 성할염 蚺 뱀염 髥 수염염 髯 수염염 閻 마을염 爓 빛날염

檐 첨하 염 艷 고울 염 灩 물결 염 灎 물결 염 豔 고울 염 鹽 소금 염 釅 실 염 猒 싫을 염 厭 싫을 염 檿 뽕나무 염 懕 편안 염 [illegible] 딱지 염

饜 싫을 염 [illegible] 빌 염 黶 기미 염 魘 놀랄 염 焰 불꽃 염 炎 불꽃 염 琰 홀 염 扊 문지방 염 剡 깎을 염 燄 불꽃 염 [illegible] 보습 염 染 물들일 염

(엽) 葉 잎 엽 殜 병 엽 饁 점심 엽 靨 기미 엽 擪 누를 엽 擖 키 엽 厭 빌 엽 曅 빛날 엽 曄 빛날 엽 爗 빛날 엽 燁 빛날 엽 (영)

盈 찰 영 楹 기둥 영 迎 맞을 영 景 그림자 영 影 그림자 영 梬 대추 영 永 길 영 泳 자맥질할 영 咏 읊을 영 詠 읊을 영 映 비칠 영 英 꽃부리 영

潁 영수 영 癭 혹 영 攖 잡을 영 瓔 옥돌 영 纓 끈 영 嬰 어릴 영 籯 상자 영 攍 멜 영 籝 광주리 영 瀛 바다 영 贏 넉넉 영 嬴 성 영 瑛 옥빛 영

瀯 물소리 영 韺 풍류 영 營 집 영 榮 영화 영 瑩 구슬 영 塋 무덤 영 縈 얽힐 영 禜 빌 영 醟 취할 영 嶸 높을 영 峵 높을 영 郢 땅 영 浧 진흙 영

蠑 도롱뇽 영 (예) 芮 나라 예 汭 물 예 枘 자루 예 蜹 모기 예 裔 옷깃 예 [illegible] 흐를 예 蕊 꽃술 예 蘂 꽃술 예 繠 드릴 예 枻 돛대 예

詍 지꺼릴 예 泄 느릴 예 跇 뛸 예 薉 더러울 예 獩 오랑캐 예 繄 가미 예 隸 하인 예 睿 어질 예 叡 밝을 예 瘱 고요 예 瘞 묻을 예 銳 날카로울 예

[illegible] 과 예 詣 나아갈 예 刈 벨 예 轊 바퀴축 예 羿 예 帠 어룽범 예 艾 다스릴 예 乂 재주 예 寱 잠꼬대 예 勩 수고로울 예 穢 더러울 예 濊 깊을 예

翳 가리울 예 医 활집 예 [illegible] 돌 예 嫛 부드러울 예 蘙 성할 예 瑿 구슬 예 鷖 오리 예 瞖 안질 예 曳 끌 예 霓 무지개 예 埶 재주 예 藝 재주 예

囈 잠꼬대할 예 褹 소매 예 栧 돛대 예 拽 끌 예 洩 샐 예 [illegible] 말 예 掜 잡을 예 兒 약할 예 堄 담 예 猊 사자 예 睨 엿볼 예 倪 끝 예

蜺 매미 예 [illegible] 해질 예 輗 멍에 예 鯢 고래 예 齯 움이 예 麑 사슴 예 抴 끌 예 呭 지꺼릴 예 (오) 午 낮 오 仵 짝 오 旿 낮 오 迕 거스릴 오

忤 거스릴 오 敖 오만할 오 謷 거만할 오 嗷 지꺼릴 오 嶅 험할 오 螯 새우 오 廒 창고 오 慠 거만할 오 磝 험할 오 嗸 슬플 오 獒 개 오 [illegible] 움직일 오

敖 다릴 오 遨 놀 오 璈 풍류 오 聱 듣지아니할 오 烏 까마귀 오 鼇 자라 오 鏊 대림이 오 螯 게발 오 驁 말 오 鰲 同鼇 隖 언덕 오 嗚 슬플 오 塢 언덕 오

鄔 땅 오 汚 더러울 오 杇 흙손 오 圬 흙손 오 汙 더러울 오 [illegible] 탐할 오 奧 깊을 오 懊 한할 오 燠 더울 오 澳 깊을 오 墺 언덕 오 隩 모퉁이 오

襖 옷 오 [illegible] 탐할 오 鏖 죽일 오 爊 구을 오 熝 구을 오 [illegible] 자만 오 洿 더러울 오 惡 슬플 오 [illegible] 비방 오 蘁 거스릴 오 遻 만날 오 [illegible] 이름 오

夭 죽일 오 於 슬플 오 五 다섯 오 伍 항오 오 吾 나 오 唔 말씀 오 晤 밝을 오 浯 물 오 梧 오동 오 [illegible] 들을 오 捂 괴일 오 悟 깰 오 逜 관상할 오

郚 땅 오 寤 잠깰 오 鼯 박쥐 오 吳 나라 오 悞 그릇 오 珸 옥돌 오 娛 즐길 오 誤 그릇 오 蜈 지네 오 鋘 칼 오 ㊀옥 屋 집 옥 獄 옥 옥

剭 벨 옥 阿 누구 옥 玉 구슬 옥 鈺 금 옥 沃 기름질 옥 鋈 도금 옥 ㊀온 [illegible] 따술 온 轀 수레 온 蒕 성할 온 瑥 이름 온 褞 옷 온 氳 기운 온

蘊 쌓일 온 薀 쌓일 온 韞 감출 온 醞 술 온 馧 향기 온 [illegible] 누룩 온 溫 더울 온 熅 더울 온 媼 계집 온 縕 솜 온 榲 기둥 온 嗢 노할 온 宛 쌓을 온

穩 편안할 온 瘟 병 온 ㊀올 矹 돌 올 扤 흔들 올 杌 위태할 올 屼 높을 올 兀 우뚝 올 榲 실과 올 膃 살찔 올 ㊀읍 湆 젖을 읍 ㊀옹

瓮 독 옹 癰 헌데 옹 廱 학궁 옹 雍 화할 옹 壅 막을 옹 翁 늙은이 옹 蓊 풀기 옹 螉 벌 옹 滃 무루녹을 옹 鶲 새 옹 [illegible] 버선목 옹 喁 입 옹 顒 클 옹

噰 울 옹 擁 낄 옹 灉 물 옹 鞥 신 옹 雝 화할 옹 嗈 울 옹 邕 화할 옹 禺 땅 옹 饔 밥 옹 罋 독 옹 甕 독 옹 ㊀외 外 밖 외 聵 귀먹을 외 偎 친압할 외

頠 고요할 외 桅 돛대 외 峗 높을 외 畏 두려울 외 碨 험할 외 廆 이름 외 嵬 높을 외 瘣 병 외 踒 미끄러질 외 嵔 높을 외 揋 끌 외 椳 돌저귀 외

煨 구울 외 猥 외람할 외 隈 모퉁이 외 磈 험할 외 巍 높을 외 ㊀와 瓦 기와 와 臥 누울 와 譌 거짓 와 婐 시녀 와 窊 우묵할 와 涴 더러울 와

踒 미끄러질 와 哇 뱉을 와 汙 땅팔 와 吪 움직일 와 訛 거짓 와 囮 될 와 鈋 깎을 와 媧 계집 와 窩 집 와 萵 나물 와 渦 회방수 와 蝸 달팽이 와

緺 개와 洼 물와 窪 웅덩이와 娃 계집와 蛙 개구리와 䵷 개구리와 鼃 개구리와

완

阮 성완 刓 벨완 抏 꺾을완 岏 높을완 浣 빨완 妧 고울완 莞 웃을완 脘 배완 宛 완전완 忨 탐할완 蚖 뱀완 玩 희롱완 翫 구경완 完 완전완 頑 완악할완 豌 팥완 腕 팔완 惋 놀랄완 涴 씻을완 盌 사발완 椀 사발완 婉 예쁠완 捥 팔뚝완 剜 새길완 踠 꿈즉일완 掔 끌완 薍 풀완 羦 양완 緩 늦을완

왈

刖 발뒷굼치벨왈 咶 마실왈 曰 갈왈 婠 몸고울왈

왜

緺 인끈왜 騧 말왜 哇 뱉을왜 娃 계집왜 倭 나라왜 矮 난장이왜

왕

王 임금왕 枉 굽을왕 旺 왕성할왕 汪 넓을왕 尫 앉은방이왕 迋 갈왕 往 갈왕 迬 갈왕 皇 제사왕

요

要 종요요 喓 소리요 偠 아름다울요 褄 옷깃요 葽 풀요 騕 말요 腰 허리요 堯 임금요 僥 요행요 澆 기름질요 橈 돛대요 嶢 높을요 墝 토박할요 遶 둘릴요 嬈 아름다울요 蕘 꼴요 繞 둘릴요 橈 칼집요 饒 넉넉요 曜 빛칠요 燿 빛날요 耀 빛날요 姚 성요 珧 자개요 窅 우묵눈요 㝔 학요 樂 즐거워할요 [illegible] 기름질요 咬 물요 徼 구할요 邀 맞을요 凹 오목할요 䖴 험할요 儌 요행요 窯 가마요 鷕 울요 宎 방구석요 窔 그윽할요 擾 요란할요 褕 옷깃요 隃 멀요 溔 넓을요 眑 우묵눈요 柪 버선목요 紗 작을요 窈 깊을요 幺 작을요 么 작을요 坳 오목할요 約 언약요 拗 꺾을요 怮 근심요 靿 신목요 夭 요사요 妖 요괴로울요 宎 속소리요 祅 제사요 訞 요괴로로요 穾 그윽할요 殀 요사요 䍃 그릇요 媱 요괴로울요 瑤 구슬요 嗂 즐거울요 䁏 눈요 搖 흔들요 窰 가마요 徭 역사요 猺 짐승요 遙 멀요 愮 혹할요 傜 역사요 謠 노래요 繇 역사요 䡪 수레요 鰩 고기요 鷂 꿩요 颻 나부낄요 蘨 성할요

욕

慾 욕심욕 欲 하고자할욕 浴 목욕욕 鵒 새욕 褥 요욕 縟 꾸밀욕 蓐 엄욕 鄏 땅욕 嗕 오랑캐욕 溽 물욕 辱 욕할욕

용

容 얼굴용 溶 물용 蓉 부용용 榕 나무요 瑢 옥소리용 鎔 녹일용 舂 방아용 踳 밟을용 騞 말용 摏 칠용 宂 번거할용 㝐 용렬할용

완·왈·왜·왕·요·욕·용

勇 날랠 용 湧 솟을 용 踴 뛸 용 㲓 가는털 용 茸 아름다울 용 臾 컬할 용 聳 솟을 용 用 쓸 용 甬 휘 용 俑 허수아비 용 涌 솟을 용 慂 권할 용

埇 보토할 용 悀 노할 용 桶 휘 용 蛹 번디 용 踊 뛸 용 庸 떳떳 용 傭 품팔 용 慵 게으를 용 鄘 땅 용 [illegible] 병기 용 墉 담 용 [illegible] 소 용 [illegible] 쭈그러질

鏞 쇠북 용 鱅 고기 용

우

又 또 우 友 벗 우 俣 클 우 區 되 우 嫣 땅 우 右 오를 우 佑 도울 우 祐 도울 우 歐 토할 우 毆 칠 우 饇 배부를 우 羽 깃 우 郵 파발 우 麀 암사슴 우 雩 기우제 우 雨 비 우 虞 나라 우 牛 소 우 禹 임금 우 偊 독행 우 寓 집 우 楀 나무 우 瑀 옥돌 우 鄅 땅 우

踽 다릴 우 齲 치통 우 憂 근심 우 瀀 젖을 우 優 광대 우 嚘 탄식 우 [illegible] 느낄 우 [illegible] 묶음 우 獿 개 우 耰 쇠시랑 우 于 어조사 우 吁 스플 우

宇 집 우 盱 눈바루뜰 우 邘 땅 우 玗 옥돌 우 杅 목욕통 우 芋 토란 우 旴 밝을 우 訏 속일 우 紆 얽을 우 釪 풍류 우 竽 피리 우 迂 멀 우 盂 사발 우

盓 돌 우 禺 짐승 우 偶 우연 우 堣 모퉁이 우 愚 어리석을 우 遇 만날 우 嵎 골 우 喁 물올 우 腢 어깨 우 寓 붙일 우 髃 어깨 우 耦 짝 우

藕 연줄기 우 齵 덧이 우 尤 더욱 우 肬 사마귀 우 疣 혹 우 訧 허물 우 隅 모퉁이 우

욱

旭 날빛 욱 頊 구술 욱 墺 모퉁이 욱 薁 포도 욱 澳 물가 욱 郁 빛날 욱 彧 빛날 욱 稶 성할 욱 昱 빛날 욱 煜 빛날 욱 勖 힘쓸 욱 勗 권할 욱

운

員 더할 운 隕 떨어질 운 鄖 땅 운 熉 누를 운 殞 죽일 운 愪 근심 운 篔 대 운 霣 비 운 韻 운 운 [illegible] 누를 운 䫟 둥굴 운 惲 꾀 운 煇 날빛 운 鄆 땅 운 運 옮길 운 暈 무리 운 韗 북장인 운 餫 먹일 운 韵 운 운 鄖 땅 운 云 이를 운 芸 향기 운 沄 흐를 운 抎 잃을 운 妘 성 운 紜 어지러울 운 耘 김맬 운 雲 구름 운 蕓 풀 운

울

菀 풀 울 蔚 땅 울 尉 성 울 熨 다림질할 울 罻 그물 울 [illegible] 바람 울 鬱 답답 울 爩 연기 울 欝 답답 울

웅

雄 수컷 웅 熊 곰 웅

위

尉 벼슬 위 蔚 성할 위 罻 그물 위 慰 위로 위 熨 다리미 위 霨 구름 위 委 버릴 위 萎 풀 위 痿 병 위 諉 핑계 위 倭 돌 위

逶 돌아올위 餧 먹일위 魏 나라위 犩 소위 胃 비위위 喟 탄식위 渭 위수위 煟 불빛위 蝟 고슴도치위 謂 이를위 緭 비단위 危 위태
할위 峗 메위 硊 석산위 頠 이길위 爲 할위 僞 거짓위 蔿 풀위 闈 열위 威 위엄위 葳 성할위 蝛 쥐며느리위 熭 말릴위 骫 뼈마디위
位 벼슬위 彙 몰을위 韋 가죽위 偉 거룩할위 葦 갈위 圍 에울위 違 어길위 禕 장위 幃 장위 媁 추할위 湋 물위 緯 씨위 煒
빛날위 暐 빛날위 瑋 구슬위 韙 아름다울위 闈 문위 潿 흐릴위 衛 호위위 躛 그릇위 韡 빛날위 讆 거짓위 원 原 언덕원 源 근
원원 愿 정성원 嫄 계집원 願 원할원 螈 누에원 謜 즐길원 豲 돋원 騵 말원 垣 담원 洹 물원 邍 언덕원 寃 원통원 袁 성원 園
동산원 遠 멀원 猿 잣나비원 轅 수레원 薳 풀원 爰 이에원 湲 흐를원 猨 잣나비원 援 당길원 媛 예쁠원 楥 버들원 元 으뜸원 黿 자라원
院 집원 沅 물원 邧 땅원 阮 땅원 螈 누에원 瑗 구슬원 鶢 물새원 菀 거칠원 琬 홀원 踠 굽으릴원 晼 늦을원 畹 밭두둑원 鵷 새원 怨
원망원 苑 동산원 眢 어둘원 鴛 원앙원 員 인원원 圓 둥글원 猿 잣나비원 월 月 달월 刖 발뒤굼치벨월 蚏 게월 軏 멍에월 粤 나라
월 戉 부월월 越 건늘월 狘 달아날월 鉞 부월월 絨 베월 蠘 게월 颰 바람월 樾 나무월 유 酉 닭유 庮 썩을유 蝤 게유 禉
제사유 梄 쌓을유 猶 갈을유 槱 제사유 蕕 풀유 猷 꾀유 楢 쌓을유 臾 잠깐유 㥚 근심유 腴 기름질유 萸 수유유 庾 창고유 楰 나무유
瘐 죽일유 諛 아첨할유 斞 휘유 唯 오직유 惟 오직유 踓 달아날유 帷 장막유 蜼 잣나비유 維 얽을유 濰 물유 幼 어릴유 呦 울유 岰 높을
유 蚴 버레유 黝 검을유 斿 깃발유 游 자막질유 遊 놀유 蝣 하루살이유 攸 바유 浟 흐를유 悠 갈유 滺 흐를유 幽 깊을유 遺 끼칠유
瀢 흐를유 壝 담유 窳 우그러질유 楆 나무유 緌 끈유 卣 잔유 逌 말미암을유 莠 가라지유 誘 꾀일유 籲 아뢸유 荽 향기유 綏

원·월·유

기술 유 狖 잣나비 유 貁 잣나비 유 樞 느릅나무 유 怮 노할 유 肉 저울추 유 冘 의심 유 褎 성할 유 乳 젖 유 丣 닭 유 牖 창 유 葰 생할 유 夌 인도

할 유 裕 넉넉 유 蕤 성할 유 [豕生] 열매 유 繇 말미암을 유 櫾 유자 유 抌 하 유 宥 용서할 유 有 있을 유 侑 권할 유 洧 물 유 痏 상할 유 囿

동산 유 鮪 고기 유 儒 선비 유 濡 젖을 유 孺 어릴 유 擩 괴일 유 嚅 약할 유 薷 풀 유 襦 저구리 유 醹 술 유 油 기름 유 柚 유자 유 由

말미암을 유 甹 겻순 유 鼬 박쥐 유 兪 맑을 유 渝 변할 유 愉 화할 유 喩 이를 유 逾 넘을 유 揄 소 유 楡 느릅나무 유 揄 당길 유 愉

찧을 유 歈 노래 유 愈 나을 유 媮 즐거울 유 蝓 달팽이 유 褕 옷 유 毹 담자리 유 羭 양 유 瘉 나을 유 貐 돌 유 諭 이를 유 踰 넘을 유 覦 엿볼 유

𨷾 엿볼 유 柔 부드러울 유 揉 휠 유 𤱱 밭두둑 유 輶 가벼울 유 腬 살찔 유 糅 섞을 유 蹂 밟을 유 輮 바퀴 유 鍒 쇠 유 鞣 가죽 유 ⓤ육 肉

고기 육 囿 동산 육 毓 기를 육 儥 팔 육 鬻 팔 육 育 칠 육 堉 흙 육 ⓤ윤 尹 만 윤 匀 가지런할 윤 閏 윤달 윤 潤 젖을 윤 奫 깊을 윤

允 진실로 윤 狁 오랑캐 윤 鈗 병기 윤 胤 맏아들 윤 酳 마실 윤 蜳 거북할 윤 蠕 꿈틀거릴 윤 ⓤ율 聿 드딜 율 鴥 날 율 汩 흐를 율 矞 거짓

율 遹 좇을 율 繘 줄 율 驈 말 율 颶 바람 율 ⓤ융 融 화할 융 肜 제사 융 駥 말 융 絨 비단 융 狨 잣나비 융 戎 되 융 [扌戎] 도울 융

茙 아욱 융 娀 나라 융 ⓤ은 殷 나라 은 慇 은근할 은 [艹殷] 푸를 은 溵 물 은 磤 우뢰 은 圻 언덕 은 齦 잇몸 은 隱 숨을 은 垠 가 은

銀 은 은 嶾 높을 은 [亻隱] 의지할 은 檃 흴 은 濦 물 은 [氵隱] 물 은 [糹隱] 홀 은 [車隱] 수레 은 癮 두드러기 은 狺 짖을 은 嚚 완악할 은 誾 즐거

울 은 垽 찌끼 은 憖 공경 은 恩 은혜 은 听 웃음 은 齗 잇몸 은 ⓤ을 乙 새 을 乙 새 을 鳦 제비 을 [疑] 바로설 을 ⓤ음 音 소리 음 喑

벙어리 음 窨 움집 음 吟 읊을 음 崟 높을 음 淫 음란할 음 霪 장마 음 婬 음란할 음 飮 마실 음 陰 그늘 음 蔭 덮을 음 瘖 병 음 ⓤ읍 邑

고을 읍 揖 읍할 읍 挹 취할 읍 泣 울 읍

응

譍 대답 응 ⿰虫應 매미 응 應 응할 응 膺 가슴 응 鷹 매 응 凝 엉길 응 疑 정할 응

의

衣 옷 의 阣 고개 의 議 의논 의 ⿰言壹 살필 의 誼 정의 의 譩 분할 의 螘 개미 의 薏 율무 의 ⿱艹義 땅이름 의 瘱 파리할 의 禕 아름다울 의 藙 오수유 의

轙 수레채 의 ⿰壹乚 앗끼고 탐할 의 依 의지할 의 嶷 산이름 의 椅 교의 의 旖 기 의 懿 아름다울 의 毅 굳셀 의 義 옳을 의 猗 불친 개 의 意 뜻 의 歪 비뚜러질

의 狋 개성낼 의 疑 의심 의 矣 어조사 의 殪 죽일 의 瀷 말 의 艤 배등대할 의 醫 의원 의 豷 성할 의 擬 비길 의 撎 읍할 의 宜 마땅 의 劓 코벨 의

⿰金危 톱니어길 의 ⿸厂義 산이마 의 儀 거동 의 倚 의지할 의 鸃 봉같은새 의 顡 멍청이 의 醷 매실초 의 ⿰魚義 고기새끼 의 螠 몸잘룩한벌레 의 縊 목맬 의

이

耳 귀 이 咡 입술 이 衈 피 이 刵 귀벨 이 珥 귀고리 이 毦 꾸밀 이 ⿰糸耳 고삐 이 餌 미끼 이 駬 말 이 㠯 써 이 苢 길경이 이 易 쉬울 이 ⿰亻易 깔볼 이

已 이미 이 圯 흙다리 이 尒 너 이 迩 가까울 이 移 옮길 이 黟 검을 이 扅 문지방 이 肄 익힐 이 隶 미칠 이 台 나 이 怡 화할 이 眙 볼 이 貽 줄 이

詒 줄 이 瓵 병 이 飴 엿 이 訑 속일 이 蛇 자득할 이 勩 수고로울 이 頤 턱 이 彝 떳떳 이 異 다를 이 宧 모퉁이 이 异 이미 이 栘 그물 이 夷 오랑

캐 이 侇 무리 이 洟 눈물 이 姨 이모 이 跠 걸터앉을 이 ⿰阝夷 막힐 이 荑 비름 이 峓 메 이 胰 등심 이 羠 양 이 恞 즐거울 이 ⿰彳夷 쉬울 이 桋 나무

痍 상할 이 鮧 메기 이 而 말이 이 陑 땅 이 耏 수염 이 洏 코물 이 栭 개암 이 胹 익을 이 鮞 고기 이 鴯 제비 이 輀 상여 이 以 써 이 苡

율무 이 二 두 이 ⿸尸二 오랑캐 이 伊 저 이 咿 웃음 이 洢 물 이 蛜 쥐며느리 이 杝 피나무 이 弛 부릴 이 施 버들 이 暆 날옮길 이 椸 횃대 이 袘 선두를 이

迆 비틀거릴 이 貤 상줄 이 肔 찢어질 이 酏 마실 이 杝 나무 이 訑 자긍할 이 匜 잔 이 迤 비틀거릴 이 崺 산줄기 이 箷 횃대 이 貳 두 이 樲 대초 이 膩

살찔 이 爾 너 이 邇 가까울 이

익

益 더할 익 嗌 목구멍 익 謚 웃음 익 艗 배 익 ⿰益阝 땅 익 膉 목 익 鷁 목 익 齸 넘올 익 弋 주살 익 杙 말뚝 익

鈥 솔 익 黓 검을 익 廙 집 익 翌 내일 익 翊 도울 익 翼 날개 익

인

寅 동방 인 寅 동방 인 夤 공경 인 䏰 살 인 戭 창 인 縯 길 인 螾 지렁이 인 孕 애밸 인 人 사람 인 因 인할 인 咽 목구멍 인 茵 쑥 인 姻 혼인 인 絪 삼실 인 靷 압거리 인 氤 기운 인 駰 말 인 裀 속옷 인 鞇 요 인

引 이끌 인 紖 고삐 인 蚓 지렁이 인 鈏 백통 인 刃 날 인 忍 참을 인 仞 길 인 牣 찰 인 訒 어눌할 인 認 알 인 肕 땅 인 軔 수레 인 韌 질길 인

湮 빠질 인 堙 막힐 인 禋 제사 인 陻 막힐 인 諲 공경 인 歅 조화할 인 闉 성문 인 仁 어질 인 印 인칠 인 [illegible] 곡조 인 婣 혼인 인 [illegible] 짐승 인

일

日 날 일 衵 옷 일 馹 역마 일 一 한 일 壹 한 일 鎰 근 일 溢 넘칠 일 佚 편안 일 泆 방탕할 일 妷 음란할 일 軼 빠를 일 逸 편안 일 佾 춤출 일

임

任 맡을 임 恁 믿을 임 餁 익을 임 飪 익을 임 絍 짤 임 妊 애밸 임 衽 옷깃 임 壬 북방 임 紝 씨 임 荏 깨 임 姙 애밸 임 鵀 비둘기 임 腍 익을 임 稔 염글 임 飪 배부를 임 衽 옷깃 임

입

廿 스물 입 入 들 입

잉

孕 애밸 잉 芿 움 잉 仍 인할 잉 艿 풀싹 날 잉 媵 계집 잉 陾 담쌓을 잉 賸 넉넉 잉 剩 넉넉 잉

자

子 아들 자 仔 자세할 자 字 글자 자 芓 삼 자 秄 북돋을 자 孜 부지런할 자 杍 목수 자 耔 김맬 자 虸 버레 자 牸 암소 자 批 칠 자 泚 맑을 자

茈 풀 자 玼 옥티 자 疵 흠 자 眦 눈가 자 眥 눈가 자 呰 구차할 자 跐 밟을 자 紫 붉을 자 胔 뼈 자 貲 재물 자 訿 훼방 자 觜 별 자 訾 훼방 자

雌 암컷 자 髭 수염 자 骴 썩은 뼈 자 頿 수염 자 自 스스로 자 刺 찌를 자 刾 찌를 자 鄑 땅 자 諫 풍간할 자 胾 살점 자 齊 옷아래 홀 자 劑 갈갈 자

齌 옷단 자 齍 제기 자 鶿 새 자 鎡 호미 자 [illegible] 대 자 磁 지남석 자 慈 인자할 자 嵫 메 자 孶 사랑 자 滋 불을 자 茲 이 자 梓 가나무 자 滓 찌끼 자

榨 체다리 자 醡 체다리 자 詐 부끄러울 자 鮓 고기 자 佐 도울 자 左 왼 자 溠 물 자 䄍 제사 자 作 지을 자 藉 빙자 자 者 놈 자 赭 붉을 자

煑 다릴 자 傶 오만할 자 蔗 사탕풀 자 樜 뽕나무 자 鷓 새 자 炙 구울 자 柘 뽕나무 자 這 저 자 飷 슴슴할 자 姊 맏누의 자 胏 포육 자 秭 수효 자 笫

자리 자 咨 물을 자 姿 모양 자 恣 방자할 자 茨 띠 자 瓷 질그릇 자 粢 젯밥 자 赼 머뭇거릴 자 資 자뢰 자 餈 인절미 자 諮 물을 자 澬 장마 자 薋

풀 자

작

勺 잔 작 汋 물 작 妁 중매 작 杓 잔 작 灼 사를 작 彴 외나무다리 작 芍 작약 작 酌 잔질할 작 婥 아름다울 작 綽 너너할 작 繛 너너할 작

斮 깎을 작 皵 터질 작 碏 얼룩돌 작 鵲 까치 작 剒 다듬을 작 醋 수작 작 禚 땅 작 雀 참새 작 [illegible] 개 작 斫 깎을 작 [illegible] 심을 작 皭 흴 작 爝

횃불 작 嚼 씹을 작 爵 벼슬 작 作 지을 작 怍 부끄러울 작 柞 나무 작 酢 수작 작 昨 어제 작 筰 대노 작 笮 자자할 작 [illegible] 부끄러울 작 鈼 권할 작

鷟 봉 작

잔

僝 잔약할 잔 孱 잔약할 잔 [illegible] 잔약할 잔 潺 흘를 잔 轏 수레 잔 驏 탈 잔 戔 쇠잔 잔 剗 깎을 잔 棧 사다리 잔 殘 잔 잔 殘

쇠잔 잔 盞 잔 잔 [illegible] 날 잔 輚 수레 잔 醆 술잔 잔 虥 털 잔

잠

蚕 누에 잠 [illegible] 성 잠 寁 빠를 잠 詀 속일 잠 歜 창포 잠 蘸 담글 잠 湛 맑을 잠

[illegible] 풍후할 잠 岑 메뿌리 잠 涔 젖을 잠 潛 잠길 잠 熸 불꺼질 잠 撍 모일 잠 簪 비녀 잠 篸 비녀 잠 箴 경계 잠 [illegible] 찌를 잠 鐕 못 잠 蠶 누에 잠

暫 잠간 잠 蹔 잠간 잠 [illegible] 맛없을 잠 賺 되거리 잠 [illegible] 되거리 잠 [illegible] 속일 잠

잡

臿 공이 잡 插 꽂을 잡 眨 눈굴릴 잡 煠 끓을 잡 喋 먹을 잡

噆 씹을 잡 閘 빗장 잡 雜 섞일 잡 霅 번개 잡 [illegible] 물 잡 啑 먹을 잡 襍 섞일 잡 帀 둘릴 잡 匝 둘릴 잡 咂 먹을 잡 迊 둘릴 잡 牐 자물쇠 잡

[illegible] 달릴 잡

장

丈 길 장 仗 의지할 장 杖 짚을 장 長 어른 장 帳 장막 장 張 베풀 장 镸 풀 장 嫜 시어미 장 粻 양식 장 韔 활집 장 餦 엿 장

章 글 장 障 막을 장 漳 물 장 彰 빛날 장 獐 노루 장 墇 막을 장 嶂 메봉우리 장 璋 홀 장 鄣 땅 장 樟 나무 장 瘴 장기 장 麞 노루 장 場 마당

장 腸 창자 장 塲 마당 장 畼 마당 장 將 장수 장 嶈 높을 장 奬 권할 장 蔣 풀 장 漿 초 장 槳 돛대 장 [illegible] 돛대 장 蹡 다닐 장 螿 암매미 장

醬 장 장 鏘 옥소리 장 壯 장할 장 莊 씩씩할 장 裝 행장 장 牆 담 장 臧 어질 장 戕 해할 장 藏 감출 장 粧 단장 장 臟 오장 장 贓 장물 장

檣 말장 장 嬙 계집 장 墻 담 장 檣 돛대 장 薔 장미 장 牆 담 장 蘠 장미 장 匠 장인 장 掌 손바닥 장 瑲 옥소리 장 牂 땅 장 妝 단장 장 狀 글장 장

斨 도끼 장 牂 땅 장 裝 포장할 장 惷 미련할 장 葬 장사 장 髒 곧을 장 庄 전장 장 牂 암양 장 駔 말거간 장 橦 깃대 장

재

再 두 재 在 있을 재 材 재목 재 財 재물 재 鼒 옹솥 재 災 재앙 재 灾 재앙 재 菑 재앙 재 才 재주 재 齋 재계 재 齎 쌀 재 賫 쌀 재 𦗗 이롱증 재 縡 일 재

宰 재상 재 纔 잠간 재 載 실을 재 栽 심을 재 酨 초장 재 烖 재앙 재 裁 마루절 재 𢦏 심을 재 哉 이끼 재

쟁

丁 벌목소리 쟁 噌 지꺼릴 쟁

玎 옥소리 쟁 鎗 금석소리 쟁 㡧 그림 쟁 崝 높을 쟁 綪 맺을 쟁 棖 칠 쟁 槍 혜성 쟁 爭 다툴 쟁 掙 꺾을 쟁 崢 높을 쟁 猙 짐승 쟁 鬇 터럭 쟁

琤 옥소리 쟁 箏 비파 쟁 諍 간할 쟁 錚 꽹과리 쟁 瞠 부릅뜰 쟁

저

且 어조사 저 沮 그칠 저 怚 교만할 저 抯 가질 저 狙 다람쥐 저 岨 메 저 姐 맏누이 저

咀 씹을 저 苴 꾸러미 저 罝 그물 저 砠 메 저 疽 등창 저 跙 머뭇거릴 저 蛆 구더기 저 箸 저까락 저 趄 머뭇거릴 저 菹 김치 저 葅 김치 저

鴡 새 저 陼 물가 저 渚 물가 저 猪 돼지 저 楮 닥나무 저 著 나타날 저 褚 자루 저 翥 날 저 諸 모두 저 豬 돼지 저 儲 저축 저 瀦 물가 저 躇 머뭇거릴 저

櫧 도토리 저 蠩 두꺼비 저 櫫 표말 저 禇 세월갈 저 觝 찌를 저 詆 꾸짖을 저 軧 수레 저 羝 수양 저 眡 볼 저 柢 뿌리 저 牴 받을 저 底 밑 저

邸 객사 저 弤 활 저 抵 밀 저 坻 언덕 저 阺 언덕 저 低 낮을 저 氐 별 저 屠 이름 저 抒 펼 저 杼 북 저 㡪 수의 저 宁 조정 저 羜 양 저 佇 오랠 저

竚 오랠 저 苧 모시 저 紵 모시 저 貯 저축 저 除 덜 저 滁 물 저 篨 대자리 저 樗 가량나무 저 她 맏딸 저 杵 공이 저 鬻 삶을 저

적

赤 붉을 적 迹 자취 적 跡 자취 적 廸 편안 적 笛 피리 적 頔 좋을 적 妬 무자할 적 逷 멀 적 遾 저 적 覿 볼 적 吊 이를 적 逐 쫓을 적 賊 도둑 적

적 蠈버레적 宲고요적 寂고요적 借낭자할적 踖삼가드딜적 耤나라밭적 藉낭자할적 籍호적 謫귀양갈적 讁꾸짖을적 勣공적 積쌓을

적 磧돌무더이적 積주름잡을적 蹟공적 績길쌈적 鰿붕어적 蹐밟을적 的적실적 玓구슬적 芍연밥적 菂연밥적 荻갈적 靮

구레적 馰말이마적 狄오랑캐적 逖멀적 啇꼭지적 滴물방울적 嫡적실적 摘딸적 擿돌를적 樀첨아적 適마침적 敵대적할적 甋벽돌적

嫡시집갈적 鏑살촉적 翟꿩적 嚁수파람적 趯뛸적 籊대적 糴환자적 籴환자적

전

全온전전 佺이름전 拴가릴전 牷순색전

荃풀전 痊나을전 筌통발전 絟베전 跧엎딜전 詮의논전 輇상여전 銓저울눈전 駩말전 旃기전 栴향나무전 戔쌓을전 牋편지전

箋글전 諓아첨할전 餞전송전 錢돈전 棧밤나무전 籛성전 前앞전 剪갈길전 湔씻을전 舛어그러질전 揃갈길전 煎다릴전 箭살전

翦갈길전 鬋귀밑털전 譾얕을전 吮마실전 飦죽전 戩다전 悛고칠전 戰싸움전 巔이름전 襢옷전 縓붉을전 饘죽전 剸전단할전

纏얽을전 躔별자리전 鄽전전 廛전전 鸇새매전 鱣고기전 饘죽전 顫떨전 𧽩머뭇거릴전 羶누린내전 皽껍질전 邅둔할전 氈전전

旜기전 襢장막전 澶물전 田밭전 佃사냥전 甸서울전 沺넓을전 畋사냥전 鈿비녀전 典법전 淟흐릴전 㥏부끄러울전 琠구슬전

전 腆두터울전 碾연자매전 蹍밟을전 殿집전 澱찌끼전 傎엎드러질전 搷칠전 塡메일전 瑱귀고리전 窴막힐전 瘨지랄전 蹎엎드러질전

전 闐성할전 顚거꾸러질전 顛엎드러질전 𪔰북소리전 驒말이마전 巓산마전 癲지랄전 涏윤택할전 娗막힐전 蜓뱀전 淀웅덩이전 奠드릴전

전 靦부끄러울전 跈빠를전 電번개전 滇물전 展펄전 輾굴전 驏말굴전 瑑홀전 篆전자전 專오로지전 傳전할전 塼벽돌전 膞

창자전 甎벽돌전 轉구를전 囀울전 鱄고기전 篿점대전 雋살찔전 臇고깃국전 鐫새길전

절

節마디절 癤멍울절 䲙고기절

점　접　정

竊 그윽할절 竊 그윽할절 切 간절 卩 병부절 岊 높을절 梲 대공절 齾 덧니절 蕝 띠절 晊 씹을절 闑 닫을절 姪 조카절 浙 물절 茓 가라지절 墆 쌓을절 折 꺾을절 晢 밝을절 準 코부리절 晣 밝을절 絶 끊을절 蕝 묘할절 截 끊을절 巀 높을절 㦶 끊을절

점

店 가게점 阽 위태할점 坫 수자리점 拈 집을점 玷 옥티점 扂 배목점 粘 붙일점 占 점칠점 苫 거적점 痁 학질점 覘 엿볼점 颭 바람점 霑 젖을점 蒧 풀점 [illegible] 괴일점 鮎 메기점 黏 붙일점 點 점칠점 佔 엿볼점 橝 문설주점 簟 삿자리점 墊 빠질점 漸 점점점 蔪 이삭점 [illegible] 말달릴점 幨 장점 黵 검을점 瀸 젖을점

접

跕 떨어질접 沾 기쁠접 慹 고집할접 襵 주름잡을접 慴 겁낼접 䐑 썰접 檝 돛대접 艓 배접 菨 마름접 椄 접붙일접 接 접할접 惵 두려울접 楪 대접접 褋 홑옷접 蝶 나비접 蹀 밟을접 [illegible] 까불접 渫 물결접 蜨 나비접

정

丁 고무래정 仃 외로울정 [illegible] 외로울정 叮 정녕할정 汀 물가정 艼 무지할정 矴 맷돌정 疔 독종정 [illegible] 물가정 町 밭두둑정 酊 취할정 訂 의논할정 飣 진설할정 釘 못정 頂 이마정 廷 조정정 侹 곧을정 挺 빼날정 庭 뜰정 娗 아름다울정 [illegible] 잣나비정 莛 풀정 梃 몽둥이정 脡 포정 珽 홀정 蜓 잠자리정 筳 대쪽정 艇 배정 綎 인끈정 霆 우뢰정 鋌 쇳덩어리정 頲 곧을정 鼮 쥐정 井 우물정 阱 함정정 穽 함정정 正 바를정 政 정사정 [illegible] 말굴레정 定 정할정 錠 등잔정 顁 이마정 桯 체정 [illegible] 끈정 鞓 띠정 亭 정자정 停 머무를정 婷 아름다울정 渟 웅덩이정 葶 풀정 鼎 솥정 [illegible] 끈정 怔 두려울정 征 칠정 [illegible] 익은고기정 証 간할정 鉦 꽹과리정 整 정제할정 鴊 난추니정 呈 드릴정 珵 옥돌정 程 길정 裎 벗을정 酲 술깰정 鋥 칼갈정 旌 기정 㫌 기정 旍 기정 淨 맑을정 竫 고요정 靜 고요정 瀞 맑을정 情 뜻정 菁 무정 靖 고요할정 睛 눈자정 精 정할정 [illegible] 고울정 靚 아름다울정 鯖 비웃정 貞 곧을정 偵 탐문할정 幀 화상정 楨 담틀정 遉 염탐정 禎 상서정 赬 붉을정 檉 개버들정 晶 맑을

정 赬 붉을 정 棖 문설주 정 鄭 나라 정 蟶 조개 정 ⓙ제 帝 임금 제 啼 울 제 蹄 말굽 제 隄 막을 제 媞 아름다울 제 提 끌 제 除 덜 제 堤
언덕 제 諸 모두 제 鵜 물새 제 鮆 칼치 제 晢 빛날 제 齏 양념 제 醍 감홍로 제 泲 흐를 제 齊 나라 제 劑 약지을 제 儕 무리 제 嚌 맛볼 제 濟
건늘 제 隮 오를 제 擠 미칠 제 懠 성낼 제 薺 냉이 제 臍 배꼽 제 癠 병 제 穧 걷을 제 蠐 굼벵이 제 躋 오를 제 霽 갤 제 齏 양념 제 弟 아우
제 娣 누이 제 悌 공경 제 梯 사닥다리 제 稊 가라지 제 苐 차례 제 第 집 제 珶 옥돌 제 罤 그물 제 𧋍 매미 제 綈 비단 제 瑅 구슬 제 睼 볼
褆 홑옷 제 踶 발굽 제 緹 집 제 鞮 신 제 題 쓸 제 騠 말 제 鯷 고기 제 匸虒 얇을 제 鶗 두견 제 蹏 발굽 제 鷈 오리 제 唬 부르짖을 제 磾 검은
돌 제 制 법 제 淛 물 제 猘 미친개 제 晣 빛날 제 製 지을 제 鯯 고기 제 祭 제사 제 際 지음 제 傺 그칠 제 穄 피 제 ⓙ조 助 도울 조 阻
막힐 조 徂 갈 조 珇 홀 조 殂 죽을 조 俎 도마 조 祖 할아비 조 租 부세 조 粗 거칠 조 組 인끈 조 詛 저주할 조 葅 며 조 齟 저오할 조 早 일을
조 皁 검을 조 皂 검을 조 造 지을 조 艁 배 조 慥 독실할 조 糙 뉘 조 澡 씻을 조 噪 지껄일 조 懆 근심 조 操 잡을 조 鄵 땅 조 璪 면류 조 燥 마를
조 臊 비린내 조 繰 실 조 躁 뛸 조 譟 지껄일 조 趮 빠를 조 藻 마름 조 棗 대추 조 獠 오랑캐 조 岨 높을 조 慘 근심 조 罩 그물 조 繅 방석
조 藻 마름 조 竈 부엌 조 趙 나라 조 曌 비칠 조 灂 칠할 조 釂 마실 조 昭 밝을 조 罩 그물 조 箌 통발 조 厝 둘 조 措 둘 조 醋 초 조 錯 도금
조 蚤 벼룩 조 轈 수레뚜껑 조 曹 무리 조 漕 옮길 조 嘈 울 조 嶆 조 槽 높을 조 槽 마구 조 遭 만날 조 糟 재강 조 螬 굼벵이 조 艚 배 조 醩 재강
조 鼂 성 조 篍 피리 조 罺 그물 조 肇 비로소 조 朝 아침 조 潮 밀물 조 嘲 조롱 조 𢱢 찌를 조 啁 울 조 詔 조서 조 照 비칠 조 垗 무덤 조 晁
아침 조 旐 기 조 駣 말 조 兆 억조 조 佻 경박할 조 恌 경박할 조 庣 회 조 洮 씻을 조 挑 돋울 조 朓 그믐 조 眺 볼 조 祧 신주 조 窕 깊을 조 跳

(뛸 조) 誂 달랠 조 斛 휘 조 覜 볼 조 銚 가래 조 凋 떨어질 조 彫 새길 조 雕 새길 조 琱 조을 조 蜩 쓰르라미 조 調 고루 조 刁 조두 조 苕 갈대꽃 조

鵰 독수리 조 條 가지 조 篠 대그릇 조 絛 끈을 조 鞗 고삐 조 鯈 고기 조 鰷 고기 조 莜 후치 조 嬥 계집 조 藋 명아자 조 糶 환자줄 조 蔦 겨우살이 조

鳥 새 조 弔 조상 조 吊 조상 조 粜 환자줄 조 釣 낚시 조 弴 활 조 敦 아로새길 조 趒 뛸 조 爪 손톱 조 抓 긁을 조 笊 광주리 조 阼 섬 조 胙 복 조 酢 초 조

족

足 발 족 簇 모일 족 蔟 모을 족 族 겨레 족 瘯 옴 족 鏃 살촉 족

존

尊 높을 존 存 있을 존

졸

卒 군사 졸 稡 모을 졸 𣨛 죽을 졸 踤 밟을 졸 捽 잡을 졸 猝 졸연 졸 拙 졸할 졸

종

宗 마루 종 悰 즐거울 종 琮 옥돌 종 棕 종려 종 嵏 산 종 粽 기장 종 綜 잉아 종 淙 물소리 종 粽 옥수수 종 豵 수톨 종 賨 부세 종 鬃 갈기 종 猣 개새끼 종 㚇 주락 종 葼 가지 종 椶 종려 종 稯 묶을 종 艐 배걸릴 종 緵 그물 종 糉 기장 종 䡯 수레 종 鬷 가마 종 鬉 흩은머리 종 騣 갈기 종 鯼 고기 종 慫 권할 종 蹤 자취 종 縱 기리 종 蓯 풀 종 從 좇을 종 樅 나무 종 嵸 높을 종 嵷 높을 종 瑽 옥소리 종 豵 돼지 종 鍾 쇠북 종 鐘 쇠북 종 踵 발뒤꿈치 종 瘇 수종다리 종 種 심을 종 慒 꾀 종 腫 헌데 종 尰 발병 종 鬆 갈기 종 終 마침 종 螽 메뚜기 종 鼨 알록쥐 종

죄

罪 허물 죄 辠 죄 죄

좌

左 왼 좌 佐 도울 좌 座 자리 좌 坐 앉을 좌 挫 꺾을 좌 剉 꺾을 좌 矬 난장이 좌 痤 병 좌 脞 부서질 좌 夎 거짓 좌 莝 여물 좌 髽 북상투 좌

좡

鷞 뻐꾹새 좡

주

州 골 주 洲 물가 주 舟 배 주 侜 가리울 주 輈 수레 주 主 임금 주 住 머물 주 拄 괴일 주 宔 감실 주 柱 기둥 주 鉒 도서 주 駐 머무를 주 伷 맏아들 주 宙 집 주 冑 투구 주 姝 아름다울 주 胄 맏아들 주 紬 명주 주 䩜 투구 주 朱 붉을 주 侏 광대 주 邾 땅 주 咮 부리 주 珠 구슬 주 株 나무 주 絑 비단 주 蛛 거미 주 袾 저고리 주 誅 벨 주 注 부을 주 炷 심지 주 疰 염병 주 蛀 좀 주 註 주낼 주 軴 머무를 주 黈 누를 주 𩎟 전복 주 霔 비 주 黈

점칠 주 麈 파리채 주 奏 아뢸 주 族 아뢸 주 湊 물 주 腠 가죽 주 楱 귤 주 輳 몰려들 주 作 지을 주 走 달릴 주 呪 저주 주 做 지을 주 馵 말발 주

嗾 추길 주 澍 장마 주 鑄 지을 주 肘 팔꿈치 주 蔟 풍류 주 紂 임금 주 酎 독주 주 啁 울 주 賙 주급할 주 輖 실을 주 綢 얽을 주 裯 홑이불 주

調 거듭 주 稠 빽빽할 주 周 두루 주 緅 덮칠 주 犨 소 주 盩 산구비 주 籒 전자 주 噣 부리 주 遒 굳셀 주 晝 낮 주 酒 술 주 枓 두레박 주 躕 머뭇거릴 주 幮 장막 주 廚 부엌 주 譸 속일 주 籌 산놓을 주 幬 휘장 주 躊 머뭇거릴 주 疇 이랑 주 儔 짝 주 黈 겁탈할 주

죽

竹 대 죽 粥 죽 죽 鬻 죽 죽

준

尊 술잔 준 僔 공경 준 ⿰尊刂 덜 준 墫 춤출 준 撙 존절할 준 噂 지껄일 준 遵 좇을 준 樽 술잔 준 蓴 성할 준 蹲 걸터앉을 준 繜 잠방이 준 譐 지껄일 준 鐏 술 준 鐏 창날 준 鷷 꿩 준 鱒 고기 준 ⿰彳夋 물너갈 준 焌 사를 준 僎 도울 준 俊 준걸 준 浚 깊을 준 峻 높을 준 葰 클 준 埈 높을 준 捘 밀칠 준 逡 물러갈 준 晙 밝을 준 竣 마칠 준 皴 터질 준 畯 권농 준 踆 그칠 준 荾 생각 준 ⿺走夋 달릴 준 餕 퇴물 준 駿 준마 준 鵔 새 준 埻 과녁 준 稕 볏단 준 准 평할 준 隼 새매 준 準 법 준 儁 준걸 준 ⿰山雋 높을 준 惷 심란할 준 ⿰月春 살찔 준 純 선 준 屯 인색할 준 恂 두려울 준 濬 깊을 준 ⿰馬春 얼룩말 준 蠢 꿈직일 준 踳 섞을 준

줄

卒 죽을 줄 啐 빨 줄 崒 높을 줄 ⿰忄出 근심 줄 茁 성할 줄 窋 내밀 줄

중

衆 무리 중 ⿱雨衆 비 중 中 가운데 중 仲 버금 중 重 무거울 중 蝩 누에 중

즉

卽 곧 즉 堲 벽돌 즉 鯽 붕어 즉 蝍 지네 즉 ⿰火卿 초똥 즉 則 곧 즉 前 장산 즉 鰂 오징어 즉 鱡 오징어 즉 喞 버레소리 즉

즐

叱 꾸짖을 즐 堲 미울 즐 喞 지껄일 즐 瀄 흐를 즐 櫛 빗 즐 隲 도울 즐 ⿰禾節 벼움날 즐

즘

怎 어찌 즘

즙

輯 모을 즙 諿 화할 즙 ⿰角咠 뿔 즙 咠 참소할 즙 緝 얽을 즙 湒 비나릴 즙 楫 돛대 즙 葺 기울 즙 戢 모을 즙 蕺 나물 즙 濈 화할 즙 汁 즙낼 즙

증

曾 일찍 증 噌 지껄일 증 繒 비단 증 甑 시루 증 罾 그물 증 ⿰曾羽 날 증 贈 줄 증 矰

주살 증 鄫 나라 증 憎 미울 증 嶒 높을 증 增 더할 증 橧 기뜨릴 증 戩 주살 증 拯 건질 증 脀 익을 증 烝 찔 증 蒸 찔 증 脀 어릴 증 [illegible] 수레

증 蒸 찔 증 滕 발두둑 증 橙 귤 증 證 증거 증 ● 지 至 이를 지 輊 수레 지 志 뜻 지 痣 기미 지 [illegible] 짤 지 誌 기록 지 旨 뜻 지 地 땅 지 脂

기름 지 氏 오랑캐 지 泜 물 지 坻 물가 지 底 이를 지 胝 못 지 抵 다다를 지 厎 이를 지 祗 공경 지 秖 익을 지 砥 숫돌 지 舐 핥을 지 蚳 개미

지 紙 종이 지 貾 자개 지 之 갈 지 芝 지초 지 池 못 지 篪 피리 지 止 그칠 지 阯 터 지 沚 물가 지 址 터 지 芷 백지 지 祉 복 지 趾 발굼처 지

支 괴일 지 肢 사지 지 [illegible] 많을 지 只 다만 지 咫 지척 지 枳 탱자 지 胑 사지 지 疻 상할 지 軹 굴대끝 지 知 알 지 智 지혜 지 踟 머뭇거릴 지

蜘 거미 지 鳷 까치 지 枝 가지 지 舓 핥을 지 墬 땅 지 [illegible] 핥을 지 質 볼모 지 識 기록 지 織 짤 지 [illegible] 걸릴 지 漬 젖을 지 篪 저 지

搘 괴일 지 榰 주초 지 墀 뜰 지 遲 더딜 지 摯 잡을 지 贄 폐백 지 鷙 움킬 지 騺 무거울 지 躓 미끄러질 지 洔 물가 지 持 가질 지 指 손가

락 지 ● 직 織 짤 직 職 벼슬 직 膱 상할 직 稷 피 직 樴 말뚝 직 直 곧을 직 犆 소 직 稙 벼 직 ● 진 晉 나라 진 搢 꽂을 진 縉 띠 진 瑨

옥돌 진 眞 참 진 嗔 꾸짖을 진 塡 편안할 진 稹 빽빽할 진 瑱 귓고리 진 瞋 부릅뜰 진 縝 맺을 진 謓 꾸짖을 진 鎭 진정 진 黰 머리검을 진 鬒 검은 개 진

進 나아갈 진 璡 옥돌 진·侲 랄 진 振 떨칠 진 帪 자루 진 桭 기둥 진 裖 옷 진 賑 진휼 진 唇 놀랄 진 [illegible] 우삼 진 震 진동 진 趁 나아갈 진 軫

수레 진 診 진찰할 진 紾 당길 진 袗 홑옷 진 聄 고할 진 疹 발반할 진 畛 밭두둑 진 眕 볼 진 胗 발반할 진 珍 보배 진 抮 비틀 진 殄 멸할 진 秦 나라 진

溱 물 진 蓁 풀 진 螓 매미 진 臻 이를 진 轃 이를 진 榛 가얌 진 陣 진칠 진 陳 베풀 진 敶 베풀 진 蔯 쑥 진 螴 꿈틀거릴 진 樼 가얌 진 塵

티끌 진 眹 눈동자 진 津 나루 진 疢 열병 진 珎 보배 진 濜 흐를 진 儘 다할 진 盡 다할 진 [illegible] 북채 진 甄 질그릇 진 晉 나라 진 趁 다다를 진 ● 질

質 바탕 질 劕 문서 질 瓆 이름 질 櫍 도끼 질 礩 주초 질 鑕 도끼 질 垤 개미둑 질 耋 늙을 질 𦒹 늙을 질 絰 상복 질 跮 미끄러질 질 耊 늙을 질
咥 웃음 절 庢 막힐 질 姪 족하 절 挃 칠 질 郅 오를 질 桎 착고 질 晊 밝을 질 窒 막힐 절 秷 이삭 절 蛭 거머리 질 銍 낫 절 抶 칠 질 帙 책권 질
秩 차례 질 眣 사팔뜨기 질 袟 칼집 질 紩 홀 질 翐 날 질 疾 병 질 嫉 투기할 질 蒺 마름 질 佚 빠를 질 迭 서로 절 跌 미끄러질 질 昳 해기울 질
⿸厂佚 외던 출질

짐

朕 나 짐 酖 짐주 짐 斟 잔질할 짐 鴆 짐새 짐

집

集 모을 집 ⿰口集 씹을 집 鏶 편쇠 집 潗 솟을 집 執 잡을 집 慹 두려울 집

징

徵 부를 징 澂 맑을 징 懲 징계 징 癥 병 징 瞪 볼 징 澄 맑을 징 憕 편안할 징 ⿰目牚 볼 징

차

此 이 차 佌 작을 차 且 또 차 苴 부평초 차 唶 탄식할 차 借 빌 차 撦 터질 차、奲 너그러울 차 ⿺鬼奢 홍할 차 叉 깍지낄 차 杈 작대 차 衩 옷깃 차
⿰足叉 밟을 차 汊 물갈래 차 扠 낄 차 次 버금 차 佽 도울 차 絘 실 차 差 어그러질 차 鎈 돈 차 鹺 짤 차 齹 이어길 차 嵯 높을 차 艖 배 차 搓 부빌 차
瑳 옥빛 차 磋 갈 차 ⿰目差 묵은밭 차 瘥 나을 차 𥬐 상자 차 蹉 미끄러질 차 醝 술 차 侘 근심 차 姹 아름다울 차 搽 바를 차 ⿰虘阝 땅 차 劄 글 차
涂 바를 차 褫 벗길 처 嗟 슬플 차 遮 막을 차 車 수레 차 哆 입술 차 奢 자랑 차 硨 옥돌 차

착

昔 비틀릴 착 斮 찍을 착 厝 숫돌 착
簎 작살 착 錯 그를 착 娖 삼갈 착 浞 젖을 착 捉 잡을 착 鋜 착고 착 齪 악착할 착 着 부딪칠 착 著 부딪칠 착 婼 거스릴 착 ⿰氵爵 물소리 착 糳 쓿을 착
鑿 팔 착 穛 곡식 착 縒 얽힐 착 擉 작살 착 斸 찍을 착 斲 깎을 착 躇 뛸 착 諑 참소 착

찬

贊 도울 찬 儹 모일 찬 濽 뿌릴 찬 攢 모을 찬
酇 땅 찬 巑 높을 찬 囋 기롱할 찬 瓚 옥그릇 찬 欑 떨기 찬 攢 거둘 찬 纘 넣을 찬 穳 창 찬 趲 달릴 찬 讚 기릴 찬 鑽 뚫을 찬 ⿱𣦼女 아름다울 찬
粲 빛날 찬 璨 옥빛 찬 燦 빛날 찬 粲 밥 찬 撰 가릴 찬 饌 반찬 찬 簅 저 찬 菆 횡대 찬 丳 석쇠 찬 爨 불땔 찬 纂 모을 찬 篡 찬역 찬

饡 뿜올찬 竄 귀양갈찬 攛 던질찬 (찰) 察 살필찰 擦 더듬을찰 攃 만질찰 礤 돌찰 扎 뺄찰 蚻 매미찰 札 편지찰 紮 좀통찰 囋 지꺼릴찰

箚 편지찰 巀 높을찰 哳 새울찰 詧 살필찰 刹 절찰 咱 자긍할찰 拶 핍박할찰 (참) 朁 일찍참 憯 슬플참 [illegible] 슬플참 站 참참 僭 참람할참

譖 참소할참 參 참지할참 嵾 높을참 墋 더러울참 黲 검을참 驂 말참 慘 슬플참 摻 곡조참 傪 예쁠참 叅 참여할참 斬 벨참 慚 부끄러울참

慙 부끄러울참 嶃 높을참 嶄 同嶃 [illegible] 높을참 塹 구덩이참 槧 책판참 鏨 성참 撏 가질참 讖 비결참 懺 뉘우칠참 毚 토끼참 儳 경박할참

劖 뚫을참 瀺 물소리참 嚵 탐할참 攙 찌를참 巉 높을참 欃 나무참 [illegible] 항아리참 讒 참소할참 鑱 삽참 饞 탐할참 韂 언치참 (창) 昌 창성창

倡 광대창 唱 부를창 娼 기생창 猖 미칠창 菖 창포창 倀 미칠창 悵 슬플창 脹 창증창 漲 넘칠창 韔 활집창 瑒 옥잔창 鋹 날카러올창

倉 창고창 滄 찰창 創 찌를창 愴 슬플창 滄 바다창 搶 모올창 槍 창창 蒼 푸를창 瘡 헌데창 艙 배창 蹌 추창할창 敞 넓을창

廠 허청창 惝 슬플창 氅 창의창 [illegible] 깃창 惷 미련할창 [illegible] 놀날창 摐 칠창 窗 창창 窻 상창 囱 창창 牕 창창 刱 비롯창 磢 갈창 暢 화창창

鬯 향기창 彰 빛날창 昶 밝을창 挾 씻을창 [illegible] 찢어질창 鶬 꾀고리창 閶 대궐창 (채) 祭 성채 蔡 나라채 瘵 병채 縩 비단채

豸 짐승채 廌 짐승채 差 나올채 蠆 벌채 責 빚채 叉 비녀채 [illegible] 물가채 釵 비녀채 債 빗채 [illegible] 전동채 (책) 策 꾀책 筴 꾀책 笧 막버책

責 책할책 幘 수건책 嘖 꾸짖을책 謮 꾸짖을책 簀 발책 磔 육시할책 咋 씹을책 迮 다다를책 柞 나무벨책 窄 좁을책 舴 배책 笮 좁을책

蚱 늦책 踖 팔책 諎 지꺼릴책 冊 책책 柵 목책책 (쳉) 傖 놈쳉 (처) 妻 안해처 凄 서늘할처 悽 슬플처 緀 문채처 霋 갤처 処 곳처

處 곳처 攄 헤칠처 絮 국끓일처 覷 엿볼처 (척) 彳 자축거릴척 陟 오를척 隻 짝척 斥 물리칠척 跅 헛될척 跖 밟을척 拓 개척척 尺

자 척　蚇 자버레 척　剔 긁을 척　惕 두려울 척　蜴 도마뱀 척　滌 씻을 척　[illegible] 볼 척　倜 높을 척　慼 근심 척　硩 빨 척　踧 찰 척　鼜 북 척　脊 등마루 척　塉

토박할 척　瘠 파리할 척　蹐 삼가디딜 척　鶺 새 척　墌 터닦을 척　摭 가질 척　蹠 밟을 척　戚 친척 척　墄 층대 척　慽 슬플 척　慼 슬플 척　蹢 뛸 척　鏚

도끼 척　擿 던질 척　擲 던질 척　躑 뛸 척

천

天 하늘 천　蚕 지렁이 천　硟 다듬이돌 천　梴 길 천　洊 거듭 천　荐 거듭 천　栫 통발 천　臶 거듭 천

千 일천 천　仟 일천 천　阡 언덕 천　扦 꽂을 천　芊 성할 천　俴 얕을 천　濺 뿌릴 천　淺 얕을 천　踐 밟을 천　韉 언치 천　賤 천할 천　倩

고울 천　蒨 성할 천　綪 집 천　輤 상여뚜껑 천　喘 헐떡거릴 천　圌 바구니 천　腨 종아리 천　遄 빠를 천　歂 헐떡거릴 천　蝡 꿈틀거릴 천　篅 바구니 천　[illegible] 꽂을

천　遷 옮길 천　韆 그네 천　嘽 성낼 천　幝 헌수건 천　燀 사를 천　川 내 천　釧 가락지 천　[illegible] 푸를 천　撚 잡을 천

철

撤 걷을 철　轍 수레자취 철

澈 맑을 철　徹 사무칠 철　餟 제물 철　錣 채쭉 철　醊 제주 철　輟 걷을 철　綴 이을 철　畷 밭두둑 철　掇 걷을 철　啜 마실 철　惙 근심 철　剟 깎을 철

敠 저울질할 철　歠 마실 철　鐵 쇠 철　驖 말 철　銕 쇠 철　凸 뾰족할 철　摕 취할 철　餮 탐할 철　哲 밝을 철　掣 당길 철　喆 밝을 철　聅 귀꿸 철

첨

尖 뾰족할 첨　裧 휘장 첨　[illegible] 옷번드길 첨　燂 재 첨　甛 달 첨　餂 당길 첨　[illegible] 말시작할 첨　韂 슬갑 첨　[illegible] 다래 첨　簷 처마 첨　詹 살필 첨

檐 처마 첨　幨 휘장 첨　瞻 볼 첨　襜 수레장 첨　沾 젖을 첨　惉 원망할 첨　僉 다 첨　簽 봉할 첨　酟 화할 첨　舔 핥을 첨　[illegible] 부지깽이 첨　籤 첨대할 첨

[illegible] 묘할 첨　憯 슬플 첨　讇 아당할 첨　忝 욕될 첨　添 더할 첨　諂 아첨할 첨

첩

妾 첩 첩　踥 다닐 첩　倢 빠를 첩　捷 빠를 첩　婕 계집 첩　睫

눈섭 첩　緁 홀 첩　[illegible] 말많을 첩　疊 첩첩할 첩　氎 전 첩　呫 맛볼 첩　帖 접을 첩　怗 고요할 첩　貼 붙일 첩　鞊 안장 첩　喋 호변 첩　堞 성곽휘 첩　諜 이간 첩

牒 글 첩　褺 겹옷 첩　[illegible] 걸을 첩　䀹 눈섭 첩　諜 이간 첩　褶 겹옷 첩　[illegible] 옷깃 첩　輒 문득 첩　鮿 어포 첩

청

青 푸를 청　清 맑을 청　倩

(대신 청)
掅 꺾을 청 　婧 정결할 청 　晴 개일 청 　淸 서늘 청 　蜻 잠자리 청 　鯖 청어 청 　請 청할 청 　⿰貝靑 받을 청 　鶄 새 청 　圊 뒷간 청 　聽 들을 청 　廳 대청 청 　暒 개일 청

체

切 일체 체 　砌 섬돌 체 　躰 몸 체 　軆 몸 체 　體 몸 체 　遞 갈릴 체 　遆 갈릴 체 　螮 무지개 체 　遰 멀 체 　殢 곤할 체 　諦 살필 체 　締 맺을 체 　褅 보 체 　禘 제사 체 　滯 막힐 체 　蔕 꼭지 체 　⿰氵帶 목쉴 체 　墆 높을 체 　揥 비치개 체 　⿸疒帶 이질 체 　靆 구름 체 　睇 볼 체 　鬀 깎을 체 　涕 눈물 체 　剃 깎을 체 　逮 미칠 체 　棣 아가위 체 　掣 끌 체 　⿰目祭 살필 체 　彘 돋 체 　蕞 표할 체 　栘 아가위 체 　鬄 머리 체 　嚔 재채기 체 　疐 재채기 체 　蝃 무지개 체 　髢 달이 체 　替 대신 체 　杕 성할 체

초

肖 같을 초 　陗 높을 초 　悄 심할 초 　峭 높을 초 　哨 망볼 초 　稍 점점 초 　綃 생초 초 　潲 물결 초 　誚 꾸짖을 초 　鞘 칼집 초 　韒 칼집 초 　轈 수레 초 　⿰言巢 대언할 초 　窼 높을 초 　剿 죽일 초 　勦 수고로울 초 　艸 풀 초 　初 처음 초 　草 풀 초 　鍣 낫 초 　超 뛸 초 　軺 초헌 초 　招 부를 초 　怊 슬플 초 　弨 활뒤집힐 초 　岧 높을 초 　苕 풀 초 　迢 멀 초 　⿰舟召 배 초 　貂 돈피 초 　髫 더벙머리 초 　鼦 돈피 초 　齠 이갈 초 　俏 같을 초 　麨 마른밥 초 　鈔 노략할 초 　訬 가벼울 초 　耖 밭갈 초 　杪 가지 초 　炒 볶을 초 　抄 뽑을 초 　楚 나라 초 　憷 아플 초 　齼 이 초 　礎 주초돌 초 　幧 수건 초 　椒 호초 초 　踔 넘을 초 　⿰禾頁 줄어질 초 　⿱龜灬 거북점 초 　焦 탈 초 　僬 살필 초 　憔 파리할 초 　嫶 파리할 초 　噍 씹을 초 　嶕 산꼭다기 초 　膲 삼초 초 　蕉 파초 초 　樵 나무할 초 　譙 꾸짖을 초 　燋 탈 초 　⿰礻焦 초례 초 　癄 병 초 　醮 초례 초 　趭 달릴 초 　鐎 조두 초 　顦 파리할 초 　鷦 새 초 　劋 벨 초 　謅 희롱 초 　煼 볶을 초 　湫 좁을 초 　鍬 삽 초 　鍫 삽 초 　愀 슬플 초 　⿰黹虘 채색 초

촉

屬 부칠 촉 　囑 청촉 촉 　爥 비칠 촉 　曯 비칠 촉 　斸 찍을 촉 　矚 볼 촉 　⿰⻊屬 자취 촉 　钃 칼 촉 　亍 자축거릴 촉 　促 재촉 촉 　數 빽빽할 촉 　趣 재촉 촉 　歜 성낼 촉 　蜀 나라 촉 　髑 해골 촉 　⿰王蜀 구슬 촉 　燭 촛불 촉 　蠋 뽕버레 촉 　躅 자취 촉 　襡 옷 촉 　灟 공순할 촉 　觸 찌를 촉 　韣 활집 촉 　薥 꽃 촉 　矗 솟을 촉 　⿰⻊逐 칠 촉 　瘃 터질 촉

촌

村 마을 촌 　邨 마을 촌 　寸

마디촌 忖 헤아릴촌 扐 벨촌 (총) 漎 합수할총 鏦 창총 藂 떨기총 篆 통발총 菆 떨기총 叢 떨기총 藂 떨기총 揔 거느릴총 穆 볏단총
聰 귀밝을총 總 거느릴총 謥 급할총 驄 말총 匆 총총할총 怱 빠를총 偬 곤궁할총 揔 다총 悤 총총할총 蔥 과총 揔 거느릴총 憁 슬플총
寵 고일총 塚 무덤총 冢 클총 忩 총총할총 銃 총총 潨 물모일총 (최) 最 가장최 嘬 씹을최 膗 흴최 璀 옥빛최 嗺 슬플최 摧 꺾을최
漼 깊을최 陮 무너질최 催 재촉최 崔 높을최 綷 실최 朘 자지최 縗 제복최 榱 석가래최 (촬) 繓 맺을촬 襊 치포관촬 撮 박을촬 竄 구멍촬
攥 잡을촬 (채) 祽 제사채 啐 부를채 綷 비단채 (추) 隹 새추 推 밀추 椎 방망이추 萑 익모초추 錐 송곳추 騅 말추 雛 새끼추
鄒 땅추 搊 잡을추 篘 용수추 縐 구길추 縐 구길추 趨 추창할추 騶 말추 丑 소추 杻 고랑추 芻 꼴추 醜 더러울추 魗 떨어질추 樞 지도리추
貙 삵추 就 나아갈추 僦 품팔추 就 고개추 鷲 독수리추 秋 가을추 湫 못추 啾 울추 揪 걷을추 楸 가래나무추 萩 쑥추 緧 고삐추 揫 걷을추
篍 통소추 鞦 그네추 鰍 미꾸리추 鶖 왜가리추 趨 추창할추 趎 이름추 取 얻을추 陬 모퉁이추 掫 조두칠추 棸 나무추 緅 비단추 諏 꾀할추
鯫 고기추 菆 떨기추 騶 달릴추 鄹 땅추 麤 삼대추 箃 대누를추 娶 장가갈추 㛯 아름다울추 趣 나아갈추 皺 찡그릴추 犓 추할추 粗 추할추
甃 우물돌추 㥢 꾸짖을추 愁 수심추 妯 슬플추 抽 뺄추 遒 무성할추 遒 버금추 麁 추할추 麤 굵을추 聚 모을추 帚 비추 𣀓 더러울추
箒 비추 魋 상투짤추 樵 땅추 捶 칠추 箠 채쭉추 硾 연추 甀 병추 錘 저울추 酋 괴수추 緧 고삐추 蝤 굼벵이추 趥 갈추 鰌 고기추 鵻 새추
鬏 머리카락추 龝 가을추 墜 떨어질추 鎚 저울추 縋 달추 磓 연추 槌 방망이추 搥 북채추 膇 각기추 追 따를추 臭 냄새추 殠 썩은내추
瘳 나을추 惆 섭섭할추 (축) 丑 소축 亍 앙금질축 竺 땅축 筑 풍류축 築 쌓을축 柚 북축 蹙 찡그릴축 顣 찡그릴축 蓫 풀축 鱁 창자젓축

逐 쫓을 축　蓄 저축 축　稸 쌓을 축　搐 끌 축　畜 칠 축　舳 배 축　軸 수레바퀴 축　妯 동서 축　祝 빌 축　柷 풍류그릇 축　踧 삼가딜 축　蹴 찰 축　蠀 자버레 축　閦 부처 축　縮 주러질 축　蹜 밟을 축

춘

春 봄 춘　椿 나무 춘　橁 나무 춘　櫄 나무 춘　杶 나무 춘

출

出 날 출　黜 내칠 출　絀 홀 출　秫 수수 출　怵 두려울 출　朮 삽주 출

충

忠 충성 충　种 어릴 충　盅 빈그릇 충　翀 날 충　冲 어릴 충　忡 근심 충　沖 화할 충　衷 가운대 충　充 채일 충　㤝 근심 충　茺 풀 충　衝 찌를 충　穜 창 충　䡴 수레 충　衝 찌를 충　珫 귓고리 충　傭 가즈런할 충　漴 물소리 충　惷 미련할 충　爞 더울 충　蟲 버레 충　虫 버레 충

취

取 가질 취　娶 장가갈 취　棷 수풀 취　吹 불 취　炊 밥질 취　龡 불 취　醉 취할 취　翠 푸를 취　脃 부드러울 취　脆 부드러울 취　橇 나막신 취　竁 굴 취　揣 헤아릴 취　嘴 부리 취　贅 군살 취

췌

瘁 파리할 췌　悴 파리할 췌　萃 떨기 췌　顇 파리할 췌　惴 근심 췌

측

則 법 측　側 곁 측　測 헤아릴 측　廁 뒷간 측　惻 슬플 측　畟 호리 측　稄 빽빽할 측　仄 기울 측　昃 기울 측　昗 기울 측

츤

櫬 관 츤　襯 가까울 츤　儭 가까울 츤　藽 무궁화 츤　齔 이갈 츤

츰

闖 엿볼 츰

층

層 층층 층　蹭 머무거릴 층

칙

甾 꿩 칙　淄 물 칙　輜 짐바리 칙　菑 따비밭 칙　緇 검을 칙　錙 저울눈 칙　鶅 꿩 칙　鯔 고기 칙

치

致 이를 치　胵 새창자 치　緻 빽빽할 치　幟 기 치　織 기 치　熾 성할 치　阤 무너질 치　杝 떨어질 치　馳 달릴 치　峙 고개 치　庤 쌓을 치　峙 머무거릴 치　畤 제단 치　偫 기다릴 치　痔 치질 치　跱 머무거릴 치　畤 저축할 치　齒 이 치　齝 새김질할 치　齝 새김질할 치　治 다스릴 치　耛 김맬 치　値 만날 치　埴 진흙 치　植 심을 치　置 둘 치　寘 둘 치　蚩 미련할 치　滍 물 치　嗤 웃을 치　媸 더러울 치　差 어길 치　嵯 높을 치　糦 밥 치　饎 밥 치　廁 뒷간 치　懫 분할 치　褫 벗을 치　觶 잔 치　癡 어리석을 치　鴟 솔개 치　椔 죽은나무 치　穉 어릴 치　徵 풍류소리 치　痴 어리석을 치　廌 짐승 치　恥 부끄러울 치　豸 짐승 치　懥 분할 치　疐 막힐 치　郗 땅 치　瓻 술병 치　絺 베 치　稚 어릴 치　雉 꿩 치

薙 풀벨 치　卮 잔 치　梔 치자 치　侈 사치할 치　陊 무너질 치　哆 입벌릴 치　眵 눈곱 치

칙

鶒 물새 칙　鷘 물새 칙　勅 신칙할 칙　敕 경계할 칙　鶒 물새 칙　飭 신칙할 칙　剒 벨 칙

친

親 친할 친

칠

七 일곱 칠　桼 옻 칠　漆 옻 칠　榛 옻나무 칠

침

葴 풀 침　箴 침 침　鍼 바늘 침　侵 침로할 침　浸 젖을 침　梫 계수나무 침　祲 기운 침　寖 추할 침　寑 잘 침　綅 비단 침　浸 잠길 침　濅 잠길 침　駸 말달릴 침　鋟 새길 침　寖 침　針 바늘 침

寢 잘 침　跈 앙금 침　碪 방치 침　沉 잠길 침　郴 땅 침　綝 기울 침　揕 찌를 침　湛 잠길 침　斟 잔질할 침　碪 방망이 침　踸 앙금질 침　忱 정성 침　沈 잠길 침　枕 벼개 침　霃 옴침할 침　琛 보배 침　賝 보배 침

칩

蟄 엎딜 칩　褺 땀벌 칩　漐 땀맬 칩　馽 말맬 칩

칭

秤 저울 칭　稱 일컬을 칭　偁 들 칭

쾌

噲 목구멍 쾌　儈 거간 쾌　夬 쾌이름 쾌　快 쾌할 쾌　駃 빠를 쾌

타

他 다를 타　池 물이름 타　墮 떨어질 타　㛊 아름다울 타　惰 게으를 타　鰖 고기새끼 타　嶞 회리봉 타　橢 그릇 타　朶 꽃송이 타　剁 꺾을 타　埵 사정 타

綏 면류관술 타　躲 숨을 타　跎 어긋날 타　陀 언덕 타　拖 끌 타　柂 치 타　駞 약대 타　詑 속일 타　袉 옷깃 타　舵 치 타　跎 어긋날 타　酡 술 타　駝 약대 타

鮀 고기 타　它 다를 타　佗 다를 타　坨 언덕 타　拕 끌 타　陁 언덕 타　沱 물 타　柁 키 타　迱 돌아갈 타　紽 꿰맬 타　吒 꾸짖을 타　奼 아름다울 타　咤 꾸짖을 타

詫 자랑 타　鼉 자라 타　驒 느러질 타　馱 실을 타　妥 안편 타　打 칠 타　朵 떨기 타　揣 헤아릴 타　埵 흙덩이 타　捶 헤아릴 타　唾 침 타　種 쌍올 타　涶 침 타

탁

卓 높을 탁　倬 클 탁　啅 쪼을 탁　逴 멀 탁　趠 멀 탁　度 헤아릴 탁　剫 깎을 탁　椓 칠 탁　啄 쪼을 탁　涿 땅 탁　椓 칠 탁　琢 다듬을 탁

托 부탁 탁　託 부탁 탁　飥 국수 탁　馲 약대 탁　拓 물리칠 탁　袥 옷깃 탁　㯰 조두 탁　濁 흐릴 탁　柝 목탁 탁　㧣 터질 탁　坼 터질 탁　拆 터질 탁

擢 뺄탁 濯 빨탁 度 헤아릴탁 槖 자루탁 欜 조두탁 驝 약대탁 擇 떨어질탁 澤 별탁 澤 열탁 ● 탄 僤 도타울탄 憚 꺼릴탄 撣 찌를
탄 嘽 헐떡일탄 彈 탄알탄 殫 다할탄 呑 삼킬탄 儃 한가할탄 畽 빈땅탄 誕 날탄 炭 숯탄 組 기울탄 疃 사슴자국탄 坦 너그러울탄 驒 말탄 裧
터질탄 綻 터질탄 嘆 탄식탄 歎 탄식탄 灘 여울탄 攤 펼탄 ● 탈 頉 탈날탈 咄 슬플탈 毲 전탈 奪 빼앗을탈 侻 경할탈 挩 제할탈
脫 벗을탈 敓 빼앗을탈 稅 풀을탈 ● 탐 眈 볼탐 耽 즐길탐 探 더듬을탐 賧 속바칠탐 黮 어둘탐 貪 탐할탐 嗿 지꺼릴탐 撢 더듬을탐
憛 근심탐 ● 탑 榻 자리탑 塌 발갈탑 搨 모본할탑 傝 용탑할탑 緆 얽을탑 遢 행할탑 艓 배탑 毾 전탑 闒 용렬할탑 㯓 자리탑
括 핥을탑 鰈 가재미탑 嚃 마실탑 漯 물탑 搭 모본할탑 塔 탑탑 嗒 잊을탑 鞳 북소리탑 鎝 도금할탑 鞳 신탑 ● 탕 蕩 클탕 踼 미끄러질탕
碭 돌탕 盪 거꾸러질탕 愓 방탕할탕 湯 끓을탕 鐋 대패탕 簜 대탕 盪 동탕할탕 帑 어고탕 宕 방탕할탕 菪 풀탕 ● 태 台 별태 邰 나라
태 苔 이끼태 怠 게으를태 殆 위태할태 兑 거릴태 胎 태태 迨 미칠태 紿 얽힐태 跆 밟을태 笞 볼기태 詒 속일태 菭 이끼태 箈 죽순태
駘 말태 鮐 복태 太 콩태 忕 사치할태 大 클태 泰 클태 汰 흐를태 兌 서방태 態 태도태 鞔 기울태 娧 천천할태 稅 복입을태 棣 한가할태
埭 막을태 逮 흐릴태 隸 미칠태 駾 빠를태 脫 천천할태 ● 택 澤 못택 睪 가릴택 宅 집택 垞 언덕택 ● 탱 樘 괴일탱 撐
괴일탱 撐 괴일탱 ● 토 兔 토끼토 菟 새삼토 鵵 부엉이토 土 흙토 吐 뱉을토 套 투토 討 칠토 ● 톤 噋 더딜톤 啍 더딜톤 褪
벗을톤 腞 고기톤 畽 무렴할톤 ● 퇴 退 물러갈퇴 腿 다리퇴 追 조을퇴 鎚 옥갈퇴 僓 순할퇴 隤 무너질퇴 槌 방망이퇴 穨 기울어질퇴 堆
언덕퇴 推 밀퇴 椎 방망이퇴 蓷 익모초퇴 魋 이름퇴 頧 갓퇴 頹 무너질퇴 敦 쫄퇴 焞 성할퇴 遺 말병퇴 ● 통 桶 통통 通 통할통 痛

아플통 捅 당길통 筩 통통 蓪 풀통 侗 클통 恫 아플통 痌 아플통 筒 통통 洞 다통 湩 젖통 慟 슬플통 統 거느릴통

(투) 鬪 싸움투 鬭 싸움투 鍮 놋투 牏 담틀투 窬 매화틀투 媮 공교할투 渝 변할투 偸 도둑투 投 던질투 [illegible] 나려뛸투 [illegible] 만두투 骰 장기투 [illegible] 어눌할투 透 투철할투 毹 별투 套 투투 妒 투기할투

(특) 特 특별특 犆 특별특 螣 버레특 慝 간특특 貣 빌특 蟘 버레특 忒 변할특

(파) 坡 언덕파 玻 옥돌파 破 깨칠파 波 물결파 婆 할미파 碆 돌살촉파 頗 자못파 駊 흔들파 簸 까불파 杷 나무파 疤 흠파 爬 긁을파 䆉 벼파 羓 포육파 舥 선창파 耙 쓰레파 琶 비파파 豝 돌파 葩 꽃부리파 靶 고삐파 巴 땅이름파 帊 장파 鈀 쇠시랑파 嶓 메파 把 잡을파 弝 활줌파 芭 파초파 [illegible] 마비파 番 용맹파 譒 전파할파 播 뿌릴파 鄱 땅파 磻 살촉파 膰 배파 皤 흴파 叵 못할파 穲 벼파 尀 못할파 罷 파할파 伯 으뜸파 帕 수건파 怕 두려울파 霸 으뜸파 灞 물파 欛 자루파

(판) 判 판단판 牉 절반판 辦 판단판 瓣 꽃잎판 昄 클판 眅 흰자위판 畈 두둑판 販 팔판 鈑 쇠쪼각판 蝂 버레판 阪 언덕판 坂 언덕판 汳 물판 板 널판 版 조각판

(팔) 汃 물결소리팔 叭 나팔팔 朳 갈퀴팔 八 여덟팔 捌 여덟팔

(패) 貝 자개패 唄 염불패 狽 낭패패 浿 물패 敗 패할패 稗 까라기패 粺 정미패 簰 떼목패 捭 칠패 碑 갈릴패 牌 패패 伂 자빠질패 沛 자빠질패 旆 기패 霈 비패 佩 찰패 珮 패물패 肺 성할패 倍 배반패 伯 으뜸패 背 어그러질패 擺 헤칠패 偝 버릴패 茷 성할패 派 물갈래패 邶 땅패 拔 빨패 孛 혜성패 悖 거스릴패 誖 거스릴패 蠯 조개패

(팽) 彭 땅팽 膨 배불을팽 蟚 게팽 祊 제사팽 閍 문팽 旁 달릴팽 亨 삶을팽 烹 삶을팽 砰 물소리팽 弸 활소리팽 綳 묶을팽 澎 물소리팽 棚 쌀팽 輣 수레팽 繃 묶을팽

(퍅) 愎 악할퍅

(편) 便 편할편 楩 나무편 箯 대수레편 鞭 굳셀편 片 조각편 平 편할편 褊 옷편 蝙 박쥐편 艑 배편

篇 책편 編 엮을편 諞 간사할편 騙 말탈편 鯿 고기편 徧 두루편 翩 날개편 蹁 빗디딜편 遍 두루편 惼 편협할편 猵 물개편 偏 편벽될편 扁 작을편

펌 砭 침폄 砭 침폄 窆 하관폄 貶 덜어질폄

평 平 평할평 坪 들평 怦 강직할평 伻 하인평 枰 판평 評 의논평 苹 마름평 萍 부평초평 匉 소리평 硼 돌평

폐 陛 섬돌폐 狴 짐승폐 梐 막을폐 䯗 다리폐 幣 폐백폐 弊 해질폐 獘 해질폐 閉 닫을폐 敝 해질폐 蔽 가리울폐 斃 죽을폐 肺 허파폐 廢 폐할폐 吠 짖을폐 薜 풀폐 嬖 고일폐 陛 옥폐 箅 시루밑폐 癈 폐할폐

포 布 베포 佈 펼포 怖 두려울포 抪 펼포 浦 물가포 哺 먹일포 圃 채마전포 逋 도망포 晡 늦을포 捕 잡을포 匍 길포 脯 포육포 䊇 엿포 葡 포도포 蒲 상늪포 酺 술포 誧 도울포 舖 펼포 鋪 펼포 餔 먹일포 鯆 물돼지포 包 쌀포 泡 거품포 庖 푸주포 咆 노할포 抱 안을포 炰 지질포 炮 지질포 苞 쌀포 枹 포기포 爮 바가지포 胞 태포 砲 대포포 蚫 여드름포 袍 도포포 鞄 피장이포 跑 찰포 菢 안을포 匏 박포 鉋 대패포 飽 배부를포 鮑 젓담글포 麅 노루포 𦓡 밭갈포 礮 대포포 虣 사나울포 脬 오줌통포 拋 던질포 褒 기릴포 襃 기릴포 暴 사나울포 瀑 폭포포 儤 지킬포 爆 터질포 暴 사나울포 𨢐 술포

폭 幅 폭폭 暴 드러날폭 曝 쬐일폭 瀑 폭포폭

표 表 겉표 俵 나눌표 莩 주려죽을표 殍 주려죽을표 杓 자루표 豹 표범표 猋 달릴표 飆 회리바람표 麃 굳셀표 儦 많을표 臕 살찔표 藨 풀표 皫 새빛표 穮 김맬표 𦔋 김맬표 鑣 자갈표 彪 표범표 標 표할표 蔈 떨어질표 熛 불티표 膘 살표 褾 소매표 瓢 표주박표 縹 비단표 螵 뽕벌레표 翲 날표 鰾 고기표 醥 술표 薸 마름표 飄 나부낄표 驃 말표 票 표표 僄 날랠표 剽 빠를표 勡 겁칙할표 嘌 빠를표 慓 급할표 幖 기표 摽 떨어질표 彯 인끈표 漂 빨래표 嫖 사특할표 𡾰 산이마표 𪕈 다람쥐표

품 品 품수품 稟 품할품

풍 豐 달래싹풍 靊 구름풍 麷 볶은밀풍 灃 물풍 馮

땅풍 豐 풍년풍 酆 땅풍 風 바람풍 飌 바람풍 楓 단풍풍 渢 물소리풍 諷 개유할풍 凮 바람풍 **퓨** 滮 흐를퓨 **피** 彼 저피 帔 장피

披 헤칠피 佊 사특할피 陂 언덕피 皮 가죽피 駊 흔들피 髲 다리피 骳 굽을피 鈹 창피 詖 간사할피 跛 절뚝거릴피 被 입을피 疲 파리할피

旇 기피 㱟 가죽벗길피 䘙 입버릴피 脾 나눌피 錊 기피 辟 피할피 避 피할피 㔥 그칠피 罷 피곤할피 **픽** 腷 운위할픽 堛 흙덩이픽 愊

정성픽 煏 마를픽 稫 구울픽 **필** 泌 물필 苾 향기필 鉍 창대필 馝 향기필 飶 밥필 駜 말살쩔필 必 반듯필 佖 위엄필 邲 땅필 怭

오만할필 珌 칼장식필 畢 다할필 㓖 찬바람필 滭 솟을필 彃 시위필 蓽 쑥필 蹕 그칠필 韠 슬갑필 罼 그물필 篳 사립문필 縪 그칠필 䟆 그칠필

饆 떡필 韠 슬갑필 觱 대풍류필 拂 도울필 比 차례필 弼 도울필 笔 붓필 筆 붓필 匹 짝필 疋 짝필 **핍** 乏 다할핍 姂 고울핍 逼

가까울핍 偪 핍박할핍 幅 행전핍

하 㰤 웃을하 閜 열하 菏 늪하 何 어찌하 河 물하 荷 연하 下 아래하 苄 지황하 夏 여름하 厦 집하 呀 벌릴하 谺 골하 𧮫 복하

鍜 투구하 騢 말하 赮 놀하 霞 안개하 賀 하례하 䙈 소매하 諕 속일하 罅 틈하 謣 거짓하 嚇 웃음하 遐 멀하 暇 겨를하 蝦 새우하

鰕 새우하 碬 숫돌하 瑕 옥티하 蕸 연잎하 **학** 學 배울학 鷽 까치학 澩 마른샘학 嶨 돌산학 虐 사나울학 謔 기롱학 瘧 학질학

嗃 사나울학 謞 참소할학 翯 윤택할학 涸 마를학 蠚 쏠학 确 돌학 郝 땅학 嗀 토할학 壑 구렁학 㱿 토할학 貈 삵학 洛 열학 鶴 학학 皬

살쩔학 臛 국학 皠 흰학 臛 국학 鸖 학학 矐 눈뺄학 貉 삵학 **한** 限 한정한 恨 한할한 閑 한가한 閒 한가한 嫻 한가한 僩 굳셀한

憪 근심한 瞯 엿볼한 閬 문턱한 癇 간기한 撊 굳셀한 閈 동리한 鷴 한새한 汗 땀한 旱 가물한 駻 말한 馯 오랑캐한 垾 언덕한 桿

몽둥이 한 悍 사나울 한 捍 막을 한 銲 갑옷 한 釬 갑옷 한 骭 종아리 한 扞 막을 한 邗 땅 한 罕 드물 한 鼾 코골 한 狠 사나울 한 寒 찰 한 韓 나라 한

邯 땅 한 莧 비름 한 熯 마를 한 暵 마를 한 漢 한수 한 皸 팔지 한 澣 빨 한 榦 다락 한 瀚 바다 한 翰 날개 한

할 割 벨 할 害 어찌 할

轄 걸쇠 할 鎋 수레통 할 螛 용 할 瞎 외눈 할 舝 걸쇠 할 黠 간사할 할 劼 힘쓸 할 㔠 힘쓸 할 蝎 빈대 할 鶡 새 할 闒 문소리 할 圔 약대소리 할

함 含 머금을 함 唅 머금을 함 琀 구슬 함 谽 골 함 莟 꽃필 함 頷 턱 함 錎 고물 함 埳 빠질 함 陷 빠질 함 臽 함정 함 函 함 함 涵 젖을 함

函 봉할 함 崡 메 함 涵 젖을 함 肣 입술 함 鋡 갑옷 함 菡 꽃 함 咸 다 함 喊 함성 함 緘 봉할 함 諴 정성 함 醎 짤 함 鹹 짤 함 顑 턱 함 啣 병함 함

欿 혹 함 䟯 팔 함 嗛 머금을 함 㘅 머금을 함 轞 함거 함 銜 재갈 함 衘 머금을 함 檻 난간 함 濫 넘칠 함 驗 험할 함 艦 병선 함 轞 함거 함

𦉘 질그릇 함 𤮾 독 함

합 合 모을 합 蛤 조개 합 閤 집 합 𨓏 미칠 합 匌 거듭 합 郃 땅 합 哈 마실 합 盒 합할 합 欱 마실 합 鴿 비둘기 합

頜 턱 합 容 합당할 합 㤴 즐거울 합 柙 우리 합 呷 마실 합 闔 닫을 합 榼 합 합 溘 문득 합 蓋 땅 합 嗑 씹을 합 盍 하불 합

항 亢 높을 항

伉 짝 항 肮 목 항 航 배 항 笐 시렁 항 沆 물 항 炕 마를 항 抗 겨룰 항 杭 배 항 吭 목구멍 항 骯 곧을 항 頏 날 항 𦐧 날 항 行 항렬 항 桁 다리 항

衖 구렁 항 瓬 항아리 항 缿 항통 항 恒 항상 항 谾 빈골 항 傋 맬 항 況 하물며 항 降 항복 항 港 항구 항 巷 구렁 항 姮 계집 항 虹 무너질 항

肛 항문 항 缸 항아리 항 舡 배 항 瓨 병 항 項 목 항

해 亥 돝 해 孩 어릴 해 峐 야산 해 核 씨 해 荄 뿌리 해 畡 언덕 해 胲 발가락 해 該 그 해

痎 학질 해 咳 기침 해 劾 힘쓸 해 陔 언덕 해 垓 지경 해 欬 기침 해 晐 다 해 侅 기이할 해 賅 넉넉할 해 絯 묶을 해 骸 뼈 해 頦 턱 해 駭 놀랄 해

豥 돝 해 偕 함께 해 湝 갈 해 諧 화할 해 楷 법 해 海 바다 해 咍 웃음 해 鮭 복 해 駴 말 해 醢 젓 해 妎 투기 해 害 해할 해 嵦 메 해

薤 만가 해 · 𩐁 좁을 해 · 瀣 이슬 해 · 䪥 만가 해 · 解 풀 해 · 澥 바다 해 · 獬 양 해 · 廨 마을 해 · 邂 만날 해 · 嶰 골 해 · 繲 빨래 해 · 蟹 게 해 · 膎 포 해

奚 어찌 해 · 懈 게으를 해

핵

絯 실 핵 · 核 핵실 핵 · 劾 핵실 핵 · 格 다다를 핵 · 輅 수레 핵 · 覈 핵실 핵

행

幸 다행 행 · 涬 노할 행 · 倖 요행 행 · 婞 굳셀 행 · 杏 살구 행 · 行 행할 행 · 荇 마름 행

향

香 향기 향 · 享 누릴 향 · 饟 먹일 향 · 饗 먹일 향 · 響 소리 향 · 薌 향기 향 · 鄉 마을 향 · 蠁 번더기 향 · 曏 저즘께 향 · 嚮 저즘께 향 · 向 향할 향 · 珦 구슬 향 · 餉 먹일 향

허

許 허락 허 · 鱋 가재미 허 · 栩 도토리 허 · 詡 자랑 허 · 𡼲 높을 허 · 虛 빌 허 · 墟 터 허 · 歔 슬플 허 · 魖 귀신 허 · 嘘 불 허

헌

軒 마루 헌 · 仚 가벼울 헌 · 掀 흔들 헌 · 嘕 즐거울 헌 · 憲 법 헌 · 幰 장막 헌 · 巘 높을 헌 · 獻 드릴 헌

헐

蝎 전갈 헐 · 歇 쉴 헐 · 猲 개 헐

험

嶮 험할 험 · 忺 하고자할 험 · 杴 부삽 험 · 驗 증험할 험 · 險 험할 험 · 譣 간사할 험 · 獫 개 험 · 玁 오랑캐 험 · 憸 간사할 험 · 稴 벼죽을 험 · [illegible] 주황빛 험

혁

赫 빛날 혁 · 嚇 노할 혁 · 赥 웃음 혁 · 爀 빛날 혁 · 赩 붉을 혁 · 弈 바둑 혁 · 奕 바둑 혁 · 殈 깨질 혁 · 侐 고요할 혁 · 洫 밭도랑 혁 · 鬩 싸움 혁 · 奭 붉을 혁 · 矜 창 혁 · 淢 개천 혁 · 𧖧 죽일 혁 · 焱 불꽃 혁 · 革 가죽 혁 · 虩 놀랄 혁

현

見 보일 현 · 俔 탐지할 현 · 莧 비름 현 · 現 보일 현 · 晛 볕 현 · 睍 볼 현 · 峴 고개 현 · 鋧 끌 현 · 絢 수놓을 현 · 眴 현기 현 · 洵 멀 현 · 縣 고을 현 · 懸 달 현 · 韅 줄 현 · 顯 나타날 현 · 賢 어질 현 · 贒 어질 현 · 玄 감을 현 · 泫 깊을 현 · 炫 밝을 현 · 弦 활시위 현 · 鞙 칼집 현 · 舷 배전 현 · 衒 자랑 현 · 鉉 솥귀 현 · 蚿 버레 현 · 𧵍 팔 현 · 絃 줄 현 · 袨 옷 현 · 眩 어지러울 현 · 誸 구실 현 · 琄 구슬 현 · 鋗 그릇 현 · 駽 말 현 · 鞙 굴레 현 · 儇 영리할 현 · 蠉 버레 현 · 翾 날 현 · 繯 얽을 현 · 譞 호번할 현 · 嬛 가벼울 현 · 獧 빠를 현 · 懁 분변할 현 · 鶱 날 현 · 矎 흘겨볼 현

혈

血 피 혈 · 孑 외로울 혈 · 吷 마실 혈 · 絜 헤아릴 혈 · 穴 구멍 혈 · 泬 솟을 혈 · [illegible] 부정할 혈 · 襭 옷깃 혈 · 烕 꺼질 혈

혐

嫌 혐의 혐 · 㺌 짖을 혐

협

協 화합할 협 · 拹 꺾을 협 · 脇 갈비 협 · 熁 불 협 · 脅 갈비대 협

頁 화할 劦加 협 梜 젓가락 협 陿 좁을 협 綊 실 협 蛺 나비 협 鋏 집게 협 篋 광주리 협 頰 뺨 협 夾 잡을 협 俠 협사 협 峽 골 협 悏 맞을 협 挾 낄 협
浹 물 협 匧 상자 협 莢 풀 협 愜 쾌할 협 陜 좁을 협 硤 땅 협 脥 뺨 협 筴 젓가락 협 狹 좁을 협 慊 속일 협 叶 화할 협 祫 제사할 협

형

亨 형통 형 脝 살찔 형 陘 골 형 娙 고울 형 䪫 풍류 형 螢 반디 형 瑩 옥빛 형 熒 빛날 형 滎 물 형 嵤 깊을 형 鎣 꾸밀 형 瀅 맑을 형 瀯 물 형
刑 형벌 형 侀 이룰 형 邢 땅 형 型 거푸집 형 硎 숫돌 형 荊 가시 형 形 형상 형 鈃 그릇 형 泂 멀 형 炯 밝을 형 詗 살필 형 迥 멀 형 逈 멀 형
兄 맏 형 珩 구슬 형 桁 중방목 형 馨 꽃다울 형 衡 저울대 형 蘅 풀 형 夐 멀 형

혜

傒 기다릴 혜 徯 기다릴 혜 蹊 길 혜 [illegible] 종 혜 謑 꾸짖을 혜
豯 돌 혜 谿 노할 혜 蹊 길 혜 鼷 쥐 혜 鞵 신 혜 慧 지혜 혜 彗 비 혜 嘒 화할 혜 暳 별 혜 槥 관 혜 兮 어조사 혜 盻 흘겨볼 혜 醯 시케 혜 醯 시케 혜
惠 은혜 혜 憓 사랑 혜 蕙 난초 혜 譓 지혜 혜 蟪 매미 혜 鞋 신 혜 [illegible] 메 혜

호

号 호령 호 呺 바람소리 호 號 이름 호 祜 복 호 怙 믿을 호
岵 메 호 楛 나무 호 互 서로 호 沍 얼 호 枑 우리 호 [illegible] 그물 호 胡 오랑캐 호 瑚 산호 호 葫 마늘 호 湖 물 호 猢 잣나비 호 糊 풀 호 蝴 나비 호
箶 전동 호 醐 술 호 餬 밥 호 譹 부를 호 蠔 조개 호 壕 해자 호 [illegible] 메 호 濠 물 호 豪 호걸 호 鶘 새 호 濩 헤질 호 穫 땅 호 護 호위 호
頀 풍류 호 韄 칼끈 호 戶 지게 호 昈 문채 호 戽 드레박 호 鳸 뻐꾹새 호 扈 넓을 호 滬 통발 호 乎 온 호 呼 부를 호 鄠 땅 호 好 좋을 호 嫭 아름다울 호
滈 물 호 縞 흰비단 호 鎬 호경 호 犒 먹일 호 蒿 쑥 호 皜 흴 호 [illegible] 먹일 호 虎 범 호 琥 호박 호 虖 슬플 호 嘑 부를 호 滹 물 호 謼 부를 호
狐 여호 호 弧 활 호 [illegible] 여호 호 瓠 박 호 晧 밝을 호 皓 흴 호 浩 넓을 호 澔 넓을 호 戲 슬플 호 茠 김맬 호 薅 김맬 호 壺 병 호 許 소리 호
滸 물가 호 昊 하늘 호 毫 터럭 호 顥 클 호 皋 부를 호 皥 흴 호 嘷 부르짖을 호 暤 밝을 호

혹

或 혹 혹 惑 혹할 혹 鵠 새 혹 酷

사나울 혹 翯 날개 혹 **혼** 焜 빛날 혼 掍 섞일 혼 混 흐릴 혼 餛 떡 혼 棍 묶을 혼 魂 혼 혼 黿 혼 혼 昏 어두울 혼 殙 어두울 혼 閽 문지기 혼 惛

어두울 혼 棔 나무 혼 㖧 어두울 혼 婚 혼인 혼 慁 근심 혼 溷 더러울 혼 圂 뒷간 혼 鯶 잉어 혼 緷 깃 혼 煇 불빛 혼 **홀** 笏 홀 홀 曶 홀연 홀

惚 황홀 홀 芴 황홀 홀 忽 문득 홀 囫 완전 홀 昒 새벽 홀 核 씨 홀 𩗊 바람 홀 **홍** 弘 클 홍 泓 깊을 홍 鴻 기러기 홍 澒 수은 홍 紅 붉을

홍 訌 패할 홍 谼 구렁 홍 渱 궁을 홍 谾 골 홍 洪 넓을 홍 鉷 고등 홍 哄 소리 홍 烘 말릴 홍 虹 무지개 홍 葓 여뀌 홍 閧 싸울 홍 汞 수은 홍

浲 물거스릴 홍 嗊 소리 홍 **회** 會 모을 회 禬 제사 회 膾 회 회 檜 전나무 회 獪 간사 회 薈 나물 회 澮 개천 회 鄶 땅 회 劊 끊을 회 灰

재 회 恢 넓을 회 𢫬 칠 회 盔 투구 회 詼 기롱 회 鱠 회 회 繪 그림 회 褱 주머니 회 壞 무너질 회 懷 품을 회 瀤 물 회 瞶 어둘 회 淮 물 회 沬

세수할 회 濊 깊을 회 喙 지꺼릴 회 槐 느티 회 蚘 거위 회 俙 어렴풋 회 頮 씻을 회 賄 재물 회 蛕 거위 회 匯 화방수 회 晦 그믐 회 誨 가르칠 회 賄

재물 회 悔 뉘우칠 회 靧 세수할 회 繢 그림 회 囘 돌아갈 회 洄 거스릴 회 徊 배회 회 佪 배회 회 廻 돌아올 회 茴 풀 회 蛔 회충 회 **획** 獲 얻을

획 擭 움킬 획 嚄 놀랄 획 砉 소리 획 剨 소리 획 湱 물소리 획 騞 소소리 획 謋 빠를 획 矐 눈빨 획 劃 쪼갤 획 畫 그을 획 繣 끈 획 擆 찢을

嚍 소리 획 嫿 고요할 획 **횡** 橫 비낄 횡 衡 비낄 횡 黌 학교 횡 朾 덩어리 횡 彋 활소리 횡 輷 소리 횡 薨 날개소리 횡 喤 지꺼릴 횡 諻 소리

紘 벼리 횡 弘 클 횡 宏 집소리 횡 吰 쇠북소리 횡 竑 헤아릴 횡 鈜 쇠북 횡 谹 골소리 횡 罢 벼리 횡 **화** 禾 벼 화 咊 고로 화 和 고로 화 鉌

방울 화 龢 고로 화 化 될 화 樗 벗나무 화 花 꽃 화 靴 신 화 貨 재물 화 火 불 화 吳 지꺼릴 화 話 말 화 華 빛날 화 崋 메 화 嬅 고울 화 樺 벗나무 화

譁 지꺼릴 화 鏵 가래 화 鞾 신 화 驊 말 화 蘤 꽃 화 𢷎 벗길 화 鱯 메기 화 擭 덫 화 禍 재화 화 旤 재화 화 𥛔 재화 화 **확** 矍 놀랄

확 戄 놀랄확 玃 잣나비확 攫 움킬확 彏 활당길확 籰 도꾸마리확 穫 걷을확 擭 덫확 嬳 태도확 獲 곤할확 臒 붉을확 矱 법확

鑊 가마확 ⿰食蒦 습습할확 濩 삶을확 彠 헤아릴확 蠖 자베레확 碻 확실확 諕 놀랄확 攉 두를확 靃 나는소리확 確 확실확 彍 당길

확 彍 군호확 擴 넓을확

환

桓 굳셀환 絙 늦을환 貆 담비환 宦 벼슬환 紈 비단환 幻 변환환 瓛 홀환 睅 왕눈이환 矜 홀아

비환 豲 돋환 鱞 홀아비환 萑 갈대환 懽 즐거울환 嚾 부를환 喚 부를환 貛 담비환 讙 지꺼릴환 驩 말환 奐 빛날환 煥 빛날환 換 바꿀

환 渙 물편할환 還 돌아올환 擐 꿰일환 寰 둘릴환 澴 물결환 環 고리환 圜 두를환 攌 얽을환 瘝 병환 鐶 고리환 轘 수레환 闤 담환

鹮 새환 ⿰睘飛 날환 鬟 땋은머리환 歡 즐거울환 丸 탄자환 汍 눈물환 紈 비단환 芄 풀환 ⿰皮丸 혹환 晥 밝을환 睆 밝을환 綄 기환 鋎 칼환

患 근심환 漶 흐릴환 桊 소뇌환 豢 짐승환

활

佸 이를활 括 모을활 活 살활 闊 넓을활 豁 너그러울활 濊 흐를활 滑 미끄러질활

磆 활석활 猾 교활할활

황

黃 누를황 潢 은하수황 趪 달아날황 璜 구슬황 櫎 창황 簧 피리황 鐄 쇠북황 ⿰馬黃 말황 况 하물며황 況 하물

며황 怳 황홀황 滉 깊을황 貺 줄황 恍 황홀황 榥 책상황 幌 장막황 晃 빛날황 肓 가슴황 衁 피황 皇 임금황 偟 머뭇거릴황 徨 머뭇거릴

황 湟 물황 堭 당집황 隍 웅덩이황 惶 두려울황 喤 울음황 蝗 버레황 皝 기운황 篁 대황 艎 배황 餭 엿황 騜 말황 媓 계집황 煌 빛날황

瑝 옥소리황 凰 새황 荒 거칠황 ⿰日荒 더울황 ⿰月荒 어두울황 慌 어렴풋황 ⿰巾荒 가리울황 遑 겨를황

홰

畫 그림홰 畵 그림홰 譮 말홰 繣 아름

다울홰 噦 소리홰 ⿰言歲 지꺼릴홰 翽 날개소리홰 罫 바둑판줄홰

효

爻 점괘효 恔 쾌할효 肴 안주효 崤 메효 淆 흐릴효 殽 섞을효 餚 안주

효 效 본받을효 効 공효효 恔 쾌할효 傚 본받을효 詨 부르짖을효 佼 좋을효 孝 효도효 涍 물효 哮 노할효 嗃 꾸짖을효 鄗 땅효 歊 김효

熇 불꽃 효 嗃 부르짖을 효 髇 살촉 효 獢 개 효 驕 개 효 呺 클 효 枵 빌 효 鴞 솔개 효 嚻 들렐 효 囂 들렐 효 梟 올빼미 효 皛 흴 효 滈

아득할 효 嘐 자랑 효 斅 가르칠 효 烋 화할 효 猇 범의소리 효 虓 범의소리 효 嘵 두려울 효 憢 두려울 효 曉 새벽 효 驍 날랠 효 髐 뼈 효 唬 범의소리 효

(후) 侯 제후 후 候 기다릴 후 喉 목구멍 후 堠 돈대 후 帿 관혁 후 篌 해금 후 糇 밥 후 猴 잣나비 후 鍭 살촉 후 餱 밥 후 佝 추할 후 怐

미련할 후 姁 고울 후 呴 말공순이할 후 煦 더울 후 酗 취할 후 齁 코숨쉴 후 后 임금 후 郈 땅 후 逅 만날 후 盱 부릅뜰 후 矦 임금 후 芋 클 후 嗅 맡을 후

冔 관 후 齅 맡을 후 厚 두터울 후 吼 사자 후 後 뒤 후 嘔 기쁠 후 珝 구슬 후 朽 썩을 후 鱟 게 후 酗 취할 후 涸 마를 후 (훈) 塤 풍류 훈

勛 공 훈 訓 가르칠 훈 焄 향기로울 훈 暈 무리 훈 葷 부추 훈 煇 지질 훈 熏 더울 훈 勳 공 훈 壎 풍류 훈 獯 오랑캐 훈 薰 향풀 훈 燻 레울

훈 臐 고기 훈 曛 어두울 훈 纁 붉을 훈 爋 말릴 훈 醺 취할 훈 (훌) 倏 문득 훌 欻 문득 훌 歘 빠를 훌 (훙) [illegible] 날 훙 薨 죽을

훙 (휘) 暉 햇빛 휘 煇 빛날 휘 楎 횃대 휘 揮 두를 휘 撝 두를 휘 諱 은휘할 휘 徽 아름다울 휘 褘 제복 휘 翬 꿩 휘 彙 모올 휘 戲

기 휘 輝 빛날 휘 麾 기 휘 (훤) 烜 밝을 훤 喧 들렐 훤 暄 더울 훤 萱 풀 훤 諠 들렐 훤 咺 슬플 훤 晅 마를 훤 狟 삵 훤 貆 담비 훤 愃 너그러울 훤

嚾 들렐 훤 讙 지꺼릴 훤 暖 왕눈이 훤 諼 잊을 훤 (훼) 卉 풀 훼 虫 버레 훼 虺 구렁이 훼 烜 벼슬 훼 顪 빰 훼 燬 불붙을 훼 喙 부리 훼 毀

헐 훼 毇 쌀 훼 燬 불붙을 훼 譭 훼방할 훼 (휴) 攜 끌 휴 蠵 거북 휴 酅 땅 휴 觿 꼬장이 휴 鑴 솥 휴 携 끌 휴 虧 이지러질 휴 畦 이랑 휴 隳

무너질 휴 隓 헐 휴 嘼 기를 휴 休 쉴 휴 咻 들렐 휴 茠 덮을 휴 庥 덮을 휴 烋 아름다울 휴 狇 표범 휴 貅 짐승 휴 髹 칠할 휴 鵂 부엉이 휴 (휵)

慉 기를 휵 搐 끌 휵 (휼) 賉 진휼할 휼 恤 불쌍할 휼 獝 날 휼 鐍 장식 휼 潏 흐를 휼 瞲 놀랄 휼 譎 속일 휼 霱 구름 휼 (흉) 哅 소리

흑흔 홀 흠 흡 흥희 히 힐

흉 洶 물결 흉 胸 가슴 흉 詾 지꺼릴 흉 匈 오랑캐 흉 恟 두려울 흉 **흑** 黑 검을 흑 **흔** 拫 끌 흔 痕 흔적 흔 鞎 가죽 흔 衅 피 흔 釁 틈 흔

舋 틈 흔 釁 매질 흔 礥 험할 흔 忻 기꺼울 흔 炘 더울 흔 昕 밝을 흔 欣 기꺼울 흔 訢 기꺼울 흔 焮 구울 흔 **흘** 吃 먹을 흘 迄 미칠 흘 疙

혼대 흘 籺 가루 흘 釳 경에 흘 訖 이룰 흘 汔 물마를 흘 忔 기쁠 흘 屹 높을 흘 扢 만질 흘 麧 기울 흘 齕 씹을 흘 紇 실끈 흘 揭 굳셀 흘 **흠**

欠 하품 흠 欽 공경 흠 廞 이름 흠 歆 흠향할 흠 **흡** 吸 마실 흡 扱 걷을 흡 帢 사모 흡 恰 흡족할 흡 洽 합할 흡 翕 모을 흡 闟 닫을 흡

歙 맡을 흡 潝 흐를 흡 噏 마실 흡 **흥** 興 일 흥 **희** 希 바랄 희 俙 의희 희 睎 바랄 희 晞 마를 희 唏 탄식할 희 稀 드믈 희 欷 느낄

희 豨 돼지 희 鵗 꿩 희 喜 기꺼울 희 嘻 슬플 희 僖 즐거울 희 熺 빛날 희 熹 밝을 희 禧 복 희 蟢 베레 희 譆 두려울 희 嬉 아름다울 희 憙 기꺼울 희

霼 구름 희 餼 먹일 희 熂 사를 희 愾 탄식 희 戲 희롱 희 巇 험할 희 [木+戲] 자루 희 羲 화할 희 咥 웃음 희 曦 날빛 희 犧 짐승 희 姬 계집 희

[犭+壹] 이름 희 豷 도야지 희 燹 불 희 贔 굳셀 희 熈 밝을 희 噫 탄식 희 齂 코골 희 [illegible] 북 희 墍 벽칠 희 **히** 叩 신음할 히 屎 신음할 히 **힐**

頡 날 힐 詰 힐란 힐 翓 날 힐 欯 기쁠 힐 擷 주울 힐 纈 수놓을 힐 肹 클 힐 肸 클 힐 犵 오랑캐 힐

한글字彙 終

常用 一八〇〇字

本 常用漢字는 一九七二年 文教部에서 制定한 一八〇〇字를 教育部에서 四十四字를 除外하고 새로운 四十四字를 追加 選定하여 二〇〇一年부터 適用토록 한 中·高等學校 漢文教育用 基礎漢字임。

用 校 高	用校學中	音
〈ㄱ〉		
暇架	可價歌佳家街假加	가
閣刻覺却	脚角各	각
姦刊懇簡幹肝	看間干	간
	渴	갈
監鑑	甘敢減感	감
	甲	갑
綱鋼剛康	强講降江	강
蓋介槪慨	皆個改開	개
	客	객
	更	갱
拒據距	車擧居巨去	거
健件	乾建	건
乞傑		걸
檢劍儉		검
隔激擊格		격
牽肩絹遣	犬堅見	견
缺	決結潔	결
謙兼		겸
傾鏡頃警境卿徑竟硬	景敬輕驚京庚競經慶耕	경
系繼械契啓繫桂階係戒	鷄計界季溪癸	계
孤鼓庫顧枯稿姑	古考固告故苦高	고

用 校 高	用校學中	音
哭	穀曲谷	곡
	坤困	곤
	骨	골
供攻恐恭孔貢	功共公工空	공
誇寡	果科課過	과
郭		곽
慣管館冠寬貫	關觀官	관
狂鑛	廣光	광
掛		괘
怪愧壞塊		괴
較巧郊矯	校敎橋交	교
區具球驅俱懼狗苟丘拘構龜	究救口求九舊句久	구
菊局	國	국
群	君軍郡	군
屈		굴
宮窮	弓	궁
拳券	勸權卷	권
厥		궐
軌		궤
鬼	歸貴	귀
糾規叫		규
菌	均	균
劇克	極	극
僅斤謹	根勤近	근

用校高	用校學中	音
檀團旦段斷壇	端短單但丹	단
	達	달
淡擔	談	담
畓踏	答	답
唐黨糖	當堂	당
貸帶隊臺	待對代大	대
	德	덕
逃盜桃稻途陶渡倒跳導塗挑	徒道島到度圖刀都	도
督毒篤	獨讀	독
敦豚		돈
突		돌
銅凍	洞動冬東同童	동
	豆頭斗	두
屯鈍		둔
	得	득
騰	燈登等	등
〈ㄹ〉		
羅		라
絡	樂落	락
欄蘭亂	卵	란
濫覽		람
廊	郞浪	랑
	來	래

用校高	用校學中	音
琴禽錦	禁今金	금
級	及給急	급
肯		긍
豈欺棄忌祈機旗器奇騎飢畿企寄紀	記起氣幾旣期技己基其	기
緊		긴
	吉	길
〈ㄴ〉		
那		나
諾		낙
	難暖	난
	男南	남
納		납
娘		낭
耐奈	乃內	내
	女	녀
	年	년
	念	념
寧		녕
努奴	怒	노
	農	농
惱腦		뇌
	能	능
泥		니
〈ㄷ〉		
茶	多	다

用 校 高	用校學中	音
	立	립
〈ㅁ〉		
麻磨	馬	마
漠幕	莫	막
漫慢	晩滿萬	만
	末	말
罔妄茫	忘望亡忙	망
媒埋梅	妹每賣買	매
脈	麥	맥
猛盲盟孟		맹
綿	勉免眠面	면
滅		멸
銘冥	名命明鳴	명
募模謀某貌 侮冒慕	暮毛母	모
睦牧	目木	목
沒		몰
夢蒙		몽
苗廟墓	卯妙	묘
貿霧	務無舞武茂 戊	무
默	墨	묵
	文聞問門	문
	物勿	물
眉微迷	味未美未尾	미
憫敏	民	민
蜜	密	밀

用 校 高	用校學中	音
	冷	랭
掠略		략
糧梁諒	兩良量涼	량
勵麗慮	旅	려
曆	力歷	력
蓮戀聯憐鍊	練連	련
劣裂	烈列	렬
廉		렴
獵		렵
靈嶺零	令領	령
隷	例禮	례
爐	露勞老路	로
鹿錄祿	綠	록
	論	론
弄		롱
賴雷		뢰
僚了	料	료
龍		룡
屢漏樓淚累		루
類	留柳流	류
	陸六	륙
輪	倫	륜
率栗	律	률
隆		륭
陵		릉
吏履梨裏離	李里利理	리
隣		린
臨	林	림

用 校 高	用校學中	音
〈 ㅂ 〉		
泊拍薄迫博	朴	박
般叛班返盤伴	反飯半	반
拔髮	發	발
倣邦妨傍芳	訪放房防方	방
背輩配培倍排	杯拜	배
伯	百白	백
飜繁煩	番	번
罰	伐	벌
範犯	凡	범
	法	법
碧壁		벽
辨邊辯	變	변
	別	별
屛竝	丙病兵	병
譜補普寶	保步報	보
覆卜複腹	復服伏福	복
	本	본
鳳蜂峯封	逢奉	봉
副簿賦赴符腐府附負付	富父否扶浮部婦夫	부
	北	북
粉憤紛奔墳奮	分	분
拂	不佛	불
崩	朋	붕

用 校 高	用校學中	音
卑肥婢秘費碑妃批	備悲鼻比飛非	비
頻賓	貧	빈
聘	氷	빙
〈 ㅅ 〉		
賜邪捨詞蛇司沙社詐斜辭寫査祀似斯	死寺師四仕思事絲使士私巳謝史舍射	사
朔削		삭
	算散產山	산
	殺	살
	三	삼
狀像床償詳嘗祥裳桑象	相商上霜尙喪想賞傷常	상
塞		새
索	色	색
	生	생
徐署庶緒敍逝誓恕	序暑書西	서
釋析	席石夕惜昔	석
禪宣旋	船鮮先線仙善選	선
	設雪說舌	설
攝涉		섭
	成省誠城姓盛聲性星聖	성
	勢細歲世稅洗	세

用 校 高	用校學中	音
〈ㅇ〉		
牙餓雅亞芽	兒我	아
岳	惡	악
雁岸	眼安案顔	안
謁		알
	暗巖	암
押壓		압
殃央	仰	앙
涯	哀愛	애
厄額		액
耶	也夜野	야
躍	約若弱藥	약
楊壤樣	養羊陽讓洋揚	양
御	於語漁魚	어
抑	憶億	억
焉	言	언
	嚴	엄
	業	업
輿予	與餘汝余如	여
譯域役驛疫	易逆亦	역
延鉛演燃燕緣宴沿軟	然硏煙	연
閱	悅熱	열
染鹽	炎	염
	葉	엽
詠映營泳影	迎英永榮	영
銳譽豫	藝	예

用 校 高	用校學中	音
訴燒騷昭蘇疏蔬召掃	消所少小笑素	소
粟屬束	俗續速	속
損	孫	손
頌誦訟	松送	송
鎖刷		쇄
衰		쇠
殊輸睡遂獸搜囚隨需帥垂	受手水愁誰壽授守收數秀首修樹雖須	수
孰熟肅	叔宿淑	숙
旬殉瞬巡循脣	純順	순
述術	戌	술
	崇	숭
襲濕	拾習	습
僧昇	承乘勝	승
矢侍	始示詩市時視施是試	시
息飾	識式食植	식
晨愼伸	臣神信身新申辛	신
	實失室	실
審尋	甚深心	심
	十	십
雙		쌍
	氏	씨

用 校 高	用校學中	音
傲汚娛嗚	誤悟午五吾烏	오
獄	玉屋	옥
	溫	온
擁翁		옹
	瓦臥	와
緩	完	완
	曰	왈
	往王	왕
畏	外	외
遙腰謠搖	要	요
慾辱	浴欲	욕
庸	勇容用	용
偶郵優愚羽	友雨右憂宇于尤遇又牛	우
韻	運云雲	운
	雄	웅
院源援員	原願怨遠圓元園	원
越	月	월
衛委圍胃緯僞謂慰違	威偉爲危位	위
乳維惟幽儒愈悠誘裕	遊有幼油唯猶酉柔遺由	유
	育肉	육
閏潤		윤
隱	銀恩	은
	乙	을
淫	飮陰音吟	음

用 校 高	用校學中	音
	泣邑	읍
凝	應	응
宜疑儀	義依衣意醫矣議	의
夷	耳移異以二而已	이
翼	益	익
姻	引印人因忍寅認仁	인
逸	一日	일
賃任	壬	임
	入	입
〈ㅈ〉		
恣玆刺姿資紫	姉者字自子慈	자
爵酌	昨作	작
殘		잔
暫潛		잠
雜		잡
張奬臟障丈墻腸帳藏裝掌粧莊葬	壯章場將長	장
宰載裁災	才材財再在哉栽	재
	爭	쟁
抵底	著低貯	저
賊績積籍寂滴跡摘	敵適赤的	적

用 校 高	用校學中	音
殿轉專	錢全田前典傳電戰展	전
竊切折	節絶	절
點占漸	店	점
蝶	接	접
征程廷訂亭整	丁定淨井正情精政庭停靜頂貞	정
制濟際齊提堤	題祭製第弟除諸帝	제
照潮條組租弔操燥	祖助鳥朝造兆早調	조
	族足	족
	尊存	존
拙	卒	졸
縱	宗從終鐘種	종
座佐	左坐	좌
	罪	죄
株洲州周舟奏珠鑄柱	主晝朱酒宙住注走	주
	竹	죽
遵俊準		준
仲	衆重中	중
	卽	즉
蒸贈症憎	曾增證	증
遲智誌池	支至紙地只止之志指知枝持	지
織職	直	직

用 校 高	用校學中	音
陳珍鎭振陣震	眞進辰盡	진
秩姪疾	質	질
	集執	집
懲徵		징
〈ㅊ〉		
差	且借次此	차
捉錯	着	착
讚贊		찬
	察	찰
慚慘	參	참
暢創蒼倉	窓唱昌	창
債彩	菜採	채
策	冊責	책
	處妻	처
戚拓斥	尺	척
賤踐遷薦	淺泉川天千	천
徹哲	鐵	철
尖添		첨
妾		첩
廳	聽淸請晴靑	청
遞逮滯替	體	체
秒礎肖抄超	招初草	초
燭觸促		촉
	寸村	촌
總銃聰		총
催	最	최
醜抽	推追秋	추

用 校 高	用校學中	音
逐縮畜蓄築	丑祝	축
	春	춘
	出	출
衝	充蟲忠	충
趣醉臭	就取吹	취
測側		측
層		층
値置恥	齒治致	치
	則	칙
	親	친
漆	七	칠
沈寢侵浸枕	針	침
稱		칭
〈ㅋ〉		
	快	쾌
〈ㅌ〉		
妥墮	打他	타
卓濯托濁		탁
誕歎彈炭		탄
奪	脫	탈
貪	探	탐
塔		탑
湯		탕
殆怠態	太泰	태
澤擇	宅	택
討吐	土	토
痛	統通	통

用 校 高	用校學中	音
	退	퇴
鬪透	投	투
	特	특
〈ㅍ〉		
把頗罷播派	破波	파
販版板	判	판
	八	팔
	貝敗	패
遍編偏	篇便片	편
評	平	평
肺幣蔽廢弊	閉	폐
胞捕包浦飽	布抱	포
幅爆	暴	폭
漂標票	表	표
	品	품
	風豊	풍
避被疲	皮彼	피
畢	筆必匹	필
〈ㅎ〉		
荷	賀河夏何下	하
鶴	學	학
旱汗	閑韓漢寒恨限	한
割		할
陷含咸		함
	合	합
項港巷抗航	恒	항

用校高	用校學中	音
奚該	亥解害海	해
核		핵
	幸行	행
享響	向鄉香	향
	虛許	허
軒憲獻		헌
驗險		험
	革	혁
絃玄懸縣顯	賢現	현
穴	血	혈
嫌		혐
脅	協	협
衡亨螢	刑形兄	형
兮慧	惠	혜
浩毫護胡互豪	好號呼戶湖乎虎	호
惑	或	혹
昏魂	婚混	혼
忽		홀
鴻弘洪	紅	홍

用校高	用校學中	音
禾禍	華花貨化火畫和話	화
穫擴確		확
還環換丸	患歡	환
	活	활
況荒	皇黃	황
懷悔	會回	회
劃獲		획
橫		횡
曉	效孝	효
候侯	後厚	후
	訓	훈
毁		훼
輝揮		휘
携	休	휴
	胸凶	흉
	黑	흑
吸		흡
	興	흥
稀戲	希喜	희

通轉韻

音韻에는 大別해서 今韻·古韻·等韻의 세 種類가 있는데、이 學問을 完全히 알기 위해서는 通韻·轉韻도 알아야 한다。그래서 參考로 劉文蔚의 詩韻含英의 通轉과 우리 나라의 韻書에는 東國正韻과 奎章全韻이 있는데 奎章全韻도 本表에 收録하였다。

〔詩韻含英、目録〕古韻通轉、向來讀本依宋呉域韻補一書訂定、後邵長衡韻畧、則取宋鄭庠古韻本改訂、今於舊本外、將邵本附録、以備參用。

● 上平聲

一 東 古通冬轉江、韻略通冬·江、奎章同。

二 冬 古通東、奎章通東·江。

三 江 古通陽、奎章通東·冬。

四 支 古通微·齊·灰、轉佳、韻略通微·齊·佳·灰、奎章同。

五 微 古通支、奎章通支·齊·佳·灰。

六 魚 古通虞、韻略同、奎章同。

七 虞 古通魚、奎章同。

八 齊 古通支、奎章通支·微·佳·灰。

九 佳 古轉支、奎章通支·微·齊·灰。

十 灰 古通支、奎章通支·微·齊·佳。

十一 眞 古通庚·靑·蒸、轉文·元、韻略通文·元·寒·刪·先、奎章同。

十二 文 古轉眞、奎章通眞·元·寒·刪·先。

十三 元 古轉眞、奎章通眞·文·寒·刪·先。

十四 寒 古轉先、奎章通眞·文·元·刪·先。

十五刪　古通覃・咸、轉先、奎章通眞・文・元・寒・先。

● 下平聲

一先　古通鹽、轉寒・刪、奎章通眞・文・元・寒・刪。

二蕭　古通肴・豪、韻略同、奎章同。

三肴　古通蕭、奎章通蕭・豪。

四豪　古通蕭、奎章通蕭・肴。

五歌　古轉麻、韻略通麻、奎章同。

六麻　古轉歌、奎章同。

七陽　古通江、轉庚、韻略獨用、奎章通無。

八庚　古通眞、韻略通靑・蒸、奎章同。

九靑　古通眞、奎章通庚・蒸。

十蒸　古通眞、奎章通庚・靑。

十一尤　古獨用、韻略同、奎章通無。

十二侵　古通眞、韻略通覃・鹽・咸、奎章同。

十三覃　古通刪、奎章通侵・鹽・咸。

十四鹽　古通先、奎章通侵・覃・咸。

十五咸　古通刪、奎章通侵・覃・鹽。

● 上聲

一董　古通腫、轉講、韻略通腫・講、奎章同。

二腫　古通董、奎章通董・講。

三講　古通養、轉董、奎章董・腫。

四紙 古通尾·薺·賄、轉蟹、韻略通尾·薺·蟹、賄、奎章同。

五尾 古通紙、奎章通紙·薺·蟹·賄。

六語 古通麌、韻略同、奎章同。

七麌 古通語、奎章同。

八薺 古通紙、奎章紙·尾·蟹·賄。

九蟹 古通紙、奎章紙·尾·薺·賄。

十賄 古通紙、奎章紙·尾·薺·蟹。

十一軫 古通梗·迥·寑、轉吻、韻略通吻·阮·旱·潸·銑、奎章同。

十二吻 古轉軫、奎章通軫·阮·旱·潸·銑。

十三阮 古通銑、奎章通軫·吻·旱·潸·銑。

十四旱 古轉銑、奎章通軫·吻·阮·潸·銑。

十五潸 古轉銑、奎章通軫·吻·阮·旱·銑。

十六銑 古通阮·琰·豏、轉旱·潸·感、奎章通軫·吻·阮·旱·潸。

十七篠 古通巧·皓、韻略同、奎章同。

十八巧 古通篠、奎章通篠·皓。

十九皓 古通篠、奎章篠·巧。

二十哿 古轉馬、韻略通馬、奎章同。

二十一馬 古通哿、奎章同。

二十二養 古通講、韻略獨用、奎章通無。

二十三梗 古通軫、韻略通迥、奎章同。

二十四迥 古通軫、奎章通梗。

二十五有 古獨用、韻略同、奎章通無。

二十六寑 古通軫、韻略通感·琰·豏、奎章同。

二十七感 古轉銑、奎章通寢・琰・豏。

二十八琰 古通銑、奎章通寢・感・豏。

二十九豏 古通銑、奎章通感・寢・琰。

●去聲

一送 古通宋、轉絳、韻略通宋・絳、奎章同。

二宋 古通送、奎章通送・絳。

三絳 古通漾、轉宋、奎章通送・宋。

四寘 古通未・霽・隊、轉泰、韻略通未・霽・泰・卦・隊、奎章同。

五未 古通寘、奎章通寘・霽・泰・卦・隊。

六御 古通遇、韻略同、奎章同。

七遇 古通御、奎章同。

八霽 古通寘、奎章通寘・未・泰・卦・隊。

九泰 古轉寘、奎章通寘・未・霽・卦・隊。

十卦 古轉寘、奎章通寘・未・霽・泰・隊。

十一隊 古通寘、奎章寘・未・霽・泰・卦。

十二震 古通敬・徑・沁、轉問、韻略通問・願、奎章通問・願・翰・諫・霰。

十三問 古轉震、奎章通震・願・翰・諫・霰。

十四願 古通霰、奎章通震・問・翰・諫・霰。

十五翰 古通勘、奎章通震・問・願・諫・霰。

十六諫　古通陷、轉霰、奎章通震·問·願·翰·霰。

十七霰　古通願·豔、轉諫、奎章通震·問·願·翰·諫。

十八嘯　古通效·號、韻略同、奎章同。

十九效　古通嘯、奎章通嘯·號。

二十號　古通嘯、奎章通嘯·效。

二十一箇　古通禡、韻略同、奎章同。

二十二禡　古通箇、奎章同、奎章通無。

二十三漾　古通絳、韻略獨用。

二十四敬　古通震、韻略通徑、奎章同。

二十五徑　古通震、奎章通敬。

二十六宥　古獨用、韻略同、奎章通無。

二十七沁　古通震、韻略通勘·豔·陷、奎章同。

二十八勘　古通翰、奎章通沁·豔·陷。

二十九豔　古通霰、奎章通沁·勘。

三十陷　古通諫、奎章通勘。

●入聲

一屋　古通沃、轉覺、韻略通沃·覺、奎章同。

二沃　古通屋、奎章通屋·覺。

三覺　古通藥、轉屋、奎章通屋·沃。

四質　古通職·緝、轉物、韻略通物·月·曷·黠·屑、奎章同。

五物　古通質、奎章通質·月·曷·黠·屑。

六月　古通屑·葉·陌、轉曷、奎章通質·物·曷·黠·屑。

七 曷

古轉月、奎章通質·物·月·黠·屑。

八 黠

古轉月、奎章通質·物·月·曷·屑。

九 屑

古通月、奎章通質·物·月·曷·黠。

十 藥

古通覺、奎章通無。

十一 陌

古通月、韻略通錫·職、奎章同。

十二 錫

古通職·緝、奎章通陌·職。

十三 職

古通質、奎章通陌·錫。

十四 緝

古通質、韻略通合·葉·洽、奎章同。

十五 合

古獨用、奎章通緝·葉·洽。

十六 葉

古通月、奎章通緝·合。

十七 洽

古獨用、奎章通緝·合。

中國簡化文字表

이 표는、중국문자개혁위원회가 一九五六年 一월 二十八일에 국무원이 공포한「한자 간소화안」에 근거하여 전후 四회에 걸쳐 발표한 五百十七자의 간화문자를 획수순으로 배열한 것이다。

더욱 이 밖에 실제로 사용되고 있는 것이 수십자 있지만、이 표에는 생략했다。

簡化字	뜻·음	正字
二畫		
厂	헛간창	廠
了	밝을료	瞭
卜	치자꽃복	蔔
几	거의기	幾
儿	아이아	兒
三畫		
广	넓을광	廣
义	옳을의	義
干	줄기간	幹
	마를간	乾
亏	이지러질휴	虧
与	더불여	與
才	겨우재	纔
万	일만만	萬
飞	날비	飛
习	익힐습	習
卫	모실위	衛
个	낱개	個
千	그네천	韆
亿	억억	億
么	잘마	麽
乡	시골향	鄉
四畫		
斗	싸울투	鬥
认	알인	認
忆	생각할억	憶
为	할위	爲
韦	다룬가죽위	韋
专	오로지전	專
开	열개	開
无	없을무	無
云	구름운	雲
艺	재주예	藝
区	감출구	區
厅	관청청	廳
历	책력력	曆
	지날력	歷
双	쌍쌍	雙
劝	권할권	勸
办	힘쓸판	辦
丑	미울추	醜
书	글서	書
仓	창고창	倉
从	좇을종	從
丰	풍년풍	豐
长	어른장	長
气	기운기	氣
凤	새봉	鳳
仅	겨우근	僅
币	돈폐	幣
五畫		
汇	물돌아모일회	滙
	무리휘	彙
汉	한나라한	漢
头	머리두	頭
宁	편안할녕	寧
兰	난초란	蘭
礼	예도례	禮
写	쓸사	寫
让	사양양	讓
灭	멸할멸	滅
击	칠격	擊
节	마디절	節
扑	부딪칠박	撲
术	재주술	術
厉	엄할려	厲
龙	용룡	龍
东	동녘동	東
对	대답할대	對
圣	성인성	聖
辽	멀료	遼

簡化字	訓音	正字
边	변두변	邊
卢	성로	盧
叶	잎엽	葉
号	이름호	號
叹	탄식할탄	嘆
只	공경할지	祇
	외짝척	隻
电	번개전	電
业	업업	業
旧	옛구	舊
归	돌아갈귀	歸
帅	거느릴솔	帥
出	일절척	齣
丛	떨기총	叢
仪	거동의	儀
冬	북소리동	鼕
务	힘쓸무	務
处	곳처	處
刍	짐승먹이추	芻
尔	너이	爾
饥	주릴기	饑
乐	즐길락	樂
台	집대	臺
	등대대	檯
	몹시부는바람태	颱
发	필발	發
	터럭발	髮
邓	나라이름등	鄧
队	떼대	隊

六畫

簡化字	訓音	正字
兴	일흥	興
关	빗장관	關
冲	충돌할충	衝
壮	장할장	壯
妆	단장할장	妝
产	낳을산	產
刘	성류	劉
齐	모두제	齊
庄	씩씩할장	莊
庆	경사경	慶
农	농사농	農
讲	외울강	講
灯	등불등	燈
夹	가질협	夾
划	새길획	劃
尧	높을요	堯
动	움직일동	動
扩	넓힐확	擴
扫	쓸소	掃
执	잡을집	執
巩	가죽테공	鞏
协	화합할협	協
亚	버금아	亞
权	권세권	權
朴	질박할박	樸
毕	마칠필	畢
机	베틀기	機
过	지날과	過
达	사무칠달	達
迈	멀리갈매	邁
夸	자랑할과	誇
夺	빼앗을탈	奪
压	누를압	壓
厌	진압할엽	厭
买	살매	買
戏	희롱할희	戲
观	볼관	觀
欢	기쁠환	歡
寻	찾을심	尋
导	인도할도	導
尽	다할진	盡
	다할진	儘

孙	当		吁	吓	虫	团		网	屿	岂	岁
손자손	마땅당	패옥소리당	부를유	얼른하	벌레충	둥글단	경단단	그물망	섬서	산측	햇세
孫	當	噹	籲	嚇	蟲	團	糰	網	嶼	豈	歲

师	尘	杀	爷	伞	会	众	朱	迁	乔	杂	伪
스승사	티끌진	죽일살	아비야	일산산	모을회	무리중	주사주	옮길천	큰나무교	섞일잡	거짓위
師	塵	殺	爺	傘	會	衆	硃	遷	喬	雜	僞

伙	优	价	伤	华	向	后	妇	**七畫**	阳	阶	阴
많을과	광대우	값가	상할상	빛날화	저즘께향	뒤후	며느리부		볕양	섬돌계	그늘음
夥	優	價	傷	華	嚮	後	婦		陽	階	陰

冻	沪	沈	沟	穷	状	亩	疗	疖	应	这	庐
얼동	통발호	즙심	개천구	궁진할궁	형상장	밭이랑무	병고칠료	부스럼절	응할응	맞이할언	풀집려
凍	滬	瀋	溝	窮	狀	畝	療	癤	應	這	廬

证	启	补	怀	忧	灶	来	寿	麦	进	远	运
증거증	열계	기울보	품을회	근심우	부뚜막조	돌아올래	목숨수	보리맥	나아갈진	멀원	운수운
證	啓	補	懷	憂	竈	來	壽	麥	進	遠	運

还	迟	壳	声	坟	坛		坏	块	丽	两	严
돌아올환	더딜지	껍질각	소리성	무덤분	단단	목긴항아리담	무너질회	땅덩이괴	고울려	둘량	엄할엄
還	遲	殼	聲	墳	壇	罎	壞	塊	麗	兩	嚴

簡化字	뜻·음	正字
芦	갈대로	蘆
苏	들깨소	蘇
	수다할소	囌
劳	수고로울로	勞
克	제할극	剋
护	호위호	護
扰	요란할요	擾
报	갚을보	報
拟	비길의	擬
折	패할접	摺
医	의원의	醫
励	권면할려	勵
歼	다할섬	殲
鸡	닭계	鷄
灵	신령령	靈
驴	나귀려	驢
层	층층대층	層
卤	염전로	鹵
	쓸로	滷
坚	굳을견	堅
别	활뒤집힐별	彆
吨	근수돈	噸
听	들을청	聽
时	때시	時
里	속리	裏
县	고을현	縣
园	동산원	園
困	잘곤	睏
谷	닥나무곡	穀
余	남을여	餘
乱	어지러울란	亂
条	곁가지조	條
龟	거북귀	龜
体	몸체	體
佣	고용살이할용	傭
犹	같을유	猶
彻	관철할철	徹
系	이을계	係
	맬계	繫
纵	길이종	縱

八畫

簡化字	뜻·음	正字
邮	우편우	郵
邻	이웃린	鄰
际	지음제	際
陆	뭍륙	陸
陈	베풀진	陳
泻	쏟을사	瀉
泸	물이름로	瀘
变	변할변	變
实	열매실	實
宝	보배보	寶
审	살필심	審
帘	발렴	簾
剂	가지런히끊을자	劑
卷	거둘권	捲
庙	사당묘	廟
衬	속옷친	襯
怜	사랑할련	憐
学	배울학	學
单	홑단	單
炉	산불려	爐
环	둘릴환	環
表	회중시계표	錶
丧	상사상	喪
卖	팔매	賣
画	그림화	畫
枣	대추조	棗
范	법범	範
苹	큰개구리밥빈	蘋
拦	막을란	攔
拣	가릴간	揀
担	짐담	擔

簡化字	訓音	正字
拥	안을옹	擁
势	형세세	勢
柜	궤궤	櫃
板	문속에서볼반	闆
枪	막을창	槍
松	거칠송	鬆
极	가운데극	極
构	지을구	構
态	태도태	態
奋	떨칠분	奮
矿	쇠돌광	礦
矾	백반번	礬
轰	우렛소리굉	轟
艰	어려울간	艱
录	기록할록	錄
隶	붙을례	隸
肃	엄숙할숙	肅
弥	많을미	彌
	가득할미	瀰
虏	사로잡을로	虜
齿	이치	齒
国	나라국	國
图	그림도	圖
罗	벌릴라	羅
	노래꺾어주는소리라	囉
帜	기치	幟
购	살구	購
岭	재령	嶺
籴	곡식살적	糴
舍	놓을사	捨
侨	우거할교	僑
制	지을제	製
刮	모진바람괄	颳
备	갖출비	備
肤	피부부	膚
胁	갈빗대협	脅
肿	종기종	腫
凭	의지할빙	憑
质	바탕질	質
征	부를징	徵
参	셋삼	參
练	마전할련	練

九畫

簡化字	訓音	正字
郑	정나라정	鄭
郁	답답할울	鬱
济	건널제	濟
浏	물맑을류	瀏
洼	깊을와	窪
洁	맑을결	潔
洒	물뿌릴쇄	灑
浊	물흐릴탁	濁
宪	헌법헌	憲
窃	얕을절	竊
觉	깨달을각	覺
举	들거	擧
将	장수장	將
奖	권면할장	獎
亲	친할친	親
弯	시위에살낄만	彎
疮	종기창	瘡
袄	도포오	襖
恼	번뇌할뇌	惱
姜	생강강	薑
类	같을류	類
娄	빌루	婁
总	거느릴총	總
烂	찬란할란	爛
炼	쇠불릴련	煉
赵	나라이름조	趙
垫	빠질점	墊
荣	영화영	榮
	천거할천	薦

簡化字	訓音	正字
茧	누에고치견	繭
带	띠대	帶
药	약약	藥
栏	난간란	欄
标	표할표	標
栋	들보동	棟
树	나무수	樹
挤	밀제	擠
牵	이끌견	牽
欧	성우	歐
咸	병장기이름히	鹹
面	국수면	麵
垦	개간할간	墾
昼	낮주	晝
逊	사양손	遜
尝	맛볼상	嘗
点	검은점점	點
战	싸울할전	戰
哑	벙어리아	啞
响	소리울림향	響
显	나타날현	顯
虾	두꺼비하	蝦
虽	비록수	雖
临	임할림	臨
钟	술잔종	鍾
	쇠북종	鐘
钥	자물쇠약	鑰
毡	전전	氈
选	가릴선	選
适	마침적	適
复	돌아올복	復
	도리어복	複
	겹옷복	覆
秋	그네추	鞦
种	심을종	種
胆	담담	膽
胜	이길승	勝
俩	공교할량	倆
独	홀로독	獨
垒	진터토성류	壘

十畫

簡化字	訓音	正字
帮	곁들방	幫
家	시험가	傢
宾	손빈	賓
窍	구멍규	竅
桨	상앗대장	槳
浆	초장	漿
准	법준	準
竞	다툴경	競
恋	생각할련	戀
症	적병징	癥
痈	종기옹	癰
离	떠날리	離
斋	재계할재	齋
袜	버선말	襪
养	기를양	養
递	갈마들일체	遞
烬	불탄끝으리신	燼
烛	촛불촉	燭
蚕	누에잠	蠶
壸	궐내의복도곤	壼
盐	소금염	鹽
赶	쫓을간	趕
热	정태열	熱
恶	모질악	惡
	성낸소리오	噁
获	얻을획	獲
	곡식거둘확	穫
桩	말뚝장	樁
样	상수리상	樣
档	책상당	檔
桥	다리교	橋

簡化字	訓音	正字
毙	죽을 폐	斃
顾	돌아볼 고	顧
础	주춧돌 초	礎
致	톱톱할 치	緻
难	어려울 난	難
恳	정성 간	懇
剧	연극 극	劇
党	무리 당	黨
虑	생각할 려	慮
晒	볕쪼일 쇄	曬
罢	마칠 파	罷
赃	장물 장	贓
紧	긴할 긴	緊
监	볼 감	監
爱	사랑 애	愛
笔	붓 필	筆
艳	탐스러울 염	艷
钻	뚫을 찬	鑽
铁	쇠 철	鐵
敌	대적할 적	敵
牺	회생할 회	犧
脑	머릿골 뇌	腦
胶	아교 교	膠
积	쌓을 적	積
称	일컬을 칭	稱
借	깔 자	藉
舰	싸움배 함	艦
继	이을 계	繼

十一畫

簡化字	訓音	正字
淀	찌끼 전	澱
渗	스밀 삼	滲
痒	가려울 양	癢
旋	살촉 촉	鏇
谗	간악할 참	讒
惊	놀랠 경	驚
惧	두려울 구	懼
惨	슬플 참	慘
盖	덮을 개	蓋
断	끊을 단	斷
兽	짐승 수	獸
麸	밀기울 부	麩
啬	인색할 색	嗇
酝	술빚을 온	醞
据	웅거할 거	據
营	지을 영	營
梦	꿈 몽	夢
辆	수레 량	輛
职	벼슬 직	職
悬	달릴 현	懸
跃	뛸 약	躍
累	죄 류	纍
粜	곡식팔 조	糶
秽	더러울 예	穢
衅	틈 흔	釁
偿	갚을 상	償
猎	사냥할 렵	獵
盘	소반 반	盤
御	그칠 어	禦
绳	노 승	繩

十二畫

簡化字	訓音	正字
随	좇을 수	隨
堕	떨어질 타	墮
隐	숨을 은	隱
滞	막힐 체	滯
湿	젖을 습	濕
窜	도망할 찬	竄
装	꾸밀 장	裝
蛮	남녘오랑캐 만	蠻
痨	노점병 로	癆
亵	속옷 설	褻
粪	똥 분	糞
琼	붉은옥 경	瓊

簡化字	뜻·음	繁體字
联	연할련	聯
趋	달아날 추	趨
搀	찌를참	攙
屡	여럿루	屢
确	확실할 확	確
凿	끌착	鑿
筑	쌓을축	築
腊	납향제 랍	臘
馋	탐할참	饞
惩	징계할 징	懲

十三畫

簡化字	뜻·음	繁體字
滩	여울탄	灘
滤	씻을려	濾
誉	기릴예	譽
寝	잘침	寢
酱	간장장	醬
誊	베낄등	謄
粮	곡식량	糧
数	셈수	數
雾	안개무	霧
蒙	청맹과니 몽	矇
	이슬비 몽	濛
	속갑갑할 몽	懞
献	드릴헌	獻
摄	끌어잡을 섭	攝
摊	펼탄	攤
摆	벌릴패	擺
	치마피	襬
楼	다락루	樓
碍	그칠애	礙
辟	열벽	闢
龄	나이령	齡
鉴	거울감	鑒
筹	숫가지 주	籌
签	편지첨	簽
	서상대 첨	籤
辞	말씀사	辭
触	받을촉	觸

十四畫

簡化字	뜻·음	繁體字
墙	담장	牆
酿	술빚을 양	釀
蔷	물여뀌 색	薔
蔑	피칠할 멸	衊
踊	뛸용	踴
蜡	밀랍	蠟
蝇	파리승	蠅
稳	편안할 온	穩

十五畫

簡化字	뜻·음	繁體字
瘫	중풍날 탄	癱
霉	곰팡이 미	黴
聪	귀밝을 총	聰
镊	족집게 섭	鑷

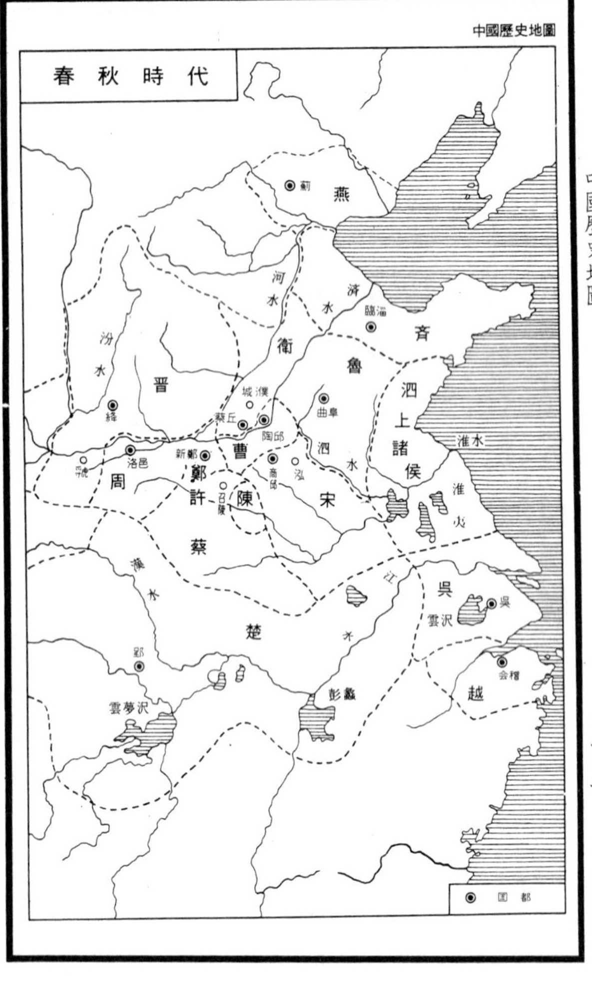
春秋時代
中國歷史地圖
薊
燕
河
水
済
水
臨淄
斉
衛
汾
水
魯
泗
晋
城濮
曲阜
上
絳
蔡丘
陶邱
泗
諸
淮水
洛邑
新鄭
曹
商邱
泓
水
侯
虢
周
鄭
許
召陵
陳
宋
淮
水
蔡
漢
水
江
呉
呉
雲沢
楚
水
郢
会稽
彭蠡
越
雲夢沢
国都

戦国時代

( )内는 現在名 ⊙은 国都

0 500 1000km

前漢時代

●은 国名
(　)内는 現在名
0　500km

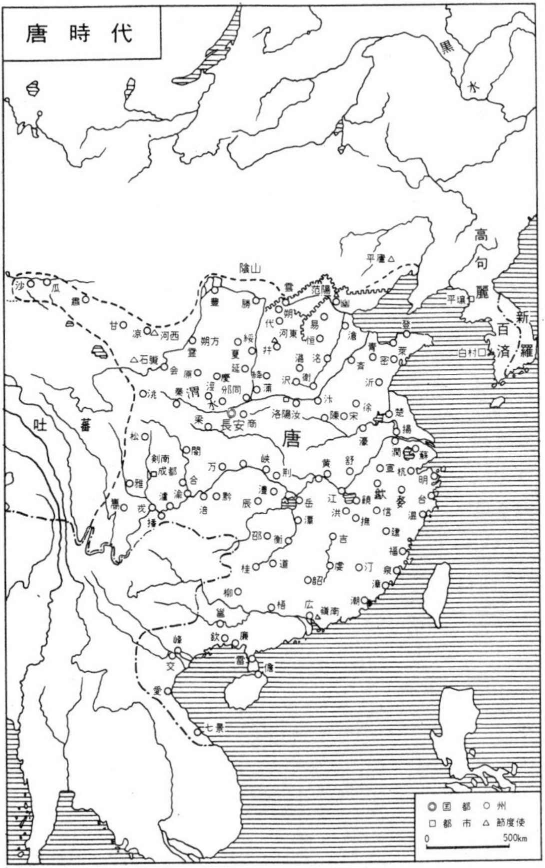

唐時代

◎ 国都　○ 州
□ 都市　△ 節度使
0　500km

中國歷史地圖
宋金時代
回鶻
西夏
黃河
金
高麗
開城
吐蕃
大理
大越
南宋
臨安
揚子江
漢水
洞庭湖
黑水
(黑竜江)
五国部
蒲与
会寧
完顏部
遼陽
大定
大同
燕京(北京)
興慶
黑水城
賀蘭山
西涼
長安
延安
汴
応天
大名
襄
鄂
江陵
平壌
緬
地哩
⊙国都 ○州 □都市 ■金五京
▲北京四京 ⼆関 ✕戦場
0 500km

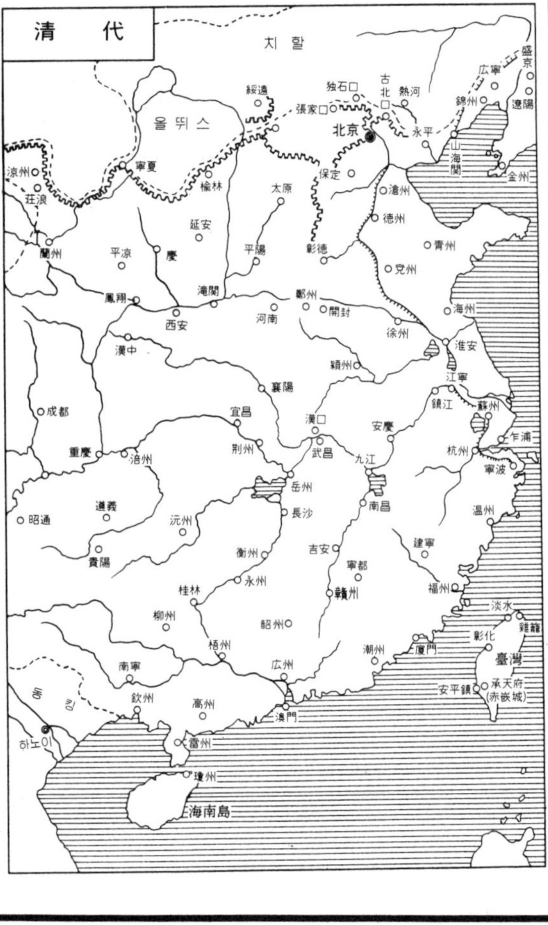

清 代

치할
올뙤스
綏遠
独石口
古北口
熱河
張家口
北京
永平
山海關
広寧
錦州
盛京
遼陽
金州
涼州
寧夏
莊浪
楡林
太原
保定
滄州
德州
青州
兗州
延安
蘭州
平涼
慶
平陽
彰德
鳳翔
潼關
鄭州
開封
西安
河南
海州
徐州
淮安
漢中
潁州
江寧
襄陽
鎮江
蘇州
成都
宜昌
漢口
安慶
乍浦
杭州
重慶
涪州
荊州
武昌
九江
寧波
岳州
遵義
長沙
南昌
昭通
沅州
溫州
貴陽
衡州
吉安
寧都
建寧
永州
桂林
贛州
福州
柳州
韶州
淡水
雞籠
彰化
梧州
潮州
廈門
臺灣
南寧
廣州
安平鎮
承天府(赤嵌城)
欽州
高州
澳門
홍 강
하노이
雷州
瓊州
海南島

호적(戶籍)에 사용되는 인명용(人名用) 한자(漢字)

(總 8,142자)

1991년 4월 1일 호적법(戶籍法) 제49조 3항의 규정에 의하여 확정 공고한 호적용 인명 한자 2,854자와 그 후 1994년 9월 1일, 1998년 1월 1일, 2003년 10월 20일, 2005년 1월 1일, 2008년 6월 5일에 추가한 한자, 2010년 3월 1일부터 시행한 한자, 2013년 추가로 확정 발표한 한자, 2015년 추가 한자 2,381자를 포함하여 총 8,142자를 모두 수록하였다.

※ 도저히 훈(訓)을 확인할 수 없는 한자는 ○○으로 훈의 난을 공란으로 비워두었다.

ㄱ

가 可 옳을 가
加 더할 가
佳 아름다울 가
家 집 가
歌 노래 가
假 거짓 가
價 값 가
街 거리 가
架 시렁 가
暇 겨를 가
嘉 아름다울 가
嫁 시집갈 가
稼 곡식 심을 가
賈 값·성 가
駕 멍에 가
伽 절 가
迦 막을 가
柯 자루 가
呵 꾸짖을 가
哥 노래 가
枷 도리깨 가
珂 옥 이름 가
痂 헌데 딱지 가
苛 매울 가
茄 연 줄기 가
袈 가사 가
訶 꾸짖을 가
跏 책상다리할 가
軻 굴대 가
哿 좋을 가
嘏 클 가
舸 큰 배 가
珈 머리꾸미개 가
坷 평탄하지 않을 가
斝 술잔 가
榎 檟와 同字
檟 개오동나무 가
笳 갈잎 피리 가
耞 도리깨 가
葭 갈대 가
謌 歌와 同字

각 各 각각 각
角 뿔 각
脚 종아리 각
却 물리칠 각
刻 새길 각
閣 다락집 각
覺 깨달을 각
珏 쌍옥 각
恪 공경할 각
殼 껍질 각
愨 삼갈 각
慤 愨의 속자
卻 却의 본자
咯 토할 각
埆 메마를 각
搉 칠 각
擱 놓을 각
桷 서까래 각

간 干 방패 간
間 사이 간
看 볼 간
刊 책 펴낼 간
肝 간 간
姦 간사할 간
幹 줄기 간
簡 대쪽 간
懇 간절할 간
艮 간방 간
侃 강직할 간
杆 산뽕나무 간
桿 杆의 속자
玕 아름다운 돌 간
竿 대줄기 간
揀 가릴 간
諫 간할 간
墾 개간할 간
栞 도표 간
奸 범할 간
柬 가릴 간
澗 산골 물 간
癇 간기 간
癎 癇의 속자
磵 골짜기 간
稈 짚 간
艱 어려울 간
忓 다할 간
矸 돌이 정결한 모양 간
玪 옥돌 간
偘 侃과 同字
慳 아낄 간
榦 幹의 본자
秆 稈과 同字
茛 덩굴옻나무 간
衎 즐길 간
赶 달릴 간

迀 권할 간
齦 물 간
갈 渴 목마를 갈
葛 칡 갈
㓞 땅 이름 갈
暍 더위먹을 갈
曷 어찌 갈
碣 둥근 비석 갈
竭 다할 갈
褐 털옷 갈
蝎 전갈 갈
鞨 말갈 갈
噶 맹세할 갈
楬 푯말 갈
秸 볏짚 갈
羯 불깐 흑양 갈
蠍 전갈 갈
감 甘 달 감
敢 구태여 감
減 덜 감
感 느낄 감
監 볼 감
鑑 거울 감
鑒 鑑의 속자
勘 헤아릴 감
堪 견딜 감
瞰 볼 감
坎 구덩이 감
嵌 산 깊을 감
憾 한할 감
戡 칠 감
柑 감자나무 감
橄 감람나무 감

疳 감질 감
紺 감색 감
邯 땅 감
龕 감실 감
坩 도가니 감
埳 坎과 同字
嵁 험준할 감
弇 덮을 감
憨 어리석을 감
撼 흔들 감
欿 시름겨울 감
歛 바랄 감
泔 뜨물 감
淦 배에 괸 물 감
澉 씻을 감
矙 엿볼 감
轗 가기 힘들 감
酣 즐길 감
鹻 소금기 감
갑 甲 첫째 천간 갑
鉀 갑옷 갑
匣 갑 갑
岬 산허리 갑
胛 어깨 갑
閘 수문 갑
강 江 강 강
降 내릴 강
強 강할 강
强 強의 속자
講 강론할 강
康 편안할 강
剛 굳셀 강
鋼 강철 강

鎠 鋼과 同字
綱 벼리 강
杠 깃대 강
堈 독 강
岡 산등성이 강
崗 岡의 속자
姜 성 강
橿 박달나무 강
彊 꿋꿋할 강
慷 강개할 강
畺 지경 강
疆 지경 강
糠 겨 강
絳 진홍 강
羌 종족 이름 강
腔 빈 속 강
舡 오나라 배 강
薑 생강 강
襁 포대기 강
襁 襁의 속자
鱇 꺽저기 강
嫝 편안할 강
跭 머뭇거릴 강
玒 옥 이름 강
顜 밝을 강
茳 강리풀 강
鏹 돈 강
傋 순직할 강
僵 쓰러질 강
壃 疆과 同字
忼 강개할 강
悾 정성 강
扛 들 강

殭 굳어질 강
矼 징검다리 강
穅 겨 강
繈 포대기 강
罡 별 이름 강
羫 뼈대 강
豇 광저기 강
韁 고삐 강

개 改 고칠 개
開 열 개
個 낱 개
箇 個와 통자
皆 다 개
介 낄 개
慨 분개할 개
槪 대개 개
蓋 덮을 개
盖 蓋의 속자
价 착할 개
凱 이길 개
愷 편안할 개
漑 물댈 개
塏 높고 건조할 개
愾 성낼 개
疥 옴 개
芥 겨자 개
豈 즐길 개
鎧 갑옷 개
玠 큰 서옥 개
剴 알맞을 개
匃 빌 개
揩 문지를 개
槩 槪와 同字
磕 돌 부딪는 소리 개
闓 열 개

객 客 손 객
喀 토할 객

갱 更 다시 갱
坑 구덩이 갱
粳 메벼 갱
羹 국 갱
硜 돌 소리 갱
賡 이을 갱
鏗 금옥 소리 갱

갹 醵 술잔치 갹

거 去 갈 거
巨 클 거
居 살 거
車 수레 거
擧 들 거
拒 막을 거
距 떨어질 거
據 웅거할 거
渠 도랑 거
遽 급할 거
鉅 클 거
炬 횃불 거
倨 거만할 거
据 일할 거
祛 떨어 없앨 거
踞 웅크릴 거
鋸 톱 거
駏 버새 거
呿 입 벌릴 거
昛 밝을 거
秬 검은 기장 거
筥 광주리 거
籧 대자리 거
胠 열 거
腒 새 포 거
苣 상추 거
莒 감자 거
蕖 연꽃 거
蘧 풀 이름 거
袪 소매 거
裾 옷자락 거

건 建 세울 건
迠 建과 통자
乾 하늘 건
漧 乾의 古字
件 조건 건
健 굳셀 건
巾 수건 건
虔 공경할 건
楗 문빗장 건
鍵 열쇠 건
愆 허물 건
腱 힘줄 밑동 건
蹇 절 건
騫 이지러질 건
搴 빼낼 건
湕 물 이름 건
踺 가는 모양 건
揵 멜 건
犍 짐승 이름 건
睷 눈으로 셀 건
褰 추어올릴 건
謇 떠듬거릴 건
鞬 동개 건

음	한자	뜻	음
걸	乞	빌	걸
	傑	호걸	걸
	杰	傑의 속자	
	桀	홰	걸
	乬	걸	걸
	揭	갈	걸
	榤	홰	걸
검	儉	검소할	검
	劍	칼	검
	劒	劍의 속자	
	檢	검사할	검
	瞼	눈꺼풀	검
	鈐	비녀장	검
	黔	검을	검
	撿	단속할	검
	芡	가시연	검
겁	劫	위협할	겁
	怯	겁낼	겁
	迲	자래	겁
	刦	겁탈할	겁
	刧	刦과 同字	
게	揭	높이들	게
	偈	쉴	게
	憩	쉴	게
격	格	격식	격
	隔	사이 뜰	격
	激	급할	격
	擊	칠	격
	檄	격문	격
	膈	흉격	격
	覡	박수	격
	挌	칠	격
	毄	부딪칠	격
	闃	고요할	격
	骼	뼈	격
	鬲	손잡이	격
	駃	때까치	격
견	犬	개	견
	見	볼	견
	堅	굳을	견
	肩	어깨	견
	絹	명주	견
	遣	보낼	견
	牽	이끌	견
	鵑	두견새	견
	甄	질그릇	견
	繭	고치	견
	譴	꾸짖을	견
	狷	성급할	견
	畎	밭도랑	견
	筧	대 홈통	견
	縳	명주	견
	繾	곡진할	견
	羂	올무	견
	蠲	밝을	견
	鰹	가물치	견
결	決	결단할	결
	結	맺을	결
	潔	맑을	결
	潔	潔의 속자	
	缺	이지러질	결
	訣	비결	결
	抉	도려낼	결
	㛃	맑을	결
	焆	밝을	결
	迼	뛸	결
	玦	패옥	결
	鍥	풀 베는 낫	결
	觖	서운해 할	결
	闋	문 닫을	결
겸	兼	겸할	겸
	謙	겸손할	겸
	鎌	낫	겸
	慊	찐덥지 않을	겸
	箝	재갈 먹일	겸
	鉗	칼	겸
	嗛	겸손할	겸
	槏	창틀	겸
	傔	시중들	겸
	岒	산 이름	겸
	拑	입 다물	겸
	歉	흉년 들	겸
	縑	합사 비단	겸
	蒹	갈대	겸
	黚	검을	겸
	蠊	도마뱀	겸
경	京	서울	경
	亰	京과 同字	
	庚	일곱째 천간	경
	景	별	경
	暻	景의 속자	
	敬	공경할	경
	競	다툴	경
	耕	밭갈	경
	經	경서	경
	輕	가벼울	경
	慶	경사	경
	驚	놀랄	경
	更	고칠	경

計 셀 계
溪 시내 계
鷄 닭 계
系 이을 계
繫 맬 계
係 이을 계
桂 계수나무 계
戒 경계할 계
契 계약할 계
械 기계 계
階 섬돌 계
啓 열 계
繼 이을 계
烓 화덕 계
誡 경계할 계
屆 이를 계
悸 두근거릴 계
棨 창 계
稽 머무를 계
谿 시내 계
磎 谿와 同字
堦 階와 同字
瘈 미칠 계
禊 계제(禊祭) 계
綮 발 고운 비단 계
縘 繫와 同字
罽 물고기 그물 계
薊 삽주 계
雞 닭 계
髻 상투 계

고 古 옛 고
故 연고 고
苦 괴로울 고

磬 경쇠 경
絅 끌어 죌 경
脛 정강이 경
頸 목 경
鶊 꾀꼬리 경
檠 도지개 경
𣝉 檠과 同字
涇 찰 경
憼 공경할 경
巠 물이 질펀하게 흐르는 모양 경
曔 밝을 경
㷡 불 이름 경
剄 셀 경
哽 목멜 경
惸 근심할 경
扃 밝을 경
茕 煢과 同字
煢 외로울 경
畊 耕의 고자
竸 競과 同字
綆 두레박줄 경
罄 빌 경
褧 홑옷 경
謦 기침 경
顈 홑옷 경
駉 목장 경
鯁 생선뼈 경
黥 묵형 경

계 界 지경 계
堺 界와 同字
季 끝 계
癸 열째 천간 계

竟 마칠 경
境 지경 경
鏡 거울 경
頃 밭넓이 단위 경
傾 기울어질 경
徑 지름길 경
硬 단단할 경
卿 벼슬 경
卿 卿의 속자
警 경계할 경
倞 굳셀 경
鯨 고래 경
坰 들 경
耿 빛날 경
炅 빛날 경
梗 곧을 경
憬 깨우칠 경
璟 옥광채 날 경
瓊 붉은 옥 경
擎 들 경
儆 경계할 경
俓 곧을 경
涇 통할 경
莖 줄기 경
勁 굳셀 경
逕 동안 뜰 경
熲 불빛 경
冏 창 밝을 경
囧 冏과 同字
勍 셀 경
烱 무더울 경
璥 경옥 경
痙 심줄 땅길 경

告 알릴 고
固 굳을 고
考 상고할 고
攷 考의 속자
高 높을 고
姑 시어미 고
孤 외로울 고
稿 볏짚 고
枯 마를 고
庫 곳집 고
鼓 북 고
顧 돌아볼 고
叩 두드릴 고
敲 두드릴 고
皋 언덕 고
皐 皋의 속자
暠 흴 고
呱 울 고
尻 꽁무니 고
拷 칠 고
槁 마를 고
沽 팔 고
痼 고질 고
睾 못 고
羔 새끼 양 고
股 넓적다리 고
膏 살찔 고
苽 줄 고
菰 향초 고
藁 짚 고
蠱 독 고
袴 바지 고
誥 고할 고

賈 장사 고
辜 허물 고
錮 땜질할 고
雇 품 살 고
杲 밝을 고
鼓 북 칠 고
估 값 고
涸 얼 고
刳 가를 고
栲 북나무 고
槀 마를 고
櫜 활집 고
牯 암소 고
盬 염지 고
瞽 소경 고
[illegible] 비둘기 고
稾 槀와 同字
箍 둘레 고
篙 상앗대 고
糕 떡 고
罟 그물 고
羖 검은 암양 고
翶 날 고
胯 사타구니 고
觚 술잔 고
詁 주낼 고
郜 나라 이름 고
酤 계명주 고
鈷 끓을 고
靠 기댈 고
鴣 자고 고

곡

谷 골 곡
曲 굽을 곡
穀 곡식 곡
哭 울 곡
斛 열말들이 휘 곡
梏 쇠고랑 곡
鵠 고니 곡
嚳 고할 곡
槲 떡갈나무 곡
縠 주름 비단 곡
觳 뿔잔 곡
轂 바퀴통 곡

곤

困 곤할 곤
坤 땅 곤
昆 형 곤
崑 산 이름 곤
琨 옥돌 곤
錕 붉은 쇠 곤
梱 문지방 곤
棍 곤장 곤
滾 흐를 곤
袞 곤룡포 곤
衮 袞과 同字
鯤 곤이 곤
堃 땅 곤
崐 崑과 同字
悃 정성 곤
捆 두드릴 곤
緄 띠 곤
裍 걷어올릴 곤
褌 잠방이 곤
閫 문지방 곤
髡 머리 깎을 곤
鵾 댓닭 곤
鶤 봉황새 곤

齫 이 솟아날 곤

골
骨 뼈 골
汩 빠질 골
滑 어지러울 골
搰 팔 골
榾 등걸 골
鶻 송골매 골

공
工 장인 공
公 공변될 공
共 한가지 공
功 공 공
空 빌 공
孔 구멍 공
供 이바지할 공
恭 공손할 공
貢 바칠 공
恐 두려울 공
攻 칠 공
珙 옥 이름 공
控 당길 공
拱 팔짱 낄 공
蚣 지네 공
鞏 묶을 공
龔 공손할 공
倥 어리석을 공
崆 산 이름 공
栱 두공 공
箜 공후 공
蛩 메뚜기 공
蛬 귀뚜라미 공
贛 줄 공
跫 발자국 소리 공
釭 화살촉 공
槓 지렛대 공

곶
串 곶 곶

과
果 과실 과
科 과거 과
課 시험할 과
過 지날 과
戈 창 과
瓜 외 과
寡 적을 과
誇 자랑할 과
菓 과자 과
跨 타넘을 과
鍋 노구솥 과
顆 낟알 과
侉 자랑할 과
堝 도가니 과
夥 많을 과
夸 자랑할 과
撾 칠 과
猓 긴꼬리원숭이 과
稞 보리 과
窠 보금자리 과
蝌 올챙이 과
裹 쌀 과
踝 복사뼈 과
銙 대구 과
騍 암말 과

곽
郭 성곽 곽
廓 클 곽
槨 덧널 곽
藿 콩잎 곽
椁 덧널 곽
癨 곽란 곽
霍 빠를 곽
鞹 무두질한 가죽 곽

관
官 벼슬 관
關 빗장 관
觀 볼 관
貫 꿸 관
冠 관 관
管 대통 관
寬 너그러울 관
寛 寬의 속자
慣 버릇 관
館 객사 관
舘 館의 속자
款 정성 관
琯 옥저 관
錧 수레굴통쇠 관
灌 물 댈 관
瓘 구슬 관
梡 네발 도마 관
串 익힐 관
棺 널 관
罐 두레박 관
菅 골풀 관
涫 끓을 관
輨 주요한 곳 관
丱 쌍상투 관
爟 봉화 관
盥 씻을 관
祼 강신제 관
窾 빌 관
筦 피리 관
綰 얽을 관
鑵 두레박 관

음	한자	뜻	음
	轟	울릴	굉
	浤	용솟음할	굉
	觥	뿔잔	굉
	訇	큰 소리	굉
	閎	마을 문	굉
교	交	사귈	교
	校	학교	교
	敎	가르칠	교
	教	敎의 속자	
	橋	다리	교
	巧	공교할	교
	郊	성 밖	교
	較	견줄	교
	矯	바로잡을	교
	僑	붙어살	교
	喬	높을	교
	嬌	아리따울	교
	膠	아교	교
	咬	새소리	교
	嶠	뾰족하게 높을	교
	攪	어지러울	교
	狡	교활할	교
	皎	달빛	교
	絞	목맬	교
	翹	꼬리 긴 깃털	교
	蕎	메밀	교
	蛟	교룡	교
	轎	가마	교
	餃	경단	교
	驕	교만할	교
	鮫	상어	교
	姣	예쁠	교
	佼	예쁠	교
	獷	사나울	광
	磺	쇳돌	광
	絖	솜	광
	纊	솜	광
	茪	결명초	광
	誆	속일	광
	誑	속일	광
괘	掛	걸	괘
	卦	걸	괘
	罫	줄	괘
	咼	입 비뚤어질	괘
	挂	걸	괘
	罣	걸	괘
	詿	그르칠	괘
괴	怪	기이할	괴
	塊	흙덩이	괴
	愧	부끄러워할	괴
	壞	무너질	괴
	乖	어그러질	괴
	傀	클	괴
	拐	속일	괴
	槐	홰나무	괴
	魁	으뜸	괴
	媿	창피 줄	괴
	廥	곳간	괴
	瑰	구슬 이름	괴
	璝	불구슬	괴
	蒯	황모	괴
	襘	띠매듭	괴
괵	馘	벨	괵
굉	宏	넓을	굉
	紘	갓끈	굉
	肱	팔뚝	굉
	雚	황새	관
	顴	광대뼈	관
	髖	허리뼈	관
	鸛	황새	관
괄	括	헤아릴	괄
	刮	깎을	괄
	恝	걱정 없을	괄
	适	빠를	괄
	佸	이를	괄
	栝	노송나무	괄
	筈	오늬	괄
	聒	떠들썩할	괄
	髺	머리 묶을	괄
	鴰	재두루미	괄
광	光	빛	광
	灮	光과 同字	
	晄	光과 同字	
	廣	넓을	광
	広	廣의 속자	
	狂	미칠	광
	鑛	쇳덩이	광
	侊	클	광
	洸	물솟을	광
	珖	옥피리	광
	桄	광랑나무	광
	匡	바를	광
	曠	빛	광
	壙	광	광
	筐	광주리	광
	胱	오줌통	광
	恇	겁낼	광
	框	문테	광
	爌	밝을	광

絿 급박할 구
臼 절구 구
舅 시아비 구
衢 네거리 구
謳 노래할 구
逑 짝 구
鉤 갈고랑이 구
駒 망아지 구
玽 옥돌 구
龜 거북 구
颶 구풍 구
佝 거리낌 구
俅 공손할 구
傴 구부릴 구
冓 짤 구
劬 수고로울 구
匶 널 구
厹 세모창 구
叴 소리 높일 구
坸 때 구
姤 만날 구
媾 화친할 구
嫗 할미 구
屨 신 구
岣 산꼭대기 구
彀 당길 구
戵 창 구
扣 두드릴 구
捄 담을 구
搆 이해하지 못할 구
摳 추어올릴 구
昫 따뜻할 구
榘 矩와 同字

球 구슬 구
狗 개 구
驅 몰 구
鷗 갈매기 구
構 집 세울 구
懼 두려워할 구
龜 나라 이름 구
玖 옥돌 구
矩 곡척 구
邱 언덕 구
銶 끌 구
溝 개천 구
購 살 구
鳩 비둘기 구
軀 몸 구
耇 늙을 구
耈 耇와 同字
枸 호깨나무 구
仇 원수 구
勾 굽을 구
咎 허물 구
嘔 노래할 구
垢 때 구
寇 도둑 구
嶇 험할 구
廏 마구간 구
廐 廏의 속자
柩 널 구
歐 토할 구
毆 때릴 구
毬 공 구
灸 뜸 구
瞿 볼 구

噭 부르짖을 교
憍 교만할 교
鄗 산 이름 교
嘐 소리 교
嘄 叫와 同字
嚙 깨물 교
撟 들 교
晈 皎와 同字
暤 밝을 교
榷 외나무다리 교
磽 메마른 땅 교
窖 움 교
趫 재빠를 교
蹻 발돋움할 교
鉸 장식 교
骹 정강이 교
鵁 해오라기 교
齩 깨물 교

구

九 아홉 구
口 입 구
久 오랠 구
求 구할 구
句 글귀 구
究 궁구할 구
救 구원할 구
舊 옛 구
丘 언덕 구
坵 丘의 속자
具 갖출 구
苟 진실로 구
俱 함께 구
區 지경 구
拘 잡을 구

倦 게으를 권
捲 말 권
淃 물 돌아흐를 권
勌 게으를 권
惓 삼갈 권
棬 나무 그릇 권
睠 眷과 同字
綣 정다울 권
蜷 굼틀굼틀 갈 권

궐 厥 그 궐
闕 대궐 궐
獗 날뛸 궐
蕨 고사리 궐
蹶 넘어질 궐

궤 軌 바퀴굴대 궤
机 책상 궤
櫃 함 궤
潰 무너질 궤
詭 속일 궤
饋 먹일 궤
佹 괴이할 궤
几 안석 궤
劂 새김칼 궤
匱 함 궤
憒 심란할 궤
撅 추어올릴 궤
樻 나무 이름 궤
氿 샘 궤
簋 제기 이름 궤
繢 토끝 궤
跪 꿇어앉을 궤
闠 성시(城市) 바깥문 궤
餽 보낼 궤

麯 누룩 국

군 君 임금 군
軍 군사 군
郡 고을 군
群 무리 군
窘 막힐 군
裙 치마 군
捃 주울 군
桾 고욤나무 군
皸 틀 군

굴 屈 굽을 굴
窟 굴 굴
堀 굴 굴
掘 팔 굴
倔 고집 셀 굴
崛 우뚝 솟을 굴
淈 흐릴 굴
詘 굽을 굴

궁 弓 활 궁
宮 궁궐 궁
窮 다할 궁
躬 몸 궁
穹 하늘 궁
芎 궁궁이 궁
躳 躬의 본자

권 卷 책 권
勸 권할 권
權 권세 권
権 權의 속자
券 문서 권
拳 주먹 권
圈 둥글 권
眷 돌아볼 권

漚 거품 구
璆 아름다운 옥 구
甌 사발 구
疚 오랜 병 구
痀 꼽추 구
癯 여윌 구
窶 가난할 구
篝 대그릇 구
糗 양식 구
朐 굽을 구
蒟 구장(蒟醬) 구
蚯 지렁이 구
裘 갖옷 구
覯 만날 구
詬 꾸짖을 구
遘 만날 구
釦 금테 두를 구
韝 깍지 구
韭 부추 구
鷗 제비 구
鷇 새 새끼 구
鸜 구관조 구

국 國 나라 국
国 國의 속자
局 판 국
菊 국화 국
鞠 기를 국
鞫 국문할 국
麴 누룩 국
箘 대뿌리 국
匊 움켜 뜰 국
掬 움킬 국
跼 구부릴 국

郤 隙과 同字
근 近 가까울 근
根 뿌리 근
勤 부지런할 근
斤 근 근
僅 겨우 근
謹 삼갈 근
漌 맑을 근
墐 진흙 근
嫤 고울 근
槿 무궁화 근
瑾 붉은 옥 근
筋 힘줄 근
劤 힘 많을 근
懃 은근할 근
芹 미나리 근
菫 제비꽃 근
覲 뵐 근
饉 흉년들 근
巹 술잔 근
廑 작은 집 근
觔 힘줄 근
跟 발꿈치 근
釿 큰 자귀 근
靳 가슴걸이 근
글 契 나라 이름 글
劼 심히 고달플 글
금 今 이제 금
金 쇠 금
禁 금할 금
琴 거문고 금
禽 날짐승 금
錦 비단 금

暌 어길 규
楏 감탕나무 규
樛 휠 규
潙 강 이름 규
睽 사팔눈 규
虯 규룡(虯龍) 규
跬 반걸음 규
闚 엿볼 규
頍 머리 들 규
頄 광대뼈 규
균 均 고를 균
菌 버섯 균
龜 틀 균
龜 龜과 同字
畇 밭 일굴 균
鈞 서른 근 균
勻 적을 균
匀 勻의 속자
筠 대나무 균
覠 크게 볼 균
囷 곳집 균
麏 고라니 균
귤 橘 귤나무 귤
극 極 다할 극
克 이길 극
劇 심할 극
剋 이길 극
隙 틈 극
戟 창 극
棘 가시나무 극
亟 빠를 극
尅 剋의 속자
屐 나막신 극

麂 고라니 궤
귀 貴 귀할 귀
歸 돌아올 귀
鬼 귀신 귀
龜 거북 귀
龜 龜와 同字
句 글귀 귀
晷 해그림자 귀
鈲 가래 귀
규 叫 부르짖을 규
規 법 규
閨 안방 규
圭 서옥 규
奎 별 이름 규
珪 서옥 규
揆 헤아릴 규
逵 한길 규
窺 엿볼 규
葵 해바라기 규
槻 느티나무 규
硅 규소 규
竅 구멍 규
糾 살필 규
糺 糾와 同字
赳 헌걸찰 규
邽 고을 이름 규
嫢 가는 허리 규
湀 물이 솟아 흐를 규
茥 딸기 규
烓 불 타는 모양 규
刲 찌를 규
嬀 성(姓) 규
巋 험준할 규

玘 패옥 기
杞 구기자 기
埼 굽은낭떠러지 기
崎 산길 험할 기
琦 옥 이름 기
綺 무늬비단 기
錡 세발가마 기
箕 키 기
岐 갈림길 기
汽 물 끓는 김 기
沂 내 이름 기
圻 지경 기
耆 늙은이 기
璣 구슬 기
璣 璣와 同字
磯 물속 자갈 기
譏 나무랄 기
冀 바랄 기
驥 천리마 기
嗜 즐길 기
曁 별 기운 기
伎 재주 기
夔 조심할 기
妓 기생 기
碁 돌 기
畸 뙈기밭 기
祁 성할 기
祇 토지의 신 기
羈 굴레 기
幾 갈 기
肌 살 기
饑 주릴 기
朞 일주년 기
其 그 기
基 터 기
期 기약할 기
技 재주 기
記 기록할 기
起 일어날 기
氣 기운 기
幾 몇 기
旣 이미 기
企 꾀할 기
奇 기이할 기
寄 부칠 기
豈 어찌 기
忌 꺼릴 기
紀 벼리 기
祈 기도할 기
器 그릇 기
棄 버릴 기
欺 속일 기
騎 말 탈 기
旗 기 기
飢 주릴 기
畿 경기 기
機 틀 기
淇 강 이름 기
琪 옥 이름 기
璂 고깔꾸미개 기
棋 바둑 기
碁 棋와 同字
祺 길할 기
錤 호미 기
騏 천리마 기
麒 기린 기
衾 이불 금
襟 옷깃 금
昑 밝을 금
妗 외숙모 금
擒 사로잡을 금
檎 능금나무 금
芩 풀 이름 금
衿 옷깃 금
唫 입 다물 금
噤 입 다물 금
嶔 높고 험할 금
笒 첨대 금
黅 누른 빛 금

급

及 미칠 급
急 급할 급
給 줄 급
級 등급 급
汲 물 길을 급
伋 속일 급
扱 미칠 급
圾 위태할 급
岌 높을 급
皀 낟알 급
礏 산 우뚝 솟을 급
笈 책 상자 급
芨 말오줌나무 급

긍

肯 즐겨할 긍
亘 뻗칠 긍
亙 亘의 속자
兢 삼갈 긍
矜 자랑할 긍
殑 까무러칠 긍

기

己 몸 기

음	한자	뜻	음
낙	諾	대답할	낙
난	暖	따뜻할	난
	難	어려울	난
	煖	더울	난
	偄	약할	난
	愞	겁낼	난
	赧	얼굴 붉힐	난
	餪	풀보기 상	난
날	捺	도장 찍을	날
	捏	이길	날
남	南	남녘	남
	男	사내	남
	楠	들메	남
	湳	강 이름	남
	枏	녹나무	남
	喃	재잘거릴	남
납	納	바칠	납
	衲	기울	납
낭	娘	아가씨	낭
	囊	주머니	낭
	曩	앞서	낭
내	內	안	내
	乃	이에	내
	奈	어찌	내
	耐	견딜	내
	柰	어찌	내
	奶	젖	내
	嬭	젖	내
	迺	이에	내
	鼐	가마솥	내
녀	女	계집	녀
녁	惄	근심할	녁
년	年	해	년
	隑	후미	기
	頎	헌걸찰	기
	鬐	갈기	기
	鰭	지느러미	기
긴	緊	긴요할	긴
길	吉	길할	길
	佶	바를	길
	桔	도라지	길
	姞	성	길
	拮	일할	길
	蛣	장구벌레	길
김	金	성	김
끽	喫	마실	끽

ㄴ

음	한자	뜻	음
나	那	어찌	나
	奈	어찌	나
	柰	어찌	나
	娜	휘청거릴	나
	拏	끌	나
	儺	역귀 쫓을	나
	喇	나팔	나
	懦	나약할	나
	拿	붙잡을	나
	[illegible]	깃발바람에 날릴	나
	[illegible]	성길	나
	挐	가질	나
	挪	옮길	나
	㛂	많을	나
	梛	나무 이름	나
	糯	찰벼	나
	誮	서로 당길	나
	榿	오리나무	기
	[illegible]	산 우뚝 솟은 모양	기
	忯	공경할	기
	僛	취하여 춤추는 모양	기
	剞	조각칼	기
	墍	매흙질할	기
	屺	민둥산	기
	庋	시렁	기
	弃	棄의 고자	
	忮	해칠	기
	愭	공손할	기
	掎	당길	기
	攲	기울	기
	旂	기(旗)	기
	曁	함께	기
	棊	棋와 同字	
	歧	岐와 同字	
	炁	기운	기
	猉	강아지	기
	禨	징조	기
	綦	연둣빛 비단	기
	綥	연둣빛	기
	羇	나그네	기
	肵	공경할	기
	芰	마름	기
	芪	단너삼	기
	蘄	풀 이름	기
	蘷	夔의 와자(譌字)	
	蜝	방게	기
	蟣	서캐	기
	覬	바랄	기
	跂	어긋날	기

怩 부끄러워할 니
祢 禰와 同字
禰 아비사당 니
닉 匿 숨을 닉
溺 빠질 닉
닐 昵 친할 닐
暱 친할 닐

(ㄷ)

다 多 많을 다
夛 多와 同字
茶 차 다
爹 아비 다
[illegible] 깊은 모양 다
[illegible] 차 다
茤 마름 다
觰 뿔 밑동 다
단 丹 붉을 단
但 다만 단
單 홑 단
短 짧을 단
端 끝 단
旦 아침 단
段 층계 단
團 둥글 단
壇 단 단
檀 박달나무 단
斷 끊을 단
緞 비단 단
鍛 쇠 불릴 단
亶 믿음 단
彖 단 단

穠 무성할 농
醲 진한 술 농
뇌 惱 괴로워할 뇌
腦 뇌 뇌
餒 주릴 뇌
뇨 尿 오줌 뇨
鬧 시끄러울 뇨
撓 어지러울 뇨
嫋 예쁠 뇨
嬲 놀릴 뇨
淖 진흙 뇨
鐃 징 뇨
누 耨 김맬 누
啂 먹일 누
눈 嫩 어릴 눈
눌 訥 말 더듬을 눌
吶 말 더듬을 눌
肭 살찔 눌
뉴 紐 맺을 뉴
鈕 인꼭지 뉴
杻 감탕나무 뉴
䘢 옷 부드러울 뉴
忸 길들 뉴
뉵 衄 코피 뉵
능 能 능할 능
니 泥 진흙 니
尼 중 니
柅 무성할 니
濔 치렁치렁할 니
膩 미끄러울 니
馜 진한 향기 니
[illegible] 마음 좋을 니
呢 소곤거릴 니

秊 年의 속자
撚 비틀 년
碾 맷돌 년
념 念 생각할 념
恬 편안할 념
拈 집을 념
捻 비틀 념
녑 惗 생각할 녑
녕 寧 편안할 녕
寗 寧과 同字
獰 모질 녕
佞 아첨할 녕
儜 괴로워할 녕
嚀 간곡할 녕
濘 진창 녕
노 怒 성낼 노
奴 종 노
努 힘쓸 노
弩 쇠뇌 노
瑙 마노 노
駑 둔할 노
[illegible] 기쁠 노
呶 지껄일 노
孥 자식 노
[illegible] 산 이름 노
猱 원숭이 노
笯 새장 노
臑 팔꿈치 노
농 農 농사 농
濃 짙을 농
膿 고름 농
儂 나 농
噥 소곤거릴 농

음	한자	뜻	음
	唐	당나라	당
	糖	사탕	당
	黨	무리	당
	塘	못	당
	鐺	쇠사슬	당
	撞	칠	당
	幢	기	당
	戇	어리석을	당
	棠	팥배나무	당
	螳	사마귀	당
	倘	혹시	당
	儻	빼어날	당
	搪	뻗을	당
	檔	의자	당
	溏	진수렁	당
	瑭	당무옥	당
	璫	귀고리 옥	당
	瞠	볼	당
	礑	밑바닥	당
	蟷	사마귀	당
	襠	잠방이	당
	讜	곧은 말	당
	鏜	종고 소리	당
	餳	엿	당
	餹	엿	당
대	大	큰	대
	代	대신할	대
	待	기다릴	대
	對	대답할	대
	帶	띠	대
	貸	빌릴	대
	隊	떼	대
	臺	대	대
	覃	미칠	담
	啖	먹을	담
	坍	물이 언덕칠	담
	憺	편안할	담
	曇	흐릴	담
	湛	가득히 괼	담
	痰	가래	담
	聃	귓바퀴 없을	담
	蕁	지모	담
	錟	긴 창	담
	倓	고요할	담
	啿	넉넉한 모양	담
	埮	땅 평평하고 길	담
	炎	아름다울	담
	儋	멜	담
	啗	먹일	담
	噉	씹을	담
	墰	壜과 同字	
	壜	술병	담
	毯	담요	담
	禫	담제	담
	罎	壜과 同字	
	薝	치자나무	담
	郯	나라 이름	담
	黮	검을	담
	黵	문신할	담
답	答	대답	답
	畓	논	답
	踏	밟을	답
	沓	합할	답
	遝	뒤섞일	답
당	堂	집	당
	當	마땅	당
	湍	여울	단
	簞	대광주리	단
	蛋	새알	단
	袒	웃통 벗을	단
	鄲	조나라 서울	단
	煓	불꽃 성할	단
	㫜	밝을	단
	担	떨칠	단
	慱	근심할	단
	椴	자작나무	단
	漙	이슬 많을	단
	癉	앓을	단
	耑	시초	단
	胆	어깨 벗을	단
	腶	약포	단
	蜑	오랑캐 이름	단
달	達	통달할	달
	撻	매질할	달
	澾	미끄러울	달
	獺	수달	달
	疸	황달	달
	妲	여자의 자	달
	怛	슬플	달
	闥	문	달
	靼	다룸가죽	달
	韃	종족 이름	달
담	談	말씀	담
	淡	묽을	담
	潭	깊을	담
	擔	멜	담
	譚	이야기	담
	膽	쓸개	담
	澹	담박할	담

음	字	뜻	음
	坮	臺와 同字	
	垈	집터	대
	玳	대모	대
	袋	자루	대
	戴	머리에 일	대
	擡	들	대
	抬	擡의 속자	
	旲	햇빛	대
	岱	대산	대
	黛	눈썹먹	대
	[illegible]	해 돋을	대
	曃	무성할	대
	儓	하인	대
	懟	원망할	대
	汏	쌀 일	대
	碓	방아	대
	鐓	창고달	대
댁	宅	집	댁
덕	德	큰	덕
	悳	德의 속자	
	徳	德의 속자	
도	刀	칼	도
	度	법도	도
	徒	무리	도
	到	이를	도
	塗	진흙	도
	都	도읍	도
	島	섬	도
	嶋	島와 同字	
	道	길	도
	圖	그림	도
	途	길	도
	逃	달아날	도
	挑	돋울	도
	桃	복숭아나무	도
	跳	뛸	도
	盜	훔칠	도
	倒	넘어질	도
	渡	건널	도
	稻	벼	도
	陶	질그릇	도
	導	이끌	도
	堵	담	도
	棹	노	도
	濤	큰 물결	도
	燾	덮일	도
	禱	빌	도
	鍍	도금할	도
	蹈	밟을	도
	屠	잡을	도
	悼	슬퍼할	도
	掉	흔들	도
	搗	찧을	도
	櫂	노	도
	淘	쌀일	도
	滔	물 넘칠	도
	睹	볼	도
	萄	포도	도
	覩	볼	도
	賭	걸	도
	韜	감출	도
	馟	향기로울	도
	裪	복	도
	鋾	둔할	도
	夲	나아갈	도
	稌	찰벼	도
	叨	탐낼	도
	壔	성채	도
	弢	활집	도
	忉	근심할	도
	慆	기뻐할	도
	掏	가릴	도
	搯	꺼낼	도
	擣	찧을	도
	檮	등걸	도
	洮	씻을	도
	涂	길〔道〕	도
	鼗	땡땡이	도
	菟	호랑이	도
	酴	술밑	도
	闍	망루	도
	鞀	노도(路鼗)	도
	鞱	鞀와 同字	
	饕	탐할	도
독	獨	홀로	독
	讀	읽을	독
	毒	독할	독
	篤	도타울	독
	督	살펴볼	독
	瀆	도랑	독
	牘	편지	독
	犢	송아지	독
	禿	대머리	독
	纛	둑	독
	櫝	함	독
	黷	더럽힐	독
돈	豚	돼지	돈
	敦	도타울	돈
	墩	돈대	돈

陡 험할 두
둔 屯 진칠 둔
鈍 무딜 둔
遁 달아날 둔
臀 볼기 둔
芚 채소 이름 둔
遯 달아날 둔
窀 두터울 둔
迍 머뭇거릴 둔
둘 乧 ○○ 둘
득 得 얻을 득
등 等 무리 등
登 오를 등
燈 등잔 등
騰 오를 등
藤 등나무 등
謄 베낄 등
鄧 나라 이름 등
嶝 고개 등
橙 등자나무 등
凳 걸상 등
墱 자드락길 등
滕 물 솟을 등
磴 돌 비탈길 등
籐 대 기구 등
縢 봉할 등
螣 등사(螣蛇) 등
鐙 등자 등

ㄹ

라 羅 그물 라
螺 소라 라

朣 달 뜰 동
曈 동틀 동
彤 붉은칠할 동
烔 더운 모양 동
橦 나무 이름 동
勭 動의 고자
侗 정성 동
僮 아이 동
哃 망령된 말 동
峒 산 이름 동
涷 소나기 동
艟 배 동
苳 겨우살이 동
茼 쑥갓 동
蕫 황모(黃茅) 동
두 斗 말 두
豆 콩 두
頭 머리 두
杜 팥배나무 두
枓 두공 두
兜 투구 두
痘 천연두 두
竇 구멍 두
荳 콩 두
讀 구두점 두
逗 머무를 두
阧 치솟을 두
抖 떨 두
斁 갤 두
肚 배〔腹〕 두
脰 목 두
蚪 올챙이 두
蠹 좀 두

惇 도타울 돈
暾 아침해 돈
燉 불 성할 돈
頓 조아릴 돈
旽 밝을 돈
沌 어두울 돈
焞 귀갑 지지는 불 돈
弴 활 돈
潡 큰물 돈
躉 거룻배 돈
돌 突 부딪칠 돌
乭 사람 이름 돌
咄 꾸짖을 돌
堗 굴뚝 돌
동 冬 겨울 동
東 동녘 동
同 한가지 동
仝 同과 同字
洞 고을 동
童 아이 동
動 움직일 동
凍 얼 동
銅 구리 동
桐 오동나무 동
棟 동자기둥 동
董 바를 동
潼 강 이름 동
垌 못막이 동
瞳 눈동자 동
蝀 무지개 동
憧 그리워할 동
疼 아플 동
胴 큰창자 동

喇 나팔 라
懶 게으를 라
癩 문둥병 라
蘿 여라 라
裸 벌거숭이 라
邏 돌 라
剆 칠 라
覶 자세할 라
摞 정돈할 라
蓏 열매 라
鑼 징 라
儸 간능할 라
砢 돌이 쌓인 모양 라
蠃 벌거벗을 라
倮 알몸 라
囉 소리 얽힐 라
曪 날 흐릴 라
瘰 연주창 라
騾 노새 라
驘 騾의 본자

락 落 떨어질 락
樂 즐길 락
洛 물 이름 락
絡 연락할 락
珞 목걸이 락
酪 소젖 락
烙 지질 락
駱 낙타 락
貉 타락 락
犖 얼룩소 락

란 卵 알 란
亂 어지러울 란
蘭 난초 란
欄 난간 란
爛 익을 란
瀾 큰 물결 란
瓓 옥무늬 란
丹 꽃 이름 란
欒 나무 이름 란
鸞 난새 란
鑾 방울 란
嬾 게으를 란
幱 내리닫이 란
攔 막을 란
灓 새어 흐를 란
襴 난삼(襴衫) 란
闌 가로막을 란

랄 剌 어그러질 랄
辣 매울 랄
埒 바자울 랄
辢 辣과 同字

람 覽 볼 람
藍 쪽 람
濫 넘칠 람
嵐 남기 람
攬 잡을 람
擥 攬과 同字
擥 攬과 同字
欖 감람나무 람
籃 바구니 람
纜 닻줄 람
襤 누더기 람
𡟮 예쁠 람
婪 탐할 람
灆 퍼질 람
漤 과실 장아찌 람
爁 불 번질 람
璼 옥 이름 람
惏 탐할 람

랍 拉 꺾을 랍
臘 납향 랍
蠟 밀 랍
鑞 주석 랍

랑 浪 물결 랑
郞 사나이 랑
郎 郞의 속자
朗 달 밝을 랑
廊 복도 랑
琅 옥 같은 돌 랑
瑯 옥 같은 돌 랑
狼 이리 랑
烺 빛 밝을 랑
蜋 사마귀 랑
螂 蜋과 同字
崀 높을 랑
駺 꼬리 흰 말 랑
榔 나무 이름 랑
閬 솟을대문 랑
硠 돌 부딪는 소리 랑
稂 강아지풀 랑
莨 수크령 랑

래 來 올 래
来 來의 속자
逨 來와 同字
崍 산 이름 래
萊 명아주 래
徠 올 래
淶 강 이름 래
騋 큰 말 래

酈 고을 이름 력

련 連 잇닿을 련

練 익힐 련

蓮 연꽃 련

鍊 쇠 불릴 련

憐 불쌍히 여길 련

聯 연할 련

戀 사모할 련

煉 쇠 불릴 련

璉 종묘 제기 련

攣 걸릴 련

漣 물놀이 련

輦 손수레 련

孌 아름다울 련

𨏶 이을 련

楝 멀구슬나무 련

湅 누일 련

臠 저민 고기 련

鏈 구리 련

鰊 고기 이름 련

鰱 연어 련

렬 列 벌일 렬

烈 세찰 렬

劣 용렬할 렬

裂 찢을 렬

洌 맑을 렬

冽 찰 렬

挒 내걸 렬

捩 술대 렬

颲 사나운 바람 렬

렴 廉 청렴할 렴

濂 엷을 렴

簾 발 렴

廬 오두막집 려

戾 어그러질 려

櫚 종려나무 려

濾 거를 려

礪 거친 숫돌 려

藜 나라 이름 려

蠣 굴 려

驢 나귀 려

驪 가라말 려

曞 햇빛 성할 려

儢 고상할 려

厲 갈 려

唳 울 려

梠 평고대 려

癘 창질(瘡疾) 려

糲 현미 려

膂 등골뼈 려

臚 살갗 려

蠡 좀먹을 려

邌 천천히 갈 려

鑢 줄 려

력 力 힘 력

歷 지날 력

曆 책력 력

瀝 거를 력

礫 조약돌 력

轢 삐걱거릴 력

靂 벼락 력

攊 擽과 同字

櫟 상수리나무 력

櫪 말구유 력

癧 연주창 력

轣 갈 력

랭 冷 찰 랭

략 略 다스릴 략

掠 노략질할 략

畧 略과 同字

량 良 좋을 량

兩 두 량

涼 서늘할 량

凉 涼의 속자

量 헤아릴 량

梁 들보 량

諒 믿을 량

糧 양식 량

粮 糧과 同字

亮 밝을 량

倆 공교할 량

樑 들보 량

粱 기장 량

輛 수레 량

騡 꼬리 흰 말 량

俍 잘할 량

哴 소리 맑을 량

悢 슬퍼할 량

踉 뛸 량

魎 도깨비 량

려 旅 나그네 려

麗 고울 려

慮 생각할 려

勵 힘쓸 려

呂 음률 려

侶 짝 려

閭 이문 려

黎 검을 려

儷 짝 려

櫨 두공 로
蕗 감초 로
潦 큰비 로
瓐 푸른 옥 로
澇 큰 물결 로
壚 흑토(黑土) 로
滷 소금밭 로
玈 검을 로
癆 중독 로
窂 짐승 우리 로
鸕 가마우지 로
艪 艣와 同字
艫 뱃머리 로
轤 도르래 로
鐒 부레 그릇 로
鑪 화로 로
顱 머리뼈 로
髗 두개골 로
鱸 농어 로

록 綠 초록빛 록
祿 복록 록
錄 기록할 록
鹿 사슴 록
彔 나무 깎을 록
碌 푸른 돌 록
菉 조개풀 록
麓 산기슭 록
淥 밭을 록
漉 거를 록
簏 대 상자 록
轆 도르래 록
騄 잡털박이새 록

론 論 의논 론

秢 해 령
苓 도꼬마리 령
蛉 잠자리 령
軨 사냥 수레 령
鴒 할미새 령

례 例 법식 례
禮 예도 례
礼 禮의 속자
隷 종 례
澧 강 이름 례
醴 단술 례
隸 붙을 례
鱧 가물치 례

로 老 늙을 로
路 길 로
勞 수고로울 로
露 이슬 로
爐 화로 로
魯 노나라 로
盧 성 로
鷺 해오라기 로
撈 잡을 로
擄 사로잡을 로
櫓 방패 로
潞 강 이름 로
瀘 강 이름 로
蘆 갈대 로
虜 포로 로
虜 虜의 속자
輅 수레 로
鹵 소금 로
嚧 웃을 로
璐 옥 이름 로

斂 거둘 렴
殮 염할 렴
瀲 넘칠 렴
磏 거친 숫돌 렴

렵 獵 사냥할 렵
躐 밟을 렵
鬣 갈기 렵

령 令 하여금 령
領 거느릴 령
零 떨어질 령
嶺 산 고개 령
靈 신령 령
伶 영리할 령
玲 금옥 소리 령
姈 여자 이름 령
昤 날빛 영롱할 령
鈴 방울 령
齡 나이 령
怜 영리할 령
囹 옥 령
笭 도꼬마리 령
羚 영양 령
翎 깃 령
聆 들을 령
逞 굳셀 령
泠 깨우칠 령
澪 강 이름 령
岭 산 이름 령
岺 岭과 同字
呤 말씀 령
另 헤어질 령
欞 櫺과 同字
䴇 소금 령

縷 실 루
蔞 쑥 루
褸 남루할 루
鏤 새길 루
陋 좁을 루
慺 정성스러울 루
嶁 봉우리 루
耬 씨 뿌리는 기구 루
熡 불꽃 루
僂 구부릴 루
嘍 시끄러울 루
螻 땅강아지 루
髏 해골 루

류 流 흐를 류
柳 버들 류
留 머무를 류
類 무리 류
琉 유리돌 류
瑠 琉와 同字
劉 성 류
硫 유황 류
瘤 혹 류
旒 깃발 류
榴 석류나무 류
溜 방울져 떨어질 류
瀏 맑을 류
謬 그릇될 류
橊 榴의 본자
縲 검은 새끼 류
纍 맬 류
遛 遛와 同字
鶹 올빼미 류

륙 六 여섯 륙

了 마칠 료
僚 동관 료
遼 멀 료
寮 벼슬아치 료
廖 공허할 료
燎 화톳불 료
療 병 고칠 료
瞭 밝을 료
聊 귀 울 료
蓼 여뀌 료
嘹 울 료
嫽 예쁠 료
撩 다스릴 료
暸 밝을 료
潦 큰비 료
獠 사냥 료
繚 다스릴 료
膋 발기름 료
醪 막걸리 료
鐐 은(銀) 료
飂 바람소리 료
飉 바람 료

룡 龍 용 룡
竜 龍의 속자
龔 용 룡

루 累 얽힐 루
淚 눈물 루
樓 다락 루
漏 샐 루
屢 여러 루
壘 진 루
婁 별 이름 루
瘻 부스럼 루

롱 弄 희롱할 롱
瀧 적실 롱
瓏 환할 롱
籠 대그릇 롱
壟 언덕 롱
朧 흐릿할 롱
聾 귀머거리 롱
儱 철들날 롱
攏 누를 롱
曨 어스레할 롱
礱 갈 롱
蘢 개여뀌 롱
隴 고개 이름 롱

뢰 雷 천둥 뢰
賴 힘입을 뢰
頼 賴의 속자
瀨 여울 뢰
儡 영락할 뢰
牢 우리 뢰
磊 돌무더기 뢰
賂 뇌물 줄 뢰
賚 줄 뢰
耒 쟁기 뢰
攂 擂의 본자
礌 돌무더기 뢰
礧 바위 뢰
籟 세 구멍 퉁소 뢰
纇 실마디 뢰
罍 술독 뢰
蕾 꽃봉오리 뢰
誄 조문(弔文) 뢰
酹 부을 뢰

료 料 헤아릴 료

釐 다스릴 리
厘 釐의 속자
鯉 잉어 리
涖 다다를 리
𠩺 바를 리
摛 퍼질 리
剺 벗길 리
哩 어조사 리
嫠 과부 리
莅 다다를 리
蜊 참조개 리
螭 교룡(蛟龍) 리
貍 삵 리
邐 이어질 리
魑 도깨비 리
黐 새 잡는 풀 리
漓 스며들 리

린
潾 물 맑을 린
璘 옥빛 린
麟 기린 린
麐 麟과 同字
吝 아낄 린
燐 도깨비불 린
藺 골풀 린
躪 짓밟을 린
鱗 비늘 린
撛 붙들 린
鄰 이웃 린
隣 鄰과 同字
鏻 굳셀 린
獜 튼튼할 린
橉 나무 이름 린
粦 燐과 同字

綾 비단 릉
菱 마름 릉
稜 모 릉
淩 능가할 릉
楞 모 릉
棱 楞의 속자
倰 넘을 릉
蔆 마름 릉

리
里 마을 리
利 이 리
理 다스릴 리
吏 관리 리
李 오얏 리
梨 배나무 리
裏 속 리
裡 裏의 속자
離 떠날 리
离 離와 同字
履 밟을 리
俚 속될 리
莉 사과꽃 리
璃 유리 리
俐 똑똑할 리
悧 俐와 同字
唎 가는 소리 리
浬 해리 리
犂 얼룩소 리
犁 犂와 同字
狸 살쾡이 리
痢 설사 리
籬 울타리 리
罹 근심 리
羸 여윌 리

陸 뭍 륙
戮 죽일 륙
勠 합할 륙

륜
倫 인륜 륜
輪 수레바퀴 륜
侖 뭉치 륜
崙 산 이름 륜
崘 崙과 同字
綸 푸른 인끈 륜
淪 물놀이 륜
錀 금 륜
圇 완전할 륜
掄 가릴 륜

률
律 법 률
栗 밤나무 률
率 비율 률
慄 두려워할 률
嵂 가파를 률
𥞩 벼를 쌓은 모양 률
瑮 옥 무늬 률
溧 강 이름 률

륭
隆 높을 륭
癃 느른할 륭
窿 둥글 륭

륵
勒 굴레 륵
肋 갈비 륵
泐 돌 갈라질 륵

름
凜 찰 름
凛 凜의 속자
廩 곳집 름
菻 나라 이름 름
澟 서늘할 름

릉
陵 큰 언덕 릉

饅 만두 만
鰻 뱀장어 만
墁 흙손 만
嫚 업신여길 만
幔 막 만
縵 무늬 없을 만
謾 속일 만
蹣 넘을 만
鏝 흙손 만
鬘 머리 장식 만

말 末 끝 말
茉 말리꽃 말
唜 ○ ○ 말
抹 바를 말
沫 거품 말
襪 버선 말
靺 버선 말
帕 머리띠 말
秣 꼴 말

망 亡 망할 망
忙 바쁠 망
忘 잊을 망
望 바랄 망
朢 望과 同字
罔 없을 망
妄 망령될 망
茫 아득할 망
網 그물 망
芒 까끄라기 망
莽 우거질 망
莾 莽의 속자
輞 바퀴테 망
邙 산 이름 망

碼 마노 마
魔 마귀 마
媽 어미 마
劘 깎을 마
螞 말거머리 마
蟇 蟆와 同字
麽 麼의 속자

막 莫 말 막
幕 장막 막
漠 사막 막
寞 쓸쓸할 막
膜 막 막
邈 멀 막
瞙 눈 흐릴 막
鏌 칼 이름 막

만 萬 일만 만
万 萬의 속자
晩 늦을 만
滿 찰 만
漫 물 질펀할 만
慢 거만할 만
蠻 오랑캐 만
曼 길 만
蔓 덩굴 만
鏋 금 만
卍 만자 만
娩 해산할 만
巒 뫼 만
彎 굽을 만
挽 당길 만
灣 물굽이 만
瞞 속일 만
輓 끌 만

粼 물 맑을 린
䗲 반딧불 린
繗 이을 린
嶙 가파를 린
悋 아낄 린
磷 엷은 돌 린
驎 얼룩말 린
躪 짓밟을 린
轔 수레 소리 린

림 林 수풀 림
臨 임할 림
琳 아름다운 옥 림
霖 장마 림
淋 물댈 림
棽 무성할 림
碄 깊을 림
啉 알고자 할 림
玪 아름다운 옥 림
痳 임질 림

립 立 설 립
笠 삿갓 립
粒 낟알 립
砬 돌 소리 립
岦 산 높은 모양 립

ㅁ

마 馬 말 마
麻 삼 마
磨 갈 마
瑪 마노 마
摩 갈 마
痲 저릴 마

命 목숨 명
明 밝을 명
鳴 새소리 명
冥 어두울 명
銘 새길 명
溟 바다 명
暝 어두울 명
椧 홈통 명
皿 그릇 명
瞑 눈감을 명
茗 차 싹 명
蓂 명협 명
螟 마디충 명
酩 술 취할 명
慏 근심할 명
洺 강 이름 명
眀 밝게 볼 명
䳟 초명새 명

메 袂 소매 메

모 母 어미 모
毛 털 모
侮 업신여길 모
暮 저물 모
冒 무릅쓸 모
某 아무 모
謀 꾀할 모
募 모을 모
慕 사모 모
模 법 모
矛 세모진 창 모
貌 모양 모
摸 본뜰 모
牟 클 모

貘 짐승 이름 맥

맹 孟 맏 맹
盟 맹세할 맹
猛 사나울 맹
盲 소경 맹
萌 싹 맹
氓 백성 맹
甍 용마루 맹
甿 백성 맹
虻 蝱과 同字

멱 冪 덮을 멱
覓 찾을 멱
幎 덮을 멱

면 面 낯 면
眠 잠잘 면
免 면할 면
勉 힘쓸 면
綿 솜 면
冕 면류관 면
棉 목화 면
沔 내 이름 면
眄 애꾸눈 면
緬 가는 실 면
麪 국수 면
麵 麪과 同字
俛 힘쓸 면
湎 빠질 면
緜 綿과 同字

멸 滅 멸할 멸
蔑 업신여길 멸
篾 대껍질 멸
蠛 모독할 멸

명 名 이름 명

惘 멍할 망
汒 황급할 망
漭 넓을 망
魍 도깨비 망

매 每 매양 매
妹 손아랫누이 매
買 살 매
賣 팔 매
梅 매화나무 매
埋 묻을 매
媒 중매 매
寐 잠잘 매
昧 새벽 매
枚 줄기 매
煤 그을음 매
罵 욕할 매
邁 갈 매
魅 도깨비 매
苺 딸기 매
呆 어리석을 매
楳 梅와 同字
沬 땅 이름 매
玫 매괴(玫瑰) 매
眛 어두울 매
莓 나무딸기 매
酶 술밑 매
霉 매우(梅雨) 매

맥 麥 보리 맥
脈 맥 맥
貊 북방 종족 맥
陌 두렁 맥
驀 말 탈 맥
貃 貊과 同字

茂 우거질 무
無 없을 무
无 無의 속자
舞 춤출 무
武 호반 무
務 힘쓸 무
貿 바꿀 무
霧 안개 무
拇 엄지손가락 무
珷 옥돌 이름 무
畝 밭이랑 무
撫 어루만질 무
懋 힘쓸 무
巫 무당 무
憮 어루만질 무
橅 무성할 무
毋 말 무
繆 얽을 무
蕪 거칠어질 무
誣 무고할 무
鵡 앵무새 무
橅 법 무
儛 춤출 무
嘸 분명하지 않을 무
廡 무성할 무
膴 두터울 무
騖 달릴 무

묵 墨 먹 묵
默 잠잠할 묵
嘿 고요할 묵

문 門 문 문
問 물을 문
聞 들을 문

몰 沒 빠질 몰
歿 죽을 몰

몽 夢 꿈 몽
蒙 어릴 몽
朦 풍부할 몽
幪 덮을 몽
懞 어두울 몽
曚 어두울 몽
溕 이슬비 몽
濛 가랑비 올 몽
瞢 어두울 몽
矇 청맹과니 몽
艨 싸움배 몽
雺 안개 몽
鸏 물새 이름 몽

묘 妙 묘할 묘
玅 妙와 同字
卯 넷째 지지 묘
苗 싹 묘
墓 무덤 묘
廟 사당 묘
描 그릴 묘
錨 닻 묘
畝 밭이랑 묘
昴 별자리 이름 묘
杳 어두울 묘
渺 아득할 묘
猫 고양이 묘
淼 물 아득할 묘
眇 애꾸눈 묘
藐 멀 묘
貓 猫와 同字

무 戊 다섯째 천간 무

謨 꾀 모
姆 여스승 모
帽 모자 모
摹 베낄 모
牡 수컷 모
瑁 서옥 모
眸 눈동자 모
耗 줄 모
芼 풀 우거질 모
茅 띠 모
橅 법 모
軞 임금이 타는 수레 모
慔 힘쓸 모
侔 가지런할 모
姥 할미 모
媢 강샘할 모
嫫 추녀 모
恈 탐할 모
旄 깃대 장식 모
皃 貌와 同字
眊 눈 흐릴 모
耄 늙은이 모
蝥 해충 모
蟊 蝥와 同字
髦 다팔머리 모

목 木 나무 목
目 눈 목
牧 기를 목
沐 머리 감을 목
睦 화목할 목
穆 화할 목
鶩 집오리 목
苜 거여목 목

文 글월 문
汶 물 이름 문
炆 연기날 문
紋 무늬 문
們 들 문
刎 목 벨 문
吻 입술 문
紊 어지러울 문
蚊 모기 문
雯 구름무늬 문
抆 닦을 문
悗 잊을 문
懣 번거로울 문
捫 어루만질 문
璊 붉은 옥 문

물 勿 말 물
物 만물 물
沕 아득할 물

미 未 아닐 미
米 쌀 미
美 아름다울 미
味 맛 미
尾 꼬리 미
迷 미혹할 미
眉 눈썹 미
微 작을 미
嵄 깊은 산 미
渼 물결무늬 미
薇 고비 미
彌 그칠 미
弥 彌의 속자
媄 빛 고울 미
媚 아름다울 미
嵋 산 이름 미
梶 나무 끝 미
楣 문미 미
湄 물가 미
謎 수수께끼 미
靡 쓰러질 미
黴 곰팡이 미
躾 모양낼 미
嬍 착할 미
濔 치렁치렁할 미
煝 빛날 미
娓 장황할 미
洣 강 이름 미
侎 어루만질 미
瑂 옥돌 미
冞 깊이 들어갈 미
溦 물가 미
罙 점점 미
蘪 천궁(川芎) 미
媺 착하고 아름다울 미
亹 힘쓸 미
弭 활고자 미
敉 어루만질 미
麋 큰 사슴 미
瀰 물 넓을 미
獼 원숭이 미
糜 죽 미
縻 고삐 미
菋 오미자 미
蘼 장미 미

민 民 백성 민
敏 재빠를 민
憫 불쌍히 여길 민
玟 옥돌 민
旻 가을하늘 민
旼 화할 민
閔 성 민
珉 옥돌 민
瑉 珉과 同字
砇 珉과 同字
碈 珉과 同字
岷 산 이름 민
忞 힘쓸 민
忟 忞과 同字
慜 총명할 민
敃 강할 민
愍 근심할 민
潣 물 졸졸 흐를 민
暋 굳셀 민
頣 강할 민
泯 뒤섞일 민
悶 번민할 민
緡 낚싯줄 민
[illegible] 강할 민
鈱 철판 민
䏋 물결 가없는 모양 민
閩 종족 이름 민
䁕 볼 민
罠 낚싯줄 민
[illegible] 옥돌 민
[illegible] 옥돌 민
緍 緡과 同字
苠 속대 민
鰵 민어 민
黽 힘쓸 민

밀 密 빽빽할 밀

발 發 일어날 발
拔 뺄 발
髮 터럭 발
潑 활발할 발
鉢 바리때 발
渤 바다 이름 발
勃 우쩍 일어날 발
撥 다스릴 발
跋 밟을 발
醱 술 괼 발
魃 가물귀신 발
炦 불기운 발
哱 어지러울 발
浡 일어날 발
脖 배꼽 발
鈸 방울 발
鵓 집비둘기 발

방 方 방위 방
房 방 방
防 막을 방
放 놓을 방
訪 찾아볼 방
邦 나라 방
妨 방해할 방
傍 곁 방
芳 꽃다울 방
倣 본받을 방
坊 고을 이름 방
彷 방황할 방
昉 밝을 방
龐 어지러울 방
榜 매 방
尨 삽살개 방

反 되돌릴 반
伴 짝 반
飯 밥 반
返 돌아올 반
班 나눌 반
叛 배반할 반
般 되돌아올 반
盤 소반 반
畔 밭두둑 반
頒 반포할 반
潘 물 이름 반
磐 반석 반
拌 버릴 반
搬 옮길 반
攀 더 위 잡을 반
斑 얼룩 반
槃 쟁반 반
泮 학교 반
瘢 흉터 반
盼 눈 예쁠 반
磻 강 이름 반
礬 명반 반
絆 줄 반
蟠 서릴 반
斒 알록달록할 반
攽 나눌 반
媻 비틀거릴 반
扳 끌어당길 반
搫 덜 반
肦 頒과 同字
胖 클 반
頖 학교 이름 반
螌 가뢰 반

蜜 꿀 밀
謐 고요할 밀
樒 침향(沈香) 밀
滵 물 빨리 흐를 밀

박 朴 질박할 박
拍 칠 박
迫 핍박할 박
泊 배댈 박
博 넓을 박
薄 엷을 박
珀 호박 박
撲 부딪칠 박
璞 옥돌 박
鉑 금박 박
舶 큰배 박
剝 벗길 박
樸 통나무 박
箔 발 박
粕 지게미 박
縛 묶을 박
膊 포 박
雹 누리 박
駁 얼룩말 박
亳 땅 이름 박
欂 두공 박
牔 박공 박
鎛 종 박
駮 짐승 이름 박
髆 어깨뼈 박

반 半 반 반

翻 飜의 속자
蕃 번성할 번
幡 기 번
樊 울 번
燔 구울 번
磻 ○○ 번
藩 덮을 번
繙 되풀 번
膰 제사 고기 번
蘩 산흰쑥 번
袢 속옷 번

벌 伐 칠 벌
罰 벌줄 벌
閥 가문 벌
筏 떼 벌
橃 떼 벌
罸 罰과 同字

범 凡 무릇 범
犯 범할 범
範 법 범
汎 뜰 범
帆 돛 범
杋 나무 이름 범
氾 물 넘칠 범
范 벌 범
梵 범어 범
泛 뜰 범
釩 떨칠 범
渢 풍류소리 범
[illegible] 뜨는 모양 범
笵 법 범
訉 말 많을 범
颿 돛 범

排 물리칠 배
陪 모실 배
裴 성 배
裵 裴의 본자
湃 물결 이는 모양 배
俳 광대 배
徘 어정거릴 배
焙 불에 쬘 배
胚 아이 밸 배
褙 속적삼 배
賠 물어줄 배
北 달아날 배
蓓 꽃봉오리 배
貝 ○○ 배
坏 언덕 배
扒 뺄 배
琲 구슬꿰미 배
蓓 꽃봉오리 배

백 白 흰 백
百 일백 백
伯 맏 백
柏 잣나무 백
栢 柏의 속자
佰 백사람의 어른 백
帛 비단 백
魄 넋 백
苩 성 백
[illegible] 급할 백
珀 호박 백

번 番 갈마들 번
煩 번거로울 번
繁 많을 번
飜 날 번

旁 두루 방
枋 다목 방
滂 비 퍼부을 방
磅 돌 떨어지는 소리 방
紡 자을 방
肪 기름 방
膀 쌍배 방
舫 배 방
蒡 인동덩굴 방
蚌 방합 방
謗 헐뜯을 방
幫 도울 방
幇 幫과 同字
仿 헤맬 방
厖 클 방
徬 거닐 방
搒 배 저을 방
旊 옹기장 방
梆 목어(木魚) 방
牓 패 방
艂 배 방
螃 방게 방
鎊 깎을 방
髣 비슷할 방
魴 방어 방

배 拜 절 배
杯 잔 배
盃 杯의 속자
倍 갑절 배
培 북돋울 배
配 짝 배
輩 무리 배
背 등 배

秉 잡을 병
餅 떡 병
駢 땅 이름 병
鉼 판금 병
鉼 鉼의 속자
抦 잡을 병
絣 이을 병
缾 두레박 병
迸 逬의 속자
鈵 굳을 병

보
步 걸음 보
歩 步의 속자
保 도울 보
報 갚을 보
普 널리 보
補 도울 보
譜 계보 보
寶 보배 보
宝 寶의 속자
珤 寶와 同字
[illegible] 寶와 同字
堡 작은 성 보
甫 클 보
輔 도울 보
菩 염주나무 보
潽 물 이름 보
洑 보 보
湺 물 이름 보
褓 포대기 보
俌 도울 보
[illegible] 옥그릇 보
䀯 볼 보
盙 제기 이름 보

辮 땋을 변
駢 나란히 할 변
骿 骿의 속자
鴘 매 변

별
別 나눌 별
瞥 언뜻 볼 별
鼈 자라 별
鱉 鼈과 同字
襒 떨칠 별
馝 향기 별
莂 모종낼 별
鷩 붉은 꿩 별
[illegible] 조금 향내 날 별
[illegible] 클 별
炦 김 오를 별
彆 활 뒤틀릴 별

병
兵 군사 병
丙 남녘 병
病 병들 병
屛 병풍 병
竝 아우를 병
並 竝의 속자
幷 아우를 병
并 幷의 속자
倂 나란할 병
甁 병 병
軿 거마소리 병
鉼 불린 금덩이 병
炳 밝을 병
柄 자루 병
棅 柄과 同字
昞 밝을 병
昺 昞의 속자

법
法 법 법
琺 법랑 법

벽
壁 벽 벽
碧 푸를 벽
璧 둥근옥 벽
闢 열 벽
僻 후미질 벽
劈 쪼갤 벽
擘 엄지손가락 벽
檗 황벽나무 벽
蘗 檗과 同字
癖 버릇 벽
霹 벼락 벽
辟 임금 벽
擗 가슴 칠 벽
甓 벽돌 벽
[illegible] 가를 벽
襞 주름 벽
鷿 논병아리 벽
鼊 거북 벽

변
變 변할 변
辯 말 잘할 변
辨 분별할 변
邊 가 변
卞 성 변
弁 고깔 변
便 편할 변
釆 분별할 변
忭 기뻐할 변
抃 손뼉칠 변
籩 제기 이름 변
胼 腁의 속자
賆 더할 변

浮 뜰 부
付 부탁할 부
負 짐질 부
府 마을 부
附 의탁할 부
符 병부 부
膚 피부 부
腐 썩을 부
赴 달릴 부
副 버금 부
賦 구실 부
簿 장부 부
孚 믿을 부
芙 연꽃 부
傅 스승 부
溥 클 부
敷 베풀 부
復 다시 부
不 아닐 부
俯 구부릴 부
剖 쪼갤 부
咐 분부할 부
埠 선창 부
孵 알 깔 부
斧 도끼 부
缶 장군 부
腑 장부 부
艀 작은 배 부
莩 풀 이름 부
訃 부고 부
賻 부의 부
趺 책상다리할 부
釜 가마 부

볼
乶 ○○ 볼

봉
奉 받들 봉
逢 만날 봉
封 봉할 봉
峯 산봉우리 봉
峰 峯의 속자
蜂 벌 봉
鳳 새 봉
俸 녹 봉
捧 받들 봉
琫 칼집장식 옥 봉
烽 봉화 봉
棒 몽둥이 봉
蓬 쑥 봉
鋒 칼날 봉
熢 연기 자욱할 봉
縫 꿰맬 봉
漨 내 이름 봉
浲 漨과 同字
芃 풀 무성할 봉
丰 예쁠 봉
夆 끌 봉
篷 뜸 봉
綘 꿰맬 봉
菶 풀 무성할 봉
鴌 봉새 봉

부
夫 지아비 부
父 아비 부
否 아닐 부
扶 도울 부
部 나눌 부
富 부자 부
婦 며느리 부

簠 제기 이름 보
葆 넓을 보
寳 보배 보
鴇 능에 보
黼 수(繡) 보

복
伏 엎드릴 복
服 입을 복
福 복 복
復 돌아올 복
卜 점칠 복
腹 배 복
複 겹옷 복
覆 뒤집힐 복
馥 향기 복
鍑 아구리 큰 솥 복
僕 종 복
匐 길 복
宓 성 복
茯 복령 복
蔔 무 복
輹 복토 복
輻 바퀴살 복
鰒 전복 복
墣 흙덩이 복
幞 두건 복
扑 칠 복
濮 강 이름 복
箙 전동 복
菔 무 복
蝠 박쥐 복
蝮 살무사 복
鵩 새 이름 복

본
本 밑 본

	黺	수놓을	분
	鼢	두더지	분
불	不	아니	불
	弗	말	불
	佛	부처	불
	拂	떨칠	불
	彿	비슷할	불
	岪	산길	불
	祓	푸닥거리할	불
	紱	인끈	불
	艴	발끈할	불
	茀	우거질	불
	韍	폐슬(蔽膝)	불
	髴	비슷할	불
	黻	수(繡)	불
붕	朋	벗	붕
	崩	산 무너질	붕
	鵬	붕새	붕
	棚	시렁	붕
	硼	붕사	붕
	繃	묶을	붕
	堋	묻을	붕
	鬅	머리 흐트러질	붕
	漰	물결치는 소리	붕
비	非	아닐	비
	比	견줄	비
	悲	슬플	비
	備	갖출	비
	飛	날	비
	鼻	코	비
	卑	낮을	비
	妃	왕비	비
	婢	여자종	비
	奔	달아날	분
	墳	무덤	분
	憤	분할	분
	奮	떨칠	분
	汾	물 이름	분
	芬	향기	분
	盆	동이	분
	吩	뿜을	분
	噴	뿜을	분
	忿	성낼	분
	扮	꾸밀	분
	昐	날빛	분
	焚	불사를	분
	糞	똥	분
	賁	클	분
	雰	안개	분
	体	용렬할	분
	坌	먼지	분
	帉	걸레	분
	枌	나무 이름	분
	棼	마룻대	분
	棻	향내 나는 나무	분
	氛	기운	분
	湓	용솟음할	분
	濆	뿜을	분
	犇	달아날	분
	畚	삼태기	분
	砏	큰 소리	분
	笨	거칠	분
	肦	머리 클	분
	膹	고깃국	분
	蕡	나무 우거질	분
	轒	병거(兵車)	분
	阜	언덕	부
	駙	곁마	부
	鳧	오리	부
	俘	사로잡을	부
	媍	婦와 同字	
	抔	움킬	부
	拊	어루만질	부
	掊	그러모을	부
	桴	마룻대	부
	榑	부상(榑桑)	부
	涪	물거품	부
	玞	옥돌	부
	祔	합사할	부
	筟	대청	부
	罘	그물	부
	罦	그물	부
	腑	장부(臟腑)	부
	芣	질경이	부
	苻	귀목풀	부
	蔀	덧문	부
	蚨	파랑강충이	부
	蜉	하루살이	부
	袝	나들이옷	부
	裒	모을	부
	跗	발등	부
	鈇	도끼	부
	頫	머리 숙일	부
	鮒	붕어	부
	麩	밀기울	부
북	北	북녘	북
분	分	나눌	분
	粉	가루	분
	紛	어지러울	분

萆 골풀 비
蓖 篦와 同字
蚍 왕개미 비
貔 비휴 비
贔 힘쓸 비
轡 고삐 비
邳 클 비
郫 고을 이름 비
閟 문 닫을 비
陴 성가퀴 비
鞴 말 채비할 비
騑 곁마 비
騛 빠른 말 비
髀 넓적다리 비
鼙 마상고(馬上鼓) 비

빈
貧 가난할 빈
賓 손 빈
頻 자주 빈
彬 빛날 빈
份 彬의 古字
斌 빛날 빈
濱 물가 빈
嬪 귀녀 빈
穦 향기 빈
儐 인도할 빈
璸 진주 이름 빈
玭 구슬 이름 빈
嚬 찡그릴 빈
檳 빈랑나무 빈
殯 염할 빈
浜 물가 빈
瀕 물가 빈
牝 암컷 빈

誹 헐뜯을 비
鄙 더러울 비
棐 도울 비
庀 다스릴 비
奜 클 비
霏 눈 펄펄 내릴 비
俾 더할 비
馡 향기로울 비
伾 힘셀 비
仳 떠날 비
剕 발 벨 비
圮 무너질 비
埤 더할 비
妣 죽은 어미 비
屁 방귀 비
庳 집 낮을 비
悱 표현 못할 비
椑 술통 비
沘 강 이름 비
淝 강 이름 비
淠 강 이름 비
濞 물소리 비
狒 비비 비
狉 삵의 새끼 비
痞 배 속 결릴 비
痹 저릴 비
睥 흘겨볼 비
篦 빗치개 비
紕 꾸밀 비
羆 큰곰 비
腓 장딴지 비
芘 풀 이름 비
芾 작은 모양 비

肥 살찔 비
祕 숨길 비
秘 祕의 속자
碑 돌기둥 비
費 허비할 비
批 손으로 칠 비
庇 덮을 비
枇 참빗 비
琵 비파 비
扉 문짝 비
譬 비유할 비
丕 클 비
匕 비수 비
匪 대상자 비
憊 고달플 비
婓 오락가락할 비
榧 비자나무 비
毖 삼갈 비
毗 도울 비
毘 毗와 同字
沸 끓을 비
泌 샘물흐르는 모양 비
痺 암메추라기 비
砒 비상 비
秕 쭉정이 비
粃 쭉정이 비
緋 붉은빛 비
翡 물총새 비
脾 지라 비
臂 팔 비
菲 엷을 비
蜚 바퀴 비
裨 도울 비

僿 잘게 부술 사
唆 부추길 사
柶 수저 사
梭 북 사
渣 찌끼 사
瀉 쏟을 사
獅 사자 사
祠 사당 사
篩 체 사
肆 방자할 사
莎 향부자 사
蓑 도롱이 사
裟 가사 사
飼 먹일 사
駟 사마 사
麝 사향노루 사
傞 취하여 춤추는 모양 사
剚 찌를 사
卸 풀 사
咋 잠깐 사
姒 동서 사
楂 떼 사
榭 정자 사
汜 지류(支流) 사
痧 곽란 사
皶 여드름 사
竢 기다릴 사
笥 상자 사
蜡 납향 사
覗 엿볼 사
駛 달릴 사

思 생각 사
舍 집 사
私 사사 사
射 쏠 사
謝 사례할 사
司 맡을 사
社 모일 사
祀 제사 사
蛇 뱀 사
詞 말씀 사
捨 버릴 사
邪 간사할 사
賜 줄 사
斜 비낄 사
詐 속일 사
沙 모래 사
似 같을 사
査 캐물을 사
寫 베낄 사
斯 이 사
辭 말씀 사
泗 물 이름 사
砂 모래 사
糸 극히 적은 수 사
紗 깁 사
娑 춤추는 모양 사
徙 옮길 사
奢 사치할 사
嗣 이을 사
赦 용서할 사
乍 잠깐 사
些 적을 사
伺 엿볼 사

邠 나라 이름 빈
繽 어지러울 빈
豳 나라 이름 빈
霦 옥 광채 빈
鑌 강철 빈
贇 예쁠 빈
擯 물리칠 빈
馪 향기 찌를 빈
矉 찡그릴 빈
臏 종지뼈 빈
蘋 네가래 빈
顰 찡그릴 빈
鬢 살쩍 빈

빙
氷 얼음 빙
聘 청할 빙
憑 기댈 빙
騁 달릴 빙
凭 기댈 빙
娉 장가들 빙

ㅅ

사
士 선비 사
仕 벼슬할 사
四 넉 사
寺 절 사
師 스승 사
巳 뱀 사
史 역사 사
死 죽을 사
使 하여금 사
絲 실 사
事 일 사

	한자	뜻	음
	尙	오히려	상
	相	서로	상
	想	생각할	상
	商	장사	상
	常	항상	상
	喪	상사	상
	霜	서리	상
	傷	상할	상
	賞	상 줄	상
	床	평상	상
	狀	형상	상
	象	코끼리	상
	詳	자세할	상
	祥	상서로울	상
	桑	뽕나무	상
	裳	치마	상
	像	형상	상
	償	갚을	상
	嘗	맛볼	상
	庠	우나라 태학	상
	湘	강 이름	상
	箱	상자	상
	翔	돌아날	상
	爽	시원할	상
	塽	땅 높고 밝은 곳	상
	孀	과부	상
	峠	산 고개	상
	廂	행랑	상
	橡	상수리나무	상
	觴	술잔	상
	樣	상수리나무	상
	牀	평상	상
	慡	성품 밝을	상
	狻	사자	산
	繖	일산	산
	訕	헐뜯을	산
	鏟	대패	산
살	殺	죽일	살
	薩	보살	살
	乷	○○	살
	撒	뿌릴	살
	煞	죽일	살
삼	三	석	삼
	森	나무 빽빽할	삼
	參	석	삼
	蔘	인삼	삼
	杉	삼나무	삼
	衫	적삼	삼
	滲	스밀	삼
	芟	벨	삼
	糝	나물죽	삼
	釤	낫	삼
	鬖	헝클어질	삼
삽	揷	꽂을	삽
	插	揷의 속자	
	澁	떫을	삽
	鈒	창	삽
	颯	바람소리	삽
	卅	서른	삽
	唼	쪼아 먹을	삽
	歃	마실	삽
	翣	운삽(雲翣)	삽
	鍤	가래	삽
	霅	흩어질	삽
	霎	가랑비	삽
상	上	위	상
	魦	鯊와 同字	
	鯊	문절망둑	사
	鰤	물고기 이름	사
삭	削	깎을	삭
	朔	초하루	삭
	數	자주	삭
	索	동아줄	삭
	爍	빛날	삭
	鑠	녹일	삭
	搠	바를	삭
	槊	창	삭
	蒴	말오줌때	삭
산	山	뫼	산
	産	낳을	산
	散	흩을	산
	算	셈 놓을	산
	酸	초·실	산
	珊	산호	산
	傘	양산	산
	删	깎을	산
	汕	오구	산
	疝	산증	산
	蒜	달래	산
	霰	싸라기눈	산
	祘	셀	산
	㦃	큰 은덕	산
	産	낳을	산
	剷	깎을	산
	姍	헐뜯을	산
	孿	쌍둥이	산
	橵	산자	산
	澘	潸과 同字	
	潸	눈물 흐릴	산

鋤 호미 서
黍 기장 서
鼠 쥐 서
藇 고울 서
揟 고기 잡을 서
悆 기쁠 서
湑 거를 서
偦 재주 있을 서
稰 거두어들인 곡식 서
[illegible] 밝을 서
遾 미칠 서
噬 씹을 서
撕 훈계할 서
澨 물가 서
紓 느슨할 서
耡 구실 이름 서
芧 도토리 서
鉏 어긋날 서

석 石 돌 석
夕 저녁 석
昔 옛 석
惜 아낄 석
席 자리 석
析 가를 석
釋 풀 석
碩 클 석
奭 클 석
汐 저녁 조수 석
淅 쌀일 석
晳 밝을 석
晰 晳과 同字
祏 섬 석
鉐 놋쇠 석

敍 베풀 서
叙 敍의 속자
敘 敍의 속자
徐 천천할 서
恕 용서할 서
𢖠 恕의 古字
庶 뭇 서
署 관청 서
緖 실마리 서
誓 맹세할 서
抒 끌어낼 서
舒 펼 서
瑞 상서 서
棲 쉴 서
栖 棲와 同字
捿 棲와 同字
曙 새벽 서
誓 맹세할 서
壻 사위 서
婿 壻의 속자
㥠 지혜 서
諝 슬기 서
[illegible] 諝와 同字
墅 농막 서
嶼 섬 서
[illegible] 嶼와 同字
犀 무소 서
筮 점대 서
絮 솜 서
胥 서로 서
縃 胥와 同字
薯 참마 서
逝 갈 서

潒 세찰 상
徜 노닐 상
晌 정오 상
殤 일찍 죽을 상
甞 嘗의 속자
緗 담황색 상
鎟 방울 소리 상
顙 이마 상
鬺 삶을 상

쌍 雙 쌍 쌍

새 塞 변방 새
璽 도장 새
賽 굿할 새
鰓 아가미 새

색 色 빛 색
索 찾을 색
嗇 아낄 색
穡 거둘 색
塞 막을 색
槭 앙상할 색
濇 껄끄러울 색
澁 깔깔할 색

생 生 날 생
牲 희생 생
甥 생질 생
省 덜 생
笙 생황 생
眚 눈에 백태 낄 생
鉎 녹 생

서 西 서녘 서
書 글 서
序 차례 서
暑 더울 서

楔 문설주 설
屑 가루 설
泄 샐 설
洩 샐 설
渫 칠 설
褻 더러울 설
齧 물 설
禼 사람 이름 설
卨 禼과 同字
蔎 향기로울 설
契 사람 이름 설
偰 맑을 설
抴 쓸어버릴 설
媟 깔볼 설
揲 셀 설
暬 설만할 설
爇 불사를 설
碟 가죽 다룰 설
稧 볏짚 설
紲 고삐 설

섬
纖 가늘 섬
暹 해돋을 섬
蟾 두꺼비 섬
剡 고을 이름 섬
殲 다 죽일 섬
贍 넉넉할 섬
閃 번쩍할 섬
陝 고을 이름 섬
孅 가늘 섬
憸 간사할 섬
摻 가늘 섬
睒 언뜻 볼 섬
譫 헛소리 섬

珗 옥 다음가는 돌 선
嫙 예쁠 선
僊 춤출 선
敾 다스릴 선
煽 부칠 선
癬 옴 선
腺 샘 선
蘚 이끼 선
蟬 매미 선
詵 많을 선
跣 맨발 선
鐥 복자 선
洒 삼갈 선
亘 펼 선
譔 가르칠 선
暶 아름다울 선
瑦 아름다운 옥 이름 선
洗 깨끗할 선
尟 尠과 同字
仚 仙과 同字
歚 고을 선
筅 솔 선
綫 실 선
譱 善의 본자
鏇 갈이틀 선
鱻 드물 선
騸 거세할 선
鱓 드렁허리 선

설
說 말씀 설
設 베풀 설
雪 눈 설
舌 혀 설
薛 다북쑥 설

錫 주석 석
潟 개펄 석
蓆 자리 석
舃 신 석
鼫 석서 석
裼 어린아이 옷 석
矽 규소 석
腊 포(脯) 석
蜥 도마뱀 석

선
先 먼저 선
仙 신선 선
善 착할 선
船 배 선
線 실 선
鮮 고울 선
選 가릴 선
宣 베풀 선
旋 돌 선
禪 전위할 선
扇 부채 선
渲 물 적실 선
瑄 둥근 옥 선
愃 쾌할 선
墡 백토 선
膳 반찬 선
饍 膳과 同字
繕 기울 선
琁 구슬 선
璿 아름다운 옥 선
璇 구슬 선
羨 부러워할 선
嬋 고울 선
銑 윤택한 금 선

少 적을 소
所 바 소
素 흴 소
笑 웃을 소
咲 笑의 古字
消 사라질 소
召 부를 소
昭 밝을 소
訴 하소연할 소
蘇 깨어날 소
掃 쓸 소
騷 떠들 소
燒 사를 소
蔬 푸성귀 소
沼 늪 소
炤 밝을 소
紹 소개할 소
邵 고을 이름 소
韶 아름다울 소
巢 새집 소
疏 성길 소
疎 疏와 同字
遡 거스를 소
溯 遡와 同字
柖 나무 흔들릴 소
玿 아름다운 옥 소
嘯 휘파람 불 소
塑 토우 소
宵 밤 소
搔 긁을 소
梳 빗 소
瀟 강 이름 소
瘙 종기 소

晠 晟의 속자
珹 옥 이름 성
娍 아리따울 성
瑆 옥빛 성
惺 깨달을 성
醒 술깰 성
宬 서고 성
猩 성성이 성
箵 바디 성
腥 비릴 성
貹 넉넉할 성
胜 비릴 성
𦖻 귀 밝을 성
騂 붉은 말 성

세

世 인간 세
洗 씻을 세
稅 세금 세
勢 권세 세
歲 해 세
細 가늘 세
貰 세낼 세
笹 가는 대 세
說 달랠 세
忕 익힐 세
洒 씻을 세
涚 잿물 세
𡟫 여자의 이름자 세
𥂄 수레 버팀나무 맨 끈 세
䔁 풀 이름 세
帨 수건 세
繐 가늘고 설핀 베 세
蛻 허물 세

소

小 작을 소

銛 가래 섬
鑯 산부추 섬

섭

涉 물 건널 섭
攝 잡을 섭
燮 불꽃 섭
葉 성 섭
欇 삿자리 섭
絏 비단 섭
躞 걸을 섭
躡 밟을 섭
囁 소곤거릴 섭
懾 두려워할 섭
灄 강 이름 섭
聶 소곤거릴 섭
鑷 족집게 섭
顳 관자놀이 섭

성

成 이룰 성
成 成의 속자
姓 성 성
盛 성할 성
盛 盛의 속자
城 재 성
城 城의 속자
誠 정성 성
誠 誠의 속자
聖 성스러울 성
垩 聖과 同字
聲 소리 성
星 별 성
省 살필 성
性 성품 성
晟 밝을 성
晟 晟과 同字

悚 두려워할 송
竦 삼갈 송
憽 똑똑할 송
鬆 더벅머리 송

쇄 刷 인쇄할 쇄
殺 감할 쇄
灑 뿌릴 쇄
碎 부술 쇄
鎖 쇠사슬 쇄
鎻 鎖의 속자
曬 쬘 쇄
瑣 자질구레할 쇄

쇠 衰 쇠할 쇠
釗 쇠 쇠

수 手 손 수
守 지킬 수
水 물 수
收 거둘 수
數 셀 수
受 받을 수
垂 드리울 수
愁 근심 수
首 머리 수
誰 누구 수
授 줄 수
搜 찾을 수
修 닦을 수
脩 修와 同字
壽 목숨 수
寿 壽의 속자
秀 빼어날 수
雖 비록 수
須 모름지기 수

鮹 물고기 이름 소

속 俗 풍속 속
速 빠를 속
續 이을 속
束 묶을 속
粟 조 속
屬 붙을 속
涑 헹굴 속
謖 일어날 속
贖 속바칠 속
洬 비 올 속
遬 빠를 속

손 孫 손자 손
損 덜 손
遜 겸손할 손
巽 괘 이름 손
蓀 향풀 이름 손
飧 저녁밥 손
飡 飧의 속자

솔 帥 거느릴 솔
率 거느릴 솔
乺 솔 솔
䢦 군사를 거느릴 솔
𧗿 거느릴 솔
窣 갑자기 솔
蟀 귀뚜라미 솔

송 松 소나무 송
送 보낼 송
訟 송사할 송
誦 욀 송
頌 기릴 송
宋 송나라 송
淞 강 이름 송

篠 가는 대 소
簫 퉁소 소
蕭 맑은대쑥 소
逍 거닐 소
銷 녹일 소
愫 정성 소
穌 긁어모을 소
甦 穌의 속자
卲 높을 소
霄 하늘 소
䨭 霄와 同字
劭 힘쓸 소
𧗳 정결할 소
璅 옥돌 소
傃 향할 소
䴛 소금 굴 소
佋 소개할 소
嗉 멀떠구니 소
埽 쓸 소
塐 흙 빚을 소
愬 하소연할 소
捎 없앨 소
樔 풀막 소
泝 거슬러 올라갈 소
筱 가는 대 소
箾 음악 소
繅 고치 켤 소
翛 날개 찢어질 소
膆 멀떠구니 소
艘 배 소
蛸 갈거미 소
酥 연유(煉乳) 소
魈 이매(魑魅) 소

膄 파리할 수
膸 골수 수
陲 위태할 수
颼 바람소리 수
饈 드릴 수

숙

宿 묵을 숙
叔 아재비 숙
淑 맑을 숙
孰 누구 숙
熟 익을 숙
肅 엄숙할 숙
塾 서당 숙
琡 옥 이름 숙
璹 옥그릇 숙
橚 길고곧은 모양 숙
夙 일찍 숙
潚 성 숙
菽 콩 숙
倏 갑자기 숙
俶 비롯할 숙
儵 빠를 숙
婌 궁녀 벼슬 이름 숙
驌 말 이름 숙
鷫 신조(神鳥) 숙

순

順 순할 순
純 순전할 순
旬 열흘 순
殉 따라죽을 순
脣 입술 순
盾 방패 순
循 돌 순
巡 돌 순
瞬 눈 꿈적일 순

綬 인끈 수
羞 바칠 수
茱 수유 수
蒐 꼭두서니 수
蓚 기쁠 수
藪 늪 수
邃 깊을 수
酬 갚을 수
銹 녹쓸 수
隧 길 수
鬚 수염 수
[illegible] 새매 수
賥 재물 수
讎 짝 수
讐 讎와 同字
睢 강 이름 수
濉 睢와 同字
睟 바로 볼 수
瓍 구슬 수
宿 별자리 수
汓 헤엄칠 수
璓 옥 이름 수
叜 움직일 수
售 팔 수
廋 숨길 수
晬 돌 수
殳 창 수
泅 헤엄칠 수
溲 적실 수
瞍 소경 수
祟 빌미 수
籔 휘 수
脺 얼굴 윤기 있을 수

樹 나무 수
囚 가둘 수
殊 다를 수
需 음식 수
遂 마침내 수
帥 장수 수
睡 잘 수
輸 보낼 수
隨 따를 수
獸 짐승 수
洙 물가 수
琇 옥돌 수
銖 저울눈 수
粹 순수할 수
穗 벼이삭 수
穂 穗의 속자
繡 수놓을 수
隋 수나라 수
髓 골수 수
袖 소매 수
嗽 기침할 수
嫂 형수 수
岫 산굴 수
峀 岫와 同字
戍 지킬 수
漱 양치질할 수
燧 부싯돌 수
狩 사냥 수
璲 패옥 수
瘦 파리할 수
豎 더벅머리 수
竪 豎의 속자
綏 편안할 수

洵 믿을 순
珣 옥그릇 순
荀 풀 이름 순
筍 죽순 순
舜 순임금 순
淳 순박할 순
焞 밝을 순
諄 정성스러울 순
錞 사발종 순
醇 순후할 순
徇 주창할 순
恂 정성 순
栒 가름대나무 순
楯 난간 순
橓 무궁화나무 순
蓴 순채 순
蕣 무궁화 순
詢 물을 순
馴 길들 순
峋 깊숙할 순
姰 여자 처음 올 순
[illegible] 시킬 순
侚 재빠를 순
盹 졸 순
眴 깜작일 순
紃 끈 순
肫 광대뼈 순
駨 말이 달리는 모양 순
鬊 헝클어진 머리 순
鶉 메추라기 순

술 戌 개 술
述 지을 술
術 재주 술
鉥 돗바늘 술
[illegible] 높을 술
絉 끈 술

숭 崇 높을 숭
嵩 높을 숭
崧 우뚝 솟을 숭
菘 배추 숭

쉬 倅 버금 쉬
淬 담금질할 쉬
焠 담금질 쉬

슬 瑟 비파 슬
膝 무릎 슬
璱 푸른 진주 슬
蝨 이 슬
[illegible] 푸른 구슬 슬
[illegible] 붉고 푸를 슬
虱 蝨과 同字

습 習 익힐 습
拾 주울 습
濕 젖을 습
襲 엄습할 습
褶 주름 습
慴 두려워할 습
槢 쐐기 습
隰 진펄 습

승 承 이을 승
乘 탈 승
勝 이길 승
升 되 승
昇 오를 승
僧 중 승
丞 도울 승
陞 오를 승
阩 陞의 속자
繩 노 승
蠅 파리 승
縢 바디 승
氶 도울 승
塍 논 두둑 승
[illegible] 도울 승
陹 해 돋을 승
鬙 머리털 헝클어질 승

시 市 저자 시
示 보일 시
是 이 시
時 때 시
詩 귀글 시
始 처음 시
視 볼 시
試 시험할 시
施 베풀 시
矢 화살 시
侍 모실 시
柴 땔나무 시
恃 믿을 시
匙 숟가락 시
嘶 울 시
媤 시집 시
尸 주검 시
屎 똥 시
屍 주검 시
弑 죽일 시
猜 새암할 시
翅 날개 시
蒔 모종낼 시
蓍 시초 시

宸 집 신
燼 깜부기불 신
腎 콩팥 신
藎 조개풀 신
蜃 무명조개 신
辰 별 신
璶 옥돌 신
哂 비웃을 신
囟 정수리 신
姺 나라 이름 신
汛 물 뿌릴 신
矧 하물며 신
脤 제육(祭肉) 신
贐 전별할 신
頣 눈 크게 뜨고 볼 신
駪 말 많을 신

실

失 잃을 실
室 방 실
實 열매 실
実 實의 속자
悉 알 실
蟋 귀뚜라미 실

심

心 마음 심
甚 심할 심
深 깊을 심
尋 찾을 심
審 살필 심
沁 물 이름 심
沈 성 심
瀋 즙 심
芯 등심초 심
諶 참 심
潯 물가 심

植 심을 식
識 알 식
息 숨쉴 식
飾 꾸밀 식
栻 점판 식
埴 찰흙 식
殖 번성할 식
湜 물 맑을 식
軾 수레앞턱가로나무 식
寔 이 식
拭 닦을 식
熄 꺼질 식
篒 땅 이름 식
蝕 좀먹을 식
媳 며느리 식

신

臣 신하 신
申 펼 신
辛 매울 신
身 몸 신
信 믿을 신
神 귀신 신
新 새 신
伸 펼 신
晨 새벽 신
愼 삼갈 신
紳 큰 띠 신
莘 약 이름 신
薪 섶 신
迅 빠를 신
訊 물을 신
侁 걷는 모양 신
呻 끙끙거릴 신
娠 애 밸 신

諡 시호 시
豕 돼지 시
豺 승냥이 시
偲 굳셀 시
毸 날개 칠 시
諟 이 시
媞 자세할 시
柹 감나무 시
柿 柹의 속자
枾 柹의 본자
愢 겸손할 시
禔 편안할 시
絁 명주 시
沶 현 이름 시
諰 두려워할 시
眂 볼 시
漦 흐를 시
兕 외뿔들소 시
厮 廝와 同字
啻 뿐 시
塒 홰 시
廝 하인 시
枲 모시풀 시
澌 다할 시
緦 시마복 시
翤 날개 시
豉 메주 시
釃 거를 시
鍉 숟가락 시
顋 뺨 시

씨

氏 각시 씨

식

式 법 식
食 밥 식

鰐 악어 악
齷 악착할 악
偓 악착할 악
鄂 땅 이름 악
咢 놀랄 악
喔 닭 소리 악
噩 놀랄 악
腭 齶과 同字
萼 꽃받침 악
覨 오래 볼 악
諤 직언할 악
鶚 물수리 악
齶 잇몸 악

안

安 편안할 안
案 책상 안
桉 案과 同字
眼 눈 안
顔 얼굴 안
岸 언덕 안
鴈 기러기 안
雁 鴈의 속자
晏 늦을 안
按 누를 안
鞍 안장 안
鮟 아귀 안
[illegible] 불빛 안
姲 여자의 이름자 안
婩 고울 안
矸 산의 돌 안
侒 편안할 안
[illegible] 배부를 안
犴 들개 안

알

謁 아뢸 알

鵝 거위 아
婀 아름다울 아
娿 婀와 同字
哦 읊을 아
硪 바위 아
皒 흰빛 아
砑 갈 아
婭 동서 아
椏 가장귀 아
啊 사랑하고 미워 하는 소리 아
妿 여자를 가르치는 선생 아
猗 부드러울 아
枒 가장귀진 모양 아
丫 가장귀 아
痾 병(病) 아
笌 대순 아
迓 마중할 아
錏 투구 목가림 아
鵞 鵝와 同字

악

惡 악할 악
岳 큰 산 악
樂 풍류 악
堊 백토 악
嶽 큰 산 악
幄 휘장 악
愕 놀랄 악
握 쥘 악
渥 두터울 악
鄂 땅 이름 악
鍔 칼날 악
顎 얼굴 높을 악

燖 삶을 심
葚 오디 심
鐔 날밑 심
鱏 철갑상어 심

십

十 열 십
什 열 사람 십
拾 열 십

쌍

雙 쌍 쌍
双 雙의 속자

ㅇ

아

我 나 아
兒 아이 아
児 兒의 속자
亞 버금 아
亜 亞의 속자
阿 언덕 아
牙 어금니 아
芽 싹 아
雅 아담할 아
餓 주릴 아
娥 예쁠 아
峨 산 높을 아
峩 峨와 同字
衙 마을 아
妸 여자의 자 아
俄 갑자기 아
啞 벙어리 아
莪 지칭개 아
蛾 나방 아
訝 맞을 아
鴉 갈가마귀 아

挨 칠 애
捱 막을 애
欸 한숨 쉴 애
漄 涯와 同字
獃 어리석을 애
皚 흴 애
睚 눈초리 애
瞹 흐릿할 애
磑 단단할 애
薆 숨길 애
藹 우거질 애
靉 구름 낄 애
騃 어리석을 애

액 厄 액 액
額 이마 액
液 진액 액
扼 누를 액
掖 낄 액
縊 목 맬 액
腋 겨드랑이 액
呃 울 액
戹 좁을 액
搤 잡을 액
阨 막힐 액

앵 鶯 꾀꼬리 앵
櫻 앵두나무 앵
罌 양병 앵
鸚 앵무새 앵
嚶 새소리 앵
嫈 예쁠 앵
罃 물독 앵

야 也 어조사 야
夜 밤 야

앙 仰 우러를 앙
央 가운데 앙
殃 재앙 앙
昂 밝을 앙
昻 昂의 속자
鴦 원앙새 앙
怏 원망할 앙
秧 모 앙
卬 우러를 앙
坱 먼지 앙
盎 동이 앙
鞅 가슴걸이 앙
泱 끝없을 앙

애 哀 슬플 애
愛 사랑 애
涯 물가 애
厓 언덕 애
崖 벼랑 애
艾 쑥 애
埃 티끌 애
曖 가릴 애
隘 좁을 애
靄 아지랑이 애
賹 사람의 이름 애
礙 거리낄 애
碍 礙의 속자
㶼 빛날 애
唉 그래 애
僾 어렴풋할 애
啀 물어뜯을 애
噯 숨 애
娭 여자종 애
崕 崖와 同字

斡 관리할 알
軋 삐걱거릴 알
閼 가로막을 알
嘎 새소리 알
揠 뽑을 알
穵 구멍 알
訐 들추어낼 알
遏 막을 알
頞 콧마루 알
鴶 뻐꾸기 알

암 暗 어두울 암
巖 바위 암
岩 巖의 속자
庵 암자 암
菴 쑥 암
唵 머금을 암
癌 암 암
闇 닫힌 문 암
啽 잠꼬대 암
媕 머뭇거릴 암
嵒 嵓과 同字
晻 어두울 암
腤 고기 삶을 암
葊 菴의 고자
蓭 암자 암
諳 욀 암
頷 끄덕일 암
馣 향기로울 암
黯 어두울 암

압 押 수결 압
壓 누를 압
鴨 집오리 압
狎 익숙할 압

圄 옥 어
瘀 멍들 어
禦 막을 어
馭 말 부릴 어
齬 어긋날 어
唹 웃을 어
衙 그칠 어
圉 마부 어
敔 막을 어
淤 진흙 어
飫 물릴 어

억 億 억 억
憶 기억할 억
抑 누를 억
檍 박달나무 억
臆 가슴 억
繶 끈 억

언 言 말씀 언
焉 어조사 언
諺 상말 언
彥 선비 언
彦 彥의 속자
偃 쓰러질 언
堰 방죽 언
嫣 생긋 웃을 언
傿 고을 이름 언
匽 엎드릴 언
讞 죄 의논할 언
鄢 고을 이름 언
鼴 두더지 언
鼹 鼴과 同字

얼 孼 서자 얼
蘖 그루터기 얼

楊 버들 양
樣 모양 양
壤 기름진 흙 양
襄 도울 양
孃 아씨 양
漾 출렁거릴 양
佯 거짓 양
恙 근심 양
攘 물리칠 양
暘 해돋는 곳 양
瀁 내 이름 양
煬 쬘 양
痒 앓을 양
瘍 종기 양
禳 제사 이름 양
穰 볏대 양
釀 빚을 양
椋 푸조나무 양
徉 노닐 양
瀼 이슬 많은 모양 양
烊 구울 양
癢 가려울 양
眻 예쁜 양
蘘 양하 양
輰 임금의 수레 양
鑲 거푸집 속 양
颺 날릴 양
驤 머리 들 양

어 魚 물고기 어
漁 고기 잡을 어
語 말씀 어
於 어조사 어
御 모실 어

野 들 야
埜 野의 古字
耶 어조사 야
冶 쇠 불릴 야
倻 땅 이름 야
惹 이끌 야
椰 야자나무 야
爺 아비 야
若 반야 야
揶 희롱할 야
捓 揶와 同字

약 若 같을 약
約 기약할 약
弱 약할 약
藥 약 약
躍 뛸 약
葯 구릿대 잎 약
蒻 부들 약
爚 사를 약
禴 종묘 제사 이름 약
篛 箬과 同字
籥 피리 약
鑰 자물쇠 약
鶸 댓닭 약
龠 피리 약

양 羊 양 양
洋 큰 바다 양
陽 볕 양
昜 陽과 同字
養 기를 양
揚 오를 양
敭 揚의 古字
讓 사양할 양

燕 제비 연
延 미칠 연
緣 인연 연
軟 연할 연
輭 軟의 본자
衍 넓을 연
淵 못 연
渊 淵의 속자
姸 고울 연
妍 姸의 속자
娟 예쁠 연
姢 娟과 同字
涓 시내 연
沇 물 흐르는 모양 연
筵 대자리 연
瑌 옥돌 연
娫 빛날 연
嚥 삼킬 연
堧 빈터 연
捐 버릴 연
挻 늘일 연
椽 서까래 연
涎 침 연
縯 길 연
鳶 소리개 연
曣 청명할 연
㜣 성 연
醼 잔치 연
兗 강 이름 연
兖 兗의 속자
嬿 아름다울 연
莚 풀 이름 연
瓀 옥돌 연

璵 옥 여
礖 여돌 여
艅 배 이름 여
茹 먹을 여
轝 수레 여
妤 궁녀 여
悆 잊을 여
舁 마주들 여

역

亦 또 역
易 바꿀 역
逆 거스를 역
役 부릴 역
域 지경 역
譯 통변할 역
驛 역말 역
疫 염병 역
晹 날 흐릴 역
繹 풀어낼 역
嶧 산 이름 역
懌 기뻐할 역
淢 빨리 흐를 역
閾 문지방 역

연

然 그러할 연
煙 연기 연
烟 煙과 同字
研 갈 연
硯 벼루 연
[illegible] 硯과 同字
鉛 납 연
宴 잔치 연
演 통할 연
沿 물따라 내려갈 연
燃 사를 연

糱 누룩 얼
糵 糱과 同字
乷 땅 이름 얼
臬 말뚝 얼

엄

嚴 엄할 엄
厳 嚴의 속자
奄 문득 엄
俺 클 엄
掩 거둘 엄
儼 의젓할 엄
淹 담글 엄
龑 고명할 엄
崦 산 이름 엄
曮 해 다닐 엄
罨 그물 엄
醃 절인 남새 엄
閹 내시 엄
广 집 엄

업

業 업 업
嶪 산 높은 모양 업
嶫 嶪과 同字
鄴 땅 이름 업

에

恚 성낼 에
曀 음산할 에

엔

円 ○○ 엔

여

如 같을 여
余 나 여
汝 너 여
與 줄 여
餘 남을 여
予 나 여
輿 수레바탕 여
歟 어조사 여

均 따를 연
戭 사람 이름 연
㴙 淵의 고자
埏 땅의 끝 연
悁 성낼 연
掾 도울 연
櫞 구연 연
涴 물 이름 연
臙 연지 연
蜵 웅숭깊을 연
蠕 꿈틀거릴 연
讌 잔치 연

열

悅 기쁠 열
熱 더울 열
閱 검열할 열
說 기쁠 열
咽 목멜 열
潱 물 흐르는 모양 열
噎 목멜 열

염

炎 불꽃 염
染 물들 염
鹽 소금 염
艶 고울 염
艷 艶의 속자
琰 비취옥 염
厭 싫어할 염
焰 불꽃 염
苒 풀 우거질 염
閻 이문 염
髥 구레나룻 염
冉 나아갈 염
懕 편안할 염
扊 빗장 염
檿 산뽕나무 염
灩 灔의 속자
饜 물릴 염
魘 가위눌릴 염
黶 검정사마귀 염

엽

葉 잎 엽
燁 번쩍거릴 엽
曄 빛날 엽
熀 환한 모양 엽
曅 曄과 同字
爗 燁과 同字
䯞 보조개 엽

영

永 길 영
英 꽃부리 영
榮 영화로울 영
栄 榮의 속자
荣 榮의 속자
迎 맞을 영
映 비칠 영
暎 映의 속자
營 경영할 영
泳 헤엄칠 영
詠 읊을 영
影 그림자 영
渶 물 맑을 영
煐 빛날 영
瑛 옥 광채 영
瑩 밝을 영
瀯 물소리 영
濴 瀯과 同字
盈 찰 영
楹 기둥 영
鍈 방울소리 영
嬰 갓난아이 영
穎 이삭 영
瓔 옥돌 영
咏 읊을 영
塋 무덤 영
嶸 가파를 영
潁 강 이름 영
瀛 바다 영
纓 갓끈 영
霙 진눈깨비 영
贏 찰 영
[illegible] 지킬 영
蠑 영원 영
朠 달빛 영
浧 거침없이 흐를 영
[illegible] 똑바로 볼 영
栐 나무 이름 영
濴 瀯과 同字
癭 혹 영
韺 풍류 이름 영
碤 물속 돌 영
縈 얽힐 영
嬴 남을 영
郢 땅 이름 영

예

藝 재주 예
埶 藝와 同字
芸 藝의 속자
豫 미리 예
銳 날카로울 예
譽 기릴 예
叡 밝을 예
睿 叡의 속자
壡 叡의 古字

墺 물가 오

寤 깰 오

惡 미워할 오

懊 한할 오

敖 놀 오

澳 깊을 오

熬 볶을 오

獒 개 오

筽 버들고리 오

蜈 지네 오

鼇 자라 오

鰲 鼇의 속자

浯 강 이름 오

燠 입김 몰아불 오

顤 높을 오

仵 짝 오

俁 가지 오

唔 글 읽는 소리 오

嗷 시끄러울 오

噁 성낼 오

圬 흙손 오

嫯 업신여길 오

忤 거스를 오

慠 오만할 오

捂 닿을 오

汙 汚와 同字

窹 굴뚝 오

聱 듣지 아니할 오

茣 풀 이름 오

襖 웃옷 오

謷 헐뜯을 오

迃 迂의 본자

迕 만날 오

拽 끌 예

掜 비길 예

枘 장부 예

獩 민족 이름 예

睨 흘겨볼 예

瞖 눈에 백태 낄 예

繄 검붉은 비단 예

翳 일산(日傘) 예

薉 거친 풀 예

蚋 蜹와 同字

蜺 무지개 예

鯢 도롱뇽 예

鷖 검푸른 빛 예

麑 사자 예

오

五 다섯 오

吾 나 오

午 낮 오

悟 깨달을 오

烏 까마귀 오

誤 그릇할 오

娛 즐거워할 오

嗚 탄식할 오

汚 더러울 오

傲 거만할 오

梧 오동나무 오

伍 대오 오

吳 오나라 오

旿 대낮 오

珸 옥돌 오

晤 밝을 오

奧 속 오

俉 다섯 사람 오

塢 둑 오

[illegible] 叡의 古字

預 미리 예

芮 풀 뾰족뾰족날 예

乂 정리할 예

倪 어린이 예

刈 벨 예

曳 당길 예

汭 물 구비 예

濊 더러울 예

猊 사자 예

穢 더러울 예

裔 후손 예

詣 이를 예

霓 무지개 예

堄 성가퀴 예

橤 꽃술 예

玴 옥돌 예

嫕 유순할 예

蓺 심을 예

蕊 꽃술 예

蘂 蕊의 속자

蘙 아름다울 예

艾 쑥 예

埶 심을 예

羿 사람 이름 예

瘞 고요할 예

郳 나라 이름 예

㕈 다스릴 예

帠 법 예

淣 물가 예

兒 연약할 예

囈 잠꼬대 예

嫛 유순할 예

枙 옹이 와
洼 웅덩이 와
猧 발바리 와
窊 우묵할 와
萵 상추 와
譌 거짓말 와

완
完 완전할 완
緩 느릴 완
玩 희롱할 완
垸 회 섞어바를 완
浣 옷 빨 완
莞 빙그레 웃을 완
琓 구슬 완
琬 서옥 완
婠 몸 예쁠 완
婉 예쁠 완
宛 굽을 완
梡 나무 이름 완
椀 주발 완
碗 그릇 완
翫 가지고 놀 완
脘 밥통 완
腕 팔 완
豌 완두 완
阮 관 이름 완
頑 완고할 완
妧 좋을 완
岏 가파를 완
鋺 저울 완
抏 꺾을 완
杬 주무를 완
刓 깎을 완
忨 탐할 완

올
兀 우뚝할 올
杌 위태로울 올
嗢 목멜 올
膃 살질 올

옹
翁 늙은이 옹
擁 안을 옹
雍 화할 옹
壅 막을 옹
瓮 독 옹
甕 독 옹
癰 악창 옹
邕 화할 옹
饔 아침밥 옹
喁 숨 쉴 옹
廱 화락할 옹
滃 구름 일 옹
痈 癰과 同字
禺 성(姓) 옹
罋 독 옹
蓊 우거질 옹
雝 막을 옹
顒 공경할 옹

와
瓦 기와 와
臥 엎드릴 와
渦 소용돌이 와
窩 움집 와
窪 웅덩이 와
蛙 개구리 와
蝸 달팽이 와
訛 그릇될 와
哇 목멜 와
囮 후림새 와
婐 정숙할 와

遨 놀 오
鏊 번철 오
鏖 무찌를 오
隩 굽이 오
驁 준마 오
鼯 날다람쥐 오

옥
玉 구슬 옥
屋 집 옥
獄 옥 옥
沃 기름질 옥
鈺 보배 옥

온
溫 따뜻할 온
瑥 사람 이름 온
媼 할미 온
穩 평온할 온
稳 穩의 속자
瘟 염병 온
縕 헌솜 온
蘊 쌓을 온
馧 향기로울 온
𥁕 어질 온
昷 𥁕의 속자
榲 팥배나무 온
馧 향기로울 온
饂 보리를 서로 먹을 온
媪 媼의 속자
慍 성낼 온
氳 기운 성할 온
熅 어스레할 온
轀 와거(臥車) 온
醞 빚을 온
韞 감출 온
薀 풍부할 온

殀 일찍 죽을 요
澆 물 댈 요
祅 재앙 요
窔 깊을 요
窅 움펑눈 요
蕘 풋나무 요
遶 두를 요
鷂 익더귀 요

욕 欲 하고자 할 욕
浴 목욕할 욕
慾 욕심 욕
辱 욕될 욕
縟 화문 놓을 욕
褥 요 욕
溽 무더울 욕
蓐 요 욕

용 用 쓸 용
容 얼굴 용
勇 날쌜 용
庸 떳떳할 용
溶 녹을 용
鎔 녹일 용
熔 鎔의 속자
瑢 패옥 소리 용
榕 벵골보리수 용
蓉 연꽃 용
涌 물 솟을 용
湧 涌의 속자
埇 골목길 용
踊 뛸 용
鏞 큰 쇠북 용
茸 녹용 용
墉 성 용

腰 허리 요
遙 멀 요
夭 일찍 죽을 요
堯 요임금 요
饒 넉넉할 요
曜 요일 요
燿 빛날 요
瑤 옥돌 요
樂 좋아할 요
姚 예쁠 요
僥 바랄 요
凹 오목할 요
妖 아리따울 요
嶢 높을 요
拗 꺾을 요
擾 어지러울 요
橈 굽을 요
耀 빛날 요
窈 그윽할 요
窯 기와 굽는 가마 요
繇 역사 요
繞 두를 요
蟯 요충 요
邀 맞을 요
暚 밝을 요
偠 낭창거릴 요
喓 벌레 소리 요
坳 팬 곳 요
墝 메마른 땅 요
嬈 예쁠 요
幺 작을 요
徭 구실 요
徼 구할 요

惋 한탄할 완
涴 물 굽이쳐 흐를 완
盌 주발 완

왈 曰 가로되 왈

왕 王 임금 왕
往 갈 왕
旺 왕성할 왕
汪 깊고 넓을 왕
枉 굽을 왕
瀇 물 깊고 넓을 왕
迋 갈 왕

왜 倭 왜국 왜
娃 아름다운 계집 왜
歪 비뚤 왜
矮 키 작을 왜
媧 여신(女神) 왜

외 外 바깥 외
畏 두려울 외
嵬 높을 외
巍 높고 클 외
猥 함부로 외
偎 어렴풋할 외
嵔 嵔와 同字
崴 높을 외
渨 잠길 외
煨 불씨 외
碨 돌 고르지 않을 외
磈 높고 험한 모양 외
聵 배냇귀머거리 외
隗 험할 외

요 要 구할 요
謠 노래 요
搖 흔들릴 요

甬 길 용
俑 허수아비 용
傭 품팔이 용
慂 권할 용
聳 솟을 용
傛 불안할 용
槦 병기 없는 시렁 용
宂 쓸데없을 용
冗 宂과 同字
㦷 날랠 용
嵱 산 이름 용
慵 게으를 용
憃 천치 용
硧 숫돌 용
舂 찧을 용
蛹 번데기 용
踴 踊과 同字

우

又 또 우
右 오른쪽 우
于 어조사 우
牛 소 우
友 벗 우
宇 집 우
尤 더욱 우
雨 비 우
𠕲 雨의 古字
遇 만날 우
憂 근심 우
羽 깃 우
偶 짝 우
愚 어리석을 우
優 넉넉할 우
郵 우편 우
佑 도울 우
祐 다행할 우
禹 하우씨 우
瑀 옥돌 우
寓 머무를 우
堣 모퉁이 우
隅 모퉁이 우
玗 옥돌 우
釪 악기 이름 우
迂 멀 우
㳛 물소리 우
旴 클 우
盂 바리 우
禑 복 우
紆 굽을 우
芋 토란 우
藕 연뿌리 우
虞 헤아릴 우
雩 기우제 우
扜 지휘할 우
圩 오목할 우
慪 삼갈 우
㷒 입김 몰아 불 우
㥔 기쁠 우
俁 얼굴 클 우
邘 땅 이름 우
盓 물 소용돌이쳐 흐를 우
㝢 나를 우
偊 혼자 걸을 우
吁 탄식할 우
嵎 산모롱이 우
庽 寓와 同字
杅 잔 우
疣 사마귀 우
盱 쳐다볼 우
竽 피리 우
耦 짝 우
耰 씨 덮을 우
謣 망령되이 말할 우
踽 홀로 갈 우
鍝 귀고리 우
麀 암사슴 우
麌 수사슴 우
齲 충치 우

욱

旭 빛날 욱
昱 밝을 욱
煜 빛날 욱
郁 향내 날 욱
頊 사람 이름 욱
彧 무성할 욱
勖 힘쓸 욱
栯 산앵두 욱
燠 따뜻할 욱
稶 서속 성할 욱
穥 稶의 본자
戫 빛날 욱

운

云 이를 운
雲 구름 운
運 돌 운
韻 운치 운
沄 끓을 운
澐 큰 물결 운
耘 김맬 운
賱 넉넉할 운
会 높을 운
暈 무리 운

猨 猿과 同字
월 月 달 월
越 넘을 월
鉞 도끼 월
刖 벨 월
粤 어조사 월
위 爲 할 위
位 자리 위
危 위태할 위
威 위엄 위
偉 클 위
委 맡길 위
胃 밥통 위
圍 둘레 위
衞 지킬 위
衛 衞의 속자
違 어길 위
謂 이를 위
慰 위로할 위
緯 경위 위
僞 거짓 위
尉 벼슬 위
韋 연할 위
瑋 옥 이름 위
暐 빛날 위
渭 물 이름 위
魏 위나라 위
萎 마를 위
葦 갈대 위
蔿 애기풀 위
蝟 고슴도치 위
幃 장막 위
韡 꽃 활짝 필 위

袁 옷 긴 모양 원
垣 낮은 담 원
洹 흐를 원
沅 물 이름 원
瑗 구멍 큰 옥 원
媛 예쁜 계집 원
嫄 여자 이름 원
愿 정성 원
苑 나라 동산 원
轅 멍에 채 원
婉 아름다울 원
湲 물 흐를 원
爰 이에 원
猿 원숭이 원
阮 성 원
鴛 원앙 원
褑 패옥 띠 원
朊 달빛 희미할 원
杬 나무 이름 원
鋺 저울 바탕 원
冤 원통할 원
寃 冤의 속자
笎 대무늬 원
邍 넓은 언덕 원
倇 기쁠 원
楥 느티나무 원
芫 팥꽃나무 원
薗 園과 同字
蜿 굼틀거릴 원
謜 천천히 말할 원
騵 배 흰 월따말 원
鵷 원추새 원
黿 자라 원

橒 나무 무늬 운
殞 죽을 운
熉 노란 모양 운
芸 향초 이름 운
蕓 평지 운
隕 떨어질 운
篔 왕대 운
[illegible] 篔과 同字
霣 구름이 일 운
員 더할 운
鄖 나라 이름 운
[illegible] 얼굴빛 다급할 운
惲 도타울 운
紜 어지러울 운
霣 떨어질 운
韵 韻과 同字
울 蔚 고을 이름 울
鬱 막힐 울
乯 울 울
웅 雄 수컷 웅
熊 곰 웅
원 元 으뜸 원
怨 원망할 원
願 원할 원
原 근원 원
遠 멀 원
圓 둥글 원
園 동산 원
員 관원 원
貟 員의 속자
院 집 원
源 근원 원
援 구원할 원

喟 한숨 위
幃 휘장 위
熨 눌러 덥게 할 위
痿 저릴 위
葳 초목 무성한 모양 위
諉 번거롭게 할 위
逶 구불구불 갈 위
闈 대궐 작은문 위
韙 바를 위
餧 먹일 위
骩 굽을 위

유

有 있을 유
幼 어릴 유
由 말미암을 유
油 기름 유
唯 오직 유
遊 놀 유
酉 닭 유
猶 같을 유
柔 부드러울 유
遺 끼칠 유
儒 선비 유
乳 젖 유
愈 나을 유
幽 그윽할 유
裕 넉넉할 유
惟 생각할 유
誘 인도할 유
維 이을 유
悠 멀 유
侑 도울 유
洧 물 이름 유
宥 너그러울 유

庾 노적 유
兪 그러할 유
俞 兪의 속자
喩 깨우칠 유
楡 느릅나무 유
瑜 옥 유
琟 옥돌 유
猷 꾀 유
濡 젖을 유
渜 濡와 同字
愉 즐거울 유
秞 벼 무성할 유
攸 곳 유
柚 유자 유
釉 빛낼 유
孺 젖먹이 유
揄 끌 유
楢 졸참나무 유
游 헤엄칠 유
癒 병 나을 유
臾 잠깐 유
萸 수유 유
諛 아첨할 유
諭 깨우칠 유
踰 넘을 유
蹂 밟을 유
逾 넘을 유
鍮 놋쇠 유
曘 해 빛깔 유
婑 예쁠 유
囿 동산 유
牖 창 유
逌 만족할 유

姷 짝 유
聈 고요할 유
蕤 꽃 축 늘어진 모양 유
甤 열매 많이 열릴 유
浚 물 이름 유
瑈 옥 이름 유
需 부드러울 유
揉 주무를 유
帷 휘장 유
冘 머뭇거릴 유
呦 울 유
壝 제단 유
泑 잿물 유
鼬 족제비 유
龥 부를 유
瘉 병 나을 유
瘐 근심하여 앓을 유
窬 작은 문 유
窳 비뚤 유
籲 부를 유
糅 섞을 유
緌 갓끈 유
腴 아랫배 살찔 유
莠 강아지풀 유
蕕 누린내풀 유
蚴 꿈틀거릴 유
蚰 그리마 유
蝤 하루살이 유
褕 고울 유
黝 검푸를 유
讉 성낼 유
鞣 다룸가죽 유
鮪 다랑어 유

癮 두드러기 은
訔 논쟁할 은
鄞 땅 이름 은
齗 잇몸 은

을
乙 새 을
圪 담 높은 모양 을
鳦 제비 을

음
音 소리 음
吟 읊을 음
陰 응달 음
飮 마실 음
淫 음란할 음
蔭 그늘 음
愔 화평할 음
韾 소리 화할 음
喑 벙어리 음
崟 험준할 음
廕 덮을 음
霪 장마 음

읍
邑 고을 읍
泣 울 읍
揖 읍 읍
悒 근심할 읍
挹 뜰 읍
浥 젖을 읍

응
凝 엉길 응
應 응할 응
膺 가슴 응
鷹 매 응
凝 엉길 응
[illegible] 말끄러미 볼 응

의
衣 옷 의
依 의지할 의

瀜 물이 깊고 넓은 모양 융
絨 융 융
狨 원숭이 이름 융

은
恩 은혜 은
銀 은 은
隱 숨길 은
垠 언덕 은
殷 은나라 은
誾 온화할 은
[illegible] 誾과 同字
溵 물소리 은
珢 옥돌 은
慇 괴로워할 은
濦 물 이름 은
[illegible] 남에게 기댈 은
听 웃는 모양 은
[illegible] 옥 은
圻 언덕 은
蘟 인동덩굴 은
檼 대마루 은
檃 바로잡을 은
訢 공손한 모양 은
[illegible] 풀빛 푸른 은
泿 물가 은
蒽 풀 이름 은
憖 억지로 은
圁 물 이름 은
嶾 산 높을 은
[illegible] 웃을 은
[illegible] 물 이름 은
嚚 어리석을 은
垽 앙금 은
狺 으르렁거릴 은

육
肉 고기 육
育 기를 육
堉 기름진 땅 육
毓 기를 육
儥 팔 육

윤
潤 젖을 윤
閏 윤달 윤
[illegible] 閏과 同字
閠 閏과 同字
尹 믿을 윤
允 진실로 윤
玧 귀막이구슬 윤
鈗 창 윤
胤 이을 윤
[illegible] 胤의 속자
阭 높을 윤
奫 물 깊고 넓을 윤
贇 예쁠 윤
昀 햇빛 윤
荺 연뿌리 윤
鋆 금(金) 윤
橍 나무 이름 윤
沇 향나무 윤

율
聿 붓 율
燏 빛나는 모양 율
汩 흐를 율
建 가는 모양 율
潏 물 흐르는 모양 율
[illegible] 빨리 날 율
矞 송곳질할 율
[illegible] 큰 바람 율

융
融 화할 융
戎 되 융

栮 목이(木耳) 이
洟 콧물 이
訑 으쓱거릴 이
迤 비스듬할 이
隶 미칠 이

익
益 더할 익
翼 날개 익
翊 도울 익
瀷 스며 흐를 익
謚 웃을 익
翌 다음날 익
熤 사람 이름 익
弋 주살 익
鷁 새 이름 익

인
人 사람 인
仁 어질 인
忈 仁과 同字
忎 仁의 古字
引 끌 인
因 인할 인
忍 참을 인
認 알 인
印 도장 인
寅 범 인
刃 칼날 인
姻 혼인할 인
咽 목구멍 인
湮 잠길 인
絪 기운 인
茵 자리 인
蚓 지렁이 인
靷 가슴걸이 인
朄 작은북 인

已 이미 이
移 옮길 이
而 말 이을 이
夷 오랑캐 이
珥 햇무리 이
伊 저 이
易 쉬울 이
弛 늦출 이
怡 화할 이
爾 너 이
彝 떳떳할 이
彛 彝의 속자
頤 턱 이
姨 이모 이
痍 상처 이
肄 익힐 이
苡 질경이 이
荑 흰비름 이
貽 끼칠 이
邇 가까울 이
飴 엿 이
嫛 기쁠 이
杝 나무 이름 이
䏮 힘줄이 질길 이
㛅 여자 이름 이
珆 옥돌 이
鴯 제비 이
羡 고을 이름 이
巸 아름다울 이
佴 버금 이
廙 공경할 이
咿 선웃음칠 이
尔 尒와 同字

意 뜻 의
義 옳을 의
議 의논할 의
醫 의원 의
矣 어조사 의
宜 마땅할 의
疑 의심할 의
儀 법도 의
倚 믿을 의
誼 옳을 의
毅 굳셀 의
擬 비길 의
懿 아름다울 의
椅 의나무 의
艤 배 댈 의
薏 율무 의
蟻 개미 의
㚶 여자 이름자 의
猗 아름다울 의
儗 의심할 의
溰 눈서리 흰 모양 의
劓 코 벨 의
嶷 산 이름 의
欹 아(감탄사) 의
漪 물놀이 의
礒 돌 모양 의
饐 쉴 의
螘 개미 의

이
二 두 이
貳 두 이
以 써 이
耳 귀 이
異 다를 이

恣 방자할 자
姿 맵시 자
紫 자줏빛 자
刺 찌를 자
玆 이 자
茲 玆자의 통용어
雌 암컷 자
仔 자세할 자
滋 부를 자
磁 자석 자
藉 깔 자
瓷 오지그릇 자
咨 물을 자
孜 힘쓸 자
炙 고기 구울 자
煮 삶을 자
疵 흠 자
茨 가시나무 자
蔗 사탕수수 자
諮 물을 자
秄 북돋울 자
呰 꾸짖을 자
嬨 누각 장식할 자
孖 쌍둥이 자
孶 부지런할 자
柘 산뽕나무 자
泚 강 이름 자
牸 암컷 자
呲 呰와 同字
眥 흘길 자
耔 북돋울 자
胾 고깃점 자
茈 지치 자

임

壬 아홉째 천간 임
任 맡길 임
賃 빌릴 임
妊 아이 밸 임
姙 妊과 同字
稔 곡식 익을 임
恁 생각할 임
荏 들깨 임
⿰言壬 생각할 임
⿰言任 믿을 임
絍 紝과 同字
衽 옷깃 임
銋 젖을 임
飪 익힐 임

입

入 들 입
廿 스물 입
卄 廿과 同字

잉

剩 남을 잉
仍 인할 잉
孕 아이 밸 잉
芿 새 풀싹 잉
媵 보낼 잉

ㅈ

자

子 아들 자
自 스스로 자
字 글자 자
者 놈 자
姊 손윗누이 자
姉 姊의 속자
慈 사랑 자
資 재물 자

⿰車柬 ⿰車非과 同字
芢 풀 이름 인
⿰氵刃 끈적거릴 인
牣 찰 인
⿰𧾷頁 사람 이름 인
韌 길 인
靭 韌과 同字
氤 기운 성할 인
儿 사람 인
諲 공경 인
⿰月寅 등심 인
⿰氵寅 물줄기 인
秵 벼꽃 인
戭 창 인
仞 길 인
堙 막을 인
夤 조심할 인
婣 姻과 同字
洇 湮과 同字
禋 제사 지낼 인
裀 요 인

일

一 한 일
日 날 일
壹 하나 일
逸 편안할 일
逸 逸의 속자
溢 넘칠 일
鎰 스물넉냥쭝 일
馹 역마 일
佾 춤 일
佚 편안할 일
泆 끓을 일
軼 앞지를 일

腸 창자 장
障 막힐 장
裝 행장 장
墻 담 장
牆 墻과 同字
奬 권면할 장
獎 奬과 同字
帳 휘장 장
莊 씩씩할 장
庄 莊의 속자
葬 장사 지낼 장
藏 감출 장
臟 오장 장
掌 손바닥 장
粧 단장할 장
匠 장인 장
庄 농막 장
杖 지팡이 장
奘 클 장
漳 물 이름 장
樟 노나무 장
璋 서옥 장
暲 밝을 장
薔 장미 장
蔣 줄 장
仗 무기 장
檣 돛대 장
欌 장롱 장
漿 미음 장
狀 문서 장
獐 노루 장
臧 착할 장
贓 장물 장

犳 짐승 이름 작
碏 삼갈 작

잔 殘 나머지 잔
孱 잔약할 잔
棧 잔도 잔
潺 물 흐르는 소리 잔
盞 잔 잔
剗 깎을 잔
驏 안장 얹지 않은 말 잔

잠 潛 잠길 잠
潜 潛의 속자
蠶 누에 잠
暫 잠시 잠
箴 경계할 잠
岑 봉우리 잠
簪 비녀 잠
涔 괸 물 잠

잡 雜 섞일 잡
卡 관(關) 잡
囃 춤 돕는 소리 잡
眨 눈 깜작일 잡
磼 산 높을 잡
襍 雜의 본자

장 長 길 장
壯 장할 장
壮 壯의 속자
將 장수 장
将 將의 속자
章 글 장
場 마당 장
丈 어른 장
張 베풀 장

莿 茦와 同字
虸 며루 자
觜 털뿔 자
呰 헐뜯을 자
貲 재물 자
赭 붉은 흙 자
鎡 호미 자
頿 코밑 수염 자
髭 코밑 수염 자
鮓 젓 자
鷀 가마우지 자
鷓 자고 자
粢 기장 자

작 作 지을 작
昨 어제 작
酌 참작할 작
爵 벼슬 작
灼 구울 작
芍 함박꽃 작
雀 참새 작
鵲 까치 작
勺 구기 작
嚼 씹을 작
斫 벨 작
炸 터질 작
綽 너그러울 작
舃 까치 작
岝 산 높을 작
怍 부끄러워할 작
斮 쪼갤 작
柞 나무 이름 작
汋 삶을 작
焯 밝을 작

醬 젓갈 장
傽 놀랄 장
妝 꾸밀 장
嬙 궁녀 장
嶂 높고 가파른 산 장
廧 담 장
戕 죽일 장
牂 암양 장
瘴 장기(瘴氣) 장
粧 妝과 同字
羘 숫양 장
萇 나무 이름 장
鄣 나라 이름 장
鏘 금옥 소리 장
餦 산자(饊子) 장
麞 노루 장

재 在 있을 재
才 재주 재
再 두 번 재
宰 재상 재
財 재물 재
材 재목 재
哉 어조사 재
栽 심을 재
災 재앙 재
載 실을 재
裁 옷 마를 재
梓 노나무 재
縡 일 재
齋 재계할 재
渽 맑을 재
滓 찌끼 재
齎 가져올 재
捚 손바닥에 받을 재
賳 재물 재
溨 물 이름 재
条 집 재
崽 자식 재
扗 있을 재
榟 梓와 同字
灾 災와 同字
纔 겨우 재

쟁 爭 다툴 쟁
錚 쇳소리 쟁
箏 쟁 쟁
諍 간할 쟁
崢 가파를 쟁
狰 짐승 이름 쟁
琤 옥 소리 쟁
鎗 종소리 쟁

저 貯 쌓을 저
低 낮을 저
著 지을 저
底 밑 저
抵 막을 저
苧 모시 저
邸 집 저
楮 닥나무 저
沮 막을 저
佇 우두커니 저
儲 쌓을 저
咀 씹을 저
姐 맏누이 저
杵 공이 저
樗 가죽나무 저
渚 물가 저
狙 원숭이 저
猪 돼지 저
疽 등창 저
箸 젓가락 저
紵 모시 저
菹 채소 절임 저
藷 사탕수수 저
詛 저주할 저
躇 머뭇거릴 저
這 이 저
雎 물수리 저
齟 어긋날 저
宁 쌓을 저
岨 돌산 저
杼 북 저
柢 뿌리 저
氐 근본 저
潴 瀦와 同字
瀦 웅덩이 저
牴 닿을 저
罝 짐승 그물 저
羝 숫양 저
苴 신 바닥 창 저
蛆 구더기 저
衹 속적삼 저
褚 솜옷 저
觝 닥뜨릴 저
詆 꾸짖을 저
陼 삼각주 저

적 的 과녁 적
赤 붉을 적
適 마침 적
敵 원수 적

輾 구를 전
鈿 비녀 전
鐫 새길 전
顫 떨릴 전
餞 전별할 전
吮 빨 전
囀 지저귈 전
嫥 오로지 전
屇 구멍 전
巓 산꼭대기 전
戩 멸할 전
揃 자를 전
旃 기(旗) 전
栴 단향목 전
湔 씻을 전
澶 물 고요히 흐를 전
牋 장계(狀啓) 전
甎 벽돌 전
畋 밭 갈 전
痊 병 나을 전
癜 어루러기 전
磚 甎의 속자
籛 성(姓) 전
羶 누린내 전
翦 자를 전
腆 두터울 전
膞 저민 고기 전
躔 궤도 전
輇 수레 전
邅 머뭇거릴 전
鄽 가게 전
鋑 새길 전
錪 가마솥 전

戰 싸울 전
展 펼 전
殿 대궐 전
錢 돈 전
傳 전할 전
轉 구를 전
專 오로지 전
佺 신선 이름 전
栓 나무못 전
詮 평론 전
銓 저울질할 전
琠 옥 이름 전
甸 경기 전
塡 막힐 전
奠 정할 전
荃 향풀 전
雋 살진 고기 전
顚 꼭대기 전
佃 밭갈 전
剪 가위 전
塼 벽돌 전
廛 가게 전
悛 고칠 전
氈 모전 전
澱 앙금 전
煎 달일 전
畑 밭 전
癲 미칠 전
筌 통발 전
箋 글 전
箭 화살 전
篆 전자 전
纏 얽힐 전

笛 피리 적
寂 고요할 적
賊 도둑 적
籍 서적 적
摘 딸 적
滴 물방울 적
積 쌓을 적
績 길쌈 적
跡 자취 적
蹟 사적 적
迪 나아갈 적
勣 공적 적
吊 이를 적
嫡 정실 적
狄 오랑캐 적
炙 고기 구울 적
翟 꿩 적
荻 물억새 적
謫 귀양갈 적
迹 자취 적
鏑 살촉 적
樀 처마 적
磧 서덜 적
糴 쌀 사들일 적
菂 연밥 적
覿 볼 적
逖 멀 적
馰 별박이 적

전 全 온전할 전
田 밭 전
前 앞 전
典 법 전
電 번개 전

음	한자	뜻	음
	整	가지런할	정
	廷	조정	정
	程	길	정
	汀	물가	정
	玎	옥 소리	정
	町	밭 지경	정
	呈	드러낼	정
	桯	걸상	정
	珵	패옥	정
	姃	계집 단정할	정
	偵	정탐할	정
	湞	물 이름	정
	幀	그림 족자	정
	楨	쥐똥나무	정
	禎	상서	정
	珽	옥 이름	정
	挺	뺄	정
	綎	인끈	정
	鼎	솥	정
	晶	수정	정
	晸	해뜨는 모양	정
	柾	나무 바를	정
	鉦	징	정
	淀	배댈	정
	錠	덩이	정
	鋌	쇳덩이	정
	鄭	정나라	정
	靖	편안할	정
	靚	단장할	정
	鋥	칼날 세울	정
	炡	빛날	정
	渟	물 괼	정
	釘	못	정

음	한자	뜻	음
	簟	삿자리	점
	苫	이엉	점
	蔪	쌀	점
	蛅	쐐기	점
	覘	엿볼	점
	颭	물결 일	점
	黏	붙을	점
접	接	대접할	접
	蝶	나비	접
	摺	접을	접
	椄	접붙일	접
	楪	평상	접
	蜨	나비	접
	跕	밟을	접
	蹀	밟을	접
	鰈	바다물고기	접
정	正	바를	정
	丁	장정	정
	井	우물	정
	貞	곧을	정
	頂	정수리	정
	定	정할	정
	政	정사	정
	庭	뜰	정
	情	뜻	정
	精	정기	정
	靜	고요할	정
	静	靜의 속자	
	停	머무를	정
	淨	깨끗할	정
	亭	정자	정
	征	칠	정
	訂	바로잡을	정

음	한자	뜻	음
	靛	청대	전
	靦	부끄러워할	전
	顓	전단(專斷)할	전
	飦	죽	전
	餰	죽	전
	鬋	살쩍 늘어질	전
	鱣	철갑상어	전
	鸇	새매	전
절	節	대마디	절
	絕	끊을	절
	絶	絕과 同字	
	切	끊을	절
	折	꺾을	절
	竊	훔칠	절
	晢	밝을	절
	截	끊을	절
	浙	강 이름	절
	癤	부스럼	절
	岊	산모롱이	절
점	店	가게	점
	占	점칠	점
	點	검은 점	점
	点	點의 속자	
	奌	點의 속자	
	漸	점점	점
	岾	재	점
	粘	끈끈할	점
	霑	젖을	점
	鮎	메기	점
	佔	볼	점
	墊	빠질	점
	玷	이지러질	점
	笘	회초리	점

涏 곧을 정
頩 아름다운 모양 정
婷 예쁠 정
旌 기(旗) 정
檉 위성류 정
瀞 맑을 정
睛 눈동자 정
碇 닻 정
穽 허방다리 정
艇 거룻배 정
諪 고를 정
酊 술 취할 정
霆 천둥소리 정
彭 조촐하게 꾸밀 정
埩 다스릴 정
佂 바삐 갈 정
姘 안존할 정
梃 몽둥이 정
胜 비릴 정
灯 열화 정
眐 바라볼 정
艵 검푸른빛 정
朾 칠 정
侹 긴 모양 정
掟 펼 정
頲 곧을 정
叮 정성스러울 정
婧 날씬할 정
怔 두려워할 정
棖 문설주 정
疔 정 정
筳 구릿대 정
莛 줄기 정
証 간(諫)할 정
酲 숙취 정
遉 엿볼 정

제

弟 아우 제
第 차례 제
題 표제 제
帝 임금 제
製 지을 제
諸 모든 제
祭 제사 제
除 덜 제
制 제도 제
提 들 제
齊 가지런할 제
堤 방죽 제
際 모을 제
濟 건널 제
済 濟의 속자
悌 공경할 제
梯 사다리 제
瑅 옥 이름 제
劑 약 지을 제
啼 울 제
臍 배꼽 제
薺 냉이 제
蹄 굽 제
醍 맑은 술 제
霽 갤 제
媞 안존할 제
儕 동배 제
禔 편안할 제
偙 준걸 제
姼 예쁠 제
晢 별이 빛날 제
娣 여동생 제
擠 밀 제
猘 미친 개 제
睇 흘끗 볼 제
稊 돌피 제
緹 붉은 비단 제
踶 찰 제
蹏 굽 제
躋 오를 제
鍗 그릇 제
隄 둑 제
韲 齏와 同字
鮧 메기 제
鯷 메기 제

조

早 새벽 조
鳥 새 조
朝 아침 조
助 도울 조
造 지을 조
祖 조상 조
調 고를 조
兆 조짐 조
弔 조상할 조
操 잡을 조
燥 마를 조
照 비출 조
租 세금 조
組 짤 조
條 가지 조
潮 조수 조
彫 새길 조
措 둘 조

族 겨레 족
簇 조릿대 족
鏃 살촉 족
瘯 피부병 이름 족

존
存 있을 존
尊 높을 존
拵 의지할 존

졸
卒 군사 졸
拙 졸할 졸
猝 갑자기 졸

종
宗 마루 종
終 끝날 종
從 좇을 종
種 씨 종
鐘 쇠북 종
縱 세로 종
倧 옛적 신인 종
琮 서옥 이름 종
淙 물소리 종
椶 종려나무 종
棕 椶과 同字
悰 즐거울 종
綜 모을 종
瑽 패옥 소리 종
鍾 술잔 종
慫 권할 종
腫 부스럼 종
蹤 자취 종
踪 蹤과 同字
踵 발꿈치 종
柊 나무 이름 종
伀 두려워할 종
慒 생각할 종

刁 바라 조
厝 둘 조
嘈 시끄러울 조
噪 떠들썩할 조
嬥 날씬할 조
徂 갈 조
懆 근심할 조
找 상앗대 조
殂 죽을 조
澡 씻을 조
琱 옥 다듬을 조
皁 하인 조
祧 조묘(祧廟) 조
竈 부엌 조
笊 조리 조
糙 매조미쌀 조
糶 쌀 내어 팔 조
絩 비단 긴 모양 조
絛 끈 조
胙 제사 지낸 고기 조
臊 누릴 조
艚 거룻배 조
蔦 담쟁이 조
蜩 굼틀거릴 조
誂 꾈 조
譟 시끄러울 조
鈟 낚시 조
銚 가래 조
鋽 쟁개비 조
鯛 도미 조
鵰 수리 조
鼂 아침 조

족
足 발 족

晁 아침 조
窕 안존할 조
祚 복조· 조
趙 조나라 조
肇 비로소 조
詔 조서 조
釣 낚시 조
曹 무리 조
曺 曹와 同字
遭 만날 조
眺 바라볼 조
俎 도마 조
凋 시들 조
嘲 비웃을 조
棗 대추나무 조
枣 棗의 속자
槽 구유 조
漕 배로 실어나를 조
爪 손톱 조
璪 면류관 드림 옥 조
稠 빽빽할 조
粗 거칠 조
糟 전국 조
繰 야청통견 조
藻 말 조
蚤 벼룩 조
躁 성급할 조
阻 험할 조
雕 독수리 조
昭 밝을 조
嶆 깊을 조
佻 방정맞을 조
傮 마칠 조

珘 옥 주
紸 댈 주
調 아침 주
晭 햇빛 주
丟 잃어버릴 주
侜 속일 주
儔 짝 주
尌 세울 주
幬 휘장 주
硃 주사(朱砂) 주
籒 주문 주
鼄 거미 주
胕 ○○ 주
腠 살결 주
蔟 모일 주
跓 멈출 주
裯 홑이불 주
詋 呪와 同字
賙 진휼할 주
趎 사람 이름 주
輈 끌채 주
霌 구름비 모양 주
霔 장마 주

죽 竹 대 죽
粥 죽 죽

준 俊 준걸 준
準 법 준
准 準의 속자
遵 좇을 준
峻 높을 준
浚 깊을 준
晙 밝을 준
焌 불 땔 준

珠 구슬 주
疇 밭 주
週 주일 주
遒 굳셀 주
逎 遒의 속자
駐 말 머무를 주
妵 사람 이름 주
澍 단비 주
姝 빛깔 고울 주
侏 난쟁이 주
做 지을 주
呪 빌 주
嗾 부추길 주
廚 부엌 주
籌 투호살 주
紂 껑거리끈 주
紬 명주 주
綢 얽을 주
蛛 거미 주
誅 벨 주
躊 머뭇거릴 주
輳 모일 주
酎 진한 술 주
燽 드러날 주
鉒 쇳돌 주
拄 버틸 주
皗 밝을 주
邾 나라 이름 주
䎻 귀 주
絑 붉을 주
[illegible] 재물 주
椆 영수목 주
[illegible] 밝을 주

樅 전나무 종
瘇 수중다리 종
螽 누리 종

좌 左 왼쪽 좌
坐 앉을 좌
佐 도울 좌
座 자리 좌
挫 꺾을 좌
剉 꺾을 좌
痤 뾰루지 좌
莝 여물 좌
髽 북상투 좌

죄 罪 허물 죄

주 主 주인 주
住 살 주
注 물댈 주
走 달릴 주
朱 붉을 주
酒 술 주
宙 집 주
晝 낮 주
舟 배 주
柱 기둥 주
周 두루 주
株 그루 주
州 고을 주
洲 물가 주
鑄 쇠 불릴 주
胄 투구 주
奏 아뢸 주
湊 물 모일 주
炷 심지 주
註 주낼 주

繒 주살 증
罾 어망 증

지

之 갈 지
支 지탱할 지
只 다만 지
止 그칠 지
知 알 지
[illegible] 知와 同字
地 땅 지
至 이를 지
志 뜻 지
枝 가지 지
持 가질 지
指 손가락 지
紙 종이 지
池 못 지
智 슬기 지
[illegible] 智의 古字
誌 기록할 지
遲 늦을 지
旨 뜻 지
沚 모래톱 지
址 터 지
祉 복 지
趾 발 지
祗 공경할 지
芝 지초 지
摯 잡을 지
鋕 새길 지
脂 기름 지
咫 길이 지
枳 탱자나무 지
漬 담글 지

鱒 송어 준
踆 그칠 준
蹲 웅크릴 준
鵔 금계 준

줄

茁 싹 줄
乼 줄 줄

중

中 가운데 중
重 무거울 중
衆 무리 중
仲 버금 중
㐺 衆의 본자

즉

卽 곧 즉
即 卽의 속자
喞 두런거릴 즉

즐

櫛 빗 즐
騭 수말 즐

즙

汁 즙 즙
楫 노 즙
葺 기울 즙
檝 楫과 同字
蕺 삼백초 즙

증

曾 일찍 증
增 더할 증
證 증거 증
憎 미워할 증
症 병 증세 증
贈 줄 증
蒸 찔 증
烝 김 오를 증
甑 시루 증
拯 건질 증
繒 비단 증
嶒 산 높고 험할 증

竣 일 마칠 준
畯 농부 준
駿 준마 준
准 법 준
濬 깊을 준
睿 濬과 同字
雋 새 살찔 준
儁 영특할 준
埻 과녁 준
隼 새매 준
寯 모일 준
樽 술통 준
蠢 꿈틀거릴 준
逡 뒷걸음질 칠 준
純 선 두를 준
葰 클 준
[illegible] 기쁠 준
僔 모일 준
陖 가파를 준
埈 陖과 同字
晙 볼 준
餕 대궁 준
迿 ○○ 준
惷 어수선할 준
[illegible] 뛰어날 준
[illegible] 똑똑할 준
鐏 창고달 준
𢓜 물러갈 준
皴 주름 준
墫 술단지 준
撙 누를 준
繜 어지러울 준
罇 술두루미 준

溱 많을 진
抮 되돌릴 진
唇 놀랄 진
嗔 성낼 진
搢 꽂을 진
桭 평교대 진
榛 개암나무 진
殄 다할 진
畛 두렁길 진
疹 홍역 진
瞋 부릅뜰 진
縉 꽂을 진
臻 이를 진
蔯 사철쑥 진
袗 홑옷 진
𦣞 밝을 진
蓁 많은 모양 진
昣 밝을 진
枃 바디 진
槇 뿌리 모일 진
稹 떨기로 날 진
儘 다할 진
靕 바를 진
敒 다스릴 진
眹 눈동자 진
侲 어린이 진
珒 옥 이름 진
隫 설렐 진
趁 좇을 진
鬒 숱 많을 진

질
質 바탕 질
疾 병 질
姪 조카 질

職 직분 직
織 짤 직
稙 올벼 직
稷 메기장 직
禝 사람 이름 직

진
眞 참 진
真 眞의 속자
辰 별 진
進 나아갈 진
盡 다할 진
尽 盡의 속자
陣 진칠 진
珍 보배 진
鉁 珍과 同字
振 떨칠 진
震 진동할 진
鎭 진압할 진
陳 늘어놓을 진
晉 나아갈 진
晋 晉의 속자
瑨 옥돌 진
瑨 瑨의 속자
瑱 옥 이름 진
津 나루 진
璡 옥돌 진
秦 진나라 진
軫 구를 진
塵 티끌 진
禛 복받을 진
診 볼 진
縝 맺을 진
塡 오랠 진
賑 구휼할 진

砥 숫돌 지
肢 사지 지
芷 구릿대 지
蜘 거미 지
識 기록할 지
贄 폐백 지
洔 섬 지
厎 숫돌 지
汦 강 이름 지
吱 가는 소리 지
馶 굳셀 지
劧 굳을 지
忯 믿을 지
坁 모래섬 지
搘 버틸 지
禔 복 지
𦨡 합할 지
坻 모래섬 지
墀 섬돌 위 뜰 지
榰 주춧돌 지
泜 강 이름 지
痣 사마귀 지
秖 벼 처음 익을 지
篪 저(笛) 이름 지
舐 핥을 지
踟 머뭇거릴 지
躓 넘어질 지
軹 굴대 머리 지
阯 터 지
鮨 젓갈 지
鷙 맹금 지
扺 손뼉 칠 지

직
直 곧을 직

錯 섞일 착
捉 잡을 착
搾 짤 착
窄 좁을 착
鑿 뚫을 착
齪 악착할 착
戳 창으로 무찌를 착
擉 찌를 착
斲 깎을 착

찬 贊 도울 찬
賛 贊의 속자
讚 기릴 찬
讃 讚의 속자
撰 글 지을 찬
纂 모을 찬
粲 선명할 찬
澯 맑을 찬
燦 빛날 찬
璨 옥빛 찬란할 찬
瓚 옥그릇 찬
纘 이을 찬
鑽 뚫을 찬
竄 숨을 찬
簒 빼앗을 찬
篡 簒의 속자
餐 먹을 찬
饌 반찬 찬
攢 모일 찬
巑 산 뾰족할 찬
儹 모을 찬
儧 儹의 속자
欑 모일 찬
㜺 희고 환할 찬

澄 맑을 징
瀓 맑을 징
澂 瀓과 同字
癥 적취(積聚) 징
瞪 바로 볼 징

ㅊ

차 此 이 차
次 버금 차
且 또 차
借 빌 차
差 어길 차
車 수레 차
叉 두 갈래 차
瑳 옥빛 깨끗할 차
侘 실의할 차
嗟 탄식할 차
嵯 우뚝 솟을 차
磋 갈 차
箚 차자 차
茶 차 차
蹉 넘어질 차
遮 막을 차
硨 옥돌 차
奲 너그러울 차
姹 예쁜 여자 차
鹺 소금 차
佽 재빠를 차
岔 산 높을 차
徣 빌릴 차
槎 나무 벨 차

착 着 부딪칠 착

秩 차례 질
瓆 사람 이름 질
侄 어리석을 질
叱 꾸짖을 질
嫉 시기할 질
帙 책갑 질
桎 차꼬 질
窒 막을 질
膣 새살 돋을 질
蛭 거머리 질
跌 넘어질 질
迭 갈마들 질
垤 개밋둑 질
絰 질 질
蒺 남가새 질
郅 고을 이름 질
鑕 모루 질

짐 斟 짐작할 짐
朕 나 짐
鴆 짐새 짐

집 集 모일 집
執 잡을 집
什 세간 집
潗 물 끓을 집
潗 潗과 同字
楫 노 집
輯 모을 집
鏶 쇳조각 집
緝 낳을 집
咠 귓속말할 집
戢 거둘 집

징 徵 부를 징
懲 혼날 징

搶 닿을 창
氅 새털 창
瑲 옥빛 창
窗 窓의 본자
蹌 주창할 창
鋹 날카로울 창
閶 천문(天門) 창
鬯 울창주 창
鶬 왜가리 창

채 菜 나물 채
採 캘 채
彩 무늬 채
債 빚질 채
采 취할 채
埰 사패땅 채
寀 동관 채
蔡 채나라 채
綵 채색 비단 채
寨 울짱 채
砦 울타리 채
釵 비녀 채
琗 구슬빛 채
責 빚 채
棌 참나무 채
婇 여자 이름자 채
睬 주목할 채
茝 구릿대 채

책 責 꾸짖을 책
册 책 책
冊 册과 同字
策 꾀 책
柵 울짱 책
嘖 외칠 책

黲 검푸르죽죽할 참

창 昌 성할 창
唱 노래 부를 창
窓 창 창
倉 곳집 창
蒼 푸를 창
創 비롯할 창
暢 화창할 창
滄 서늘할 창
菖 창포 창
昶 밝을 창
彰 밝을 창
敞 열 창
廠 헛간 창
倡 광대 창
娼 몸 파는 여자 창
愴 슬퍼할 창
槍 창 창
漲 불을 창
猖 미쳐 날뛸 창
瘡 부스럼 창
脹 배부를 창
艙 선창 창
淐 물 이름 창
[illegible] 사람의 이름자 창
淌 큰 물결 창
倀 홀로 설 창
傖 천할 창
凔 찰 창
刱 創과 同字
悵 슬퍼할 창
惝 멍할 창
戧 다칠 창

劗 머리 깎을 찬
爨 불땔 찬
趲 놀라 흩어질 찬

찰 察 살필 찰
札 패 찰
刹 절 찰
擦 비빌 찰
紮 감을 찰
扎 뺄 찰

참 參 간여할 참
慘 슬플 참
慙 부끄러워할 참
慚 慙과 同字
僭 참람할 참
塹 구덩이 참
懺 뉘우칠 참
斬 벨 참
站 우두커니 설 참
讒 참소할 참
讖 참서 참
儳 어긋날 참
嶄 높을 참
巉 가파를 참
㦧 憯의 속자
攙 찌를 참
槧 판(版) 참
欃 살별 참
毚 토끼 참
譖 참소할 참
鏨 끌 참
鑱 보습 참
饞 탐할 참
驂 곁마 참

	漢字	뜻	음
	芊	풀 무성할	천
	荐	거듭할	천
	蒨	꼭두서니	천
	蕆	경계할	천
	辿	천천히 걸을	천
	靝	하늘	천
철	鐵	쇠	철
	鉄	鐵의 속자	
	哲	밝을	철
	喆	哲과 同字	
	徹	관철	철
	澈	물 맑을	철
	撤	거둘	철
	轍	수레 자국	철
	綴	맺을	철
	凸	볼록할	철
	輟	그칠	철
	悊	공경할	철
	瞮	눈 밝을	철
	剟	깎을	철
	啜	마실	철
	[illegible]	밝을	철
	惙	근심할	철
	掇	주울	철
	歠	마실	철
	銕	쇠	철
	錣	물미	철
	飻	탐할	철
	餮	탐할	철
첨	尖	뾰족할	첨
	添	더할	첨
	僉	다	첨
	瞻	쳐다볼	첨

	漢字	뜻	음
	捗	칠	척
	摭	주울	척
	蜴	도마뱀	척
	跖	발바닥	척
	躑	머뭇거릴	척
천	千	일천	천
	天	하늘	천
	川	내	천
	泉	샘	천
	淺	얕을	천
	賤	천할	천
	踐	밟을	천
	薦	천거할	천
	遷	옮길	천
	仟	천 사람	천
	阡	밭둑길	천
	喘	헐떡거릴	천
	擅	멋대로	천
	玔	옥고리	천
	穿	뚫을	천
	舛	어그러질	천
	釧	팔찌	천
	闡	열	천
	韆	그네	천
	茜	꼭두서니	천
	俴	얇을	천
	倩	예쁠	천
	僢	舛과 同字	
	儃	머뭇거릴	천
	洊	이를	천
	濺	흩뿌릴	천
	祆	하늘	천
	[illegible]	거듭	천

	漢字	뜻	음
	幘	건	책
	磔	찢을	책
	笧	册과 同字	
	簀	살평상	책
	蚱	말매미	책
처	妻	아내	처
	處	곳	처
	悽	슬퍼할	처
	凄	쓸쓸할	처
	淒	쓸쓸할	처
	萋	풀 성하게 우거질	처
	[illegible]	覷의 속자	
	郪	땅 이름	처
척	尺	자	척
	斥	물리칠	척
	戚	겨레	척
	拓	열	척
	陟	나아갈	척
	墌	기지	척
	坧	墌과 同字	
	倜	대범할	척
	刺	칼로 찌를	척
	剔	바를	척
	慼	근심할	척
	慽	慼과 同字	
	擲	던질	척
	滌	씻을	척
	瘠	파리할	척
	脊	등성마루	척
	蹠	밟을	척
	隻	새 한 마리	척
	塉	박토(薄土)	척
	惕	두려워할	척

靆 구름 낄 체

초

草 풀 초

艸 草와 同字

初 처음 초

招 부를 초

肖 닮을 초

超 뛰어넘을 초

抄 베낄 초

秒 까끄라기 초

礎 주춧돌 초

樵 땔나무 초

焦 그을릴 초

蕉 파초 초

楚 초나라 초

剿 끊을 초

哨 망볼 초

憔 수척할 초

梢 나무 끝 초

椒 산초나무 초

炒 볶을 초

硝 초석 초

礁 물에 잠긴 바위 초

稍 벼줄기 끝 초

苕 능소화 초

貂 담비 초

酢 초 초

醋 초 초

醮 초례 초

岧 산 높을 초

鈔 좋은 쇠 초

俏 닮을 초

⿰黹虘 오색 고운 빛 초

偢 어질지 못할 초

晴 晴의 속자

請 청할 청

請 請의 속자

淸 맑을 청

清 淸의 속자

聽 들을 청

廳 관청 청

菁 휘늘어질 청

鯖 청어 청

凊 서늘할 청

圊 뒷간 청

蜻 귀뚜라미 청

鶄 해오라기 청

婧 여자 정결할 청

체

體 몸 체

滯 막힐 체

替 대신할 체

逮 미칠 체

遞 갈마들 체

締 맺을 체

諦 살필 체

切 모두 체

剃 머리 깎을 체

涕 눈물 체

諟 자세히 살필 체

玼 옥빛 깨끗할 체

棣 산앵두나무 체

彘 돼지 체

殢 나른할 체

砌 섬돌 체

蒂 蔕와 同字

鬀 머리 깎을 체

蔕 가시 체

沾 더할 첨

簽 농 첨

籤 제비 첨

詹 이를 첨

諂 아첨할 첨

甜 달 첨

甛 甜과 同字

幨 휘장 첨

忝 더럽힐 첨

添 펠 첨

檐 처마 첨

櫼 쐐기 첨

瀸 적실 첨

簷 처마 첨

襜 행주치마 첨

첩

妾 첩 첩

帖 문서 첩

捷 이길 첩

堞 성가퀴 첩

牒 글씨판 첩

疊 겹쳐질 첩

睫 속눈썹 첩

諜 염탐할 첩

貼 붙을 첩

輒 문득 첩

倢 빠를 첩

呫 소곤거릴 첩

喋 재잘거릴 첩

怗 고요할 첩

褺 겹옷 첩

청

靑 푸를 청

青 靑과 同字

晴 갤 청

摧 꺾을 최
榱 서까래 최
漼 깊을 최
璀 옥빛 찬란할 최
磪 산 높고 험한 모양 최
縗 상복 이름 최
脧 갓난아이 음부 최

추 秋 가을 추
推 차례로 옮길 추
追 쫓을 추
抽 뺄 추
醜 추할 추
楸 노나무 추
樞 지도리 추
鄒 나라 이름 추
錐 송곳 추
錘 저울눈 추
墜 떨어질 추
椎 몽치 추
湫 다할 추
皺 주름 추
芻 꼴 추
萩 다북쑥 추
諏 꾀할 추
趨 달릴 추
酋 두목 추
鎚 쇠망치 추
雛 병아리 추
騶 말 먹이는 사람 추
鰌 미꾸라지 추
鰍 鰌와 同字
僦 빌릴 추

曯 비출 촉
爥 曯과 同字
矚 볼 촉
⿱艹蜀 촉규화 촉
躅 머뭇거릴 촉
髑 해골 촉

촌 寸 마디 촌
村 마을 촌
邨 村의 본자
忖 헤아릴 촌
吋 인치 촌

총 銃 총 총
總 거느릴 총
総 總과 同字
聰 귀 밝을 총
聡 聰과 同字
寵 사랑할 총
叢 떨기 총
怱 바쁠 총
悤 바쁠 총
摠 모두 총
蔥 파 총
冢 무덤 총
塚 冢의 속자
葱 蔥의 속자
蓯 순무 총
鏦 창 총
驄 총이말 총

촬 撮 취할 촬

최 最 가장 최
催 재촉할 최
崔 성(姓) 최
嘬 깨물 최

僬 명찰(明察)할 초
勦 노곤할 초
噍 먹을 초
嫶 수척할 초
峭 가파를 초
嶕 높을 초
怊 슬퍼할 초
悄 근심할 초
愀 정색할 초
杪 끝 초
燋 홰 초
綃 생사(生絲) 초
耖 밭 거듭 갈 초
誚 꾸짖을 초
譙 꾸짖을 초
趠 뛸 초
軺 수레 초
迢 멀 초
鈔 노략질할 초
鍬 가래 초
鍫 鍬와 同字
鞘 칼집 초
顦 파리할 초
髫 다박머리 초
鷦 뱁새 초
齠 이 갈 초

촉 促 재촉할 촉
燭 촛불 촉
觸 닿을 촉
屬 이을 촉
囑 부탁할 촉
矗 우거질 촉
蜀 나라 이름 촉

顇 파리할 췌

취 取 취할 취

吹 불 취

就 이룰 취

醉 취할 취

臭 냄새 취

趣 뜻 취

翠 물총새 취

聚 모을 취

嘴 부리 취

娶 장가들 취

炊 불 땔 취

脆 무를 취

驟 달릴 취

鷲 수리 취

冣 모을 취

橇 덧신 취

毳 솜털 취

측 側 곁 측

測 헤아릴 측

仄 기울 측

惻 슬퍼할 측

厠 뒷간 측

廁 厠과 同字

昃 기울 측

층 層 층 층

치 致 이를 치

治 다스릴 치

齒 이 치

恥 부끄러워할 치

置 둘 치

値 값 치

稚 어릴 치

筑 악기 이름 축

蹙 대지를 축

蹴 찰 축

妯 동서 축

舳 고물 축

豖 발 얽힌 돼지걸음 축

蹜 종종걸음칠 축

鼀 두꺼비 축

춘 春 봄 춘

椿 참죽나무 춘

瑃 옥 이름 춘

賰 넉넉할 춘

출 出 날 출

朮 차조 출

黜 물리칠 출

秫 차조 출

충 忠 충성 충

充 가득할 충

蟲 벌레 충

虫 蟲의 속자

衝 충돌할 충

珫 귀걸이 옥 충

沖 화할 충

冲 沖의 속자

衷 가운데 충

忡 근심할 충

췌 萃 모을 췌

悴 파리할 췌

膵 췌장 췌

贅 혹 췌

惴 두려워할 췌

揣 잴 췌

瘁 병들 췌

啾 소리 추

娵 별 이름 추

帚 비 추

惆 실심할 추

捶 종아리칠 추

揫 모을 추

搥 칠 추

甃 벽돌담 추

瘳 나을 추

箠 채찍 추

簉 버금 자리 추

縋 매달 추

縐 주름질 추

蒭 芻와 同字

陬 모퉁이 추

隹 새 추

鞦 그네 추

騅 오추마 추

魋 북상투 추

鵻 호도애 추

鶖 무수리 추

鶵 원추새 추

麤 거칠 추

龝 秋의 고자

축 丑 소 축

祝 빌 축

畜 가축 축

蓄 쌓을 축

築 쌓을 축

逐 쫓을 축

縮 오그라질 축

軸 굴대 축

竺 대나무 축

쾌 快 쾌할 쾌
夬 결단할 쾌
噲 목구멍 쾌

ㅌ

타 他 다를 타
打 칠 타
妥 편안할 타
墮 떨어질 타
咤 꾸짖을 타
唾 침 타
惰 게으를 타
拖 끌 타
朶 늘어질 타
舵 키 타
陀 비탈질 타
馱 짐 실을 타
駝 낙타 타
橢 길쭉할 타
楕 橢와 同字
佗 다를 타
坨 비탈질 타
拕 拖와 同字
柁 키 타
沱 물 이름 타
詑 속일 타
詫 자랑할 타
跎 헛디딜 타
躱 비킬 타
駞 駝와 同字
鮀 모래무지 타
鴕 타조 타

鵄 鴟와 同字
칙 勅 신칙할 칙
飭 신칙할 칙
則 법칙 칙
敕 勅과 同字
친 親 친할 친
櫬 무궁화나무 친
襯 속옷 친
칠 七 일곱 칠
漆 옻 칠
柒 옻 칠
침 針 바늘 침
枕 베개 침
沈 가라앉을 침
浸 적실 침
侵 침노할 침
寢 잠잘 침
琛 보배 침
砧 다듬잇돌 침
鍼 침 침
棽 뒤덮힐 침
寖 잠길 침
忱 정성 침
椹 모탕 침
郴 고을 이름 침
鋟 새길 침
駸 말 달릴 침
칩 蟄 벌레 움츠릴 칩
칭 稱 일컬을 칭
秤 저울 칭

ㅋ

稺 稚와 同字
熾 불 성할 치
峙 산 우뚝할 치
雉 꿩 치
馳 달릴 치
侈 사치할 치
嗤 웃을 치
幟 기 치
梔 치자나무 치
淄 검은빛 치
痔 치질 치
癡 어리석을 치
痴 癡의 속자
緇 검은 비단 치
緻 밸 치
蚩 어리석을 치
輜 짐수레 치
巵 잔 치
哆 클 치
寘 둘 치
畤 재터 치
痓 악할 치
絺 칡베 치
菑 묵정밭 치
薙 풀 벨 치
褫 빼앗을 치
豸 벌레 치
跱 머뭇거릴 치
錙 저울눈 치
阤 비탈 치
鯔 숭어 치
鴟 솔개 치
鴙 꿩 치

	盪	쓸	탕
태	太	클	태
	泰	클	태
	態	모양	태
	怠	게으를	태
	殆	위태로울	태
	汰	미끄러질	태
	兌	바꿀	태
	台	별 이름	태
	胎	아이 밸	태
	邰	태나라	태
	笞	볼기칠	태
	苔	이끼	태
	跆	밟을	태
	颱	태풍	태
	鈦	티타늄	태
	珆	용무늬 있는 홀 옥	태
	鮐	복	태
	脫	느릿느릿할	태
	娧	느릿느릿 하는 모양	태
	迨	미칠	태
	埭	보	태
	㣍	아이 밸	태
	駘	둔마	태
택	宅	집	택
	擇	가릴	택
	澤	늪	택
	垞	언덕	택
탱	撑	버틸	탱
	撐	버틸	탱
	牚	버팀목	탱
터	攄	펼	터
토	土	흙	토
	灘	여울	탄
	嘆	탄식할	탄
	憚	꺼릴	탄
	綻	옷 터질	탄
	暺	밝을	탄
	憻	너그러울	탄
	攤	펼	탄
	殫	다할	탄
	癱	사지 틀릴	탄
	驒	연전총	탄
탈	脫	벗을	탈
	奪	빼앗을	탈
	侻	추할	탈
탐	探	찾을	탐
	貪	탐할	탐
	耽	즐길	탐
	眈	노려볼	탐
	嗿	소리	탐
	忐	마음 허할	탐
	酖	탐닉할	탐
탑	塔	탑	탑
	榻	걸상	탑
	傝	모질	탑
	塌	떨어질	탑
	搨	베낄	탑
탕	湯	끓을	탕
	宕	방탕할	탕
	帑	금고	탕
	糖	사탕	탕
	蕩	쓸어버릴	탕
	燙	데울	탕
	盪	씻을	탕
	碭	무늬 있는 돌	탕
	鼉	악어	타
탁	托	밀	탁
	卓	책상	탁
	濁	흐릴	탁
	濯	씻을	탁
	琢	쪼을	탁
	度	헤아릴	탁
	倬	클	탁
	琸	사람 이름	탁
	晫	밝을	탁
	託	부탁할	탁
	擢	뽑을	탁
	鐸	큰 방울	탁
	拓	열	탁
	啄	쪼	탁
	坼	터질	탁
	柝	열	탁
	踔	뛰어날	탁
	橐	자루	탁
	槖	橐의 속자	
	拆	터질	탁
	沰	붉을	탁
	涿	들을	탁
	矺	나무 이름	탁
	籜	대껍질	탁
	蘀	낙엽	탁
	逴	멀	탁
탄	炭	숯	탄
	歎	탄식할	탄
	彈	튕길	탄
	誕	태어날	탄
	呑	삼킬	탄
	坦	평평할	탄

菠 시금치 파
葩 꽃 파
鄱 고을 이름 파

판
判 판가름할 판
板 널 판
版 인쇄할 판
販 장사 판
阪 산비탈 판
坂 언덕 판
瓣 외씨 판
辦 힘쓸 판
鈑 금박 판

팔
八 여덟 팔
叭 입 벌릴 팔
捌 깨뜨릴 팔
朳 고무래 팔
汃 물결 치는 소리 팔

패
貝 조개 패
敗 패할 패
浿 물 이름 패
佩 찰 패
牌 방패 패
唄 찬불 패
悖 어그러질 패
沛 늪 패
狽 이리 패
稗 피 패
霸 으뜸 패
覇 霸의 속자
孛 살별 패
旆 기(旗) 패
珮 佩와 同字
霈 비 쏟아질 패

慝 사특할 특
忒 변할 특

틈
闖 말이 문을 나오는 모양 틈

ㅍ

파
波 물결 파
破 깨뜨릴 파
派 물가닥 파
把 잡을 파
播 심을 파
罷 파면할 파
頗 비뚤어질 파
巴 땅 이름 파
芭 파초 파
琶 비파 파
坡 언덕 파
杷 비파나무 파
婆 할미 파
擺 열릴 파
爬 긁을 파
跛 절뚝발이 파
叵 어려울 파
妑 여자 이름자 파
岥 비탈 파
怕 두려워할 파
灞 강 이름 파
爸 아비 파
玻 유리 파
皤 머리 센 모양 파
笆 가시대 파
簸 까부를 파
耙 써레 파

吐 토할 토
討 칠 토
兎 토끼 토
兔 兎의 속자

톤
噋 입 기운 톤

통
通 통할 통
統 거느릴 통
痛 아플 통
桶 통 통
慟 서럽게 울 통
洞 통할 통
筒 대롱 통
恫 상심할 통
樋 나무 이름 통
筩 대롱 통

퇴
退 물러날 퇴
堆 흙무더기 퇴
槌 던질 퇴
腿 넓적다리 퇴
褪 바랠 퇴
頹 무너질 퇴
隤 무너뜨릴 퇴

투
投 던질 투
透 통할 투
鬪 싸움 투
偸 훔칠 투
套 덮개 투
妬 강새암할 투
妒 투기할 투
渝 달라질 투
骰 주사위 투

퉁
佟 성(姓) 퉁

특
特 특별할 특

	鋪	펼	포
	佈	펼	포
	匍	길	포
	匏	박	포
	咆	으르렁거릴	포
	哺	먹을	포
	圃	밭	포
	怖	두려워할	포
	抛	던질	포
	拋	抛의 속자	
	暴	사나울	포
	泡	거품	포
	疱	천연두	포
	脯	포	포
	苞	딸기	포
	蒲	부들	포
	袍	두루마기	포
	逋	달아날	포
	鮑	절인 어물	포
	儤	번(番)	포
	庖	부엌	포
	晡	신시(申時)	포
	㳈	갑자기	포
	炮	터질	포
	炰	구울	포
	誧	도울	포
	鉋	대패	포
	鞄	혁공(革工)	포
	餔	새참	포
	鯆	돌고래	포
폭	暴	볕에 말릴	폭
	爆	폭발할	폭
	幅	폭	폭

	坪	평수	평
	枰	바둑판	평
	泙	물소리	평
	萍	부평초	평
	怦	조급할	평
	抨	탄핵할	평
	苹	개구리밥	평
	洴	부평초	평
	鮃	넙치	평
폐	閉	닫을	폐
	肺	허파	폐
	廢	폐할	폐
	弊	폐단	폐
	蔽	덮을	폐
	幣	폐백	폐
	陛	섬돌	폐
	吠	짖을	폐
	嬖	사랑할	폐
	斃	넘어질	폐
	敝	해질	폐
	狴	짐승 이름	폐
	獘	넘어질	폐
	癈	폐질(癈疾)	폐
포	布	베	포
	抱	안을	포
	包	쌀	포
	胞	태보	포
	飽	배부를	포
	浦	개	포
	捕	잡을	포
	葡	포도	포
	褒	포장할	포
	砲	큰 대포	포

팽	彭	성	팽
	澎	물소리	팽
	烹	삶을	팽
	膨	부풀	팽
	砰	물결 소리	팽
	祊	제사 이름	팽
	蟚	蟛과 同字	
	蟛	방게	팽
퍅	愎	괴팍할	퍅
편	片	조각	편
	便	편할	편
	偏	치우칠	편
	篇	책	편
	編	책편	편
	遍	두루	편
	扁	작을	편
	翩	빨리 날	편
	鞭	채찍	편
	騙	속일	편
	匾	얇을	편
	徧	두루	편
	惼	좁을	편
	緶	꿰맬	편
	艑	거룻배	편
	萹	마디풀	편
	蝙	박쥐	편
	褊	좁을	편
	諞	말 교묘히 할	편
폄	貶	떨어뜨릴	폄
	砭	돌침	폄
	窆	하관(下棺)할	폄
평	平	평평할	평
	評	평론할	평

	咇	향기로울	필
	滭	샘물 용솟음칠	필
	篳	울타리	필
	罼	족대	필
	蓽	콩	필
	觱	필률	필
	蹕	길 치울	필
	韠	슬갑	필
	鞸	폐슬	필
	鵯	떼까마귀	필
	駜	말 살찔	필
핍	乏	가난할	핍
	逼	닥칠	핍
	偪	다가올	핍

ㅎ

하	下	아래	하
	何	어찌	하
	夏	여름	하
	昰	夏의 古字	
	河	물	하
	賀	하례할	하
	荷	연꽃	하
	廈	큰 집	하
	厦	廈의 속자	
	霞	노을	하
	瑕	티	하
	蝦	새우	하
	遐	멀	하
	鰕	새우	하
	呀	입 벌릴	하
	嘏	클	하

	稟	품할	품
풍	風	바람	풍
	楓	단풍나무	풍
	豐	풍년	풍
	豊	豐의 속자	
	諷	욀	풍
	馮	성(姓)	풍
	瘋	두풍(頭風)	풍
피	皮	가죽	피
	彼	저	피
	疲	나른할	피
	被	덮을	피
	避	피할	피
	披	나눌	피
	陂	비탈	피
	詖	치우칠	피
	鞁	가슴걸이	피
	髲	다리	피
픽	愊	답답할	픽
필	匹	짝	필
	必	반드시	필
	筆	붓	필
	畢	다할	필
	弼	도울	필
	泌	개천물	필
	珌	칼 장식 옥	필
	苾	향기 날	필
	馝	향기 날	필
	鉍	창자루	필
	佖	점잖을	필
	疋	필	필
	[illegible]	샘 용솟을	필
	[illegible]	불 모양	필

	曝	쬘	폭
	瀑	폭포	폭
	輻	바퀴살	폭
표	表	겉	표
	票	표	표
	標	표할	표
	漂	뜰	표
	杓	북두자루	표
	豹	표범	표
	彪	칡범	표
	驃	날쌜	표
	俵	흩을	표
	剽	빠를	표
	慓	날랠	표
	瓢	박	표
	飄	회오리바람	표
	飆	폭풍	표
	飇	飆와 同字	
	[illegible]	겨우 들을	표
	僄	가벼울	표
	勡	으를	표
	嘌	빠를	표
	嫖	날랠	표
	摽	칠	표
	殍	주려 죽을	표
	熛	불똥	표
	縹	옥색	표
	褾	목도리	표
	鏢	칼 끝	표
	鑣	재갈	표
	髟	머리털 드리워질	표
	鰾	부레	표
품	品	물건	품

艦 싸움배 함
喊 소리 함
檻 우리 함
緘 봉할 함
銜 재갈 함
啣 銜의 속자
鹹 짤 함
菡 연봉오리 함
萏 꽃봉오리 함
諴 화할 함
轞 함거(轞車) 함
闞 범 소리 함

합 合 합할 합
哈 물고기 많은 모양 합
盒 합 합
蛤 대합조개 합
閤 쪽문 합
闔 문짝 합
陜 고을 합
匌 돌 합
嗑 말 많을 합
柙 우리 합
榼 통 합
溘 갑자기 합
盇 덮을 합
郃 고을 이름 합

항 恒 항상 항
恆 恒의 본자
巷 골목 항
港 항구 항
項 목뒤 항
抗 항거할 항
航 배질할 항

限 한계 한
汗 땀 한
旱 가물 한
澣 빨래할 한
瀚 넓고 클 한
翰 벼슬 이름 한
閒 겨를 한
悍 사나울 한
罕 그물 한
澖 아득히 넓은 모양 한
[illegible] 산 형상 한
僩 노할 한
嫺 우아할 한
橌 큰 나무 한
[illegible] 익힐 한
扞 막을 한
忓 착할 한
邗 땅 이름 한
嫻 嫺과 同字
捍 막을 한
暵 말릴 한
閈 이문(里門) 한
駻 사나운 말 한
鷴 솔개 한
鼾 코 골 한

할 割 벨 할
轄 맡아볼 할
瞎 애꾸눈 할

함 咸 다 함
含 머금을 함
陷 빠질 함
函 함 함
涵 젖을 함

碬 숫돌 하
閜 크게 열릴 하
嚇 웃을 하
赮 붉을 하
[illegible] 사람의 이름 하
煆 불사를 하
蕸 연잎 하
吙 크게 웃을 하
抲 지휘할 하
[illegible] 웃을 하
岈 산골 휑할 하
[illegible] 속일 하
瘕 흠집 하
罅 틈 하
鍜 목투구 하

학 學 배울 학
学 學의 속자
鶴 두루미 학
壑 골 학
虐 사나울 학
謔 희롱거릴 학
嗃 엄할 학
狢 오소리 학
瘧 학질 학
皬 흴 학
确 자갈땅 학
郝 고을 이름 학
鷽 메까치 학

한 恨 한 될 한
寒 찰 한
漢 한수 한
韓 한나라 한
閑 한가할 한

餉 건량 향
饗 잔치할 향
麘 사향사슴 향
晑 밝을 향
薌 곡식 냄새 향
허 許 허락할 허
虛 빌 허
墟 옛 성터 허
噓 불 허
歔 흐느낄 허
헌 軒 초헌 헌
憲 법 헌
獻 바칠 헌
櫶 나무 이름 헌
⿰車憲 초헌 헌
⿰忄憲 깨달을 헌
田 밝을 헌
⿱山獻 巘과 同字
幰 수레 포장 헌
攇 비길 헌
헐 歇 쉴 헐
험 險 험난할 험
驗 시험할 험
嶮 險과 同字
獫 오랑캐 이름 험
玁 오랑캐 이름 험
혁 革 가죽 혁
赫 밝을 혁
爀 빛날 혁
奕 클 혁
焱 불꽃 혁
侐 고요할 혁
焃 붉을 혁

骸 뼈 해
咍 비웃을 해
瑎 검은 옥돌 해
澥 바다 이름 해
祄 하늘이 도울 해
晐 갖출 해
嶰 골짜기 해
廨 관아 해
欬 기침 해
獬 짐승 이름 해
痎 학질 해
薤 염교 해
醢 젓갈 해
頦 턱 해
鮭 어채(魚菜) 해
핵 核 씨 핵
劾 캐물을 핵
翮 깃촉 핵
覈 핵실할 핵
행 行 갈 행
幸 다행 행
杏 살구나무 행
倖 요행 행
荇 마름 행
涬 기운 행
悻 성낼 행
향 香 향기 향
向 향할 향
鄕 시골 향
享 드릴 향
響 소리 울릴 향
珦 옥 이름 향
嚮 향할 향

亢 목 항
沆 큰물 항
姮 계집 이름 항
嫦 姮과 同字
伉 짝 항
杭 건널 항
桁 차꼬 항
缸 항아리 항
肛 똥구멍 항
行 항렬 항
降 항복할 항
夯 멜 항
炕 말릴 항
缿 벙어리 저금통 항
頏 새 날아 내릴 항
해 海 바다 해
海 海의 속자
害 해칠 해
亥 돼지 해
解 풀 해
奚 어찌 해
該 그 해
偕 함께할 해
楷 본뜰 해
諧 화할 해
咳 어린아이 웃을 해
垓 지경 해
孩 어린아이 해
懈 게으를 해
瀣 이슬 기운 해
蟹 게 해
邂 만날 해
駭 놀랄 해

頰 뺨 협

冾 화할 협

匧 篋과 同字

叶 화합할 협

埉 물가 협

愶 協과 同字

悏 愜과 同字

愜 쾌할 협

篋 상자 협

형 兄 맏 형

形 형상 형

刑 형벌 형

亨 형통할 형

螢 개똥벌레 형

型 본보기 형

邢 나라 이름 형

珩 노리개 형

泂 찰 형

炯 빛날 형

瑩 맑을 형

瀅 물 맑을 형

衡 저울대 형

馨 향기로울 형

熒 반짝일 형

滎 실개천 형

[illegible] 사람 이름 형

荊 모형나무 형

鎣 줄 형

迥 멀 형

逈 迥의 속자

侀 이룰 형

敻 멀 형

娙 여관(女官) 이름 형

鋗 노구솥 현

[illegible] 활 현

琄 패옥 늘어질 현

嬛 정숙한 모양 현

娊 여자의 이름자 현

妶 절개 있을 현

灦 물 모양 현

[illegible] 땅 이름 현

駽 철총이 현

痃 힘줄 당기는 병 현

繯 얽을 현

翾 조금 날 현

蜆 가막조개 현

誢 간하는 말 현

혈 血 피 혈

穴 구멍 혈

孑 외로울 혈

頁 머리 혈

絜 헤아릴 혈

趐 나아갈 혈

혐 嫌 싫어할 혐

협 協 화할 협

脅 위협할 협

脇 脅과 同字

俠 협기 협

挾 낄 협

峽 골짜기 협

浹 사무칠 협

夾 낄 협

狹 좁을 협

陜 좁을 협

莢 풀 열매 협

鋏 집게 협

[illegible] 붉은빛 혁

嚇 밝을 혁

弈 바둑 혁

洫 봇도랑 혁

鬩 다툴 혁

현 賢 어질 현

現 나타날 현

玄 검을 현

弦 활시위 현

絃 줄풍류 현

顯 나타날 현

顕 顯의 속자

縣 고을 현

懸 매달 현

見 뵈올 현

峴 재 현

晛 별 기운 현

泫 물 깊을 현

炫 밝을 현

玹 옥돌 현

鉉 솥귀 현

眩 현란할 현

昡 당혹할 현

絢 무늬 현

呟 소리 현

俔 염탐할 현

睍 불거진 눈 현

舷 뱃전 현

衒 팔 현

儇 총명할 현

譞 깨달을 현

怰 팔 현

[illegible] 한정할 현

皞 밝을 호
婋 여자의 마음 영리할 호
芐 지황 호
芦 芐와 同字
犒 호궤할 호
鄗 땅 이름 호
熩 빛날 호
嫭 아름다울 호
怙 믿을 호
瓳 큰 기와 호
蔰 채색할 호
儫 호걸 호
冱 찰 호
嘷 짖을 호
鬍 수염 호
嫮 아름다울 호
沍 冱의 譌字
滈 장마 호
滬 강 이름 호
猢 원숭이 호
皜 흴 호
餬 기식(寄食)할 호
聕 귀 호
醐 제호(醍醐) 호

혹

或 혹 혹
惑 미혹할 혹
酷 독할 혹
熇 불로 뜨거워질 혹

혼

婚 혼인할 혼
混 섞일 혼
昏 어두울 혼
魂 혼 혼
渾 흐릴 혼

互 서로 호
胡 오랑캐 호
浩 넓고 클 호
澔 浩와 同字
毫 가는 털 호
豪 호걸 호
護 보호할 호
晧 밝을 호
皓 흴 호
昊 여름하늘 호
淏 맑을 호
濠 고을 이름 호
灝 물줄기 멀 호
祜 복 호
琥 호박 호
瑚 산호 호
頀 풍류 이름 호
顥 클 호
扈 뒤따를 호
鎬 호경 호
壕 성 밑 해자 호
壺 항아리 호
濩 흘러 퍼질 호
滸 물가 · 호
岵 산 호
弧 활 호
狐 여우 호
瓠 표주박 호
糊 풀 호
縞 명주 호
葫 마늘 호
蒿 쑥 호
蝴 나비 호

詗 염탐할 형
陘 지레목 형

혜

惠 은혜 혜
恵 惠의 속자
兮 어조사 혜
慧 지혜 혜
㥣 밝힐 혜
蕙 난초 혜
彗 비 혜
譓 분별하여 살필 혜
憓 사랑할 혜
暳 별 반짝일 혜
蹊 지름길 혜
醯 초 혜
鞋 신 혜
譿 슬기로울 혜
鏸 날카로울 혜
匸 감출 혜
[illegible] 진실한 말 혜
傒 묶을 혜
嘒 가냘플 혜
徯 샛길 혜
槥 널 혜
盻 흘겨볼 혜
謑 창피 줄 혜

호

戶 지게 호
好 좋을 호
虎 범 호
乎 어조사 호
呼 부를 호
湖 호수 호
號 부르짖을 호
号 號의 속자

	煥	빛날	환
	晥	환할	환
	幻	허깨비	환
	桓	굳셀	환
	鐶	고리	환
	驩	기뻐할	환
	宦	벼슬	환
	紈	흰 비단	환
	鰥	환어	환
	圜	두를	환
	皖	샛별	환
	洹	세차게 흐를	환
	寰	기내(畿內)	환
	懽	기뻐할	환
	擐	입을	환
	瓛	옥홀	환
	睆	가득 찬 모양	환
	絙	끈목	환
	豢	기를	환
	轘	환형(轘刑)	환
	鍰	무게 단위	환
	鬟	쪽 찐 머리	환
활	活	살	활
	闊	넓을	활
	濶	闊의 속자	
	滑	미끄러울	활
	猾	교활할	활
	豁	뚫린 골	활
	蛞	괄태충	활
황	黃	누를	황
	皇	임금	황
	況	하물며	황
	荒	거칠	황
	話	이야기	화
	畫	그림	화
	畵	畫의 속자	
	禾	벼	화
	禍	재화	화
	嬅	탐스러울	화
	樺	벚나무	화
	譁	시끄러울	화
	靴	신	화
	澕	물 깊을	화
	俰	화할	화
	嘩	譁와 同字	
	驊	준마	화
	龢	풍류 소리 조화될	화
확	確	확실할	확
	碻	確과 同字	
	擴	넓힐	확
	穫	곡식 거둘	확
	廓	클	확
	攫	붙잡을	확
	矍	두리번거릴	확
	礭	창	확
	確	회초리	확
	鑊	가마	확
환	患	근심	환
	歡	기뻐할	환
	丸	둥글	환
	換	바꿀	환
	還	돌아올	환
	環	옥고리	환
	喚	부를	환
	奐	클	환
	渙	물 성할	환
	琿	아름다운 옥	혼
	俒	완전할	혼
	顚	얼굴빛 혼혼할	혼
	圂	뒷간	혼
	涽	정해지지 아니할	혼
	溷	어지러울	혼
	焜	빛날	혼
	閽	문지기	혼
홀	忽	홀연	홀
	惚	황홀할	홀
	笏	홀	홀
	囫	온전할	홀
홍	紅	붉을	홍
	洪	넓을	홍
	弘	클	홍
	鴻	기러기	홍
	泓	물 깊을	홍
	烘	횃불	홍
	虹	무지개	홍
	鉷	쇠뇌 고동	홍
	哄	떠들썩할	홍
	汞	수은	홍
	訌	무너질	홍
	晎	떠들썩할	홍
	澒	수은	홍
	篊	홈통	홍
	鬨	싸울	홍
화	火	불	화
	化	될	화
	貨	재화	화
	花	꽃	화
	華	빛날	화
	和	화할	화

澋 물이 빙 돌 횡
鉱 鑛의 속자
黌 글방 횡

효
孝 효도할 효
效 본받을 효
効 效의 속자
曉 새벽 효
涍 물가 효
爻 괘 이름 효
驍 날랠 효
斆 가르칠 효
哮 으르렁거릴 효
嚆 울릴 효
梟 올빼미 효
淆 뒤섞일 효
肴 안주 효
酵 술밑 효
皛 나타날 효
歊 김 오를 효
窙 높을 효
謼 울 효
傚 본받을 효
洨 강 이름 효
庨 집 높을 효
虓 울부짖을 효
熇 엄할 효
烋 거들거릴 효
婋 여자의 마음 영리할 효
囂 들렐 효
崤 산 이름 효
殽 섞일 효
餚 반찬 효

후
後 뒤 후

灰 재 회
悔 뉘우칠 회
懷 품을 회
廻 돌아올 회
恢 클 회
晦 그믐 회
檜 노송나무 회
澮 우물 도랑 회
繪 그림 회
絵 繪의 속자
誨 가르칠 회
匯 물돌 회
徊 노닐 회
淮 강 이름 회
獪 교활할 회
膾 회 회
茴 회향 회
蛔 거위 회
賄 뇌물 회
佪 어정거릴 회
洄 거슬러 올라갈 회
盔 바리 회
詼 조롱할 회
迴 回와 同字
頮 세수할 회
鱠 회 회

획
劃 그을 획
獲 얻을 획
画 畫의 속자
嚄 외칠 획

횡
橫 가로 횡
鐄 큰 쇠북 횡
宖 집 울릴 횡

凰 암봉황새 황
堭 벽 없는 방 황
媓 계집 이름 황
晃 햇빛 황
晄 晃과 同字
滉 물 깊고 넓을 황
榥 책상 황
煌 빛날 황
璜 반 둥근 패옥 황
熀 빛날 황
幌 휘장 황
徨 노닐 황
恍 황홀할 황
惶 두려워할 황
愰 밝을 황
慌 어렴풋할 황
湟 해자 황
潢 웅덩이 황
篁 대숲 황
簧 생황 황
蝗 누리 황
遑 허둥거릴 황
隍 해자 황
楻 깃대 황
喤 어린아이 울음 황
怳 멍할 황
瑝 옥 소리 황
肓 명치끝 황
貺 줄 황
鍠 종소리 황

회
回 돌아올 회
會 모을 회
会 會의 속자

彙 무리 휘
徽 아름다울 휘
暉 햇빛 휘
煇 빛날 휘
諱 꺼릴 휘
麾 대장기 휘
煒 빛날 휘
撝 찢을 휘
翬 훨훨 날 휘

휴 休 쉴 휴
携 끌 휴
烋 아름다울 휴
畦 밭두둑 휴
虧 이지러질 휴
庥 그늘 휴
咻 떠들 휴
隳 무너뜨릴 휴
髹 髤와 同字
鵂 수리부엉이 휴

휼 恤 구휼할 휼
譎 속일 휼
鷸 도요새 휼
卹 가엾이 여길 휼

흉 凶 흉할 흉
胸 가슴 흉
兇 흉악할 흉
匈 오랑캐 흉
洶 물살 세찰 흉
恟 두려워할 흉
肙 胸과 同字

흑 黑 검을 흑

흔 欣 기뻐할 흔
炘 화끈거릴 흔

薰 향풀 훈
薫 薰의 속자
蘍 薰과 同字
壎 질나팔 훈
塤 壎과 同字
燻 불기운 성할 훈
鑂 바랠 훈
暈 무리 훈
纁 분홍빛 훈
煇 구울 훈
曛 석양빛 훈
獯 오랑캐 이름 훈
葷 매운 채소 훈

훌 欻 문득 훌

훙 薨 죽을 훙

훤 喧 지껄일 훤
暄 날 따뜻할 훤
萱 원추리 훤
煊 따뜻할 훤
愃 너그러울 훤
昍 밝을 훤
烜 마를 훤
諠 잊을 훤
諼 속일 훤

훼 毁 헐 훼
卉 풀 훼
卉 卉의 속자
喙 부리 훼
燬 불 · 훼
芔 풀 훼
虺 살무사 훼

휘 揮 휘두를 휘
輝 빛날 휘

厚 두터울 후
垕 厚의 古字
侯 벼슬 이름 후
候 기후 후
喉 목구멍 후
后 임금 후
逅 만날 후
吼 울 후
嗅 맡을 후
帿 과녁 후
朽 썩을 후
煦 따뜻하게 할 후
珝 옥 이름 후
堠 봉화대 후
欨 즐거워할 후
姁 예쁠 후
芋 클 후
吘 짖을 후
煦 불 후
垕 厚의 고자
猴 원숭이 후
篌 공후 후
詡 자랑할 후
譃 거짓말할 후
酗 주정할 후
餱 건량(乾糧) 후

훈 訓 가르칠 훈
勳 공 훈
勲 勳의 속자
勛 勳의 속자
焄 향내 훈
熏 불기운 훈
熏 熏과 同字

漢韓 **明文新玉篇**

初版 發行● 1952年 2月 28日
66版 發行● 2025年 1月 1日

著 者 ●金 赫 濟
發行者 ●金 東 求

發行處 ●明 文 堂 (1923.10.1창립)
서울시 종로구 윤보선길61(안국동)
우체국계좌 010579-01-000682
전화 (영) 733-3039, 734-4798
(편) 733-4748
FAX 734-9209
Homepage www.myungmundang.net
E-mail mmdbook1@hanmail.net
등록 1977.11.19. 제1-148 호

값 15,000원
ISBN 89-7270-309-5 11720

昕 해 돋을 흔
痕 흉터 흔
忻 기뻐할 흔
佷 패려궂을 흔
掀 치켜들 흔
惞 欣과 同字
釁 틈 흔

흘

屹 산 모양 흘
吃 말 더듬을 흘
紇 질 낮은 명주실 흘
訖 이를 흘
仡 날랠 흘
汔 거의 흘
疙 쥐부스럼 흘
迄 이를 흘
齕 깨물 흘

흠

欽 공경할 흠
欠 하품 흠
歆 받을 흠
鑫 사람의 이름 흠
廞 진열할 흠

흡

吸 숨 들이쉴 흡
洽 화할 흡
恰 흡족할 흡
翕 합할 흡
噏 들이쉴 흡
歙 줄일 흡
潝 빨리 흐르는 소리 흡
翖 翕과 同字

흥

興 일어날 흥

희

喜 기쁠 희
希 바랄 희
稀 드물 희
戲 희롱할 희
戱 戲의 속자
噫 슬플 희
熙 빛날 희
煕 熙의 속자
凞 熙의 속자
姬 계집 희
姫 姬의 속자
晞 마를 희
烯 晞와 同字
僖 즐거울 희
橲 나무 이름 희
禧 복 희
嬉 계집 이름 희
憙 기뻐할 희
熹 밝을 희
熺 熹와 同字
嘻 熹와 同字
凞 화할 희
羲 복희 희
爔 불 희
曦 햇빛 희
俙 비슷할 희
囍 쌍희 희
憘 기쁠 희
犧 희생 희
譆 감탄할 희
嬉 기쁠 희
咥 웃음소리 희
唏 슬퍼할 희
嘻 웃을 희
悕 슬퍼할 희
欷 흐느낄 희
燹 야화(野火) 희
豨 멧돼지 희
餼 보낼 희

힐

詰 힐문할 힐
犵 오랑캐 이름 힐
纈 무늬 있는 비단 힐
襭 옷자락 꽂을 힐
頡 곧은 목 힐
黠 약을 힐

韻字表

四聲	平聲		上聲	去聲	入聲
	上平	下平			
一〇六韻	東·冬·江·支·微·魚·虞·齊·佳·灰·眞·文·元·寒·删。	先·蕭·肴·豪·歌·麻·陽·庚·青·蒸·尤·侵·覃·鹽·咸。	董·腫·講·紙·尾·語·麌·薺·蟹·賄·軫·吻·阮·旱·潸·銑·篠·巧·皓·哿·馬·養·梗·迥·有·寢·感·琰·豏。	送·宋·絳·寘·未·御·遇·霽·泰·卦·隊·震·問·願·翰·諫·霰·嘯·效·號·箇·禡·漾·敬·徑·宥·沁·勘·豔·陷。	屋·沃·覺·質·物·月·曷·黠·屑·藥·陌·錫·職·緝·合·葉·洽。

部首索引